litterature
latine

Louise BRUIT-ZAIDMAN, Pauline SCHMITT-PANTEL, *La Religion grecque*

Cet ouvrage est publié dans la collection U.

Chez le même éditeur :

Michel AUSTIN et Pierre VIDAL-NAQUET, *Économies et sociétés en Grèce ancienne*
Jean-Marie BERNARD, *L'Hellénisme. 223-31 av. J.-C.*
Marcel BORDET, *Précis d'histoire romaine*
Pierre CABANNES, *Introduction à l'histoire et l'Antiquité*
André CHASTAGNOL, *Le Bas-Empire*
Barry CUNLIFFE, *Rome et son empire*
Christine DELAPLACE et Jérôme FRANCE, *Histoire des Gaules*
Jean DELORME, *La Grèce primitive et archaïque*
Florence DUPONT, *Le Théâtre latin*
Robert ÉTIENNE, *Le Siècle d'Auguste*
Michel GRAS, *La Méditerranée archaïque*
Louis HARMAND, *Société et économie de la République romaine*
Bertrand LANÇON, *Le Monde romain tardif (IIIe-VIIe siècle ap. J.-C.)*
Marcel LE GLAY, *La Religion romaine*
Pierre LÉVÊQUE, *L'Aventure grecque*
Pierre LÉVÊQUE, *Le Monde hellénistique*
Pierre LÉVÊQUE et Louis SÉCHAN, *Les Grandes Divinités de la Grèce*
Claude MOSSÉ, *Les Institutions grecques*
Paul PETIT, *Le Premier Siècle de notre ère*
Jean ROUGÉ, *Les Institutions romaines*
Maurice SARTRE, Alain TRANOY, *La Méditerranée antique*

Jean Bayet

avec la collaboration de Louis Nougaret
et de Jean-Yves Boriaud

littérature latine

Neuvième édition revue et augmentée

ARMAND COLIN

On voudra bien noter que :

1° les équivalences (toujours approximatives) aux sommes stipulées en drachmes ou deniers sont établies en francs français 1964 ;

2° les exposants [1], [2], [3], ..., ajoutés à un titre d'ouvrage ou au nom d'un éditeur signifient première, deuxième, troisième, ... édition.

3° la bibliographie, qui, bien entendu, ne prétend pas être exhaustive, maintient de parti pris la mention d'ouvrages assez anciens mais dont la consultation reste toujours profitable.

4° un astérisque (*) placé après la mention d'un article signale que cet article a été reproduit dans *Mélanges de littérature latine* (Rome, 1967) de J. Bayet.

ISBN : 2-200-21679-3

Armand Colin Editeur • 21, rue du Montparnasse • 75006 Paris

AVANT-PROPOS

Les Lettres latines sont ici étudiées dans tout leur développement, depuis les origines jusqu'au ve siècle après Jésus-Christ. Voulant être vraiment historique et vraiment littéraire, ce livre vise, d'une part, à recréer les milieux du passé, à retracer une évolution continue ; d'autre part, à ressusciter des âmes et à faire goûter des œuvres. C'est beaucoup prétendre, peut-être. Les bibliographies permettront au moins à qui le voudra de contrôler les affirmations ou les suggestions, et de pousser plus loin une étude, précise et informée sans doute, mais forcément sommaire.

Dans chaque chapitre s'encadrent de belles pages des œuvres latines les plus marquantes. La traduction n'en est pas empruntée : nous en avons assumé la responsabilité. Ce n'est pas méfiance de notre part : on s'apercevra facilement de tout ce que nous devons à nos devanciers, à certaines traductions notamment, excellentes, de la collection Guillaume Budé. Mais il nous a paru que les différences de style, si essentielles à notre but, risquaient de se perdre, si nous n'éprouvions par nous-même, de bout en bout d'une évolution de sept siècles, les moyens de les faire apprécier à un lecteur français. Nul plus que nous ne sent l'insuffisance de ces transpositions. Mais nous espérons qu'elles suffiront à donner le goût d'élargir les lectures d'auteurs anciens et l'envie de les aborder dans les textes originaux : qui s'y appliquera en sera richement récompensé.

Les textes sont annotés et précédés d'un commentaire. Les notes se bornent aux indications indispensables ; elles donnent cependant, espérons-nous, les renseignements historiques, géographiques, mythologiques, etc., que réclame l'intelligence du morceau. Les commentaires, préparant les voies à l'interprétation littéraire, indiquent brièvement de quels points de vue chaque extrait peut être étudié. Ils ne prétendent pas, bien entendu, en épuiser le sens ni toutes les richesses, ils visent seulement à orienter le lecteur en fournissant un cadre à ses réactions personnelles.

Tout comme il se ferait sur un texte contemporain. Non sans raison. Car cette Antiquité nous est psychologiquement toute proche. Depuis Homère, durant presque trois mille ans, le latin après le grec, et, après lui, les langues romanes, germaniques, anglo-saxonnes et slaves ont sans cesse ajouté à un capital commun d'humanité, de charité, de soucis moraux, et d'emprises sur les beautés du monde ; et ce capital vivant, sans cesse reconnaissable et sans cesse créateur, unit tout l'Occident dans la quête obstinée de la raison, de la justice, de la critique et d'une communion fraternelle. Et personne ne peut le méconnaître, même, et surtout peut-être, dans les crises de révolte vers une nouvelle expression du mieux et du plus désirable. Comme si nous étions contraints par une continuité infrangible.

Et ne serait-ce pas là notre certitude d'identité et notre recours permanent pour l'avenir comme pour le passé ? Car, entre la fièvre historique qui, par l'archéologie et par la linguistique, gagne millénaire après millénaire sur les existences révolues, en remontant vers la préhistoire et l'anthropologie, et l'accélération saisissante des sciences et des techniques qui semblent ouvrir sur l'avenir la promesse d'un progrès matériel miraculeux mais effréné, n'est-ce pas dans ce capital littéraire commun que nous devons trouver la paix et la sérénité de la réflexion sur les problèmes qui humainement nous touchent le plus ?

Puisse notre livre aider à concevoir cette continuité, sans laquelle nous risquons la mort spirituelle entre les deux abîmes de l'érudition sur le passé et de la recherche illimitée de la science !

M. Louis NOUGARET, professeur au lycée Janson de Sailly et maître auxiliaire à la Sorbonne, a bien voulu préparer, en collaboration avec nous, cette nouvelle édition. Chacun aura à le remercier : la mise à jour de la bibliographie et quelques ajouts au texte originel représentent une science et un dévouement auxquels nous avons plaisir à rendre le plus amical hommage.

JEAN BAYET.

CHAPITRE I

LES ORIGINES DE LA LITTÉRATURE LATINE

Un peuple exprime de façon durable son intelligence et son âme dans sa littérature. Sans doute une œuvre littéraire est-elle inconcevable sans un écrivain qui cherche à lui donner une forme personnelle, arrêtée, aussi belle qu'il en est capable. Mais tout écrivain, outre l'atmosphère qui l'enveloppe, a derrière lui tout le long passé de son peuple. De là l'importance des phénomènes de civilisation et de langue même avant qu'éclose une littérature écrite ; et surtout pour les Latins : car entre la date traditionnelle de la fondation de Rome (753) et les plus anciennes œuvres que pouvaient lire les Romains de l'âge classique, discours sénatorial d'Appius Claudius Caecus (280) et première pièce de Livius Andronicus (240), une longue histoire avait élaboré le tempérament latin, le mettant en possession d'une pensée, d'une imagination et d'une langue qui lui permirent de continuer et d'enrichir avec une pleine originalité la littérature des Grecs.

I. Conditions historiques

LES LATINS

Les Indo-Européens. — De l'Inde, à travers la Perse, l'Arménie et toute l'Europe, jusqu'à l'océan Atlantique se parlent des langues étroitement apparentées, dont l'étude, appuyée par les résultats des fouilles archéologiques, a permis de se figurer assez bien la vie et les migrations préhistoriques d'une notable partie de l'humanité, qu'on appelle les Indo-Européens, pour signifier d'ailleurs une communauté originelle non de race, mais de langue. Leurs tribus patriarcales se déplaçaient très lentement avec leurs troupeaux, se fixaient parfois pour de longues périodes en des plaines ou vallées qu'elles mettaient en culture, puis, soit que le sol fût épuisé, soit à la suite d'inondations, d'épidémies, ou sous la pression de nouveaux venus, repartaient. C'étaient des gens énergiques, pleins d'initiative, très souples à s'adapter à de nouvelles conditions de vie sans perdre leurs qualités natives ; ils avaient aussi une puissance d'assimilation surprenante : les autres groupes humains, auxquels ils imposaient leur force, s'agrégeaient facilement à eux et adoptaient leur langue.

Leurs migrations. — Bon nombre de tribus indo-européennes allaient vers l'Ouest à travers les plaines septentrionales de l'Europe ou en remontant la vallée du Danube. Mais de cette masse se détachaient de temps à autre des fractions, qui obliquaient surtout vers le Sud et dont la langue dès lors, détachée de la souche commune, évoluait pour son propre compte, selon des besoins et des contacts nouveaux : Hittites, Scythes, Thraces, Grecs Achéens, puis Doriens, sont de ces fractions, arrivées à des dates diverses au milieu des populations méditerranéennes et leur imposant, pour plus ou moins longtemps, leur domination. Entre 1400 et 1000 avant Jésus-Christ et apparemment du côté de la Bohême, la dernière scission se produisit entre les Indo-Européens qui, poursuivant leur route vers l'Ouest, allaient prendre le parler celtique et ceux qui, gagnant à lentes étapes l'Italie, devaient s'y fixer sous le nom de Latins, Osques et Ombriens.

Les Indo-Européens italiques. — Ils y descendirent par les Alpes, en flots successifs de « barbares ». Les indigènes subirent leur loi, non sans doute qu'ils fussent plus mal armés (ils étaient plus civilisés et connaissaient, eux aussi, le bronze) ; mais les envahisseurs avaient des chevaux, des chars, sans compter l'élan et la volonté. Peu nombreux, ils s'imposèrent à la foule des Méditerranéens. D'ailleurs, au fur et à mesure qu'il en arrivait d'autres, ils luttaient entre eux, tribus contre tribus. Les Latins, peut-être les premiers établis dans l'Italie centrale, semblent ainsi avoir été resserrés dans la basse vallée du Tibre par les Osques (Sabins, Samnites, etc.) au Sud et les Ombriens au Nord-Est : on a pensé qu'ils ne durent de survivre qu'à l'immigration des Étrusques, peuple non indo-européen venu sans doute du nord de la Mer

Égée, qui occupa la Toscane de la mer à l'Apennin (à partir du VIIIe siècle ?) et refoula les Ombriens.

Les Latins. — Le territoire qu'occupaient les Latins, le Latium, est peu étendu : à peine la superficie de l'ancien département de la Seine. Les forêts des pentes de l'Apennin et du massif volcanique des Monts Albains, les pâturages naturels de la plaine, dont le tuf garde l'humidité, avaient dû assez bien convenir aux immigrants venus du Nord. L'étendue à peine vallonnée de la Campagne romaine n'offrait pas non plus de difficultés matérielles à la culture des céréales ; et les collines ensoleillées se prêtèrent plus tard à la plantation de la vigne et de l'olivier. *La civilisation du Latium fut agricole.*

Les Indo-Européens envahisseurs ne formaient qu'une aristocratie, mais en possession de cadres religieux et juridiques très fermes et remarquablement douée pour imposer une organisation sociale. Leur langue aussi effaça celle de leurs sujets. Ceux-ci, cependant, loin de disparaître, modifiaient peu à peu leurs vainqueurs ; et les Latins de l'histoire représentent le résultat d'une assimilation réciproque. La classe dirigeante garda, au fond, l'instinct de guerre et de conquête, les habitudes du clan et de l'autorité sur une clientèle soumise ; mais, rapetissée et stabilisée par les conditions de vie et peut-être certains mélanges de sang, elle prit pour des siècles une physionomie nouvelle : aux seigneurs d'aspect plus ou moins féodal succédèrent des propriétaires ruraux. L'âpreté au gain, la ténacité, l'esprit de suite, la lente méditation des problèmes pratiques les marquèrent de traits indélébiles. Dans l'ensemble de la population prédomina l'attachement à la terre, si petite qu'elle fût, au foyer, aux sépultures. La religion des grandes forces de la nature, qui était celle des Indo-Européens, se mêla de cultes agraires, de vieilles superstitions, de pratiques domestiques.

Réalisme terre à terre ; ferme organisation politique ; soumission à tout un réseau d'obligations religieuses, sociales et morales ; mais affirmation de l'individu assuré sur son bien : tel semble être l'essentiel de ce qu'a légué à la mentalité latine la longue période de fusion entre conquérants et vaincus.

LE MILIEU MÉDITERRANÉEN

Il serait inconcevable que l'atmosphère méditerranéenne n'eût pas agi aussi sur ces hommes venus du Nord, dans le sens d'un éveil plus complet au monde des formes et d'une expansion vitale plus pleine. Mais lorsque les Latins nous révèlent leur sensualité esthétique, leur goût pour le mouvement, la couleur, la musique, tant d'actions diverses ont déjà agi sur eux et leur descendance s'est tellement mêlée qu'il est impossible d'essayer de retracer une évolution. Reste qu'ils furent toujours fort différents des Grecs. Mais aussi bien l'accent méditerranéen n'est pas le même en Italie qu'en Grèce : on y sent moins la netteté brillante et harmonisée que la richesse, végétale et humaine, d'une terre heureuse ; et la mer n'y vient pas de toute part solliciter au départ et à l'aventure. Moins de curiosité, plus d'attachement aux labeurs paysans en furent peut-être la conséquence.

Les éléments civilisateurs. — Des migrateurs pourtant apportaient aux Italiques la civilisation d'Orient : les Étrusques, qui furent au Nord les voisins immédiats des Latins, et les Grecs qui, à partir du VIIIe siècle, établirent leurs colonies sur les côtes sud de l'Italie. Les uns et les autres furent, pour la péninsule, promoteurs d'une *civilisation urbaine fondée sur d'actifs échanges par terre et par mer.*

Plus encore que le voisinage, l'étrangeté de la langue et de la religion, et certaines tendances cruelles et voluptueuses, assuraient, par contraste, aux Étrusques une influence particulière sur le Latium. Or cette influence fut d'abord orientalisante : de goûts et de commerce, les Étrusques regardaient vers Chypre et l'Égypte. S'ils s'hellénisèrent vite, ce fut par relations avec l'Ionie plus qu'avec la Grèce propre ; et, d'ailleurs, les plus riches établissements grecs de l'Italie méridionale subissaient, de goût et par nécessité commerciale, les mêmes influences (VIIe-VIe siècles). L' « ionisme », c'est-à-dire un hellénisme asiatique, marqua toute la première civilisation italique, et se prolongea chez les Étrusques et leurs voisins plus que dans le monde grec d'Occident. Il s'accordait à une certaine outrance, à une sorte d'excès dans la recherche des sensations et dans leur expression, qui se reconnaît plus ou moins d'un bout à l'autre de la littérature latine.

Diversité des réactions. — La civilisation étrusque et les apports étrangers agirent très diversement sur les différents groupes de population. Selon qu'une voie commerciale s'établissait ou périclitait par concurrence d'un autre tracé, selon les poussées et les reculs politiques, la civilisation matérielle (et, avec elle, les échanges intellectuels) gagnait ou perdait en tel ou tel lieu. Mainte fois, d'ailleurs, qu'elle vînt d'Étrurie ou (surtout) des villes grecques, elle n'arrivait dans le Latium que filtrée et modifiée par les Sabins, les Campaniens... Tout canton de quelque importance, dans l'Italie centrale, était ainsi une sorte de creuset où les qualités du terroir et les influences étrangères se combinaient inégalement, et qui à son tour agissait sur ses voisins : Préneste, très orientalisée au VIIe siècle, redevint ensuite latine ou plutôt gréco-latine de goût ; Faléries, que pressaient les Étrusques, prit une physionomie mixte si arrêtée que les Anciens n'en saisissaient plus nettement l'origine (proche de celle des Latins). Seule l'importance politique croissante de Rome organisa peu à peu cette anarchie de culture et permit, après des siècles, une orientation intellectuelle commune.

ROME. LES DÉBUTS DE SON ÉVOLUTION

Situation de Rome. — Les bourgades latines et sabines, de vocation agricole, qui s'établirent sur les collines proches de l'île Tibérine ne devinrent apparemment une ville que par l'action d'éléments étrusques, venus de l'autre rive du Tibre. Et Rome dut son importance et une grande part de sa physionomie au fleuve dont elle surveillait tout le trafic et au pont qui, par elle, reliait le Latium à l'Étrurie. Ville mixte, ville de passage, elle était dès l'origine vouée à toutes influences, même par sa plaine de pâture et de culture, où Sabins et Latins se razziaient mutuellement. C'est en cela qu'est son originalité et, pour ainsi dire, sa mission providentielle.

Rome, l'Étrurie et le Latium. — Maîtres de la Campanie au VIe siècle, les Étrusques le furent aussi de Rome, et, par elle sans doute, dominèrent alors le Latium, qui séparait leurs deux domaines. Les conséquences de ces événements furent d'une extrême importance. D'abord prospérité considérable de Rome : c'est l'apanage des villes de transit, entrepôt et courtage. Puis vigoureuse emprise de la civilisation étrusque : constructions, arts plastiques, mentalité, sauf la langue sans doute, à Rome tout fut étrusque ; et cette emprise resta durable, en certains domaines ineffaçable. Cependant la grandeur que Rome devait aux Étrusques lui assurait un rôle de premier plan parmi les cités latines ; et ainsi se sauvegarda la possibilité pour elle de représenter l'esprit latin. Puis, la mainmise des Étrusques sur la Campanie, osque, mais en contact direct avec des cités grecques (Cumes, Poseidônia...), créait à travers le Latium, et au bénéfice particulier de Rome, un courant de civilisation mixte, nettement hellénisante, et à un moment où l'hellénisme florissait vigoureusement.

Les à-coups historiques. — L'expulsion des rois de Rome (date traditionnelle : 509), coïncidant avec un fléchissement universel de l'ionisme, signale la décadence de la puissance étrusque, qui va se poursuivre pendant deux siècles, sous la poussée gauloise au Nord, les coups des Latins et des Grecs au Sud. Ce fut, pour le développement intellectuel de Rome, un recul très grave. Une aristocratie rurale, indo-européenne en majorité, où les Latins étaient renforcés de puissants éléments sabins, anciens ou récents, rembarra les progrès que la « plèbe » (= foule mélangée) urbaine avait réalisés sous les rois étrusques. En même temps Rome, déchue de sa position prépondérante et sans doute de sa richesse, dut entreprendre de lentes et pénibles luttes pour s'imposer de nouveau parmi les villes du Latium.

L'acquis d'un siècle de civilisation se perdit ainsi sans laisser d'autre trace littéraire que de vagues linéaments dans les anciennes légendes de Rome. On devine une sorte d'anarchie morale et intellectuelle : l'étrusque continue à être langue de culture pour l'aristocratie ; la plèbe urbaine s'oriente davantage vers les idées et les cultes grecs. Cependant, au milieu de guerres et de discordes pénibles, une Rome plus latine se forge. La conquête de Véïes (395) faillit sans doute la faire incliner de nouveau vers l'Étrurie, et l'invasion gauloise (390) la détruire. Mais le dernier tiers du IVe siècle marqua enfin l'achèvement de sa conscience nationale et sa définitive orientation intellectuelle : ville maîtresse de la ligue latine à laquelle elle impose sa politique, étroitement unie à la Campanie, victorieuse des montagnards samnites et en contact avec les cités hellènes de Grande-Grèce, Rome est une véritable capitale et redevient un grand marché. Son aristocratie l'a mise en possession d'une tradition et d'un idéal national ; sa plèbe, pourvue d'un statut et en progrès continuel, s'y accorde sans renoncer à son esprit novateur : sur l'une comme sur l'autre, malgré les réticences officielles, l'hellénisme exerce son attirance, un hellénisme de mieux en mieux compris.

2. L'esprit et la langue

Au cours d'une histoire si tourmentée, la langue des Indo-Européens du Latium se maintint et se développa par sa force intime, semble-t-il, sans graves contaminations. L'influence de l'étrusque sur elle est presque nulle : quelques mots seulement. Celle du parler méditerranéen indigène paraît plus étendue : mais, réduite aussi au vocabulaire, elle n'a pas atteint la structure même de la langue. Ainsi se vérifient une fois de plus la singulière emprise des parlers indo-européens sur les populations soumises et leur ténacité en milieu allogène.

Mais ils doivent cet avantage à leur souplesse originelle et à leur don de renouvellement : étant capables de s'adapter aux conditions diverses, morales et matérielles, que les envahisseurs rencontraient au lieu où ils se fixaient enfin. Ainsi le latin possède, dans le groupe des langues indo-européennes, une puissante originalité, formelle et psychologique ; et l'on peut, en l'étudiant, même en dehors des textes, avoir un premier aperçu de cet accord entre l'esprit national et le langage, d'où sort une littérature. On notera seulement que cette étude relève les tendances spirituelles moins des Latins primitifs que des Latins du IVe siècle : déjà riches d'histoire et brassés d'éléments divers.

L'intelligence. — L'intelligence latine est très peu spéculative : la science pure, les mathématiques, poussées si loin par les Grecs, ne l'intéresseront jamais. Elle est précise cependant et suivie : mais son analyse ne se porte que sur les réalités, et surtout les réalités humaines. Le droit pratique est son triomphe : les problèmes concrets que posent à chaque instant dans la société les existences les plus chétives lui procurent une foule d'occasions de s'exercer ; elle compare, précise, distingue infatigablement ; mais, si subtile qu'elle arrive à être, elle revient toujours aux réalités. Le droit sera (Cicéron l'a bien vu) la philosophie — psychologie, sociologie, dialectique, logique — des Romains. Mais, à côté de lui, aussi la politique, qui juge les différences, calcule les forces en présence, apprécie les suites et recherche à chaque instant l'équilibre, sera pour eux la grande étude de la sagesse : l'histoire intérieure de Rome est, à cet égard, révélatrice. Point de théorie en tout cela, au moins tant que l'influence grecque n'eut pas débordé l'esprit romain ; mais une certaine obstination passive qui, consciente des pressions diverses, ne cède qu'au dernier moment, presque toujours à temps, et juste de ce qu'il faut. Par là les Romains furent des administrateurs hors ligne : ils ont organisé au bénéfice de l'État jusqu'à la religion, toute mêlée qu'elle était d'éléments indo-européens et indigènes, d'apports étrusques, grecs, sabins... Dans le domaine intellectuel, généralisation et vulgarisation seront des formes essentielles de l'esprit latin.

Ce génie d'adaptation et d'organisation semble indo-européen à l'origine ; mais sa forme romaine, d'une particulière netteté, doit peut-être beaucoup à la suite d'expériences politiques très diverses auxquelles furent soumis les Latins. Certain esprit de soin méticuleux, de scrupule religieux, paraît perpétuer l'influence étrusque. La fidélité, sans cesse proclamée, à la coutume des ancêtres *(mos maiorum)* est un phénomène général, mais auquel l'aristocratie gouvernante des ve-ive siècles a conféré une extrême rigidité ; il s'y rattache à la fois orgueil national et préoccupation morale : celle-ci colorée de malveillance et de satire, comme il arrive quand un code très strict de convenances et de dignité extérieure s'impose à des personnalités variées et énergiques.

Car, malgré l'habitude des cadres sociaux, le respect de la « majesté » de l'État et un formalisme presque oppresseur déjà, les volontés particulières restent puissantes. Le paysan, sur son bien, est routinier, mais personnel et processif ; dans les villes du Latium, dont la décadence se précipite, se cultive un individualisme grondeur ; à Rome, où la plèbe agit politiquement de façon grégaire, chacun pourtant accueille à sa manière idées et impressions nouvelles qu'apporte sans cesse le trafic extérieur, et poursuit avec énergie contre tous son intérêt particulier. D'une société en apparence très rigide ne cesseront d'émerger de fortes personnalités, révolutionnaires avec audace ou consciemment originales sous les apparences d'une règle consentie.

L'imagination. — Il ne paraît pas en un tel tempérament y avoir grande place pour la poésie. Pourtant l'imagination latine a ses ressources et son originalité. L'attachement aux réalités concrètes et l'attention scrupuleuse à en distinguer les différences, même peu apparentes, et les moments successifs, développaient les dons d'observation et les facultés descriptives. Cela se saisit, d'une façon bien naïve, dans les listes *(Indigitamenta)* de dieux proprement romains : une foule d'entre eux ne sont que des épithètes, qui révèlent l'analyse précise des services qu'on attend d'eux et qui, vaille que vaille, les décrivent. Surtout en matière agricole, ou quand il s'agit du détail de la vie familiale, des progrès de l'enfant, l'effort a quelque chose de touchant, et même de prometteur en sa gaucherie[1]. Toutes les réalités de la vie quotidienne, les minuties du champ, de la maison, de la famille, nourrissent l'imagination du Latin : source de poésie intime et réaliste.

Les grandes forces cosmiques, sans doute, il se les représente de façon moins vivante, mais aussi moins anthropomorphique que les Grecs. Il possède ou adopte des dieux de physionomie trouble, mal définie : Janus au double visage, Vertumne toujours changeant, en qui se mêlent confusément des préoccupations humaines et un vague sentiment de l'univers. Une communion assez mystérieuse se devine en son attachement à des sources, des lacs montagnards encerclés de forêts, en sa longue familiarité avec des

---

1. *Veruactor, Reparator, Imporcitor, Obarator, Occator, Sarritor, Subruncinator, Messor, Conuector, Conditor, Promitor,* président aux jachères, à leur remise en culture, aux sillons, au labour final, au hersage, au binage, au sarclage, à la moisson, aux charrois, à l'engrangement, au dégrangement... L'enfant vagit grâce à *Vaticanus,* parle grâce à *Fabulinus* ; *Cuba* le couche ; *Educa* et *Potina* lui apprennent à manger et à boire ; *Abeona* et *Adeona*, *Iterduca* et *Domiduca* le font marcher et promener et revenir auprès des siens.

animaux-fétiches (loup, oie, serpent...), dans sa foi aux prodiges, souvent enfantins, mais combien plus poétiques que les oracles où s'exerce la perspicacité des Grecs ! Mieux qu'eux peut-être il se figure l'étrangeté des métamorphoses ; et le merveilleux des superstitions se maintiendra tenace en Italie... Ce sont là des forces confuses, le plus souvent contrariées chez les Romains par les nécessités de l'action pratique, mais qui, chez de maîtres-écrivains, Lucrèce, Virgile, Sénèque, deviendront sentiment profond et anxieux des rapports entre l'homme et la nature, ou prescience de Dieu dans les solitudes.

La langue. — La langue latine nous apparaît assouplie par le travail littéraire, tandis que ses cousines italiques, l'ombrien et l'osque, ne nous sont connues que par des inscriptions, d'ailleurs peu nombreuses. La comparaison aide pourtant à définir l'originalité foncière du latin et de son rythme.

Le vocabulaire, au moment où s'ouvre la période littéraire, est homogène, malgré des emprunts assez nombreux aux anciens parlers méditerranéens (en particulier des noms de plantes), aux dialectes italiques, au grec (anciennement par intermédiaires, puis directement), même à l'étrusque (des termes de civilisation, comme ceux venus du grec). Un long usage oral a fortifié, comme il arrive chez les « sauvages », la valeur propre de chaque mot : une foule de vocables latins resteront toujours chargés de nuances particulières, non logiques, mais affectives ; ils sont plus que des signes. Les dérivés gagnent vite leur indépendance ; les composés sont rares et, au lieu d'être de sens limpide comme chez les Grecs, prennent souvent, comme les mots anciens, une valeur personnelle complexe. Il en résulte une gêne pour l'exercice de la pensée pure, un certain manque de netteté dans le dessin (d'autant plus que l'article fait défaut), mais pour des écrivains artistes, une richesse séduisante de demi-teintes, d'ailleurs difficiles à accorder.

Le penchant des Latins à l'analyse des réalités humaines, surtout psychologiques et sociales, enrichit progressivement leur langue de termes abstraits, mais non purement philosophiques ou scientifiques ; ils s'unissent donc facilement dans la phrase au vocabulaire concret, et ce genre d'alliance deviendra — mais assez tard — une ressource importante de la prose latine.

Le système des flexions (« cas » des noms et des adjectifs) est moins usé que chez les Grecs : l'ablatif subsiste. Les avantages en sont connus : souplesse dans la construction de la phrase ; possibilité de grands effets psychologiques ou descriptifs par la mise en vedette (le latin accentue le début des phrases) des termes essentiels ; richesse de suggestions poétiques par le rattachement de mots qui, sans se rapporter l'un à l'autre, se colorent, pour ainsi dire, de reflets réciproques.

La conjugaison latine ne dispose pas de la voix moyenne des Grecs, si riche en nuances individuelles ; mais une quantité de verbes, à préfixe en particulier, revêtent de telles valeurs personnelles, soit par très lointaine ascendance, soit simplement par l'usage. La grande innovation du latin est dans la rigoureuse distinction des temps, en particulier dans l'opposition entre ce qui est achevé *(perfectum)* et ce qui ne l'est pas *(infectum)*. L'admirable réalisme de ce peuple se reconnaît aussi dans la nette distinction entre l'indicatif, mode du réel, et le subjonctif, mode du pensé. Par contre l'optatif (mode du souhait) n'existe pas comme forme distincte ; les participes sont peu nombreux et ceux qui existent assez peu employés (sauf l'adjectif-participe dit passif) dans l'ancien usage.

L'écriture et le parlé. — Les Latins n'apprirent à écrire leur langue que lorsque les Étrusques leur eurent transmis un des alphabets des Grecs d'Occident. Mais l'écriture fut ignorée de l'immense masse du peuple et pendant longtemps réservée à la transcription officielle de rares documents. Même en pleine floraison littéraire, les gens les plus instruits prenaient moins souvent connaissance d'un livre par lecture muette qu'en l'écoutant lire à voix haute. Et c'est toujours ainsi qu'on devrait apprécier un texte latin.

Non seulement, en effet, la souplesse et l'harmonie des constructions, la raison d'être des groupements de phrases par juxtaposition, enchaînement ou enveloppement, ne peuvent être saisies que de cette façon. Mais le latin tout entier est une langue émotive et dramatique, qui développe ses effets dans le temps, et avec le sens inné de la vie. Il a multiplié les procédés de reproduction de la parole : style direct, style indirect, style indirect libre, avec les nuances les plus délicates. S'il est peu propre à la recherche philosophique ou scientifique, il est admirable pour la peinture de l'action et du mouvement psychologique.

Le rythme. — De sonorité grave, assez sourde, avec certaines lourdeurs monotones dans les flexions, et des duretés (à cause des gutturales surtout), mais sans aspirations et capable de souples agencements, la langue latine s'articulait bien, chaque mot ayant une intensité initiale et un accent. Cet accent, au moins à l'époque classique, était musical comme celui des Grecs et permettait, dans les groupes de mots, des modulations variées ; plus tard, il devint intensif, comme dans l'allemand ; à l'origine il l'était peut-être aussi : en tout cas les Latins furent toujours particulièrement sensibles au rythme de la phrase.

Le travail scandé (fauchaison, pilonnage, halage, etc...), les jeux d'enfants entraînent naturellement le chant rythmé. Mais c'est par la religion surtout que se fixent les premières formes artistiques de la langue latine : processions entrecoupées de stations (comme aux *Ambarualia* : autour des champs ; ou à la fête urbaine du *Septimontium*) ; danses à trois battements des Saliens, porteurs de boucliers sacrés ; plus tard accompagnement de flûte des cérémonies... Sans obligations prosodiques, les « formules » *(carmina)* s'organisent ainsi en conformité avec le génie intime de la langue : c'est dire que ce travail fut essentiel aussi bien pour l'avenir de la prose latine que pour celui de la poésie.

Ces formules, incantations ou prières, procèdent volontiers par accumulation de termes qui insistent sur la même idée, la précisant parfois de proche en proche ; ou par balancement symétrique ; ou par antithèses. Même des noms de dieux trahissent ces tendances et en assurent l'antiquité : *Aius Locutius* (« Celui qui affirme, qui parle »), *Panda Cela* (« Celle qui découvre et qui recèle »). Dictons magiques, préceptes rustiques les développent de façon grossière, en attendant qu'elles dominent toute la savante rhétorique des auteurs classiques. Ainsi le couplet que l'on chantait le 11 octobre aux *Meditrinalia*, et qui rappelle le temps où le vin n'était encore utilisé que comme remède :

Vetus nouum uinum bibo,	Vieux et nouveau je bois le vin,
ueteri nouo morbo medeor.	vieux et nouveau mon mal s'en va.

ou telle notion d'expérience rurale qu'a reprise Virgile (*Géorg.*, I, v. 47) :

Hiberno puluere, uerno luto,	Poussière d'hiver, boue de printemps :
grandia farra, Camille, metes.	beaux grains, Camille, à la moisson.

Plus spécifiquement latin encore est le goût pour l'allitération, qui groupe plusieurs mots commençant par le même son ; et pour une assonance toute proche de la rime. Ces deux procédés seront utilisés, avec discernement, encore par Lucrèce. Le second scande avec une netteté brutale la série des grandes actions dont se glorifie Appius Claudius Caecus.

...Complura oppida de Samnitibus cepit,
Sabinorum et Tuscorum exercitum fudit,
pacem fieri cum Pyrrho rege prohibuit,
in censura uiam Appiam strauit
et aquam in urbem adduxit,
aedem Bellonae fecit.

Corpus Inscriptionum Latinarum, I, 28, p. 287.

...Il a pris un grand nombre de places sur les Samnites, battu l'armée des Sabins et des Étrusques, empêché de conclure la paix avec le roi Pyrrhus ; comme censeur, il a construit la voie Appienne et amené de l'eau à Rome, élevé un temple à Bellone.

Le vers saturnien. — Le vers national lui-même (italique d'ailleurs, étrusque peut-être, et non spécifiquement latin), le saturnien, présente tant de libertés métriques, ou ce que nous prenons pour des libertés, qu'il semble régi beaucoup plutôt par un rythme que par une volonté mélodique. Depuis Varron les érudits ont voulu y chercher soit un septénaire ïambique catalectique (7 ïambes, ∪⊥[1], dont le dernier incomplet), soit un sénaire trochaïque (6 trochées, ⊥∪) avec anacruse (une syllabe pour rien au début). Ainsi se scanderait un saturnien célèbre[2] :

∪ ⊥ ∪ ⊥ ∪ ⊥ _ ⊥ ∪⊥ ∪⊥ ∪
Dabunt malum Metelli || *Naeuio poetae.*
Les Métellus rosseront le poète Naevius.

Mais la seule réalité apparente, c'est que le saturnien représente un système rythmique à deux parties inégales, la seconde étant (dans cet exemple, du moins) la plus brève, donc l'inverse de l'ancien vers épique français :

Rodlanz ferit || el pedron de sartaigne
Roland frappa sur le bloc de rocher,

et capable, comme lui, de grands effets à la fois monotones et heurtés.

1. Le signe _ désigne une syllabe longue ; ∪ une syllabe brève. Normalement une longue vaut deux brèves.
2. Une autre scansion, plus raffinée, divise le vers en une tétrapodie ïambique catalectique et une tripodie trochaïque. — Voir plus bas, p. 36 s.

3. Tendances et directions littéraires

Les plus anciens monuments de la langue latine n'ont rien de littéraire[1]. Sans doute certains collèges de prêtres conservaient religieusement des formules ou « chants » *(carmina)* qu'aux temps classiques déjà ils ne comprenaient plus : nous possédons, par Varron (*De lingua latina*, VII, 26), celui des danseurs Saliens, prêtres de Mars, mais sans être assurés qu'il nous a été correctement transmis ; et, par une inscription du IIIe siècle de notre ère, celui des frères Arvales, qui honoraient une antique déesse agricole, Dea Dia. Mais ces *carmina* ne comptaient pas, aux yeux des Romains, dans la littérature, et l'interprétation en est des plus incertaines.

Tradition orale et littérature. — La loi des XII Tables (vers 450 ?), dont nous possédons un assez grand nombre de prescriptions sous forme rajeunie, était au contraire apprise dans les écoles romaines ; et certains discours d'Appius Claudius Caecus, censeur en 312, étaient encore lus par Cicéron. Avant 240 et la première pièce de Livius Andronicus, à cela se réduisent officiellement les lettres latines. On a pourtant pensé que de génération en génération devaient se transmettre, oralement, mais sous une forme de plus en plus arrêtée, — donc tendant au caractère d' « œuvre littéraire », — des traditions reflétant l'expérience et les aspirations du peuple latin. L'hypothèse n'a rien d'absurde : les Gaulois savaient de longs poèmes religieux, cosmiques, épiques, qui ont tout entiers péri parce qu'ils ne les confiaient pas à l'écriture.

Encore faut-il, pour qu'une tradition orale acquière une certaine fixité, que sa transmission soit l'objet de scrupule religieux, ou appuyée sur certains repères immuables, ou tout au moins renouvelée à dates fixes en des circonstances solennelles, toujours les mêmes. Les Latins racontaient, à coup sûr, des fables d'animaux : mais ces fables ont-elles jamais, aux Ve-IVe siècles, pris une forme arrêtée, déjà « littéraire » ? Et s'ils possédaient (c'est une hypothèse) des chants nuptiaux, funéraires, de table, en doit-on conclure à un lyrisme national ?... C'est seulement en matière d'histoire semi-épique (hypothèse de Niebuhr) et d'art dramatique qu'il semble qu'on puisse assez légitimement parler de tendances pré-littéraires nationales.

Préparation à l'histoire. — L'aristocratie dirigeante, politique et religieuse, avait de longue date à Rome accumulé une documentation des plus

---

1. Une fibule d'or (sorte d'épingle anglaise) de Préneste, sur laquelle quatre mots indiquent l'artisan et le destinataire (vers 600 ?) ; — un cippe mutilé, où seuls quelques mots sont compréhensibles, trouvé dans le forum de Rome (première moitié du Ve siècle) ; — une dédicace religieuse (?) dont on ne sait même comment séparer les mots, gravée à la pointe de droite à gauche sur trois petits vases soudés entre eux, trouvés à Rome aussi.

variées où se satisfaisaient son esprit de suite, sa passion organisatrice et sa vanité nobiliaire.

1° D'abord, de simples listes, les unes de portée religieuse (mais aussi politique), comme le *Calendrier* et le relevé des jours fastes (où pouvait se rendre la justice) ; d'autres qui, outre leur intérêt pour le comput chronologique, attestaient la continuité du gouvernement et de la religion nationale : listes des magistrats annuels *(Fastes consulaires)*, des pontifes ;

2° Puis des *Commentarii* (ou *libri*) enregistrant les actes essentiels des rois (ou « rois des sacrifices »), pontifes, augures, saliens, etc..., de façon qu'on pût les retrouver et en utiliser l'enseignement en cas de besoin ;

3° D'intérêt plus général étaient les *Annales Maximi* ou *Annales des Pontifes*, sur lesquelles étaient portés annuellement les grands faits de l'histoire de la cité, surtout, il est vrai, les prodiges et les événements d'ordre religieux ;

4° Les *tituli*, au contraire, et les *elogia*, dans lesquels les plus importants personnages de l'État énuméraient avec une sécheresse orgueilleuse leurs exploits et leurs bienfaits, étaient de caractère surtout civil et militaire ; très précieux pour l'histoire de Rome si l'on avait pu entièrement s'y fier.

Voici, à titre d'exemple, l'épitaphe de L. Cornélius Scipion, en deux fragments, conservés au Musée du Vatican et à la Bibliothèque Barberini :

L. CORNELIO L. F. SCIPIO
AIDILES COSOL CESOR

HONC OINO PLOIRVME COSENTIONT R[OMAI]
DVONORO OPTVMO FVISE VIRO
LVCIOM SCIPIONE FILIOS BARBATI
CONSOL CENSOR AIDILIS HIC FVET A[PVD VOS]
HEC CEPIT CORSICA ALERIAQVE VRBE
DEDET TEMPESTATEBVS AIDE MERETO[D]

Le *titulus* donne le nom et les principales fonctions du défunt. L'*elogium*, plus récent, est en vers saturniens. Voici la traduction : « L. Cornélius, fils de Lucius, Scipion, édile, consul (en 259 av. J.-C.), censeur (avant ou après). Celui-ci, de l'aveu commun des Romains, fut le meilleur des hommes de bien. Fils de Barbatus, il fut ici, chez vous, consul, censeur, édile. Il conquit la Corse et la ville d'Aléria. Il donna aux Tempêtes un temple pour les remercier[1] ».

Mais si les inscriptions triomphales ou funéraires ne pouvaient, sans doute, pousser jusqu'à l'indécence l'exagération ou le déguisement des faits, il n'en était pas de même d'autres *elogia*, dont les excès étaient fort propres à revêtir le passé de couleurs épiques : éloges funèbres (on en attribuait l'initiative à Valérius Publicola, tout au début de la République), plaintes sur le mort ou *nénies*, et (s'ils ont une réalité) ces chants héroïques sur les ancêtres, exécutés dans les banquets, dont parle Plutarque.

Il semble même qu'on doive reconnaître dans l'ancienne histoire de Rome, telle que nous l'ont transmise Tite-Live et Denys d'Halicarnasse, autre chose

1. Cette épitaphe est commentée dans le *Recueil de textes latins archaïques* de A. Ernout, p. 14-18.

qu'un roman imaginé par des Grecs, comme certains l'ont cru : non seulement les préoccupations et les idées maîtresses (soucis juridiques, dévouement à l'État, rigidité morale) en sont de couleur romaine ; mais on y reconnaît plusieurs épisodes (Horatius Coclès, Coriolan, Virginie...) développés sous forme dramatique avec mise en scène, coups de théâtre, conclusion religieuse ou morale, où pourrait bien se révéler une ancienne élaboration mythique antérieure à la mise en forme littéraire ou pseudo-historique, comme l'ont montré les recherches de G. Dumézil. Car il s'y retrouve bien des éléments anciens (indo-européens, étrusques, sabins, campaniens), dont il ne paraît pas que les rédacteurs de l'âge classique aient pu avoir claire conscience.

Ainsi l'histoire et l'épopée historique ont-elles à Rome d'antiques fondements.

Tendances au drame. — Les formes dramatiques elles aussi ont de lointaines origines quoique beaucoup plus complexes, étant en partie populaires, même plébéiennes, et par là soumises à maintes influences étrangères.

Pourtant, dans le fond même de la religion nationale se notent des aspects dramatiques : les cérémonies se développaient en actes très distincts, souvent séparés par de longs intervalles ; et le geste devait y accompagner avec une rigoureuse exactitude l'énoncé de formules inchangeables. En certaines la mimique devenait saisissante : le 24 février, par exemple *(Regifugium)*, le « roi des sacrifices » devait s'enfuir aussitôt la victime immolée ; le 15 octobre, les fidèles se disputaient réellement la queue du cheval qui venait d'être sacrifié *(October equus)*. Le rituel des Saliens et des frères Arvales, comportant changements de costume, processions et stations, sacrifices, mélopées et danses à trois temps *(tripudium)*, celui des Luperques, avec mimique, déguisement, course autour du Palatin, offrent tous les éléments d'une action dramatique.

Mais, à côté de ces formes réglées, les fêtes populaires permettent et entretiennent une création plus spontanée, qui s'épanouit pourtant à dates fixes : le temps des récoltes en particulier, encourageant la bombance en même temps qu'il oblige aux actions de grâce envers les divinités fécondantes, exalte une imagination réaliste, grossière, mais pleine de sève. Alors ces Italiens se livrent à leur génie propre d'improvisation, de gestes et de paroles. Il va de soi que les mêmes thèmes, un fonds commun de plaisanteries le nourrissent : c'est un plaisir qu'on attend. La bouffonnerie, l'obscénité, la satire la plus libre, la mascarade s'y mêlent. La religion y ajoute un certain ordre, mais surtout celle de divinités grecques de l'Italie méridionale, Démèter en particulier (adorée sous le nom de Cérès), de très bonne heure adoptée par la plèbe : cet ordre n'a donc ni la rigidité ni la solennité des cérémonies patriciennes.

Moins romaine qu'italienne, cette activité populaire a enrichi la littérature latine d'éléments importants : les chants fescennins étaient de grossières improvisations satiriques en vers saturniens ; leur nom indique peut-être leur origine (Fescennium était une ville falisque), ou bien leur caractère semi-religieux, les obscénités passant pour conjurer le mauvais sort[1] : on ne cessa d'en débiter dans les cortèges nuptiaux et dans la pompe du triomphe, — le même esprit régnait dans les farces campaniennes qui, bien plus tard, s'acclimatèrent à Rome sous le nom d'atellanes ; — et aussi, semble-t-il, dans la *satura* ou « mélange[2] » de couplets, danses, mimiques, d'où pouvait sortir aussi bien une action dramatique que différents genres de satires.

Mais l'organisation artistique, où le théâtre s'inséra plus tard, est due aux Étrusques. Les jeux religieux de Rome *(ludi)* avec leurs danses, leurs parades, leurs « concours » athlétiques, leurs courses, les combats de gladiateurs aussi, tiennent leur forme réglée des Étrusques et des Étrusco-Campaniens. D'eux aussi sont venus à Rome les joueurs de flûte *(tibicines)*, les mimes-danseurs *(histriones)*, peut-être les premiers usages du masque *(persona)* : la tradition retenait la date de 364 comme celle d'une intrusion massive (pour conjurer une peste opiniâtre) d'éléments étrusques, d'où devait sortir le théâtre latin (Tite-Live, VII, 2). Cependant le très vif penchant des Latins, et des Italiens en général, à mêler les genres et faire contraster les effets subsistait au milieu des apports de toutes sortes ; il subsistera en partie dans la comédie de Plaute. Mais les légendes grecques, surtout tragiques, très aimées et souvent figurées par les Étrusques sur leurs sarcophages ou leurs urnes funéraires, et peut-être dans leur théâtre (car nous savons par Varron, *De lingua latina*, V, 55, qu'un Volnius avait écrit des tragédies étrusques), mises en scène somptueusement dans les villes grecques de l'Italie méridionale, devenaient familières aux Latins et leur donnaient maint exemple d'unité dramatique.

Le droit et la rédaction juridique. — Cependant ces aspirations à la littérature historique ou épique, dramatique ou satirique, ne devaient trouver des formes stables qu'après s'être longuement enrichies d'éléments étrangers et par l'imitation des Grecs. Le droit, au contraire, se développant sous des aspects foncièrement latins, formula de bonne heure ses préceptes de façon si originale qu'ils peuvent passer pour la première expression artistique de la prose latine.

Le procès, comme l'acte religieux, se présentait anciennement chez les Latins comme un drame : qui, par exemple, revendiquait un champ devait s'y transporter avec le juge ou, au moins, contester à son adversaire une motte de terre figurant le bien en litige ; gestes et paroles, stéréotypés, opposaient les plaideurs comme deux personnages de tragédie. Ces rigoureuses saynètes, qui engageaient le procès devant le préteur, s'appelaient « actions de la loi » et restaient le secret des pontifes, qui ne « délivraient les formules » que lorsqu'il leur semblait bon : l'édile Cn. Flavius les divulgua en 304. Mais ce n'était déjà plus que résidus archaïques. La grande nouveauté datait alors, selon une tradition suspecte, de presque un siècle et demi : c'était la loi, laïque et publique, valable pour les patriciens comme pour les plébéiens, que les

1. *Fascinus* signifiant une amulette phallique.
2. C'est l'étymologie des anciens : la *satura lanx* était une macédoine de fruits ou de légumes, ou une variété de prémices offerts tous à la fois à Cérès. Mommsen rapprochait le mot de *satur* (rassasié) : ce serait l'expansion naturelle de gens qui ont fait bombance. Une origine étrusque n'est pas absolument exclue.

Décemvirs de 450, disait-on, avaient inscrite sur douze tables de bronze ; vraiment un grand effort de codification et de rédaction.

Bien que rajeuni, d'ailleurs avec un certain goût, le style des fragments qui nous en sont parvenus justifie l'admiration, même de grands écrivains comme Cicéron. D'abord par la simplicité avec laquelle il révèle l'analyse et la déduction spontanées du rédacteur : les stipulations qui épuisent une matière se suivent chronologiquement, sans liaison exprimée, sans indication du sujet de l'action quand celle-ci suffit à le suggérer, avec la liberté parlante du « style oral » :

Si nox furtum faxsit, si im occisit, iure caesus esto.
Si [quelqu'un] vole de nuit, si [le propriétaire] le tue, que sa mort soit légitime.

Mais aussi une netteté brève, une autorité mordante, qui donnent l'impression de l'éclat, mais ne sont que souci d'exactitude et procédé mnémotechnique. Antithèses, chiasmes, anaphores[1], qui deviendront plus tard ornements rhétoriques, scandent et rythment les formules, parfois comme un *carmen*, avec une grande diversité d'agencements :

Adsiduo uindex adsiduos esto ; proletario iam ciui quis uolet uindex esto.
Qu'un domicilié ait pour garant un domicilié ; mais qu'un prolétaire ait pour garant n'importe qui.

Si pater filium ter uenumdauit (?), *filius a patre liber esto.*
Si un père vend trois fois son fils, que le fils soit affranchi de la dépendance du père.

Appius Claudius Caecus. — Le style des XII Tables, adapté à son objet et représentatif de leur temps, a déjà des qualités littéraires. Peut-être même révèle-t-il en certaines de ses parties la personnalité d'un rédacteur bien doué. Mais le premier « écrivain » latin ne s'offre qu'à la fin du IVe siècle : c'est Appius Claudius Caecus, censeur en 312, consul en 307 et 296.

De vieille et orgueilleuse noblesse sabine, Ap. Claudius n'en mena pas moins une politique presque révolutionnaire en faveur de la plèbe, des affranchis même. Il se porta aussi vers l'hellénisme. Et les deux traits s'accordent. Mais son hellénisme semble complexe : peut-être une attirance personnelle vers le pythagorisme, philosophie de tendances aristocratiques et religieuses de la Grande-Grèce ; et aussi — comme une grande partie de la plèbe — vers des formes de culte plus hellénisantes (ce que révèle, par exemple, la réglementation du principal sanctuaire romain d'Hercule) ; mais aussi une nette volonté politique d'orienter l'avenir de Rome vers le Midi de la péninsule : il ouvrit en cette direction la voie qui prit son nom ; et si, aveugle et impotent, il se fit porter au Sénat pour l'empêcher de traiter avec Pyrrhus (280), c'est qu'il voulait réserver à Rome la pleine disposition de l'Italie grecque. Son patriotisme et ses goûts collaboraient en une prescience admirable : mais son audace novatrice paraissait sacrilège aux gens de sa caste.

1. Le chiasme est un entre-croisement d'expressions symétriques (ABB'A' ; AB'A'B ; etc...) ; l'anaphore consiste à répéter le même mot en tête de membres de phrases successifs.

Il s'était occupé de la langue, rendant définitif le passage du son *s* au son *r* entre deux voyelles (rhotacisme : *Numasius* devint *Numerius*) ; du droit (traité *De usurpationibus*). Il laissa des discours qui témoignaient, paraît-il, d'une certaine aisance ; et un recueil de sentences morales en saturniens *(Carmen de moribus)* que Cicéron (*Tusculanes*, IV, 4), appelait *pythagoreum*, le comparant aux « vers dorés » de Pythagore ; toutefois les très misérables débris qui nous en sont parvenus ne permettent pas de juger de son art. Mais les sujets, strictement pratiques et conformes à une tradition aristocratique dont on retrouvera des traces, cent trente ans plus tard, dans Caton, contrastent curieusement avec l'hellénisme volontaire et hardi de sa politique. Cet homme, le mieux fait pour réaliser la synthèse gréco-romaine et plébéio-patricienne, s'est arrêté en chemin dès qu'il s'est agi de littérature.

Aspects généraux du développement littéraire à Rome. — Le rythme même du développement littéraire de Rome est déjà sensible en cette lente et inégale initiation : sans cesse alterneront épanouissements vers l'Orient grec et resserrements nationaux ; et tantôt le décalage entre les deux formes de civilisation, grecque et latine, s'atténuera jusqu'à presque disparaître, tantôt il s'aggravera étrangement. Les auteurs latins, d'autre part, dans leur hâte d'utiliser au mieux toute la littérature grecque, vont ou bien mêler tous les enseignements ou bien, au même moment, innover en des sens fort divers. Ainsi domineront des individualités supérieures, difficiles à inscrire en une suite régulière : entre Plaute et Térence, entre Lucrèce et Virgile, dirait-on qu'il n'y a qu'une génération d'intervalle et qu'ils ont eu les mêmes modèles ?

Il importe pourtant de ne jamais disjoindre l'étude des lettres latines de celle des lettres grecques, sans lesquelles elles ne sauraient ni se comprendre ni se goûter. Car, d'une part, Rome a continué la littérature grecque, portant à une perfection plus large et plus humaine les conquêtes incertaines de l'alexandrinisme[1] ; de l'autre, elle a réalisé une synthèse doublement originale : en combinant les leçons des classiques à celles des Alexandrins ; et en intégrant à l'hellénisme l'esprit de l'Occident méditerranéen, puis septentrional.

De ce développement, inégal bien que continu, dru et savoureux quoique savant, mêlé et original, l'étude ne peut être que complexe. Mais elle est riche d'enseignements et de résonances : car tout l'équilibre de civilisation dont nous vivons depuis 1 500 ans dépend de cette nécessaire transposition du génie grec sous forme italique, puis européenne, dans le cadre de la conquête et de l'organisation romaines.

1. On appelle ainsi la période qui accompagna et suivit l'activité d'Alexandre le Grand (fin du IVe, IIIe et IIe siècles).

BIBLIOGRAPHIE

1. CONDITIONS HISTORIQUES

J. VENDRYES, *Le langage : introduction linguistique à l'histoire* (Paris, 1921) ; M. EBERT, *Reallexikon der Vorgeschichte* (Berlin, 1924-1932) ; A. MEILLET, *Introduction à l'étude comparative des langues indo-européennes*[8] (Paris, 1937) ; A. CARNOY, *Les Indo-Européens* (Bruxelles, 1921) ; C. SCHUCHARDT, *Alt Europa*[2] (Leipzig-Berlin, 1926) ; G.-A. MANSUELLI, *Les civilisations de l'Europe ancienne* (*Arthaud*, 1967) ; Ch.-Cl. VAN ESSEN, *Précis d'hist. de l'art antique en Italie* (*Latomus*, XLII, Bruxelles, 1960). — A. ROSENBERG, *Der Staat der alten Italiker* (Berlin, 1913) ; G. DÉVOTO, *Gli antichi Italici*[2] (Florence, 1952). — M. PALLOTTINO, *La civilisation étrusque* (Paris, 1949) ; *Etruscologia*[3] (Milan, 1955) ; R. BLOCH, *L'Étrurie et les Étrusques* (Paris, 1955) ; A. HUS, *Les Étrusques* (Paris, 1959) ; J. HEURGON, *La vie quotidienne chez les Étrusques* (Paris, 1961 ; trad. ital., 1963). — R. BLOCH, *Les origines de Rome* (Paris, 1959) ; P. DE FRANCISCI, *Primordia civitatis* (Rome, 1959) ; R. BLOCH et J. COUSIN, *Rome et son destin* (Paris, 1960) ; H. BARDON, *Il genio latino* (Rome, 1961) ; éd. fr. *Le génie latin* (coll. *Latomus*, Bruxelles, 1963) ; P. GRIMAL, *La civilisation romaine* (Paris, 1960) ; J. BAYET, *Histoire politique et psychologique de la religion romaine* (Paris, 1957 ; trad. ital., 1959) ; G. DUMÉZIL, *La religion romaine archaïque* (Paris, 1966).

2. L'ESPRIT ET LA LANGUE

A. MEILLET, *Esquisse d'une histoire de la langue latine*[4] (Paris, 1938) ; A. GRENIER, *Le génie romain dans la religion, la pensée et l'art* (Paris, 1925) ; G. DÉVOTO, *Storia della lingua di Roma* (Bologne, 1940).

F. MÜLLER, *Altitalisches Wörterbuch* (Göttingen, 1926) ; H. JACOBSOHN, *Altitalisches Inschriften* (Bonn, 1910) ; V. PISANI, *Le lingue dell'Italia antica oltre il Latino* (Turin, 1953) ; A. ERNOUT, *Le dialecte ombrien. Lexique du vocabulaire des Tables eugubines et des inscriptions* (Paris, 1961).

J. MAROUZEAU, *Le latin*[2] (Paris, 1927) ; *Introduction au latin* (Paris, 1941). — A. MEILLET et J. VENDRYES, *Traité de grammaire comparée des langues classiques*[2] (Paris, 1948) ; STOLZ-SCHMALZ et LEUMANN-HOFFMANN, *Lateinische Grammatik*[5] (Munich, 1928), refondue par A. Szantyr (1963). — A. WALDE et J.B. HOFMANN, *Lateinisches etymologisches Wörterbuch*[3] (Heidelberg, depuis 1930) ; A. ERNOUT et A. MEILLET, *Dictionnaire étymologique de la langue latine* (Paris, 1931, 4e éd. 1960) ; A. ERNOUT, *Les éléments dialectaux du vocabulaire latin* (Paris, 1909) ; J.B. HOFMANN, *Lateinische Umgangssprache*[2] (Heidelberg, 1936). — M. NIEDERMANN, *Précis de phonétique historique du latin*[3] (Paris, 1953) ; A. ERNOUT, *Morphologie historique du latin*[3] (Paris, 1953) ; BENNETT, *Syntax of early Latin* (Boston, 1910-1914) ; J. WACKERNAGEL, *Vorlesungen über Syntax* (Bâle, I[2], 1926 ; II, 1924) ; E. LÖFSTEDT, *Syntactica*, 2 vol. (Lund-Paris, 1928-1933 ; I[2], Lund, 1942) ; A. ERNOUT-F. THOMAS, *Syntaxe latine*[2] (Paris, 1953).

M. HAMMARSTRÖM, *Beiträge zur Geschichte des etruskischen, lateinischen und griechischen Alphabets* (Helsingfors, 1920) ; A. GRENIER, *L'alphabet de Marsiliana et les origines de l'écriture à Rome* (*Mélanges de l'École de Rome*, 1924).

K. POLHEIM, *Die lateinische Reimprosa* (Berlin, 1925) ; W.I. EVANS, *Alliteratio latina* (1921). — A.W. DE GROOT, *Le vers saturnien littéraire* (*Rev. d. Ét. lat.*, XII, 1934). Sur le vers saturnien voir aujourd'hui M. BARCHIESI, *Nevio epico* (Padoue, 1962), p. 310-327 ; N.I. HERESCU, *La poésie latine. Étude des structures phoniques* (Paris, 1960).

C.E. BENNETT, *Syntax of early Latin* (Hildesheim, 1966) ; E. FLORES, *Latinità arcaica e produzione linguistica* (Naples, 1978) ; B. LUISELLI, *Il problema della più antica prosa latina* (Cagliari, 1969) ; M. NEGRI, *Latino arcaico, latino rustico e latino preromanzo* (Milan, 1982).

3. TENDANCES ET DIRECTIONS LITTÉRAIRES

O. Böckel, *Psychologie der Volksdichtung* (Leipzig, 1906) ; C. Pascal, *Feste e poesie antiche* (Milan, 1925). — P. Lejay, *Histoire de la littérature latine des origines à Plaute* (Paris, 1923) ; E. Cocchia, *La letteratura latina anteriore all'influenza ellenica* (Naples, 1924-1925).

W. Corssen, *Origines poesis Romanae* (Berlin, 1846) ; J. Wordsworth, *Fragments and specimens of early Latin* (Oxford, 1874) ; A. Ernout, *Recueil de textes latins archaïques* (Paris, 1916, nouv. éd. 1957).

A. Reichardt, *Die Lieder der Salier und das Lied der Arvalbrüder* (Leipzig, 1916) ; M. Nacinovich, *Carmen Arvale*, 2 vol. (Rome, 1933-1934) ; A. Pascoli, *Acta fratrum Arvalium* (Bologne, 1950).

C. Thulin, *Italische sakrale Poesie und Prosa* (Berlin, 1906) ; F. Luterbacher, *Der Prodigienglaube und Prodigienstil der Römer* (Burgdorf, 1904) ; A. Otto, *Die Sprichwörter und sprichwörtliche Redensarten der Römer* (Leipzig, 1890).

E. Kornemann, *Die älteste Form der Pontifikalannalen* (*Klio*, 1911) ; Stampini, *I carmi trionfali romani* (*Saggi di letteratura e filologia latina*, 1917) ; F. Vollmer, *Laudationum funebrium Romanorum historia et reliquiarum editio* (*Neue Jahrbücher für Klass. Philologie*, Suppl. 18, 1892).

W. Rowoldt, *Librorum pontificiorum Romanorum de caerimoniis sacrificiorum reliquiae* (Halle, 1906). — Leo, *Über die Vorgeschichte des römischen Dramas* (*Hermes*, 1904) ; A. Piganiol, *Recherches sur les jeux romains* (Strasbourg, 1923). — B.L. Ullmann, *The present status of the Satura question* (*Studies in Philology*, 1920) ; P. Boyancé, *A propos de la satura dramatique* (*Revue des Études anciennes*, 1932) ; J.-P. Cèbe, *La satura dramatique et le divertissement fescennin* (*Rev. belge de philol. et d'hist.* XXXIX, 1961) et *La caricature et la parodie des origines à Juvénal* (Paris, 1966) ; E. de Saint-Denis, *Essai sur le rire et le sourire des Latins* (Paris, 1965).

P.F. Girard, *Textes de droit romain*[6] (Paris, 1937) ; *XII Tabulae*[2] (avec trad. all. et com. de R. Duell, Munich, 1953) ; C.W. Westrup, *Introduction to Early Roman Law*, IV : *Sources and Methods* (Copenhague, 1950). — E. Lambert, *La question de l'authenticité des XII Tables et des Annales Maximi* (*Nouv. Revue de droit français et étranger*, 1902) ; *Le problème de l'origine des XII Tables* (*Rev. générale du droit*, 1902) ; P.F. Girard, *La loi des XII Tables* (Londres, 1914) ; M. Bréal, *Sur la langue de la loi des XII Tables* (*Journal des Savants*, 1902).

J. Marouzeau, *Traité de stylistique latine*[3] (Paris, 1954) ; *Quelques aspects du latin littéraire* (Paris, 1949).

CHAPITRE II

CONSTITUTION D'UNE LITTÉRATURE GRÉCO-ROMAINE

Dans la seconde moitié du IIIe siècle se constitue soudain à Rome une littérature complète, imitée des Grecs, qui résulte de la volonté nette et du labeur réfléchi de quelques hommes d'origine non romaine : Livius Andronicus, Naevius, Plaute, Ennius. Elle risque ainsi de paraître tout artificielle. Mais nous ne connaissons aucune littérature qui n'ait subi, à ses débuts, le prestige de civilisations supérieures : les poèmes homériques eux-mêmes représentent l'aboutissement d'une longue élaboration d'éléments très divers, et leur fraîcheur résulte, pour une part, de l'ignorance où nous sommes de leurs origines. Nous voyons au contraire Rome se développer en un milieu sursaturé d'hellénisme et pouvons suivre sans illusion les progrès de sa formation intellectuelle. Or elle a beau se perfectionner fort vite ; elle a tant à apprendre d'une littérature plusieurs fois séculaire que même ses créations les plus originales révèlent l'influence de ses maîtres. Mais ce n'est pas là aveu de faiblesse ; et la beauté des œuvres n'en est pas diminuée.

Les étapes de l'influence grecque. — L'influence grecque n'avait pas cessé de s'exercer sur Rome au moins depuis la fin du VIIe siècle, mais d'abord par l'intermédiaire des Étrusques, puis non sans réticences ni rudes à-coups.

La désagrégation de l'empire étrusque avait laissé, au début du ve siècle, Rome désorientée entre une aristocratie rurale rétrograde et une plèbe urbaine affaiblie par la décadence du commerce. Des cités étrusques, surtout Caeré, l'alliée de Rome, et Véïes, sa rivale, restaient des foyers de culture hellénisante ; mais de puissants mouvements de peuples rendaient plus précaires les relations avec le Midi grec. De lui pourtant venaient à la plèbe des légendes, des dieux (Démèter-Cérès ; Héraclès-Hercule), des idées politiques peut-être. Les patriciens durent céder peu à peu à la pression : s'ils recouraient le moins possible aux prescriptions religieuses des livres Sibyllins venus, disait-on, de Cumes, mais de forte empreinte étrusque, ils envoyèrent, avant de rédiger le code des XII Tables, des ambassadeurs s'informer des législations helléniques dans les villes de Grande-Grèce.

La prise de Rome par les Gaulois (390) retarda sensiblement l'évolution. Mais lorsque (à partir de 343) la conquête latine s'orienta vers le Midi, contre les Samnites, l'ébranlement décisif fut donné, par les contacts répétés de toute la jeunesse militaire de Rome avec des populations de plus en plus purement grecques : les Campaniens, mêlés d'Osques et de Samnites, mais gréco-étrusques de culture, la ville de Naples, presque toute hellène, puis Locres et les autres cités de Grande-Grèce. Cependant, en constituant avec Capoue un État romano-campanien et en reconnaissant à Naples une indépendance quasi complète, Rome marquait comme une hésitation à se détacher de ses habitudes intellectuelles, encore partiellement étrusques. Et la vraie capitale de la Grande-Grèce, Tarente, lui était hostile. Le problème se posa de savoir si, en face de l'Italie romano-campanienne, n'allait pas s'affermir l'unité d'une Italie grecque : mais Alexandre le Molosse échoua, Pyrrhus se lassa de guerroyer contre Rome, et Tarente tomba (272). Parmi les Tarentins réduits en esclavage se trouvait un enfant, qui devait être le promoteur de la littérature gréco-romaine, Livius Andronicus.

Trente et un ans après, la Sicile, à son tour, devenait presque romaine à la suite de la première guerre punique (268-241) : elle avait été nettement l'enjeu, économique, de la lutte. Terre presque toute grecque, elle accroissait notablement la part de l'élément hellénique dans l'État romain. Mais elle fut considérée comme « province » et terre d'exploitation ; et la partie de l'île ou l'hellénisme était le plus agissant, Syracuse et ses environs, restait indépendante sous le roi Hiéron. Il fallut la seconde guerre punique, la prise de Syracuse (212), la destruction de Capoue (211), la seconde conquête de Tarente (209), pour que Rome, enrichie des dépouilles de toutes les grandes capitales grecques ou hellénisées d'Italie, représentât le centre d'attraction unique de l'hellénisme occidental. Mais, dès 240, elle s'était initiée à ce rôle.

La plèbe et le patriciat devant l'hellénisme. — Cette évolution, lente, puis précipitée, explique que l'hellénisme romain soit, au IIIe siècle, pour une part ancien et intime, pour l'autre surajouté et artificiel.

La plèbe urbaine, en relations permanentes depuis des siècles avec des trafiquants, des passants de toute sorte, elle-même créée en partie et toujours renouvelée par l'affranchissement d'esclaves d'origines très diverses, a pris l'esprit méditerranéen ; elle s'intéresse aux affaires, à la spéculation, au commerce maritime, grec ou punique. Elle accepte aussi tous les apports familiers de la vie des camps et l'expérience vivante des expéditions toujours plus lointaines ; elle se frotte chaque jour à des esclaves de plus en plus hellénisants. Ainsi elle se fait un langage composite, où une sorte de « sabir » cosmopolite bigarre l'ancien fonds rustique et juridique du latin, et où l'argot sans cesse mêle ses inventions expressives. L'hellénisme entre dans ce composé changeant pour une large part, déformé sans doute, mais assimilé. Une foule d'anciennes légendes grecques, relatives surtout au cycle de la guerre de Troie et aux dieux protecteurs de la santé et du commerce, sont familières à cette population, sous des noms parfois étrusquisés, sous des aspects qu'ont pu rendre singuliers leur passage à travers la Campanie, la Sabine, l'Étrurie, et toutes les escales du cabotage (sans compter leur séjour à Rome), mais encore reconnaissables.

L'aristocratie dirigeante, au contraire, a jusque-là sauvegardé en général son ancienne raideur, mais aussi la pauvreté, assez digne, de sa langue : aussi bien vit-elle par tradition, et assez chichement, semble-t-il, dans ses domaines hors ville, et se tient-elle, par orgueil, aussi loin qu'elle le peut de la plèbe et des peuples qu'elle soumet ; le commerce, les métiers lui paraissent honteux. Q. Métellus, aux obsèques de son père (en 221) définissait ainsi son idéal :

> Il a voulu être guerrier d'élite, excellent orateur, général énergique, commander en chef en de grandes entreprises, gérer la plus haute charge, montrer la plus grande sagesse, être au premier rang des sénateurs, se procurer honnêtement une grande fortune, laisser beaucoup d'enfants, être illustre dans l'État.
>
> PLINE L'ANCIEN, *Hist. nat.*, VII, 140.

Mais elle est contrainte à goûter à l'hellénisme de diverses façons. D'abord, par ambition politique, il lui faut flatter les goûts de la plèbe et ménager les gros intérêts du trafic et de la spéculation ; d'autant plus que les plébéiens accèdent de plus en plus nombreux aux magistratures : on voit de grands personnages revêtus de surnoms grecs (*Sophus*, le Sage ; *Philus*, l'Ami). L'importance croissante de la parole au forum et au Sénat éveille aussi une émulation parmi les patriciens : ils s'entraînent à cultiver leur langage et à donner des précepteurs, grecs bien entendu, à leurs enfants. D'autre part, au fur et à mesure que s'étend la conquête, ce devient pour eux une nécessité politique pressante de savoir le grec, qui est la langue internationale : Caton lui-même devra l'apprendre sur ses vieux jours. Ils se portent ainsi vers une connaissance, d'ordinaire raisonnée et gourmée, de l'hellénisme.

L'hellénisme romain au IIIe siècle. — L'hellénisme est ainsi abordé de façon à la fois vivante et scolaire. D'ensemble il représente, aux yeux des Romains, un raffinement de vie très séduisant, mais jouisseur, égoïste, roué : un peu suspect. Il faut se figurer le décalage social et moral qui sépare alors la Grèce de Rome : l'évolution des Latins retarde d'environ trois siècles sur celle des Hellènes. Le peuple de Rome est, dans l'ensemble, brutal, mais vigoureux et moralement droit : la seconde guerre punique, terrible d'épreuves et de durée (218-201), révèle ses vertus. Mais la multiplicité des contacts internationaux et l'extrême rapidité de son extension politique éveillent en lui maintes curiosités plus ou moins saines : le monde grec lui offre, pour les satisfaire, des solutions toutes trouvées et fort diverses. Selon les occasions, le Romain les éprouve et en jouit ; ou bien les méprise et s'en moque : de toute façon il y prend goût. Il accepte les thèmes romanesques, les légendes bizarres, à côté de l'héritage humain des classiques ; en religion, il renouvelle l'antique et sec formalisme des ancêtres non seulement par la recherche de la beauté plastique, mais par des imaginations sensuelles et mystiques ou des inquiétudes philosophiques : avec Apollon s'introduit à Rome la détente heureuse de fêtes auxquelles participent hommes et dieux ; la déesse asiatique Cybèle fut officiellement installée sur le Palatin dès 204 ; le culte demi-secret de Bacchus faisait de rapides progrès ; le pythagorisme comptait des adeptes entreprenants... Rome entrait ainsi (prématurément, si l'on tient compte de son degré de développement) dans le monde grec *actuel*.

La littérature était la forme la moins dangereuse de l'hellénisme, non la plus facile à assimiler, bien qu'une langue grecque « commune » *(κοινή)*, se substituant de plus en plus aux divers dialectes, et des modes de pensée communs aussi en rendissent l'accès plus aisé depuis les conquêtes d'Alexandre. Elle apparaissait ainsi déjà comme universelle. Mais son aspect contemporain, l'alexandrinisme, était trop raffiné et de compréhension trop difficile pour les Romains du IIIe siècle : ils s'adressèrent à la littérature attique du IVe, très dépouillée de forme et très humaine ; et, au-delà, aux classiques, tragiques athéniens du Ve siècle, et Homère, dont l'étude était courante dans toutes les écoles grecques et dont beaucoup de thèmes légendaires s'étaient répandus de longue date en Italie. Ainsi cherchaient-ils à regagner d'un seul coup leur retard sur leurs maîtres : ce ne pouvait être sans bousculade ni flagrantes inégalités.

Les genres poétiques : le théâtre. — En effet le besoin d'une littérature et l'aptitude à en jouir différaient beaucoup selon les milieux auxquels s'adressait le poète et selon les genres qu'il leur soumettait. Le théâtre était le seul qui bénéficiât déjà à Rome d'une tradition populaire. Aux danses scéniques des Étrusques s'étaient combinés les plaisanteries fescennines[1] et des « mélanges » *(saturae)* mimés et chantés sur des rythmes variés. La pénétration des Romains en Grande-Grèce leur avait fait aussi connaître de somptueuses mises en scène et toute sorte de pièces intriguées, tragiques, comiques ou parodiques. Et la multiplication des jeux publics et privés, aussi bien en temps de crise pour obtenir la bienveillance des dieux qu'aux moments de prospérité pour les remercier, rendait le public avide de nouveautés. La tâche des poètes hellénisants consista surtout à distinguer tragédie et comédie, et à donner au développement du « sujet » un caractère régulier, à la langue une tenue plus littéraire.

Chaque année, les édiles curules organisaient les Jeux Romains en l'honneur de Jupiter (4-19 septembre), les édiles de la plèbe, les Jeux Plébéiens

1. Voir plus haut, p. 19 s. Dès l'origine peut-être, les vers fescennins avaient une allure dramatique ; échange d'injures et de railleries entre personnes ou groupes opposés.

(4-17 novembre). A partir de 212 s'y adjoignirent les Jeux Apollinaires (6-13 juillet), donnés par le préteur urbain ; et à partir de 191 les Jeux Mégalésiens (4-10 avril), donnés en l'honneur de Cybèle par les édiles curules. D'autre part, toute occasion était bonne pour un magistrat ou un riche patricien de faire acte religieux, tout en s'acquérant la faveur du peuple, par des jeux extraordinaires, votifs, dédicatoires, triomphaux ou funéraires. Or, à côté d'exercices de toute sorte et de combats de gladiateurs, ces jeux comportaient des représentations théâtrales.

Les tréteaux, d'abord montés auprès d'un temple, au coin d'une place, sont toujours temporaires au IIIe siècle ; mais ils ont pris les dimensions d'une scène *(pulpitum)* sobrement ornée, sans décor ni rideau ; devant elle, sans doute un espace vide semi-circulaire, correspondant à l'orchestre des Grecs, mais où l'on dressait des sièges d'honneur, et une enceinte où s'entassait, assis ou debout, un public très mêlé et bruyant, qu'un héraut devait inviter au silence.

Un directeur de troupe comique à ses spectateurs

Bons souhaits à vous ! mais observez mes édits. Que nul appariteur[1] ne dise mot, ni ses verges non plus ; que le placeur ne passe pas devant le monde pour faire asseoir quelqu'un lorsqu'un acteur est en scène. Qui s'est attardé chez lui à faire la grasse matinée, courage, qu'il reste debout : il n'avait qu'à rogner sur son sommeil. Défense aux esclaves d'encombrer les premiers bancs, qu'ils fassent place aux hommes libres, ou bien achètent la liberté. S'ils n'ont pas de quoi, qu'ils s'en aillent au logis pour éviter double malheur : chamarrure de verges ici, de fouet à la maison, si leur travail n'est pas achevé au retour du maître. Les nourrices devront soigner au logis les poupons, non les apporter au spectacle : ainsi elles-mêmes éviteront la soif[2] et les enfants la faim ; on ne les entendra pas crier d'inanition comme des chevreaux. Les dames regarderont sans bruit, riront sans bruit : qu'elles se retiennent de faite tinter leur voix... harmonieuse, et rapportent chez elles leurs papotages : inutile de faire enrager les maris à la fois ici et à la maison. Quant aux présidents des jeux, qu'ils n'accordent injustement la palme[3] à nul artiste, n'en laissent chasser aucun par cabale, de façon que le pire l'emporte sur le meilleur.

Ah ! encore ceci, que j'allais oublier : pendant le spectacle, vous, les valets de pied, envahissez le cabaret, profitez de l'occasion, pendant que les tourtes sont toutes fumantes ; allez, ouste !

PLAUTE, *Poenulus*, v. 14-43.

Le « directeur de troupe » a d'ordinaire acheté au poète la pièce qu'il fait accepter au « donneur des jeux ». Il la représente avec ses esclaves-acteurs, tous des hommes, dont certains peuvent d'ailleurs jouer plusieurs rôles dans la même pièce. Le masque n'est pas encore en usage, le public romain étant très sensible aux jeux de physionomie ; la mise et les perruques (blanches pour les vieillards, rousses pour les esclaves) distinguent de façon convenue les personnages. Le public donnait le prix non à la pièce, mais aux acteurs.

Tirées du grec, comédies et tragédies se présentent sous le costume grec : on les appelle *palliatae* parce que les acteurs portent le *pallium*, non la toge

1. Chargé de maintenir l'ordre à coups de baguettes.
2. Les nourrices passaient pour aimer à boire.
3. Symbole de victoire.

nationale. Ainsi est sauvegardée la dignité de l'aristocratie romaine et stimulé le goût de la plèbe pour les aspects piquants de l'exotisme grec. Cependant depuis Naevius apparaissent quelques tragédies de sujet romain, les *praetextae* (la prétexte est la toge bordée de rouge des magistrats) : peut-être des œuvres de circonstance, de but patriotique ou destinées à servir les intérêts d'une grande famille à l'occasion d'un événement important.

Comédie et tragédie latines semblent avoir présenté peu de différences dans leur structure : l'une et l'autre comportent en général un prologue, une série d'épisodes et un épilogue. Ni l'une ni l'autre, ni leurs modèles grecs, ne se morcelaient en actes proprement dits, avec interruption de l'action : elle se poursuivait sans coupure, comme aujourd'hui un film de longueur moyenne, et tenait l'auditoire en haleine jusqu'au *plaudite* final.

Le rôle du chœur[1], qui va s'amenuisant d'Eschyle à Euripide et d'Aristophane à Ménandre, est encore plus réduit à Rome. Ainsi la comédie (qui nous est mieux connue que la tragédie) se présente comme la descendante de la comédie attique du IVe siècle[2] (Comédie-moyenne et Comédie-nouvelle), intriguée et bourgeoise : mais elle y a réintroduit l'élément lyrique, peut-être en partie sous l'influence de la tragédie, mais aussi parce que l'Italien, très sensible à la musique, surtout dramatique, aime « le morceau » pour lui-même, en dehors de toute affabulation. Ainsi s'explique une bizarrerie, remontant, dit-on, à Livius Andronicus, mais dont les origines peuvent être plus anciennes : il était admis que, dans un *canticum*, l'acteur mimât simplement l'action sur le devant de la scène, tandis qu'un professionnel chantait les vers.

Rome participa intensément à cette création dramatique imitée des Grecs, mais adaptée au goût latin et séduisante par son caractère sensible, et même sensuel. Sans doute la comédie nous semble-t-elle aujourd'hui avoir mieux correspondu à ses goûts et à son degré d'évolution : on comprend que a plèbe ait trouvé le plus vif plaisir aux pièces de Plaute. Mais rien ne nous permet d'affirmer que les sujets tragiques fussent moins populaires : l'étalage des émotions et des souffrances physiques pouvait plaire à ce peuple, qui aimait la guerre et les combats de gladiateurs.

L'épopée ; le lyrisme national et religieux. — Il se peut qu'en visant aussi à l'épopée les premiers poètes romains aient obéi au prestige d'Homère et aux leçons des théoriciens grecs, Aristote en particulier, qui en faisaient le genre littéraire le plus élevé avec le théâtre. Mais Naevius et, après lui, Ennius se rendirent compte que l'épopée devait être nationale et que le tempérament des Romains, militaire avant tout, différait entièrement de celui des Grecs. L'exaltation d'une période héroïque, où Rome avait joué sa destinée contre Carthage, les aida à se donner une matière presque tout historique et, pour partie, contemporaine, et à la traiter dans le sens d'un patriotisme

1. Nous n'en connaissons qu'un exemple dans le théâtre de Plaute, quelques vers du *Rudens* (v. 290-305), attribués à un chœur de pêcheurs.

2. Au Ve siècle, à Athènes, la comédie (Comédie-ancienne) était une sorte de « revue » outrancière et lyrique, pleine d'allusions politiques et personnelles violentes. Celles-ci ayant été interdites, la comédie changea d'aspect en traitant des thèmes généraux (Comédie-moyenne ; puis Comédie-nouvelle).

orgueilleux et autoritaire. Ce faisant, ils étaient dans la tradition des *elogia* et donnaient une forme artistique à certaines aspirations maîtresses de l'aristocratie dirigeante ; ils annonçaient aussi le riche développement littéraire de l'histoire romaine. Mais leur matière était très composite, mêlée de vieux récits italiques et de fables grecques de toutes dates, certaines forgées tout récemment par des Hellènes flatteurs qui, pressentant la grandeur de Rome, s'appliquaient à rattacher les origines de la Ville à leur mythologie ; et ils se croyaient encore obligés d'imiter les procédés homériques, par habitude scolaire.

Aussi leurs épopées, auxquelles manquait d'ailleurs la pleine diffusion qu'assure la scène, restèrent-elles des œuvres artificielles. D'autant plus que, ne croyant pas pouvoir utiliser en des poèmes aussi sérieux la langue drue et expressive, mais chaotique, de la plèbe, et mal aidés par celle, relativement pure, mais très pauvre, de l'aristocratie sénatoriale, ils forgeaient avec peine des mots et des expressions, qui sentent parfois le pédant et ne répondent pas toujours au génie du latin.

Il semble que les cantates de caractère religieux et national, commandées par l'État à des poètes en renom, par exemple à l'occasion des « Jeux Séculaires » de 249, ou avant la bataille du Métaure pour implorer l'aide des dieux et après elle pour les remercier de la victoire (207), pouvaient avoir, dans le même sens que l'épopée, un accent plus vrai et plus populaire. Mais nous n'en pouvons juger. Tout au plus certaines peintures préromaines de l'Italie méridionale, en particulier la danse funèbre découverte dans une tombe de Ruvo (ve siècle), décèlent l'origine des cérémonies pour lesquelles Livius Andronicus fut appelé à composer des hymnes et nous permettent de soupçonner leur caractère spectaculaire. Enfin le récit lyrique de la bataille, dans l'*Amphitryon* de Plaute, si romain et « actuel » de ton, doit pourtant en reproduire certains aspects : composition très simple (chronologique), sérieux ferme et assez prosaïque, formules et traits de convention épico-historique, avec des redoublements d'expression, des allitérations, quelque éclat seulement à la fin des couplets massifs.

Récit lyrique d'une campagne militaire[1]

SOSIE. — ...D'abord, lorsque nous fûmes arrivés et que nous eûmes pris terre, aussitôt Amphitryon choisit pour ambassadeurs les premiers d'entre les premiers ; il leur ordonne d'exprimer aux Téléboens ses résolutions : « Si sans violence et sans guerre ils consentent à livrer, avec les objets ravis, les ravisseurs, s'ils rendent ce qu'ils ont emmené, il remmènera aussitôt son armée dans ses foyers, les Argiens quitteront le territoire des Téléboens, leur laissant paix et repos. Mais s'ils ont d'autres sentiments et ne satisfont pas à sa demande, alors il attaquera leur ville avec toutes ses forces et de façon forcenée. » Quand les Téléboens eurent entendu ces conditions, exactement rapportées par les chefs délégués par Amphitryon, en hommes fiers et confiants en leur valeur et leurs forces, tout pleins d'orgueil, ils chargent nos ambassadeurs d'invectives orgueilleuses et enragées. Ils répondent qu' « ils sont en état de se protéger par la guerre,

1. Métrique.. — Les couplets 1 et 4 sont en octonaires iambiques (récit majestueux, récitatif ou *canticum* proprement dit) ; les couplets 2 et 3, en tétramètres crétiques (récit vif ou emporté, beaucoup plus chanté que les couplets 1 et 4 : c'est le *mutatis modis canticum*), sont terminés chacun par un trimètre crétique catalectique (en point d'orgue).

eux et les leurs », et somment nos armées de sortir sans tarder de leur territoire. Lorsque les ambassadeurs eurent apporté cette réponse, aussitôt Amphitryon déploie hors du camp toute son armée ; et, de leur côté, les Téléboens font sortir de la ville leurs légions magnifiquement armées.

Une fois chacun sorti en force, les hommes furent répartis et les rangs répartis. Nous formons les nôtres à notre mode et façon ; les ennemis, en face, disposent leurs légions. Puis les deux généraux s'avancent dans l'intervalle et s'entretiennent hors de la presse des troupes. Ils conviennent que les vaincus se livreront avec leur ville, leur territoire, leurs autels, leurs foyers. Cela fait, les trompettes des deux côtés résonnent et se bravent ; la terre résonne, chaque armée pousse le cri de guerre. Des deux côtés le général adresse des vœux à Jupiter, exhorte son armée. Chacun montre alors ce qu'il peut, ce qu'il vaut ; le fer frappe, les armes se brisent ; le ciel mugit du fracas de la mêlée ; des respirations, des haleines se forme un brouillard ; les hommes tombent, domptés par les blessures. Enfin notre volonté triomphe, nous avons le dessus. Les ennemis tombent en foule ; les nôtres se ruent, — vainqueurs forts et farouches.

Mais pas un ne se retourne pour fuir, pas un ne recule. Combattant de pied ferme, ils perdent la vie plutôt que d'abandonner leur poste : chacun gît où il se dressait, gardant encore son rang. A cette vue, Amphitryon, mon maître, fait avancer aussitôt la cavalerie sur la droite. L'ordre s'exécute soudain : sur la droite, avec un grand cri, les cavaliers fondent d'un élan impétueux sur les troupes ennemies, les piétinent, les écrasent : — juste vengeance de l'injure.

Nos ennemis s'abandonnent à la fuite ; l'ardeur des nôtres en est redoublée. Les dos des Téléboens en déroute n'étaient que plaies. Et lui-même Amphitryon tua le roi Ptérélas de sa propre main. Tel fut ce combat qui se combattit du matin jusqu'au soir (je ne risque pas de l'oublier : ce jour-là, je ne dînai point). Mais la nuit enfin intervint pour séparer les combattants. Le lendemain, les principaux de la ville viennent vers nous, au camp, tout en larmes, disparaissant sous les insignes des suppliants, implorant le pardon de leur faute ; et ils se livrent eux, toute chose divine et humaine, leur ville et leurs enfants, tous au pouvoir et à la merci du peuple thébain.

PLAUTE, *Amphitryon*, v. 203-247 ; 250-259.

Métrique et musique. — Mais ce qu'il y eut de plus important pour le développement ultérieur de la littérature latine, ce fut l'introduction de la métrique grecque dans tous les genres poétiques. Ce n'était pas une nécessité absolue : Livius Andronicus écrivit en saturniens sa traduction de l'*Odyssée* et Naevius de même son épopée nationale. Mais l'alternance mesurée des syllabes longues et des brèves, avec les combinaisons variées qu'offraient la possibilité de substituer à certaines places deux brèves à une longue (ou réciproquement) et celle de faire varier en une certaine mesure la place de la césure, représentait à coup sûr un progrès *musical* sur l'ancien *carmen* latin et sur la régularité allante, mais monotone, du saturnien. Ennius renonça à ce dernier et, à sa place, adopta l'hexamètre héroïque, composé de six pieds dactyliques (–⏑⏑) dont les quatre premiers peuvent être des spondées (– –) et dont le dernier est, à volonté, spondée ou trochée (–⏑)[1]. En voici deux exemples (les syllabes longues sont en caractères gras) :

A*frica* **tèr***ribil***i** | *tremit* **hòr***rida* **tèr***ra tu***mùltu**
La rude Afrique frémit d'un branle-bas terrifiant ;

màerentès flentès | *lacri***màntes còm***mise***rântes.**
tristes, pleurants, en larmes, pitoyablement gémissants.

1. Schéma métrique : –⏑⏑ | –⏑⏑ | –⏑⏑ | –⏑⏑ | –⏑⏑ | –⏑ La césure (léger silence entre deux mots) se trouve d'ordinaire après le troisième temps marqué, mais elle peut être aussi après le second ou le quatrième.

Cet effacement du vieux saturnien devant l'hexamètre dactylique marque sans doute un nouveau recul étrusque devant l'influence grecque grandissante. Et pourtant la langue latine ne se pliait pas sans peine à ce rythme très riche en brèves. Aussi bien Ennius n'imita-t-il pas l'hexamètre trop raffiné des Grecs contemporains (alexandrins) ; il s'inspira de celui d'Homère avec tant d'à-propos et de bonheur que d'emblée l'hexamètre latin se trouve doté des caractères qui n'ont plus qu'à se préciser pour faire de lui le vers virgilien (voir p. 219 s.).

La poésie dramatique, utilisant surtout l'ïambe (⏑⊥) et le trochée (⊥⏑), avec la facilité de substituer, à presque tous les pieds complets (sauf le dernier), une longue (–) ou sa monnaie (deux brèves : ⏑⏑) à la syllabe brève, pouvait mieux suivre l'allure de la langue parlée et peut-être certaines formes de poésie indigène antérieure au triomphe de l'hellénisme.

Le texte d'une comédie se décomposait en deux éléments principaux, le parlé et le chanté, le *diuerbium* et le *canticum*. Le *diuerbium* était rédigé en vers ïambiques de six pieds (sénaires) ; dans le *canticum* on employait les ïambiques plus longs, les trochaïques, et divers autres rythmes fondés sur l'anapeste (⏑⏑⊥), le bacchée (⏑⊥–), le crétique (⊥⏑–) et autres. De plus, sous le nom de *canticum* les modernes confondent deux éléments que distinguaient Plaute et Térence : le simple *canticum* (en vers longs, ïambiques ou trochaïques) qui était un récitatif avec accompagnement musical, et le *mutatis modis canticum* (en anapestes, crétiques, ou autres), qui était le véritable chanté et qui pouvait ressembler à un air d'opéra (voir ci-dessus l'exemple de la p. 31 s.) Ainsi quoique le chœur et ses chants aient disparu de la comédie latine, la musique y a conservé une place très importante.

Dans les pièces de Plaute, aux *cantica* reviennent souvent les deux tiers du texte, le parlé n'en occupant qu'un tiers. Cette prépondérance du chanté peut aider à concevoir pourquoi les Romains ont admis, sans difficulté apparente, cette importation de la métrique grecque : elle satisfaisait leur goût inné de la musique, surtout dramatique. La corporation des « joueurs de flûte », dont la participation était nécessaire à l'accomplissement de toute cérémonie religieuse, paraissait déjà de longue date indispensable à l'État romain. La musique fut l'accessoire obligé des représentations théâtrales : un musicien de profession composait ouverture, intermèdes et accompagnement sur les vers du poète. Elle était exécutée sur deux flûtes *(tibiae)*, l'une de ton grave *(dextra)*, l'autre de son aigu *(sarrana)*, ou bien graves ou aiguës toutes les deux, capables ainsi d'une espèce de symphonie rudimentaire, qui s'accordait au ton général de la pièce, sans couvrir la voix du chanteur.

Efforts individuels et tendances communes. — Les quelques poètes qui imposèrent à une population d'aspirations opposées ces formes d'art tout élaborées obéirent, dans leur hâte fervente, moins à leur génie personnel qu'à un souci pour ainsi dire éducatif : Livius, Naevius, Ennius sont des « polygraphes », et pratiquent tous les genres, tragédie, comédie, épopée..., avec pareil courage, inégal succès ; Plaute seul sut n'obéir qu'à sa vraie vocation. Seul aussi il semble tout à fait dépourvu d'une sorte de pédantisme professoral qui se sent, inégalement d'ailleurs, chez ses contemporains, surtout chez Livius et Ennius, tous deux d'origine grecque ou demi-grecque, portés par là à régenter les « barbares » (Romains), Livius au surplus ayant fait le métier de précepteur. Car Rome, sentant ce qui manque à sa gloire, se met à l'école : c'est en 260 que Spurius Carvilius inaugure l'enseignement public de la grammaire. Dans les grandes familles, des esclaves pédagogues font aborder à leurs disciples les mieux doués la littérature grecque originale ; mais le peuple, au théâtre, réclame aussi des traductions de pièces grecques. Le mouvement, commencé par quelques écrivains énergiques, prend très vite de larges proportions. Livius déjà est entouré de poètes que, par malheur, nous connaissons mal[1], mais assez conscients de leur importance pour obtenir qu'on les laissât (après 207) se réunir en un *Collegium* (assemblée corporative), sans doute analogue à celui des joueurs de flûte, dans le temple de Minerve, sur l'Aventin.

Hellénisme et nationalisme. — Ce n'est pas que l'État romain soit près de s'intéresser officiellement à la littérature. Mais, pour le moment, il n'a ni hostilité pour le monde grec ni mépris pour la mentalité hellénique : les écrivains apparaissent d'ailleurs utiles à l'éclat des cérémonies officielles et sont romains de cœur. Si Naevius, Plaute surtout, purs Italiques, nous paraissent représenter avec une verdeur plus savoureuse l'esprit latin, ils ne sont pas plus nationalistes que Livius ou Ennius. Et ils ne pratiquent pas moins qu'eux (et, à l'occasion, sans mesure) l'imitation des Grecs. Par là s'affirme une unité, gauche encore et mal équilibrée, de tendances romaines et de forme grecque, qui, arrivée à sa perfection, sera celle même des grands classiques du Ier siècle avant notre ère.

LIVIUS ANDRONICUS
Production : 240-207 av. J.-C.

Pris à Tarente (en 272) sans doute tout enfant, devenu à Rome l'esclave d'un Livius (le père de Livius Salinator, vainqueur d'Hasdrubal à la bataille du Métaure ?), qui en fit le précepteur de ses enfants, puis affranchi sous le nom de son maître, selon l'habitude, mais avec un surnom grec qu'il portait peut-être dès sa naissance, Livius Andronicus ouvrit une école et, par des lectures commentées d'œuvres grecques, prépara les esprits à la compréhension d'une littérature romaine de forme hellénique. En 240, il fit représenter à Rome sa première pièce, tragédie ou comédie, on ne sait ; en 207, il fut officiellement chargé de composer et d'enseigner à un chœur de trois fois neuf jeunes filles un hymne en l'honneur de Junon Reine, pour prévenir la menace que faisait peser sur Rome l'entrée d'Hasdrubal en Italie. Il mourut avant 200.

Caractère et formation. — C'était, semble-t-il (nous ne possédons de lui qu'une soixantaine de vers isolés), un homme sans génie, mais « d'excellent jugement ». S'il est difficile d'admettre qu'il importa de sa ville natale à Rome

1. On leur devait, entre autres, un *Carmen Priami* en saturniens (se rattachant au cycle troyen), un *Carmen Nelei* en vers ïambiques (sans doute une tragédie imitée de Sophocle).

l'esprit même de Tarente, la ville raffinée, luxueuse, folle de théâtre, il faut admettre qu'il le retrouva en partie par la lecture assidue des Grecs et peut-être la fréquentation de compatriotes. Mais il ne s'y abandonna pas librement ; il s'appliqua au contraire à découvrir dans la langue latine les ressources nécessaires à une transposition littéraire. Ayant conçu avant tout sa tâche comme celle d'un éducateur, il paraît n'avoir pas voulu disjoindre ses œuvres et ses préceptes. Si l'État romain recourut à lui, comme à un chantre officiel, peut-être dès 249, lorsqu'aux jeux séculaires il s'agit de former « un chœur pour Proserpine », et sûrement en 207, le fait témoigne surtout de la pénurie de Rome en poètes à cette date et de la protection de la *gens* Livia ; et puis il s'agissait de cérémonies religieuses plus qu'à demi grecques, où l'entremise d'un poète savant dans les choses hellènes pouvait paraître souhaitable.

Les œuvres. — Les découvertes archéologiques montrent que dès le VIe siècle les légendes homériques étaient bien connues des Étrusques. Livius voulut les répandre à Rome : il traduisit dans le rythme traditionnel du vers saturnien le poème de l'*Odyssée*, l'œuvre classique à la fois la plus variée et la plus humaine des Grecs, connue d'ailleurs par fragments de longue date en Italie. La traduction était exacte, le style d'ordinaire simple et précis, avec quelques réussites :

> ...Les monts abrupts et les champs poudreux et la vaste mer... ;

mais bien loin de la souplesse changeante du grec, et parfois gauche, chargée d'épithètes inutiles :

> ...Car rien n'est pis qu'une mer furieuse pour confondre un homme ; et même celui qui a de grandes forces, les eaux néfastes le briseront vite... (Cf. *Odyssée*, VIII, v. 138.)

Ses tragédies, empruntées au cycle troyen *(Achille, Ajax, le Cheval de Troie)* ou à celui des Atrides *(Égisthe, Hermione)*, ou de thèmes romanesques propres à séduire l'imagination des Romains *(Andromède, Danaé, Inô, Térée)*, semblent avoir été écrites avec un sensible raffinement de forme et la volonté, parfois, de surpasser le modèle grec :

> ...On offre la gloire au courage : mais elle s'écoule beaucoup plus vite qu'une gelée de printemps... (Cf. SOPHOCLE, *Ajax*, v. 1266 s.)

Une fermeté un peu dure, d'accent romain, se sent dans deux vers que prononçait sans doute Clytemnestre :

> ...Pourquoi, puisque de vous ma majesté postule l'obéissance, ne pas subir mes ordres, et tout de suite emmener cette femme ?... *(Égisthe.)*

Ailleurs un accent de supplication pressante, assez pathétique :

> ...Donne-moi ces secours que je demande, que j'implore : procure-les-moi ; secours-moi... *(Cheval de Troie.)*

Des comédies, dont les titres mêmes *(Gladiolus, Ludius, Virgus)* sont incertains, nous ne pouvons nullement juger.

La langue. — La langue de Livius est peu harmonisée, composite, faisant appel indistinctement à de vieux mots latins, à des mots grecs, à des adjectifs artificiels ; la recherche de l'abondance et de la couleur le conduit aussi bien au galimatias le plus plat qu'à l'esquisse expressive de goût alexandrin :

...Quand il n'avait pas de dents, je l'ai nourri, pressant dans sa bouche le secours de mon lait...
...Alors, bondissant, le troupeau camard de Nérée enveloppe la flotte de ses jeux, rythmés par le chant... *(Égisthe.)*

De telles inégalités laissent craindre que Livius n'ait pas eu une personnalité littéraire très marquée.

Rôle de Livius. — Mais son influence fut considérable : longtemps vivant dans les écoles par son *Odyssée*, ayant donné d'autre part au théâtre les exemples d'un goût brillant, il avait appris aux Romains à jouir à la fois de toutes les périodes de la littérature grecque et des styles les plus divers. Poète épique, lyrique et dramatique, mais acteur au surplus dans ses propres pièces, et si conscient de son adoption qu'il latinise tout le panthéon grec et n'hésite même pas devant les termes juridiques romains, il initie, du mieux qu'il était possible à cette date, l'inexpérience des Romains à la richesse de la tradition grecque.

NAEVIUS
Production : 235-204 av. J.-C.

Naevius, d'origine campanienne, mais citoyen romain, avait servi pendant la première guerre punique, qui prit fin en 241. En 235, il donna sa première pièce. Dès lors il se consacra à la poésie, écrivit neuf tragédies, plus de trente comédies, des *saturae*, et, enfin, un poème épique en saturniens, intitulé *La Guerre Punique (Poenicum bellum)*. C'était un caractère bouillonnant, indomptable, passionnément épris de la liberté, celle de la parole surtout, qu'il « préfère à la fortune » et dont il traduit la jouissance en un vers tout allitérant :

Libera lingua loquemur ludis Liberalibus...
Nous laisserons liberté à notre langue lors des Libéralia[1].

Il se livrait sans peur à des attaques personnelles, même contre de grands personnages, comme Scipion l'Africain ou la puissante famille des Métellus. On connaît son saturnien à double sens :

Fato Metelli Romai fiunt consules
Il est fatal qu'à Rome des Métellus deviennent consuls, *ou* : Il est fatal à Rome que des Métellus y deviennent consuls,

auquel fut donnée une réponse, plaisamment ambiguë aussi, mais menaçante :

Dabunt malum Metelli Naeuio poetae.

1. Fêtes de Liber (Bacchus), où régnait une extrême liberté.

Les Métellus donneront la bastonnade à Naevius le poète, *ou* : Les Métellus feront une galanterie[1] à Naevius le poète.

Le sans-gêne de sa verve lui valut un emprisonnement auquel Plaute fait allusion et dont le tirèrent les tribuns de la plèbe. Au reste vrai Romain, par son énergie et sa fierté morale, qui transparaissent dans plusieurs des quelques vers qui nous ont été conservés de ses œuvres :

Je me plais à être loué par toi, mon père, que les autres louent. *(Le départ d'Hector.)*
Consciemment ils aiment mieux périr sur place que de revenir couverts de honte vers leurs compatriotes. *(Poenicum bellum.)*

Il mourut en Afrique, à Utique (en 201 ou peu après ?), en exil, a-t-on prétendu.

Les tragédies. — Les tragédies de Naevius *(Danaé, Le Cheval de Troie, Le Départ d'Hector, Hésione, Iphigénie, Lycurgue)* eurent un long succès : certaines étaient encore jouées du vivant de Cicéron. Elles semblent cependant avoir été écrites en général d'un style assez plat.

Seul le *Lycurgue*, qui représentait la lutte d'un roi mythique de Thrace contre Bacchus (sujet analogue à celui des *Bacchantes* d'Euripide), offre en ses fragments de la couleur et du mouvement : qu'il s'agisse d'une scène de chasse ou de l'évocation des Ménades. Mais, surtout, Naevius créa la « prétexte » : *Clastidium* mettait en scène la victoire que M. Claudius Marcellus remporta en 222 sur les Gaulois Insubres, dont il tua de sa propre main le chef Virdomaros ; *Romulus* était la représentation d'une sorte de « chanson de geste ». Ces pièces, qui prêtaient à des étalages triomphaux et à des défilés de toute sorte, doivent avoir été composées sur commande, à l'occasion d'une cérémonie nationale ou d'une pompe semi-privée de la *gens* Claudia : ce qui suffit à indiquer que Naevius comptait dans la noblesse et dans l'État aussi bien des protecteurs que des ennemis.

Les comédies. — Cependant la tragédie lui convenait moins que la comédie : en ce dernier genre, le poète grammairien Volcacius Sédigitus lui accordait, au temps de Sylla, la troisième place, après Caecilius et Plaute. Les titres de ses pièces sont très variés, rarement tout à fait grecs. Par deux traits il annonce Térence : son *Acontizoménos* (« l'homme percé d'un trait ») était précédé d'un prologue de ton personnel ; et il lui arrivait de combiner deux pièces grecques pour en faire une latine, par un procédé que les ennemis littéraires de Térence flétrissaient du nom de « contamination », de *contaminare* : « souiller, salir, rendre méconnaissable en mélangeant » (voir p. 84 et la n. 1.) Mais il mêlait aussi aux thèmes tout généraux de la Comédie-nouvelle une verve satirique qui rappelait Aristophane et l'ancienne comédie attique, ou Épicharme et la comédie sicilienne, s'en prenant nommément à des individus de toute sorte, aussi bien Scipion l'Africain que l'obscur barbouilleur Théodotus,

---

1. Mot à mot : « donneront une pomme » (symbole d'amour), en scandant *mālum* au lieu de *mălum*, la substitution d'une longue à une brève étant admise dans le saturnien.

qui, assis dans sa logette close de nattes, peint avec une queue de vache la danse des Lares sur les autels des carrefours... *(Tunicularia)* ;

ou (dans une *satura*) toute la nouvelle génération dirigeante :

Voyons ; comment avez-vous pu si vite perdre un État si puissant ?... Toute une poussée d'orateurs nouveaux, sots petits jeunes gens...

En ce sens, il paraît avoir conçu l'imitation des Grecs plus librement que Plaute, dont il annonce par ailleurs la plénitude populaire, l'abondance, le pittoresque, la cocasserie :

...O toi, le pire des pires, impudent, pilier de taverne, goinfre, joueur... *(Comédie incertaine.)*
...Là[1] craquent les meules et tintent les entraves... *(Comédie incertaine.)*
...On verrait plutôt naître d'une sauterelle un éléphant... *(Satura.)*

Nous ne devinons, vaguement, l'affabulation que d'une de ses pièces, la « Tarentine » *(Tarentilla)* : une coquette, deux jeunes gens venus s'amuser à la ville, et les pères survenant enfin ; le sujet ressemble à celui des *Bacchides* de Plaute. L'héroïne, véritable symbole de sa patrie frivole, luxueuse et accueillante, est décrite avec une vivacité bien délicate.

Naevius semble s'être plu à mettre à la scène des gens de métier : monde des courses, jockeys et maquignons *(Agitatoria)*, devin *(Hariolus)*, charbonnier *(Carbonaria)*, bouquetière *(Corollaria)*, potier *(Figulus)*... Mais peut-être épisodiquement, comme ces sobres rustres de Préneste et de Lanuvium, qui apparaissent dans un fragment.

Le « Poenicum bellum ». — Il se montra plus original encore en créant l'épopée nationale romaine. Son *Poenicum bellum* se présentait comme un poème continu que C. Octavius Lampadio, au temps des Gracques, divisa en sept chants. Le sujet en était la première guerre punique ; mais le développement historique était préparé par des « causes » mythologiques : la fuite d'Énée après la prise de Troie, peut-être son séjour à Carthage, l'amour de Didon pour lui ; le départ du héros ; puis la naissance de Romulus, considéré comme son petit-fils. Virgile empruntera beaucoup à cette première partie (délibération des dieux, tempête, consultation de la Sibylle de Cumes), mais évitera avec soin l'inharmonie qui devait résulter du rapprochement brutal d'un romanesque de légende avec la notation de faits presque contemporains. Inharmonie d'autant plus choquante que Naevius semble avoir cherché une certaine somptuosité dans le développement mythologique, tandis que les fragments de donnée historique sont d'une raideur et d'une sécheresse qui rappellent les anciennes *Annales* :

...L'armée romaine passe à Malte ; elle brûle, ravage, dépeuple l'île entière, et ruine la puissance ennemie.

Seul un accent de fermeté militaire et patriotique, où se sent l'ancien soldat, relève un peu certaines de ces notations :

1. Au moulin, où l'on imposait aux esclaves punis le dur travail de tourner les meules.

...S'ils abandonnaient ces hommes héroïques, ce serait une grande honte pour la patrie, aux yeux des peuples.

Conclusion. — Original, vivant et batailleur, Naevius avait beaucoup fait pour la poésie romaine : il avait montré qu'on pouvait prendre les Grecs pour modèles sans les suivre servilement. Mais sans doute eut-il conscience que le prestige d'un art très supérieur allait entraîner ses compatriotes de plus en plus loin de l'esprit romain. C'est ce que paraît vouloir dire l'orgueilleuse épitaphe qu'il se composa :

Si pleurer les mortels était permis aux immortels, les divines Camènes[1] pleureraient Naevius le poète. Car certes, une fois qu'Orcus[2] l'eut adjoint à son trésor[3], on oublia à Rome de parler latin.

PLAUTE
Vers 254-184 av. J.-C.

Sarsina, en Ombrie, n'était soumise aux Romains que depuis une douzaine d'années lorsqu'y naquit T. Maccius Plautus. La région, subissant des influences diverses, étrusques et celtiques, était peu latinisée. Mais Plaute dut venir de bonne heure à Rome, à en juger par la pureté de sa langue ; comment il apprit le grec, on l'ignore. Très actif, et désireux à coup sûr de fortune, il s'occupa d'entreprises théâtrales, y gagna, mais se ruina dans le commerce maritime ; après une période de misère très dure, il composa des comédies, s'imposa à la scène et mourut, âgé, en 184.

On lui attribuait 130 pièces ; il n'y en avait que 21 dont tout le monde s'accordait à affirmer l'authenticité (Varron, cité par Aulu-Gelle, III, 3) : ce sont celles qui nous sont parvenues (sauf une, la *Vidularia*). Deux seulement sont datées rigoureusement : le *Stichus* de 200, le *Pseudolus* de 191. Des allusions permettent de penser que les *Ménechmes* sont antérieurs à 215 : ce serait, de beaucoup, la plus ancienne comédie ; les plus récentes (de celles qui nous sont datables) sont les *Bacchides*, le *Truculentus* et la *Casina* (après 190). La période de grande activité littéraire semble avoir été pour Plaute 200-190 : aussitôt après la seconde guerre punique.

Les sujets. — Les pièces sont empruntées aux auteurs grecs de la Comédie-moyenne comme Antiphane, ou nouvelle comme Philémon, Diphile, Ménandre, et d'autres que nous ignorons, antérieurs à Plaute de cent ans et davantage. Un thème général commun régissait les œuvres de ces auteurs : un jeune homme de famille amoureux d'une jeune fille, ordinairement d'origine inconnue et esclave, ne peut se l'assurer que par les habiletés d'un serviteur intrigant ou grâce à la découverte soudaine que la jeune fille est de naissance libre. Ce thème prêtait à des développements de deux sortes : étalage de fourberies, sentimentalité à la fois romanesque et bourgeoise. Il semble, d'après ce qui nous est parvenu de Ménandre, qu'une simplicité

1. Anciennes divinités latines, assimilées aux Muses des Grecs.
2. Dieu des Enfers, considéré comme celui des richesses (cf., en grec, πλοῦτος rattaché à Πλούτων).
3. Les morts innombrables « enrichissent » sans cesse les Enfers.

élégante dans la peinture des mœurs et dans le style, une justesse un peu générale, mais délicate, dans la composition des caractères, un développement équilibré, mais un peu nonchalant, faisaient aux yeux des Athéniens le mérite de ce théâtre, extrêmement différent de celui d'Aristophane (dans la seconde moitié du ve siècle). Mais les pièces des divers auteurs devaient être fort variées dans le détail.

On peut prendre, dans le théâtre de Plaute, comme exemples de comédies d'intrigue la *Mostellaria* (« la pièce au revenant ») et le *Pseudolus* (nom d'esclave inventif et menteur) ; comme types de comédies d'intérêt psychologique, l'*Aulularia* (« la pièce de la marmite ») et le *Trinummus* (« les trois écus »).

Mostellaria. — En l'absence de son père, Théopropidès, en voyage depuis plus de deux ans, le jeune Philolachès a pris maîtresse. Mais le vieillard revient. L'esclave Tranio ferme la maison et persuade à Théopropidès qu'elle est hantée, que son fils a dû la quitter ; que, si Philolachès doit de l'argent en ville, c'est qu'il a acheté la maison de son voisin, le vieux Simo. Théopropidès se laisse persuader, visite la maison soi-disant acquise, s'en déclare enchanté. Jusque-là, à force de souplesse, Tranio a pu se tirer d'affaire. Mais tout se découvre, et Théopropidès ne pardonne aux coupables que sur l'intervention d'un ami de son fils.

Pseudolus. — Le jeune Calidorus est accablé : s'il ne trouve aussitôt 20 mines (4 500 francs) pour libérer son amie Phénicium, esclave de Ballio, elle sera livrée à un capitaine de Sicyone, qui a déjà versé des arrhes. L'esclave Pseudolus, confiant en son génie inventif, brave Simo, père de Calidorus, et se fait fort d'enlever Phénicium : Simo, trop sûr que son fils n'a pas le sou, lui promet 20 mines s'il y réussit. Pseudolus rencontre heureusement Harpax, envoyé par le capitaine, se fait remettre la lettre d'introduction, et substitue à Harpax un compère à lui, Simia (le Singe) : il entre ainsi en possession de Phénicium. Mais Ballio, enchanté d'en avoir fini avec cette affaire, voyant Simo, lui parie 20 mines que Calidorus ne lui soufflera pas Phénicium. Il est bientôt détrompé : il doit verser les 20 mines à Simo, qui de son côté les doit à Pseudolus. La pièce se termine par un festin fort gai.

Aulularia. — Le vieil et pauvre Euclio a trouvé dans sa maison une marmite pleine d'argent : il n'en dort plus, et soupçonne même d'intentions funestes un bon bourgeois d'âge mûr, Mégadorus, qui lui demande en mariage, sans dot, sa fille, la charmante Phaedra. Euclio finit par cacher la marmite dans le temple de la Bonne Foi ; mais elle est subtilisée par l'esclave Strobilus, dont le maître, Lyconidès, neveu de Mégadorus, aime Phaedra. Lyconidès obtiendra de Strobilus qu'il restitue l'argent, et de son oncle qu'il lui cède la jeune fille. Euclio, après tant de tourments, conclut joyeusement le mariage.

Trinummus. — Charmidès est parti pour rétablir ses affaires, en laissant son fils Lesbonicus et sa fille sous la surveillance de son ami Calliclès. Lesbonicus se ruine en débauches et met en vente la maison paternelle ; Calliclès, bravant la médisance, l'achète, parce qu'il sait qu'un trésor y est caché. Puis, comme un ami de Lesbonicus lui demande sa sœur en mariage, et comme Lesbonicus, ne voulant pas que par sa faute sa sœur se marie sans dot, va renoncer à son dernier domaine et peut-être s'engager comme mercenaire, Calliclès monte une comédie : un sycophante, pour trois écus *(trinummus)*, se chargera d'apporter une fausse lettre de Charmidès avec de l'argent pour la dot. Mais le sycophante tombe sur Charmidès lui-même, qui revient. De là hâbleries, questions, bouffonneries. Tout se terminera bien, malgré difficultés, et même angoisses morales.

D'autres pièces sont de vrais fabliaux, comme *Les Ménechmes*, où l'on voit un frère à la recherche de son jumeau qu'il n'a jamais vu, qui lui ressemble exactement, et qu'il ne retrouvera pas sans que les plus étranges quiproquos aient mêlé, à leur insu, leurs deux existences ; ou *Casina*, dont le sujet annonce partiellement *Le Mariage de Figaro* de Beaumarchais.

L'*Amphitryon*, si brillamment imité par Molière, est aussi un fabliau, mais de ton relevé (« une tragi-comédie », écrit Plaute), parce que les quiproquos sont dus à la volonté du dieu Jupiter qui, pour avoir accès auprès d'Alcmène, a pris les traits de son mari Amphitryon, tandis que Mercure revêtait ceux de l'esclave Sosie. En contrepartie, nous possédons, avec *Les Captifs*, un vrai drame bourgeois, où le dévouement réciproque d'Oreste et Pylade en Tauride est transposé dans la société grecque du IVe siècle : un esclave, captif avec son maître, se fait passer pour lui afin de lui obtenir la liberté.

Il semble donc que Plaute, acceptant, sans s'en inquiéter, la monotonie d'un thème convenu, mais usant des inventions d'auteurs très divers, ait recherché une extrême variété de présentation, pour plaire à un public très avide de nouveautés, mais peut-être aussi par goût personnel.

Les prologues. — La plupart des pièces de Plaute (12) s'ouvrent par un prologue, qui parfois a été remanié, à l'occasion d'une reprise, par l'adjonction ou la modification de quelques vers, mais dont la forme d'ensemble paraît bien plautinienne : ces prologues présentent le sujet de la pièce, comme ceux d'Euripide, et permettent aussi à l'auteur de se gagner le public, comme les parabases[1] d'Aristophane. Ils sont débités par un dieu (Mercure dans *Amphitryon*, le Lare de la maison dans l'*Aulularia*, l'étoile Arcturus dans le *Rudens*), ou un personnage allégorique (Luxuria et Inopia, « Débauche » et « Pauvreté », dans le *Trinummus*), ou l'un des acteurs de la comédie, ou un acteur portant un costume particulier et qui se dénomme Prologus. En d'autres cas, Plaute n'introduit le prologue-parabase qu'après une scène de parade haute en couleurs (le *Miles gloriosus*) ou un tableau d'intimité *(Cistellaria)*. Dans le *Curculio* enfin, il n'y a point de prologue, mais, au milieu de la pièce, une tirade satirique, tout à fait de ton aristophanesque, débitée par le « meneur du chœur » (v. 462-486). L'auteur cherche visiblement le contact avec les spectateurs et certains effets personnels.

L'action. — L'action elle-même ne s'attache pas au thème général, trop convenu : elle se présente avec les vivacités et les surprises des *Fourberies de Scapin*. Plaute n'a aucun scrupule de régularité : il saute des détails importants, des explications nécessaires, fait paraître et disparaître les acteurs à son gré, brusque les dénouements ; mais allonge avec complaisance les scènes « qui rendent », en ajoute d'autres dont l'idée lui semble amusante, ne songe qu'à entraîner son public de sketch en sketch. Certaines pièces sont ainsi tout à fait inorganiques, comme le *Poenulus*, qui présente seulement, de suite et inégalement développées, trois avanies dont est victime le marchand d'esclaves *(leno)* Lycus. Mais les épisodes, du moins, forment un tout ; et chaque scène importante se déploie avec une richesse et une perfection surprenantes. Certaines « expositions » de Plaute sont des chefs-d'œuvre de justesse vivante ; plusieurs de ses scènes finales, d'un mouvement et d'une gaieté entraînants, évoquent le « cômos » (fête débridée) d'Aristophane.

1. La *parabase*, d'ordinaire au milieu de la comédie, coïncide avec une suspension de l'action ; le chef du chœur, ou coryphée, s'adresse alors au public au nom du poète.

Esclave de ville, esclave des champs

[Scène d'exposition excellente : elle donne tous les renseignements sous une forme naturelle. — Mais allure de « parade », vivacité, coups et injures. Grumio ne reparaîtra pas dans la pièce. — Contraste des caractères et des langages. — Parodie discrète de l'*Odyssée* (XVII, v. 204-253) tenant au modèle grec ; mais sentiment romain sympathique au campagnard.]

GRUMIO. — Sors de la cuisine, s'il te plaît, viens dans la rue, maraud, au lieu de faire le malin parmi les casseroles. Allons, ouste, hors du logis, peste de tes maîtres. Pardieu, que je vive, et tu le paieras joliment, à la campagne[1] ! Sors donc ; qu'as-tu à te cacher... ?

TRANIO. — Eh ! diantre, qu'as-tu à crier devant la maison ? Te crois-tu à la campagne ? Éloigne-toi de la maison. Va-t'en à la campagne ; va-t'en, pendard. Éloigne-toi de la porte. Ah !... *(il le bat)*. C'est cela que tu voulais ?

GRUMIO. — Je suis mort ! Pourquoi me rosses-tu ?

TRANIO. — Parce que tu es vivant.

GRUMIO. — Patience ! Mais que revienne seulement le vieillard[2] ; qu'il arrive seulement en bonne santé, notre maître que tu dévores pendant qu'il n'est pas ici !

TRANIO. — Ni vrai ni vraisemblable, espèce de bûche. Comment pourrait-on dévorer quelqu'un qui n'est pas là ?

GRUMIO. — Voyez le beau plaisant de ville, ce pitre qui bouffonne pour plaire au peuple ! C'est toi qui me fais honte des champs ? Sans doute est-ce, Tranio, que tu t'attends à être bientôt envoyé au moulin. Il ne se passera pas bien longtemps, pardieu, Tranio, avant que tu augmentes le personnel de la ferme, la gent porte-fer[3]. Pour le moment, tant que tu le peux, banquette à ton gré, gaspille, corromps le fils du maître — un jeune homme excellent ! Passez jours et nuits à boire, à mener la vie grecque : achetez de bonnes amies, affranchissez-les ; nourrissez des parasites, raflez au marché de quoi festoyer. Est-ce là ce que le vieillard t'a recommandé en s'en allant à l'étranger ? S'attend-il à trouver son bien ainsi géré ? Est-ce, à ton avis, le rôle d'un bon esclave de gâter à la fois le bien et le fils de son maître ? Car il est bien gâté, pour s'adonner à cette vie. Lui qui, dans toute la jeunesse attique, n'avait autrefois son pareil ni pour l'épargne ni pour la sagesse, il emporte aujourd'hui la palme en un autre genre, grâce à ton mérite et à tes leçons !

TRANIO. — Mais qu'as-tu, diantre, à t'occuper de moi et de mes actes ? N'as-tu pas à la campagne, je te prie, des bœufs pour t'occuper ? Il me plaît de banqueter, d'aimer : c'est mon dos qui en répondra, non le tien.

GRUMIO *(s'approchant jusqu'à parler sous le nez de Tranio)*. — Quelle audace, quels propos ! Fi !

TRANIO. — Ah ! que Jupiter et tous les dieux t'exterminent ! Pouah ! comme tu sens l'ail ! Vrai tas d'ordures, rustre, bouc, toit à porcs, mélange de chèvre et de chien !

GRUMIO. — Que veux-tu que j'y fasse ? Tout le monde ne peut, comme toi, sentir les parfums d'outre-mer, ni prendre meilleure place à table que le maître, ni manger des morceaux si friands. Garde tes pigeons, tes poissons, tes gibiers : laisse-moi, parfumé d'ail, mener la vie de ma condition. Tu es le fortuné, moi le misérable : il faut se résigner. Reste à attendre pour moi le bien, pour toi le mal.

TRANIO. — Tu as l'air de m'envier, Grumio, parce que je vis bien et toi non. Mais à chacun son juste sort : l'amour pour moi, à toi la queue des vaches ; la grande vie pour moi, chiche et misérable existence pour toi.

GRUMIO. — Écumoire des bourreaux !... Ça t'arrivera, je crois. Tant ils te cribleront de coups d'aiguillons en te menant en carcan par les rues, une fois le vieillard de retour.

1. Où Tranio, intendant de ville, sera, en punition, relégué comme manœuvre : voir plus bas.
2. Le père (qui, dans la comédie grecque, portait un masque de vieillard).
3. Les esclaves de campagne, rustres et mauvaises têtes, avaient des entraves de fer, qui devaient les empêcher de fuir.

TRANIO. — Es-tu sûr que cela ne t'arrivera pas avant moi ?

GRUMIO. — Je ne l'ai jamais mérité. Toi, si ; et encore maintenant.

TRANIO. — Trêve aux paroles, si tu ne veux pas être salement rossé.

GRUMIO. — Me donnerez-vous au moins du fourrage pour mes bœufs ?... Et vous, allez, continuez, puisque vous avez commencé : buvez, vivez à la grecque, mangez, bourrez-vous, tuez le plus gras des troupeaux.

TRANIO. — Tais-toi et va aux champs. Moi, je vais au Pirée[1] m'acheter du poisson pour ce soir. Je ferai en sorte de t'envoyer demain du fourrage à la ferme... Qu'as-tu maintenant à me regarder dans les yeux, gibier de potence ?

GRUMIO. — Un nom qui te conviendra bientôt, je pense.

TRANIO. — Va pour le « bientôt », pourvu que je jouisse du présent.

GRUMIO. — A la bonne heure. Mais apprends ceci au moins : les ennuis viennent plus vite que ne se réalisent les désirs.

TRANIO. — Tu m'embêtes. Va maintenant, retire-toi aux champs sans me retarder davantage. *(Il sort.)*

GRUMIO. — Ainsi donc il part et ne tient nul compte de ce que j'ai dit ? Dieux immortels, je vous adjure, faites que notre vieux maître revienne au plus tôt — il y a plus de deux ans qu'il est parti — avant que tout soit dévoré, maison et domaine. S'il ne revient maintenant, ce n'est plus l'affaire que de quelques mois.

Mostellaria, v. 1-81.

Les personnages. — Les personnages étaient, en principe, aussi convenus que le sujet : les masques, dans la comédie grecque, faisaient reconnaître aussitôt leur « catégorie ». On retrouvait ainsi, dans chaque pièce, le jeune homme libertin et dépensier, ne désirant d'ordinaire que gruger son père ; la courtisane, raffinée d'esprit et de toilette, avide et habile, ou la jeune fille modeste et sympathique ; le père (ou « vieillard »), ancien fêtard, maintenant sévère et serré, mais souvent ganache, et inclinant parfois à reprendre ses habitudes de mauvais sujet ; la mère, digne, mais revêche ; l'esclave, impudent et inventif, bravant les coups et les supplices, servant les amours de son jeune maître, non sans s'amuser à le tourmenter. Le marchand d'esclaves *(leno)* est indispensable aussi : sa brutalité, son avarice, sa malhonnêteté cynique, sa roublardise en font à la fois, pour la plus grande joie du public, le digne adversaire et la victime nécessaire de l'esclave. D'autres rôles sont catalogués : le militaire fanfaron, à la solde d'un roi hellénistique ; le parasite, qui cherche à se faire inviter à dîner par ses flatteries et ses bons mots ; le cuisinier de louage, vantard et voleur...

Un « leno » et ses esclaves

[Mise en scène mouvementée et scandée par les coups (cf. le Guignol), — Caractères généraux et conventionnels. — Verve et couleur du langage, que devait encore accentuer la musique (c'est un « solo » varié qui se calme seulement un peu sur la fin). — Effet d'antipathie puissant. — Rapprocher : Molière, *l'Avare*, III, sc. 1.]

BALLIO. — Sortez, allons, sortez, fainéants, trop chèrement nourris, trop chèrement achetés, dont aucun n'a jamais l'idée de bien faire, et dont on ne peut tirer aucun service.

1. Le Pirée est le port d'Athènes ; les gourmets allaient y faire leurs achats de poisson frais.

sauf par ce procédé[1]. Je ne connais pas plus ânes que ces hommes-ci : tant les coups leur ont durci les côtes. Quand on les frappe, on se fait mal plus qu'à eux : car ils sont de la race des useurs-d'étrivières. Ils ne pensent qu'à ceci : à la première occasion rapiner, filouter, prendre, agripper, boire, manger, s'enfuir. Voilà leur besogne. Aussi vaudrait-il mieux laisser des loups près des moutons que pareils gardiens à la maison. A les voir, pourtant, on ne les croirait pas méchants ; mais, à l'œuvre, quelle différence !

Or çà, si vous ne faites pas attention, tous, à mon édit, si vous n'éloignez sommeil et nonchalance de vos cœurs et de vos yeux, mon fouet vous bariolera les reins d'importance, à faire pâlir en comparaison les tentures campaniennes et les tapis à poil ras d'Alexandrie, avec tous leurs dessins de bêtes[2]. Déjà hier j'avais tout prescrit et donné à chacun son emploi. Mais vous êtes si négligents, gâtés, malfaisants, qu'il faut vous rappeler votre devoir à force de coups. Tel est votre esprit, la dureté de votre cuir viendrait à bout de ceci[3] et de moi... Regardez-les un peu, qui pensent à tout autre chose. Allons, à votre affaire, attention ! Les oreilles ouvertes à mes paroles, race patibulaire. Pardieu, votre cuir ne sera pas plus dur que celui-ci[3]. Hein ! ça fait mal ? Ainsi en donne-t-on aux esclaves qui ne tiennent pas compte du maître. Allons, tous debout devant moi, et attention à ce que je dis. Toi qui as la cruche, vite à l'eau ; et emplis le chaudron de la cuisine. Toi, avec ta hache, tu auras l'emploi de fendeur de bois.

L'ESCLAVE. — Mais elle est émoussée.

BALLIO. — Bon : ne l'êtes-vous pas de coups ? est-ce une raison pour que je ne vous utilise pas tous ? — A toi le nettoyage de la maison ; tu as à faire ; vite, entres-y. Toi, tu disposeras la salle à manger. Toi, nettoie l'argenterie et dresse-la. — Quand je reviendrai du forum, que je trouve tout prêt, balayé, arrosé, arrangé, posé, paré, dressé. C'est aujourd'hui mon anniversaire : vous devez tous célébrer ma fête.

Pseudolus, v. 133-165.

Bien que Plaute n'utilisât pas les masques, il n'a pour ainsi dire jamais donné des traits individuels à ses personnages ; l'esclave Pseudolus, « roux, ventru, gros mollets, teint brun, la tête grosse, les yeux perçants, la bouche rouge, de grands pieds », est une exception. Mais il a fortement accentué, dans chacune de ses pièces, le relief de l'acteur principal, autour duquel se concentre l'action : généralement un esclave-Scapin, qui est le boute-en-train de la pièce et représente, pour ainsi dire, l'intelligence et l'imagination du poète lui-même. De là l'unité du type, mais aussi l'effort de variété qui à chaque fois le diversifie.

Deux compères

[Deux esclaves conscients de leur talent, et prenant leurs fourberies en artistes. — Mimique très variée suggérée par le texte. — Mélange de naturel et d'artificiel dans le langage. — Plaisanteries traditionnelles : le sac d'argent comparé à un abcès (« une aposthume », dira Cl. Marot) ; la bourse contenant les bêtes dont l'argent représente le prix. — Poésie du jeu, indistincte entre l'auteur et ses acteurs.]

SAGARISTIO *(à part)*. — Le voici. Je vais me présenter élégant, fait à peindre. Avançons, les poings sur les hanches, fièrement drapé.

TOXILUS. — Mais qui vient ici, comme un pot à deux anses ?

SAGARISTIO *(à part)*. — Un peu de hauteur : crachons ostensiblement.

1. Il bat ses esclaves ou montre son fouet.
2. Juxtaposition du détail italien et du détail grec.
3. Il bat ses esclaves ou montre son fouet.

Toxilus. — Mais c'est Sagaristio ! Comment vont les affaires, Sagaristio ? La santé ? Et la commission dont je t'ai chargé, y a-t-il quelque chose en vue ?

Sagaristio. — Approche. On verra ; je ne demande pas mieux. Viens ; de quoi s'agit-il ?

Toxilus. — Quelle enflure as-tu au cou, ici ?

Sagaristio. — Un abcès. Aïe ! n'appuie pas. Si on y touche sans précaution, c'est douloureux.

Toxilus. — Quand cela t'est-il venu ?

Sagaristio. — Aujourd'hui.

Toxilus. — Fais-toi opérer.

Sagaristio. — J'ai peur qu'il ne soit pas mûr : j'en aurais encore plus d'ennui.

Toxilus. — Je suis curieux d'examiner ton mal.

Sagaristio. — Ah ! va-t'en. Prends garde... aux cornes.

Toxilus. — Hein ?

Sagaristio. — Il y a une paire de bœufs ici, dans la bourse.

Toxilus. — Fais-les sortir, crois-moi ; ou ils mourront de faim : envoie-les paître.

Sagaristio. — C'est que j'ai peur de ne pouvoir les ramener à l'étable, s'ils courent les champs.

Toxilus. — Je m'en chargerai : sois sans inquiétude.

Sagaristio. — Je veux t'en croire, je te les prêterai. Suis-moi par là. J'ai ici l'argent que tu m'as demandé.

Toxilus. — Quoi ?

Sagaristio. — Le patron m'a envoyé acheter des bœufs à Érétrie[1] : Érétrie, pour moi, c'est ta maison.

Toxilus. — Quel joli langage ! Moi, de mon côté, je rapporterai bientôt la somme entière. Car toutes mes machines sont déjà montées, préparées pour enlever cette somme au « leno ».

Persa, v. 306-326.

L'esclave est le véritable roi de la comédie de Plaute : sûr de son succès, il semble être enivré de son importance jusqu'à l'héroïsme et au désintéressement : il risque tout, coups et supplices, pour faire rire et rester à la hauteur de sa réputation. Les autres personnages tantôt sont poussés dans le sens de la charge, tantôt retiennent bien des délicatesses psychologiques du modèle grec, surtout dans les rôles féminins. Il en résulte maintes inégalités, mais qui s'oublient dans la puissance de l'invention comique et le rayonnement du « héros ».

Les mœurs. — Le public romain demandait qu'on lui présentât des mœurs grecques : Plaute prend la peine de lui assurer maintes fois qu'il ne l'oublie pas et appelle les Italiens eux-mêmes « barbares », pour faire croire qu'il traduit mot pour mot son modèle. Mais il sait bien que, pour être vivant, un théâtre doit être actuel ; et lui-même a trop vigoureusement plongé dans le peuple latin pour ne pas porter à la scène ses faits et gestes, ses préoccupations et l'essentiel de sa psychologie. Aussi ses pièces représentent-elles un singulier dosage dont l'analyse nous est très difficile. Car des comédies bourgeoises d'atmosphère très grecque, comme *Les Captifs* ou bien *Stichus*,

1. Ville de l'île d'Eubée.

où l'on voit deux sœurs attendant fidèlement leurs maris qui, à la fin, « reviennent des Indes », chargés de richesses (P. Lejay), pouvaient aussi émouvoir la sensibilité romaine en une période de guerre et d'essor commercial. Au contraire, des types de vieillards viveurs, ou des personnages aussi complexes que l'Hégio des *Captifs* ou l'Euclio de *L'Aulularie*, ne dépaysaient-ils pas le public ? Et, si l'esclave intelligent et débrouillard était bien connu à Rome, l'infinie liberté dont il bénéficie sur le théâtre y devait paraître une vraie fantaisie scénique. Si l'on ajoute le bariolage gréco-latin de la langue populaire, le mélange des notions de droit grec et de droit romain, de la mythologie hellénique et des conceptions religieuses latines, mainte allusion aux faits contemporains, à la topographie de Rome, aux institutions militaires et politiques de la Ville, en une affabulation qui se donne pour toute grecque, on aura l'idée d'une singulière combinaison.

Cette combinaison semble pour une part voulue, pour une autre due à la rapidité d'un travail auquel Plaute apporte à la fois le fruit de lectures peut-être précipitées, l'expérience de la vie et son sens scénique. En tout cas, loin de nuire à son œuvre, elle en assura le succès pour ainsi dire permanent au cours des siècles. En effet, elle satisfaisait les goûts les plus divers, délicats ou grossiers, et pouvait se prêter avec souplesse aussi bien aux progrès qu'aux reculs de l'influence grecque à Rome, selon qu'on voulait y considérer la couleur hellénique ou la sève romaine. Et, en assurant la vie même aux emprunts les plus livresques, elle était le plus propre à familiariser l'esprit latin avec toute sorte d'aspects intimes, moraux ou poétiques de la Grèce post-classique.

Citoyens de fraîche date

[Agorastoclès, jeune homme du « type plaisant » (légèrement bouffon). a besoin de témoins pour prendre le *leno* sur le fait, comme coupable de recel d'esclave et d'argent. — Contraste scénique et psychologique entre le jeune homme et ses témoins, des affranchis. — Couleur romaine : rudesse et fierté affectée des anciens esclaves pénétrés de leur nouvelle dignité de citoyens ; mais aussi leur tendance à ne plus rien faire, quittes à se contenter de vivre chichement : nette évocation de la plèbe à l'aube du IIe siècle. — Pittoresque recherché de la langue (images, adjectifs composés, allitérations). — Ton de récitatif (accompagné par la flûte).

AGORASTOCLÈS. — Pardieu, il n'est rien plus insupportable qu'un ami lambin, surtout pour un amoureux, qui, quoi qu'il fasse, est toujours pressé. Voyez les témoins qui me suivent, ces hommes qui-marchent-au-compte-goutte[1], plus lambins qu'une barcasse sur mer par calme plat. Et dire que j'ai pris grand soin d'éviter les amis âgés, craignant pour mes amours les lenteurs de leur âge ! Je me suis choisi là de jolis procureurs, les plus lambins des hommes avec leurs jambes d'étoupe. — Allons, si c'est pour aujourd'hui, allez donc, ou allez vous faire pendre. Est-ce ainsi que des amis doivent prêter leur aide à un amoureux ? Bien sûr vos pas sont passés au crible fin, comme du gruau. C'est l'habitude des entraves[2] qui vous a appris à marcher ainsi ?

LES TÉMOINS. — Ho ho, l'ami, tu as beau nous regarder comme de pauvres plébéiens, si tu ne nous parles convenablement, tout riche que tu es et de bonne race, nous ne nous gênons pas pour corriger les riches. Nous ne sommes pas à tes ordres, en

1. « Aux tout petits pas de rien du tout ».
2. Allusion à leur ancienne condition d'esclaves (voir la suite).

tes amours ou tes rancunes ; quand nous avons payé pour notre liberté, nous avons donné du nôtre, non du tien. Libres nous entendons rester ; nous ne te prisons pas plus qu'un fétu : ne va donc pas t'imaginer que nous soyons condamnés à servir en esclaves tes amours. Des hommes libres, cela va par la ville à pas tranquilles ; bon pour un esclave de se hâter, toujours courant. Surtout l'État en paix et les ennemis exterminés, l'affolement n'est pas de mise. Puisque tu étais si pressé, il fallait t'y prendre hier pour nous conduire témoigner ici. Ne te fais pas d'illusion, nul de nous aujourd'hui ne courra par les rues : on ne nous jettera pas des pierres comme à des gens timbrés[1].

AGORASTOCLÈS. — Mais si je vous avais dit de venir dîner au temple[2], vous dépasseriez le cerf à la course et vos échalas deviendraient des échasses. C'est parce que je vous ai pris comme témoins, pour m'assister en justice, que vous êtes goutteux et plus lambinants qu'un limaçon.

LES TÉMOINS. — Eh quoi ? n'est-ce pas un juste motif de courir promptement, quand il s'agit de boire, de manger aux frais d'autrui, tout son soûl, à bouche-que-veux-tu, sans être obligé de rien rendre au patron qui vous fait manger ? Mais d'ailleurs, quoiqu'un peu gênés, nous avons bien chez nous de quoi manger : ne nous écrase donc pas de ton mépris. Le peu que nous avons est tout à nous, chez nous : nous ne demandons ni ne devons à personne. Ainsi nul de nous ne se crèvera pour toi.

AGORASTOCLÈS. — Comme vous vous emportez ! Je parlais par plaisanterie.

LES TÉMOINS. — Plaisanterie donc, si tu veux, notre réponse aussi.

AGORASTOCLÈS. — Je vous adjure, par Dieu, de m'apporter aujourd'hui votre aide en fins voiliers, non en barcasses. Grouillez du moins : je ne vous demande pas de vous presser.

LES TÉMOINS. — Si tu veux procéder avec calme et à loisir, nous t'aidons ; si tu es pressé, mieux vaut prendre pour témoins des coureurs.

Poenulus, v. 504-546.

Les préoccupations proprement morales sont étrangères à Plaute : aussi bien le dévergondage du monde soi-disant grec est-il un des attraits du spectacle. Les personnages édifiants sont rares, bien qu'on en rencontre quelques spécimens même parmi les esclaves ; mais, en contrepartie, les faits et gestes des autres ne tirent pas à conséquence, n'ayant pour but que l'amusement. Que, dans *Les Captifs*, par exception, se rencontrent des vers et même de brefs couplets d'une philosophie assez haute, cela tient, il va de soi, à l'original grec : encore faut-il admettre qu'un dévouement teinté de stoïcisme pouvait toucher la foule latine. De même aussi certaine pitié assez délicate d'un vieillard pour deux jeunes naufragées, comme dans le *Rudens*. Mais le fonds romain, qui transparaît çà et là, est d'un réalisme assez brutal : la vertu se révèle, à la fin, plus profitable que le vice ; la débauche est ruineuse ; et, si la jeunesse a certains droits, elle doit cependant éviter de se perdre de réputation.

Bonne renommée vaut mieux que ceinture dorée

[Le parasite Saturio (« Ventre Plein »), pour gagner quelque argent en attrapant le leno, feindra de lui vendre une esclave, qui sera en réalité sa fille. — Préoccupation morale des on-dit. — Pressentiment d'un nouveau droit, qui libérera l'enfant majeur de la tutelle du père. — Noblesse et fermeté du langage de la jeune fille. — Allure gnomique, à la fois grecque et romaine (sentences).]

---

1. Pour écarter la contagion de la folie.
2. Après un sacrifice, où une partie des chairs de la victime était consommée par les assistants.

LA JEUNE FILLE. — Dis-moi, je te prie, mon père, quelque goût que tu aies pour la cuisine des autres, peux-tu vendre ta fille pour satisfaire ta gourmandise ?

SATURIO. — Bien sûr c'est au profit du roi Philippe ou d'Attale[1], non au mien, que je vais te vendre, toi qui es mienne !

LA JEUNE FILLE. — Est-ce comme servante ou comme fille que je suis tienne ?

SATURIO. — Ce qui, pardieu, conviendra le mieux aux intérêts de mon ventre. J'ai, je pense, autorité sur toi, non toi sur moi ?

LA JEUNE FILLE. — Oui, mon père, tu as ce droit... Mais quoique nous soyons un peu gênés, mon père, réserve et retenue font vivre une meilleure vie. Car si les mauvais bruits viennent tenir compagnie à la pauvreté, la pauvreté devient plus pesante, plus fragile le crédit.

SATURIO. — Bons dieux, que tu es ennuyeuse !

LA JEUNE FILLE. — Non, et je ne crois pas l'être si, malgré ma jeunesse, je fais de sages représentations à mon père. Songe que les méchants ne rapportent pas les choses comme elles se sont produites.

SATURIO. — Libre à eux ; et qu'ils aillent, fichtre ! se faire pendre. Toutes leurs méchancetés, je n'en fais pas plus de cas que d'une table que l'on dresserait maintenant pour moi, sans rien y mettre.

LA JEUNE FILLE. — Mon père, les mauvais bruits sont immortels ; ils vivent encore quand on les croit morts.

SATURIO. — Alors, tu crains que je ne te vende ?

LA JEUNE FILLE. — Non, mon père ; mais je ne veux pas qu'on t'en accuse.

SATURIO. — Bagatelles. Cela se fera à ma guise, non à la tienne.

LA JEUNE FILLE. — Soit.

SATURIO. — Ouais ?

LA JEUNE FILLE. — Songe encore à ceci, mon père : si le maître a menacé l'esclave de le fustiger, même s'il ne le fait pas, quelle souffrance pour le malheureux qui voit prendre le fouet, qui met bas sa tunique ! Moi aussi, pour un mal qui ne sera pas, je tremble cependant.

SATURIO. — Fille ou femme ne vaut rien, quand elle a plus de sens qu'il ne plaît aux parents.

LA JEUNE FILLE. — Fille ou femme ne vaut rien, qui se tait en voyant qu'on se fourvoie.

SATURIO. — Ah ! prends garde aux coups !

LA JEUNE FILLE. — Mais si je ne puis ?... Car c'est de toi que je me soucie.

Persa, v. 336-370.

Plus nettement romaine, sans doute, est la tendance à la satire : il arrive à Plaute, soudain, de s'en prendre gaiement, soit aux professions malodorantes qui empestent la ville (*Captifs*, v. 794 ss.), soit aux riches « exploiteurs » sur lesquels ne cesse de gloser le peuple : banquiers et usuriers, gros commerçants en blé, en huile, grands propriétaires (*Pseudolus*, v. 188 ss.)... Des tirades célèbres décrivent avec vivacité l'attirail des femmes (*Aulularia*, v. 478 ss.), les bavardages des nouvellistes (*Trinummus*, v. 199 ss.), les embarras de la clientèle (*Ménechmes*, v. 571 ss.). En tous ces passages, nulle intention morale, d'ailleurs ; ni parti-pris social bien accusé ; mais, à coup sûr, le désir de complaire au petit peuple, en donnant satisfaction à ses instincts médisants et à son goût de la charge. Naevius avait fait de même.

1. Le roi de Macédoine ou le roi de Pergame.

mais en désignant des particuliers, comme les auteurs de l'Ancienne-comédie attique. Plaute, en généralisant, harmonise mieux ces traits romains au ton d'ensemble de la Comédie-nouvelle des Grecs.

Le forum romain

[L'entrepreneur du spectacle *(choragus)* s'adresse directement au public. — Ordre topographique : la description se développe du nord au sud du forum. — Impression de mouvement et de diversité.]

...Je vous dirai en quels lieux vous trouverez, sans trop de peine, qui vous voudrez : gens vicieux ou sans vice, honnêtes ou malhonnêtes. Voulez-vous rencontrer un faussaire ? allez au Comitium[1]. Un hâbleur fanfaron ? auprès de la chapelle de Cloacina[2]. Les maris riches et prodigues, cherchez-les vers la basilique[3] ; là se trouveront aussi courtisanes parfumées et faiseurs d'affaires. Les amateurs de pique-nique, au marché au poisson. Dans le bas du forum se promènent les hommes considérables, les riches ; au milieu, près du canal[4], la crème des glorieux. Les nouvellistes et les bavards et les médisants, qui sans barguigner déshonorent autrui à propos de rien, ayant eux-mêmes assez de quoi fournir à de dures vérités, au-dessus du lac Curtius. Autour des Boutiques vieilles[5], ceux qui prêtent et empruntent à usure. Derrière le temple de Castor, ceux à qui vous auriez tort de vous fier à la légère ; dans la rue des Toscans, ceux qui ne cessent de se vendre...

Curculio, v. 467-482.

Mouvement. — Malgré tant d'éléments de confusion dans l'action, la psychologie, la description des mœurs, ce théâtre impose une impression d'unité, et même de justesse. C'est que Plaute possède à un degré rare le tempérament dramatique. Il voit ses personnages en mouvement, agit pour ainsi dire avec eux, et entraîne le public à sa suite, sans arrêt, d'invention en invention. Qu'il y ait, dans ce mouvement, beaucoup de jeux de scènes traditionnels et des hors-d'œuvre qui ne valent que par leur vivacité méridionale, cela va de soi. Que l'invention soit très mêlée originellement, il est facile parfois de s'en rendre compte. Mais Plaute, par la rapidité et, semble-t-il, la joie de son travail, fait entrer tout ce qu'il emprunte en son existence même : il est l'esclave qui mène le jeu, il anime autour de lui tous les personnages ; et, comme il est en communion d'esprit avec les spectateurs, il trouve les mots et surtout les gestes qui leur donneront l'impression de la vie. Ainsi arrive-t-il que même les personnages de nulle psychologie agissent comme on l'attend. Et même lorsque leurs actes exagèrent la réalité, leur excès est exactement proportionné au ton général de la pièce et à l'optique de la scène.

1. Ancien lieu de réunion de l'Assemblée des citoyens.
2. Vénus Cloacina.
3. Grande salle publique, encore unique : il en fut élevé par la suite plusieurs en bordure du forum.
4. Servant d'égout, encore à découvert.
5. Ligne de boutiques au Sud-Ouest du forum.

Simulation de folie

[Ménechme Sosiclès, à la recherche de son frère jumeau, se trouve, sans s'en douter, dans la maison de celui-ci, et pris pour lui, à Épidamne : il ne sait comment se tirer d'affaire parmi les questions et les reproches que lui adressent la femme et le beau-père de Ménechme d'Épidamne. — Mouvement général, et variété des jeux de scène. — Justesse des réactions des personnages. — Parodie (remontant à l'original grec) d'une scène de folie ou de « possession » tragique.]

LE VIEILLARD. — Or çà, Ménechme, assez badiné. Au fait, maintenant.

MÉNECHME. — Mais qu'ai-je affaire à toi ? D'où viens-tu ? qui es-tu ? Ai-je rien de commun avec toi ou avec cette femme, qui m'assomme ?

LA FEMME. — Vois ses yeux qui verdissent ? Une teinte livide couvre ses tempes, son front... Comme ses yeux étincellent ! oh !...

MÉNECHME *(à part)*. — Rien de mieux, puisqu'ils me croient fou, que de simuler la folie, pour me débarrasser d'eux par la peur.

LA FEMME. — Comme il s'étire ! quels bâillements !... Que faut-il faire, mon père ?

LE VIEILLARD. — Viens par ici, ma fille ; le plus loin possible de lui.

MÉNECHME. — Ah ! Évius, ah ! Bromius[1], ne m'appelles-tu pas à la chasse en forêt ? Oui, j'entends ; mais je ne puis m'éloigner d'ici : j'ai à ma gauche une chienne enragée qui me tient en arrêt ; et de l'autre côté un vieux bouc qui mainte fois en sa vie a perdu d'innocents citoyens par faux témoignage.

LE VIEILLARD. — Oh ! malheur à toi !

MÉNECHME. — Voici qu'Apollon[2] m'ordonne par son oracle de brûler les yeux à cette chienne avec des flambeaux ardents.

LA FEMME. — Je suis morte, mon père ! il veut me brûler les yeux !

MÉNECHME *(à part)*. — Ils disent que je suis fou, et c'est eux qui le sont.

LE VIEILLARD. — Hé, ma fille ?

LA FEMME. — Qu'y a-t-il ? que faire ?

LE VIEILLARD. — Si j'allais vite chercher des esclaves ? J'y vais ; j'en amènerai qui l'enlèveront d'ici et l'attacheront chez nous avant qu'il fasse plus d'esclandre.

MÉNECHME *(à part)*. — Si je ne me décide, ils m'emporteront chez eux. *(Haut)* Tu me prescris de marteler sa face du poing, sans ménagement, si elle ne décampe loin de ma vue aux cinq cents diables. J'obéirai, Apollon.

LE VIEILLARD. — Fuis de toutes tes forces, qu'il ne te roue !

LA FEMME. — Je me sauve. Je te supplie, mon père : garde-le bien, évite qu'il ne s'échappe. Suis-je assez malheureuse, d'entendre de tels propos !

MÉNECHME *(à part)*. — Pas mal : et d'une ! *(Haut)* Maintenant à ce vieillard infect, à ce barbon, Tithon[3] cacochyme, de la race de Cycnus[4] : tu m'ordonnes de lui briser avec son propre bâton membres, os, articulations.

LE VIEILLARD. — Gare aux coups, si tu me touches ou approches seulement.

MÉNECHME. — Je vais t'obéir, prendre une hache à deux tranchants, et ce vieillard... : je m'en vais le désosser et le hacher comme chair à pâté.

LE VIEILLARD. — Eh mais ! il faut faire attention et veiller à moi. J'ai bien peur, à l'entendre, qu'il ne me donne quelque mauvais coup.

MÉNECHME. — Tes ordres me pressent, Apollon. Il me faut maintenant atteler des chevaux ardents, indomptés, et monter sur mon char pour écraser ce vieux lion branlant,

1. Deux surnoms de Dionysos (Bacchus), dieu des égarements mystiques et de la nature sauvage.
2. Dieu qui « prend possession » de ceux auxquels il dicte ses oracles.
3. Époux d'Éôs (l'Aurore), le seul des immortels qui vieillissait sans cesse.
4. L'injure mythologique semble de pure fantaisie : Cycnos, fils d'Arès (Mars), cruel et impie, avait été vaincu et tué par Héraclès (Hercule).

malodorant, édenté. Me voilà sur le char, je tiens les rênes, je tiens l'aiguillon, je l'ai. Hue ! mes chevaux ; galopez, que le sol en résonne ; déployez la souplesse et la rapidité de votre course.

LE VIEILLARD. — Tu me menaces avec ton attelage ?

MÉNECHME. — Nouvel ordre. Oui, Apollon, je vais le charger et le tuer... Mais qui me tire par les cheveux à bas du char, en révoquant ton ordre, Apollon ?

LE VIEILLARD. — Seigneur ! l'âpre, la dure maladie. Dieux, assistez-nous : cet insensé était en bonne santé si peu auparavant. Et soudain le mal terrible a fondu sur lui. Allons quérir un médecin, le plus tôt que nous pourrons.

Menaechmi, v. 825-875.

A la recherche d'une cassette perdue

[Dans un moment d'affolement, la petite esclave Halisca a laissé échapper la cassette contenant les joujoux qui permettront de reconnaître que sa maîtresse Sélénium est de naissance libre. Elle revient la chercher : mais la cassette a été recueillie par Phanostrata, mère de Sélénium, et son esclave Lampadio. — Monologue lyrique chanté et mimé *(canticum)*. — Naturel du mouvement ; les gestes et les émotions (espoir, crainte, acharnement, découragement). — Finesse du pathétique et jeu scénique de convention (Halisca s'adresse aux spectateurs). — Cf. Sophocle, *les Limiers*, v. 57 ss. ; Plaute, *Aulularia*, v. 713-726, et Molière, *l'Avare*, IV, sc. 7.]

HALISCA. — Je l'avais dans mes mains, je l'ai reçue ici, devant la maison, cette cassette ; et je ne sais plus où elle est... Ce ne peut être que là, ou pas loin, je pense, qu'elle m'a échappé. Bonnes gens, chers spectateurs, enseignez-moi, si quelqu'un de vous l'a vu, qui l'a emportée, qui l'a ramassée, par où il s'en est allé : par ici ? par là ? Mais quelle idée de les questionner, de les solliciter ! Ils ne font que se plaire au malheur des femmes.

Je vais tâcher de retrouver des traces, s'il y en a. Car si personne n'a passé par là depuis que je suis rentrée..., la cassette devrait y être encore. Oui, là... ? Je suis perdue, bien perdue ; c'en est fait ; adieu ! Ah ! malheur et malédiction ! Pas de cassette, fini de moi aussi. Sa perte me perd... Il faut continuer pourtant à chercher. Frayeur dedans, tremblement dehors : la peur partout me poursuit, misère de la misérable humanité. Mais lui maintenant, comme il est heureux, celui qui la tient ! Une cassette qui ne lui sert de rien, tandis qu'à moi... Mais je perds mon temps. Courage, Halisca. Voyons, fouillons du regard ; examinons les traces avec une subtilité d'augure.

LAMPADIO. — Maîtresse ?

PHANOSTRATA. — Hé ? Qu'y a-t-il ?

LAMPADIO. — C'est elle !

PHANOSTRATA. — Qui ?

LAMPADIO. — Celle qui a perdu la cassette.

PHANOSTRATA. — A coup sûr elle désigne le lieu où elle est tombée ; il semble bien...

HALISCA. — Mais il est allé par ici : ici je vois dans la poussière la trace d'un brodequin ; je vais la suivre par ici... Bon, en cet endroit, il s'est arrêté avec quelqu'un... Et puis... rien que confusion : je n'y vois rien... Il n'a pas continué par là : c'est ici qu'il s'est arrêté, d'ici qu'il est reparti... En cet endroit, une réunion. Ils sont deux... Ha ! ha ! plus qu'une trace ! Mais, cette fois-ci, elle s'en va par là... Attention ! d'ici dans cette direction ; et puis... plus rien !... Peine perdue. Il faut faire mon deuil et de ma peau et de la cassette. Rentrons.

Cistellaria, v. 675-704.

Pittoresque. — Si le mouvement des scènes de Plaute est d'ordinaire, malgré certaines clowneries, fort juste, le pittoresque peut en paraître outré. On y sent à la fois la joie artistique de l'écrivain qui se grise d'images et la volonté d'imposer au public une forte vision, quitte à dépasser la nature.

Bien souvent on soupçonne, sous son comique si dru et si savoureux, une influence des phlyaques, ces farces outrancières dans lesquelles des auteurs comme Rhinthon, de Tarente (IIIe siècle), parodiaient les nobles légendes tragiques pour la grande joie des spectateurs de Grande-Grèce ou de Sicile. Telle est, peut-être, l'origine de l'*Amphitryon*. Dans les échanges de plaiteries comme dans les assauts d'injures, dans les vantardises ou les triomphes vaniteux des esclaves, dans les quiproquos, les lazzis, Plaute ne s'est donné pour mesure, visiblement, que la joie de ses spectateurs. Or cette joie était robuste, sensuelle et grossière, et s'attardait aux bouffonneries hautes en couleurs plus volontiers qu'à des subtilités d'intrigue. Mais le génie du poète a tiré parti de ce goût, en lui livrant une pâture plus ample encore qu'il ne l'attendait. De là une sorte de grossissement presque épique du comique pittoresque, qui transforme radicalement la comédie grecque originelle, et paraît même parfois annoncer Rabelais. Le danger eût dû être un ralentissement de l'action. Mais comme, nous l'avons vu, elle procédait par bonds plus que par liaison, et comme le mouvement des acteurs lui-même était d'une extrême vivacité, un accord se créait entre une hâte et un pittoresque presque également excessifs, pour faire de la comédie une sorte de chef-d'œuvre de naturalisme fantaisiste.

Le capitaine fanfaron et son parasite

[Parade d'entrée de jeu entre le capitaine Vainqueur-des-tours-et-des-villes, vaniteux, bête et bellâtre, et son humble parasite Ronge-pain. — Vérité essentielle des caractères, d'ailleurs stéréotypés et tournant aux fantoches. — Exagération bouffonne et invraisemblable des vantardises, autant du point de vue du parasite que de celui du capitaine. — Pittoresque du détail et richesse du vocabulaire. — Rapprocher le rôle de Matamore, dans *L'Illusion Comique*, de Corneille.]

PYRGOPOLINICE. — Fourbissez mon bouclier, qu'il resplendisse plus clair que les rayons du soleil dans un ciel pur ; que, le moment venu, la bataille engagée, il éblouisse de ses feux, dans le feu de la mêlée, les yeux des ennemis. Et mon épée ? je veux la consoler, pour qu'elle ne se lamente pas ni ne perde courage de se voir depuis si longtemps oisive à mon flanc, toute brûlante du désir de faire un hachis d'ennemis. Mais où est Artotrogus ?

ARTOTROGUS. — Debout, près de son héros intrépide, fortuné, beau comme un roi. Mars n'oserait se dire aussi belliqueux ni comparer ses prouesses aux tiennes.

PYRGOPOLINICE. — Lui que je sauvai dans les champs Curculioniens[1], où commandait en chef Boumbomachidès Clutomestoridysarchidès[2], petit-fils de Neptune ?

ARTOTROGUS. — Je me rappelle : tu veux dire ce chef aux armes d'or, dont ton souffle dispersa les légions comme le vent les feuilles ou le chaume des toits.

PYRGOPOLINICE. — Oh ! ceci, vraiment, ce n'est rien.

ARTOTROGUS. — Rien, pardieu, oui, auprès des autres prouesses... *(à part)* que tu n'as jamais faites. Si quelqu'un trouve plus menteur ou plus vantard que cet homme, je me donne à lui en toute propriété. Mais minute : un confit d'olives, *(il mange)* c'est follement bon.

PYRGOPOLINICE. — Où es-tu ?

1. Région de fantaisie (le pays des charançons ?).
2. Noms ronflants, de forme patronymique grecque, en parodie de l'épopée : dans le premier, fracas et idée de combat ; dans le second s'accumulent les notions de gloire, de sagesse et de domination rigoureuse.

ARTOTROGUS. — Me voilà. Ah ! dieux ! et cet éléphant, dans l'Inde, comme d'un coup de poing, tu lui brisas le bras !

PYRGOPOLINICE. — Comment, le bras ?

ARTOTROGUS. — Je voulais dire la cuisse.

PYRGOPOLINICE. — Et j'y étais allé négligemment.

ARTOTROGUS. — Bien sûr, si tu y avais mis toute ta force, ton bras aurait passé à travers le cuir, le ventre et la gueule de l'éléphant.

PYRGOPOLINICE. — En voilà assez pour l'instant.

ARTOTROGUS. — Certes, tu n'as pas besoin de me raconter tes exploits, je les connais si bien. *(A part.)* C'est mon ventre qui me cause tous ces ennuis : il faut être oreillard et oreilles ouvertes, pour ne pas devenir tout-en-dents ; et encore approuver toutes ses menteries.

PYRGOPOLINICE. — Qu'est-ce que je voulais dire ?

ARTOTROGUS. — Hem ! je le sais déjà. Bien sûr, pardieu ; je m'en souviens.

PYRGOPOLINICE. — Quoi ?

ARTOTROGUS. — N'importe quoi.

PYRGOPOLINICE. — As-tu...

ARTOTROGUS. — Des tablettes ? Oui ; et mon stile[1].

PYRGOPOLINICE. — Tu accordes joliment bien ta pensée à la mienne.

ARTOTROGUS. — C'est mon rôle de connaître à fond ton caractère et de faire attention pour subodorer tes volontés[2].

PYRGOPOLINICE. — Et tu te souviens... ?

ARTOTROGUS. — Oui : cent cinquante hommes en Cilicie, cent en Scytholatronie[3], trente à Sardes, soixante Macédoniens[4] périrent sous tes coups le même jour.

PYRGOPOLINICE. — Cela fait combien en tout ?

ARTOTROGUS. — Sept mille.

PYRGOPOLINICE. — C'est bien le nombre : tu sais compter.

ARTOTROGUS. — Et sans rien avoir écrit ; mais je me rappelle.

PYRGOPOLINICE. — Peste, ta mémoire est excellente.

ARTOTROGUS. — Pourvu que je mange !

PYRGOPOLINICE. — Si tu agis toujours comme tu fais, tu ne manqueras de rien : je t'admettrai toujours à ma table.

ARTOTROGUS. — Et en Cappadoce, où d'un seul coup, si ton épée ne s'était émoussée, tu en tuais cinq cents ?

PYRGOPOLINICE. — Mais comme ce n'étaient que de misérables pousse-cailloux, je les laissai vivre.

ARTOTROGUS. — Et à quoi bon te dire ce que sait l'univers, que toi, Pyrgopolinice, tu es unique sur terre en bravoure, beauté, invincibilité ? Toutes les femmes t'adorent ; et elles n'ont pas tort : tu es si beau !... Par exemple celles qui hier me retinrent par mon manteau.

PYRGOPOLINICE. — Que t'ont-elles dit ?

ARTOTROGUS. — Un flot de questions. L'une : « C'est Achille ? ». — « Non, répondis-je ; mais son frère. » L'autre, alors : « Ah ! par Castor, c'est un bel homme, et de noble aspect ; vois sa chevelure, comme elle est belle ! Bienheureuses, oui, celles qu'il aime. »

PYRGOPOLINICE. — Elles s'exprimaient donc ainsi ?

ARTOTROGUS. — Bien sûr, puisqu'elles m'ont même supplié toutes deux de te faire défiler aujourd'hui par là sous leurs regards admiratifs.

---

1. Avec le stile, pointu, on écrivait sur des tablettes recouvertes de cire.
2. Ici le parasite est bien sincère.
3. Pays de fantaisie : celui des « mercenaires scythes ».
4. Remarquer la dispersion géographique de tous ces pays.

PYRGOPOLINICE. — On a trop d'ennui à être trop beau.

ARTOTROGUS. — C'est bien vrai. Elles m'assomment : prières, sollicitations, instances pour avoir le bonheur de te voir. Elles ne cessent de me faire venir : je n'ai plus de temps pour ton service.

PYRGOPOLINICE. — Il est temps, je crois, d'aller au forum, pour distribuer leur solde aux mercenaires que j'enrôlai hier. Car le roi Séleucus[1] m'a vivement prié de lever et d'enrôler pour lui des mercenaires. C'est au roi que j'ai décidé de consacrer mon activité de ce jour.

ARTOTROGUS. — Eh bien ! allons donc.

PYRGOPOLINICE. — Suivez, gardes[2] !

Miles Gloriosus, v. 1-78.

Poésie et lyrisme. — Ce pittoresque serait à lui seul poétique. Mais on a pu dire que Plaute avait l'imagination plus auditive encore que visuelle. Son théâtre est avant tout lyrique : si, en effet, une pièce comme le *Miles Gloriosus* ne comporte pas de *canticum*, dans la plupart les scènes parlées sont d'étendue fort inférieure aux scènes chantées ou déclamées avec accompagnement de musique : un tiers contre deux tiers, même, dans le *Persa* et le *Stichus*. Bien plus encore que les comédies-ballets de Molière, ces pièces devaient évoquer l'opéra-bouffe, mais aussi, à l'occasion, tant les tons et les rythmes sont variés, l'opéra-comique ou même le grand opéra. Cette proportion considérable du chant et du mélodrame semble une originalité de Plaute, bien qu'il ait pu en prendre l'idée en des représentations théâtrales de Grande-Grèce. La musique même était d'un autre que Plaute, mais régie par ses rythmes, de sorte que le mouvement même des *cantica*, en solo ou à plusieurs personnes, dramatique, pathétique ou lyrique, nous fait pressentir quelle richesse d'impressions elle pouvait éveiller. Parodies élégiaques ou tragiques, chansons moqueuses de ton alexandrin ou bouffonneries latines, duos sur deux tons comme dans le *Curculio* (v. 96-155), monologues lyriques ou psychologiques, toutes ces parties brillantes de la comédie concentraient vivement l'attention de tous les spectateurs ; ainsi s'explique que la régularité de l'intrigue n'ait eu, à leurs yeux comme à ceux du poète, qu'une importance secondaire : il en est ainsi dans la plupart de nos opéras. En contrepartie, une foule de thèmes lyriques extrêmement divers entraient, sous forme très vivante, dans la littérature latine.

Chansons de goût alexandrin

[Ces deux chansons encadrent un trio, chanté par le jeune homme Phaedromus, son esclave Palinurus et la vieille Léaena, qui garde la jeune fille aimée et que l'on séduit en profitant de son goût pour le bon vin. — *a*) Le type de la vieille est, artistiquement, alexandrin ; mais il se rattache à d'anciennes traditions italiques (Grande-Grèce) et latines. — *b*) La prière à la porte ou aux verrous, thème élégiaque (voir plus bas, p. 279) délicatement parodié. — Vivacité, rythme et poésie de la langue.]

LA VIEILLE. — Un bouquet de vin vieux est venu chatouiller mes narines : pour lui désir d'amour m'attire au dehors dans les ténèbres. Où est-il ? où ? Tout près. O joie !

1. Roi grec de Syrie ; là scène se passe à Éphèse, sur la côte d'Ionie, qui dépendait de lui.
2. Sortie à effet, comme l'entrée en scène.

je le tiens. Salut, mon cœur, fleur de Bacchus : comme je suis éprise de ta vieillesse antique ! Car de tous les parfums l'odeur, au prix de la tienne, est nausée. Tu es pour moi myrrhe et cinnamome et rose ; tu es safran, cannelle et fenugrec. Je voudrais bien, là où tu t'es épanché, être ensevelie.

Curculio, v. 97-102.

PHAEDROMUS. — Verrous, ah ! verrous, salut à vous de tout cœur. Je vous aime, je vous veux, je vous prie et vous supplie : favorisez mon amour, mes très doux amis. Faites-vous pour moi danseurs italiens : échappez-vous d'un bond, je vous supplie, et laissez-la sortir, celle pour qui je meurs d'amour, qui a bu tout mon sang... Mais voyez comme ils dorment, ces verrous maudits : ma prière ne hâte pas leur mouvement ; de ma prière, je le vois, ils ne tiennent nul compte... Mais silence, silence...

PALINURUS. — Pardieu ! je ne dis rien.

PHAEDROMUS. — J'entends du bruit : enfin, dieux ! les verrous me deviennent complaisants.

Curc., v. 147-157.

Monologue lyrique

[Gripus, esclave de Daemonès, a pêché une valise, grâce à laquelle son maître retrouvera Palaestra, sa fille. La scène est à Cyrène, en Afrique. — Combinaison de la rêverie et du bon sens. — Éléments : couplet du « bon esclave » ; couplet des « châteaux en Espagne ». — Mouvement varié d'abord (bacchiaques et anapestes), puis (dernier couplet) tenu avec ampleur (octonaires trochaïques). — Comparer : La Fontaine, *La laitière et le pot au lait* (*Fables*, VII, 10).

GRIPUS. — Je rends grâces à Neptune, mon patron, qui habite la région du sel et des poissons, de m'avoir reconduit hors de ses domaines si bien nanti, chargé d'un ample butin, et sans dégâts pour ma barque qui, malgré les houles, m'a enrichi d'une pêche toute nouvelle, abondante. Et c'est merveilleux, incroyable, cette pêche qui m'échoit si joliment. Pourtant je n'ai pas pris aujourd'hui une once de poisson : seulement ceci que j'apporte dans mon filet.

Oui, c'est qu'en me levant en pleine nuit, sans paresse, j'ai fait passer l'intérêt avant le sommeil et le repos. J'ai voulu essayer, malgré la fureur de la tempête, si je trouverais de quoi soulager la gêne de mon maître et ma misère d'esclave : je n'ai pas épargné ma peine. — Ce n'est rien, ça ne vaut vraiment rien, un paresseux ; c'est une race que j'ai en horreur. Il convient d'être éveillé, si l'on veut ponctuellement remplir ses devoirs. Car il ne faut pas attendre que le maître dise : « Allons, debout ! à ton travail ! » Qui aime dormir, repose sans profit et sera battu ; mais moi, pour n'avoir pas été paresseux, j'ai trouvé de quoi l'être, si je le veux.

Voici ce que j'ai trouvé dans la mer aujourd'hui. Que contient-elle, je ne sais ; mais c'est lourd. Je crois bien que c'est de l'or. Et personne au monde n'est dans mon secret. Maintenant, Gripus, tu tiens l'occasion d'être tout soudain affranchi par le préteur[1].

Ainsi ferai-je ; voici mon dessein : je me présenterai à mon maître sagement, finement ; sans faire semblant de rien, je lui proposerai une somme pour me racheter, pour être libre. Et une fois libre..., oh ! alors, je m'établirai : domaine et maison, esclaves. J'aurai de grands navires pour trafiquer ; je serai nabab parmi les nababs. Et puis, pour mon agrément, j'aurai un yacht et j'imiterai Stratonicus[2], me promenant sans cesse de ville en ville. Lorsque je serai connu, archi-célèbre, je bâtirai une ville ; je lui donnerai mon nom : Gripus. Ce sera le monument de ma gloire et de mes hauts faits ; et j'y fonderai un grand empire...

1. Magistrat romain chargé spécialement de la justice.
2. Célèbre cithariste athénien du IVe siècle, qui allait partout dans le monde grec donner des auditions et des leçons.

En voilà des projets qui roulent dans ma tête ! Pour le moment, cachons cette valise. Le nabab va déjeûner avec du vinaigre et du sel, sans un bon morceau.

Rudens, v. 906-937.

Langue et versification. — La poésie pittoresque et lyrique de Plaute est servie par une invention verbale et rythmique prodigieuse. Son expérience personnelle et son tempérament d'artiste s'allient pour une création perpétuelle. Il connaît, utilise au mieux la langue formaliste de la religion et du droit romains ; mais en même temps il est capable de combiner le rythme de l'ancien *carmen* latin et la rhétorique philosophique des Grecs, pour atteindre au style soutenu, plein de dignité des *Captifs* ; et les proverbes, chez lui, savent reproduire l'allure gnomique des sentences grecques, sans perdre le goût du terroir. Cette combinaison unique, vécue, crée des « atmosphères » d'une vérité saisissante : un air marin circule à travers le *Rudens*, si franc qu'il ne paraît pas emprunté ; presque partout ailleurs, le style et les mots mêmes ressuscitent la vie de Rome, en un moment et dans un milieu où elle n'avait rien de guindé. Les délicatesses, les mignardises ne sont pas étrangères à cette langue ; elles atteignent même au besoin un degré d'expression exceptionnel. Mais c'est surtout lorsqu'il s'agit de peindre les milieux interlopes, de reproduire l'argot imaginatif des esclaves de la ville que Plaute semble inimitable : il forge sans fatigue les mots composés à la fois les plus cocasses et les plus clairs ; injures, sobriquets, ou simplement une impression vive à laquelle il importe de « faire passer la rampe », trouvent aussitôt chez lui la forme pittoresque la plus nouvelle, et qui s'impose. Si mal que nous autres modernes puissions en juger, la versification paraît, par sa très souple variété, avoir contribué à tirer de cette langue un effet véritablement génial.

Gaieté et force comique. — Juger de Plaute sans avoir entre les mains ses modèles grecs, c'est forcément s'exposer à le trop admirer. Son imitation paraît pourtant avoir été, avec moins de mesure, aussi originale en son genre que celle de Virgile. Cela tient à son tempérament. La gaîté, en lui, regorge, et la force comique. Tous ses personnages se chargent de l'exprimer, même en se moquant d'eux-mêmes et du spectacle, pourvu qu'ils en imprègnent les spectateurs. On s'est choqué de voir les acteurs dépouiller parfois leur rôle pour parler en leur propre nom, faire des cabrioles ou des lazzis au milieu de situations touchantes et pathétiques : c'est qu'il s'agit, au vrai, d'un divertissement très gai, dont personne ne doit être dupe, et qui veut plaire à tous, tantôt par des entrées de clowns, tantôt par le plaisir d'inventions subtiles et inattendues, tantôt par des solos ou dialogues musicaux — mais le tout mis en œuvre par un très grand écrivain.

ENNIUS
239-169 av. J.-C.

Rudies, en Messapie, à moins de 70 kilomètres à l'est de Tarente, une ville où l'on parlait le grec et l'osque, donna naissance en 239 au premier « législateur » de la haute poésie romaine, Ennius. Servant, comme *socius* (dans les contingents des cités soumises à Rome), en Sardaigne, il fut remarqué, protégé d'abord par Caton ; puis, à Rome, où il donnait des leçons de grec, par des personnages plus fastueux et raffinés : Scipion l'Africain, le vainqueur d'Hannibal, Servilius Géminus, M. Fulvius Nobilior, qui, en 189, l'emmena en Étolie comme chantre semi-officiel de ses futurs exploits. En 184, le fils de M. Fulvius, Quintus, lui fit accorder la cité romaine et un lot dans la colonie de Potentia. Après sa mort (169), une statue lui fut élevée dans le tombeau des Scipions. Il avait écrit un poème épique (les *Annales*), des tragédies, des *saturae* et des comédies.

Caractères généraux. — Cette vie reproduit à un degré pour ainsi dire supérieur, et avec plus d'éclat, celle de Livius Andronicus : un homme de formation toute grecque se donne entièrement à Rome et cherche à lui assurer l'héritage des lettres helléniques. Sans doute les Grecs de l'Italie méridionale semblaient-ils prédestinés à cette tâche ; cependant, au cours de la seconde guerre punique, ils se donnèrent en foule à Hannibal : il peut avoir été essentiel qu'Ennius soit parvenu à l'âge d'homme avant cette crise, en un temps où Rome affermissait tranquillement son influence dans l'Italie grecque.

D'autre part les protections dont bénéficia Ennius révèlent l'attirance de plus en plus forte qu'exercent l'esprit et l'art grecs sur un certain nombre d'aristocrates ambitieux et personnels : c'est l'origine d'un mouvement qui, se précisant, tendra à faire de la littérature latine une création savante réservée à la jouissance d'un petit nombre de délicats ; mais, pour le moment, le poète ne se confine pas en un cercle trop restreint, et ses « mécènes », sans perdre de vue leur intérêt personnel, s'appliquent encore à le confondre avec celui de l'État. Cependant, c'est un passage des *Annales* d'Ennius qui nous a conservé la première description, fine et vécue, des rapports d'un écrivain latin avec ses nobles protecteurs :

Sur ces mots, il[1] appelle celui[2] auquel bien souvent et avec plaisir sa bienveillance fait partager sa table, sa conversation, ses préoccupations, lorsqu'il est las d'avoir presque tout le jour traité des affaires de l'État, apportant son avis au forum ou dans le sénat vénérable. A cet ami il peut sans crainte tenir propos graves, menus ou plaisants, lâcher au besoin toutes paroles bonnes ou mauvaises à dire, sûr qu'elles seront gardées. Avec lui il éprouve mainte joie, dans le privé et en public : c'est un homme à ne jamais se laisser entraîner au mal par légèreté ou méchanceté ; savant, fidèle, agréable, bien-disant, content de son sort, n'ayant rien à désirer, adroit, parlant à propos, obligeant, réservé en conversation, sachant maintes choses d'autrefois, que l'âge a ensevelies. (VII.)

De telles relations ménageaient la dignité de l'écrivain. Mais Ennius, au surplus, sut affirmer fortement la portée de son œuvre et la qualité de son génie : faisant appel, au début des *Annales*, à la théorie de la métempsycose, il affirmait que son âme était celle même qui avait animé Homère, puis Pythagore ; conscient de la puissance de ses vers, il se promettait l'immortalité :

Salut au poète Ennius, qui, du fond de son être, verse aux mortels des vers de feu ! (*Sat.*, III.)

---

1. Servilius Géminus, au milieu d'une bataille.
2. Ennius ne cachait pas qu'il avait voulu se représenter lui-même dans le portrait suivant.

Que personne ne m'honore de ses larmes, ne mène en pleurs mes funérailles. Pourquoi ? Je vole vivant de bouche en bouche parmi les hommes. *(Épigrammes.)*

Ainsi il imposait aux Romains, par l'évocation des Grecs et par son propre exemple, l'idée de la valeur éminente du poète dans la société.

Les « Annales ». — La grande œuvre d'Ennius est son épopée des *Annales*, en 18 livres, dont il ne nous reste que 600 vers. Il semble l'avoir commencée par émulation de Naevius et dans un esprit fort hellénique d'art et de poésie : les six premiers livres développaient largement les origines de Rome, que Naevius n'avait fait qu'esquisser, et son ancienne histoire, demi-légendaire encore, jusqu'à la première guerre punique ; le mètre adopté était l'hexamètre dactylique des Grecs, non le saturnien, et il était manié d'ordinaire avec une souplesse et une variété déjà remarquables. Puis (l. VII-IX ?), Ennius, négligeant la première guerre punique, narrait sans ampleur la seconde, dont l'unité et le pathétique faisaient une matière vraiment épique, bien que toute contemporaine. Mais il s'agissait encore de primer Naevius sur son propre terrain ; et, dans l'enivrement patriotique de Rome, le succès était assuré. Seulement Ennius, entraîné par le titre même de son œuvre (qui rappelait le résumé que les pontifes donnaient annuellement des faits intéressant Rome), crut bon de continuer son poème au fur et à mesure des événements ; l'esprit romain et historique dominait dès lors en lui ; neuf livres s'ajoutèrent aux neuf premiers, et la mort seule de l'écrivain mit un terme à ces adjonctions, qui achevaient de faire perdre toute unité au poème.

Histoire et poésie. — En s'appliquant à un développement continu et contrôlable, pour ainsi dire année par année, en ses derniers livres, Ennius bravait la difficulté. Il ne manque pas, dans ceux-là surtout, de notations absolument prosaïques, dignes des Annales pontificales :

Appius indixit Karthaginiensibus bellum. (VII.)
Appius déclara la guerre aux Carthaginois...
Quintus pater quartum fit consul. (VIII ; vers mutilé.)
Quintus le père devient consul pour la quatrième fois... ;

de plates énumérations, de gauches efforts... Mais cela même témoigne de sa volonté d'historien. Comme confident de grands hommes d'État, il pouvait d'ailleurs apprécier les réalités du gouvernement. On s'explique ainsi que son œuvre ait inspiré, par la suite, les annalistes et même Tite-Live. Mais, d'autre part, la nécessité d'idéaliser les événements pour leur donner une grandeur épique et l'entraînement fatal à mettre au premier plan ses protecteurs ou leur famille (un livre entier était consacré à M. Fulvius Nobilior !) déformaient nécessairement les données historiques.

Car son dessein est, avant tout, poétique. Nourri d'Homère, assez souple et génial pour, en l'imitant, le conformer à des faits et à un monde différents, il a vraiment les vertus natives du poète épique : le don d'évocation, d'abord ; une épithète ou le seul rythme fuyant d'un vers lui suffisent :

Explorant Numidae totum : quatit ungula terram. (VII.)
Les Numides vont en reconnaissance : les sabots heurtent la terre...

Labitur uncta carina uolat per aequora cana celocis.
(On notera la légèreté du vers : cinq dactyles, un spondée.)
La carène goudronnée glisse, rapide, sur la mer blanchissante... ;

le décor se dessine d'un trait, animé, odorant :

...les longs cyprès aux feuilles droites, le buis au tronc amer... (VII.)
...les pins dont le faîte oscille et les cyprès rigides...

Celui aussi des comparaisons, justes et vivantes, à l'occasion plus nerveuses que celles d'Homère :

Alors, comme un cheval qui s'arrache des râteliers où il s'est nourri, brise en son ardeur ses liens, et de là s'emporte à travers la plaine verdissante et ses grasses prairies, le cou dressé : souvent, la tête haute, il secoue sa crinière ; le souffle de son âme brûlante exhale de blanches écumes (cf. *Iliade*, XV, 262 ss.).

Comme, tenue en laisse, souffre la chienne de chasse rapide, si de son nez subtil elle a éventé les bêtes : d'une voix aiguë alors elle jappe et hurle. (X.)

Et puis le talent de hausser les faits jusqu'à l'héroïsme sans pourtant fausser l'impression de réalité, comme lorsque, imitant d'ailleurs l'*Iliade* (XVI, v. 102 ss.), il représente le tribun C. Aelius assailli de toutes parts :

De partout viennent sur le tribun les traits comme une pluie : ils se fichent en tout son bouclier, font tinter l' « umbo[1] », tirent du casque le son de l'airain. Mais personne, d'où qu'il s'efforce, ne parvient à déchirer son corps avec le fer. Il brise et secoue les traits qui sans relâche l'inondent. Tout son corps n'est que sueur, il peine beaucoup et n'a pas loisir de respirer. (XV.)

Enfin le goût des grandes scènes ; certaines, comme le célèbre songe d'Ilia, sentent un peu l'arrangement et les effets de la tragédie, mais d'autres sont d'un goût simple et pur, un peu archaïque, où l'on découvre pourtant une émotion actuelle.

La consultation des auspices

[Fraîcheur d'imagination et allure « primitive » de la scène. — Solennité rituelle du vocabulaire. — Naturel de la comparaison, d'intérêt « actuel ».]

Se souciant en grand souci, ardemment désireux du trône, ils s'attachent l'un et l'autre[2] à observer les oiseaux et tout signe augural. Sur le Palatin Rémus, seul, l'esprit tendu vers l'auspice[3], guette un oiseau favorable ; de son côté, le beau Romulus, au sommet de l'Aventin, cherche l'aveu de la race au-vol-élevé : l'enjeu était le nom de la Ville, Roma ou Rémora. Tous les hommes ont souci de savoir qui des deux leur commandera. Ils attendent, comme, au moment où le consul est prêt à donner le signal, les spectateurs regardent avidement les barrières de départ[4], pour saisir l'instant où des loges peintes s'échapperont les chars : ainsi attendait le peuple, sans pouvoir cacher son anxiété pour les destinées de l'État, auquel la victoire de l'un ou de l'autre allait donner son chef suprême. Cependant le clair soleil se retira aux abîmes de la nuit. Puis, chassée par les rayons [de l'astre qu'elle annonce], éclatante parut la lumière. Et

1. Saillie au centre du bouclier, destinée à faire glisser les traits.
2. Les deux jumeaux fondateurs de Rome.
3. L'observation rituelle des présages donnés par les oiseaux.
4. Les chars de course partaient de loges *(carceres)* distinctes et contiguës.

aussitôt, du haut du ciel, un oiseau du plus bel augure vola sur la gauche. En même temps que jaillit le soleil d'or, viennent du ciel trois fois quatre oiseaux sacrés : et ils se présentent en belle et favorable position. Cette vue est pour Romulus la certitude de la primauté : l'auspice a fondé fermement les bases de son trône. (I.)

Il semble, d'ailleurs, qu'Ennius ait participé de toute son âme aux faits qu'il rapportait : il évoque avec autant de sensibilité les regrets sur la mort de Romulus que la gloire croissante de Fabius Cunctator qui, le premier, avait tenu Hannibal en échec.

Un long regret possède les cœurs, et entre eux ils se disent : « O Romulus, divin Romulus, quelle sauvegarde les dieux, en te faisant naître, assurèrent à la patrie ! O Vénérable, ô Père, ô sang issu des dieux ! C'est toi qui nous as donné et l'être et la lumière. » (I.)

Un seul homme, en sachant attendre, rétablit la situation : car les rumeurs comptaient pour lui moins que le salut public. Aussi dès longtemps, et de plus en plus, sa gloire pour nous devient éclatante. (XII.)

Et cette sympathie véritable du poète pour ses héros devait assurer la vie à l'épopée, même en ses parties les moins historiques.

Parvenait-elle à harmoniser ce que la matière avait d'inégal : une mythologie foncièrement grecque en un sujet romain, les incertitudes de la légende et les précisions de l'histoire ?... Du moins l'atmosphère morale pouvait-elle, en une certaine mesure, accorder tous ces éléments, en leur donnant une sorte d'unité sentimentale et poétique. Il s'agit d'un héroïsme plus obstiné que brillant, tel qu'avait pu le susciter la seconde guerre punique, et d'un attachement profond et raisonné à l'œuvre des générations passées. Des maximes fortes et sérieuses, très belles, scandant le poème, rappelaient sous des formes diverses cette « morale pratique » de l'État romain :

Mœurs et héros d'autrefois font la durée de Rome...

Qui a vaincu n'est pas vainqueur si le vaincu n'avoue sa défaite...

C'est aujourd'hui le jour où la gloire se présente à nous en toute sa grandeur, que nous vivions ou que nous mourions... (XIV.)

Mais Ennius a, de son propre génie, élargi cette conception nationale : à Rome il a opposé des adversaires dignes d'elle, créant ainsi une sorte de « monde cornélien », où le sublime répond au sublime. Cette conception poétique, un peu tendue, devait avoir des conséquences singulières : au moment même où la moralité publique de Rome allait considérablement fléchir, elle permit aux Romains d'exalter la pure grandeur de leur tradition ; par Cicéron, Tite-Live, les rhéteurs, les satiriques, l'image légendaire de la Rome d'autrefois telle que l'avait tracée Ennius passa jusqu'à Guez de Balzac, P. Corneille et aux révolutionnaires de 1789.

Pyrrhus aux ambassadeurs romains

[Une ambassade romaine conduite par Fabricius vient négocier le rachat des prisonniers faits par Pyrrhus. — Véhémence. — Mystique (romaine) de la guerre et de la Fortune. — Sublime et fermeté du style.]

« De l'or, non, je n'en demande pas, et ne m'en donnez pas : sans brocanter la guerre, en vrais guerriers, par le fer, non par l'or, luttons pour l'existence. Que la

Fortune, Maîtresse du monde, vous veuille assurer l'empire ou à moi, ou quoi qu'elle nous apporte, à notre courage d'en faire l'épreuve. Et ceci encore, sachez-le : ceux dont le courage fut respecté par la fortune des armes, j'ai résolu de respecter leur liberté. Je vous les donne, emmenez-les, je vous les donne en pur don, en accord à la volonté des grands dieux. » (VI.)

Les tragédies. — Ennius ne compte pas comme poète comique. Mais il est bien regrettable qu'il ne nous soit parvenu guère que 300 vers de ses tragédies. Outre une ou deux prétextes (*Les Sabines*, épisode du règne de Romulus, et, peut-être, l'*Ambracia*, poème où il célébrait la prise de cette ville par M. Fulvius Nobilior), il en avait écrit vingt, la plupart empruntées à Euripide, et avec une prédilection pour les sujets se rattachant à l'*Iliade*[1]. Là, comme en son épopée, se marque une personnalité vivante. Euripide était le plus « universel » des grands tragiques grecs, et celui que l'on continuait à jouer et à lire dans tout le monde grec ; au surplus, son rationalisme était pour plaire au poète latin ; et l'*Iliade* était certainement pour Ennius un livre de chevet.

Il a su faire passer en latin à la fois la simplicité familière d'Euripide et son pathétique torturant (encore accru par l'accompagnement musical), en écrivain capable d'apprécier toutes les souplesses d'une langue variée et nuancée.

[Dignité paisible. — Style antithétique, et pourtant naturel.]

A. — C'est un outrage immérité, mon père. Car si tu juges Cresphonte indigne, pourquoi me le donnais-tu en mariage ? S'il est vertueux, pourquoi me forcer à le quitter, malgré moi, malgré lui ?

B. — Il n'y a point là, ô ma fille, d'outrage immérité. S'il est vertueux, j'ai eu raison de te le donner. S'il est indigne, je te libérerai par le divorce. « Pourquoi, dis-tu, me le donnais-tu en mariage ? » Je l'ai choisi comme vertueux. Je me suis trompé. J'ai reconnu ma faute : je m'éloigne de lui, tel que je le connais.

Cresphontes.

[Thème du double souvenir (bonheur et misère) déterminant l'action présente : cf. Racine, *Andromaque*, III, sc. 8. — Richesse descriptive. — *Canticum* (monologue chanté).]

O père, ô patrie, ô demeure de Priam, sanctuaire dont les portes s'ouvraient avec un son profond ! Je t'ai vue dressée en ta pompe barbare, avec tes plafonds à caissons ciselés, royalement meublée d'or et d'ivoire. Tout, sous mes yeux, est devenu la proie des flammes ; j'ai vu Priam odieusement égorgé, l'autel de Jupiter souillé de sang...

J'ai vu, après avoir pu, atroce douleur, voir Hector traîné par un quadrige, le fils d'Hector précipité du haut du rempart.

Andromacha Aechmalotis.

Mais, en certains autres cas, on éprouve mieux la force de son tempérament personnel, heureux de rencontrer dans son modèle grec l'occasion de déployer sa vigueur épique ou d'énoncer des maximes de haute portée sociale :

...D'où sort cette flamme ?... Elles viennent, elles viennent ; les voici, les voici ; c'est moi, moi qu'elles cherchent... Porte-moi secours ; éloigne de moi cette peste, ces

1. Deux *Achille*, *Ajax*, *Alexandre*, *Andromaque prisonnière*, *la Rançon d'Hector*, *Hécube*. — En outre : *Alcumeo* (Alcméon), *Athamas*, *Cresphontes*, *les Euménides*, *Érechthée*, *Iphigénie*, *Médée*, *Phœnix*, *Télamon*, *Télèphe*...

flammes violentes qui me torturent. Ceintes de serpents verdissants elles s'avancent, elles m'entourent de torches ardentes... Apollon chevelu tend son arc doré, appuyé sur la lune ; Diane lance une torche à gauche[1]...

Alcumeo.

A l'homme il convient de vivre d'une vraie vertu, [dressé] avec courage [et sans reproche] contre l'adversaire. Voici la liberté : porter en soi un cœur pur et solide. Le reste, un esclavage, que couvre une nuit obscure.

Phoenix.

Œuvres diverses. — Les *Saturae* (« poésies mêlées » en 4 livres ?) d'Ennius n'avaient rien de l'ancienne *satura* dramatique et n'annonçaient que par occasion ce qu'on appellera plus tard « satire ». On y devine, il est vrai, l'appétit joyeux du parasite devant l'hôte consterné, on sait qu'y figurait la fable de *L'Alouette et ses petits*... : et cela semble annoncer et Lucilius et Horace. Mais rien ne permet d'affirmer qu'une philosophie morale de ton aisé, ou même populaire, faisait le fonds de toutes ces pièces, dont les mètres divers semblent annoncer une extrême variété d'inspiration. Si le *Scipio* en était, il est facile d'y reconnaître la pure grandeur épique des *Annales*, dans leurs plus fortes parties, avec un accent de reconnaissance personnelle pour l' « Africain ».

Des longues lances éparses la campagne brille et se hérisse...
L'immense voûte du ciel, s'arrêtant, fit silence, et le sauvage Neptune apaisa un instant l'âpreté des ondes ; le soleil retint ses chevaux au galop ailé ; les fleuves cessèrent de couler, le vent ne passe plus sur les arbres.

Et l'on ne sait s'il faut rattacher aux *Saturae* d'autres œuvres, comme le poème gastronomique des *Hédyphagetica* (« Les mets délectables »), dont il reste une énumération de poissons et de coquillages qui rappelle l'ancienne poésie grecque de Sicile ; ou l'*Epicharmus* qui, mettant en scène le grand comique pythagoricien de Syracuse (VIe-Ve siècles), lui faisait exposer une théorie philosophique de l'univers. Mais par là nous sentons combien Ennius, tout romain qu'il était devenu, tenait encore, de race et de goût, à l'hellénisme italiote et siciliote.

Philosophie et religion. — C'est ce qui explique son audace philosophique et religieuse en une population dont le théâtre de Plaute nous révèle au vrai la rusticité superstitieuse. Car ce n'est pas seulement en bon traducteur d'Euripide qu'il émet des doutes sur la religion commune et ne veut concevoir Dieu que d'un point de vue rationnel :

Toujours j'ai dit et dirai que les dieux célestes existent. Mais je ne crois pas qu'ils s'occupent de ce que fait la race humaine : car, s'ils s'en occupaient, aux bons serait le bonheur, aux mauvais le malheur, ce qui n'est pas.

Telamo.

En fait, il apporte au jugement des problèmes métaphysiques à la fois la connaissance des diverses philosophies grecques, critiques ou mystiques

1. Alcméon, qui a tué sa mère, voit apparaître (comme Oreste) les Furies, armées de torches.

(en particulier le pythagorisme, de tendances religieuses-morales ; et l'épicurisme, qui, expliquant le monde par des transformations matérielles, tient les dieux à l'écart), et un bon sens pratique de Romain, auquel toute explication de l'univers est bonne, pourvu qu'elle ne violente pas le jugement commun et laisse ouverte la voie à une activité profitable à l'État. Aussi la doctrine théologique d'Ennius est-elle très flottante : dans *L'Epicharme*, qui aurait dû être pythagoricien, l'épicurisme lui-même est dépassé ; dans son adaptation en prose de *L'Histoire sacrée* d'Évhémère (vers 300 av. J.-C.), les dieux apparaissaient comme de simples hommes des temps anciens qui, par leurs bienfaits, s'étaient mérité l'éternelle reconnaissance des mortels. Mais, dans les attaques contre l'astrologie et la divination, on sent à l'évidence le dégoût d'un homme intelligent, qui a assisté aux crises de basse crédulité de la guerre punique et qui voudrait en libérer ses lecteurs.

C'est là le Jupiter que je dis, celui que les Grecs appellent « l'air », qui est vent et nuées, pluie ensuite ; et de la pluie naît le froid, le vent ensuite, l'air enfin[1]. N'est-ce pas, oui, Jupiter que tout cela, puisque mortels et villes et toutes les bêtes en tirent profit[2] ?

Epicharmus.

Il épie, observe, comme un astrologue, les constellations, le lever de la Chèvre, de Jupiter, du Scorpion, n'importe quelle dénomination bestiale[3]. Ils ne regardent pas à leurs pieds, ils sondent les plaines du ciel !

Iphigenia.

Mais les prophètes apocalyptiques, les devins impudents, paresseux ou aiguillonnés par la gêne, qui, sans connaître leur chemin, montrent à autrui la voie, ils promettent la fortune et mendient une drachme[4]. Qu'ils retranchent donc de cette fortune une drachme et rendent le reste !

Telamo.

De toute façon, en mettant vivement les Romains en présence des spéculations les plus variées de la pensée grecque, il annonçait l'effort de Lucrèce, Varron et Cicéron.

La langue et le goût. — On a écrit d'Ennius : « Il était de ces gens qui, ayant parlé dès l'enfance plusieurs langues, n'ont profondément le sens d'aucune » (A. Meillet). Il est sûr que son latin n'a pas le naturel de celui de Plaute ; mais son dessein aussi était autre : il lui fallait créer une langue élevée et poétique en partant du vocabulaire pauvre et peu expressif de l'aristocratie. Il a eu le scrupule, déjà classique, de fort peu recourir au grec ; mais il s'est appliqué à former des mots latins (surtout des adjectifs) capables de traduire des composés grecs, non sans lourdeur souvent :

Bellipotentes sunt magis quam sapientipotentes
Ils valent mieux comme guerriers que comme philosophes ;

1. Doctrine *stoïcienne* de la transformation des éléments l'un dans l'autre (cf. Lucrèce, I, 782 ss. Cicéron, *De natura deorum*, II, 33, 84).
2. Matérialisme pratique, d'allure plutôt *épicurienne*.
3. Les constellations portent (par tradition orientale) des noms mythologiques, et surtout des noms d'animaux : remarquer le ton méprisant.
4. Monnaie grecque, correspondant à peu près au denier romain (entre 2 francs et 2 fr 50).

il en a transformé d'autres artificiellement, afin de pouvoir les faire entrer dans l'hexamètre (*induperator* au lieu de *imperator*) ; il a cherché à développer l'usage du participe présent... Ces efforts aboutissent à des résultats plus ou moins heureux, mais sont, en principe, aussi légitimes que ceux de la Pléïade en France. Seulement, sur cette voie, il est difficile de s'arrêter : Ennius, remarquant dans Homère la fréquence de ce qu'il prenait pour des tmèses et des apocopes, mais incapable de juger dans quels cas ces procédés étaient légitimes, coupe parfois les mots de la façon la plus ridicule :

Saxo cere comminuit brum (= *saxo comminuit cerebrum*) *:* « il lui brisa la tête avec une pierre ».

Mais il serait injuste de le juger sur de telles erreurs, qui sont plutôt rares, et que l'absence de contexte ne nous permet pas d'apprécier.

Pour le style aussi, la réussite côtoie chez lui l'erreur. Faisant regretter à la nourrice de Médée la construction du navire Argô, il écrit ces deux vers d'une consonance sombre et lugubre, d'une sinistre poésie qui ne se trouve pas dans Euripide, son modèle :

Nam numquam era errans mea domo efferret pedem
Medea, animo aegro, amore saeuo saucia.

Jamais ma maîtresse n'aurait porté à l'aventure ses pieds hors de sa demeure paternelle, Médée à l'âme malade, blessée d'un cruel amour.

Ou bien, utilisant l'allitération, il en tire des effets forts et religieux :

Accipe daque fidem foedusque feri bene firmum.

Reçois ma foi, donne-moi la tienne, et conclus un traité tout à fait solide (*Ann.* I) ;

mais aussi bien, à l'occasion, des jeux enfantins et quasi barbares :

O Tite tute Tati tibi tanta tyranne tulisti.

O tyran Titus Tatius, c'est toi-même qui t'est donné cette charge (*Ann.* I).

Ce sont là des indices d'un manque d'équilibre artistique. Et peut-être en effet Ennius a-t-il en cela porté jusqu'au bout la peine de n'être pas latin d'origine. Mais, plus vraisemblablement, ces faiblesses sont dues au travail à la fois rapide et pénible d'un écrivain de génie, qui lutte pour former esthétiquement le latin à la ressemblance du grec, et qui, dans ce labeur, mesure mal ses forces. Il ne manque pas, dans les *Annales* et les tragédies, de passages où le défaut de goût n'est visiblement qu'un excès de puissance imaginative, qu'aurait peut-être corrigé une société plus intimement littéraire et plus raffinée en ses sentiments :

Comme la tête tombait, la trompette seule acheva le chant ; et tandis que mourait l'homme, un son rauque courut dans l'airain. *(Annales.)*

La tête arrachée du cou roule sur la terre : la bouche s'ouvre, les yeux mourants tressaillent et cherchent la lumière. *(Annales.)*

Un vautour, dans les ronces, dévorait un homme : hélas ! en quel cruel tombeau il ensevelissait ses membres ! (*Annales*, II.)

Conclusion. — Ennius avait donné à l'aristocratie latine la poésie qu'elle attendait : nationale, pleine de dignité, flattant sa culture hellénique sans porter atteinte à son décorum romain. Aussi son influence fut-elle immense et durable ; elle fut même prédominante au premier siècle avant notre ère et eut une large part dans la formation du classicisme romain : Lucrèce se rattache à lui, Cicéron le pratique assidûment, Virgile l'imite et même le démarque en maint passage de *L'Enéide*, Tite-Live puise en lui le souffle épique de son histoire. Seuls les écrivains de trop pur hellénisme, Catulle et les novateurs de son groupe, ou les poètes augustéens, dédaignent son exemple. Destinée, à vrai dire, étrange, mais instructive : ce demi-Grec, pour lequel le latin est une langue apprise, représente mieux l'idéal des classes dirigeantes romaines que Plaute et même Naevius ! Rien ne témoigne mieux de la puissance d'attraction et d'assimilation de la Rome gouvernementale, dès cette date : sa langue s'impose non seulement contre tous les dialectes, mais contre celle même de la plèbe urbaine ; et son idéal national et moral exalte Ennius avant d'enthousiasmer Polybe. Rome s'hellénise de plus en plus ; mais des Grecs déjà « latinisent » : l'ampleur des succès politiques prépare au latin « officiel » un avenir de langue universelle, qui échappe — pour des siècles — au latin « populaire ».

BIBLIOGRAPHIE

Conditions historiques

LENCHANTIN DE GUBERNATIS, *L'ellenismo nella prisca poesia latina* (Turin, 1912) ; H. DE LA VILLE DE MIRMONT, *Études sur l'ancienne poésie latine* (Paris, 1903) ; G.W. LEFFINGWELL, *Social and private life in the time of Plautus and Terence* (*Columbia University, Stud. in history*, 81, 1) ; F. CASSOLA, *I gruppi politici romani nel III secolo A.C.* (Trieste, 1962).

M. BIEBER, *Die Denkmäler zum Theaterwesen im Altertum* (Berlin, 1920) ; *The history of the Greek and Roman theater* (Princeton, 1939) ; E.R. FIECHTER, *Die baugeschichtliche Entwicklung des antiken Theaters* (Munich, 1914) ; Ph. FABIA, *Les théâtres de Rome au temps de Plaute et de Térence* (*Rev. de philologie*, 1897) ; C. SAUNDERS, *Costume in Roman comedy* (*Columbia University*, 1909) ; E. PARATORE, *Storia del teatro latino* (Milan, 1957) ; N. TERZAGHI, *Storia del teatro. Il teatro antico* (Turin, 1959).

G. MICHAUT, *Histoire de la comédie romaine : sur les tréteaux latins* (Paris, 1912) ; B.-A. TALADOIRE, *Commentaire sur la mimique et l'expression corporelle du comédien romain* (Montpellier, 1951) ; G.E. DUCKWORTH, *The nature of Roman Comedy : a study in popular entertainment* (Princeton, 1952) ; Ph.-E. LEGRAND, *Daos : tableau de la comédie grecque pendant la période dite nouvelle* (Paris, 1910) ; A. DIETERICH, *Pulcinella* (Leipzig, 1897). — O. RIBBECK, *Die römische Tragödie der Republik* (Leipzig, 1875) ; G. BOISSIER, *Les fabulae praetextae* (*Rev. de philologie*, 1893). — H. FRÄNKEL, *Griechische Bildung in altrömischen Epen* (*Hermes*, 1932) ; W. BEARE, *The roman stage. A short history of latin drama in the time of the republic* (Londres, 1950) ; J. ANDRIEU, *Le dialogue antique. Structure et présentation* (Paris, 1954).

F. CRUSIUS, *Römische Metrik : eines Einführung* (Munich, 1929) ; J.P. POSTGATE, *Prosodia latina* (Oxford, 1923) ; W.J.W. KOSTER, *Traité de métrique grecque suivi d'un précis de métrique latine*[3] (Leyde, 1963) ; L. NOUGARET, *Traité de métrique latine classique*[3] (Paris, 1963) ; E. FRÄNKEL, *Iktus und Akzent im lateinischen Sprechvers* (Berlin, 1928). — W.M. LINDSAY, *The early Latin verse* (Oxford, 1922).

Livius Andronicus

ÉDITIONS : BAEHRENS-MOREL, *Fragmenta poetarum latinorum epicorum et lyricorum praeter Ennium et Lucilium* (*Teubner*, 1927) ; DIEHL, *Poetarum romanorum veterum reliquiae* (Bonn, 1911) ; O. RIBBECK, *Scaenicae Romanorum poesis fragmenta*[3] (Leipzig, 1897-1898 ; réimpr. 1962) ; L. MÜLLER, *Livi et Naevi fabularum fragmenta* (Berlin, 1885) ; *Poeti latini arcaici I : Livio Andronico, Gneo, Nevio, Quinto Ennio*, texte et traduction par A. Traglia (Turin, *U.T.E.T.*, 1987). — Voir aussi *Études*.

ÉTUDES : H. DE LA VILLE DE MIRMONT, *Études sur l'ancienne poésie latine* (Paris, 1903) ; E.M. SANFORD, *The tragedies of Livius Andronicus* (*Classical Journal*, 1923) ; N. TERZAGHI, *Studi sull'antica poesia latina : due tragedie di Livio Andronico* (*Atti d. Accademia d. Scienze di Torino*, 1925) ; M. VERRUSIO, *Livio Andronico e la sua traduzione dell' Odissea* (Naples, 1942) ; S. MARRIOTTI, *L. A. e la traduzione artistica*, avec les fragm. de l'*Odyssée* (Milan, 1952.

Naevius

ÉDITIONS : L. STRZELECKI, *Belli Punici carminis quae supersunt* (Wroclaw, 1959 et *Teubner*, 1964), et mêmes recueils que pour Livius Andronicus et ci-dessous : *Études*.

ÉTUDES : DE MOOR, *Névius* (Tournai, 1877) ; G. JACHMANN, *Naevius und die Meteller* (*Festschrift Wackernagel*, Göttingen, 1923) ; T. FRANK, *Naevius und Free Speech* (*American Journal of Philology*, 1927) ; DE GRAFF, *Naevian Studies* (New York, 1931) ; L. STRZELECKI, *De Naeviano Belli Punici carmine quaestiones selectae* (Krakow, 1935) ; E.V. MARMORALE, *Naevius poeta*[2] [avec les fragments] (Florence, 1950) ; S. MARIOTTI, *Il Bellum Pœnicum e l'arte di Nevio* [avec les fragments] (Rome, 1955) ; M. BARCHIESI, *Nevio epico* [texte et abondant comm.] (Padoue, 1962).

LEXIQUE : A. CAVAZZA, A. RESTA BARRILE, *Lexicon Livianum et Naevium* (Hildesheim, 1981).

Plaute

MANUSCRITS : *Ambrosianus* (palimpseste de Milan, IVe-Ve s. n'est plus lisible aujourd'hui que dans l'*Apographum* de W. Studemund, Berlin, 1889) ; — deux *Palatini* (*B* au Vatican, *C* à Heidelberg, Xe-XIe s.) et *Vaticanus* (n° 3870, Xe-XIe s.) ; — *Codex Turnebi* (perdu, IXe-Xe s. : collation partielle).

ÉDITIONS : Princeps : Merula (Venise, 1472) ; — Critiques : Ritschl[2-3] (Loewe-Goetz-Schoell, Leipzig, 1879-1902) ; Leo (Berlin, 1894-1896) ; Goetz et Schoell (*Teubner*, 1895-1904) ; Lindsay[2] (Oxford, 1910) ; Ernout (*Budé*, 1932-1940) ; éd., et trad., G. Augello (Turin, *U.T.E.T.*, 1968-1972). — Avec commentaire latin : Ussing (Copenhague, 1875-1892). — ÉDITIONS PARTIELLES, commentées : *Amphitruo*, par W.B. Sedgwick (Manchester, 1960), par E. Paratore (Florence, 1959), avec trad. ital. ; *Aulularia* par Kunst (Vienne, 1923) ; *Bacchides*, par Ernout (Paris, 1935), par Questa-Canali (Florence, [1965]), crit. avec trad. ital. ; *Captiui* par Lindsay (Londres, 1900), Waltzing (Liège, 1920), Brix-Niemeyer-Köhler (Leipzig-Berlin, 1930) et par Havet-Freté-Nougaret (Paris, 1932) ; *Curculio*, par J. Collart (*Érasme*, 1962), par G. Monaco (Rome, [1963]) ; *Menaechmi* par Brix-Niemeyer-Conrad (Leipzig, 1929) ; *Miles* par Lorenz[2] (Berlin, 1886), Brix[3]-Niemeyer (Leipzig, 1901) et M. Hammond (Cambridge, 1963) ; *Mostellaria* par Lorenz[2] (Berlin, 1883) ; *Pseudolus* par Lorenz (Berlin, 1876) ; *Rudens*, par F. Marx (Leipzig, 1928 ; et Amsterdam, 1959) ; *Trinummus* par Waltzing[3] (Paris, 1930) et par Brix-Niemeyer-Conrad (Leipzig, 1931) ; *Truculentus*, par P.J. Enk (Leyde, 1953) ; L. BRAUN, *Scenae suppositiciae oder der falsche Plautus*, *Hypomnemata* 64 (Göttingen, 1980) ; Plauto, *Mostellaria, Persa*, a cura di M. Bettini (Milan, 1981) ; Plautus, *Bacchides*, éd., trad. et commentaire par J. Barsby (Warminster-Oak Park, 1986) ; Plautus, *Three Comedies. Miles Gloriosus.*

Pseudolus. Rudens, translated and with an introduction by P.L. Smith, Londres, 1991 ; M. Molina Sánchez, Plautus, *Aulularia,* éd. critique avec commentaire (Madrid, 1991) ; etc.

TRADUCTIONS : Françaises : Naudet (Paris, 1830) ; Sommer (Paris) ; A. Ernout *(Budé)* ; — Allemande, illustrée : L. Gurlitt (Berlin, 1920-1922) ; — Anglaise : P. Nixon (Londres, 1916 ss.) ; — Italienne, avec le texte : E. Paratore (Florence, 1959 ss.).

LANGUE, SYNTAXE ET MÉTRIQUE : G. LODGE, *Lexicon Plautinum* (Leipzig, 1904-1933) ; — LINDSAY, *Syntax of Plautus* (Oxford, 1907) ; — LINDSAY, *The early Latin verse* (Oxford, 1922) ; L. NOUGARET, *La métrique de Plaute et de Térence* (*Mémorial des Ét. lat.*, Paris, 1943, p. 123-148) ; W.M. LINDSAY, *The codex Turnebi of Plautus* (Oxford, 1898) (réimpression Hildesheim, 1972) ; A. MANIET, A. PAQUOT, *Plaute, Amphitryon. Index uerborum, lexiques inverses, relevés lexicaux et grammaticaux* (Hildesheim, 1970) ; A. MANIET, *Plaute, Asinaria. Index uerborum, relevés statistiques* (Hildesheim, 1990) ; C. QUESTA, *Introduzione alla metrica di Plauto* (Bologne, 1967).

ÉTUDES CRITIQUES ET LITTÉRAIRES : F. LEO, *Plautinische Forschungen zur Kritik und Geschichte der Komödie*[2] (Berlin, 1912) ; P. LEJAY, *Plaute* (Paris, 1925) ; E. PARATORE, *Plauto* (Florence, 1962), et *La structure du Pseudolus* (*Rev. d. Ét. lat.*, XLI, 1963) ; — E. FRAENKEL, *Plautinisches in Plautus* (Berlin, 1922, trad. ital. par F. MUNARI, *Elementi Plautini in Plauto,* Florence, 1960) ; G. JACHMANN, *Plautinisches und Attisches* (Berlin, 1931) ; — A. FRETÉ, *Essai sur la structure dramatique des comédies de Plaute* (Paris, 1930) ; — K. ABEL, *Die Plautusprologe* (Diss. Francfort-s.-M., 1955) ; B.-A. TALADOIRE, *Essai sur le comique de Plaute* (Monaco, 1956) ; K.H.E. SCHUTTER, *Quibus annis comoediae Plautinae primum actae sint quaeritur* (Groningue, 1952) ; A. DE LORENZI, *Cronologia ed evoluzione Plautina* (Naples, 1952).

F. HORNSTEIN, *Die Echtheitfrage der plautinischen Prologe* (*Wiener Studien,* XXXVI) ; A. THIERFELDER, *De rationibus interpolationum Plautinarum* (Leipzig, 1929).

F. LEO, *Die plautinischen Cantica und die hellenistiche Lyrik* (Berlin, 1897) ; S. SUDHAUS, *Der Aufbau der plaut. Cantica* (Leipzig-Berlin, 1909) ; H. ROPPENECKER, *Vom Bau der plaut. Cantica* (*Philologus,* 1928-1929) ; F. CRUSIUS, *Die Responsion in den plaut. Cantica* (*Philologus, Suppl. b. XXI,* I, 1929).

E. SCHILD, *Die dramaturgische Rolle der Sklaven bei Plautus und Terenz* (Diss. Bâle, 1917) ; P.P. SPRANGER, *Historische Untersuchungen zu den Sklavenfiguren des Plautus und Terenz* (Wiesbaden, 1961) ; H. DOHM, *Mageiron. Die Rolle des Kochs in d. gr.-röm. Komödie* (Munich, 1964) ; BENOIST, *De personis muliebribus apud Plautum* (Marseille, 1862) ; E. BERTIN, *De Plautinis et Terentianis adolescentibus amatoribus* (Paris, 1879). — PERNARD, *Le droit romain et le droit grec dans le théâtre de Plaute et de Térence* (Lyon, 1900) ; FEDERSHAUSEN, *De iure Plautino et Terentiano* (Göttingen, 1906) ; F. DELLA CORTE, *Da Sarsina a Roma. Ricerche plautine* (Florence, 1967[2]) ; Monique CRAMPON, *Salue Lucrum, ou l'expression de la richesse et de la pauvreté chez Plaute* (Paris, Les Belles Lettres, 1985) ; M. DELCOURT, *Plaute et l'impartialité comique* (Bruxelles, 1966) ; Matías LÓPEZ LÓPEZ, *Los personajes de la comedia plautina : nombre y función* (Lleida, 1991).

Voir aussi plus haut, p. 66, *Conditions historiques.*

Ennius

ÉDITIONS : Vahlen[2] (Leipzig, 1903) ; — Avec commentaire latin : L. Müller (Saint-Pétersbourg, 1884) ; — des *Annales* seules : Steuart (Cambridge, 1925) ; O. SKUTSCH, *The Annals of Quintus Ennius* (Oxford, Clarendon Press, 1985).

Théâtre d'Ennius : H.D. JOCELYN, *The tragedies of Ennius.* The fragments edited with an introduction and commentary (*Cambridge University Press,* 1967) (Index, pp. 445-464). — Voir aussi plus haut BIBLIOGRAPHIE, p. 66, *Livius Andronicus.*

ÉTUDES : L. Müller, *Q. Ennius* (Saint-Pétersbourg, 1884) ; M. LENCHANTIN DE GUBERNATIS, *Ennio, Saggio critico* (Turin, 1915) ; J. HEURGON, *Ennius* [texte, trad., comment. des principaux fragments] (Paris, Centre de Docum. Univ., 1961) ; E.S. DUCKETT, *Studies in Ennius* (Bryn-Mawr, 1915). — H. VON KAMEKE, *Ennius und Homer* (Diss. Leipzig, 1926) ; N. TERZAGHI, *Sulla composizione del primo libro degli Annali di Ennio* (*Atti d. Accad. di Torino,* 1924) ; E. NORDEN, *Ennius und Vergilius* (Leipzig, 1915) ; A. RISICATO, *Lingua parlata e lingua d'arte in Ennio* (Messine, 1950). — N. TERZAGHI, *La tecnica tragica di Ennio* (*Studi italiani di Filologia classica,* 1928). — K. WITTE, *Der Hexameter des Ennius* (*Rheinisches Museum,* 1914) ; A. CORDIER, *Les débuts de l'hexamètre latin : Ennius* (Paris, 1947) ; N. CATONE, *Grammatica Enniane* (Florence, 1964) ; P. AICHER, *Ennius' dream of Homer* (*A.J.Ph.*, CX, 1989) ; S.M. GOLDBERG, *Poetry, politics, and Ennius* (*T.A. Ph.A.*, CXIX, 1989) ; J.W. O'NEAL, *Ennius as an historical source* (*C.B.*, LXIV, 1988) ; A. RISICATO, *Lingua parlata e lingua d'arte in Ennio* (Florence, 1966[2]).

CHAPITRE III

LE PURISME HELLÉNISANT ET LES TENDANCES NATIONALES

Au IIe siècle se développe la conquête romaine, d'abord vers l'Orient hellénistique (contre Philippe V de Macédoine, en 200-197 ; Antiochus III de Syrie, en 192-189 ; Persée, en 172-168 ; réduction de la Grèce et de la Macédoine en province, en 146), puis vers l'Occident (destruction de Carthage, en 146 ; soumission de l'Espagne ; établissement en Gaule méridionale). Ainsi s'exerce pour la première fois le jeu de bascule par lequel l'Italie romaine cherchera son équilibre politique et moral au centre du bassin méditerranéen. Mais, pour le moment, la part de l'Orient est encore, et de beaucoup, prédominante.

La vie économique et sociale, la sensibilité même de Rome en furent bouleversées : l'afflux des richesses et des œuvres d'art encouragea au luxe et à la recherche des jouissances ; en contrepartie, la brutalité, l'orgueil national s'aggravèrent. Surtout l'unité morale fut rompue entre les hautes classes pleines de morgue et une plèbe de plus en plus cosmopolite. La vieille aristocratie s'hellénisait avec goût et encourageait le purisme ; la foule, au contraire, se portait vers les aspects matériels et troubles de l'hellénisme asiatique ; entre elles, le Sénat défendait, non sans quelque hypocrisie, l'idéal vieux-romain. Ainsi la littérature, trop classicisante d'abord, perdit très vite le contact avec le grand public ; vers la fin du siècle seulement, elle le reprend un peu, mais sous des formes nouvelles : par l'éloquence et la satire.

L'aristocratie hellénisante. — Dès les dernières années du IIIe siècle se révèle avec éclat l'influence des pédagogues grecs sur les mieux doués des jeunes nobles ; Scipion, le vainqueur d'Hannibal, en est le type achevé : c'est un « héros », un peu à la façon d'Alexandre le Grand, qui s'impose comme un individu prédestiné à l'armée, au peuple, au Sénat ; humain, instruit, séduisant, amoureux des lettres et des arts, il fait aussi bien les délices des Grecs. Plus tard Paul-Émile, qui, de tout le butin fait sur Persée, ne retint pour lui et ses fils que la bibliothèque du roi, témoigne aussi de ce besoin de développement individuel, même chez des hommes voués à la grandeur de l'État. D'ailleurs le grec est la langue diplomatique, la politique exige qu'on le sache : Flamininus, grâce à sa profonde culture hellénique, lentement, sans violence, travailla à imposer à la Grèce l'hégémonie de Rome. Il y eut ainsi un temps où l'aristocratie dirigeante de Rome fut « philhellène » à la fois par goût et par devoir patriotique. On le vit en 196 lorsque, aux Jeux Isthmiques, Flamininus proclama « la liberté de tous les Grecs » ; il s'agissait de la Grèce propre, de la Grèce classique et presque morte ; et la mesure était dirigée contre les monarchies hellénistiques bien vivantes (Macédoine, Syrie, Égypte), mais qui portaient ombrage au Sénat.

L'invasion de l'hellénisme et l'opposition sénatoriale. — Seulement le philhellénisme individuel et politique ouvrait l'Italie à toutes sortes d'actions, parfois dangereuses. Certaines avaient leurs racines en Italie même, par exemple le culte mystique de Bacchus (Dionysos), qui groupait, pour des rites secrets, des « initiés » de tous les milieux et de races diverses ; ou le pythagorisme, philosophie de tendances religieuses, qui remontait au VIe siècle, s'était répandu au IVe sous l'influence de Tarente, et favorisait la formation de cercles restreints et agissants. Le Sénat craignit non seulement une corruption de la religion nationale, mais des menées politiques couvertes : en 186, les Bacchanales furent durement réprimées ; en 181, on brûla des livres pythagoriciens trouvés soi-disant dans le tombeau du roi Numa.

Dès ce moment, le Sénat apparaît hostile à l'intrusion massive de l'hellénisme à Rome. Recruté en grande partie dans des milieux plébéiens d'ancienne éducation, tenant beaucoup à son autorité de corps et hostile aux ambitions ou même à l'éclat individuels, il suspecte tous les raffinements ; il a même tendance à contrarier les actes de ceux qui, tout en servant bien l'État, remplissent Rome d'œuvres d'art, la comblent de spectacles, mais en tirent gloire personnelle : Scipion l'Africain et son frère, l'Asiatique, Fulvius Nobilior, Manlius, etc... D'ailleurs, en contact politique permanent avec les Grecs d'Europe et d'Asie, et tout en adoptant peu à peu leurs méthodes diplomatiques pleines de faux-fuyants et de subtilités hypocrites, il est arrivé à les mépriser comme un peuple à la fois faible et dangereux. Tout ce qui vient d'eux semble taré : le luxe et même le bien-être sont des éléments de mollesse ; les arts, la littérature, c'est un vol aux dépens de l'État ; la philosophie ruine la religion et la moralité.

Cependant, tant que la Grèce eut un semblant d'indépendance, la proscription de l'hellénisme ne pouvait être radicale ; et, quoique contrariés, ses progrès furent considérables. Des systèmes philosophiques en vogue, l'épicurisme seul fut d'abord condamné : recommandant la recherche du bonheur individuel et soustrayant l'homme et l'univers à l'action des dieux, il était le plus assimilable aux Romains, mais apparaissait au premier chef destructeur de l'État ; les épicuriens Alkios et Philiskos furent expulsés de la Ville en 173. En 161, tous, rhéteurs et philosophes, subirent le même sort. Cependant lorsque, en 155, Athènes envoya à Rome les chefs de ses trois écoles philosophiques, le néo-académicien Carnéade, le péripatéticien Critolaos et le stoïcien Diogène, il fallut bien les entendre. Les conférences de Carnéade eurent un succès de scandale : il enseignait que les hommes, incapables de certitudes, devaient se contenter de probabilités. Ces spéculations étaient sans doute accessibles aux plus cultivés des jeunes nobles ; mais, pour la moyenne des Romains, elles n'étaient que destructives des anciennes habitudes morales. Aux yeux du Sénat l'hellénisme fut définitivement condamné.

En ce demi-siècle, un homme représenta la méfiance sénatoriale à l'égard de tout ce qui était grec : M. Porcius Cato. Furieusement hostile aux Scipions, prêchant contre le luxe avec une verve infatigable, dur à lui-même comme aux autres, on savait ce que l'on faisait en l'élisant censeur en 184. Il chercha à restreindre de toutes parts les ambitions et les enrichissements individuels, à épurer le Sénat, à ramener les esprits vers les anciennes formes, militaires et agricoles, de la civilisation latine. C'est à lui que l'on doit la plus vive caricature du jeune noble hellénisé :

> Caelius... un flâneur... un bouffon fescennin... A peine descendu de sa rosse, il donne la pantomime, lâche des plaisanteries de pitre... Et puis il chante dès qu'il lui en prend envie, joue parfois des vers grecs, lance des bons mots, change de voix, mime comme un acteur...
>
> CATON, dans Macrobe, III, 14,9.

C'est lui qui interdisait à son fils l'usage de la médecine, sous prétexte que tous les médecins étaient grecs et avaient fait serment de tuer leurs clients non grecs !... Cependant il apprit le grec sur ses vieux jours, et sa prose ne manque pas d'art. Mais il donnait une forme virulente à un principe qui devait rester dominant pendant un siècle : si la culture grecque peut être tolérée dans la vie privée, elle doit être exclue de la vie publique. Sa censure excessive provoqua d'ailleurs une réaction immédiate.

Les cercles fermés. — Officiellement réprimé, l'hellénisme se confina en des cercles aristocratiques restreints : et il y gagna sans doute en raffinement, mais il y perdit tout accent national. Un purisme dédaigneux engage les auteurs à s'inspirer non de la littérature grecque contemporaine, mais des classiques des ve-ive siècles. De langue même ils perdent contact avec le peuple, dont leurs nobles protecteurs n'admettent ni le vocabulaire mêlé ni la syntaxe souple. Il est vrai qu'ainsi s'élabore une langue déjà classique, et fort belle : mais les œuvres sont artificielles.

De ces cercles, nous connaissons assez bien celui « des Scipions ». En fait, il ne s'est constitué que peu à peu et a évolué autour de Scipion Émilien (185-129), fils de Paul-Émile, petit-fils par adoption de Scipion l'Africain. Émilien réalisa en lui une synthèse qui semblait impossible : il s'imposa précocement comme un homme providentiel, se donna au service de l'État avec toutes les vertus traditionnelles et rudes qui plaisaient au Sénat, mais se fit aussi la vie privée la plus harmonieusement élégante qu'on eût vue à Rome jusque-là. Outre les politiques qui fréquentèrent de plus en plus chez lui au fur et à mesure qu'il devenait chef du parti de juste milieu, familiers, écrivains, philosophes créaient autour de lui un groupe intellectuel très varié : Laelius était l'ami sage et dévoué, heureux en son demi-effacement ; Térence fut admis dans le cercle, y mena la vie mondaine, se laissa conseiller et inclina à la comédie de salon ; Lucilius, plus tard, y put observer, comme La Bruyère à Chantilly, une riche variété de « caractères » et de silhouettes. Mais des Grecs semblent y avoir plus continûment tenu les premières places : Polybe (vers 205-125), amené à Rome comme otage en 168, y revenant de son plein gré auprès de Scipion (avant 146), et qui écrivit alors une histoire universelle de 218 à 146, dont Rome était le centre ; le philosophe Panaitios (170-110) qui, en adaptant à la vie pratique et à la gestion de l'État les principes stoïciens de la prédominance de l'âme sur le corps et de la lutte contre les passions, fit accepter à certains dirigeants romains la première adaptation de la philosophie grecque à l'esprit latin... Grecs à demi romains de pensée, écrivains latins plus qu'à demi grecs de forme, tous collaborent (mais comme en vase clos) à une grande œuvre de fusion spirituelle.

Le peuple et les questions sociales. — Le peuple, en son ensemble, ne pouvait suivre ce mouvement : il n'abordait pas l'hellénisme du même biais. La suite des conquêtes en terre étrangère, développant chez les soldats italiques la brutalité, l'esprit de pillage et de lucre, les rendait à la vie civile plus cruels et plus paresseux. Et l'hellénisme qu'ils avaient côtoyé et brutalisé en Orient n'était pas celui des artistes et des écrivains classiques : luxueux et composite, il invitait à la jouissance matérielle plus qu'à la pénétration intellectuelle. Une sorte de romantisme gréco-asiatique, vivant, mais très mêlé, fit ainsi irruption en Italie, surtout lorsque le roi Attale eut légué au peuple romain ses États, le royaume de Pergame, qui devint la province d'Asie (133-129). D'autre part, la population de Rome devenait de moins en moins latine, de race et de tendances : l'afflux d'esclaves de toutes provenances, de trafiquants et d'intrigants de toute espèce, un nombre croissant d'affranchis des plus diverses origines, de déclassés, d'anciens paysans refoulés par l'extension de la grande propriété, de clients faméliques, modifiaient à la fois l'aspect de la Ville et la mentalité civique. D'une part un prolétariat misérable et composite était prêt à l'agitation politique la plus violente pour conquérir, soit la propriété, soit le droit à la fainéantise en recevant de l'État un minimum de subsistance gratuitement ; de l'autre, une foule de gens d'affaires, spéculant sur les immenses richesses que la conquête romaine mettait en mouvement et sur l'exploitation des provinces (Rome étant devenue le seul marché des capitaux et la « Bourse » du monde méditerranéen), influait de façon complexe sur la politique, enfiévrait et multipliait les débats juridiques.

De cet état de choses l'art de la parole allait profiter. Sans doute les discussions du Sénat, déjà, portant sur de plus vastes sujets et affinées par les tractations avec la diplomatie orientale, avaient dû le faire notablement progresser. Les contacts, même fugitifs, avec la philosophie et les problèmes sociaux lui donnèrent à la fois plus de hauteur et plus d'extension : les Gracques, saisissant la foule par la raison, le pathétique, et une harmonie déjà musicale empruntée aux Grecs, idéalisèrent les violences de l'éloquence tribunicienne et ouvrirent les voies à la grande prose oratoire. Et, cependant, le labeur des avocats et des jurisconsultes développait toutes les conséquences de l'ancien droit civil, tandis que commençaient à s'établir, dans les provinces et à Rome même (par le préteur pérégrin), les éléments d'un droit plus universel (*ius gentium*, le droit des nations). En même temps, les annalistes, subissant l'empreinte de Polybe sans renoncer aux fables de l'ancien temps, reliaient toute l'agitation présente à l'activité du passé. Ainsi, de façon trouble encore, bien que rien d'essentiel n'y manque, se préparait l'épanouissement de la prose cicéronienne et livienne.

Conclusion. — Mais le divorce est accompli entre l'hellénisme de culture et le peuple romain. La littérature latine risque de devenir, en ses recherches d'art, étrangère à la masse : celle-ci, à vrai dire, est trop mobile et se modifie trop vite, à Rome du moins, pour offrir quelque sécurité à un labeur littéraire délicat et suivi ; mais, par ailleurs, l'aristocratie cultivée risque de trop sacrifier au snobisme et à la recherche artificielle. Au premier siècle, italien plus que romain, et humain plus que sénatorial, est réservé l'accomplissement du classicisme latin.

1. Les débuts de la prose artistique

Tandis que la poésie comptait déjà à Rome des œuvres considérables, la prose, confinée dans les usages pratiques, ne se haussait que difficilement à la dignité littéraire. Il faut croire (comme le fait Cicéron, mais sans preuves) que l'art de la parole progressait malgré tout, par la nécessité où se trouvaient les hommes politiques, en face d'adversaires de plus en plus nombreux et cultivés, de faire prévaloir leur candidature ou leur avis : de fait l'éloquence se révèle à Rome, dès que nous sommes en état d'en juger, très supérieure artistiquement aux autres genres de prose.

L'histoire, destinée chez les Latins à un si bel avenir, intéresse des esprits de premier ordre : Q. Fabius Pictor (vers 254-mort après 201), qui fut envoyé en ambassade à Delphes, L. Cincius Alimentus (préteur en 210), pendant un temps prisonnier d'Hannibal. Mais ils écrivent leurs *Annales* en grec, parce qu'il s'agit moins pour eux d'intéresser le public romain que de répandre la connaissance et la gloire de Rome à l'étranger. De là (à en juger par les quelques fragments qui nous sont parvenus) les défauts et les qualités qui, à partir d'eux, devaient dominer pendant fort longtemps l'historiographie romaine : un récit des origines extrêmement mêlé de fables plus ou moins poétiques, de toutes provenances, mais surtout grecques ou hellénisées ; une partialité aristocratique et nationale conforme à l'idéal d'expansion de la République ; peu de scrupules à enrichir de falsifications l'histoire des grandes familles représentatives de l'esprit romain ; mais aussi, surtout dans la narration des faits contemporains, une vie et une précision d'hommes qui y ont participé ; de la compétence, de la curiosité, de l'intérêt pour les anciennes coutumes du terroir, qu'ils décrivaient à l'usage de leurs lecteurs étrangers. Ainsi, sans compter comme écrivains latins, ces annalistes et ceux qui les suivirent dans la première moitié du IIe siècle, P. Cornélius Scipio (fils de l'Africain), C. Acilius Glabrio (l'introducteur des philosophes grecs à Rome, en 155), A. Postumius Albinus, prirent-ils de l'importance dans l'histoire de la littérature romaine, surtout lorsque certaines de leurs œuvres, retraduites en latin, y firent un peu passer la souplesse de la rédaction originelle et l'art des modèles grecs (Timée en particulier) qu'ils avaient imités.

Mais c'est à un violent adversaire de l'hellénisme et de l'expansion romaine en Orient, Caton le Censeur, qu'est due la première œuvre qui compte pour nous dans la prose latine.

CATON LE CENSEUR 234-149 av. J.-C.

Gros fermier dans les « pierrailles » de Tusculum, travailleur obstiné, économe jusqu'à l'avarice, mais procédurier habile et serviable, et d'une causticité redoutable, M. Porcius Cato imposait son ascendant aux paysans d'alentour. Soldat et officier, il s'était fait remarquer par son énergie, sa justesse de coup d'œil, sa netteté d'action. Des nobles, d'abord un Valérius, le poussèrent dans la carrière des honneurs : préteur, consul (195), triomphateur après deux années de guerre en Espagne, censeur (184-182), cet homme roux aux yeux gris ne cessa d'accentuer sa physionomie caractéristique de sénateur issu du peuple, défenseur, par tempérament et par devoir, de l'antique moralité nationale contre les nouveautés corruptrices venues de Grèce.

Ses œuvres. — L'œuvre de Caton est due avant tout à l'expansion naturelle d'une personnalité extraordinaire. Dans sa lutte contre la noblesse hellénisante, ne distinguant pas toujours ses haines personnelles de l'intérêt de l'État, il fut amené à prononcer une multitude de réquisitoires et de plaidoiries. Pour formuler ses idéaux « vieux-romains » au milieu d'une société qui se modifiait fort vite, il écrivit des traités d'agriculture, de droit et d'art militaire. Soucieux, à l'ancienne mode, de former lui-même son fils à son image, il écrivit pour lui une sorte d'encyclopédie pratique, un recueil de sentences morales *(Carmen de moribus)*, des lettres qui avaient été conservées. Sur la fin de sa vie, le même désir d'apologie personnelle et d'opposition à la « littérature historique » contemporaine lui fit entreprendre ses *Origines* (en 7 livres).

Mais il faut aussi admettre, avec les anciens, qu'il était « passionné de lettres ». Sa volonté d'écrire sur tout sujet et de conserver ce qu'il écrivait n'est pas douteuse. Son labeur artistique non plus : il se mit, déjà âgé, à apprendre le grec, à étudier Thucydide et Démosthène. Seulement il n'apportait à chaque genre ni les mêmes soins ni les mêmes procédés : et cela même est preuve de goût littéraire.

Les discours. — Les anciens connaissaient de Caton plus de 150 discours ; il ne nous en reste qu'un petit nombre de fragments. Il les préparait avec soin, par écrit ; mais sans grand souci de la composition : une combativité sûre de son but en tenait lieu. Il recueillait les mots caustiques des autres, comme on recueillit aussi les siens : matière à satires virulentes et à « effets de tribune ». Les procédés rhétoriques, spontanés ou acquis, ne lui étaient pas inconnus : prétérition, répétitions, exclamations... Il discute sur le sens des pseudo-synonymes, comme les anciens sophistes ; distingue *properare* de *festinare*, *amor* de *cupido*, *falsarius* de *mendax*. Des proverbes, des accès de verve bouffonne, des diminutifs plaisants, çà et là, évoquent Plaute. A cette éloquence inégale et brutale, mais non sans art, la vie, la conviction et un pittoresque presque populaire donnent un accent savoureux.

Caton et son secrétaire

[Apologie personnelle et satire de la décadence morale de la noblesse. — Mise en œuvre dramatique. — Intimité du fond ; éloquence de la forme (procédé général de la prétérition, mais mis en œuvre de façon très originale ; répétitions, anaphores, exclamations).]

Je fis apporter le livret où était écrit le discours que je fis autrefois pour répondre à M. Cornélius. On apporte les tablettes. On lit ce qu'ont fait de bien mes ancêtres ; ensuite ce que, moi, j'avais fait pour l'État. Cette lecture achevée, il se trouvait écrit dans le discours : « Jamais je n'ai, pour briguer une magistrature, dilapidé ni mon argent, ni celui des alliés[1] ». Ah ! non, non ; ne va pas[2], dis-je, écrire cela : c'est chose qu'ils[3] ne veulent pas entendre. Ensuite il[4] reprit : « Jamais je n'ai imposé aux villes de vos alliés de préfets[5] qui missent à mal leurs biens, leurs femmes, leurs enfants ». Cela encore, efface-le : c'est chose qu'ils ne veulent pas entendre. Continue. « Jamais, quand il y avait butin, prises sur l'ennemi ou argent provenant de leur vente, je ne les ai partagés entre mes amis intimes, de façon à en frustrer ceux qui l'avaient conquis. » Cela, cela encore, efface-le : il n'est rien qu'ils veuillent moins entendre : inutile de le lire. « Jamais je n'ai fait partir de courrier officiel[6] pour permettre à mes amis, grâce à des indications convenues, de faire de gros bénéfices. » Allons, cela aussi, efface-le, et bien. « Jamais je n'ai dissipé entre mes appariteurs et mes amis l'argent qui m'était confié pour une distribution gratuite de vin, ni ne les ai enrichis aux dépens du peuple ». Ah, pour le coup, efface cela en grattant jusqu'au bois[7].

Vois où l'État en est pour que je n'ose pas aujourd'hui, par crainte de devenir odieux, rappeler les services que j'ai rendus à l'État et qui m'attiraient la faveur. Tant on a pris le pli de laisser impuni le vice, mais non la vertu.

Oratorum romanorum fragmenta (Malcovati), I, CATON, 171.

---

1. Les *socii* : Italiens tenus à aider la politique de Rome, surtout en matière financière et militaire.
2. Caton s'adresse à son secrétaire.
3. Les nobles corrompus, adversaires de Caton.
4. Le secrétaire.
5. Délégués dans certaines villes pour les administrer au nom de Rome.
6. Voyageant gratuitement et avec des facilités de transport ; ce qui lui permettait d'apporter les nouvelles plus tôt que quiconque et de faciliter ainsi, à ceux qui les connaissaient, des spéculations fructueuses.
7. Les tablettes à écrire étaient en bois recouvert d'une couche de cire.

Discours pour les Rhodiens

[Rhodes, alliée de Rome, mais lasse d'une guerre qui ruinait son commerce, avait essayé d'imposer sa médiation entre elle et le roi de Macédoine, Persée, qui tenait les légions en échec depuis trois ans. Après la victoire de Pydna, certains sénateurs voulurent faire déclarer la guerre à Rhodes, dans l'espoir de riches pillages. Caton s'y opposa au Sénat dans un discours qu'il avait inséré dans ses *Origines*. — Cf., sur ce discours, les réflexions d'Aulu-Gelle (VI [VII], 3) : « On y trouve toutes les armes de l'art rhétorique... Mais, comme en un combat douteux, lorsque la ligne de bataille est fragmentée, on lutte en beaucoup d'endroits de façons différentes, ainsi Caton... use pêle-mêle de tous les moyens de défense et tantôt fait valoir les services rendus par les Rhodiens, tantôt, comme s'il justifiait des innocents, reproche qu'on en veuille à leurs biens et à leurs richesses, tantôt même plaide l'erreur, tantôt montre qu'ils sont indispensables à Rome, tantôt fait appel à la clémence, tantôt évoque la modération des ancêtres, tantôt fait valoir l'utilité publique. Et tous ces arguments pourraient sans doute se présenter avec plus d'ordre et d'harmonie, mais non, semble-t-il, avec plus de vigueur ni de vivacité ». — Noter la redondance du style, souvent inutile, mais par laquelle Caton croyait donner plus d'ampleur et de dignité à sa phrase.]

Je sais que, d'ordinaire, quand les affaires sont prospères et favorables et heureuses, l'esprit de la plupart des hommes s'exalte, leur orgueil et leur audace s'augmentent et s'accroissent. Et c'est pourquoi j'ai grand souci, voyant notre prospérité si pleinement s'affirmer, que nos décisions n'entraînent quelque adversité qui abatte notre prospérité et que la surabondance de notre joie n'entraîne des excès funestes. L'adversité dompte, et enseigne ce qu'il faut faire. La prospérité, par la joie, fait dévier nos décisions et notre jugement. D'autant plus j'insiste sur mon conseil de remettre cette décision à quelques jours d'ici, quand de cet enivrement nous serons revenus à la possession de nous-mêmes...

Et je conviens bien que les Rhodiens auraient désiré ne pas nous voir remporter une victoire aussi complète, et que le roi Persée ne fût pas vaincu. Mais les Rhodiens ne furent pas seuls à le désirer : maint autre peuple et mainte nation le désiraient, je pense. Et peut-être y en eut-il qui ne cherchaient pas à nous offenser en le désirant.

Mais ils craignaient plutôt que, si nous n'avions nul homme à redouter, nous ne nous livrions à tous nos caprices, et qu'il fallût sous notre domination devenue unique souffrir la servitude. C'est le sentiment de la liberté qui les déterminait, je pense. Et, au surplus, les Rhodiens n'ont jamais soutenu officiellement Persée. Songez combien, dans nos rapports privés, nous sommes entre nous plus précautionneux : car chacun de nous, s'il soupçonne quelque entreprise contre ses intérêts, s'y oppose de toutes ses forces, pour qu'elle n'aboutisse pas. Eux, au contraire, se résignèrent jusqu'à l'extrémité...

Et aujourd'hui, tout soudain, nous renoncerons à un tel échange de bons offices, à une telle amitié ? Ce que nous dirons qu'ils ont voulu faire, nous nous hâterons de le faire les premiers ?...

La plus violente accusation qu'on leur adresse est celle-ci : « Ils ont voulu[1] être nos ennemis ». Mais en est-il un seul parmi vous qui, en ce qui le concerne, estimerait juste d'être puni sur l'accusation d'avoir voulu mal faire ? Aucun, je pense ; car, en ce qui me concerne, je ne le voudrais pas...

Et alors ? Y a-t-il, enfin, une loi assez rigoureuse pour dire : qui aura voulu faire telle chose, que l'amende soit de la moitié de son bien, moins mille deniers[2] ; qui aura voulu posséder plus de cinq cents arpents, que la peine soit de tant ; qui aura voulu posséder tant de têtes de bétail, qu'il soit condamné à tant[3]. Et nous autres nous voulons de tout davantage, et le faisons impunément !...

---

1. Argumentation d'après le principe juridique que l'acte, non l'intention, est punissable.
2. Formule courante d'amende : la loi stipule qu'on laissera un minimum de sa fortune au condamné.
3. Mesures habituelles dans les « lois agraires » (destinées à assurer une répartition point trop inégale du « domaine public » = territoire pris sur l'ennemi.

Mais s'il n'est pas juste de tirer gloire d'avoir voulu, à ce qu'on dit, bien faire, sans pourtant l'avoir fait, les Rhodiens devront-ils souffrir, sans avoir mal fait, d'avoir voulu, dit-on, mal faire ?...

On affirme que les Rhodiens sont orgueilleux : sorte de reproche qui me serait le plus désagréable pour moi et mes enfants. Admettons qu'ils soient orgueilleux. En quoi cela vous touche-t-il ? Vous irritez-vous de trouver plus orgueilleux que vous ?

Historicorum romanorum reliquiae, I, CATON, 95.

Le « De agri cultura ». — Le traité « Sur l'Agriculture », qui nous a été conservé, est d'un ordre tout différent. On doit le considérer comme un effort pour recommander une nouvelle économie agricole, plus scientifique et plus productive, capable de retenir à la campagne la bourgeoisie assez fortunée, que tentent alors les gros bénéfices du commerce et de la banque ; ensuite comme un recueil de recettes de toutes sortes et de tout âge, religieuses, magiques, médicales..., dont peut avoir besoin le propriétaire d'une « maison rustique ». De là deux parties : la première, assez bien ordonnée, traite de l'achat du domaine, de sa gérance, de son entretien et de son rendement, du cheptel et du matériel agricole, en insistant sur la culture arbustive (vigne et olivier), et en donnant les renseignements les plus précis sur le prix des installations et les centres de fabrication des objets manufacturés ; la seconde se présente presque comme un livre tenu au jour le jour et où se seraient enregistrés, dans le plus grand désordre, les renseignements les plus divers. Des reprises, des rédactions différentes des mêmes préceptes alourdissent le livre, qui est ainsi, à la fois, extrêmement archaïque et fort moderne. Seule la personnalité de Caton, attaché au passé, mais soucieux de l'avenir, sa vieille pratique à la fois de fermier résidant et de propriétaire rapace, son attachement à tout ce qui tient, de près ou de loin, à la vie campagnarde assurent au livre quelque unité.

Une bonne fermière

[Portrait idéal sous forme de *préceptes ordonnés* (caractère ; religion et propreté ; qualités de « ménagère »). — Évocation non voulue, due à la précision du détail, de l'atmosphère (autorité, dignité, abondance contrôlée).]

Fais-toi craindre d'elle[1]. Qu'elle ne soit pas à dépenses. Les voisines et les autres femmes, qu'elle les fréquente le moins possible, qu'elle ne les reçoive ni au logis ni où elle est. Qu'elle n'aille souper nulle part ; qu'elle n'ait pas le goût de la promenade. Qu'elle ne fasse aucune cérémonie religieuse ni n'en donne commission, sans l'ordre du maître ou de la maîtresse : qu'elle sache que c'est le maître qui fait acte religieux pour toute la maison. Qu'elle soit propre : qu'elle tienne la ferme toute balayée et propre ; qu'elle tienne le foyer[2] pur, balayé tout autour chaque jour, avant d'aller se coucher. Aux kalendes, aux ides, aux nones[3], quand il y a un jour de fête, qu'elle mette une couronne au foyer ; et les mêmes jours, qu'elle fasse offrande au Lare Familier[4] selon ses moyens. Qu'elle veille à tenir prête la nourriture pour toi et les esclaves. Qu'elle ait beaucoup de poules et d'œufs. Qu'elle ait en fruits secs poires, sorbes, figues, raisins ; des sorbes dans du vin cuit, des poires et des raisins dans des jarres et des « pommes de moineaux », des

1. Caton s'adresse au fermier, ou régisseur.
2. Lieu sacré.
3. Les 1er, 5 ou 7, 13 ou 15 du mois.
4. Dieu du domaine, résidant dans la maison ou près d'elle.

grappes en pots et cruches sous terre, des noix de Préneste fraîches en cruches sous terre. Pommes « scantiniennes » en jarres, et tous les fruits de garde, même sauvages, qu'elle soit diligente chaque année à les mettre en conserve. Qu'elle sache faire de bonne farine et du gruau d'épeautre fin.

De agri cultura, CXLIII.

Propriétaire et régisseur

[Mise en scène dramatique de la gestion d'un domaine. — Réalisme de la conversation (au style indirect) entre le propriétaire et son fermier. — Netteté impérative et cruelle des prescriptions. — Nul souci de style.]

Le « père de famille[1] », lorsqu'il est arrivé à la ferme, lorsqu'il a salué le Lare Familier, doit faire le tour de la propriété le jour même, s'il le peut ; sinon le jour même, du moins le lendemain. Lorsqu'il a reconnu la façon dont la propriété est cultivée, quels ouvrages sont faits ou ne sont pas faits, qu'il convoque le fermier le lendemain ; qu'il lui demande ce qui est fait, ce qui reste à faire, si les ouvrages ont été faits en temps, s'il est possible d'achever ceux qui restent, et ce qu'on a fait en vin, en grain et en tous autres produits. Cette revue passée, il faut commencer le compte des ouvriers et des journées de travail. Si le rendement n'est pas clair, le fermier dit qu'il a fait de son mieux, que des esclaves ont été malades, qu'il y a eu du mauvais temps, que des esclaves se sont enfuis, qu'on a eu des corvées publiques ; quand il a dit ces prétextes et beaucoup d'autres, ramène le fermier au compte des ouvrages et des ouvriers. S'il y a eu des pluies, il fallait faire des ouvrages qu'on peut faire quand il pleut : laver les jarres, les enduire de poix, nettoyer les bâtiments, changer le grain de place, porter le fumier au dehors, faire une fosse à fumier, nettoyer les semences, raccommoder les cordes, en faire de neuves, et que les esclaves raccommodent leurs hardes, leurs capuchons. Les jours de fête, on pouvait curer les anciens fossés, empierrer le chemin public, couper les buissons, fouir le jardin, nettoyer les prés, tuteurer les boutures, arracher les épines, piler l'épeautre, approprier. Si les esclaves étaient malades, il ne fallait pas leur donner autant à manger. La revue ainsi faite sans se fâcher, il veillera à ce qu'on achève les ouvrages qui restent à faire. Il comptera l'argent, le grain, le fourrage en réserve ; il comptera le vin, l'huile, ce qui a été vendu, ce qui a été payé, ce qui reste, ce qu'il y a à vendre ; ce qu'on a à recevoir en garantie, qu'on le reçoive[2] ; le surplus, qu'on l'arrête clairement. S'il manque quelque chose pour l'année courante, qu'on l'achète ; ce qu'il y a de trop, qu'on le vende ; ce qu'on doit mettre en location, qu'on le loue. Pour les ouvrages à faire et à donner en entreprise, qu'il ordonne, et laisse les ordres en écrit. Qu'il inspecte le bétail. Qu'il fasse une vente publique : qu'il vende son huile s'il en trouve bon prix ; le vin, le grain en surplus, qu'il les vende ; les bœufs qui prennent de l'âge, les veaux et les agneaux sevrés, laine, peaux, vieux chariots, vieilles ferrailles, esclaves âgés, esclaves malades et tout ce dont on n'a pas besoin, qu'il les vende. Le père de famille doit avoir âme de vendeur, non d'acheteur.

De agri cultura, II.

Bœufs et bouviers

Occupe-toi des bœufs avec le soin le plus actif. Aie certains égards pour les bouviers, afin qu'ils soignent plus volontiers leurs bœufs.

Si un bœuf tombe malade, donne-lui tout de suite un œuf de poule, cru : fais-le-lui avaler entier. Le lendemain, broie une tête d'ail dans une hémine[3] de vin, et fais-lui boire le tout. On sera debout tout droit pour broyer [l'ail] et présenter [le breuvage] dans un

1. Nom traditionnel du propriétaire à Rome : la « famille » désigne tout ce qui dépend de lui, femme, enfants, clients, esclaves.
2. Il s'agit sans doute de garanties de dettes, les ruraux prêtant souvent en nature (grains ou bétail).
3. Mesure grecque (0l27).

vase de bois ; et le bœuf lui-même et celui qui le lui présentera seront debout. On sera, en le lui présentant, à jeun, et le bœuf aussi à jeun[1].

De agri cultura, V, 6 ; LXXI.

Fabrication industrielle de « vin grec »

Si ta campagne est loin de la mer, fais-y le vin grec[2] comme suit. Verse dans un bassin de bronze ou de plomb vingt quadrantals[3] de moût, allume le feu dessous ; quand le vin bouillira, retire le feu. Quand ce vin sera refroidi, verse-le en une jarre de quarante conges. Verse dans un vase à part un quadrantal d'eau douce, un boisseau de sel ; laisse la saumure se faire. Lorsque la saumure sera faite, verse-la aussi dans la jarre. Écrase dans un mortier du jonc et de l'acore, de façon à en avoir un setier ; verse aussi dans la jarre, pour donner le parfum. Trente jours après, scelle la jarre. Sur le printemps, verse dans des amphores. Laisse au soleil pendant deux ans. Ensuite range à couvert. Ce vin ne le cédera pas à celui de Cos.

De agri cultura, CV.

Le style du *De agri cultura* est ordinairement d'une sécheresse et d'une décision qui rappellent les plus anciens textes juridiques ; des notations simplement juxtaposées tiennent lieu de démonstration. Mais on y rencontre, çà et là, des formules brèves et frappantes, par lesquelles Caton rejoint les anciens poètes gnomiques grecs avec une brusquerie populaire qui est bien à lui :

Quand nos anciens voulaient bien louer un homme, ils le louaient en ces termes : « bon paysan et bon cultivateur ».

L'agriculture est telle : si tu as fait un travail trop tard, tu feras tous les autres trop tard.

Pour bien cultiver une terre ? Bien labourer. Et puis ? Labourer. Et puis ? Fumer.

Dépense nulle ; et, si c'était une dépense, fais pourtant l'essai : il s'agit de la santé.

Et sa conviction l'élève jusqu'à une sorte de lyrisme singulier lorsqu'il prône les extraordinaires mérites qu'il attribue au chou, « le premier de tous les légumes ».

Vertus médicinales du chou

[Tradition ancienne, et qui semble remonter jusqu'à Pythagore au moins (VIe siècle). — Autorité dogmatique et insistance du style. — Réalisme du détail. — Enthousiasme autoritaire, et presque oratoire, du mouvement. — Comparer Rabelais, *Tiers Livre*, chapitres L-LII (Le Pantagruélion).]

Et il y a une troisième espèce [de chou], qu'on appelle « douce », à tiges courtes, tendre, et la plus active de toutes, la plus énergique malgré son peu de suc. Et sache-le d'abord : de tous les choux aucun ne vaut celui-ci pour les soins médicaux. Sur toutes blessures, tumeurs, applique-le broyé. Il nettoiera tous les ulcères et les guérira sans douleur. Par lui mûrissent les tumeurs, par lui elles crèvent, par lui plaies pourries et cancers se nettoieront : ce qui ne peut se faire par aucun autre médicament. Mais avant de faire l'application, lave-le dans quantité d'eau chaude ; puis applique, broyé, deux

1. Remarquer le caractère *archaïque* et *magique* de ces prescriptions.
2. Très recherché, mais très cher.
3. Le « quadrantal » contenait 8 « conges » (le conge = 3l,28), et le conge 6 setiers. Il semble que le texte nous a été transmis avec des erreurs de chiffres.

fois par jour. Il enlèvera toute puanteur. Le cancer noir sent et jette une sanie malpropre ; le blanc est purulent, mais fistuleux, et suppure en dessous dans la chair. Sur des plaies de ce genre, écrase de ce chou, il les guérira : il est le meilleur pour une plaie de ce genre. Et en cas de luxation, bassine deux fois le jour à l'eau chaude, mets du chou broyé, il la guérira aussitôt ; mets deux fois le jour, il supprimera les douleurs. Et en cas de contusion, mets du chou broyé, il la guérira. Et en cas d'ulcère au sein et de « carcinome[1] », mets du chou broyé, il le guérira. Et si l'ulcère ne peut en supporter l'âcreté, mêles-y de la farine d'orge, et fais ainsi l'application. Tous les ulcères de ce genre, il les guérira ; et aucun autre médicament ne peut le faire, ni les nettoyer. Et si c'est un enfant, garçon ou fille, qui a un ulcère de ce genre, ajoute de la farine d'orge. Et si tu veux, haché, lavé, séché, le saupoudrer de sel et de vinaigre, rien n'est plus sain. Pour en manger plus volontiers, arrose-le de vinaigre miellé ; lavé et séché, avec de la rue, de la coriandre hachée et saupoudrée de sel, tu le mangeras un peu plus volontiers. Cela fera du bien, détruira dans le corps tout germe de maladie et donnera bonnes selles. S'il y avait auparavant quelque mal caché, il guérira tout ; la tête et les yeux, il les purgera de tout et les guérira. Il faut le manger le matin à jeun. Et en cas d'humeur noire, et de gonflement de rate, et de maux du cœur et du foie ou des poumons ou des entrailles, en un mot il guérira tout ce qui à l'intérieur fait bien souffrir...

De agri cultura, CLVII, 2-7.

Les « Origines ». — Même originalité dans l'histoire. Caton prend le contre-pied exact de ses contemporains : il écrit en latin, il étend sa curiosité hors de Rome, loin des notations sans intérêt, « prix du blé, éclipses de lune ou de soleil », qui figuraient sur les tables du grand pontife, au-delà aussi des ambitions des grandes familles aristocratiques. Dans les trois premiers livres de son ouvrage, il relatait les origines (de là le titre) et le développement des principales villes d'Italie qui avaient été rattachées à la politique romaine ; il pressentait la prochaine grandeur militaire, économique, même littéraire de la Gaule Cisalpine... Par ce sens de la diversité et de l'unité intime de l'Italie, par son intérêt pour le labeur et le courage des masses anonymes qui assurent la grandeur de la patrie, Caton anticipait puissamment l'avenir et visait un idéal qui ne s'exprimera, imparfaitement, que plus d'un siècle après lui.

Mais, à côté de ces tendances de grand historien, on retrouvait partout l'affirmation de sa dévorante personnalité : dans ses attaques contre la noblesse, dans l'exposé brutal de ses principes militaires (il permet et désire même l'enrichissement individuel de ses soldats), dans l'insertion de discours entiers de lui. L'économie de l'ouvrage devait fort en souffrir. Mais ces détails personnels introduisaient dans le récit, en contraste avec des passages de style très volontairement recherché, des notations d'une fraîcheur naïve qui, çà et là, permettent d'évoquer Villehardouin ou Joinville.

Un héros méconnu

[Le tribun Q. Caedicius, au cours de la première guerre punique, avait sauvé l'armée romaine mal engagée, en se dévouant avec 400 hommes. — Patriotisme, amer à l'égard des classes dirigeantes de Rome, jaloux et ombrageux à l'égard de la Grèce.]

Les dieux immortels accordèrent au tribun militaire un sort conforme à son mérite. Car il arriva ceci : bien qu'il eût en ce lieu reçu maintes blessures, aucune cependant ne

1. Nom grec d'une sorte de tumeur cancéreuse.

l'atteignit à la tête, et on le retrouva parmi les morts, épuisé par ses blessures et la perte de sang. On l'emporta ; et il guérit, et il mit encore souvent son courage et son énergie au service de l'État. Mais il y a trop de différence entre le sort que l'on réserve, suivant les cas, au même exploit. Le Laconien Léonidas agit de façon analogue aux Thermopyles : pour ses mérites toute la Grèce rehaussa sa gloire et exalta sa propre reconnaissance par des monuments, des images, des statues de la plus éclatante illustration ; elle témoigna son extrême gratitude de cette action par des éloges, des histoires, et autrement encore. Mais le tribun militaire pour ses actions n'eut qu'une petite gloire, lui qui avait fait la même chose et sauvé la situation.

Historicorum romanorum reliquiae, I, Caton, 83.

Notations pittoresques

...Dans ces régions[1], il y a des mines de fer, de très belles mines d'argent, une grande montagne tout en sel, autant on en enlève, autant elle croît. Le vent Cercius, quand vous parlez, vous emplit la bouche ; il renverse un homme armé, un chariot chargé[2]...

Hist. rom. rel., I, Caton, 93.

...Une fois dépassée Marseille, un vent du sud modéré emporte toute la flotte : vous auriez vu les voiles fleurir la mer[3]...

Oratorum romanorum fragmenta (Malcovati), I, Caton, 31.

...Des femmes couvertes d'or et de pourpre : ornements de tête, résille, diadème, couronnes d'or, bandelettes incarnat, parures de lin, fourrures, frontaux[4]...

Hist. rom. rel., I, Caton, 113.

Conclusion. — L'œuvre de Caton, si caractéristique du génie romain, aide à mieux apprécier, mais aussi à juger plus strictement l'effort de la littérature hellénisante au IIIe siècle. Sa volonté de réaction brutale n'aboutit pas, mais son esprit fut sauvegardé, pour une bonne part, dans les milieux de bourgeoisie latine, et maints traits s'en retrouveront, sous des formes d'apparence hellénique, chez les écrivains de la grande période classique.

2. Le théâtre

Le IIe siècle est l'âge d'or du théâtre latin : il compte, après Plaute et Ennius, bon nombre d'écrivains de talent, surtout les comiques Caecilius et Térence, les tragiques Pacuvius et Accius.

Progrès matériels. — La suite ininterrompue des guerres victorieuses eut pour conséquence de multiplier les représentations : bien souvent les

1. L'Espagne en deçà de l'Èbre.
2. Noter l'admiration pleine de convoitise et la force de la représentation.
3. Tiré d'un discours où il passait en revue les actes de son consulat.
4. Satire du luxe des femmes, contre lequel Caton prit violemment parti : l'énumération, très expressive, a quelque chose de plautinien.

« jeux » officiels étaient doublés ou même triplés sous prétexte qu'une faute rituelle en avait rendu nulle la première célébration ; et des particuliers, enrichis par les pillages et avides de popularité, profitaient de toutes occasions (triomphes et funérailles en particulier) pour en régaler le peuple. Par désir de surenchère, l'organisation matérielle se perfectionnait aussi constamment : les censeurs eurent à pourvoir à l'édification de théâtres (encore provisoires) ; ceux de 154, Valérius Messala et Cassius Longinus, se risquèrent à faire construire une scène en pierre, que le Sénat d'ailleurs les obligea à démolir ; en 144, Mummius, qui venait de saccager et détruire Corinthe, dressa un théâtre, en bois encore, mais agencé à la grecque, avec des gradins. Quant à la décoration éphémère de ces scènes, elle devait être somptueuse : le premier rideau dont il soit fait mention (en 133) était une tenture sans prix, provenant de la succession du roi Attale.

LA COMÉDIE

Crise et décadence de la « palliata ». — La tragédie semble en progrès constants. La comédie *palliata*, au contraire, va régresser très vite. La faute en est au public, qui exige qu'on lui offre à chaque fois une pièce grecque nouvelle, et aux auteurs[1], qui ont donné force de doctrine à cette folle exigence. Or le stock des modèles n'était pas inépuisable ; les adaptateurs latins s'ingénient à ne pas le gaspiller, certains entrent en fureur quand ils voient Térence combiner deux pièces grecques pour en faire une latine : cela leur paraît un vol fait sur le fonds commun. Mais une intrigue trop simple n'intéresse pas le public romain ; et les auteurs, dont le goût se raffine et s'hellénise de plus en plus, aggravent le désaccord par la façon dont ils la traitent : en éliminant les énormes bouffonneries et les vivacités clownesques dont Plaute avait régalé le peuple, en restreignant le rôle de la musique, en régularisant toute la pièce, ils plaisent de moins en moins. Un chef de troupe de grand goût, L. Ambivius Turpio, peina pour faire accepter Caecilius et Térence : Caecilius tint la scène ; mais Térence échoua plusieurs fois. La *palliata* mourait par excès d'hellénisme et manque d'invention scénique.

Ambivius Turpio présente au public une pièce de Térence

[Ambivius, se présentant aux lieu et place de Prologus (voir p. 41), tâche de faire profiter Térence de sa propre popularité d'acteur. — Apologie personnelle, mêlée de satire et de chantage. — Idéal littéraire : droit à la contamination (voir p. 84) ; dédain des personnages de convention ; tendance à la comédie d'action tranquille *(stataria)* plutôt qu'agitée *(motoria)*.]

Quant aux bruits qu'ont répandus des malveillants, l'accusant d'avoir brouillé maintes pièces grecques pour n'en faire que peu de latines, il ne le nie pas, il prétend n'en point rougir ni changer de méthode ; il a de bons garants[2] dont l'exemple l'autorise

1. Outre Caecilius et Térence, nous connaissons les noms de TRABEA, ATILIUS, AQUILIUS, LUSCIUS, TURPILIUS.
2. Naevius, Plaute, Ennius en particulier.

à faire ce qu'ils firent. Et quant à ce vieux poète malveillant[1] qui sans cesse répète que notre auteur « s'est adonné bien soudainement à l'art du théâtre, se fiant à l'esprit de ses amis[2] plus qu'à son génie naturel » : à vous d'en décider, à vous de juger sans appel. A vous tous donc s'adresse ma prière : n'accordez pas plus de crédit aux voix défavorables qu'aux voix favorables. Soyez-nous favorables : permettez de croître à ceux qui vous permettent de voir des pièces nouvelles, et sans défauts. Qu'il n'aille pas croire qu'il s'agit de lui, celui qui, récemment, devant un esclave tout courant faisait s'écarter le peuple[3]. Pourquoi prendrions-nous fait et cause pour ses folies ? Ses fautes fourniront à notre auteur plus ample matière en ses prochaines pièces, s'il ne met un terme à ses mauvais propos.

Accordez-moi un accueil favorable. Laissez-moi en silence jouer une pièce d'action tranquille : cela me délassera, en ma vieillesse, de tous ces rôles rebattus, esclave courant, vieillard irrité, parasite vorace, sycophante impudent, qui brisent la voix et fatiguent à l'excès. Dites-vous bien que c'est ma cause que vous soutiendrez avec celle de l'auteur, en allégeant un peu ma peine. Car les jeunes qui écrivent de nouvelles pièces n'ont point égard à ma vieillesse : en est-il une de jeu pénible, vite on court à moi ; une qui soit facile à jouer, on la porte à une autre troupe. Celle-ci est de ton tout aisé : vous pourrez apprécier ce dont je suis capable en l'un et l'autre genre.

TÉRENCE, *Héautontimoroumênos*, v. 16-47.

CAECILIUS STATIUS
mort en 166 av. J.-C.

Gaulois Insubre de Cisalpine, venu à Rome en 194 av. J.-C. comme esclave, affranchi sous le nom de son maître et familier d'Ennius, Caecilius avait grande réputation dans l'Antiquité : Volcacius Sédigitus et Cicéron le mettaient au premier rang des comiques latins. Il avait écrit au moins 40 comédies de titres soit latins, soit grecs, soit de l'une et l'autre langue (*Hypobolimaeus seu Subditiuos* = [l'enfant] supposé ; *Obolostates siue Fenerator* = l'usurier), dont il ne nous reste pas 300 vers.

Écrivain de transition. — Entre Plaute et Térence, il témoigne des progrès rapides de l'hellénisme. Il imite de préférence Ménandre, le plus équilibré des poètes de la Nouvelle-comédie ; et il apporte des soins particuliers à l'intrigue et à la composition des caractères. Mais à ceux qui pouvaient comparer ses pièces aux originaux (par exemple Aulu-Gelle qui fait le parallèle de son *Plocium* avec la comédie de Ménandre), sa psychologie apparaissait sans finesse et mêlée de farce assez grossière. Son effort vers le naturel est encore embarrassé de bien des traits conventionnels. On entend un mari dire de sa femme :

J'ai commencé à l'aimer de tout cœur, une fois qu'elle fut morte et enterrée *(Plocium)* ;

un jeune prodigue qui s'écrie :

Je ne vaux rien, si je ne me hâte de perdre tout mon bien à la course. *(Fallacia.)*

---

1. Luscius de Lanuvium.
2. Les jeunes nobles du cercle des Scipions. On a cité C. Sulpicius Galus, Q. Fabius Labeo, M. Popillius.
3. Critique, au nom du bon sens, d'un jeu de scène stéréotypé.

Mais il y a de la délicatesse et de l'humour dans ce monologue d'un jeune homme qui voudrait faire le mauvais sujet et ne le peut :

Quand on est fort amoureux et fort gêné d'argent, quelle douceur d'avoir un père avare, sans gentillesse, dur à ses enfants, qui ne vous aime ni ne vous choie ! On peut le tromper sur un compte d'intérêts, ou par lettre détourner quelque créance, ou par un esclave adroit le frapper d'épouvante ; enfin, ce qu'on extorque à un père serré, combien on a plus de joie à le gaspiller ! [C'est bien ennuyeux pour moi d'avoir un père si facile ;] je ne sais pas du tout comment le tromper, quoi lui prendre, quelle ruse ou quelle machine dresser contre lui, tant sa bonté émousse toutes mes ruses, tromperies, jongleries. *(Synephebi.)*

La réflexion morale. — L'imitation précise des Grecs, et surtout de Ménandre, a aussi conduit Caecilius à formuler, de façon assez élégante, des réflexions d'ordre à la fois psychologique et moral, susceptibles de plaire aux esprits romains et de contribuer à leur affinement. Peut-être est-ce à cet aspect de son théâtre que pensait Horace lorsqu'il lui reconnaissait la *grauitas*. Quoi qu'il en soit, certains de ces vers sont encore capables de nous émouvoir ou de nous faire réfléchir, et signalent un progrès fort net sur Plaute.

Car ce sont les pires ennemis, ces gens au front joyeux, au cœur chagrin, qu'on ne sait ni comment aborder ni comment lâcher. *(Hypobolimaeus siue Subditiuos.)*

Ne pas considérer l'Amour comme le plus grand des dieux, c'est sottise ou totale inexpérience : car il peut, comme il le veut, rendre fou ou sage, bien portant ou malade.

Pardieu, Vieillesse, quand tu n'apporterais avec toi nul autre mal, ta venue en est un suffisant. *(Plocium.)*

Et puis le plus triste, je pense, dans la vieillessse, c'est de se sentir à charge à autrui. *(Ephesio.)*

Vivez comme vous le pouvez, si vous ne le pouvez comme vous le voulez. *(Plocium.)*

L'homme est un dieu pour l'homme, s'il connaît son devoir.

Le style. — Le style de Caecilius laissait à désirer : mots grecs, mots forgés, mais de façon monotone et sans la géniale fantaisie de Plaute ; de la lourdeur et de la platitude... La pureté et la souplesse de la langue de Térence lui ont fait certainement tort, par comparaison, dans l'esprit des classiques. S'ils n'ont pas hésité, cependant, à le mettre au-dessus de son jeune rival et de Plaute lui-même, cela donne une haute idée de la valeur d'ensemble de son œuvre.

TÉRENCE
vers 190-185 ? — 159 av. J.-C.

C'était aussi un ancien esclave que P. Térentius Afer, mais africain, et peut-être originaire de Carthage. Son maître, Térentius Lucanus, assura à l'enfant une éducation soignée, puis l'affranchit. Sa première comédie, *L'Andrienne*, fut représentée en 166, avec l'approbation du vieux Caecilius. Entré dans la familiarité des Scipions et des Aemilii, il s'y affina encore, s'y usa aussi. Après sa sixième pièce, *Les Adephes* (160), il se rendit en Grèce pour y recueillir des comédies encore inédites à Rome ;

mais il mourut fort jeune, sans doute à Stymphale, avant d'avoir regagné l'Italie (159).

L'homme et le poète. — C'était un homme de la sensibilité la plus ombrageuse, mais un écrivain de l'art le plus réfléchi et, dirait-on, le plus impersonnel.

Il voulait égaler l'équilibre scénique et la finesse psychologique de ses modèles grecs, Ménandre surtout. Mais, se rendant compte qu'une affabulation trop simple ne retiendrait pas l'attention de ses spectateurs, il « contamina » souvent deux pièces grecques de façon à en former une seule action plus riche en incidents. (voir p. 37).

Ce procédé[1] très latin, souleva les protestations d'autres auteurs, qui se targuaient de purisme, mais qui craignaient surtout une « concurrence déloyale ». Dans leur jalousie, ils allèrent jusqu'à l'accuser de se faire aider par ses nobles amis, Scipion, Laelius, et s'en prenaient à son style, qu'ils disaient trop faible. Térence, piqué au vif, joignit à ses pièces des prologues très différents de ceux de Plaute, sortes de satires littéraires, ardentes, heurtées, acerbes, où il polémique contre ses adversaires et défend son système dramatique. D'esprit et de style, ces « préfaces » nerveuses font le plus vif contraste avec les comédies elles-mêmes, calmes et pures dans leur développement.

Ses pièces. — Les six comédies nous ont été transmises avec leur « didascalie », notice officielle enregistrée aux archives de l'État, indiquant l'auteur et le titre, l'original grec, l'occasion et la date de la représentation, le directeur de troupe et l'acteur principal, le compositeur de la musique et des modes musicaux. Tous les titres sont grecs. Ce sont, dans l'ordre chronologique : *L'Andrienne* (imitée de *L'Andrienne* et de *La Périnthienne* de Ménandre), *L'Eunuque* (tiré de deux pièces de Ménandre) qui eut un succès éclatant, *L'Hécyre* (*Hecura* : « la Belle-Mère ») qui deux fois ne put être jouée jusqu'au bout, *L'Héautontimorouménos* (« le Bourreau de soi-même », d'après Ménandre), le *Phormio* (c'est le nom du parasite qui mène le jeu : tiré d'Apollodoros de Carystos) et *Les Adelphes* (« les Frères » imités de Ménandre, avec une scène tirée de Diphilos).

L'intrigue se noue et se dénoue selon le thème ordinaire de la Nouvelle-comédie (voir p. 39). Mais Térence a cherché visiblement à diversifier l'affabulation et même le ton général de ses pièces. Si *L'Andrienne* est du type le plus général, *L'Eunuque* est une sorte de poème de la jeunesse, *L'Hécyre* est un drame :

Un nouveau ménage est désuni. Le père du jeune homme soupçonne sa femme d'intriguer contre sa bru, alors qu'en réalité elle ne fait que travailler à la réconciliation de son fils avec sa belle-fille. Tous les soupçons, tous les malaises finiront par se dissiper.

---

1. Procédé repris par les auteurs du XVIe siècle, comme en témoigne Montaigne (II, X) : « Il m'est souvent tombé en fantasie, comme en nostre temps, ceux qui se meslent de faire des comedies (ainsi que les Italiens, qui y sont assez heureux) employent trois ou quatre argumens de celles de Térence ou de Plaute pour en faire une des leurs ».

L'*Héautontimorouménos* est construit sur un contraste : misère du père qui, par sa dureté, a réduit son fils à s'expatrier ; joie de plus en plus pure, quand le fils est revenu et que se sont dissipées les difficultés qui s'opposaient à son union avec Antiphile. *Les Adelphes* peuvent passer pour une pièce à thèse :

Déméa, dur paysan, a deux fils : il en élève un, Ctésipho, avec la plus extrême rigueur, tandis que l'autre, Aeschinus, adopté par son oncle Micio, a trouvé en lui un éducateur plus que facile et complaisant. Si la méthode de Micio ne se révèle pas parfaite, puisque Aeschinus, à son insu, s'est lié avec une jeune fille, Pamphile, qu'il épousera à la fin de la pièce, celle de Déméa donne des résultats déplorables : Ctésipho s'amourache d'une joueuse de cithare et se libère entièrement de la contrainte où on l'a tenu.

Conduite de l'action. — Les comédies sont très habilement construites : dans une seule, *Les Adelphes*, le travail de la *contaminatio* se trahit, et encore à peine. L'exposition du sujet se fait avec naturel dans la première scène, puis l'intrigue se développe de façon continue à travers des épisodes, des surprises variées, mais sans à-coups ni disproportion entre les parties, comme dans Plaute. L'intérêt est soutenu jusqu'au bout, malgré quelques lenteurs. L'aisance est telle que seule une lecture attentive révèle l'adresse avec laquelle les scènes ont été combinées pour créer une impression d'ensemble, s'opposer ou se répondre.

Une éducation libérale : principes et résultats

I

[Monologue d'exposition, à la fois naturel (psychologie de l'inquiétude) et conventionnel (confidences circonstanciées). — Caractère de Micio, un épicurien de sensibilité raffinée. — Composition adroite, combinant et faisant alterner les développements psychologiques, narratifs et moraux. — Hellénisme très accentué du personnage et des principes.]

MICIO. — Storax[1] ?... Aeschinus n'est pas rentré cette nuit après souper, ni aucun des petits esclaves qui étaient allés au-devant de lui[2]... Oui, on a bien raison de le dire : « Absentez-vous, tardez un peu : il vaudra mieux que ce soit pour donner raison aux imaginations d'une épouse en furie qu'à celles de tendres parents. » Car votre femme, vous absent, s'imagine que vous cajolez une maîtresse ou en êtes cajolé, que vous êtes à boire, à vous divertir, que vous vous donnez seul du bon temps, tandis qu'elle n'a, elle, que tourments. Mais moi, parce que mon fils n'est pas rentré, quelles imaginations, quelles inquiétudes ! S'il avait pris froid ? s'il était tombé ? s'il s'était brisé un membre ? Ah ! quelle folie de se mettre dans le cœur, de se donner quelqu'un qui vous soit plus cher que vous-même ! Encore ce garçon n'est-il pas né de moi, mais de mon frère. Et ce frère, dès son adolescence, fut d'une humeur fort opposée à la mienne : moi, je me suis laissé aller à cette douce vie de la ville, au loisir ; je ne me suis (c'est là, dit-on, qu'est le bonheur) jamais marié. Lui, tout au contraire : la vie à la campagne, chiche, dure ; il s'est marié ; il a eu deux fils. Alors j'ai adopté l'aîné ; je l'ai élevé dès sa petite enfance ; je l'ai regardé et aimé comme mon propre fils ; il fait ma joie, il est ma seule tendresse. Et je fais tout pour qu'il me rende la pareille : je donne, je ferme les yeux, je ne crois pas indispensable d'user avec rigueur de mes droits ; enfin j'ai habitué mon fils à ne me point faire mystère de ces fredaines de jeunesse que les autres cachent à leur père. Car qui s'est mis à mentir ou à tromper son père, qui a eu cette audace, en aura bien plus avec les autres. Sentiments d'honneur et de dignité valent mieux, je crois, pour retenir les

1. Il appelle un esclave.
2. Pour l'éclairer dans les rues.

enfants que la crainte. Mon frère n'est pas de mon avis, ces principes ne lui plaisent pas. Il vient souvent chez moi crier : « Qu'est-ce qui te prend, Micio ? Pourquoi gâtes-tu notre jeune homme ? Pourquoi a-t-il une maîtresse, va-t-il au cabaret ? Pourquoi fournis-tu à ces dépenses, et l'habilles-tu trop bien ? C'est dépasser les bornes de l'inconscience ! » Mais lui dépasse celles de la dureté, sans justice ni précaution, et il se trompe lourdement, il me semble, en croyant plus stable et durable un pouvoir fondé sur la force que celui que concilie l'amitié. Oui, voici mon raisonnement et mon sentiment intime : celui que les coups contraignent au devoir ne prend garde qu'autant qu'il croit qu'on le saura ; s'il espère le secret, vite il revient à son naturel. Celui que vous vous attachez par les bienfaits agit de tout son cœur, s'applique à vous les revaloir, reste le même près ou loin de vous. C'est la tâche d'un père d'habituer son fils à faire bien plutôt de son plein gré que par la crainte d'autrui. Telle est la différence entre un père et un maître. Si vous ne le pouvez, avouez que vous ne savez pas faire obéir des enfants.

II

[Aeschinus se présente à la maison de Pamphile, pour la voir, ainsi que son fils nouveau-né ; son père adoptif, Micio, qui a surpris son secret, lui ouvre la porte. — Souplesse naturelle dans la conduite de la scène. — Exact équilibre des parties. — Variété et délicatesse des sentiments (exprimés ou sous-entendus) ; le pathétique et la tendresse. — Justesse et sobriété de l'expression. — Pour ce type d' « expérience psychologique », comparer Marivaux, *Le Jeu de l'amour et du hasard*, II, sc. 11-13.]

MICIO. — Mais qui a frappé ?

AESCHINUS *(à part)*. — Mon père ! Je suis mort !

MICIO. — Aeschinus !

AESCHINUS *(à part)*. — Qu'a-t-il affaire ici ?

MICIO. — C'est toi qui a frappé ?... *(A part.)* Il se tait. Pourquoi ne le tourmenterais-je pas un peu ? Il l'a bien mérité par ses cachotteries. *(Haut.)* Tu ne réponds pas ?

AESCHINUS. — Moi ! Je n'ai pas frappé que je sache.

MICIO. — Ah ! bien. Je m'étonnais aussi que tu eusses affaire ici. *(A part.)* Il rougit : tout est sauvé !

AESCHINUS. — Mais toi, mon père, dis-moi, s'il te plaît, qu'est-ce que tu y fais.

MICIO. — Rien qui me concerne, à vrai dire. Un ami vient de m'y amener de la place — pour être son témoin.

AESCHINUS. — A quel propos ?

MICIO. — Je vais te le dire. Ici habitent des femmes bien pauvres. Tu ne les connais pas, apparemment ? J'en suis même sûr : car il n'y a pas longtemps qu'elles sont venues dans notre quartier.

AESCHINUS. — Et puis ?

MICIO. — Une jeune fille avec sa mère.

AESCHINUS. — Continue.

MICIO. — La jeune fille a perdu son père. Mon ami dont je te parlais est son plus proche parent ; légalement, il doit l'épouser[1].

AESCHINUS *(à part)*. — Je suis mort.

MICIO. — Qu'y a-t-il ?

AESCHINUS. — Rien. Rien du tout. Continue.

MICIO. — Il est venu pour l'emmener. Car il habite Milet.

AESCHINUS. — Hein ? Emmener la jeune fille ?

MICIO. — Bien sûr.

1. Selon une prescription du droit *attique*.

Aeschinus. — Jusqu'à Milet ?

Micio. — Oui.

Aeschinus *(à part)*. — Je souffre... *(Haut.)* Et elles ? Que disent-elles ?

Micio. — Que veux-tu qu'elles disent ? Rien. La mère a bien prétendu qu'il était né un enfant d'un autre homme, je ne sais qui, elle ne le nomme pas, mais qu'il est le premier, que la jeune fille ne doit pas suivre l'autre, son parent.

Aeschinus. — Eh bien ! Est-ce que cela ne te paraît pas juste, enfin ?

Micio. — Non.

Aeschinus. — Comment, non ? alors cet homme l'emmènera, mon père ?

Micio. — Pourquoi non ?

Aeschinus. — Vous avez fait une chose dure, cruelle, et même, s'il faut, mon père, parler net, indigne de gens d'honneur.

Micio. — Comment cela ?

Aeschinus. — Tu le demandes ! Mais en quel état enfin pensez-vous que sera ce pauvre homme qui a vécu jusqu'ici avec elle, qui peut-être, le malheureux, l'aime encore éperdûment, quand il se la verra, de ses yeux, arrachée en sa présence ? Une action indigne, mon père !

Micio. — Pour quelle raison ? Qui l'a fiancée ? Qui l'a donnée ? Quand, à qui s'est-elle mariée ? Qui s'en est mêlé ? Pourquoi a-t-il pris une fille qui n'était pas à lui ?

Aeschinus. — Et cette fille devait-elle, à son âge, attendre sans bouger à la maison que vienne la trouver ce parent ?... Voilà, mon père, ce qu'il eût été juste de dire et d'alléguer pour sa défense.

Micio. — Sornettes ! J'aurais plaidé contre qui m'appelait comme témoin ? — Mais, Aeschinus, en quoi cela nous intéresse-t-il ? Qu'avons-nous affaire à ces gens ? Allons-nous en... Quoi ? tu pleures ?

Aeschinus. — Mon père, je te prie, écoute !

Micio. — Aeschinus, j'ai tout entendu, je sais tout. Car je t'aime ; et d'autant plus je me soucie de ce que tu fais.

Aeschinus. — Ah ! puisses-tu m'aimer toute ta vie, mon père, et que je le mérite, aussi vrai que j'ai vive douleur d'avoir commis cette faute et que j'en ai honte devant toi.

Micio. — Je le crois bien, car je connais ton bon naturel. Mais je crains que tu ne te conduises en écervelé. Dans quelle ville, enfin, penses-tu vivre ? Tu as déshonoré une jeune fille que tu n'aurais pas dû seulement toucher. Voilà déjà une grande faute, cependant pardonnable. Mais après cet accident, je te prie, as-tu rien considéré ? T'es-tu demandé d'avance ce qui arriverait, et comment ? T'es-tu mis en peine, si tu avais honte de m'en parler toi-même, des moyens de me le faire savoir ? Dans toutes ces irrésolutions, dix mois ont passé. Tu as trahi et toi et cette malheureuse et ton fils, autant qu'il était en toi. Quoi ? croyais-tu pouvoir dormir en laissant faire les dieux ? et pensais-tu qu'on t'amènerait chez toi cette femme, sans que tu bouges ? Je ne voudrais pas te voir montrer tant de négligence dans les autres circonstances. — Allons, courage : tu l'épouseras.

Aeschinus. — Eh ?

Micio. — Courage, te dis-je.

Aeschinus. — Mon père, je te prie, te moques-tu de moi ?

Micio. — Moi ? Pourquoi ?

Aeschinus. — Je ne sais : mais plus je désire, plus j'ai peur.

Micio. — Rentre à la maison, et prie les dieux de te laisser emmener ta femme. Va.

Aeschinus. — Quoi ? Je l'épouserai aussitôt ?

Micio. — Aussitôt.

Aeschinus. — Aussitôt ?

Micio. — Dès que ce sera possible.

AESCHINUS. — Que tous les dieux, mon père, me prennent en haine, si je ne t'aime pas plus que mes yeux !

MICIO. — Quoi ? Plus qu'elle ?

AESCHINUS. — Autant.

MICIO. — A la bonne heure !

AESCHINUS. — Mais ce Milésien ?

MICIO. — Fini, parti, embarqué ! Mais que tardes-tu ?

AESCHINUS. — Va plutôt toi, mon père, prier les dieux. A coup sûr, comme tu es beaucoup meilleur que moi, ils t'exauceront plus facilement.

Adelphes, v. 26-77 ; 637-705.

Analyse et composition psychologiques. — Térence a hérité de tous les types convenus, père, adolescent, esclave, parasite, fanfaron, *leno*, dont le génie de Plaute avait maintes fois fait des caricatures truculentes, mais que Caecilius avait déjà ramenés à plus de naturel. Térence poursuivit la tâche avec le souci d'une psychologie exacte. Mais, empêché par la tradition de porter à la scène des caractères vraiment nouveaux, il s'appliqua à donner des épreuves diversement nuancées des anciens ; ses frères, ses jeunes gens ont ainsi chacun sa physionomie morale, mais qui ne se distingue d'ordinaire qu'à une analyse soigneuse. D'autant plus qu'ils appartiennent tous à une humanité moyenne, sans même les distinctions qu'entraîne la pratique de métiers différents. De là une apparence de monotonie, malgré le soin que prend Térence (la *contaminatio* l'y aide) d'opposer dans une même pièce des aspects différents d'un même type : les deux frères, l'averti et l'étourdi, de *L'Eunuque*, les deux pères, l'indulgent et le sévère, des *Adelphes*...

Au surplus, comme l'imitation stricte de ses modèles l'engage à représenter des mœurs qu'il n'a pas sous les yeux, et dont il se fait une image en grande partie convenue, il n'arrive pas à diversifier beaucoup le « milieu » psychologique où se meuvent les personnages. L'urbanité, la convenance dans les actes et le langage sont communs à tous. Dans cet univers de bon ton, mais trop homogène, le parasite (Gnatho de l'*Eunuque*) est un épicurien un peu pique-assiette, telle courtisane est désintéressée, tel esclave fait la leçon à son jeune maître avec une finesse digne de La Bruyère.

Un esclave directeur de conscience

[Le jeune Phaedria se demande s'il va renouer avec la courtisane Thaïs. — Tragédie et comédie de l'amour-passion juxtaposées. — Psychologie consciente de l'amoureux. — Analyse morale et dramatique de la passion par l'esclave. — Légère ironie qui enlève tout pédantisme à la leçon.]

PHAEDRIA. — Que faire donc ? Y aller, maintenant qu'elle me rappelle spontanément ? Ou plutôt me fortifier dans la volonté de ne plus souffrir les affronts des courtisanes ? Elle m'a chassé, elle me rappelle. Revenir ? Ah ! non, même si elle m'en suppliait.

PARMENO. — En vérité, si vous le pouvez, c'est la première, la plus courageuse des résolutions. Mais si une fois vous commencez sans poursuivre jusqu'au bout, si, jugeant votre mal insupportable, sans que personne vous réclame, sans traité de paix, vous revenez spontanément vers elle, révélant votre amour et votre impatience, c'est fini, affaire réglée, vous êtes perdu. Elle vous prendra pour jouet dès qu'elle vous sentira vaincu. Ainsi à vous, quand il en est temps, d'y penser et d'y repenser, mon maître :

une chose qui n'a en soi ni raison ni mesure, vous ne pouvez la conduire par raison. L'amour a bien des faiblesses : outrages, soupçons, brouilles, trèves, la guerre, et de nouveau la paix. En ces incertitudes, si vous prétendiez vous conduire par sûre raison, ce serait vouloir être fou avec raison. Quant à penser comme vous le faites maintenant en votre colère : « Moi cette femme ? qui avec celui-ci..., avec moi..., qui refuse... ! Patience ! Je préférerais la mort. Elle sentira quel homme je suis » : des mots ! Une petite larme hypocrite, parbleu, qu'elle se tirera à grand'peine, en se frottant les yeux, éteindra tout ce feu ; et vous deviendrez l'accusé, et vous en porterez la peine.

PHAEDRIA. — O indignité ! C'est maintenant que je sens bien sa scélératesse et ma misère ; j'en ai dégoût et je brûle d'amour. Je pressens, je sais, je vois de mon vivant que je péris ; et je ne sais que faire.

Eunuque, v. 46-73.

Morale et sensibilité. — Mais, malgré cette uniformité, la délicatesse et le réalisme de l'analyse psychologique nous donnent l'impression non plus de fantoches, mais d'êtres humains. Et de là d'abord résulte la portée morale de ce théâtre : il représente une série d'expériences peu différenciées, mais qui, par cela même, invitent à se représenter avec plus d'exactitude le mécanisme de sentiments essentiels à nous comme aux autres (rapports des parents et des enfants, du maître et des serviteurs ; amour), et nous entraînent à en surveiller l'évolution en nous-mêmes. D'autre part, l'atténuation des types les plus hors-nature (qui étaient aussi les plus immoraux), d'après le principe, juste en soi, qu'aucun homme n'est tout à fait bon ni tout à fait méchant, fait disparaître de ces comédies le scandale éclatant de certaines scènes plautiniennes : le progrès est notable surtout dans la moralité des pères et la conscience des fils, dans la conduite des esclaves. Enfin un progrès moral positif, dû peut-être aux milieux aristocratiques que fréquentait Térence, consiste en un état de sensibilité réciproque, et par suite humaine : Térence est, lui-même, ému et attiré par la souffrance morale ; il prête à ses personnages cette curiosité clairvoyante et un peu mélancolique, qui amène à se mieux comprendre et à mieux s'aimer, entre amoureux et amantes par exemple, ou entre pères et fils.

Comédie et drame bourgeois. — Il est compréhensible par suite que, malgré quelques scènes fort gaies, la comédie de Térence soit au fond peu comique : c'est ce que lui reprochait César par comparaison avec Ménandre même, à plus forte raison avec Plaute. Térence semble avoir moins cherché le rire irrésistible que le sourire de gens qui comprennent et goûtent le jeu subtil des sentiments : le public de Marivaux, si l'on veut. De là la faveur dont il a joui en France, aux siècles classiques. Une pièce tout entière, l'*Hécyre*, et maintes parties des autres ne visent même qu'à émouvoir : c'est du drame bourgeois (Diderot avait raison de le remarquer), touchant et parfois presque tragique.

Père et fils

I

[Pour éviter que son fils Pamphilus épouse Glycérium, Simo prétend le marier à la fille de son ami Chrémès ; Mysis est la servante de Glycérium. — Animation et désordre d'un monologue passionné. — Peinture d'un caractère (ardent, fier, amoureux, mais aussi timide et filial) par le mouvement même du style. — Pathétique de la situation et de l'expression.]

PAMPHILUS — Est-ce là un acte, une entreprise digne d'un homme ? Est-ce là le procédé d'un père ?

MYSIS *(à part)*. — Qu'est-ce ?

PAMPHILUS. — Grands dieux ! S'il est un injuste outrage, n'est-ce pas celui-là ? Il avait décidé de me marier aujourd'hui. Ne me fallait-il pas le savoir d'avance ? Ne devait-il pas m'en prévenir ?

MYSIS *(à part)*. — Malheureuse, qu'entends-je ?

PAMPHILUS. — Et Chrémès, qui avait refusé de me donner sa fille en mariage, a changé de sentiment, parce qu'il voyait que je n'en changeais pas ! Quelle obstination à me vouloir arracher, hélas ! à Glycérium ! S'il en arrive ainsi, je suis perdu sans ressource. Est-il possible qu'on soit aussi abandonné de Vénus, aussi malheureux que je le suis ? Par les dieux et les hommes ! N'y a-t-il donc aucun moyen d'échapper à l'alliance de Chrémès ? Que de mépris ! que de rebuts ! Tout était fait, réglé ; voici : on m'avait refusé ; on me redemande ! Pourquoi ? A moins que mon soupçon ne soit vrai : c'est un monstre ; on ne peut la fourrer à personne, on me la donne.

MYSIS *(à part)*. — Ces paroles me font mourir de peur, hélas !

PAMPHILUS. — Et que dire de mon père ? Tant d'insouciance en une si grave affaire ! Il passait à l'instant près de moi sur la place : « Tu te marieras, Pamphilus, aujourd'hui, dit-il ; prends tes dispositions ; va à la maison ». Il me semblait entendre : « Va tout de suite te pendre ». Je restai interdit. Comment aurais-je pu dire un mot ? ou alléguer une raison, même à côté, fausse, absurde ? Je me tus. Si je l'avais su d'avance, qu'aurais-je fait ? J'aurais fait quelque chose pour ne pas faire ce qu'on veut que je fasse. Mais maintenant à quoi me déterminer ? J'ai tant de soucis, qui me tirent de côté et d'autre : amour, pitié, l'inquiétude de ce mariage ; et puis le respect pour mon père, qui jusqu'ici m'a laissé si doucement faire ce que je voulais... Et lui résister maintenant ! Hélas ! hélas ! que faire... ?

II

[Le dénouement approche : Glycérium va être reconnue citoyenne et fille de Chrémès, et épousera Pamphilus. Mais Simo croit qu'il s'agit d'une machination de son fils. — Violence et douleur conjointes dans le désespoir du père. — Dignité morale. — Amour paternel transparaissant malgré tout. — Ainsi est provoquée chez les spectateurs une émotion naturelle et sympathique à tous les personnages.]

PAMPHILUS. — Qui m'appelle ? Je suis perdu : c'est mon père.

SIMO. — Que dis-tu, le plus... ?

CHRÉMÈS. — Ah ! dites plutôt ce que vous avez à lui dire, et sans injures.

SIMO. — Comme si rien pouvait être trop fort pour lui !... Alors tu prétends que Glycérium est citoyenne ?

PAMPHILUS. — On l'affirme.

SIMO. — « On l'affirme » ? Quelle impudence ! Pense-t-il à ce qu'il dit ? A-t-il quelque regret ? La honte ne colore même pas tant soit peu son visage. Être assez déréglé pour, contre la coutume, contre les lois, contre la volonté de son père, ne songer qu'à avoir cette femme en se déshonorant ?

PAMPHILUS. — Que je suis malheureux !

SIMO. — Est-ce d'aujourd'hui seulement que tu t'en aperçois, Pamphilus ? Il y a beau temps, beau temps, quand tu t'es avisé d'assouvir à quelque prix que ce fût ta passion, que tu pouvais te dire malheureux. Mais moi ? Pourquoi me torturer ? me ronger ? inquiéter ma vieillesse des folies de ce garçon ? Est-ce moi qui dois porter la peine de ses fautes ? Eh bien ! qu'il la garde, adieu ; qu'il vive avec elle !

PAMPHILUS. — Mon père ?

SIMO. — Quoi, « mon père » ? Comme si tu avais besoin de ce père ! Tu as trouvé maison, épouse, enfants, sans l'aveu de ton père. Tu as fait venir des gens pour affirmer que cette créature est citoyenne. Va, triomphe !

PAMPHILUS. — Mon père, deux mots !
SIMO. — Que pourras-tu me dire ?
CHRÉMÈS. — Écoutez tout de même, Simo.
SIMO. — Écouter ? Et quoi, Chrémès ?
CHRÉMÈS. — Mais laissez-le parler.
SIMO. — Eh bien ! qu'il parle, je le permets.

Andria, v. 236-264 ; 872-895.

Art et vérité. — Ainsi se dégage du théâtre de Térence une impression de vérité. Vérité psychologique, non pittoresque ; et monotone à la fois de thèmes et de facture, mais prenante et forte, grâce à son unité sentimentale. Elle s'impose à nous par la perfection d'un art très conscient sous ses apparences de simplicité : les « expériences psychologiques » auxquelles s'intéresse l'auteur se développent pleinement, non seulement dans chaque scène, mais d'un bout à l'autre de la pièce ; et le ton s'exalte ou se modère, de la façon la plus naturelle, par crescendos ou decrescendos presque musicaux. L'auteur « s'écoute » même peut-être un peu trop, et jouit de la maîtrise avec laquelle il acclimate à Rome l'élégance limpide de Ménandre. Le dialogue, très coupé, ne donne pourtant pas souvent une impression de vivacité ; il s'attarde trop ; les monologues, et surtout les récits, sont au contraire souvent des pièces achevées : ils semblent avoir été vécus sentimentalement par le poète, qui avait peut-être des qualités de romancier plus que de dramaturge. De toute façon Térence, jeune lui-même, se plaît aux timidités et aux audaces des adolescents qu'il porte au théâtre, à la simple et saine beauté de leurs partenaires féminines : l'idéal de l'art grec post-classique rayonnait alors en Italie.

Le coup de foudre

[Deux cousins, Phaedria et Antipho, font des bêtises en l'absence de leurs pères. L'esclave Géta, à qui avait été confié Antipho, raconte à un camarade comment le jeune homme est tombé amoureux d'une orpheline. — Amour et pitié. — Sensibilité esthétique. — Sobriété prenante et dramatique ; illusion même de la réalité.]

GÉTA. — Notre jeune maître, d'abord, ne fit rien de mal. Pour Phaedria, il découvrit tout aussitôt une petite cithariste et se mit à l'aimer éperdument. Elle était l'esclave d'un infâme « leno » ; et rien à donner ; les pères y avaient pourvu. Il ne lui restait qu'à s'en repaître les yeux, à la suivre, à l'accompagner à l'école de musique et à la raccompagner. Nous autres, qui n'avions rien à faire, allions avec Phaedria. Juste en face de l'école où elle prenait leçons, il y avait une boutique de barbier[1] : c'est là que nous attendions presque toujours qu'elle s'en retournât au logis. Un jour, nous y étions assis : survient un jeune homme en pleurs[2]. Étonnés, nous lui demandons qu'est-ce qu'il y a. « Quel fardeau, dit-il, quelle misère que la pauvreté ! Jamais je ne m'en suis rendu compte comme aujourd'hui. Je viens de voir une jeune fille du voisinage pleurant lamentablement sa mère qui vient de mourir. Elle était là, en face du corps, sans ami ni connaissance ni voisin, rien qu'une pauvre vieille pour l'aider aux funérailles. Quelle pitié ! Quant à la jeune fille, bien jolie. » Que te dirais-je de plus ? Il nous avait tous

1. Lieu de conversations familières, à Athènes et à Rome.
2. Dans l'original grec, c'était le barbier lui-même qui, ayant coupé les cheveux à l'orpheline (en signe de deuil), en parlait aux jeunes gens : Térence a modifié la donnée, qui eût été peu compréhensible à des Romains, et il a dramatisé la scène par l'intervention d'un nouveau personnage.

émus. Et aussitôt Antipho : « Si nous allions la trouver ? » ; et un autre : « D'accord, allons ; conduis-nous, je te prie ». Nous partons, nous arrivons, nous voyons. Une belle jeune fille ; et, pourtant, elle n'avait rien pour rehausser sa beauté : les cheveux épars, les pieds nus, frissonnante, en larmes, de méchants habits ; si le corps même n'eût été parfait, il y avait de quoi le détruire. L'autre, qui aimait sa joueuse de lyre, dit seulement : « Elle est assez bien » ; mais notre Antipho...

DAVUS. — Bon, je m'en doute : le voilà amoureux !

GÉTA. — Et sais-tu comment ? Vois jusqu'où il s'échappe. Le lendemain, il va tout droit trouver la vieille, la supplie de lui faire voir la jeune fille. Elle, refuse et le rabroue : c'est, dit-elle, une citoyenne d'Athènes, de fort bonne naissance : s'il la veut pour femme, qu'il agisse selon la loi ; sinon, rien à faire. Notre jeune homme ne savait comment agir : il désirait l'épouser, il craignait son père absent...

Phormio, v. 80-118.

Langue et versification. — La langue de Térence, très simple d'apparence, n'a rien de familier ; c'est celle de la conversation telle qu'elle se pratiquait dans les milieux très cultivés où fréquentait le poète. Purement latine, un peu maigre, précise et sans beaucoup de couleur, elle porte les signes de son origine aristocratique. Par là même, elle offre le premier modèle de classicisme latin : et elle n'a jamais cessé d'être appréciée à ce titre. Mais elle est uniforme et contribue, pour sa part, à l'impression de monotonie qui se dégage de ce théâtre. Si pauvre qu'elle apparaisse, elle n'en est pourtant pas moins capable d'une extrême diversité de nuances délicates, qui révèlent l'art le plus savant.

La versification aussi, très correcte, est loin de présenter la variété de celle de Plaute. Trois pièces, *Phormion*, *Heautontimoroumênos*, *Hécyra*, ne contiennent que des vers ïambiques et trochaïques. Dans l'*Andria* se trouvent 16 vers de rythme différent, dans *Les Adelphes* 9, et 2 seulement dans *L'Eunuque*. Chez Térence la musique est donc à peu près reléguée dans le rôle secondaire d'accompagnement et le chant proprement dit *(canticum mutatis modis)* s'efface devant le récitatif *(canticum)*. Adoption par l'auteur des goûts de la Nouvelle-comédie ? En tout cas primauté marquée du dialogue et de l'intrigue aux dépens de la fantaisie.

Conclusion. — En réalité, et malgré leurs sources communes, il y a un abîme entre Plaute et Térence. De la farce lyrique, on est passé au drame psychologique. Cette seconde forme était beaucoup plus proche des originaux grecs que la première ; mais aussi beaucoup moins accessible au public romain : on le vit déserter la première représentation de *L'Hécyre* pour voir des funambules. L'évolution avait été trop rapide : elle répondait à celle de certains milieux aristocratiques seulement. Mais, par là, ce théâtre donne l'impression d'une maturité précoce : moins génial que celui de Plaute, il est plus parfait et déjà classique.

LES AUTEURS DE « TOGATAE »

Pour ressaisir le public, las d'un hellénisme de trop bon ton, des auteurs imaginèrent de faire paraître des personnages habillés à la romaine *(fabulae togatae)* dans des pièces de titres latins. La vie des métiers et des boutiques *(fabulae tabernariae)*, une atmosphère bien nationale, juridique et religieuse, qu'évoquent les titres *(La teinturerie ; Le cellerier ; La vente aux enchères ; Le divorce ; La fête des carrefours ; Les jeux mégalésiens)*, semblent avoir pu assurer à ces comédies le bénéfice d'un réalisme pittoresque et populaire qu'avait laissé perdre la *palliata* ; l'introduction de provinciaux, osques, volsques, dans la vie romaine ou devant le public romain était une source de comique (cf. Molière, *Monsieur de Pourceaugnac*) vulgaire, mais savoureux. Mais le peu de fragments qui nous sont parvenus ne nous permettent guère d'en juger.

Titinius. — Peut-être contemporain de Térence, Titinius se plaisait aux *tabernariae* et à la représentation des provinciaux (de Sétia, Velitrae, de Gaule Cisalpine). Il avait de la verve et de la fraîcheur, montrait tel intérieur où règne une maîtresse femme, une *matrona* bien romaine. Les anciens comparaient le dessin de ses caractères à celui de Térence.

Atta. — Atta, que nous connaissons moins encore, avait écrit une pièce, *Aquae Caldae* (« Les eaux chaudes »), où devaient se peindre les mœurs d'une ville d'eaux : l'hellénisme ne se réintroduisait-il pas dans cette mise en scène de la haute société ?

Afranius. — L. Afranius, qui écrivit sans doute au temps des Gracques, eut un long succès. Il s'intéressait aux milieux bourgeois, aux problèmes familiaux. Par là il revenait à Térence et Ménandre, qu'il admirait beaucoup, et dont il imitait de très près la technique : on retrouvait chez lui jusqu'à un prologue d'allure « térentienne ». Ainsi la *togata* n'avait plus que l'habit romain, et elle perdait à son tour le contact avec le peuple.

LA TRAGÉDIE

La tragédie latine suivit une évolution analogue à celle de la comédie : de plus en plus savante, et hellénisante. Sophocle, Eschyle même, plus anciens et de tendances beaucoup moins universelles qu'Euripide, furent imités par Pacuvius et Accius. Mais l'inconvénient était moindre : le public de la tragédie recherche un plaisir plus idéal, ou convenu, que celui de la comédie ; et il doit admettre l'hellénisme dans les mythes grecs qu'on lui présente ; toujours les mêmes au surplus, et dont les écrivains grecs enseignaient à faire varier le ton. D'ailleurs la suppression du chœur, musicalement suppléé par des *cantica* pathétiques, le goût pour une sorte de tension morale et d'affectation d'héroïsme assuraient à beaucoup sans doute de ces pièces un accent particulier et, si l'on veut, national.

PACUVIUS
220 - vers 130 av. J.-C.

Neveu d'Ennius, M. Pacuvius fut appelé par lui de Brindes à Rome et fréquenta le cercle des Scipions. Il avait écrit au moins 12 tragédies[1] et une « prétexte »[2]. Ce semble avoir été une riche nature : sa curiosité pour la philosophie était assez tyrannique pour l'engager dans des tirades, analogues à celles d'Euripide, qui ralentissaient à l'occasion l'action de ses pièces.

Fortune ou hasard ?

[Digression, du genre de celles qu'Euripide prête à ses chœurs. — Tendance au déterminisme scientifique, déguisé sous le nom du hasard. — Trouble de la représentation : la Fortune (déesse) n'étant pas fortement distinguée de la suite des événements imprévisibles. — Bonhomie et lourdeur de l'expression.]

La Fortune est folle, aveugle, sans raison, déclarent des philosophes. Et ils nous la représentent debout sur une sphère mobile ; ils la disent folle, parce qu'elle est violente, incertaine, changeante ; ils ajoutent qu'elle est aveugle, parce qu'elle ne voit pas qui elle va trouver ; brute, parce qu'elle ne sait distinguer qui est digne ou indigne de ses faveurs. Mais il est d'autres philosophes qui au contraire nient que la Fortune existe : ce sont les conjonctures fortuites qui, affirment-ils, régissent tout. Ceci est plus vraisemblable ; la pratique et l'expérience nous l'enseignent bien véritablement : ainsi voici Oreste, qui à l'instant était roi, à l'instant est devenu mendiant ; [c'est un naufrage, oui, sans aucun doute, qui en est cause : donc ce n'est pas un coup de la Fortune].

Il avait aussi pratiqué la peinture. Et ce goût se retrouve dans des passages où le pittoresque est recherché pour lui-même, comme la description bien connue de la tempête qui assaille les Achéens au départ de Troie :

Joyeux du départ, ils regardent les jeux des poissons, et ils ne peuvent se rassasier de les regarder. Cependant, comme le soleil allait se coucher, la mer se soulève, les ténèbres s'épaississent, la nuit et les nuages aveuglent de leur noirceur ; une flamme à travers les nues étincelle. Le ciel est ébranlé par le tonnerre ; une grêle mêlée d'une pluie abondante s'abat soudain lourdement ; de toutes parts tous les vents s'échappent et créent de furieux tourbillons : la mer se gonfle et bouillonne.

Mais partout, dans les débris qui nous sont parvenus de son œuvre, on retrouve un verbiage, une lourdeur, une platitude qui déparent même les sentences morales et les formules les plus vigoureuses.

Les dieux ont beau me perdre, ils cherchent à m'aider, puisque, avant ma mort, ils me laissent le temps de me venger. *(Iliona.)*

On peut se plaindre de l'adversité, non se lamenter sur elle : ainsi doit faire un homme, les pleurs sont un attribut des femmes. *(Niptra.)*

Il aimait pourtant, appréciait la beauté du langage, qu'il célèbre de façon magnifique :

O flexanima atque omnium regina rerum oratio !
O toi qui fléchis les cœurs et règnes sur le monde, éloquence !

---

1. *Antiope, Jugement des armes, Atalante, Chrysès, Oreste esclave, Hermione, Iliona, Medus, Niptra, Penthée, Periboea, Teucer.*
2. *Paulus* (sans doute sur Paul-Émile, vainqueur de Persée à Pydna).

Mais, plus encore que son oncle, formant sans méthode des mots composés, mêlant archaïsmes et néologismes, il portait une grave atteinte au génie du latin.

ACCIUS
170-86 av. J.-C. ?

Le plus grand des tragiques romains, L. Accius, écrit parfois Attius, était fils d'un affranchi qui avait reçu un lot de terre près de Pisaurum, en Ombrie. Il lut, dit-on, sa première pièce, *Atrée*, au vieux Pacuvius, retiré à Tarente, qui y reconnut de la grandeur, mais aussi de la dureté ; et il en composa ensuite plus de quarante-cinq, dont deux « prétextes » *(Decius* et *Brutus)*. En outre il avait écrit, comme Ennius, des *Annales*, et des ouvrages didactiques : *Didascalica* (en prose ?) sur l'histoire de la poésie grecque et romaine ; et *Pragmatica* (en vers) sur la technique littéraire ; sans compter les « œuvres diverses » rassemblées dans les *Parerga*. Il se tint à l'écart du cercle des Scipions, polémiqua même contre Lucilius. Mais il faisait partie du « Collège des Poètes » et avait une grande autorité, surtout en matière de langue, car il s'occupa aussi de questions grammaticales. Cicéron put encore converser avec lui.

Son théâtre. — Accius avait tiré ses sujets d'Euripide surtout, mais aussi de Sophocle et d'Eschyle, et d'autres auteurs de second ordre, avec un goût particulier pour le cycle troyen. Son âpre énergie, la véhémence et l'élévation de son style frappaient les anciens. Il aimait des sentiments violents, visait à la terreur. Ses tendances le portaient donc à comprendre la grandeur d'Eschyle : mais la langue latine était incapable des riches combinaisons poétiques du grec ; Accius fut conduit, pour y suppléer, à rechercher une abondance de vocabulaire souvent excessive.

Sa puissance descriptive. — Comme poète descriptif, Accius est admirablement doué : il voit et sait évoquer la couleur, la ligne, le mouvement surtout. Mais, quand il dépasse l'esquisse et s'attarde, l'expression, trop luxuriante, perd en naturel.

Alors dans la lumière du matin soudain je l'aperçois qui se traîne d'un pas hésitant et qui, apeuré, sort en hâte de la forêt. *(Astyanax.)*

Joyeux sur le Parnasse, parmi les pins, en sa danse sacrée, il se jouait... au milieu de l'éclat des torches. *(Bacchae.)*

Sors avant l'Aurore, annonciatrice des rayons ardents, à l'heure où les paysans tirent du sommeil les [bœufs] cornus pour le travail de la glèbe, afin d'ouvrir, fumante, avec le fer la terre rosoyante et de tirer du sol les mottes grasses. *(Oenomaus.)*

Là où, sur le rivage courbe, aboie l'onde glissant sur l'onde... *(Phinidae.)*

Le navire « Argo » décrit par un berger

[Noter l'excès presque hallucinant des images.]

Si énorme est cette masse qui, glissante, vient en grondant de la haute mer ; elle refoule devant elle les ondes et crée de violents tourbillons ; elle va en avant d'un glissement rapide, faisant jaillir la mer de son choc, de son souffle. Vous croiriez voir tantôt une nue d'orage qui roule, tantôt un rocher que font bondir les vents ou ces trombes tournantes qui apparaissent dans les tempêtes ou s'élèvent du choc brutal des ondes. Serait-ce la mer qui entraîne un débris de continent ? Ou peut-être Triton qui, renversant de son trident son antre, sous les racines duquel bouillonne profondément le flot, vomit des abîmes vers le ciel une masse rocheuse ? *(Medea.)*

L'analyse psychologique et morale. — Il est plus difficile de juger de la portée des fragments « moraux », dont la justesse ou la hardiesse peuvent tenir aux modèles grecs. Ils représentent cependant un effort de rédaction nette et sentencieuse, parfois mordante et brutale, dont se souviendra Sénèque dans ses tragédies.

Il en est beaucoup, femme, qui, par maussade humeur, au milieu des maux ont accru leurs maux : et leur vice naturel leur a fait plus de tort que le hasard ou la fortune. *(Andromeda.)*

Je n'ai nulle foi aux augures, qui enrichissent de paroles les oreilles d'autrui, pour mieux enrichir d'or leurs propres maisons. *(Astyanax.)*

Qui vit sans honneur, il ne lui convient pas de fuir une mort honteuse. *(Athamas.)*

Qu'ils me haïssent, pourvu qu'ils me craignent. *(Atreus.)*

Ne va pas me demander, mon fils, ce qu'il serait coupable de t'accorder. *(Diomedes.)*

Grandeur nationale. — Appliquées à des sujets romains, ces qualités étaient les plus propres à réaliser un ensemble harmonieux, où l'affectation de morale austère, la vigueur réaliste et même l'emphase héroïque des Romains se seraient revêtus d'une poésie descriptive pleine d'éclat. Les « prétextes » d'Accius réalisaient-elles cet idéal, nous n'en savons rien. Mais la grandeur royale et la profonde dignité du sentiment national sont indéniables dans les fragments du *Brutus* qui nous sont parvenus.

Tarquin et les devins

[Un songe (cf. celui d'Atossa, dans *Les Perses* d'Eschyle) annonce à Tarquin le Superbe sa chute : Brutus, qu'il croit stupide, en sera l'auteur. Tarquin s'exprime en sénaires ïambiques (débit courant), le devin, en tétramètres trochaïques catalectiques (de ton religieux). — Union de la familiarité et de la grandeur dans le récit de Tarquin ; du rationalisme philosophique (un peu étrange) et du sentiment religieux dans la réponse du devin. — Patriotisme orgueilleux de la conclusion.]

TARQUIN. — ...J'avais à peine abandonné mon corps à la tranquille venue de la nuit, apaisant par le sommeil la fatigue de mes membres languissants : il me sembla en mon sommeil qu'un pâtre poussait vers moi du bétail porte-laine d'une merveilleuse beauté, qu'on en choisissait deux béliers du même sang, et que je saisissais le plus beau des deux ; qu'alors son frère se portait contre moi pour me heurter de ses cornes et que du choc il me faisait tomber. Et puis, étendu de mon long à terre, grièvement blessé, sur le dos, je voyais dans le ciel un prodige énorme et merveilleux : sur ma droite, le cercle enflammé et rayonnant du soleil glissait d'une course nouvelle (vers l'Orient)...

LE DEVIN. — ...Roi, les pratiques usuelles des hommes, leurs pensées, leurs soucis, leurs sensations, ce qu'ils font et projettent de faire à l'état de veille, peuvent se représenter à eux dans leur sommeil : il n'y a rien là d'étonnant. Mais, en une si grave circonstance, ce n'est pas sans raison que s'offrent des images imprévues. Ainsi prends garde que l'homme que tu t'imagines aussi obtus qu'un mouton ne porte en lui un cœur tout plein de sagesse et ne te chasse du trône. Quant au signe que t'a donné le soleil, il annonce pour le peuple une révolution toute proche. Puisse-t-elle bien tourner pour le peuple ! Car, si l'astre souverain a pris sa course de la gauche pour aller vers la droite, c'est un augure magnifique que l'État Romain atteindra le faîte de la grandeur.

Brutus.

La langue. — Bien qu'il reste dans Accius du verbiage et de la platitude, il avait fait un effort considérable pour créer à Rome un style vraiment tragique. D'abord par l'abondance de l'expression, si fatigante qu'elle paraisse parfois :

Hors d'ici, sors, va-t'en, éloigne-toi de cette ville ! *(Phoenissae.)*
Exilé parmi les ennemis, sans espoir, dénué, abandonné, errant. *(Medea.) ;*

par l'usage médité de l'allitération, non plus comme jeu mécanique, mais comme élément d'effet artistique :

Te sancte uenerans precibus, inuicte, inuoco,
portenta ut populo, patriae uerruncent bene.

O dieu saint à qui j'adresse mes prières, invaincu : je t'invoque, pour que ces prodiges soient favorables au peuple, à la patrie.

Aeneadae, seu Decius.

enfin par la plénitude même des termes :

Delubra caelitum, maris sanctitudines !
Demeures des dieux célestes, saintes retraites des mers !

De ce travail témoigne telle discussion sur des mots de sens voisin *(pertinacia, peruicacia)*, qui rappelle l'ancienne sophistique des Grecs, mais reste cependant animée et presque juste psychologiquement :

Tu prétends, Antiloque, que c'est obstination ; j'affirme, moi, que c'est opiniâtreté, et je veux m'y tenir. L'une est compagne du courage ; l'autre appartient à l'ignorance. Tu insistes sur le défaut, tu supprimes le mérite. Appelle-moi opiniâtre, et n'en parlons plus ; je l'admets bien volontiers ; obstiné, non.

Myrmidones.

Mais, après Accius, il ne se trouva personne pour développer de façon vivante la tragédie latine, quoiqu'on cite encore le nom de C. Titius et de C. Julius Caesar Strabo qui survécut à Accius.

3. La création de la satire

Dans le dernier tiers du deuxième siècle naît à Rome un genre littéraire : la satire. Le nom n'est pas nouveau ; *satura*, comme « salade » ou « macédoine » en français, était un vocable d'allure populaire, qu'on appliquait à des « mélanges » de toutes sortes : jeux dramatiques hétéroclites antérieurs à l'imitation du théâtre grec ; réunion de pièces didactiques variées de sujets et de mètres (Ennius) ; groupement artificiel de lois diverses qu'on voulait faire voter d'un seul coup... L'esprit satirique non plus n'est pas nouveau, ni son expression littéraire : pour s'en tenir aux Grecs, Archiloque (début du VIIe siècle), Hipponax (fin du VIe), Timon (début du IIIe) dans ses *Silles* en avaient fait profession ; les poètes de l'Ancienne-comédie attique, Aristophane entre autres, s'y étaient abandonnés, surtout dans leurs parabases. Les Latins, personnels, combatifs, mauvaises langues, s'y devaient plaire plus que quiconque : Caton peut passer bien des fois pour un satirique... Mais il fallait de tous ces éléments dégager une forme stable, capable de s'imposer dans la suite des siècles. Lucilius en eut l'honneur. Entre ses mains la satire devint un poème de rythme narratif (tendant à se fixer à l'hexamètre), mais de développement souvent dramatique, varié, heurté même, nourri de la personnalité de l'auteur, et réalisant l'union de la raillerie mordante et de la leçon morale.

LUCILIUS
Mort en 103 av. J.-C.

De riche famille équestre, Lucilius était né à Suessa Aurunca, non loin de la Campanie. Passionné d'indépendance, il se tint à l'écart de toute fonction, de toutes charges. Il fréquentait le cercle de Scipion Émilien qu'il suivit, comme cavalier, au siège de Numance (133). A partir de 132, il composa 30 livres de satires (dont il nous reste environ 1400 vers) ; en 105 il se retira à Naples, où il mourut, et où on l'honora de funérailles publiques.

Sa personnalité. — Riche, appuyé sur de puissants amis, et libre de toute compromission, Lucilius peut s'exclamer, non sans orgueil :

> Mais être publicain d'Asie, ou fermier de l'impôt sur les pâturages[1], au lieu d'être Lucilius ? Non, non : ceci seul, pour moi, contre-balance tout. (XXVI.)

Cette indépendance lui permit d'attaquer « peuple et grands indistinctement » (Horace, *Sat.* II, 1, 69). Et avec franchise. Un goût très décidé pour la santé intellectuelle et morale, pour le vrai et le naturel, l'engage à considérer tout ce qui l'entoure avec une précision et un sans-gêne presque scientifiques. Il n'a que dédain pour les poètes qui « représentent des prodiges, des serpents ailés et empennés », pour les aspects populaires de la religion :

> Les Lamies[2] terrifiantes, inventions des Faunes et des Numas[3], le font trembler et troublent son sommeil : comme les petits enfants croient que toutes les statues de bronze sont des hommes vivants, ainsi ces gens prennent pour vrais des songes fictifs ; ils croient qu'il y a un cœur dans les statues de bronze. Échoppe de peintre : rien de vrai, toute fiction ! (XV.)

---

1. Deux charges financières fructueuses : la perception des impôts dans la riche province d'Asie et sur les pâturages du domaine public permettait aux sociétés de fermage de gros bénéfices.
3. Sorte d'ogresses.
2. A Faune, dieu-roi de l'antique Latium, et à Numa, ancien roi de Rome, étaient attribuées les plus anciennes institutions religieuses de la ville.

A plus forte raison ne ménage-t-il pas les personnes : il écrit leurs noms en toutes lettres, rapporte des anecdotes réelles. Et il écrit d'abondance, poussé par son « génie ». Horace lui reproche sa perpétuelle improvisation (*Sat.*, I, 4, 6 et suiv.) ; mais à cette rapidité spontanée est attaché le don de fraîcheur.

Les satires. — Lucilius avait écrit de beaucoup la plus grande partie de ses satires en hexamètres dactyliques, certaines en vers iambiques ou trochaïques, empruntés aux genres dramatiques, ou en distiques « élégiaques » (voir p. 258). Quant aux thèmes, si certains (en particulier les attaques contre l'impéritie de la noblesse dirigeante) lui sont demeurés propres, il en a traité un bon nombre qui ont été repris sans relâche après lui : ridicules du luxe, repas de goinfres ou de gourmets maniaques, qu'il interpelle avec fureur :

Viuite lurcones, comedones, uiuite uentres ;
Vivez, gloutons, goinfres ; vivez, panses que vous êtes ! (V.) ;

celui aussi du voyage, mêlé de détails pittoresques, d'épisodes grotesques et de détails géographiques qui parodient une manie de la poésie hellénistique :

Une rosse à saccades, laide et lente...

Mais ce n'était que jeu, toutes ces montées, ces descentes ; toutes ces montées, ces descentes, oui, ce n'était que jeu et plaisanterie. Où la peine fut dure, c'est quand nous arrivâmes au pays de Sétia[1] : montagnes « à décourager les chèvres »[2], rocs Etnéens, âpres Athos[3] !

Le bissac écrasait les côtes de mon bidet.

La terre s'en va [se perdant] dans les brumes et la pluie... (III.)

D'autres satires traitaient de questions littéraires ou grammaticales, s'en prenant à la fois aux erreurs de goût et aux délicatesses excessives, aux parlers entachés de provincialismes et aux petits-maîtres hellénisants :

Quel ravissant assemblage d' « expressions »[4] ! On dirait les petits dés, savamment agencés, d'un pavement en mosaïque, d'une marqueterie où serpentent les couleurs. (II.)

Tu[5] aimes mieux, Albucius[6], passer pour Grec que pour Romain et Sabin, concitoyen des centurions Titus Pontius et Annius, hommes illustres, combattants d'élite et porte-enseignes. C'est donc en grec que, préteur et passant par Athènes, je te salue, pour te faire plaisir, en t'abordant : « *Χαῖρε*[7], dis-je, Titus ! » Sur ce, licteurs, escorte, état-major, d'une seule voix : « *Χαῖρε*, Titus ! » — Et voilà pourquoi Albucius s'est fait mon ennemi juré. (II.)

---

1. Ville du Latium, près des Marais Pontins.
2. En grec dans le texte.
3. L'Etna est un énorme volcan en Sicile ; l'Athos, une montagne escarpée qui plonge dans la mer, en Chalcidique (Thrace).
4. En grec dans le texte.
5. C'est, semble-t-il, Q. Mucius Scaevola qui est censé parler : propréteur en Asie, il fut, à son retour, accusé de concussion par Albucius.
6. Cicéron représente Albucius comme nourri d'hellénisme et épicurien (*Brutus*, 35 ; 131).
7. « Bonjour », en grec.

Réalisme moral — Il nous est difficile de parler d'une « philosophie » des satires de Lucilius. Sa morale semble avoir été celle du bon sens : elle empruntait beaucoup à la sagesse populaire, sous la forme de fables (celle du « Lion malade et du renard », par exemple) et de proverbes pittoresques, sur l'avare par exemple qui « cueillerait une pièce dans la boue avec ses dents » ou « irait chercher à dîner dans un incendie », sur l'étourdi qui « lave ses vêtements dans la fange »... La vertu, telle qu'il la décrit, est une règle de conduite vigilante et pratique, toute réaliste, à la romaine :

La vertu

La vertu, Albinus, consiste à pouvoir assigner son vrai prix à chacune des circonstances qui accompagnent notre activité, notre vie ; la vertu pour l'homme consiste à savoir où mène chaque chose ; la vertu est pour l'homme de savoir distinguer le juste, l'utile, l'honnête, ce qui est bien ou mal, l'inutile, le honteux, le malhonnête ; la vertu est de fixer borne et mesure à son désir ; la vertu est de pouvoir assigner leur prix aux richesses, donner ce qui est véritablement dû aux honneurs ; d'être l'ennemi juré des mœurs et des hommes pervers, le défenseur au contraire des mœurs et des hommes honnêtes, en les magnifiant, en leur voulant du bien, en vivant leur ami ; en outre, de tenir compte de l'intérêt de la patrie en premier lieu, ensuite de ses parents, enfin, et en dernier, du sien propre. (IV.)

Ce réalisme moral, pour un observateur vieilli en dehors des activités politiques et économiques, devait conduire au pessimisme : la première satire représentait l'assemblée des dieux qui, pour mettre un frein à la corruption romaine, décident de faire un exemple sur un ancien préteur, Lupus ; toute la dégradation des mœurs à la fin du « siècle des conquêtes » y était stigmatisée. Mais ce pessimisme n'est pas découragé, il est même tonique : en vrai Romain encore, et toujours réaliste, Lucilius a l'orgueil de sa patrie et lui fait confiance.

Mais aujourd'hui, du matin jusqu'au soir, jour férié comme jour ouvrable, tout le peuple semblablement, la plèbe et les patriciens, tous se remuent dans le forum et n'en sortent jamais. Et tous ne se donnent qu'à une seule et même passion, à un seul métier : se tromper adroitement, combattre par la ruse, lutter d'hypocrisie, se faire passer pour bon homme, se tendre des pièges, comme s'ils étaient tous ennemis l'un de l'autre. (I.)

Oui, le peuple romain a été vaincu bien des fois par la force et dominé en maint combat, mais jamais en une guerre : et tout est là. (XXVI.)

Réalisme littéraire. — Le réalisme littéraire est tout aussi vigoureux et tonifiant. Maintes brèves notations nous sont restées, dont le dessin et la couleur s'imposent d'un seul coup, des croquis d'animaux, en particulier, ou des comparaisons à l'emporte-pièce, qui sont d'un maître :

Une belle assemblée[1] : braies et saies éclatantes, colliers ; et, dans leurs saies, ils étaient si grands ! (XI.)

Moutons des pâturages de montagne, à la laine rude et grossière...

...Comme le porc use ses flancs en se frottant contre un arbre. (X.)

...Un vaurien énorme, aussi atroce qu'un chien de boucher.

...Un œil, deux pieds : comme un porc fendu en long.

1. Il s'agit de Gaulois dans leur costume national : pantalons et blouses.

La narration semble avoir pris des tons très différents, vivacité unie, bouffonnerie savoureuse, ou crudité violente, comme dans la mise en scène des deux gladiateurs Aeserninus et Pacidéianus[1] :

Gladiateurs

Il y avait, aux jeux donnés par les Flacci, un certain Aeserninus, un Samnite, homme ignoble, digne de cette vie et de ce lieu ; on le met aux prises avec Pacidéianus, de beaucoup le meilleur (et de toute éternité !) des gladiateurs...

« Je le tuerai, bien sûr, et j'aurai la victoire, si vous tenez à le savoir, dit [Pacidéianus]. Mais voici, je crois, ce qui se passera : il m'aura sauté au visage, avant que j'aie plongé mon glaive dans la poitrine et les poumons de cette furie... »

« Je le hais[2], j'entreprends ce combat avec colère ; rien n'est plus long pour nous que d'attendre que l'adversaire mette le glaive au poing. Tant la passion et la haine que j'ai pour lui m'enflamment de colère... » (IV.)

La langue est mêlée d'hellénismes, mais surtout dans la critique littéraire et la parodie descriptive, et sans pédantisme, semble-t-il (comme dans les lettres familières de Cicéron). Elle pratique l'allitération :

Commoda praeterea patriai prima putare ;

l'accumulation de quasi-synonymes :

Frigore, inluuie, inperfundie, inbalnitie, incuria ;

procédés bien latins.

Conclusion. — L'importance de Lucilius ne saurait être exagérée : toute la satire romaine, Horace (bien qu'il eût dit du mal du vieux maître), Perse, Juvénal, dérivent de lui. C'est peut-être le genre qui, avec ses préoccupations morales et sa verve populaire, s'accorde le mieux au caractère latin. Et, comme sa variété permet d'y atteindre aussi bien l'extrême délicatesse que la truculence la plus chargée, il se prête à l'épanouissement des plus diverses personnalités.

4. L'évolution de la prose

La prose latine, bien orientée depuis Caton, évolue plus régulièrement que la poésie, mais avec lenteur : sa « dignité artistique » n'étant pas encore bien appréciée.

---

1. L'anecdote devint célèbre (Cic., *ad Quintum fratrem*, III, 4, 2) : Aeserninus arracha avec les dents l'oreille de Pacidéianus, qui le tua.
2. Sans doute est-ce ici Aeserninus qui parle.

LES HISTORIENS

Les derniers annalistes. — L'exemple de Caton, la domination incontestée de Rome et la diffusion de sa langue par la conquête et le commerce engagent les annalistes à écrire en latin.

L. CASSIUS HÉMINA traça à grands traits (en 4 livres au moins) toute l'histoire de Rome depuis Énée, avec certaines curiosités archéologiques déjà, et des soucis d'explication rationnelle :

D'autres s'étonnaient que les livres[1] se fussent ainsi conservés. Lui[2], en rendait compte comme suit : il y avait une pierre de taille à peu près au milieu du coffre, liée de tous côtés par des cordes cirées ; dans cette pierre avaient été introduits, par en dessus, les livres : pour cette raison, pensait-il, ils n'avaient pas pourri. Et les livres avaient été frottés au citron : pour cette raison, pensait-il, les mites n'y avaient pas touché.

fr. 37 Peter.

M. CALPURNIUS PISO FRUGI (sans doute censeur en 120), d'esprit volontairement « catonien », écrivit 7 livres d'*Annales*, d'un style simple et pur, que Cicéron trouvait maigre ; il aimait la vérité, penchait au rationalisme ; il paraît avoir eu du goût pour les anecdotes de tendances morales :

C. Furius Crésinus, un affranchi, tirant d'un fort petit champ des récoltes beaucoup plus amples que ses voisins de très grands domaines, était très jalousé et soupçonné d'attirer chez lui par des maléfices les moissons d'autrui[3]. Cité en justice pour cette raison par l'édile curule Sp. Albinus et craignant d'être condamné devant les comices des tribus, il apporta sur le forum tout son matériel agricole et amena des esclaves, solides et, comme dit Piso, bien soignés et vêtus, des outils bien faits, des hoyaux lourds, des socs pesants, des bœufs bien nourris. Puis il dit : « Voici, Quirites, mes maléfices ; et je ne puis vous montrer ni amener au forum mes soucis, mes veilles et mes sueurs ». Il fut ainsi absous à l'unanimité.

fr. 33 Peter.

Les archéologues. — Vers la fin du siècle, le jurisconsulte et grand pontife P. MUCIUS SCAEVOLA (consul en 133) suspendit la rédaction des actes officiels appelés *Annales Maximi* (voir p. 18). Tous ceux du passé furent alors publiés, sous forme abrégée, en 80 livres. Désormais l'ancienne Rome et ses institutions antérieures à l'influence grecque deviennent objet de curiosité archéologique. Déjà CN. GELLIUS (vers 150 ?) y penchait ; C. SEMPRONIUS TUDITANUS (consul en 129) écrivit des livres « Sur les magistratures » ; M. JUNIUS, surnommé Gracchanus. traita du droit public, du calendrier romain... Ainsi se prépare l'érudition de Varron.

Nouvelles tendances. — Mais, dans l'histoire proprement dite, deux influences dominent alors : le pittoresque pathétique, dont Timée en Sicile avait donné le modèle ; le rationalisme d'allure scientifique, que recommandait, à Rome même, l'activité toute récente de Polybe. Les auteurs tendent aussi à se limiter.

---

1. Attribués à Numa et « découverts » en 181 (voir p. 69).
2. Le scribe Cn. Térentius, qui les a découverts.
3. Ce « crime » entraînait la peine de mort, aux termes de la loi des XII Tables.

L. COELIUS ANTIPATER, dans sa monographie de la seconde guerre punique, faisait preuve d'information, mais aussi d'exagération épique, et jusqu'au ridicule :

> Coelius ne cite pas de chiffre[1], mais exagère sans limite l'impression de foule : il dit que les cris des soldats firent tomber du ciel les oiseaux et qu'une si grande foule s'embarqua qu'il semblait que Scipion ne laissait nul mortel en Italie ni en Sicile.
>
> fr. 39 Peter.

Mais il enrichissait l'histoire de toute une rhétorique : discours prêtés aux grands personnages et descriptions à effet.

SEMPRONIUS ASELLIO (avant 159-après 91), qui fut tribun militaire au siège de Numance, se restreignit à l'histoire de son temps ; un passage de sa préface témoigne de l'influence de Polybe, mais trahit aussi la préoccupation morale qui ne cessera désormais de dominer le genre historique romain :

> Entre ceux qui ont voulu laisser des Annales et ceux qui se sont efforcés d'écrire l'Histoire romaine, il y a une distinction absolue. Les Annales ne faisaient que raconter ce qui s'est passé chaque année : pour ainsi dire un journal, ou ce qu'on appelle en grec « éphéméride ». Mais nous, nous ne nous contentons pas d'énoncer ce qui s'est fait ; nous voulons aussi montrer pourquoi et comment cela s'est fait... Car les Annales ne peuvent nullement ni encourager à défendre l'État ni décourager de mal faire. Écrire sous quel consul a commencé une guerre, sous lequel elle a fini, à qui elle a valu une entrée triomphale, ce qui s'y est fait, sans indiquer aussi les décrets du Sénat, les projets et votes de lois, sans reprendre les délibérations et décisions qui ont précédé les actes, c'est conter des fables aux enfants, non écrire l'histoire.
>
> fr. 1 Peter.

LES ORATEURS

Entre Caton et les Gracques. — L'un des derniers adversaires de Caton, SER. SULPICIUS GALBA, fut le premier qui appliqua à l'éloquence latine les procédés rhétoriques des Grecs, la revêtit d'agréments voulus et mit en jeu le pathétique, même le plus grossier. Après lui, enrichie par l'analyse psychologique, rendue plus musicale par M. AEMILIUS LÉPIDUS PORCINA (consul en 137), plus élégante par SCIPION ÉMILIEN et son ami C. LAELIUS (consul en 140), la prose oratoire ne cessa de gagner, tout en restant assez maigre et inégale, à en juger d'après le *Brutus* de Cicéron : car nous n'en possédons à peu près rien.

Les Gracques. — Dans le dernier tiers du siècle, l'éloquence progresse soudain avec C. PAPIRIUS CARBO (consul en 120) et les GRACQUES. Peut-être la dialectique des philosophes, surtout stoïciens, et l'esprit de satire virulente contre les dirigeants contribuèrent-ils à lui donner assez généralement de la souplesse et du nerf. Mais ce furent les deux fils de Sempronius Gracchus et de Cornélie, Tibérius et Gaïus, qui assurèrent son véritable essor. Élevés dans un milieu extrêmement cultivé où se parlait le latin le plus pur, où le stoïcien Blossius de Cumes développa leur noblesse morale et leur énergie,

---

1. Il s'agit du départ de Scipion (le futur Africain) pour l'Afrique.

ils allèrent au peuple, espérant pouvoir, contre un Sénat à l'esprit étroit, recréer une classe moyenne de petits propriétaires fonciers, en qui Rome retrouverait force et santé, morale et physique. Ils agirent comme tribuns de la plèbe, s'adressant directement aux foules et traitant devant elles des plus graves questions. Ils périrent, l'un à 30, l'autre à 33 ans, dans des émeutes soulevées par l'aristocratie. Mais leur largeur d'esprit et la véhémence de leurs convictions avaient soudain porté au premier plan les grands problèmes sociaux et, du point de vue littéraire, élargi et dramatisé l'éloquence : à l'un et à l'autre égard, le premier siècle avant notre ère ne peut s'expliquer sans eux.

Ti. Gracchus (163-133). — L'aîné avait, dit-on, une parole pure, travaillée, agréable. Immobile à la tribune, il gardait une tenue presque aristocratique. Mais l'émotion de son éloquence n'en était pas moins profonde et saisissante, à en juger d'après un fragment conservé par Plutarque :

> Les bêtes d'Italie ont chacune sa tanière, son gîte, son repaire. Mais les hommes qui combattent et meurent pour l'Italie ont part à l'air et à la lumière, à rien d'autre : sans foyer, sans maison, ils errent avec leur femme et leurs enfants. Les généraux mentent aux soldats quand, à l'heure du combat, ils les exhortent à défendre contre l'ennemi leurs tombes et leurs lieux de culte : car nul de ces Romains n'a d'autel de famille ni de sépulture d'ancêtre ; mais c'est pour le luxe et l'enrichissement d'autrui qu'ils combattent et meurent, ces prétendus maîtres du monde, qui n'ont pas à eux une motte.
>
> fr. 7 Malcovati = Plut., *Ti. Gracchus*, IX, 4.

C. Gracchus (154-121). — Le plus jeune, Gaïus, porta le premier à la tribune un visage ardent, une « action » violente : remuant sa toge, allant et venant sur la plate-forme. Sa parole était « terrible, pathétique, entraînante, étincelante » (Plutarque). Il régna véritablement par elle : des foules de trois et quatre mille personnes le suivaient dans les rues. Son art était très conscient : il recherchait le rythme et la période (qui permettent d'ailleurs à la parole de porter plus loin), les effets de répétition et de progression, le mouvement dramatique :

> Tout ce que vous avez, en ces années, passionnément cherché et désiré, si vous y renoncez avec cette légèreté, il est impossible qu'on ne vous reproche soit [trop de] passion dans vos désirs passés, soit [trop de] légèreté dans votre renonciation présente.
>
> fr. 30 Malcovati [*Contre P. Popilius Laenas*].

> *Abesse non potest quin eiusdem hominis sit probos improbare qui improbos probet.*
>
> Il est impossible de ne pas poursuivre le déshonneur des gens honnêtes quand on veut honorer les malhonnêtes.
>
> fr. 23 Malcovati [*Aux Censeurs*, au retour de Sardaigne].

> Ton enfance a jeté la honte sur ta jeunesse, ta jeunesse le déshonneur sur ta vieillesse, ta vieillesse l'infamie sur la patrie.
>
> fr. 60 Malcovati.

> Où aller, malheureux ? Où me tourner ? Au Capitole ? Il est humide du sang de mon frère. Alors en ma demeure ? Pour y voir ma malheureuse mère effondrée en ses larmes ?
>
> fr. 58 Malcovati.

Il y a parfois quelque gaucherie dans l'emploi de ces procédés ; mais aussi une sincérité qui touche. C'est cette habileté un peu nue encore et naïve, qui donne leur prix à d'autres fragments plus étendus.

Abus de pouvoirs

[Récit objectif : l'orateur s'efface derrière les faits. — Mouvement dû à la juxtaposition très sobre des détails successifs. — Gradation insensible, mais très habile. — L'émotion et la colère des auditeurs, nées des faits eux-mêmes, ne paraîtront pas dictées par l'orateur. — Cf. Aulu-Gelle, *Nuits attiques*, X, 3 (comparaison avec Caton et Cicéron).]

Il y a peu de temps, un consul vint à Téanum des Sidicins. Sa femme dit qu'elle désirait se baigner dans les bains des hommes. Le questeur[1] des Sidicins, M. Marius, reçoit l'ordre de faire sortir tous les baigneurs. La femme rapporte à son mari qu'on a tardé à lui livrer les bains et qu'ils n'étaient pas bien propres. Sur quoi on planta un poteau sur la place publique, on amena le premier citoyen de la ville, M. Marius, on le dépouilla, on le battit de verges. Sur cette nouvelle, les habitants de Calès prirent un arrêté interdisant à quiconque de se baigner aux bains publics quand un magistrat romain serait dans la ville. A Férentinum, pour le même motif, un de nos préteurs donna l'ordre de saisir les questeurs : l'un se précipita du haut des remparts ; l'autre fut pris et battu de verges.

A quel arbitraire et à quels excès se portent ces jeunes gens, je vous le montrerai par un seul exemple. En ces dernières années fut renvoyé d'Asie un jeune homme qui n'avait encore géré aucune magistrature, mais faisait fonction de légat. Il était porté en litière. Vient à sa rencontre un bouvier de Venouse, qui, pour plaisanter (il ignorait à qui il avait affaire), demanda s'ils emportaient un mort[2]. Lui, fit poser la litière, ordonna d'en prendre les courroies et d'en battre [l'homme] jusqu'à ce qu'il l'eût fait mourir.

fr. 45-46 Malcovati [*Oratio de legibus promulgatis*].

Une aristocratie vendue

[Insinuations sans preuves, mais propres à exciter une foule. — Apologie personnelle sous forme piquante. — Habileté de la composition et du rythme d'ensemble. — Agrément des procédés (noter l'anecdote finale).]

Car, Quirites[3], si vous voulez y apporter du sens et du soin, vous aurez beau chercher, vous ne trouverez personne d'entre nous qui vienne ici sans espoir de profit. Nous tous, qui parlons, désirons quelque chose, et rien ne décide personne à venir vers vous, sinon le désir d'un gain. Moi-même, qui vous parle pour vous faire accroître vos revenus publics et vous faciliter la gestion de vos intérêts et de ceux de l'État, ce n'est pas pour rien que je viens à la tribune : il est vrai que je ne vous demande pas de l'argent, mais bonne réputation et honneur.

Ceux qui viennent parler contre le projet de loi ne vous demandent pas, à vous, de l'honneur, mais à Nicomède[4] de l'argent ; ceux qui en recommandent le vote, ceux-là non plus ne vous demandent pas, à vous, bonne réputation, mais à Mithridate une récompense qui accroisse leur patrimoine ; et ceux encore, toujours gens de grande naissance et de haute classe, qui se taisent, ah ! ceux-là sont les plus âpres : car ils reçoivent de toutes mains et trompent tout le monde. Vous, qui les croyez dégagés de ces préoccupations, vous leur accordez bonne réputation ; les ambassades des rois, croyant qu'ils se taisent à leur bénéfice, leur offrent cadeaux et sommes immenses.

1. Nom donné aux deux magistrats municipaux dans beaucoup de villes d'Italie.
2. Les morts étaient portés sur une litière.
3. Nom officiel du peuple romain.
4. Nicomède II, roi de Bithynie, qui disputait la Grande Phrygie à Mithridate V, roi du Pont.

Ainsi, en Grèce, comme un tragédien se faisait gloire d'avoir reçu un talent[1] pour une seule représentation, le plus grand orateur d'Athènes, Démade, lui répondit, paraît-il : « Tu t'étonnes d'avoir reçu un talent pour parler ? J'en ai reçu dix du Roi[2] pour me taire ». De même aujourd'hui ces gens dont je vous parle reçoivent des sommes immenses pour se taire.

Malcovati, 41 [*Dissuasio legis Aufeiae*].

Conclusion. — La prose latine, fort en retard au début du IIe siècle, va atteindre désormais très vite sa maturité, et avant la poésie même : par les orateurs d'abord, puis par les historiens.

1. Près de 13 000 francs.
2. Le roi de Perse, appelé le Grand Roi.

BIBLIOGRAPHIE

Conditions historiques

M. Holleaux, *Rome, la Grèce et les monarchies hellénistiques au IIIe siècle av. J.-C.* (Paris, 1921) ; E. Pais, *Storia di Roma durante le grandi conquiste mediterranee* et *Storia interna di Roma dalle guerre puniche alla rivoluzione graccana* (Rome, 1931).

W.W. Tarn, *Hellenistic civilisation* (Londres, 1927) ; A. et Th. Reinach, A. Croiset, Chapot, Jouguet..., *L'hellénisation du monde antique* (Paris, 1914) ; Baumgarten-Poland-R. Wagner, *Die hellenistisch-römische Kultur* (Leipzig-Berlin, 1913) ; P. Grimal, *Le siècle des Scipions : Rome et l'hellénisme au temps des guerres puniques* (Paris, 1953). — Reitzenstein, *Die hellenistischen Mysterienreligionen* (Leipzig-Berlin, 1910) ; N. Turchi, *Le religioni misteriosofiche del mondo antico* (Rome, 1923).

H.-I. Marrou, *Histoire de l'éducation dans l'Antiquité* (Paris, 1948) ; Jullien, *Les professeurs de littérature dans l'ancienne Rome* (Paris, 1886) ; Lafaye, *L'alexandrinisme chez les premiers poètes latins* et *Les Grecs professeurs de poésie chez les Romains* (*Revue de l'Enseignement supérieur,* 1893 et 1894). — Reure, *Les gens de lettres et leurs protecteurs à Rome* (Paris, 1891) ; V. Moscrip, *Literary Patronage in Rome* (*Univ. of Chicago,* 1928) ; Fiske, *The plain style in the Scipionic circle* (*Class. Stud. in honor of Ch. Forster Smith,* Madison, 1919) ; C. Wunderer, *Polybios* (Leipzig, 1927) ; B.N. Tatakis, *Panétius de Rhodes, le fondateur de Moyen-Stoïcisme, sa vie et son œuvre* (Paris, 1931) ; Panaetius, *Fragmenta,* éd. par M. van Straaten[3] (Leyde, 1962). — A. Besançon, *Les adversaires de l'hellénisme à Rome* (Lausanne, 1910).

1. LES DÉBUTS DE LA PROSE ARTISTIQUE

Amatucci, *L'eloquenza giudiziaria prima di Catone* (Naples, 1904). — H. Peter, *Historicorum Romanorum reliquiae,* I[2] (Leipzig, 1914). — K.W. Nitzch, *Die römische Annalistik von ihren ersten Anfängen bis auf Valerius Antias* (Berlin, 1873) ; W. Soltau, *Die Anfänge der römischen Geschichtsschreibung* (Leipzig, 1909) ; G. Perl, *Der Anfang der röm. Gesch. schreib.* [avec bibliographie] (*Forschungen und Forschritte,* Berlin, 1964, 6-7).

Caton le Censeur

MANUSCRITS du *De re rustica : Marcianus,* perdu, utilisé par Ange Politien dans l'édition princeps (1471) ; *Parisinus* (XIIe-XIIIe s.) et mss. de Florence. — ÉDITIONS : *De agri cultura :* H. Keil[2]-G. Götz (*Teubner,* 1922) ; A. Mazzarino (*Teubner,* 1963) ; avec commentaire latin : Keil (Leipzig, 1882-1894), index par Krumbiegel. — *Praeter librum de re rustica quae existant :* Jordan (Leipzig, 1860). — *Dicta Catonis,* Nemethy (Budapest, 1895) ; *De l'agriculture,* éd. R. Goujard (Paris, *C.U.F.,* 1975), éd. A. Mazzarino (Leipzig, *Teubner,* 1982[2]); *Les origines* (fragments), éd. M. Chassignet (Paris, *C.U.F.,* 1986) ; *Fragmenta orationum,* éd. M.T. Sblendorio Cugusi (Turin, 1982).

ÉTUDES : Biographie critique par P. Fraccaro (*Atti d. Ac. di Mantova,* 1910, et *Studi storici,* 1910-1911) ; E. V. Marmorale, *Cato Maior*[2] (Bari, 1949) ; — M. O. Baumgart, *Untersuchungen zu den Reden des M. Porcius Cato Censorius,* I (Breslau, 1905) ; — J. Hörle, *Catos Hausbücher* [Analyse et reconstitution du domaine] (Paderborn, 1929) ; G. Curcio, *La primitiva civiltà latina agricola et il libro dell'agricultura di M. Porcio Catone* [Traduction italienne, avec Introduction] (Florence, 1929) ; — A. Mazzarino, *Introduzione al de agricultura di Catone* (Rome, 1952). — J. M. Nap, *Ad Catonis librum de re militari* (*Mnemosyne,* 1927) ; — M. Gerosa, *La prima enciclopedia romana : i libri ad Marcum filium di Catone Censorio* (Pavie, 1911). — O. Rossi, *De Catone graecarum litterarum oppugnatore, latinitatis acerrimo defensore* (*Athenaeum,* 1922). W. Briggs, T.R. White, *Concordia in Catonis librum de agri cultura* (Hildesheim, 1983) ; G. Purnelle, *De agricultura, Fragmenta omnia seruata. Index uerborum,* Liège, 1988.

2. LE THÉÂTRE

Voir plus haut, p. 66 s. — F. Arnaldi, *Da Plauto a Terenzio* (Naples, 1946-1947) ; H. Marti, *Untersuchungen zur dramatischen Technik bei Plautus und Terenz* (Zurich, 1959).

La comédie ; Caecilius Statius

O. RIBBECK, *Scaenicae Romanorum poesis (Comicorum Rom.) fragmenta*[3]. — P. FAIDER, *Le poète comique Cécilius* (*Musée Belge,* 1908 et 1909) ; I. NEGRO, *Studio su Cecilio Stazio* (Florence, 1919).

Térence

MANUSCRITS : *Bembinus* (Vatican, IVe-Ve s.) ; et, dérivant de la recension de Calliopius (IVe s. ?), deux groupes (*Parisinus, Vaticanus* et *Ambrosianus* [Milan] du Xe s. ; *Victorianus* [Florence] du Xe et *Decurtatus* [Vatican] du XIe-XIIe s.). — G. JACHMANN, *Die Geschichte des Terenztextes im Altertum* (Bâle, 1924). — Miniatures commentées de l'*Ambrosianus* et du *Parisinus* par J. VAN WAGENINGEN, *Album Terentianum* (Groningue, 1907) ; Reproduction photographique du *Vaticanus* 3868, illustré aussi, par G. Jachmann (Leipzig, 1930).

ÉDITIONS : Princeps : Strasbourg, 1470 ; — Critique : Kauer-Lindsay (Oxford, 1926) ; J. Marouzeau (*Budé,* 1942-1949). — Avec commentaire anglais : Ashmore[2] (New York, 1910) ; F. Bertini, V. Faggi (notes : G. Reverdito), *P. Terenzio Afro, Le commedie* (Milan, 1989). — ÉDITIONS PARTIELLES commentées : *Adelphoe* par Plessis (Paris, 1884), Dziatzko-Hauler[2] (Leipzig, 1903), Morrica (*Paravia,* 1922) ; *Andria* par E. Benoist (Paris, s. d.) ; A. Thiefelder (Heidelberg, 1960), G. P. Shipp (Oxford, 1961) ; *Eunuchus* par Fabia (Paris, 1895) ; *Hecyra* par Thomas (Paris, 1887) ; *Phormio* par Dziatzko-Hauler[4] (Leipzig, 1913), R. H. Martin (Londres, 1959) ; R. H. Martin, *Terence, Adelphoe,* Cambridge, 1976 ; M. Cavalli, *La suocera,* introd., texte, trad. et notes (Milan, 1989) ; M. R. Posani, *Andria,* introd., éd. critique, trad. (Bologne, 1990) ; G. Gazzola, Terenzio, *Il punitore di se stesso,* texte, trad. et notes (Milan, 1990) ; S. Ireland, *The mother-in-law,* introd., texte, trad. comm. (Warminster, 1990). — COMMENTAIRE ANCIEN de DONATUS, éd. P. Wessner (Leipzig, 1902-1908) ; *Scholia Terentiana,* éd. Schlee (*Teubner,* 1893) ; *Scholia Bembina,* éd. Mountford (Londres, 1934).

TRADUCTIONS : Françaises : Dacier (Amsterdam, 1747) ; E. Chambry (Paris, s. d. [1932]) ; J. Marouzeau *(Budé).* — Anglaise : Sargeaunt (Londres, 1914) ; — Italienne : Limentani (Rome, 1923).

LANGUE, SYNTAXE et MÉTRIQUE : E. B. JENKINS, *Index verborum Terentianus* (Chapel Hill, 1932) ; P. MC GLYNN, *Lexicon Terentianum* (Londres, 1963-1967). — ALLARDICE, *Syntax of Terence* (Oxford, 1929) ; D. BARBELENET, *De l'aspect verbal en latin ancien et particulièrement dans Térence* (Paris, 1913) ; LINDSAY, *The early latin Verse* ; A. KLOTZ, *Der Hiatus bei Terenz* (*Hermes,* 1925) ; W. A. LAIDLAW, *The prosody of Terence* (Oxford, 1938) ; L. NOUGARET, *La métrique de Plaute et de Térence* (Paris, 1943).

ÉTUDES LITTÉRAIRES : S. PRETE, *Terence* [vie, hist. du texte, œuvres, bibliogr. des travaux récents] (*The classical world,* LIV, 1961) ; O. BIANCO, *Terenzio* (Rome, 1962) ; SAINTE-BEUVE, *Nouveaux Lundis,* t. V ; J. LEMAÎTRE, *Impressions de théâtre,* t. VI ; G. NORWOOD, *The art of Terence* (Oxford, 1923) ; E. REITZENSTEIN, *Terenz als Dichter* (Amsterdam, 1940). — A. SAEKEL, *Quaestiones comicae de Terentii exemplaribus graecis* (Diss. Berlin, 1914) ; R. C. FLICKINGER, *On the originality of Terence* (*Philol. Quarterly,* 1928) ; — Ph. FABIA, *Les prologues de Térence* (Paris, 1888) ; — L. HAVET, *Sur la détermination des actes dans les comédies de Térence* (*Revue de Philol.,* 1916) ; J. ANDRIEU, *Ét. crit. sur les sigles de personnages et les rubriques de scène dans les anciennes éditions de Térence* (Paris, 1940) ; B. TALADOIRE, *Térence, un théâtre de la jeunesse* (Paris, 1972) ; L. PERELLI, *Il teatro rivoluzionario di Terenzio* (Florence, 1976[2]) ; Giovani CUPAIUOLO, *Terenzio : Teatro e societa* (Naples, 1991).

TRANSMISSION DES TEXTES : G. JACHMANN, *Die Geschichte des Terenztextes in Altertum* (Bâle, 1924) ; J. D. CRAIG, *Ancient Editions of Terence* (St. Andrews, 1929).

BIBLIOGRAPHIE : *Bibliographia Terenziana* (1470-1983) (Naples, 1984).

Voir aussi plus haut, p. 66, *Conditions historiques* et 67, *Plaute.*

Les auteurs de « togatae »

RIBBECK, *Scaenicae Romanorum poesis (Comicorum Rom.) fragmenta*[3]. — E. COURBAUD, *De comœdia togata* (Paris, 1899) ; *Comoedia togata (fragments),* éd. A. Daviault (Paris, *C.U.F.,* 1981) (et bibliographie en introduction).

La tragédie : Pacuvius ; Accius

ÉTIENNE, *Fragmenta poetarum ueterum latinorum* (Paris, 1564) ; RIBBECK, *Scaenicae Romanorum poesis (Tragicorum Rom.) fragmenta*[3] ; O. RIBBECK, *Die römische Tragödie im Zeitalter der Republic* (Leipzig, 1875) ; LEO, *De tragœdia Romana* (Göttingen, 1910) ; G. BOISSIER, *L'art poétique d'Horace et la tragédie romaine* (*Rev. de Philologie,* 1898) ; V. D'ANTÒ, *Accio. I frammenti delle Tragedie* (Lecce, 1980) (avec commentaire) ; A. POCIÑA, *El tragediografo Latino Lucio Acio* (Grenade, 1984) (avec commentaire) ; A. RESTA BARRILE, *Il Meleager di Accio*, intr., éd. crit. et commentaire (Bologne, 1988) ; J. DANGEL, *Accius, Œuvres (fragments)* (Paris, *C.U.F.*, 1995)

GOETTE, *De Accio et Pacuvio* (Rheine, 1892) ; L. KOTERBA, *De sermone pacuviano et acciano* (Diss. Vienne, 1905) ; R. ARGENTO, *Pacuvius. I frammenti dei drammi* (Turin, 1959) ; I. MARIOTTI, *Introduzione a Pacuvio* (Urbino, 1960).

LEXIQUE : A. DE ROSALIA, *Lexicon Acciacum* (Hildesheim, Olms, 1982).

ÉTUDES : G. BOISSIER, *Le poète Attius* (Paris, 1857) ; L. MÜLLER, *De Accii fabulis disputatio* (Berlin, 1890) ; AMBRASSAT, *De Accii fab. Andromeda, Telepho, Astyanacte, Meleagro* (Königsberg, 1914). — B. BILINSKI, *Contrastanti ideali di cultura sulla scena di Pacuvio* (Varsovie, 1962) ; R. ARGENIO, *Marco Pacuvio. I frammenti dei drammi* (Turin, 1959) ; E. ARTIGAS, *Pacuviana, Marco Pacuvio in Cicerón* (Barcelone, 1990) ; B. BILINSKI, *Contrastanti ideali di cultura sulla scena di Pacuvio* (Wroclaw, 1962) ; G. D'ANNA, *M. Pacuvii fragmenta* (Rome, 1967) ; C. FAGGIANO, *Marco Pacuvio. Ricostruzione dei drammi e traduzione dei frammenti* (Brindisi, 1928-1930) ; E. FLINTOFF, *The Satires of Marcus Pacuvius*, dans *Latomus* XLIX (1990) ; I. LANA, *Pacuvio e modelli greci*, dans *Atti della Academia delle Scienze di Torino*, 81-88 (1947-1949) ; P. MAGNO, *Marco Pacuvio* (Milan, 1977) ; C. MANDOLFO, *Tradizionalismo e anticonformismo in Pacuvio*, dans *Orpheus*, 22 (1975) ; I. MARIOTTI, *Introduzione a Pacuvio* (Urbino, 1960) ; V. TANDOI, *Il dramma storico di Pacuvio, Disiecti membra poetae* 2 (Foggia, 1985) ; M. VALSA, *Marcus Pacuvius. Poète tragique* (Paris, 1957).

3. LA CRÉATION DE LA SATIRE

E. T. MERRILL, *Fragments of Roman Satire from Ennius to Apuleius* (New York, 1897). — A. DIETERICH, *Pulcinella ;* C. W. MENDELL, *Satire as popular philosophy* (*Classical Philology*, 1920). — OLTRAMARE, *Les origines de la diatribe romaine* (Lausanne, 1926). — G. C. FISKE, *Lucilius, the « ars poetica » of Horace and Persius* (Harvard Studies, 1913).

Voir aussi plus haut, p. 24, *Tendances et directions littéraires*.

Lucilius

ÉDITIONS : éd. Princeps : H. Étienne (Paris, 1564) ; F. Marx (Leipzig, 1904-1905) ; W. Schmitt, *Satirenfragmente aus den Büchern XXVI-XXX* (Munich, 1914) ; N. Terzaghi[2] (Florence, 1944) ; éd. N. Terzaghi, I. Mariotti, Florence, 1966 ; éd. et commentaire, W. Krenkel (Berlin-Leyde, 1970) (2 vol.) ; *Satires*, éd. F. Charpin (Paris, *C.U.F.*, t. I (L. I-VIII), 1978 ; t. II (L. IX-XXVIII), 1979 ; t. III (L. XXIX-XXX, fragments), 1991) ; G. Garbudino, *Il XXVI libro di Lucilio* dans Studi noniani, XIII (Gênes, 1990).

ÉTUDES : C. CICHORIUS, *Untersuchungen zu Lucilius* (Berlin, 1908) ; N. TERZAGHI, *Lucilio* (Turin, 1934) ; M. PUELMA PIWONKA, *Lucilius und Kallimachos* (Francfort, 1949) ; J. HEURGON, *Lucilius* (Paris, 1959) ; I. MARIOTTI, *Studi Luciliani* (Florence, 1960). — M. SCHREIBER, *De Lucili syntaxi* (Greifswald, 1917). — B. MOSCA, *La satira politica in Lucilio* (Teramo, 1927) ; F. SOMMER, *Lucilius als Grammatiker* (*Hermes*, 1909) ; E. SAN GIOVANNI, *Le idee grammaticali di Lucilio* (Turin, 1910).

L. BERKOWITZ, Th. F. BRUNNER, *Index Lucilianus* (Hildesheim, 1968).

4. L'ÉVOLUTION DE LA PROSE

Les historiens

ÉDITION : H. Peter, *Historicorum Rom. reliquiae*, I[2].

ÉTUDES : H. PETER, *Wahrheit und Kunst: Geschichtschreibung und Plagiat im klassischen Altertum* (Leipzig, 1911) ; P. SCHELLER, *De hellenistica historiae conscribendae arte* (Leipzig, 1911).

Voir aussi plus haut, p. 107, *Les débuts de la prose artistique*.

Les orateurs

ÉDITION : Malcovati, *Oratorum romanorum fragmenta*[2] (*Paravia*, 1955).

ÉTUDES : A. BERGER-V. CUCHEVAL, *Histoire de l'éloquence latine depuis l'origine de Rome jusqu'à Cicéron* (Paris, 1872 ; 3e éd. 1892) ; A. CIMA, *L'eloquenza latina prima di Cicerone* (Rome, 1903) ; G. BOISSIER, *L'introduction de la rhétorique à Rome* (*Mélanges Perrot*, 1902) ; A. MESPLÉ, *L'éloquence des Gracques* (*Annales de la Fac. des lettres de Bordeaux*, 1890).

CHAPITRE IV

L'AGE CICÉRONIEN

La vie de Cicéron (106-43 av. J.-C.) embrasse presque strictement une période de maturation littéraire, d'une puissance et d'une saveur singulières ; mais son œuvre, déjà classique par l'unité et l'équilibre, n'en révèle que quelques aspects. Il suffit de citer Lucrèce et Catulle, César et Salluste, et ce Varron qui, plus âgé qu'eux tous, leur survécut encore (116-27), pour évoquer la diversité, et même la lutte ardente des tempéraments et des doctrines qui caractérisent ce demi-siècle.

Instabilité et individualisme. — L'État et la société recherchent vainement l'équilibre que leur a fait perdre la tentative des Gracques : il faut une guerre civile (Guerre Sociale, 90-88) pour préparer l'unité italienne ; des proscriptions et une tyrannie (dictature de Sylla, 82-79) pour rétablir, et pour peu de temps, l'autorité du Sénat ; des émeutes et des coups de force pour donner au parti démocrate ou au parti sénatorial la direction fugitive des affaires. Cette instabilité assure la puissance et développe les ambitions de grands seigneurs, vrais féodaux de race ou de fortune foncière ou de finances, un César, un Pompée, un Crassus : par le Sénat ou le peuple, ils aspirent aux provinces, aux armées, aux triomphes, et enfin au pouvoir personnel. Le Sénat s'adonne à un parlementarisme de plus en plus bavard et roué : d'habiles et riches avocats le dominent, Hortensius, Cicéron, qui se donnent l'illusion d'être des maîtres de la politique. La plèbe même, pauvre, fainéante et séditieuse, est entre les mains d'agitateurs de haut vol,

Catilina, Clodius, Milon, dont la personnalité s'épanouit sans pudeur. C'est l'âge d'or de ce que les Italiens appellent la « virtù » : l'expansion amorale de l'énergie individuelle. Et les écrivains aussi, avec une sincérité passionnée, participent à cette atmosphère d'exaltation personnelle et de lutte, même lorsque, comme Lucrèce, ils prétendent se réfugier dans la philosophie. Tous ils tendent à une perfection classique, qui serait la combinaison originale de l'art grec et de l'esprit romain ; mais chacun suit sa voie avec intransigeance, donnant trop l'un à l'art, l'autre à la pensée, assurés du but, incertains des moyens. Et, tandis que la prose s'accomplit, la poésie se cherche encore.

Les contradictions de l'aristocratie. — C'est qu'au lieu d'atteindre un public étendu, les vrais poètes ne peuvent s'adresser qu'à l'aristocratie, — et à une aristocratie désaccordée, romaine de façade, grecque de goûts.

Il leur faut bien recourir à l'hellénisme pour les suprêmes conquêtes de la poésie didactique ou lyrique. Or l'hellénisme, en ses parties élevées et en ses vraies délicatesses, n'avait plus rien de populaire ; il n'était que le snobisme d'une élite ; et Marius savait gagner la faveur de la plèbe en affirmant qu'il ignorait le grec. Les nobles et les riches, eux, le parlent couramment ; ils entretiennent en leur maison des Grecs, érudits, philosophes ou poètes ; ils jouissent en raffinés de leurs bibliothèques, de leurs collections, du luxe de leurs villas. Il leur est même bien égal de laisser tout le passé politique et religieux de Rome s'en aller en morceaux : ils ne croient plus qu'à leurs plaisirs et à leur ambition personnelle. Mais en public, au tribunal, devant l'Assemblée ou au Sénat, ils prennent un masque : ils feignent de ne rien connaître aux élégances futiles de la Grèce, d'ignorer jusqu'au nom des artistes dont ils recherchent les œuvres ; ils accomplissent gravement les rites périmés. Cette aristocratie hypocrite abandonne le passé et renie l'avenir : elle ne peut ni nourrir une sève vraiment romaine ni répandre généreusement au dehors sa culture hellénique.

Franchise et modernisme des poètes. — Les poètes ont eu plus d'audace, parce que, de si bonne race qu'ils fussent, ils n'attendaient de leurs vers ni avancement ni richesses. Catulle et ceux de son groupe bravent les dédains d'un Cicéron : ils cherchent dans la littérature grecque la plus actuelle, chez les Alexandrins et leurs suprêmes disciples, les délicatesses, les chatoiements et jusqu'aux dilettantismes dont ils peuvent flatter la société mondaine de leur temps ; ils n'éprouvent point de scrupules à évoquer le jeu, la dissipation et la galanterie, mêlés encore de rudesses et de grossièretés, tels qu'ils se rencontraient dans une Rome équivoque ou aux bains décriés de Baïes. Lucrèce, lui, prêche religieusement l'irréligion scientifique d'Épicure ; il secoue avec une sorte de fureur les jougs anciens ; il évoque même, comme malgré lui, l'épouvantable peur de la mort des arrivistes athées pour lesquels la philosophie grecque, goûtée au hasard, n'a été qu'une école de scepticisme, et qui se demandent s'il vaut mieux renouveler le pythagorisme, avec Nigidius Figulus, pour se mettre en possession d'assurances mystiques, ou s'adonner à l'épicurisme, si facile à interpréter, au besoin, de façon à permettre l'assouvissement tranquille de tous les instincts. Sans doute il a fallu à ces écrivains du génie pour donner de leur temps cette image impérissable ; mais la franchise du parti les a aussi servis : une œuvre d'art n'est immortelle que si, à sa création, elle est moderne.

Leurs inégalités. — Ils ont souffert pourtant de vivre en une société hétérogène et en conflit avec elle-même : l'unité de leurs œuvres en a pâti. Ainsi les auteurs de mimes, leurs contemporains, Labérius, Publilius Syrus, se trouvaient contraints, pour toucher tout leur public, de mêler les *sententiae* capables de plaire aux délicats et les vulgarités obscènes qui font rire la plèbe. De goût, de ténacité laborieuse et de style, Lucrèce est un Romain, qui, en suivant la ligne des « anciens », Ennius, Lucilius, s'égale aux plus sévères et aux plus grands des Grecs : mais son raisonnement garde une pesanteur archaïque, ses sens paraissent ceux d'un alexandrin qui serait fort et naïf, sa pensée est d'un philosophe révolutionnaire et même visionnaire. Les poètes de la nouvelle école, eux, nourrissent trop de mépris pour leurs prédécesseurs latins ; ils ont trop de hâte à se mêler au « monde », où chacun, femme ou homme d'État, commet des petits vers, pour méditer les leçons d'Homère ou du ve siècle athénien ; et pourtant, dans leur fièvre d'actualité ou de passion personnelle, ils utilisent comme malgré eux les réminiscences de leur éducation classique et l'attachement périmé aux vieilles mœurs romaines : certaines babioles de Catulle en acquièrent une grandeur presque inconcevable. Chez tous, aux élans novateurs se joint une sorte de retenue d'expression, qui sent à la fois l'antique dignité nationale et la politesse gauchement commençante. Par là s'explique le charme jeune et puissant, bien que parfois ambigu, de ces œuvres à la fois sincères et artificielles, toute recherche et tout mouvement, auxquelles il ne manque, pour être classiques, qu'un équilibre plus paisible et aussi, sans doute, une plus large diffusion.

La mesure entre l'Orient et l'Occident. — Mais ces poètes dédaignent la foule et s'éloignent des genres populaires : le théâtre est mourant, sauf les genres vulgaires de l'atellane et du mime ; la satire se cultive encore, mais, dans le tourbillon de cette vie où se heurtent sans cesse les ambitieux, elle devient volontiers personnelle et, pour aller vite, se concentre en épigrammes mordantes ; l'épopée, trop actuelle, prend des allures de *laudatio* partiale au bénéfice d'un homme ou d'un parti. D'ailleurs le peuple n'est plus romain, ni de race ni de goût. De plus en plus mêlé d'éléments étrangers, surtout asiatiques, par l'afflux de toute sorte de trafiquants et d'aventuriers et par des affranchissements sans mesure d'esclaves de toute race, il n'a plus de règle nationale et s'enivre d'exotisme : la tragédie dégénère en mises en scène et cortèges somptueux ; il faut que l'Afrique et l'Asie pourvoient le cirque de bêtes féroces ou étranges ; les triomphes sont de surprenants étalages des pillages les plus imprévus ; et même les cultes lointains, surtout égyptiens (Isis, Sérapis), émouvants et dramatiques, gagnent rapidement des adeptes dans les ports et à Rome. De toute évidence l'emprise de l'Orient s'affirme de plus en plus, à la suite des étonnantes campagnes de Sylla, Lucullus, Pompée ; et César, dans ses projets de dictateur, incline à la sanctionner. Or la poésie du temps ne reflète que par occasion, et de façon très sobre, les splendeurs orientales. Sans doute cela tient-il pour une part aux tendances de la haute société, depuis trop longtemps hellénisée déjà pour s'abandonner sans réserve aux goûts du vulgaire : il lui plaît, certes, de trouver dans l'Asie maritime un luxe voluptueux habillé à la grecque, tentures, argenteries, raffinements de cuisine, qui s'introduit sans disparate dans la vie privée ; mais, par éducation, elle tient à la Grèce classique, et l'alexandrinisme lui semble une nouveauté suffisante, au surplus directement assimilable. Mais l'Occident aussi commence à influer sur la vie intellectuelle de l'Empire : sans parler des poètes de Cordoue, la Gaule, la Cisalpine surtout, latinisée depuis longtemps déjà, donne à la nouvelle école son fondateur, Valérius Caton, et ses plus frais et souples talents, Catulle, Cinna, Cassius de Parme, Térentius Varro de l'Aude. Ainsi on pourrait presque dire que c'est dans les terres celtiques des Alpes et du Pô que la poésie alexandrine s'est faite romaine. Et la conquête de la Gaule libre par César aide Rome, en un instant critique, à reprendre son équilibre entre l'Orient et l'Occident.

L'éloquence et la prose classiques. — La prose offre un tout autre spectacle : elle a mûri plus vite ; et, purement latine, elle s'est cependant assimilé et a jeté dans le courant de la vie romaine toutes les qualités de la littérature grecque. Elle doit la rapidité de ses progrès à l'exercice illimité et à la valeur pratique de l'éloquence. Le jeune homme qui se destine à la vie publique, après une éducation très élargie qui, à côté de la dialectique et de la rhétorique, touche à la philosophie, aux mathématiques, à l'astronomie, à la musique, et qui le plus souvent s'achève en Grèce, à Athènes, à Rhodes, à Mytilène, revient en Italie très hellénisé et cependant contraint à parler le latin le plus général ou le plus technique. Pour l'avocat la matière est ample, sans cesse renouvelée ; les profits immenses, malgré la fiction de la loi Cincia[1]. Car les richesses surabondent, leur maniement par les chevaliers est audacieux, l'aventure et la malhonnêteté y jouent un grand rôle ; et les proscriptions, les distributions de terre aux vétérans mobilisent sans cesse la fortune foncière. D'autre part scandales, violences et illégalités multiplient les procès politiques et criminels. En vérité, la carrière peut être splendide : mais il faut savoir parler le romain juridique le plus précis et s'adresser à des jurys divers, souvent immenses, de la façon la plus variée, la plus intelligible aussi. Le goût se prend des vastes assemblées ; la notoriété, la fortune, quand ce n'est pas la naissance, engagent dans la carrière politique. Mais, là encore, il ne s'agit point de raffiner sur l'éducation grecque ; il faut « la vivre » en latin. Le Forum exige des moyens simples et puissants, des phrases compréhensibles à tous ; parfois l'improvisation et l'exploitation directe des incidents. Au Sénat du moins, parmi des aristocrates qui tous parlent grec, l'orateur reviendra-t-il au charme familier d'une langue mixte ? Il s'en gardera bien : de vieilles traditions, un formulaire plein de gravité, une sorte de dignité guindée et diplomatique l'obligent à parler un latin qui a strictement exclu jusqu'aux mots dérivés du grec. Mais ce latin a fait siennes les vertus de l'éloquence hellène.

1. Cette loi défendait aux avocats de se faire payer : mais par cadeaux, prétendus prêts, legs, etc., ils tournaient la loi.

Évolution de la prose. — Aussi César, Cicéron surtout, sont-ils déjà des classiques, bien que les aînés de Lucrèce et Catulle. Et Cicéron l'est de tempérament : mesuré malgré son excessive sensibilité, créateur d'un tiers parti entre les extrêmes politiques, il a bien choisi pour son héros ce Scipion Émilien autour duquel avait fleuri comme un premier classicisme romain. Mais le parfait équilibre littéraire de ces deux hommes ne doit pas faire illusion : une évolution rapide entraîne des personnalités très diverses de la prose archaïque ou fleurie vers la sécheresse raffinée et parfois pénible. Et les théoriciens donnent des noms grecs aux étapes de cette course : l'éloquence « asiatique » (Hortensius) est d'une molle exubérance ou d'une prolixité rapide ; la « rhodienne » (Cicéron), chantante et nourrie ; la « néo-attique » (Brutus), sobre jusqu'à la dureté. Mais ce dépouillement progressif de la prose oratoire n'est qu'un des aspects d'une maturation trop prompte : dans une même génération l'effort artistique varie suivant l'écrivain et le genre auquel il s'adonne. Varron (né en 116) et Hortensius (né en 114) évoquent tous deux le XVIe siècle français : mais le premier par l'incoordination savoureuse de son tempérament sabin et de son éducation grecque, par sa curiosité torrentueuse, sa recherche presque pédante de la composition ; l'orateur, au contraire, par une fluidité intempérante, une coquetterie à la fois jeune et déliquescente, analogues si l'on veut, à l'italianisme outré de la cour des Valois. Cicéron (né en 106) conserve de cette plénitude, parce que la parole de plein air doit avoir du volume ; mais César, de cinq ans plus jeune, écrit des Commentaires « nus et élégants », où même les discours ne visent qu'à l'action : chez l'un et l'autre, pourtant, les qualités s'équilibrent de façon à donner l'impression d'une rare perfection, tandis que Cornélius Népos, leur contemporain, est tout insipide. La génération des alentours de 85 subit, plus ou moins consciemment, une double influence : elle s'adresse de parti pris, par réaction contre ses aînés, aux pré-classiques grecs, au dense Thucydide, au simple Lysias, que Salluste cherche à combiner ; mais la « nouvelle » poésie, d'alexandrinisme subtil et souvent grêle, l'entraîne aussi à une netteté sèche et fort travaillée : Calvus, l'un des meilleurs orateurs de l'école néo-attique, est aussi poète, et du groupe de Catulle.

L'atmosphère intellectuelle et la philosophie. — Les discours des grands orateurs sont recueillis, publiés souvent par eux-mêmes : ils portent au loin, sous une forme éclatante, une foule d'idées générales, mais actuelles, touchant le droit, les questions sociales et la politique. Les historiens même, sans parler des mémorialistes comme Sylla, font plus ou moins appel à une opinion publique éclairée : cela est net pour César ; mais Salluste aussi discute d'idées qui doivent intéresser ses lecteurs. Ainsi se crée une atmosphère intellectuelle de hautes préoccupations : ce qui est déjà une condition du classicisme. Le développement de la curiosité philosophique en est l'indice le plus net. Que Lucrèce se soit risqué à un poème sur la physique, d'armature d'ailleurs toute logique, c'est un signe des temps. Mais voici Varron qui, dans ses *Ménippées*, vulgarise sous forme plaisante les principaux systèmes des Grecs. Et Cicéron, dans les années de recueillement où semble s'achever sa vie politique, écrit des dialogues sous forme aristotélicienne (ou pseudo-platonicienne), où il fait s'affronter jusqu'aux idées métaphysiques des philosophes hellènes ; et lui-même prend parti, à la fois avec ses préoccupations d'homme d'État romain, sa subtilité d'avocat, l'ondoyante diversité de son esprit inquiet. Qu'il travaille pour l'avenir de l'intelligence romaine, il le dit, et il faut le croire : mais, ce faisant, il est bien de son temps et achève même une évolution qui avait conduit le siècle du dogmatisme autoritaire au probabilisme sceptique.

Les préoccupations techniques. — D'autre part, tous ces écrivains ont des soucis techniques ; la grammaire et la langue sont l'objet de leurs réflexions ou de leur soin constants. Tandis que des hommes comme Varron, Lucrèce, Salluste, cherchent à sauvegarder plus ou moins l'archaïsme, une querelle s'élève entre les partisans fanatiques du libre usage (les « anomalistes », qui ne reconnaissent pas de lois) et ceux de l'analogie, César entre autres, qui contrôlent les nouveautés du vocabulaire d'après les exemples du passé. Mais du conflit se dégage un idéal : une langue purement latine et moderne, telle que peut la parler un sénateur de riche culture et de bonne société, s'enrichissant plus par figures de style et alliances de mots que par néologismes, avec une nette tendance au rythme musical. Les « nouveaux » poètes, d'ailleurs, introduisent à Rome des mètres grecs de plus en plus subtils (asclépiade, glyconien, saphique, galliambique), ils y attachent une telle importance que le recueil de Catulle, par exemple, groupe les pièces non par sujets, mais selon le mètre : aussi bien ont-ils pour initiateur un grammairien, Valérius Caton. Ils allègent aussi singulièrement la phrase et resserrent l'expression : avec les néo-attiques, ils préparent ainsi une transformation de la prose oratoire et mélodique de Cicéron.

Dignité de la littérature. — Cette curiosité d'art, commune aux « professionnels » et aux mondains, donne une haute dignité à la production littéraire. Dès lors des hommes de la meilleure naissance, auxquels répugnent l'instabilité et l'immoralité politiques, Lucrèce, Catulle, peuvent se promettre la gloire en vivant dans l'*otium*, c'est-à-dire loin des charges publiques. Et la faveur dont ils jouissent entraîne les hommes d'État eux-mêmes à ne pas se satisfaire de l'éloquence, à pratiquer la poésie, didactique ou épique, comme Cicéron, épigrammatique, comme César. En attendant que la littérature devienne un métier profitable, elle est, au même titre que les statues et les peintures grecques, l'ornement des riches maisons, la préoccupation de la société mondaine tout entière, l'objet de la ferveur ou du dilettantisme de tout ce que Rome, l'Italie et les vieilles provinces comptent de gens instruits : l'ami de Cicéron, Atticus, s'enrichit à la fois du commerce des œuvres d'art et de celui des manuscrits qu'il multiplie dans ses ateliers de copistes.

1. Les progrès de la prose

L'évolution commencée dans la seconde moitié du IIe siècle se poursuivit au début du Ier, avec des inégalités : l'histoire se cherchait encore ; l'éloquence arrivait presque à maturité.

LES HISTORIENS

Histoire animée et histoire romancée. — Les tendances représentées par Coelius Antipater et Sempronius Asellio s'affirment davantage avec VALÉRIUS ANTIAS et Q. CLAUDIUS QUADRIGARIUS. Valérius, dans son histoire de Rome, en 75 livres au moins, s'abandonnait à une rhétorique pittoresque et chauvine, où les données, surtout numériques, étaient follement exagérées. Claudius, au contraire, ne commençant son récit qu'à la prise de Rome par les Gaulois, faute de documentation antérieure, le mena jusqu'à la mort de Sylla (en 23 livres au moins), avec une réelle maîtrise, déjà, de composition et de style. Il ne dédaignait ni les récits, ni les portraits, ni les discours : mais il leur donnait une netteté brève, légèrement archaïque, cherchant à animer l'histoire, non à la romancer.

Combat de Manlius contre le Gaulois

[Rapprocher le récit de Tite-Live (VII, 9-10). Cf. P. Mérimée, *Carmen*, III (Duel entre José et Garcia).]

Voici que s'avança un Gaulois, nu[1] sauf un bouclier et deux épées, paré d'un collier et de bracelets : par la force, la taille, la jeunesse, le courage, il surpassait tous ses compatriotes. Au plus fort de la bataille et dans l'acharnement du corps à corps, il fit signe qu'on s'arrêtât des deux côtés. Le combat fut suspendu. Dès que le silence se fut fait, à très haute voix il défie quiconque veut combattre contre lui. Personne n'osait s'avancer, tant son corps était grand et son visage terrible. Et lui se mit à rire et à tirer la langue. Une grande douleur alors prit un certain T. Manlius, de très bonne race, quand il vit qu'à la honte de la patrie, nul en une si grande armée n'osait s'avancer. Ce fut lui, donc, qui sortit des rangs, ne voulant pas souffrir que la vertu romaine fût honteusement en proie à un Gaulois. Avec un bouclier de fantassin et un glaive espagnol[2], il s'arrêta en face du Gaulois. Le combat singulier s'engagea sur le pont même avec une grande frayeur des deux armées qui regardaient. Ils prirent position comme je l'ai dit : le Gaulois, suivant les principes d'escrime de sa nation, en garde et le bouclier en avant[3] ; Manlius, se fiant plus au courage qu'à l'art, heurta de son bouclier celui de l'adversaire et dérangea l'assiette du Gaulois. Et, tandis que le Gaulois s'applique à reprendre sa garde, Manlius heurte de nouveau du bouclier son bouclier et lui fait de nouveau lâcher pied ; il en profite pour joindre le Gaulois, en passant sous son épée avant qu'elle ne s'abatte de toute sa force[4], et, avec son glaive espagnol, lui perça la poitrine et aussitôt après, sans

1. Vieille habitude celtique, d'origine religieuse.
2. Assez court, pointu et tranchant des deux côtés (l'épée gauloise, au contraire, est longue, mousse, et frappe de taille, d'un seul côté).
3. Laissant un intervalle entre lui et le corps (le bouclier romain est au contraire serré contre le corps).
4. Il fallait un certain « champ » pour manier utilement une longue épée gauloise.

rompre le corps à corps, lui coupa le bras droit et n'eut de cesse qu'il ne l'eût renversé. Abattu, il lui coupa la tête, lui arracha son collier, qu'il se mit, encore sanglant, au cou. Cet acte lui valut, à lui et à ses descendants, le surnom de « Torquatus[1] ».

fr. 10^b Peter.

L'honneur romain

Les consuls de Rome au roi Pyrrhus, salut.

Tes entreprises continuelles contre nous nous ont outrés et nous forcent à poursuivre contre toi une guerre acharnée. Mais l'honneur et la loyauté nous engagent à te vouloir vivant, afin de pouvoir te vaincre par les armes. Nous avons reçu Nicias, ton familier, qui nous demandait une récompense au cas où il te ferait mourir secrètement. Nous avons répondu que nous ne le voulions pas, et qu'il n'avait rien à attendre de nous pour un tel acte. Et nous avons aussi décidé de t'en aviser, afin que, en cas d'accident, personne à l'étranger ne pense que nous avons inspiré un tel acte, ni que nous combattons (ce que nous ne voulons pas) par argent, corruption ou ruse. Tu es en péril de mort : garde-toi[2].

fr. 41 Peter.

L. CORNÉLIUS SISENNA (vers 120-67), qui s'était limité aux faits contemporains : Guerre Sociale et guerre entre Marius et Sylla (en 12 livres), semble avoir eu du penchant pour la littérature d'imagination[3], mais aussi de l'exactitude et le goût d'une langue très archaïsante, qui devait le faire apprécier de Salluste.

AELIUS TUBERO avait écrit au moins 12 livres d'*Historiae*, qui narraient avec prudence et précision l'histoire de Rome depuis Énée jusqu'au conflit entre César et Pompée.

L'érudition. — D'autre part, le souci de l'érudition se révélait dans l'histoire : C. LICINIUS MACER prétendait utiliser, dans ses Annales, des *libri lintei* (listes de magistrats très anciennes, écrites sur tissu de lin). L. AELIUS STILO s'appliqua à des commentaires plus restreints : sur les XII Tables, sur le chant des Saliens, les comédies de Plaute... Cette seconde tendance devait l'emporter, tandis que l'histoire allait devenir de plus en plus œuvre littéraire et artistique.

Les mémoires. — Cependant des hommes de premier plan dans la vie politique et militaire de Rome, AEMILIUS SCAURUS (consul en 115), Q. LUTATIUS CATULUS qui avait vaincu les Cimbres, SYLLA surtout, le dictateur (138-78), écrivaient leurs mémoires : sous apparence de procurer ainsi des matériaux à l'histoire, ils reprenaient, à leur bénéfice personnel et sous forme plus ample, la tradition des antiques *elogia* (voir p. 18). Cicéron, César, Auguste, une foule d'autres, feront de même, en vers, en prose, par libelles ou inscriptions, au cours du siècle qui s'ouvre. Mais cet abus même, comme celui de l'érudition, préparera l'éclosion de l'histoire synthétique de Tite-Live.

---

1. C'est-à-dire : qui porte le collier *(torques)* gaulois.
2. Pour le ton de cette page, cf., plus haut, p. 60, *Pyrrhus aux ambassadeurs romains*.
3. Il avait écrit des *Fables Milésiennes* (nouvelles de ton grossier), et aimait la lecture de Cleitarchos, dont l'histoire d'Alexandre le Grand était fort romancée.

L'ÉLOQUENCE

La rhétorique. — L'art de la parole devenait à Rome de plus en plus nécessaire et profitable : l'enseignement s'en imposa sous forme latine, sans pour cela que les futurs orateurs se crussent dispensés d'étudier les modèles grecs ni d'aller chercher dans le monde grec une sorte d' « enseignement supérieur » de l'éloquence. L. PLOTIUS GALLUS ouvrit la première école de rhétorique latine en 94 ; elle fut fermée dès 92, avec celles qui lui avaient disputé une clientèle assidue. Mais la proscription fut brève. Bientôt parurent des traités en forme, qui aidèrent à la diffusion de cet enseignement ; la *Rhétorique à Hérennius* (peut-être due à Cornificius, mais surtout inspirée du Grec Hermagoras) nous montre ce qu'il était vers 86-82, net, systématique, grossi d'exemples qui, bien que d'aspect romain, sentent l'école plus que la pratique, de langue très latine, bien qu'encore sèche et gauche. Mais de vrais orateurs, aux prises avec des causes vivantes, assouplissaient et enrichissaient cette rhétorique, tout en profitant de l'armature qu'elle leur assurait.

Antoine et Crassus. — Parmi eux, Cicéron reconnaissait comme ses maîtres M. ANTONIUS (143-87) et L. LICINIUS CRASSUS (140-91). Antoine avait écrit sur la rhétorique, mais il était remarquable surtout par ses dons[1] : mémoire, naturel, intuition psychologique, prise sur l'auditoire. Crassus semble avoir été en possession de toutes les ressources de la parole : gaieté et gravité, beaucoup de souplesse dans l'invention, de richesse et de charme dans la langue, en font le véritable précurseur de Cicéron.

Plaidoyer d'Antonius pour C. Norbanus

[Type de procès et d'argumentation politiques : C. Norbanus était accusé du crime de « majesté » (attentat contre l'État) par les aristocrates, devant un tribunal qu'ils croyaient à leur dévotion.]

Alors Sulpicius[2] : « Oui, dit-il, ce fut tout à fait comme tu le rappelles, Antonius. Je n'ai jamais vu une cause m'échapper des mains comme celle-là. Je ne t'avais pas laissé, tu l'as dit, un procès à débattre, mais un incendie à fuir. Et alors, quel exorde, dieux immortels ! Quelle appréhension, quelle hésitation ! Quel embarras, quelle lenteur de parole ! Comme, pour commencer, tu as prolongé ce thème, le seul qui t'excusât, pensait-on, de prendre la parole : l'accusé était ton ami intime, ton questeur[3] ! Comme tu as su d'abord pour ainsi dire te donner accès auprès des auditeurs !

« Mais, comme je pensais que tu avais gagné tout au plus le pardon d'avoir entrepris par amitié la défense d'un homme si néfaste à la patrie, voici que tu commenças à cheminer sourdement ; les autres ne soupçonnaient encore rien ; mais moi, la peur me prenait déjà de voir, grâce à toi, cette sédition de Norbanus prendre figure d'un emportement du peuple romain, et d'un emportement non criminel, mais juste et légitime. Quelle diatribe, ensuite, épargnas-tu à Caepio[4] ? Et comme toutes tes paroles créaient une atmosphère mêlée d'hostilité, de haine et de pitié[5] ! Et telle fut ton attitude non seulement dans ta plaidoirie, mais en présence de Scaurus et de mes autres témoins, dont tu ne niais pas les témoignages, mais contre lesquels cette évocation d'une poussée populaire te servait de refuge et de réfutation. »

CICÉRON, *De oratore*, II, 202-203.

---

1. Voir *Der Redner M. Antonius*, par U.W. SCHOLZ (Erlangen, 1962).
2. P. Sulpicius Rufus (vers 121-88), qui avait plaidé contre Norbanus, est censé raconter lui-même la défense d'Antonius et l'effet qu'elle fit sur lui : de là la vie étonnante de cette page.
3. Magistrat financier, collaborateur immédiat du gouverneur qu'il accompagnait dans sa province.
4. Ennemi juré de Norbanus.
5. Hostilité contre Caepio, haine de la noblesse, pitié pour l'accusé.

Plaidoyer de Crassus dans une affaire de testament

[Type de cause civile : un homme a légué ses biens, avant de mourir, à Curius, sous réserve que ces biens devraient revenir à un sien fils (non encore né) dont Curius serait tuteur, si ce fils arrivait à sa majorité. Or l'enfant n'est pas né. Curius se juge légitime possesseur de l'héritage. Mais un parent du défunt demande l'annulation du testament, sous prétexte qu'il aurait fallu pour qu'il fût valable : 1° qu'un enfant naquît ; 2° qu'il mourût avant sa majorité.]

Mais Crassus prit la parole. Imaginons, dit-il pour commencer, un enfant gâté qui, ayant trouvé sur la plage un taquet d'aviron, se mettrait en tête pour ce seul motif de construire tout un navire. Scaevola[1] lui ressemble, qui, sur une écharde, une ombre de danger[2], a échafaudé tout un procès d'hérédité. Poursuivant ce thème dans son exorde, il charma toute l'assistance de ses traits spirituels, la dérida, la mit de bonne humeur. Et voilà l'une des trois qualités[3] que je réclame de l'orateur.

Ensuite il prouva que la volonté du testateur, le fond de sa pensée avait été d'instituer Curius son héritier, au cas, quel qu'il fût, où il n'aurait pas à assumer la tutelle d'un sien fils, que ce fils d'ailleurs ne vînt pas au monde, ou qu'il mourût prématurément. Et que le libellé de l'acte était de la forme courante, qui valait et avait toujours valu dans la pratique. En poussant ce développement, Crassus convainquait les juges. Et c'est la seconde des tâches de l'orateur.

Ensuite il se fit le défenseur de l'équité, de la morale, des intentions et des volontés testamentaires. Il montra quel subtil danger il y avait, surtout en matière de testaments, à s'en tenir à la lettre en négligeant la volonté ; quel pouvoir s'arrogeait Scaevola, si désormais personne n'osait plus tester sinon sur ses avis. S'étendant sur ce sujet avec force, avec des exemples nourris, de la variété, de l'esprit même et des mots plaisants, il gagna un assentiment si plein d'admiration que tous les arguments contraires parurent inexistants. Or ainsi, il satisfaisait à la troisième par le rang, mais en fait la plus haute des tâches de l'orateur.

CICÉRON, *Brutus*, 197-198.

Hortensius. — Bien plus jeune, Q. HORTENSIUS HORTALUS (114-50) perça de très bonne heure grâce à la nouveauté d'une éloquence somptueuse, imagée, harmonieuse et entraînante : qualités brillantes des écoles grecques d'Asie Mineure ; mais aussi par son goût de la composition claire et par l'élégance raffinée de sa mise et de son « action » (attitudes, gestes, débit). Il devint l'orateur attitré du parti conservateur, plaidant souvent contre Cicéron depuis 70, puis avec lui après 63. Les deux rivaux furent dès lors amis : mais Hortensius travaillait moins que dans sa jeunesse, et son éloquence se démoda plus vite que celle de Cicéron.

Hortensius

...Il avait plus de mémoire que je n'en ai, il me semble, rencontré en personne ; au point que, sans notes, il reproduisait dans les mêmes termes exactement ce qu'il avait préparé en sa tête. L'avantage qu'il en tirait était immense : car il se rappelait et ses pensées et ses écrits, et, sans recourir à l'aide de secrétaires, toutes les paroles de tous ses adversaires. Il brûlait d'ailleurs d'une telle passion que je n'ai jamais vu zèle

1. Q. Mucius Scaevola (consul en 95), grand jurisconsulte, et, comme tel, pointilleux, avait plaidé contre Curius, en faveur de la *lettre* du testament ; Crassus en défend l'*esprit*.
2. Le danger qu'il y aurait à ne pas obéir aux testaments « à la lettre ».
3. Cicéron prend ce discours de Crassus comme un « modèle d'éloquence » complet, qui a successivement, et à la perfection, rempli les trois conditions essentielles : *plaire*, *instruire* et *toucher* (c'est-à-dire : convaincre à la fois la sensibilité et la raison).

plus ardent pour nos études. Il ne laissait passer aucun jour sans plaider au forum ou s'exercer hors du forum ; et très souvent il faisait les deux le même jour. Et il avait introduit un genre d'éloquence très peu commun, avec deux nouveautés : division préliminaire de la matière qu'il allait traiter ; récapitulation des arguments adverses et des siens. Son vocabulaire était brillant et choisi ; sa phrase bien proportionnée ; sa langue d'une abondance aisée : toutes qualités qu'il devait et à son haut génie et à un travail acharné. Il dominait tout l'ensemble de son sujet grâce à sa mémoire, en échelonnait les parties avec une extrême justesse, n'omettait dans la cause rien pour ainsi dire de ce qu'il fallait prouver ou réfuter. Sa voix était mélodieuse et prenante ; ses attitudes et ses gestes trahissaient plus d'artifice qu'il n'eût convenu à un orateur.

CICÉRON, *Brutus*, 301-303.

2. Cicéron, 106-43 av. J.-C.

D'une famille équestre d'Arpinum, M. Tullius Cicero devait parvenir, par son seul génie oratoire, au premier rang de l'État. Son instruction fut plus large que ce n'était l'habitude en ce temps : il étudia la philosophie qui, alors, enfermait les sciences, s'intéressa aux recherches des jurisconsultes (Q. Mucius Scaevola en particulier) et aux problèmes techniques de l'éloquence. La fréquentation du Forum, où plaidaient Antoine et Crassus, acheva de le former. Il débuta avec une extrême audace, prenant la parole contre Hortensius en 81, attaquant en 80 (comme avocat de Roscius d'Amérie) une créature de Sylla. Il est vrai que les Metelli et Pompée l'appuyaient en sous-main. Il jugea cependant plus sage d'aller passer ensuite quelque temps en Grèce, où il trouva en Molon de Rhodes un maître qui l'aida à fixer le ton de son éloquence : on pouvait déjà prévoir que l'asiatisme passerait de mode ; et « l'école rhodienne », sans renoncer à l'éclat ni à l'abondance, donnait à la parole une tenue plus classique.

De retour à Rome (77), Cicéron s'acquit réputation et clientèle comme avocat ; aussi accéda-t-il aux honneurs très aisément. En 70, il prit position avec éclat contre la noblesse en attaquant Verrès, préteur concussionnaire de Sicile. Mais c'était surtout pour la forcer à tenir compte de lui. Il songea bientôt, au milieu des troubles grandissants, à réaliser l'accord des chevaliers et des sénateurs pour assurer l'ordre dans l'État. C'est sur ce programme qu'élu consul, il écrasa la conjuration de Catilina (63). Mais il s'était par là aliéné les démocrates ; par ses imprudences vaniteuses, il provoqua la jalousie de Pompée, la haine de Clodius (plus tard tribun de la plèbe). Les triumvirs Pompée, César et Crassus l'abandonnèrent : il fut exilé, pour avoir fait exécuter sans jugement les complices de Catilina (58). Bientôt rappelé (57), mais annihilé politiquement par les triumvirs, vacillant et faible entre César et Pompée, il accepta le gouvernement de Cilicie (51-50), mais n'en revint que pour assister, irrésolu et sans dignité, à la guerre civile, se disant du parti de Pompée sans rien faire pour lui. César lui pardonna ; mais Cicéron n'était plus qu'un « sujet », qui ronge son frein. En 44, l'assassinat de César l'emplit d'une joie sans nom. Il se crut de nouveau à la tête de l'État, attaqua frénétiquement Antoine, qui visait à la succession du dictateur, favorisa sans clairvoyance le jeune Octave : quand ces deux ambitieux se furent unis avec Lépide, Cicéron fut proscrit. Rejoint dans sa fuite, il affronta la mort avec courage (7 décembre 43).

L'homme ; la « Correspondance ». — Cicéron est la vie même. La somme de travail qu'il fournit comme avocat, homme politique, écrivain, est presque inconcevable ; et il la porta cependant presque toujours avec une entière allégresse. C'est qu'il trouvait en sa sensibilité et son intelligence des ressources sans cesse renouvelées. Aux Italiens même il apparaît de tempérament « méridional », vibrant et artiste, prompt à l'enthousiasme comme au découragement, mais jouissant avec force de tous les aspects de la vie et les faisant siens par une création littéraire ininterrompue. Et c'est aussi une intelligence curieuse et souple, avide de se saisir de tout l'hellénisme, mais pour lui donner une forme latine et personnelle ; tout en aimant la « théorie » qui clarifie et classe les idées, il introduit partout, dans la rhétorique et la philosophie, ses préoccupations et celles de son temps ; et il va vers tous les idéalismes, mais plus par tendance que par méthode. Son métier d'avocat, en fournissant toujours nouvelle pâture à son imagination et en encourageant les discussions subtiles des preuves et des vraisemblances, accentua encore ces traits de son caractère. Il devint illusionniste, spéculatif et irrésolu ; sa psychologie, qui avait le plus souvent procédé par reconstruction, l'égara dans ses jugements et sa conduite politique. Mais il oblige à la sympathie par la noblesse de ses buts, la dignité de sa vie privée et la richesse de ses dons.

C'est par sa *Correspondance* qu'on en peut le mieux juger, depuis son consulat au moins. La moitié environ nous en a été conservée : 16 livres de lettres à Atticus, son intime, auquel il ne cache rien et écrit avec une vivacité spontanée et pleine de grâce, comme il causerait ; 16 livres « à ses amis et parents » *(Ad familiares)*, qui contiennent un assez grand nombre de réponses de ses correspondants ; 3 livres à son frère Quintus, qu'il conseille avec toute l'autorité d'un aîné ; 26 lettres (sur 9 livres) à Brutus, dont l'authenticité a été contestée. Le naturel et la variété font de cette correspondance un rare chef-d'œuvre de la littérature universelle ; son intérêt historique en fait un document de première importance pour une période décisive.

Le procès de Clodius

[Clodius avait été pris en flagrant délit de sacrilège, et le témoignage de Cicéron annulait un alibi dont il voulait se prévaloir ; ses adversaires (les aristocrates) comptaient en profiter pour le perdre à jamais (61). — Vivacité et gaieté (un peu inconsciente) du récit. — Vanité ingénue et spirituelle du narrateur. — Pittoresque et coquetterie spontanés du style.]

...A quoi donc a-t-il dû son acquittement ? A la pauvreté et à la pouillerie des juges[1]. La faute en fut à Hortensius, qui, craignant que Fufius[2] n'opposât son véto à la loi

1. Conduits par là à se laisser acheter (voir plus bas).
2. Tribun de la plèbe : comme tel il pouvait s'opposer à toute mesure en déclarant : *ueto* (= j'interdis).

proposée par le Sénat[1], ne vit pas qu'il valait mieux laisser Clodius à sa vie de honte et de fange que de lui faire un procès pour rire. La haine le poussa à précipiter le jugement : il disait qu'un glaive de plomb même suffirait pour l'égorger. Quant au procès lui-même, rien n'en faisait prévoir l'issue : cependant, si chacun maintenant, après le verdict, blâme l'initiative d'Hortensius, je l'ai fait, moi, dès le début. Car dès qu'avec bien des cris on eut procédé aux récusations (l'accusateur, en censeur rigide, ne rejetait que des vauriens ; l'accusé, en bon « manager[2] », mettait hors du jeu tous les sujets d'élite), aussitôt les juges assis, les honnêtes gens commencèrent à avoir grand' peur. Jamais tripot ne vit plus suspecte assemblée : sénateurs mal famés, chevaliers sans le sou, bourgeoisie non d'argentiers, comme on les appelle, mais désargentée[3]. Çà et là, pourtant, quelques gens de bien, qu'il n'avait pu récuser, désolés d'une telle compagnie, siégeaient avec désolation et se tourmentaient d'être en contact avec cette pouillerie.

Et alors, pour commencer, à chaque point qui venait en délibération, une sévérité incroyable, nulle voix discordante : l'accusé n'obtenait rien ; l'accusateur plus qu'il ne demandait. Hortensius (tu t'en doutes !) triomphait d'avoir vu si clair ; il n'y avait personne qui ne crût notre homme mille fois condamné. Mais quand je fus cité comme témoin, ah ! tu as dû, aux clameurs des tenants de l'accusé[4], te représenter les juges levés d'un seul mouvement, m'entourant, présentant à P. Clodius leurs gorges nues, prêts à donner leur vie pour la mienne. La manifestation m'a paru bien plus glorieuse que le geste de tes concitoyens[5], lorsqu'ils ne voulurent pas laisser jurer Xénocratès[6], ou celui de nos juges, lorsqu'ils refusèrent de jeter les yeux sur les comptes de Métellus le Numidique[7], qu'on leur présentait à tour de rôle, selon l'usage. Oui, ce fut bien mieux ce jour-là. Aussi, en entendant les juges ne faire qu'un de ma vie et du salut de l'État, l'accusé désespéra et tous ses avocats d'un seul coup s'effondrèrent. Et le lendemain je fus assiégé d'une foule semblable à celle qui, le jour où je quittai le consulat, me ramena chez moi. Cependant nos intègres Aréopagites[8] de crier qu'ils ne siégeront plus si on ne leur assure une protection militaire. Ils en délibèrent : une seule voix contre. La demande est portée au Sénat. Sénatus-consulte imposant et magnifique : félicitations aux juges ; ordres aux magistrats de pourvoir à leur protection. Personne ne pensait que Clodius oserait plaider.

« Dites-moi maintenant, Muses, comment le feu prit[9]... »

Tu connais le Chauve[10], du clan des Nanneians[11], qui fait si bien mon éloge, dont je t'ai écrit le discours si flatteur pour moi ? En deux jours, par un seul esclave (et encore un esclave de caserne de gladiateurs[12] !), il acheva toute l'affaire : convocations, promesses, cautionnements, dons... Ainsi, les bons citoyens ayant en foule quitté la place, et le forum tout plein d'esclaves, il se trouva encore vingt-cinq juges assez courageux pour, en présence du plus grand danger, préférer au besoin la mort à l'abandon de tout ; il y en eut trente et un qui eurent plus peur de la famine que de

---

1. Tendant à *nommer* les juges de Clodius, au lieu de les tirer au sort, comme d'habitude.
2. *Lanista* : « chef d'une école de gladiateurs ». Le « laniste » ménageait, bien entendu, le plus possible ses meilleurs sujets.
3. La loi Aurélia (75) confiait les jugements d'État à l'appréciation de jurys tripartites, comptant en nombre égal des sénateurs, des chevaliers et des « tribuns du trésor » (issus de la plus riche bourgeoisie et répondant de l'encaisse des deniers de l'État et du paiement de la solde, comme des sortes de trésoriers-payeurs) : de là le jeu de mots.
4. Cicéron suppose plaisamment qu'Atticus a dû les entendre en Épire, où il se trouve.
5. Les Athéniens : T. Pomponius vivait surtout à Athènes : de là son surnom d'*Atticus*.
6. Disciple de Platon, d'une intégrité bien connue : sa parole valait un serment.
7. Consul en 109, et au-dessus de tout soupçon.
8. Plaisanterie : l'Aréopage d'Athènes, tribunal suprême, était renommé pour sa sévérité de mœurs.
9. Citation de l'*Iliade*, XVI, 112 : Hector va incendier la flotte des Achéens.
10. Crassus, le plus riche citoyen de Rome. qui soutenait en sous-main les démocrates.
11. Plaisanterie dont le sens nous échappe.
12. Moins que rien.

l'infamie[1]. Catulus en rencontra un : « Pourquoi, lui dit-il, nous demandiez-vous des soldats ? Vous craigniez qu'on ne vous arrachât... vos sous ? »

Ad Atticum, I, 16, 2-5.

L'irrésolution de Cicéron

[César est entré avec ses légions en Italie ; Pompée s'est replié sur Brindes. Cicéron, retiré dans sa villa de Formies, ne peut fixer sa ligne de conduite (fin février 49). — Délibération ordonnée et fortement motivée. — Impuissance à conclure d'une intelligence qui voit trop le pour et le contre. — Froideur calculatrice (quand il s'agit de César) et dépit mordant (à l'égard de Pompée). — Chaleur oratoire croissante.]

Au comble de l'inquiétude et du tourment, et ne pouvant discuter de la situation avec toi, je désire du moins avoir ton avis. Tout le problème est le suivant : si Pompée quitte l'Italie (et je l'en soupçonne), que faut-il que je fasse ? Et, pour qu'il te soit plus facile de me donner un avis, je vais te résumer les arguments pour et contre qui me viennent à l'esprit.

Tout ce que Pompée a fait pour me sauver[2] et l'intime amitié qui me lie à lui, mais surtout l'intérêt même de l'État me font penser qu'il me faut partager et ses décisions et son sort. A quoi s'ajoute ceci : si je reste, si j'abandonne cette foule, l'honneur et la gloire de Rome, qui l'accompagne, c'est tomber au pouvoir d'un maître[3] qui, sans doute, saisit mainte occasion de manifester son amitié pour moi (et il y a longtemps, tu le sais, que j'ai pourvu à me l'assurer, dans l'attente menaçante de cette bourrasque) ; mais il faut pourtant examiner, d'une part, quelle confiance on peut avoir en lui, de l'autre, une fois bien reconnu qu'il se montrera notre ami, s'il convient à un homme courageux et à un bon citoyen de rester en une ville où, après y avoir géré les magistratures et les commandements suprêmes, accompli des actions éclatantes[4], reçu le plus magnifique sacerdoce[5], il ne sera plus rien et où dangers, et déshonneur aussi, le menaceront, si un jour Pompée recouvre la direction de l'État.

D'un côté, cela ; voyons maintenant de l'autre. Ce cher Pompée n'a rien fait avec sens, rien avec courage, rien même qui ne fût contre mes conseils et mes initiatives. Laissons les fautes anciennes : c'est lui qui a nourri, accru, armé César contre l'État ; lui qui a pris l'initiative de faire proposer des lois par la violence et contre les auspices[6] ; lui qui joignit à ses provinces la Gaule Ultérieure[7], qui épousa sa fille ; il fut augure à l'adoption de P. Clodius[8], il se montra plus zélé à me rappeler qu'à me retenir ; il a fait proroger le commandement de César, servi constamment ses intérêts en son absence ; c'est lui encore qui, en son troisième consulat, lorsqu'il commença à prendre figure de défenseur de l'État, a poussé les dix tribuns de la plèbe[9] à proposer qu'on tînt compte de sa candidature, malgré son absence[10], et il asanctionné l a proposition par une loi qui porte son nom ; lui qui s'opposa au consul M. Marcellus, qui voulait borner aux kalendes de mars[11] le commandement de César dans les Gaules. Laissons tout cela. Mais quoi de plus indigne, de plus affolé que ce départ, ou plutôt cette fuite honteuse loin de Rome ? Ne devait-on pas tout subir plutôt que d'abandonner la patrie ? Il en aurait fallu subir, je l'avoue : mais rien est-il pire que ce qu'il a fait ? — « Mais il recouvrera l'État. »

---

1. Jeu de mots.
2. Lorsqu'il le fit revenir d'exil.
3. César.
4. Allusion à son consulat et à la conjuration de Catilina.
5. L'augurat.
6. Donc tyranniques et sacrilèges.
7. La Gaule Transalpine (Provence et Languedoc), qui allait permettre à César d'entrer en Gaule libre, de la conquérir et d'y trouver richesses et soldats.
8. Claudius, praticien, mais désireux de briguer le tribunat, avait dû se faire adopter par un plébéien pour y avoir droit ; pour cette cérémonie, un augure était nécessaire ; et ce fut Pompée.
9. Partisans de César.
10. Normalement, il fallait être présent à Rome pour briguer une magistrature.
11. Au 1er mars, les élections consulaires (que visait César) ne devant avoir lieu qu'en été.

— Quand ? Qu'a-t-il pour nourrir cet espoir ? Le Picénum n'est-il pas perdu ? La route de Rome ouverte ? Toutes les ressources financières, publiques et privées, livrées à l'adversaire ? Enfin nulle enseigne[1], nulle force, nul centre où puissent se rallier les défenseurs de la patrie.

Ad Atticum, VIII, 3, 1-4.

Badinage de désœuvré

[Il s'agit pour Cicéron, méprisé des Pompéiens, et considéré par les Césariens vainqueurs comme politiquement négligeable, de se refaire une situation acceptable (46). — Badinage assez amer, malgré la gaieté de la forme ; Cicéron se donne l'apparence d'un épicurien sans scrupules, contrairement à tous ses principes et à toute sa vie.]

Cicéron à L. Papirius Paetus[2], salut.

Je n'avais rien à faire, dans ma villa de Tusculum (j'avais envoyé mes disciples[3] au-devant de leur ami, pour le disposer du mieux possible à mon égard), lorsqu'on m'a remis ta lettre. Elle m'a charmé. Je vois que tu approuves mon dessein de faire comme le tyran Denys[4], qui, chassé de Syracuse[5], ouvrit, dit-on, une école à Corinthe, et, puisqu'il n'y a plus de procès pour moi, puisque j'ai perdu mon royaume du forum, de me mettre à tenir une espèce d'école. Bien sûr ! Moi aussi, je me félicite de ma résolution ; et j'y trouve beaucoup d'avantages. D'abord (et, par le temps qui court, c'est l'essentiel), je m'assure ainsi contre les circonstances. Comment, je ne sais. Je vois seulement que, jusqu'ici, c'est moi qui m'en tire le mieux. Il eût mieux valu mourir ? Oui, dans mon lit. Mais l'occasion ne s'est pas présentée. Dans la bataille[6] ? Je n'y étais pas ; et tous, Pompée, ton cher Lentulus, Scipion, Afranius, ont péri de pauvre façon. — Mais Caton, lui, avec gloire[7]. — Eh bien ! quand je le voudrai, je le pourrai aussi ; tâchons seulement de ne pas nous laisser réduire à cette extrémité. Et j'y pourvois. Premier point.

Voici le second : je m'améliore. La santé d'abord, que l'interruption de mes exercices[8] m'avait fait perdre. Et puis mon faible talent d'orateur, si je n'avais repris ces exercices, aurait achevé de se dessécher. Enfin dernier avantage, à tes yeux peut-être le premier : j'ai déjà expédié plus de paons[9] que toi de pigeonneaux. Délecte-toi, chez toi, des sauces d'Attérius ; ici j'ai celles d'Hirtius[10]. Viens donc, si tu es un homme, viens ici apprendre les principes qui te manquent ! Mais je ressemble au porc qui en remontre à Minerve[11]...

Pourtant, je le vois, tu ne peux rien vendre au prix d'estimation[12] ni emplir ton escarcelle. Reviens donc à Rome. Il vaut mieux mourir ici d'indigestion que de faim là-bas. Tu es ruiné ? Même sort attend, je pense, tes amis. C'en est donc fait de toi, si tu ne prends tes précautions. Tu as mangé, me dis-tu, ton bidet ; mais il te reste un mulet : monte-le et viens t'en à Rome. Tu auras dans mon école un siège, tout près de moi ; car tu seras sous-maître. Et avec un coussin ! Au revoir.

Ad familiares, IX, 18.

---

1. Militaire : servant, comme un drapeau ou un fanion, à maintenir la cohésion d'une unité.
2. Ami très cher de Cicéron, épicurien spirituel.
3. Des amis de César, qui venaient s'entretenir avec Cicéron de rhétorique et de philosophie, et l'épier aussi.
4. Denys le Jeune.
5. En 344.
6. A Pharsale (48).
7. Ne pouvant plus résister à César, il s'était suicidé, avec une belle sérénité philosophique, à Utique (46).
8. Oratoires (déclamations grecques et latines).
9. Mets de luxe, mis à la mode par Hortensius.
10. Lieutenant de César, et gourmet.
11. Proverbe : l'ignorant qui veut faire la leçon à son maître.
12. Des valeurs de spéculation qu'il ne peut même pas céder à leur prix d'achat.

Les œuvres oratoires[1]. — Cicéron fut avant tout un grand avocat : avocat d'affaires d'abord, et très consciencieux ; puis, de plus en plus, avocat d'assises (voir le *Pro Cluentio* [66]) : quand un de ses clients prenait (c'était la règle) plusieurs défenseurs, Cicéron se chargeait des généralités pathétiques qui devaient arracher aux juges l'acquittement. Les procès criminels, d'ailleurs, souvent exaltants et suivis avec passion par Rome tout entière, touchaient d'ordinaire à la vie politique, soit par le thème d'accusation : concussion (*Verrines* [70], *Pro Fonteio* [69], *Pro Flacco* [59], *Pro Rabirio Postumo* [54]), lèse-majesté ou haute trahison (*Pro Rabirio perduellionis reo* [63], *Pro Sulla* [62]) ; manœuvres électorales (*Pro Murena* [63], *Pro Plancio* [54]), soit par les intentions des accusateurs ou des tenants du prévenu, à propos duquel s'affrontaient les partis (*Pro Roscio Amerino* [80]. *Pro Sestio* et *Pro Caelio* [56], *Pro Milone* [52]).

Les discours proprement politiques forment quatre groupes principaux :

1° en faveur de Pompée (*De imperio Cn. Pompei* [66]) ;

2° discours « consulaires » [63], contre la loi agraire de Rullus (3 discours) et contre Catilina (4 discours au Sénat et au peuple), rédigés seulement en 60 ;

3° discours « du retour d'exil », pour remercier le peuple, le Sénat, et rentrer en possession de ses biens ;

4° Les 14 *Philippiques*[2] (du 2 septembre 44 au 21 avril 43), discours réels ou fictifs, mais rédigés en façon de pamphlets, pour être répandus dans toute l'Italie et soulever les esprits contre l'indignité morale et les projets sans scrupules d'Antoine.

Sauf les *Catilinaires* et les *Philippiques*, dont la chaleur patriotique et la verve haineuse sont admirables, les harangues politiques n'ajoutent guère à la gloire de l'éloquence cicéronienne : on regrette de n'y trouver ni hauteur de vues ni ferme direction. Les plaidoyers au contraire, par la variété des effets qu'ils permettaient à une vive imagination, sont, avec les lettres, le triomphe de Cicéron.

Les principes théoriques de l'éloquence cicéronienne. — On peut, à la rigueur, apprécier les plaidoyers de Cicéron d'après les règles techniques qu'enregistrait la *Rhétorique à Hérennius*, et que lui-même, en sa jeunesse, reproduisait dans son traité (inachevé) *De inuentione*. C'est de là, du moins, qu'il est parti. Cet enseignement distinguait dans l'œuvre oratoire cinq parties : l'invention rassemblait tous les éléments de la cause, narration des faits, leur exploitation au bénéfice du client, réfutation des arguments adverses ; la disposition déterminait l'ordre et la proportion des développements ; la mémoire permettait de les dominer ; l'élocution visait à la pureté et à l'agrément de la langue ; l'action (voix, gestes) mettait corporellement en œuvre tout l'effort de la pensée. Cicéron, à coup sûr, n'a jamais cessé d'exercer son éloquence d'après ces principes. Mais son expérience l'amena

1. Nous en possédons 61 (sur 120).
2. Ainsi appelées en souvenir des discours énergiques que Démosthène prononça (de 351 à 341) contre les entreprises du roi Philippe de Macédoine.

à élargir et simplifier l'idéal de l'orateur : sa tâche ne consistait, disait-il, qu'à prouver *(docere)*, plaire *(delectare)*, émouvoir *(mouere)*. La séduction d'une intelligence et d'une sensibilité exceptionnelles devait ainsi contrebalancer les minuties systématiques de l'École.

La pratique, les dons de l'orateur. — Dans le fait, un discours de Cicéron, tel que nous le lisons, est le résultat d'une triple élaboration. Cicéron le préparait d'abord très à fond, en faisait le plan, en rédigeait certaines parties (l'exorde en particulier) ; puis il le prononçait en tenant compte de toutes les impressions momentanées que faisaient sur lui l'attitude des assistants ou les incidents de la cause ; enfin il reprenait la sténographie du plaidoyer réellement prononcé[1] et le modifiait pour l'édition destinée à la lecture, en s'appliquant à lui garder par certains artifices l'apparence de la parole vivante et l'atmosphère de la séance réelle, mais en lui donnant un caractère plus littéraire et souvent plus d'ampleur et un intérêt plus général.

Pour accabler Verrès, il lui avait suffi de déjouer les manœuvres aristocratiques qui tendaient à le dessaisir de la cause *(Diuinatio in Caecilium)*, d'organiser et de présenter brièvement la foule des témoignages (il y en avait plus de 1 000 !) dans une *Prima actio ;* mais il développa ensuite en cinq libelles d'une abondance et d'une variété admirables toutes les malversations, les tractations honteuses et les crimes de Verrès pendant sa préture urbaine *(De praetura urbana)* et en Sicile, dans l'administration de la justice *(De iurisdictione siciliensi)*, la perception des impôts et des dîmes en nature *(De re frumentaria)*, ses vols d'œuvres d'art *(De signis)*, ses cruels abus de pouvoir *(De suppliciis)*.

Les discours de Cicéron sont donc des œuvres d'art complexes, très méditées et très vivantes, où il se met tout entier avec son esprit, sa virtuosité, maintes intentions plus ou moins voilées. Le plan en varie beaucoup dans le détail, selon les besoins de la cause, mais aussi sans doute par coquetterie de grand écrivain.

Plan du « Pro Milone »[2]

Exorde : L'appareil exceptionnel dont s'entoure le procès n'est pas une menace pour l'accusé, mais une garantie d'impartialité.

Questions préjudicielles : La cause est entière : Milon peut avouer avoir tué Clodius sans être pour cela condamnable ; ni le Sénat ni Pompée n'ont entendu, par les mesures qu'ils ont prises, préjuger de sa culpabilité.

Narration : Il ressort du simple récit des faits que Milon n'avait pas prémédité le meurtre, mais qu'il est tombé dans un guet-apens.

Confirmation : A. Toutes les probabilités morales sont contre Clodius ; — B. Et de même les circonstances matérielles ; — C. Sans compter l'attitude de Milon après le meurtre, qui témoigne de son innocence.

Réfutation : Il n'y a pas à tenir compte des faux bruits qui courent contre Milon.

Argumentation subsidiaire : Si, d'ailleurs, Milon avait poursuivi la mort de Clodius, il ne mériterait que des éloges. Mais ce sont les dieux seuls qu'il faut en remercier.

---

1. Les anciens avaient encore entre les mains des « brouillons » *(commentarii)* de Cicéron, et même certaines sténographies de séance (par exemple pour le *Pro Milone*).

2. Milon, chef de bandes au service du parti aristocratique, avait fait achever Clodius, le chef de bandes du parti populaire, blessé dans une bagarre entre leurs gens sur la voie Appienne. Pompée, consul unique, avait pris, à l'occasion du procès, des mesures d'ordre très sévères. Cicéron, troublé, plaida médiocrement et Milon dut s'exiler. Mais le discours que nous possédons est une reprise très savante du plaidoyer réel.

Péroraison : Milon est un héros qui ne s'abandonne pas aux supplications ; Cicéron le fait pour lui, et adjure les juges de l'acquitter.

Ce qui, dans les plaidoyers, apparaît souvent le plus faible, c'est l'argumentation juridique, où Cicéron semble s'être montré parfois plus retors que vigoureux ; comme, cependant, nous connaissons son extrême conscience d'avocat, il est possible qu'il ait négligé volontairement cette partie du développement dans la rédaction destinée aux lecteurs.

Au contraire, dans l'art de séduire et de toucher les juges, Cicéron est sans rival. Le pittoresque le plus délicat et le plus vigoureux ; les exemples, les anecdotes du ton le plus naturel et le plus vif ; la souplesse des transitions et un progrès si insensible qu'il n'y a nul moyen de s'en déprendre obligent à un acquiescement charmé. Il est aussi le maître du pathétique : sa sensibilité anime tout, avec les apparences de la spontanéité ; mais il sait la ménager par degrés, en amplifier les effets presque sans mesure et imposer tyranniquement ses impressions les plus fortes.

Une caricature : Fannius

[Procès en règlement de comptes d'association, intenté par Fannius Chaeréa au grand comédien Roscius, ami intime de Cicéron. — Discussion de vraisemblances, tirées non pas même du caractère, mais de la physionomie. — Suggestion plastique de la description. — Exagération d'une imagination encore trop artificielle (le plaidoyer est de l'année 76).]

...C'est C. Fannius Chaeréa qui aurait été la dupe de Roscius ! Je vous en prie, je vous en supplie, vous qui les connaissez, comparez leurs vies ; vous qui ne les connaissez pas, considérez leurs physionomies. A elle seule cette tête, avec ses sourcils rasés de près, ne vous paraît-elle pas sentir la perversité, proclamer la fourberie ? Du bout des pieds au sommet du front, — si l'extérieur des hommes, sans un mot, suffit à les révéler, — Chaeréa ne vous semble-t-il pas un composé de fraude, de tromperies et de mensonges ? S'il se fait toujours raser la tête et les sourcils, c'est pour justifier l'expression « pas un poil d'honnête homme ». C'est bien le personnage que Roscius représente souvent, et avec tant de perfection (et, pour un tel service, nulle reconnaissance de l'original !) : car quand il joue Ballio le *leno*[1], ce prodige de scélératesse et de parjure, c'est Chaeréa qu'il joue. Fange, ignominie, infamie, tel est le rôle ; et tel est Chaeréa, de mœurs, de caractère et de vie. S'il a pu supposer que Roscius l'égalait en fraude et en perversité, c'est, apparemment, qu'il s'est retrouvé à merveille sous les traits du *leno* à la scène.

Pro Roscio comoedo, 20.

Supplice des navarques siciliens

[Les villes grecques de Sicile devaient, pour la police des mers voisines, fournir des navires de guerre avec leurs équipages et leurs commandants (ou « navarques »). Verrès a désorganisé l'escadre en vendant des congés aux matelots et en n'approvisionnant pas les équipages. Aussi a-t-elle été battue par les pirates. Verrès, pour échapper à ses responsabilités, a fait retomber la faute sur les navarques et les a condamnés à mort. — Modèle de pathétique progressif : l'horreur, déjà extrême au début, ne fait que croître. — Étroite combinaison du récit et du commentaire. — Animation de la forme (paroles rapportées ; échanges fictifs de propos avec le public ; interpellation des juges, de l'accusé). — Art de l'insistance et du développement. — Virulence de la conclusion, quand l'avocat peut croire qu'il s'est rendu maître de tous ses auditeurs.]

---

1. Voir plus haut, p. 43.

On met les condamnés en prison, au secret ; leur supplice se prépare, celui des malheureux parents commence : défense de voir leurs fils ; défense de porter à leurs enfants nourriture ou vêtements. Ces pères, que vous voyez, gisaient sur le seuil ; les mères (les malheureuses !) passaient les nuits à la porte de la prison, empêchées de serrer une dernière fois leurs enfants dans leurs bras ; elles ne demandaient rien d'autre que la permission de recueillir en un baiser le dernier souffle de leurs fils. Le portier de la prison était à son poste, le bourreau du préteur, la terreur et la mort des alliés et des citoyens, le licteur Sextius ; chaque gémissement, chaque douleur lui rapportait argent comptant, et sur tarif : « Une entrevue, c'est tant ; la permission de faire entrer de la nourriture, tant. » Personne ne refusait. « Et, dis-moi, pour que je tue ton fils d'un seul coup de hache, que donneras-tu ? Pour ne pas prolonger son supplice ? Pour lui épargner plusieurs coups ? Pour lui enlever l'âme sans qu'il souffre ? » Pour ceci encore, on donnait de l'argent au licteur. O douleur excessive, intolérable ! Atroce cruauté du destin ! Les parents étaient forcés d'acheter non la vie de leurs enfants, mais la rapidité de leur mort. Ces jeunes gens eux-mêmes parlaient à Sextius de la hache, de ce coup unique ; et la dernière prière des enfants à leurs parents était que l'on payât le licteur pour adoucir leur supplice. Quelle riche imagination pour torturer les parents, les proches ! — Bien riche ; mais, après la mort des condamnés, ce sera fini. — Non. — Quoi ? la cruauté peut-elle aller plus loin ? — Elle y arrivera. Car, frappés de la hache et morts, leurs corps seront abandonnés aux bêtes. Si les parents en ont de l'affliction, qu'ils rachètent le droit d'ensevelir les suppliciés ! Vous avez entendu de la bouche d'Onasus, notable de Ségeste, qu'il avait compté une somme à Timarchidès[1] pour la sépulture du navarque Héraclius. Et ne va pas dire : « Bien sûr, ces témoins sont des pères, qu'aigrit la perte de leur fils. » Celui qui parle est un homme du premier rang, un notable des plus distingués, et ce n'est pas son fils dont il parle. Quel Syracusain de ce temps n'a appris, lequel ignore que Timarchidès débattit les conditions de leur sépulture avec ces malheureux eux-mêmes, avant l'exécution ? Ces entretiens avec Timarchidès étaient-ils secrets, toutes les familles de tous les intéressés n'y étaient-elles pas appelées ? Était-elle secrète, cette mise à prix des funérailles d'hommes vivants ?

Quand tout fut fait et toutes mesures prises, on les tire de prison, on les lie aux poteaux. Y eut-il alors un homme si dur, si monstrueux (sauf toi et toi seul !) qui ne fût ému de leur jeunesse, de leur noblesse, de leur infortune ? Y en eut-il un qui pût retenir ses larmes, qui, tout en s'affligeant pour eux de leur malheur, n'y vît pas aussi un deuil personnel et une menace pour tous ? On les frappe de la hache. Tu te réjouis au milieu du gémissement universel, et triomphes : quel soulagement de voir supprimés les témoins de ton avarice ! — Tu te trompais, Verrès ; tu te trompais lourdement : le sang d'alliés[2] innocents ne pouvait laver tes vols ni tes infamies. C'était folie furieuse de penser pouvoir par la cruauté guérir les ulcères de ton avarice. Ils ont beau, en effet, être morts, les témoins de ton crime : leurs proches poursuivent et ta punition et leur vengeance ; certains des navarques, même, vivent et sont là. La Fortune, il me semble, ne les a sauvés que pour venger aujourd'hui l'innocence. Voici Philarchus d'Haluntium, qui, n'ayant pas fui avec Cléoménès[3], fut accablé et pris par les pirates : heureuse captivité, qui l'empêcha de tomber aux mains de ce forban, pirate de nos alliés. Son témoignage proclame congés de matelots, famine des équipages, fuite de Cléoménès. Voici Phalacrus de Centuripes, né de la plus noble race dans la plus noble cité : même témoignage ; aucune discordance.

Par les dieux immortels ! Qu'en pensez-vous donc, juges, sur votre tribunal ? De quel cœur écoutez-vous ? Est-ce moi qui délire ? Est-ce que je prends trop au tragique cet abîme de misère où sombraient nos alliés ? Ou vous aussi, ne souffrez-vous pas comme moi de ce deuil, de cette torture atroces imposés à des innocents ?

Verrines : De suppliciis, 117-123.

---

1. Affranchi et agent de confiance de Verrès : donc il ne s'agit plus des horribles abus de pouvoir d'un simple geôlier.
2. Les Romains donnaient le nom d'alliés *(socii)* aux populations soumises qui étaient tenues envers eux à certains devoirs militaires et fiscaux.
3. Créature de Verrès, qui commandait l'escadre et avait donné le signal de la fuite : Verrès l'avait mis hors de cause.

Les discours politiques offrent, à l'occasion, les mêmes qualités. Mais ils font une plus large part au « grand style » périodique, ample et musical, qui développe de longues phrases compassées et pleines de dignité. D'autre part, il s'y révèle un homme véritablement forcené contre ses adversaires : Catilina, Clodius, Pison, Antoine ; une violence sans mesure, une ironie corrosive, un excès brutal dans les descriptions, une mauvaise foi évidente dans les interprétations mettent Cicéron, armé de sa seule éloquence, au niveau des ambitieux sans scrupules qui se disputaient le pouvoir autour de lui.

Politique et religion[1]

Si un esprit divin, pontifes, paraît avoir inspiré à nos ancêtres un grand nombre de leurs inventions et de nos institutions, rien de ce qu'ils nous ont transmis n'est plus admirable que cette décision de vous confier à la fois la présidence de tout le culte des dieux immortels et la suprême direction de l'État[2], de façon que les hommes, les plus considérables et les plus illustres, gérant sainement l'État comme citoyens et interprétant avec sagesse la religion comme pontifes, assurent doublement le salut de la patrie. Or si jamais une cause importante s'est trouvée soumise au jugement souverain des prêtres du peuple romain, c'est bien celle-ci qui, touchant à toute la grandeur de l'État, à la sécurité, à la vie, à la liberté, aux autels, aux foyers, aux dieux pénates de tous les citoyens, en remet et en confie la défense à votre sagesse, à votre conscience, à l'autorité de votre juridiction. Il vous faut aujourd'hui décider une fois pour toutes si vous préférez enlever à la démence de magistrats pervers[3] l'appui des méchants et des scélérats, ou la fortifier encore par la religion des dieux immortels. Car si ce chancre[4] qui ronge l'État trouve dans la divine religion la justification de son tribunat désastreux et maudit que condamne la justice humaine, il nous faudra chercher d'autres rites, d'autres prêtres des dieux immortels, d'autres interprètes de la religion. Mais si votre autorité et votre sagesse, pontifes, annulent les actes que la fureur des méchants imposa à notre patrie opprimée, abandonnée ou trahie par ses enfants, nous pourrons légitimement et de plein droit célébrer l'idée qu'eurent nos ancêtres de choisir pour les sacerdoces les hommes les plus considérables de l'État.

Pro domo sua ad pontifices, 1-2.

Pison bafoué

[Pour se venger de L. Calpurnius Piso (consul en 58), l'un des auteurs de son exil, Cicéron a provoqué son rappel de Macédoine ; comme le proconsul s'en plaignait au Sénat, Cicéron tourne en ridicule son prétendu désintéressement (Pison disait qu'il ne tenait pas au « triomphe », honneur ambitionné par tous les gouverneurs de province de ce temps) et attaque son intégrité (55). — Ironie sauvage. — Pittoresque outrageant. — Tendance à la bouffonnerie.]

Trop tard pour Cn. Pompée : il ne pourra suivre tes principes. Oui, il s'est trompé ; c'est qu'il n'avait pas goûté à ta philosophie : voilà trois fois[5], l'imbécile, qu'il triomphe. Crassus, j'ai honte de toi : pourquoi, après avoir terminé la plus formidable des guerres[6],

---

1. Revenu d'exil, Cicéron revendiquait ses biens, qui avaient été saccagés par les bandes de Clodius. Sa maison du Palatin, en particulier, avait été rasée, et son emplacement consacré à la déesse Liberté. Cicéron, pour recouvrer le terrain. était obligé de le demander au collège des Pontifes, chefs suprêmes de la religion romaine.
2. Les fonctions religieuses n'étaient pas, à Rome, distinctes des magistratures.
3. Les tribuns de la plèbe, adversaires du Sénat aristocratique.
4. Clodius (voir, plus haut, p. 121 ss.).
5. Après ses guerres contre les Marianistes (80-79), contre Sertorius en Espagne (71), en Orient (61).
6. Contre Spartacus et les esclaves révoltés.

t'être tant travaillé pour obtenir du Sénat cette couronne de laurier ? P. Servilius, Q. Métellus, C. Curio, L. Afranius, que n'avez-vous écouté les leçons de ce sage, de ce savant, avant de commettre cette erreur, vous aussi ? Pour C. Pomptinus, mon ami, trop tard encore : il a pris déjà des engagements avec les dieux[1]. O imbécillité des Camille[2], des Curius, des Fabricius, des Calatinus, des Scipions, des Marcellus, des Maximus ! Folie de Paul-Émile ! Grossièreté de Marius ! Imprudence des pères de nos deux consuls[3] : ils ont triomphé !

Mais, puisque nous ne pouvons changer le passé, qu'attend cet avorton pétri de boue et de fange pour offrir ces beaux préceptes de sagesse à notre illustre et grand général, à son gendre[4] ? L'amour de la gloire, bien sûr, emporte cet homme ; il brûle du désir d'un juste et beau triomphe ; il n'a pas eu les mêmes leçons que toi. Eh bien ! envoie-lui un mémoire ; et, pour votre prochaine entrevue, prépare un discours qui étouffe et éteigne le feu de son désir. Tu auras sur cette frivole passion de gloire l'autorité d'une ferme sagesse, sur l'ignorance celle de la science, sur un gendre celle d'un beau-père. Tu lui diras, avec cette séduction persuasive, cette grâce, cette perfection, cette politesse que tu tiens de l'école[5] : « En voilà, César, un plaisir de se faire décréter tant de « supplications[6] » et si longues ! C'est une erreur des hommes, et les dieux ne s'en soucient pas : ils n'ont pour personne (ainsi l'a enseigné notre divin Épicure[7]) ni faveur ni colère. » Mais cet argument, sans doute, ne portera pas : leur colère contre toi fut et demeure trop évidente. Alors tu passeras à un autre lieu commun d'école, à une dissertation sur le triomphe : « A quoi bon, enfin, ce char, ces chefs enchaînés qui le précèdent, ces images de villes, cet or, cet argent[8], ces légats[9] à cheval et ces tribuns[10], ces cris des soldats, tout ce cortège ? Babioles, crois-m'en, et presque jeu d'enfants, que de chercher les applaudissements, de se faire traîner par la ville et vouloir être vu. En tout cela, nulle joie solide, rien à palper, rien dont jouisse le corps[11]. Vois-moi plutôt : d'une province qui valut le triomphe à T. Flamininus, L. Paulus, Q. Métellus, T. Didius, et maints autres qu'émouvait un désir frivole, je suis revenu pour fouler aux pieds à la porte Esquiline les lauriers de Macédoine. Oui, moi, je me suis présenté, ayant bien soif, avec quinze gaillards mal vêtus[12], à la porte Célimontane, où un mien affranchi avait l'avant-veille loué une maison pour son brillant général ; si elle ne s'était pas trouvée libre, j'aurais dressé ma tente dans le Champ de Mars. Quant aux sous, César, je n'ai nul besoin des brancards triomphaux : ils restent et resteront chez moi. J'ai tout de suite porté mes comptes au trésor, comme le prescrit ta loi (c'est même le seul point sur lequel j'aie obéi à ta loi). Si tu veux consulter ces comptes, tu te rendras compte que personne mieux que moi n'a tiré parti des lettres[13]. Ils sont en effet déduits avec tant d'esprit et un scrupule si littéral que le scribe qui les a portés au trésor, les ayant recopiés de bout en bout, se grattant la tête de la main gauche, s'est murmuré à lui-même :

« Un compte ? oui, ça c'est un compte ; mais d'argent, point[14]. »

César serait-il sur le point de monter sur le char triomphal, à coup sûr, sur ces mots, il en descendrait[15].

In Pisonem, 58-61.

---

1. Le triomphe était une cérémonie religieuse.
2. Après les vivants, les grands morts.
3. Pompée et Crassus.
4. César, alors en Gaule.
5. Remarquez, au contraire, la « canaillerie » voulue du style prêté à Pison.
6. Remerciements aux dieux, sorte de prélude au triomphe, et dont le Sénat fixait le principe, l'importance et la durée.
7. La doctrine d'Épicure était mal vue par les dirigeants sénatoriaux.
8. Portés sur des brancards (voir plus bas).
9. Lieutenants du général.
10. Commandants des légions.
11. Caricature de l'épicurisme le plus vulgaire.
12. Suite misérable : ce détail et les suivants peignent une lésine déshonorante.
13. Pour dissimuler avec subtilité ses rapines : noter l'abondance des jeux de mots.
14. Vers d'un auteur comique inconnu (ou peut-être de Lucilius).
15. Écœuré par ces pantalonnades.

Les traités de rhétorique. — Cicéron avait pleine conscience d'avoir conquis « la royauté du forum » et d'avoir singulièrement élargi par la pratique la théorie de l'éloquence. En 55, très diminué déjà comme homme politique, mais voulant sauvegarder sa grandeur littéraire, il publia un *De oratore* en 3 livres, où, faisant dialoguer (en 91) Antoine et Crassus (voir plus haut, p. 118-119.) avec deux jeunes gens, Cotta et Sulpicius, il exposa de son point de vue quelle doit être la formation de l'orateur, fondée sur des dons naturels et des connaissances étendues (philosophie, histoire, jurisprudence) (l. I), combien doivent s'assouplir les préceptes traditionnels sur l'invention et la disposition (l. II), quelles sont les vertus essentielles du style et de l' « action » (l. III). Différant à la fois de la philosophie d'Aristote, qui fait trop petite la part à la sensibilité et à l'art, et de l'enseignement des rhéteurs grecs et latins, qui tendait à une analyse desséchante des procédés techniques, écrit d'ailleurs avec une fermeté pleine d'élégance, le *De oratore* fondait en raison l'immense succès de l'éloquence cicéronienne.

Science et éloquence

Souvent[1], dans des causes qui, de l'aveu commun, appartiennent en propre à l'éloquence, il se présente des questions qui ne relèvent pas de cette pratique du barreau à laquelle vous réduisez le rôle de l'orateur, mais dont la solution est recélée en quelqu'une de ces sciences plus secrètes, d'où il faut l'extraire. Est-il possible, je vous le demande, de parler pour ou contre un général sans quelque pratique de la guerre ou même, souvent, sans une documentation géographique de terre et de mer ? Peut-on pousser le peuple à voter ou rejeter des lois, traiter au Sénat n'importe quelle question gouvernementale sans une étude approfondie, théorique et pratique, des problèmes politiques ? Peut-on arriver à enflammer ou même à éteindre les sentiments et les passions des auditeurs (c'est là le suprême triomphe de l'orateur) sans avoir exploré avec le plus grand soin tous les systèmes philosophiques qui analysent les instincts et les mœurs de l'homme ?

Peut-être ne parviendrai-je pas à vous convaincre ; mais je n'hésiterai pas à vous dire ma pensée. La physique même et la mathématique et ces autres sciences spéciales dont tu délimitais tout à l'heure le domaine relèvent sans doute de ceux qui les professent. Mais ces sciences mêmes, si l'on veut leur assurer l'éclat de l'expression, il faudra recourir à l'art de l'orateur. Si, en effet, Philon, le célèbre architecte qui construisit l'arsenal d'Athènes, sut fort bien devant le peuple rendre compte de son travail, il dut le faire plutôt en architecte qu'en orateur. Mais supposez que notre ami M. Antonius ait eu à parler pour Hermodore de la construction de notre arsenal naval, tout en lui ayant emprunté les données de la cause, il aurait embelli et enrichi de son éloquence un art qu'il ignore.

De oratore, I, 59-62.

L'action oratoire

[L' « action » avait une importance particulière devant de grandes assemblées, et en plein air ; de même l'ampleur des phrases et la répétition des idées essentielles, qui permettaient d'être compris, dans l'ensemble, par les auditeurs les plus éloignés. — Union de la nature et de l'art qui la révèle. — Intérêt passionné pour l'expression psychologique exacte et nuancée. — Style très raffiné et imagé.]

Sans doute, en toute chose, la vérité surpasse l'imitation ; mais, si elle suffisait à régler notre action, certes nous n'aurions pas besoin de l'art. En fait, les émotions, que l'action a pour rôle de révéler ou d'imiter, sont souvent troubles, voilées ou presque

1. Crassus défend ici une des idées les plus chères de Cicéron : que l'éloquence doit embrasser toutes les connaissances humaines. Mais on notera la prudence des affirmations.

étouffées ; il nous faut donc dissiper les brumes qui les voilent, mettre en valeur les traits saillants qui les manifestent. En effet tout mouvement de l'âme a son expression naturelle dans la physionomie, la voix, le geste ; et le corps de l'homme tout entier, tous les traits de son visage, tous les sons de sa voix vibrent comme les cordes d'une lyre à chaque ébranlement de la passion. Car notre voix est comme une corde tendue, capable de répondre au moindre toucher, aiguë ou grave, prompte ou lente, forte ou faible ; et chacun de ces trois aspects a aussi son degré moyen. Il en dérive même d'autres, en plus grand nombre : l'intonation est flatteuse ou âpre, pressée ou traînante, liée ou entrecoupée, languissante ou saccadée, filée ou enflée. Car il n'est aucune de ces intonations à laquelle n'aient à s'appliquer l'art et la méthode ; et l'orateur les a toutes à sa disposition pour nuancer son discours, comme le peintre a les couleurs...

Toutes ces modulations doivent être accompagnées du geste, non pas geste de théâtre[1] faisant un sort à chaque mot, mais geste qui suggère sans la représenter la pensée, l'idée en son ensemble. Les mouvements du corps seront d'une forte et virile simplicité, qui évoque non la scène et ses histrions, mais l'armée ou même la palestre[2]. La main sera moins parlante[3], les doigts suivront du geste les mots sans les modeler. Le bras un peu relevé, et porté en avant comme s'il dardait l'éloquence. Un appel discret du pied au début ou à la fin des discussions.

Mais tout dépend du visage, et, en lui, règnent souverainement les yeux. Comme ils avaient raison, nos anciens, de n'aimer guère un acteur masqué, fût-il Roscius ! Car c'est l'âme qui anime toute l'action ; la physionomie qui reflète l'âme ; et les yeux qui la révèlent. Les yeux sont, grâce à leur mobilité, la seule partie du corps qui puisse rendre tous les mouvements de l'âme ; et qui les garde mi-clos n'y saurait suffire. Théophraste nous rapporte le mot d'un certain Tauriscus : l'orateur, disait-il, qui débite son discours les yeux fixes, tourne le dos à son public.

De oratore, III, 215-217 ; 220-221.

Neuf ans après le *De oratore*, Cicéron était amené à écrire de nouveaux traités de rhétorique pour deux raisons : la dictature de César le réduisait au silence ; et quelques jeunes hommes, Brutus et Calvus en particulier, préconisaient une éloquence « néo-attique », plus nue et nerveuse, moins enveloppante et chatoyante que la sienne. Dans le *Brutus* (46)[4], Cicéron, suivant un mémento chronologique (le *Liber annalis*) de son ami Atticus, retrace toute l'histoire de l'éloquence latine, aboutissant, avec une suffisante discrétion, à son apologie personnelle ; par cet ouvrage la critique littéraire trouvait à Rome un éminent modèle. L'*Orator* (46)[5], qui, suivant le principe des « idées » platoniciennes, trace de façon didactique le portrait de l'orateur idéal, — c'est-à-dire de Cicéron lui-même, — insiste surtout sur la polémique contre les Attiques, sur le travail du style et le nombre oratoire. Le *De optimo genere oratorum* (« Sur le meilleur genre d'éloquence ») (44) oppose Démosthène comme modèle d'atticisme au trop simple Lysias.

En même temps Cicéron, s'étant remis, faute de mieux en sa solitude, aux exercices d'école, publia deux traités purement techniques, sur « les divisions du discours » *(Partitiones oratoriae)* (45), et « les lieux communs » *(Topica)* (44), le second résumant de loin un ouvrage d'Aristote.

1. Comme l'était trop souvent celui d'Hortensius (plus haut, p. 119 s.).
2. Harmonieux et nécessaires, comme ceux d'un athlète.
3. Que celle des acteurs.
4. C'est un dialogue, actuel, dont les trois interlocuteurs sont Cicéron, Brutus et Atticus.
5. Dédié aussi à Brutus.

Les traités philosophiques[1]. — Pendant la même période, en deux étapes encore, mais de façon plus désintéressée, Cicéron se donna aussi à la philosophie. Il l'avait étudiée dans sa jeunesse, à Rome et en Grèce, surtout d'un point de vue d'avocat : la subtilité dialectique des stoïciens, la discussion des probabilités à laquelle se livrait la Nouvelle-Académie, c'était un fort bon entraînement pour un orateur. Petit à petit la pratique des affaires publiques l'amena à prendre un parti assez net, analogue à celui de Scipion Émilien, contre l'épicurisme et en faveur d'un bon nombre d'idées stoïciennes, mais d'un stoïcisme pratique, mis déjà partiellement en harmonie avec l'idéal romain par Panaitios et par Poseidônios, dont il avait été l'élève.

En 54 et 52, au milieu d'une démoralisation politique croissante, il entreprit deux dialogues dont il emprunta les titres à Platon : « l'État » *(De republica)* et « les Lois » *(De legibus)*. Le *De republica*, en 6 livres[2], définissait le gouvernement idéal comme un tempérament entre la monarchie, l'aristocratie et la démocratie ; le retrouvait (à la suite de Polybe) dans la Rome du IIe siècle ; posait la justice à la base de la vie sociale, dont il décrivait les aspects surtout d'après les mœurs traditionnelles de l'ancienne Rome ; appelait enfin tous les bons esprits au service de l'État, en leur promettant une immortalité métaphysique dans les cieux. Du *De legibus*, nous n'avons que 3 livres[3] ; le premier, d'inspiration stoïcienne, mais non sans originalité, pose comme principe naturel du droit la parenté spirituelle de l'homme avec la divinité ; les suivants traitent, d'un point de vue romain, des lois religieuses et de l'organisation politique. Ces deux ouvrages formaient une synthèse idéaliste des buts politiques de Cicéron comme, dans le même temps, le *De oratore* donnait l'image systématique de son éloquence.

Le songe de Scipion

[Scipion Émilien, jeune officier en Afrique, se trouve transporté en songe au milieu des astres, où son grand-père adoptif, Scipion l'Africain, puis son père, Paul-Émile, se présentent à lui et lui révèlent la vie éternelle. Scipion est censé en faire le récit lui-même, peu avant sa mort soudaine. — Idéalisme cicéronien : combinaison du stoïcisme (Dieu est l'âme du monde ; de lui émane et à lui retourne l'âme des hommes), du sentiment de l'immortalité personnelle et du pythagorisme (philosophie astrale). — Force de la représentation cosmique. — Dignité grandiose du style. — Cf. Platon, *République*, X, 20 (mythe d'Er l'Arménien).]

...Dès que je pus réprimer mes larmes et parler : « Je t'en prie, dis-je, ô le plus vénérable et le meilleur des pères, réponds-moi : puisque c'est ici la vie, comme me l'apprend l'Africain, qu'ai-je à faire encore sur la terre ? Pourquoi ne pas vous rejoindre tout de suite ? — C'est impossible, me dit-il. A moins que le Dieu, dont tout ce que tu vois est le temple, ne te libère de la prison du corps, tu ne peux entrer ici. Car les hommes ont été créés pour garder ce globe que tu vois au milieu du temple universel, et qu'on appelle la terre ; mais il leur a été donné une âme émanée de ces feux éternels que vous nommez astres ou étoiles, et qui, arrondis en sphères et animés d'intelligences divines, accomplissent leurs révolutions circulaires avec une étonnante rapidité. Ainsi

1. Nous en avons 12, sur 21 que Cicéron avait écrits.
2. On n'en possédait (par Macrobe) que l'épisode du « Songe de Scipion » (voir plus bas), lorsque, en 1819, le cardinal Angelo Mai découvrit des fragments plus ou moins étendus des 5 premiers livres dans un palimpseste (ancien manuscrit sur parchemin gratté ou lavé au moyen âge pour la transcription d'un nouveau texte).
3. Il devait y en avoir 6 ; mais on ne sait si les 3 derniers furent écrits, en tout ou en partie.

vous devez, toi, Publius, et tous les hommes religieux, retenir votre âme en la prison du corps et ne pas abandonner la vie humaine sans l'ordre de qui vous l'a donnée, pour ne point paraître déserter la tâche imposée par Dieu à l'humanité. Mais, Scipion, imite ton aïeul, et moi, ton père ; cultive la justice et la piété, aime tes parents et tes proches, mais surtout la patrie : et cette vie te conduira au ciel, dans l'assemblée de ceux qui ont vécu et qui, débarrassés de leur corps, habitent ce lieu que tu vois. »

Or c'était ce cercle dont l'éclatante blancheur brille au milieu des feux célestes et que, d'après les Grecs, vous appelez la voie lactée. Et de là mes regards ne contemplaient qu'éclatantes merveilles : des étoiles que nous ne voyons jamais de notre terre, et toutes d'une grandeur que nous n'avons jamais soupçonnée ; la plus petite était celle qui, le plus loin du ciel et le plus près de la terre, brille d'une lumière d'emprunt. Mais les étoiles, par les dimensions de leur globe, l'emportaient de beaucoup sur la terre ; et la terre commença à m'apparaître si petite que notre empire, qui n'y marque pour ainsi dire qu'un point, me fit pitié.

De republica, VI, 15-16.

En 45, Cicéron perdit sa fille très chère, Tullia ; il essaya d'amortir son deuil en écrivant une *Consolation*, thème classique de la philosophie morale. Dès lors, pendant deux ans, il donne comme dérivatif à son activité intellectuelle, bridée par la dictature de César, l'adaptation latine de toutes les acquisitions philosophiques de la Grèce. L'*Hortensius* (45) était un appel chaleureux à ce genre d'études. Les autres traités, qui supposent une lecture immense et une rédaction d'une étonnante rapidité, exposent les thèses maîtresses de la philosophie grecque après Aristote en tenant grand compte d'une foule de penseurs grecs secondaires du IIe et du Ier siècle, que nous ne connaissons guère que par eux ; Cicéron tantôt traduit, tantôt résume ou interprète, tantôt combine les différents systèmes selon ses tendances personnelles, sans avertir de ces changements de points de vue. Il penche à accepter un stoïcisme pratique intégré à un système néo-académique, considérant que l'homme ne peut en général atteindre que des vraisemblances, non des réalités[1].

Dans les « Définitions du bien et du mal en soi » (*De finibus bonorum et malorum*, en 5 livres) (45), après avoir fait exposer la théorie du souverain bien par un épicurien, un stoïcien et un académicien, il propose une solution moyenne. Les « Discussions de Tusculum » (*Tusculanae disputationes*, en 5 livres) (45), établissent l'immortalité de l'âme et fondent le bonheur sur la vertu. Les trois livres sur « les Devoirs » *(De officiis)* (44-43), d'inspiration stoïcienne, montrant, avec un curieux esprit juridique, les conflits entre l'honnête et l'utile, sacrifient l'intérêt personnel à la loi naturelle de la société.

Les problèmes religieux sont traités dans les trois livres sur « la Nature des dieux » (45-44), de plan semblable au *De finibus* et de tendances sceptiques ; et dans les deux livres sur « la Divination » (44), pleins de détails curieux, et plus nettement sceptiques encore dans leur conclusion. A côté de ces grandes œuvres, d'agréables traités de psychologie morale prenaient pour thèmes la vieillesse *(Cato maior)* (44), l'amitié *(Laelius)* (44) : deux dialogues dédiés à Atticus.

1. A cette double préoccupation répondent les *Paradoxes des Stoïciens* (46) et le traité sur *Le Destin* (44), qui exposent les singularités du stoïcisme et critiquent son fatalisme ; et les *Académiques*, rédigées en deux, puis en quatre livres (nous possédons un livre de chacune des deux rédactions).

Fatigue et douleur

[Ce développement suit la critique des théories épicurienne et stoïcienne de la douleur. — Stoïcisme romain, de caractère pratique, civique et militaire. — Patriotisme marqué (choix des exemples ; éloge de la langue latine comparée à la grecque). — Minutie, juste, mais trop appuyée, de l'analyse (cf. l'effort des sophistes grecs, dans la seconde moitié du Ve siècle). — Qualités littéraires (mouvement, pittoresque).]

Il y a une différence entre la fatigue et la douleur ; ce sont des réalités tout à fait voisines, mais cependant distinctes. La fatigue est un effort moral ou physique pour l'accomplissement d'une tâche assez pénible ; la douleur un dur ébranlement physique, qui violente nos sens. Deux réalités donc ; et ces Grecs, dont la langue est plus riche que la nôtre, n'ont pour elles qu'un nom ! Aussi les hommes énergiques sont-ils, pour eux, des gens qui ont le goût ou plutôt l'amour de la douleur ; pour nous, plus justement, des gens durs à la fatigue ; autre chose en effet est se fatiguer, autre chose souffrir. Comme parfois les mots te manquent, Grèce, alors que tu penses en avoir toujours à revendre ! Oui, autre chose est souffrir, autre chose se fatiguer. Quand on lui taillait les varices[1], Marius souffrait ; quand sous la grande chaleur il marchait à la tête de son armée, il se fatiguait. Entre les deux pourtant il y a quelque analogie : à force de s'habituer aux fatigues, on devient plus résistant à la douleur. Aussi ceux qui ont donné à la Grèce ses constitutions ont prescrit d'affermir par la fatigue les corps des jeunes gens ; et les Spartiates ont étendu la règle même aux femmes, qui, dans les autres villes, « sont cachées dans l'ombre des demeures », où elles mènent la vie la plus molle. Rien de tel « pour les vierges laconiennes qui, plus qu'une fécondité asiatique, ont à cœur la palestre, l'Eurotas, le soleil, la poussière, la fatigue, les pratiques militaires[2] ». Donc ces exercices fatigants s'entremêlent parfois de douleur : on est bousculé, frappé, repoussé, jeté à terre ; et la fatigue même nous munit pour ainsi dire d'un cal contre la douleur.

Soit le service militaire, chez nous s'entend, non chez les Spartiates dont la phalange s'avance aux modulations de la flûte et n'est jamais entraînée au combat qu'en rythmes anapestiques ! Notre armée, vous voyez tout de suite l'origine de ce mot[3] ; puis la fatigue, accablante, de la marche en colonne : porter plus de quinze jours de vivres, porter tous les objets d'usage personnel, porter le pieu[4] ; car pour le bouclier, le glaive, le casque, nos soldats ne les comptent pas plus dans le chargement qu'épaules, bras et mains : ils disent que les armes sont les membres du soldat ; et, de fait, elles sont si bien disposées sur eux que, en cas de besoin, il leur suffit de jeter leurs fardeaux pour les avoir toutes prêtes et s'en servir comme de leurs membres. Et l'entraînement des légions ? pas gymnastique, charge, cri de guerre[5] : que de fatigues ! Mais ainsi naît ce courage. cette ardeur guerrière qui affronte les blessures. Mettez en ligne un soldat de même courage, mais non entraîné : il aura l'air d'une femme.

Tusculanes, II, 35-37.

La doctrine néo-académique[6]

Il reste un groupe d'adversaires : ceux qui n'approuvent pas la doctrine de l'Académie. Leur opinion me pèserait davantage, si jamais personne approuvait un système philosophique autre que le sien. Et nous surtout, qui faisons profession de combattre quiconque se figure en possession de la science, ne pouvons refuser aux autres le droit de nous contredire. Pourtant notre cause est la plus facile à défendre : car nous voulons trouver la vérité sans aucune dispute, et nous apportons à notre

1. Cf. *Tusc.*, II, 53.
2. Citations d'origine inconnue.
3. Le nom latin de l'armée, *exercitus*, suggère l'idée d'exercice, d'entraînement.
4. Cf. plus bas, p. 175 s., le texte de Salluste.
5. Qui accompagnait le « démarrage » d'attaque de l'armée romaine.
6. On notera combien la théorie néo-académique de la connaissance convient à un avocat et à un esprit aussi ondoyant que Cicéron (cf. plus haut, p. 133).

recherche tout le soin et le zèle possibles. Certes toute connaissance se heurte à maintes difficultés ; et il y a dans les choses mêmes tant d'obscurité, dans nos jugements tant de faiblesse, que les philosophes les plus anciens et les plus savants étaient bien fondés à désespérer de découvrir ce qu'ils désiraient. Cependant ils n'ont pas failli à leur tâche ; et nous non plus, la lassitude ne nous fait pas perdre le goût de la recherche ; car, si nous discutons en mettant aux prises les opinions rivales, ce n'est que pour en tirer et en faire, pour ainsi dire, jaillir la vérité ou ce qui en approche le plus. Entre nous, en effet, et ceux qui croient savoir, il n'y a qu'une différence : ils ne doutent pas de la vérité de leurs propositions ; nous, nous tenons pour probables bien des opinions que nous pouvons suivre sans difficulté, mais sans oser les affirmer. Et notre liberté, notre indépendance sont d'autant plus grandes, que rien n'entrave notre jugement et que nulle nécessité ne nous contraint à défendre des préceptes impératifs. Car, partout ailleurs, on se trouve lié avant d'avoir pu juger quelle est la meilleure doctrine ; puis, à l'âge le plus débile, sous la direction de quelque ami ou l'influence d'un seul discours du premier philosophe qu'on entend, on juge de réalités qu'on ne connaît pas ; et, quel que soit le système vers lequel on a été porté comme par un coup de vent, on s'y cramponne comme à un rocher.

Académiques, II, 7-8.

Les ouvrages philosophiques de Cicéron ne s'imposent ni comme méthode ni comme système. Du point de vue même de la vulgarisation, ils présentent de graves défauts, à cause de la hâte et du souci littéraire de leur auteur. Moindre apparaît le grief d'éclectisme : Cicéron, qui se veut libre de tout dogmatisme, fait état d'hétérodoxes récents (stoïciens surtout), que nous ne connaissons guère que par lui, et très fragmentairement ; il reflète aussi, à l'occasion, un regain de faveur pour l'aristotélisme. Et Cicéron exagère aussi quand il se vante d'adjoindre à la littérature romaine un nouveau domaine : il avait eu des précurseurs[1]. Mais ceux-ci étaient confinés dans les opinions de leur École ; Cicéron a mis à la portée des esprits cultivés d'Italie tout l'ensemble de la philosophie grecque, et il a suggéré que de la comparaison et de la critique réciproque des systèmes pouvait naître une morale à la fois métaphysique et pratique adaptée au tempérament romain et à tout l'Occident : Sénèque et les grands penseurs chrétiens lui sont amplement redevables. Et il a créé aussi une prose philosophique latine, qui manque encore çà et là de précision, mais qui, par l'exclusion des vocables grecs et l'approfondissement du sens de maint vocable latin, est déjà élégante et solide, quoique incapable d'une finesse aussi déliée et nette que le grec.

L'art dans les dialogues cicéroniens. — Pour donner à ses traités de rhétorique et de philosophie une forme plus avenante, Cicéron a d'ordinaire recouru à la mise en scène du dialogue. Il s'inspirait en principe de Platon, pour lequel son admiration littéraire était fort vive. Mais aussi d'Aristote qui, donnant à la conversation une allure moins souple et moins coupée et faisant large part à de longs exposés dogmatiques, offrait un modèle plus aisé, surtout à un vulgarisateur hâtif. Les personnages de Cicéron, dans des cadres naturels aimables, un peu artificiels (par exemple les jardins d'une des villas de l'auteur), sont différenciés sobrement, mais avec justesse ; leur politesse très digne et l'uniformité de leur langage, en les figeant un peu, laisse toute

1. Ennius avec son *Épicharme* et son *Évhémère* ; les stoïciens Sex. Pompéius, Q. Lucilius Balbus... ; les épicuriens C. Velléius, C. Amafinius, Rabirius, T. Catius ; et Lucrèce.

sa valeur à la discussion des idées. En outre, Cicéron fait précéder chaque livre d'une préface (il en avait un stock !), d'esprit à la fois très général et très personnel (par exemple sur la mort de Crassus ou d'Hortensius, sur la nécessité de participer à la vie politique, sur l'amour de la petite patrie), sans rien de commun avec le sujet de l'ouvrage : ces effusions semi-lyriques, de style très soigné, ont souvent beaucoup de charme.

Les poèmes. — On ne peut guère citer que pour mémoire les essais poétiques de Cicéron : il avait dans sa jeunesse adapté du grec l'ouvrage astronomique d'Aratos (IIIe s.), pour lequel l'engouement était prodigieux ; il composa des poèmes historiques sur *Marius*, sur son propre consulat (en trois livres)..., sur son temps (en trois livres)... Les fragments qu'il nous a conservés lui-même de ces ouvrages sont en général fort médiocres, bien que certaines traductions du grec (des tragiques en particulier) soient assez vigoureuses et précises.

L'humanisme cicéronien. — Cicéron est certainement l'un des plus grands écrivains de tous les temps : la prose latine, en ses mains, mûrit soudain et fut capable de toutes les souplesses et de toutes les vigueurs. Il y avait travaillé avec amour et acharnement. Mais surtout il en avait fait l'organe de la richesse même de son âme. Il fut un vrai Romain, pénétré de sa dignité, dévoué à sa famille, à ses amis, à l'ordre public, à la « majesté » de sa patrie ; mais plus italien encore que romain par le bonheur de vivre, la vivacité des impressions, la souplesse intellectuelle et le sens esthétique ; — et surtout un humaniste de l'esprit le plus généreux et de la volonté la plus compréhensive : helléniste et prenant pour guide la « nature », amoureux de toute raison et de toute noblesse, persuadé qu'il fallait travailler au bien des hommes en donnant la prééminence aux formes intellectuelles et morales de la vie, il fut et reste, malgré de temporaires dédains, l'un des soutiens de la pensée et de l'expression occidentales.

3. Lucrèce, vers 98 ? — 55 av. J.-C.

De T. Lucrétius Carus, nous ne savons à peu près rien. Une tradition enregistrée par saint Jérôme le représente victime d'un philtre d'amour, composant le *De natura rerum* dans des intervalles de lucidité et se suicidant à l'âge de quarante-quatre ans au cours d'une crise plus violente. Rien n'oblige à y ajouter foi. Il devait être de bonne famille, à en juger d'après le ton de libre amitié avec lequel il s'adresse à Memmius (le dédicataire de son œuvre), qui était d'ancienne noblesse. En février 54, Cicéron écrit à son frère Quintus (II, 9, 3) : « Le poème de Lucrèce témoigne à la fois de beaucoup de génie et de beaucoup d'art ». Est-ce à dire qu'il s'en soit fait le reviseur et l'éditeur, comme l'affirme aussi saint Jérôme ?

Physique et morale. — Ce poème *Sur la nature* expose la physique épicurienne, mais avec une intention morale. Épicure (342-270) proposait comme idéal à l'homme la parfaite sérénité du bonheur : une fine casuistique des plaisirs corporels montrait qu'ils étaient proportionnels aux besoins, et que, plus on réduisait ses besoins, plus on avait de chances de les satisfaire ; d'autre part l'âme acquerrait la paix en se représentant le monde soustrait à toute force surnaturelle et régi par des lois infrangibles : mortelle, et n'ayant plus la peur ni des dieux ni de la vie future, elle devait pouvoir, dans l'ordre impassible de l'univers, atteindre elle aussi l' « ataraxie » (délivrance des troubles passionnels). Pour Épicure le résultat moral seul importait : aussi s'était-il contenté, dans son *Περὶ φύσεως (De la nature)*, d'adopter, avec de très légères retouches, le système de physique matérialiste de Démocrite (vers 410). Lucrèce ne risquait pas de méconnaître cet ordre de valeurs : son analyse psychologique, pénétrante et amère, lui révélait dans la société de son temps une démoralisation profonde, des passions fiévreuses ; il voyait les épicuriens eux-mêmes, nombreux dans la haute société romaine, trop portés aux jouissances matérielles et inquiets entre une incrédulité incertaine et des pratiques superstitieuses. Aussi exprime-t-il avec force la portée morale de son œuvre.

Le cœur impur de l'homme

[Pessimisme de l'observation morale. — Puissance de l'expression psychologique. — Forte sobriété des métaphores ; mais insistance didactique sur la comparaison finale.]

Il (Épicure) vit que les mortels disposaient déjà de presque tout ce qu'exige l'usage de la vie et que leur existence était aussi assurée que possible ; il vit des hommes puissants qui regorgeaient de richesses, d'honneurs, de gloire, et que comblait encore la bonne renommée de leurs enfants : et cependant partout, dans l'intimité des âmes, il ne trouva qu'angoisses, ingrates rancœurs s'en prenant sans relâche à la vie, plaintes aigres que rien ne pouvait refréner. Il comprit que le mal venait du vase même, qui perdait tout ce qu'on y pouvait verser de meilleur : soit que, fêlé, troué, il fût impossible de jamais l'emplir ; soit qu'il empoisonnât de son infection le goût de tout ce qu'on y mettait. Alors il proclama les vérités propres à purifier les cœurs, mit une borne au désir et à la crainte, expliqua quel était ce souverain bien auquel nous aspirons tous et montra la voie la plus courte qui nous y mènerait sans détours ; il expliqua aussi les maux qui, de toutes parts, atteignent la vie des hommes, ceux qui nous adviennent ou fondent sur nous de façons diverses, par action fortuite ou nécessaire de la nature, et indiqua par où il convenait de faire front à chacun d'eux. Il prouva que, la plupart du temps, c'est sans raison que le genre humain roule en son cœur le flot d'amertume des soucis : car, comme s'affolent des enfants qui s'effraient de tout dans les noires ténèbres, ainsi en pleine lumière il nous arrive d'appréhender des périls qui ne sont pas plus à craindre que ceux dont s'épouvante l'imagination des enfants dans les ténèbres[1]. Eh bien ! cette terreur, ces ténèbres de l'âme, il faut qu'elles soient dispersées, non par les rayons du soleil et les traits lumineux du jour, mais par la contemplation rationnelle de l'ordre de la nature.

(VI, v. 9-41.)

1. Rapprocher de la comparaison de Lucilius, p. 98.

Épicure et les dieux

[Ferveur enthousiaste : 1° pour Épicure, que ses disciples vénéraient avec une sorte d'idolâtrie ; 2° pour la splendeur de la science. — Polémique ironique et brève contre le néo-pythagorisme (on attribuait à Pythagore des « vers d'or », ainsi surnommés à cause de leur beauté morale) et les philosophies, comme l'orphisme, qui faisaient une grande part à la vie d'outre-tombe (l'Achéron est le fleuve des Enfers). — Représentation épicurienne des dieux, inutiles au système matérialiste du monde, mais qu'Épicure conservait (tout en les dépouillant de toute activité), parce que, selon sa théorie de la connaissance, tout ce dont l'homme a la notion doit avoir une certaine existence. — Influence littéraire d'Homère : cf. *Odyssée*, VI, v. 42 ss.]

O toi qui, le premier, de cet amas de ténèbres as su élever la lumière éclatante dont s'illuminent les biens de la vie, sois mon guide, ô gloire de la Grèce ; je veux poser mes pieds dans la trace de tes pas, non par ambition rivale, mais par amour fervent de disciple : car l'hirondelle se mesurerait-elle avec les cygnes, ou les chevreaux aux pattes tremblantes pourraient-ils égaler à la course l'élan vigoureux du cheval ? O père ! tu as découvert la nature ; tu nous dispenses en père tes enseignements ; et de tes lèvres, ô glorieux, comme dans les vallons fleuris butinent partout les abeilles, nous recueillons tout notre trésor en tes préceptes d'or ; oui, d'or, et les plus dignes qui furent jamais de vivre éternellement.

Car dès que le système physique né de ton divin génie commence à proclamer les lois de la nature, les terreurs s'enfuient et se dispersent, les voûtes célestes s'entr'ouvrent, mon regard erre partout dans l'espace infini. Je vois la majesté des dieux, leurs demeures tranquilles, que n'ébranlent pas les vents, que les nuées d'orage épargnent, que la neige condensée par la gelée mordante n'outrage pas de sa chute blanche ; mais toujours l'éther sans nuage les enveloppe et elles s'épanouissent en un immense rayonnement de lumière. Cependant la nature pourvoit à tout pour eux, et nul souci jamais n'effleure la paix de leur âme. Mais à l'opposé, j'ai beau chercher : nulle part je ne vois les domaines de l'Achéron ; et ce n'est pas la terre pourtant qui empêche mon regard de se porter sur tout ce qui, sous mes pieds, se passe dans la profondeur du vide. Alors, une volupté divine m'envahit, avec un frisson, de voir que la nature, forcée par ton génie, s'est ouverte de toutes parts sans mystères et sans voiles.

(III, v. 1-30.)

Ordonnance logique du poème. — Mais, à la différence d'Épicure, Lucrèce a aussi la passion de la vérité scientifique pour elle-même. S'étant donné pour tâche l'exposé d'un système de physique, il a suivi son dessein, d'un bout à l'autre de ses 6 livres, avec une extrême rigueur, en élargissant seulement les parties qui traitent de l'homme (l. III-IV) et de ses rapports avec l'univers (l. V-VI).

Dans le vide tombent éternellement des atomes indivisibles, indestructibles, semences de tous les univers passés, présents ou à venir : car rien ne se crée, rien ne se perd (I). La pesanteur et une certaine « déclinaison » *(clinamen)* de la verticale les amènent à se grouper, à donner naissance aux corps inertes et animés, sans l'intervention des dieux (II). — Ainsi, l'homme est matériel, même son esprit *(animus)* et son âme *(anima) ;* matériel, donc mortel : car toute combinaison d'atomes finit par se résoudre en ses éléments. Et, si l'âme est mortelle, une vie future n'est pas à craindre (III). A l'origine de la connaissance sont les sensations qui, matériellement émanées des corps, ne trompent pas, si on les interprète sans illusion passionnelle (IV). — Le monde non plus n'est pas l'œuvre des dieux : son évolution et celle de l'humanité peuvent se suivre à partir de combinaisons fortuites par progrès conjoints (V). Et les phénomènes les plus étranges qui épouvantent les hommes, même les épidémies, sont dus à des causes naturelles (VI).

Lucrèce tient avant tout à la force et à la clarté didactique du raisonnement. Aussi les transitions sont-elles insistantes, souvent lourdes ; les déductions minutieuses ; les renvois aux points déjà acquis fréquents ; et le poète n'hésite pas à exprimer plusieurs fois sous des formes diverses les conclusions essentielles. Cette volonté est si nette qu'il y a lieu, semble-t-il, de mettre au compte de l'inachèvement (et, parfois, de la transmission manuscrite) les incoordinations ou les lacunes qu'on rencontre au cours du poème. De même sa fin brusquée, qui nous laisse sous l'impression de la peste d'Athènes[1].

Son équilibre littéraire. — Mais, tout en suivant de près Épicure, dont l'exposé était fort plat, Lucrèce avait l'ambition de créer une grande œuvre littéraire. Il avait étudié Ennius ; mais il remonta au-delà, jusqu'aux grands philosophes-poètes de la Grèce, les Éléates (Élée est une ville grecque d'Italie) Xénophane et Parménide (VIe-Ve s.), le Sicilien Empédocle surtout (Ve s.), dont il fait l'éloge et qu'il imite souvent sans partager (il s'en faut) toutes ses idées. De ce genre grandiose, périmé depuis longtemps dans le monde grec, Lucrèce nous a laissé le seul exemple complet, éclatant.

Il avait lu bien d'autres poètes et prosateurs, Homère, Hésiode, Thucydide par exemple. Il avait pratiqué la rhétorique, cultivé le « développement poétique » : de là des préludes brillants, d'amples hors-d'œuvre, des comparaisons toutes faites qu'il pouvait introduire çà et là pour égayer l'aridité de la discussion. Mais, si beaux que soient ces couplets : l'invocation à Vénus, le thrène sur la mort d'Iphigénie, la description du cortège de Cybèle..., la continuité même du poème est encore plus belle. Elle est en effet constamment animée, et de la façon la plus naturelle, par la passion que Lucrèce apporte à suivre son raisonnement, par la vivacité de ses interrogations, de ses exclamations, de ses triomphes logiques ; par la polémique contre les écoles philosophiques rivales et la ferveur de sa foi épicurienne ; surtout par le sentiment toujours présent de la nature. A l'unité du plan correspond l'unité de facture.

Les atome invisibles

[Méthode : introduction du développement par une objection (procédé rhétorique) ; énoncé du thème ; preuve ; actions d'éléments invisibles (les plus violentes d'abord), diminutions et accroissements insensibles. — Procédé d'explication de l'inconnu par le connu (les effets du vent expliqués par ceux des eaux). — Richesse d'apparence spontanée et variété des exemples. — Procédés descriptifs de deux espèces : ampleur homérique (vents et fleuves), non imitée, mais naturelle ; minutie alexandrine, brève et frappante, du détail, mais du détail vu. — Accord des procédés descriptifs avec les buts scientifiques.]

Et maintenant, ayant montré que nulle réalité ne peut être créée à partir du néant, ni, une fois née, être rappelée au néant, pour que tu n'ailles pas te méfier de mes enseignements sous prétexte que nous ne pouvons voir de nos yeux les éléments premiers,

1. Peut-être la conclusion prévue revenait-elle sur la théologie épicurienne, en contrepartie de l'exorde du poème (l. I) sur les crimes de la *superstitio*.

je t'énumérerai des réalités corporelles dont il te faudra bien confesser l'existence, bien que tu ne puisses les voir.

D'abord le vent, quand sa violence se déploie, flagelle la mer, renverse d'immenses vaisseaux, disperse les nuées, et parfois, parcourant en tempête les plaines, les jonche de grands arbres, et tourmente la cime des montagnes, où son souffle dévaste les forêts : ainsi se déchaîne sa fureur forcenée avec d'aigres sifflements et des grondements pleins de menaces. Donc les vents, bien sûr, sont des corps invisibles, qui balayent la mer et les terres et les nuages du ciel, qui les tourmentent et les emportent d'un tourbillon soudain. Ce sont des courants qui étendent la destruction exactement à la manière des eaux, naturellement souples pourtant, d'un fleuve qui soudain, lorsque les pluies abondantes dévalant du haut des montagnes l'ont grossi de masses d'eau énormes, déborde, roulant un amas de débris forestiers et des arbres entiers ; et les ponts robustes ne peuvent supporter la violence soudaine de cet afflux d'eau : tant le courant, rendu furieux par l'abondance des pluies, vient heurter avec force et violence leurs assises : il les renverse avec un grand fracas et roule sous les eaux leurs pierres énormes, et tout obstacle qui s'oppose à ses flots, il l'arrache. C'est ainsi que doivent se précipiter les courants du vent : comme un fleuve puissant, lorsqu'ils portent leur masse en une direction, ils poussent, renversent tout devant eux par leurs assauts répétés, et parfois saisissent les obstacles dans un tourbillon, les enlèvent et les emportent en leur fuite tournoyante. Donc, je le dis et le répète, les vents sont des corps invisibles, puisqu'ils se comportent tout à fait à la façon des grands fleuves, dont la nature est visiblement corporelle.

Et puis, nous sentons diverses odeurs sans les voir jamais s'approcher de nos narines ; nous n'apercevons pas la chaleur et ne saisissons pas des yeux le froid ; ni les sons non plus : toutes choses dont la nature est nécessairement corporelle puisqu'ils ébranlent nos sens ; car rien ne peut toucher ni être touché s'il n'est point corps. Les étoffes encore, si on les suspend auprès d'un rivage où brise la mer, se chargent d'humidité ; étendues au soleil, elles sèchent ; et pourtant on n'a vu ni comment l'eau les a pénétrées, ni comment ensuite elle s'est évanouie à la chaleur : l'humidité se dissipe donc en particules menues, qu'il est impossible aux yeux de voir.

Bien plus, après de nombreuses révolutions du soleil, l'anneau, à force d'être porté au doigt, s'amincit par en dessous ; la goutte d'eau qui tombe creuse la pierre ; le soc courbe de la charrue, tout fer qu'il est, décroît insensiblement dans la glèbe ; et le dallage de pierre des rues, nous le voyons tout usé par les pieds de la foule ; et, aux portes des villes, les statues de bronze montrent leurs mains droites amincies, à force d'être touchées[1] par les passants pieux. Nous nous apercevons que ces objets diminuent en en constatant l'usure ; mais ce que chaque instant leur enleva, la Nature nous envie le moyen de l'apprécier par la vue.

Enfin les accroissements graduels que la nature apporte de jour en jour aux corps, selon la mesure imposée à chacun, aucun regard n'est assez perçant pour les apercevoir ; ni non plus les diminutions qu'amènent la vieillesse et son usure. Vous ne pouvez pas davantage vous rendre compte de ce que perdent à chaque instant les rochers qui surplombent la mer, et que ronge et détruit le flot salin. La nature agit donc au moyen de corps imperceptibles.

I, v. 265-328.

L'âme est matière

[L'Antiquité n'a jamais pu se représenter l'âme comme tout à fait dégagée de la matière. Ici Lucrèce, à la suite d'Épicure, admet une matière de plus en plus subtilisée du corps à l'âme (principe de vie) et de l'âme à l'esprit (principe d'intelligence). — Intuition et expérimentation psycho-physiologiques (étudiant les influences réciproques de l'âme et du corps). — Démonstration en deux points : l'esprit peut paraître indépendant du corps sans l'être en réalité ; certaines expériences prouvent en fait qu'il ne l'est pas.

1. En signe d'adoration. Il s'agit de dieux protecteurs de la ville, que toute personne qui y entre cherche à se concilier.

Je dis maintenant que l'esprit et l'âme sont inséparables et ne constituent qu'une substance. Mais le chef, pour ainsi dire, qui règne sur l'ensemble du corps, c'est la raison que nous nommons « esprit » ou « entendement ». Il a son siège fixe au milieu de la poitrine : c'est là en effet que palpite et tressaille la peur, dans ces alentours que s'épanche la douceur de la joie ; c'est donc là que réside l'entendement, l'esprit ; l'autre partie, qui est l'âme, disséminée dans tout le corps, obéit et se meut selon l'ordre et le mouvement de l'esprit. Et il est capable par lui seul de sentiment, de joie, lors même que ni l'âme, ni le corps ne participent à son émotion. Comme, lorsque notre tête ou notre œil subit l'atteinte de la souffrance, la douleur n'atteint pas l'ensemble de notre corps, de même il arrive que notre esprit éprouve seul la souffrance ou l'exaltation de la joie, sans que le corps et les membres soient sollicités d'aucune nouveauté. Mais dès qu'une peur plus violente ébranle l'esprit, nous voyons que toute l'âme en reçoit l'impression dans les membres : les suées, la pâleur envahissent tout le corps, la langue se paralyse, la voix expire, un nuage couvre les yeux, les oreilles tintent, les membres fléchissent ; enfin nous voyons souvent, par l'effet d'une terreur qui saisit l'esprit, des hommes tomber sans connaissance. D'où il est facile de reconnaître l'union de l'âme avec l'esprit, puisque le choc qui heurte l'esprit se répercute sur le corps et le renverse.

III, v. 136-160.

Les sens, sources de la connaissance

[Subtilité suivie du raisonnement : nécessité logique d'une certitude ; impossibilité psycho-physiologique de réfuter le témoignage des sens ; impossibilité pratique de s'en abstraire. — Diversité et vie du style (polémique dédaigneuse, logique pressante et force rhétorique, bon sens réaliste ; — effort de variété dans le vocabulaire).]

Quant à ceux[1] qui pensent qu'on ne peut rien savoir, ils ne savent pas non plus s'il n'est pas possible de savoir puisqu'ils avouent ne rien savoir. Je n'engagerai pas la discussion contre qui a décidé de marcher la tête en bas. Cependant, admis qu'ils le sachent, eh bien ! je leur demanderai comment, si l'univers ne leur a encore présenté aucune vérité, ils savent distinguer « savoir » et « ne pas savoir » ? Qu'est-ce qui leur a donné la notion du vrai et du faux ? ou leur a appris que le douteux différait du certain ?

Vous trouverez que ce sont les sens qui créent la première notion du vrai, et que le témoignage des sens est irrécusable. Car il faut un bien grand crédit pour, à soi seul, faire triompher le vrai sur le faux ; et qui doit avoir plus grand crédit que les sens ? Et, si un sens nous trompe, est-ce la raison qui parlera contre eux, elle qui tout entière est issue des sens ? Oui, s'ils ne sont pas véridiques, la raison aussi est toute erreur. Ou bien les yeux seront-ils repris par les oreilles, les oreilles par le toucher ? ou le toucher, encore, sera-t-il dénoncé par le goût, réfuté par l'odorat ou confondu par la vue ? Non, je pense, non. Car chacun des sens a son domaine particulier, chacun son pouvoir : et nous devons donc éprouver de façon distincte la consistance et la chaleur ou le froid, de façon distincte les couleurs et ce qui se rattache aux couleurs ; distincte est l'impression du goût, distincte la sensation des odeurs, distincte celle des sons. Il est donc tout à fait impossible que les sens se redressent l'un l'autre ; et ils ne pourront non plus se reprendre eux-mêmes, puisque le crédit qu'on doit leur accorder est toujours égal[2]. Par conséquent la perception de chaque instant, c'est la vérité.

Et si la raison ne peut débrouiller pourquoi, par exemple, ce qui de près est carré, est apparu rond de loin[3], dans le doute mieux vaut donner du phénomène des raisons erronées que de laisser échapper de ses mains des vérités manifestes[4], de porter atteinte à la source de notre créance et de ruiner les fondements mêmes de notre vie, de notre sauvegarde. Car ce n'est pas seulement la raison qui croulerait tout entière ; la vie aussi

1. Métrodoros de Chios et les Démocritéens. Mais la polémique atteint aussi toutes les écoles « sceptiques » : les Épicuriens étaient très dogmatiques.
2. De deux impressions du même sens, l'une en soi n'est pas supérieure à l'autre.
3. Exemple classique d'erreur des sens : une tour carrée, vue de loin, semble ronde.
4. Ici se retrouve l'éminente préoccupation morale de la physique épicurienne.

s'effondrerait au même moment, si nous n'osions plus croire aux sens, n'évitant plus les précipices ni les dangers de toute sorte et recherchant notre mal.

IV, v. 469-510.

Séparation des éléments

[Les atomes sont plus ou moins lourds et lisses ; mais les atomes lourds et crochus en ont entraîné dans leur chute d'autres plus légers et polis (ceux de l'eau, du feu, et, plus encore, de l'éther [la partie la plus haute et la plus subtile du ciel]), qui ensuite, par pression, vont être expulsés comme l'eau d'une éponge. — Épopée cosmique grandiose. — Poésie originale et fraîche de la comparaison. — Effort pour expliquer le mouvement des astres sans leur accorder la vie (comme le faisaient, plus ou moins, néo-pythagoriciens et stoïciens).]

Tout d'abord, en effet, toutes les espèces d'atomes terrestres, à cause de leur poids et de leur intrication, se rassemblaient au milieu, et ils tendaient tous à occuper les régions du bas. Et plus se resserrait leur entrelacement, plus ils chassèrent de leur masse les éléments propres à constituer la mer, les astres, le soleil et la lune et les remparts du vaste monde. Car tous ces corps sont composés de germes plus lisses et plus ronds et beaucoup plus petits que ceux de la terre. Ainsi, s'échappant le premier par les canaux d'une masse encore peu compacte, s'éleva l'éther porte-feu et, dans son ascension légère, il entraîna beaucoup de feux. C'est à peu près ainsi qu'à l'heure matinale où dans les herbes emperlées de rosée rougeoient les rayons dorés du soleil, nous voyons souvent s'exhaler une brume des lacs et des eaux courantes, et la terre elle-même fumer ; et ces vapeurs s'assembler vers le haut et, en se condensant, tisser au ciel un voile de nuages. De même alors l'éther léger et volatil, en se condensant, s'infléchit de toute part et se répandit partout autour du monde qu'il enveloppa tout entier de son ardent embrassement. Suivit la naissance du soleil et de la lune, dont les globes roulent entre deux dans la zone des vents : ni la terre ni l'immense éther n'ont pu se les adjoindre, parce qu'ils n'étaient ni assez pesants pour se déposer en bas, ni assez légers pour glisser dans les plus hautes régions. Et les voilà donc entre l'un et l'autre, dotés d'un mouvement d'êtres animés, tout en n'étant que des parties de l'univers : en notre corps aussi tels membres peuvent rester immobiles, tandis que d'autres sont en mouvement.

V, v. 449-479.

Science et philosophie. — Les sciences physiques, dans l'Antiquité, ne disposaient pas de la méthode d'expérimentation qui isole les phénomènes et, cherchant à les reproduire dans des circonstances diverses, permet de mieux connaître leurs causes et leurs actions. Elles procédaient par observations, rapprochements, analogies et déductions logiques. Or les observations, pour fines qu'on les suppose, isolent avec peine les faits à l'état pur ; les rapprochements risquent d'être tout extérieurs ; la logique, sans une masse de faits contrôlés, fourvoie aisément. Ainsi les meilleurs esprits se trouvaient-ils impuissants à créer une science positive. Lucrèce avait les plus hautes qualités du savant : objectivité et acuité dans l'observation des faits ; souplesse et richesse des points de vue ; force et finesse (parfois subtile) dans la déduction logique ; en outre une vraie passion pour les audaces de la science ; l'orgueil de l'originalité, qui pousse à la recherche ; et celui de la clarté, qui ne se satisfait que d'idées nettes. Mais son œuvre nous ballotte sans cesse d'illuminations presque prophétiques à des erreurs qui aujourd'hui nous semblent grossières.

La logique maîtresse d'erreur et de vérité

I. Contre les antipodes et la gravitation universelle.

Et à ce propos, garde-toi bien de croire, Memmius, que toutes choses tendent vers le centre (comme on dit) de l'univers et que, par là, le monde se maintient sans aucun choc du dehors, ne pouvant se dissoudre ni par en haut ni par en bas, puisque tout s'appuie sur le centre. — Comme si quelque chose pouvait se fixer sur lui-même ! Comme si toutes les matières pesantes qui sont au-dessous de nous pouvaient revenir sur elles-mêmes vers le haut et reposer sur la terre en sens inverse, comme les images des objets que nous voyons à travers l'eau ! — Et de la même façon ils affirment qu'[aux antipodes] les animaux marchent la tête en bas, sans pouvoir cependant tomber dans les espaces inférieurs du ciel plus que nos corps à nous ne pourraient par eux-mêmes s'envoler dans les espaces célestes ; et que, à l'heure où ces gens voient le soleil, nous apercevons les astres nocturnes, que les saisons pour eux alternent avec les nôtres, et que la durée de leurs nuits répond à celle de nos jours. C'est une vaine et stupide [erreur]...

I, v. 1052-1068.

II. La chute des corps dans le vide.

On pensera peut-être que les atomes les plus pesants, tombant plus vite et tout droit à travers le vide, heurtent d'en haut les plus légers et provoquent ainsi les chocs d'où s'ensuivent les mouvements générateurs des êtres. Mais ce serait s'égarer bien loin de la vérité. Car, sans doute, tous les corps qui tombent à travers l'eau ou l'air subtil précipitent nécessairement leur chute en raison de leur poids, parce que l'eau et l'air, du fait de leur consistance et de leur nature, ne peuvent retarder également tous les corps, mais cèdent plus vite à la pression supérieure des plus pesants. Mais, au contraire, rien jamais et nulle part ne peut rencontrer de résistance dans le vide qui, par sa nature même, ne cesse de céder ; tous les corps donc, quelle que soit l'inégalité de leurs poids, doivent tomber d'un mouvement égal à travers la sérénité du vide[1].

II, v. 225-239.

Les origines du langage

[Le problème du langage, qui est le signe extérieur de la supériorité de l'homme sur les animaux, a préoccupé tous les philosophes. — Hardiesse tranquille du rapprochement entre l'homme et les animaux. — Habile déduction d'exemples dont la suggestion finit par devenir probante. — Fraîcheur de l'observation.]

Enfin qu'y a-t-il de si étrange à supposer que le genre humain, doué de la voix et de la langue, ait, selon la diversité de ses impressions, désigné les choses par des sons divers ? Les animaux privés de la parole, les bêtes sauvages elles-mêmes émettent des sons divers et variés sous l'emprise de la peur ou de la douleur, ou encore de la joie. C'est ce que l'on peut voir par des exemples bien clairs. Quand la colère prend les grands chiens molosses et qu'ils grondent sourdement, leurs molles babines retroussées découvrant leurs crocs solides, la rage qui contracte leur gueule menaçante produit des sons tout autres que les aboiements qui éclatent ensuite et dont ils emplissent l'espace. Mais quand d'une langue caressante ils effleurent à peine leurs petits, ou les culbutent à coups de patte et, les mordillant, feignent tendrement de les dévorer sans resserrer leurs dents, ils les flattent d'un jappement qui ne ressemble en rien aux hurlements qu'abandonnés ils poussent dans les maisons, ni à leurs gémissements quand ils fuient en rampant sous les coups. Et, d'autre part, n'y a-t-il point la même différence entre les hennissements de l'étalon brillant de jeunesse, quand il s'emporte parmi les cavales, éperonné par l'Amour ailé, et quand d'autres passions font frémir ses membres et que le ronflement de ses naseaux tout ouverts appelle « aux armes » ? Enfin les races ailées, tous ces oiseaux

1. C'est la vérité que démontre l'expérience d'Atwood.

divers, éperviers, orfraies, plongeons qui dans les eaux salines de la mer cherchent leur vivre et leur vie, ne jettent pas en d'autres circonstances les mêmes cris que ceux avec lesquels ils luttent entre eux pour leur pâture, et contre une proie qui se débat. Il en est même qui modifient avec les variations du temps leurs rauques accents : corneilles vivaces, corbeaux en bandes, lorsqu'ils réclament, dit-on, la pluie ou appellent le souffle des vents.

Si donc des impressions diverses portent les animaux, bien que privés de la parole, à émettre des sons divers, combien n'est-il pas plus aisé d'admettre que les hommes ont pu par des sons différents exprimer des réalités dissemblables ?

V, v. 1056-1090.

Les simulacres

[Les Épicuriens expliquaient les sensations en affirmant que tous les corps émettent sans cesse des formes subtiles ou « simulacres » semblables à eux-mêmes, et qui pénètrent dans l'organisme de l'être sentant. — Richesse et variété de l'observation (impressions de campagne et de ville, finement ressenties). — Mais elle ne prouve rien.]

...Nous voyons bien des corps abandonnés de leurs éléments, qui tantôt se dissipent dans l'air, comme la fumée ou la chaleur qui se dégagent du bois vert ou de la flamme, tantôt forment un tissu plus serré, comme ces minces tuniques que les cigales déposent souvent en été, ou les membranes qui se détachent du corps des veaux à leur naissance, ou la dépouille que le serpent glissant laisse au milieu des ronces : car souvent nous en voyons flotter aux épines des buissons. Puisqu'il en est ainsi, de minces images des choses doivent aussi se détacher de leur surface...

Et certes, ces émanations abondantes, nous voyons beaucoup de corps les émettre non seulement de leur profondeur, comme nous l'avons dit, mais de leur surface aussi, et souvent leur couleur même[1]. C'est ce qui arrive couramment avec les voiles jaunes, rouges et bleus, qui, déployés et tendus sur nos vastes théâtres[2], tremblent et ondulent entre les mâts et les traverses. Car, en-dessous, l'assemblée des gradins, les visages des sénateurs et des dames, les statues des dieux, se teignent de leurs couleurs ondoyantes ; et plus strictement ils enferment l'enceinte du théâtre, plus à l'intérieur tout s'égaie du charme qu'ils répandent en filtrant la lumière du jour. Si donc des toiles émettent le coloris de leur surface, tout objet doit aussi émettre de minces images : dans l'un et l'autre cas c'est la surface qui les lance dans l'espace.

IV, v. 54-64 ; 72-86.

En outre, quand il s'agit de rendre compte de phénomènes alors inabordables (dimensions des astres, phases de la lune, éclipses, aimantation, etc...). Lucrèce propose non pas une explication, mais plusieurs, entre lesquelles il laisse le choix. Même si l'une d'elles, comme il est assez habituel, touche à la vérité, c'est un hasard logique, non une acquisition scientifique. Et, sans doute, il y a prudence, quand on ne dispose pas des moyens de contrôle nécessaires, à se refuser à prendre parti entre différentes hypothèses. Mais le doute ne tourmente pas Lucrèce. Car son but reste avant tout philosophique : il veut montrer qu'un esprit réfléchi, s'il a adopté la théorie atomique, trouvera toujours des explications naturelles aux faits où le vulgaire voit la redoutable intervention des dieux. Aussi lui suffit-il de pressentir avec force et d'affirmer en croyant certaines grandes idées directrices : permanence des lois physiques, déterminisme, action réciproque du corps et de l'âme,

1. Conçue comme matérielle.
2. Qui étaient à ciel ouvert.

évolution, sélection des êtres vivants par la lutte pour la vie, corrélation organique... Toutes idées qui, pour nous, représentent de longs classements scientifiques, mais qui, dans Lucrèce, ne sont que de très vives et puissantes intuitions d'une volonté tendue vers un but moral.

Réalisme et imagination. — Seulement cet homme est éminent, même du point de vue scientifique, par la richesse et la justesse de ses sensations et par le réalisme de son imagination. Tous les sens chez lui s'emparent de l'univers, jusque dans le plus petit détail : une vue aiguë, le tact et l'odorat des plus subtils, l'ouïe à peine moins. Aussi exprime-t-il, plus complètement qu'aucun écrivain grec ou latin, la diversité sensorielle du monde. Et une physique qui ne décomposait pas les phénomènes apparents lui fournissait une riche matière descriptive. Sous forme d'exemples ou de rapprochements, les impressions vives et saisissantes, de la ville, de la campagne, s'accumulent chez lui, notées avec une précision curieuse, mais sans raffinement inutile. Sa science s'exalte aussi des amples spectacles de la Nature, révélée en toute sa force et sa splendeur ; ciels immenses, amoncellements de nuées, longs regards sur la mer infinie, tracés vaporeux ou arrêtés de montagnes, passages irrésistibles des eaux et des vents... Méditée d'ailleurs et ordonnée par son imagination scientifique, la description dépasse même les limites de l'observation personnelle, recrée avec une vie intense des données livresques, trace de vastes fresques de révolutions, de batailles, reconstitue les âges préhistoriques, avec un tel réalisme, jusque dans les hypothèses les plus audacieuses, que son œuvre prend vraiment le sens et la valeur d'une épopée de la nature. Et il se pourrait que l'influence du *De natura rerum* se fût exercée non seulement dans le domaine des lettres mais aussi dans celui des arts et en particulier dans celui de la peinture. Ses descriptions ont pu développer ce goût romantique de la nature dont nous découvrons la trace un peu affadie dans certaines fresques de Pompéi représentant des paysages.

Trombes

[Imagination scientifique d'après une description grecque (précision technique, clarté de la représentation). — Mouvement et pittoresque (noter la familiarité saisissante de la comparaison). — Grandeur cosmique.]

Au reste ce que j'ai dit fera comprendre sans peine comment s'abattent sur la mer ces « prestères », dont le nom grec indique l'origine[1]. Quelquefois, en effet, une sorte de colonne s'abaissant du ciel descend sur la mer, et les flots autour d'elle se mettent à bouillir, travaillés par des souffles à la puissante haleine ; et tous les navires qui alors sont surpris dans ces convulsions courent risque de se perdre corps et biens. Ce phénomène se produit quand un vent d'une extrême violence ne parvient pourtant pas à rompre un nuage, mais, pesant sur lui, le fait descendre, comme une colonne, du ciel sur la terre, peu à peu, à la façon d'un poing, d'un bras dont la pression pousserait une masse et la ferait s'allonger jusqu'à toucher les eaux. Enfin le vent déchire la nuée, s'en échappe avec violence contre la mer et produit dans ses eaux un bouillonnement extraordinaire. C'est en effet en tournoyant que descend ce vent de trombe, entraînant en bas d'un même mouvement la nuée flexible ; au moment même où il la plaque pesamment contre la surface de la mer, il entre soudain tout entier dans l'eau, qu'il soulève partout alentour et fait bouillir avec un fracas immense.

1. Il signifie : « ouragan brûlant ». Les anciens établissaient un rapport entre le vent, l'air et le feu (les éclairs, en particulier).

Il arrive aussi qu'un tourbillon de vent s'enveloppe de nuages en arrachant partout dans l'air les éléments des nues, et imite le « prestère » descendu du ciel. Et quand il s'est abattu et rompu sur la terre, il y vomit un ouragan aux remous d'une violence effroyable. Mais ceci est tout à fait rare, les montagnes y faisant nécessairement obstacle : le phénomène apparaît plus souvent sur la mer, dans l'immensité sans limites des eaux et du ciel.

VI, v. 423-450.

Guerres fantastiques

[Imagination fantastique (ses éléments : des œuvres d'art gréco-asiatiques représentant des chasses ; l'expérience des combats du cirque entre hommes et bêtes féroces). — Netteté et animation du dessin. — Grandissement épique. — Cf. les « chasses au lion » du peintre Eug. Delacroix.]

...On essaya encore d'utiliser les taureaux à la guerre ; on tenta de lancer contre les ennemis des sangliers farouches. Et les armées se firent aussi précéder de lions puissants, conduits par des dompteurs armés, maîtres impitoyables, capables de modérer leurs élans et de les retenir avec des chaînes ; vaine précaution : car, échauffés dans la mêlée et le carnage, furieux, ils jetaient le désordre dans tous les escadrons sans distinction, secouant de toutes parts leurs effrayantes crinières ; et les cavaliers ne pouvaient calmer leurs chevaux épouvantés par les rugissements ni les ramener contre l'ennemi. De toutes parts ce n'était que bonds de lionnes forcenées : elles sautaient à la face de ceux qu'elles affrontaient ou, surprenant un homme par derrière, l'arrachaient de sa monture, le faisaient rouler à terre avec elles et, le tenant vaincu sur le sol, s'attachaient à lui de leurs mâchoires puissantes et de leurs griffes crochues. Les taureaux lançaient en l'air les leurs et les foulaient aux pieds ; de leurs cornes, tête basse, ils ouvraient le flanc et le ventre des chevaux, ou labouraient la terre de leur front menaçant. Et les sangliers, de leurs fortes défenses, décousaient leurs alliés ; en vain les traits brisés dans leur chair se teignaient-ils de leur sang : furieux ils renversaient pêle-mêle cavaliers et fantassins. Car, pour échapper à ces dents sauvages, les chevaux avaient beau faire de soudains écarts et se dresser tout droit, battant l'air de leurs pieds : les jarrets coupés, vous les auriez vu s'écrouler, écrasant la terre de leur poids.

V, v. 1308-1333.

L'homme primitif

[Imagination créatrice (qui utilise les fables sur « l'âge d'or », mais dans un esprit réaliste). — Penchant idyllique vers la fraîcheur de la nature primitive, même avec ses brutalités. — Antithèse morale implicite de l'homme « naturel » avec le civilisé « corrompu ».]

La race d'hommes qui vivait alors dans les campagnes était beaucoup plus dure [que celle d'aujourd'hui], comme il convenait à des enfants de la terre ; la charpente de leurs os était plus grande et plus solide, leur chair était une contexture de muscles puissants ; et ni la chaleur ni le froid, ni le changement de nourriture, ni aucune maladie n'avaient prise facile sur eux. Et pendant bien des révolutions solaires, bien des lustres, ils prolongeaient leur vie à la façon vagabonde des bêtes sauvages. Il n'y avait point de laboureur robuste gouvernant la charrue recourbée ; personne ne savait remuer des champs avec le fer, ni enfoncer dans le sol de jeunes boutures, ni retrancher avec la serpette les vieux rameaux des grands arbres. Les dons du soleil et des pluies, les productions spontanées du sol suffisaient à contenter leurs cœurs. Ils pourvoyaient d'ordinaire à leur faim parmi les chênes chargés de glands ; et les arbouses, que vous voyez, l'hiver, mûrir en s'empourprant, étaient alors plus abondantes et plus grosses qu'aujourd'hui. Et le monde, en sa jeunesse fleurie, portait alors bien d'autres nourritures agrestes, amples richesses pour ces misérables. Voulaient-ils apaiser leur soif, ruisseaux et fontaines les appelaient, comme aujourd'hui un torrent dévalant des montagnes appelle encore de sa voix claire les bêtes altérées. Et puis, leurs courses errantes leur faisaient connaître les retraites silvestres des nymphes, où ils savaient que l'eau, débordant en large nappe, glissait sur les roches humides, les roches humides qui s'égouttent sur la mousse verte ; ou les sources encore qui jaillissent d'un flux abondant dans la campagne nue. Et ils ne savaient pas encore utiliser le feu, ni se servir pour couvrir leur corps des fourrures ou de la dépouille des bêtes : ils habitaient les couverts, les antres et les bois, et enfonçaient au milieu des broussailles leur corps souillé, pour échapper à la cinglée des vents et des pluies.

V, v. 925-957.

Sensibilité et passion. — Cette épopée n'est pas privée d'âme : la personnalité de Lucrèce s'impose d'un bout à l'autre du poème et en fait tout autre chose et plus qu'un exposé épicurien ou même qu'un hymne enthousiaste à la beauté et à la grandeur de la Nature. Il y a, en effet, en lui à la fois conflit et accord entre une sensibilité pitoyable et une volonté scientifique autoritaire.

Le goût de la vie, une tendresse pour l'activité spontanée des êtres, des pressentiments d'idylles riantes pourraient être expliqués, à la rigueur, par la joie même de la contemplation poétique. Mais non l'angoisse devant les faiblesses et les misères des hommes, qui perce çà et là, comme malgré le poète, souvent par un mot seulement ou par une intonation. Ainsi lorsqu'il évoque les mineurs, ou, avec un apparent détachement, les échanges perpétuels de la vie et de la mort :

Enfin vois, en ces lieux où les mineurs suivent les veines d'or et d'argent, fouillant avec le fer les entrailles de la terre, quelles exhalaisons s'élèvent des galeries de Scaptésulè[1] ! Quels miasmes que ceux qu'exhalent les mines d'or ! Quel visage elles font, quel teint elles donnent aux hommes ! Ne vois-tu pas, n'entends-tu pas dire combien vite ils meurent, comme leur vie est prompte à s'épuiser, ceux que l'urgente et dure nécessité contraint à ce travail ?

VI, v. 808-815.

Tantôt ici, tantôt là, triomphent et succombent dans le monde les principes de vie. Les pleurs des funérailles se mêlent au vagissement qu'élèvent les enfants quand ils accèdent à la lumière ; et jamais la nuit n'a succédé au jour, ni l'aurore à la nuit sans entendre les vagissements souffrants des nouveaux-nés se mêler aux lamentations compagnes de la mort et de son noir convoi.

II, v. 575-580.

De la mort, en particulier, Lucrèce parle tantôt avec une froide objectivité, tantôt avec une dureté réaliste et cruelle, tantôt même en recherchant des effets de terreur macabre, comme fera chez nous Villon : mais, sous tous ces aspects, on sent l'obsession douloureuse qu'il combat et dont il souffre. Et de même quand il décrit les vices et les erreurs des hommes.

Cette sensibilité est durement refoulée. Mais c'est que Lucrèce, ayant cherché la sérénité dans la contemplation scientifique, prétend par là même proposer à l'humanité le remède souverain, au moins à ses misères morales. Ce but, ardemment poursuivi, il semble douter de pouvoir l'atteindre. De là le pessimisme amer auquel il aboutit. Il flagelle avec une sorte de joie sauvage les illusions et les vices des hommes, l'avarice, l'ambition, la luxure. Il ne le ferait ni s'il avait atteint lui-même la paix de l'âme ni s'il ne voulait le bien de ses semblables. Ainsi la passion, éclatant au milieu de l'exposé scientifique, révèle un cœur qui souffre noblement.

---

1. Lieu de Thrace, riche en mines d'argent.

La combinaison du pessimisme et de la passion explique la violence anti-religieuse de Lucrèce. Il a voulu, à la suite d'Épicure, trouver dans la crainte des dieux et de la vie future l'origine de tous les dérèglements humains. Donc, pour lui, la grande ennemie. Aussi le ton dont il parle de la religion n'a-t-il rien de serein ; il s'en prend avec un acharnement brûlant aux cultes, aux prêtres surtout, sinon aux dieux (Vénus, Cybèle...), dont la physique épicurienne postulait l'existence (puisqu'on voyait en rêve leurs « simulacres »), mais qui, selon cette doctrine, vivaient inactifs et sereins dans les intermondes, sans se soucier des hommes.

En un sens, cet ennemi de la religion est un fanatique. Il s'est jeté, comme Pascal, dans la science sans pouvoir dompter son cœur ; et il méprise les hommes, mais sans cesser d'avoir pitié d'eux et avec la volonté de les « sauver ».

L'homme et la mort

[Mise en scène très dramatique. — Esprit de satire et de violente ironie. — Progression grandiose. — Éloquence « sermonnaire » et virile prêtée à la Nature. — Pittoresque familier.]

« Ah ! c'est fini[1] : ta maison joyeuse ne te recevra plus ; une femme excellente, des enfants chéris ne courront plus à ta rencontre pour se disputer tes baisers, emplissant ton cœur d'une joie silencieuse. Tu ne pourras plus aller de succès en succès ni aider les tiens. Pitié ! Ah ! sans pitié il a suffi d'un jour funeste pour t'arracher tout ce qui fait le prix de la vie. » — Ils parlent ainsi[2], mais sans ajouter : « Et de ces biens nul regret ne te restera. » S'ils s'en rendaient compte clairement et y conformaient leurs paroles, ils dissiperaient toute l'angoisse et la peur de leur âme. — « Pour toi, oui, te voilà enseveli dans le sommeil de la mort : ainsi tu demeureras jusqu'à la fin des siècles, affranchi du mal et de la souffrance. Mais nous[3] qui, près de cet affreux bûcher[4], avons insatiablement pleuré sur tes cendres, jamais le temps n'enlèvera de nos cœurs le poids de l'éternelle douleur. » — Il faut donc qu'ils nous expliquent, si tout se ramène à un sommeil et à un repos, quelle amertume ils trouvent là, capable de les faire languir en un deuil éternel.

Il leur arrive souvent aussi, à table, la coupe à la main et le front voilé de couronnes, de s'écrier sérieusement : « Brève jouissance pour nous autres, pauvres hommes ! un moment, et c'en sera fait, sans que jamais plus nous puissions la faire revivre. » Comme si, dans la mort, ils appréhendaient surtout de brûler de soif, les pauvres, et d'être dévorés de sécheresse ; ou d'avoir à regretter quelque autre jouissance ! Mais qui donc peut encore aspirer et à lui-même et à la vie, alors que son âme et son corps reposent en un même sommeil ?...

Enfin si la Nature élevait soudain la voix pour invectiver contre nous : « Qu'as-tu donc, mortel, pour t'abandonner à un deuil si amer ? Pourquoi ces gémissements et ces pleurs sur la mort ? Car si la vie te fut douce jusqu'ici, si tous les biens qu'elle t'apporta ne se sont pas écoulés et n'ont pas péri sans profit comme ce que l'on jette en un vase sans fond, pourquoi ne te retires-tu pas rassasié du banquet de la vie pour accueillir d'un cœur tranquille, homme stupide, un repos paisible ? Mais si tous les biens dont tu as joui se sont dissipés dans le gaspillage, si la vie t'importune, pourquoi vouloir y ajouter de nouvelles occasions de gaspillages vains et sans joie ? pourquoi ne pas plutôt mettre fin à ta vie et à ta peine ? Car de m'ingénier à te trouver d'autres plaisirs, je ne le puis :

1. Ce sont les amis du mort qui sont censés parler.
2. A-parté sarcastique de Lucrèce.
3. Ironie : l'attendrissement des survivants sur eux-mêmes.
4. Où a été brûlé le cadavre.

c'est toujours la même chose. Ton corps ne serait-il pas déjà flétri par les ans, tes membres ne languiraient-ils pas d'épuisement, il ne te reste à attendre rien de nouveau, même si ta vie usait les générations ; à plus forte raison si tu ne devais jamais mourir. » Que répondre, sinon que la Nature plaide une juste cause et que son réquisitoire est la vérité même ?

III, v. 894-920 ; 931-951.

La langue et le style. — Cette personnalité puissante, avec ses refoulements et ses jaillissements, assure au *De natura rerum* une variété étonnante sous les rigidités du raisonnement doctrinal. Mais la langue et la versification sont unes. Elles présentent des archaïsmes qui remontent à Ennius : il s'agit là sans doute d'une conception qui rapproche la poésie didactique de l'épopée et cherche à en vieillir l'aspect. On rencontre donc, dans le poème, beaucoup d'anciennes formes, des mots composés, une abondance d'adverbes juxtaposés, qui précisent la pensée par touches successives. L'allitération est fréquente, mais d'ordinaire réservée à des effets pittoresques. La période poétique, au contraire, est déjà presque classique : ample et variée, nourrie des acquisitions de l'éloquence, souple et vivante dans la description ou la passion, mais restant lourde dans les déductions purement logiques. Dans l'ensemble, la tenue du style s'accorde à la grandeur de l'œuvre.

Conclusion. — Il n'y a sans doute pas de plus beau poème scientifique que le *De natura rerum*. Il faudrait, pour en mieux juger, connaître ceux des anciens philosophes grecs. Il semble qu'ils pouvaient surpasser Lucrèce en sérénité, mais non en enthousiasme scientifique ni en sincérité. Ce qui importe le plus, c'est de reconnaître en Lucrèce une des plus riches natures qui soient : il tient peut-être de sa race son réalisme, sa virile volonté d'action, le mouvement infatigable, l'âpreté satirique, la richesse descriptive ; mais il la dépasse de beaucoup par son sens véritablement scientifique et sa compréhension, à la fois sensible et philosophique, de la Nature universelle.

4. La poésie novatrice

Malgré son épicurisme, Lucrèce pouvait plaire à Cicéron, par la tenue traditionnelle et pour ainsi dire classique de son art. Mais, dans le même temps, de jeunes poètes rompaient, non sans scandale, avec les habitudes déjà invétérées qu'avait imposées le succès d'Ennius et des tragiques. A de longs poèmes impersonnels, qu'ils trouvent guindés, et pleins de « clichés » convenus, ces « novateurs » *(νεώτεροι)* entendent substituer des pièces courtes, limées, de sentiment et d'art individuels, et qui s'imposent même aux raffinés par l'originalité de leur présentation.

L'ancien et le nouvel « alexandrinisme ». — C'était prendre à leur compte le mouvement de réaction contre le classicisme qui, dans le monde grec, s'était développé au IIIe siècle et avait alors trouvé son centre à Alexandrie, en Égypte, où le Musée et la Bibliothèque des Ptolémées groupaient savants et écrivains de tous lieux : de là le nom d' « alexandrinisme » qu'on a donné à ce mouvement. Alors la poésie grecque s'était renouvelée, avec l'élégiaque Philétas de Cos, Callimaque, auteur d'hymnes et d'épigrammes, Ératosthène et Aratos, qui écrivirent sur l'astronomie et la météorologie, l'obscur Lycophron, Théocrite et ses *Idylles*, Hérôdas et ses mimes, Euphorion de Chalcis, avec ses élégies et ses épigrammes. Très divers au fond, tous ces poètes se ressemblaient par une volonté d'art raffiné et mondain, le goût de l'érudition et de la galanterie, l'attachement au détail familier et pittoresque. Ils détestaient les longueurs, sacrifiaient de parti pris la régularité du plan, pratiquaient les allusions furtives et les sous-entendus à l'usage d'amateurs très instruits.

Ces tendances s'étaient perpétuées dans la poésie grecque, mais de façon assez languissante, durant les deux premiers tiers du IIe siècle. Elles se réveillèrent ensuite avec une nouvelle ardeur, mais ayant alors pour pôle d'attraction autant, et plus, Rome qu'Alexandrie : Nicandre de Colophon écrivit, à Pergame, des poèmes didactiques sur les morsures des bêtes sauvages et les contre-poisons ; le pseudo-Moschos, des idylles rustiques ; Archias, qu'eut à défendre Cicéron, se fit le chantre de grandes familles romaines ; Méléagre de Gadara, satirique et épigrammatiste de grand talent, édita la première anthologie de petites pièces grecques (épigrammes) de toutes dates ; Parthénios de Nicée, amené comme esclave à Rome en 73, puis affranchi, eut une grande influence par ses élégies mythologiques et, peut-être, son enseignement.

L' « alexandrinisme » romain. — Ainsi le mouvement novateur de la poésie romaine ne s'explique pas seulement par la pente régulière qui devait amener les Latins à imiter après les classiques grecs les alexandrins ; ni par le rôle de professeurs qui cherchent à affiner leurs meilleurs disciples ; ni par un désir spontané de réaction contre une routine plus que centenaire : bien que tous ces facteurs aient joué. Mais aussi par une « atmosphère » actuelle, où une poésie grecque attardée commençait à s'accorder aux tendances mondaines d'une partie, restreinte encore, de la haute société romaine. Le nom d' « alexandrinisme » ne lui convient donc qu'à moitié, et surtout d'un point de vue technique ; d'autant plus que les Latins (comme d'ailleurs Méléagre) continuaient à lire et imiter les classiques à côté des alexandrins.

L'érotique LAEVIUS (au temps de Sylla ?) fait figure de précurseur ; le grammairien P. VALÉRIUS CATO, de théoricien, mais qui donne l'exemple (*Dirae* ou « Imprécations », et *Lydia* ?). Puis ces poètes se multiplient, sous l'œil réprobateur de Cicéron[1]. Trois d'entre eux forment groupe, d'amitié

1. TICIDAS, CORNIFICIUS, SUEIUS ; CASSIUS DE PARME, ennemi de César ; CASSIUS D'ÉTRURIE (?), que raille Horace. — D'autres, tout en subissant l'influence des « novateurs », ne renoncent pas au genre classique de l'épopée nationale : HOSTIUS avec sa *Guerre d'Istrie* ; FURIUS BIBACULUS, qui attaqua César et composa une *Guerre des Gaules* ; P. TERENTIUS VARRO DE L'AUDE, auteur d'élégies, d'une épopée mythologique sur *Les Argonautes* et d'une *Guerre des Séquanes*.

et de goûts littéraires : HELVIUS CINNA avait mis neuf ans à achever sa *Zmyrna*, qui, dès sa naissance, eut besoin d'un commentaire ; LICINIUS CALVUS, que nous retrouverons comme orateur, auteur d'épigrammes et de poésies érotiques et didactiques, avait écrit une épopée mythologique, *Io* ; C. VALÉRIUS CATULLUS, le seul de tous dont nous possédions autre chose que de misérables fragments, nous permet enfin de pénétrer dans ce « Cénacle ».

CATULLE
Vers 87-vers 54 av. J.-C.

Il sortait d'une excellente famille de Vérone. Il vint à Rome, s'y usa d'études et de plaisirs, surtout quand l'entraîna sa passion pour celle qu'il appelle Lesbia (sans doute Clodia, sœur de Clodius le tribun). Une rupture, une lieutenance en Bithynie dans l'état-major du propréteur Memmius, qui ne remplit pas sa bourse comme il l'espérait ; puis le retour à Vérone, à Rome, un recommencement désespéré de passion ; le raccommodement avec César, ancien hôte de sa famille, mais qu'il avait poursuivi d'épigrammes virulentes : il mourut bientôt après, tout jeune.

L'œuvre ; la société catullienne. — Les 116 pièces qui nous restent de lui, la plupart courtes (certaines ne comptent que deux vers), n'ont peut-être pas toutes figuré dans le *libellus* édité par Catulle lui-même avec une dédicace à Cornélius Népos. Elles se trouvent actuellement groupées non par sujets ni dans l'ordre chronologique, mais selon la longueur et le mètre : d'abord les « épigrammes » de forme lyrique (généralement en ïambes) ; puis les longs poèmes où domine l'hexamètre dactylique ; enfin les pièces en distiques élégiaques (voir plus bas, p. 258). Le recueil n'a d'ailleurs pas rassemblé toutes les poésies de Catulle.

Il peut sembler préférable de distinguer les pièces d'inspiration personnelle où se peignent, sous des formes très diverses, la passion, les amitiés et les haines du poète ; — les pièces lyriques de caractère semi-religieux : hymne à Diane (nº 34), épithalames (nºs 61 et 62) ; — les poèmes savants *(epyllia)* d'inspiration alexandrine appuyée : *La chevelure de Bérénice*, démarquage de Callimaque, qui avait imaginé la métamorphose des cheveux de la reine d'Égypte en comète (nº 66) ; *Attis*, qui peint mythologiquement le délire orgiaque des sectateurs de Cybèle (nº 63) ; la petite épopée des *Noces de Thétis et Pélée*, le plus long de tous (il compte 408 vers) (nº 64).

Mais, en fait, le recueil nous représente peut-être mieux, en son désordre d'inspiration, cette société de jeunes gens très ardents, curieux et gais, esthètes aussi, qui mènent de pair les recherches de « l'art pour l'art », la dissipation mondaine et la vie sentimentale la plus usante. Ils se taquinent, s'invitent, se cajolent, s'injurient, échangent des vers, jugent ceux des autres, et toujours avec la même vivacité passionnée, qu'il s'agisse de littérature ou d'amitié, d'une confidence intime ou d'une ciselure « alexandrine ». Et Catulle semble être passé sans cesse, et le plus aisément du monde, de l'une à l'autre.

Un ami[1]

Véranius, de tous mes amis le premier, fussent-ils trois cent mille, es-tu de retour chez toi, auprès de tes pénates[2], de tes frères si unis et de ta vieille mère ? Oui ? Oh ! l'heureuse nouvelle ! Je vais te revoir sain et sauf ; je t'écouterai parler de l'Hibérie[3], lieux, histoire, peuples, comme tu sais le faire ; et, te prenant par le cou, je baiserai ton plaisant visage et tes yeux. Oh ! de tous les hommes heureux, en est-il un plus joyeux, plus heureux que moi ?

Carmina, 9.

Une « tête de Turc[4] **»**

Furius, votre petite maison de campagne n'a pas à subir le souffle de l'Auster, ni celui du Favonius, ou du cruel Borée ou de l'Aphéliotès[5], mais [une hypothèque de] quinze mille deux cents sesterces[6]. O le vent horrible et pestilentiel !

Carmina, 26.

A Calvus[7]

...Grands dieux ! L'horrible, le maudit petit livre ! Sans doute tu l'as envoyé à ton cher Catulle pour le faire mourir subitement le jour des Saturnales, le plus beau des jours. Non, non, tu ne t'en tireras pas ainsi, mauvais plaisant. Vienne le jour, je courrai aux boutiques des libraires : les Caesius, les Aquinus, Suffénus, toutes les drogues je les râflerai ; et tu en seras payé, supplice pour supplice. Quant à vous, en attendant, adieu, tirez d'ici vos grègues maudites et retournez d'où vous êtes venus, fléaux du siècle, poètes détestables.

Carmina, 14, v. 13-23.

A Cicéron[8]

O le plus disert des arrière-neveux de Romulus, de tous ceux qui sont et qui furent, Marcus Tullius, et qui seront de siècle en siècle, mille remerciements de Catulle, le plus mauvais de tous les poètes[9], de tous les poètes d'autant le plus mauvais que tu es le meilleur de tous les avocats.

Carmina, 49.

La distinction des genres. — Mais Catulle a la ferme volonté de ne pas appliquer les mêmes procédés d'art aux genres divers qu'il traite. Il est entendu, pour lui, que les confidences intimes doivent être cyniques ; les attaques personnelles, violentes jusqu'à la grossièreté ; les galanteries, élégantes et mièvres ; les poèmes de goût alexandrin, sinueux et pittoresques. Il s'y tient ; et la langue et le mètre et l'allure même de la phrase sont médités en conséquence. De là une extrême variété de tons : le tempérament, l'âge, le genre de vie de Catulle y prêtaient ; mais il y a travaillé aussi, assouplissant

---

1. Noter l'exaltation, très jeune, un peu méridionale, des sentiments.
2. Les dieux les plus intimes de la maison.
3. L'Espagne, où Véranius avait dû suivre un gouverneur de province. Remarquer la part de la curiosité intellectuelle dans cette amitié de jeunesse.
4. Furius, pauvre, mais cherchant à mener la « grande vie » à force d'emprunts, est souvent raillé par Catulle.
5. Les Anciens craignaient beaucoup les vents qui, pensaient-ils, amenaient les maladies.
6. Plus de 8 500 francs.
7. Aux Saturnales (17 décembre), où on se faisait des cadeaux, Calvus a, par plaisanterie, envoyé à son ami un « choix » de mauvaises poésies, dont on l'avait lui-même gratifié. Noter la gaieté et l'exagération plaisante de cette feinte colère.
8. Certains savants pensent que la pièce est satirique.
9. Au dire de Cicéron, qui méprisait les « prôneurs d'Euphorion ».

de façon, dirait-on, systématique la poésie latine. En tout cas, il en avait claire conscience ; et on le surprend parfois à essayer, contre ses habitudes même, la juxtaposition des tons, comme pour prouver sa maîtrise et sa liberté d'artiste.

Deuil et poésie

[La mort, vivement ressentie, d'un frère aîné très cher a retardé l'achèvement d'une pièce *(La chevelure de Bérénice)* que Catulle avait promise à Ortalus, et qu'il lui envoie enfin (vers 60). — Épître élégiaque en distiques. — Gracieuse aisance avec laquelle Catulle s'adresse à son ami et laisse mourir l'élégie sans conclure. — Opposition d'une douleur très sensible, bien qu'un peu amortie, et d'un tableautin gracieux, à la mode alexandrine (et qui prépare à la lecture de la pièce jointe). — Justesse sans rhétorique du style.]

Oui, la douleur qui sans relâche m'accable, m'éloigne, Ortalus[1], des Vierges Savantes[2], et mon esprit est incapable de faire naître les fruits charmants de la poésie, si durement il est ballotté au gré du malheur. Car il y a bien peu de temps qu'au fond du gouffre infernal l'eau du Léthé a baigné les pieds pâlis de mon frère, que le sol troyen a ravi à nos yeux, sur lequel pèse le sable du promontoire de Rhœtée. J'aurai beau te parler, jamais plus je n'entendrai tes récits, jamais plus je ne te reverrai, ô mon frère qui m'étais plus cher que la vie ! Du moins je t'aimerai toujours ; toujours le souvenir de ta mort voilera de tristesse mes chants, comme ceux que module sous les épais ombrages la Daulienne[3] gémissant sur la mort cruelle de son Ityle.

Du fond pourtant de mon deuil, je t'envoie, Ortalus, cette traduction des vers du Battiade[4], pour que tu ne penses pas que de mon cœur s'est échappé au souffle capricieux des vents le souvenir de tes paroles, comme une pomme, don furtif d'un amant, roule du sein d'une jeune innocente, lorsque, oubliant qu'elle l'avait placée sous sa tunique moelleuse, elle se lève soudain, la pauvre enfant, à l'approche de sa mère, et la fait tomber ; et la pomme court sa course rapide ; mais une rougeur d'aveu s'épand sur le visage confus de la fillette.

Carmina, 65.

La fantaisie. — Cette volonté d'art s'accompagne d'une fantaisie enjouée, qui a l'air toute spontanée. En fait il s'agit d'une adaptation des mondanités alexandrines. Mais cette adaptation est très fraîche et personnelle, parce que Rome s'initie seulement alors à une politesse légère et que Catulle s'y adonne avec bonheur. De là des « bagatelles » *(nugae)* : billets badins, plaisanteries où se devine tout juste sa redoutable violence satirique, galanteries à la fois subtiles, tendres et imperceptiblement railleuses... Rome ne connaissait pas encore ce talent de faire quelque chose d'un rien.

Le moineau de Lesbia

[Thème alexandrin du petit animal aimé. — Jeu en façon de thrène (poème funéraire) sur la mort d'un animal (de nombreuses « épigrammes » grecques le pratiquent). — Galanterie flatteuse et très discrètement ironique.]

Pleurez, Vénus[5], pleurez, Amours ; vous tous aussi, gracieux amoureux. Il est mort, le moineau de ma mie, le moineau qui faisait les délices de ma mie, et qu'elle chérissait

1. Peut-être l'orateur Hortensius.
2. Les Muses.
3. Philomèle, femme du roi de Daulis, changée en rossignol après la mort de son fils Itys (ou Ityle), qu'avait tué sa sœur par vengeance.
4. Callimaque, qui prétendait descendre de Battos, fondateur grec de Cyrène.
5. Au pluriel : Vénus et les Grâces, ses compagnes ?

plus que ses yeux. A bon droit : il était doux comme miel et connaissait sa maîtresse aussi bien qu'une petite fille connaît sa mère. Il ne bougeait de son sein ; mais, sautillant de-ci de-là, vers elle seule il pépiait sans cesse. Et maintenant il va par un chemin couvert de ténèbres là d'où personne ne revient. Ah ! maudites soyez-vous, ténèbres maudites d'Orcus[1], qui engloutissez toutes les jolies choses[2]. Et il était si joli, le moineau que vous avez enlevé. Quel malheur, pauvre petit moineau ! Voici qu'à cause de toi se gonflent de larmes et rougissent les yeux charmants de ma mie.

Carmina, 3.

Sensibilité et passion. — Mais, apportant à ces jeux toute sa sensibilité, qui était fort vive et se portait volontiers à l'excès, Catulle semble être arrivé très vite à la passion qui fut à la fois sa torture et la source de son inspiration la plus haute. On peut, en ordonnant ces pièces dispersées, suivre une histoire douloureuse de joies, de misères et de révoltes, retracée avec une sincérité et une simplicité brûlantes. L'art n'y manque pas cependant, ni même les imitations, de la poétesse Sappho en particulier (VIIe-VIe siècle) ; et rien n'est pourtant plus personnel ni plus vécu.

Au fil de la passion[3]

[Odelette en strophes saphiques (3 hendécasyllabes, – ∪ – ∪ – ∪ ∪ – ∪ – ∪ et 1 vers plus court, de 5 syllabes : – ∪ ∪ – ∪. — Traduction libre de Sappho pour les trois premières strophes. — Justesse morale et sentiment romain de la dernière.]

Il est, il me semble, l'égal d'un dieu, il est (me pardonne le ciel) supérieur aux dieux, celui qui, assis en face de toi, sans cesse te voit et t'entend

avec ton doux sourire, bonheur qui me prive, chétif, de tous mes sens. Car à peine t'ai-je aperçue, Lesbia, que [la voix] expire [dans ma bouche],

ma langue se paralyse, un feu subtil s'épand dans mes membres, mes oreilles bourdonnent et tintent, une nuit voile mes deux yeux.

— C'est l'oisiveté, Catulle, qui t'incommode ; l'oisiveté qui t'agite de palpitations et de transports ; l'oisiveté a déjà perdu bien des rois et des villes florissantes.

Carmina, 51.

La femme que j'aime dit qu'elle ne voudrait s'unir à nul autre qu'à moi, même si Jupiter en personne la demandait. Elle le dit ; mais ce qu'une femme dit à un amant passionné, il faut l'écrire sur le vent et sur l'eau fuyante.

Carmina, 70.

Vois où, par ta faute, ma Lesbia, est descendue mon âme, à quel point elle s'est perdue elle-même par sa fidélité : désormais elle ne peut plus ni s'intéresser à toi, quand tu deviendrais la vertu même, ni cesser de t'aimer, quand tu ferais le pire.

Carmina, 75.

Je hais et j'aime. Vous vous demandez comment c'est possible ? Je ne sais ; mais je le sens et c'est une torture.

Carmina, 85.

1. Dieu de la mort ; ou les Enfers, qu'il habite.
2. Cf. plus bas, p. 270, *Le drame de la maladie*.
3. La passion d'amour est considérée par les Anciens comme une *maladie* irrésistible.

[Méditation dramatique, où le poète se dédouble (on a même supposé un dialogue entre lui et son *Genius* : voir p. 227, n. 15) ; et prière désespérée aux dieux. — Ironie lasse et violence contenue. — Doute et volonté. — Naturel avec lequel se développe en ses nuances une douleur complexe ; simplicité absolue de l'expression. — Cf. A. de Musset, *La Nuit d'Octobre.*]

Si quelque plaisir s'attache au souvenir des bonnes actions passées, quand l'homme songe qu'il fut honnête, garda toujours saintement sa parole et ne trompa jamais personne en abusant du nom des dieux, certes tu t'es préparé, Catulle, avec cet amour trahi grande provision de joies pour une longue vieillesse. Car tout le bien qu'homme peut faire par paroles ou par actions, tu l'as fait par tes paroles et par tes actions ; et tout s'est perdu, parce que tout était placé sur une âme traîtresse. Alors pourquoi te torturer davantage ? Que n'affermis-tu ton cœur ? Que ne te tires-tu de là et ne cesses-tu d'y nourrir ta misère, puisque les dieux sont contre toi ? Il est difficile de se défaire d'un seul coup d'un long amour ? Bien difficile. Mais tu dois à tout prix y parvenir. Là seulement est le salut ; voilà la victoire qu'il te faut remporter ; voilà ce qu'il faut faire, possible ou impossible.

O dieux, si vous êtes capables de pitié, si jamais un malheureux déjà saisi par la mort éprouva votre suprême assistance, tournez vos regards vers ma misère, et, si ma vie fut pure, arrachez de moi ce venin, cette peste mortelle, qui cheminant comme une torpeur jusqu'à mes moelles, a chassé de tout mon cœur toute joie. Je ne demande plus que cette femme réponde à mon amour ni — c'est impossible — qu'elle garde la pudeur. C'est moi qui veux guérir, chasser cette maladie horrible. O dieux ! exaucez-moi pour prix de ma piété.

Carmina, 76.

Les poèmes « alexandrins » et leurs procédés. — Catulle comptait sans doute davantage, pour fonder sa gloire, sur les poèmes d'une certaine étendue, où il mettait en œuvre tous les procédés alexandrins, et dont les *Noces de Thétis et de Pélée* sont le modèle le plus complet. Les dieux viennent assister au mariage de la Néréide qui s'est éprise de l'Argonaute Pélée : sujet mythologique, mais galant, et permettant à la fois la somptuosité décorative et le détail familier. D'autre part, la conduite de l'action n'est pas suivie ni régulière : on saute sans transition d'épisode en épisode, et le poète recherche même les moyens d'intervertir l'ordre des faits. Il intervient d'ailleurs dans le récit, commente les événements. Il emboîte même dans le récit principal, sous prétexte de décrire la tapisserie recouvrant un lit, une légende toute différente, celle d'Ariane abandonnée par Thésée dans l'île de Dia et recueillie par Bacchus ; et ce thème, traité pour lui-même, fait plus de la moitié du poème ! D'ensemble, un *epyllion* de ce genre est donc très loin de l'ancienne épopée. Il l'est aussi par le détail inégal, cherché et travaillé, mondain, mièvre parfois, ou « artiste », destiné à piquer la curiosité, à suggérer des rapprochements littéraires ou le souvenir d'œuvres d'art connues à des lecteurs aussi subtils et pédants que le poète lui-même.

On sent pourtant le grand poète : l'antithèse des « justes noces » et de la passion destructrice donne une sorte d'unité à la pièce ; les plaintes d'Ariane ont une palpitation dramatique dont s'inspirera Virgile pour peindre sa Didon ; et de fort beaux passages descriptifs font éprouver sans surcharge les sensations les plus fugitives. C'est par ce labeur sans doute que Catulle a le plus servi les poètes de l'âge classique.

Plaintes d'Ariane

[Thésée a pu, dans les détours du labyrinthe crétois, tuer le Minotaure, monstre à corps d'homme et à tête de taureau, grâce à l'aide d'Ariane, fille du roi Minos et demi-sœur du Minotaure. Il a enlevé la jeune fille consentante, mais, au matin, l'a abandonnée, endormie sur le rivage d'une île déserte. — Composition psychologique, à la fois ordonnée et changeante. — Mouvement dramatique. — Certains effets rhétoriques et gnomiques empruntés à la tragédie. — Balancements et palpitations lyriques. — Cf. Virgile, *Énéide*, IV, v. 296-553.]

« Ainsi, m'ayant enlevée, perfide, aux autels de mes pères, tu m'abandonnes, perfide Thésée, sur un rivage désert ? Ainsi, fuyant sans souci des dieux, tu portes à ton foyer, cœur oublieux, tes sinistres parjures ? Rien ne fut donc capable de fléchir ton cruel dessein ? Ta barbarie n'a pu consentir à me prendre un peu en pitié ?

Ah ! ce ne sont pas là les promesses que tu me fis d'une voix caressante, ce ne sont pas les espérances dont tu flattais mon égarement, joyeuse union, ferveur d'hymen : autant de paroles vaines que les vents dispersent dans les airs. Femmes, ne croyez plus jamais aux serments des hommes, perdez tout espoir en la sincérité de leurs propos : tant qu'un désir avide les brûle d'obtenir quelque faveur, aucun serment ne leur pèse, aucune promesse ne leur coûte ; mais dès que leur cœur avide a satisfait son caprice, aucun scrupule de leurs paroles ne les tourmente, aucun souci de leurs parjures.

C'est moi, moi, qui t'ai arraché au tourbillon de mort qui t'enveloppait ; j'ai préféré perdre mon frère que de te manquer, traître, à l'instant suprême. En récompense, on me laissera en proie aux dents, aux becs des bêtes sauvages, et la terre de la tombe sera refusée à ma dépouille[1]. Quelle lionne t'a donc enfanté sous une roche solitaire, quelle mer t'a conçu et craché au milieu des écumes, quelle Syrte[2], quelle Scylla[3] dévorante, quelle Charybde[3] dévastatrice, pour que tu paies de ce prix le don de ta douce vie ? Si tu hésitais à t'unir à moi par crainte de la dure discipline de ton vieux père, du moins tu aurais pu me conduire en vos demeures : esclave, je t'aurais joyeusement consacré ma peine, j'aurais délassé tes pieds blancs dans une eau limpide ou drapé ta couche d'une étoffe de pourpre.

Mais à quoi bon me plaindre en vain dans l'affolement de ma douleur, aux brises indifférentes, insensibles, qui ne peuvent entendre ni répondre ? Il est déjà, lui, presque au milieu des ondes ; et sur l'algue déserte nul mortel n'apparaît. Ainsi, en son triomphe inhumain, la Destinée cruelle m'envie, pour finir, des oreilles qui écoutent mes gémissements. Ah ! si, pour commencer, Jupiter tout-puissant, les nefs de la ville de Cécrops[4] n'avaient pas touché au rivage de Gnosse[5] ; si jamais, amenant au taureau sauvage[6] l'abominable tribut[7], un perfide[8] n'avait fixé en Crète l'amarre de son navire ! Si ce misérable, dissimulant sous de si doux attraits ses desseins cruels, n'avait pas trouvé en nos demeures le repos de l'hospitalité ! Car où me réfugier ? Quelle espérance soutient ma détresse ? Gagner les monts de l'Ida[9] ? Hélas ! de toute la largeur de son gouffre la mer farouche m'en sépare. Recourir à mon père ? Moi qui n'hésitai pas à l'abandonner pour suivre un jeune homme tout éclaboussé du sang de mon frère ! Trouver ma consolation dans l'amour d'un époux fidèle ? Il fuit, faisant ployer ses rames[10] dans le gouffre. Alors ? Un rivage sans un toit, une île déserte ; pas une issue à travers la ceinture

1. Les Anciens croyaient qu'un mort privé de sépulture était éternellement malheureux.
2. Golfe inhospitalier (personnifié) entre la Tunisie et la Libye.
3. Monstre personnifiant les dangers du détroit de Messine : cf. HOMÈRE, *Odyssée*, XII, v. 201-259.
4. Roi mythique fondateur d'Athènes.
5. Ville de Crète.
6. Le Minotaure.
7. Sept jeunes garçons et sept jeunes filles que les Athéniens devaient envoyer annuellement, pour expier le meurtre d'Androgéon, fils de Minos.
8. Thésée.
9. En Crète.
10. Tant les rameurs pèsent sur elles pour aller plus vite.

des flots ; nul moyen de fuir, nul espoir ; — le silence partout, le désert partout, partout l'image de la mort.

Mais la mort ne troublera pas mes regards, le sentiment n'abandonnera pas mon corps épuisé, avant que j'aie réclamé des dieux la juste peine de la trahison et qu'à mon heure suprême j'aie invoqué l'appui des cieux. Vous donc, dont la vengeance châtie les crimes des hommes, Euménides[1], vous dont le front couronné de serpents annonce les colères qui s'exhalent de vos cœurs, ici, venez ici, écoutez les plaintes qu'arrachent, hélas ! du fond de mes moelles la misère, le dénuement, le feu, la folie et l'aveuglement de la passion. Elles sont trop justifiées et trop profondes pour que vous laissiez se perdre vainement mon deuil : que par un oubli semblable à celui qui me perd dans cette solitude, Thésée, ô déesses, provoque une mort qui afflige et lui et les siens[2]. »

Carmina, 64, v. 132-201.

Le cortège de Bacchus

Mais voici que, papillonnant, arrivait Iacchus[3] en sa fleur, avec son thiase[4] de Satyres et les Silènes, enfants de Nysa ; il te cherchait, Ariane, enflammé d'amour pour toi... Çà et là bondissaient [les Ménades], égarées d'une vive fureur, criant : « Évohé, Bacchus, évohé ! » et secouant la tête. Les unes agitaient les thyrses[5] à la pointe voilée [de feuillage], d'autres brandissaient les membres d'un taureau mis en pièces ; d'autres se ceignaient de nœuds de serpents, d'autres entouraient à rangs pressés les mystères enfouis dans le secret des cistes[6], les mystères qu'épient en vain les oreilles du profane. D'autres, à paumes élancées, frappaient les tympanons, ou faisaient tinter les sons clairs des disques d'airain[7] ; beaucoup, soufflant, tiraient des trompes de rauques mugissements ; et la flûte barbare déchirait l'air de ses sifflements stridents[8].

Carmina, 64, v. 251-264.

L'équilibre classique. — Catulle, d'ailleurs, imitait aussi Homère, Pindare, et les lyriques de Lesbos : Alcée et Sappho. De là bien souvent, jusque dans ses pièces les plus artificielles, outre les traits de sa sensibilité et de sa fraîcheur naturelles, une simplicité pleine de grandeur. Cette combinaison sera caractéristique du classicisme latin. Et aussi celle de la forme grecque et d'un sentiment romain plus ou moins explicite. Les épithalames de Catulle nous offrent déjà des modèles de cet équilibre classique, avec, en outre, une sorte de verdeur, de gracieuse jeunesse dans la forme : l'un, celui de Junie et de Manlius, est de ton presque tout romain ; l'autre unit de la façon la plus aisée la Grèce et l'Italie.

1. Déesses qui poursuivent les criminels.
2. La malédiction d'Ariane se réalisera : Thésée oublie d'élever à son mât la voile blanche annonciatrice d'un retour heureux ; et son vieux père Égée, qui le guette, le croyant mort, se précipite du haut des rochers de l'Acropole.
3. Autre nom de Bacchus.
4. Cortège d'initiés : démons mi-hommes mi-bêtes (Satyres et Silènes) et femmes hors d'elles (Ménades) représentant les forces tumultueuses de la nature.
5. Lances dont la pointe était cachée dans une touffe de lierre.
6. Corbeilles contenant des objets sacrés que les non-initiés ne pouvaient ni voir ni se faire décrire.
7. Les cymbales.
8. Noter le tumulte de mouvements et de sons (Catulle a tout à fait oublié qu'il s'agit d'une tapisserie !) contrastant avec la solitude désespérée d'Ariane. — Cf. EURIPIDE, *Les Bacchantes*, 677-774 ; RONSARD, *Hymne de Bacchus*.

Épithalame

[Deux chœurs attendent devant la porte de l'époux le cortège nuptial (qui s'approche au son du refrain : « Hymen... ô Hyménée ! ») et se répondent en strophes symétriques, d'abord dramatiquement et pour leur propre compte, puis en s'opposant lyriquement (strophes « amœbées ») dans un chant semi-rituel. — Aisance familière du détail, qui rappelle Sappho. — Poésie rustique et sentiment de la famille, qui se rattachent à l'ancienne tradition latine. — Sensibilité de portée universelle. — La pièce est en hexamètres dactyliques.]

Les jeunes gens. — Vesper[1] paraît. Debout, jeunes gens ! Vesper, enfin, dans l'Olympe, vient d'élever sa lumière longtemps attendue. Il est temps de se lever, temps de quitter l'ample festin. C'est l'heure où va venir la vierge, l'heure où va se dire l'hyménée. — Hymen ô Hyménée[2] ; Hymen, parais, ô Hyménée !

Les jeunes filles. — Voyez-vous, jeunes filles, les jeunes gens ? Debout, et face à eux ! C'est bien vrai, de l'Œta[3] l'étoile du soir montre ses feux : nul doute. Vois-tu comme ils ont été prompts à s'élancer ? Ce n'est pas inconsidérément qu'ils se sont élancés : leur chant sera digne de la victoire[4]. — Hymen ô Hyménée, Hymen, parais, ô Hyménée.

Les jeunes gens. — Difficile pour nous, camarades, de remporter la palme ! Regardez comme les jeunes filles repassent en leur esprit leurs idées. Ce n'est pas en vain qu'elles mettent ordre à leurs idées : ce qu'elles donneront sera digne de mémoire. Comment s'en étonner ? Elles s'y appliquent à fond et de tout leur esprit. Nous, nous nous sommes dispersés, esprits de-ci, oreilles de-là. Nous méritons donc la défaite : la victoire aime qui se soucie d'elle. Aussi, maintenant du moins, tendez au but de toutes les forces de votre esprit. Elles vont commencer ; il va falloir leur répondre. — Hymen ô Hyménée ; Hymen, parais, ô Hyménée.

Les jeunes filles. — Hespéros, le plus cruel des feux qui courent au ciel ! Tu peux arracher une fille des bras de sa mère, des bras d'une mère arracher une fille malgré elle ! En une ville forcée des ennemis font-ils pire cruauté ? — Hymen ô Hyménée ; Hymen, parais, ô Hyménée.

Les jeunes gens. — Hespéros, le plus joyeux des feux qui illuminent le ciel ! Ta flamme confirme les saintes promesses d'union, les accords préparés par les pères, convenus par les parents[5], et qu'ils n'ont point scellés avant que s'élève ta torche ardente ! Don plus souhaitable devons-nous aux dieux que cette heure bienheureuse ? — Hymen ô Hyménée ; Hymen, parais, ô Hyménée.

Les jeunes filles. — Hespéros, ô mes compagnes, a enlevé l'une de nous[6]...

Carmina, 62.

---

1. L'étoile du soir, ici nommée de son nom latin, dans le chant lyrique de son nom grec : Hespéros.
2. Noms rituels du dieu du mariage (et aussi du chant qui va le célébrer).
3. Montagne de Grèce, demeure mythologique d'Hymen.
4. C'est un concours : les deux chœurs adverses feignent la modestie.
5. Pères et mères.
6. Une partie du texte a disparu de nos manuscrits. Puis s'opposent deux belles comparaisons, de la jeune fille avec la fleur :

« Comme une fleur, à l'abri dans l'enclos d'un jardin, naît ignorée du bétail, à couvert du soc de la charrue : les brises la caressent, le soleil l'affermit, l'ondée la nourrit ; beaucoup de garçons la désirent, beaucoup de jeunes filles ; mais dès que, cueillie du tranchant de l'ongle, elle s'est fanée, nul garçon ne la désire plus, nulle jeune fille... »,

de la jeune femme avec la vigne :

« Comme une vigne sans soutien, qui naît sur une terre nue, jamais ne se hausse, jamais ne nourrit la douceur d'une grappe ; mais, fléchissant sous le poids, courbe son corps fragile jusqu'à toucher enfin sa racine du bout de ses sarments : pour elle ne se soucient ni laboureurs ni taureaux ; mais si on vient à la marier à un orme qu'elle enlace, en foule la soignent les laboureurs, en foule les taureaux. »

Langue et versification. — Selon les genres qu'il traite, Catulle modifie sa langue. Celle des *epyllia*, cherchée, hellénisante, mais sans beaucoup d'ampleur, est loin d'avoir les qualités épiques qu'avec toutes ses conventions offre Lucrèce. Mais celle des petites pièces, avec ses rapidités d'expression, ses familiarités, ses mots vulgaires et ses diminutifs galants, nous donne l'impression de ce que pouvait être la conversation, mêlée de naturel un peu âpre et d'affectation, dans les milieux mondains du temps. L'allure du style est peut-être plus personnelle : d'une élégance un peu maigre, vive et détachée ; pourtant chantante, et presque dansante, grâce à des répétitions de mots, à des rappels d'expressions.

La versification aussi est souple et variée, et n'use plus des licences archaïques. L'hexamètre, trop influencé par les alexandrins, est souvent spondaïque (comportant au 5e pied un spondée au lieu d'un dactyle). Mais Catulle est déjà un maître dans les formes lyriques qu'il introduit à Rome : strophe saphique, hendécasyllabes phaléciens (– – – ∪ ∪ – ∪ – ∪ – ∪), galliambiques (mètre ionique avec abondance de brèves) en lesquels il a écrit tout son poème d'*Attis* : tour de force en latin[1], mais accordé à la crise fiévreuse qui suit la mutilation sexuelle de ce servant de Cybèle, la grande déesse phrygienne.

Le lyrisme de Catulle. — Par ces formes métriques, Catulle est un *lyrique* au sens où l'entendaient les Anciens : écrivant des poèmes qui suscitent la musique et sont eux-mêmes musique. Par l'expression de sa personnalité dans ses poèmes, il l'est au sens moderne du mot. Il se trouve ainsi l'initiateur à la fois d'Horace et des élégiaques du siècle d'Auguste. Mais, d'autre part, lui et les « novateurs » de son groupe ont modifié toute la langue poétique latine en la libérant des formules toutes faites ; un travail personnel, délicat, visera à donner à chaque détail le plus haut degré d'intensité et d'expression. Même en imitant Lucrèce, Virgile n'oubliera jamais les leçons de Catulle.

5. La nouvelle prose : l'histoire

Les néo-attiques. — Le mouvement vers l'hellénisme le plus pur se produisait aussi chez les prosateurs, mais en partie par opposition au genre cicéronien. En effet les novateurs, trouvant en Cicéron une abondance vaine et un abus d'ornements, signes, à leurs yeux, de décadence, prétendaient prendre pour modèles les premiers maîtres de la prose attique : l'orateur Lysias, d'une simplicité exquise ; et l'historien Thucydide, dense et obscur, avec des rudesses qui semblaient faire fi de la rhétorique (fin du ve s.). De

1. La proportion des brèves y étant sensiblement moindre qu'en grec.

là deux tendances opposées chez les « néo-attiques » romains ; mais un goût égal pour le purisme, la brièveté, la sobriété des effets. Cicéron, qui avait simplifié l'asiatisme d'Hortensius, se trouvait dépassé, dans le même sens. Il polémiqua contre les néo-attiques, opposant Démosthène à Lysias, reprochant à ses jeunes rivaux[1] la sécheresse, la froideur ; en même temps, il cherchait à se les rallier. Mais il perdait constamment du terrain.

C. Licinius Calvus (82-47). — Calvus paraît avoir été le plus remarquable de ces jeunes orateurs. Il était poète aussi, et des intimes de Catulle. Cicéron, qui aurait bien voulu le régenter, lui reconnaît, de mauvaise grâce, du fond et du goût ; il lui reproche de trop travailler le détail et de manquer de vigueur. Mais nous avons d'autres témoignages qui donnent l'image d'une action violente, d'une éloquence heurtée et véhémente : Vatinius, qu'il attaquait, se leva soudain, épouvanté : « Je vous supplie, juges, s'exclama-t-il, si mon adversaire est éloquent, est-ce une raison pour me condamner ? »

L'histoire. — Dans l'histoire aussi, les nouvelles tendances s'imposaient, contre l'idéal cicéronien, qui préconisait la tenue oratoire et l'ornement. Ce sont des puristes, des « attiques », et qui représentent fort bien les différents aspects du néo-atticisme, que César, Salluste, Cornélius Népos, en lesquels l'histoire romaine trouve ses premiers classiques.

CÉSAR
101-44 av. J.-C.

C. Julius Caesar n'est pas un homme de lettres, mais un politique ambitieux doté de tout l'affinement aristocratique d'une race ancienne et d'une intelligence personnelle hors ligne. Il ne s'imposa pourtant pas jusqu'à la quarantaine, bien qu'il fût déjà parvenu, par des menées obliques, à se faire l'un des chefs du parti démocratique-révolutionnaire. A partir de 60, il est maître de Rome avec Pompée et Crassus (premier triumvirat) ; son consulat (59) fut plein d'illégalités ; mais la conquête des Gaules (58-51) lui assura prestige, richesses, et une armée incomparable. Il n'hésita que peu à s'engager dans la guerre civile contre Pompée, resté seul en face de lui ; il l'écrasa à Pharsale (48), détruisit les armées « républicaines » d'Afrique et d'Espagne. Dictateur perpétuel et maître absolu du monde romain, il fut assassiné en plein Sénat, à 57 ans, par Brutus et Cassius (15 mars 44).

Activité intellectuelle de César. — Clarté et souplesse d'esprit ont permis à César de mener à la fois les tâches les plus diverses. Et, pour une part, il n'est pas fort différent de ces jeunes gens de bonne naissance comme Calvus et Catulle, pour qui la vie mondaine a ses exigences, littéraires et galantes. Il avait écrit une tragédie *(Œdipe)*, un poème en l'honneur d'Hercule;

---

1. Outre Calvus, surtout M. Caelius Rufus (82-48), très spirituel et mondain (dont les lettres à Cicéron sont groupées au l. VIII des *Ep. ad Fam.* de l'orateur) ; D. Junius Brutus (85-42), ami personnel de Cicéron et meurtrier de César, et M. Porcius Cato (95-46), qui affectaient une simplicité austère.

plus tard (46), un autre sur son voyage en Espagne ; des épigrammes. Il dédia à Cicéron un traité de grammaire puriste *Sur l'Analogie* (53-52 ?), et répondit à son apologie de Caton d'Utique par un *Anticaton* en deux livres (45). Mais ce dernier ouvrage, qui attaquait un pompéien de marque, est d'intérêt politique. Et les œuvres de César qui comptaient vraiment l'étaient au premier chef : ses discours bien entendu, qui par leur netteté, la pureté de la langue, leur naturel, paraissent avoir annoncé le néo-atticisme ; et ses « Commentaires », qui seuls nous sont parvenus.

Les « Commentaires ». — Ils comportent 7 livres sur la guerre des Gaules (le septième, beaucoup plus long que les autres, peut-être rédigé et publié après eux), suivie année par année jusqu'à la reddition de Vercingétorix à Alésia ; et 3 (ou 2, selon P. Fabre, I et II étant relatifs à la seule année 49) sur la guerre civile jusqu'à la mort de Pompée. Ces limites mêmes révèlent que César ne considère pas des sujets historiques d'ensemble, mais entend travailler l'opinion publique à son bénéfice : le but essentiel atteint, les « prolongements » ne l'intéressent plus. Le nom de *commentarii*, d'autre part, indique un ensemble de notes, ou un dossier qui réunit simplement les éléments d'un travail en forme. En fait, César a pris un moyen terme très habile entre l'apologie personnelle que pratiquaient plus ou moins bien tous les hommes d'État de cette époque et un déballage de documents d'état-major ou d'archives : il a donné, même à Cicéron, l'impression que ses *commentarii* tenaient lieu d'histoire ; mais, dispensé par le titre de rechercher l'effet, il a créé un style historique, qui sera, par exemple, celui de Voltaire.

Documentation. — La documentation est, dans l'ensemble, de premier ordre, parce que César narre des faits auxquels il a personnellement participé ou qu'il a connus par les rapports précis de ses lieutenants (qu'il insère parfois tels quels, semble-t-il, dans son récit, assez simple pour que d'ordinaire n'apparaissent guère de disparates). Son réalisme et sa curiosité naturelle l'ont porté à bien observer les lieux, les hommes, les peuples. Mais il a aussi jugé bon, pour satisfaire l'imagination de ses lecteurs, d'insérer dans la *Guerre des Gaules* d'assez longs développements ethnographiques ou géographiques (par exemple sur les régions d'outre-Rhin), qui semblent de purs démarquages du Grec Poseidônios et qui, parfois, sont pauvres jusqu'à la niaiserie.

Défense d'Avaricum[1]

L'extraordinaire valeur de nos soldats se heurtait à toute sorte de mesures habiles des Gaulois : car c'est une race d'une extrême ingéniosité et très douée pour imiter à la perfection tout ce qu'ils voient faire. Donc avec des lacets ils détournaient nos faux[2] et, les ayant bien serrées dans leurs nœuds, les tiraient avec des cabestans à l'intérieur

1. Faisant le vide devant César, Vercingétorix a dû pourtant, sur les instances des habitants, épargner Avaricum (Bourges), « la plus belle ville des Gaules » ; César l'assiège avec la dernière énergie, comptant y trouver les approvisionnements qui lui manquent (52). On notera la précision technique des détails.

2. Sortes de crochets qu'on lançait vers le sommet des murs pour en arracher des parties entières.

des murs ; ils effondraient notre terrassement[1] par des sapes, avec d'autant plus d'habileté qu'il y a chez eux de grandes mines de fer et qu'ils connaissent et pratiquent toute espèce de galeries souterraines. Ils avaient muni tout le circuit de leur muraille de tours reliées par un plancher et protégées par des peaux[2]. De plus, en de fréquentes sorties de jour et de nuit, ou bien ils mettaient le feu à notre terrasse[3] ou bien ils assaillaient nos soldats au travail. Et, à mesure que nos tours s'élevaient par l'exhaussement quotidien de notre terrasse, ils haussaient à proportion les leurs en reliant les poteaux verticaux qui en constituaient l'ossature. Ils retardaient l'avance de nos tranchées[4] en y lançant des poutres appointées et durcies au feu, de la poix bouillante, des pierres énormes, et nous empêchaient ainsi de les pousser jusqu'aux murs.

De bello Gallico, VII, 22.

Véracité. — Le problème de la véracité de César est beaucoup plus trouble. Il n'est pas douteux qu'il a voulu expliquer ses actes de la façon qui lui était le plus favorable : il cherche à prouver longuement qu'il a été entraîné malgré lui à la conquête de la Gaule libre ; il déguise ses intentions, atténue ses revers ; blâme ou félicite ses lieutenants, ses officiers, selon les nécessités de sa politique et de son prestige ; dans *La Guerre Civile* en particulier, les intentions d'apologie personnelle, de dénigrement ironique des adversaires sont partout visibles. Mais *La Guerre des Gaules* garde, dans l'ensemble, une sérénité si froide, et qui paraît si objective, qu'elle donne l'impression du vrai. Et César s'est même appliqué à rendre justice à certains de ses adversaires gaulois : d'abord son propre mérite s'en trouvait rehaussé ; puis il comptait beaucoup sur les ressources de la Gaule et sur sa clientèle celtique pour la guerre civile. *La Guerre des Gaules* possède une réelle valeur historique ; mais il faut avec César toujours savoir lire entre les lignes.

Vercingétorix après la prise d'Avaricum

[César s'attache à expliquer rationnellement un paradoxe : que l'autorité de Vercingétorix ait été accrue par la défaite. — Habileté du discours de Vercingétorix (reconstitué par vraisemblance, peut-être connu en partie par espions ou transfuges ?). — Fine connaissance de la psychologie gauloise. — Impartialité, et même admiration secrète.]

Le lendemain, ayant convoqué l'assemblée, il[5] consola et encouragea les siens, les invitant à ne pas perdre courage, à ne pas se laisser bouleverser par un échec : « Ce n'est pas en bataille rangée ni par leur valeur que les Romains ont vaincu, mais par un art, une science des sièges, dont ils n'ont eux-mêmes nulle expérience. On se trompe si, à la guerre, on n'attend que des avantages. Jamais il n'avait été d'avis, lui, de défendre Avaricum ; eux-mêmes en étaient témoins ; c'était les Bituriges[6] par leur manque de prévision, les autres par leur faiblesse qui étaient responsables de l'insuccès. Lui pourtant aura vite fait de le réparer par des succès de plus haute importance. Les autres cités gauloises qui se tiennent encore à l'écart, il saura se les adjoindre, il unifiera les volontés de toute la Gaule, à laquelle, alors, le monde entier même sera incapable de résister ; et ce résultat, il l'a déjà presque atteint. En attendant, qu'ils consentent, au nom du salut commun, à fortifier leur camp, afin de pouvoir plus facilement soutenir de soudaines attaques de l'ennemi. »

1. Mené perpendiculairement au rempart pour en approcher des tours en bois destinées à le dominer et à en écarter les défenseurs.
2. Fraîches ou tenues humides, pour prémunir les tours en bois contre les torches incendiaires.
3. Sans doute soutenue par des boisages.
4. Menées vers le rempart pour en approcher le bélier ou préparer l'assaut.
5. Vercingétorix.
6. Habitants de la « cité » (territoire) dont Avaricum était la ville principale.

Ce discours ne déplut pas aux Gaulois : ils lui savaient gré surtout de n'avoir pas perdu courage après un tel revers, de ne s'être point caché ni dérobé aux regards de la foule ; ils jugeaient qu'il avait montré une prescience et un discernement supérieurs en conseillant, lorsque la situation était encore entière, d'abord l'incendie, puis l'abandon d'Avaricum. Aussi, tandis que l'autorité des autres chefs s'amoindrit par leurs revers, son prestige, au contraire, après l'échec, croissait de jour en jour. En même temps, ses assurances faisaient naître l'espoir du ralliement des autres cités. Ce fut alors, pour la première fois, que les Gaulois commencèrent à fortifier leur camp ; et une si ferme confiance entra au cœur de ces hommes, inhabitués pourtant à de tels travaux, qu'ils jugeaient devoir se plier à tout ce qu'on leur ordonnerait.

De bello Gallico, VII, 29-30.

La narration. — Quand César a assisté en personne aux événements, rien de plus net que son récit. Du pays, des circonstances, il ne note que l'essentiel, mais avec une précision qui tient lieu de pittoresque. C'est l'action, l'enchaînement des faits, la part de la volonté humaine et des hasards qui l'intéressent surtout. Sa lucidité lui permet de donner à chaque élément sa valeur exacte. Aussi le lecteur se croit-il en contact direct avec la réalité, sans désirer, à l'ordinaire, le moindre éclaircissement supplémentaire. César lui a imposé sa propre vision des faits.

Bataille de la Sambre

[César est surpris par les Nerviens (peuple qui habitait entre l'Escaut et la Sambre) et leurs alliés, sans doute non loin de Maubeuge (57). — Description des lieux destinée uniquement à expliquer le détail des opérations. — Décomposition et classement des faits de façon à rendre claire au lecteur une action en réalité confuse. — Souci constant de se disculper de s'être laissé surprendre et de n'avoir pas pris la direction effective de la bataille. — Éloge discret (sorte d'ordre du jour de félicitations) des troupes et des officiers. — Tout gêné qu'il est, César donne l'impression du naturel le plus simple.]

Voici comme se présentait le terrain que les nôtres avaient choisi pour le camp. Une colline s'inclinait en pente uniforme vers la Sambre, que nous avons nommée plus haut ; sur l'autre rive et juste en face, une autre naissait, de pente semblable, découverte en bas sur une profondeur d'environ deux cents pas, plus haut boisée, et si bien que le regard y pouvait difficilement pénétrer. Dans ces bois les ennemis se tenaient cachés ; à découvert, le long de la rivière, se voyaient quelques piquets de cavaliers. La profondeur de la rivière était d'environ trois pieds[1].

César[2], se faisant précéder de sa cavalerie, suivait à peu de distance avec toutes ses troupes. Mais l'ordre de marche était autre que les Belges[3] ne l'avaient dit aux Nerviens. Car, à proximité de l'ennemi, César, selon sa coutume, s'avançait d'abord avec six légions sans bagages ; puis venaient les convois de toute l'armée ; enfin les deux légions des dernières levées fermaient la marche et protégeaient les convois. Nos cavaliers avec les frondeurs et les archers passèrent la rivière et engagèrent le combat avec les cavaliers ennemis. Ceux-ci tour à tour se retiraient vers les leurs dans les bois et en ressortaient pour charger les nôtres ; et les nôtres n'osaient pas les poursuivre au-delà du découvert. Cependant les six légions arrivées les premières, ayant tracé le camp, commencèrent à le fortifier. Dès que la tête de nos convois fut aperçue de ceux qui restaient cachés dans

1. Environ 1 mètre.
2. César se désigne toujours à la troisième personne.
3. Gaulois du Nord de la France : ils avaient prévenu les Nerviens que les légions étaient échelonnées, séparées l'une de l'autre par les bagages.

les bois (c'était le moment dont ils avaient convenu pour engager la bataille), dans l'ordre et la disposition qu'ils s'étaient donnés sous bois et qui assuraient leur liaison, ils s'élancèrent soudain tous ensemble et chargèrent nos cavaliers, qui ne tinrent pas un instant et se dissipèrent. Alors, avec une rapidité incroyable, ils descendirent au pas de course vers la rivière, si bien qu'au même moment presque on vit les ennemis à la lisière des bois, dans la rivière et déjà sur nous. Avec la même rapidité ils gravirent la colline opposée, droit vers notre camp et nos travailleurs.

César avait à pourvoir à tout à la fois : faire élever le fanion d'alarme, sonner la trompette, rappeler les soldats du travail, rallier ceux qui s'étaient un peu écartés pour trouver de quoi élever le talus[1], ranger les troupes en bataille, les haranguer, donner le signal d'attaque. Mais bon nombre de ces mesures étaient impossibles, si bref était le délai, si rapide l'avance de l'ennemi. Dans cet embarras, César avait pour lui deux avantages : d'abord l'instruction et l'entraînement de ses soldats, auxquels l'expérience des combats précédents avait appris à prendre spontanément toutes mesures nécessaires aussi bien que si elles leur étaient prescrites ; puis l'ordre qu'il avait donné aux légats[2] de ne quitter ni le travail ni chacun sa légion avant que le camp fût achevé : en présence d'un ennemi si proche déjà et si prompt, ils ne songeaient pas à attendre les ordres de César, mais prenaient d'eux-mêmes les dispositions qu'il jugeaient bonnes. César, n'ayant donné que les ordres indispensables, courut encourager les soldats du côté où il put : le hasard le mena à la dixième légion[3]. Sa harangue fut brève : il se borna à recommander aux soldats de se souvenir de leur antique valeur, de ne pas se troubler et de tenir ferme devant l'assaut ; puis l'ennemi, étant déjà à portée de javelot, il donna le signal du combat[4]. Et il se porta à l'autre aile pour y exhorter aussi les soldats : mais il les trouva déjà engagés.

On fut tellement pris de court et l'ennemi était si ardent à l'attaque que le temps manqua non seulement pour fixer les insignes[5], mais même pour mettre les casques et enlever les housses des boucliers. Chacun prit rang au hasard de l'endroit où il avait travaillé et de l'enseigne qu'il apercevait la première, sans perdre à rechercher son corps le temps dû au combat. Comme l'armée s'était rangée plus d'après la nature du terrain, la pente de la colline et la fatalité des circonstances que selon les exigences d'une tactique régulière, et que les légions, séparément, résistaient chacune pour sa part à l'ennemi, que, d'ailleurs, des haies très épaisses, ainsi qu'on l'a dit plus haut, barraient la vue, on ne pouvait ni manœuvrer sûrement avec des réserves ni pourvoir aux besoins de chaque secteur ni unifier tout le commandement. Et les conditions étaient trop inégales pour que la fortune des armes ne fût pas aussi très variable[6]...

De bello Gallico, II, 18-22.

Les qualités dramatiques. — Quand César narre les événements auxquels il n'a pas participé, il se les représente si vivement, grâce à sa connaissance du pays et des hommes, et il revit l'action avec une telle intensité qu'il semble en avoir été témoin oculaire. En ces occasions surtout se révèle la puissance de son imagination dramatique et se devine un art très conscient, mais très sobre, de la mise en scène ; art attique plutôt que romain par la discrétion de ses procédés, et qui ne crée dans le récit aucune disparate.

---

1. Du camp, fait du déblai des fossés et de mottes de gazon, surmonté d'une palissade.
2. Commandants des légions.
3. La préférée de César : il écrit que c'est le hasard qui l'a mené vers elle, pour ménager la susceptibilité des autres légions.
4. Le commandant en chef était le seul qui eût en dépôt la religion de Rome par le « droit d'auspices » et le caractère d'un magistrat suprême par l'*imperium* : aussi la bataille n'est-elle pour ainsi dire *rituellement* engagée que s'il a, lui-même, harangué les soldats et donné le signal.
5. Aigrettes ou panaches des casques ; appliques des boucliers ; peut-être aussi les décorations.
6. César fut sauvé par l'arrivée des deux légions d'arrière-garde et l'initiative de son lieutenant Labiénus. Il achève de s'excuser en faisant un éloge très appuyé de la valeur des Nerviens.

Un conseil de guerre

[Deux légats, Q. Titurius Sabinus et L. Aurunculéius Cotta, sont en quartiers d'hiver avec une légion et 5 cohortes (entre 7 et 9 000 hommes) à Atuatuca (Tongres ou Liège ?), chez les Éburons. Une attaque soudaine des Gaulois se produit et est repoussée. Mais Ambiorix, l'un des deux chefs des Éburons, cherche à attirer les Romains hors de leur camp en promettant à leurs parlementaires (Arpinéius et Junius) de leur laisser rejoindre la légion la plus proche (54). — Vie et mouvement progressif. — Vraisemblance psychologique et opposition des caractères. — Pathétique sobre.]

Arpinéius et Junius rendent compte aux légats de ce qu'ils ont entendu. Très troublés par cette communication imprévue, et bien qu'elle vînt d'un ennemi, ils ne pensaient pas devoir la négliger : ce qui les frappait le plus, c'est qu'il n'était guère croyable qu'une cité sans renom ni importance, comme celle des Éburons, eût osé de son propre chef faire la guerre au peuple romain. Aussi portent-ils l'affaire devant le conseil.

Une vive discussion s'élève. L. Aurunculéius, un grand nombre de tribuns et les centurions en premier étaient d'avis de ne rien faire à la légère et de ne pas quitter les quartiers d'hiver sans un ordre de César : « Si nombreuses que fussent les forces des Germains[1], on pouvait leur résister en un camp fortifié ; la preuve en était qu'ils avaient fort bien repoussé le premier assaut des ennemis, en leur infligeant des pertes sévères ; le blé ne manquait pas ; il viendrait à temps des secours et des camps voisins et de César ; enfin quelle légèreté et quelle honte de se faire dicter par un ennemi une résolution de si grave portée ! » Mais Titurius se récriait : « Il serait trop tard pour agir quand les ennemis se présenteraient en plus grandes masses avec l'appoint des Germains, ou qu'il serait arrivé quelque malheur dans les camps voisins. On n'avait, par fortune, qu'un instant pour se décider. César devait être parti pour l'Italie[2] : sinon les Carnutes n'auraient pas décidé de tuer Tasgétios[3], et les Éburons, lui en Gaule, n'auraient pas poussé le mépris des Romains jusqu'à se présenter devant notre camp. Ce n'était pas un ennemi qui lui dictait son avis, mais les faits : le Rhin était tout proche ; les Germains étaient ulcérés de la mort d'Arioviste et de nos précédentes victoires ; la Gaule frémissait de tant d'humiliations, de se sentir soumise à Rome, et de voir éteinte son antique renommée guerrière. Enfin qui pourrait croire qu'Ambiorix en fût venu à cette démarche sans raison solide ? En l'un ou l'autre cas, son conseil était sûr : si la situation était moins grave qu'il le disait, on rallierait sans aucun danger la plus proche légion ; si la Gaule entière était d'accord avec les Germains, il n'y avait de salut que dans la rapidité. Quant à l'avis de Cotta et de ses tenants, quelle en serait l'issue ? Supposé que le péril immédiat fût évité, restaient la certitude d'un long siège et la menace de la famine. »

Une fois présentées les deux thèses contraires, comme Cotta et les centurions en premier s'obstinaient dans la résistance : « Eh bien ! je me rends, dit Sabinus, puisque vous le voulez ! » — et il élevait la voix, pour se faire entendre d'une grande partie des soldats[4] — « Et je ne suis pas homme à m'effrayer plus qu'aucun de vous d'un péril de mort[5]. Ceux-là[6] jugeront ; s'il arrive malheur, c'est à toi qu'ils demanderont des comptes. Car, si tu y consentais, après-demain, unis à leurs camarades des plus proches quartiers, ils seraient en mesure de soutenir, avec eux tous, les chances de la guerre, au lieu d'attendre ici, isolés, exilés loin des autres, la mort par le fer ou la faim. » Tout le monde se lève ; on entoure les deux légats ; on les supplie de ne pas s'opiniâtrer en un conflit qui conduit à la catastrophe : « Il est facile d'en sortir, qu'on reste ou qu'on parte, pourvu que tous n'aient qu'un sentiment et une volonté ; mais, si l'on se querelle, ils ne voient plus

1. Ambiorix annonçait que des bandes de Germains avaient passé le Rhin et que tous les camps romains étaient assaillis le même jour.
2. Hypothèse fausse : César était à Samarobriva (Amiens).
3. Que César avait fait « roi » chez les Carnutes (pays de Chartres et d'Orléans).
4. Qui devaient se tenir à la porte du baraquement où discutent les officiers.
5. Il considère l'avis de Cotta comme une condamnation : voir la fin de son propos.
6. Les soldats.

aucune chance de salut. » On discute encore jusque vers minuit. Enfin Cotta, très ému, cède : l'avis de Sabinus l'emporte. On annonce qu'on partira à l'aube.

Le reste de la nuit se passe à veiller, chaque soldat s'inquiétant de ce qu'il pourrait emporter, de ce qu'il devrait abandonner de son installation d'hiver. Rien ne reste à imaginer qui ait pu rendre plus sûr le danger du lendemain et l'accroître par la fatigue d'une nuit d'insomnie. Au petit jour, ils quittent le camp en gens persuadés qu'ils suivent le conseil non d'un ennemi, mais du meilleur de leurs amis, Ambiorix : ils formaient une très longue colonne, avec une quantité de bagages[1].

De bello Gallico, V, 28-31.

Fuite d'Ambiorix

[Ayant brisé le premier soulèvement des Gaules, César veut tirer une vengeance exemplaire des Éburons et d'Ambiorix (53). — Justesse de l'atmosphère générale et précision, pour ainsi dire vécue, des détails. — La personnalité de César transparaît sous le récit : haine brûlante ; cruauté froide ; croyance, presque fataliste, d'ambitieux à la puissance de la Fortune.]

Quant à lui[2], comme les blés commençaient à mûrir, marchant contre Ambiorix à travers la forêt d'Ardenne, — c'est la plus grande de toute la Gaule : elle va d'un seul tenant des bords du Rhin et du pays trévire jusqu'aux Nerviens, sur une longueur de plus de cinq cents milles, — il envoie en pointe L. Minucius Basilus avec toute la cavalerie, lui prescrivant de pousser tout avantage que lui offriraient sa rapidité de marche ou quelque occasion que ce soit ; il lui recommande d'interdire les feux au campement, pour ne pas signaler de loin son approche ; il l'assure qu'il le suit de près.

Basilus se conforme à ces ordres. La rapidité de sa marche lui permet une surprise complète : il saisit dans les champs beaucoup de paysans sans méfiance ; sur leurs indications, il va droit à Ambiorix, qui n'avait autour de lui, disait-on, que peu de cavaliers. La Fortune est bien puissante en tout, mais spécialement en matière militaire. Car ce fut un grand hasard si Basilus tomba sur Ambiorix à l'improviste, sans même qu'il fût en garde, et s'il apparut aux yeux de l'ennemi avant qu'une rumeur ou un message l'eussent averti de son approche ; mais ce fut pour Ambiorix une grande chance, dans la rafle de tout son attirail de guerre, de ses chars, de ses chevaux, de pouvoir échapper à la mort. Cela s'explique pourtant : sa maison étant entourée de bois selon l'usage général des Gaulois qui, pour éviter la chaleur, recherchent d'ordinaire le voisinage des forêts et des eaux courantes, ses compagnons et ses amis soutinrent quelques instants dans un passage resserré le choc de nos cavaliers. Pendant qu'on se battait, l'un des siens le jeta à cheval ; les bois couvrirent sa fuite. Telle fut la puissance de la Fortune à le mettre en péril et à l'en sauver ...

. . . .

César, reprenant sa campagne de dévastation, disperse en tous sens sa cavalerie renforcée de gros contingents des cités voisines. Tous les villages, tous les bâtiments isolés qu'on pouvait apercevoir étaient brûlés ; le bétail égorgé ; partout on pillait ; les céréales non seulement étaient consommées par une telle foule de bêtes et d'hommes, mais la saison avancée et les pluies les avaient versées, de sorte que, quelque Éburon eût-il réussi pour le moment à se cacher, on voyait bien qu'il lui faudrait périr de détresse, une fois l'armée partie. Et souvent, avec une si nombreuse cavalerie disséminée en tous sens, on arrivait en tel lieu où l'on saisissait des gens qui venaient de voir Ambiorix en fuite, le cherchaient encore des yeux et affirmaient qu'il n'était pas encore tout à fait hors de vue ; alors l'espoir de l'atteindre faisait surmonter toute fatigue : dans l'idée que César en aurait une gratitude infinie, on allait jusqu'à dépasser presque les forces humaines et il semblait toujours qu'il s'en fallût d'un rien qu'on n'eût atteint

1. César accumule avec acrimonie, dans ces dernières lignes, toutes les fautes qui vont rendre le désastre inévitable.

2. César.

au but ardemment rêvé ; mais lui se dérobait dans des repaires, des ravins forestiers, et, sous la protection de la nuit, gagnait d'autres contrées, dans une direction nouvelle, sans autre garde que quatre cavaliers, à qui seuls il osait confier sa vie.

De bello Gallico, VI, 29-30 et 43.

Les discours. — A l'exemple des Grecs, les historiens latins s'étaient mis à composer des discours, même fictifs, en tout cas outrepassant leur documentation réelle, qu'ils prêtaient aux personnages principaux en des circonstances notables, et qui leur permettaient d'exposer de façon vivante soit l'ensemble d'une situation, soit les fondements d'une entreprise. Malgré le titre qu'il donnait à ses ouvrages, César n'a pas fait fi du procédé ; mais, avec un goût très sûr, il n'a pas multiplié les discours, et il leur a presque toujours donné la forme du style indirect, qui reproduit la pensée sans viser à transcrire les termes mêmes de l'orateur. Ces discours ont pour principales qualités leur sobre fermeté et la netteté logique de leurs déductions. Mais César a su y suggérer aussi des sous-entendus, des réactions psychologiques, qui donnent l'impression de la vie. Et il ne s'est même pas privé, aux instants pathétiques, du style direct, dont l'effet sur le lecteur est beaucoup plus chaleureux. Là encore, l'art de César est des plus conscients.

César reçoit la soumission d'Afranius et Pétréius

[Par de savantes manœuvres, César a acculé à la capitulation les deux armées pompéiennes d'Espagne, à Ilerda (49). — Discours au style indirect, mais de tons très différents. — Les sentiments passionnés de César s'y expriment avec sobriété, mais vigueur. — Ses intentions aussi : se concilier les troupes de l'adversaire, justifier sa conduite. — La composition et la portée de son discours dépassent l'occasion momentanée où il est censé avoir été prononcé.]

Enfin, coupés de tout, sans fourrage depuis plus de trois jours, sans eau ni bois ni blé, ils demandent un entretien, et, s'il se peut, à l'écart des troupes. Sur le refus de César, qui ne consentait qu'à un entretien public, on livre à César, en guise d'otage, le fils d'Afranius. On se rencontre au lieu choisi par César. Devant les deux armées, Afranius prend la parole : « Ni leurs troupes ni eux-mêmes ne méritaient sa colère, pour avoir voulu rester fidèles à leur général Cn. Pompée. Mais ils avaient plus qu'assez donné à leur devoir et en avaient été assez punis. Ils avaient subi une disette complète : mais maintenant, traqués presque comme des bêtes, empêchés de boire, empêchés de bouger, ils ne pouvaient plus supporter ni les tourments physiques ni l'abattement moral. Aussi s'avouaient-ils vaincus : ils demandaient en suppliant que, si toute pitié n'était pas bannie, on ne crût pas nécessaire de recourir contre eux au dernier châtiment. » L'humilité, la soumission les plus complètes s'étalaient en toutes ses paroles.

César répond qu'à nul moins qu'à eux ne convenait cette comédie de plaintes pitoyables : « Sauf eux, chacun avait pris à cœur de faire son devoir : lui, César, en refusant d'engager la bataille en d'excellentes conditions, avec l'avantage du lieu et du moment, pour ne pas hypothéquer la paix ; son armée qui, malgré leur attentat et leurs meurtres[1], avait sauvé et protégé ses prisonniers ; et leurs propres troupes enfin, qui avaient pris l'initiative de rechercher la paix, pensant ainsi pourvoir à la vie de tous les leurs. Ainsi la Pitié n'avait eu que des tenants, sauf eux, les généraux, qui n'avaient pas voulu de la paix, qui avaient violé les droits de la conférence et de la trêve, massacrant sauvagement des hommes pris à l'improviste sous le couvert de la conférence.

1. Peu auparavant, Afranius avait jeté des troupes sur des soldats césariens qui, sous le couvert d'une trêve, conversaient avec des pompéiens en cherchant à les rallier à leur cause.

Il leur était donc arrivé ce que souvent produit l'orgueilleuse opiniâtreté des hommes : ils recouraient avec d'ardentes prières à ce qu'ils avaient méprisé si peu auparavant. Or lui, César, ne voulait pas profiter de leur abaissement ni d'un avantage occasionnel pour accroître ses forces : mais il exigeait le licenciement de ces troupes, qu'ils avaient entretenues contre lui depuis tant d'années. Car il n'existait point d'autre motif à la concentration de six légions en Espagne, à la levée sur place d'une septième, ni à l'armement de tant de flottes considérables, ni à l'envoi de généraux expérimentés. Rien de tout cela ne visait à la pacification des Espagnes, rien à l'intérêt d'une province qu'une longue paix dispensait de réclamer assistance. Tout, et de longue date, était préparé contre lui : contre lui ces commandements inouïs, qui assuraient à la fois à un seul homme[1] l'autorité suprême et immédiate sur la politique à Rome et (par délégation[2] !) les deux provinces les mieux armées[3] pendant tant d'années ; contre lui le bouleversement du statut des magistratures, pour envoyer à la tête des provinces non pas, comme de tout temps, d'anciens préteurs et consuls, mais les créatures éprouvées d'un clan minime ; contre lui encore ce prétexte d'un intervalle nécessaire[4], prétexte sans valeur puisque des généraux dont le mérite s'était révélé en des campagnes précédentes étaient (normalement) appelés à de nouveaux commandements militaires ; contre lui, et lui seul, on dérogeait au droit dont toujours bénéficièrent tous les généraux, de pouvoir après une victoire revenir et licencier leur armée avec quelque gloire ou au moins sans honte. Toutes ces atteintes, pourtant, il les avait supportées et les supporterait patiemment ; et sa conduite actuelle lui était dictée non par le désir de garder pour lui les troupes qu'il leur enlevait (ce qui lui serait cependant facile), mais par la volonté d'éviter qu'on s'en servît contre lui. Ainsi, comme il l'avait dit, ordre à eux de quitter la province et de licencier leurs troupes ; s'ils obéissaient, lui ne ferait de mal à personne. Telle était la seule et dernière condition de la paix. »

De bello ciuili, I, 84-85.

César dans son œuvre. — Les *Commentaires* ne sont pas sans défauts : inégalités dans le développement, parfois même embarras de style... C'est qu'ils furent rédigés fort vite, parfois même en insérant tels quels dans le récit personnel du proconsul des rapports de ses lieutenants ou de ses services techniques (par exemple : sur la construction du pont sur le Rhin). Les dons de César n'en apparaissent que plus étonnants. Encore s'y révèle-t-il surtout comme une intelligence qui se meut avec une aisance souveraine dans les réalités de l'action et de l'ambition ; tout au plus devine-t-on sous l'élégance de son style le raffinement de sa culture. Mais les séductions de l'homme, même sa générosité foncière n'y transparaissent pas. Il ne s'émeut pas : l'étonnant, c'est que parfois, à force de netteté évocatrice, il nous émeut ; mais il ne l'a pas voulu.

Les continuateurs de César. — Pour qui considérait les *Commentaires* non comme œuvres de circonstances, mais comme histoire, ils restaient inachevés. Un ami de César, AULUS HIRTIUS, composa avec une certaine élégance un 8e livre à *la Guerre des Gaules*, racontant les dernières résistances et la pacification (années 51-50). Peut-être est-ce lui aussi qui écrivit *la Guerre d'Alexandrie* (*De bello Alexandrino* : année 47) ; mais les deux livres qui traitent des campagnes de 46 et 45 en Afrique et en Espagne *(De bello Africano, De bello Hispaniensi)* sont d'un rédacteur incorrect et sans talent.

1. Pompée.
2. Normalement un gouverneur de province devait résider dans sa province sans gérer aucune magistrature à Rome.
3. Les deux Espagnes (Citérieure et Ultérieure).
4. Entre deux commandements ou magistratures : César, redevenu simple citoyen, aurait été en butte à toutes sortes d'attaques.

SALLUSTE
87 ou 86 - 35 av. J.-C.

D'une famille aisée d'Amiterne, en Sabine, C. Sallustius Crispus manqua sa vie politique et se réfugia dans les lettres. Il était tribun de la plèbe en 52 et avait pris violemment position contre Cicéron et Milon : les censeurs l'exclurent du Sénat en 50, sous le prétexte (fort plausible) d'immoralité. César l'y fit rentrer, questeur pour la seconde fois, en 49. Il servit son protecteur dans la campagne d'Afrique en 47, devint gouverneur de l'*Africa Noua* en 46, s'y enrichit sans scrupules, mais se tira pourtant indemne d'un procès de concussion. Toujours démocrate dans l'âme, et césarien, mais sans avenir public, surtout après l'assassinat du dictateur (44), il s'adonna à l'histoire dans le palais entouré de magnifiques jardins qu'il s'était fait construire sur le Pincio (à Rome).

Chronologie des œuvres. — Une lettre et un discours à César montrent (s'ils sont authentiques[1]) Salluste préoccupé entre 50 et 47 de la relation entre les problèmes politiques et sociaux. Il ne se mit à l'histoire que quelques années plus tard, avec *la Conjuration de Catilina*, épisode tout récent (63), sur lequel il devait avoir une documentation personnelle et à partir duquel s'était développée la puissante agitation démocratique où lui-même avait joué un rôle. Lorsqu'il entreprit dans le *De bello Iugurthino* de raconter la longue lutte (111-104) de Rome contre le roi de Numidie Jugurtha, c'est qu'il y reconnaissait la période critique où la noblesse victorieuse des Gracques avait achevé de se déconsidérer et où avait commencé à s'imposer le grand général démocrate Marius. Même après 39, embrassant dans les cinq livres de ses *Histoires*[2] toute la multiplicité de la vie romaine en un plus long temps (de 79 à 66), il visait à décrire la destruction des mesures aristocratiques de Sylla et la renaissance du parti démocratique dont il s'était fait le tenant. Ainsi son activité littéraire prolongeait sans rupture sa vie politique : mais, en élargissant de proche en proche son domaine, elle se détachait de toute préoccupation personnelle.

Progrès de la méthode historique. — Non que Salluste apparaisse, même fugitivement, comme individu en son œuvre : dès le *Catilina*, il se montre objectif. Mais il n'y apporte pas encore la mentalité historique : il traite en brève digression les premières tentatives révolutionnaires de Catilina, sans lesquelles ne s'expliquent pas les événements de 63 ; il omet de décrire les raisons générales, économiques et sociales, qui assuraient sa force ; cherche à dissimuler les connivences de César ; se contente d'une chronologie incertaine ou fautive. Peut-être aussi sa documentation était-elle disparate et mal critiquée. Celle du *Jugurtha*, au contraire, est des plus sérieuses : aux *Histoires* de Sisenna, aux *Mémoires* des contemporains, il ajoute les livres puniques du roi Hiempsal, qu'il se fit traduire, et maints renseignements recueillis sur place,

1. Leur authenticité est encore discutée, en fonction soit de leur contenu historique, soit de leur langue : le second de ces ouvrages, qui trace un programme politique soumis à César, présentant plus de vraisemblance que le premier. — Une *invective contre Cicéron* n'est sûrement pas authentique : elle se présente comme un exercice de rhétorique.

2. Il n'en reste que des fragments, surtout quatre discours et deux lettres.

en Afrique. Il approfondit les problèmes sociaux, dont il n'avait d'abord considéré que les aspects contemporains ; déduit les événements de plus haut ; compose avec plus de rigueur. Et il fortifie singulièrement aussi son impartialité. Sans doute elle s'explique en partie par son mécontentement de politicien manqué, qui trouve son compte à ne pas plus ménager ceux de son parti que ses adversaires ; et de là résulte un air chagrin, un pessimisme sans contrepartie. Il n'en est pas moins vrai que maints aristocrates du *Jugurtha* ou des *Histoires*, Métellus, Cotta, y ont le beau rôle. Salluste est un historien, et de plus en plus conscient de ses devoirs, tandis que César ne l'a jamais été.

Métellus reprend en mains l'armée d'Afrique

[Composition équilibrée ; détail précis et évocateur. — Éloge de Métellus, sortant des faits eux-mêmes. — Comparer la transposition de Fronton, *Lettres à l'empereur Vérus*, II, I, 19-20.]

Arrivé en Afrique, il reçoit du proconsul Sp. Albinus une armée sans vigueur ni courage, incapable de supporter danger ni fatigue, moins active de main que de langue, faisant proie des alliés, proie elle-même des ennemis, sans discipline ni tenue. La démoralisation des troupes lui causait donc plus de souci que leur nombre ne lui inspirait sécurité ou confiance. Métellus, bien que le retard des comices[1] eût abrégé le temps de la campagne d'été et qu'il sentît qu'à Rome on était impatient d'un dénouement, décida de ne commencer les opérations qu'après avoir plié les soldats aux tâches de l'ancienne discipline.

Car Albinus, découragé par le désastre de son frère Aulus et de son armée, avait pris la résolution de ne pas sortir de la province romaine ; et dès lors, tout le temps qu'il eut le commandement pendant la belle saison, il ne cessa guère de tenir les troupes dans un camp permanent, sauf quand l'infection ou le manque de fourrage l'obligeait à se déplacer. Encore ce camp n'était-il pas fortifié ni les gardes militaires assurées ; chacun, à sa fantaisie, quittait son corps ; valets et soldats mêlés vagabondaient nuit et jour : ils couraient les champs, les saccageaient, forçaient les fermes, enlevaient à l'envi bétail et esclaves et les troquaient aux marchands contre des vins d'importation ou d'autres gourmandises, vendaient même les rations de blé pour acheter tous les jours du pain frais. Enfin rien ne saurait se dire ni s'imaginer que n'égalât et ne dépassât cette armée en fait de mollesse et de honteux désordres.

En une telle difficulté Métellus révéla son talent et sa sagesse autant que dans les opérations militaires : tant il sut garder une juste mesure entre la faiblesse et la dureté. Un ordre, d'abord, enleva à la mollesse tout moyen de se satisfaire : défense de vendre dans le camp du pain ou d'autres aliments cuits ; défense aux valets de suivre l'armée ; défense au soldat, quel que fût son rang, d'avoir au camp ou en colonne esclave ou bête de somme ; pour le reste une stricte limitation. En outre, chaque jour, le général déplaçait son camp en suivant des chemins difficiles, l'entourait d'un retranchement et d'un fossé comme si l'ennemi eût été proche, plaçait un grand nombre de sentinelles qu'il visitait lui-même avec ses lieutenants ; en colonne aussi on le voyait tantôt en tête, tantôt en queue, souvent au centre, empêchant quiconque de sortir du rang, forçant les soldats à marcher serrés autour des enseignes, chargés de leurs vivres et de leurs armes. Ainsi, moins en punissant qu'en empêchant les fautes, il eut bientôt rendu la solidité à son armée.

Bellum Iugurthinum, XLIV-XLV.

---

1. Assemblée du peuple où se faisaient les élections.

La formation littéraire. — La formation littéraire de Salluste était, au contraire, parfaite dès le début de son œuvre. C'est un néo-attique, mais qui, par tempérament et du fait du genre qu'il pratique, s'est porté non vers Lysias, mais vers Thucydide, le grand historien de la guerre du Péloponnèse : froide impartialité, scrupule descriptif, minutie explicative, densité de la forme, demi-rudesse archaïque, éclat obscur de la pensée, il a cherché à tout imiter de son modèle. Pourtant il lisait aussi Isocrate, Lycurgue, Démosthène ; la philosophie de Poseidônios semble aussi l'avoir touché. Mais sa volonté littéraire est exactement celle de Calvus et de son groupe.

La philosophie de l'histoire. — Thucydide aussi l'a engagé à faire figure de penseur. D'abord en allant aussi loin que possible dans l'explication des faits : à quoi Salluste apporte une vraie pénétration, un peu étroite seulement. Ensuite par la préoccupation morale. Mais Thucydide décrit les perversions de la guerre avec un pessimisme hautain et presque sans commentaire ; Salluste a introduit dans ses œuvres des diatribes en forme, où il s'en prend amèrement au matérialisme et aux vices de son temps pour expliquer les crises de l'État : par là il leur a donné une couleur bien romaine, tout en s'exposant lui-même (sa moralité étant plus que douteuse !) aux reproches d'hypocrisie et de banalité convenue. Il a pourtant réfléchi avec profondeur sur l'intime liaison de l'histoire intérieure et de l'histoire extérieure de Rome ; et aussi sur la part relative de l'État et des fortes individualités dans les fluctuations de la grandeur romaine : il apparaît là le vrai précurseur de Montesquieu.

Morale historique de Salluste : César et Caton

[Digression de ton personnel (Salluste vient de rapporter les deux discours, en sens opposés, de Caton et de César dans la séance du Sénat où s'est discuté le sort des complices de Catilina). — Ton pédantesque de la première partie ; éclat antithétique recherché de la seconde ; entre elles, lourde transition. — Profondeur psychologique et affectation d'impartialité. — Théorie et pratique de ce que les Italiens appellent la « virtù » (puissance effective du caractère individuel, sans considération de ses buts, moraux ou non).]

J'ai tant pratiqué, par lectures et récits, les hauts faits du peuple romain à l'intérieur comme à l'extérieur, sur mer et sur terre, qu'il m'a pris envie de rechercher quel fut le principal fondement d'un si vaste édifice. Je savais que souvent, avec une poignée d'hommes, on avait tenu tête à de grandes armées ennemies ; qu'avec des ressources minimes on avait mené la guerre contre des rois opulents ; en outre, qu'on avait souvent supporté sans faiblesse les rigueurs de la Fortune ; alors que cependant les Grecs l'emportaient sur les Romains en dons littéraires, les Gaulois en gloire militaire. Et toutes mes réflexions m'amenaient à conclure que tout fut dû au mérite éminent d'un petit nombre de citoyens, grâce auxquels la pauvreté l'emporta sur la richesse et le petit nombre sur la foule. Mais lorsque le luxe et l'oisiveté eurent gâté notre patrie, ce fut au tour de l'État de suppléer aux vices de nos généraux et de nos magistrats ; et, comme une mère épuisée, Rome, pendant des générations, ne donna naissance à nul homme de valeur.

Mais, de mon temps, il y en eut deux d'un mérite extraordinaire, avec des caractères opposés : M. Caton et C. César. Et, puisque mon sujet me les a fait rencontrer, je ne saurais me taire ni m'empêcher de découvrir, dans la mesure de mes forces, le tempérament et le caractère de chacun d'eux.

Race, âge, éloquence les rapprochaient ; pareille grandeur d'âme, même gloire aussi, mais non de même sorte. César était considérable par ses bienfaits et sa munificence, Caton par l'intégrité de sa vie. Le premier s'était imposé par sa douceur et son humanité ; l'austérité du second lui avait assuré le respect. Ils avaient acquis leur gloire, César en prodiguant présents, aides et pardons, Caton en n'accordant rien. Le premier était refuge aux malheureux, l'autre ruine aux méchants. On louait la complaisance de l'un, l'inflexibilité de l'autre. Enfin, César, s'étant donné pour règle une activité vigilante, s'appliquait aux intérêts de ses amis au point de négliger les siens et ne refusait rien qui fût digne d'être offert ; pour lui, il ambitionnait un grand commandement, une armée, une guerre qui fût bien la sienne et où sa valeur pût briller d'un plein éclat. Mais Caton n'avait goût que pour la sagesse, la réserve décente et, surtout, l'austérité ; il ne rivalisait pas de dépenses avec le riche ni d'intrigues avec l'intrigant, mais de courage avec le vaillant, de modération avec le sage, de désintéressement avec l'homme probe ; il préférait être honnête homme que le paraître : mais moins il recherchait la gloire, plus elle suivait ses pas.

De coniuratione Catilinae, LIII-LIV.

La psychologie ; les discours. — Par le sens psychologique, Salluste surpasse son maître. Surtout en fait de psychologie individuelle. Mais, en analysant le caractère d'hommes de premier plan, il suggère la psychologie collective de groupes sociaux ou même de races : en Jugurtha s'affirment les traits essentiels de la race numide ; et la variété nuancée des tribuns de la plèbe qu'il met en scène représente tous les instincts divers et les aspirations massives de la foule romaine. Salluste a conscience de cette force ; il se plaît aux portraits ; il a le don, d'une part, de créer la vie rien que par des détails abstraits ; de l'autre, de suggérer par les mots les sentiments intimes de ceux qu'il fait parler. Peu de pittoresque : il est rare qu'on voie le personnage. Mais l'action, le geste se devinent. Aussi a-t-il trouvé dans la forme traditionnelle du discours son véritable mode d'expression : ses harangues, très travaillées, rehaussées de sentences brèves et éclatantes, sont, comme celles de Thucydide, les parties saillantes de son œuvre ; mais moins purement rationnelles, plus vivantes et individuelles que celles de l'auteur grec, à la fois dramatiques et philosophiques, particulières et générales.

De la débauche à la guerre civile

[Un portrait très travaillé. — Composition incertaine de l'ensemble ; force du détail (noter le détail pittoresque, rare chez Salluste). — La psychologie à la base de l'explication historique. — Curiosité des bas-fonds moraux et pessimisme. — Éclat bref du style. — Tableau final de l'état de Rome présenté comme calcul de Catilina.]

Dès son adolescence, Catilina avait commis maintes abominations : séduit une jeune fille noble, puis une prêtresse de Vesta[1] ; et porté d'autres atteintes du même genre aux lois humaines et divines. Enfin, épris d'Aurélia Orestilla, en qui seule la beauté mérita jamais l'éloge des gens de bien, et comme elle hésitait à l'épouser par crainte d'un grand fils qu'il avait de son premier lit, on donne pour certain qu'il assassina le jeune homme afin de faire place nette à une union scélérate. Et ce me semble être la cause principale qui lui fit hâter son entreprise. En effet son âme souillée, en haine aux dieux et aux hommes, ne pouvait plus trouver l'apaisement ni dans la veille ni dans le repos : tant le remords ravageait son esprit inquiet. Et son teint livide, ses yeux hagards, sa démarche tantôt précipitée tantôt traînante, bref, tout son extérieur et surtout sa physionomie trahissaient son désordre intime.

1. Fabia, belle-sœur de Cicéron.

Quant aux jeunes gens qu'il avait, nous l'avons dit, attirés par ses séductions, il leur donnait par mille moyens la science complète du crime : il en prêtait comme faux témoins, comme faussaires ; il faisait bon marché de leur probité, de leur fortune, des risques qu'ils pouvaient courir ; puis, ayant usé en eux tout sentiment de réputation et d'honneur, il leur prescrivait de plus graves forfaits. Si l'occasion de mal faire venait à manquer, nulle relâche pourtant : qu'il eût ou non des injures à venger, il faisait traquer, égorger ; crainte sans doute de laisser l'oisiveté engourdir les mains et les cœurs, il préférait être méchant et cruel sans raison. Avec l'appui d'amis aussi fidèles, voyant, en outre, l'endettement universel et la plupart des vétérans de Sylla, par souvenir de leur victoire et de leurs pillages d'autrefois, avides de guerres civiles, Catilina forma le projet d'abattre la constitution. Aucune armée en Italie ; Cn. Pompée engagé dans une guerre aux confins du monde[1] ; bon espoir pour lui-même d'être élu consul ; un Sénat somnolent ; sécurité et tranquillité partout : justement ce qu'il fallait pour un Catilina.

De coniuratione Catilinae, XV-XVI.

Excitations de tribun

[Épisode de l'agitation démocratique contre la constitution de Sylla : le tribun de la plèbe C. Licinius Macer engage le peuple à refuser le service militaire pour obtenir que soient rendus au tribunat les privilèges dont Sylla l'avait dépouillé (73). — Influences de Thucydide et de Démosthène ; mais aussi expérience personnelle du style de réunion publique. — Véhémence entraînante du mouvement, mais resserrement sentencieux de l'expression.]

« ...Que d'agitation contre moi ! Ce serait, bien sûr, sans raison si, sans attendre que vous en finissiez avec l'esclavage, ils étaient disposés, eux[2], à mettre fin à leur tyrannie ; et d'autant plus que nos guerres civiles ne furent, sous d'autres noms, que la lutte entre eux et nous au sujet de cette tyrannie qu'ils font peser sur vous. Aussi bien les flambées que suscitèrent leurs abus de pouvoir, leur odieuse insolence, leur avidité, n'eurent qu'un temps ; mais sans fin ni relâche fut et reste seule disputée, obtenue, puis perdue, la puissance tribunicienne, cette arme qu'ont forgée nos ancêtres pour assurer la liberté[3]. Et n'allez pas, je vous en avertis, je vous en prie, au gré de votre indolence, donner aux mots des sens nouveaux et appeler « tranquillité » ce qui est servitude. Eussiez-vous raison, d'ailleurs, vous ne pouvez même plus espérer en jouir, si leur immoralité triomphe de notre cause juste et saine : il aurait fallu ne point bouger[4]. Maintenant que leur attention est en éveil, si vous ne l'emportez aujourd'hui, comme toute la sécurité de l'injustice est dans la dureté de l'oppression, ils vous tiendront encore plus serré.

On me dira : « Que demandez-vous ? ». Avant tout que vous changiez vos façons d'être, langues actives, âmes indolentes, qui, une fois quittée l'assemblée, ne vous souvenez plus de la liberté. Puis (je n'exige pas de vous l'héroïsme qui a permis à vos ancêtres d'obtenir des tribuns de la plèbe, puis la magistrature patricienne[5], la liberté enfin de vos suffrages libérés de l'autorisation des patriciens[6]), puisqu'en vous, Quirites[7], est toute puissance, et que, ce que vous subissez[8] dans l'intérêt des autres, vous pouvez certes le faire ou ne pas le faire dans votre propre intérêt, attendez-vous l'aide de Jupiter ou de quelque autre dieu ? L'orgueil des ordres consulaires et des décrets sénatoriaux, c'est vous, Quirites, qui par votre obéissance le sanctionnez ; de vous-mêmes vous vous hâtez d'accroître et d'affermir l'arbitraire qui vous accable.

1. Contre Mithridate, roi du Pont.
2. L'aristocratie dirigeante.
3. A partir de l'an 494, disait-on, la plèbe, en « faisant sécession », avait obligé les patriciens à lui accorder des protecteurs inviolables, les tribuns, qui, grâce à leurs droits d' « intercession » et de « veto », n'avaient cessé d'accroître leur puissance.
4. Ne point commencer une agitation que le parti sénatorial fera tout dorénavant pour réprimer.
5. Le consulat.
6. Un vote du peuple n'était autrefois valable qu'après sanction du Sénat.
7. Nom officiel des citoyens romains.
8. Le service militaire.

Et ne pensez pas que je vous invite à venger vos injures. Bien plutôt à vouloir la paix. Je ne suis pas semeur de discordes, comme ils m'en accusent ; j'en poursuis la fin en revendiquant, selon le droit des gens, ce qui nous est dû. Et s'ils s'obstinent à le retenir, je ne prêche ni la guerre ni la sécession[1] : je vous conseille seulement de ne pas offrir davantage votre sang. Libre à eux de gérer, de retenir à leur guise les commandements ; de rechercher les triomphes, de poursuivre Mithridate, Sertorius et les débris des exilés avec, pour armée, leurs images d'ancêtres[2]. Mais ni danger ni fatigue pour qui n'a aucune part aux profits.

Mais peut-être cette loi hâtive, qui prescrit des distributions de blé[3], compense-t-elle vos sacrifices ? Oui, ils ont estimé votre liberté, celle d'un peuple, à cinq boisseaux par tête[4] ! La nourriture d'un prisonnier, au plus juste. En prison, ce peu suffit à ne pas laisser mourir les gens, tout en usant leurs forces ; pour vous, il ne peut couvrir l'entretien d'une famille, et il n'y a que la paresse pour se laisser duper par un si mince espoir. Mais cette distribution de blé serait-elle considérable, du moment qu'elle se présente comme un leurre à votre servitude, quelle stupidité serait-ce de se laisser décevoir par elle et d'avoir encore à remercier vos oppresseurs de ce qui est à vous ?... »

Historiae, III, 48, 11-27 Maur.

La narration. — La narration dans Salluste est claire, parfois un peu sèche, d'autres fois entrant dans un détail minutieux plus « artiste » que celui de César : les proportions, en effet, sont calculées en vue de l'effet. Mais c'est surtout l'intérêt dramatique qui devait primer dans le *Catilina* au fil des péripéties d'une tragédie encore présente dans beaucoup de mémoires ; comme dans une pièce d'Accius, les coups de théâtre ranimaient l'intérêt. Le *Jugurtha*, lui, était un beau roman d'aventures, plein de machinations ténébreuses, d'embûches, d'assassinats froidement prémédités, de hardis coups de main. Il y a peu de pittoresque proprement dit, mais juste et très évocateur, en particulier quand Salluste décrit les paysages d'Afrique, qui l'ont certainement frappé.

Escalade d'un ksar de la Moulouya

[Cette « Moulouya » doit sans doute être identifiée à l'Oued Mellègue. — Marius assiège en vain un fortin juché au sommet d'un piton isolé, où se trouve le « trésor » de Jugurtha. — Épisode développé pour sa valeur humaine et son pittoresque. — Minutie et clarté du détail, ne laissant rien inexpliqué (cf. Thucydide, III, 20-22). — Art sobre et plastique, dans la représentation du mouvement.]

...Un jour un Ligure[5], simple soldat des cohortes auxiliaires, sorti du camp pour puiser de l'eau, non loin du flanc de la hauteur opposé à celui que l'on attaquait, remarqua des escargots qui rampaient parmi les rochers ; comme il les ramassait, l'un, puis l'autre, et toujours davantage, l'ardeur de la cueillette l'amena presque au haut de la montagne. Ne voyant personne, le désir, bien humain, le prit de jouer la difficulté. Il y avait là un grand chêne vert, qui avait poussé dans les rochers, d'abord un peu oblique, puis coudé et tout droit, suivant la loi commune à tous végétaux. S'aidant tantôt de ses branches, tantôt des saillies du rocher, le Ligure atteignit la plate-forme du fort, que défendaient les Numides, tous portés du côté de l'attaque[6]. Il se rend bien compte de tous les détails

1. Procédé d'intimidation classique : la plèbe sortait en masse de Rome, qui ne pouvait vivre sans elle.
2. Masques des ancêtres qui avaient géré des magistratures, et que les familles nobles conservaient soigneusement et exhibaient avec orgueil.
3. La loi Térentia Cassia (73) : les distributions de blé avaient été supprimées par Sylla.
4. Environ 44 litres (par mois).
5. Lire, sur le tempérament physique et moral des Ligures, C. Jullian, *Histoire de la Gaule*, I, p. 128.
6. A l'opposé.

utiles à une entreprise future, puis redescend par le même chemin, non plus au petit bonheur, mais en sondant et observant tout de très près.

Donc il va trouver Marius en hâte, lui dit tout, l'engage vivement à aborder le fort du côté de son escalade, s'offre à montrer le chemin, à courir le premier le risque. Marius envoya avec le Ligure, pour contrôler ses propos, plusieurs de ceux qui l'entouraient[1] ; chacun d'eux, suivant son tempérament, jugea l'entreprise impraticable ou possible. Cependant le consul conçut quelque espérance. Il fit donc choix, parmi les trompettes et les cors, des cinq plus agiles et, pour les soutenir, de quatre centurions ; à tous il donne l'ordre d'obéir au Ligure et fixe l'entreprise au lendemain.

Le moment venu, tout étant prêt et les dispositions prises, on gagne l'endroit. Les hommes désignés pour l'escalade avaient, sur les indications de leur guide, modifié leur armement et leur équipement : tête et pieds nus, pour avoir la vue plus libre et une prise plus ferme dans les rochers ; glaives et boucliers sur leur dos, mais des boucliers numides, en cuir, à cause du poids[2] et pour, en cas de choc, ne pas faire trop de bruit. Donc le Ligure, marchant en tête, passait des cordes aux pointes des rochers et aux vieilles racines qui faisaient saillie, pour aider ses compagnons à grimper ; parfois, quand ils hésitaient, en novices qu'ils étaient, il les tirait par la main ; lorsque la montée devenait un peu plus roide, il les faisait passer un à un devant lui sans armes, venant le dernier en portant leurs armes ; aux passages risqués, il allait tout le premier éprouver le terrain, puis, montant et descendant plusieurs fois, il s'effaçait enfin, pour les laisser passer après leur avoir donné confiance. Ainsi, après bien du temps et des fatigues, ils arrivent enfin au fort, désert de ce côté parce que tous les défenseurs s'étaient, comme les autres jours, portés face à l'ennemi.

Bellum Iugurthinum, XCIII, 2 – XCIV, 3.

Langue et style. — Salluste a cherché à donner à sa langue un aspect légèrement archaïque : toujours pour se rapprocher de Thucydide. Ce faisant, il s'est créé un vocabulaire qui parfois suggère le rapprochement avec Caton l'Ancien, mais qui, en réalité, est artificiel et composite[3]. On saisit le procédé dans la syntaxe, qui combine de vieux tours latins et des constructions imitées du grec. Le style aussi, autant en ses simplicités qu'en ses obscurités, est très voulu : il recherche, par exemple, de parti pris la dissymétrie, la surprise ; mais c'est là une rhétorique comme une autre, opposée seulement à celle de Cicéron. L'ensemble est des plus savoureux, surtout dans les parties spécialement travaillées : réflexions personnelles, portraits ou discours. Il semble inégal au premier abord ; et pourtant, tout s'équilibre. Si Salluste est très inférieur à Thucydide par l'ampleur et la portée de l'intelligence, il lui est supérieur par le maniement conscient de son art : c'est un styliste, plus encore et avec plus de bonheur que Catulle.

Influence de Salluste. — Par là son influence, au contraire de celle de César, fut très grande sur la littérature latine : même sur les orateurs et les poètes, à plus forte raison sur les historiens. Tite-Live la subit, et la combina à son cicéronianisme foncier. Tacite s'en pénétra et modifia à son usage les procédés de Salluste. Ses tendances dominantes mêmes : psychologie et pessimisme moral, colorèrent plus ou moins toute l'histoire romaine postérieure.

1. Des officiers de son état-major.
2. Ils étaient plus légers que les boucliers romains.
3. Mais l'orthographe est celle de son temps : seulement, sur sa réputation d'archaïsme, les copistes de manuscrits la maintinrent, tandis qu'ils rajeunissaient celle des autres classiques, ses contemporains.

CORNÉLIUS NÉPOS
Vers 99 - vers 24 av. J.-C.

Compatriote et ami de Catulle, mais familier aussi de Cicéron et d'Atticus, Cornélius Népos est un vulgarisateur qui compterait peu, tant sa science est douteuse et son style plat ou prétentieux, si, en ses nombreux ouvrages, il n'avait « lancé » à Rome quelques formes nouvelles de la littérature historique : l'abrégé, la biographie, la compilation anecdotique ; et recommandé un effort de compréhension morale des peuples étrangers. Nous avons plusieurs de ses *Vies des grands capitaines des nations étrangères* (il en avait composé au moins 16 livres), une *Vie de Caton l'Ancien*, une *Vie d'Atticus* (qu'il compléta après la mort de son ami) et il nous a conservé deux lettres de Cornélia à son fils Gracchus.

Un nouveau genre d'histoire

Je ne doute pas, Atticus, que bien des gens jugeront ce genre d'écrit frivole et indigne des grands hommes dont il retrace les traits, en y lisant qui fut le professeur de musique d'Épaminondas ou en y voyant noter parmi ses mérites d'avoir su danser avec grâce et bien jouer de la flûte. Mais peut-être y en aura-t-il même qui, ignorant la littérature grecque, ne trouveront rien de bien en tout ce qui ne s'accorde pas à leurs propres habitudes morales. Il leur faudra apprendre que l'honnête et le honteux ne sont pas les mêmes pour tous, mais que tout se juge d'après les traditions nationales, pour qu'ils cessent de s'étonner qu'en exposant les vertus de Grecs, nous nous conformions aux mœurs des Grecs. En effet il n'y eut pas de honte pour Cimon, un des grands hommes d'Athènes, d'épouser sa propre sœur, parce que ses concitoyens pratiquaiens le même usage... Et c'était un grand honneur dans presque toute la Grèce d'être proclamé vainqueur aux jeux d'Olympie ; monter sur la scène et se donner en spectacle public n'entraînait pour personne le déshonneur dans le même pays. Ce sont choses qui chez nous sont considérées soit comme infâmes, soit comme basses et indignes. En revanche nos mœurs admettent bien des pratiques qui passent chez eux pour honteuses. Quel Romain en effet hésite à emmener sa femme dîner en ville ? Ou ne lui reconnaît la première place dans sa demeure, où chacun la fréquente ? Il en est bien autrement en Grèce. Car la femme n'est appelée à dîner qu'avec ses proches ; et elle se tient toujours dans la partie la plus reculée de la maison, ce qu'on appelle *gynaeconitis*, où personne n'a accès s'il n'est de la plus proche parenté.

De excellentibus ducibus, Préface.

Atticus maître de maison

[Type de biographie familière, sans portée historique, mais cependant représentative de tendances nouvelles : goût pour les loisirs studieux et l'élégance de bon ton ; loin de la politique et hostile à l'ostentation.]

Ses mérites n'ont pas paru moindres comme maître de maison que comme citoyen. Car, bien qu'il fût fort riche, personne moins que lui ne s'abandonna à la passion d'acheter ni de bâtir. Sans cependant être moins bien logé qu'aucun de la haute société et en s'accordant tous les avantages les plus désirables. Car il avait sur le Quirinal la maison de Tamphilus, que lui avait léguée un oncle maternel, dont l'agrément tenait non à la construction, mais au parc : la maison elle-même, agencée à l'antique, était plus plaisante que luxueuse ; et il n'y changea rien, sauf quand quelque dégradation, due au temps, l'y forçait. Sa domesticité, pour le service, était parfaite ; pour l'apparence, à peine moyenne. Car elle comptait des esclaves très instruits, lecteurs excellents et copistes nombreux ; et il n'était pas un valet suivant qui ne pratiquât bien ces deux arts. Quant aux autres « spécialistes », qu'exige la tenue d'une maison, ils étaient également de tout premier ordre. Cependant tous étaient nés chez lui, avaient été formés chez lui : signe de modération, mais aussi d'application. Car ne pas désirer sans frein ce que l'on voit chez la plupart, c'est être modéré ; et se le procurer par application plutôt qu'à prix d'argent, c'est se montrer singulièrement actif et soigneux. Du bon goût, non de la magnificence ; de la distinction, non de la somptuosité ; tous les soins visant à une tenue élégante, non à la superfluité. Un mobilier modéré, sans excès en l'un ou l'autre sens. Et je n'omettrai pas un détail que tels pourront trouver futile : bien qu'il fût un des plus riches chevaliers romains et que sa maison fût ouverte fort libéralement à des hommes de toutes classes, il n'inscrivait chaque mois pour ses dépenses que trois mille sesterces[1] au plus. Et je l'affirme non par ouï-dire, mais de science certaine, mon amitié m'ayant souvent conduit à prendre connaissance de ses affaires privées.

XXV, 13.

6. La science et l'érudition

La curiosité pour les sciences répond à certaines tendances de l'alexandrinisme grec. Mais les Romains y portent une avidité encyclopédique où se révèle, plus que l'esprit scientifique, le désir un peu barbare d'une utilisation immédiate. Ils accèdent aussi, le plus souvent, aux connaissances à travers les systèmes philosophiques grecs, qui les déforment, et parfois avec des préoccupations morales, fort latines, mais étrangères à l'objet de la recherche.

La grammaire pourtant, avec ATÉIUS PRAETEXTATUS, surnommé « le Philologue », qui guida Salluste ; CURTIUS NICIAS, dont Cicéron prenait les conseils ; ORBILIUS, qui fut le maître d'Horace ; — et la jurisprudence, avec SER. SULPICIUS RUFUS (consul en 51), auquel Cicéron fait honneur d'avoir introduit l'esprit philosophique comme élément d'unité dans le droit, et C. TRÉBATIUS TESTA (tribun de la plèbe en 47), qui traita du droit sacré aussi bien que du droit civil, restent des disciplines précises et limitées.. Mais les deux grands « savants » de ce temps, P. Nigidius Figulus et Varron, se consacrent à une œuvre de vulgarisation des plus diverses.

Nigidius Figulus (mort en 45). — Nigidius avait écrit sur la grammaire, la théologie, l'astronomie ; il se livrait à l'astrologie et à l'occultisme et eut une grosse influence comme fondateur du néo-pythagorisme romain.

VARRON
116-27 av. J.-C.

M. Térentius Varro, de Réate, en Sabine, appartenait à la grande bourgeoisie conservatrice ; mais un certain opportunisme peut expliquer en partie les nuages qui ont traversé son amitié avec Cicéron. Fervent pompéien jusqu'après Pharsale, ce très honnête homme, illustre par son savoir, n'eut pas de peine à rentrer en grâce auprès de César, qui le préposa à la première bibliothèque publique. Il échappa aux proscriptions d'Antoine, et ne cessa de travailler jusqu'à sa mort, donnant à Virgile des

---

1. Soit environ 1 700 francs.

modèles après avoir, en sa première jeunesse, subi l'influence toute récente de Lucilius.

Œuvres. — Bourreau de lectures et infatigable écrivain, Varron avait produit 74 ouvrages comptant environ 620 livres, sur les sujets les plus variés ; poèmes et *saturae* ; ouvrages de philosophie, surtout morale ; biographies, tableaux historiques, compilations archéologiques ; traités d'histoire littéraire et de « grammaire » ; traité d'agriculture ; encyclopédie à l'usage de la jeunesse[1]... De cette œuvre immense nous ne possédons plus que les 3 livres de l' « Économie rurale » *(Rerum rusticarum libri III) ;* les livres V à X, d'ailleurs mutilés, du *De lingua latina* ; des fragments dispersés des *Satires Ménippées* et des *Antiquités.*

L'homme et son temps. — Ce contemporain d'Hortensius, cet ami de Cicéron est un singulier composé d'archaïsme et d'actualité. Son milieu familial sabin, son éducation et ses goûts le portaient plutôt vers le passé ; ses persévérantes recherches sur les antiquités nationales l'y maintenaient. Mais, tout en critiquant son siècle comme un Caton ou un Lucilius, il en jouissait en homme d'action, en homme de goût même et en littérateur au courant de toutes les nouveautés : son programme d'éducation libérale est plus varié que celui même de Cicéron. Si sa prose paraît presque « antique » quand on la compare à celle des orateurs de son temps et si ses préoccupations peuvent sembler périmées en un siècle aussi mouvant et novateur, l'esprit qui l'anime, ordonné, réaliste, philosophique, était le plus propre à rappeler ses contemporains les plus agités au sens de la tradition nationale et à préparer ainsi le classicisme latin.

Métairies et « villas »

On louait autrefois une métairie d'avoir bonne cuisine de campagne, amples étables, celliers et huilerie proportionnés au domaine, avec pavage incliné jusqu'aux réservoirs : car souvent le vin nouveau bout si violemment qu'il brise aussi bien jarres en Italie que tonnes en Espagne. Enfin, on avait soin de pourvoir les métairies de tout ce qu'exigeait la culture. Aujourd'hui, au contraire, on s'applique à avoir une « villa » d'agrément, aussi vaste et élégante que possible, qui le dispute aux châteaux scandaleux des Métellus et des Lucullus ; nos contemporains s'inquiètent qu'on ouvre leurs salles à manger d'été vers la fraîcheur du levant, celles d'hiver du côté du soleil couchant, plutôt que de veiller, comme nos anciens, à orienter convenablement celliers et huileries : car le vin en pièces demande un air frais, l'huile un air plus chaud.

Res rusticae, I, 12.

Les « Satires Ménippées ». — De bonne heure, Varron s'était plu à imiter le philosophe cynique Ménippe de Gadara (vers 250 av. J.-C.), qui

1. Philosophie : 76 livres de « Discours historiques » *(Logistorici)*, traitant des problèmes moraux ou d'intérêt général sous le nom de grands hommes ; 3 *De forma philosophiae* ; traité sur le souverain bien *(De philosophia)*. — Histoire : outre les *Antiquités* : 700 biographies, chacune accompagnée d'un portrait *(Imagines* ou *Hebdomades)* ; traités sur l'origine et la civilisation du peuple romain *(De origine populi romani ; De uita p. r.)* ; chronologie *(Annales)* ; recherches sur les familles romaines d'origine troyenne ; etc... — Grammaire : outre le *De lingua latina*, travaux sur les représentations théâtrales, sur les comédies de Plaute... — Les *Disciplinarum libri* parcouraient les connaissances nécessaires, selon Varron, à une éducation libérale (grammaire, dialectique, rhétorique, géométrie, arithmétique, astronomie, musique, médecine, architecture).

avait traité les problèmes moraux sur un ton ironique et en mêlant les mètres. Il écrivit, au cours de sa vie, 150 livres de *Satires Ménippées*, « essais » de philosophie populaire, mêlés de prose et de vers très variés : Ennius pour la forme générale, Lucilius pour la langue et le ton lui servaient de modèles littéraires. Mais toute la vie de son temps : disputes philosophiques, religiosités orientales, agitations mondaines, bouleversements politiques, en était la matière. Assez souvent le thème de la réflexion morale est indiqué (en grec) à la suite du titre, grec ou latin, choisi pour piquer la curiosité : proverbes *(L'âne gratte l'âne ; La marmite a trouvé son couvercle...)*, formules morales *(Mets-toi-s-y seulement ; Attends le soir...)* ou de philosophie populaire (*Je te croirai demain, non aujourd'hui*, dicton sceptique), parodies de théâtre (*L'Ajax de paille ; Pappus dénonciateur ; Pseudulus-Apollo* ou l'*Apollon menteur*, contre le dieu égyptien Sérapis). Le ton était très varié : dialogues, fables, rêves, vives descriptions... La langue est fraîche et drue, fort pittoresque avec ses vieux mots, ses composés et ses allitérations à l'ancienne mode ; la versification souple et aisée. Il est bien regrettable que les fragments qui nous sont parvenus ne nous permettent pas de déterminer l'importance exacte de Varron dans l'histoire de la satire latine.

« L'Économie rurale ». — Ouvrage de vieillesse (Varron avait 80 ans quand il dédia le premier livre à sa femme Fundania), *L'Économie rurale* semble encore plus nettement relever de l'ancien esprit romain. Tout en utilisant mainte autre source[1], Varron a sans cesse présent à l'esprit Caton l'Ancien, au moins au cours du premier livre, qui traite de la culture des terres. Et, même, les thèmes catoniens : dignité du travail des champs, grandeur et beauté de l'agriculture italienne, santé morale des cultivateurs sont plus développés, avec une chaleur éloquente, qu'expliquent les angoisses du temps : la culture des céréales était en constante régression depuis 200 ans, et les guerres civiles, en troublant les transports maritimes, avaient plusieurs fois condamné Rome à la famine.

Décadence de l'agriculture

Aussi, comme aujourd'hui presque tous les chefs de famille[2] se sont glissés dans la ville[3], abandonnant faux et charrue, et préfèrent user de leurs mains au cirque et au théâtre[4] plutôt que dans les guérets et les vignobles, nous en sommes, pour nous nourrir, à affermer le transport du blé d'Afrique et de Sardaigne et à envoyer des navires vendanger à Cos et à Chios[5]. Ainsi cette terre où les pasteurs fondateurs de Rome enseignèrent l'agriculture à leurs descendants[6] voit, à l'inverse, aujourd'hui, les nouvelles générations, par esprit de lucre et contrairement aux lois, transformer les terres à blé en prairies, oubliant la différence qui existe entre culture et pâture. Car autre chose est un pâtre, autre chose un laboureur ; et, si les champs peuvent être pâturés, ce n'est pas une raison pour confondre vacher et bouvier : un troupeau, loin de contribuer à la production dans

1. Outre les Grecs : les frères Saserna, Trémellius Scrofa, et, surtout, la traduction officielle du traité d'agriculture du Carthaginois Magon.
2. Nom ancien du propriétaire-cultivateur.
3. Rome.
4. En applaudissant.
5. Iles de la mer Égée, célèbres par leurs vins.
6. Ce qui socialement (Varron l'a démontré auparavant) marque un progrès.

un champ, broute ce qui s'y trouve ; au lieu que le bœuf domestiqué aide à croître le blé dans les guérets, le foin dans les jachères.

Res rusticae, II, 1.

Mais intentions et documentation sont actuelles : aussi bien Varron ne s'est-il pas contenté de sources livresques ; il s'est informé auprès de contemporains, surtout grands éleveurs de Sabine, d'Apulie et d'Épire, et pourvoyeurs très avertis des « halles » de Rome ; lui-même a une pratique étendue. La culture frumentaire et arbustive, qui seule intéressait Caton, n'occupe qu'un livre de *L'Économie rurale* ; le second est consacré tout entier à l'élevage du bétail ; le troisième, aux volières, ruchers et parcs à gibier, escargots, loirs..., dont les revenus pouvaient être immenses, si grandes étaient les quantités de grives, de sangliers (entre autres) que réclamaient les marchés de Rome.

L'esprit aussi est nouveau : l'ordre règne. Tout ce qui est étranger au sujet est éliminé ; la matière est déduite selon un plan fixé d'avance, logique et complet. Des « spécialistes » traitent de chaque question, mais avec le souci de tout expliquer à qui n'est pas du métier : tandis que Caton, s'adressant à des gens avertis, laissait maint détail de côté, et semblait abandonner à la routine une foule de pratiques.

Bœufs de labour

Si on les achète novices, il faut qu'ils n'aient pas moins de trois ans ni plus de quatre ; qu'ils soient robustes et bien appariés, pour qu'au travail le plus faible ne s'épuise pas à suivre le plus fort ; qu'ils aient vaste encornure, et plutôt noire, le front large, le nez camus, la poitrine large, les cuisses épaisses. De bœufs dressés au travail, n'en prenez pas en plaine pour labourer en pays âpre et montagneux ; le contraire, si vous voulez. Les bouvillons que vous aurez achetés, vous les apprivoiserez en peu de jours et les préparerez au dressage, en leur engageant le cou entre les courbes du travail et en leur donnant ainsi à manger. Puis on les enjouguera, mais graduellement et en ayant soin d'en grouper un jeune avec un ancien (l'exemple aidera le dressage) : d'abord en terrain égal et sans charrue, ensuite avec une charrue légère et, au début, dans le sable ou une terre bien friable.

Res rusticae, I, 20.

La sensibilité aussi s'est affinée : si les esclaves continuent à être comptés dans le cheptel d'une ferme à côté des chiens, on leur manifeste de l'humanité, même de la douceur. Et une sorte de tendresse, qui est celle de Lucrèce pour la vie, se trahit en certaines des prescriptions relatives aux animaux.

Élevage des agneaux

On dépose les nouveau-nés près du feu, jusqu'à ce qu'ils aient pris force ; et on tient les brebis deux ou trois jours à l'étable, de façon que les agneaux apprennent à connaître leur mère et se nourrissent à satiété. Ensuite, quand les mères vont de nouveau paître avec le troupeau, on retient les agneaux à l'étable ; au retour des brebis, le soir, ils têtent, puis en sont séparés, de peur qu'elles ne les foulent pendant la nuit. Ils reprennent une tétée le matin, avant le départ des mères pour les champs, jusqu'à plein rassasiement. Au bout de dix jours environ, on plante des pieux auxquels on attache les agneaux avec un lien d'écorce ou d'autre matière légère, à distance les uns des autres afin que, tendres comme ils sont, ils ne s'écorchent aucune partie du corps en s'amusant à courir ensemble. S'ils ne recherchent pas le pis de la mère, il faut les en approcher, leur graisser les lèvres avec du beurre ou du saindoux, puis les leur mouiller avec du lait. Peu de jours après on leur présente de la vesce trempée ou de l'herbe tendre avant le départ pour le pâturage et à leur retour... Une fois sevrés, il faut veiller à ce que le regret de leur mère ne les fasse pas dépérir : aussi les réjouira-t-on par la qualité des fourrages, et on leur évitera les incommodités du froid et de la chaleur.

Res rusticae, II, 2.

Ce sentiment presque esthétique des choses de la campagne, à peu près ignoré de Caton le Censeur (voir p. 76 et suiv.), se mêlant çà et là au réalisme des prescriptions et aux calculs les plus précis sur le « rendement » de tel ou tel élevage, peut sembler singulier. Mais c'est que Varron, qui, à l'occasion, dit tant de mal des « fermes de plaisance », en éprouve vivement les commodités et les charmes. L'attachement ancestral aux exploitations productives n'est plus la rapacité ni la lésine de Caton ; elle se colore d'un goût déjà très vif pour la nature et son animation vivante.

Parcs et viviers

[Noter à la fois la curiosité de Varron pour ces nouvelles formes du luxe romain, et sa légère ironie pour les raffinements artificiels et les excès qu'elles entraînaient.]

Tu sais aussi[1], Axius, qu'on peut tenir en « garenne » des sangliers et, sans grand-peine d'ordinaire, engraisser ceux qu'on y a enfermés ou qui, moins sauvages, y sont nés. Tu as vu, dans le domaine que Varron (qui est ici) a acheté à M. Pupius Piso, près de Tusculum[2], sangliers et chevreuils se rassembler à heure fixe au son du cor pour prendre la nourriture qu'on leur jetait du haut d'une tour de la palestre[3] : aux sangliers du gland, aux chevreuils de la vesce ou autre chose. — J'ai même, dit Axius, vu chez Q. Hortensius[4], dans le Laurentin[5], une mise en scène plus dramatique. Il avait une forêt de plus de cinquante jugères[6], disait-il, toute close de murs, et qu'il appelait non pas « garenne », mais « parc[7] ». Là se trouvait un lieu élevé où la table avait été mise et où nous dînions. Quintus fit appeler Orphée[8] : il arriva, en robe longue, avec une cithare, et reçut l'ordre de chanter ; alors il emboucha une trompette ; et aussitôt nous fûmes enveloppés d'une telle foule de cerfs, de sangliers et d'autres bêtes que le spectacle ne me parut pas moins beau que les chasses que donnent les édiles dans le Cirque, avec même des bêtes tirées d'Afrique.

Res rusticae, III, 13.

Quand notre ami[9] Q. Hortensius avait près de Bauli[10] ces viviers qu'il avait fait construire à si grands frais, je suis allé l'y trouver assez souvent pour savoir qu'il envoyait toujours à Pouzzoles acheter le poisson de table. Et ce n'était pas assez pour lui de ne pas manger ses poissons, il allait jusqu'à les nourrir lui-même. Il avait plus à cœur l'entretien de ses mulets[11] de viviers que moi celui de mes ânes à Roséa[12]; et pourtant, en boisson et nourriture, ils lui revenaient sensiblement plus cher qu'à moi mes ânes :

1. C'est Appius qui parle.
2. A l'est de Rome, dans les monts Albains.
3. Lieu pour les exercices physiques.
4. L'orateur.
5. Au sud-ouest de Rome : le roi d'Italie avait encore de grandes chasses dans la région.
6. Environ 13 ha.
7. Varron emploie un mot grec signifiant : « lieu où l'on nourrit les bêtes sauvages ».
8. Demi-dieu dont le chant charmait toute la nature : c'est, ici, un esclave costumé.
9. C'est Varron qui parle.
10. En Campanie, non loin du grand port de Puteoli (Pouzzoles).
11. En fait, surmulets ; poissons très recherchés des gourmets romains. Mais le nom donne matière à une plaisanterie facile, reprise à la fin du passage cité.
12. Canton de Sabine : les ânes sabins étaient renommés.

car avec un seul petit esclave, pas beaucoup d'orge et de l'eau commune je nourris des ânes qui me rapportent beaucoup ; Hortensius, lui, avait à son service bon nombre de pêcheurs, qui amassaient constamment de petits poissons pour nourrir les gros ; en outre, quand la mer était agitée, il jetait dans ses viviers du poisson salé acheté exprès ; de sorte que pendant la tempête, grâce aux marchands de marée, il leur assurait leur provende malgré la mer, alors que les filets des pêcheurs ne pouvaient amener au rivage des proies vivantes pour la nourriture du pauvre peuple. Hortensius vous aurait plus vite donné un attelage de mules de ses écuries qu'un seul mulet de ses viviers.

Res rusticae, III, 17.

Il est visible, d'ailleurs, que, dans cet ouvrage encore, Varron s'est appliqué à faire œuvre littéraire. Il l'a mis sous forme de dialogues, dont la scène est variée : temple de Tellus (la Terre) pendant la fête d'hiver des semis ; Épire ; « villa publique », au Champ de Mars, un jour d'élections. Il l'a entrecoupé de digressions modérées, d'anecdotes, qui reposent l'attention. Avec son invocation aux dieux du terroir, son amour presque sensuel de l'Italie, son réalisme pratique, même le pédantisme savoureux des plaisanteries, *L'Économie rurale* est à la fois une œuvre bien romaine et représentative de son auteur, traditionnelle et actuelle.

« Les Antiquités ». — La grande œuvre d'érudition de Varron, les 41 livres des *Antiquités* (25 d'*Antiquités humaines* ; et 16 d'*Antiquités divines*, dédiées à « César pontife »), se présentait, semble-t-il, sous une forme plus nue. C'était un prodigieux recueil de renseignements archéologiques sur l'ancienne Rome, rassemblés sans critique, mais plus ou moins bien organisés (au moins pour la religion) d'après des principes philosophiques. Varron aurait désiré le maintien des vieilles croyances, au nom du patriotisme traditionnel, quitte à ce qu'elles fussent interprétées différemment par le peuple, les poètes et les gens cultivés. De cet ouvrage dérivent presque tous les renseignements archéologiques que les commentateurs et grammairiens anciens nous ont transmis. Les écrivains chrétiens (surtout saint Augustin), nous en ont conservé, avec plus ou moins d'exactitude, d'assez nombreux fragments ; et le Moyen Age encore y puisait la plupart de ses connaissances sur l'antiquité.

« La Langue latine ». — De très longue date les écrivains latins s'étaient préoccupés des questions grammaticales ; mais les contemporains de Cicéron s'en étaient fait une mode, discutant, en particulier, sur la constitution de la langue par « analogie » (formations dérivées) ou « anomalies » (le seul usage étant pris pour règle). Varron traita des origines et de l'étymologie (livres I-VII), des « déclinaisons », c'est-à-dire flexions et dérivations (VIII-XIII) et de la syntaxe (XIV-XXV) du latin. Ni méthode linguistique, il va de soi ; ni plan ferme : les modèles hellénistiques de Varron (stoïciens, en particulier) procédaient par hypothèses et déductions logiques. En matière d'étymologie surtout, les résultats sont étranges (*canis*, « chien », de *canere*, « chanter » ; *uolpes*, « renard », de *uolat pedibus*, « aux pieds volants » ; *nux*, « noix », de *nox*, « nuit » ; *ornatus* de *ab ore natus*, parce que la parure s'occupe d'abord du visage !). Mais il serait injuste de s'en tenir à des ironies faciles : ces étymologies, même les plus fantaisistes, peuvent éclairer les valeurs sémantiques de certains vocables latins à cette date. Le *De lingua latina* contient aussi des idées qu'on retrouve parfois dans les théories historiques et linguistiques modernes ; telles sont celles qui concernent l'influence des Sabins et du dialecte sabin sur l'histoire de Rome et la langue latine[1]. Ailleurs il fournit des renseignements précieux sur le droit romain, sur les institutions (voir l'explication du nom des monnaies, V, 169-174), sur la topographie de la Rome primitive (V, 41-56). Quant aux problèmes théoriques proprement grammaticaux, en élève de l'académique Antiochus d'Ascalon, il a tenté de les discuter dans un large esprit philosophique.

Argumentation en faveur de l' « anomalie »[2]

Ainsi, puisque dans le vêtement, la construction, le mobilier et tout ce qui regarde l'usage de la vie, la diversité domine nécessairement[3], elle ne doit pas être rejetée quand il s'agit de la langue, créée, elle aussi, pour l'usage.

Et l'on peut penser que, dans la pratique de la vie, la nature nous offre en tout deux buts, l'utilité et le goût : car nous ne cherchons pas seulement en nous habillant à éviter le froid, mais aussi à être habillés convenablement ; en nous logeant, à trouver un abri en cas de nécessité, mais une maison dont l'agrément nous retienne ; nous voulons des meubles non seulement convenables, mais de belle forme, et artistiques. C'est la différence entre l'individu humain et l'humanité : pour un homme altéré, n'importe quel gobelet suffit ; à l'humanité cultivée il le faut beau. Mais quand on s'éloigne de l'utilité pour chercher le plaisir, là encore la dissemblance souvent offre plus de plaisir que la ressemblance : c'est pourquoi on stuque différemment deux chambres jumelles et on ne fait pas tous les lits de même taille ni de même forme. S'il fallait rechercher l'analogie dans le mobilier, nous aurions chez nous tous lits de même façon, ou avec pieds ou sans, et (pourquoi non ?) avec escabeau pour la chambre comme pour la table ; et nous ne nous plairions pas davantage à ceux que rehaussent l'ivoire et les ciselures variées qu'aux grabats toujours à peu près de même forme et de même matière. Ainsi ou bien il faut nier que la diversité nous soit agréable, ou bien, puisqu'on ne peut le nier, il faut dire que la diversité des mots, telle qu'elle se présente dans l'usage, n'est pas à éviter.

De lingua latina, VIII, 15-16.

Documentation et critique. — La documentation de Varron est bonne parce qu'il lisait beaucoup sans perdre cependant contact avec les réalités, que les matières dont il traitait étaient déjà en partie élaborées et que son siècle, tout en se détachant très rapidement du passé, en conservait encore plus ou moins le sens. Mais sa critique historique est insuffisante : il se contente presque d'enregistrer ; son bon sens et son esprit d'ordre, l'étendue aussi de ses connaissances, qui lui permet de saisir les contradictions et de chercher à les résoudre, sont les seules garanties de sa science. Elles ont suffi à assurer, dans l'Antiquité, à ses recueils très objectifs une valeur incomparable et à lui-même le renom de très grand savant.

La composition. — Il apporte, d'ailleurs, à l'organisation de sa matière, quelle qu'elle soit, une volonté de composition littéraire, qui touche à la manie.

1. En notant toutefois que Varron, lui-même Sabin, a tendance à exagérer la part du « sabinisme » à Rome.
2. Le texte présente des lacunes ; mais le sens reste très clair.
3. Il s'agit d'une diversité (« anomalie ») fonctionnelle : un vêtement d'homme *n'est pas* un vêtement de femme ; un salon *n'est pas* une écurie ; etc... Varron vient de développer ce premier point.

Le second livre de *L'Économie rurale* se divise en 81 parties (9 × 9) ! Les subdivisions du *De lingua latina* sont infinies et lassantes. D'autant plus que ces distinctions ne se fondent ni sur les réalités seules, ni sur la seule logique, mais combinent avec elles une mystique des chiffres : 7 (nombre sacré), 3 (pythagoricien), 4 (stoïcien). Il n'empêche que ces rigueurs de plan, nouvelles dans la prose latine, et rares dans toute l'Antiquité, témoignent d'une volonté de méthode appréciable et d'un sens exact des nécessités de la pédagogie.

L'esprit philosophique. — Mais l'unité intime de ses ouvrages tient à ses tendances philosophiques. Une pensée domine chacun de ses exposés techniques. Comme Cicéron, il avait tendresse pour la doctrine académique, mais plutôt l'ancienne (celle de Platon) que la nouvelle, y trouvant l'équilibre des fonctions morales et physiques ; mais il inclina ensuite, semble-t-il, vers le pythagorisme, aristocratique et semi-religieux. Bon connaisseur des différentes doctrines, il chercha à les vulgariser sous une forme agréable ; les disputes d'écoles l'amusaient : il les aurait sans doute volontiers conciliées en les ramenant toutes à un rationalisme conforme à l'ordre de la Nature, mais d'ailleurs assez vague.

Conclusion. — Ainsi ce grand travailleur, si patriotiquement attaché à l'ancienne Rome, au souvenir de ses paysans « qui sentaient l'ail et l'oignon » et « ne se rasaient que tous les huit jours », mais qui avaient le corps robuste et l'âme droite, hellénise aussi : ce que sa pensée et sa langue présentent de bonhomie rustique et d'archaïsme savoureux tient déjà à cet amour esthétique du passé qui n'empêche pas de jouir du présent, et qui allait ajouter comme un condiment nouveau à la littérature latine.

7. Le théâtre

Cependant le théâtre, l'honneur du siècle précédent, languissait. Les classiques de la tragédie, Pacuvius, Accius, étaient souvent remis à la scène : mais il devenait nécessaire, pour les faire accueillir, d'envelopper les représentations d'une pompe tout extérieure, et l'on sent, dans Cicéron, qu'ils ont besoin d'être défendus contre le dédain et l'oubli. La comédie essaya encore une fois de rentrer en communion avec le peuple, par l'atellane et le mime : encore une fois elle échoua, en revint aux pratiques de l'ancienne *palliata*, ou versa soit dans la parade grossière, soit dans les spectacles de danse mimée.

L'atellane. — Atella, petite ville campanienne entre Capoue et Naples, avait une sorte de théâtre d'Arlequin, national : par suite, les citoyens qui y assumaient des rôles sous le masque n'encouraient aucune flétrissure.

Ce théâtre s'introduisit à Rome on ne sait quand, avec ses caractères propres et ses personnages convenus, dont les noms expressifs soulignaient le trait physique essentiel et suggéraient le caractère : Maccus, « l'homme aux grosses mâchoires », goinfre imbécile ; Bucco, « la bouche en tire-lire », bavard prétentieux ; Dossénus, « le gros dos », bossu plein de malignité ; Pappus, « le grand-père », vieux gâteux ; Sannio, « la grimace », pitre. Un thème assez général *(Maccus courtier, Maccus jeune fille, Pappus paysan...)* devait servir à toutes sortes de broderies et de bouffonneries improvisées. Genre très italien, proche de l'ancienne *satura*, dont la Commedia dell'Arte dérive sans doute sans intermédiaire. Deux écrivains de talent, sous Sylla, NOVIUS, et surtout L. POMPONIUS, de Bologne, traitèrent littérairement des thèmes d'atellanes en façon d'*exodia* (petites pièces gaies représentées après le spectacle de tragédie) ; mais ils écrivaient aussi, semble-t-il, des *tabernariae* et des *palliatae*, et les rares fragments qui nous en restent ne permettent pas d'apprécier leur originalité dans le nouveau genre. L'atellane, éclipsée après eux par le mime, reprit sous l'Empire de la vitalité, sinon comme genre littéraire, au moins comme farce populaire.

Le mime. — Le mime a des origines moins précises : parades foraines, danses plus ou moins parodiques ou lascives, clowneries, sketches réalistes ont pu contribuer à la constituer ; la Sicile et la Grande-Grèce n'y sont peut-être pas étrangères. En tout cas, dès 211, un mime-danseur est mentionné aux Jeux Apollinaires. Comme genre dramatique, le mime s'assura la faveur populaire par la simplicité de son affabulation, la liberté de ses saillies, le talent ou la beauté de ses protagonistes : les acteurs jouaient sans masque, et les rôles féminins étaient tenus par des femmes. Le chevalier D. LABÉRIUS (vers 106-43) lui donna une valeur littéraire, non sans emprunts (développements de caractères, maximes morales) à la *palliata*, mais en lui conservant sa saveur particulière. Il avait attaqué César : le dictateur le contraignit à jouer un de ses mimes, ce qui lui faisait perdre son rang de chevalier ; nous avons conservé un passage de prologue, très digne et douloureux, mais prudent aussi et presque flatteur, où Labérius se plaint d'avoir été, sur ses vieux jours, réduit à cette extrémité. Son jeune rival, l'affranchi PUBLILIUS LOCHIUS SYRUS, n'écrivait pas ses mimes : mais bon nombre de sentences morales élégantes qu'il y avait semées furent recueillies, et mêlées d'autres maximes de provenances diverses (il y en a 857 en tout), dont le ton rappelle la Nouvelle-comédie et Térence.

Après Publilius Syrus, le mime déchut : il revint à la plate indécence de ses débuts ; mais, d'autre part, la danse mimée sans paroles s'en détacha : la pantomime et le ballet en sont issus, qui allaient faire, sous l'Empire, une partie importante des représentations théâtrales.

BIBLIOGRAPHIE

Conditions historiques

DRUMANN[2]-GROEBE, *Geschichte Roms in seinem Übergange von der republikanischen zur monarchischen Verfassung* (Berlin-Leipzig, 1899-1929) ; G. BLOCH, *La République romaine : conflits politiques et sociaux*[2] (Paris, 1922). — J. CARCOPINO, *Sylla ou la monarchie manquée* (Paris, 1931) ; Éd. MEYER, *Cäsars Monarchie und das Principat des Pompejus*[2] (Stuttgart-Berlin, 1919) : T. RICE HOLMES, *The Roman Republic and the Founder of the Empire* (Oxford, 1923). — P. JAL, *La guerre civile à Rome. Étude littéraire et morale de Cicéron à Tacite* (Paris, 1963).

W. WARDE FOWLER (trad. Biaudet), *La vie sociale à Rome au temps de Cicéron* (Paris, 1917). — F. MÜNZER, *Römische Adelsparteien und Adelsfamilien* (Stuttgart, 1920) ; J. B. MISPOULET, *La vie parlementaire à Rome sous la République* (Paris, 1899). — P. GUIRAUD, *Études économiques sur l'Antiquité* (Paris, 1905) ; A. DELOUME, *Les manieurs d'argent à Rome jusqu'à l'empire*[2] (Paris, 1892) ; J. HATZFELD, *Les trafiquants italiens dans l'Orient hellénique* (Paris, 1919) ; L. HARMAND, *Le patronat sur les collectivités publiques, des origines au Bas-Empire* (Paris, 1957) ; S. LAUFFEN, *Die Sklaverei in der griechisch-römischen Welt* (*Gymnasium*, LXVIII, 1961).

D. M. SCHULLIAN, *External stimuli to literary production in Rome, 90 B.C.-27 B.C.* (*Univ. of Chicago*, 1932) ; T. FRANK, *Life and Literature in the Roman Republic* (*Univ. of California*, 1930). — G. BOISSIER, *Cicéron et ses amis* (Paris, 1865) ; W. KROLL, *Die Kultur der ciceronischen Zeit* (Leipzig, 1933) ; J. CARCOPINO, *Ce que Rome et l'Empire romain doivent à la Gaule* (Oxford, 1932). — E. ZELLER[2]-E. WELLMAN, *Die Philosophie der Griechen*, III, 1 (Leipzig, 1923) ; L. MEYLAN, *Panétius et la pénétration du stoïcisme à Rome au dernier siècle de la République* (*Revue de théologie et de philosophie*, Lausanne, 1929) ; P. BOYANCÉ, *Le stoïcisme à R.* (Actes du VIIe Congrès G. Budé, Paris, 1962) ; PANAETIUS RHODIUS, éd.[3] M. van Straaten (Leyde, 1962) ; M. VAN STRAATEN, *Panétius, sa vie, ses écrits, sa doctrine* (Amsterdam, 1946) ; K. REINHARDT, *Poseidonios* (Munich, 1921) ; P. GIUFFRIDA, *L'epicureismo nella letteratura latina del I secolo av. Cristo*, II : *Lucrezio e Catullo* (Turin, 1950).

1. LES HISTORIENS ; L'ÉLOQUENCE

Voir bibliogr. du chap. précédent, p. 107 et 109. — G. BOISSIER, *L'introduction de la rhétorique à Rome* (*Mélanges Perrot*, 1902) ; U. W. SCHOLZ, *Der Redner M. Antonius* (Erlangen, 1962) ; J. POIRET, *Essai sur l'éloquence judiciaire à Rome pendant la République* (Paris, 1887).

RHÉTORIQUE À HÉRENNIUS

ÉDITIONS : Critique : Marx-Trillitzsch (*Teubner*, 1964) ; — Avec commentaire latin : C.-L. Kayser (Leipzig, 1854) ; — Avec traduction française : H. Bornecque (Paris [1932]) ; G. Achard, *Rhétorique à Hérennius* (Paris, 1989). — Autres éditions : H. Caplan, *Ad Herennium de ratione dicendi* (Londres, 1954, 1966, 1968, 1977) ; G. Calboli, *Cornifici, Rhetorica ad C. Herennium* (Bologne, 1969).

ÉTUDES : G. ACHARD, *L'auteur de la Rhétorique à Herennius ?* dans R.E.L., 63, 1986 ; G. CALBOLI, *Sudi Grammaticali II : La tendenza grammaticale dell' Auctor ad Herennium*, dans *Mem. Ac. Scienze di Bologna*, 51-52, 1963, p. 1-114 ; L.C. WINKEL, *Some remarks on the date of the Rhetorica ad Herennium* dans *Mnemosyne*, 32, 1979.

TRANSMISSION DU TEXTE : M. SPALLONE, *La trasmissione della Rhetorica ad Herennium nell' Italia meridionale tra XI e XII s.*, *Bibl. Class.*, 3 a ser. I, Accad. Naz. dei Lincei, 1980.

RÉCEPTION DU TEXTE : K.M. FREDBORG, *The Latin Rhetorical Commentaries by Thierry of Chartres* (Toronto, 1988) ; J.S. FREEDMANN, Cicero in Sixteenth and Seventeenth Century

Instruction, dans *Rhetorica*, 4, 1986 ; D.E. GROSSER, *Studies in the influence of the Rhetorica ad Herennium and Cicero's De Inuentione* (*Diss. Cornell*, 1953) ; J.O. WARD, *Artificiosa eloquentia in the Middle Ages. The study of Rhetorica ad Herennium* (*Diss. Toronto*, 1972).

2. CICÉRON

ÉDITIONS COMPLÈTES : Princeps : Milan (1498) ; — Orelli[2] - Baiter - Halm (Zurich, 1845-1862) ; Baiter - Kayser (Leipzig, 1861-1869) ; Friedrich Müller (*Teubner*, 1885-1898) ; Atzert - Klotz - Plasberg - Pohlenz - Reis - Sjögren... (*Teubner*, 1914 ss.) ; italienne : *Centro di Studiciceroniani* (Rome, en cours). — Avec traduction française : V. Le Clerc[2] (Paris, 1827).

ÉTUDES GÉNÉRALES : GELZER - KROLL - PHILIPPSON - BÜCHNER, *M. Tullius Cicero* (Extrait de la *Real-Encyclopädie*, Stuttgart, s.d.) ; J.L. STRACHAN-DAVIDSON, *Cicero and the Fall of the Roman Republic*[2] (New York, 1925) ; E. CIACERI, *Cicerone e i suoi tempi*, 2 vol. (Milan-Rome-Naples, 1926-1930 ; 2ᵉ éd. 1939-1941) ; T. PETERSSON, *Cicero : a biography* (Berkeley, 1920) ; L. LAURAND, *Cicéron* (Paris, 1933) ; H. FRISCH, *Cicero's fight for the Republic* (Copenhague, 1946) ; P. BOYANCÉ, *Le problème de C.* (*L'Information littéraire*, 1958) ; M. MAFFII, *C. et son drame politique* (Paris, 1961) ; A. MICHEL et C. NICOLET, *Cicéron* (Paris, 1961) ; K. BÜCHNER, *Cicero* (Wiesbaden, 1962). — J. LEBRETON, *Études sur la langue et la grammaire de Cicéron* (Paris, 1901) ; P. WUILLLEUMIER, *La théorie cicéronienne de la prose métrique* (*Rev. des Études latines*, VII, 1929) ; M. RAMBAUD, *C. et l'Histoire romaine* (Paris, 1953) ; E. MALCOVATI, *C. e la poesia* (Pavie, 1943) ; A. HAURY, *L'ironie et l'humour chez C.* (Leyde, 1955) ; J. HELLEGOUARC'H, *Le vocabulaire latin des relations et des partis politiques sous la République* (Paris, 1963). — M. SCHNEIDEWIN, *Die antike Humanität* (Berlin, 1897) ; Th. ZIELINSKI, *Cicero im Wandel der Jahrhunderte*[4] (Leipzig, 1929).

K. BÜCHNER, *Cicero-Bestand und Wandel seiner geistigen Welt* (Heidelberg, 1964) ; *Cicero the Philosopher*, 12 articles avec intro. par J.G.F. POWELL (Oxford, 1995) ; C.J. CLASSEN, *Recht-Rhetorik-Politik. Untersuchungen zu Ciceros rhetorisher Strategie* (Darmstadt, 1985) ; A. DESMOULIEZ, *Cicéron et son goût. Essai sur une définition d'une esthétique romaine à la fin de la République* (Bruxelles, 1976) ; P. GRIMAL, *Cicéron* (Paris, *Que sais-je ?*, 1989) ; Fr. GUILLAUMONT, *Philosophe et augure. Recherches sur la théorie cicéronienne de la divination* (Bruxelles, *Latomus*, 1984) ; A. MICHEL, *Les rapports de la rhétorique et de la philosophie dans l'œuvre de Cicéron* (Paris, 1960) ; C. NICOLET et A. MICHEL, *Cicéron* (Paris, 1967) ; A. PRIMMER, *Cicero numerosus. Studien zum antiken Prosarythmus* (Vienne, 1968) ; E. RAWSON, *Cicero*, (1975) ; O. SEEL, Cicero, *Wort, Staat, Welt* (1953).

Lettres

MANUSCRITS : Copie (XIVᵉ s.) d'un ms. de Vérone, à Florence ; *Mediceus* (Florence, IXᵉ-Xᵉ s.) et deux *Harleiani* (Londres, XIᵉ et XIIᵉ s.).

ÉDITIONS : Tyrrell-Purser[2-3] (Dublin, 1904-1933), avec com. angl. ; L. Constans-J. Bayet (*Budé*, 1934 ss.), avec trad. fr. — *Ad Atticum* (Göteborg, 1916 ; Upsal, 1960), par H. Sjögren et C. Thörnell ; par D.R.S. Bailey (Oxford, 1916) ; par V. Moricca (*Paravia*, 1951-1953) ; *Ad Brutum* et *Ad Quintum fratrem* (Upsal et Upsal-Leipzig, 1910 s.), *Ad. Q. fr.* et *Ad Brutum, Fragm.*, W.S. Watt (Oxford, 1958) ; *Ad Q. fr.* et *Comment. petitionis* par U. et A. Moricca-Caputo (*Paravia*, 1954) ; *Ad familiares*, par Mendelssohn (Leipzig, 1893) et par Moricca[2] (*Paravia*, 1954) ; *Lettres de Caelius à Cicéron*, par F. Antoine (Paris, 1894), par J. Bayet (Rome, 1965). *Correspondance*, Paris, C.U.F. : T. I à III (Lettres I à CCIV), éd. L.A. Constans, 1934 à 1936, T. IV (Lettres CCV-CCLXXVIII), éd. L.A. Constans-J. Bayet, 1951, T. V (Lettres CCLXXIX-CCLXXXIX), éd. J. Bayet 1964 revue et corrigée par J. Beaujeu et P. Jal 1983 ; T. VI à X (Lettres CCCXC-DCCCLXVI), éd. J. Beaujeu, 1983-1993 ; Stuttgart, Teubner : *Epistulae ad Atticum*, éd. Shackleton Bailey (2 volumes), 1987 ; *Epistulae ad familiares, L. I-XVI*, éd Shackleton Bailey, 1988 ; *Epistulae ad Quintum fratrem. Epistulae ad M. Brutum. Commentariolum petitionis. Fragmenta epistularum*, éd. Schakleton Bailey, 1988.

ÉTUDES : G. BOISSIER, *Cicéron et ses amis* ; J. CARCOPINO, *Les secrets de la correspondance de C.* (Paris, 1947) ; O.E. SCHMIDT, *Der Briefwechsel des Cicero von seinem Prokonsulat in Cilicien bis zu Caesars Ermordung* (Leipzig, 1893) ; M. ROTHSTEIN, *Griechisches aus Ciceros Briefen* (*Hermes*, 1932) ; R. MONSUEZ, *Le style épistolaire de C. et la langue de la conversation* (*Pallas*, I-II, 1952-1953) ; P. MENNA, *Aspetti sintattici e lessicali di carattere intimo e familiare* et *L'erudizione greca nelle Lettere ciceroniane* (Nola Basilicata, 1954-1955) ; J. BOES, *La Philosophie et l'Action dans la Correspondance de Cicéron* (Nancy, 1990).

INDEX, par Oldfather-Canter-Abbott (Urbana, 1938).

Discours

MANUSCRITS : Palimpsestes à Milan, Turin, au Vatican (IVe-Ve s.) ; *Parisini* 7774 *A* (IXe s.) et 7776 (XIe s.), et *Cluniacensis* (IXe s.) pour les Verrines, etc. ; *Tegernseensis* (Munich, XIe s.) et *Erfurtensis* (XIIe s.) pour le *Pro Caecina*, etc. ; *Gemblacensis* (Bruxelles, XIIe s.) pour le *Pro Archia* ; *Parisinus* 7794 (IXe s.) pour les discours *post reditum* ; *Vaticanus-Basilicanus H.* 25 (IXe s.) pour les *Philippiques* ; beaucoup de mss. récents, pour partie issus d'un ms. de Cluny connu par le Pogge (en particulier, *Paris.* 14749).

ÉDITIONS : Peterson-Clark[2] (Oxford, 1905-1918) ; de la Ville de Mirmont-Rabaud-Boulanger-Bailly-Wuilleumier-Cousin-Boyancé-Tupet-Grimal (*Budé*, 1921 ss.), avec trad. franç. ; — Avec commentaire français : *Pro Archia* et *Verrines*, par E. Thomas (Paris, 1883 et 1894) ; *Pro Milone* et *Pro Murena*, par Antoine (Paris, 1891) ; *Pro Milone*, par J. Martha (Paris, 1896) ; *Pro Marcello*, par M. Ruch (*Érasme*, 1965) ; *Ire Philippique*, par de la Ville de Mirmont (Paris, 1902) ; — Avec com. anglais : *Pro Archia, Pro Balbo, Pro Milone, Pro Sulla*, par J.S. Reid (1877-1894) ; *Pro Caelio*, par R.G. Austin (Oxford, 1960) ; *Philippiques*, par King (Oxford, 1878) ; — Avec com. latin : *Pro Caelio*, par Van Wageningen (Groningue, 1908) ; — Avec com. allemand : *Pro Roscio Amerino*, par Landgraf (Erlangen, 1882-1884).

Discours publiés par *Les Belles Lettres* : *Pour Cinctius, Pour S. Roscius d'Amérie, Pour Q. Roscius le Comédien* (T. I, éd. H. de La Ville de Mirmont, 1921, 1973[4]), *Pour M. Tullius. Discours contre Q. Caecilius*, dit *« La divination », Première action contre Verrès - Seconde action contre Verrès.* Livre I. *La préture urbaine* (T. II, éd. H. de La Ville de Mirmont, 1922, 1984[4]), *Seconde action contre Verrès.* Livre II. *La préture de Sicile* (T. III, éd. de La Ville de Mirmont, 1922, 1960[2]) ; *Seconde action contre Verrès.* Livre III. *Le froment*, éd. H. de La Ville de Mirmont - J. Martha (T. IV, 1925, 1960[2]), *Seconde action contre Verrès.* Livre IV. *Les œuvres d'art* (T. V, éd. H. Bornecque et G. Rabaud, 1927, 1991[7]), *Seconde action contre Verrès.* Livre V, *Les supplices* (T. VI, éd. H. Bornecque et G. Rabaud, 1929, 1970[4]), *Pour M. Fonteius. Pour Caecina. Sur les pouvoirs de Cn. Pompée (pour la loi Manilia)* (T. VII, éd. A. Boulanger, 1929, 1973[4]), *Pour Cluentius* (T. VIII, éd. P. Boyancé, 1953, 1974[2]), *Sur la loi agraire. Pour C. Rabirius* T. IX, éd. A. Boulanger, 1932, 1960[2]), *Catilinaires* (T. X, éd. H. Bornecque et E. Bailly, 1926, 1985[10]), *Pour Murena. Pour Sylla* (T. XI, éd. A. Boulanger, 1943, 1968[5]), *Pour le poète Archias. Pour L. Flaccus* (T. XII, éd. F. Gaffiot et A. Boulanger, 1938, 1989[5]), *Au Sénat. Au peuple. Sur sa maison* (T. XIII/1, éd. P. Wuilleumier, 1952), *Sur la réponse des haruspices* (T. XIII/2, éd. P. Wuilleumier et A.M. Tupet, 1966), *Pour Sestius. Contre Vatinius* (T. XIV, éd. J. Cousin, 1965, 1981[2]), *Pour Caelius. Sur les provinces consulaires. Pour Balbus* (T. XV, éd. J. Cousin, 1962, 1969[2]), *Contre Pison* (T. XVI/1, éd. P. Grimal, 1966), *Pour Cn. Plancius. Pour Aemilius Scaurus* (T. XVI/2, éd. P. Grimal, 1976), *Pour C. Rabirius Posthumus. Pour T. Annius Milon* (T. XVII, éd. A. Boulanger, 1949, 1978[4]), *Pour Marcellus. Pour Ligarius* (T. XVIII, éd. M. Lob, 1952, 1968[2]), *Philippiques* I-IV (T. XIX, éd. P. Wuilleumier, 1959, 1972[4]), *Philippiques* V-XIV (T. XX, éd. P. Wuilleumier, 1960, 1973[3]). Les éditions Teubner ont de leur côté publié : *Pro P. Quinctio. Pro Sex. Roscio Amerino. Pro Roscio comoedo. De lege agraria. Pro Rabirio perduellionis reo. In L. Catilinam orationes IV. Pro Murena. Pro Sulla. Pro Archia poeta. De domo sua. Pro Sestio. In P. Vatinium. Pro Cn. Plancio. Pro C. Rabirio Postumo. Pro Scauro. Orationes in M. Antonium Philippicae XIV.*

J.W. CRAWFORD, *M. Tullius Cicero : The Lost and Unpublished Orations* (Göttingen, 1984).

SCHOLIES : Stangl, II (Vienne, 1912) ; Asconius, éd. Clark (Oxford, 1907) et Giarratano (Rome, 1920).

ÉTUDES : H. MERGUET, *Lexikon zu den Reden des Cicero* (Iéna, 1877-1884 ; réimpr. 1962) ; L. DELARUELLE, *Étude sur le choix des mots dans les discours de Cicéron* (Toulouse, 1911) ; L. LAURAND, *Études sur le style des discours de Cicéron*[2-3] (Paris, 1926-1928, 4e éd. 1940) ; Th. ZIELINSKI, *Das Clauselgesetz in Ciceros Reden* (Leipzig, 1904) ; *Der constructive Rhythmus in Ciceros Reden* (*Philologus Suppl. b. XIII*, 1914) ; J. HUMBERT, *Les plaidoyers écrits et les plaidoiries réelles de Cicéron* (Paris, 1925) ; E. COSTA, *Cicerone giureconsulto*[2] (Bologne, 1927) ; E. VOLTERRA, *Istituzioni di diritto privato romano* (Rome, 1961) ; CUCHEVAL, *Cicéron orateur* (Paris, 1901) ; L. LAURAND, *L'histoire dans les discours de Cicéron* (Louvain, 1911) ; G. ACHARD, *Pratique rhétorique et idéologie politique dans les discours optimates de Cicéron* (Leiden, 1981) ; R.C. MCCLINTOCK, *Cicero's narrative technique in the judicial speeches* (Thèse, Chapel Hill, 1975) ; M.R. PAYNE, *Thought and style in Cicero's later speeches* (Thèse, Portsmouth, 1971).

Traités de rhétorique

MANUSCRITS : Surtout 2 *Vaticani* et 1 *Florentinus* (XVe s.), dérivant d'un ms. de Lodi, perdu ; puis des mss. incomplets *(codices mutili)*.

ÉDITIONS : Wilkins (Oxford, 1903) ; Bornecque-Courbaud-Martha... (*Budé*, 1921 ss.), avec trad. franç. ; — avec commentaire : Piderit (Leipzig, 1867), *Brutus*, par Martha (Paris, 1907), Kellogg (Boston, 1902) ; Jhan[5]-Kroll (Berlin, 1908) ; *De oratore*, par Courbaud (Paris, 1905), Wilkins[2-3] (Oxford, 1890-1891) ; *Orator*, par Sandys (Cambridge, 1885), Marchi[2]-Stampini (Turin, 1920). *Brutus*, éd. J. Martha (Paris, *C.U.F.*, 1923, 1973[5]), éd. Malcovati (Stuttgart, *Teubner*, 1970[2]) ; *De l'orateur* (Paris, *C.U.F.*), T. I, L. I, éd. E. Courbaud, 1922, 1967[7], T. II, L. II, éd. E. Courbaud, 1928, 1966[4], T. III, L. III, éd. H. Bornecque-E. Courbaud, 1930, 1971[4], éd. Kumaniecki (Stuttgart, *Teubner*, 1969, 1995) ; *Divisions de l'art oratoire-Topiques*, éd. H. Bornecque, 1921, 1990[3], *Rhetorici libri duo*, éd. Ströbel (Stuttgart, 1915, 1991) ; *L'orateur*, éd. A. Yon, Paris, *C.U.F.*, 1964, éd. Reis (Stuttgart, *Teubner*, 1932, 1993) ; *De l'invention*, éd. G. Achard (Paris, *C.U.F.*, 1995).

ÉTUDES : CAUSERET, *Étude sur la langue de la rhétorique dans Cicéron* (Paris, 1886) ; F. GACHE-J. PIQUET, *Cicéron et ses ennemis littéraires* (Paris, 1882) ; B. RIPOSATI, *Studi sui Topica di C.* (Milan, 1947) ; A. MICHEL, *Rhétorique et philosophie chez C.* (Paris, 1960).

INDEX, par K.M. ABBOTT... (Urbana, 1964).

Traités philosophiques

MANUSCRITS : 2 *lcidenses* (Xe et XIe s.), *Laurentianus* (Florence, Xe s.) et *Vindobonensis* (Xe s.) ; pour le *De re publica*, un palimpseste du Vatican (IVe s. ?) ; pour le *De finibus*, le *Palatino-Vaticanus* 1513 (XIe s.) et le *Parisinus* 6331 (XIIe s.) ; pour les *Tusculanes*, le *Gudianus* 294 (Wolfenbüttel, IXe-Xe s.) et le *Parisinus* 6332 (Xe s.), etc.

ÉDITIONS : Laurand-Martha-Fohlen et Humbert... (*Budé*, 1928 ss.), avec trad. franç. ; — avec commentaire : *De amicitia* et *De senectute*, par Reid (Cambridge, 1879) ; *De diuinatione*, par A. Stanley Pease (Urbana, 1920-1923) ; *De finibus*, par Hutchinson (Londres, 1909) et Reid (I-II, Cambridge, 1925) ; *De finibus*, av. trad., A. Kabza (Munich, 1960) et K. Atzert (1964) ; *De legibus*, par Du Mesnil (Leipzig, 1879) et par K. Ziegler (Heidelberg, 1950) ; par G. de Plinval (*Budé*, 1959) ; *De natura deorum*, par Mayor (Cambridge, 1880-1885) et par A. Stanley Pease (Cambridge M., 1956-1958) ; *De officiis* par Sabbadini[3] (Turin, 1913) ; K. Atzert (*Teubner*, 1958) ; *De republica*, par L. Ferrero (Florence, 1950) ; 5e éd. par K. Ziegler (*Teubner*, 1960) ; *De senectute*, par P. Wuilleumier (*Budé*, 1940 ; 2e éd. 1961) ; *Laelius*, par Seyffert[2]-Mueller (Leipzig, 1876) ; *Tusculanes*, par Heine-Pohlenz (Leipzig, 1922-1929) ; par A. Di Virginio (Milan, 1962), les livres I et III, par A. Barigazzi (*Paravia*, 1956) ; M. Ruch, *L'Hortensius de Cic. : histoire et reconstruction* (Paris, 1958) ; *Academicus primus* par R. Del Re (Florence, 1961).

L'Amitié (éd. R. Combès, Paris, *C.U.F.*, 1971, 1993[4]) ; *Caton l'ancien. De la vieillesse* (éd. P. Wuilleumier, 1961, 1989[4], éd. Simbeck, Stuttgart, *Teubner*, 1917, 1987) ; *Des termes extrêmes des biens et des maux* (Paris, *C.U.F.*), éd. J. Martha (T. I, L. I-II, 1928, éd. revue et corrigée par C. Lévy, 1990, T. II, L. III-V, 1930, revue et corrigée par C. Rambaux, 1989), éd. Schiche (Stuttgart, *Teubner*, 1915, 1993) ; *Les Devoirs*, éd. M. Testard (Paris, *C.U.F.*), T. I (Livre I), 1965, 1974[2], T. II (Livre II-III), 1970, 1984[2] ; *Les Paradoxes des Stoïciens*, éd. J. Molager (Paris, *C.U.F.*, 1964) ; *De la république*, éd. E. Bréguet, Paris, *C.U.F.*, T. I, 1980, 1989[2], t. II, 1980 (éd. revue et corrigée G. Achard, 1991), éd. Ziegler (Stuttgart, *Teubner*, 1969[7], 1992), *De Re Publica*, Kommentar von Karl Büchner (Heidelberg, 1984) ; *Traité des lois*, éd. G. de Plinval (Paris, *C.U.F.*, 1959, 1968[2]) ; *Traité du destin*, éd. A. Yon (Paris, *C.U.F.*, 1933, 1991[4]), *De diuinatione. De fato. Timaeus*, éd. Ax (Stuttgart, *Teubner*, 1938, 1987) ; *Tusculanes*, éd. G. Fohlen et J. Humbert (Paris, *C.U.F.*), T. I (Livres I-II), 1931, 1970[4], t. II (Livres III-V), 1938, 1968[3], éd. Pohlenz (Stuttgart, *Teubner*, 1918, 1995).

ÉTUDES : H. MERGUET, *Lexicon zu den philosoph. Schriften Ciceros* (Iéna, 1887-1894) ; M.O. LISCU, *Étude sur la langue de la philosophie morale chez Cicéron* (Paris, 1930) ; *L'expression des idées philosophiques chez Cic.* (Paris, 1937) ; W. SÜSS, *C. als philosophischer Schriftsteller* (Heidelberg, 1949) et *Eine Einführung in seine philosophischen Schriften* (Wiesbaden, 1966) ; R. PONCELET, *C. traducteur de Platon* (Paris, 1957) ; A. WEISCHE, *C. und die neue Akademie* (Münster, 1961) ; C. THIAUCOURT, *Les traités philosophiques de Cicéron ; leurs sources grecques* (Nancy, 1912-1915) ; R. HIRZEL, *Untersuchungen zu Ciceros philosoph ; Schriften* (1887-1893) ; DESJARDINS, *Les devoirs. Essai sur la morale de Cicéron* (Paris, 1865) ; M. RUCH, *Le préambule dans les œuvres philosophiques de C.* (Strasbourg-Paris, 1958) ; P. BOYANCÉ, *Cicéron et « le Premier Alcibiade »* (*Rev. d. Ét. lat.* XLI, 1963) ; MILTON VALENTE, *L'éthique stoïcienne chez C.*

(Paris, 1957) ; L. Krumme, *Die Kritik der stoischen Theologie in Ciceros Schrift De natura deorum* (Göttingen, 1941) ; A.-J. Kleywegt, *C. Arbeitsweise im De nat. d. II, III* (Groningue, 1961) ; C. Vicol, *C. espositore e critico dell' epicureismo* (Ephemeris Dacoromana, X, Rome, 1945) ; M. Ruch, *La composition du De rep.* (*Rev. d. Ét. Lat.*, XXVI, 1948) ; P. Grenade, *Remarques sur la théorie cicéronienne du principat* (*Mél. École fr. de Rome*, LXII, 1940) ; *Autour du De rep.* (*Rev. d. Ét. lat.*, XXIX, 1951) ; K. Büchner, *Die beste Verfassung : eine philologische Untersuchung zu den ersten drei Büchern von Ciceros Staat* (*Studi Ital. di filol. class.*, XXVI, 1952) ; Boyancé, *Études sur le songe de Scipion* (Paris, 1936) ; Büchner, *Das Somnium Scipionis und sein Zeitbezug* (*Gymnasium*, LXIX, 1962).

Poésie

ÉDITIONS : *Aratea*, crit., trad., comm., par V. Buescu (Paris, 1941) ; *I frammenti poetici*, par A. Traglia (Vérone, 1962).

Aratea. Fragments poétiques, éd. J. Soubiran (Paris, *C.U.F.*, 1972, 1993[2]).

ÉTUDE : W. Leuthold, *Die Übersetzung der Phaenomena durch Cicero und Germanicus* (Zurich, 1942).

3. LUCRÈCE

MANUSCRITS : deux *Vossiani, Oblongus* et *Quadratus* (Leyde, IXe s.) [reproduits par Chatelain, Leyde, 1908-1913], et des *Italici*, issus d'une copie (perdue) du Pogge, d'après un ms. perdu.

ÉDITIONS : Princeps : Brescia, 1473. — Critiques, et avec commentaire : Munro[5] (Cambridge, 1905), en anglais (traduit en franç., pour les chants I-III, par A. Reymond, Paris, 1890-1903) ; Giussani[2]-Stampini (Turin, 1921 ss.), en italien ; Ernout[3] (*Budé*, 1931), commentaire français par Ernout-Robin (*Budé*, 1925-1928) ; C. Bailey (Oxford, 1947) ; — Diels (Berlin, 1923-1924) ; J. Martin (*Teubner*, 1959) ; — Partielles : I, par Pascal (Turin, 1928) ; I, III, V, par Duff (Cambridge, 1923-1930) ; III, par Heinze (Leipzig, 1926) ; IV, par Ernout (Paris, 1916) ; V, par Benoist-Lantoine (Paris, 1884), par C. Giussani, E. Stampini et V. d'Agostino (Turin, 1959) ; *Titi Lucreti Cari De Rerum Natura Libri Sex* (Oxford, 1947-1950) (3 volumes), Éd. A. Fellin (Turin, *U.T.E.T.*, 1976[2]) ; Lucretius, *De rerum natura*, éd. C.D.N. Costa (Oxford, *Clarendon Press*, 1984) ; J. Kany-Turpin, *Lucrèce, De la Nature*, texte latin, traduction, introduction et notes (Paris, 1993) ; Tito Lucrezio Caro, *La natura*, Introduzione, testo criticamente riveduto, traduzione e commento di Francesco Giancotti (Milan, *Garzanti editore*, 1994, LXXVI + 574 pages).

TRADUCTIONS : Françaises : Crouslé (Paris, 1871) ; A. Lefèvre (Paris, 1876), en vers ; Ernout *(Budé)* ; — Allemande : Diels (Berlin, 1923-1924) ; — Anglaise : Bailey (Oxford, 1921).

LANGUE, SYNTAXE ET MÉTRIQUE : I. Paulson, *Index Lucretianus*[2] (Leipzig, 1926) ; H. Diels, *Lukrezstudien* (*Sitz. ber. der Berliner Akademie der Wissenschaften*, 1918 ss. ; Berlin, 1920 ss.) ; Cartault, *De la flexion dans Lucrèce* (Paris, 1898) ; Holtze, *Syntaxis Lucretianae lineamenta* (Leipzig, 1868) ; C.J. Hidén, *De casuum syntaxi Lucretiana* (Helsingfors, 1896-1899 ; *Annal. Acad. Scient. Fenniae*, B, XI, 13, 1920) ; W.A. Merril [*Sur la métrique*] (*Univ. of California, Classical Philology*, VII-VIII-IX, 1924-1929) ; Ch. Dubois, *Lucrèce poète dactylique* et *La métrique de Lucrèce comparée à celle de ses prédécesseurs, Ennius et Lucilius* (Strasbourg, 1935).

ÉTUDES : K. Büchner, *Lukrez und Vorklassik* (Wiesbaden, 1964) ; U. Pizzani, *Il problema del testo e della composizione del De n. r.* (Rome, 1959) ; G. Della Valle, *T. Lucrezio Caro e l'epicureismo campano*[2] (Naples, 1935) ; P. Boyancé, *L. et l'épicurisme* (Paris, 1963) ; C. Martha, *Le poème de Lucrèce* (Paris, 1869) ; C. Pascal, *Studi sul poema di Lucrezio* (Rome-Milan, 1903) ; J. Masson, *Lucretius, epicurean and poet* (Londres, 1907-1909) ; M. Rozelaar, *Lukrez* (Amsterdam, 1943) ; R. Waltz, *Lucrèce dans Lucrèce* (*Lettres d'Humanité*, XII, 1953) ; Logre, *L'anxiété de Lucrèce* (Paris, 1946) ; O. Tescari, *Lucretiana* (Turin, 1935) ; D. van Berchem, *La publication du De nat. rer. et la VIe Églogue de Virgile* (*Mus. Helveticum*, 1940). — J. Woltjer, *Lucretii philosophia cum fontibus comparata* (Groningue, 1877) ; J. Bayet, *Lucrèce devant la pensée grecque* (*Museum Helveticum*, 1954) ; W. Kranz, *Lukrez und Empedokles* (*Philologus*, 1943) ; P. Boyancé, *Lucrèce et le monde* (*Lettres d'Humanité*, IV, 1945) ; H. Fleury, *En relisant Lucrèce. Le livre « De la Nature » et la Physique moderne* (Paris, 1927). — J. Bayet, *Études lucrétiennes* [Lucrèce et les Sciences] (Cahiers du Collège philosophique, *La profondeur et le rythme*, Paris, 1948, p. 57-138)* ; P. VALETTE, *La doctrine de l'âme chez Lucrèce* (« Cahiers de la Revue d'histoire et de philosophie religieuse », publiés par la Faculté de théologie protestante de l'Université de Strasbourg, n° 27, 1934) ; J. MEHWALDT, *Der Kampf des Dichters Lukrez gegen die Religion* (Vienne, 1935) ; J. MUSSEHL, *De Lucretii libri I condicione ac retractatione* (Diss. Greifswald, 1912). — K. BÜCHNER, *Beobachtungen über Vers und Gedankengang bei Lukrez* (Berlin, 1936) ; K. BÜCHNER, *Die Proömien des Lukrez* (*Classica et Mediaevalia*, XIII, 1951) ; P. GRIMAL, *Lucrèce et l'hymne à Vénus* (*Rev. d. Ét. lat.*, XXXV, 1957). — Éd. BERTRAND, *Lucrèce ; un peintre de la nature à Rome* (*Ann. de l'Univ. de Grenoble*, 1906) ; P. BOYANCÉ, *Lucr., sa vie, son œuvre, sa philosophie* (Paris, 1964) et *L. et la poésie* (*Rev. d. Ét. anc.*, 1947) ; R. WALTZ, *Lucrèce satirique* (*Lettres d'Humanité*, VIII, 1949) ; W.A. MERRILL [*Influences d'Ennius sur Lucrèce, de Lucrèce sur Horace et Virgile*] (*Univ. of California*, I et III. 1905 et 1918) ; A. GUILLEMIN, *Promesses sans lendemain ; étude lucrétienne* (*Rev. d. Ét. lat.*, XXI-XXII, 1943-1944) ; L. FERRERO, *Poetica nuova in Lucrezio* (Florence, 1949) ; H.KLEPL, *Lukrez und Vergil in ihren Lehrgedichten* (Leipzig, 1940). M. BOLLACK, *La raison de Lucrèce. Constitution d'une poétique philosophique avec un essai d'interprétation de la critique lucrétienne* (Paris, 1978) ; G. BONELLI, *I motivi profondi della poesia lucreziana* (Bruxelles, *Latomus*, 1984, 337 pages) ; P. BOYANCÉ, *Lucrèce et l'épicurisme* (Paris, P.U.F., 1963) ; L. ALFANO CARANCI, *Il mondo animato di Lucrezio* (Naples, 1988) ; D. CLAY, *Lucretius and Epicurus* (*Ithaca*, 1983) ; M. CONCHE, *Lucrèce et l'épicurisme* (l'expérience ?) (*Éd. de Mégare*, 1981) ; *Entretiens de la Fondation Hardt*, T. XXIV, Lucrèce (Vandœuvres-Genève, 1977) ; M.R. GALE, *Myth and poetry in Lucretius* (Cambridge, 1994) ; M. GIGANTE, *La bibliothèque de Philodème et l'épicurisme romain* (Paris, 1987) ; J.D. MINYARD, *Lucretius and the late Republic. An essay in Roman Intellectual History* (Leiden, 1985) ; L. PERELLI, *Lucrezio, Poeta dell'angoscia* (Florence, 1969) ; *Probleme der Lukrezforschung* (éd. C.J. Classen, Hildesheim, 1986) ; J. SALEM, *La mort n'est rien pour nous, Lucrèce et l'éthique* (Paris, 1990) ; P.H. SCHRIJVERS, *Horror ac diuina uoluptas, Études sur la poétique et la poésie de Lucrèce* (Amsterdam, 1970) ; M. SERRES, *La naissance de la physique dans le texte de Lucrèce* (Paris, 1977) ; D. WEST, *The imagery and Poetry of Lucretius* (Edimbourg, 1969) ; F. WOLFF, *Logique de l'élément. Clinamen* (Paris, 1982) ; LUCREZIO, *L'atomo e la parola*, Colloquio Lucreziano-Bologne 1989 (Bologne, 1990).

TRANSMISSION DES TEXTES : K. MÜLLER, *De codicum Lucretii Italicorum origine*, *Museum Helveticum*, 30, 1973 (ts les mss it. de Lucrèce dérivent du codex Oblongus).

LEXIQUE : L. ROBERTS, *A concordance of Lucretius*. Suppl. to *Agon* 1968, Berkeley, 1968 (rééd. New York-London, *Garland Publish*, 1977) ; S. GOVAERTS, *Lucrèce, De rerum natura. Index uerborum, listes de fréquence, relevés grammaticaux* (Liège, 1986) ; M. WACHT, *Concordantia in Lucretium* (Hildesheim, 1991).

4. LA POÉSIE NOVATRICE

A. COUAT, *La poésie alexandrine sous les trois premiers Ptolémées* (Paris, 1882) ; Ph. E. LEGRAND, *La poésie alexandrine* (Paris, 1924) ; — U. VON WILAMOWITZ-MOELLENDORFF, *Hellenistische Dichtung in der Zeit des Kallimachos* (Berlin, 1924) ; E. CAHEN, *Callimaque et sa poésie* (Paris, 1929) ; — *L'influence grecque sur la poésie latine de Catulle à Ovide* (Entretiens sur l'Antiquité classique, II, Genève, 1953-1956).

Fragmenta poetarum Latinorum epicorum et lyricorum (praeter Ennium et Lucilium), éd. Baehrens-Morel (*Teubner*, 1927) ; éd. com. de la *Lydia* par F. Arnaldi (Naples, 1939). — L. ALFONSI, *Poetae novi* (Côme, 1945) ; A. TRAGLIA, *Poetae Noui, reliquiae* (Rome, 1962).

Catulle

MANUSCRITS : *Germanensis* (Paris, XIVe s.) et *Oxoniensis* (Oxford, XIVe s.), dérivant, avec d'autres, d'un ms. perdu de Vérone ; *Thuaneus* (Paris, IXe s.), pour la pièce 62.

ÉDITIONS : Princeps : 1472. — Critiques : Lafaye² (*Budé*, 1932) ; L. Hermann (*Latomus*, Bruxelles, 1957), en 2 livres ; M. Schuster-W. Eisenhut (*Teubner*, 1958) ; R.A.B. Mynors (Oxford, 1958) ; — Avec commentaire : Ellis² (Oxford, 1878), *Commentary*² (Oxford, 1889) ; Riese (Leipzig, 1884) ; Benoist-Thomas (Paris, 1882-1891), av. trad. en vers par Eug. Rostand ; Friedrich (Leipzig, 1908, réimp. 1959) ; Lenchantin de Gubernatis (Turin, 1928 ; réimpr. Loescher-Chiantore, 1953) ; W. Kroll (Leipzig-Berlin, 1928, réimpr. 1959) ; C.F. Fordyce (Oxford, 1961) ; G.B. Pighi (Vérone, 1961). Trad. A. Ernout (Paris, 1964) ; *Catulle*, éd. Bardon (2e éd. 1973), *Teubner*, Stuttgart ; F. Della Corte, *Catullo. Le Poesie* (Mondadori, 1977) ; *Catullus*, A commentary by C.J. Fordyce, 7e réimpression (1re éd. 1961) (*Oxford*

University Press, 1990) (32 poèmes sur 116 y ont été éliminés *pudicitiae causa.*) ; Lee Guy, *The Poems of Catullus, Oxford Clarendon Press*, 1990; K. Quinn, *Catullus, the poems*, Londres, 1973 ; J.M. Rodriguez Tobal, *Catulo, Poesía completa*, trad. esp. et notes, Madrid, 1992.

LANGUE ET MÉTRIQUE : M.N. WETMORE, *Index verborum Catullianus* (New Haven, 1912) réimpr. Hildesheim, 1961 ; R. PICHON, *De sermone amatorio apud latinos elegiarum scriptores* (Paris, 1903) ; H. HEUSCH, *Das Archaische in der Sprache Catulls* (Bonn, 1954) ; J. BAUMANN, *De arte metrica Catulli* (Progr. Landsberg a. W., 1881) ; F. CUPAIULO, *Studi sull' esametro di Catullo* (Naples, 1965) ; V.P. MCCARREN, *A critical concordance to Catullus* (Leyde, 1977).

ÉTUDES : M. SCHUSTER, *Val. Cat.* (Real-Encycl., VII A) ; J. GRANAROLO, *Où en sont nos connaissances sur C.* (*L'Inform. litt.*, 1956) ; A. COUAT, *Étude sur Catulle* (Paris, 1875) ; A. CARTAULT, *C., L'homme et l'écrivain* (Paris, 1899) ; G. LAFAYE, *C. et ses modèles* (Paris, 1894) ; A.L. WHEELER, *C. and the traditions of ancient poetry* (Berkeley, 1934) ; LENCHANTIN DE GUBERNATIS, *Il libro di C.* (Turin, 1964). — O. WEINREICH, *Die Distichen des C.* (Tübingen, 1926) ; E.A. MANGELSDORFF, *Das lyrische Hochzeitsgedicht bei den Griechen und Römern* (Hambourg, 1913) ; D. BRAGA, *Catullo e i poeti greci* (Messine, 1950) ; E.V. MARMORALE, *L'ultimo C.* (Naples, 1952) ; O. HEZEL, *C. und das griechische Epigramm* (Stuttgart, 1932) ; H. BARDON, *L'art de la composition chez C.* (Paris, 1943) ; J. SVENNUNG, *Catulls Bildersprache. Vergleichende Stilstudien*, I (Upsal, 1945) ; N.I. HERESCU, *L'assonance dans l'art de C.* (*Rev. Clasica*, XIII-XIV, 1941-1942). — L. FERRERO, *Interpretazione di C.* (Turin, 1955). — J. BAYET, dans *L'influence grecque dans la poésie latine de Catulle à Ovide* (Entretiens sur l'Antiquité classique, II, Vandœuvres-Genève, 1956)* ; K.P. HARRINGTON, *Catullus and his influence* (Boston, 1923) ; B. ARKINS, *Sexuality in Catullus* (Hildesheim-Zurich-New York, 1982) ; G.B. PIGHI, *Catulo Veronese* (Verona, 1961, 3 volumes) ; H. BARDON, *L'art et la composition chez Catulle* (Paris, 1943) ; *Propositions sur Catulle* (Bruxelles, 1970) ; V. CREMONA, *Sermo cotidianus e sermo poeticus in Catullo* dans *Aeuum antiquum* II, 1989 ; J. GRANAROLO, *L'œuvre de Catulle, aspects religieux, éthiques et stylistiques* (Paris, 1967) ; *D'Ennius à Catulle, recherches sur les antécédents romains de la poésie nouvelle* (Paris, 1971) ; *Catulle, ce vivant* (Paris, 1982) ; E.A. HAVELOCK, *The lyric genius of Catullus* (Oxford, 1929) ; John K. NEWMAN, *Roman Catullus and the Modification of Alexandrian Sensibility* (Hidesheim, 1990) ; K. QUINN, *The Catullan revolution* (Melbourne, 1959) (Cambridge, 1969), *Catullus, an interprétation* (Londres, 1972) ; A. RONCONI, *Studi catulliani* (Naples, 1965) ; D.O. ROSS, *Style and tradition in Catullus* (*Harvard University Press*, 1969) ; A. SALVATORE, *Studi catulliani* (Brescia, 1971) ; E. A. SCHMIDT, *Catull* (Heidelberg, *Carl Winter*, 1985, 147 pages) ; H.P. SYNDIKUS, *Catull: eine Interpretation. Erster Teil: die kleinen Gedichte*, 1-60 (Darmstadt, *Wissenschaftliche Buchgesellschaft*, 1984, 293 pages) ; O. WEINREICH, *Die Distichen des Catull* (Tübingen, 1926). Réimpression Darmstadt, 1971 ; L. WHEELER, *Catullus and the tradition of ancient poetry* (Berkeley, 1934, 1964) ; T.P. WISEMAN, *Catullus & his World, A Reappraisal* (*Cambridge University Press*, 1985).

TRANSMISSION DES TEXTES : B.L. ULLMAN, *The transmission of the text of Catullus*, dans *Studi in onore di Luigi Castiglioni*, T. II (Florence, 1960).

BIBLIOGRAPHIE : H. HARRAUER, *A bibliography to Catullus* (Hildesheim, 1979).

5. LA NOUVELLE PROSE ; L'HISTOIRE

E. NORDEN, *Die antike Kunstprosa*³ (Leipzig, 1909) ; F. BLASS, *Die attische Beredsamkeit*² (Leipzig, 1887-1898). — LANTOINE, *De Cicerone contra Atticos disputante* (Paris, 1874).

Pour les textes, voir notes bibliographiques du chap. III, *Les débuts de la prose artistique. Les historiens* (p. 109).

C. Licinius Calvus

ÉDITION : Plessis-Poirot (Paris, 1896). — ÉTUDES : F. PLESSIS, *Essai sur Calvus* (Caen, 1885) ; M. KRÜGER, *C. Licinius Calvus* (Breslau, 1913) ; E. CASTORINA, *Licinio Calvo* (Catane 1946).

César

MANUSCRITS : De 2 recensions : mss. des XIᵉ-XIIIᵉ s. (*Paris.* 5764, *Vatic.* 3324...), représentant l'ancienne vulgate *(β)*, dédoublée pour le *De bello civili* ; des IXᵉ-XIᵉ s. (Amsterdam, *Paris.* 5763, *Vatic.* 3864, ...), dérivant de la révision du seul *De bello gallico* par Julius Celsus Constantinus et Flavius Licerius Firminus Lupicinus *(α)* ; il y a des mss. mixtes.

ÉDITIONS : Princeps : Rome, 1469. — *Commentarii de Bello Ciuili,* trad. J.M. Morató (Barcelone, 1973-1978 ; éd. Klotz, Stuttgart, *Teubner,* 1950 ², 1992 ; éd. P. Fabre, Paris, *C.U.F.*, T. I (L. I-II), 1987 ⁹, T. II (L. III), 1982 ⁷) ; *Commentarii de Bello Gallico,* trad. J. Icart (Barcelone, 1974-1976 ; éd. W. Hering, Stuttgart, *Teubner,* 1987 ; éd. L.A. Constans, Paris, *C.U.F.*, 1990 ¹³) ; *Commentarius de Bello Africo,* trad. J. Icart et M. Dolç (Barcelone, 1987 ; éd. Klotz (avec *de Bello Alexandrino* et *de Bello Hispaniensi*), Stuttgart, *Teubner,* 1927, 1993 ; éd. A. Bouvet, Paris, *C.U.F.*, 1949) ; *Commentarius de Bello Alexandrino,* trad. J. Icart et M. Dolç (Barcelone, 1987) ; éd. J. Andrieu, Paris, *C.U.F.*, 1954, 1983 ² ; *Commentarius de Bello Hispaniensi,* éd. G. Pascucci (Florence, 1965) ; trad. J. Icart et M. Dolç (Barcelone, 1988).

LANGUE ET SYNTAXE : H. MEUSEL, *Lexicon Caesarianum* (Berlin, 1887-1893) ; J. LEBRETON, *Caesariana syntaxis quatenus a Cicerone differat* (Paris, 1901).

ÉTUDES : NAPOLÉON III, continué par E. STOFFEL, *Histoire de Jules César* (Paris, 1855-1856 et 1887) ; — M. GELZER, *Cäsar der Politiker und Staatsmann* (Stuttgart-Berlin, 1921) ; A. KLOTZ, *Cäsarstudien* (Leipzig-Berlin, 1910) ; J. CARCOPINO, *César* (Paris, 1936 ; 4ᵉ éd. 1950) ; et *Alésia et les ruses de C.* (Paris, 1958) ; J. MADAULE, *Jules César* (Paris, 1961) ; M. RAMBAUD, *L'art de la déformation historique dans les « Commentaires » de César* (Lyon, 1953) ; R. DION, *Les campagnes de César en l'année* 55 (*Rev. d. Ét. lat.*, XLI, 1963) ; — C. JULLIAN, *Histoire de la Gaule,* III ² (Paris, 1920) ; *Vercingétorix*⁵ (Paris, 1911) ; T. RICE HOLMES, *Caesar's Conquest of Gaul*² (Londres, 1911) et *Ancient Britain and Jul. Caesar* (Oxford, 1907), traduits en allemand par Schott-Rosenberg (1913) ; F. BECKMANN, *Geographie und Ethnographie in Caesars Bel. Gal.* (Dortmund, 1930) ; P. HUBER, *Die Glaubwürdigkeit Cäsars in seinem Bericht über den gallischen Krieg*² (Bamberg, 1931) ; G. MATHERAT, *La technique des retranchements de César* (*Gallia*, I, 1, 1943) ; R. OEHLER, *Bilderatlas zu Cäsars Büchern de bello Gallico*² (Leipzig, 1907) ; L.A. CONSTANS, *Guide illustré des campagnes de César en Gaule* (Paris, 1929). — M. CLERC, *Massalia* (Marseille, 1929) ; St. GSELL, *Hist. anc. de l'Afrique du Nord,* VIII (Paris, 1928) ; Y. BÉQUIGNON, *Études thessaliennes* (*Bull. de corresp. hellén.*, 1928 ; 1930 ; 1932) ; GRAINDOR, *La guerre d'Alexandrie* (Le Caire, 1931). — K. BARWICK, *Caesars Comm. und das Korpus Caesarianum* (*Philologus,* Suppl. b. VI, Leipzig, 1938) ; O. SEEL, *Hirtius* (*Klio,* Beih., Leipzig, 1935). — D. NISARD, *Les quatre grands historiens latins* (Paris, 1874) ; J. MARTHA, *L'éloquence de César ; C. poète ; C. grammairien* (*Revue des Cours et Conférences,* 1914) ; Éd. Wysss, *Stilistische Untersuchungen zur Darstellung von Ereignissen in Caesars Bel. Gal.* (Diss. de Berne, 1930) ; H. PÖTTER, *Untersuchungen zum Bellum Alexandrinum und Bellum Africanum* (Leipzig, 1932) ; M. RAMBAUD, *Autour de César,* Textes réunis par Madeleine Bonjour et Jean-Claude Fredouille (Lyon, 1987) ; L. ROSS-TAYLOR, *La politique et les partis à Rome au temps de César,* trad. française (Paris, 1977) ; R. SYME, *La Révolution romaine* (trad. française, Paris, 1967) ; S. WEINSTOCK, *Divus Julius* (Oxford, 1971) ; Y. ZVI, *César et son image : des limites du charisme en politique* (trad. de l'anglais par É. Barnavi, Paris, 1990) ; P. LECROMPE, *César. De Bello Gallico. Index uerborum. Documents pour servir à l'enseignement de la langue latine* (Hidesheim, Olms, 1968) ; H. MEUSEL, *Lexicon Caesarianum* (Berlin 1887-93) (réimpr. Berlin 1958).

TRANSMISSION DES TEXTES : W. BROWN, *The Textual Transmission of Caesar'Civil War* (*Mnemosyne,* Suppl. 23, 1972) ; W. HERING, *Die Recensio der Caesarhandschriften* (Berlin, 1963).

LEXIQUE : C.M. BIRCH, *Concordia et index Caesaris, Alpha-Omega* 100 (Hildesheim, 1989).

Salluste

MANUSCRITS : Pour le *Catilina* et le *Jugurtha,* deux classes : la meilleure (2 *Parisini* 16024 et 16025, xᵉ s...) avec une lacune dans le *Jug.* ; l'autre de même origine, comptant des mss. du XIᵉ s. — Pour les fragments des *Historiae,* ms. d'Orléans (IVᵉ-Vᵉ s.), et (avec les lettres et l'invective) *Vaticanus* 3864. — Cf. R.ZIMMERMANN, *Der Sallusttext im Altertum* (Munich, 1929).

ÉDITIONS : Complètes : Jordan ³ (Berlin, 1887) ; Ahlberg-Kurfess (*Teubner,* 2ᵉ éd., 1955) ; *Opere di Caio Sallustio Crispo,* a cura di Paolo Frassinetti e Lucia Di Salvo (Turin, *Classici U.T.E.T.*, 2ᵉ éd., 1991), 595 pages, 8 tabl. (1ʳᵉ éd. 1963) : *Catilina, Iugurtha, Historiae, Epistulae ad Caesarem, Inuectiva in Ciceronem ; Catilina, Iugurtha, Fragmenta ampliora,* éd. A. Kurfess (Leipzig, *Teubner,* 1976) ; *Catilina, Iugurtha, Historianum fragmenta ; Appendix Sallustiana,* éd. L.D. Reynolds (Oxford, 1991). — *Bellum Catilinae :* J. Icart, texte et traduction (Barcelone, 1963) ; *Catiline,* ed. A.T. Davis (*Oxford University Press,* 1967) ; K. VRETSKA, *De Catilinae coniuratione* (édition commentée), 2 volumes (Heidelberg, 1971) — *Bellum Jugurthinum : The Jugurthine war, The conspiracy of Catiline,* tranls. with an introduction by S.A. Handford *(Baltimore Penguin Books) ;* J. Icart, texte et traduction (Barcelone, 1964) ; G.M. PAUL, *A historical commentary on Sallust's Bellum Jugurthinum* (Liverpool, *Francis Cairns,* 1984). *Historiae : Le Historiae e le opere minore di Sallustio,* a cura di E. Pasoli (Bologne, 1967) ; J.I. Ciruelo, éd. et trad. (Barcelone, 1974). — Du *Catilina* et du *Jugurtha* : Ahlberg (Göteborg, 1911-1915) ; du *Catilina,* du *Jugurtha,* des discours et lettres des *Histoires* : A. Ernout (*Budé,* 1941). — Avec commentaire : du *Catilina* et du *Jugurtha,* par F. Antoine-Lallier (Paris, 1883 et 1885) et Jacobs-Wirz-Kurfess (Berlin, 1922) ; des *Historiae,* par Maurenbrecher (Leipzig, 1891-1893) ; — *Epistulae ad Caesarem. Inuectiuae :* A. Kurfess (*Teubner,* 1953) ; D. Romano (Palerme, 1948), et V. Paladini (Rome, 1952), avec com. ; K. Vretska (Heidelberg, 1961) ; *Pseudo-Salluste, Lettres à César. Invectives,* texte établi, traduit et commenté par A. Ernout (Paris, *C.U.F.,* 1962) ; *Appendix Sallustiana. Inuectiua in M. Tullium Ciceronem,* introduzione, edizione critica, traduzione e commento a cura di Elio Pasoli ; revisione e aggiornamento a cura di Paolo Soverini (Bologne, *Pàtron editore,* 1989, 103 pages ; 1re éd. 1965) ; V. Paladini, *C. Sallusti Crispi epistulae ad Caesarem,* Bologne, 1978. — BIBLIOGRAPHIE : A.D. LEEMAN, *A systematical bibliography of Sallust*² 1879-1964 (Leyde, 1965).

TRADUCTION : A. Ernout *(Budé).*

LANGUE ET STYLE : O. EICHERT, *Vollständiges Wörterbuch zu den Geschichtswerken des C. Sallustius Crispus* (Hanovre, 1871) ; CONSTANS, *De sermone sallustiano* (Paris, 1880) ; FIGHIERA, *La lingua e la grammatica di Sallustio* (Savona, 1900) ; W. KROLL, *Die Sprache Sallusts* (*Glotta,* XV) ; E. KOESTLER, *Untersuchungen über das Verhältniss von Satzrhythmus und Wortstellung bei Sallust* (Berne, 1932) ; R. ULLMANN, *Les clausules dans les discours de Salluste, Tite-Live et Tacite* (*Symbolae Osloenses,* 1925) ; J. PERRET, *S. et la prose métrique* (*Rev. d. Ét. lat.,* XL, 1962) ; M.P. CARNEVALI, *Clausole metriche e critica del testo* (*Atene e Roma,* 1960) ; A.W. BENNETT, *Index uerborum Sallustianus* (Hildesheim, Olms, 1970). J. RAPSCH, D. NAJOCK, *Concordia in Corpus Sallustianum* (Hildesheim, Olms, 1990).

ÉTUDES : D. NISARD, *Les quatre grands historiens latins ;* K. LATTE, *Sallust* (Leipzig, 1935) ; V. PALADINI, *Sallustio : aspetti dalla figura del pensiero, dell'arte* (Milan-Messine, 1948) ; K. BUECHNER, *Sallust* (Heidelberg, 1960) ; R. SYME, *Sallust* (Berkeley, 1964) ; P. PERROCHAT, *Les modèles grecs de Salluste* (Paris, 1949) ; D.C. EARL, *The political thought of S.* (Cambridge, 1961). — O. SEEL, *Sallust von den Briefen ad Caesarem zu Coniuratio Catilinae* (Leipzig-Berlin, 1930) ; B. EDMAR, *Studien zu den Epistulae ad Caesarem* (Lund, 1931). — W. STEIDLE, *Sallusts Briefe an Cäsar* (*Hermes,* 1943) ; M. CHOUET, *Les lettres de Salluste à César* (Paris, 1950). — H. WILLRICH, *De coniurationis Catilinae fontibus* (Göttingen, 1893) ; G. BOISSIER, *La conjuration de Catilina* (Paris, 1905). — S. GSELL, *Histoire ancienne de l'Afrique du Nord,* VII (Paris, 1928) ; C. LAUCKNER, *Die künstlerischen und politischen Ziele der Monographie Sallusts über den Jugurthinischen Krieg* (Diss. Leipzig, 1911) ; D.E. BOSSELAAR, *Quomodo Sallustius historiam belli Jugurthini conscripserit* (Amsterdam, 1915). — K. BUECHNER, *Der Aufbau von Sallusts Bellum Jugurthinum* (*Hermes,* Einzelschr. 9, 1953) ; A. LA PENNA, *L'interpretazione sallustiana della guerra contro Giugurta* (*Annali della Scuola norm. sup. di Pisa,* 1959) ; A.D. LEEMAN, *Aufbau und Absicht vom Sall. Bell. Iug.* (Nederl. Akademie, 1957) ; E. BOLAFFI, *I proemi delle monografie di Sallustio* (*Athenaeum,* 1938) ; M. RAMBAUD, *Les prologues de Sal.* (*Rev. des Ét. lat.,* XXIV, 1946) ; R. ULLMANN, *La technique des discours* dans *Sall., T.-L. et Tac.* (Oslo, 1927) ; G. THEISSEN, *De Sall., Livii, Taciti digressionibus* (Berlin, 1912) ; P. PERROCHAT, *Les digressions de Salluste* (Paris, 1950) ; O. BIANCO, *La Catilinaria di Sallustio e l'ideologia dell' integrazione* (Lecce e Milella, 1965) ; G. CIPRIANI, *Sallustio e l'immaginario. Per una biografia eroica di Giugurta* (Bari, 1988) ; P. JAL, *L'Histoire à Rome. Salluste, le principat et Tite-Live : Rome et nous* (Paris, 1977) ; E. KOESTERMANN, *C. Sallustius Crispus. Bellum Iugurthinum* (Heidelberg, 1976) ; A. LA PENNA, *Sallustio e la rivoluzione romana* (Milan, 1968) ; U. PAANANEN, *Sallust's politico-social terminology* (Helsinki, 1972) ; Th. F. SCANLON, *The Influence of Thucydides on Sallust* (Heidelberg, 1980) ; *Spes frustrata. A reading of Sallust* (Heidelberg, 1987) ; R. SYME, *Salluste* (Paris, *Les Belles Lettres,* 1982 ; traduction Pierre Robin) ; E. TIFFOU, *Essai sur la pensée de Salluste à la lumière de ses prologues* (Paris, 1974).

TRANSMISSION DU TEXTE : E. HOHNE, *Die Geschichte des Sallusttextes im Altertum* (Diss. Munich, 1927); R. ZIMMERMANN, *Der Sallusttext im Altertum* (Munich, 1929).

Cornélius Népos

ÉDITIONS : A.M. Guillemin (*Budé,* 1923), avec trad. franç. ; Nipperdey-Witte (Berlin, 1913), avec commentaire ; les *Lettres de Cornélia* dans les *Historicorum Roman, reliquiae* de Peter, II ; *Vite dei massimi condottieri* (introd. et notes E. Narducci, trad. C. Vitali, Milan, 1986) ; Cornelius Nepos, *A selection, including the lives of Cato and Atticus,* trad., introd. et comm. par

N. Horsfall (Oxford, 1989) ; *Uitae cum fragmentis* (Stuttgart & Leipzig, *ed. K.P. Marshall*, 1991).

ÉTUDES : LUPUS, *Der Sprachgebrauch des Cornelius Nepos* (Berlin, 1876) ; E. BOLISANI, *Catullo e C.N.* (*Atti dell'Istituto Veneto*, CXVIII, 1959) ; J. GEIGER, *Cornelius Nepos and ancient political biography* (Stuttgart, 1985).

6. LA SCIENCE ET L'ÉRUDITION

La grammaire

H. FUNAIOLI, *Grammaticae Romanae fragmenta* (*Teubner*, 1907), nouv. éd. augm. par A. Mazzarino (Turin, 1955).

La jurisprudence

J.P. BREMER, *Jurisprudentiae antehadrianae quae supersunt* (Leipzig, 1896).

Nigidius Figulus

ÉDITION : Swoboda (Vienne, 1889 ; et Amsterdam, 1964).

ÉTUDE : L. LEGRAND, *P. Nigidius Figulus, philosophe néo-pythagoricien orphique* (Paris, 1931) ; A. DELLA CASA, *Nigidio Figulo* (Rome, 1962).

Varron

MANUSCRITS : Pour le *De lingua latina*, un *Laurentianus* (Florence, XIe s.) ; pour les *Res rusticae*, dérivés (en particulier deux *Parisini*) d'un ancien ms. de Saint-Marc à Florence.

ÉDITIONS : *Satires Ménippées* dans l'éd. de Pétrone par Bücheler⁵-Heraeus (Berlin, 1912) ; *Menippearum saturarum reliquiae* (éd. F. Semi, *Varro*, Livre III, Venise, 1965) ; J.P. Cèbe, *Varron, Satires ménippées. Édition, traduction et commentaire*, École française de Rome, 9, vol. 1 (Rome, 1972) ; vol. 8 (Rome, 1987) ; vol. 9 (1990) ; éd. R. Astbury (Leipzig, *Teubner*, 1985). — *Logistorici* : Chappuis (Paris, 1868) et E. Bolisançi (Padoue, 1937) ; éd. et comm. de B. Cardauns (Diss. Cologne, 1960) in F. Semi, *Varro* II ; — *De lingua latina* : Götz-Schöll (Leipzig, 1910) ; R.G. Kent (*Lœb*, 1938), av. trad. angl. ; *l.* V, avec com., par J. Collart (Paris, 1954) ; éd. F. Semi, *Varro* I (Venise, 1965) ; éd. A. Traglia (Turin, *U.T.E.T.*, 1974) ; éd. P. Flobert, Varron, *La langue latine livre VI* (Paris, *C.U.F.*, 1985) ; M.A. Marcos Casquero, *De lingua latina*, intr., notes (Barcelone, 1990) ; — *Antiquitates* : Francken [*Fragm. apud Augustini de Ciuitate Dei*] (Leipzig, 1836) ; M.D. Madden, *The pagan divinities and their Worship as depicted in the Works of St Augustine exclusive of the City of God* (Washington, 1930) ; *Antiquitatum rerum humanarum et diuinitatum reliquiae*, ed. B. Cardauns (Wiesbaden, 1976, 2 vol.) ; éd. F. Semi, *Varro* II (Venise, 1965) ; — *Res rusticae* : H. Keil (Leipzig, 1882-1894 ; Index, 1897) ; Keil²-Götz² (*Teubner*, 1929) ; F. Semi, *Varro* IV (Venise, 1965) ; éd. A. Traglia (Turin, *U.T.E.T.*, 1974) ; éd. J. Heurgon et Ch. Guiraud (Paris, *C.U.F.*, 1978-1985, L. I et II) ; — *De uita populi romani* : B. Riposati (Milan, 1939) ; voir aussi F. Semi, *Varro* III. — *Reliquiae librorum historicum* : F. Semi, in *Varro* III ; B. Riposati, *M. Terentii Uarronis de uita populi romani* (Milan, 1972²). — *Fragmenta philosophica* : F. Semi, *Varro* II.

ÉTUDES : G. BOISSIER, *Étude sur la vie et les ouvrages de Varron* (Paris, 1861) ; Fr. DELLA CORTE, *Varrone, il terzo gran lume romano* (Gênes, 1954) ; P. FRACCARO, *Studi Varroniani* (Padoue, 1907). — R.J. WALKER, *Les catalogues varroniens* (Paris, 1927). — PLESSIS-LEJAY, *La Ménippée de Varron* (Paris, 1911) ; L. RICCOMAGNO, *Studio sulle Satire Menippee di M. Terenzio Varrone* (Alba, *Sacerdote*, 1931). — H. DAHLMANN, *Varro und die hellenistische Sprachtheorie* (Berlin, 1932) ; J. COLLART, *Varron grammairien latin* (Strasbourg, 1954) ; — M. WAEHLER, *De Varronis rerum rusticarum fontibus quaestiones selectae* (Diss. Iéna, 1912). — DAHLMANN, *Studien zu V. De poetis* (Mayence, 1963) ; R. KRUMBIEGEL, *De Varroniano scribendi genere quaestiones* (Leipzig, 1892) ; E. DE SAINT-DENIS, *Syntaxe du latin parlé dans les Res Rusticae de Varron* (*Rev. de phil.*, 1947) ; G. HEURGON, *L'effort de style de Varron dans les R. R.* (*Rev. de Phil.*, 1950) ; E. LAUGHTON, *Observations on the style of V.* (*Class. Quart.*, X, 1960) ; J. COLLART, *Varron, grammaire antique et stylistique latine* (Paris, 1978) ; R. MARTIN, *Recherches sur les agronomes latins et leurs conceptions économiques et sociales* (Paris, *Les Belles Lettres*, 1971) ; A. SCHERBANTIN, *Satura Menippea. Die Geschichte eine Genos* (Graz, 1951) ; K.D. WHITE, *A Bibliography of Roman Agriculture* (*Univ. of Reading*, 1970), *On Roman Agricultural Writers*, I : *Varro and his Predecessors* dans *Aufstieg und Niedergand der römischen Welt* (1974).

TRANSMISSION DES TEXTES : Recensement des Mss. de Varron dans : J. COLLART, *Varron, De Lingua Latina Livre V* (Paris, 1954) ; G. GOETZ and F. SHOELL, *M. Terenti Varronis De Lingua Latina quae supersunt* (Leipzig, 1910).

LEXIQUE : W.W. Briggs, *Concordantia in Varronis libro De re rustica* (Hildesheim, *Olms,* 1983) ; E. Zeffagnano, *Index uerborum quae in saturarum Menippearum fragmentis,* dans *A.A.V.V.*, Studi Noniani, II (Gênes, Ist. Filol. class. e med., 1972).

LE THÉÂTRE

ÉDITIONS : *Scaenicae Roman. poesis fragmenta* (I : *Trag.* ; II. *Com. fragm.*) [3], de Ribbeck (Leipzig, 1898 ; réimpr. Hildesheim, 1962) ; *Fab. Atellanarum fr.*, par P. Frassinetti (*Paravia,* 1955) ; Publilius Syrus, par Bickford-Smitch (Londres, 1895).

ÉTUDES : P. Frassinetti, *Fabula Atellana : saggio sul teatro popolare latino* (Gênes, 1953) ; V. Rotolo, *Il pantomimo : studi e testi* (Palerme, 1957) ; H. Reich, *Der Mimus,* I (Berlin, 1903) ; F. Giancotti, *Ricerche sulla tradizione manoscritta di Publilio Siro* (Messine-Florence, 1963).

CHAPITRE V

LE CLASSICISME LATIN

Le classicisme est un équilibre, de pensée, de sensibilité et de forme, qui assure à l'œuvre d'art un intérêt humain et une diffusion universelle. L'ordre, la clarté, la plénitude, la maîtrise consciente en sont les signes apparents. Mais on ne saurait parler d' « époque classique » : en un temps donné, une littérature offre, à côté de classiques, des retardataires et des novateurs. Il n'y a que des « auteurs classiques », ou même parfois seulement des « œuvres classiques », surtout à Rome, où l'évolution littéraire est d'une singulière rapidité. Car à la fièvre d'utilisation des modèles grecs les plus variés s'ajoute l'instabilité politique et sociale de ce dernier siècle avant notre ère pour modifier à chaque instant les conditions de succès des auteurs. C'est par un accord singulier, et momentané, entre son tempérament et son temps que Cicéron a pu anticiper de trente ans sur le classicisme latin. Il faut comme la surprise d'un apaisement soudain pour que Virgile et Horace deviennent classiques et pour que Tite-Live le reste. Par un fâcheux effet de leur grandeur, l'œuvre de leurs contemporains s'est perdue pour nous, de façon que nous ne pouvons qu'en soupçonner la variété ; mais le fait seul qu'ils furent aussitôt reconnus et imités comme des maîtres, à l'exclusion de presque tous les autres (sauf Cornélius Gallus et Varius), suffit à les isoler comme des exceptions.

De la République au Principat. — Nés entre 71 et 59, ils sont arrivés tous les trois à l'âge d'homme lors des dernières convulsions de la République :

en 52 Pompée se fait nommer consul unique ; en 49 commence la guerre civile ; en 44 César est assassiné ; après une période de troubles inouïs, Octave ne domine tout l'Occident qu'en 36 et n'abat Antoine qu'en 31. A cette date Tite-Live, le plus jeune des classiques, a déjà vingt-huit ans, au moins.

La violence des conflits et l'étendue des désastres, la tension même des énergies individuelles donnaient une haute idée de la valeur des idéaux en lutte. Celui des ambitieux était confus, tandis que le mot de « liberté », accompagné de tous les souvenirs du passé, suffisait à jeter Horace dans l'armée de Brutus et à faire de Tite-Live un « pompéien » pour la vie. Cependant une aspiration de plus en plus profonde, et presque désespérée, à la paix, à l'unité morale, à la discipline préparait les voies pour un maître habile : Virgile, césarien dès sa jeunesse, mûrit dans les révolutions un patriotisme monarchiste. Mais à tous les trois il fut bon d'avoir vécu dans la fièvre puissante d'une République même illusoire avant de connaître la splendeur tranquille de la Paix Auguste : ils réalisèrent en eux l'équilibre national entre le passé et l'avenir.

Octave les y aida en resserrant l'unité italienne, en répudiant ce que les projets de César avaient de trop oriental, ou de trop largement humain. A un idéal de fusion complète, peut-être prématurée, des vaincus avec leurs vainqueurs, Octave opposa la primauté de Rome et de l'Italie sur les provinces : la restauration des anciens cultes, la défense de la morale des ancêtres, la sauvegarde des apparences politiques relèvent du même plan. Après avoir eu l'impression d'un irrémédiable écroulement les Romains purent croire à une résurrection du passé sous l'impulsion d'un homme de génie : Horace et Tite-Live travaillèrent aussi bien que Virgile à donner forme littéraire à ce sentiment.

De la protection privée au mécénat. — L'évolution des conditions sociales fut aussi favorable à leur développement : il se créait un équilibre entre les raffinements des cercles aristocratiques et les besoins littéraires du public ; l'art tendait à devenir une affaire d'État, tout en gardant encore l'aisance d'un divertissement privé. L'histoire des bibliothèques publiques est révélatrice. La reproduction manuscrite des textes rendait la constitution d'une bibliothèque difficile et onéreuse pour un particulier ; et la correspondance de Cicéron montre les obstacles qu'un personnage de son rang et un écrivain de son renom rencontre pour acquérir un bien si précieux. Aussi les Romains, à l'imitation du monde grec, s'orientent-ils de plus en plus vers l'organisation de bibliothèques à l'usage de tous. Déjà Lucullus faisait la sienne accueillante ; César en créa une, publique, à l'exemple de celle d'Alexandrie, et en fit Varron « préfet » ; mais, vers 39, un particulier, Asinius Pollion, en fonda une autre près de l'Atrium de la Liberté, au voisinage du forum ; Auguste, en créant peu après l'Octavienne, puis, en 33, la Palatine, dans les portiques du temple d'Apollon, entend sans doute à la fois promouvoir et contrôler une aspiration irrésistible. Avant lui, comme Fouquet avant Louis XIV, cet ASINIUS POLLION[1], qui fut le premier protecteur de Virgile, semble avoir ouvert les

1. C. ASINIUS POLLIO (76 av. J.-C.-4 ou 5 ap. J.-C.), célèbre comme orateur, écrivit des tragédies et avait commencé une *Histoire des Guerres civiles* (à partir de l'an 60), qu'il n'acheva pas, par prudence.

voies de l'avenir : il admit le public en ses collections d'art ; il lança la mode des lectures publiques *(recitationes)*, où l'auteur débite devant des invités l'œuvre encore inédite. Puriste archaïsant, il est comme au berceau des classiques tout en préparant l'esthétisme maniéré du siècle suivant. Aussi bien la tradition survit des cercles littéraires et des protections aristocratiques : MÉCÈNE[1], en recevant Virgile, Horace, Properce, n'est pas absolument le prête-nom d'Auguste ; MESSALA[2] est plutôt un opposant, qui s'entoure pour son compte de poètes : Tibulle, Aemilius Macer, Valgius Rufus, Cornélius Sévérus. Les bienfaits du prince[3] sont encore obliques : il offre un secrétariat à Horace, qui le refuse bonnement ; il laisse Tite-Live influer plus ou moins sur la direction intellectuelle du jeune Claude.

Les écrivains dans l'État. — Pourtant il est visible qu'il réserve aux écrivains une place officielle dans la Rome nouvelle. Il fait du temple d'Apollon Palatin comme le sanctuaire des arts et des lettres en même temps que le symbole de l'union religieuse de Rome et de sa famille. Les poètes sont invités à collaborer aux savants embellissements par quoi un soi-disant particulier, disposant de toutes les ressources de l'État, appelle le peuple entier à participer aux goûts raffinés de l'ancienne aristocratie : Horace écrit la cantate pour les Jeux Séculaires ; Virgile, dans *L'Énéide*, confond les traditions de Rome avec celles de la famille Julienne. Dans la génération précédente, l'homme d'État, le féodal, soldat et politicien, cherchait dans le luxe et la compagnie d'écrivains flatteurs un délassement aux affaires publiques ; sous Auguste, Rome est invitée à oublier les agitations politiques dans l'ordre administratif et dans l'enchantement des lettres et des arts. Plus que la flatterie personnelle ou dynastique, cependant, on note chez nos auteurs une discrétion dans l'éloge, et parfois une pudeur, qui sont comme le dernier parfum de l'ancien temps : l'histoire de Tite-Live est un monument de la Rome impériale par la majesté régulière de son architecture ; mais, si elle aboutit à Auguste, elle est avant tout à la gloire des ancêtres.

Littérature nationale. — Car le temps n'est pas encore venu où, pris entre la glorification de l'Empereur et les charmes de sa culture individuelle, l'écrivain perdra contact avec le sentiment national. La réussite d'Octave, en mettant fin aux luttes des clans parlementaires et des généraux ambitieux, semble pendant quelques années avoir seulement dégagé l'éternelle personnalité de Rome de toutes les brumes qui l'obscurcissaient. Et, d'autre part, un public s'est formé, capable de goûter la poésie : *les Bucoliques* de Virgile,

---

1. C. CILNIUS MAECENAS (69-8 av. J.-C.), chevalier, de grande naissance étrusque, semble avoir eu un style maniéré, trop apprêté et de mauvais goût. Il avait écrit un poème *Sur la toilette*, une *Octavie*, une *Histoire des animaux*, un *Traité des pierres précieuses*, des dialogues. — Édition des frgts par Avallone (Naples, 1963). — A consulter : Feugère, *C. Cilnius Maecenas* (Paris, 1874).

2. VALÉRIUS MESSALA CORVINUS (vers 64 av. J.-C. - 8 ap. J.-C.) avait laissé des discours, des poésies légères, des mémoires : il aimait une douceur gracieuse et raffinée. — A consulter : Fontaine, *De Valerio Messala* (Paris, 1879). Voir plus bas, p. 261.

3. AUGUSTE (C. Julius Cæsar Octavianus, 63 av. J.-C. - 14 ap. J.-C.) avait écrit un poème en hexamètres sur la Sicile, des épigrammes, deux tragédies (*Ajax*, qu'il détruisit avant de l'avoir achevée, et *Ulysse*), des mémoires. Il nous reste, outre quelques vers, son *Testament politique (Res gestae)* en latin et en grec (inscription d'Ancyre et fragments d'Antioche de Pisidie ; texte mutilé d'Apollonie).

écrites pour un cercle mondain, sont reçues avec applaudissement au théâtre ; *les Satires* d'Horace se vendent fort bien ; il y a des libraires, comme les frères Sosie, qui font réclame aux nouveautés. Les auteurs, même de petite naissance comme Horace ou (peut-être) Virgile, ne sont donc plus tout à fait prisonniers de leurs protecteurs ; ils se sentent en communion avec leurs compatriotes. Dès lors leur hellénisme n'est plus une parure aristocratique, mais un ensemble de qualités intégrées à leur génie et mises au service d'un idéal romain, ou mieux italien, comme cela l'avait été déjà pour Cicéron. Quoi de plus net dans *les Géorgiques* ? Mais *les Satires* et *les Épîtres* d'Horace montrent aussi comment la philosophie grecque s'est « romanisée » depuis Lucrèce, à travers Varron et Cicéron : rétrécie sans doute, mais morale et pratique, propre à l'usage journalier d'une bourgeoisie assez étendue. Plus complexe, avec sa ferveur julienne et son aspiration à la fusion gréco-latine, *L'Énéide* n'en est pas moins avant tout le poème de l'Italie romaine et le pendant de *L'Histoire* livienne. Par là ces poètes méritent bien leur popularité : la foule en se levant au théâtre devant Virgile, cet habitant de Cadix qui fit le voyage de Rome rien que pour apercevoir Tite-Live, témoignent d'une réussite qui dépasse la personnalité et le vouloir d'Auguste.

Les hommes et les genres. — Dans une période de transition et en des conjonctures aussi particulières, les hommes comptent plus que les genres. D'autant plus regrettable est la perte de tant d'œuvres contemporaines. La tragédie et la comédie avaient-elles gagné entre les mains de Pollion, de VARIUS, de FUNDANIUS, au goût desquels, vers 35 (*Sat.*, I, 10), Horace se réfère aussi bien qu'à celui de Virgile ? et que put être la valeur de C. MÉLISSUS, créateur de la *trabeata*, comédie bourgeoise qui mettait en scène des chevaliers[1] ? CORNÉLIUS GALLUS[2] donna à l'élégie romaine sa forme classique ; mais il n'était pas seul à la cultiver, et son originalité nous échappe. Les épigrammes, les satires de CASSIUS DE PARME, de VALGIUS RUFUS[3] rappelaient-elles Catulle, annonçaient-elles Horace ? Y a-t-il communauté de tendances entre *les Géorgiques* de Virgile et les poèmes didactiques de son ami, AEMILIUS MACER de Vérone[4] ? Opposition au contraire entre la netteté courtisane de Varius et la flatterie déguisée de *l'Énéide* ? Et pourquoi Tite-Live poursuivit-il en paix son labeur, tandis que l'histoire devenait de plus en plus suspecte au régime ?... A coup sûr, cette époque traite pêle-mêle tous les genres, usés ou nouveaux. Mais les classiques savent être nouveaux même dans les anciens genres. A Rome comme ailleurs leur rôle est de développer les essais et les promesses de leurs prédécesseurs, de les utiliser au profit d'un art original. Ils sont forts de tout le passé ; et cependant de bonne foi quand ils affirment, comme Horace, la supériorité des « modernes ».

1. Voir *Scaenicae Romanorum poesis fragmenta*[3], d'O. Ribbeck. — Outre ses tragédies, dont la plus célèbre est *Thyeste*, L. VARIUS RUFUS (74-14 av. J.-C.) avait écrit un poème *Sur la mort de César* et un *Panégyrique d'Auguste*. — FUNDANIUS avait composé des comédies.

2. Voir plus bas, p. 260-261.

3. CASSIUS DE PARME, élégiaque et satirique, fut tué sur l'ordre d'Octave. Cf. Nicolas, *De Cassio Parmensi* (Paris, 1851). — C. VALGIUS RUFUS (consul en 12 av. J.-C.) écrivit des élégies et des épigrammes.

4. AEMILIUS MACER (mort en 16 av. J.-C.), apprécié par Quintilien, avait composé une *Ornithogonia* (Sur l'origine des oiseaux), des *Theriaca* (Remèdes aux morsures des serpents venimeux), un poème sur les plantes *(De herbis)*.

Évolution et maturité de la poésie. — Modernes, Virgile et Horace le sont : ils prennent pour premiers maîtres Catulle et ceux de son groupe. Non seulement ils leur savent gré d'avoir créé une langue poétique légère et variée, pleine de couleur et d'esprit, et d'avoir poussé à l'extrême tous les soucis d'art ; mais ils acceptent, au moins au début, jusqu'à leur pailletage, leurs jeux antithétiques ; et ils conserveront toujours un lyrisme discret, de forme ou d'accent, qui remonte à ces novateurs. Que cet idéal les pousse à la guerre contre les partisans des vieux auteurs, artistes incomplets, rien d'étonnant. Pourtant ils exploitent aussi les « anciens », dont la saveur romaine plaît à leur nationalisme et dont il est plaisant de reprendre les gaucheries pour les amener à la perfection. Et puis, parce que le goût est plus mûr, ils s'adressent plus résolument aux grands classiques de la Grèce, Homère, Hésiode, Alcée, Sappho, Archiloque : ils en apprennent grandeur simple, sobre plénitude, justesse des proportions.

Cette combinaison de modèles si divers ne se fait pas d'un seul coup : on saisit, dans les œuvres de Virgile et d'Horace, les progrès d'une évolution connexe à celle de la société : ils ne naissent pas classiques, ils le deviennent. Le naturel et la régularité de cet épanouissement expliquent en une certaine mesure que tant d'imitations si diverses, si méditées, et qui semblent parfois littérales, aboutissent à des chefs-d'œuvre homogènes et originaux. Mais surtout, en Virgile et en Horace, pensées, sensations, sensibilité sont personnelles : ils ont une fraîcheur d'impression qui rend sa première nouveauté à chaque trait qu'ils semblent imiter ; ils connaissent la nature et les hommes par eux-mêmes, ils ont la passion de la vérité observée ; enfin ils sont romains. Aussi *les Bucoliques*, *les Géorgiques*, *l'Énéide*, les *Odes* sont-elles absolument différentes de leurs modèles grecs, tout en étant aussi classiques qu'eux : à la fois caractéristiques de leur temps et universelles.

La fin de la prose classique. — Cet accord du génie individuel avec les conditions de progrès, cette exacte maturité où se sent encore la jeunesse confèrent à la poésie de Virgile et d'Horace un charme inégalable : leurs successeurs immédiats ne le connaîtront déjà plus. La prose, qui a plus vite évolué, reste classique avec une sorte d'effort : celle de Tite-Live n'est pas exactement de son temps ; elle regarde en arrière, vers Cicéron. Elle reconnaît ainsi où est la perfection tout en annonçant une décadence. Presque continûment oratoire, elle attache ses soins les plus spéciaux aux discours que l'historien prête à ses personnages ; or là du moins se trahit une évolution : brefs en général par nécessité, ces discours le sont aussi par accord avec les tendances contemporaines ; leurs traits, leur mordant, même sous la forme rigide du style indirect, sont chose nouvelle et vivante. On songe à T. LABIÉNUS qui, au dire de Sénèque, alliait aussi « l'éclat de l'ancienne éloquence à la vigueur nerveuse de la nouvelle ». Mais Tite-Live n'a pas pris un franc parti : Pollion avec ses austérités et ses bizarreries, Messala avec ses recherches de vocabulaire et sa fluidité de style rendraient sans doute mieux compte des efforts qui préparent l'avenir de la prose latine. Il se trouve cependant que, au prix de ce léger archaïsme, l'historien devient plus apte à tracer une image de Rome conforme à la fois à l'idéal oratoire du dernier siècle républicain et à la majesté tranquille du principat d'Auguste : par cet équilibre lui seul peut-être était capable de prolonger jusqu'après Virgile le classicisme cicéronien. Mais l'équilibre est personnel, instable : les poètes contemporains représentaient une alliance plus saine de l'art et de la vie.

VIRGILE
71 ou 70 - 19 av. J.-C.

Prétendu de mince origine, ou peut-être de souche bourgeoise[1], le père de P. Vergilius Maro procura à son fils la meilleure éducation. Dès 12 ans l'enfant quitta Mantoue et le domaine familial (tout proche) d'Andes, où il était né, pour étudier à Crémone, Milan, Rome enfin. Assez fragile et peu doué pour l'improvisation oratoire, il paraît y avoir cherché un soutien moral dans l'épicurisme qu'enseignait Siron et l'astronomie astrologique *(mathematica)* ; il écrivait aussi et fréquentait des milieux littéraires de Rome, où il retrouvait des Cisalpins.

Vers 44-43, il était de retour au pays natal et commençait à révéler son originalité poétique dans le cercle cultivé dont s'entourait Asinius Pollion, gouverneur de la province pour le compte d'Antoine : ses *Bucoliques*, lancées une à une, étonnèrent d'abord par leur apparence rustique, plurent ensuite par leur délicatesse mondaine ; en attendant qu'un groupe d'admirateurs, qui semblent s'être donné le nom d' « Arcadiens »[2], se forme autour de Virgile. Mais en 40 Pollion est chassé de Cisalpine par les Octaviens, et, dans le partage des terres qu'exigent les vétérans, Virgile est spolié de son domaine paternel. L'amitié de Gallus, alors en Cisalpine, lui ménagea un accès auprès d'Octave : il recouvra ses terres et, s'il y renonça par la suite, il en fut indemnisé. Dès lors sa vie s'oriente définitivement : il quitte sa province pour Rome ou Naples, et cherche son appui auprès des pacificateurs de l'Italie, Octave et son ministre Mécène.

En 39 Virgile publia un « choix » *(Églogues)* de ses *Bucoliques* (les 9 premières). De 39 à 29 il composa, en 4 chants, un poème complet sur le travail de la terre, *les Géorgiques*. Puis, de plus en plus attaché à Octave-Auguste et haussant ses ambitions, il se donna tout entier à la poésie épique. Son *Énéide* l'occupa dix ans. Avant d'y mettre la dernière main, il voulut connaître la Grèce ; mais, tombant malade à Mégare, il dut être ramené en Italie et, peu de jours après avoir débarqué à Brindes, il y mourut (21 septembre 19). Il fut enseveli à Naples. Au dernier moment, il avait recommandé qu'on brûlât son *Énéide*, qu'il jugeait imparfaite ; Auguste s'y opposa et chargea l'un des plus chers amis du poète, L. Varius, d'en assumer la publication.

---

1. J. Perret, *Virgile, l'homme et l'œuvre*, p. 8 : « A lui seul. ce sentiment d'appartenir à un peuple défini, de continuer une tradition, semble bien exclure que Virgile soit né d'une famille de journaliers besogneux, comme on l'imagina lorsqu'on lui fit une biographie d'après le Tityre de la Ire *Bucolique*. La famille du poète doit avoir appartenu à la haute bourgeoisie provinciale... C'est ce qui apparaît aussi par les relations que nous lui découvrons à l'époque des *Bucoliques* ».

2. L'Arcadie est, en Grèce, la région pastorale par excellence (et *Bucoliques* signifie « Poésies de pasteurs de bœufs »), voir J. Bayet, *Les origines de l'arcadisme romain*, (Mélanges d'archéologie et d'histoire de l'École franç. de Rome, XXXVIII, 1920, p. 63-143).

Le milieu poétique. — Virgile ne se révèle à nous qu'entre vingt-sept et trente ans ; et il nous importerait fort de connaître ses œuvres de jeunesse. Un recueil connu sous le nom d'*Appendix Vergiliana* en retient peut-être certaines, mais leur attribution échappe à une sûre démonstration. Il nous permet du moins de nous figurer le milieu où se forma Virgile. Les brèves pièces du *Catalepton* sont les plus instructives : elles prouvent la survivance de l'esprit catullien, galant, ironique, parodique, en des groupes où les Cisalpins avaient leur place. L'alexandrinisme se perpétue avec toutes ses manies dans la minuscule épopée du « Moustique » *(Culex)*[1] et l'épyllion de « l'Aigrette » *(Ciris)*, où un amateur très rompu à la pratique des vers conte (peut-être sensiblement plus tard) la métamorphose de Scylla et de son père Nisus en oiseaux. « La Cabaretière » *(Copa)*, « le Cachat » *(Moretum)*, et certaines *Priapées* trahissent un réalisme savoureux, qui doit être postérieur.

L'originalité de Virgile — Virgile se rattache à cet alexandrinisme post-catullien : il lui dut l'habitude du travail le plus minutieux, le goût de l'expression sobre et pleine. Mais son tempérament le préserva des sécheresses, des artifices et du snobisme de « l'art pour l'art » : il aimait la solitude, la campagne ; la faiblesse de sa santé l'engageait à une vie retirée, où sa sensibilité se teintait facilement de mélancolie ; pudique et réservé, bien qu'épanchant sa tendresse sur tous les êtres, la poésie d'aveux ou d'attaques cyniques ne pouvait lui convenir. Les classiques grecs et latins, lui tenant compagnie, nourrirent son inspiration, développèrent son imagination et l'engagèrent en des tâches de plus en plus amples, de plus en plus éloignées des principes de l'alexandrinisme.

« Les Bucoliques ». — Dix pièces, dont la plus longue compte 111 vers, alternativement dialoguées et narratives, constituent le recueil des *Bucoliques* ; la dixième, postérieure aux autres (de 37 sans doute), semble leur avoir été ajoutée à l'occasion d'une « réédition ».

Virgile avait pris pour modèle les *Idylles* rustiques du Syracusain Théocrite. L'objectivité réaliste, la plasticité, les crudités mêmes par quoi le poète grec avait cherché à plaire à un public blasé ne répondaient qu'à demi à son tempérament ; mais nulle meilleure école pour l'observation et le rendu des choses de la campagne. Les rencontres de pâtres, se défiant à des tournois d'improvisations poétiques, — comme cela se faisait réellement en Sicile, — par couplets alternés (chants amœbées)[2], permettaient d'ailleurs au poète de multiplier et de varier les impressions, de sortir très librement du cadre dramatique de sa pièce : l'amour et la galanterie, les déguisements de personnages réels, même les curiosités mythologiques et les allusions subtiles chères à l'alexandrinisme y pouvaient trouver place. Virgile, utilisant avec une extrême souplesse, par *contaminatio*, une foule de traits précis empruntés à Théocrite, transforma entièrement son modèle : le paysage et

1. Virgile avait écrit un *Culex*, qui ne paraît pas être celui-ci.
2. Un des concurrents traite un thème ; son adversaire cherche, dans le même nombre de vers, à le surpasser, soit en embellissant le thème, soit en lui en opposant un contraire.

l'atmosphère furent ceux de la Gaule Cisalpine ; les bergers, devenus tout à fait conventionnels, s'exprimèrent avec plus de politesse et une délicatesse plus soutenue ; et la surabondance d'impressions sensorielles est utilisée (*Buc.* II, III, V, VII) de façon à créer une sorte d'enivrement lyrique, mais d'un lyrisme pittoresque qui ne déforme pas le détail.

Antithèses amœbées

[Deux pâtres « arcadiens », se rencontrant au bord du Mincio, se livrent à un tournoi poétique : à chaque couplet de Corydon (4 vers), Thyrsis répond par un couplet de thème analogue, dans lequel il cherche à le surpasser. Beaucoup de traits, au début surtout, sont empruntés à Théocrite (*Id.* VIII, XI...). — Thèmes amoureux et pastoraux mêlés. — Surabondance des traits et suggestions pittoresques. — Justesse de l'atmosphère cisalpine et élargissement original de la description dans les quatre derniers couplets.]

CORYDON. — Fille de Nérée[1], Galatée, mon aimée plus douce que le thym d'Hybla[2], plus blanche que les cygnes, plus belle que le lierre panaché, dès que du pâturage les taureaux regagneront leur crèche, si tant soit peu tu te soucies de Corydon, viens.

THYRSIS. — Eh bien ! moi, puissé-je te paraître plus amer que la renoncule sarde, plus épineux que le houx, plus vil que l'algue jetée à la côte, si je ne trouve pas ce jour plus long déjà que toute une année. Allons, rentrez, mes bœufs ; n'en avez-vous pas assez pris ?

CORYDON. — Sources moussues dans l'herbe plus douce que le sommeil, et toi, vert arbousier qui disperses sur elles ton ombre, protégez mon troupeau contre les feux du solstice ; le voici qui arrive, l'été torride, et déjà sur la vigne souple se gonflent les bourgeons[3].

THYRSIS. — J'ai un foyer, des bûches résineuses ; j'ai un grand feu qui ne s'éteint pas et constamment noircit de suie les montants de ma porte[4]. Que Borée[5] vienne avec ses froids, je m'en soucie autant que le loup du nombre des brebis ou que de ses rives s'occupe le fleuve torrentiel.

CORYDON. — Les genévriers se dressent, les châtaigniers se hérissent ; chaque arbre jonche la terre de ses fruits. Toutes choses rient aujourd'hui ; mais si le bel Alexis quittait nos montagnes, tu verrais tarir jusqu'aux fleuves.

THYRSIS. — La terre est sèche ; l'air pesant altère et fait mourir les prés. Mais l'arrivée de Phyllis fera reverdir la forêt ; et Jupiter, en pluie féconde[6], descendra à flots.

Bucoliques, VII, v. 37-60.

Le genre ne laissait pas d'être artificiel, les ressources n'en étaient pas illimitées ; et, si Virgile voulait s'en évader, l'académisme mondain le guettait. La spoliation de 40 le rendit plus conscient de lui-même : sa sensibilité se fit plus directe et plus humaine. Deux pièces (*Buc.* IX et I), écrites avant et après sa démarche auprès d'Octave, laissent transparaître sa personnalité, mais sous une forme enveloppée, d'une pudeur délicate.

---

1. Dieu de la mer : ses filles étaient les Néréides.
2. Montagne de la Sicile orientale, célèbre par ses abeilles.
3. Notation curieuse : les vignes de Cisalpine, que connaît Virgile, sont beaucoup plus tardives que celles de Sicile.
4. La hutte n'a ni fenêtre ni cheminée.
3. Vent du Nord.
6. Jupiter, dieu du ciel et de l'atmosphère, se manifeste par la foudre et la pluie.

Le poète dépouillé

[Dans un cadre librement inspiré des *Thalysies* de Théocrite (*Id.* VII), Virgile (Ménalcas) exprime sa rancœur d'avoir été évincé de son domaine par un vétéran avec lequel il était en procès, et son espoir d'être rétabli dans ses droits par des protecteurs qui sauront apprécier la diversité de ses dons poétiques (juillet 40). — Impressions familières et senties du pays natal ; chaleur secrète de la plainte. — Fine évocation psychologique, en contraste, du vieux fermier (Mœris) et du jeune ami (Lycidas). — Incertitudes de l'inspiration poétique qui a, jusqu'ici, soutenu Virgile (galanterie d'apparence rustique ; flatteries à Alfénus Varus ; mythologie bucolique ; césarisme). — Souplesse du développement et habileté du « placet ». — Rapprocher le « remerciement » : *Bucolique* I.]

LYCIDAS. — Où, Mœris, te portent tes pas ? Suis-tu la route jusqu'à la ville[1] ?

MŒRIS. — O Lycidas ! fallait-il vieillir pour entendre un étranger (jamais nous[2] n'avions craint pareille chose), maître de notre petit champ, dire : « C'est à moi ; vous, les anciens cultivateurs, délogez ». Et voici qu'on[3] nous a donné tort ; et plein de tristesse, puisque le sort bouleverse tout, j'apporte à ce nouveau maître[4] (puisse-t-il en pâtir !) ces chevreaux.

LYCIDAS. — On m'avait bien dit pourtant que, depuis l'endroit où les coteaux commencent à fléchir et à s'incliner en pente douce jusqu'à l'eau[5] et aux vieux hêtres à la cime rompue, votre cher Ménalcas[6] avait gardé tout son domaine grâce à ses vers ?

MŒRIS. — Eh oui ! on te l'a dit, c'était le bruit public. Mais nos vers, Lycidas, au milieu des armes ne valent pas plus que les colombes de Chaonie[7] à l'approche de l'aigle. Et si, d'un chêne creux, à ma gauche, une corneille ne m'avait averti[8] de rompre n'importe comment de nouveaux litiges, ton Mœris ne serait pas ici et Ménalcas lui-même aurait cessé de vivre.

LYCIDAS. — Quoi ? Une si criminelle folie est possible ? Quoi ? tu nous aurais été ravi, Ménalcas, et avec toi les consolations de tes vers ? Et qui aurait chanté les Nymphes ? Qui eût semé la terre d'herbes en fleurs et couvert les fontaines d'une ombre verdoyante ? Et ces vers encore, que j'ai lus à la dérobée, alors que tu te rendais auprès d'Amaryllis, notre chérie : « Tityre, en m'attendant, — je ne vais pas loin, — fais paître mes chèvres ; puis mène-les boire, Tityre ; mais, en les menant, ne vas pas te mettre sur le chemin du bouc, il a la corne prompte, gare à toi[9] ! »

MŒRIS. — Ou, bien plutôt, ceux-ci qu'inachevés encore il chantait à Varus[10] : « Varus, pourvu que Mantoue nous reste, Mantoue trop proche, hélas ! de la malheureuse Crémone[11], les cygnes[12] en chantant porteront ton nom jusqu'aux astres. »

LYCIDAS. — Oh ! je t'en prie, — et puissent alors tes essaims ne pas goûter aux ifs[13] de Corse, puissent tes vaches dans les cytises nourrir et gonfler leurs mamelles ! — dis-moi ceux que tu sais. Moi aussi, les Piérides[14] m'ont fait poète ; moi aussi j'écris des vers ; et les pâtres me prétendent inspiré ; mais je ne les en crois pas : aucun de mes

1. Mantoue.
2. Le vieux serviteur fait cause commune avec son maître.
3. Sous-entendu prudent : peut-être Alfénus Varus, alors le maître en Cisalpine.
4. Le vétéran.
5. Le Mincio, ou l'un des marécages qu'il forme près de Mantoue.
6. Virgile.
7. Épithète convenue : à Dodone, en Chaonie (Épire), les colombes étaient oiseaux sacrés.
8. Présage doublement inquiétant (la gauche, et l'arbre creux).
9. Traduit de Théocrite (*Id.* III).
10. Alfénus Varus, commissaire au partage des terres et agent d'Octave en Cisalpine.
11. C'est parce que les terres de Crémone ne suffisaient pas à satisfaire les soldats « retraités » qu'on prenait aussi celles de Mantoue.
12. Les cygnes étaient nombreux sur le Mincio.
13. Les ifs (abondants en Corse) rendaient le miel amer.
14. Les Muses.

chants encore n'est digne, à mon sens, de Varius[1] ni de Cinna[2], et je me fais l'effet d'un oison qui mêle ses cris discordants à l'harmonie des cygnes.

MŒRIS. — Oui ; attends un peu, Lycidas ; j'essaie de me souvenir : il est bien connu, ce poème !... « Viens ici, ô Galatée ; à quoi bon jouer dans les flots ? Ici, c'est le printemps pourpré ; ici, au bord des eaux courantes, la terre épand ses fleurs diaprées ; ici le peuplier blanc domine ma grotte et les vignes souplement tressent leurs ombrages. Viens : laisse les vagues folles battre le rivage[3]. »

LYCIDAS. — Et celui que je t'entendais chanter seul, dans la nuit pure ? Il me souvient de l'air ; ah ! si je tenais les paroles...

MŒRIS. — ...« Daphnis, pourquoi guetter le lever des anciennes constellations ? Voici qu'est monté au ciel l'astre de César[4], descendant de Dionè[5], sous lequel s'éjouiront les riches moissons et rougira la grappe aux pentes soleilleuses des collines. Greffe tes poiriers, Daphnis ; tes petits-enfants en cueilleront les fruits. » ...L'âge fait tout perdre, même la mémoire. Combien de fois en mon enfance ai-je, chantant, consumé de longs jours jusqu'à leur déclin ! Maintenant j'ai tout oublié ; et la voix même manque à Mœris : Mœris n'a pas su voir les loups le premier[6]. Mais, sois tranquille, les chants que tu désires, Ménalcas assez souvent te les redira.

LYCIDAS. — Que de prétextes pour me faire languir ! Vois : toute l'étendue de l'eau, apaisée, se tait ; les souffles murmurants de la brise sont tombés. Et nous voici déjà au milieu du chemin : le tombeau de Bianor[7] commence à se montrer. Ici, où les paysans élaguent le feuillage épais[8], ici, Mœris, nous pouvons chanter : nous avons bien le temps d'arriver à la ville. Ou bien, si nous craignons qu'avec la nuit la pluie ne nous devance, rien ne nous empêche de marcher toujours chantant, la route ainsi se fait plus vite ; pour que nous chantions en marchant, donne-moi ton fardeau à porter.

MŒRIS. — N'insiste plus, garçon, et songeons à ce qui presse. Nous aurons plus de cœur à chanter quand le maître sera de retour.

Bucoliques, IX.

Les Bucoliques que Virgile composa après l'épreuve révèlent à la fois désir d'élargissement et incertitude d'inspiration. Il lisait des « classiques » : Homère, Hésiode, Ennius, Lucrèce ; mais subissait aussi l'influence, très alexandrine, de son ami Cornélius Gallus, et s'entendait conseiller l'épopée ou le théâtre par Alfénus Varus et Pollion. Ses thèmes préférés sont alors l'analyse psychologique de la passion (*Buc.* VIII et X), celle-ci en l'honneur de Gallus et, peut-être, pour « lancer » son recueil (d'élégies) ; les curiosités de la mythologie et la cosmogonie à demi scientifique (*Buc.* VI) ; surtout une puissante aspiration à la paix et au repos dans une nature bienveillante (*Buc.* V et IV). Les impressions sont plus suggestives, les vers plus amples ; la IVe *Bucolique*, qui décrit de façon trouble et prenante l'avènement d'un nouvel « âge d'or », à l'occasion de la naissance d'un fils de Pollion (sans doute l'aîné, Asinius Gallus) et de la paix de Brindes entre Antoine et Octave, a déjà çà et là l'accent national et le ton épique. Virgile cependant, quand il publia son premier « choix » *(Églogues)* de neuf pièces, les ordonna sans

1. Ami de Virgile, auteur tragique.
2. Poète du groupe de Catulle, cher sans doute à Cornélius Gallus, qui protégeait alors Virgile.
3. Cf. Théocrite, *Id.* XI, 42 et 63.
4. La comète apparue aux jeux célébrés par Octave en l'honneur de César (en 43).
5. Mère de Vénus, ou Vénus elle-même, de qui César prétendait descendre par Énée.
6. Superstition populaire : si un loup vous voit avant que vous ne le voyiez, vous perdrez la voix.
7. Fondateur mythique de Mantoue.
8. A partir du début de juillet, on émondait les arbres (les ormes surtout), pour fournir du fourrage au bétail.

égard à la chronologie en les faisant se répondre deux à deux « par enveloppement » (I-IX ; II-VIII ; III-VII ; IV-VI), structure chère aux Latins (Lucrèce, Catulle...), la *Buc.* V au centre célébrant l'apothéose de Daphnis (César ?). L'adjonction de la dixième (de 39 ou 38) témoigne de la renommée qui s'attache légitimement au créateur d'un nouveau genre, bucolique « arcadienne », que nous appelons pastorale. Mais, gêné par ses modèles, Virgile ne peut, malgré la diversité de ses tentatives, aller au bout de son effort lyrique ; et il désire éprouver ses forces en une œuvre plus considérable.

« Les Géorgiques ». — Il eut l'idée de combiner, en un poème d'environ 500 vers (devenu par la suite le 1er chant des *Géorgiques*), les préceptes rustiques, très primitifs, et surtout relatifs à la culture des céréales, qu'Hésiode (VIIIe siècle) avait mis sans grand ordre en vers dans *Les Travaux et les Jours* et le poème astronomique et météorologique d'Aratos de Sicyone (IIIe siècle) ; pour la technique, le traité d'agriculture du vieux Caton appuierait les observations d'Hésiode et de Virgile lui-même. C'était une matière fort hétérogène. Virgile aurait pu lui imprimer une unité philosophique ou nationale : en deux passages célèbres, il décrit la loi du travail imposée par Jupiter à l'humanité pour son perfectionnement (v. 121-154), et appelle avec véhémence la pacification sur l'Italie ravagée par les luttes civiles (v. 489-514). Mais ces couplets n'ont pas d'écho dans le reste du chant. Virgile ne s'y est pas efforcé non plus à une composition didactique bien nette : il omet des développements essentiels (sur les qualités des terres, les bâtiments de ferme), resserre ou élargit les autres sans raison apparente ; ses habitudes alexandrines, que ne corrigeaient ni Hésiode ni Caton, lui faisaient préférer à une construction organique la juxtaposition de détails, d'impressions diverses qui s'attirent ou s'opposent de façon variée et chatoyante. Il en résulte, du moins, une surabondance de vie, qui évoque, pêle-mêle, mais avec une fraîche légèreté, gens, animaux, paysages. Cependant l'étude d'Aratos et de Lucrèce achemine Virgile à quelques développements ordonnés. Mais le premier chant des *Géorgiques* garde le caractère d'une œuvre de transition.

Saisons et tempêtes

[Préceptes et impressions, d'abord flottants, puis développés en tableaux antithétiques (comme dans *Les Bucoliques*), se fixent peu à peu à l'idée du mauvais temps et aboutissent à la description, progressivement élargie, des tempêtes d'automne, de printemps, d'été, d'hiver (cf. Lucrèce, VI, 250-261 et 274-294).]

La nuit même favorise maints travaux, ou bien l'heure aurorale qui fait rosoyer la terre sous les premiers rayons du soleil. La nuit facilite la coupe des chaumes, la fauchaison des prairies trop sèches ; il n'est pas de nuit sans assouplissante fraîcheur. Et plus d'un prolonge la veillée d'hiver aux lueurs d'une lampe attardée, pour appointer des torches au tranchant de son fer, tandis qu'allégeant de son chant la lente besogne, sa femme fait courir dans sa toile le peigne vibrant[1], ou réduit au feu le moût sucré et avec une feuille écume le liquide du chaudron frémissant.

1. Qui, dans le métier à tisser, sépare de ses dents les fils de la chaîne.

Mais le blé doré se coupe en pleine chaleur, et en pleine chaleur l'aire foule le grain desséché. Nu[1] au labour, nu aux semailles : l'hiver, c'est vacances pour les paysans. Par les froids, d'ordinaire, ils jouissent de leur acquis, s'invitent joyeusement entre eux : l'hiver est gaîté, bombances, oubli des soucis[2]. Ainsi lorsque, combles de denrées, les nefs touchent enfin au port, et que les matelots joyeux couronnent leurs poupes[3]. C'est pourtant le moment de récolter le gland, les baies du laurier, l'olive, le myrte sanglant ; de tendre lacets pour les grues, filets pour les cerfs, de poursuivre les lièvres oreillards ; c'est le moment de percer les daims et de faire tournoyer le fouet d'étoupe de la fronde baléare[4], quand la neige s'approfondit au loin et que les fleuves charrient la glace.

Faut-il dire les tempêtes, les constellations d'automne ? quelle vigilance est nécessaire quand les jours s'abrègent déjà et que mollit l'été ? — Ou bien quand le printemps s'abat en pluies sur les moissons dont les épis déjà hérissent la campagne et gonflent le grain laiteux dans sa tunique verte ? — Moi-même souvent j'ai vu, lorsque le maître faisait entrer le moissonneur dans ses champs fauves, lorsque déjà l'on coupait la tige frêle de l'orge, j'ai vu tous les vents s'affronter en de tels combats qu'ils arrachaient au loin la lourde récolte avec ses racines et la chassaient haut dans les airs ; ainsi en son tourbillon noir l'ouragan d'hiver emporterait chaumes légers et pailles volantes. — Souvent même vient dans le ciel une immense traînée d'eaux, les nues s'assemblent du large et amassent les pluies noires pour une horrible tempête ; l'éther[5] croule, une pluie sans mesure dissout les emblavures prometteuses, ruine le travail des bœufs ; les fossés s'emplissent, les fleuves grossissent avec bruit dans leur lit profond, la mer bouillonne et halète. Jupiter lui-même, dans la nuit des nuages, darde la foudre d'une main flamboyante : du coup la terre immense tremble, les bêtes sauvages s'enfuient, les cœurs des mortels se consternent, terrassés par l'épouvante. Le dieu mutile de son trait brûlant l'Athos ou le Rhodope ou les cimes Cérauniennes[6], les autans redoublent, la pluie s'épaissit : sous la violence du vent gémissent les forêts, les rivages...

Géorgiques, I, v. 287-334.

La publication (vers 36) de *L'Économie rurale* de Varron (voir p. 180 ss.) et, sans doute, les encouragements de Mécène amenèrent Virgile à concevoir des *Géorgiques* bien plus amples et organiques : le premier chant devenant celui de la culture des céréales, trois autres traitent des arbres et des cultures arbustives, vigne et olivier (chant II), de l'élevage (chant III), des abeilles (chant IV). Se gardant bien, en vrai poète, de tout dire avec pareil détail et en un ordre pédant, Virgile s'applique pourtant alors à être complet ; son art de la suggestion, sa fraîcheur d'impressions personnelles, même le goût des « épisodes » par lesquels il varie sa matière ne nuisent plus à la liaison des préceptes, qui témoignent d'une science certaine et s'expriment avec réalisme et précision. Des idées, à la fois fortes et poétiques, régissent chaque chant : puissance et variété créatrice de la nature végétale dans le second ; antithèse tragique de l'amour et de la mort dans le troisième ; thème, opposé, de la chasteté et de l'immortalité dans celui des abeilles.

---

1. Le mot peut vouloir dire aussi : « en simple tunique » (sorte de chemise) ; mais ici est recherchée sa valeur la plus expressive.
2. Dans la description qui suit, Virgile prend exprès le contre-pied d'Hésiode (*Travaux*, v. 504-558), en se souvenant de la Cisalpine, riche pays de culture, mais aussi de forêts et de chasses.
3. En remerciement aux dieux.
4. Épithète de nature : les insulaires des Baléares étaient renommés comme frondeurs.
5. La plus haute partie du ciel.
6. Montagnes de Macédoine, de Thrace et d'Épire.

Progrès de l'imagination. — Virgile voit alors plus fortement la nature : il saisit les oppositions et les rapports intimes entre elle et le travail humain. Dans la description, le trait, la couleur ont encore gagné en hardiesse évocatrice : nul n'ira dès lors plus loin. L'imagination, au besoin, force l'expression pour mieux s'imposer. On voit s'évoquer en tableaux les terres exotiques, l'hiver scythe, le nomadisme africain. Décrivant la « peste » qui avait dévasté le Norique, riche pays d'élevage, Virgile, rivalisant avec Thucydide et Lucrèce, les égale par la puissance de la représentation et les surpasse par son émouvante sensibilité.

Diversité des terres

[Évocation vigoureuse (et contrastée) de paysages très différents : très peu de mots suffisent à Virgile (comme à Michelet) pour les suggérer. — Réalisme sans surcharge qui est la nature même. — L'exposé technique s'élargit sans effort, çà et là, en tableaux composés et en effusions discrètes.]

Les sols rebelles d'abord et les coteaux ingrats, avec peu d'argile et du caillou dans les broussailles, appellent la joie des olivettes vivaces, consacrées à Pallas[1]. Le signe en est, par le pays, l'abondance de l'olivier sauvage, la jonchée des baies silvestres. Mais une terre grasse, pénétrée d'une molle et féconde humidité, une plaine herbagère, foisonnante (telle qu'on en voit souvent s'approfondir dans les vallées des montagnes, où s'écoulent, du haut des rocs, les rivières chargées d'un riche limon), ou qui, exposée à l'Auster[2], nourrit la fougère odieuse à l'araire courbe, celle-ci un jour te donnera des vignes robustes, d'où couleront des flots de vin ; celle-ci te prodiguera les grappes et la sève que nous épanchons des patères d'or, quand le gras Tyrrhénien[3] auprès des autels a enflé sa flûte d'ivoire et que nous présentons aux dieux les chairs fumantes sur leurs larges plats ronds.

Mais si tu préfères élever vaches et veaux, les petits des brebis ou les chèvres qui rongent les cultures, gagne la lointaine Tarente et ses riches pacages, cherche une plaine semblable à celle qu'a perdue[4] l'infortunée Mantoue : ni les sources limpides ni l'herbe ne manqueront à tes troupeaux ; et ce que tes bœufs auront brouté tout au long d'une journée d'été, il suffira d'une courte nuit de fraîche rosée pour le faire repousser. Presque toujours une terre noire et grasse sous le soc et friable (ce que nous cherchons à obtenir par le labour) est excellente au blé : nulle autre plaine ne renvoie à la ferme plus de chars dont le poids alentit le pas des bœufs. Ou bien encore celle que le laboureur impatient a gagnée en défrichant une forêt, renversant les futaies depuis tant d'années improductives et sapant à la souche les antiques demeures des oiseaux : eux, quittent leurs nids et gagnent les hauteurs du ciel ; mais la terre vierge brille sous la poussée du soc.

Car une pente de maigre gravier est à peine bonne à fournir aux abeilles l'humble daphné et le romarin ; le tuf rugueux, la craie rongée par de noirs chélydres[5] n'ont point leur pareil pour offrir aux serpents vivre plaisant et cachettes sinueuses.

Géorgiques, II, v. 177-215.

---

1. Déesse d'Athènes, qui, disait-on, avait fait sortir de terre le premier olivier.
2. Vent du Sud.
3. Les Étrusques qui avaient donné à Rome ses premiers musiciens, avaient tendance à l'obésité ; d'autre part, le personnel des temples, vivant des sacrifices, se nourrissait fort bien.
4. Voir plus haut, p. 199 et 202 s.
5. Serpents venimeux.

La vache

[Comparer Varron, *R. R.*, II, 5, 6 : « On choisira les vaches intactes et bien prises dans leurs membres, de grande taille et de forme allongée, les cornes noires, le front large, les yeux grands et noirs, les oreilles velues, les joues plates, le profil camus, l'épine dorsale plutôt concave que convexe, les naseaux ouverts, les lèvres noirâtres, le cou épais et long, le fanon pendant, le coffre développé, les côtes amples, les épaules larges, le fessier charnu, une queue qui balaie leurs sabots et se termine en bouquet de poils légèrement frisés, les jambes courtes et droites avec les genoux un peu sortants, écartées, tournées en dehors, les pieds étroits et qui ne s'entrechoquent pas dans la marche, les ongles lisses et égaux ; le cuir doux et souple au toucher. En fait de couleur, le noir a le premier rang ; puis viennent le rouge foncé, le rouge pâle, enfin seulement le blanc.»]

La plus belle génisse a l'œil torve, la tête lourde, la nuque épaisse ; et les fanons lui pendent du menton jusqu'au sol ; et puis ses flancs s'allongent sans mesure ; tout en elle est grand, même le pied ; et sous ses cornes courbes ses oreilles sont velues. Il ne me déplairait pas que sa robe sombre fût brillamment marquée de blanc ; qu'elle refusât le joug et parfois fût dangereuse de la corne, de figure presque semblable au taureau ; haute de bout en bout, elle s'avance, balayant de sa queue la trace de ses pas.

Géorgiques, III, v. 51-59.

Élargissement de la sensibilité. — En même temps la sensibilité de Virgile, déjà libérée des préoccupations mondaines, se fait de moins en moins égoïste. Elle s'attache aux paysans, se réjouit de leur force et de leurs joies, aspire à les guider et à les ennoblir en leur faisant apprécier la saine beauté de leur labeur. Elle s'étend, avec une tendresse exquise, aux animaux, qui n'intéressent plus seulement par leur grâce extérieure, mais sont compris en leur âme obscure, le cheval de sang plein d'émulation et de fierté, le bœuf de labour obstinément fidèle à son frère d'attelage, le taureau orgueilleux et jaloux... Les plantes mêmes, animées d'une vie ravissante, deviennent de douces compagnes sans cesser d'être vraies.

La vigne

Tant qu'en sa tendre jeunesse elle pousse ses premiers feuillages, il faut épargner sa fragilité ; et tant que, simple jet encore, elle tend de toute sa joie vers les brises, s'emportant sans frein dans l'air pur, il ne faut pas encore la blesser du tranchant de la serpette, mais du bout des doigts pincer les feuilles, çà et là, avec attention. Plus tard, quand de leurs sarments vigoureux, jaillissantes, elles embrassent les ormes, alors retranche leur chevelure, alors ampute leurs bras. Avant, elles ont peur du fer. Mais le moment est enfin venu où il te faut régner en maître tyrannique et réprimer la luxuriance de leurs rameaux.

. . . .

Il est encore un autre travail qu'exigent les vignes, un travail qui jamais ne s'épuise : car chaque année il faut trois et quatre fois labourer le vignoble entier et briser éternellement les mottes du talon de la houe. C'est un cercle de peines qui sans cesse recommence ; et l'année revient, semblable à elle-même, sur ses propres traces. Et quand enfin, sur le tard, les dernières feuilles se sont détachées des ceps et que le souffle froid de l'Aquilon a découronné les forêts, déjà le paysan s'active en prévision de l'année qui vient : la courbe serpette de Saturne[1] en main, il suit les rangées de vignes à l'aspect désolé, les

1. Vieille divinité paysanne du Latium.

taille et les façonne. Sois le premier à fouir la terre, le premier à nettoyer ta vigne, brûler les vieux sarments et porter les échalas à couvert ; le dernier à vendanger. Deux fois l'ombre envahit les vignes[1] ; deux fois leurs promesses sont menacées par l'étouffant fouillis des herbes : dur travail les deux fois. Tu peux bien louer les grands domaines ; mais que le tien soit petit. Et voici qu'il faut encore aller couper au bois les tiges rugueuses du fragon, au bord des rivières le roseau, et peiner dans la saulaie sauvage[2]. Enfin les vignes sont liées ; enfin elles laissent reposer la serpette ; le vigneron enfin chante au bout des rangées, la tâche achevée : cependant il va falloir encore tourmenter la terre, soulever la poussière[3], et, quand la grappe est déjà mûre, craindre [l'orage de] Jupiter.

Géorgiques, II, v. 361-369 et 396-418.

Problèmes sociaux. — L'intérêt pour les paysans, la certitude qu'en eux résidait la force de Rome, l'amour de la terre italienne n'étaient pas choses nouvelles. Mais l'expression en est nouvelle dans *Les Géorgiques* : c'est que Virgile a su conférer à ces idées et à ces sentiments une portée universelle ; le poème est humain encore plus qu'italien : la nature et l'homme en sont les héros. Cependant il ne laisse pas d'être actuel : à la date où il se compose, l'Italie cherche à ressaisir sa personnalité et à vivre de nouveau sur elle-même ; l'idéal du petit paysan, cultivateur et soldat, hante hommes d'État et économistes. Octave et Mécène n'ont sans doute pas cru que *Les Géorgiques* ramèneraient la plèbe urbaine à la terre ; mais ils ont dû penser que leur succès ne nuirait pas à leurs projets. Virgile, d'ailleurs, dans son désir ardent de la paix rustique, rêve avec eux une nouvelle société de solidarité nationale et de travail organisé sous un maître respecté : l'adulation d'Octave au début du Ier et du IIIe chant en est un témoignage presque excessif ; plus délicatement, ce rêve social transparaît dans la complaisante peinture de la « cité » des abeilles, parfois troublée par les luttes civiles, mais si ordonnément laborieuse autour de son « roi ».

La cité des abeilles

[Humanisation discrète qui ne nuit pas à la justesse de l'observation. — Noter la puissance épique du premier fragment ; la joie laborieuse du second, avec son « decrescendo » final. — Comparer Maeterlinck, *Vie des abeilles*.]

Mais si elles sortent pour la bataille... — Car souvent, à grand tumulte, la discorde règne entre deux rois[4]. On a vite fait de pressentir alors l'émotion du peuple, l'exaltation belliqueuse des cœurs ; car un chant rauque, martial comme celui de l'airain, gourmande les attardées et parfois imite les accents brisés des trompettes. Alors, affairées, elles se groupent, vibrent des ailes, aiguisent de leur trompe leur aiguillon, assouplissent leurs bras, s'agitent en rangs pressés, provoquent à grands cris l'ennemi. — Donc, choisissant un jour de sérénité printanière, où les plaines de l'air s'ouvrent sans nuages, elles font une sortie ; les adversaires se rencontrent, un bourdonnement monte dans l'éther ; mêlées, elles ne font plus qu'un grand tourbillon et s'abattent vers le sol : la grêle n'est pas plus épaisse, la pluie des glands est moins drue quand on secoue le chêne. Les rois, au milieu

1. Au début et à la fin du printemps il s'agit des feuilles de la vigne même.
2. Trois moyens de se procurer des liens et des échalas.
3. Au début de septembre : les Anciens croyaient ainsi hâter, tout en l'empêchant de se dessécher, la maturation du raisin.
4. Les Anciens n'avaient pas reconnu que le chef de la ruche est une « mère » ou « reine ».

de leur armée, et reconnaissables à leurs ailes, portent un courage immense en leur étroite poitrine et s'obstinent à ne pas céder.

. . . .

Une passion innée presse les abeilles d'amasser, chacune en son office. Aux plus âgées le soin de la ville, la construction des rayons, le modelage des logis travaillés avec art. Mais les plus jeunes reviennent fatiguées, à la nuit bien close, les pattes chargées de thym[1] : c'est qu'elles vont butiner çà et là les arbouses, les saules pâles, le daphné, le crocus qui rougeoie, le tilleul chargé de fleurs et les sombres hyacinthes. Toutes se reposent ensemble de leur labeur ; toutes travaillent ensemble ; le matin, elles se précipitent hors des portes ; nulle retardataire ; puis, quand le soir les avertit enfin qu'il est temps de quitter les plaines où elles butinent, alors elles regagnent le logis ; alors elles songent à se reposer : on les entend bourdonner, elles murmurent aux abords et sur le seuil de la ruche. Puis, quand elles ont fini de se retirer dans leurs loges, tout se tait pour la nuit, le sommeil s'empare de leurs membres las.

Géorgiques, IV, v. 67-84 et 177-190.

Épisodes et préludes. — De telles qualités suffisent à conférer aux *Géorgiques* une perfection d'une rare richesse et un charme qui se renouvelle sans cesse à la lecture. Virgile pourtant crut bon de hausser le ton et de suspendre par instants la minutie des préceptes techniques par des « épisodes » où son imagination et celle des lecteurs se délasseraient sans perdre tout à fait de vue le sujet : éloge de l'Italie ou du printemps ; description de l'hiver scythique, de la peste du Norique ; gracieuse évocation du vieux jardinier de Tarente ; et, surtout, un véritable « épyllion » (IV, v. 315-557), qui, à propos de la régénération des essaims, met en scène dramatiquement et avec tous les raffinements de l'alexandrinisme le dieu rustique Aristée et même, par raccroc, Orphée. Si séduisant qu'il soit, cet épisode semble d'un art attardé, peut-être l'influence de Cornélius Gallus (dont Virgile avait introduit en son poème un éloge qu'il dut plus tard effacer quand son ami, disgracié, se fut tué) n'y est-elle pas étrangère. Au contraire, les préludes retentissants, dans lesquels — tout à la fin de son labeur — Virgile promet l'immortalité à Octave, devenu seul maître du monde romain, annoncent, par leur ampleur musicale, le poète de *L'Énéide*.

Allégorie

[Ferveur heureuse qui unit la gloire d'Auguste à l'amour de la petite patrie. — Somptuosité descriptive (Virgile imagine de grands jeux de couleur romano-grecque alexandrine) et griserie des noms propres. — Puissance de vie animant jusqu'aux figures allégoriques. — Il se peut que ce développement ait été composé en 27-26, quand Virgile travaillait déjà à *L'Énéide*.]

Le premier, pour peu qu'il me reste de vie, j'amènerai du sommet d'Aonie[2] les Muses en ma patrie ; le premier je t'apporterai, Mantoue, les palmes Idumées[3]. Et dans la plaine verte je fonderai un temple de marbre, au bord de l'eau, là où, puissant et sinueux, le

1. Les Anciens ne s'étaient pas rendu compte que les abeilles portent à leurs pattes non pas ce dont elles feront le miel, mais le pollen des fleurs.
2. L'Hélicon, en Béotie.
3. La Judée méridionale était célèbre par ses palmiers ; et la palme était chez les Romains symbole de victoire.

Mincio s'attarde, bordant ses rives de souples roseaux. Au centre sera César[1] que je fais maître du temple. A lui la fête de mon triomphe : éclatant en ma pourpre tyrienne, je lâcherai cent quadriges le long du fleuve[2] ; la Grèce entière quittera pour moi l'Alphée[3] et les bois de Molorchus[4] pour disputer les courses et le prix du ceste[5] brutal. Moi-même, couronné d'olivier domestique[6], je récompenserai les vainqueurs. Voici, voici que, plein de joie, je conduis aux sanctuaires les pompes solennelles et vois tomber les taureaux des sacrifices ; ou bien la scène s'ouvre, les décors changent[7], et puis les Bretons brodés dans la pourpre haussent le rideau[8]. Sur la porte [du temple] je ferai sculpter en or et en ivoire massif la guerre des Gangarides[9] et les armes victorieuses de Quirinus[10] et le Nil à grands flots ondoyant sous la guerre[11], et les colonnes d'airain rostral qui se dressent[12]. J'y joindrai les villes d'Asie domptées, le refoulement du Niphate[13] et du Parthe, redoutable quand il fuit en dardant ses flèches[14] ; deux trophées enlevés en des terres opposées et deux nations soumises sur les rivages d'Orient et d'Occident[15] ! Debout en marbre de Paros, statues vivantes, on verra la race d'Assaracus[16], glorieuse descendance de Jupiter. Tros l'aïeul, et le dieu du Cynthe[17] qui fortifia Troie. Et l'Envie sinistre se taira, par peur des Furies, du Cocyte rigoureux, des nœuds de serpents qui retiennent Ixion à sa roue cruelle, et du roc à l'inaccessible cime[18].

Géorgiques, III, v. 10-39.

« L'Énéide ». — Une évolution naturelle avait porté Virgile jusqu'au seuil de l'épopée. Il peut avoir hésité sur le sujet ; aucun des trois genres épiques que traitaient ses contemporains ne lui convenait tout à fait : pastiches d'Homère[19] ou mythologies alexandrines[20], sans actualité ni émotion ; épopées historiques, même contemporaines (à la manière de Naevius et d'Ennius)[21], laissant trop peu de place à l'imagination poétique. Il désirait combiner la beauté grecque et l'esprit national romain, plonger dans les temps homériques et servir la gloire d'Auguste. L'établissement du Troyen Énée en Italie lui parut propre à son dessein. C'était une vague légende remontant à Stésichore (VIIe-VIe siècles), qui ne s'était précisée et un peu organisée

1. Auguste.
2. Le Mincio.
3. Fleuve d'Olympie, où se célébraient les plus grands jeux de la Grèce.
4. Habitant mythique de la forêt de Némée : les jeux néméens étaient illustres.
5. Sorte de gantelet de boxe.
6. A Olympie on donnait aux vainqueurs une couronne d'olivier *sauvage*.
7. Deux grands prismes triangulaires, en tournant sur les côtés de la scène, pouvaient présenter trois décors différents.
8. Dans les théâtres romains, le rideau ne se baissait pas, mais se relevait à la fin de la représentation ; les figures qui y sont brodées ont donc l'air de le soulever.
9. Le Gange symbolise tout l'Orient vaincu avec Antoine à Actium.
10. Nom sabin de Mars, considéré comme dieu national de Rome, conduite par Auguste.
11. Voir le développement du même thème plus bas, p. 217-218.
12. Les colonnes *rostrales*, élevées en commémoration d'une bataille navale, étaient ornées des éperons *(rostra)* des navires ennemis ou fondues de leur airain.
13. Montagne d'Arménie, pour : les Arméniens.
14. Les cavaliers parthes, fuyant, se retournaient pour tirer.
15. Arabes et Cantabres ? Mais alors ces deux vers dateraient de 25 au plus tôt.
16. Ancêtre d'Énée, de qui prétendaient descendre les Julii, donc César et son fils adoptif Auguste.
17. Apollon, dieu de Délos (où s'élève le Cynthe).
18. Sisyphe (chargé avec Ixion de figurer les peines des Enfers) devait, sans jamais y parvenir, rouler un roc jusqu'au haut d'une montagne.
19. Traductions de l'*Iliade* par Cn. Matius, de l'*Odyssée* par Tuticanus ; *Antehomerica* et *Posthomerica* de Macer le Jeune.
20. *Zmyrna* d'Helvius Cinna ; les *Argonautes* de Furius Bibaculus.
21. *Guerre d'Istrie* d'Hostius ; *Guerre des Gaules* de Furius Bibaculus ; *Guerre des Séquanes* de Varron de l'Aude ; *Mort de César* de L. Varius Rufus...

qu'au cours du IIIe siècle, avec les récits de l'historien Timée et du poète Lycophron ; mais elle avait trouvé appui en des sanctuaires antiques, de Vénus en particulier, et avait plu à l'imagination des Grecs qui s'occupaient de Rome ; le culte des dieux Pénates de Lavinium et de Rome y avait été rattaché ; et mainte grande famille à Rome prétendait remonter à des ancêtres troyens : les Julii en particulier, famille adoptive d'Auguste, se donnaient pour aïeul un fils d'Énée, petit-fils de Vénus. Varron, enfin, venait de coordonner une foule de détails relatifs à ces traditions. Virgile fit donc le plan d'une *Énéide* en 12 chants, sorte d'Odyssée suivie d'une Iliade.

Énée, avec sa flotte, est près d'atteindre l'Italie lorsque la déesse Junon soulève contre lui une tempête, disperse ses navires et le jette sur la côte d'Afrique. Il y est heureusement accueilli par la reine Didon, qui est en train d'y fonder Carthage (I). Énée fait à Didon, en qui Vénus éveille l'amour pour lui, le récit de la prise de Troie, de sa fuite (II) et de ses longues pérégrinations vers « l'Hespérie » que les oracles lui réservent (III). L'amour de Didon pour Énée devient passionné ; Énée s'y abandonne ; mais les ordres de Jupiter lui rappellent sa mission ; il s'échappe avec ses compagnons, et Didon se tue (IV).

Passant par la Sicile, Énée célèbre des jeux funèbres près de la tombe de son père Anchise, qui y était mort l'année précédente ; il y laisse, dans la colonie troyenne d'Aceste, les femmes lassées de si longs parcours (V). Puis il touche les côtes d'Italie à Cumes, où la Sibylle lui prédit l'avenir et lui donne accès aux Enfers : là il retrouve, parmi les ombres des héros passés et à venir, son père Anchise, qui lui dévoile quelques-unes des grandeurs de la future Rome (VI). Arrivé dans le Latium, Énée jette les bases d'une entente avec le roi du pays, Latinus, qui lui promet en mariage sa fille Lavinia. Mais Junon provoque la guerre et anime contre les Troyens le roi des Rutules, Turnus, prétendant à la main de Lavinia (VII). Énée remonte le Tibre jusqu'au site de Rome ; là un roi arcadien, Évandre, s'est établi en une bourgade où se préfigurent certaines des plus vénérables antiquités romaines ; Évandre fait alliance avec Énée, lui donne son fils Pallas et des cavaliers (VIII).

Tandis qu'Énée va s'assurer aussi l'appui des cités étrusques, Turnus attaque les Troyens aux bouches du Tibre, brûle leurs vaisseaux, s'empare presque de leur camp (IX). Les dieux assemblés délibèrent sur les Troyens ; Junon et Vénus s'affrontent ; Jupiter laissera faire les destins. Énée arrive avec la flotte étrusque et gagne une grande bataille, où Pallas est tué (X). Après avoir veillé à la sépulture de ses morts, il marche contre la capitale « laurentine » de Latinus, défait la cavalerie de la reine des Volsques Camille et assaille la ville (XI). Enfin le sort de la guerre est remis à un combat singulier entre Énée et Turnus ; si Énée est vainqueur, il épousera Lavinia et régnera sur une population mixte où se combineront les vertus des Latins et des Troyens. En vain la sœur de Turnus, la nymphe Juturne, cherche à sauver son frère : Énée l'abat et le tue (XII).

Virgile, ayant dressé un canevas détaillé de son poème, en développa et retoucha les différents épisodes avec un certain caprice, selon les progrès de sa documentation, mais surtout les poussées de son inspiration. De là, à côté de longs développements parfaitement élaborés, certaines parties inégales (par exemple dans le chant III) ; et, tout au long du poème, des vers inachevés et un certain nombre de contradictions. Mais ce procédé de travail a aussi presque partout procuré à *L'Énéide* une fraîcheur d'expression qu'il est bien rare de trouver dans les « épopées savantes ». De nombreux témoignages littéraires et archéologiques (fresques, mosaïques, bas-reliefs) révèlent la rapide popularité du poème.

Homérisme et alexandrinisme. — Virgile, pourtant, passait, même chez les Anciens, pour un prodige d'érudition : archéologie, histoire, religion...

Et sa connaissance des poètes grecs[1] et latins[2] était, si possible, plus étonnante encore. Mais tout s'organisa sous la volonté de donner aux procédés alexandrins une ampleur classique par l'imitation et la transposition continue des poèmes homériques. La hantise d'Homère peut parfois sembler maladive : non seulement Virgile lui emprunte une foule d'épisodes (tempête, exploration, jeux, descente aux Enfers, description de bouclier, siège de camp...), mais il lui « ravit » à toute occasion des vers avec une hâte fébrile. Pourtant le ton est tout différent : c'est que les alexandrins, en particulier Apollonios de Rhodes, ont procuré à Virgile une « façon » plus moderne, variée, brève, ennemie des clichés, moins narrative, mais plus sentie et d'un art plus voulu. En revanche Homère imposait à l'alexandrinisme une pondération pleine de grandeur ; et Virgile lui ajoutait toute sa richesse d'intelligence et d'âme. De là la séduction presque infinie des vers de Virgile pour tout homme cultivé, qui cherche à les approfondir.

L'île de Circé

[Transposition très originale d'Homère (*Od.*, X, v. 203 ss.) et d'Apollonios de Rhodes (*Arg.*, IV, v. 659 ss). — Poésie de cauchemar, contrastée et romantique. — Atmosphère légendaire, mais à laquelle la fraîcheur des impressions confère une sorte de vraisemblance. — Sobriété travaillée de la forme : puissance et variété des suggestions.]

La brise crépusculaire s'éveille, la blanche lune ne se refuse pas aux vaisseaux, une splendeur lumineuse tremble sur la mer. On rase les rivages de la terre de Circé. C'est là que l'opulente fille du Soleil emplit sans cesse de ses incantations les bois inaccessibles et, en son orgueilleuse demeure, brûle toute la nuit en torches le cèdre parfumé, parcourant la toile fine de son peigne sonore[3]. On entend les gémissantes colères des lions qui renâclent contre leurs chaînes et tard rugissent sous les ombres nocturnes ; on entend s'irriter les sangliers au poil rude, les ours à l'étable, et hurler les fantômes de grands loups : hommes autrefois, que la cruelle déesse, par la puissance magique des herbes, transforma en bêtes. Pour éviter aux pieux Troyens ce sort monstrueux, s'ils dérivaient jusqu'au port, et même le contact de ces rivages affreux, Neptune emplit leurs voiles d'un vent favorable, les fit fuir et dépasser ces eaux bouillonnantes. Et voici que la mer rougeoyait, et, du haut de l'éther, l'Aurore blonde brillait en son char de roses[4] : les vents s'endormirent, et le dernier souffle, soudain, tomba[5].

Énéide, VII, v. 8-28.

Mort de Camille

[Un combat de cavalerie s'est engagé près de la ville de Latinus ; l'Étrusque Arruns, allié d'Énée, guette la reine des Volsques, Camille. Virgile a transposé, pour tracer la figure de Camille, les riches traditions grecques sur les Amazones, dès longtemps connues d'ailleurs en Italie. — Continuité du récit, mais diversité de ses aspects (noter, en particulier, l'épisode de Chloreus : pittoresque asiatique et psychologie sentimentale ; — la prière d'Arruns : anciens rites italiques sobrement hellénisés ; — la comparaison homérique (*Iliade*, XV, v. 586 ss.) finale). — Sobre et poétique justesse des gestes. — Tendre et discret attachement de Virgile à la victime.]

---

1. Outre Homère, surtout Pisandre (poète épique du VIIe siècle), Hésiode, Pindare, les tragiques, Apollonios.
2. Ennius, Naevius, Lucrèce, Catulle et les tragiques.
3. Voir p. 204, n. 1.
4. Développement nouveau d'un « cliché » homérique.
5. Énée arrive, sans s'en douter, aux rives du Latium.

Promis à la mort, Arruns cerne la rapide Camille, dont la javeline est moins sûre que la sienne ; il épie l'occasion propice. La jeune fille s'emporte-t-elle au milieu de la mêlée, Arruns la suit, silencieux, à la trace ; revient-elle victorieuse en arrière, lui, à la dérobée, vite ramène son cheval vers elle. Il l'approche par ici ; et puis, l'approche par là, et de toutes parts l'enserre de sa course errante, et brandit sournoisement sa lance inévitable.

Depuis longtemps consacré à la prêtrise de Cybèle, Chloreus brillait au loin de l'étincellement de son armure phrygienne et poussait son cheval écumant que couvrait une pelisse toute écaillée d'airain avec des attaches d'or. Et, glorieux d'hyacinthe et de pourpre[1], l'étranger dardait les flèches crétoises de son arc lycien[2] : d'or est l'arme qu'il a détachée de son épaule, et d'or le casque du prêtre prophétique ; et sa chlamyde[3] safranée[4], dont craquent les plis de lin[5], est retenue d'une agrafe d'or fauve ; les tuniques et les fourreaux qui, à la mode barbare, couvrent ses jambes, sont brodés de vives couleurs. Il attire la jeune fille : soit qu'elle désire clouer à la façade des temples la dépouille du Troyen, soit qu'elle se rêve déjà, chasseresse, parée de l'or qu'elle aura conquis, elle ne voyait plus que lui seul dans toute la mêlée et le poursuivait sans précaution dans les lignes, ardente et passionnée d'une convoitise de femme... Lorsqu'enfin, à couvert, ayant choisi son moment, Arruns darde son trait, invoquant ainsi les dieux : « Suprême divinité, Apollon du Soracte saint[6], toi qui as en nous tes premiers adorateurs, pour qui s'embrase le bûcher résineux qu'en notre fervente piété nous, tes sectateurs, traversons au milieu des flammes sur un chemin de braises[7], accorde-moi, Père tout-puissant, d'effacer notre déshonneur. Je ne désire pas dresser trophée d'une jeune fille ni m'emparer de ses dépouilles : je trouverai renom ailleurs ; mais que cette furie tombe sous mon trait, et je consens à rentrer sans gloire en nos villes[8] ». Phœbus l'entendit, il voulut bien lui accorder partie de son vœu, mais laissa le surplus se perdre aux vents : il acquiesça à son désir de coucher soudain Camille dans la mort ; il lui dénia de revoir sa haute patrie[9], et les bourrasques confondirent sa voix avec le souffle des autans.

Filant de sa main, la javeline siffla dans l'air ; d'esprit, de regards, tous les Volsques à l'instant se retournèrent vers leur reine. Elle seule n'a rien entendu, n'a pas vu venir le trait ailé, qui soudain, sous le sein nu, se fixe et va profondément puiser le sang de la jeune fille. Ses compagnes accourent en désordre, reçoivent leur maîtresse dans leurs bras. Arruns fuit, plus effrayé qu'elles toutes, plein de joie à la fois et de crainte : sa lance ne lui inspire plus confiance, il n'ose s'offrir aux traits de la jeune fille. Comme, avant même que le poursuivent les traits ennemis, s'écarte sans tarder vers les cachettes de la haute montagne, après avoir tué un pâtre ou un fort bouvillon, un loup qu'effraie sa propre audace ; il ramène et serre sous son ventre sa queue frissonnante, et gagne les forêts : ainsi Arruns, bouleversé, s'est dérobé aux yeux et, sans chercher mieux que la fuite, s'est mêlé à la foule des combattants.

Énéide, XI, v. 759-815.

Le roman et la tragédie. — En son ensemble le poème est romanesque : les alexandrins avaient enseigné à multiplier les surprises. Roman d'aventures, d'amour et de guerre, travaillé en vue de l'effet, *L'Énéide* ne donne pas l'impression « naturelle » des poèmes homériques ; l'affabulation en paraît même parfois bien froide. Mais Virgile a trouvé là l'occasion d'un pittoresque très

1. Deux violets différents.
2. Javelots de Crète et arcs de Lycie étaient renommés.
3. Sorte de pèlerine agrafée sur l'épaule.
4. D'un jaune vif.
5. Les tissus nationaux, en Grèce et en Italie, étaient de laine.
6. Soranus (identifié à l'Apollon des Grecs), dieu des Hirpins, était adoré sur le mont Soracte, dans l'Étrurie du Sud, près de la Sabine.
7. Ce rite ancien doit prouver annuellement l'alliance entre le dieu et ses fidèles.
8. Virgile a bien noté que, dans l'ancienne Italie, les Étrusques ont importé une civilisation urbaine.
9. Les villes étrusques sont construites, d'ordinaire, sur des hauteurs dominant la plaine.

varié, de mises en scène puissantes, d'éclairages imprévus qui vont jusqu'à la féerie romantique, sans que cependant soient troublées les proportions ni perdu de vue le but général. D'autre part, il a stabilisé son poème en y insérant de véritables tragédies : celles de l'amour passionnel d'Énée et Didon, de la politique matrimoniale de Latinus entre Énée et Turnus, de l'amitié de Nisus et Euryale, sans compter maint épisode construit selon la technique aristotélicienne du théâtre, avec exposition, péripéties et dénouement. Ce procédé non seulement concentre et organise les parties essentielles du poème, mais permet à Virgile d'approfondir sa psychologie.

Ce n'est pas qu'il soit un très grand créateur d'âmes : le caractère d'Énée reste longtemps flottant ; agent des destinées et, pour une part, image du stoïcisme gréco-romain, il est souvent gauche et sans chaleur, sauf quand le poète lui prête une de ses émotions personnelles. Les vieillards, Latinus, Évandre, représentent surtout un idéal philosophique de dignité calme, peu agissante. Les personnages secondaires, ou ceux qui ne sont qu'action, sont plus vrais, en particulier les jeunes gens à la vie brûlante, promptement entraînés à la mort, Turnus, Camille, Pallas, Lausus. Mais surtout la passion féminine avec ses soubresauts et ses violences irrationnelles intéresse Virgile, peut-être comme antithèse à son idéal de perfection. Encore la peint-il de façon assez générale, sauf dans le personnage de Didon, en qui s'accordent de façon surprenante les traits virils et féminins.

Il en est de même pour les dieux, que Virgile a voulu faire agir à la façon d'Homère, malgré les progrès réalisés par la conscience religieuse depuis sept ou huit siècles : leur vie psychologique est en raison inverse de leur dignité morale ; Jupiter est inexistant ; les déesses passionnées, au contraire, Junon et Vénus, s'imposent à l'imagination.

A ses scènes de tragédies, Virgile a su donner une expression rhétorique de toute beauté. Point de dialogues ; des monologues et des tirades : mais si justes de ton général et si souples de développement, si variés depuis la majesté jusqu'à l'extrême véhémence, si riches de suggestions psychologiques, qu'on ne voit personne jusqu'à Racine qui ait pu le surpasser.

Troie détruite par les dieux

[Récit d'Énée : désespéré, voyant soudain Hélène, première cause de la ruine de Troie, il est sur le point de la tuer.— Virgile suit peut-être ici le Grec Pisandre. Mais la représentation des dieux, d'un pittoresque grandiose et d'une outrance presque romantique, semble influencée par l'art hellénistique de Pergame. — Remarquer les effets mystérieux d'éclairage et l'impression d'horreur fatale : procédés de merveilleux épique.]

...La fureur m'emportait, quand soudain, plus éclatante que jamais et rayonnante en une pure lumière au milieu de la nuit, ma douce mère s'offrit à mes yeux, en vraie déesse, aussi belle, aussi grande[1] qu'elle apparaît aux immortels ; elle me prit par la main, me retint, et sa bouche de rose ajouta ces mots : « Mon enfant[2], quel ressentiment t'enflamme sans mesure ? Quelle est cette fureur ? Ne te soucies-tu plus de nous ? Ne

1. On se figurait les dieux, sous leur aspect réel, bien plus grands que les hommes.
2. Vénus est idéalisée dans Virgile : Mère et Protectrice, comme elle l'était, de mise et de dignité dans ses figurations cultuelles latines.

te faut-il pas avant tout retrouver ton père Anchise que l'âge accable, savoir si ta femme, Créuse, vit encore, avec le petit Ascagne ? De toutes parts autour d'eux passent et repassent les troupes des Grecs, et, si je n'y veillais, déjà les flammes les auraient dévorés ou l'épée ennemie transpercés. Ce n'est pas l'odieuse beauté de la fille de Tyndare, ni la faute de Pâris, c'est la rigueur des dieux, oui, des dieux, qui ruine cette splendeur et fait écrouler Troie. Regarde ; — car je vais déchirer toute cette brume qui enveloppe les mortels, émousse et embue tes regards ; n'aie pas peur, confie-toi, obéis aux ordres de ta mère. Là où tu vois les masses se disjoindre, les pierres s'arracher, la poussière et la fumée mêler leurs tourbillons, c'est Neptune[1] qui de son grand trident ébranle les murs, déchausse les fondations et arrache de terre toute la ville. Ici Junon, pleine de rage, s'est empressée de saisir les Portes Scées[2] : l'épée ceinte, furieuse, elle appelle des navires les colonnes ennemies. Vois, au sommet de la citadelle, Pallas Tritonienne[1], implacablement fixe dans le rayonnement d'une nue où éclate sa cruelle Gorgone[3]. Jupiter lui-même donne aux Danaens[4] courage et force ; lui-même pousse les dieux contre la puissance dardanienne. Vite, mon enfant, fuis et cesse de combattre : je serai près de toi et te protégerai jusqu'à ton seuil ». Sur ces mots, elle s'effaça dans l'épaisseur des ombres nocturnes : farouches, immenses, apparaissent les formes des dieux acharnés contre Troie. Alors, oui, alors, je vis s'effondrer dans les flammes Ilion[5] tout entière, et se renverser sur elle-même l'œuvre de Neptune. Ainsi au sommet des monts un frêne antique qu'a mordu le fer et sur lequel, s'acharnant à l'envi, les paysans redoublent les coups de leurs cognées : jusqu'au bout il reste menaçant et, frémissant sous les heurts, fait osciller sa cime chevelue ; mais peu à peu dompté par les blessures, enfin, avec un long gémissement, arraché des cimes, il s'écroule[6]...

Énéide, II, v. 588-631.

Le dépit de Junon

[Une déesse passionnée, comme dans Homère, mais exhalant son dépit avec une vivacité pathétique, comme chez les plus humains des tragiques.]

« Moi, renoncer à mon entreprise, m'avouer vaincue, ne pouvoir éloigner de l'Italie le roi des Troyens ? Ah ! oui, les destins ! Et Pallas a pu brûler la flotte des Argiens[7] et les engloutir dans les flots, pour la faute et la folie du seul Ajax, fils d'Oïlée[8] ? Lançant de sa main, du haut des nuées, le feu dévorant de Jupiter, elle a dispersé leurs vaisseaux, retourné la mer au souffle des vents ; et lui, expirant les flammes qui lui avaient transpercé la poitrine, elle l'a saisi dans un tourbillon et fiché à la pointe d'un écueil. Mais moi, la reine des cieux, moi, la sœur et l'épouse de Jupiter, il me faut contre un seul peuple pendant tant d'années mener la guerre ! Et il y a encore des fidèles pour adorer la puissance de Junon ? il s'en trouvera qui, suppliants, apportent des offrandes à ses autels ? »

Énéide, I, v. 37-49.

L'histoire et l'actualité. — L'intérêt dramatique de *L'Énéide* s'accroît de sa portée historique. Elle apparut aux contemporains comme la « Geste du peuple romain » *(Gesta populi Romani)* : titre étrange quand on songe à sa donnée initiale et aux raffinements de son élaboration littéraire, mais que

1. Neptune, ayant élevé avec Apollon les murs de Troie, avait été frustré du salaire convenu ; Junon et Minerve (Pallas Tritonienne : le surnom est encore mal expliqué) s'étaient vu préférer Vénus par Pâris, appelé à désigner la plus belle des déesses.
2. La porte de Troie qui regardait le camp des Grecs.
3. La tête pétrifiante, coiffée de serpents, de la Gorgone, était fixée sur l'égide (mantelet) de Minerve,
4. Nom homérique des Grecs.
5. Nom religieux de Troie.
6. Comparaison empruntée à l'*Iliade*, IV, v. 482 ss.
7. Nom homérique des Grecs.
8. Qui, à la prise de Troie, avait outragé la prophétesse Cassandre dans le temple de Minerve (Pallas).

justifie la préoccupation constante qu'a eue Virgile de faire œuvre nationale.

Il y a apporté une singulière divination historique dans la description de cette Italie encore barbare que commencent à pénétrer inégalement des éléments grecs et orientaux : une vraisemblance très suffisante, résultant de l'habile utilisation des travaux contemporains sur les antiquités, fait oublier l'incertitude de la chronologie et l'inconsistance de mainte légende. Historique aussi l'importance qu'il attache à la permanence du caractère italique sous les afflux civilisateurs : Énée régnera sur une population mixte où l'apport des Troyens se limitera au culte, mais dont l'esprit sera tout latin. Ainsi, sous les dehors homériques, s'impose un sentiment romain.

Virgile a fait plus : il a cherché par tous les moyens à évoquer par anticipation les grands faits de l'histoire nationale. La théorie du Destin *(Fatum)* qui, de toute éternité, détermine les progrès de la grandeur romaine, lui permet par des prédictions, par des vœux prophétiques, de les suggérer à des lecteurs avertis ; il les a décrits plus directement en montrant, aux Enfers, les âmes des héros futurs attendant leur incarnation (chant VI), et en faisant ciseler par Vulcain, sur le bouclier d'Énée, l'avenir éclatant d'une ville que le héros n'a même pu pressentir dans la bourgade d'Évandre. Artifices adroits, mais assez peu plaisants.

La poésie est mieux à son aise dans des symboles plus secrets : l'attirance, puis la rupture entre Énée et Didon préfigure la rivalité entre Rome et Carthage ; l'alliance d'Énée avec les Étrusques évoque la longue période de civilisation étrusco-latine ; la conjuration de l'Italie contre les villes du Tibre (qui seront Ostie et Rome) rappelait la guerre sociale ; et maint détail était démarqué d'épisodes récents. Surtout on pouvait reconnaître dans Énée, obstinément calme et créant sans en avoir l'air un monde nouveau sans renier l'ancien, Auguste lui-même, appuyé sur ses divinités protectrices : une Vénus purifiée, un Apollon plein de sagesse. Ainsi Virgile avait su rattacher à Homère une préhistoire nationale recréée, et toute l'évolution de Rome jusqu'aux préoccupations dynastiques, encore voilées, du prince.

Italiques et orientaux

[Le Latin Numanus Rémulus (que l'enfant Ascagne, tout à l'heure, percera d'une flèche) outrage les Troyens assiégés dans leur camp. — Excès brutal de l'antithèse (mais elle est conforme au thème dramatique et à la psychologie du personnage). — Habileté de la reconstitution ethnographique : Virgile utilise, pour peindre les anciens Italiques, des lieux communs sur la dureté de la discipline des Sabins et des données contemporaines sur les peuples du Nord-Ouest, Gaulois et Germains. — Évocation d'un idéal national.]

« ...Race dure dès l'origine, nous portons les nouveau-nés à nos fleuves, pour les durcir au froid cruel des eaux. Enfants, ils prennent sur leurs nuits pour aller chasser, et lassent les forêts ; leur jeu est d'assouplir les chevaux, de tendre les arcs. Mais jeunes hommes, patients aux labeurs, accoutumés à vivre de peu, ou bien ils domptent la terre de leurs hoyaux, ou bien ils ébranlent de leur attaque guerrière les citadelles. Toute leur vie s'écoule le fer à la main : ils retournent leur lance pour hâter le pas lassé des bœufs. Et quand tardive vient la vieillesse, elle n'affaiblit pas notre courage, n'atteint pas notre vigueur : nous couvrons du casque nos cheveux blancs ; notre joie est toujours de rapporter chez nous des proies récentes et de vivre de rapines. Mais vous, avec vos vêtements brodés, teints de safran et de pourpre brillante[1], la paresse gîte en vos cœurs ; vous vous plaisez sans retenue aux danses ; des manches à vos tuniques ! des rubans à vos mitres[2] ! O vraies Phrygiennes, non Phrygiens, retournez vers les hauteurs dindyméennes[3], allez retrouver les sons rompus de la double flûte ; les tambourins, les flûtes en buis[4] de la Mère Idéenne vous appellent : laissez les armes aux hommes ; partez, laissez le fer à d'autres. »

Énéide, IX, v. 603-620.

Actium

[Scène centrale du bouclier qu'à la prière de Vénus Vulcain a ciselé pour Énée (le thème est emprunté à l'*Iliade*, XVIII, v. 478 ss., et au *Bouclier d'Héraclès*, attribué à Hésiode). Virgile reprend avec une ampleur épique l'esquisse des *Géorgiques*, III, 26-29 (plus haut, p. 209 s.). — Équilibre difficile entre la description (de goût alexandrin) d'une scène figurée *immobile* et la progression d'une action *animée* (préparatifs ; bataille, dénouement). — Précision expressive et mythologie convenue (mais soutenue par le souvenir d'œuvres d'art). — Sentiment patriotique italien.]

Au milieu, on pouvait voir les flottes armées d'airain, la guerre d'Actium, Leucate[5] tout entier s'emplir de bataillons, et les flots étinceler de l'éclat de l'or. — D'une part César Auguste menant au combat les Italiens, avec les sénateurs et le peuple romain, les Pénates[6] et les grands dieux : il se dresse au faîte du château de poupe ; de ses tempes heureuses[7] jaillit une double flamme, et l'astre paternel[8] brille sur sa tête. Et, le front haut, Agrippa[9], que les vents et les dieux poussent à la victoire : on le reconnaît à la glorieuse parure, à la couronne navale qui fait rayonner des rostres autour de ses tempes[10]. — De l'autre l'opulence barbare, le bariolage des armures : c'est Antoine qui, revenu vainqueur des régions de l'Aurore et des pourpres rivages[11], mène avec lui l'Égypte, les forces de l'Orient, et des extrêmités du monde, celles de Bactres ; il a pour allié, ô honte, une Égyptienne[12], sa femme !

Ensemble tous s'élancent ; et toute l'onde écume, bouillonnante sous la nage des rames et autour des triples rostres. Ils gagnent le large ; on croirait sur la mer voir flotter les Cyclades[13] et courir l'une sur l'autre de hautes montagnes : navires à la masse prodigieuse contre vaisseaux armés de tours[14]. Étoupes enflammées, traits, flèches volent et pleuvent ; les plaines de Neptune rougissent de morts étranges. La reine appelle les siens au bruit du sistre[15] nilotique, et ne voit pas encore se dresser derrière elle les deux serpents funèbres[16] ; la foule monstrueuse de ses dieux, l'aboyeur Anubis[17] ont pris les armes contre Neptune et Vénus et Minerve ! Au milieu de la mêlée, Mavors[18] déploie sa fureur, ciselé

1. Comparer, plus haut, p. 212-213, *Mort de Camille*.
2. Coiffures coniques, entre la tiare et le fez.
3. Dindyme est une montagne de Phrygie, consacrée à Cybèle (ou Déesse Mère du Mont Ida).
4. Évocation de musique asiatique, bien connue à Rome, où Cybèle avait un temple depuis 204.
5. Promontoire près d'Actium.
6. Les dieux « intimes » de la patrie romaine.
7. Parce que la flamme qui en sort est d'heureux présage.
8. Voir plus haut, p. 203, n. 4.
9. Amiral d'Octave-Auguste.
10. Il avait mérité, le premier, cette distinction par sa victoire sur Sex. Pompée.
11. Antoine avait conduit une expédition (assez malheureuse) contre les Parthes : les hyperboles de Virgile, en le grandissant, rendent plus mémorable la victoire d'Octave.
12. La reine d'Égypte, Cléopâtre : le mariage d'Antoine avec elle était, aux yeux des nationalistes romains, un scandale.
13. Iles de la mer Égée.
14. Le vers semble évoquer, en antithèse, l'aspect différent des vaisseaux d'Antoine et d'Octave (plus légers, mais exhaussés par des tours en bois).
15. Instrument de musique égyptien, en bronze ou fer, faisant un bruit de castagnettes.
16. Les deux serpents, symboles du monde souterrain, rappellent aussi le suicide de Cléopâtre.
17. Dieu égyptien à tête de chacal : pour les Romains, les dieux des Égyptiens étaient des dieux de sauvages.
18. Mars.

en fer ; avec lui les lugubres Imprécations célestes ; robe déchirée, exultante de joie, passe la Discorde, que suit Bellone avec son fouet sanglant. A cette vue, du haut du promontoire d'Actium, Apollon[1] tendait son arc : terrifiés, Égyptiens, Indiens, Arabes, Sabéens, tous tournaient le dos. La reine elle-même, appelant l'aide des vents, déployait ses voiles, les larguait sans cesse davantage. Le Dieu du Feu[2] l'avait représentée poussée par les vagues et par l'Iapyx[3] au milieu des cadavres, pâlissante du pressentiment de la mort ; en face, le Nil au corps immense[4], triste et, pour leur faire signe, faisant flotter toute sa tunique, ouvrait aux vaincus son sein azuré et les refuges secrets de ses canaux.

Énéide, VIII, v. 675-713.

Éthique et sensibilité. — Ainsi, à force de science et de goût, Virgile avait rempli les conditions maîtresses de l'épopée : ampleur narrative, grandeur héroïque, intérêt national. Mais *L'Énéide* n'aurait pas échappé à la froideur que dégagent toutes les œuvres de ce genre quand elles ne s'appuient pas sur un « sentiment épique » collectif (comme le *Râmayana* dans l'Inde, les poèmes homériques, les chansons de geste, les romanceros et *La Divine Comédie* au Moyen Age), si Virgile ne l'avait pénétrée de toute sa sensibilité, morale et émotive.

Sans renoncer à évoquer le vieil esprit de guerres et de triomphes militaires essentiel à la mentalité romaine, en s'exaltant même de la pensée que la domination de Rome sera universelle et éternelle, Virgile propose à la réflexion un idéal supérieur : les familles prédestinées (celle de César entre autres), les hommes forts, simples et pieux, auxquels Rome doit sa grandeur, apportent au monde méditerranéen, embelli par les Grecs, le bienfait d'une organisation stable et pacifique. Le chant VI, si confus du point de vue proprement religieux, mais qui amasse en lui l'expérience des siècles, va encore plus loin : il classe les valeurs morales, et fait collaborer les différents systèmes philosophiques à un idéal de vie à la fois théorique et pratique, de pureté, de courage, de dévouement, qui, enrichi par le christianisme, sera le legs de Rome aux temps modernes. Et le Destin tout-puissant gêne moins l'action individuelle qu'il ne la soustrait au caprice des dieux.

Surtout Virgile fait rayonner presque partout en son œuvre son immense don de sympathie. Ainsi s'animent, d'un mot, d'une suggestion, les personnages les plus fugitifs, les scènes et jusqu'aux paysages les plus convenus. L'alexandrinisme permettait au poète épique d'intervenir çà et là dans son récit. Mais l'âme de Virgile est partout présente dans le sien, et les échos de sa sensibilité se prolongent pour ainsi dire sans fin. Aussi toute humanité s'y retrouve-t-elle.

---

1. Protecteur d'Auguste, qui lui fit élever un temple somptueux sur le promontoire d'Actium.
2. Vulcain.
3. Vent du Nord-Ouest, qui pousse Cléopâtre vers l'Égypte.
4. Figuré comme un homme de taille colossale.

Deuil de la mère d'Euryale

[Deux jeunes gens, deux amis, Nisus et Euryale, se sont dévoués pour aller, à travers les lignes ennemies, prévenir Énée que son camp est assiégé. Ils ont été tués, et les Rutules portent leurs têtes, fichées sur des lances, devant les retranchements troyens. La vieille mère d'Euryale qui, seule, pour suivre son fils, n'avait pas voulu rester en Sicile (voir p. 211), accourt et s'abandonne à ces plaintes touchantes, à la fois égoïstes et maternelles.]

« Tu es là ? C'est toi que je vois, Euryale ? Toi, le tardif refuge de ma vieillesse, as-tu pu me laisser dans la solitude, cruel ? Et quand on t'envoyait à de si grands périls, ta misérable mère n'a donc pu te dire un dernier mot ? Hélas ! tu gis sur une terre étrangère, pâture aux chiens et aux oiseaux du Latium. Je n'ai point, moi ta mère, conduit tes funérailles, ni fermé tes paupières ou lavé tes blessures, ni couvert ton corps du tissu que nuit et jour je me hâtais d'achever, allégeant par ce travail les soucis de la vieillesse ! Où te chercher ? Où trouver ton corps, tes membres arrachés, tes restes funèbres ? Voilà donc, mon enfant, ce que tu me rends de toi-même ! voilà ce que j'ai suivi par terre et par mer ! Ah ! si vous avez quelque pitié, frappez-moi, Rutules ; lancez contre moi tous vos traits ; prenez-moi pour première victime ! Ou bien, puissant maître des dieux, prends-moi en pitié : accable de ta foudre, précipite sous le Tartare cette tête odieuse, puisque autrement je ne puis briser le cours d'une existence si cruelle. »

Énéide, IX, v. 480-496.

Le vers virgilien. — L'hexamètre dactylique[1] dont Ennius avait doté la poésie latine, conserve encore une certaine gaucherie chez Lucrèce. Virgile l'amène à sa perfection : jamais avant ni après lui il n'y a eu, dans la littérature latine, correspondance plus merveilleuse entre l'imagination poétique et son expression rythmique.

La coupe, jusque-là monotone ou variée au petit bonheur, se révèle à la fois élément métrique et élément du style apte à mettre en relief certains mots ou à enrichir une pensée. La rapidité des dactyles, légers ou combatifs, alterne opportunément avec la lenteur des spondées, dramatiques ou sereins :

Et fugit **ad** salic**es et se** cupit **an**te **uideri.**
Buc., III, 65.
Apparent rari nantes in gurgite **uasto.**
Én., I, 118.

La brièveté des mots ou leur ampleur, en particulier en fin de vers, contribue à la résonance affective ou descriptive :

Cara deum suboles, magnum Iouis *incrementum.*
Buc., IV, 49.
Sternitur exanimisque tremens procumbit humi *bos.*
Én., V, 481.

Les mots en accord, les noms et leurs épithètes par exemple, tantôt conjoints, tantôt disjoints, se font écho avec une grande variété et contribuent aux nuances de l'expression. Souvent l'un est à la coupe et l'autre à la fin :

Liber *pampineas* inuidit collibus *umbras ;*
Buc., VII, 58.

---

1. Voir dans le *Traité de stylistique* de J. Marouzeau, le chapitre *Structure rythmique du vers.*

parfois ils sont aux deux extrémités du vers :

> *Infandum*, regina, iubes renouare *dolorem*.
> *Én.*, II, 3.

parfois ils présentent des correspondances plus subtiles

> *Humida solstitia* atque HIEMES orate SERENAS,
> Agricolae ; *hiberno* LAETISSIMA *puluere* FARRA.
> *Géorg.*, I, 100-101.

Ou encore « un verbe qui forme comme une clef de voûte » (J. Marouzeau) est pris dans un double embrassement :

> Ingentes *Rutulae* SPECTABIT *caedis* aceruos.
> *Én.*, X, 245.

De tout cela il résulte que la simplicité même devient un effet de l'art, et une épithète sans prétention voisinant avec le nom donne une impression de calme et de sérénité (accusée dans l'exemple suivant par la lenteur des spondées) :

> Deuenere *locos laetos* et AMOENA VIRECTA
> *Fortunatorum nemorum*, SEDESQVE BEATAS.
> *Én.*, VI, 638-639.

Les rejets, toujours calculés, sont toujours descriptifs ou évocateurs :

> In segetem ueluti cum flamma furentibus austris
> *Incidit*...
> *Én.*, II, 304.

> Intersintque patris lacrimis, SOLACIA *luctus*
> EXIGVA *ingentis*.
> *Én.*, XI, 62.

Enfin l'harmonie imitative intervient avec discrétion et bonheur :

> Illi indignantes magno cum murmure montis...
> *Én.*, I, 55.

> Quadrupedante putrem sonitu quatit ungula campum.
> *Én.*, VIII, 596.

Il aura fallu un grand poète pour que l'hexamètre livre ses trésors. Après Virgile, Ovide saura jouer de cet instrument en virtuose, mais déjà on sentira poindre chez lui le procédé qui suppléera parfois à une certaine faiblesse de l'inspiration ; puis, chez leurs successeurs le procédé se trouvera ravalé bien souvent au niveau de simples recettes de versification.

La renommée de Virgile. — Aussitôt *L'Énéide* parue, Virgile fut sacré poète national et l'égal des plus grands des Grecs. Toute la poésie latine, dès lors, dépendra plus ou moins de lui, et souvent à un degré inimaginable. Mais sa sensibilité lyrique, à la fois si profonde et si pudique, échappe, bien entendu, à l'imitation. Sa langue, son style, sa versification, qui enchantent par leur souplesse et leur science, paraissaient s'y mieux prêter. Ce fut une illusion néfaste. Virgile avait créé à son usage une langue très latine, à laquelle des dosages discrets permettaient d'helléniser ou d'archaïser légèrement, sans que l'équilibre d'ensemble en fût compromis ; un style noble, mais d'ordinaire bref, éloquent sans enflure, et merveilleusement expressif par le choix des épithètes et les alliances de mots. De cette création naturelle si l'âme se retirait, il ne devait rester que procédés convenus et langue artificielle. Mais l'impossibilité même de l'égaler grandissait de siècle en siècle la figure du poète : au Moyen Age il apparut dans tout l'Occident le flambeau des sciences et de la beauté antiques, le reliquaire de la grandeur romaine ; mais il fut aussi aimé pour lui-même et pour toutes ses suggestions de poésie, par Dante, Camoëns, Racine, Michelet, Hugo... Et sa sensibilité est si riche qu'elle lui acquiert sans cesse de nouveaux fidèles. Aucun Latin n'a conservé pareille influence.

HORACE
65-8 av. J.-C.

Venouse, en Apulie, toute proche de la Lucanie très hellénisée, vit naître Q. Horatius Flaccus. Son père, affranchi de la ville et receveur de la criée *(coactor)* avec la dignité d'un fonctionnaire et le désir persévérant du mieux, ne négligea aucun sacrifice pour son fils : l'enfant, d'abord élevé en une campagne auprès de sa ville natale, fit ensuite ses études à Rome, où son père tint à l'accompagner, puis, seul, à Athènes. Brutus y vint après le meurtre de César ; Horace s'engagea dans son armée avec le grade honorifique de tribun militaire et combattit à Philippes (42). Revenu en Italie, ruiné et suspect, il acheta pour vivre une charge de greffier *(scriba)* de la questure et se mit en même temps à écrire des satires, sans doute pour s'imposer par le scandale. Virgile et Varius le présentèrent à Mécène en 39 ; il sut être discret, plut bientôt et devint indispensable. Mécène lui donna, en 33, un domaine dans la riante vallée de la Licenza, en Sabine ; Auguste chercha à se l'attacher, en vain, comme secrétaire. Ce gros petit homme, plein de savoir-faire, sauvegardait de mieux en mieux, sans déplaire, son loisir au profit des lettres et de la philosophie, tantôt à Rome, tantôt en Sabine ou dans le Midi de l'Italie. Il mourut peu de mois après Mécène qui, à son lit de mort, l'avait encore recommandé à Auguste.

Le tempérament d'Horace. — Horace est un délicat très amoureux de lui-même, mais très ouvert aux spectacles extérieurs. Sa finesse psychologique, son esprit, son aisance mondaine lui permirent de faire les délices de la société la plus choisie de Rome en y satisfaisant son épicurisme pratique et sans aliéner sa liberté. Plaisirs d'un luxe sans tapage, des dîners en ville, des conversations délicates ; mais aussi joies plus secrètes du promeneur citadin, nonchalant, auquel rien n'échappe. Tout l'enchante, parce qu'il porte partout une sensibilité d'artiste, peu émue, mais rapide et précise. Par là s'harmonise sa vie : société et solitude, ville et campagne lui réservent des joies égales ; sages jouissances et morale modérée, toujours pratique et proche des réalités, l'inspirent pareillement. Au-dessus de tout, le souci méticuleux de la perfection équilibrée : aussi est-il fort difficile dans ses admirations littéraires ; mais, en contrepartie, le plus capable, même sans profonde inspiration, d'atteindre à une expression artistique supérieure, et parfois admirable.

Les œuvres. — Les œuvres d'Horace ont été classées de bonne heure sous des titres différents, commodes, bien qu'ils ne répondent à aucune réalité profonde : de 41 à 30, les *Épodes*, 17 courtes pièces, la plupart en distiques ïambiques (un sénaire suivi d'un quaternaire) et de ton violent ou sarcastique ; et deux livres de *Satires* (vers 35 et vers 30) en hexamètres dactyliques, comptant 10 et 8 pièces de sujets très variés ; — de 30 à 20, trois livres d'*Odes* lyriques et un premier livre de 20 *Épîtres* de longueur fort inégale ; — de 20 à 8, le second livre des *Épîtres*, qui n'en contient que trois (y compris l'*Art poétique*), mais fort développées ; le *Carmen saeculare*, cantique officiel en l'honneur d'Apollon et de Diane, qui lui avait été commandé à l'occasion des jeux séculaires (en 17) ; et un quatrième livre d'*Odes*. La chronologie est, d'ailleurs, difficile à établir dans le détail.

En fait, en dehors des *Épodes* qu'il appelait « ïambes » et des *Odes* *(Carmina)*, toutes ses pièces en hexamètres étaient pour Horace des « Causeries » *(Sermones)*, de ton plus mordant ou plus détendu : et le mot est celui qui évoque le mieux leur originalité. D'ensemble, la vie du poète se dessine comme évoluant de la satire personnelle à la philosophie morale d'une part ; et, de l'autre, se donnant pour tâche de doter Rome d'une œuvre lyrique complète : familière, religieuse et nationale.

L'influence d'Archiloque et de Lucilius. — Horace lui-même (*Ép.* I, 19, 23-25 ; *Sat.* II, 1, 28-34) proclame ses inspirateurs. La réputation de Lucilius était opprimante pour tout nouveau satirique romain. Horace reprit d'abord plusieurs thèmes du vieux maître : lorsqu'il conte par exemple une prise de bec entre plaideurs devant le tribunal de Brutus (*Sat.*, I, 7) ou son voyage à Brindes dans la suite de Mécène (*Sat.*, I, 5). Il chercha surtout à imiter son audace en nommant les personnes auxquelles il s'attaquait et en poussant, autant qu'il pouvait, la couleur réaliste et la verve bouffonne (*Sat.*, I, 2 ; 3). Mais son effort resta incomplet : sans protecteur encore, il n'osait s'en prendre qu'à des gens sans conséquence ; et son goût littéraire même l'éloignait des outrances et des négligences de Lucilius. Il chercha donc l'originalité en une sorte de reniement de la satire latine ; il imita le poète grec Archiloque (VIIe s.) dont les ïambes virulents offraient un modèle plus bref, plus artistique, nouveau à Rome. Mais, d'ailleurs, la forme l'intéressant pour elle-même, il traita en mètres semi-lyriques dans certaines de ses *Épodes* des thèmes d'une ironie plus légère, comme le rêve rural de l'usurier Alfius (2), ou même simplement amoureux (11 ; 14 ; 15).

Invective contre Maevius

[Contre Maevius, mauvais poète que détestait aussi Virgile, Horace imite de très près une pièce enragée d'Archiloque. — Mouvement et pittoresque réaliste d'une outrance lyrique. — Faire la part du jeu, comme dans mainte *Épode* (par exemple, les imprécations contre l'ail : *É.* 3). — Comparer, en contrepartie, l'ode 3 du livre I : au vaisseau qui porte Virgile.]

Puisse un oiseau sinistre accompagner le départ du navire disjoint qui porte le puant Maevius. Flagelle ses deux flancs de vagues monstrueuses, Auster[1], n'y manque

1. Vent du Sud.

pas ; que le noir Eurus[1] disperse sur la mer bouleversée les cordages rompus et les débris des rames ; que l'Aquilon[2] se lève de toute sa grandeur, comme lorsqu'au sommet des monts il brise les yeuses frémissantes ; qu'aucun astre ami n'apparaisse dans la noirceur de la nuit, au moment où décline le lugubre Orion[3] ; et qu'il aille sur une onde aussi furieuse que l'armée victorieuse des Grecs, quand Pallas détourna sa colère d'Ilion consumée sur le navire impie d'Ajax[4].

O quelle sueur d'épouvante attend tes matelots ! Quelle ocre livide sur ton visage et quels lâches gémissements, quelles vaines supplications à Jupiter, quand, répondant par leur mugissement au Notus[5] pluvieux, les flots Ioniens briseront ta nef ! Si, jeté en une anse du rivage, ton cadavre livre aux plongeons un ample festin, j'immolerai un bouc impudique et une agnelle aux Tempêtes[6].

Épodes, X.

La nouvelle satire : causerie et « diatribe » morale. — Mais c'est en une autre voie qu'Horace devait trouver sa véritable originalité. Les attaques auxquelles s'exposait le genre satirique lui-même (voir I, 4 ; II, 1), les tendances propres du poète à l'observation plutôt amusée et à la généralisation morale l'amenèrent à s'en prendre de plus en plus à des vices ou à des travers répandus, sans personnalités criantes : inconstance et manque de mesure (I, 1 et 2), partialité (I, 3), indiscrétion fâcheuse (I, 9), manies culinaires (II, 4), à côté des passions funestes : avarice, ambition, débauche (II, 3). De cette peinture du déséquilibre moral des hommes sortait une leçon de vie simple et de modération (II, 2 et 6), de progrès sans ostentation vers le mieux, où Horace trouvait l'occasion de parler de son père (I, 6) et de lui-même. La forme surtout gagnait. S'inspirant des libres discussions (« diatribes ») par lesquelles certains philosophes grecs, surtout les cyniques, initiaient de façon animée des auditoires populaires aux questions morales, il fit de la satire une « causerie » de plus en plus dramatique (surtout dans le livre II), à interlocuteurs anonymes, vivants cependant, avec de brusques changements de points de vue, un mélange de généralités, d'esquisses pittoresques, de bouts de dialogues, de fables, de confidences et de réflexions personnelles, qui enlève toute monotonie à la reprise perpétuelle de thèmes prévus. La satire ainsi comprise devenait un régal de bonne compagnie.

Horace et son esclave

[Aux fêtes des Saturnales (17-19 décembre), les esclaves avaient à Rome toute licence de paroles : Davus (un nom de comédie) en profite pour faire la leçon à son maître Horace, avec un mélange de bon sens populaire et de verbiage stoïcien, qu'il tient du portier du philosophe Crispinus. — Complexité des intentions : la satire est à la fois une scène de comédie, une parodie des stoïciens (dont Horace se moque souvent), une confession personnelle et une leçon morale. Le tout d'une ironie très fine. — Composition nette, mais avec les vivacités de transition de la « diatribe » philosophique. — Justesse de la représentation psychologique (remarquer les quelques vulgarités du langage de Davus) et de l'analyse morale, sans méchanceté ni même dureté. — Comparer *Sat.*, II, 3.]

1. Vent d'Est.
2. Vent du Nord.
3. Au début de novembre, où le déclin de la constellation d'Orion semblait annoncer les tempêtes du Sud.
4. Voir p. 215.
5. Vent du Sud, le même que l'Auster.
6. Les Tempêtes avaient à Rome un temple.

« Voilà longtemps que j'écoute ; je voudrais te dire quelques mots, moi ton esclave ; et j'hésite. — C'est Davus ? — Oui, Davus, serviteur attaché à son maître, et sobre... autant qu'il faut : sans en mourir, cela s'entend. — Allons, c'est décembre; puisque ainsi nos aïeux l'ont voulu, profite de la liberté des Saturnales ; parle.

— Des hommes les uns se complaisent constamment en leurs vices, poursuivent ardemment leur but ; beaucoup flottent, tantôt visent le bien, parfois penchent au mal. On voyait Priscus[1] souvent avec trois bagues, quelquefois la main nue ; il était tellement inconstant qu'il changeait toutes les heures la bande de pourpre de sa tunique, quittait soudain un palais pour se fourrer en un réduit d'où un affranchi un peu soigné aurait eu honte de sortir, voulait vivre tantôt en débauché à Rome, tantôt en maître de philosophie dans Athènes ; girouette née sous les mauvais sorts de tous les Vortumnes[2]. Le bouffon Volanérius[3], quand la goutte bien méritée[4] lui eut noué les doigts, entretint quotidiennement un mercenaire pour à sa place ramasser et mettre dans le cornet les osselets[5] ; sa constance dans les mêmes vices le rendait moins misérable que celui qui peine à une corde tantôt tendue, tantôt lâche[6].

— Vas-tu me dire enfin à qui tu en veux avec ces platitudes, pendard ? — A toi, oui. — Et comment, peste ? — Tu loues la condition et les mœurs de la plèbe d'autrefois ; mais si un dieu soudain te ramenait au temps jadis, tout de suite tu refuserais : soit que tu ne croies pas à cette supériorité que tu proclames, soit que tu manques de constance dans la défense du bien, sans pouvoir arracher ton pied de la boue qui t'embourbe. A Rome tu souhaites la campagne ; à la campagne, tu regrettes et exaltes la ville : toujours volage. Si par hasard tu n'es invité nulle part, tu vantes la tranquillité de ta table avec son légumier et, comme si tu n'allais dîner en ville que forcé et contraint, tu te proclames bien heureux de n'avoir pas à faire beuverie dehors ; mais que Mécène t'invite, un peu plus tard, quand on commence à allumer les flambeaux : « Personne pour m'apporter l'huile[7] ? Vite ! Entend-on ? » Tu gueules à toute voix, et files. Mulvius et les autres bouffons, tes parasites[8], se dispersent : « Bien sûr, dira Mulvius, je l'avoue, je vais incertain où me conduit mon ventre ; le nez dressé aux odeurs de cuisine, faible, bon à rien, biberon encore, si vous voulez. Mais toi[9], qui es comme moi et pire peut-être, tu iras me tarabuster sans provocation comme si tu valais mieux que moi et cacher ton vice sous de jolis noms ? »

« Ah ! Et si je te convaincs d'être moins philosophe que moi-même, qui t'ai coûté cinq cents drachmes[10] ?... Paix : ne cherche pas à m'effrayer en me regardant. Tiens ta main et ta colère tandis que j'énonce les leçons du portier de Crispinus.

« Je ne suis pas débauché », dis-tu. Pardieu ! ni moi voleur, quand je passe auprès de l'argenterie sans y toucher, en vrai philosophe. Supprimez le danger : aussitôt à l'aventure, sans frein s'échappe la nature. Toi, mon maître ? alors que, soumis aux tyrannies pesantes de tant d'hommes et de choses, trois ou quatre affranchissements[11] ne te libéreraient pas de ton pitoyable tremblement ! Ajoute un argument de non moindre valeur : que vous appeliez « remplaçant »[12], selon votre coutume, ou « compagnon d'esclavage » celui qui obéit à un esclave, qui suis-je pour toi ? Car, bien sûr, toi qui m'accables de tes ordres, tu es misérable esclave d'un autre maître et tu t'agites comme une marionnette qu'on meut avec des ficelles.

1. Inconnu.
2. Vortumne était le dieu (d'origine étrusque) du changement.
3. Inconnu.
4. Par ses excès de table.
5. On y jouait, comme avec les dés.
6. Par exemple, dans un halage.
7. Pour la lanterne : les rues n'étaient pas éclairées.
8. Horace, qui n'aime pas rester seul (voir plus bas), avait invité, pour se distraire, des parasites qui paient de bons mots leur dîner : l'invitation de Mécène les force à partir le ventre vide.
9. Horace : Mulvius le prend à partie, parce qu'il n'est plus là.
10. Environ 1 000 francs ; prix très médiocre.
11. Exagération plaisante et profonde : la philosophie populaire insistait sur le thème de l'homme « *esclave* des passions ».
12. Un esclave pouvait, sur son pécule, acheter un aide : mais, l'un et l'autre, ils dépendaient également du maître.

« Qui donc alors est libre ? Le sage, celui qui se commande lui-même, que n'effraient ni la pauvreté ni la mort ni les chaînes, assez fort pour résister aux passions, mépriser les honneurs, qui a en lui-même toutes ses ressources, comme une boule bien unie, si polie que rien n'y peut mordre du dehors et que la fortune impuissante glisse toujours sur elle[1]. Peux-tu parmi ces traits en reconnaître un qui t'appartienne ? Une femme te demande cinq talents[2], te tourmente, te met à la porte et t'inonde d'eau froide, te rappelle... C'est le moment : arrache ton cou à ce joug honteux ; dis : « Libre ! Je suis libre ! » Tu ne peux[3] : car un maître sans douceur presse ton esprit, harcèle d'aiguillons ta lassitude et te fait volter malgré tes refus[4].

« Ou bien quand tu bées, insensé, devant un tableau de Pausias[5], en quoi ta faute est-elle moindre que la mienne, quand, le jarret tendu, j'admire les combats de Fulvus, de Rutuba ou de Pacidéianus[6] croqués à la pierre rouge ou au charbon[7], si bien qu'on croirait les voir combattre, frapper ou éviter les coups de l'adversaire ? C'est un vaurien, un fainéant que Davus ; mais toi, tu as le renom de juge et amateur averti des antiquités. Je ne suis bon à rien, si je me laisse attirer par une galette fumante ; mais en toi, n'est-ce pas ? une vertu, un courage héroïques résistent aux somptueux dîners ? Obéir à mon ventre m'est plus funeste. Pourquoi ? On me roue de coups. Mais la punition est-elle moindre pour toi qui recherches les mets les plus chers ? Ces banquets sans fin t'aigrissent l'estomac et tes pieds garrottés[8] se refusent à porter ton corps pourri de maladies. Ou bien, si c'est péché pour l'esclave de remplacer furtivement au crépuscule une grappe de raisin par une strigile[9], n'y a-t-il rien de servile à vendre son patrimoine pour obéir à sa gourmandise ?

« Ajoute encore que tu ne peux rester une heure avec toi-même, ni bien distribuer tes loisirs, que tu cherches, comme un esclave fugitif ou flâneur, à t'échapper de ta solitude, essayant de tromper ton ennui tantôt par le vin, tantôt par le sommeil ; en vain : car, noir compagnon, il te presse et te suit dans ta fuite[10]. — Une pierre ! — Pourquoi ? — Des flèches ! — Ou il est fou, ou il fait des vers. — Si tu ne décampes plus vite que cela, tu iras rejoindre en Sabine[11] les huit esclaves de mon domaine. »

Satires, II, 7.

De la satire à l'épître. — Deux des *Satires* (I, 1 et 6) étaient adressées à Mécène ; et le ton de « causerie » qu'avait adopté Horace est celui de la conversation ou de la correspondance entre amis de même culture. Tous ses *sermones*, après 30-29, se présentèrent comme des lettres en vers, ou « Épîtres ». Horace n'avait pas créé le genre : mais il enrichit les badinages connus à Rome sous ce nom en leur donnant (à l'exemple des lettres, *en prose*, d'Épicure, de Caton, de Varron) un contenu didactique et en les parant de toutes les grâces aisées, de l'esprit et de l'humour, de l'*urbanitas* dont est déjà pleine la correspondance de Cicéron. L'élégance, la souplesse mondaines s'accrurent ; la morale fut à la fois moins voyante, plus personnelle et plus profonde : celle d'un honnête homme qui, vieillissant, trouve un appui de plus en plus sûr dans la philosophie, mais n'aime pas en faire étalage (I, 1). A l'ironie narquoise

1. Comparaison rebattue chez les stoïciens.
2. Environ 70 000 francs.
3. Même situation que dans Térence, plus haut, p. 88-89.
4. Comme un cheval rétif que l'on dresse.
5. Peintre d'enfants, né à Sicyone (IVe siècle).
6. Gladiateurs. Cf. plus haut, p. 101.
7. Sur les murs par des passants.
8. Par la goutte.
9. Sorte d' « étrille ». tenant lieu de brosse dure, dont on se servait après des exercices violents ou au bain.
10. Cette image lyrique se retrouve dans les *Odes* (III, 1, v. 40).
11. Dans le domaine donné par Mécène. Voir plus haut, p. 221.

se substitua un bon sens aimable, ferme sans raideur, et dont la nonchalance n'est qu'apparente.

Socialement, ces *Épîtres* ont pour nous le plus vif intérêt : elles peignent les débuts d'une nouvelle aristocratie et cherchent en même temps à l'orienter. Les billets d'invitation, de vœux, de recommandation, de soucis de villégiature mêlent les milieux littéraires à celui de la cour ; les lettres de « direction spirituelle » (I, 2 ; 3) montrent quelle emprise la philosophie commence à exercer sur les mondains ; surtout, Horace se fait le guide souriant du courtisan, fine fleur de politesse, mais qui devra rester indépendant, fier au besoin (I, 17 ; 18), maître de lui-même, quitte à aller chercher le recueillement dans la demi-solitude de la campagne (I, 10 ; 14 ; 16).

L'indépendance d'Horace

[Mécène s'est plaint d'une absence prolongée d'Horace : le poète se déclare prêt à lui rendre tous ses dons, s'il doit les payer de son indépendance (vers 20 ?). — La rudesse de la leçon se pare d'une grâce littéraire charmante. — Souplesse à passer d'un point de vue à l'autre. — Art et variété de la narration (scène familière ; fable ; souvenir homérique ; apologue transparent). — Justesse descriptive sans effort de pittoresque. — Valeur morale universelle en une atmosphère romaine et contemporaine. — Noter la complaisance aisée avec laquelle Horace se peint au moral et au physique.]

Je t'avais promis de ne rester que peu de jours à la campagne, et je me fais désirer tout le mois d'août : quelle tromperie ! Mais, si tu me veux en tout à fait bonne santé, il faut, Mécène, comme tu me pardonnerais malade, pardonner à ma crainte de la maladie : les premières figues et la chaleur[1] entourent de licteurs[2] vêtus de noir l'ordonnateur des funérailles ; pères et tendres mères tremblent tous pour leurs enfants ; les assiduités mondaines et les petites besognes du forum amènent la fièvre et font ouvrir les testaments. Et, si l'hiver couvre de neige le pays d'Albe, ton poète descendra vers la mer[3] et se ménagera, frileusement occupé à des lectures. Il viendra te revoir, bien cher ami, avec les Zéphyrs, si tu le permets, et la première hirondelle.

Si tu m'as enrichi, ce n'est pas comme le Calabrais[4] qui invite son hôte à manger des poires : « Mange, s'il te plaît. — J'en ai déjà bien pris. — Bah ! autant que tu voudras. — Merci. — Emportes-en pour tes petits enfants, tu leur feras plaisir. — Je te suis aussi obligé de ton offre que si j'en emportais ma charge. — Comme tu veux : ce sera pour les porcs. » Sottement prodigue, il offre ce qu'il dédaigne et méprise : on sème ainsi et on sèmera toujours graine d'ingrats. Celui qui a sens et goût se montre prêt à rendre service aux gens de mérite, sans ignorer pourtant la différence entre le bon argent et les lupins[5]. Je saurai me montrer exactement reconnaissant des bienfaits. Si tu m'interdis toute absence, rends-moi bonne poitrine, noirs cheveux revenant sur le front, rends-moi l'harmonie de la voix et la grâce du rire.

Un jour[6], par une fente étroite, un mince renardeau s'était glissé en un grenier à blé ; rassasié et le ventre rond, il voulait ressortir ; en vain. Une belette de loin lui dit : « Si tu veux échapper d'ici, il faut maigre repasser par où maigre tu passas ». Si l'on m'oppose cette fable, je résigne tous les présents. Je ne suis pas homme à louer un

1. Les débuts de l'automne étaient très malsains à Rome.
2. Employés des pompes funèbres.
3. Peut-être à Tarente : voir plus bas.
4. Type de rusticité : les montagnes de l'Italie méridionale restent encore assez sauvages.
5. Les graines de lupin (comme chez nous les haricots) servaient de monnaie « pour rire ».
6. Cf. La Fontaine, *Fables*, III, 17.

sommeil plébéien, le ventre plein d'ortolans, ni à échanger contre les trésors d'Arabie[1] la pleine liberté de mes loisirs. Souvent tu as loué ma réserve ; et je t'ai donné les noms de « roi », de « père », en ta présence, et, tout aussi bien, loin de toi. Vois si je puis d'un cœur léger renoncer à tes dons. Il fit bonne réponse, Télémaque, le fils du patient Ulysse[2] : « Ithaque n'est pas pays de chevaux, n'ayant ni vastes plaines ni abondance d'herbe, fils d'Atrée. Permets que je te laisse des dons qui te conviennent mieux qu'à moi. » Aux petits, petits besoins : plus maintenant que la royale Rome me plaisent Tibur déserte[3] ou la molle Tarente.

Philippe[4], l'illustre, ardent et puissant avocat, revenant de plaider vers la huitième heure[5] et se plaignant, déjà vieux, que les Carènes[6] fussent bien loin du forum, vit, dit-on, seul à l'ombre d'une boutique de barbier, un homme rasé de près qui, de son canif, se faisait sans hâte les ongles. « Démétrius » (cet esclave était adroit à saisir les ordres de Philippe), « va, demande et rapporte-moi d'où est cet homme, qui, de quelle condition, qui est son père ou son patron. » L'esclave va, revient et dit : un certain Voltéius Ménas[7], crieur public, mince fortune, bonne réputation, bien connu, actif et flâneur, débrouillard et jouisseur selon l'occasion, satisfait d'avoir modestes compagnons et logis fixe[8], de voir les jeux, et, la besogne réglée, d'aller au Champ de Mars[9]. « Il me plairait d'apprendre de lui-même tout ce que tu me rapportes ; dis-lui de venir dîner avec moi. » Et Ménas, bien sûr, de n'y pas croire et de ruminer en silence son étonnement. Bref : « Merci bien », répond-il. « Comment ? me refuser ? — Il refuse impoliment : insouciance ou crainte. » Le lendemain matin, Philippe voit Voltéius en train de vendre de pauvres hardes au petit peuple en tunique[10] : il prend les devants et lui dit bonjour le premier. L'autre s'excuse sur la besogne, sur les servitudes du métier, de n'être pas venu chez lui le matin, et puis de ne l'avoir pas aperçu le premier. « Pour que je te pardonne, il suffit que tu acceptes aujourd'hui mon dîner[11]. — A ton gré. — Eh bien ! donc, après la neuvième heure. Et maintenant courage : fais bien tes affaires. » Les voilà à table : Ménas bavarde à tort à travers jusqu'à ce qu'enfin on l'envoie dormir. Lorsque maintes fois il eut mordu à l'hameçon trompeur, client matinal[12] et commensal dès lors assuré, aux féries latines[13], Philippe l'invite à l'accompagner à sa campagne. Au trot des poneys, il ne cesse de vanter la campagne et le ciel de Sabine. Philippe le regarde et rit, et saisit l'occasion d'un divertissement plaisant : par le don de sept mille sesterces[14] et la promesse d'un prêt d'autant, il persuade Ménas d'acheter un petit champ. Achat conclu. Pour ne pas allonger sans raison mon récit, le citadin pimpant devient paysan, n'a plus à la bouche que sillons et vignes, arrange les ormes, se tue à la peine et s'envieillit par amour du bien. Mais voici qu'on vole ses moutons, que la maladie lui enlève ses chèvres, que la moisson dément les espérances, que le bœuf de labour est fourbu ; accablé par ces pertes, au milieu de la nuit, il prend une rosse et, le cœur gonflé, va droit chez Philippe. En le voyant sale et la barbe rude, Philippe de dire : « Tu es trop âpre, Voltéius, il me semble, et trop acharné à la tâche. — Pardieu, mon patron, il serait plus exact de m'appeler misérable. Ah ! par ton Génie[15], par ta foi, par tes Pénates[16], je te prie et t'adjure de me rendre à mon ancienne vie. »

---

1. L'Arabie, pays de transit pour toutes les somptueuses denrées (soie, perles, épices...) de l'Extrême-Orient et de l'Inde, passait pour très riche.
2. Auquel Ménélas offrait des chevaux de race (*Odyssée*, IV, v. 601 ss.).
3. Ville autrefois importante, Tibur n'était plus qu'une charmante villégiature ; voir plus bas, p. 232.
4. L. Marcius Philippus, mort en 77 ; son fils fut le beau-père d'Auguste. Cf. La Fontaine, *Fables*, VIII, 2.
5. Vers 14 heures.
6. Le quartier des Carènes n'était pas loin du forum : mais on n'y accédait que par des pentes raides ou des escaliers.
7. Ce surnom révèle un affranchi.
8. Ménas a bien des traits d'Horace en sa jeunesse.
9. Qui était « terrain de sports ».
10. Seuls les gens de condition revêtaient dans la journée la toge, salissante, lourde et encombrante.
11. Qui se prenait vers 15 heures.
12. Les protégés, ou clients, d'un grand personnage, venaient le saluer tous les matins de bonne heure.
13. Quatre jours, en avril, où les affaires chômaient.
14. Près de 4 000 francs : de quoi acheter, à cette époque, 7 arpents (2 ha environ).
15. Divinité personnelle, protectrice de l'individu.
16. Divinités de la maison.

Une fois reconnu combien ce que vous avez lâché l'emporte sur ce que vous avez désiré, il n'y a qu'à revenir sans tarder sur ses pas pour retrouver le passé : le vrai, c'est, pour chacun, de se jauger à sa mesure.

Épîtres, I, 7.

Les « Sermones » littéraires ; « L'Art Poétique ». — Plusieurs des « causeries » d'Horace (*Sat.*, I, 4 et 10 ; *Ép.*, I, 19 ; II, 1 et 3) sont des œuvres de polémique et de doctrine littéraires. Les satiriques antérieurs avaient traité des thèmes de ce genre. Mais Horace semble y avoir attaché une importance particulière, d'abord personnelle, pour se défendre contre les critiques qui lui opposaient sans cesse Lucilius ; puis plus générale, pour imposer à l'opinion la supériorité de la nouvelle école poétique, celle de Virgile, Fundanius, Varius et lui-même. D'ensemble, il s'agit donc d'une querelle entre « anciens » et « modernes », menée par un moderne. Horace s'y montre très exclusif : il n'épargne aucun des anciens poètes de Rome, fût-ce Plaute ou Catulle, et critique à fond Lucilius. Mais ces vieux maîtres avaient des partisans qui contraignirent Horace à une palinodie partielle. Il reprit l'avantage lorsque le succès de ses œuvres eut fait taire les pédants et les « ratés » de la bohème littéraire de Rome, et en portant la discussion sur les questions de théorie.

Horace insiste sur le rôle social du poète, sur l'importance et la dignité de son labeur. Il exige donc de lui des qualités morales et un scrupule technique absolu. L'écrivain prendra, en chaque genre, pour guides la raison et la nature ; un goût pur, mais très souple, assurera à ces œuvres « vraies » une forme à la fois achevée et diverse. Les Grecs classiques, non alexandrins, sont les maîtres à étudier sans cesse : c'est en les imitant sans servilité qu'on les égalera. Très représentatif de son groupe par cette tendance vers l'hellénisme sévère, Horace n'en manifestait pas moins une véritable étroitesse d'esprit en refusant de concevoir la haute valeur humaine d'une synthèse consciente de l'esprit romain avec l'esprit grec-alexandrin.

Ces préceptes sont fort nets, mais ne s'expriment pas dans un ordre ni, d'ordinaire, sous une forme didactiques. Même la longue *Épître aux Pisons* (II, 3), que déjà Quintilien appelle *L'Art Poétique*, semble fort peu systématique. S'inspirant de Platon, d'Aristote, de Néoptolème de Parion (poète didactique du IIIe siècle), Horace a insisté surtout sur le théâtre, soit que les deux jeunes hommes auxquels il s'adressait eussent désiré s'y consacrer, soit qu'il eût voulu prévenir la décadence, dès lors irrémédiable, du théâtre latin, soit par simple tradition aristotélicienne. Des conseils généraux sur la composition et la forme de l'œuvre littéraire, et sur la conduite que doit s'imposer l'écrivain, encadrent les préceptes et les données historiques sur le drame. Rien de tendu en cette longue épître de près de 500 vers : en traitant sous les aspects les plus divers et sans transitions apparentes des rapports multiples entre l'art et l'artiste, Horace a donné à un schéma rhétorique toute l'aisance d'une conversation ; il insinue ses conseils sans avoir l'air de les imposer : il paraît ainsi plus riche, et il est certainement plus agréable que Boileau.

« Anciens » et « Modernes »

[Prudente retraite à propos de Lucilius qu'Horace avait attaqué sans ménagement dans sa 4ᵉ satire : mais offensive en faveur de la littérature moderne, pure et harmonieuse de forme. — Attaques et éloges personnels à la mode lucilienne. — Vivacité (dialogues supposés) de « diatribe ». — Délicatesse de la langue de la critique littéraire.]

Oui, j'ai dit que le rythme des vers de Lucilius était informe. Quel partisan de Lucilius serait assez maladroit pour ne pas l'avouer ? Mais je l'ai loué dans le même feuillet d'avoir bien frotté de sel[1] les vices de la Ville[2]. Je n'irais pas pour cela lui accorder les autres qualités ; à ce compte j'admirerais aussi comme beaux poèmes les mimes de Labérius[3]. Il ne suffit pas d'épanouir le rire d'un auditeur (quoique ce soit aussi une qualité !) : il faut de la brièveté, que la phrase coure sans se surcharger ni s'embarrasser de mots qui lassent les oreilles ; et il faut aussi un style parfois sévère, souvent enjoué, où se reconnaissent l'orateur et le poète, mais où perce aussi l'homme du monde qui épargne ses efforts et les atténue à dessein. La plaisanterie est plus vigoureuse que l'âcreté et souvent tranche mieux les grands problèmes. C'est à quoi durent leur succès les auteurs de l'ancienne comédie[4], c'est en quoi il faut les imiter, bien que le bel Hermogène[5] jamais ne les lise ni ce singe[6] qui ne sait célébrer que Calvus et Catulle.

— Quel chef-d'œuvre pourtant d'avoir mêlé les mots grecs aux latins ! — O vieux pédants de fraîche date, vous pouvez trouver difficile et admirable ce à quoi réussit Pitholéon de Rhodes[7] ? — Mais quelle douce harmonie dans l'accord des deux langues ! Ainsi quand on mélange au vin de Chios le Falerne[8]. — En poésie, je te prie, ou aussi quand tu peines à plaider la cause d'un Pétillius[9] ? Sans doute, oublieux de ta patrie et de ta descendance latine, quand sur leurs plaidoiries suent Pédius[10] et Corvinus Poplicola[11], tu voudrais les voir mêler des mots étrangers à leur langue maternelle, comme font les gens de Canusium[12] ? Pour moi, comme, né de ce côté-ci de l'Adriatique, je voulais écrire de petits vers grecs, Quirinus[13] me l'interdit, m'apparaissant après minuit, quand les songes sont véridiques : « Moindre folie, me dit-il, d'apporter du bois à la forêt que de vouloir faire nombre dans l'armée des Grecs. »

Tandis que le chantre ampoulé des Alpes[14] égorge Memnon[15] et caricature le Rhin boueux, je m'amuse à des pièces qui ne brigueront pas dans un temple le jugement de Tarpa[16] ni, de reprise en reprise, celui des spectateurs. Seul des vivants tu peux, Fundanius[17], badiner avec grâce en faisant tromper le vieux Chrémès par Davus[18] et une courtisane rouée ; Pollion chante en rythmes ternaires les actions des rois[19] ; l'ardent

1. Comme on ferait une plaie vive : l'image évoque la violence de la satire lucilienne.
2. Rome.
3. La bonne société jugeait les mimes un divertissement grossier.
4. Grecque : par exemple, Aristophane.
5. Chanteur célèbre.
6. Un certain Démétrius, d'ailleurs inconnu.
7. Inconnu.
8. Le Falerne, grand vin d'Italie, mais un peu dur, était adouci par le vin grec de Chios.
9. Un concussionnaire ?
10. Petit-neveu de César.
11. M. Valérius Messala Corvinus, ami d'Horace ?
12. Qui parlaient une langue mixte, gréco-latine.
13. Mars du Quirinal, considéré comme dieu national des Romains.
14. M. Furius Bibaculus, qui avait inséré dans son poème sur la Guerre des Gaules une description ridicule des Alpes.
15. Fils de l'Aurore, tué devant Troie : Furius en parlait-il épisodiquement dans son poème ?
16. Sp. Maecius Tarpa avait choisi les pièces pour l'inauguration du théâtre de Pompée, en 55 (cf. Cic., *Ad familiares*, VII, 1, 1). Il s'agit ici d'une lecture préliminaire faite devant une sorte d'Académie, réunie en un temple.
17. Ami de Mécène, poète comique.
18. Deux personnages de *L'Andrienne* de Térence.
19. C'est-à-dire : compose des tragédies.

Varius développe mieux que quiconque l'épopée héroïque[1] ; les Camènes[2] amantes des campagnes accordèrent à Virgile une élégance aisée[3] ; le genre que je cultive et qu'essayèrent en vain Varron de l'Aude et tels autres, c'est ce que je pouvais faire de mieux : et je m'avoue moindre que son créateur[4], auquel je n'oserais enlever sa couronne glorieuse.

Satires, I, 10, v. 1-49.

L'effort lyrique d'Horace. — Dans ses *Sermones*, Horace manie l'hexamètre avec une virtuosité admirable, le rendant capable de tout exprimer par les procédés les plus vifs et les plus sobres, et au prix seulement de quelques libertés, qu'il restreignit d'ailleurs de plus en plus. Mais il disait modestement que ce n'était pas là de la poésie. Son grand effort porta sur le lyrisme.

Non que Rome ne connût pas déjà des pièces lyriques : Catulle en avait écrit. Mais Horace voulait se donner l'honneur d'offrir à sa patrie en un corps imposant toute la variété du lyrisme grec. Il eut pourtant la sagesse de ne pas imiter la technique des odes chorales, chantées et dansées, de Pindare : de forme et d'esprit, elles étaient trop typiquement de leur pays et de leur temps. Il recourut aux Éoliens, Alcée et Sappho, dont il imita les strophes (fondées sur l'ïambe ⏑–, le trochée –⏑, et le choriambe –⏑⏑–), en leur faisant perdre leur phrasé musical, mais en fixant plus strictement leur rythme. Il imposa la même sévérité régulière aux mètres très divers qu'il employa, soit isolément, soit en strophes : s'obligeant ainsi à tirer de la langue latine des effets éclatants sous une forme très sobre, qui s'interdit sévèrement tous les enjolivements de la poésie catullienne.

Les thèmes lyriques. — Tous les thèmes s'offrent au lyrisme ; et Horace n'en refusa aucun ; il s'appliqua même à les entremêler dans ses livres d'odes. On y trouve ainsi côte à côte des pièces mythologiques ou personnelles ; des paysages ou des réflexions philosophiques ; des billets à des amis, qui ressemblent aux *Épîtres ;* des malices, des conseils ou des confidences, qu'il faut rapprocher des *Satires*. Une part considérable des *Odes*, de ton épicurien ou moral, n'est que transposition lyrique des « Causeries ». D'autres, beaucoup de bluettes galantes ou mythologiques en particulier, révèlent surtout Horace amateur d'art, très sensible aux formes, aux reflets, aux couleurs, sans émotion autre qu'esthétique. Quand il met en scène des mythes, à la façon des Grecs, il leur adjoint assez souvent un symbolisme moral ; mais aucun sentiment religieux ne réalise l'unité de la légende et de son interprétation. Partout imitation savante et souvenir des Grecs : non seulement Alcée et Sappho, mais Stésichore (VIIe-VIe s.), Anacréon, Théognis (VIe-Ve s.), Simonide (fin VIe s.), Pindare, et maint autre, souvent pour un simple détail de style, et même en des mouvements qui semblent d'inspiration très latine.

En beaucoup d'*Odes* d'une certaine longueur, Horace a transposé dans le domaine lyrique la liberté de développement des *Sermones*. Ce faisant,

1. Sur la mort de César.
2. Déesses latines, identifiées avec les Muses.
3. Les *Géorgiques* n'étaient peut-être pas encore publiées.
4. Lucilius.

il avait pour garant Pindare, dont l'allure est si heurtée et si surprenante ; mais il l'imitait avec son tempérament personnel, et en mesurant avec beaucoup de science ses effets, même les absences de transition ou les rejets d'une strophe à l'autre : son audace est remarquablement calculée pour que le lecteur ne perde jamais pied. Mais, même du point de vue « musical », elle ne semble pas dépourvue de signification.

Tranquillité

[Méditation sur l'*otium* (le loisir tranquille), bien spirituel que ni l'ambition ni les richesses ne peuvent assurer. — Glissement insensible d'une idée à l'autre. — Fermeté légèrement oratoire des affirmations philosophiques ; intimité des évocations personnelles. — Remarquer la netteté de l'attaque et le prolongement sentimental de la conclusion.]

« Tranquillité » : vœu suppliant du nocher surpris en pleine mer Égée, quand une nuée noire a caché la lune et que les astres ne montrent plus aux matelots leurs feux conducteurs ; « Tranquillité », dit la Thrace démente de guerre ; « Tranquillité », répètent les Mèdes[1] fiers de leur carquois : bien que ne peuvent acheter, Grosphus[2], ni gemmes ni pourpre ni or.

Oui, ni les trésors d'Orient ni le licteur du consul n'écartent les troubles pitoyables de l'esprit et les soucis qui hantent de leur vol les riches lambris. Mais on vit bien à peu de frais, en voyant briller sur sa table modeste la salière d'argent héritée d'un père, en ne laissant pas la crainte ou la convoitise sordide vous ravir les sommeils sereins.

A quoi bon, éphémères, mettre tout notre cœur à viser tant de buts ? A quoi bon chercher des terres qu'échauffe un autre soleil ? Qui donc, en s'exilant, a pu se fuir lui-même ? Le souci pernicieux monte avec nous sur le navire à la proue d'airain et accompagne le galop des escadrons, plus rapide que les cerfs, plus rapide que l'Eurus qui chasse les nuées. Que l'âme, un moment joyeuse, haïsse la pensée d'un souci futur ; et que d'un rire tranquille elle adoucisse ses amertumes. Rien n'est de toute part heureux : une mort prématurée enleva en pleine gloire Achille ; une longue vieillesse amoindrit Tithon[3] ; et un même instant va peut-être me donner ce qu'il t'aura refusé.

Autour de toi mugissent cent troupeaux, des vaches de Sicile ; pour toi la jument de course élève son hennissement ; tu t'enveloppes de laines teintes deux fois de pourpre africaine. A moi la Parque véridique a donné petite campagne, souffle de poésie venu de Grèce et dédain de la foule méchante.

Odes, II, 16.

Le moment présent

[Horace cherche à fixer l'inquiétude chagrine de L. Munatius Plancus, par des conseils d'épicurisme pratique, appuyés (comme le faisaient certains philosophes) sur un récit mythologique. — Composition enveloppante, deux évocations éclatantes de la Grèce encadrant des descriptions gracieuses et familières de l'Italie. — Force concentrée de l'expression (en particulier dans le récit légendaire, à la façon de Pindare). — Poésie des noms propres.]

D'autres loueront Rhodes la claire ou Mytilène[4] ou Éphèse ou bien les remparts de Corinthe aux deux mers[5] ou Thèbes, qui s'honore de Bacchus, Delphes, qui se glorifie d'Apollon, ou la thessalienne Tempé[6]. Il en est qui se donnent pour seule tâche

1. Les Parthes.
2. Pompéius Grosphus, chevalier, ami d'Horace.
3. Aimant Tithon, la déesse Aurore avait obtenu pour lui l'immortalité, mais non l'éternelle jeunesse des dieux.
4. Deux lieux de demi-exil mondain.
5. L'isthme de Corinthe est resserré entre la mer Ionienne et la mer Égée.
6. Fraîche et célèbre vallée (cours inférieur du Pénée).

de célébrer en un poème suivi la ville de la vierge Pallas[1] et ne cueillent partout qu'olivier pour ombrager leur front. Beaucoup, pour célébrer Junon, chanteront Argos riche en chevaux et l'opulente Mycènes[2].

Mais moi, ni la dure Lacédémone ni la plaine de la grasse Larissa[3] ne me touchent autant que la demeure de la résonnante Albunéa[4], la chute de l'Anio et le bois sacré de Tiburnus[5] et les vergers humides où fuient les ruisselets.

Souvent le clair Notus[6] essuie les nuées du ciel obscur, il n'enfante pas toujours les pluies : toi de même, si tu es sage, songe à borner tes chagrins et adoucis en buvant, Plancus, les fatigues de la vie, aussi bien dans les camps où brillent les enseignes que bientôt sous l'ombre épaisse de ton cher Tibur.

Comme Teucer[7] fuyait Salamine et son père, il ceignit pourtant, dit-on, d'une couronne de peuplier son front baigné des vapeurs de Lyaeus[8] et, s'adressant à ses amis abattus : « Où que nous porte, dit-il, une fortune préférable en tout cas à mon père, nous irons, ô mes compagnons de guerre et de route ! Il ne faut désespérer de rien, sous la conduite de Teucer, sous les auspices[9] de Teucer. Car l'infaillible Apollon m'a promis que sur une terre nouvelle[10] naîtrait une seconde Salamine. O héros courageux et qui avez avec moi supporté pires maux, pour le moment chassez par le vin les soucis : demain nous repartirons sur la mer immense ».

Odes, I, 7.

Les odes nationales. — Dans les trois premiers livres des *Odes* (de 30 à 23), Horace n'avait pas manqué d'appuyer les intentions religieuses et morales d'Auguste, surtout dans la mesure où elles s'accordaient à son propre désir d'ordre et de tranquillité et à sa philosophie de bon sens et de modération. Il en avait même fait le thème des 6 premières *Odes* du livre III. L'empereur attachait tant d'importance à cet effort qu'il tenta de s'assurer en Horace un chantre national et dynastique. Il le chargea de composer, en 17, l'hymne que 27 jeunes garçons et 27 jeunes filles devaient chanter le troisième jour des « Jeux Séculaires », au Palatin et au Capitole, en l'honneur des dieux, surtout d'Apollon, son protecteur personnel. Horace s'acquitta de sa tâche avec érudition et dignité, sans grande chaleur. Il consentit encore à vanter Auguste et certains membres de sa famille, Drusus et Tibère en particulier, dans plusieurs pièces de son IVe livre. Mais la justesse du ton y témoigne de la perfection de l'art plutôt que de la ferveur du poète. Horace, d'ailleurs, assuré de sa gloire, se détachait alors du lyrisme pour se réfugier dans une philosophie souriante, mais assez égoïste.

Contre le luxe des particuliers

[Lieu commun (cf. Démosthène, *Contre Aristocrate*, 207-210 ; Varron, *Res rusticae*, II, 1) en faveur de la tradition romaine. — Force des antithèses. — Brièveté expressive du vocabulaire descriptif.]

---

1. Athènes, célèbre par ses oliviers consacrés à la déesse Pallas-Athénè.
2. Épithètes homériques.
3. En Thessalie.
4. Source sulfureuse du bois sacré de Tibur (Tivoli).
5. Argien, fondateur mythique de Tibur.
6. Ce vent du Sud-Ouest, généralement pluvieux, d'autres fois « éclaircit » le ciel.
7. Fils de Télamon : à son retour de Troie, il fut chassé par son père, qui lui reprochait de n'avoir su empêcher (ou venger) le suicide de son demi-frère, Ajax.
8. « Le Libérateur » : surnom de Bacchus, choisi intentionnellement.
9. Expression romaine : le commandement religieusement fondé.
10. A Chypre.

Bientôt les masses prodigieuses des palais de nos grands[1] ne laisseront à la charrue que quelques arpents, les étangs s'offriront de toutes parts plus étendus que le lac Lucrin[2], et le platane égoïste[3] évincera les ormes; violettes[4] et myrtes et tout le luxe de l'odorat épandront leurs parfums où autrefois les olivettes se chargeaient de fruits; par l'épaisseur de ses rameaux le laurier arrêtera les flèches de feu[5].

Ce n'est pas ce que voulaient Romulus, ni Caton au poil rude[6], ni la règle de nos anciens. Ils avaient petite fortune, mais le bien de l'État était vaste. On ne voyait nul portique privé s'allonger pour amasser l'ombre de l'Ourse[7]; mais les lois, en interdisant de mépriser le chaume qu'on trouve partout, ordonnaient de dépenser pour les édifices publics et d'orner de pierres rares les temples des dieux.

Odes, II, 15.

Pour exalter le sentiment patriotique

[Au moment (en 27) où Auguste prépare des expéditions à la fois contre la Bretagne (Angleterre) et les Parthes, Horace donne un coup de fouet au patriotisme militaire des Romains : on a vu récemment (après la défaite de Crassus à Carrhes, en 53) des soldats romains prisonniers s'établir chez les Parthes et se mettre à leur solde ; quelle honte si l'on songe à l'antique héroïsme de Régulus ! — Par là, suggestion de retour au passé. — Rhétorique lyrique de Régulus (cf. Tite-Live, XXII, 59-61). — Noblesse évocatrice du tableau final.]

Au ciel, c'est notre croyance, tonne et règne Jupiter; sur terre Auguste sera dieu après avoir adjoint à l'empire les Bretons et les Perses redoutables.

Un soldat de Crassus a pu vivre mari déshonoré d'une épouse barbare et vieillir chez l'ennemi (oh ! Sénat, ô renversement des mœurs !), revêtant les armes de son beau-père, obéissant, lui Marse ou Apulien, à un roi Mède, oublieux des anciles[8] et du nom romain et de la toge et de l'éternelle Vesta, alors que ni Jupiter ni Rome n'avaient subi d'atteinte ?

C'est cette crainte qui hantait l'esprit prophétique de Régulus[9] lorsqu'il se refusait à des conditions honteuses et à un exemple qui entraînerait aux siècles futurs une ruine totale, si l'on ne laissait périr sans pitié la jeunesse captive : « Mes yeux ont vu, dit-il, fixés aux murs des temples puniques, les enseignes et les armes arrachées à nos soldats vivants[10]; j'ai vu de mes yeux de libres citoyens dont on tirait et attachait derrière le dos les bras, et Carthage les portes toutes grandes ouvertes[11] et la culture revenant dans ses champs dévastés par nos bras. Racheté à prix d'or, sans doute, le soldat rapportera plus de courage en sa patrie ? Vous perdez à la fois honneur et argent. La laine imprégnée de pourpre ne reprend pas sa couleur primitive : le vrai courage, une fois perdu, ne se soucie pas de revenir au cœur des lâches. Si la biche échappée aux mailles du filet devient belliqueuse, il sera bon soldat celui qui s'est confié à des ennemis perfides; et il écrasera les Puniques en une nouvelle guerre celui qui sans sursaut a senti les courroies mordre ses bras et qui a craint la mort ! Ah ! sans réfléchir à quoi ils devraient la vie, ils ont confondu la paix et la guerre ? O honte ! O grande Carthage, qui t'ériges plus haute sur les débris de l'honneur italique ! »

---

1. Allusion générale (cf. Salluste, *Catilina*, 13, 1), mais visant peut-être spécialement les constructions célèbres de Lucullus, près de Naples.
2. En Campanie.
3. Parce qu'il ne sert qu'à l'ornement, tandis que les ormes servent de soutien à la vigne.
4. Ou giroflées ?
5. Du soleil. Mais le laurier aussi est un arbre stérile.
6. Caton l'Ancien : de son temps, les Romains ne se rasaient pas.
7. Un portique orienté vers le Nord, pour donner de la fraîcheur en été.
8. Boucliers sacrés que portaient à Rome les Saliens, prêtres de Mars.
9. M. Atilius Régulus, consul en 256, avait porté la guerre en Afrique ; mais, vaincu par les Carthaginois, il avait été envoyé par eux à Rome pour négocier le rachat des captifs. Il conseilla au contraire de les laisser dans les fers, et retourna, selon la parole donnée, à Carthage, où on le fit périr dans les tortures.
10. Ils auraient dû mourir les armes à la main.
11. Alors que, peu auparavant, il était sur le point de l'assiéger.

On dit qu'il écarta de lui, comme déchu de tout droit[1], le baiser de sa chaste femme et ses petits enfants, farouche, et son regard héroïque fixé à terre, jusqu'à ce qu'il eût affermi et rallié les sénateurs flottants par un conseil inouï, pour ensuite, parmi les pleurs de ses amis, se hâter vers l'exil, plein de gloire. Il savait cependant le sort que lui préparait le bourreau barbare : mais, se faisant un passage parmi ses proches et le peuple qui cherchait à le retenir, on eût dit que simplement, après avoir arbitré les longs débats de ses clients[2], il allait gagner les champs de Vénafre[3] ou la laconienne Tarente[4].

Odes, III, 5.

Le classicisme d'Horace. — Le classicisme d'Horace est d'une mesure toute hellénique ; c'est l'expression d'un tempérament d'artiste, très fin, très délicatement sensuel, très équilibré. La façon dont il jouit de la vie sans compromettre sa dignité, son détachement sceptique ou ironique grâce auquel la fantaisie et le bon sens se sont accordés en lui pour des leçons d'une grâce enjouée, ce sont des traits qui le rapprochent des Grecs les plus cultivés du IVe siècle.

Pourtant Horace devait plaire à une société aristocratique désabusée par les guerres civiles. Et il est de tous les temps, en ce que son réalisme est surtout psychologique et moral : la nature, la campagne ne sont pas pour lui une occasion de communier avec l'univers ; il n'y cherche qu'un délassement, sans cesser d'appliquer sa perspicacité à des expériences plus simples et à des âmes plus frustes. Il est aussi éminemment classique par le scrupule d'un travail très conscient, qui vise à la parfaite convenance, à la sobriété, à la plénitude. En cela insurpassable. Car si son expression n'a pas l'intime chaleur de celle de Virgile, elle est un modèle plus accessible de goût et d'esprit : et sa justesse, sa variété, sa netteté plastique s'offrirent comme un idéal aux professeurs de grammaire et aux plus dociles de leurs disciples.

TITE-LIVE
64 ou 59 av. J.-C. - 17 ap. J.-C.

Padoue, en Vénétie, était une cité ancienne, travailleuse, patriote, où les vieilles vertus étaient en honneur ; T. Livius, qui y naquit en un milieu bourgeois, d'idées républicaines, ne quitta sa ville que pour Rome et y revint passer ses toutes dernières années. Ni les événements ni son tempérament sans doute ne l'engageaient à une vie publique ; il se consacra tout entier aux lettres : rhétorique, dialogues philosophiques, mais surtout son *Histoire de Rome*, œuvre immense (et la seule dont il nous reste une partie) à laquelle il travaillait déjà en 27 et qui l'occupa jusqu'à sa mort. Sans voyager, sans agir, de son cabinet il gagna la gloire de son vivant. Sans rien sacrifier de ses convictions « pompéiennes », sans flatterie pour Auguste, il était reçu dans l'intimité de la famille impériale. Le plus propre, par sa loyauté intellectuelle et sa modération bienveillante, à transmettre à l'âge impérial une image de l'ancienne Rome vraiment nationale, qui ne fût ni une apothéose ni un pamphlet du nouveau régime.

1. Comme prisonnier, donc esclave.
2. Le « patron » était le premier juge des contestations de ses clients.
3. Cité de Campanie, célèbre par ses olivettes : évocation de la richesse agricole.
4. Évocation de ville luxueuse, au climat idéal.

L' « Histoire de Rome ». — Les 142 livres de l'*Histoire de Rome (Ab Vrbe condita libri)*, allant des origines à l'an 9 avant J.-C., parurent par groupes inégaux, souvent de 5 ou de 10 livres, faisant un tout. La division par « décades » (ensembles de 10 l.) parut assez tôt (avant le IVe siècle ?) commode. Il nous en est parvenu seulement la première (qui conduit jusqu'en 293 avant notre ère : des origines à la veille de la guerre contre Pyrrhus), la troisième (seconde guerre punique), la quatrième et la moitié de la cinquième (jusqu'en 167 : réduction de la Macédoine en province) avec des lacunes, plus quelques fragments. Une mutilation aussi grave d'une œuvre aussi célèbre s'explique par son étendue même : il était difficile d'en multiplier les exemplaires manuscrits complets. D'autre part, comme elle faisait figure d'histoire romaine-type, on en avait rédigé de bonne heure des sommaires succincts par livres *(periochae)*, utiles pour se reconnaître dans la foule des *uolumina* liviens, et qui, contenant l'essentiel des faits, suffisaient comme « manuel » d'histoire nationale[1].

Sa conception. — On devine à la naissance de l'œuvre des causes complexes. La fin des guerres civiles, d'abord, et l'avènement d'Auguste faisaient époque : à cette date, et bien qu'elle se poursuivît, l'histoire romaine pouvait apparaître comme un tout ; ainsi celle de la France à Michelet, après la révolution de 1830. D'autre part, les idées maîtresses du nouveau régime, tendant à une concentration nationale et à une restauration de l'ancienne moralité, favorisaient une exaltation du passé le plus reculé et la peinture sans fard des crises récentes enfin résolues. Tite-Live se limita donc à l'histoire de Rome, alors que certains de ses prédécesseurs ou contemporains, Cornélius Népos, Trogue-Pompée, essayaient, sans avoir son génie, d'élargir le champ de leur vision. Mais, au surplus, les vœux ardents de Cicéron (qu'il admirait beaucoup) en faveur d'une histoire nationale qui eût toutes les qualités de l'éloquence et certains des charmes de la poésie devaient décider un écrivain conscient de ses forces et avide de gloire à entreprendre cette tâche colossale.

Les difficultés. — Les difficultés étaient immenses, et de certaines Tite-Live se rendait bien compte : il se doutait que toute la première histoire de Rome, au moins jusqu'à l'avènement de la République, n'était qu'un tissu de fables ; il savait que toute la documentation précise antérieure à la prise et à l'incendie de Rome par les Gaulois (en 390) avait dû disparaître, et qu'une bonne part de celle qui suivait avait été sophistiquée par les familles et les clans qui avaient dirigé successivement la politique de Rome. Eût-il d'ailleurs voulu l'utiliser, il ne l'aurait pratiquement pas pu : les archives publiques n'avaient été concentrées qu'à partir de 78 ; les archives privées, jalousement gardées et suspectes, auraient dû être critiquées de fort près selon des méthodes qui n'ont été mises au point que depuis cent ans à peine ; maintes pièces officielles se trouvaient dans des sanctuaires, dispersées, malaisées d'accès, d'interprétation difficile ou impossible, à cause

1. Les *periochae*, attribuées à l'abréviateur Florus (IIe s.), nous sont parvenues, sauf pour les livres 136-137. D'autres avaient extrait de Tite-Live soit ses listes de prodiges (Julius Obsequens), soit la série des consuls (Cassiodore).

des incertitudes chronologiques et des archaïsmes de langue et d'écriture. Il faut ajouter que Tite-Live, n'ayant assumé ni commandements, ni magistratures, n'avait pas la formation pratique d'un Polybe, d'un Salluste ou d'un César.

Méthode et loyauté de Tite-Live. — Aussi l'œuvre de Tite-Live se présente-t-elle, du point de vue historique, comme une adroite combinaison d'ouvrages de seconde main, presque tous latins. Souvent il n'apprend à les connaître qu'au cours de son travail ; d'ordinaire, pour chaque partie de son histoire, il en suit un ou deux de très près (Valérius Antias et Claudius Quadrigarius pour la première décade ; Fabius Pictor, Cœlius Antipater et Polybe pour la troisième), mêlant à l'occasion à leurs données souvenirs ou notes d'autres provenances. C'est seulement à force de les manier qu'il en vient à les critiquer ; encore faut-il que les mensonges et les exagérations des annalistes soient éclatants pour qu'il les rejette ; une vraisemblance de bon sens, une moyenne entre deux chiffres l'aident à s'en tirer au petit bonheur. Quant aux auteurs non latins, il paraît les ignorer, sauf Polybe, dont la valeur éminente ne s'impose pas à lui dès le début, qu'il abrège ensuite, non sans le modifier plus ou moins prudemment d'après tel ou tel annaliste ni sans contre-sens. Mais Polybe, étant de sentiments pro-romains, ne corrige pas ce que les sources de Tite-Live ont de trop étroitement national.

Une telle méthode a permis à Tite-Live de travailler vite et de donner à son œuvre un mouvement régulier et des proportions qui, si elles s'élargissent singulièrement (chose presque fatale) de proche en proche, restent équilibrées. Mais elle l'a empêché d'être un savant original : il n'a pas su des antiquaires latins et de l'examen des monuments tirer une couleur au moins vraisemblable pour les siècles les plus anciens de Rome ; il n'a pas soupçonné la portée religieuse des légendes qu'il narrait ; ni la diversité des peuples et des intérêts qu'il voyait aux prises ; ni l'importance des problèmes économiques qu'il effleurait. Cependant il nous aide, mieux que Polybe, à comprendre le tempérament romain, avec son mélange de raison et de superstition, ou encore les rapports entre les questions intérieures et extérieures. Et, à la narration du dernier siècle de la République (de beaucoup la plus longue partie de l'œuvre) son adresse à dominer de vastes lectures, son impartialité, la proximité des faits et l'actualité des préoccupations, qui permettaient de recréer une atmosphère juste, avaient dû conférer — on le voit par son récit de la mort de Cicéron — une très haute valeur historique.

Car, si l'esprit critique souvent lui manque, sa probité est parfaite : il reflète ainsi pour nous, même sans s'en douter, d'anciens états de la tradition romaine que d'autres, comme son contemporain Denys d'Halicarnasse, noient dans leurs arrangements. Son indépendance aussi est une vertu d'historien : et, se donnant de plus en plus « une âme d'ancien », il l'a fortifiée pour ainsi dire en faisant de l'histoire sa vie. Sans doute il la conçoit surtout comme une exaltation nationale, un thème à réflexions morales, et du point de vue des conservateurs modérés hostiles aux expériences démocratiques :

mais cette forme d'histoire semblait, à cette date, fort légitime ; et Tite-Live a mené sa tâche avec une complète loyauté.

Histoire et moralité nationale

[Sévérité morale confinant au pessimisme, et qui tend à devenir traditionnelle dans l'histoire romaine (cf. Salluste, Tacite). — Poésie oratoire sous forme de périodes ou de « traits ». — Accent religieux de la conclusion. — Rythme et ton général, d'une grande tenue, mais sans monotonie.]

...Le but essentiel que je propose à la scrupuleuse attention de chacun, c'est la vie, les mœurs d'autrefois, les hommes et la conduite qui, dans la paix et dans la guerre, ont fait naître et croître notre empire ; que l'on suive ensuite en esprit, avec le relâchement insensible de la discipline, d'abord pour ainsi dire les lézardes de la moralité, puis sa ruine progressive, enfin son rapide écroulement, pour en arriver à notre temps, où nos vices et leurs remèdes nous sont également insupportables. Voilà, certes, ce qui, dans l'histoire, est plus que tout salutaire et fructueux : le spectacle, en un édifice éclatant, d'exemples à imiter pour le bien du citoyen comme de sa patrie ou à fuir en songeant qu'à honteux début, fin honteuse. D'ailleurs, si mon attachement à la tâche entreprise ne m'abuse, nul État jamais ne fut plus grand, plus pur, plus riche en beaux exemples ; nul peuple ne tarda tant à accueillir la cupidité et les excès du luxe, n'attacha si longtemps si grand honneur à la simplicité et à la frugalité : tant il est vrai que moins on possédait, moins on convoitait. L'intrusion, récente, de la richesse amena la cupidité, et la surabondance des plaisirs, une soif de gaspillage universel, qui, par débauche et passion, ruine et tue. Mais assez de plaintes : déplaisantes même quand le moment viendra peut-être, fatalement, de les formuler, qu'elles épargnent du moins les débuts d'une telle entreprise ; ah ! si plutôt nous pouvions, comme les poètes, par heureux présages, vœux et prières aux dieux et aux déesses, augurer, au moment où nous entreprenons l'immensité de cette œuvre, le bonheur de la réussite !

Préface, 9-12.

Évolution littéraire de Tite-Live. — La doctrine littéraire de Tite-Live était très arrêtée : il admirait l'ampleur et la couleur de Démosthène et de Cicéron, raillait les duretés et les archaïsmes de Salluste. Il pensait, avec Cicéron, que l'histoire devait être « œuvre oratoire » ; et la tâche qu'il s'était fixée l'engageait à un long développement régulier et majestueux. Mais il était par là en réaction contre les tendances de la prose de son temps ; et il est impossible qu'en un labeur de si longue haleine un écrivain n'évolue pas. De là entre les Décades des différences, qui nous seraient sans doute plus nettes si nous possédions les dernières.

La première est la plus savoureuse, celle où le style est le plus actuel ; surtout dans les cinq premiers livres (la matière même l'y engageait), Tite-Live procède par tableaux assez brefs, souvent contrastés, qui ressortent vivement ; il ne s'interdit pas encore tout à fait les hors-d'œuvre ; la langue « accroche » aussi çà et là le lecteur par des expressions familières, poétiques ou emphatiques qui sortent de la trame. Puis Tite-Live se fit de plus en plus cicéronien : la troisième Décade, avec quelques éclats plus rares, atteint à une grandeur continue, vraiment épique, que soutient le souvenir, parfois même l'imitation d'Ennius. Les suivantes perdent en brillant, gagnent en solidité oratoire. Mais par là Tite-Live cessait d'être de son temps ; les premiers livres annoncent mieux, par certains de leurs aspects, les historiens du Ier siècle de notre ère, et même Tacite.

D'ensemble, le style de Tite-Live est périodique. Mais les périodes, très savantes, sont plus denses et moins symétriques que celles de Cicéron ; de là parfois de l'embarras, mais aussi une extrême variété de suggestions, et beaucoup de richesses stylistiques même sous les apparences de la monotonie. La langue commence à admettre un grand nombre d'expressions anciennes ou poétiques[1] ; les métaphores sont fréquentes, vives et hardies ; les comparaisons se développent parfois avec plénitude, ce qui était fort rare dans Cicéron. Ainsi le classicisme de Tite-Live est-il original : il annonce, malgré tout, l'avenir.

La vie et le drame. — Il est au service d'une riche imagination. Non que Tite-Live puisse atteindre à « la résurrection intégrale du passé ». Il ne se représente ni la terre ou les paysages d'Italie, ni les conditions matérielles de la vie, ni (bien qu'il utilise certaines données des antiquaires) les mentalités révolues. Mais il revit les faits avec une intensité surprenante, sans se soucier des différences de milieu ou de mœurs, comme s'il s'agissait d'événements actuels, où il serait lui-même engagé. Il en résulte, même pour les événements les plus reculés, un aspect de généralité humaine conforme au but moral que s'était fixé Tite-Live, mais aussi une intensité dramatique égale, sous une autre forme, à celle de Tacite.

Avènement et mort de Servius Tullius

[Entre les règnes de Tarquin l'Ancien et de Tarquin le Superbe, celui de Servius Tullius semble représenter la combinaison de traditions étrusques (dramatiques) et latines (politiques). Mais Tite-Live traite ces deux épisodes pour leur valeur humaine générale. — Ni sécheresse ni longueurs. — Justesse du mouvement, qui va jusqu'à l'illusion du vrai. — Fermeté, parfois un peu trop éclatante et tendue, des paroles. — Coloris familier et peinture de foules. — Réactions morales, plus ou moins explicites, de l'auteur (dans le 2e passage).]

I

...Tarquin mourant[2] est reçu dans les bras des assistants ; les licteurs saisissent les assassins qui s'enfuyaient. Cris, afflux de foule : on s'inquiète de ce qui se passe. Tanaquil[3], au milieu du désordre, fait fermer le palais, met les témoins dehors. Elle se procure sans tarder tout ce qu'on emploie aux soins des blessures, comme si elle conservait de l'espoir ; mais, en même temps, au cas où son espérance serait déçue, elle prend d'autres précautions. Servius[4] appelé en hâte, elle lui montre son mari presque exsangue ; puis, lui tenant la main droite, elle le prie de ne pas laisser impunie la mort de son beau-père, de ne pas l'abandonner, elle, sa belle-mère, au caprice de ses ennemis. « C'est à toi, Servius, dit-elle, si tu es un homme, que revient le royaume, non aux criminels qui ont armé ces mains scélérates. Prends de l'audace ; suis le chemin que te tracent les dieux, ces dieux qui autrefois t'annoncèrent la gloire en environnant ta tête d'un feu céleste. L'heure est venue où cette flamme doit t'exalter ; l'heure est venue du vrai réveil[5]. Nous

---

1. Asinius Pollion reprochait à Tite-Live des provincialismes (ce qu'il appelait sa « patavinité ») ; mais nous sommes incapables de découvrir ce qu'il entendait par là.
2. Tarquin, à la mort d'Ancus, s'était fait roi ; les fils d'Ancus ont soudoyé des assassins qui viennent de le frapper dans son palais.
3. Femme de Tarquin, type d'énergie et de décision.
4. Enfant d'humble origine, mais distingué par un miracle (une flamme avait entouré sa tête pendant son sommeil), Servius Tullius était devenu le favori et le gendre de Tarquin.
5. Par opposition au réveil de l'enfant après le miracle.

aussi, bien qu'étrangers[1], nous avons régné ; songe à ce que tu es, non à ta naissance. Et si la soudaineté de l'événement glace ta décision, suis du moins la mienne. » Les cris, la poussée de la foule devenaient presque irrésistibles ; du dernier étage de la maison, par une fenêtre qui ouvrait sur la Rue Neuve (le roi habitait près du temple de Jupiter Stator), Tanaquil parle au peuple : « On peut être tranquille. La brutalité du coup a fait évanouir le roi ; mais le fer n'a pas pénétré profondément. Déjà le roi est revenu à lui. La blessure, une fois le sang essuyé, a été examinée ; tout se présente bien. Elle compte bien qu'ils le reverront lui-même sous peu ; en attendant, elle ordonne qu'on obéisse à Servius Tullius, qui rendra la justice et accomplira les autres fonctions royales. » Servius s'avance, vêtu de la trabée[2], accompagné des licteurs ; assis sur le trône, tantôt il décide, tantôt il feint de vouloir en référer au roi. Ainsi pendant quelques jours, bien que Tarquin fût déjà expiré, sa mort demeurant secrète, Servius affermit sa situation sous apparence d'une délégation de pouvoir ; alors seulement les lamentations funèbres s'élevèrent dans le palais, et tout fut révélé.

II

...Enfin, quand le moment sembla venu d'agir[3], encadré d'hommes en armes, *il* fit irruption sur le forum. Au milieu d'une terreur générale, siégeant sur le trône devant la curie[4], il donna ordre au héraut de convoquer les sénateurs « auprès du roi Tarquin ». Ils vinrent aussitôt : les uns s'y attendaient ; les autres, stupéfaits de ce coup de tonnerre et croyant que c'en était déjà fait de Servius, craignaient qu'on ne leur fît un crime de leur absence. Alors Tarquin commença son réquisitoire en outrageant « le dernier des hommes, un esclave, fils d'esclave[5], qui, après la mort indigne de son père à lui, sans l'interrègne[6] habituel, sans comices[7], sans vote du peuple, sans décision du Sénat, avait reçu d'une femme le trône qu'il usurpait. Ainsi né, ainsi devenu roi, pour favoriser les hommes de la plus basse condition[8] (celle dont il sortait lui-même !) et par haine d'une honorabilité qui lui était refusée, il avait arraché la terre à l'élite pour la distribuer à la lie du peuple ; il avait reporté toutes les charges, autrefois communes, sur les premiers citoyens ; il avait institué le cens pour désigner à l'envie la fortune des riches et tenir en elle, toute prête à son premier désir, la matière de nouvelles largesses en faveur des gueux ».

Il parlait lorsque arriva Servius, appelé en hâte, et qui, du vestibule même de la curie, criait déjà : « Qu'est-ce, Tarquin ? Quelle audace, moi vivant, de convoquer le Sénat, de siéger sur mon trône ? » Et l'autre, plein d'audace, répliquait « qu'il occupait le trône de son père ; qu'un esclave avait bien moins de droits qu'un fils de roi à hériter du royaume ; qu'assez longtemps ses fantaisies téméraires avaient insulté aux vrais maîtres... » : des clameurs s'élèvent des deux clans ; le peuple se ruait déjà vers la curie, et il devenait clair que le trône serait l'enjeu d'une bataille. Alors Tarquin, contraint par la nécessité même au suprême attentat, beaucoup plus jeune et plus fort, saisit Servius aux hanches, l'emporte hors de la curie et le précipite au bas des degrés ; puis il rentra dans la curie pour tenir le Sénat assemblé. Les appariteurs, la suite du roi, tout se disperse ; lui, presque mort, sans compagnons, aussi peu que possible semblable à un roi, fuyait vers sa demeure, lorsque les émissaires de Tarquin le rejoignent et le tuent.

On croit (et le reste de ses crimes le rendrait vraisemblable) que c'est Tullia[9] qui conseilla cet assassinat. Il est certain qu'elle se rendit au forum sur son char ; sans honte

1. Tarquin d'origine grecque ; Tanaquil, étrusque.
2. Manteau à raies horizontales rouges, d'une antiquité solennelle, réservé aux rois-prêtres (origine sabine ?).
3. C'est le fils de Tarquin l'Ancien (celui qui sera Tarquin le Superbe, dernier roi de Rome), qui va renverser Servius.
4. Salle de délibération du Sénat.
5. La plus outrageante des traditions sur l'origine de Servius, dont le nom (peut-être étrusque en réalité) évoque le nom latin de l'esclave *(seruus)*.
6. Assuré par les sénateurs avant l'élection du nouveau roi.
7. Assemblée élective.
8. La tradition attribuait à Servius un grand nombre de dispositions démocratiques, en fait très postérieures.
9. Femme de Tarquin.

au milieu de tant d'hommes, elle appela son mari et, quand il parut hors de la curie, fut la première à le saluer du nom de roi. Il lui dit de se retirer. Sortie de cette foule, comme elle rentrait chez elle et arrivait au haut du « Vicus Cyprius » (là où, récemment encore, il y avait une chapelle de Diane), le char tournant à droite vers la côte « Urbius » pour gagner la colline des Esquilies, le conducteur, épouvanté, arrêta en tirant sur les rênes et montra à sa maîtresse le corps gisant de Servius massacré. Alors on rapporte — forfait atroce, monstrueux, dont le lieu, qu'on appelle « rue du Forfait », garde le souvenir — que cette femme enragée, égarée par les furies de sa sœur et de son mari[1], poussa le char sur le corps de son père et le ramena teint du sang paternel, portant sur elle-même la souillure et les éclaboussures du meurtre, à ses pénates[2], à ceux de son mari : sans craindre leur colère qui sous peu allait faire suivre cet avènement d'une déchéance aussi honteuse[3].

I, 41, 1-6 ; 47, 8-48, 7.

Le récit épique. — Ce don de vie est chez Tite-Live très conscient et sa puissance créatrice très surveillée. L'écrivain compose ses récits avec rigueur, distinguant les moments, choisissant et ordonnant les détails de façon à obtenir unité d'impression et force expressive. Quelques mots prêtés aux personnages essentiels, une certaine chaleur rhétorique haussent assez souvent le ton dans les scènes de la première Décade. Tite-Live en vint à enchaîner ces récits de façon à réaliser des ensembles de plus en plus vastes, larges sans dispersion. Ce fut alors une narration épique, presque homérique, d'un cours régulier, ininterrompu, où les monotonies mêmes (fatales) s'harmonisent au ton général. Par malheur il garda l'habitude des annalistes de diviser sa matière année par année, ce qui morcelle parfois les développements les plus grandioses.

Bataille du Métaure

[Hannibal est confiné dans l'Italie méridionale ; son frère Asdrubal lui amène d'Espagne une armée de secours et lui a envoyé des courriers pour le prévenir de son approche. Mais ce message a été intercepté par le consul Claudius Nero, qui surveille Hannibal, tandis que l'autre consul, M. Livius, fait tête à Asdrubal. Nero se décide hardiment à rejoindre son collègue avec l'élite de ses troupes pour en finir avec Asdrubal. La jonction s'est faite pendant la nuit, et sans établir un camp nouveau, comme c'était la coutume, pour tromper Asdrubal. Les adversaires sont près du fleuve Métaure (Metaro) ; la bataille s'est peut-être livrée non loin de Fano (207 av. J.-C.). — Récit documenté, de grande valeur historique. — Nulle précision géographique ; mais netteté du développement tactique et stratégique. — Psychologie dramatique et chaleur intime du récit. — Loyal hommage à l'ennemi (remarquer surtout la conclusion, d'allure rhétorique).]

...La bataille allait s'engager lorsque Asdrubal, s'étant porté avec quelques cavaliers en avant des enseignes, remarqua dans les rangs ennemis des boucliers usés qu'il ne connaissait pas et des chevaux amaigris ; l'armée aussi lui parut plus nombreuse. Soupçonnant la vérité, il fit en hâte sonner la retraite ; et il envoya des détachements au fleuve, où les deux armées puisaient leur eau : là on pourrait cueillir des prisonniers, en tout cas remarquer si le hâle de certains visages ne trahissait pas une marche récente ; il ordonne aussi de suivre de loin tout le contour du camp romain pour examiner si l'enceinte n'en avait pas été élargie sur quelque point ; et de faire attention si la

1. Les Furies, divinités infernales des remords : tout meurtre en suscite, qui tourmentent le meurtrier. Or Tullia, fille de Servius, avait, pour épouser son beau-frère (Tarquin), tué et sa sœur et son propre mari.
2. Dieux de la maison, gardiens de sa prospérité.
3. Tarquin devait être le dernier roi de Rome.

trompette sonnait une ou deux fois dans le camp. Le rapport détaillé qui lui en fut fait risquait de le tromper : les camps, en effet, n'avaient pas été élargis ; il n'y en avait toujours que deux, celui de M. Livius, celui de L. Porcius, sans nulle extension pour un surcroît de tentes. Mais, en chef éprouvé et vieilli dans la lutte contre les Romains, il fut frappé d'apprendre que les sonneries, uniques dans le camp du préteur, étaient doublées dans celui du consul. Il s'y trouvait donc, à coup sûr, les deux consuls. Et il se demandait, anxieusement, comment celui qui faisait front à Hannibal avait rompu le contact. Il était à cent lieues de soupçonner la réalité : qu'Hannibal eût été joué au point d'ignorer où étaient le général et l'armée dont le camp jouxtait le sien : « A coup sûr, pour qu'il n'eût pas osé les suivre, il fallait qu'il eût subi un désastre. Tout n'était-il pas perdu ? Et le secours qu'il apportait n'arrivait-il pas trop tard ? Déjà les Romains avaient pour eux la Fortune, en Italie comme en Espagne... ». Mais, par moments, il se disait qu'Hannibal n'avait pas reçu sa lettre ; qu'elle avait été interceptée, et que le consul était accouru pour l'écraser, lui.

Dans cette douloureuse incertitude, il fait éteindre les feux, dès la première veille donne l'ordre de plier bagage en silence, et se met en marche. Dans la confusion et le désordre de la nuit, les guides, mal surveillés, s'étaient échappés : l'un en une cachette à laquelle il avait pensé d'avance ; l'autre, qui connaissait les hauts-fonds du Métaure, en traversant le fleuve à la nage. Ainsi, sans guides, l'armée s'égaille d'abord dans la campagne : bon nombre de soldats, exténués de veilles, s'étendent çà et là pour dormir, désertant les enseignes. Asdrubal, attendant pour se reconnaître la lumière du jour, fait longer la rive du fleuve ; et, suivant à tout hasard les boucles et les sinuosités de son cours tortueux, il n'avança guère, se tenant toujours prêt à le traverser, dès que la moindre lumière lui en montrerait la possibilité. Mais plus il s'éloignait de la mer, plus s'accentuait l'escarpement des berges : et il perdit un jour à chercher en vain un gué, donnant aux Romains le temps de le rejoindre.

Nero arriva d'abord, avec toute la cavalerie ; derrière lui Porcius, avec les troupes légères. Ils mordaient, harcelaient de toute part cette armée fatiguée ; le Carthaginois, renonçant à une retraite qui prenait l'allure d'une fuite, se décidait à tracer un camp sur une hauteur au-dessus du fleuve, lorsque arriva Livius avec toute l'infanterie lourde, rangée et équipée non pour la marche, mais pour une bataille immédiate. Quand toutes les troupes romaines eurent opéré leur jonction et constitué un seul front, Claudius prit le commandement de l'aile droite, Livius celui de l'aile gauche ; le centre fut confié au préteur. Asdrubal, se voyant contraint à la bataille, fait abandonner le travail de retranchement. Au premier rang, devant les enseignes, il place ses éléphants ; pour les couvrir à gauche et contre Claudius, les Gaulois, non tant qu'il eût confiance en eux que parce qu'il les croyait redoutés des Romains ; lui-même se réserva l'aide droite, contre M. Livius, avec les Espagnols, vieilles troupes en lesquelles il mettait son espoir ; les Ligures furent au centre, derrière les éléphants. Sa ligne de bataille était plus longue qu'épaisse. Une colline avancée couvrait les Gaulois.

Ce furent les Espagnols qui engagèrent la bataille avec l'aile gauche des Romains. Toute notre droite restait en suspens, sans agir : la colline, en face d'elle, l'empêchant d'attaquer soit de front, soit de flanc. L'action s'était concentrée, véhémente, entre Livius et Asdrubal ; et les pertes étaient immenses des deux côtés. Là étaient les deux généraux en chef ; là, la plus grande part de l'infanterie et de la cavalerie romaines ; là, les Espagnols, vétérans rompus aux méthodes de guerre romaines, et les Ligures, race endurcie aux combats. Là encore avaient été jetés les éléphants. Du premier choc, ils avaient porté le désordre dans les lignes de couverture et même ébranlé le corps de bataille ; mais ensuite, dans le tumulte grandissant de la mêlée et de ses clameurs, plus difficiles à manier, ils allaient, comme incertains de leurs maîtres, au milieu des deux adversaires, tout semblables à des navires sans gouvernail qui flottent au hasard. Claudius, de son côté, criant à ses soldats : « A quoi bon, alors, tant de hâte, une si longue marche ? », s'était efforcé, en vain, d'atteindre le sommet de la colline qui lui faisait face ; voyant qu'il était impossible d'arriver par là jusqu'à l'ennemi, il prélève sur l'aile droite, qu'il voyait confinée à un rôle d'observation plutôt que de combat, quelques cohortes, et les fait passer, derrière le front, jusqu'à l'extrémité opposée. Soudain, à la surprise non seulement de l'ennemi, mais des siens, il attaque par conversion, à gauche, et avec une vigueur si foudroyante qu'étant apparu de flanc à l'adversaire, presque aussitôt il porta le combat sur ses derrières. Alors, de toutes parts enveloppés, Espagnols et Ligures sont massacrés ; déjà même le carnage avait atteint les Gaulois. C'est là qu'il y eut le moins de résistance : car un bon nombre avaient quitté les enseignes, s'étaient dispersés pendant la nuit et couchés pour dormir au hasard dans les champs ; et ceux qui restaient, épuisés par la route et les veilles, en gens physiquement incapables d'endurer la fatigue, avaient peine à supporter le poids de leur armure. Et on était alors au milieu du jour : la soif et la chaleur les livraient tout haletants à l'ennemi ; on les égorgeait et on les prenait en masse. Quant aux éléphants, il y en eut plus de tués par leurs conducteurs que par les Romains. Ces conducteurs avaient un ciseau et un maillet : lorsqu'ils voyaient leurs bêtes entrer en fureur et se ruer au milieu des leurs, ils appliquaient le ciseau entre les deux oreilles, à l'articulation même de la tête avec la nuque, et, du plus fort coup qu'ils pouvaient, l'enfonçaient. C'était le moyen le plus prompt de tuer des monstres de cette taille, quand on ne pouvait plus les maîtriser. Et Asdrubal lui-même en avait eu le premier l'idée.

Ce général qu'avait illustré maint exploit gagna en cette bataille sa gloire suprême. En lui, en ses exhortations, en son intrépidité à affronter les périls, ses soldats trouvèrent leur soutien ; c'est lui qui, tout exténués et recrus, pleins de découragement et de fatigue, enflamma leur cœur tantôt par ses prières, tantôt par ses reproches ; lui qui ramena les fuyards et en plusieurs points rétablit le combat. Enfin, quand la Fortune se fut sans recours déclarée pour l'adversaire, ne voulant pas survivre à une si grande armée, qu'avait ralliée son nom, il lança son cheval au milieu d'une cohorte romaine ; là, digne fils d'Hamilcar, digne frère d'Hannibal, il tomba les armes à la main.

XXVII, 47, 1-49, 4.

La psychologie. — Plus encore qu'au mouvement dramatique, Tite-Live s'intéresse aux facteurs psychologiques de l'histoire. Il aime à concentrer la lumière sur des hommes assez représentatifs pour figurer les tendances, soit du peuple romain entier, soit d'un de ses partis politiques à une date donnée. Il lui est arrivé de tracer des portraits en forme, fictifs comme celui de Papirius Cursor, ou bien sentis d'après des documents sûrs, comme ceux d'Hannibal, de Caton l'Ancien. Mais il préfère développer les caractères des protagonistes au cours d'actions variées, les mêlant à la marche des événements : ainsi se créent, avec l'apparence d'une évolution vivante, Camille, le héros des anciens temps, Scipion l'Africain, et maint autre. Aussi capable, d'ailleurs, de noter d'un mot, d'un geste les différences entre les membres de familles célèbres et typiques, comme les Claudii et les Fabii ; ou le mobile d'un personnage secondaire. Mais c'est encore dans l'évocation des émotions collectives, des mouvements de foule qu'il a manifesté la plus forte originalité. Psychologie d'ordre très général sans doute, mais, dans ces limites, presque infaillible, et donnant l'illusion du vrai.

Papirius Cursor

[Portrait typique, sans documentation sûre, d'un consul et dictateur célèbre de la fin du IVe siècle. — Combinaison du héros « homérique » (Achille ; Alexandre le Grand, qui se piquait de vertus « homériques » et auquel Tite-Live compare plus loin les généraux romains) et du chef de guerre romain. — Dureté et ironie du terroir. — Aspect anecdotique, rare chez Tite-Live, mais qui, après lui, deviendra de plus en plus à la mode.]

Sans aucun doute il avait toutes les parties du grand homme de guerre ; et sa force physique autant que la vigueur de son esprit le mettaient hors de pair. Sa vitesse surtout était étonnante ; il lui dut son surnom. On dit qu'il battait à la course tous ses contemporains et qu'il était aussi, par exigence physique ou entraînement, le plus grand mangeur et buveur ; que nul chef ne rendait le service plus dur à la cavalerie[1] comme à l'infanterie, parce qu'il était lui-même insensible à la fatigue. Comme les cavaliers osaient un jour lui demander, en récompense d'un combat heureux, quelque allégement de service : « Pour que vous n'alliez pas prétendre que je n'accorde aucune dispense, je vous dispense, dit-il, de flatter la croupe de votre cheval quand vous mettez pied à terre ». Et l'autorité de son commandement était aussi rigoureuse sur les alliés que sur les citoyens. Le préteur de Préneste[2], avait, par timidité, tardé à se porter de la position d'appui à la première ligne ; Papirius, se promenant devant sa tente, le fit appeler, puis dit au licteur de prendre sa hache. L'épouvante glace le Prénestin. « Tiens, licteur, coupe cette racine qui gêne la promenade », dit l'autre ; et, ayant empli le coupable de la terreur du dernier supplice, il le renvoya avec une amende.

IX, 16, 12-18.

Rome apprend la victoire sur Persée

[Persée, roi de Macédoine, fut vaincu par le consul Paul-Émile, à Pydna (en 168). — Psychologie de foule très souple et vivante. — Indifférence à critiquer les traditions opposées. — Plaisir d'un pittoresque sans surcharge.]

Les messagers de la victoire, Q. Fabius, L. Lentulus et Q. Métellus, eurent beau se hâter, en arrivant à Rome ils trouvèrent déjà déflorée la joie de l'événement. Trois jours après la bataille, aux jeux du Cirque, un murmure soudain courut tous les gradins : « Il y avait eu bataille en Macédoine ; la défaite du roi était complète ». Puis la rumeur s'accrut ; et enfin éclatèrent vivats et applaudissements, comme si l'on avait une nouvelle sûre de la victoire. Surpris, les magistrats cherchent qui a provoqué cette soudaine allégresse. On ne trouva personne ; et la joie s'effaça avec la certitude, laissant pourtant dans les cœurs un tenace espoir[3]. Et quand l'arrivée de Fabius, Lentulus et Métellus l'eut justifié, la joie de la victoire ne surpassa pas celle de l'avoir instinctivement présagée.

On donne, il est vrai, une autre version, aussi vraisemblable, de cette explosion d'allégresse au Cirque. Le quinzième jour avant les Calendes d'octobre[4], et le second des jeux Romains, comme le consul C. Licinius montait en char pour aller donner le signal de la course des quadriges, un courrier disant venir de Macédoine lui remit, prétend-on, une lettre laurée[5]. Les quadriges partis, le consul, revenant en char par le Cirque vers la loge officielle, montra au peuple les tablettes enveloppées de laurier. A cette vue, soudain, sans plus se soucier du spectacle, le peuple se précipita des gradins vers l'arène ; le consul convoqua sur place le Sénat, lui donna lecture des tablettes et, avec son autorisation, de la loge officielle annonça au peuple « que L. Aemilius, son collègue, avait livré bataille au roi Persée ; l'armée macédonienne avait été écrasée ; le roi s'était enfui presque seul ; toutes les cités de Macédoine s'étaient livrées à la discrétion du peuple romain ». Ce fut alors une explosion de vivats avec d'immenses applaudissements : laissant les jeux, beaucoup s'en allaient chez eux porter à leur femme et à leurs enfants la joyeuse nouvelle. C'était le douzième jour après la bataille.

XLV, 1.

Les discours. — Un très grand nombre de discours (on en a compté plus de 400 dans les livres conservés) scandent le récit, d'ordinaire assez brefs, mais quelques-uns fort étendus, et tous, selon l'usage antique (voir p. 168), de la composition de Tite-Live et sans réalité historique, même quand

1. Les cavaliers formaient encore une élite restreinte, appartenant aux classes les plus élevées.
2. Premier magistrat et commandant du contingent militaire de Préneste, ville latine « alliée » de Rome.
3. Ayant, pour ce peuple superstitieux, la valeur d'un présage.
4. Le 16 ou 17 septembre, selon le calendrier utilisé. Mais les indications chronologiques de Tite-Live sont ici très troubles (les mss. portent non « quinzième », mais « dixième » [21 ou 22 septembre], ce qui est en contradiction avec la donnée finale), et en contradiction avec les recherches modernes, qui fixent la bataille au 22 juin.
5. Le laurier est signe de victoire.

l'auteur s'amuse, par exemple, en faisant parler Caton l'Ancien, à imiter plus ou moins sa manière (XXXIV, 2-4). Il semble donc que ces discours ne témoignent que de la richesse et de la souplesse de la rhétorique livienne ; ou qu'au plus, dans la composition artistique de l'ouvrage, ils servent à équilibrer, par contraste, les développements descriptifs et narratifs. Mais ils vont plus loin : quelquefois ils développent en toutes ses nuances la psychologie d'un personnage ; plus souvent la politique d'un parti : ainsi les admirables discours prêtés aux représentants du Sénat ou de la faction populaire (d'Appius Claudius : VI, 40-41 ; de Canuléius : IV, 3-5 ;...). D'autres fois, ils visent à exposer l'ensemble d'une situation, comme un historien moderne le ferait, mais en son nom propre. Presque toujours du ton le plus exact et de la forme la plus vivante.

Il est indéniable cependant que Tite-Live s'y est complu ; qu'il a eu conscience de rivaliser en un autre genre, plus bref, moins judiciaire, avec Cicéron lui-même. Quand son instinct dramatique le soutient, cela n'a pas d'inconvénient. Mais il a parfois cédé à des entraînements purement rhétoriques, prenant l'emphase pour l'héroïsme et accumulant des traits de plus en plus brillants aux dépens de la vraisemblance.

Scipion réprime la révolte du Sucro

[En 206, en Espagne, pendant une maladie de Scipion, quelques troupes cantonnées à l'embouchure du fleuve Sucro (le Xucar ?) se sont révoltées. Scipion, les ayant fait venir à Carthagène, les reprend en main avec une étonnante maîtrise psychologique et une savante et humaine indulgence. — Discours révélateur de toute une personnalité (énergique, fine et séduisante). — Science et souplesse du plan (entre un exorde et une conclusion où se combinent différemment les thèmes de la sévérité et du pardon : Inconscience des révoltés ; Monstruosité de leur faute ; Déraison de leur conduite ; La patrie est au-dessus des individus). — Richesse du mouvement et de l'imagination. — Noter la vérité des réactions de foule qui encadrent le discours. — Comparer : Lucain, *Pharsale*, V, v. 316-373 ; Tacite, *Annales*, I, 24-30.]

...Convoqués à l'assemblée, ils s'amassent sur la place près du tribunal du général, d'un air audacieux et pensant que leurs clameurs suffiraient à l'effrayer. Ils virent à la fois le général gravir le tribunal et se répandre derrière leur foule sans armes les troupes armées que l'on ramenait des portes de la ville. Alors toute leur audace tomba. Ils avouaient plus tard que rien ne les avait autant effrayés que l'aspect inattendu de force et de santé d'un homme qu'ils s'attendaient à trouver affaibli et une expression qu'ils ne se rappelaient pas avoir vue sur son visage même en pleine bataille. Il s'assit et resta un moment sans dire mot, jusqu'à ce qu'on lui eût annoncé que les fauteurs de la sédition avaient été amenés et que tout était prêt. Alors, le héraut ayant fait faire silence, Scipion commença :

« Que les mots puissent me manquer pour m'adresser à mon armée, je ne l'aurais jamais cru. Non que je me sois jamais plus exercé à la parole qu'à l'action ; mais, tenu presque dès l'enfance dans les camps, je pensais connaître l'esprit des soldats. C'est pour vous parler, à vous, qu'idées et mots m'abandonnent. Et je ne sais même pas de quel nom vous nommer : citoyens ? vous avez trahi la patrie ; — soldats ? vous avez renié votre chef et ses auspices[1], rompu la religion[2] du serment ; — ennemis ? corps, visages,

1. Seul le général était dépositaire de la religion nationale, et, par suite, de la prescience qu'envoient les dieux.
2. Un serment de fidélité liait religieusement les soldats à leur général.

vêtements, tenue me font reconnaître en vous des citoyens ; actions, propos, projets, volontés, me font voir des ennemis. Car vos vœux et vos espoirs, n'étaient-ce pas ceux mêmes des Ilergètes et des Lacétans[1] ? Mais eux, en leur égarement, ont suivi Mandonius et Indibilis, des chefs de race royale ; vous, vous avez déféré auspices et commandement à un Atrius d'Ombrie, à un Albius de Calènes ! Vous dites que vous n'êtes pas tous à l'avoir fait ni voulu, mes soldats ; que ce fut l'égarement, la folie, de quelques-uns. Je veux vous croire : car tels ont été ces crimes que, s'ils s'étaient répandus en toute l'armée, il faudrait des expiations sans mesure pour en effacer la souillure.

« Je touche malgré moi à ces plaies ; mais il faut les toucher et les sonder pour les guérir. Eh bien, les Carthaginois une fois chassés d'Espagne, je ne pensais pas qu'en toute la province il y eût un village, un cœur qui en voulût à ma vie : telle avait été ma douceur, je ne dis pas envers nos alliés, mais pour nos ennemis même. Et c'est dans un camp à moi (quelle erreur de jugement j'avais faite !) que le bruit de ma mort fut non seulement accueilli, mais escompté. Non que je veuille en faire retomber la faute sur vous tous — ah ! si je croyais que toute mon armée souhaitât ma mort, ici même, à l'instant, je mourrais devant vos yeux ; ma vie, je n'y tiendrais plus, si elle était odieuse à mes concitoyens et à mes soldats ; — mais une foule est semblable à la mer, immobile en soi ; selon les vents ou les brises, le calme ou l'ouragan sont en vous ; la cause et l'origine de cet égarement sont dans les meneurs, vous êtes devenus fous par contagion. Et vous ne me semblez même pas aujourd'hui bien vous rendre compte jusqu'à quelle fureur vous vous êtes portés, quel crime vous avez osé contre moi, contre la patrie et vos parents et vos enfants, contre les dieux témoins du serment, contre les auspices sous lesquels vous servez, contre l'ordre militaire et la discipline des ancêtres, contre la majesté du commandement suprême.

« Sur moi-même, je me tais ; mettons votre crédulité au compte de l'irréflexion plus que d'un désir atroce ; supposons même que mon commandement soit de ceux qui justifient le dégoût d'une armée. Mais la patrie, que vous avait-elle fait, pour que vous la trahissiez en associant vos projets à ceux de Mandonius et d'Indibilis ? Que vous avait fait le peuple romain, pour que, enlevant le commandement aux tribuns[2] régulièrement élus, vous le transfériez à des particuliers, et que, insatisfaits même de les tenir pour vos tribuns, vous, une armée romaine, défériez les faisceaux de votre général à des gens qui n'avaient jamais eu un esclave à commander ? Un Albius, un Atrius couchèrent dans le prétoire[3], présidèrent aux sonneries, se firent demander le mot d'ordre, siégèrent sur le tribunal de P. Scipion, eurent des licteurs, firent écarter la foule sur leur passage et porter devant eux les faisceaux avec les haches ! Vous considérez comme prodiges des pluies de pierres, la chute de la foudre, la naissance d'animaux monstrueux : mais voilà le vrai prodige, qu'aucun sacrifice, aucune « supplication[4] » ne saurait expier, sinon le sang de ceux qui osèrent un tel forfait.

« Et cette action est si impie que je voudrais bien savoir (quoique nul crime ne se justifie) quelle idée, quel projet vous y engagea. A Rhégium, autrefois, une légion qui y avait été envoyée en garnison massacra en trahison les principaux habitants et tint pendant dix ans cette ville opulente : pour ce crime quatre mille hommes, toute la légion, furent frappés de la hache sur le forum à Rome. Encore n'avaient-ils pas suivi, comme chef, une espèce de vivandier ombrien, un Atrius, dont le nom même est funeste[5], mais D. Vibellius, tribun militaire ; et ils ne s'étaient pas unis contre Rome à Pyrrhus, ni aux Samnites ou aux Lucaniens : vous, vous avez mis Mandonius et Indibilis de moitié dans vos projets, et vous étiez prêts à unir vos armes aux leurs. Eux, suivant l'exemple des Campaniens qui enlevèrent Capoue aux anciens habitants étrusques, des Mamertins qui en Sicile prirent Messine, prétendaient habiter à tout jamais Rhégium sans porter la guerre contre Rome et ses alliés : vous — étiez-vous pour habiter les bords du Sucro ? Si, partant sa tâche achevée, votre général vous y eût laissés, vous auriez, à bien bon droit, imploré la foi des dieux et des hommes pour qu'on

1. Peuplades espagnoles qui étaient soulevées au même moment contre les Romains.
2. Les tribuns militaires commandaient à tour de rôle la légion.
3. La tente (et le quartier) du général en chef.
4. Prière solennelle.
5. *Ater* veut dire « noir » ou « funeste ».

vous ramenât vers vos femmes et vos enfants. Mais soit : vous aviez tout oublié, aussi bien que la patrie et que moi. Les moyens d'exécution de ce projet criminel (mais non absolument dément ?), examinons-les. Moi vivant et en présence d'une autre armée intacte, d'une armée avec laquelle il m'a suffi d'un jour pour prendre Carthagène, avec laquelle j'ai défait, dispersé et chassé d'Espagne quatre généraux, quatre armées puniques, vous prétendiez, au nombre de huit mille seulement, et à vous tous certes ne valant pas Albius et Atrius auxquels vous vous étiez soumis, arracher la province d'Espagne au peuple romain ?

« J'écarte délibérément, j'efface mon nom ; mettons que, sauf une trop grande hâte à me croire mort, vous ne m'ayez en rien offensé : — eh quoi ? si j'étais mort, la patrie allait-elle périr avec moi, avec moi s'écrouler la puissance romaine ? Ah ! puisse Jupiter très bon très grand ne point permettre que le sort d'une ville rituellement fondée pour l'éternité sous les auspices des dieux soit lié à celui de ce corps fragile et mortel. Flaminius, Paullus, Gracchus, Postumius Albinus, M. Marcellus, T. Quinctius Crispinus, Cn. Fulvius, les Scipions, qui me tiennent de près, tant de généraux éminents qu'a enlevés cette seule guerre laissent le peuple romain vivant, et il le restera, en mourût-il encore mille autres par le fer ou la maladie : — et il suffirait de ma mort pour ensevelir la patrie romaine ? Vous-mêmes, ici, en Espagne, après la mort de vos deux généraux, mon père et mon oncle, vous êtes choisi Septimius Marcius comme chef contre les Carthaginois enivrés de leur récente victoire. Et je parle comme si ma mort avait dû laisser les Espagnes sans chef ! Mais M. Silanus, qui y fut envoyé avec les mêmes droits, le même commandement que moi, mes lieutenants, L. Scipion mon frère et C. Laelius, auraient-ils manqué à revendiquer au nom de Rome le commandement suprême ? La comparaison était-elle possible entre les armées, entre les chefs, entre les mérites, entre les droits ? Et eussiez-vous eu l'avantage sur tous ces points, fallait-il porter les armes contre la patrie, contre vos concitoyens ? Vous vouliez que l'Afrique imposât sa domination à l'Italie, Carthage à Rome ?

« Coriolan[1], autrefois, fut poussé par une condamnation injuste, un exil triste et immérité, à porter la guerre contre sa patrie ; une affection privée cependant le détourna d'un crime contre la nation. Mais vous, quelle douleur, quel ressentiment vous poussèrent ? Un retard de quelques jours dans le paiement de la solde, alors que votre général était malade, était-ce un motif suffisant pour déclarer la guerre à la patrie, abandonner le peuple romain pour les Ilergètes, violer toutes choses humaines et divines ? Une folie, à coup sûr, soldats : et moindre était le mal qui attaquait mon corps que celui qui assaillit vos esprits. Je frémis de rapporter vos crédulités, vos espoirs, vos souhaits : que l'oubli emporte, annule tout, si possible ; sinon, que le silence du moins le recouvre. Mes paroles, je m'en doute, doivent vous paraître dures et amères : combien plus amers pensez-vous que furent vos actes ? Me convient-il de les souffrir d'un cœur serein, tandis que vous ne pouvez même pas en supporter l'énumération complète ? Mais je n'irai même pas plus loin dans mes reproches. Puissiez-vous oublier vos fautes aussi facilement que moi je les oublie. Ainsi, vous tous, si vous vous repentez de votre égarement, je vous ai assez et trop punis. Albius de Calènes, Atrius d'Ombrie et les autres meneurs de cette infâme sédition laveront leur faute de leur sang ; la vue de leur supplice doit, si vous êtes revenus à la raison, vous causer non de la douleur, mais de la joie : car leurs projets étaient moins hostiles et funestes à quiconque qu'à vous-mêmes. »

A peine avait-il achevé que, conformément à ses ordres, tout à la fois emplit de terreur leurs yeux et leurs oreilles. L'armée qui enveloppait l'assemblée heurta du glaive les boucliers ; on entendit la voix du héraut appelant les noms de ceux que le conseil avait condamnés ; on les traînait, nus, sur la place, et en même temps se déployait tout l'appareil de leur supplice ; ils furent liés au poteau, battus de verges et frappés de la hache : et la terreur engourdissait à ce point leurs camarades que, bien loin qu'aucun mot de reproche s'élevât contre la brutalité du supplice, on n'entendit même pas un gémissement.

XXVIII, 26, 12 - 29, 11.

---

1. Coriolan, en butte à la haine des tribuns de la plèbe et injustement condamné, avait conduit les Volsques contre Rome : mais les prières de sa femme et les reproches de sa mère le firent rebrousser chemin.

La portée didactique. — Tite-Live savait bien que, quelque effort qu'il fît, il n'échapperait pas à une certaine monotonie, surtout dans la première partie de son *Histoire* : les annalistes, en effet, n'ayant aucun sens des différences chronologiques, et pour suppléer aux lacunes de la tradition, avaient transporté dans le passé, en les démarquant à peine, une foule d'événements, batailles, luttes tribuniciennes, des dernières périodes de la République ; et l'originalité des événements récents eux-mêmes s'en trouvait déflorée. Mais, en se donnant des buts surtout moraux et rationnels, Tite-Live a obvié du mieux possible à un tel inconvénient. D'abord il a tracé du Romain idéal, héroïque, travailleur, tenace, épris de justice, dont le type s'était peu à peu constitué entre le IVe et le IIe siècle, une image que sa psychologie nuancée rend presque vraisemblable et dont sa ferveur patriotique fait le symbole et le gage de la persévérance et de l'éternité de Rome. Puis de ces perpétuelles batailles, de ces luttes politiques incessantes et toujours les mêmes, il a tiré comme une série de leçons : schémas stratégiques, manœuvres politiques, que sa finesse psychologique encore et son effort de variété ont suffisamment distingués pour que chacun pût y trouver matière à réflexion et même ligne de conduite en des cas divers. En ce sens, on peut parler à propos de Tite-Live d'une philosophie pratique de l'histoire ; ou, si l'on veut, son œuvre se présente comme un vaste recueil d'expériences généralisées sur la conduite d'un État.

Le nationalisme romain et Tite-Live. — Si grand qu'il soit, Tite-Live est loin d'égaler, et comme savant et comme artiste, un Michelet. Mais au sens de la mise en scène dramatique et pittoresque, qu'avaient mise à la mode les historiens grecs de la période hellénistique, il a joint ampleur du dessein, fermeté continue du développement, équilibre des parties, harmonie de l'ensemble. Surtout, il a fixé de l'ancienne Rome la majestueuse image qui nourrit le nationalisme romain pendant tout l'Empire entre la pression de l'Orient et la menace des Barbares, et qui s'imposa à l'histoire jusqu'à la fin du XVIIe siècle. Son importance est ainsi supérieure au rôle social d'Horace, égale à l'emprise poétique de Virgile : il achève le classicisme romain qui, dès lors, ne pourra plus se concevoir sans lui.

BIBLIOGRAPHIE

Conditions historiques

SAINTE-BEUVE, *Qu'est-ce qu'un classique ?* dans *Causeries du Lundi*, III (Paris). — O. IMMISCH-W. KOLBE-W. SCHADEWALDT-H. HEISS, *Aus Roms Zeitwende : von Wesen und Wirken des Augusteischen Geistes* (Leipzig, 1931) ; Fr. KLINGNER, *Römische Geisteswelt* (Munich, 1956).

W. Y. SELLAR, *The Roman poets of the Augustan Age*[2-3] (Oxford, 1897-1899) ; K. WITE, *Die Geschichte der römischen Dichtung im Zeitalter des Augustus* (Erlangen, 1923 ss.). — REURE, *Les gens de lettres et leurs protecteurs à Rome* (Paris, 1891).

Voir aussi notes bibliographiques, p. 187 et 297.

Un témoignage de la sensibilité privée en cette période de transition nous a été conservé par l'*Éloge funèbre d'une matrone romaine* (dite Turia) : édition commentée et trad. par M. Durry (*Budé*, 1950).

C. Asinius Pollio

AULARD, *De Pollionis vita et scriptis* (Paris, 1877) ; LENCHANTIN DE GUBERNATIS, *Quid Asinius Pollio de quibusdam suae aetatis scriptoribus senserit* (*Rivista di Filologia*, 1908) ; E. PIERCE, *A Roman man of Letters : C. Asinius Pollio* (New York, 1922) ; J. ANDRÉ, *La vie et l'œuvre d'As. Pol.* (Paris, 1949).

Poésie bucolique

B. LUISELLI, *Studi sulla poesia bucolica latina*, I (*Ann. della Fac. di lettere di Cagliari*, XXVIII, 1960).

Auguste

ÉDITIONS : H. MALCOVATI, *Caesaris Augusti imperatoris operum fragmenta*[4] (*Paravia*, 1962) ; J. GAGÉ, *Res gestae*[2] (Strasbourg-Paris, 1950), avec comm. ; V. EHRENBERG et A.H.M. JONES, *Documents illustrating the Reigns of Augustus and Tiberius* (Oxford, 1976[3]) ; éd. H. Volkmann, *Res gestae Diui Augusti. Das Monumentum Ancyranum* (Berlin, 1967) ; éd. *Res Gestae Diui Augusti a cura* G.G. Belloni, 1987. — A CONSULTER : C. MARTHA, *Mélanges de littérature ancienne* (Paris, 1896) (Auguste et les lettres) ; G. BOISSIER, *Cicéron et ses amis*, p. 381-413 (Le testament politique d'Auguste) ; E. KORNEMANN, *Mausoleum und Tatenbericht des Augustus* (Leipzig, 1921) ; J. CARCOPINO, *Les secrets de la correspondance de Cicéron* (Paris, 1947) ; E.S. RAMAGE, *The Date of Augustus' Res Gestae* dans Chiron, XVII, 1988 ; T.R. RIDLEY, *Res gestae diui Augusti : the problem of chronology* dans Studi S. Calderone, II, Messine, 1986.

1. VIRGILE

MANUSCRITS : Sept mss. très anciens (IIIe au VIe s.), en capitale, fragmentaires ou avec des lacunes ; surtout : *Palatinus* (*Vaticanus*, 1631), avec *Vaticanus* 3225 et *Veronensis ; Mediceus* (Florence), révisé par Apronianus, consul en 494 ; *Romanus* (*Vaticanus*, 3867). Nombreux mss. des IXe-XIIe s.

ÉDITIONS COMPLÈTES : Princeps : Rome, 1469 ; — O. Ribbeck[2] (Leipzig, 1894-1895), avec *Prolegomena* ; E. Benoist[3-4] (Paris, 1882-1890) et Conington-Nettleship-Haverfield[3-5] (Londres, 1883-1898), avec comm. ; Gœlzer-Bellessort (*Budé*, 1915-1930), avec trad. franç. ; Sabbadini (Rome, 1930) ; nombreuses éditions scolaires (R. Pichon, Plessis-Lejay) et traductions.

COMMENTAIRES ANCIENS : *Vitae Virgilianae,* éd. Brummer (*Teubner,* 1912) ; Donatus, éd. Georgi (*Teubner,* 1905-1906) ; Servius, éd. Thilo-Hagen (Leipzig, 1880-1902) et E.K. Rand et ses collaborateurs (Lancaster Pr., 1946 ss.). Cf. E. THOMAS, *Les scoliastes de Virgile : Essai sur Servius* (Paris, 1879).

LANGUE : H. MERGUET, *Lexikon zu Vergilius* (Leipzig, 1912) ; M.N. WETMORE, *Index verborum Verg.* (New Haven, 2e éd., 1930).

ÉTUDES GÉNÉRALES : F. PEETERS, *A bibliography of Vergil* (*New York Univ., Bull. XXVIII,* 1933) ; N.W. DE WITT, *Virgils biographia litteraria* (Toronto, 1923) ; K. BÜCHNER, *P. Virgilius Maro, der Dichter der Römer* (Extrait de la *Real-Encycl.*, Stuttgart, 1961 ; trad. ital. par M. Bonaria, Brescia, 1963). — SAINTE-BEUVE, *Étude sur Virgile* (Paris, 1856) ; A. BELLESSORT, *Virgile, son œuvre et son temps* (Paris, 1920) ; H.W. PRESCOTT, *The development of Virgil's art* (Chicago, 1927) ; A. GUILLEMIN, *Virgile poète, artiste et penseur* (Paris, 1951) ; J. PERRET, *Virgile ; l'homme et l'œuvre* (Paris, 1952) et *Virgile,* ill. (Paris, 1959) ; M. DESPORT, *L'incantation virgilienne* (Bordeaux, 1952) ; B. OTIS, *Virgil, a study in civilized poetry* (Oxford, 1963). — F.G. EICHHOFF, *Études grecques sur Virgile* [passages imités] (Paris, 1825) ; A. GUILLEMIN, *L'originalité de Virgile* (Paris, 1931) ; F. ROIRON, *Étude sur l'imagination auditive de Virgile* (Paris, 1908) ; Fr. WEEGE, *Vergilio e l'arte figurativa* (Milan, 1931) ; H. BELLING, *Studien über die Compositionskunst Vergils* (Leipzig, 1899) ; W.F.J. KNIGHT, *Roman Vergil*[2] (Londres, 1966). — P. D'HÉROUVILLE, *A la campagne avec Virgile*[2] (Paris, 1930) ; *L'astronomie de Virgile* (Paris, 1940) ; RÉBELLIAU, *De Vergilio in muliebribus personis inventore* (Paris, 1892) ; P. FABRI, *Virgilio poeta sociale e politico* (Milan, 1929) ; J. BAYET, *L'expérience sociale de Virgile* (*Deucalion,* 1947)* ; C. RANZOLI, *Religione e filosofia di Vergilio* (Turin, 1900) ; P. BOYANCÉ, *La religion de V.* [plutôt « ... dans V. »] (Paris, 1964). — D. COMPARETTI, *Virgilio nel medio evo* (Turin, 1872) ; J.W. MACKAIL, *Virgil and his meaning to the World of to-day* (Londres, 1923) ; P. BOYANCÉ, *La religion de Virgile* (Paris, 1963) ; A.J. BOYLE, *The Chaonian Dove, Studies in the Eclogues, Georgics, and Aeneid of Virgil* (Leiden, 1986) ; K. BÜCHNER, *Virgilio, il poeta dei Romani,* 2e éd. (Brescia, 1986) ; *Enciclopedia Virgiliana,* dirigée par F. Della Corte : I, 1984 ; II, 1984 ; III, 1986 ; IV, 1988 ; V, 1, 1990 ; V, 2, 1991 ; J.P. BRISSON, *Virgile, son temps et le nôtre* (Paris, *Maspero,* 1966) ; BROOK-OTIS, *Virgil, a study in civilized poetry* (Oxford, 1964) ; K. BÜCHNER, *P. Vergilius Maro, Der Dichter der Römer* (1955) ; *Recherches sur Virgile (Virgiliana),* études rassemblées par H. Bardon et R. Verdière, Leiden, Brill, 1971 ; J. DION, *Les Passions dans l'œuvre de Virgile, Poétique et Philosophie* (Nancy, 1993) ; P. GRIMAL, *Virgile ou la seconde naissance de Rome* (Paris, *Arthaud,* 1985) ; A.M. GUILLEMIN, *Virgile, poète, artiste et penseur* (Paris, 1952) ; Ph. HEUZÉ, *L'image du corps dans l'œuvre de Virgile* (Rome, 1985) ; N. HORSFALL, *Virgilio : l'epopea in alambico* (Naples, 1991) ; F. KLINGNER, Virgil, *Bucolica Georgica Aeneis* (Zurich-Stuttgart, 1967) ; A.M. NEGRI, *Gli psiconimi in Virgilio* (Rome, 1984) ; E. PARATORE, *Virgilio,* 2e éd. (Firenze, 1954) ; J. PERRET, *Virgile, l'homme et l'œuvre* (Paris, 1952) ; V. PÖSCHL, *Die Dichtkunst Virgils, Bild und Symbol in der Aeneis* (Innsbrück, 1950) ; G. WILLIAMS, *Tradition and Originality in Roman Poetry* (Oxford, 1968) ; M. WIGODSKY, *Vergil and Early Latin Poetry* (Wiesbaden, 1972).

RÉCEPTION DES TEXTES : L. BORSETTO, *L'Eneida tradotta : riscritture poetiche del teste di Vergilio nel XVI secolo,* Quaderni dell'Ist. di Filologia e Letteratura Italiana dell' Universita degli Studi di Padova (Milan, 1989) ; Chr. BASWELL, *Virgil in Medieval England* (*Cambridge Studies in Medieval Literature,* 24, 1995) ; D. COMPARETTI, *Virgilio nel Medio Evo* (Florence, 1943) ; *Lectures médiévales de Virgile.* Actes du Colloque organisé par l'École française de Rome (25-28 octobre 1982), *École française de Rome,* 1985 ; Ch. MARTINDALE (éd.), *Virgil and his influence* (Bristol, 1984).

LEXIQUE : H. OLM-WARWICK, *A Virgil Concordance* (Minneapolis, *Université du Minnesota,* 1975) ; R. LECROMPE, Virgile. *Bucoliques,* Index uerborum, relevés statistiques (Hildesheim-New York, 1970) ; H. MERGUET, *Lexicon zu Vergilius* (Leipzig, 1902, Hildesheim, 1960) ; B. ZUCCHELLI, *Indici, lessici, concordanze* dans *Enciclopedia Virgiliana,* II, 943-945 (présentation des indices, lexiques et concordances virgiliens) ; G.M. BASTINIANINI, *Repertor Uergilianus* (Naples, 1992) ; D. FASCIANO, *Virgile. Concordance.* I. *Éclogues, Géorgiques, Énéide.* II. *Appendix Uergiliana* (Rome-Montréal, 1982) ; H. MORGENROTH, D. NAJOCK, *Concordantia in Corpus Priapeorum et in Peruigilium Ueneris* (Hildesheim, 1983) ; *Concordantia in appendicem Uergilianum* (Hildesheim, 1990).

Appendix Vergiliana

ÉDITIONS : M. Rat (Paris, [1935]), avec trad. fr. ; A. Salvatore (*Paravia,* 1957 ss. et Naples, 1964), crit. ; *Culex* et *Ciris,* par Curcio (*Paravia,* 1928) ; *Culex,* par Plésent (Paris, 1910) ; *Ciris,* par Lenchantin de Gubernatis (Turin, 1930) ; R. Helm (Heidelberg, 1937) ; A. Haury (Bordeaux, 1957) ; *Epigrammata et Priapea,* par Galletier (Paris, 1920) ; *Catalepton,* par R.E.H. Westendorp-Boema (Assen, 1949-1963), avec com. latin ; *Appendix Vergiliana,* ed. W.V. Clausen, F.R.D. Goodyear, E.J.

Kennedy, J.A. Richmond, Oxford Classical Texts, 1966 ; *Appendix Vergiliana*, ed. Armando Salvatore (Corpus Paravianum) : *Ciris-Culex*, 1957 ; *Dirae (Lydia) - Copa - Moretum - Catalepton*, 1960 ; *Appendix Vergiliana*, ed. R. Giomini, *Biblioteca di Studi Superiori*, Firenze, 1953, 1962 ; *Appendix Vergiliana*, ed. et trad. M. Dolç, Barcelone, 1982-84 ; *Appendix Vergiliana*, Enciclopedia virgiliana V, texte et trad. G. Pete, 1991 (comprend *Catalepton, Priapea, Priapeum « Quid hoc noui est ? », Dirae, Lydia, Ciris, Culex, Aetna, Copa, Moretum, Elegiae in Maecenatem, De rosis nascentibus, De institutione uiri boni, De est et non*).

ÉTUDES : Th. BIRT, *Jugendverse und Heimatpoesie Vergils* (Leipzig-Berlin, 1910) ; A. ROSTAGNI, *Virgilio Minore* (Turin, 1933) ; Ch. PLÉSENT, *Le Culex : étude sur l'alexandrinisme latin* (Paris, 1910) ; A. KLOTZ, *Zum Culex* (*Hermes*, 1926) ; F. MUNARI, *Studi sulla Ciris* (Florence, 1944) ; A. SALVATORE, *Studi sulla tradizione manoscritta e sul testo della Ciris*, I (Naples, 1955).

Bucoliques

ÉDITIONS : crit. par E. de Saint-Denis (*Budé*, 1942), avec trad. fr. ; L. Castiglioni-R. Sabbadini (*Paravia*, 2e éd., 1960) ; J. Perret (*Érasme*, 1961) ; *Bucoliques*, traduction du latin par J.P. Chausserie-Laprée, présentation par Cl.M. Cluny, *Orphée, La Différence* (Paris, 1993). Trad. en vers (théorie ds *R.É.L.*, t. 70, 1992, p. 107-121) ; Éd. R. Coleman, *Vergil. Eclogues* (Cambridge, 1977) ; E. Coleiro, *An Introduction to Vergil's Bucolics*, with a crit. ed. of the text (Amsterdam, 1979) ; *A Commentary on Virgil : Eclogues*, éd., intr., comm. par W. Clausen (*Oxford C.T.*, 1996).

ÉTUDES : A. CARTAULT, *Étude sur les Bucoliques de Virgile* (Paris, 1897) ; K. WITTE, *Der Bukoliker Vergil* (Stuttgart, 1922) ; S. SKUTSCH-DORFF, *Vergils Satyrspiel* (Leipzig, 1922). — F. SKUTSCH, *Aus Vergils Frühzeit* (Leipzig, 1901) ; J. BAYET, *L'évolution de l'art de Virgile des origines aux Géorgiques* (*Rev. des Cours et Conférences*, 1930)* ; P. MAURY, *Le secret de Virgile et l'architecture des Bucoliques* (*Lettres d'Humanité*, III, 1944) ; J. HUBAUX, *Le réalisme dans les Bucoliques de Virgile* (Liège-Paris, 1927). — J. BAYET, *Virgile et les triumvirs agris dividundis* (*Rev. des Ét. latines*, VI, 1928)* ; E. NORDEN, *Die Geburt des Kindes* (Wartburg-Leipzig, 1924) ; W. WEBER, *Der Prophet und sein Gott* (Leipzig, 1925) ; H. JEANMAIRE, *Le messianisme de Virgile* (Paris, 1930) ; J. CARCOPINO, *Virgile et le mystère de la IVe Églogue*[2] (Paris, 1930) ; G. JACHMANN, *Die vierte Ekloge Vergils* (*Ann. d. Scuola Normale sup. di Pisa*, 1952) ; P. GRIMAL, *La Ve Égl. et le culte de César* (*Mél. Picard*, 1949) ; F. BOEMER, *Vergil und Augustus* (*Gymnasium*, LVIII, 1951) ; E.L. BROWN, *Numeri Vergiliani* (Ecl. et Géorg. : *Latomus* LXIII, Bruxelles, 1963) ; G. STEGEN, *Commentaire sur cinq Bucoliques de Virgile* (Namur, 1957).

Géorgiques

ÉDITIONS : cr. par E. de Saint-Denis (*Budé*, 1956), avec trad. fr. ; cr. com. par W. Richter (Munich, 1957) ; L. Castiglioni-R. Sabbadini (*Paravia*, 2e éd., 1961) ; trad. M. Dolç (Barcelone, 1963) ; L.P. Wilkinson, *The Georgics of Virgil ; a critical study* (Cambridge, 1969) ; éd. R.F. Thomas (*Cambridge University Press*, 1988) ; R.A.B. Mynors, *Virgil Georgics*, edited with a commentary and with a preface by R.G. Nisbet (*Oxford Clarendon Press*, 1990).

ÉTUDES : J. BAYET, *Les premières Géorgiques de V.* (*R. de phil.*, 1930)* ; R. BILLIARD, *L'agriculture dans l'Antiquité d'après les Géorg. de Virgile* (Paris, 1928) ; P. D'HÉROUVILLE, *Géorgiques, I-II : champs, vergers, forêts* (Paris, 1942) ; E. BURK, *Die Komposition von Vergils Georg.* (*Hermes*, 1929) ; M. SCHMIDT, *Die Komposition von Verg. Georg.* (Paderborn, 1930) ; H. KLEPL, *Lukrez und Vergil in ihren Lehrgedichten* (Leipzig, 1940) ; C.A. DISANDRO, *Las Georgicas de Vergilio : estudio de estructura poetica* (Buenos Aires, 1956-1957) ; J. ECHAVE SUSTAETA, *Acotaciones al estilo de las G.* (*Helmantica*, XII, 1961) ; J. BAYET, *Un procédé virgilien : la description synthétique dans les Géorgiques* (*Mélanges G. Funaioli*, Rome, 1954)* ; E. DE SAINT-DENIS, *Notes sur le l. IV* (*Rev. d. Ét. l.*, XXVIII, 1950) ; W. RICHTER, *Georgica*, (1957).

Énéide

ÉDITIONS : Sabbadini (Turin, 1918 ss.) et Sabbadini-Castiglioni (*Paravia*, 4e éd., 1958) ; Mackail (Oxford, 1930) ; Goelzer-R. Durand, trad. par Bellessort (*Budé*, 1925-1935) ; IIe Chant par R.G. Austin (Oxford, 1964) ; IIIe, par R.D. Williams (Oxford, 1962) ; IVe, par Buscaroli (Milan, 1932) ; A. Stanley Pease (Cambridge-Londres, 1935) ; VIe, par E. Norden[3] (Leipzig-Berlin, 1926) ; Virgilio, *Eneide*. Traduzione, presentazione e commento di Francesco Della Corte (Milano, *U. Mursia*, 1966) ; éd. E. Paratore, trad. L. Canali, Milan, 1978-83 (6 vol.) ; M. Chouet, *Virgile, l'Énéide. Traduction rythmée* (Genève, 1984) ; D. West, Virgil, *The Aeneid, a new prose translation* (Londres, 1990) ; Œuvres complètes traduites du latin par J.P. Chausserie-Laprée : *L'Énéide*, texte bilingue présenté par Cl.M. Cluny, Paris, La Différence, 1993, 639 pages.

ÉTUDES : J. PERRET, *Les origines de la légende de Rome* (Paris, 1942) ; A. GERCKE, *Die Entstehung der Aeneis* (Berlin, 1913) ; HILD, *La légende d'Énée avant Virgile* (Paris, 1883) ; H. DE LA VILLE DE MIRMONT, *Les Argonautiques et l'Énéide* (Paris, 1894) ; E. NORDEN, *Ennius und Vergil* (Leipzig-Berlin, 1915) ; W.F.J. KNIGHT, *Vergil's Troy, Essay on the second book of the Æneid* (Oxford, 1932) ; J. CARCOPINO, *Virgile et les origines d'Ostie* (Paris, 1919) ; P. COUISSIN, *Virgile et l'Italie primitive* (*Rev. des Cours et Conférences,* 1932) ; B. TILLY, *Vergil's Latium* (Oxford, 1947) ; A. CARTAULT, *L'art de Virgile dans l'Énéide* (Paris, 1926) ; R. HEINZE, *Vergils epische Technik*[4] (Leipzig, 1928) ; A. CORDIER, *Études sur le vocabulaire épique dans l'Énéide* (Paris, 1939) ; L. CONSTANS, *L'Énéide de Virgile* (Paris, [1938]) ; A.M. GUILLEMIN, *L'Énéide drame de la conscience* (*Cahiers de Neuilly,* VII) ; V. PÖSCHL, *Die Dichtkunst Virgils. Bild und Symbol in der Aeneis* (Wiesbaden, 1950) ; F.J. WORTSBROCK, *Elemente einer Poetik der Aeneis* (Münster, 1963) ; W. CLAUSEN, *Virgil's Aeneid and the Tradition of Hellenistic Poetry* (Berkeley and Los Angeles, *University of California Press,* 1987); F. DELLA CORTE, *La mappa dell'Eneide* (Florence, 1972) ; K.W. GRANDSEN, *Virgil, The Aeneid,* Landmarks of old litterature : Cambridge University Press, 118 pages ; *Virgil's Iliad. An essay on epic narrative* (Cambridge, 1984) ; Ph. HARDIE, *Virgil's Aeneid : Cosmos and Imperium* (Oxford, 1986) ; R. LESUEUR, *L'Énéide de Virgile. Étude sur la composition rythmique d'une épopée* (Toulouse, 1975) ; V. MELLINGHOFF-BOURGERIE, *Les incertitudes de Virgile. Contributions épicuriennes à la théologie de l'Énéide* (Bruxelles, 1991) ; A. NOVARA, *Poésie virgilienne de la mémoire, questions sur l'histoire dans l'Énéide 8* (Clermont-Ferrand, 1986) ; W. MOSKALEW, *Formular Language and Poetic Design in the Aeneid* (Leyde, 1982) ; J. THOMAS, *Les structures de l'imaginaire dans l'Énéide* (Paris, 1981) ; *Le dépassement du quotidien dans l'Énéide, les Métamorphoses d'Apulée et le Satiricon* (Paris, *Les Belles Lettres,* 1986).

SURVIE DU TEXTE : R.A. KASTER, *The tradition of the text of the Aeneid in the Ninth Century, Garland Publishing,* New York & London, 1990, 358 pages.

2. HORACE

MANUSCRITS : D'une part le *Blandinius uetustissimus,* détruit, connu seulement par l'édition de Cruquius (Anvers, 1578) ; de l'autre, nombreux mss des IXe-Xe s. (*Parisinus* 7900 A ; *Bernensis* 363 ; de Munich, 14685 ; Strasbourg [détruit] ; Oxford ; *Reginensis* 1703, au Vatican ; etc.), assez mal répartis en trois classes.

ÉDITIONS COMPLÈTES : Princeps : Italie, vers 1470. — Keller-Holder[2] (Iéna, 1899-1925) ; Vollmer (Leipzig, 1912), avec appendices sur la métrique et la grammaire ; F. Klingner[3] (*Teubner,* 1959) ; M. Lenchantin de Gubernatis-D. Bo (*Paravia,* 1958-1960). — Avec commentaire : Orelli-Baiter[4]-Hirschfelder-Mewes (Berlin, 1886-1892), en latin ; Wickham (Oxford, 1891-1896), en anglais ; Plessis-Lejay-Galletier (Paris, 1911 ss.), en français ; Kiessling-Heinze[4-5] (Berlin, 1914-1957), en allemand. — Avec traduction française : Villeneuve (*Budé,* 1927-1934) ; *Opera (Ars Poetica, Carminum libri IV, Carmen saeculare, Epistularum libri duo, Epodon liber, Sermonum libri duo),* ed. S. Borzák, Leipzig, Teubner, 1984 ; A. Kiessling, R. Heinze, E. Burk, *Horatius,* Werke I : *Oden und Epoden* (Berlin, 1984[14]) ; Werke II : *Satiren* (Berlin, 1977[11]); Werke III : *Briefe* (Berlin, 1984[14]) ; éd. D.R. Schackleton Bailey, Stuttgart, *Teubner,* 1985. — COMMENTAIRES ANCIENS : de Porphyrion, éd. A. Holder (Innsbruck, 1894) ; d'Acron, éd. O. Keller (Leipzig, 1902-1904) ; autres, éd. H.J. Botschuyver (Amsterdam, 1935).

LEXIQUES : G.A. KOCH, *Vollständiges Wörterbuch zu den Gedichten des Horaz*[2] (Hanovre, 1879) ; E. STAEDLER, *Thesaurus Horatianus* (Berlin, 1962) ; C. PASCAL, *Index raisonné de la mythologie d'Horace* (Paris, 1904) ; etc.

ÉTUDES GÉNÉRALES : C.A. WALKENAËR, *Histoire de la vie et des poésies d'Horace* (Paris, 1858) ; J.F. D'ALTON, *Horace ans his age* (Londres, 1917) ; A.Y. CAMPBELL, *Horace, a new interpretation* (Londres, 1924) ; Gr. SHOWERMAN, *Horace and his influence* (Boston, 1922) ; Th. ZIELINSKI, *Horace et la société romaine du temps d'Auguste* (Paris, 1938) ; W. WILI, *Horaz und die augusteische Kultur* (Bâle, 1948) ; Ed. FRAENKEL, *Horace*[3] (Oxford, 1966) ; P. GRIMAL, *Horace* (Paris, 1958), ill. ; J. PERRET, *Horace* (Paris, 1959) ; C. BECKER, *Das Spätwerk des Horaz* (Göttingen, 1963) ; E. BURCK, *Horaz* II. *Nachwort und bibliographische Nachträge*[9] (Berlin, 1957) ; K. BÜCHNER, *Horaz* (Wiesbaden, 1962) ; U. GALLI, *Il sentimento della morte nella poesia die Orazio* (Milan, 1917) ; R. REITZENSTEIN, *Das römische in Cicero und Horaz* (Leipzig, 1925) ; K. WITTE, *Horaz und Vergil : Kritik oder Abbau* (Erlangen, 1922). — G. LUGLI, *La villa sabina di Orazio* (*Monumenti Antichi,* 1926-1927) ; E.K. RAND, *A walk to Horace's farm* (Boston-New York, 1930). — A. WALTZ, *Des variations de la langue et de la métrique d'Horace dans ses différents ouvrages* (Paris, 1881). — J. MARMIER, *H. en France au XVIIe s.* (Paris, 1962) ; J. MAROUZEAU, *H. dans la littérature fr.* (*Rev. d. Ét. lat.,* XIII, 1935) ; P. CONNOR, *Horace's lyric poetry* ; V. CREMONA, *La Poesia civile di Orazio* ; G. DAVIS, *Polyhymnia. The rhetoric of Horatian lyric discourse* (Berkeley, Los Angeles, Oxford, *University of California Press,* 1991) ; *Hommage to Horace, A Bimillenary Celebration* (Oxford, 1995) ; M. HUBBARD, *A commentary on Horace Odes* (Oxford, 1979-1980) ; A. LA PENNA, *Orazio e l'ideologia del principato* (Turin, 1963) ; N. RUDD, *The Satires of Horace* (Cambridge, 1966).

Satires et Épîtres

A. CARTAULT, *Étude sur les satires d'Horace* (Paris, 1899) ; K. WITTE, *Der Satirendichter Horaz* (Erlangen, 1923) ; A. OLTRAMARE, *Les origines de la diatribe romaine* (Paris, 1926) ; C.G. FISKE, *Lucilius and Horace* (Madison, 1920) ; U. KNOCHE, *Die römische Satire* (Göttingen, 1957) ; J. BOURCIEZ, *Le sermo cotidianus dans les satires d'Horace* (Paris, 1927) ; E. DE SAINT-DENIS, L'humour dans les Sat. d'H. (*Rev. de philol.*, 1964). — E. COURBAUD, *Horace, sa vie et sa pensée à l'époque des Épîtres : étude sur le Ier livre* (Paris, 1914). — C. PASCAL, *La critica dei poeti Romani in Orazio* (Catane, 1920) ; *Satires*, I, with an Introduction, Text, Translation and Commentary, by P. Michael Brown, Aris & Philips, Warminster, England, 1993, XI et 194 pages ; II, with an Introduction, Translation and Commentary, by Frances Muecke, 1993, XII et 243 pages.

Art poétique

ÉDITIONS : Albert (Paris, 1886) et Rostagni (Turin, 1930), avec commentaire.

ÉTUDES : E. NORDEN, *Die Composition und Literaturgaltung der horazischen Epistula ad Pisones* (*Hermes*, 1905) ; M.A. GRANT-FISKE, *Cicero's Orator and Horace's Ars Poetica* (Cambridge U.S., 1924) ; G. RAMAIN, *Sur la composition de l'Art poétique d'Horace* (*Rev. de philol.*, 1927) ; O. IMMISCH, *Horazens Epistel über die Dichtkunst* (Leipzig, 1932) ; W. STEIDLE, *Studien zur A.P. des Horaz*, I-294 (Würtzburg, 1939) ; F. CUPAIUOLO, *L'epistola di O. ai Pisoni* (Naples, 1941) ; G. PAVANO, *Introduzione all'A.P. di O.* (Palerme, 1944) ; P. GRIMAL, *Essai sur l'Art poétique* (Paris, 1968).

Œuvres lyriques

ÉDITIONS : C.L. Smith[4]-Darnley-Maylor (Cambridge, 1922) ; Ussani[3] (Turin, 1922-1923) ; A.Y. Campbel (Liverpool, 1945) ; *Épodes*, par Giarratano (Turin, 1930), avec commentaire ; M. Beck, *Odi, Epodi*, introduction, texte, traduction et notes (Milan, 1989) ; *Épodes*, éd. D. Mankin (Cambridge, 1995).

ÉTUDES : G. PASQUALI, *Orazio Lirico* (Florence, 1920) ; Th. BIRT, *Horaz' Lieder* (Leipzig, 1926) ; L.P. WILKINSON, *Horace and his Lyric Poetry* (Cambridge, 1945) ; St. COMMAGER, *The Odes of H.* (New Haven-Londres, 1962) ; Th. PLÜSZ, *Das Iambenbuch des Horaz* (Leipzig, 1904) ; F. OLIVIER, *Les Épodes d'Horace* (Paris, 1917) ; A. HAUVETTE, *Un poète ionien au VIIe siècle : Archiloque et ses poésies* (Paris, 1905) ; W.J. OATES, *The Influence of Simonides of Ceos upon Horace* (Princeton, 1932) ; E. FRÄNKEL, *Das Pindargedicht des Horaz* (*Sitzungsb. der Heidelberger Akad.*, 1932) ; T. FRANK, *Catullus and Horace* (New York, 1928). — SCHILLER-RIEMANN, *Mètres lyriques d'Horace* (Paris, 1883) ; R. HEINZE, *Die lyrischen Versmasse des Horaz* (Leipzig, 1918) ; W. GEBHARDT[3]-A. SCHEFFLER, *Ein ästhetischer Kommentar zu den lyrischen Dichtungen des Horaz* (Paderborn, 1913) ; E. STEMPLINGER, *Das Fortleben der horazischen Lyrik seit der Renaissance* (Leipzig, 1916) ; F. CUPAIUOLO, *Lettura di Orazio lirico* (Naples, 1967).

BIBLIOGRAPHIE : 1936-1975 : W. de Gruyter, *Aufstieg und Niedergang der römischen Welt*, Berlin, New York, vol. II, 31, 3, p. 1411-1541.

TRANSMISSION DES TEXTES : C.O. BRINK, *Horace on Poetry : the Ars Poetica* (Cambridge, 1971).

RÉCEPTION DES TEXTES : Ch. Martindale, D. Hopkins (éd.), *Horace made new. Horatian influences on British writing from the Renaissance to the twentieth century*, Cambridge University Press, 1993, XVIII et 330 pages in 8°, 8 pl.

LEXIQUE : D. BO, *Lexicon Horatianum* (Hildesheim, Olms, 1965-66) ; L. COOPER, *A Concordance to the Works of Horace* (Washington, 1916) ; J.J. ECHEGOYEN, *Concordantia Horatiana. A concordance to Horace* (Hildensheim-Zurich-New York, *Olms-Weidmann*, 1990) ; E. STAEDLER-R. MÜLLER, *Thesaurus Horatianus* (Berlin, 1962).

3. TITE-LIVE

MANUSCRITS : Pour la *1re Décade*, palimpseste fragmentaire de Vérone (IVe s.), et mss. de la recension faite pour Symmaque, par Victorianus et les Nicomachi (*Floriacensis* du IXe et *Parisiensis* du Xe s., Paris, 5724 et 5725 ; *Mediceus* de Florence, X^e^-XIe s. ; etc.). Pour la *3e Décade*, un seul ms. (*Paris*, 5730, VIe s.) et (l. XXVI-XXX) copies d'un *Spirensis* perdu. Pour la *4e Décade*, ms. de Bamberg (XIe s.). Pour la *5e Décade*, ms. de Vienne (V^e^-VIe s.). — Cf. MADVIG, *Emendationes livianae*[2] (Copenhague, 1877) ;

A. HARANT, *Emendationes et adnotationes ad T. Livium* (Paris, 1880) ; ROOBOL, *Exercitationes criticae in T.L. Libros XLI-XLV* (Utrecht, 1916).

ÉDITIONS : Princeps, par Jean d'Aléria (1460). — Crevier (Paris, 1735-1742) ; Drakenborch (Leyde-Amsterdam, 1738-1746), avec les commentaires des humanistes. Critiques : Conway-Walters-Johnson (Oxford, 1914 ss.) ; J. Bayet... (*Budé*, 1940 ss.), avec trad. fr. (par G. Baillet...). — Avec trad. fr. : E. Lasserre (Paris, [1934 ss.]). — Avec commentaire allemand : Weissenborn-Müller $^{2-10}$ (Berlin, 1880-1924). — Partielles : l. I-II, par Moritz Müller, avec comm. allemand ; l. I, par J. Heurgon (*Érasme*, 1963) ; *A comment. on* I-V, par R.M. Ogilvie (Oxford, 1965) ; l. VI-VIII, par Weissenborn-Müller-Rossbach (Berlin, 1924) ; l. XXI-XXX, par Harant-Pichon, Gœlzer, Riemann-Benoist-Homolle (Paris), avec commentaires scolaires ; l. XXII, par G. Vallet (*Érasme*, 1966) ; l. XXVI-XXX et XXI-XXX, par Luchs (Berlin, 1879 et 1888-1889) ; l. XXXI-XXXV, critique, par A.H. McDonald (Oxford, 1965).

C.U.F. : 24 livres (en 22 tomes) sur 35 (*Periochae* en 2 volumes) ; Teubner et Oxford Classical Texts : l'ensemble de l'œuvre.

COMMENTAIRES : R.M. OGILVIE, *A Commentary on Livy*, Books I-V (Oxford, 1965) ; J. BRISCOE, *A Commentary on Livy* (Books XXXI-XXXIII, Oxford, 1973 ; Books XXXIV-XXXVII, Oxford, 1981).

LANGUE, SYNTAXE ET STYLE : ERNESTI ^{2}-SCHÄFER-KREYSSIG, *Glossarium livianum* (Leipzig, 1827). — KÜHNAST, *Livianische Syntax* (Berlin, 1872) ; O. RIEMANN, *Études sur la langue et la grammaire de Tite-Live*^{2} (Paris, 1885). — E. BALLAS, *Die Phraseologie des Livius* (Posen, 1885) ; S.G. STACEY, *Die Entwicklung des livianischen Stiles* (*Archiv für lateinische Lexikographie und Grammatik*, X, 1898) ; N.I. HERESCU, *Points de vue sur la langue de Tite-Live* (*Rev. Clasica*, XIII-XIV, 1941-1942) ; A.H. MCDONALD, *The style of Livy* (*Journal of Roman Studies*, 1957) ; K. LINDEMANN, *Beobachtungen zur livianischen Periodenkunst* (Marbourg, 1964).

ÉTUDES GÉNÉRALES : H. TAINE, *Essai sur Tite-Live* (Paris, 1856) ; D. NISARD, *Les quatre grands historiens latins* (Paris, 1874) ; H. BORNECQUE, *Tite-Live* (Paris, 1933) ; P. ZANCAN, *Tito Livio : Saggio storico* (Milan, 1940) ; Fr. HELLMANN, *Livius-Interpretationen* (Berlin, 1939). — HISTORIQUES : H. PETER, *Wahrheit und Kunst : Geschichtsschreibung und Plagiat im klassischen Altertum* (Leipzig, 1911) ; A. NISSEN, *Kritische Untersuchungen über die Quellen des Livius* (Berlin, 1863) ; SOLTAU, *Livius' Geschichstwerk : seine Komposition und seine Quellen* (Leipzig, 1897) ; A. KLOTZ, *Livius und seine Vorgänger* (Leipzig, 1941) ; J. BAYET, *Réflexions sur la méthodologie de la plus ancienne histoire classique : Liv., II*, 6-15 (*Recherches philosophiques*, 1932)* ; Fr. LUTERBACHER, *De fontibus l. XXI-XXII Titi Livii* (Strasbourg, 1875) ; W. HOFFMANN, *Livius und der 2. punische Krieg* (Leipzig, 1942) ; KAHRSTEDT, *Die Annalistik von Livius XXXI-XLV* (Berlin, 1913) [Cf. KLOTZ, *Hermes*, 1915] ; P.G. WALSH, *Livy, his historical aims and methods* (Cambridge, 1961) ; G. STUEBLER, *Die Religiosität des Livius* (Stuttgart, 1941) ; R. BLOCH, *T.-L. et les premiers siècles de Rome* (Paris, 1965). — LITTÉRAIRES : W. KROLL, *Die Kunst des Livius* (*Neue Jahrb. f. d. klass. Altertum*, 1921). — WITTE, *Ueber die Form der Darstellung in Livius' Geschichtswerk* (*Rheinisches Museum*, 1910) ; DELARUELLE, *Les procédés de rédaction de Tite-Live étudiés dans une de ses narrations* (*Revue de philol.*, 1913) ; A. REICHENBERGER, *Studien zum Erzählungsstil des Titus Livius* (Diss. Heidelberg, 1931) ; E. BURCK, *Die Erzählungskunst des T. Livius* (Berlin, 1934 ; nouv. éd. 1964) ; G. THEISSEN, *De Sall., Livii, Taciti digressionibus* (Berlin, 1912) ; L. CATIN, *En lisant Tite-Live* (Paris, 1944) ; E. BURCK, *Die Künstlerische Komposition der 3. Dekade des Livius* (Heidelberg, 1949). — H.W. CANTER, *Rhetorical elements in Livy's direct speeches* (*American Journal of Philology*, 1917 et 1918) ; A. LAMBERT, *Die indirekte Rede als Kunstlerisches Stilmittel des Livius* (Diss. Zürich, 1946) ; R. ULLMANN, *Étude sur le style des discours de Tite-Live* (Oslo, 1928) ; *Les clausules métriques dans les discours de Salluste, Tite-Live et Tacite* (*Symbolae Osloenses*, 1925). — A. RETTORE, *Tito Livio Patavino precursore della decadenza lingua latina* (Prato, 1907) ; J. BAYET, *Introduction générale à l'œuvre de Tite-Live, C.U.F.*, livre I, Paris, 1982 (1re édition, 1940) ; E. BURCK, *Einführung in die dritte Dekade des Livius* (Heidelberg, 1962 ^{2}) ; *Wege zu Livius* (Darmstadt, 1967) ; R. CATIN, *En lisant Tite-Live* (Paris, 1944) ; J.P. CHAUSSERIE-LAPRÉE, *L'expression narrative chez les historiens latins. Histoire d'un style* (Paris, 1969) ; J. DANGEL, *La phrase oratoire chez Tite-Live* (Paris, *Les Belles Lettres*, 1982) ; P. JAL, *Tite-Live et le métier d'historien dans la Rome d'Auguste* (*B.A.G.B.*, 1990/1) ; I. KAJANTO, *God and fate in Livy* (Turku, 1957) ; T.J. LUCE, *Livy. The Composition of his History* (*Princeton University Press*, 1977) ; E. PIANEZZOLA, *Traduzione e ideologia. Livio interprete di Polibio* (Bologne, 1969) ; G. STUEBLER, *Die Religiosität bei Livius* (Stuttgart-Berlin, 1941) ; R. SYME, *Livy and Augustus*, dans Harvard Studies in Classical Philology, 64, 1959 ; H. TRÄNKLE, *Livius und Polybios* (Bâle, 1977).

TRANSMISSION DES TEXTES : G. BILLANOVITCH, *Petrarch and the textual tradition of Livy, Journal of the Warburg and Courtauld Institutes*, 14 (1951) ; *La tradizione del testo di Liuio e le origini dell' umanesimo* (Paris, 1981) ; M.D. REEVE, *The Third Decade of Livy in Italy : the Family of the Putea-*

nus (*R.F.I.C.*, 115, 1987, p. 129-164) ; *The Third Decade of Livy in Italy : the Spirensian Tradition* (*R.F.I.C.*, 115, 1987, p. 405-440).

BIBLIOGRAPHIE : W. Kissel, *Livius* 1933-1978. *Eine Gesamtbibliographie,* dans Aufstieg und Niedergang der römischen Welt, II, 30/2, Berlin, 1982.

LEXIQUE : D.W. Packard, *A concordance to Livy* (*Harvard University Press,* 1968).

CHAPITRE VI

LA LITTÉRATURE AUGUSTÉENNE

La monarchie. — En 27 avant J.-C., le Sénat avait décerné à Octave le nom d'*Augustus,* qui s'appliquait aux dieux et aux temples rituellement consacrés : on peut dater de cet acte la reconnaissance officielle du nouveau régime qui fait de l'Empire romain une monarchie. Mais Auguste, très prudent et craignant d'être assassiné comme son père adoptif César, s'appliqua à sauvegarder, surtout dans les titres qu'il se faisait attribuer, les apparences républicaines : il n'était soi-disant, que « le premier des sénateurs », *princeps,* et n'imposait sa volonté que par ascendant ou « autorité » personnelle. De là le nom de principat qui a été donné au régime. Cependant Auguste travaillait peu à peu à s'assurer de nouveaux pouvoirs et à les rendre durables, surtout à partir de l'an 23, où il s'acquit de façon permanente la puissance tribunicienne et l'*imperium* proconsulaire : c'est-à-dire pleine inviolabilité et totale disposition, civile et militaire, de l'Empire. En 12 av. J.-C., il acheva de se rendre maître de la religion de l'État, en se faisant acclamer grand pontife. Dès lors, nul Romain intelligent ne pouvait plus douter que c'en était fait de la liberté publique. Mais la période de transition avait duré quinze ans.

La littérature augustéenne. — C'est dans cet intervalle que se constitue la littérature augustéenne, à la fois nourrie de classicisme et limitée par les nouvelles conditions politiques et sociales.

Auguste, en effet, a eu l'habileté d'annexer à la gloire de son règne les grands écrivains qui s'étaient formés avant son avènement : Virgile, césarien de longue date, s'était donné à lui avec un tendre enthousiasme ; Horace s'était rallié avec souplesse au cercle de Mécène ; tous deux furent complaisants aux commandes officielles. Et Tite-Live, jouissant comme eux de l'ordre et de la paix que le prince assurait à Rome, entra lui aussi, bien que « pompéien », dans la familiarité impériale. Mais ces trois hommes ne représentent ni l'un ni l'autre l'art proprement augustéen : ils en sont les maîtres.

Et cependant, de ton et de portée, la littérature augustéenne est toute différente de leurs œuvres. C'est que la vie nationale a changé d'aspect ; la société, partie par évolution nécessaire et partie selon la volonté d'Auguste, s'est organisée sur des bases nouvelles : les mœurs et les goûts s'étant modifiés, l'art aussi s'est transformé.

L'indifférence politique. — L'ancien nationalisme romain s'était appuyé, inégalement, sur l'orgueil militaire, la rigidité morale, l'observance religieuse. Mais, lorsque Auguste prit le pouvoir, il y avait longtemps déjà que la morale et la religion étaient décadentes. Il s'appliqua à les restaurer, et, pendant un temps, donna l'illusion qu'il y réussirait : Virgile et Horace furent soutenus par cet espoir. Bientôt l'échec s'avéra. Ainsi Auguste avait pris une série de mesures, les « lois Juliennes », pour favoriser les mariages féconds, pour combattre le célibat et réprimer l'adultère ; mais il suffit d'ouvrir les élégiaques pour se rendre compte du peu d'intérêt qui s'attacha, dans la société mondaine, à de telles dispositions : quelques pièces de sentiment familial sont adroitement disposées par le poète (d'après un procédé déjà connu des Grecs et de Catulle) de façon à mieux faire valoir les libres fantaisies du demi-monde galant. De même les longs efforts d'Auguste pour relever, avec les sanctuaires ruineux, la religion nationale ne font plus que rappeler l'attention sur des bizarreries d'antiquaires, traitées pour l'amusement, de façon tout extérieure, sans l'ombre de vénération : les *Fastes* d'Ovide en sont témoin. Et le culte d'Apollon Palatin, dont Auguste avait voulu faire le symbole religieux du nouveau régime, suscite, semble-t-il, de moins en moins d'attachement.

Restait l'armée. Mais les ravages des guerres civiles lui avaient aliéné les cœurs ; et Auguste la relégua aux frontières, où elle était silencieusement vouée à la défense du territoire — et du pouvoir monarchique. On la perdit de vue ; l'orgueil des dernières grandes conquêtes s'évanouissait. Et les chefs les plus énergiques désiraient même moins les grands commandements depuis que manquait l'appât des triomphes, réservés (depuis 20 av. J.-C.) à l'empereur et à sa famille. Ainsi se crée un état d'esprit presque antimilitariste, ce qui n'est pas le caractère le moins curieux de la nouvelle littérature.

Le prince même ne peut, par sa personne, susciter un nouvel intérêt politique. Il s'en faut bien que l'enthousiasme pour lui se maintienne au niveau où l'avaient porté Virgile et Horace. Le loyalisme, bien souvent, n'est plus que formules prudentes ou convenues à l'égard du pouvoir établi ; point de vraie ferveur : à plus forte raison, point de dévouement dynastique. Gêné par l'hypocrisie qui maintient, en pleine monarchie, les formes républicaines, Auguste ne peut ni se faire librement adorer ni assurer en droit sa succession. Ainsi la société romaine, privée de l'ancienne armature nationale, ne trouve pas à s'intéresser à un avenir politique nouveau. Aux problèmes hautement humains que se propose un peuple responsable de ses destinées se substituent des recherches et des curiosités individuelles, aussi bien en morale et en psychologie qu'en art.

Les transformations sociales. — En contrepartie, la société cultivée s'élargit et peut donner plus de son temps aux lettres. L'ordre nouveau, en faisant régner la paix et en coupant court aux ambitions particulières, crée des loisirs à tout l'ancien personnel dirigeant de l'État. Tous ceux qui aspirent aux charges gouvernementales doivent suivre désormais, étape par étape, une carrière de fonctionnaire : plus ou moins vite, mais presque à coup sûr, les sénateurs arrivent ainsi aux gouvernements de provinces, dont les plus considérés sont l'Afrique et l'Asie ; les chevaliers, par diverses « intendances » (procuratèles) impériales bien rémunérées, peuvent aspirer à la préfecture d'Égypte ou au commandement de la Garde (préfecture du prétoire). Mais, pour les premiers, les concussions sont devenues beaucoup plus difficiles ; aux seconds, les limitations apportées à la ferme des impôts enlèveront la possibilité des spéculations financières de grande envergure. Leur vie privée se trouve ainsi moins mêlée à leur activité publique ; ils peuvent se donner plus librement aux jouissances désintéressées de l'esprit ; beaucoup même se contentent d'une existence de loisir élégant. D'autre part, le grand commerce, la banque se vulgarisent, viennent aux mains de classes moins élevées, des affranchis même ; et dans la bourgeoisie qu'enrichit la paix universelle la culture intellectuelle s'étend. Ces besoins nouveaux encouragent une littérature abondante, sans inquiétudes sociales ni politiques, mais toujours renouvelée en son expression, et soumise aux formes à la mode. Car les femmes, dont le rôle mondain croît tous les jours, poussent aux élégances spirituelles et « de bon ton » ; et les succès de salons incitent les auteurs à chercher la diversité du détail sur un fonds commun de politesse.

Les difficultés de la prose. — La nouvelle organisation politique et l'état d'esprit qui en résulte semblent vouer la prose à un déclin irrémédiable. Son grand maître classique, Cicéron, l'avait fondée sur l'éloquence et la philosophie. Mais la véritable éloquence, celle qui s'adressait aux foules et régissait la vie de Rome, est réduite au silence ; dans l'étroite enceinte des nouveaux tribunaux, on ne peut qu'y rêver sans l'appliquer. Restent les recherches très divergentes et très artificielles des maîtres de rhétorique, désireux d'effets de salle publique, à la fois livresques et improvisateurs, sans souci de la composition. Quant à la philosophie, si elle se relève un peu, ce n'est que dans des cercles assez restreints, avec un idéal de perfectionnement individuel, assez nouveau à Rome. Il y a bien aussi l'histoire. Mais elle va devenir suspecte au régime : le prudent Pollion n'ose pas terminer son récit des guerres civiles ; l'ouvrage de T. Labiénus est brûlé sur l'ordre du Sénat, en attendant que Crémutius Cordus paie le sien de sa vie.

L'alexandrinisme latin. — La poésie, au contraire, trouve dans la nouvelle société des conditions favorables. On voit s'épanouir pleinement l'alexandrinisme latin qui se préparait depuis trois quarts de siècle. Rome, tranquille sous un maître, avec, au-dessus des classes actives, une aristocratie plutôt d'intelligence que de caste, n'est plus bien loin (même pour l'aspect extérieur) de l'Alexandrie des premiers Ptolémées.

L'hellénisme mondain n'est plus l'apanage de cercles restreints, comme au temps de Catulle ou dans la jeunesse même de Virgile ; ses délicatesses et ses raffinements paraissent naturels à toute la société cultivée : ainsi il reprend toutes les qualités de la vie. Seulement les tendances augustéennes y apportent quelques nuances originales. C'est ainsi que l'exotisme en est presque tout absent : Octave et l'Italie ont eu trop peur du monde oriental, groupé autour d'Antoine avant Actium, pour se plaire de bon cœur à son pittoresque ; dans l'organisation d'Auguste, l'Italie est privilégiée et le sait, le reste du monde méditerranéen lui est encore nettement tributaire. De là un nationalisme assez étroit, indifférent à l'Occident et qui ne comprend pas l'Orient, se contentant de lui emprunter un peu de son étrangeté. D'autre part les classiques latins avaient montré que l'on pouvait combiner l'art des alexandrins avec celui des maîtres grecs plus anciens pour créer des œuvres de plus de portée. Leurs successeurs se souviennent de la leçon : ils ne cessent, même au milieu de gentillesses futiles, de songer aux « grands genres » : l'épopée, la tragédie. Ils combinent de façon souvent savoureuse les classicismes grec et latin, l'alexandrinisme du passé et celui du présent.

Dignité de la poésie. — Ils ont d'ailleurs conscience de la dignité supérieure qu'ont acquise les lettres : la protection que leur accordent Mécène et Auguste lui-même ne semble point purement désintéressée ; elle prend parfois la forme délicate d'une approbation de « confrères en poésie ». Ces puissants, le maître et le ministre, ont les mêmes prétentions littéraires[1] que tous ces grands seigneurs de la République déclinante qui menaient double existence, faisaient, comme les Frondeurs, la guerre civile à la fois par légions et par épigrammes, et parmi lesquels Virgile avait trouvé ses premiers soutiens. Que les écrivains en soient flattés, quoi d'étonnant ? Mais, d'autre part, pour répondre à cette approbation et se distinguer des dilettantes nombreux qui les entourent, pour satisfaire aussi aux besoins d'un public plus étendu et sans cesse avide de nouveautés, sur l'exemple même de Virgile et Horace, ils tendent à devenir des professionnels[2] : les secrets de l'art ne méritent-ils pas l'étude de toute une vie et l'organisation de la société ne leur permet-elle pas de « faire carrière » dans les lettres ? Sinon carrière, au moins profit.

Caractères de l'art augustéen. — Ainsi s'affirment quelques-uns des caractères les plus notables de l'art augustéen. Il se colore très sincèrement comme l'ensemble de la vie mondaine, d'hellénisme alexandrin ; national avec décence, exotique avec beaucoup de discrétion, il s'attache plutôt aux aspects extérieurs qu'à l'âme ou aux aspirations profondes de l'Italie. A cet égard, on peut dire que la valeur civique de cet art n'en est plus la dominante et que l'étude de l'homme tend à prendre le pas sur l'intérêt de l'État. L'érudition est à la mode[3] ; mais par là elle se vulgarise ; un Ovide la porte légère-

1. Voir plus haut, p. 291 et n. 1 et 3.
2. Auguste protège personnellement des poètes ; il assiste à des lectures publiques. Mais il institue aussi des concours officiels de poésie : un jury de cinq membres est chargé de distinguer et de récompenser le talent.

ment ; Properce se fait une réclame de ses obscurités mythologiques : l'un comme l'autre, sous des apparences si opposées, témoignent de la même réalité. Dans des cercles désormais soustraits à l'action politique, d'autant plus abandonnés aux intrigues sentimentales, la psychologie se fait plus pénétrante, mais sans cesse dans le même sens : il arrive bien au poète de s'étudier lui-même avec quelque profondeur, de raffiner ses sentiments, et, grâce à cette « culture du moi », de faire entendre des accents tout nouveaux dans la latinité et dont l'écho se prolonge jusqu'à nous ; mais, bien plus souvent, la galanterie et l'esprit, qui ont aidé l'écrivain en ses expériences psychologiques, en dessèchent aussi l'expression : sous la diversité des formes, c'est un sentiment de monotonie qui risque de s'imposer.

Quant à la langue et à la versification, une gymnastique perpétuelle les assouplit presque à l'excès : la fluidité du débit, une régularité si facile que le plus minime raffinement y prend de l'importance, font bientôt regretter le travail plus austère des écrivains du passé. Reste que cette souveraine aisance de la forme achève d'imposer l'image d'une société mondaine parvenue à la pleine conscience d'un goût parfait : ce goût peut ne pas plaire, et il n'a pas favorisé l'éclosion d'œuvres aussi grandes que celles des deux générations précédentes ; il n'en témoigne pas moins du progrès définitif accompli par la haute société romaine vers une culture digne de sa richesse et de sa puissance.

1. L'épanouissement de l'élégie romaine

Les Romains ont déterminé pour la postérité le genre élégiaque : lyrisme modéré et fleuri, qui fait la plus large part aux émotions personnelles du poète. Mais les éléments qu'ils ont combinés pour arriver à cette belle réalisation ne leur appartiennent pas : leur originalité consiste à avoir réservé

---

1. HYGIN (C. Julius Hyginus, vers 64 av. J.-C. — 17 ap. J.-C.), Espagnol, affranchi d'Auguste et bibliothécaire de la Palatine, qu'on a cru l'auteur d'un recueil de *Fabulae* (éd. M. Schmidt, 1872, et H.-I. Rose, Leyde, 1963) et d'un autre de légendes astronomiques (*De astronomia*, éd. B. Bunte, 1875 ; voir A. Le Bœuffle, *Recherches sur H.*, Rev. d. ét. lat., XLIII, 1965), écrivit sur « les hommes illustres », « les villes d'Italie », « les familles troyennes » (éd. H. Peter, *Historicorum romanorum reliquiae*, t. II, 1906) ; Hygin, *De Astronomia*, éd. F. Serra, Pise, 1976 ; éd. A. Le Bœuffle, Paris, C.U.F., 1983 ; éd. Mariagrazia Vitobello, Bari, 1988. *Fabulae*, éd. J.Y. Boriaud, Paris, *C.U.F.*, 1996, Études : Carlo Santini, *La Praefatio al « De Astronomia » di Igino* dans *Prefazioni, Prologhi, Proemi di opere tecnico-scientifiche latine*, Roma, 1990 (pages 5-15) ; Gh. Viré, *Informatique et classement des manuscrits. Essai méthodologique sur le « De Astronomia » d'Hygin*, Éditions de l'Université de Bruxelles, 1986 ; Maria Chiabò et Luciana Roberti, *Index Verborum Hygini « De Astronomia »*, Hildesheim, Olms, 1990, 160 pages. — M. VERRIUS FLACCUS, très savant grammairien, dont le *De uerborum significatu (Sur le sens des mots)* ne nous est parvenu que par l'extrait incomplet de Pompéius Festus au *IIe* siècle (éd. Lindsay, *Teubner*, 1913), abrégé par Paul Diacre (VIIIe siècle) ; il avait écrit aussi *De orthographia* et *De priscis uerbis Catonis (Sur le vocabulaire archaïque de Caton)* ; — CÆCILIUS EPIROTA, affranchi d'Atticus, expliquait dans son école Virgile et les poètes contemporains ; — CORNIFICUS avait écrit un traité d'étymologie. Cf. H. Funaioli, *Grammaticae romanae fragmenta*, I *(Teubner*, 1907). — PSEUDO-HYGIN, *De Metatione Castrorum*, éd. A. Grillone, Leipzig, Teubner, 1977. *Des Fortifications du camp*, éd. M. Lenoir, Paris, *C.U.F.*, 1979.

ÉTUDES : A. Grillone, *Sul De metatione castrorum dello pseudo-Igino*, dans Latomus, 36, 1977.

TRANSMISSION DES TEXTES : Le texte a été transmis avec ceux des arpenteurs romains *(Corpus Agrimensorum Romanorum)*. C. Theulin, *Die Handschriften des Corpus Agrimensorum Romanorum*, dans *Anhang zu den philologischen historischen Abhandlungen der königlich-preussischen Akademie der Wissenschaften*, 1911/12.

un système métrique déterminé à l'expression de sentiments d'un ordre particulier ; leur réussite tient au parfait accord de cette forme d'art avec les tendances de la société augustéenne.

Métrique. — Le distique élégiaque est une strophe très simple : un hexamètre dactylique que suivent deux demi-hexamètres incomplets, liés entre eux (pentamètre)[1]. Voici un distique de Properce, les syllabes longues indiquées en caractères gras :

(1) **Cýn***thia* **prí***ma* *suí***s** | *mise***rûm me cé***pit o***céllis,** (2)
(3) **côntactûm nullis** | **ân***te cupídini***bûs** (4)

(« Cynthia est la première qui m'ait pris, malheureux, par la douceur de ses yeux, moi qu'aucune passion n'avait encore touché »).

Dans cet exemple, les hémistiches 1, 3 et 4 sont tout à fait analogues, et l'unité métrique de la strophe apparaît évidente. Mais on sait que la césure de l'hexamètre peut varier, et, par suite, ses hémistiches être plus ou moins longs ; au contraire, la césure du pentamètre est fixe, et les Latins ont encore accentué la netteté de la résolution musicale par des règles plus strictes que celles des Grecs[2]. De son premier vers le distique conserve un accent narratif, qui rappelle son origine épique. Mais son effet général est celui de la vague qui monte (hém. 1), puis descend (hém. 2) inégalement, puis remonte en deux poussées distinctes (hém. 3 et 4), la seconde plus glissante et plus prolongée grâce à ses deux dactyles obligatoires. La diversité des césures dans l'hexamètre et la proportion des longues et des brèves permettent des dosages affectifs très variés. Les élégiaques augustéens répugnent à l'enjambement d'un distique sur l'autre : ils accentuent ainsi le rythme musical et le soutiennent même dans les pièces les plus longues.

Indétermination ancienne de la forme et des thèmes. — « Dans l'élégie aussi, nous défions les Grecs » dit Quintilien (X, 1, 93) ; mais les Grecs, qui avaient inventé le distique élégiaque, ne l'avaient pas réservé à la poésie personnelle. Ils semblent avoir été plus frappés d'abord par ses vertus gnomiques : et il est, en effet, très propre à noter des sentences. Callinos et Tyrtée (au VIIe siècle) l'utilisèrent à des « Exhortations » morales et militaires, Solon (VIIe-VIe siècle) et Théognis (fin du VIe siècle) en firent l'organe de leurs aspirations sociales et politiques ; si Mimnerme (fin du VIIe siècle) et Simonide (VIe-Ve siècle) s'en servirent pour exprimer les aspects les plus généraux de la sensibilité humaine, il fallut attendre les alexandrins, Callimaque, Philétas (début du IIIe siècle), pour le voir presque réservé aux passions d'amour,

1. Le schéma métrique du distique élégiaque est donc le suivant :

–⏕ | –⏕ | –⏕ | –⏕ | –◡◡ | –⏓ (hexamètre dactylique),
–⏕ | | –⏕ | – | –◡◡ | –◡◡ | ⏓ (pentamètre dactylique).

2. Les Grecs toléraient dans le pentamètre des élisions dans les deux hémistiches, même parfois à la césure ; ils admettaient à la fin du vers des mots de plus de deux syllabes (comme le fait d'ailleurs Properce dans l'exemple ci-dessus).

mais sans particularités individuelles encore, et incroyablement mêlées d'érudition mythologique.

En contrepartie, les thèmes qui nous semblent la matière même de l'élégie, audaces et craintes des amants, aspirations rustiques, la maladie, la séparation et la mort, les enivrements et les désespoirs, étaient traités indifféremment en toutes sortes de mètres, quelques-uns si compliqués et d'une telle virtuosité qu'ils semblaient la dérision d'une passion sincère. Sans compter que les « amateurs », et les poètes eux-mêmes, attachaient une importance excessive aux difficultés techniques et n'hésitaient pas à grouper les témoignages lyriques d'une passion non d'après son développement psychologique, mais selon leur forme extérieure. Catulle et son œuvre sont témoins de cet état de confusion.

La synthèse augustéenne. — Les Latins réalisèrent la synthèse de la forme et des thèmes. Mais, en la maturité même de l'élégie romaine, il subsiste des traces de l'indétermination précédente. Si la passion d'amour domine l'inspiration des poètes, et si elle est, d'ordinaire, individuelle sous une enveloppe parfois un peu générale, elle fait encore une part considérable, variable d'ailleurs suivant les auteurs, aux souvenirs, ou même au travestissement mythologiques ; et le poète se soucie si peu de montrer l'évolution de ses sentiments qu'il nous semble à plaisir brouiller les pièces relatives à un même amour. De là l'incertitude des critiques modernes qui entreprennent de refaire l'histoire d'une de ces passions illustres : tout autre guide que la vraisemblance psychologique leur manque ; et ils ne saisissent même pas à coup sûr, entre des pièces de même forme, les mobiles d'un groupement qui apparaît tout artificiel. Il y a loin de ces recueils déroutants à la suite des opuscules poétiques où se trahit toute l'existence d'un Verlaine.

Diversité des éléments. — D'ailleurs ils ne visaient pas simplement à rendre sous forme poétique la chronique de leur âme. Pour se détacher des Grecs, ils s'étaient servis des Grecs mêmes, puisant de toute main, où ils les trouvaient, les thèmes familiers propres à la peinture d'une société vivante. Les mimes, les pièces de la Comédie-nouvelle, les traités moraux des observateurs et des philosophes des diverses sectes, les thèmes « bourgeois » de la déclamation judiciaire, les sérénades et les épigrammes hellénistiques nourrirent leur inspiration ; les faits majeurs, éternellement semblables, de toute vie humaine, naissances, mariages, morts, s'exprimèrent chez eux par « contaminations » variables d'éléments narratifs, dramatiques et lyriques empruntés aux Grecs et aux Latins qui les avaient précédés. Même l'épopée, le nationalisme romain et le loyalisme augustéen se combinèrent aux autres éléments pour faire de l'élégie latine une image complète de la société romaine à cette époque.

Lyrisme et composition. — A cette riche variété contribuent encore, dans chaque pièce, de soudains changements de point de vue : c'était un procédé lyrique que les Romains avaient appris à utiliser depuis Catulle au moins et qu'avait aimé Virgile dans sa jeunesse. Par cet apparent désordre se multiplient et se font valoir diversement les sensations et les impressions, l'unité n'étant plus que musicale ou passionnelle. Mais ces surprises de composition ont scandalisé bien des éditeurs modernes, qui ont cherché, en transposant des groupes de vers, à rétablir un ordre logique que le poète ancien n'avait pas voulu. Ovide est le premier qui se soit donné pour tâche d'organiser en longs poèmes les thèmes élégiaques : encore ne se prive-t-il pas, dans le détail, d'éveiller des suggestions et de renouveler l'attention par des ruptures logiques.

Sincérité. — La part de l'art, et du plus raffiné, est donc très grande en ces poèmes. Pourtant il faut mettre hors de pair, en eux, l'élément individuel qui, même lorsqu'il semble le plus secret, déforme toute réalité au profit de la sensibilité et de l'épanouissement d'un poète. Ils sont intimement sincères, jusque dans l'imitation ou la recherche de l'effet ; et le lecteur s'attache à Tibulle, Properce, Ovide : des hommes de telle ou telle province, chacun avec son tempérament et ses aspirations particulières.

CORNÉLIUS GALLUS
Vers 69-26 av. J.-C.

L'initiateur du progrès décisif, qui engagea l'élégie romaine dans ses véritables voies, semble avoir été C. Cornélius Gallus, un fils d'affranchi né à Forum Julii (très probablement Fréjus en Provence). Appelé par les triumvirs à procéder, à côté de Pollion, à la distribution des terres aux vétérans en Cisalpine, il s'attacha plus franchement que lui à la fortune d'Octave, eut un grand rôle dans la victoire d'Actium et en fut récompensé par la préfecture d'Égypte (30). En ce poste de confiance, son activité ne se ralentit pas : mais, comme envoûté par les habitudes millénaires d'un pays où les souverains étaient presque des dieux, il se fit élever des statues et s'échappa en propos compromettants. Octave le laissa condamner par le Sénat ; Gallus se tua, et sa mémoire fut proscrite.

Cet ami intime de Virgile tient de très près, par son origine et ses débuts, à ces milieux littéraires de Gaule Cisalpine, qui visaient à l'originalité, mais dans les voies ouvertes par les « novateurs » et par Catulle : il avait écrit une « petite épopée » sur l'Apollon de Grynion. Et s'il n'y a pas de raisons de croire, comme on l'a fait, que les thèmes mythologiques, d'une étrange psychologie, qu'énumère Virgile à la fin de sa VIe Bucolique représentent un « catalogue » d'autres œuvres de Gallus, il est certain du moins qu'ils sont évoqués pour lui et de façon à lui plaire. Écrivain tourmenté *(durior)*, au dire de Quintilien, il avait pris pour modèle un alexandrin plein d'érudition et d'obscurité, le bibliothécaire Euphorion de Chalcis (fin du IIIe siècle). Mais il en tira enfin, sous le titre d'*Amores*, quatre livres d'élégies, qui devaient combiner le convenu et le réel ; le réel, c'est-à-dire sa passion malheureuse pour une actrice de mime, Volumnia, dite Cythéris, qu'il chantait sous le nom de Lycoris. Virgile, peut-être pour « lancer » en sa nouveauté l'œuvre de son ami, écrivit sa Xe Bucolique, où il transposa en hexamètres quelques distiques de Gallus. C'est le seul reflet qui nous reste de cette poésie ; mais il est propre à nous la faire regretter :

Mais non... une folle passion m'enchaîne, jusqu'au milieu des armes du cruel Mars, parmi les traits, en face des ennemis. Et toi, loin de la patrie (je voudrais en douter), si loin ! tu vois toute seule sans moi, hélas ! cruelle, les neiges des Alpes et les frimas du Rhin. Ah, puisses-tu ne pas souffrir des frimas ; ah ! que l'âpre glace ne coupe pas tes tendres pieds ! (v. 44-49)[1].

TIBULLE
Vers 50-19 ou 18 av. J.-C.

La vie d'Albius Tibullus est très incertaine. D'une famille équestre, qui avait de beaux restes de fortune foncière sans doute du côté de Pédum, entre Tibur et Préneste, il nous parle de sa mère et de sa sœur, non de son père. Son éducation semble avoir été des plus soignées. Dès l'année 31, il s'est lié à la fortune de M. Valérius Messala Corvinus, un des derniers grands seigneurs d'allure républicaine : général, administrateur, consul et triomphateur (en 27), et protecteur de tout un groupe de poètes. Tibulle avait été attaché à son état-major en Gaule, et le suivait encore en Orient, lorsqu'il tomba malade à Corcyre (29). Dès lors il se consacra à la poésie, et chanta successivement Délia (la plébéienne Plania), Glycéra et la dépensière Némésis. Son premier livre (10 élégies) parut en 26-25 ; on ne sait si le second (6 pièces) fut publié de son vivant : l'ordre chronologique y semble respecté.

Le cercle de Messala. — A ce recueil s'est ajouté un troisième livre (de 20 pièces), qui est factice, mais représente assez bien la vie du cercle de Messala : un amateur, qui se dissimule sous le nom de Lygdamus, a composé les six premières élégies ; un flatteur médiocre a commis un *Panégyrique de Messala* ; une jeune femme, Sulpicia, écrivit six billets ardents sur son amour pour Cérinthus : et Tibulle, qui parmi eux fait un peu figure de « chef du chœur », reprenant cette passion vivante, l'a parée d'un art délicat dans celles de ses élégies (8 à 12 et 19-20) qui encadrent les épigrammes de Sulpicia. Si prématurée qu'eût été sa mort, il était déjà considéré comme un maître.

Tibulle et Virgile. — Tibulle se rattache de parti pris à Virgile : il en a recueilli tout ce qui, fond et forme, lui paraissait convenir au genre élégiaque ; mais, le plus souvent, en l'affadissant d'après un idéal de molle douceur. L'attirance vers une nature apaisante tourne à la bergerie ; la description se généralise ; l'accent des sensations directes, la force du trait se perdent en une langue trop fluide. Le sentiment national s'est volatilisé : une prédiction à Énée sur la grandeur future de Rome s'encadre en des berquinades rustiques (II, 5) ; l'épopée s'en va vers l'églogue galante... Mais à son étude Tibulle a gagné le goût d'ensembles larges : chacune de ses élégies (au moins dans les deux premiers livres) se développe assez amplement pour qu'on y reconnaisse l'influence classique du « poème suivi ».

---

1. Parmi les élégiaques qui suivirent aussitôt Gallus, mais dont les œuvres ne nous sont pas parvenues : C. Valgius Rufus, dont les élégies étaient fort admirées (d'Horace en particulier) ; il avait aussi écrit des épigrammes et des ouvrages scientifiques (cf. Unger, *De Valgii Rufi poëmatis*, Halle, 1848) ; — Domitius Marsus (54-4 av. J.-C.), auteur d'élégies à Mélaenis, d'épigrammes *(Cicuta)*, d'une *Amazonide*, et d'un traité en prose sur la politesse *(De urbanitate)*.

Harmonisation des thèmes. — Cependant on trouve en ses pièces tout le bagage des poncifs élégiaques : diatribes contre l'or, contre la guerre, contre les entremetteuses, contre le rival, contre l'indifférent ; plaintes sur la maladie, la mort, les funérailles ; opposition des Champs-Élysées et du Tartare ; préceptes sur la toilette et sur l'art d'aimer ; scènes magiques, fêtes campagnardes, anniversaires, expéditions amoureuses... Et même Tibulle traite ces thèmes en couplets qui se succèdent sans ordre apparent, comme s'il voulait continuer l'ancienne lyrique gréco-latine et ses effets de surprises ou d'antithèses. Mais, au contraire, l'impression d'ensemble est plutôt monotone. Cela tient à une exécution volontairement fondue : les fêtes rustiques romaines, par exemple, sont discrètement hellénisées, et de même les développements, assez nombreux, sur les cultes orientaux ou les pratiques de magie. A cette uniformité contribue aussi le goût de l'amplification rhétorique, à la fois classique et scolaire. Ainsi s'harmonisent comme malgré eux les thèmes les plus divers.

Aspirations

[Sentiment personnel : le poète, dont la maladie a interrompu la carrière militaire (cf. I, 3), s'abandonne à la douceur du loisir dans son domaine familial. — Composition : les thèmes élégiaques s'ordonnent d'abord sous l'idée d'un bien-être modeste à la campagne (antithèse richesse et pauvreté ; religion rustique ; antithèse guerre et vie campagnarde ; prière rustique), puis (après une nouvelle antithèse : bien-être et intempéries) sous l'idée de l'amour (antithèse combats et amour ; attendrissement sur la mort ; vivacité amoureuse). Les derniers vers combinent rapidement les différents thèmes. — Influences, en général diffuses, parfois précises, de Lucrèce (cf. II, 1 ss.), Virgile (cf. *Géorg.*, II, 457 ss. ; IV, 116 ss.), Horace (cf. *Odes*, I, 4 ; 9). — Caractères littéraires : aisance et naturel ; quelque mollesse nonchalante (abondance des épithètes) ; volupté secrète.]

Qu'un autre s'amasse une fortune d'or fauve et s'acquière maints et maints arpents de cultures, peinant sans cesse dans la terreur au voisinage de l'ennemi et privé du sommeil que chasse la trompette guerrière[1] : pour moi, je consens, toujours pauvre, à mener à son terme une vie lâche, pourvu que sans cesse le feu brille en mon foyer, qu'à la saison je plante moi-même, en paysan, de tendres vignes et, d'une main habile, des arbres fruitiers déjà grands ; et que l'Espérance[2] ne me trahisse point, mais que toujours pour moi elle amoncelle le grain et emplisse mes cuves d'un moût épais.

Car si une souche perdue dans les champs ou une vieille pierre au carrefour porte une guirlande de fleurs[3], je la salue pieusement ; et je dépose aux pieds du dieu rustique[4] les prémices de chaque fruit que ramène l'année. Blonde Cérès, à toi la couronne d'épis qui, de ma campagne, viendra pendre à la porte de ton temple ; et, dans mon verger fructueux, je veux dresser le rouge gardien, Priape[5], qui de sa faux cruelle effraiera les oiseaux ; vous aussi, gardiens d'un domaine riche autrefois, maintenant appauvri, vous avez vos cadeaux, dieux Lares[6] : alors une génisse purifiait de son sang un cheptel innombrable ; maintenant une agnelle est l'offrande minime d'un coin de terre : une

1. Les expéditions militaires sont considérées, selon l'ancienne tradition romaine, comme une occasion d'enrichissement.
2. Adorée comme déesse à Rome.
3. Ce qui indique qu'elle est consacrée à un dieu (le dieu Terme, sans doute), ou dieu elle-même (cf. Ovide, *Fast.*, II, v. 641 ss.).
4. Silvain.
5. Dont l'image grossière, en bois barbouillé de rouge, servait d'épouvantail.
6. Dieux familiers du domaine et de la maison.

agnelle tombera pour vous ; qu'autour d'elle la jeunesse campagnarde s'écrie : « Io ! donnez-nous moissons et bons vins ».

Si seulement je pouvais, si je pouvais maintenant, content de peu, vivre sans la constante corvée des longues marches et fuir l'étouffant lever de la Canicule[1] à l'ombre, auprès d'une eau courante ! Sans cependant, à l'occasion, rougir de manier le hoyau ou de gourmander de l'aiguillon les bœufs tardifs, ni répugner à rapporter en mon sein l'agnelle ou le chevreau que la mère oublieuse a laissé en arrière.

Mais vous, voleurs et loups, épargnez mon étroit bercail : c'est dans un grand troupeau qu'il y a à prendre. Ici, tous les ans, sans faute je purifie moi-même mon berger et j'asperge de lait la paisible Palès[2]. Venez vers moi, dieux ; les dons que vous présentent ma pauvre table, ma vaisselle de terre tout unie, ne les dédaignez pas : d'argile, il y a bien longtemps, le paysan fit ses premières coupes, et la terre se prêta docilement à son modelage.

Je ne regrette pas les richesses de mes pères ni les revenus que s'assura mon aïeul en engrangeant sa moisson : un petit champ me suffit, si l'accoutumance d'un lit familier s'offre au repos de mon corps. Quel plaisir d'entendre de sa couche les vents sauvages et de tenir sa maîtresse tendrement pressée contre sa poitrine, ou, l'hiver, quand l'Auster[3] déverse ses eaux glacées, de s'abandonner tranquillement au sommeil, à la chaleur du feu. Tels sont mes vœux. Quant à la richesse, elle est bien due à qui peut supporter la fureur de la mer et les pluies lugubres.

Ah ! que tout l'or du monde périsse, les émeraudes aussi, plutôt que pleure une amie à cause de mon départ ! C'est à toi, Messala, de combattre sur terre et sur mer, pour orner ta maison de dépouilles ennemies ; moi, je suis enchaîné aux chaînes d'une belle amie, assis comme un portier devant son seuil inexorable[4].

Je n'ai nul souci de gloire, ma Délia : pourvu que je sois avec toi, je veux bien qu'on m'appelle et paresseux et lâche. Mais te regarder quand viendra pour moi l'heure suprême ! te tenir, mourant, de ma main défaillante ! Tu pleureras sur moi, oui, Délia, quand je serai sur le lit destiné aux flammes, et tu mêleras des baisers à tes larmes amères. Tu pleureras : un fer rigide n'emprisonne pas ta poitrine, ton cœur n'est pas de pierre. De ces funérailles nul, jeune homme ou jeune fille, ne pourra revenir les yeux secs. Mais toi, sans offenser mes mânes[5], épargne tes cheveux dénoués ; tes tendres joues, Délia, épargne-les.

Cependant, tant que les destins le permettent, aimons-nous l'un l'autre : bientôt viendra la Mort, la tête enveloppée de ténèbres ; bientôt, insensiblement, l'âge nous engourdira : l'amour ne siéra plus, ni la caresse des mots, à nos têtes blanchies. C'est maintenant qu'il faut servir la légère Vénus, tandis qu'il n'y a nulle honte à briser les portes et que c'est un plaisir de faire entrer avec soi la querelle. Là je suis bon général et bon soldat ; vous, enseignes et trompettes, loin d'ici : aux héros qui le désirent portez les blessures, portez la fortune. Moi, j'ai fait mes provisions, je suis tranquille : je vais me moquer des riches, me moquer de la faim.

I, 1.

Composition musicale. — L'unité de chaque pièce est musicale. Un état de sensibilité dominant (par exemple hantise des souvenirs militaires, jouissance de la campagne, langueur de la maladie, jalousie) s'exprime au début, colore plus ou moins la succession des thèmes divergents, revient s'imposer, parfois avec une nuance nouvelle, dans un « finale ». Même du point de vue psychologique, ce procédé peut se défendre : l'esprit mobile du poète revient toujours aux mêmes sentiments, mais avec un accent parti-

---

1. La constellation qui signale le cœur de l'été.
2. Déesse des troupeaux.
3. Le vent du Sud, qui amène la pluie en Italie.
4. Métaphore galante, courante, et ici déplacée.
5. En ne montrant pas assez de douleur.

culier selon le moment où il écrit. D'autre part, la reprise constante de lieux communs, les réminiscences littéraires qu'on a reprochées à Tibulle s'expliquent par le procédé des « variations » musicales : les rapprochements auxquels invitent certains passages doivent permettre d'en mieux goûter l'originalité de forme. C'était un usage fort aimé des milieux littéraires romains. Mais, pour l'apprécier, il nous faudrait non seulement saisir l'équilibre délicat des brèves et des longues que réalisent les vers de Tibulle, mais éprouver toutes les résonances qu'ils éveillaient dans l'esprit des contemporains.

Tempérament, convention et poésie. — Ces pièces aisées nous imposent pourtant l'idée d'un tempérament très particulier : peu de santé et une vive sensualité ; une mélancolie voluptueuse ; de l'esprit, mais nonchalant, et de la politesse ; l'aspiration à une vie calme, sans bruit, presque bourgeoise, où se goûtent mieux les jouissances sentimentales. L'énergie n'est pas son fait, mais il aime la vie : on le sent à ses ironies amères sur la vieillesse, à son tremblement devant la maladie et la mort... Sans doute faut-il admettre une part de convention dans l'effusion de cette personnalité : la mode voulait que les amoureux fussent languissants. Et l'idéal esthétique de Tibulle voilait son naturel, l'éloignait de l'expression brève et appuyée. Mais ses esquisses alexandrines y ont gagné une vraisemblance facile ; et ses effusions parfois une sorte de mystère poétique.

L'Amour querelleur. L'Amour soldat

...Alors s'échauffent les disputes d'amoureux ; la jeune femme éclate en plaintes sur ses cheveux arrachés, sa porte en miettes. Elle pleure, ses tendres joues sont un peu meurtries. Mais le vainqueur, lui aussi, pleure les excès de ses mains égarées. Cependant l'Amour fripon fournit la querelle de méchants propos et reste assis, impassible, entre les adversaires irrités.

I, 10, v. 53-58.

Macer[1] part pour la guerre : que va faire le tendre Amour ? Le suivre ? porter, en courageux écuyer, ses armes à son col ? et, le long de l'interminable route ou au caprice des flots, s'en aller le glaive au flanc ? — Brûle, enfant[2], je t'en prie, le brutal qui a fait fi de tes loisirs, et rappelle ce transfuge sous tes enseignes[3].

II, 6, v. 1-6.

L'approche émouvante de la nuit

...Jouez : déjà la Nuit attelle ses chevaux ; et derrière le char de leur mère joue le chœur des astres blonds ; et après vient en silence, voilé de ses ailes noires, le Sommeil, avec les Songes ténébreux, au pied mal assuré.

II, 1, v. 87-90.

LYGDAMUS

Lygdamus était peut-être le frère d'Ovide, son aîné d'un an, qui mourut fort jeune. Ses élégies à Néaera sont tibulliennes, avec moins d'harmonie et plus de

1. Ami de Tibulle.
2. L'Amour, représenté avec un flambeau, qui figure les « feux de la passion ».
3. Les servitudes de l'amour sont comparées à celles du métier militaire : voir plus haut, p. 263 ; cf. Ovide, *Amours*, I, 9.

rhétorique. La pauvreté du vocabulaire nuit à des tendances plus pittoresques que celles de son maître ; le sens dramatique (par exemple, III, 6) le rapproche plutôt de Properce. Malgré mainte imitation et bien des gaucheries, sa poésie laisse discerner une sensibilité vive et touchante.

Cadeau du poète

[Thème double : commission donnée à la Muse (cf. Horace, *Épîtres*, I, 8) et description du livre envoyé par le poète (cf. Catulle, 1 et 22 ; Ovide, *Tristes*, I, 1). — Pittoresque trop minutieux. — Mouvement passionnel.]

Les calendes de Mars sont arrivées, la fête du dieu romain — c'était pour nos ancêtres le début de l'année : et voici que s'en vont à leur adresse, courant de tous côtés par rues et par maisons, les cadeaux solennels[1]. Dites, Piérides[2], quel hommage adresser à celle qui est mienne — ou peut-être je m'illusionne ?— ma bien-aimée Néaera en tout cas.

Les belles se gagnent par la poésie, les cupides par l'or : Néaera est digne des vers, puisse-t-elle se plaire aux miens. Mais qu'une couverture de jaune parchemin enveloppe le livret pur comme neige ; et que la pierre ponce, d'abord, fasse tomber des tranches leur duvet blanc ; qu'en haut la feuille légère se borde de ton nom joliment tracé, et que la corne autour de laquelle il s'enroule soit peinte de l'une à l'autre extrémité : il faut à l'ouvrage cette élégante parure[3].

Je vous prie, Muses inspiratrices de mes poèmes, par l'ombre de Castalie[4] et les eaux de Piérie, allez chez elle et donnez-lui mon petit livre bien vêtu : que les couleurs n'aillent pas fondre et se brouiller ! Elle saura m'en remercier, si son amour vaut le mien ; ou je saurai qu'il a diminué, ou que peut-être son cœur m'a tout oublié.

Mais commencez par la saluer selon son mérite, largement, et d'une voix soumise dites-lui : « C'est l'envoi de celui que tu considérais autrefois comme un mari, qui n'est plus pour toi maintenant qu'un frère, chaste Néaera ; il te supplie d'accepter son présent modeste ; tu lui es, il le jure, plus chère que sa vie, que tu lui doives être femme ou sœur ; femme plutôt : cet espoir l'accompagnera jusqu'à l'onde blême des Enfers[5] ».

III, 1.

SULPICIA

Fille de Servius Sulpicius, et sans doute nièce de Messala, Sulpicia, très belle (cf. III, 8), passionnée et énergique, poursuivit malgré tous les obstacles son union avec Cérinthus, dont la condition était moindre que la sienne. Ses brèves épigrammes heurtées sont la vie même. Comparées aux pièces élégantes que ce roman réel a inspirées à Tibulle, elles sont le plus propres à nous faire sentir à la fois combien l'élégie répondait à la vie intime de la haute société et de quels agréments d'art le grand poète du cercle de Messala croyait devoir envelopper les sentiments les plus sincères.

L'anniversaire de Cérinthus

Odieux anniversaire, qu'il me faudra passer dans une ennuyeuse campagne et toute triste, sans Cérinthus ! Qu'y a-t-il de plus doux que la Ville[6] ? Une maison de campagne,

---

1. Le 1er mars, fête des *Matronalia*, s'envoyaient des cadeaux aux femmes *mariées :* le présent de Lygdamus est aussi une invite (voir la fin de la pièce).
2. Les Muses : la Piérie, en Macédoine, près de l'Olympe, est leur séjour.
3. Le livre est un papyrus roulé *(uolumen)* autour d'un bâtonnet en corne ; une étiquette, à la tranche supérieure, porte le nom de la destinataire ; un fourreau de parchemin teinté protège le tout.
4. Fontaine sourdant d'une faille du Parnasse à Delphes : les Muses sont déesses des sources.
5. Le Léthé, fleuve de l'oubli.
6. Rome.

un fleuve glacial à travers les champs d'Arrétium[1], est-ce le fait d'une jeune fille ? Maintenant, Messala, — vous vous occupez trop de moi, — maintenant reposez-vous : ces voyages tombent souvent à contretemps, mon parent. Ici restent, quand vous m'emmenez, mon âme et mes pensées, si peu de liberté que vous me laissiez.

III, 14.

Sais-tu que ton amie n'a plus le souci de cet attristant voyage ? Je puis donc être à Rome pour ton anniversaire. Célébrons-le tous, ce jour anniversaire : tu ne t'y attendais pas, il t'arrive soudain[2].

III, 15.

Les « variations » de Tibulle

[Enrichissement poétique par des thèmes subsidiaires (puissance de la beauté, prières, jalousie). — Conventions du vocabulaire élégiaque. — Perspicacité psychologique (remarquer, à la fin, l'ironie légèrement amère, qui était caractéristique dans les épigrammes de Sulpicia).]

Le jour qui t'a donné à moi, Cérinthus, doit m'être toujours sacré et des plus fêtés : à ta naissance, les Parques[3] prédirent aux jeunes filles un esclavage inouï, et te donnèrent de régner orgueilleusement sur elles. Je brûle, moi, plus que toute autre : mais c'est mon plaisir de brûler, si ton feu répond au mien. Qu'il réponde au mien, ton amour, je t'en supplie par nos doux instants, et par tes yeux, et par ton Génie[4]. Bon Génie, accueille cet encens et favorise nos vœux, si toutefois ma pensée l'enflamme. Mais s'il venait dès maintenant à soupirer pour d'autres amours, alors, je t'en prie, dieu saint, abandonne son foyer infidèle. Et toi, Vénus, aussi, sois équitable : fais que nous servions également tous deux sous la même chaîne, ou allège ma chaîne. Mais, bien plutôt, puisse le même lien tenace nous unir, sans qu'aucun jour vienne le dénouer. Mon jeune ami fait le même vœu, mais moins à découvert : il a quelque honte à formuler de telles paroles tout haut. Mais toi, Anniversaire[5] (tu es dieu, tu sais tout), acquiesce à nos souhaits : qu'importe qu'ils soient secrets ou publics ?

III, 11.

PROPERCE
47 ? - 15 ? av. J.-C.

D'une famille plébéienne, mais de solide bourgeoisie près d'accéder à la classe équestre, Sex. Propertius naquit en Ombrie, sans doute en vue des remparts d'Assise, « non loin de la plaine déprimée où baigne Mévania dans la rosée des brumes ». Son père mourut tôt ; et les beaux domaines qu'il possédait dans ce riche pays de culture et d'élevage furent confisqués lors du partage des terres, en 41. L'enfant fit pourtant de bonnes études à Rome, mais renonça au barreau pour se consacrer à la poésie. Protégé par Mécène, non loin duquel il habitait, sur l'Esquilin, fréquentant de grands personnages, et lié avec des hommes de lettres, Ponticus, Bassus, Ovide surtout, il vécut à Rome et chanta d'abord sa passion pour « Cynthia »[6] ; il évoluait vers une autre inspiration, religieuse et nationale, lorsqu'il mourut, fort jeune (en 16 ou 15).

1. En Toscane (aujourd'hui Arezzo).
2. Jeu d'esprit : pour Cérinthus, qui n'y comptait plus, son propre anniversaire est inattendu.
3. Déesses de la destinée.
4. Chaque homme a son Génie protecteur, à la fois lié à lui et indépendant de lui.
5. Divinisé (cf. Ovide, *Tristes*, III, 13).
6. Sans doute Hostia, fille du poète Hostius ; ou peut-être Roscia, petite-fille du grand acteur Roscius, qu'aimait Cicéron : en tout cas d'un milieu très cultivé.

Son œuvre. — De ses quatre livres d'élégies, le premier *(Cynthia Monobiblos)* fut sûrement publié par lui-même, le dernier est posthume; les autres ont dû être composés entre 27 (ou 26) et 22, sans qu'on puisse rien affirmer sur leur publication. Les trois premiers se jouent diversement autour de son amour pour Cynthia : Properce utilise d'abord (l. I : 22 pièces) le procédé grec de « l'épître aux amis » bienveillants ou jaloux, qui donne l'image du milieu où se développe sa passion jusqu'à une rupture *(discidium)* momentanée ; puis il semble s'appliquer (l. II : 34 élégies) à mieux sentir et représenter, en artiste et en psychologue, les aspects divers de son amour ; le livre III (25 pièces) est plus varié et révèle quelque incertitude d'inspiration : à Cynthia n'est réservée que la moitié des pièces, à côté de lamentations funèbres (sur Paetus et Marcellus) et d' « éloges » (à Aelia Galla, Mécène, Auguste). Elle n'en inspire plus que deux du livre IV, où dominent les élégies sur des légendes italiques ou romaines (6 sur 11).

La tradition alexandrine. — Properce affirme sa volonté d'acclimater à Rome les érotiques alexandrins. Callimaque et Philétas. Cependant ils avaient été utilisés avant lui par les poètes latins ; mais occasionnellement. Properce a senti l'aspiration de la société mondaine de son temps vers les formes les plus purement grecques qu'elle pourrait atteindre ; et lui-même, par son tempérament citadin, son amour des œuvres d'art, la netteté de sa vision et la plasticité de ses images, était fait pour s'assimiler de tels maîtres : ainsi André Chénier chez nous. Leur influence sur lui, d'ailleurs, n'est pas exclusive ; celle de Virgile et de Cornélius Gallus est çà et là certaine (I, 8 ; III, 5 et 22...) : si bien qu'il ne faut pas se représenter comme des « pastiches » les pages de Properce les plus alexandrines d'aspect, les plus hérissées d'une mythologie lassante et monotone ou de la galanterie la plus convenue ; elles sont recréées.

Hylas

[Thème de « petite épopée » : rebattu (Virg., *Buc.*, VI, 43 ; *Géorg.*, III, 6). Cf. Théocrite, *Idylles*, XIII ; Apollonios de Rhodes, I, 1207 ss. Rapprocher : A. Chenier, *Bucoliques*, (éd. Dimoff), p. 63. — Artifices : noms propres, rappels mythologiques, vocabulaire grec, recherches de style (ordre des mots, répétitions), intervention de l'auteur. — Qualités : fraîcheur recréée ; variété nonchalante des épisodes ; mouvement et plasticité ; couleur ; union des impressions sensorielles. — Contamination possible : l'inimitié des fils de Borée contre Hercule, rapetissée ici à une taquinerie, est une tradition locale, d'ailleurs connue d'Apollonios.]

...Mais le compagnon de l'Invaincu[1] s'était avancé plus loin à la recherche d'une eau exquise sourdant à l'écart. Il est suivi des deux frères, race d'Aquilon[2] : au-dessus de lui plane Zétès, au-dessus de lui Calaïs, toujours prêts, les mains tendues, à cueillir des baisers et à les emporter, d'un va-et-vient rapide, dans les airs ; lui, la démarche incertaine, échappe à l'extrême frôlement des ailes, et d'une branche cherche à écarter les attaques ailées. Déjà renonce la race d'Orithyie[3], descendante de Pandion. Mais, oh douleur ! les pas d'Hylas, ses pas le portaient vers les Hamadryades[4]. Là, sous les cimes du Mont

1. Hercule, qui, dans l'expédition des Argonautes, s'était fait accompagner du jeune Hylas.
2. Nom latin de Borée, père de fils ailés, Zétès et Calaïs.
3. Fille d'Érechtée, épouse de Borée, qui l'avait enlevée des bords de l'Ilissos près d'Athènes.
4. Impropriété : les Hamadryades étaient des nymphes enfermés dans les arbres et liées à leur existence.

Arganthe, étaient les « Surgeons »[1] fraîche et chère demeure des nymphes de Thynia[2]. Au-dessus d'elle pendaient, venus sans soins en toute liberté, sous les arbres sauvages, des fruits rosoyants, et de la fraîcheur des prés montaient à l'entour les lis candides mêlés à la pourpre des pavots. Voici l'enfant qui tantôt du bout des ongles moissonne les fleurs, oublieux de son dessein, de son devoir ; tantôt, penché tout inconscient sur les belles ondes, s'attache à la douceur changeante de sa trompeuse image. Enfin il s'apprête à puiser, les mains plongées dans les flots, le bras droit tendu pour ramener l'urne pleine. Mais les jeunes Dryades[3] s'enflamment de sa splendeur ; éblouies, elles abandonnent les danses accoutumées. Il glisse, et doucement se laisse entraîner dans l'onde souple : un bruit soudain trahit le rapt d'Hylas...

I, 20, v. 23-48.

Le réalisme de la passion. — Mais Properce échappe aux petitesses de la galanterie par une ardeur passionnée, irrésistible et consciente, avide à la fois des joies les plus caressantes et de douleurs allant jusqu'aux apparences de la haine (III, 8 ; 25 ; IV, 8). La description de l'amour-maladie, tel que l'avaient conçu les Grecs et approfondi Virgile, s'enrichit chez lui d'un abandon de tout son être, qui a la chaleur même de la vie. Mais, d'ailleurs, Properce analyse ses sentiments avec une curiosité inassouvie et renouvelle ainsi les thèmes les plus rebattus. Il est rare que l'inquiétude, l'amertume ou la souffrance ne marquent au moins d'un trait les épisodes les plus paisibles de cet amour : le lecteur s'en attache d'autant plus au poète que torturent les caprices et les infidélités de Cynthia.

Douceurs

[Thème élégiaque : l'anniversaire (cf. plus haut, p. 265 s., et Tibulle, I, 7 ; II, 2). — Renouvellement : imagination poétique ; — charité égoïste ; — tendre ferveur ; — réalisme mondain. — Mouvement : élargissement progressif (4 + 6 + 8 + 10 vers).]

Quel message pouvaient bien ce matin m'apporter les Camènes[4], debout dans le soleil à l'heure vermeille devant mon lit ? Ah ! c'est l'anniversaire de mon amie : elles en ont donné le signal et trois fois ont battu des mains, clairement, en heureux présage.

Puisse ce jour passer sans nuage, les vents suspendre leur course aérienne, et s'affaisser mollement sans mouiller le rivage l'onde menaçante. Que mes yeux aujourd'hui ne voient aucun malheureux : que la statue même de Niobè[5] tarisse ses larmes ; que les alcyons apaisés cessent leurs plaintes, et que la mère d'Itys[6] fasse trêve à ses regrets funèbres.

Et toi, ma chérie, dont la naissance s'enveloppa de vols favorables[7], lève-toi et porte aux dieux leur dû avec tes prières. Mais d'abord disperse le sommeil avec une eau pure ; presse et modèle ta chevelure brillante ; et puis revêts cette robe, la première dont tu séduisis les yeux de Properce ; n'oublie pas de te couronner de fleurs : et demande aux dieux que durent toujours, avec ta beauté, ta puissance et ton empire sur moi.

Ensuite, quand ton encens aura sanctifié les autels enguirlandés et que par toute la maison la flamme aura brillé d'un éclat propice, alors songeons à la table et que la nuit

1. Dans le texte, *Pegae* : mot grec signifiant les sources jaillissantes.
2. Ou « bithyniennes ». Les Thyni habitaient la côte orientale de la Propontide ; la partie est prise pour le tout.
3. Nymphes des arbres : voir note 2.
4. Voir p. 39, n. 1.
5. Ayant bravé Latone, Niobè vit périr tous ses enfants sous les flèches d'Apollon et de Diane, puis fut métamorphosée, sur le Sipyle, en un rocher (ou une statue) d'où l'eau s'égouttait sans cesse.
6. Procnè, changée en hirondelle (ou peut-être, ici, confondue avec sa sœur Philomèle, devenue rossignol).
7. Allusion aux présages fournis par le vol des oiseaux.

s'enfuie de coupe en coupe, dans l'onctueuse senteur du safran qu'exhale l'onyx blondissant. Que la flûte se fatigue et s'enroue à nos danses nocturnes ; libres soient les propos de ta verve folle ; puisse la douceur du festin chasser le sommeil jaloux, notre tumulte emplir toute la rue voisine. Tirons au sort : les dés sauront dire lequel de nous deux est le plus durement flagellé par l'aile de l'Enfant[1]...

III, 10, v. 1-28.

Tourments

[Thème élégiaque : la jalousie, dont les aspects peuvent être très variés (cf. Tibulle, I, 6) ; emprunté aux usages latins comme le montrent Plaute, *Épid.*, 639 et Térence, *Phorm.*, 48. — Originalité : paradoxe psychologique (le passionné décrit une misère, à laquelle il avoue être attaché, pour détourner son rival d'en faire l'expérience) .— Procédés rhétoriques déformés par la passion ; recherche du désordre logique et de la variété de ton. — Force de l'expression : voir le début du deuxième paragraphe.]

Te décideras-tu, envieux, à tenir ta langue importune et à nous laisser poursuivre l'un près de l'autre notre course ? Que prétends-tu, insensé ? éprouver mes fureurs ? Malheureux, tu brûles de connaître les pires des maux : c'est vouloir, infortuné, marcher à l'aventure sur des feux secrets et boire tous les poisons de la Thessalie. Car ne va pas la comparer aux filles volages : jamais ne fléchissent, crois-m'en, ses colères. Mettons qu'elle ne s'oppose pas à tes vœux : quel monceau de soucis alors te réserve-t-elle ! Tu y laisseras ton sommeil, tu y laisseras tes pauvres yeux : elle n'a pas sa pareille pour s'assujettir les cœurs rebelles des hommes.

Ah ! que de fois ses mépris te chasseront-ils jusqu'à mon seuil, secoué de sanglots où se perdront tes bravades, frissonnant et glacé de larmes désespérées ; la peur stigmatisera ton visage ; tu voudras te plaindre et les mots te fuiront ; et tu ne sauras plus qui tu es, où tu es malheureux. Alors force te sera d'apprendre combien pesantes sont les chaînes de mon amie et ce qu'est le retour au logis quand elle t'aura fermé sa porte. Et tu ne t'étonneras plus si souvent de ma pâleur, de mon corps réduit à rien. Et ta passion d'amour ne trouvera aucun secours en ta noblesse : les images d'ancêtres[2] ne font pas reculer l'Amour. Que tu viennes à commettre une faute et à en laisser la moindre trace, quel clabaudage soudain, autour de ton grand nom ! Je n'aurai pas alors de consolations pour toi, même si tu les implores : car je ne sais pas même guérir mon propre mal. Associés dans la misère d'un commun amour, nous ne pourrons que pleurer dans le sein l'un de l'autre.

Cesse donc, Gallus[3], de vouloir connaître la puissance de ma Cynthia : ce n'est pas impunément qu'elle se rend à une prière.

I, 5.

Le sens du drame humain. — Cette passion, avec ses heurts et ses soubresauts, est très pathétique : l'idée de la fatalité, la description appuyée des misères de l'amour lui donnent une grandeur tragique. Même courtes, les pièces de Properce sont tout mouvement. Mais il s'agit d'un mouvement humain, non théâtral : sans cesse dévié et modifié par des réactions psychologiques inattendues. D'ailleurs ce désordre n'est sans doute, malgré l'apparence, qu'un procédé d'art : on le retrouve dans des élégies (par exemple IV, 8), qui sont une pure succession de tableaux contrastés. Mais là même le charme du mouvement et de la couleur impose l'illusion de la vie ; d'une vie d'ailleurs trouble et trépidante.

1. L'Amour.
2. Qui, rangées dans les armoires du *tablinum*, témoignaient par leur nombre de l'antique illustration de la famille.
3. Ne pas confondre ce personnage avec Cornélius Gallus.

Le drame de la maladie

[Thème courant (cf. Tibulle, I, 5, v. 9 ss. ; III, 10). — Manque d'unité logique (des éditeurs disjoignent les deux premiers paragraphes des suivants) ; juxtaposition d'épigrammes plus ou moins développées. — Alternance de la dépression et de l'exaltation, avec progrès chronologique et sentimental.]

Les rhombes[1] qui tournaient sous la formule magique s'arrêtent ; le laurier ne s'est pas consumé dans le feu qui s'éteint ; et voici la Lune qui refuse de descendre encore une fois du ciel ; et l'oiseau noir donne aussi par son chant un funeste présage.

La même barque fatale[2] emportera notre double amour de ses voiles bleues[3] vers les lacs infernaux. Eh bien ! je ne veux plus prier pour elle seule ; pitié pour deux ! je vivrai si elle vit ; si elle succombe, je succomberai. Exauce mon souhait, et je te voue un chant sacré ; j'écrirai : « C'est le grand Jupiter qui sauva ma maîtresse » ; et elle-même, après le sacrifice, assise à tes pieds, te redira ses longues épreuves.

Qu'elle nous reste, Perséphone, vraie image de ta clémence, et toi, époux de Perséphone[4], consens à ne pas être plus cruel. Vous avez aux enfers tant et tant de beautés : laissez-en une, s'il se peut, une seule sur terre. Près de vous est Iopè, près de vous la blanche Tyrô, près de vous Europe et l'impure Pasiphaè, toutes les beautés que fit naître Troie et celles d'Achaïe, celles que virent les royaumes détruits de Phébus[5] et du vieux Priam ; et tout ce que Rome comptait de jeunes femmes a péri : toutes, la flamme avide les saisit. La beauté n'est pas éternelle, la chance ne dure pas : tôt ou tard, à chacun sa mort.

Puisque te voilà, ma flamme, libérée d'un grand péril, acquitte-toi envers Diane, donne-lui les chœurs promis ; donne aussi des veilles à la déesse qui fut une génisse[6] ; et n'oublie pas ton vœu envers moi.

II, 28 B.

Invective

[Comparer les invectives de Catulle (en particulier : 8). — Diversité de tons et modulations. — Grandeur : le poète apparaît en justicier et en prophète *(uates)*.]

Dès les tables dressées, j'étais la risée des convives et chacun avait le droit de jaser sur mon compte. Et j'ai pu cinq ans être ton fidèle esclave ! Tu t'en mordras les ongles, bien des fois tu gémiras après ma fidélité. Mais tes larmes ne me touchent pas : c'est l'artifice par quoi tu m'as pris ; tes pièges, Cynthia, s'accompagnent toujours de pleurs. Je pleurerai, moi aussi, en partant ; mais le sentiment de l'outrage surmonte les pleurs : c'est toi qui romps l'accord pour lequel nos vies étaient faites.

Seuil trempé de mes larmes, sensible à mes paroles, adieu ; toi aussi, porte, que ma main irritée pourtant ne brise pas. Mais toi, qui ne fais pas attention à la fuite des années, que l'âge s'appesantisse sur toi et qu'apparaisse la ride, sinistre avertissement à ta beauté. Ah ! tu voudras alors arracher tous tes cheveux blancs, quand ton miroir te reprochera tes rides. On ne te recevra plus ; à ton tour de souffrir les orgueilleux dédains et de gémir sur les maux que tu fis subir et que tu subiras. Tu seras une vieille.

Tel est l'oracle fatal de cette page, son cruel présage : ta beauté va vers sa fin ; il est temps que tu l'apprennes, pour t'en effrayer.

III, 25.

---

1. Rouets magiques.
2. Celle de Charon.
3. Couleur de deuil.
4. Pluton.
5. La première Troie, dont les remparts avaient été bâtis par Apollon et Poseidon.
6. La déesse égyptienne Isis, confondue avec l'Iô des Grecs (métamorphosée par Héra en génisse).

L'imagination romantique. — L'irrégularité du développement jointe à la puissance de l'expression donne souvent aux pièces de Properce un aspect « romantique », par lequel il semble annoncer la poésie novatrice du temps de Néron. Surtout lorsqu'il unit étroitement les thèmes de la mort et de la volupté : ce qu'il fait avec plus de force et plus souvent que les autres élégiaques. Peut-être doit-on reconnaître en ce penchant un caractère de race : les Ombriens étaient voisins des Étrusques, dont l'imagination avait quelque chose de sombre. Properce a ainsi créé de belles variations sur le canevas classique du rêve, ou plutôt du cauchemar, tantôt avec bien des délicatesses alexandrines (II, 26), tantôt avec une vigueur qui touche à l'horrible.

Apparition

[Atmosphère volontairement trouble (Cynthia a-t-elle raison d'être jalouse ?). — Réalisme de la description et goût du détail hallucinant. — Véhémence du discours.]

Les Mânes comptent, la mort n'est pas la fin de tout, et l'ombre livide échappe triomphante à la tombe. Cynthia, oui, m'a paru se pencher sur mon lit, — Cynthia qu'on vient d'ensevelir au bord de la route retentissante, près de Tibur, — quand, après les obsèques de mon amour, un sommeil hésitant planait sur moi, quand je gémissais sur la froideur de ma couche. Mêmes cheveux que lorsqu'on l'emporta, mêmes yeux ; d'un côté sa robe était brûlée ; le feu avait attaqué le béryl à son doigt et l'eau du Léthè[1] avait rongé la surface de ses lèvres. Une haleine de vie, une voix en sortirent ; mais les doigts de ses mains craquèrent en se heurtant : « Perfide, dont aucune femme n'a rien à espérer, tu peux déjà t'abandonner au sommeil ! As-tu déjà tout oublié ?... Hélas ! nos secrets serments ! fausses paroles que les vents auraient dû ne pas entendre[2] et qu'ils ont dispersées ! Quand mes yeux vacillèrent, personne ne jeta sur eux un appel : ta voix m'aurait gagné un jour. Personne ne garda mon corps en faisant claquer le roseau fendu[3] ; ma tête s'est meurtrie sous les tuiles rompues[4]. Mais, enfin, qui t'a vu à mes funérailles plié par la douleur ou tiédissant de larmes ta toge noire ? Si tu avais la paresse de dépasser les portes[5], tu pouvais du moins jusque-là faire ralentir le pas. Pourquoi n'as-tu pas toi-même appelé les vents, ingrat, sur mon bûcher[6] ? Pourquoi le nard n'a-t-il pas pour moi parfumé la flamme ? Il t'aurait pesé aussi de jeter quelques pauvres hyacinthes et de briser pieusement une jarre[7] sur mes cendres ?... »

IV, 7, v. 1-15 ; 21-35.

Poésies de commande. — Par tradition, Properce a mêlé aux élégies personnelles des pièces plus ou moins spontanées, de convenance mondaine ou de circonstance. Deux épigrammes touchantes sur un parent nommé Gallus, qui avait été assassiné en Étrurie (I, 21 et 22), révèlent un deuil intime ; l'élégie sur la mort du jeune Marcellus (III, 18) évite avec grâce un ton trop officiel. Les autres sont des chants funéraires d'une extrême virtuosité : telle (III, 7 : sur le naufrage de Paetus) d'un raffinement de forme presque excessif ; telle (IV, 11 : sur la mort de Cornélia), peut-être

1. Qu'elle a bue aux Enfers pour oublier sa vie passée (mais elle s'en souvient fort bien).
2. Les vents emportent les serments (lieu commun élégiaque) : il faut s'en garder quand on a l'intention d'être fidèle.
3. Pour écarter, par ce bruit de castagnettes, les mauvais esprits qui risquent de mutiler le cadavre.
4. Qui la protégeaient mal dans la chambre mortuaire ? Mais le sens du vers est très obscur.
5. Les tombes s'alignaient le long des routes, hors de la ville.
6. Pour qu'il brûle plus vite.
7. De vin, pour parfumer et peut-être sanctifier les ossements.

trop vantée, mais d'une tenue morale toute romaine. Ses qualités d'imagination et son habitude de l'analyse psychologique, son originalité de présentation et de composition l'ont certes beaucoup servi en ces occasions. Sa sincérité devient plus douteuse quand on compare, sur un même thème — l'absence d'un époux aimé qui est à la guerre — la pièce consacrée à Postumus et Aelia Galla (III, 12), et sa réplique romanesque (IV, 3), mais très supérieure, où l'exotisme s'oppose finement à la peinture du foyer solitaire.

Aréthuse à Lycotas

...Tout se tait sourdement ; et c'est à peine si, de loin en loin, toujours aux calendes[1], s'ouvre la porte de nos Lares pour une amie fidèle. Aussi je trouve plaisir aux aboiements plaintifs de ma petite Glaucis : elle seule tient ta place. Je couvre de fleurs les chapelles ; je voile de verveines[2] les autels des carrefours, et l'herbe sabine[3] crépite[4] devant les foyers antiques. Que sur quelque solive proche hulule l'oiseau de nuit[5], ou que la lampe défaillante appelle[6] une goutte de vin, c'est pour le jour même signe de mort aux agneaux, chaude joie au victimaire[7] qui se trousse pour un nouveau profit.

Ah ! je t'en supplie, pas à ce prix la gloire d'escalader Bactres[8] ou d'enlever ses voiles de mousseline à un chef parfumé, quand la torsion des frondes sème les balles de plomb, quand claque l'arc perfide sur les croupes fuyantes[9] ! Mais — et puisse alors, les fils de la terre parthe une fois domptés, la lance d'honneur[10] accompagner tes chevaux triomphants — conserve-moi intacte la foi que tu m'as promise. A cette seule condition, je désire ton retour ; et, quand j'aurai voué ton armure à la porte Capène[11], j'écrirai au-dessous : « Pour son mari sauvé une jeune femme reconnaissante ».

IV, 3, v. 53-72.

Les élégies nationales. — Très vite après son premier livre, Properce avait été entrepris par Mécène, qui le poussait vers la grande poésie nationale. Il ne s'en approchait qu'avec réticences (résolution, II, 10 ; excuses ou échappatoires, d'un genre en partie convenu, III, 3, 4, 9, 11, 22), non sans un secret désir d'émulation avec Virgile. Il se décida enfin, mais en prenant pour modèle « le poème des Causes » *(Αἴτια)*, érudit et artificiel, de son cher Callimaque et en s'en tenant au distique élégiaque. Six pièces furent ainsi écrites, très inégales. L'une est consacrée à la victoire d'Actium (IV, 6) ; les autres (1, 2, 4, 9, 10) transportent le lecteur aux premiers temps de Rome, ce qui fournit au poète citadin l'occasion de frais paysages ; il décrit des dieux bizarres ou oubliés, comme Vertumne, divinité du changement, et Jupiter Férétrien, des épisodes mal connus ou pénétrés d'amour romanesque (Hercule et Bona Déa ; Tarpéia). Ce n'est pas ainsi que pouvait s'exprimer son très réel patriotisme. Il essaie une voie où son ami Ovide s'engagera plus franchement, quoique avec moins d'intime conviction (dans *les Fastes*).

1. Le premier du mois.
2. Plante sacrée.
3. Le genièvre.
4. Signe heureux.
5. Mauvais augure.
6. En donnant des éclats irréguliers : heureux présage si on y verse aussitôt du vin.
7. Le boucher rituel des temples.
8. Hantise des expéditions d'Alexandre le Grand.
9. Il s'agit des cavaliers parthes qui, lorsqu'ils fuyaient, se retournaient pour lancer leurs flèches.
10. *Hasta pura* (sans fer) : décoration réservée aux officiers, *à Rome* (malgré les noms grecs des héros).
11. A Rome : voir note précédente.

Tarpéia

[Sujet : La vestale Tarpéia tombe amoureuse du roi sabin Tatius, et va lui livrer le Capitole (cf. Live, I, 11). En Grèce, un thème analogue (Scylla avait trahi son père Nisos, roi de Mégare, par amour pour Minos) avait été traité par la poésie alexandrine. — Effets rustiques et familiers (de la petite épopée alexandrine). — Interventions lyriques du poète (même origine). — Imprécision topographique et vague historique. — Influence de la tragédie grecque classique dans le début du monologue.]

Je dirai le bois Tarpéien, la tombe infâme de Tarpéia, et comment fut surpris le seuil de l'antique Jupiter.

Il était un bois puissant, qui, pressé autour d'un antre enseveli sous le lierre, de son bruissement forestier couvrait le murmure des eaux naturelles : ombreuse demeure de Silvain, où sa douce flûte, aux heures étouffantes, invitait les brebis à venir s'abreuver. Cette source, Tatius en protège les abords par la palissade d'érable et la levée de terre[1] dont il entoure son camp solide. — Qu'était-ce donc que Rome, lorsque la trompette de Cures[2] ébranlait du prolongement de ses rauques clameurs le roc tout proche de Jupiter, lorsque dans le forum romain, où se donnent maintenant des lois au monde, se dressaient les pilums[1] sabins ? Pour mur, elle avait ses monts ; là où maintenant est la Curie avec son enceinte[3], une source où buvait le cheval de guerre. — C'est là que vint Tarpéia prélever l'eau pour la déesse[4] ; une urne d'argile pressait sa tête. — Combien de morts ne mériterait-elle pas, cette fille funeste, qui voulut, Vesta, trahir ta flamme ?[5] — Elle a vu Tatius s'exercer dans la plaine sableuse et hausser son bouclier peint dans l'envolement fauve de la crinière. Une stupeur la saisit devant le visage, les armes du roi ; et ses mains oublieuses laissèrent échapper l'urne.

Souvent elle prétexta un présage lunaire, prétendant qu'il lui fallait tremper sa chevelure dans les flots ; souvent elle emporta des lis argentés comme offrande aux nymphes bienveillantes, pour que la lance romuléenne[6] n'offensât pas le visage de Tatius. Puis, remontant les pentes brumeuses du Capitole à l'heure où commencent à s'élever les fumées du soir, les bras déchirés aux épines des ronces, elle s'assoit et sur la citadelle Tarpéienne gémit son mal d'amour, tout près de Jupiter qui s'en offense : « Feu du camp, tentes des escadrons de Tatius, armures sabines glorieuses à mes yeux, ah ! si j'étais captive à vos foyers, captive, oui, aux regards de tous, de mon Tatius... ».

IV, 4, v. 1-34.

Conclusion. — La poésie de Properce, toute prenante et d'un accent si original jusque dans le convenu, est subtile et difficile. La composition nous surprend tellement que maint éditeur moderne suppose à tout instant des transpositions dues aux copistes. Mais les vers aussi[7] recherchent la surprise d'agencements raffinés, avec des échos, presque des rimes, d'un hémistiche à l'autre, des disjonctions d'expressions, de durs abrégements. L'usage de mots impropres est plus singulier : il est peut-être voulu (ainsi faisait Verlaine) pour suggérer des résonances secondaires à l'idée essentielle. On le croirait d'autant plus volontiers que les dons d'évocation pittoresque sont chez Properce tout exceptionnels et qu'il pousse parfois la recherche de dessin et de couleur jusqu'à une précision assez dure. Par là, comme par l'ensemble

1. L'art militaire des Sabins est décrit comme celui des Romains, aux temps classiques.
2. Ville sabine, importante dans l'ancienne tradition romaine : ici représente toute la Sabine.
3. La salle de réunion du Sénat venait d'être entourée d'une enceinte par Auguste.
4. Vesta.
5. Doublement : en livrant la ville que protège la déesse, et en manquant à la chasteté que Vesta exigeait de ses prêtresses.
6. De Romulus, ou, plus généralement, des Romains.
7. On y remarquera l'abondance des spondées (ı_).

de ses qualités et de ses défauts, il échappe à son siècle : il n'a pas la souplesse harmonieuse, l'accent classique de Tibulle ni d'Ovide.

OVIDE
43 av. J.-C. — 17 ou 18 ap. J.-C.

P. Ovidius Naso était issu d'une riche famille équestre de Sulmo (Sulmona), au pays des Péligniens. Bien qu'il se fût fait remarquer parmi les disciples des rhéteurs Arellius Fuscus et Porcius Latro, il était irrésistiblement porté vers la poésie. Après un long voyage en Grèce, il entra cependant, pour complaire à son père, dans la carrière judiciaire ; mais bientôt, fréquentant Horace, Tibulle, Properce, et très répandu dans le monde, il se voua à la poésie. Il n'était ni passionné, ni languissant, ni libertin. Observateur et artiste avant tout, il distingua dans la poésie élégiaque des Latins des tendances très diverses et poursuivit la composition d'œuvres longues et suivies, répondant chacune à l'une de ces tendances.

Les poèmes érotiques. — Les *Amours*, édités en cinq livres vers 15 ou 14 avant notre ère, puis resserrés en trois, sont un recueil d'élégies sur une « Corinna », dont la physionomie a été très généralisée par le poète. Ovide y a repris tous les thèmes courants, mais en les ordonnant en une sorte de roman d'amour. L'exécution est charmante, l'expression de sentiments sincères fort rare (voir, cependant, la pièce III, 8, sur la mort de Tibulle). En même temps il travaillait à ses *Héroïdes*, lettres prêtées à des héroïnes mythologiques (Briséis à Achille, Phèdre à Hippolyte, Ariane à Thésée, etc.). C'était une création originale, mais inspirée des exercices pratiqués chez les grammairiens et les rhéteurs, où l'on composait des monologues d'une juste psychologie *(éthopées)* et des délibérations approfondies *(suasoriae)*. Ovide imite les tragiques grecs, Homère, Apollonios de Rhodes, Callimaque, Catulle, Virgile... Mais il réalise l'unité des éléments divers, dramatiques, descriptifs, rhétoriques ; le ton est volontairement mondain et actuel. Les quinze premières furent publiées entre 20 et 15. Les six dernières, qui comportent des réponses d'hommes, beaucoup plus tard (en 8 après J.-C.) : on a parfois douté de leur authenticité[1].

Enfin Ovide mit en forme la théorie de la séduction, dans son *Art d'aimer* (trois livres), que ne corrige nullement le livre des *Remèdes d'amour* (entre 1 avant et 2 après J.-C.) : poèmes didactiques, tout parcourus d'un ton d'ironie et de parodie légère, et qui dépeignent un demi-monde galant et spirituel. Pour le même public était écrit le livre des *Fards*, dont il ne reste qu'un fragment.

Les grands poèmes. — Cependant Ovide rêvait d'œuvres plus sérieuses. Il avait travaillé à une *Gigantomachie* et lu en salle publique, avec un très grand succès, une tragédie de *Médée* (en 12 av. J.-C.). Il avait des qualités dramatiques, il était rompu à l'usage de la mythologie : le sujet des

1. Un ami d'Ovide, Au. Sabinus, composa des réponses aux lettres des héroïnes : ce qui témoigne du succès de ces pièces.

Métamorphoses lui parut propre (vers 1 av. J.-C. ?) à un long poème épique (en hexamètres). La légende grecque présentait une foule de transformations de dieux ou d'hommes en animaux, en plantes... ; vers l'époque alexandrine, des poètes songèrent à les grouper, par exemple en narrant celles d'où provenaient des oiseaux *(Ornithogonia)*, puis de façon plus générale : Nicandros de Colophon surtout (IIIe ou IIe s.), mais aussi Antigonos de Carystos (vers 270) et Parthénios de Nicée, le maître de Cornélius Gallus, semblent avoir été les sources principales d'Ovide. Du reste la poésie latine était attirée vers ces prestiges pittoresques[1]. Mais aussi un renouveau de ferveur pour le pythagorisme (v. p. 282) donnait actualité à la doctrine du transformisme. Ovide enregistra diversement en 15 livres des centaines de fables, depuis le chaos et le déluge jusqu'à l'apothéose de César[2], de façon développée, ou en passant, ou par allusion. Le plus difficile était d'imposer à cette matière hétérogène une sorte de composition : Ovide s'inspira des *Catalogues* et des *Généalogies* d'Hésiode et de ses successeurs, non sans toute sorte d'artifices alexandrins.

En même temps (à partir de 3 après J.-C.), il s'appliquait à un « Calendrier national » (les *Fastes*), où les cultes et les fêtes de Rome seraient décrits, chaque mois en un chant : les six premiers seuls furent écrits (en distiques élégiaques)[3], d'un ton moins soutenu, plus familier que les *Métamorphoses*. Ovide avait consulté les *Fastes Prénestins* du grammairien Verrius Flaccus, *les Antiquités divines* de Varron, Tite-Live, etc. Mais avec une curiosité plus amusée que pieuse, et croyant devoir rehausser de gentillesses à la grecque ce que la matière lui paraissait avoir de rebutant.

Janus

[Apparition du dieu : thème poétique courant. — Éléments grecs (mythiques et philosophiques) adjoints à une figure italique. — Familiarité du ton et plaisanterie. — Documentation précieuse pour les historiens modernes.]

Le dieu, tenant à la main droite un bâton, une clef dans la gauche, m'apostropha en ces termes : « N'aie plus peur ; apprends, chantre laborieux des jours, ce que tu demandes et enregistre bien mes paroles. Les anciens (car je suis chose antique) m'appelaient Chaos[4] : vois comme je remonte loin. Cet air diaphane et les trois autres éléments, le feu, l'eau, la terre, ne faisaient qu'un monceau. Mais lorsque, par le conflit même de ses parties, cette masse se défit pour gagner de nouvelles demeures, la flamme monta ; près d'elle se logea l'air ; au centre se fixèrent la terre et les eaux. Alors moi,

---

1. *La chevelure de Bérénice* de Catulle ; l'*Iô* de Calvus ; la *Zmyrna* d'Helvius Cinna ; la *Ciris* ; l'*Ornithogonie* d'Aemilius Macer, ami d'Ovide.

2. Principaux épisodes : les Géants, Daphnè, Iô (I) ; Phaéton, Callistô, Jupiter et Europe (II) ; Cadmus, Actéon, Écho, Penthée (III) ; Pyrame et Thisbé, les filles de Minée, Persée et Andromède (IV) ; Phinée, rapt de Proserpine (V) ; Arachnè, Niobè, Térée (VI) ; Médée, Céphale et Procris (VII) ; Nisus et Scylla, Dédale et Icare, Philémon et Baucis (VIII) ; mythe d'Hercule, Byblis (IX) ; Eurydice, Hyacinthe, Pygmalion, Adonis (X) ; Orphée, Midas, Céyx et Alcyonè (XI) ; Iphigénie, Centaures et Lapithes, Achille (XII) ; siège de Troie, Énée (XIII) ; Scylla, Énée, Romulus (XIV) ; Pythagore, Hippolyte, Esculape, César (XV).

3. Principales divisions : Janus, *Agonalia*, Carmenta, Cacus, la Concorde (I) ; les Fabii, *Lupercalia*, Quirinus, *Feralia*, Terminus, Lucrèce (II) ; Mars, *Matronalia*, les Saliens, Numa, Anna Pérenna, *Quinquatria* (III) ; Vénus, Cybèle, Cérès, *Palilia*, fondation de Rome, *Vinalia* (IV) ; les Lares, *Floralia*, *Lemuria*, Mars Ultor (V) ; Junon, Carna, Vesta, Mater Matuta, Tullia, les flûtistes de Tibur (VI).

4. Faux : Ovide semble ici s'inspirer d'un jeu de mots, gréco-latin, sans aucune portée. Janus est en fait le dieu du commencement ; par suite, dans l'ancienne Rome, le premier des dieux.

cessant d'être un bloc informe, je repris figure et membres de dieu. Maintenant encore je garde une trace minime de ma confusion primitive[1] : devant et derrière, je suis le même. Mais il est une autre raison de cette singularité qui t'étonne : dès que tu la connaîtras, tu sauras aussi ma charge. Tout ce que tu vois partout, ciel, mer, nuées, terre, c'est notre main qui le ferme et l'ouvre. A moi seul est confiée la garde du vaste monde ; les gonds ne tournent qu'à mon ordre. Quand il me plaît de faire sortir la Paix de mon temple tranquille, libre elle va au long de tous les chemins[2]. Le sang des carnages inondera l'univers, à moins que mes verrous n'y emprisonnent les guerres. Je préside aux portes du ciel avec les douces Heures : s'il va et vient, Jupiter le fait grâce à moi. Aussi m'appelle-t-on Janus. Quand le prêtre me présente un gâteau de farine et l'épeautre mêlée de sel, — tu rirais de l'entendre ; car il m'appelle rituellement tantôt Patulcius tantôt Clusius[3]. Par cette alternance la naïve antiquité a voulu signifier la diversité de mon rôle. Telle est ma puissance ; je vais maintenant t'expliquer ma figure, bien que tu en saisisses déjà en partie le sens. Toute porte a deux faces, qui regardent l'une les passants, l'autre le Lare domestique. Comme votre portier, assis au seuil de votre porte, voit entrer et sortir, moi, portier de la cour céleste, je regarde en même temps l'Aurore et le Couchant. Ainsi tu vois Hécate dotée de trois visages pour garder, aux carrefours, la croisée de trois routes. Et moi, pour ne pas perdre une minute à tourner le cou, je puis sans bouger voir de deux côtés. »

Fastes, I, v. 99-144.

Les élégies personnelles. — *Les Fastes* étaient sur le métier et les *Métamorphoses* n'avaient pas reçu la dernière main, lorsque Ovide fut brutalement exilé à Tomes, sur le Pont (Constantza, sur la mer Noire), en novembre de l'an 8 ap. J.-C. Le prétexte officiel de cette décision était l'immoralité de *L'Art d'aimer* (qui datait de 10 ans !) ; la cause réelle nous en est obscure : peut-être Ovide, dont la troisième femme, Fabia, était en relations personnelles avec l'impératrice Livie, avait-il indiscrètement pénétré les intrigues qui visaient à donner pour successeur à Auguste son beau-fils Tibère de préférence à son petit-fils Agrippa Postumus. Ovide gagna seul un pays dangereux et qui lui parut affreux.

Dès que, de son poste de vigie, la sentinelle a donné l'alarme, d'une main tremblante, en hâte, nous revêtons nos armes. L'ennemi[4] avec son arc et ses flèches envenimées, rôde d'un air farouche autour de nos remparts sur son cheval haletant.

Tristes, IV, 1, v. 75 ss.

Tu enchaînes[5] sous la glace la mer ; et souvent le poisson nage enfermé sous une carapace. Et tu n'as pas de sources ; seulement une eau presque salée, dont on ne sait si elle soulage ou irrite la soif. Çà et là dans la campagne nue s'élève un arbre, infécond au surplus ; et la terre ne semble qu'un autre aspect de la mer, Point de chant d'oiseau, sauf les cris rauques de ceux qui, au fond de lointaines forêts, se désaltèrent aux lagunes saumâtres. L'absinthe lugubre hérisse les plaines vides, amère moisson, digne de cette terre.

Pontiques, III, 1, v. 15-24.

Dès lors, pendant dix ans, il envoya à Rome des livres d'élégies (cinq de *Tristes*, quatre de *Pontiques*) sous apparence de lettres, suppliantes ou

1. Janus était représenté avec un double visage.
2. Le temple de Janus était ouvert pendant la guerre, fermé pendant la paix.
3. Épithètes divines : « celui qui ouvre » et « celui qui ferme ».
4. Sarmate ou Gète indépendant, cherchant à faire razzia de butin, ou même d'hommes.
5. Ovide s'adresse au pays lui-même.

désespérées, pleines de basses flatteries à l'empereur et à sa famille, de sollicitations à sa femme, puis, nommément, à ses amis. Contre un ennemi acharné, il écrivit une longue imprécation imitée de Callimaque ou d'un de ses disciples, l'*Ibis*. Il apprit même la langue des Gètes, dans laquelle il composa un panégyrique de l'empereur, qui ne nous est pas parvenu. Un poème sur la pêche (*Les Halieutiques*) et la révision des *Métamorphoses* l'occupaient de façon plus sereine. Après la mort d'Auguste, il n'espéra plus, faiblement, qu'en Germanicus (auquel il dédia *Les Fastes*). Son corps même ne fut pas rapporté en Italie.

Diversité et monotonie. — Rien de plus varié, en apparence, que les sujets traités par Ovide. En fait, à lire ses poèmes de suite, on les trouve monotones. C'est qu'ils dérivent tous de l'élégie : des esquisses d'art d'aimer et de fêtes latines se rencontraient dans Tibulle ; les allusions mythologiques remplissaient l'œuvre de Properce. Et Ovide n'a pas eu, au fond, d'autre ambition que d'être « le Virgile de l'Élégie » (*Rem. Am.*, v. 395 s.). Mais, en organisant, avec une volonté artistique très froide, les données élégiaques en longs poèmes suivis, il en excluait la passion et risquait de sacrifier au verbiage. D'autant plus que son tempérament et ses habitudes de vie le portaient vers une aisance assez superficielle. Dans une société élégante et futile, on l'encourage à développer ses qualités de « chroniqueur » mondain, à mettre en valeur son esprit, depuis l'humour le plus délicat jusqu'à l'invention cocasse et burlesque ou à la « gaminerie » (R. Pichon). Lui-même, qui jouit sans perversité de tous les aspects du monde extérieur, n'approfondit ni une idée ni une sensation : il est tout au moment actuel. C'est un grand artiste, mais qui s'amuse trop de son art.

Complaisances masculines

[Facilité un peu lâche du développement. — Variété de l'expression. — Légèreté de la description. — Humour mythologique (Hercule chez Omphale).]

Cédez à ses opiniâtretés : en cédant vous vaincrez. Faites en sorte seulement de jouer le rôle qu'elle ordonnera. Elle blâme ? blâmez ; tout ce qu'elle approuve, approuvez-le ; dites ce qu'elle dit ; niez ce qu'elle nie. Rit-elle ? Riez aussi ; si elle pleure, songez à pleurer. Qu'elle règne sur les expressions de votre visage. Veut-elle jouer ? Si elle jette les dés, à votre tour jetez, mais mal, et donnez-lui en le bénéfice. Si vous jouez aux osselets, pour lui éviter la sanction d'une défaite, arrangez-vous pour amener souvent le « chien[1] » funeste. Si vos pions s'avancent en figure de « voleurs[2] », faites périr vos soldats sous leurs adversaires de cristal. Vous-même tenez son ombrelle déployée ; vous-même tracez-lui un chemin dans la foule. Hâtez-vous d'approcher le marche-pied de son lit élégant ; enlevez ou remettez la chaussure à son tendre pied. Souvent même, quand votre maîtresse a froid, malgré vos propres frissons, il faut lui réchauffer la main. Et n'allez pas rougir (il y aurait pourtant de quoi), s'il lui plaît que votre main, comme celle d'un esclave, soutienne son miroir. Celui qui, à force de tuer des monstres, fatigua sa marâtre[3] et mérita le ciel après l'avoir porté[4], tint la corbeille à ouvrage, dit-on, parmi les jeunes

1. Le plus mauvais coup.
2. Jeu analogue à notre jeu de dames ou d'échecs.
3. Junon, qui imposa à Hercule douze travaux.
4. Pointe : Hercule fut reçu parmi les dieux ; mais il avait (réellement) porté la voûte céleste pendant qu'Atlas, dont c'était la fonction, avait été lui quérir les pommes des Hespérides.

Ioniennes[1] et peina au travail des laines brutes. Il fut docile aux ordres de sa maîtresse, le héros de Tirynthe : allez donc vous plaindre de supporter ce qu'il supporta !

Art d'aimer, II, v. 197-222.

Rhétorique et psychologie. — Pour soutenir et varier sa verve naturelle, Ovide a suivi les conseils des rhéteurs ; son art du développement, son goût des énumérations, ses effets de surprise ou ses adresses de transition leur doivent beaucoup. Mais non le ton général de ses œuvres : son aisance naturelle l'a sauvé des excès. Son écueil eût plutôt été la fadeur. Il s'en est défendu par l'esprit et surtout par une psychologie très fine et parfois profonde. Rhétorique modérée et psychologie raffinée devaient faire la beauté de sa *Médée*, qu'il nous eût été précieux de comparer, par exemple, aux tragédies de Sénèque. Des *Héroïdes* et certaines parties des *Métamorphoses* suppléent en partie à cette perte.

En marge de l'Odyssée

[Monologue sous l'apparence d'une lettre. — Netteté de la composition. — Combinaison du mouvement dramatique, du lyrisme descriptif, de l'intimité psychologique. — Jeu littéraire : l'écrivain, qui s'amuse, se sent un peu derrière son personnage.]

(PÉNÉLOPE A ULYSSE)

Mais que me sert, à moi, que vos bras aient dispersé les débris d'Ilion, qu'à la place d'un mur il n'y ait plus que le sol, si veuve je reste comme j'étais veuve quand Troie vous résistait, si mon mari sans fin me manque, loin de moi ? Elle est détruite pour les autres, Pergame[2], pour moi seule elle dure ; et pourtant le vainqueur y habite et laboure avec les bœufs conquis. Déjà la moisson se dresse dans les champs où fut Troie, et la terre engraissée du sang phrygien, luxuriante, appelle la faux ; les courbes charrues heurtent les ossements mal ensevelis des héros, l'herbe cache les ruines des maisons. Vainqueur, tu restes absent ; et je ne puis savoir ce qui te retient ou en quel monde tu te caches, cœur de fer. Si quelque pilote tourne vers nos rivages une nef étrangère, il ne s'en va qu'après avoir été pressé par moi de questions sur ton compte et qu'en emportant pour toi, si jamais il te voit, une feuille écrite de ma main. Nous avons envoyé à Pylos, où règne l'antique Nestor, fils de Nélée[3] : des bruits incertains nous sont revenus de Pylos. Nous avons envoyé aussi à Sparte : Sparte aussi ignore ce qu'il en est[4]. Quelles terres habites-tu ? où t'attardes-tu ? Il vaudrait mieux que se dressent encore les murailles bâties par Phébus[5] — hélas ! inconséquente, je m'en prends à mes propres vœux ! — je saurais où tu combats, je n'aurais à craindre que la guerre, et la plainte me serait commune avec beaucoup d'autres. Je ne sais quoi craindre ; mais je crains tout, en mon égarement ; et un champ infini s'ouvre à mes inquiétudes : tous les périls de l'onde et tous ceux de la terre, je les soupçonne d'être cause d'un si long retard. Et tandis que, sotte, je les rumine, peut-être — on connaît vos caprices ! — es-tu sous le charme d'amours exotiques ; peut-être même racontes-tu combien ta femme est rustre, qui ne sait qu'assouplir la laine des toisons.

Héroïdes, I, v. 47-78.

---

1. Chez Omphale, à laquelle il avait été vendu comme esclave.
2. Citadelle de Troie (style poétique).
3. Cf. *Odyssée*, III.
4. Cf. *Odyssée*, III-IV.
5. Les remparts de Troie (style poétique).

La poésie de la vie élégante. — Ovide, d'autre part, fut très sensible à la poésie particulière, un peu mièvre, de la vie mondaine. Et il a su délicatement mettre en valeur, dans les épisodes rebattus des *Amours*, tantôt les ingéniosités, tantôt les joies esthétiques ou le mouvement lyrique, dont un observateur se rend mieux compte qu'un cœur passionné. Sa perspicacité aussi, mobile et moqueuse, lui faisait saisir sur le vif des scènes de comédie mondaine, qu'il a rendues, surtout dans *L'Art d'aimer*, avec une délicatesse et une légèreté de touche qui accentuent certaines tendances de Térence, et semblent annoncer Marivaux.

Devant la porte close

[Thèmes combinés de la porte close, de la prière au portier et de la sérénade (rapprocher : Théocrite, *Id.*, III ; Plaute, plus haut, p. 54 ; Tibulle, I, 2, v. 7 ss.). — Forme lyrique (groupes de 8 vers à refrain) ; développement et conclusion dramatiques. — Badinage spirituel et poésie.]

...Regarde — et pour voir ouvre ces cruelles barrières — regarde comme mes larmes ont mouillé la porte. C'est moi, oui, moi qui, le jour où debout, dépouillé, tremblant, tu attendais les coups, intercédai pour toi auprès de ta maîtresse. Ainsi pour un autre, pour toi j'eus assez de crédit ; pour moi, ô honte ! j'en ai trop peu ! Rends-moi la pareille : tu as l'occasion d'être reconnaissant. Selon tes vœux, les heures de nuit s'écoulent : fais glisser le verrou.

Fais-le glisser : et puisses-tu être un jour soulagé de ta longue chaîne[1] et boire enfin l'eau de la liberté. Portier impitoyable, j'ai beau prier, tu n'écoutes pas. Durement membrée de chêne, la porte ne bouge pas. Que des villes assiégées se défendent portes closes, soit : mais en pleine paix pourquoi craindre les armes ? Que réserves-tu à l'ennemi, si tu repousses ainsi l'amant ? Les heures de nuit s'écoulent : fais glisser le verrou.

Nul soldat, nulle arme ne m'accompagnent : je serais seul, n'était le cruel Amour. Mais lui, même si je le désirais, impossible de le renvoyer : on m'arracherait plutôt à moi-même. Ainsi l'Amour, une légère fumée d'ivresse, une couronne qui glisse de mes cheveux parfumés : c'est tout. De telles armes, qui peut les craindre ? Qui n'irait à leur rencontre ? Les heures de nuit s'écoulent : fais glisser le verrou.

Comme tu es lent ! Ou bien est-ce le sommeil, néfaste à l'amant, qui ferme ton oreille à mes paroles et les laisse perdre au souffle des vents ? Mais il fut un temps, je m'en souviens, où, quand je voulais échapper à tes yeux, tu veillais aux étoiles jusqu'au milieu de la nuit. Peut-être as-tu avec toi ton amie ? Combien alors ton sort est préférable au mien ! A cette condition, puissent tes dures chaînes passer sur moi ! Les heures de nuit s'écoulent : fais glisser le verrou.

Me trompé-je ? La porte n'a-t-elle pas crié en tournant sur les gonds ? Sourdement ébranlés, les battants ne m'ont-ils pas dit d'entrer ? Je me trompe : c'est un coup de vent qui les a heurtés. Hélas ! un souffle d'air a emporté bien loin mes espérances ! Si tu te rappelles encore, Borée[2], l'enlèvement d'Orithye, viens m'assister et broie de ton haleine cette porte qui ne m'écoute pas. Dans la ville tout est silence ; humides d'une rosée de cristal, les heures de nuit s'écoulent : fais glisser le verrou.

Ou bien c'est moi qui, le fer et le feu de ma torche à la main, vais, plus prompt que toi, attaquer cette orgueilleuse demeure. La Nuit et l'Amour et le vin sont conseillers d'audace : elle ne connaît point la honte, Liber[3] et l'Amour ignorent la crainte.

Amours, I, 6, v. 17-60.

1. L'esclave portier était souvent enchaîné près de la porte même (voir plus haut, p. 263, n. 4).
2. Le fort vent du Nord ; voir plus haut, p. 267, n. 2.
3. Bacchus, chez les Latins.

Roueries féminines

[Conseils à l'amoureux (sujet des deux premiers chants de *l'Art d'aimer*, le troisième s'adressant aux femmes). — Parodie : cf. le thème habituel de l'anniversaire (plus haut, p. 265 s. et 268). — Scènes comiques, l'une plus développée. — Ton de la prose aisée et rapide.]

Gardez une sainte terreur de l'anniversaire de votre amie ; et chaque fois qu'il faudra faire un cadeau, que ce soit pour vous jour néfaste. Malgré toutes vos précautions, elle vous pillera, soyez-en sûr. La femme a tant d'inventions pour cueillir les biens d'un amant enflammé ! Le colporteur à la robe traînante arrivera chez votre maîtresse, toujours disposée aux achats ; il déballe — vous êtes là, assis — ses marchandises. Elle : « Jette un coup d'œil », demande-t-elle, pour juger soi-disant de votre goût. Et puis elle vous embrasse, et puis vous demande... d'acheter. Elle jure que ce sera pour des années : « elle en a besoin, dit-elle ; le prix aujourd'hui est avantageux ». Si vous prétextez que vous n'avez pas chez vous la somme liquide, on vous priera de faire un billet : peste soit de l'instruction ! Et si, pour l'occasion rituelle du cadeau d'anniversaire, chaque fois qu'elle en a besoin, elle se fait naître[1] ? Et si, navrée d'une perte mensongère, elle pleure et montre son oreille veuve de la pierre qui l'ornait ? Mainte fois elles demandent qu'on leur prête, elles ne veulent jamais rendre : vous êtes dupe, et sans nul profit.

Art d'aimer, I, v. 417-434.

Le peintre de genre. — De telles qualités donnent à la narration une grâce aisée, un naturel sans vulgarité. Ovide a introduit dans ses grands poèmes des contes charmants, comme celui de Philémon et Baucis (*Met.*, VIII, v. 611 ss.), avec une bienveillance amusée pour les bonnes gens qu'il décrit. Comme peintre de tableaux de genre, il est difficilement égalable : maintes esquisses en son œuvre nous représentent de la façon la plus vivante les aspects de la Rome augustéenne.

Fête de barrière

Aux ides[2] se célèbre la fête joyeuse d'Anna Pérenna, non loin de tes rives, Tibre toscan. La plèbe vient, se disperse sur les gazons verts et boit, chacun étendu près de sa chacune. Les uns restent sous le soleil, quelques-uns dressent des tentes ; il en est qui se font des cabanes de branches feuillues ; d'autres plantent des échalas en guise de fortes colonnes, et par-dessus étendent leurs toges. Le soleil pourtant et le vin les échauffent : car ils demandent aux dieux autant d'années qu'ils vident de coupes, et ils comptent en buvant. En voici un qui hume les années de Nestor[3], une que les gobelets égalent à la Sibylle[4]. On se met aussi à chanter ce qu'on a entendu au théâtre et l'abandon du geste suit celui des paroles ; le cratère vide, on mène des danses heurtées : la bonne amie, en toilette, s'en donne à cœur joie, les cheveux dénoués. Et puis ils reviennent, titubants ; on les regarde au passage ; on leur dit : « Bienheureux ».

Fastes, III, v. 523-540.

Couleur et mise en scène. — Enfin Ovide a fait profiter sa poésie du commerce assidu avec les œuvres d'art, peintures et sculptures. Il lui arrive de faire des « transpositions d'art », comme disait Th. Gautier ; mais, d'ordinaire, sa mobilité naturelle anime et transforme l'image d'où il est

1. Si elle prétend que c'est son anniversaire de naissance.
2. Le 15 mars.
3. Héros de la guerre de Troie, qui avait vécu trois générations d'homme.
4. Antique prophétesse de Cumes (au Nord de Naples).

parti. Puis, il possède à un degré très rare (surtout chez les écrivains de l'Antiquité) le goût de la couleur pour elle-même et des rapports de tons, comme on le voit dans telle page où collaborent le poète et le visiteur assidu des « salons de haute couture ».

Robes

Et les robes ? Ce n'est pas vous, passementeries d'or, que je désire, ni les laines qui rougeoient sous une double teinture de murex tyrien[1]. Quand, à moindre prix, s'offrent tant de couleurs, quelle folie de porter sur soi sa fortune ! Voici la couleur de l'air, quand l'air est sans nuages et que le tiède Auster n'y chasse pas la pluie. Voici celle du bélier[2], qui autrefois, dit-on, arracha Phryxos et Hellè aux pièges d'Inô. Celle-ci imite les ondes, les ondes aussi lui donnent son nom : je m'imagine que les Nymphes n'ont pas d'autre vêtement. Celle-là ressemble au safran : le safran voile la déesse des rosées[3], quand elle attelle ses chevaux lumineux. Celle-ci reproduit les myrtes de Paphos, celle-ci les améthystes pourprées, ou les roses blanchoyantes ou le reflet de la grue de Thrace. On retrouve la teinte de tes châtaignes, Amaryllis, et celle des amandes et celle de la cire qui a donné son nom à l'un de nos tissus. Autant la terre en sa nouveauté enfante de fleurs, lorsqu'au tiède printemps la vigne pousse ses bourgeons et que se retire l'hiver languissant, autant et plus de sucs divers absorbe la laine. Choisissez sans erreur : car toute couleur ne convient pas à toutes. Le noir avantage les teints de neige ; Briséis[4], en noir, paraissait à son avantage ; le jour de son enlèvement, oui, elle était en noir. Le blanc avantage les brunes ; en blanc, fille de Céphée[5], tu gagnais les cœurs ; ainsi tu étais vêtue, lorsque ton pied toucha l'île de Sériphos[6].

Art d'aimer, III, v. 169-192.

Il n'est donc pas étonnant que la mosaïque ou la peinture décorative (par exemple ces paysages de fantaisie, sans réalité profonde, mais pleins de vie et de poésie, chers aux peintres de fresques) semblent l'inspirer plus que la sculpture classique des Grecs, qu'il connaissait pourtant. En cela, il est bien latin. Et plus encore par son goût de la mise en scène théâtrale et somptueuse.

Le palais du Soleil

[Raffinement de la composition : large mise en scène de ballet encadrant la description minutieuse des ciselures des portes. — Animation illusionniste des œuvres d'art. — Unité de la tonalité ; diversité des couleurs et des éclats. — Comparer : *Iliade*, XVIII, v. 478 ss. ; [Hésiode], *Bouclier d'Héraclès*, v. 139 ss.]

Le palais du Soleil s'élevait sur de hautes colonnes, brillant du pétillement de l'or et des flamboiements du pyrope[7] ; l'ivoire luisant en couronnait le faîte ; et l'argent rayonnait, lumineux, sur les battants de sa double porte. Mais la matière le cédait au travail. Car Mulciber[8] y avait ciselé les flots qui ceignent toutes les terres, et le cercle des terres, et le ciel suspendu sur lui. L'onde a des dieux azurés ; Triton à la conque sonore, le changeant Protée, Aegéon qui presse de ses bras le dos monstrueux des baleines,

1. La meilleure pourpre.
2. Le bélier à la toison d'or.
3. L'Aurore.
4. Enlevée par Achille.
5. Andromède.
6. Patrie de Persée, qui avait sauvé Andromède, près d'être dévorée par un monstre marin.
7. Sans doute l'escarboucle, pierre qui passait pour étinceler la nuit.
8. Épithète latine de Vulcain, dieu du feu et des arts plastiques (par assimilation avec l'Héphaistos grec).

Doris avec ses filles[1] : les unes semblent nager ; d'autres, assises sur un rocher, sèchent leur chevelure verte ; d'autres se font porter par des poissons ; à chacune ses traits, et pourtant elles se ressemblent, comme il convient à des sœurs. La terre porte des hommes et des villes, des forêts et des bêtes et des fleuves, les Nymphes et les autres divinités des champs. Au-dessus est fixée l'image du ciel étincelant, six constellations sur le battant de droite, autant sur celui de gauche. Dès que le fils de Clymène[2], venant sur le chemin qui monte, fut entré dans la demeure de celui qu'il n'ose plus appeler son père, il alla d'abord tout droit vers sa face, mais s'arrêta à distance : car la lumière, plus proche, était insoutenable. Couvert d'un manteau de pourpre, Phébus siégeait sur un trône tout clair de l'éclat des émeraudes. A sa droite et à sa gauche le Jour, le Mois, l'An, les Siècles, et, à des intervalles égaux, les Heures[3]. On voyait aussi, debout à ses côtés, le jeune Printemps, la tête couronnée de fleurs ; et l'Été, nu qui portait des tresses d'épis ; et l'Automne, tout souillé d'avoir foulé les grappes ; et le glacial Hiver, les cheveux blanchis et hérissés[4].

Métamorphoses, II, v. 1-30.

L'art dans les « Métamorphoses ». — Toutes les qualités natives d'Ovide avec les acquisitions qu'il devait à ses maîtres, à la fréquentation des « salons » et aux jouissances artistiques de la vie romaine se retrouvent dans les *Métamorphoses*, mais dosées pour ainsi dire de façon particulière, pour répondre au grand dessein du poème. L'abondance de l'expression est recherchée, le pittoresque et la plastique sont fort poussés, souvent avec bonheur et jusqu'au réalisme brutal, comme dans le portrait de la Faim (VIII, v. 740-749).

...Elle cherchait la Faim : elle la vit dans un champ pierreux, d'où elle s'efforçait d'arracher, des ongles et des dents, de rares brins d'herbe. Ses cheveux étaient hirsutes, ses yeux caves, sa face livide, ses lèvres grises et gâtées, ses dents rugueuses de tartre. Sa peau sèche aurait laissé voir ses entrailles ; des os décharnés perçaient sous la courbe des reins. Du ventre, rien que la place ; les genoux faisaient une saillie ronde énorme, et les talons s'allongeaient, difformes, sans mesure...

La psychologie, plus variée, s'aide au besoin de toutes les ressources de la rhétorique, et même de la déclamation : ainsi dans la dispute d'Ulysse et d'Ajax autour des armes d'Achille (XIII, v. 1 ss.). Surtout le mouvement dramatique s'amplifie : certains combats (Persée et Phinée, Lapithes et Centaures) ont vraiment l'allure épique.

Mais Ovide n'a pu renoncer ni à sa frivolité naturelle ni aux séductions mondaines : l'esprit, la coquetterie, les adresses flatteuses de style et de composition, surtout la malice du poète qui ne veut pas être dupe de son récit, nuisent à la tenue littéraire du poème. Et aucune idée d'ensemble ne le régit. Cependant il eût suffi de combiner le sens des religions antiques, qui animaient également tout objet, et la haute philosophie de Pythagore, qui établissait une échelle ininterrompue des êtres depuis la plante jusqu'au dieu. Et justement le pythagorisme, renouvelé, ne cessait de faire des progrès dans la haute société romaine ; et Ovide semble y avoir au moins touché. Mais il ne le fait intervenir qu'à son dernier chant, avec une certaine magnificence de termes, il est vrai, mais sans aucune profondeur.

1. Les Néréides.
2. Phaéton.
3. Divinités à Rome.
4. Ces personnifications sont des créations des arts plastiques.

Métamorphose des pirates en dauphins

[Récit fait par Acétès (seul survivant de l'équipage qui avait enlevé le jeune Bacchus) à Penthée, persécuteur du dieu. — Union du naturel et du fantastique. — Mouvement et vie. — Complaisance descriptive. — Comparer : *Hymne homérique* VII ; A. Chénier, *Bucoliques* (éd. Dimoff), p.38]

...Enfin Bacchus (car c'était Bacchus), comme si les cris avaient dissipé sa torpeur et réveillé sa raison engourdie par le vin : « Que faites-vous ? quels sont ces cris ? dit-il. D'où vient, matelots, que je me trouve ici ? où voulez-vous m'emporter ? — Cesse de craindre, répondit le pilote de proue ; nomme seulement le port où tu veux toucher : nous te mettrons à terre selon tes désirs. — Dirigez votre course, dit Liber, vers Naxos : c'est ma demeure ; cette terre vous sera hospitalière. » Les perfides jurent par la mer et par tous les dieux qu'ils le feront ; et.ils m'ordonnent de livrer aux vents les voiles de la nef peinte. Naxos était à droite : je tournais le navire à droite : « lorsque Que fais-tu, insensé ? Eh ! Acétès — chacun criait de son côté — tu deviens fou ? tourne à gauche ». La plupart me font des signes ; d'autres me murmurent leur volonté à l'oreille. Immobile d'horreur : « Qu'un autre prenne la barre », dis-je ; et je refusai service à ce crime perfide. On me couvre d'invectices et toute la bande gronde. « Tu te crois donc, dit Aethalion, seul maître de notre salut ? » Il vient prendre ma place et tourne le dos à Naxos.

Alors le dieu, par jeu, comme s'il découvrait seulement l'artifice, du haut de la poupe recourbée, jette un long coup d'œil sur la mer ; et, feignant de pleurer : « Ce ne sont pas là, matelots, les rivages que vous m'avez promis, dit-il ; ce n'est pas la terre que j'ai demandée. Ai-je mérité ce châtiment ? Quelle gloire trouvez-vous, forts et nombreux, à tromper un enfant ? » Cependant je pleurais ; mais la troupe impie se rit de nos larmes ; les rames, hâtées, chassent les ondes... — Ah ! je te jure sur son nom (car il n'est pas de dieu plus puissant) que mon récit est aussi vrai qu'il est peu vraisemblable. — Voilà le vaisseau qui s'arrête sur les flots, tout comme s'il eût été à sec dans sa cale. Eux, stupéfaits, continuent à battre la mer de leurs rames et larguent toutes les voiles, espérant par ce double moyen faire filer le navire. Mais des lierres embarrassent les rames serpentent en flexibles étreintes et suspendent leurs grappes aux voiles appesanties. Le dieu, couronné de raisins, brandit une lance voilée de pampres ; et, autour de lui s'allongent des tigres, des apparences de lynx, des formes cruelles de panthères tachetées. Les hommes, vertige ou terreur, sautent à la mer. Et Médon, le premier, noircit, s'amincit en nageoires, se courbe en arc. Et Lycabas : « Quel miracle, dit-il, quelle métamorphose ! » Mais, comme il parlait, sa bouche s'élargit, son nez s'allonge, sa peau durcie se couvre d'écailles. Libys, qui peinait à retourner les rames, voit ses mains se réduire et se contracter : non plus mains, mais nageoires. Un autre voulait tendre les bras pour débarrasser les cordages : il n'a plus de bras ; privé de membres, le dos voûté, il saute dans les ondes ; et sa queue ressemble à une faux ou à la courbe du croissant de lune. De toutes parts ils bondissent et font jaillir l'eau en rosées, émergent encore et rentrent sous le flot, et jouent comme un chœur dansant et lancent capricieusement leurs corps, aspirent la mer et la rejettent de leurs larges naseaux...

Métamorphoses, III, v. 629-685.

La sensibilité d'Ovide. — Il ne faut demander à Ovide ni philosophie du monde, ni pensée profonde, ni même sympathie compréhensive pour ce qui n'est pas son temps. De là les faiblesses de ses grandes œuvres : il y reste un mondain spirituel. Mais sa sensibilité, telle que nous la révèlent surtout les œuvres de l'exil, est attachante et instructive. L'esprit de sociabilité y domine : ne pouvoir se faire entendre par les barbares du Pont est une des principales souffrances de l'exilé ; c'est qu'il représente au plus haut degré l'union spirituelle gréco-latine, dont Rome était devenue la capitale. Sa sensualité aussi, qui est vive et universelle, n'a rien d'égoïste : elle naît du sentiment immédiat qu'il a de l'élégance et de la beauté et qu'il cherche à faire partager. Malgré tous ses jeux d'esprit, il est tendre : les vers les plus sentis qu'il prête à Pythagore sont de pitié pour les animaux que l'homme sacrifie ; et une bienveillance un peu molle se sent sous maint de ses récits rustiques. On peut concevoir, en ces conditions, combien l'exil dut lui être cruel, et pardonner en partie les bassesses et les redites des *Tristes* et des *Pontiques* ; d'autant plus que, trop habitué, depuis près de trente ans, à faire des vers faciles, il les a souvent écrites d'un ton qui jure avec la sincérité de ses sentiments. Il n'y manque pas cependant de pages pathétiques, comme la description du tumulte tout méridional de son départ de Rome (*Tristes*, I, 3), de fortes notations descriptives, de regrets déchirants. Et ses faiblesses même ne sont pas sans contrepartie : il sait reprendre sa dignité pour menacer un lâche ennemi.

Souvenirs

Déjà les garçons et les filles rieuses cueillent la violette, éclose sans semence dans la campagne ; les prés se revêtent comme d'une toison fleurie de mille couleurs ; l'oiseau babillard assouplit son chant printanier ; et, pour réparer son crime de mère dénaturée, l'hirondelle[1] construit sous les poutres, en berceau, sa petite maison. L'herbe, comprimée jusque-là dans les sillons de Cérès, perce de sa tête tendre le sol attiédi. Partout où il y a des vignes, le bourgeon point sur le cep : mais la vigne ne croît que bien loin de la rive gétique. Partout où il y a des arbres, les rameaux se gonflent de sève : mais les arbres ne viennent que bien loin des frontières gétiques. Là où vous êtes, c'est le temps des loisirs : la suite ordonnée des jeux chasse du forum verbeux les bavardages judiciaires. Courses de chevaux, combats à armes courtoises, la paume, le cerceau rapide ; et, lorsque la jeunesse s'est exercée, frottée d'huile, au gymnase, ses bains délassants dans l'eau « vierge »[2]. Le théâtre est en vogue, brûlant de factions et de brigues opposées, et les trois scènes remplissent de leur tumulte les trois forums[3].

O quatre fois, et plus que nul ne saurait dire, heureux, celui à qui n'est pas interdite la jouissance de la Ville[4] ! Mais moi, si je devine le soleil du printemps, c'est que la neige fond, que l'on n'a plus à fouir péniblement le bassin pour avoir de l'eau, que la mer n'est plus prise par la glace ; et que, sur l'Ister,[5] le bouvier sarmate ne pousse plus ses chariots criards. Bientôt enfin quelques navires approcheront d'ici, une voile étrangère se verra sur la rive du Pont.

Tristes, III, 12, v. 5-32.

Avertissement à un ennemi

[Effets mêlés de colère et de clémence. — Lyrisme bref et heurté. — Confiance en la poésie.]

Si tu souffres que je le puisse, je tairai ton nom et ton crime ; et tes actes iront aux eaux du Léthé[6] : tes larmes tardives gagneront ma clémence. Mais il faut que ton repentir soit visible ; il faut te condamner toi-même, vouloir arracher de ta vie, si possible, ces jours dignes de Tisiphone[7]. Sinon, si ton cœur brûle de haine contre moi,

1. Procné, ayant tué ses enfants, avait été métamorphosée en hirondelle.
2. Eau particulièrement pure, conduite à Rome des montagnes de Sabine par Agrippa, gendre d'Auguste (en 19 av. J.-C.).
3. Les théâtres de Pompée, de Balbus et de Marcellus, d'ailleurs éloignés tous les trois des forums (Romain, de César et d'Auguste).
4. Rome.
5. Le Danube.
6. Fleuve infernal de l'Oubli.
7. Une des Furies.

ma douleur — celle d'un malheureux[1] — s'armera, forcée et contrainte. J'ai beau avoir été exilé, oui, aux confins du monde, ma colère saura t'atteindre où tu es. César[2], si tu l'ignores, m'a laissé tous mes droits ; il ne m'a interdit que le séjour de la patrie. Encore cette patrie, pourvu que les dieux le conservent, je l'espère de sa main. Souvent le chêne reverdit, après avoir été touché du feu de Jupiter.[3] Et même si je n'avais aucun moyen de me venger, les Piérides[4] me prêteront leur force et leurs armes. J'ai beau être confiné sur les rivages scythes et tout près des constellations qui ne plongent jamais dans la mer[5], mes messages iront sans obstacle de nation en nation, ma plainte sera connue dans toute l'étendue du monde. De l'Orient tout ce que je dirai gagnera l'Occident ; et l'Aurore répondra à la voix du Couchant[6]. Je serai entendu à travers le continent, à travers l'étendue des eaux : mon gémissement parlera haut dans l'avenir. Et songe que ton crime n'apparaîtra pas à ton siècle seulement : à tout jamais la postérité t'accusera. Je suis prêt aux combats ; mais je n'ai pas encore pris mon arc, et je désire que rien ne m'y oblige. Le cirque est encore fermé : cependant le taureau furieux fait voler la poussière ; près d'attaquer il frappe déjà la terre du pied. — Cela même excède mon vouloir. Sonne la retraite, Muse : il peut encore cacher son nom.

Tristes, IV, 9.

Conclusion. — La facilité et la mobilité poétiques d'Ovide ont fait dire qu'il était déjà plus Italien que Romain (G. Boissier). La notation est fort juste, moyennant quelques précautions. Ovide travaille vite, mais il n'est pas un improvisateur : il a cherché constamment à éprouver son talent par des œuvres de plus en plus malaisées. Si, d'autre part, on sent en lui des signes avant-coureurs de décadence, abus d'esprit et frivolité, détachement du sujet, inégalité dans le développement, il est encore classique par son aisance limpide, et surtout par sa santé intellectuelle : sa vision est franche, sa sensibilité sans détours, sa raison intacte. Il se fie aux sens et à la psychologie, et n'a pas tort. Mais pourquoi s'est-il jeté dans le merveilleux s'il ne devait que s'en amuser ?

2. Les genres poétiques traditionnels

Ovide cite un grand nombre de poètes, ses contemporains (*Trist.*, IV, 10 ; *Pont.*, II, 10 ; IV, 13 et 16). Beaucoup ont dû contribuer à la riche diversité de l'élégie romaine. Mais les genres plus anciens étaient aussi pratiqués, et sans doute avec certaines nouveautés de conception ou de style qu'il nous serait précieux de connaître ; par malheur, presque toutes les œuvres ont péri.

---

1. Le malheur, dans les idées antiques, est contagieux.
2. L'empereur.
3. La foudre.
4. Les Muses.
5. La Grande et la Petite Ourse (voisines du pôle Nord) : exagération poétique.
6. Noter l'accent prophétique, et presque biblique.

Le théâtre. — Depuis la fin de la période républicaine, la décadence de la tragédie se précipite : après Actium, Varius avait encore fait jouer son *Thyeste* ; dix-huit ans plus tard, Ovide se contente de lire en public sa *Médée*. Ces deux œuvres, célèbres dans l'Antiquité, ont disparu : elles semblent avoir été les derniers représentants d'un genre périmé. Les anciennes tragédies continueront à être reprises, mais accompagnées d'un luxe de mise en scène, de figuration et de costume qui les déforme entièrement. Les nouvelles sont destinées aux salles de déclamation : écrites pour un public particulier et restreint, elles seront d'intérêt moins théâtral que politique ou philosophique.

La comédie est à peine plus vivante. Nous connaissons de nom C. Fundanius. Un affranchi de Mécène devenu bibliothécaire, C. Mélissus de Spolète, cherche à ressusciter la *trabeata*, sorte de comédie bourgeoise, d'un ton plus relevé que la *togata*[1]. Mais sa tentative ne semble pas avoir eu de suites.

En fait le théâtre romain revient, avec plus d'art, aux tendances élémentaires qu'avait contrariées, à partir du IIIe siècle, l'imitation des Grecs : il offre, séparément, des spectacles de danse mimique et des auditions lyriques. D'une part, la pantomime, qui vise à représenter toute action, tragique ou comique, par les gestes seuls, s'acquiert dès ses débuts une grande vogue, avec Pylade et Bathylle. De l'autre, on chante sur la scène des poèmes qui n'ont pas été écrits pour elle, de Virgile (*Bucoliques*, discours de l'*Énéide*) et d'Ovide en particulier.

L'épopée. — Les poètes épiques étaient nombreux : mais aucun n'avait assez d'envergure pour réaliser une œuvre vivante, à la fois grecque et romaine, comme *l'Énéide*. La plupart se contentent d'adapter des sujets ou même des poèmes grecs[2].

Cependant l'épopée moderne et nationale, à couleur historique, garde ses partisans : Albinovanus Pédo, qui écrivit pourtant aussi une *Théséide*, fit un poème sur des événements tout récents : Sénèque le Père nous en a conservé (*Suasoriae*, I, 15) une description de l'arrivée de la flotte de Germanicus (en 16 ap. J.-C.) aux abords de l'océan Arctique ; quelques traits vigoureux s'y mêlent à de la boursouflure. Rabirius avait traité la guerre d'Octave contre l'Égypte : on a cru pouvoir lui attribuer un fragment sur la bataille d'Actium, découvert à Herculanum. De Cornélius Sévérus nous gardons une vingtaine de vers pathétiques sur la mort de Cicéron; on y saisit comment la ferveur pour un passé encore récent pouvait soutenir une éloquence vigoureuse. Mais nous ignorons si, par ailleurs, le ton épique était recherché, et par quels moyens, dans de tels poèmes : Lucain y devait-il trouver des idées ou des modèles ?

1. La *trabeata* mettait en scène des chevaliers, vêtus de la *trabea* (toge à rayures rouges).
2. Domitius Marsus *(Amazonide)* ; Ponticus *(Guerre de Thèbes)* ; Tuticanus *(Odyssée)* ; Macer le Jeune (*Antehomerica* et *Posthomerica* : les événements antérieurs et postérieurs aux poèmes homériques).

Les rostres[1] revoient, gisantes, presque vivantes encore, ces têtes magnanimes ; mais toutes semblent s'effacer autour du seul fantôme de Cicéron assassiné. Alors reviennent les souvenirs du consulat sublime : la conjuration des forces coupables, la soudaine découverte du complot, le crime impie de patriciens étouffé, le supplice de Céthégus, et Catilina précipité de ses espérances sacrilèges. Que lui ont servi la faveur, l'empressement des foules, les années comblées d'honneur, une vie, des occupations toutes vénérables ? Un jour a suffi pour effacer l'honneur d'un siècle ; brutalement abîmée dans le deuil, l'éloquence latine s'est tue. Les affligés ont perdu à jamais leur soutien, leur sauveur, la tête la plus haute de l'État ; ce champion du Sénat, l'organe public du forum, des lois, des mœurs, de la paix civile, la cruauté des armes l'a réduit au silence éternel. Son visage défiguré, ses cheveux blancs souillés de son sang par des sacrilèges, ses mains vénérables[2] qui se prêtèrent à tant de chefs-d'œuvre, jetés aux pieds orgueilleux du vainqueur, ont été foulés en triomphe, sans égard à l'incertitude des destinées ni aux dieux. Jamais, non, jamais Antoine[3] n'effacera son crime.

La poésie didactique. — C'est encore la poésie didactique, toujours très pratiquée après les grands exemples de Lucrèce et Virgile, dont nous pouvons le mieux juger avec Grattius Faliscus et Manilius. Grand propriétaire, *(Cynegeticon)* inachevé (écrit entre 30 av. J.-C. et 8 après J.-C.). Il est incertain qu'il ait imité un poème grec particulier ; il s'inspire partiellement de Varron, Lucrèce, Virgile ; mais il connaît, par pratique personnelle, l'art qu'il décrit. Ses duretés et ses inexpériences de poète sont ainsi compensées par la précision et parfois la fraîcheur du détail.

Chiens courants et limiers

[Précision technique. — Gaucherie des procédés (l'apostrophe ; les comparaisons banales). — Fraîcheur des impressions personnelles. — Cf. *Le Roman de Tristan et Iseult,* renouvelé par J. Bédier, ch. IX *(La forêt du Morois)*.]

Si tu te laisses tenter par une tâche facile, s'il te plaît de forcer les chevreuils craintifs ou de suivre les traces artificieuses d'un simple lièvre, choisis les chiens que ces chasses renomment, le Pétronien, les Sicambres[5] légers et le veltre[6] marqué de taches incertaines. Le veltre court plus vite que la pensée, plus vite que la flèche, mais s'il sait presser une bête dépistée, il ne sait la dépister au gîte, comme on en fait gloire à bon droit aux Pétroniens. Si, en serrant de près la bête, ceux-ci pouvaient retenir jusqu'au moment opportun et dissimuler l'excès de leur joie, s'ils approchaient en silence, il leur reviendrait tout l'honneur que vous avez aujourd'hui, limiers : mais, au bois, leur vaine ardeur leur nuit. Cependant belle race et illustre patrie : Sparte et la Crète[7] se vantent partout **de leur avoir donné naissance. Mais le premier chien dont le cou dressé reçut une courroie, ce fut toi, Glympicus. Le Béotien Hagnon te menait dans les forêts. Hagnon fils d'Hastilès, que nos usages évoqueront sans cesse avec une immense reconnaissance. C'est lui qui, à l'époque où l'art de la chasse était incertain et flottant en sa nouveauté, trouva la méthode la plus simple. Sans assembler une foule de compagnons ni un long et pesant attirail, il ne prend pour l'aider que son limier : bel espoir de succès pour son entreprise. Le chien parcourt les lieux hantés du gibier, les viandis, les abreuvoirs, les forts où l'herbe est foulée. Le jour point : alors rien ne trouble les indices que donne la**

---

1. La tribune aux harangues, où étaient exposées les têtes des proscrits.
2. Par exception, outre la tête, les mains de Cicéron avaient été clouées aux rostres.
3. Le crime des triumvirs est rejeté sur Antoine seul (le plus coupable, il est vrai), pour en innocenter Octave.
4. Éd. avec trad. et comm. par R. Verdière (Wetteren, 1963).
5. Chiens de la région de la Ruhr.
6. Sorte de grand lévrier gaulois (Grattius emploie le mot celtique)
7. Pays traditionnels de bons chiens de chasse.

senteur des bêtes. Il les recueille ; si en un point les traces se brouillent, trop nombreuses, pour ne point se tromper il élargit le cercle qui coupe les voies. Et alors, sûr désormais de celle qu'il a trouvée, il s'y livre tout entier, comme va, lâché dans l'arène de Corinthe[1], le quadrige, orgueil de la Thessalie[2], qu'excitent la gloire atavique et l'espoir palpitant d'une première couronne. Mais pour modérer et rendre profitable cette fougue, une loi lui était imposée : il était dressé à ne point poursuivre l'ennemi de ses aboiements, à ne pas prendre le change sur un moins beau gibier ni à gâcher ses premiers efforts pour l'appât d'une plus prompte victoire.

Cynegeticon, v. 199-233.

MANILIUS

M. Manilius (son nom même est incertain) ne nous est connu que par son poème en cinq chants : « l'Astronomie » *(Astronomica)*. Sa vie paraît avoir été celle d'un savant et d'un penseur, enthousiaste et retirée. Il acheva sûrement ses deux premiers chants du vivant d'Auguste (entre 9 et 14 ap. J.-C.) ; le quatrième suivit de peu l'avènement de Tibère ; sans doute n'eut-il pas le temps d'écrire un sixième chant (sur les planètes), bien qu'il ne semble pas être mort avant 22.

Le sujet. — Pour un ancien, il n'y a pas de distinction entre l'étude objective du ciel (astronomie) et celle de la prétendue action qu'exercent les astres sur le caractère et la destinée des hommes (astrologie). Le but même de la recherche est la détermination des lois du destin. Aussi Manilius, après avoir décrit la sphère céleste (l. I), le zodiaque, ses divisions et ses rapports avec le reste de l'univers (l. II), donne les moyens de déterminer exactement l'horoscope (moment de la naissance et signe sous lequel elle se produit) en tenant compte de la durée inégale des heures (l. III), puis met en rapports les différents caractères des hommes avec les signes du zodiaque (l. IV) et le lever des constellations non zodiacales (l. V). Ses sources grecques scientifiques semblent être Aratos, Poseidônios et Asclépiadès de Myrléa (contemporain de Pompée).

Philosophie et religion. — Nous autres modernes considérons cette matière comme pleine d'enfantillages et d'erreurs. L'idée générale pourtant — l'interdépendance de tous les éléments du monde, l'homme y compris — est grandiose. Et, au surplus, Manilius, fervent adepte du stoïcisme, croit que l'âme divine emplit l'univers, à l'état plus pur seulement dans les astres, d'où émane l'âme humaine. Aussi sa recherche lui apparaît-elle à la fois scientifique et religieuse. Homme, c'est-à-dire faible de corps, mais infiniment puissant par l'esprit (IV, v. 923 s.), il aspire à la divinité par la science, assuré que son effort, loin d'être sacrilège, en définissant Dieu, lui rend hommage.

---

1. Aux jeux Isthmiques.
2. Pays traditionnel de bons chevaux.

Dieu et l'homme

[Plan : l'échelle des êtres et l'éminence de l'homme ; le déterminisme prouve Dieu (traité par prétérition) ; la recherche de Dieu par la science prouve à la fois l'existence de l'âme et de Dieu. — Sublimité du style.]

Même les quadrupèdes et les autres êtres muets qui habitent les terres, bien qu'ignorants à perpétuité d'eux-mêmes et des lois de leur existence, rappelés cependant par la nature vers le ciel créateur, élèvent leur attention, observent le ciel et les astres, et purifient leur corps quand la lune naissante montre son croissant[1], et prévoient l'approche des tempêtes, le retour de la sérénité. Qui donc alors refuserait à l'homme l'union intime avec les cieux ? La nature l'a créé hors pair, lui a donné langage, ample génie, esprit ailé ; en lui seul enfin Dieu descend, habite et se cherche. Je laisse de côté les autres sciences dont la connaissance lui est ouverte, incertaines d'ailleurs et dont je ne puis faire largesse ; je laisse l'inégalité des conditions naturelles ; je ne répète point que le destin est fixe, inévitable, que la matière est faite pour être contrainte, le ciel pour contraindre. Mais qui pourrait, sans un don du ciel, connaître le ciel, et découvrir Dieu, s'il n'est lui-même émanation divine ? qui pourrait discerner cette courbure, énorme, illimitée, les chœurs des constellations, le dôme flamboyant du monde, la marche des planètes éternellement opposée à celle des signes stellaires, et enfermer toutes ces splendeurs en une poitrine étroite, si la nature n'avait donné à l'âme une vision aussi étendue, n'avait tourné vers elle-même une intelligence qui lui est parente, si elle n'avait épelé pour nous cette science immense, si du ciel ne provenait pas cet appel au ciel, qui nous fait participer au saint mystère du monde et aux lois primordiales que les astres imposent aux êtres naissants ? Car quel sacrilège ce serait de saisir le ciel malgré lui et de le faire descendre, pour ainsi dire prisonnier en nous, sur notre globe !

II, v. 99-128.

Se proposant un but aussi sublime, il n'est pas étonnant que Manilius méprise toute poésie qui vit de fictions, et de fictions rebattues. Le vrai, dit-il, doit se passer d'ornements.

Puisque en mon chant j'apporte les lois du destin et les mouvements sacrés du ciel, ma parole ne doit qu'obéir. Je n'ai pas à feindre, je n'ai qu'à figurer ce qui est. C'est assez et trop de montrer Dieu ; lui-même saura se donner crédit. Il est sacrilège de subordonner aux mots la sphère céleste.

IV, v. 436-440.

L'imagination scientifique et l'observation. — Mais un poème n'est pas un traité de mathématiques. Manilius s'est soutenu de la lecture de Lucrèce, bien entendu, et de Virgile ; mais aussi de Catulle et d'Ovide. Cependant, son style est souvent d'une grandeur sévère qui contraste avec la frivolité des élégiaques contemporains. Il a su non seulement voir, mais imaginer avec force et représenter jusqu'à l'illusion certains des spectacles célestes. Et le plan de son ouvrage lui a permis de révéler son don d'observation à propos des hommes aussi, dont il décrit parfois bien vivement les gestes et les caractères ; la satire des contemporains ne lui est même pas inconnue. Sans doute le rapport de ces esquisses psychologiques avec la nature des signes (masculins ou féminins ; diurnes ou nocturnes ; terrestres, aquatiques ou amphibies...) ou le nom des constellations nous paraît plein d'enfantillage ou de préciosité ; mais il ne faut pas oublier que, pour Manilius, c'était vérité scientifique.

1. On le disait des éléphants.

Jour et nuit polaires

[Puissance de la représentation imaginaire (la terre est considérée comme une sphère immobile autour de laquelle tourne le ciel). — Effort d'expression à la fois pittoresque et exacte. — Reste de convention (le soleil représenté par Phébus et son char).]

...Le ciel vous paraîtra droit autour de son axe[1], sa circonférence emportée d'un tournoiement comme une toupie bien droite. De là six seulement des signes du zodiaque en un demi-cercle oblique se découvriront à vos regards sans les fuir jamais, accompagnant à tout instant de biais la courbure mouvante du ciel. Là il n'y aura qu'un jour de six mois entiers, un lent enchaînement de clartés pendant une demi-année, parce que aussi longtemps Phébus ne se couchera jamais, parcourant sans arrêt six constellations et semblant voltiger autour du cercle polaire. Mais dès qu'il plongera sous le cercle équatorial, inclinant sa course vers les constellations australes et précipitant à toutes brides son attelage sur la pente, pendant autant de mois une seule nuit joindra ténèbres à ténèbres sous le pôle céleste.

III, v. 360-374.

Les officieux

Mais lorsque, imprévoyant et comme errant à travers les constellations écartées, le Chevreau[2] semble chercher les traces de ses frères et s'amuse loin du troupeau — alors se modèlent des esprits adroits, inquiets d'activités diverses, chercheurs de soucis, insatisfaits de leur foyer. Ils se font serviteurs du public, se poussent chez les magistrats, aux tribunaux. Où ils sont, jamais enchérisseur ne manquera aux ventes, ni adjudicataire à la criée de biens confisqués, nul coupable de péculat ne leur échappera, nul banqueroutier frauduleux. Ils sont les agents de toute la ville.

V, v. 312-322.

La poésie et les ornements. — La recherche (parfois acharnée ou pénible) de l'expression juste, la précision des métaphores, la force de la pensée n'ont pourtant pas suffi à Manilius. L'antique conception qui prêtait aux constellations une forme d'homme, de bête ou d'objet l'a conduit à introduire dans son poème toute une mythologie, parfois fort brillante et à mi-chemin entre Ovide et Virgile, comme dans l'épisode d'Andromède (V, v. 536-615). Il a cherché aussi à égayer sa matière par des développements historiques ou géographiques. Enfin il a travaillé jusqu'à son style, cherchant par la diversité de l'expression à faire oublier la monotonie de la matière.

La Voie Lactée

[Fécondité de l'imagination. — Caractère hétérogène du développement. — Juxtaposition de la mythologie, de la science et de la philosophie. — Abondance et recherche de l'expression.]

...Dans la voûte bleue brille une blanche ornière, d'où le jour semble près de jaillir, où le ciel paraît s'ouvrir. Et comme les vertes prairies se coupent d'un chemin au passage sans cesse renouvelé des roues, comme sur la mer blanchoie le sillon d'une nef qui marque les flots d'une route d'écumes mouvantes, où tourbillonnent les eaux du gouffre labouré, ainsi éclate de blancheur dans les ténèbres de l'Olympe[3] une voie qui de sa lumière immense divise la voûte bleue. Et comme Iris[4] courbe son arc à travers les nues, telle cette voie imprime au plus haut du ciel son sceau éclatant et, dominante, oblige

1. Manilius veut parler de la symétrie de la calotte céleste autour d'un axe vertical : ainsi une ombrelle ouverte par rapport à son manche tenu bien droit.
2. Constellation dont le lever annonçait, disait-on, des ouragans.
3. Le ciel (vocabulaire poétique).
4. Déesse de l'arc-en-ciel.

les mortels à lever vers elle leurs regards. Car ils s'étonnent de cette luminosité inouïe qui barre l'obscurité de la nuit et leur cœur d'hommes s'inquiète des causes divines, se demandant si la masse céleste ne tend pas à se disjoindre[1], si l'assemblage déjà dégradé ne se fissure pas, laissant à travers sa contexture crevassée filtrer une lumière nouvelle (et comment ne pas frémir quand on voit des blessures au vaste firmament, quand à nos yeux la ruine atteint la voûte céleste ?) ; ou bien si là s'unissent les bords d'une double conque, joignant les plages du ciel et leurs constellations, si au long de la ligne de contact apparaît comme une cicatrice la soudure de la sphère, si cette courbe[2] est un amas et, sous l'aspect d'une nuée aérienne, un clair assemblage où se pressent et s'exhaussent[3] les fondements de l'empyrée. Ou bien faut-il encore préférer la tradition qui veut que, dans les siècles reculés, les chevaux du soleil aient tracé par là une route différente de celle d'aujourd'hui et que pendant bien longtemps, brûlant le passage, calcinant les astres de leurs flammes, ils aient effacé le bleu céleste sous la cendre dont ils l'ont couvert et enseveli ? Une antique légende est aussi venue jusqu'à nous : Phaéton, qui sur le char de son père volait de signe en signe[4], tandis qu'il admire de près les splendeurs, nouvelles pour lui, du firmament, et, en véritable enfant, glorieux de son attelage, joue et s'échappe en fantaisies dans le ciel, désireux de surpasser son père, abandonna, dit-on, la route prescrite et fit passer sa roue au pôle glacé ; mais les nouvelles constellations ne purent supporter ces flammes égarées, cette course vagabonde. Nous plaindrons-nous que les flammes aient fait rage dans l'univers entier, que la terre, devenue son propre bûcher, ait brûlé toutes ses villes, quand les flammèches dispersées du char s'en allèrent partout flottant et que le ciel fut consumé ? La sphère elle-même expia l'incendie, et les astres que pour la première fois approchaient ces flammes brûlèrent et leur aspect rappelle encore l'antique catastrophe. Et je ne puis cacher une autre vieille légende très connue, et plus douce : du sein de neige, dit-on, de la reine des dieux[5] le lait s'échappa et donna au ciel sa couleur. De là le nom de voie lactée, qui en exprime l'origine. Ou bien une foule plus pressée d'étoiles a-t-elle ici assemblé ses feux et condensé la blanche lumière, donnant par l'union des rayonnements plus d'éclat à la voie ? Ou bien les grandes âmes, les gloires qui, ayant mérité le ciel, ont dépouillé les entraves des corps et se sont libérées de la terre, émigrent-elles ici, et, dans ce ciel qui est leur, les héros vivent-ils une vie éthérée, dans la contemplation du monde[6] ?

I, v. 703-761.

Déterminisme et morale. — Pas plus que Lucrèce, Manilius n'a disjoint la recherche scientifique et les préoccupations morales. Pour tous deux la contemplation de l'univers doit aboutir à la sérénité de l'âme : ainsi s'unissent pour la même leçon le déterminisme épicurien et le fatalisme stoïcien.

Libérez, mortels, vos âmes ; oubliez vos soucis et cessez de pleurer sur la vie avec tant de plaintes vaines : les destinées régissent l'univers, tout dépend d'une loi immuable et le sceau d'immuables enchaînements est imposé à la suite des siècles. En naissant nous mourons : la fin dépend de l'origine.

IV, v. 12-15.

Mais la question se pose, si, en de tels systèmes, la notion de responsabilité morale ne disparaît pas. Manilius ne veut pas en convenir, non plus que, dans le monde moderne, les calvinistes ou les jansénistes : le crime est tout aussi haïssable, dit-il, que les herbes vénéneuses, quelque déterminée

1. La sphère céleste est considérée comme une construction solide, qui limite la vue.
2. La voie lactée.
3. En bourrelets, qui s'élèvent de derrière la sphère céleste, telle qu'elle nous apparaît.
4. Les douze signes du zodiaque.
5. Junon, donnant, dit-on, le sein à Hercule.
6. Comparer Cicéron, *Le songe de Scipion*, et son commentaire par Macrobe.

que soit leur croissance. Le raisonnement est faible. Mais, en fait, le stoïcien est élevé au-dessus de la misère morale par sa haute conception de participation à l'être divin ; et Manilius, en particulier, par le respect de la raison scientifique, qui embrasse religieusement l'univers.

Conclusion. — La grandeur de conception et la valeur intellectuelle des *Astronomiques* permettent de les rapprocher du poème de Lucrèce : elles sont moins humaines et, littéralement, moins pleines et moins fraîches, mais font grand honneur au siècle d'Auguste. Elles furent imitées, quoique peu répandues ; cependant elles répondaient à une tendance très actuelle de la spiritualité romaine : Auguste, Tibère croyaient à l'influence des astres sur la destinée humaine. Mais cette foi était peut-être trop limitée aux milieux aristocratiques.

3. L'évolution de la prose

Pendant tout le règne d'Auguste, les voies de la prose sont fort incertaines. Tite-Live, qui la domine de haut, est nettement un retardataire. Une tendance vers l'exposé technique, l'élégance dépouillée, se heurte à la superstition de l'éloquence la plus raffinée. De là une extrême variété, dont il nous est, par malheur, difficile de juger.

L'histoire. — Certains écrivains font de l'histoire un instrument d'ardente opposition au régime : AQUILIUS NIGER, surtout T. LABIÉNUS, que sa violence enragée *(rabies)* fit surnommer Rabiénus, et dont les ouvrages furent brûlés sur l'ordre du Sénat. Suspecte, l'histoire contemporaine touche à la décadence. Mais, d'autre part, la réaction contre Tite-Live, jugé trop « littéraire », s'affirme, après les *Annales* de FÉNESTELLA (52 av. – 19 ap. J.-C.), très curieux de détails et de critique, avec C. CLODIUS LICINIUS (consul en 4 ap. J.-C.), protecteur de l'érudit Hygin, et le Gaulois TROGUE-POMPÉE, qui écrivit une histoire universelle en 44 livres, ayant pour centre la conquête macédonienne[1] : tous trois sont soucieux de science, hostiles à l'éloquence. Et l'on sent s'élargir les horizons de l'histoire romaine.

Les ouvrages techniques. — Ces tendances se retrouvent, plus nettes encore, chez les juristes : le stoïcien M. ANTISTIUS LABÉO (54 av. – 17 ap. J.-C.), hostile au principat, mais partisan d'un droit universel ; C. ATÉIUS CAPITO (34 av. – 22 ap. J.-C.), qui tient à l'ancienne jurisprudence romaine, mais

1. Nous ne possédons, de ses *Histoires Philippiques*, qu'un résumé fait par Justin (voir plus bas, p. 420): Édition crit. : O. Seel (*Teubner*, 1956).

prête son entier appui au nouveau régime. L'ouvrage « sur l'Architecture » de VITRUVE (M. Vitruvius Pollio), ancien militaire, très cultivé, bien qu'insuffisamment averti sur l'art grec, est un modèle de rédaction précise et claire, non sans élégance même. Ainsi s'étendait à de nouveaux domaines la tradition érudite de Varron.

La philosophie. — La philosophie a changé d'aspect. Elle n'a plus les larges bases, juridiques et nationales, par lesquelles Cicéron en avait voulu faire chose romaine ; mais elle ne se confine pas non plus dans l'utilitarisme médiocre d'Horace. Les prédicateurs en plein vent, cyniques surtout, dont se moquait le satirique, répandent de plus en plus jusque dans le peuple certaines inquiétudes morales. Dans les milieux plus élevés, une ferveur allant jusqu'à l'ascétisme anime les disciples du néo-pythagoricien SOTION et des deux Q. SEXTIUS NIGER (le père et le fils), dont le stoïcisme se teinte de pythagorisme. Pour eux, pour ATTALE aussi et FABIANUS, les questions morales passent au premier plan : mais il s'agit d'une morale austère qui vise à l'extrême du perfectionnement individuel, au besoin par des procédés déjà monastiques (jeûnes, rigueurs corporelles).

La rhétorique. — En contrepartie, la rhétorique semble un genre tout extérieur et mondain. La véritable éloquence étant morte, nul pourtant, en cette société, ne peut renoncer à la culture de la parole, non plus que nous à nos lectures quotidiennes. Or les lectures publiques ne satisfont qu'en partie l'amour des gestes et de l'effet. Les exercices scolaires, délibératifs *(suasoriae)* ou soi-disant judiciaires *(controuersiae)*, et leurs « corrigés », donnés souvent avec éclat par les maîtres de rhétorique en renom, attirent des hommes de tout âge. Les sujets sont conventionnels, souvent compliqués et absurdes, comme le suivant :

Un jeune homme a tué ses deux frères, l'un qui était tyran, et l'autre surpris en adultère, sur la prière de son père. Pris par les pirates, il écrit à son père pour être racheté. Le père écrit aux pirates que, s'ils coupent les deux mains à leur prisonnier, il leur donnera double rançon. Les pirates relâchent le jeune homme. Il refuse de nourrir son père tombé dans la misère.

Mais ils peuvent permettre toute espèce de développements : pathétiques ou familiers, historiques, géographiques, même de philosophie scientifique. Les virtuoses de la parole cherchent à y briller par l'abondance, ou par les traits, ou par la subtilité de l'imagination. Ils recherchent l'effet momentané et perdent souvent de vue la composition d'ensemble.

SÉNÈQUE LE PÈRE
Vers 55 av. J.-C. -
Vers 39 ap. J.-C.

Nous les connaissons par le recueil que, déjà fort âgé, fit pour ses enfants L. Annaeus Sénéca, de Cordoue. Historien des guerres civiles, c'était un homme réaliste, d'intelligence saine, de moralité antique, patriote et grand admirateur de Cicéron. Mais, venu très jeune à Rome, il s'y était passionné pour les rhéteurs, surtout Porcius Latro, Espagnol comme lui. Sa prodigieuse mémoire lui a permis de reproduire, après plus d'un demi-siècle, les thèmes d'exercices, et, sur chacun, le plan, les formules et jusqu'à des fragments étendus des principaux rhéteurs qu'il avait alors entendus. Il les juge, l'un après l'autre, dans ses préfaces avec beaucoup de finesse et en se rendant bien compte de leurs faiblesses. Souple, volontiers anecdotique, il a des parties d'excellent critique littéraire.

École et place publique

Qui prépare une « déclamation » écrit non pour vaincre, mais pour plaire. Aussi recherche-t-il toutes les coquetteries ; les argumentations, qui sont ennuyeuses et ont peu de grâces, il les laisse ; il se contente de séduire les auditeurs par des traits, des amplifications. Il désire en effet les gagner à lui, non à la cause. Mais il arrive que jusqu'au forum les déclamateurs portent ce défaut d'abandonner l'indispensable pour poursuivre le brillant. Ajoutez qu'ils se donnent imaginairement des adversaires stupides : ils leur répondent et ce qu'ils veulent et quand ils veulent. Et puis s'ils se trompent, nulle sanction : ils ne paient pas leurs sottises. Aussi est-ce à peine si au forum, en présence du risque imminent, se dissipe leur illusionnisme, accru dans la sécurité de l'école. Et que dire des louanges répétées dont on les soutient, des intervalles de repos réguliers auxquels ils habituent leur mémoire ? Quand on en vient au forum, où chacun de leurs gestes cesse d'être reçu avec applaudissement, ils lâchent pied ou trébuchent[1].

Controverses, IX, *Pr.*, 1-2.

Le philosophe Fabianus et le rhéteur Arellius Fuscus

[Antithèse entre réalisme moral et affectation rhétorique. — Souplesse et impartialité du jugement. — Richesse du vocabulaire critique.]

Fabianus s'exerçait chez Arellius Fuscus, dont il imitait le style : il eut ensuite plus de peine à s'en défaire qu'il n'en avait eu à le reproduire. L'amplification d'Arellius Fuscus était pleine d'éclat, mais travaillée et compliquée, ses ornements trop recherchés, l'agencement rythmique de ses périodes trop mou pour convenir à un esprit qui mûrissait une morale aussi forte. Une extrême inégalité dans le développement, tantôt grêle, tantôt débordant au hasard sans mesure : données, arguments, narrations étaient tout sèchement énoncés ; mais, dans les descriptions, son verbalisme se donnait carrière, sans autre loi que l'éclat des mots ; nul mordant, nulle fermeté, nulle rudesse : un style brillant, moins fleuri qu'affété. Fabianus s'en écarta bien vite ; mais s'il en rejeta, dès qu'il le voulut, l'abondance, il ne put en dépouiller l'obscurité : ce défaut l'accompagna jusque dans la philosophie : souvent il n'en dit pas assez pour se faire entendre, et dans l'exquise simplicité de son style subsistent encore des traces de ses anciens défauts.

Controverses, II, *Pr.*, 1-2.

LES RHÉTEURS

Chaque rhéteur cherchait à accentuer son originalité pour s'assurer des partisans fanatiques. De là une extrême diversité dans la recherche littéraire ; mais aussi un manque presque constant de naturel. Le plus grand de tous, M. Porcius Latro (mort en 4 ou 3 av. J.-C.), un Espagnol de tempérament inégal, à la fois bouillonnant de vie et travailleur acharné, aidait sa perpétuelle improvisation d'un stock de lieux communs qui pouvaient s'introduire n'importe où. Sa force a quelque chose de romantique.

1. Ce jugement sévère est prêté à un homme de métier, le rhéteur Montanus Votiénus. Cf., entre autres anecdotes, celle sur Porcius Latro qui, obligé de plaider réellement, débuta par un solécisme et ne reprit ses esprits qu'après avoir obtenu de parler, non en plein air, mais dans une basilique (*Controv.*, IX, *Pr.*, 3).

Une « suasoria » traitée par Porcius Latro

[Sujet non invraisemblable, mais irréel. — Plan inégal et lâché (dans la seconde partie), avec « bourrage » de développements faciles. — Exercice de style antithétique à nombreuses réminiscences (des *Philippiques* de Cicéron) ; surprise des images et métaphores juxtaposées ; brutalité du vocabulaire ; puissance (excessive) de l'effet. Comparer le style de Lucain ; cf. plus haut, p. 286-287.]

Sujet. — Cicéron délibère s'il demandera grâce à Antoine.

Plan. — Deux parties :

I. — Même s'il peut obtenir la vie, il la paiera trop cher.

A : *a*) Il est honteux pour tout Romain, mais surtout pour Cicéron, de demander la vie.

b) Exemples de tous ceux qui sont allés volontairement au-devant de la mort.

B : *a*) La vie sans la liberté serait pour Cicéron inutile et plus dure que la mort.

b) Description de toutes les duretés de la servitude future.

II. — Mais, d'ailleurs, Cicéron ne peut obtenir la vie.

Supposé qu'Antoine lui donne sa parole, il n'en aura pas le bénéfice : tout déplaira en lui, jusqu'à son silence ou son visage.

Fragment de I, A, *a*. — « Ainsi un mot peut sortir de la bouche de Cicéron sans que tremble Antoine, un mot d'Antoine peut faire trembler Cicéron ? Un nouveau Sylla, assoiffé du sang des citoyens, rentre dans la cité, et aux enchères des triumvirs on crie, en guise de fermages d'impôts, la mort de citoyens romains ; une seule tablette enclôt en sa liste une ruine plus immense que Pharsale, Munda, Modène[1] ; des têtes consulaires seront payées au poids de l'or ! C'est le moment, Cicéron, de reprendre ta phrase : « O temps, ô mœurs ! »[2]. Tu verras ses yeux brûlants à la fois de cruauté et d'orgueil ; tu verras ce visage, visage non d'un homme, mais de la guerre civile ; tu verras cette gorge qui a englouti les biens de Cn. Pompée, cette poitrine, cette corpulence de gladiateur. Tu verras, devant le tribunal, l'endroit que, il n'y a pas longtemps[3], ce maître de la cavalerie, qui eût dû avoir honte d'un hoquet, a souillé de son vomissement. Suppliant, tombant à ses genoux, tu t'abaisseras aux prières ? et cette bouche, à laquelle l'État est redevable de son salut[4], tu l'humilieras jusqu'à l'adulation ? Verrès même en rougirait : proscrit, il a su mieux mourir[5]. »

Sénèque, *Suasoriae*, VI, 8 et 3.

Arellius Fuscus (né vers 60), d'origine grecque, par sa molle élégance rehaussée de citations poétiques, renouvelait l'asiatisme. Ses développements sont souvent décousus. Il semble avoir agi sur Ovide plus que Porcius Latro.

Une « controverse » traitée par Arellius Fuscus

[Sujet artificiel et à effet. — Pathétique à la fois familier et mélodramatique ; morcellement du développement ; complaisance pour l'étrangeté et les pointes ; lieux communs de moralité sentimentale.]

Texte de loi. — Les enfants doivent la nourriture à leurs parents sous peine de prison.

1. Deux victoires de César et une d'Octave : les proscriptions des triumvirs (Antoine, Lépide, Octave), affichées au forum, causeront la mort de plus de citoyens.
2. *Catilinaires*, I, 1, 2.
3. Du vivant de César, dictateur.
4. Allusion au consulat de Cicéron et à la conjuration de Catilina.
5. Erreur historique : selon Lactance, Verrès mourut après Cicéron : mais le trait est beau !

Thème de la controverse. — Deux frères sont en désaccord ; l'un d'eux a un fils. L'autre tombe dans la misère. Malgré la défense de son père, le jeune homme le nourrit. Pour cette raison, il est renié par son père, et ne proteste pas. Son oncle l'adopte et devient riche par héritage. Son père devient pauvre : malgré la défense de son oncle, il le nourrit,

Le jeune homme à son père adoptif. — « Veux-tu m'ouvrir ton foyer ? Je ne suis pas un hôte encombrant : je n'amène qu'un vieillard. C'est la même faute, mon père. par laquelle je t'ai plu. Vient un vieillard inconnu ; je suis pour passer près de son corps gisant : il me supplie au nom de mon père. Alors, je laisserai mourir de faim un homme qui voudrait avoir un fils vivant ? Quelle étrangeté ! Un mauvais sort s'attache donc à ceux qui me renient, pour qu'ils changent aussi souvent de fortune que moi de père ? Réconciliez-vous. Deux armées prêtes au meurtre se tendent les mains pour la paix. C'en serait fait de l'univers si la pitié ne mettait un terme à la colère. Ou bien, si vous vous plaisez à des haines obstinées, épargnez-moi du moins. Ballotté entre deux pères, fils de l'un et de l'autre, à chaque fois renié du plus fortuné, pris entre deux périls, que faire ? Reniement pour ceux qui nourrissent ; mendicité pour ceux qui ne nourrissent pas ! De ceci du moins, mon père, je prends les dieux à témoin : c'est le riche, c'est toi que je laisse. »

Sénèque, *Controverses*, I, I, 6.

C. ALBUCIUS SILUS (né vers 55) péchait par intempérance, voulant dire non ce qui doit, mais tout ce qui peut être dit ; son vocabulaire, riche et mêlé, introduisait dans la déclamation maint mot de la langue vulgaire. C. CASSIUS SÉVÉRUS (vers 50 av. J.-C. – vers 37 après) apparut plus tard comme le vrai créateur de la nouvelle éloquence, spirituelle, ardente, impulsive, telle qu'elle devait être pratiquée par les délateurs du Ier siècle. L. JUNIUS GALLIO était brillant et subtil...

Conclusion. — Le succès et l'abus de la rhétorique eurent des effets funestes : l'art de la parole, se prenant lui-même pour sa fin, se condamne par là à des raffinements sans portée ; et, ce qui est pis, cet exemple gâte jusqu'au travail précis des avocats. Mais l'influence en est primordiale dans l'évolution de la prose latine : toutes sortes de formules littéraires furent essayées par elle ; le moule uniforme de la phrase classique fut brisé, les tons les plus divers juxtaposés, l'éloquence et la poésie mêlées, le vocabulaire très enrichi. Combinée avec l'enseignement des philosophes-moralistes, c'est la rhétorique qui a donné le grand prosateur de la génération suivante : Sénèque le Jeune.

BIBLIOGRAPHIE

Conditions historiques

Ch. DEZOBRY, *Rome au siècle d'Auguste* (Paris, 1846 ; 3ᵉ édit., 1870) ; — V. GARDTHAUSEN, *Augustus und seine Zeit* (Leipzig, 1891-1904) ; T. RICE HOLMES, *The Architect of the Roman Empire* (Oxford, 1928). — M. GELZER, *Die Nobilität der Kaiserzeit* (*Hermes*, L, 1915, p. 394-415) ; ABELE, *Der Senat unter Augustus* (Paderborn, 1907) ; A. STEIN, *Der römische Ritterstand* (Munich, 1927). — M. I. ROSTOVTZEFF, *The social and economic history of the Roman Empire*² (Oxford, 1957), dont il existe une trad. all. et une italienne.

FRIEDLÄNDER (trad. Vogel), *Les mœurs romaines d'Auguste aux Antonins* (Paris, 1865) ; G. BOISSIER, *La religion romaine d'Auguste aux Antonins* (Paris, 1874), I, livre Iᵉʳ ; *L'opposition sous les Césars* (Paris, 1875) ; R. HEINZE, *Die augusteische Kultur* (Leipzig, 1930) ; H. BARDON, *Les empereurs et les lettres latines d'Auguste à Hadrien* (Paris, 1940) ; J. CHARBONNEAUX, *L'Art au siècle d'Auguste* (Paris, 1943).

1. L'ÉPANOUISSEMENT DE L'ÉLÉGIE ROMAINE

F. JACOBY, *Zur Entstehung der römischen Elegie* (*Rheinisches Museum*, 1905) ; F. VILLENEUVE, *Les origines de l'élégie latine* (dans *Études de littérature latine*, Montpellier, 1947) ; A. GUILLEMIN, *Sur les origines de l'élégie latine* (*Rev. d. Ét. lat.*, XVII, 1939). — D. VAN BERCHEM, *Cynthia ou la carrière contrariée* (*Mus. Helveticum*, 1949) ; Er. BURCK, *Römische Wesenszüge der Augusteischen Liebeselegie* (*Hermes*, 1952) ; BAUMGARTEN-POLAND-WAGNER, *Die hellenistisch-römische Kultur* (Leipzig, 1913) ; Cyril BAILEY, *The Mind of Rome* (Oxford, 1926) ; A. VON DOMASZEWSKI, *Zeitgeschichte bei römischen Elegikern* (*Heidelberg. Ak.*, 1919). — SELLAR, *Roman Poets of the Augustan Age : Horace and the Elegiac Poets*² (Oxford, 1899) ; R. PICHON, *De sermone amatorio apud latinos elegiarum scriptores* (Paris, 1902) ; PLATNAUER, *Latin elegiac verse* (Cambridge, 1951). — Voir aussi, p. 190 s. BIBL. de Catulle.

Cornelius Gallus

NICOLAS, *A. Cornelius Gallus* (Paris, 1851) ; J. DEL MAESTRO, *De C. Cornelli Galli scriptis* (Pise, 1913) ; E. BRÉGUET, *Les élégies de Gallus d'après la Xᵉ Buc. de Virgile* (*Rev. d. Ét. lat.*, XXVI, 1948). *Elegiarum fragmenta*, éd. L. Nicastri, *Cornelio Gallo e l'elegia ellenistico-romana* (Naples, 1980) ; X. BALLESTER, *Galo : los inicios literarios* dans CFC, XXIII (1989) ; C.U. Merriam, *The new Gallus revisited* dans Latomus, XLIX (1990) ; A. MICHEL, *Virgile et Gallus* dans *Virgilio e gli Augustei*, a cura di M. Gigante (Naples, 1990) ; J. D. NOONAN, *Re-examining the text and meaning of the Gallus fragment*, dans Latomus, L (1991).

Tibulle, Lygdamus, Sulpicia

MANUSCRITS : *Ambrosianus* (Milan, XIVᵉ s.) ; *Vaticanus* (Rome, fin du XIVᵉ s.) ; relevé incomplet d'un *Cujacianus* (Leyde) ; — recueils d'extraits à Munich (XIᵉ s.) et Paris (XIIᵉ et XIIIᵉ s.).

ÉDITIONS : Princeps, par Puccius, 1502 ; — Critiques : Hiller² (Leipzig, 1891) ; Postgate (Oxford, 1905 ; 2ᵉ éd., 1914) ; Cartault (Paris, 1909) ; Ponchont² (*Budé*, 1931) ; Lenz² (*Teubner*, 1937) ; — Avec commentaire : G. Némethy (Budapest, 1906), en latin ; K.F. Smith (New York, 1913), en anglais ; L. Pichard (Paris, 1924), en français (rapprochements philologiques) ; F.W. Lenz² (Leyde, 1964). J. André, *Tibullus elegiarum liber primus* (*P.U.F.*, coll. Erasme, Paris, 1965) ; K.F. Smith, *The elegies of Albius Tibullus*, New York, 1913 (éd. commentée ; réimpr. Darmstadt, 1971) ; F. della Corte, *Tibullo, Le elegie* (Mondadori, 1980) ; A.G. Lee, *Tibullus*, Élégies, 2ᵉ éd. (Liverpool, 1982) ; F.W. Lenz-G.K. Galinsky, *Albii, Tibulli aliorumque carminum libri tres* (Leyde, 1983) ; *Tibulli, Albii, aliorumque carmina,* éd. G. Luck (Stuttgart, *Teubner,* 1988) ; H. Tränkle, *Appendix Tibulliana* (Berlin-New York, 1990).

TRADUCTION : Française : Ponchont *(Budé).*

LANQUE ET MÉTRIQUE : Brink, index, joint à l'édition Hiller ; A. CARTAULT, *Le distique élégiaque chez Tibulle, Sulpicia, Lygdamus* (Paris, 1911).

ÉTUDES : O. F. GRUPPE, *Die römische Elegie,* I (Leipzig, 1838) ; G. BOISSIER, *Tibulle et Properce* (*Revue Bleue,* 1886) ; G. DONCIEUX, *De Tibulli amoribus* (Paris, 1886) ; A. CARTAULT, *Tibulle et les auteurs du Corpus Tibullianum* (Paris, 1909) ; M. SCHUSTER, *Tibull-Studien* (Vienne, 1930) ; N. SALANITRO, *Tibullo* (Naples, 1938) ; L. ALFONSI, *Albio Tibullo e gli autori del Corpus Tibullianum* (Milan, 1946). — G. DONCIEUX, *Sur la personnalité de Lygdamus* (*Revue de philologie,* 1888) ; H. DE LA VILLE DE MIRMONT, *Étude critique sur le poète Lygdamus* (Paris-Louvain, 1904) ; E. BRÉGUET, *Le roman de Sulpicia* (Genève, 1946). R. J. BALL, *Tibullus the Elegist. A critical survey* (Göttingen, 1983) ; D. F. BRIGHT, *Haec mihi fingebam, Tibullus in his world* (Leyde, 1978) ; F. CAIRNS, *Tibullus, a hellenistic poet at Rome* (Cambridge, 1979) ; P. MURGATROYD, *A commentary on the first book of the elegies of Albius Tibullus* (Pietermaritzburg, *Natal University Press,* 1980) ; P. POSTGENS, *Tibulls Ambarvalgedicht* (Würzburg, 1940) ; M. J. PUTNAM, *Tibullus, a commentary* (*Oklahoma Univ. Press,* 1973) ; *Simposio Tibuliano* (Murcie, 1985) ; W. WIMMEL, *Der frühe Tibull* (Munich, 1968) ; *Atti del convegno internazionale di studi su Albio Tibullo* (Roma, 1986).

BIBLIOGRAPHIE DE TIBULLE : Avant 1970 : H. HARRAUER, *A bibliography to the Corpus Tibullianum* (Hildesheim, 1972). Après 1970 : *P. Militerni della Morte, Rassegna di studi tibulliani,* dans *Bolletino di studi latini,* 14 (1984) ; R. J. BALL, *Tibullus the elegist, a critical survey* (Göttingen, 1983).

TRANSMISSION DES TEXTES : B. L. ULLMAN, *Tibullus in the Mediaeval florilegia,* CPh, 23 (1928).

LEXIQUE : E. N. O'NEILL, *A critical concordance of the Tibullian Corpus* (New York, 1963) ; A. DELLA CASA, *Le concordanze del Corpus Tibullianum* (Gênes, 1964) ; S. GOVAERTS, *Le Corpus Tibullianum, Index uerborum et relevés statistiques, Essai de méthodologie statistique* (Liège, 1967).

PROBLÈMES PARTICULIERS : Sur la division en quatre livres : LARROUMET, *De quarto Tibulli libro* (Paris, 1882). — Problèmes surtout critiques, depuis les études de J. SCALIGER (1577-1607). Voir : BÄHRENS, *Tibullische Blätter* (Iéna, 1876) ; CARTAULT, *À propos du Corpus Tibullianum : un siècle de philologie classique* (Paris, 1906) ; PONCHONT, *Étude sur le texte de Tibulle et des auteurs du Corpus Tibullianum* (Paris, 1923) ; A.DELLA CASA, *Le concordanze del Corpus T.* (Gênes, 1964).

Properce

MANUSCRITS : *Neapolitanus* (bibliothèque ducale de Wolfenbüttel, XIIIe s. ?) ; *Vossianus* (Leyde) et *Laurentianus* (Florence) ; — *Daventriensis* (Deventer, Hollande) et *Ottoboniano-Vaticanus* (Vatican) : tous récents. Voir A. LA PENNA, *Studi sulla tradizione di Pr.* (*Studi Ital. di Filol. Classica,* 1951 et 1952).

ÉDITIONS : Princeps : Venise, 1472 ; — Critiques : J.S. Phillimore[2] (Oxford, 1907) ; Hosius (*Teubner,* 1932) ; Paganelli (*Budé,* 1929) ; Butler-Barber (Oxford, 1933) ; E.A. Barber[2] (Oxford, 1960) ; Schuster-Dornseiff, avec index (*Teubner,* 1958). — Avec commentaire : [Rouxelle] (*Coll. Lemaire,* Paris, 1832) ; F.A. Paley[2] (Londres, 1872), en latin ; H.E. Butler-E.A. Barber (Oxford, 1933), en anglais ; M. Rothstein[2] (Berlin, 1920-24), en allemand ; l. I *(Monobiblos)* et *Liber secundus,* P.J. Enk (Leyde, 1946 et 1962), en latin ; l. I, III, IV, par W.A. Camps (Cambridge, 1961-1966), avec comm. ; *Properti elegiarum libri IV,* éd. et trad. G. Leto (Turin, *Einaudi,* 1970) ; éd. P. Fedeli (Stuttgart, *Teubner,* 1984) (1994[2]) ; éd. et comm. P. Fedeli, Livre I (Florence, 1980), Livre III (Bari, 1985), Livre IV (Bari 1965) ; *Elegias,* introd. trad. et notes par A. Ramirez de Verger (Madrid 1989) ; éd. et trad. G.P. Goold (Londres, *Loeb,* 1990).

TRADUCTIONS : Française : Paganelli (1929) ; — Allemande : P. Mahn (Berlin, 1918) ; — Anglaises : Phillimore (Oxford, 1906) ; Butler (Londres, 1924).

LANGUE ET MÉTRIQUE : PHILLIMORE, *Index verborum Propertianus* (Oxford, s.d. [1906], nouv. édition : Darmstadt, 1961) ; SCHUSTER-DORNSEIFF dans leur édition ; E. NEUMANN, *De cottidiani semonis apud Propertium proprietatibus* (Königsberg, 1925) ; Hosius, index « métrique, prosodique et grammatical » joint à son édition (1922) ; A. WAGNER, *De syntaxi Propertiana* (1887) ; H. TRÄNKLE, *Die Sprachkunst des Pr. und die Tradition der lateinischen Dichtersprache* (Wiesbaden, 1960).

ÉTUDES : F. PLESSIS, *Études critiques sur Properce et ses élégies* (Paris, 1884) ; *Propertiana* (Paris, 1886) ; L. HAVET, *Notes critiques sur Pr.* (Paris, 1916) ; R. HELM, *Sex. Propertius* (*Real-Encyclopädie,* XXIII, I, 1957) ; E. REITZENSTEIN, *Wirklichkeitsbild und Gefühlsentwicklung bei Pr* (*Philologus,* Suppl.

b., Leipzig, 1936) ; L. ALFONSI, *L'elegia di Pr.* (Milan, 1945) ; A. LA PENNA, *Properzio* (Florence, 1951) ; BONAFOUS, *De Sex, Propertii amoribus* (Paris, 1894) ; Th. BIRT, *Die Cynthia des Properz* (Leipzig, 1922) ; L. CATIN, *Pr. et Cynthie* (*Bulletin de l'Assoc. G. Budé*, 1957, 4) ; P. GRIMAL, *Les amours du poète. Pr et Cynthie* (dans *Civilisation romaine*, p. 34-49) ; A. SCHUCH, *Der Einfluss des Erlebten auf die Elegien des ersten Buches des Properz* (Diss. Leipzig, 1923) ; A. PASOLI, *In Properti Monobiblon commentationes* (Bologne, 1957) ; P. LEJAY, *Les élégies romaines de Pr.* (*Journal des Savants*, 1915-1916) ; P. GRIMAL, *Les intentions de Pr. et la composition du livre IV des élégies* (Bruxelles, 1953) ; J.-P. BOUCHER, *Problèmes et tendances des études propertiennes* (*L'Information littéraire*, 1964, p. 68-75).

Th. D. BENEDIKTSON, *Propertius, modernist poet of antiquity* (Carbondale, 1989) ; J. P. BOUCHER, *Études sur Properce* (Paris, 1965) ; P. FEDELI, *Tradurre poesia, tradurre Properzio* dans Aufidus, 1990 ; M. TARTARI CHERSONI, *Struttura e funzionalità della lingua poetica di Properzio* (Bologne, 1973) ; V. VIPARELLI SANTANGELO, *L'esametro di Properzio. Rapporti con Callimaco* (Studi e testi dell'Antichità) (Napoli, 1986).

BIBLIOGRAPHIE : H. HARRAUER, *A bibliography to Propertius* (Hildesheim, 1973).

TRANSMISSION DES TEXTES : B. L. ULLMAN, *The Manuscripts of Propertius*, C.Ph., 6, 1911° ; A. C. FERGUSON, *The Manuscripts of Propertius* (Diss. Chicago, 1934) ; J. L. BUTRICA, *The Manuscript Tradition of Propertius* (Diss. Toronto, 1978).

LEXIQUE : D. R. SCHACKLETON BAILEY, *Propertiana* (Cambridge, 1956) ; B. SCHMEISSER, *A concordance to the Elegies of Propertius* (Hildesheim, *Gerstenberg*, 1972).

PROBLÈMES PARTICULIERS : Transpositions arbitraires, d'après l'hypothèse que les copistes ont bouleversé le texte original (depuis J. Scaliger, Paris, 1557). Cf. les éditions de O.L. Richmond (Cambridge, 1928) et S.G. Tremenheere (Londres, 1931). — Hypothèse de la division en cinq livres, le livre II étant réparti en deux (élégies 1-9 et 10-34) depuis C. Lachmann (*L'Information littéraire*, 1964, p. 68-75) et *Études sur Properce* (Paris, 1965).

Ovide

MANUSCRITS : Traditions différentes pour les ouvrages érotiques (2 mss. de Paris, IXe s.), les *Métamorphoses* (2 *Marciani* de Venise, X^e^-XIe s. ; *Neapolitanus*, XIe s.), les *Fastes* (*Patavianus*, Xe s., et *Ursinianus*, XIe s., Vatican), *Bruxellensis*, XIe s. ; les *Tristes* (*Laurentianus*, Florence, XIe s.), les *Pontiques* (Fragment de Wolfenbüttel, VIe s. ; *Hamburgensis* et *Bavaricus*, XIIe s.), l'*Ibis* et les *Halieutiques : Il cod. Hamilton* 471, par Fr. Munari (Rome, 1965). — Cf. F.W. LENZ, *Parerga Ovidiana* (Rome, 1938).

ÉDITIONS : Princeps : Rome et Bologne, 1471. — Complètes : R. Merkel-R. Ehwald, F. Levy (Leipzig, 1880 et 1915-1928) ; S.G. Owen (Oxford, 1915 ss.). — *Heroïdes :* éd. crit. : Bornecque (*Budé*, 1928) ; commentée : A. Palmer-L.C. Purser (Oxford, 1898). — *Amores :* éd. crit. : Bornecque (*Budé*, 1930) et Fr. Munari (Florence, 1951) ; com. : G. Némethy (Budapest, 1907), en latin ; P. Brandt (Leipzig, 1911), en allemand ; F. Munari (Florence, 1959), en italien ; *Amores, Medic. fac., Ars am., Remed. am.*, E.J. Kenney (Oxford, 1961) ; *Ars. am., Remed. am.*, G. Vitali (Bologne, 1959) ; *Ars Am. :* éd. crit. : Bornecque (*Budé*, 1924) ; comm. : P. Brandt (Leipzig, 1902), en all. — *Remedia Am. :* éd. crit. Bornecque (*Budé*, 1930) ; comm. : G. Némethy (Budapest, 1921). — *Métamorphoses :* éd. crit. : H. Magnus (Berlin, 1914) ; Fabbri (*Paravia*, 1918-1921) ; Lafaye (*Budé*, 1928) ; E. Roesch ^{2} (Munich, 1961) ; comm. : Magnus (Gotha, 1885-1903 et 1919) ; Ehwald-Haupt-Korn (Berlin, 1915-1916) ; De Bosselaar ^{4}-B.A. van Proosdij (Leyde, 1959) ; — *Fasti :* éd. crit. : Merkel (Berlin, 1841) ; Peter $^{3\text{-}4}$ (Leipzig, 1889-1907) ; Landi ^{2}-Castiglioni (*Paravia*, 1950) ; Ehwald ^{2}-Lenz (*Teubner*, 1932) ; comm. : J.G. Frazer (5 vol. : Londres, 1929) ; F. Boemer (Heidelberg, 1957) ; l. I : H. Le Bonniec (*Érasme*, 1961). — *Tristia :* éd. crit. : S.G. Owen (Oxford, 1889) ; comm. : Owen, l. II (Oxford, 1924) ; Th. J. de Jonge, l. IV (Groningue, 1952). — *Ex Ponto :* éd. crit. : Lenz (*Paravia*, 1938), éd. comm. : G. Némethy (Budapest, 1915) ; livre I : A. Scholte (Amersfoort, 1933). — *Ibis :* éd. comm. : R. Ellis (Oxford, 1881) ; A. La Penna (Florence, 1957) ; J. André (*Budé*, 1963). — *Halieutica :* J. Richmond (Londres, 1961). — *Nux :* S. Wartena (Groningue, 1928).

Éditions récentes : Ovidio, *Arte de amar. Remédios contra el amor. Cosméticos para el rostro femenino* (éd. E. Montero Cartelle, Madrid, 1987) ; *Amores, Medicamina Faciei Feminae, Ars Amatoria, Remedia Amoris* (éd. E.J. Kenney, Oxford, 1994 ^{2}) ; J.C. McKeown, Ovid : *Amores*, Text, Prolegomena and Commentary in four volumes ; Trowbridge, vol. I, 1987 ; vol. II, 1989 ; D. Robert, *L'art d'aimer*, traduction et présentation (Paris, *La Différence*, 1991).

H. Dörrie, *P. Ovidii Nasonis Epistulae Heroidum* (Berlin-New York, 1971).

Ovidio, Le Metamorfosi, introduzione Gianpero Rosati, traduzione di Giovanna Faranda Villa, note di Rosella Corti, 2 vol., testo latino a fronte (*Biblioteca Universale Rizzoli*, Milan, 1994, 994 pages).

Metamorphoses (éd. Anderson, Stuttgart, *Teubner*, 1993 ^{6}).

Ovid: Sorrows of an Exile, trad. A.D. Melville, intro. et notes par E.J. Kennedy (Oxford, 1995) ; *Tristia,* ed. Hall (Stuttgart, *Teubner,* 1995) ; *Les Tristes,* éd. J. André (Paris, *C.U.F.,* 1968, 1987 [2]).

Contre Ibis, éd. J. André (Paris, *C.U.F.,* 1963).

Fastorum libri sex, éd. Alton-Courtney-Wormell (Stuttgart, *Teubner,* 1988 [3]) ; *Les Fastes,* éd. R. Schilling (Paris, *C.U.F.*), t. I (L. I-III), 1992, 1993 [2] ; t. II (L. IV-VI) 1993.

Les Pontiques, éd. J. André (Paris, *C.U.F.,* 1977, 1993 [2]) ; *Ex Ponto libri quattuor,* éd. Richmond (Stuttgart, *Teubner,* 1990) ; *Les Halieutiques,* éd. E. de Saint-Denis (Paris, *C.U.F.,* 1975).

TRADUCTIONS : Françaises : des *Héroïdes* (M. Prévost, 1928) ; de l'*Art d'aimer* et des *Remèdes d'Amour* (Bornecque, 1924) ; des *Métamorphoses* (Lafaye, *Budé*). Italiennes : des *Amours* (F. Munari, 1959) ; de l'*Art d'Aimer* et des *Remèdes d'Amour* (G. Vitali, 1959). Allemandes : des *Fastes* (F. Boemer, 1957) ; des *Métamorphoses* (E. Roesch, 1961).

LANQUE ET MÉTRIQUE : DEFFERARI-BARRY-MCGUIRE, *A concordance of Ovid* (Washington, 1939) ; O. EICHERT, *Vollständiges Wörterbuch zu den Verwandlungen des P. Ovidius Naso* (Hanovre, 1882) ; SIEBELIS-POLLE, *Wörterbuch zu Ovids Metamorphosen*[5] (Leipzig, 1893) ; J. FAVRE, *De Ovidio novatore vocabulorum in Metamorphoseon libris* (Paris, 1885) ; I. HILBERG, *Die Gesetze der Wortstellung im Pentameter der Ovid* (Leipzig, 1894).

ÉTUDES D'ENSEMBLE : E. MARTINI, *Einleitung zu Ovid* (Prague, 1933) ; N. I. HERESCU..., *Ovidiana : Recherches sur Ovide* (Paris, 1958) ; NAGEOTTE, *Ovide, sa vie et ses œuvres* (Dijon, 1872) ; H. DE LA VILLE DE MIRMONT, *La jeunesse d'Ovide* (Paris, 1905) ; É. RIPERT, *Ovide, poète de l'amour, des dieux et de l'exil* (Paris, 1921) ; H. FRÄNKEL, *Ovid* (Berkeley-Los Angeles, 1945) ; L. P. WILKINSON, *Ovid recalled* (Cambridge, 1955) ; E. MARTINI, *Ovid und seine Bedeutung für die römische Poesie* (Epitymbion H. Swoboda, Prague, 1927) ; G. PANSA, *Ovidio nel medioevo e nella tradizione popolare* (Sulmona, 1924). — L. PARATORE, *Bibliographia Ovidiana* (Sulmona, 1958).

ÉTUDES LITTÉRAIRES : C. BRÜCK, *De Ovidio scholasticarum declamationum imitatore* (Giessen, 1909) ; N. DERATANI, *Artis rhetoricae in Ovidi carminibus praecipue amatoriis perspecuae capita quaedam* (Moscou, 1916) ; R. NEUMANN, *Qua ratione Ovidius in Amoribus scribendis Properti elegiis usus sit* (Göttingen, 1919) ; C. GANZENMÜLLER, *Aus Ovids Werkstatt* (*Philologus,* LXX, 1911) ; R. HEINZE, *Ovids elegische Erzählung* (*Sitz. ber. d. Sächsischen Akademie d. Wissensch.,* 1919). — G. LAFAYE, *Les Métamorphoses d'Ovide et leurs modèles grecs* (Paris, 1904) ; L. CASTIGLIONI, *Studi intorno alle fonti e alla composizione delle Metamorfosi d'Ov.* (Pise, 1906 ; réimpr. Rome, 1964) ; H. PETER, *Symbolae ad Ov. artem epicam cognoscendam* (Göttingen, 1908) ; K. ZARNEWSKI, *Die Szenerieschilderungen in Ovids Metamorphosen* (Diss. Breslau, 1925) ; H. BARDON, *Ovide et la métamorphose* (*Latomus,* 1961) ; R. CAHEN, *Le rythme poétique dans les Métamorphoses d'Ov.* (Paris, 1910) ; S. VIARRE, *L'image et la pensée dans les Mét.* (Paris, 1964) ; Engelmann, Atlas illustré des *Métamorphoses,* avec texte en allemand (Leipzig, 1890). — F. PEETERS, *Les « Fastes » d'Ovide ; histoire du texte* (Bruxelles, 1939) ; *Ovidiana, recherches sur Ov.* (Paris, 1958) ; *Atti del Convegno ovidiano* (Sulmone, 1959). — Voir aussi *Catulle,* p. 190 s. et *L'épanouissement de l'élégie romaine,* p. 297.

Ph. CAPELLE, *Esthétique et idéologie dans les Fastes d'Ovide : contribution à une histoire de la littérature au temps d'Auguste* (Lille, *A.N.R.T.,* 1989) ; *Cultura, poesia, ideologia nell'opera di Ovidio,* a cura di I. GALLO et L. NICASTRI (Naples, 1991) ; H. FRAENKEL, *Ovid, a poet between two worlds* (Berkeley, 1945) ; S. HINDS, *The Metamorphosis of Persephone, Ovid and the Self-conscious Muse* (Cambridge, 1987) ; H. JACOBSON, *Ovid's Heroides* (Princeton, 1974) ; Peter E. KNOX, *Ovid's Metamorphoses and the Tradition of Augustan Poetry* (Cambridge, 1986) ; MARIO LABATE, *L'arte di farsi amare, Modelli culturali e progetto didascalico nell'elegia ovidiana* (Pisa, *Giardini,* 1984) ; K. S. MYERS, *Rerum causae: Ovid's Metamorphoses and aetiological narrative* (*Diss. Standford Univ.,* 1990) ; J. P. NÉRAUDAU, *Ovide ou les dissidences du poème* (Paris, 1989) ; *Ovidiana. Recherches sur Ovide...* publiées par N. I. HERESCU (Paris, 1958) ; *Ovidio poeta della memoria: atti del convegno internazionale di studi, Sulmona* 19-21 *ottobre* 1989 (Rome, 1991) ; D. PORTE, *L'étiologie religieuse dans les Fastes d'Ovide* (Paris, 1985) ; GÉRARD PURNELLE, *Ovide. « Amores ». « Epistulae Heroidum ». Index uerborum. Liste de fréquence. Relevés grammaticaux* (Liège, 1990) ; A. F. SABOT, *Ovide poète de l'amour dans ses œuvres de jeunesse, Amores, Héroïdes, Ars Amatoria, Remedia amoris, De Medicamine Faciei Feminae* (Paris, 1976) ; U. SCHMITZER, *Zeitgeschichte in Ovids Metamorphosen* (Stuttgart, *Teubner,* 1990) ; R. SYME, *History in Ovid* (Oxford, 1978) ; R. VERDIÈRE, *Le secret du voltigeur d'amour ou le mystère de la relégation d'Ovide* (Bruxelles, 1992) ; S. VIARRE, *Ovide. Essai de lecture poétique* (Paris, 1976) ; A. VIDEAU-DELIBES, *Les Tristes d'Ovide et la tradition élégiaque romaine, une poétique de la rupture* (Paris, 1991).

TRANSMISSION DES TEXTES : H. DÖRRIE, *Untersuchungen zur Überlieferungsgeschichte von Ovids Epistulae Heroidum* (NGG-Hist. KL., 1960) ; R. EHWALD, *Kritische Beiträge zu Ovids Epistulae ex Ponto* (Gotha, 1896) ; J. M. FRÉCAUT, *L'esprit et l'humour chez Ovide* (Grenoble, 1972) ; KENNEY, *The*

Manuscript Tradition of Ovid's Amores, Ars Amatoria, and Remedia Amoris (*C.Q.*, 12, 1962) ; G. Luck, *Untersuchungen zur Textgeschichte Ovids* (Heidelberg, 1969) ; F. Munari, *Catalogue of MSS of Ovid's Metamorphoses* (Londres, 1957) (BICS, Suppl. 4) ; F. Peeters, *Les Fastes d'Ovide : Histoire du texte* (Bruxelles, 1939).

RÉCEPTION DU TEXTE : E. H. Alton, *The Medieval Commentators on Ovid's Fasti* (Hermathena, 60, 1926) ; G. Amelle, *Recherches sur les traductions françaises des Métamorphoses d'Ovide illustrées et publiées en France à la fin du XVe siècle et au XVIe siècle* (Paris, 1989) ; Ch. Martindale, *Ovid renewed* (Cambridge, 1988) ; F. Munari, *Ovidio nel medioevo* dans *Tredici secoli di elegia latina, atti del convegno internazionale* (Assise, 1989) ; J. Bate, *Shakespeare and Ovid* (Oxford, 1994).

LEXIQUE : R. J. Deferrari, M.I. Barry, R. P. Martin, *A concordance of Ovid* (Hildesheim, Olms, 1968, réimpr. éd. 1939) ; I. Maschietto, *Onomasticum Ouidianum* (Patauii, 1970).

2. LES GENRES POÉTIQUES TRADITIONNELS : THÉÂTRE, ÉPOPÉE, POÉSIE DIDACTIQUE

ÉDITION DES FRAGMENTS : Baehrens-Vollmer-Morel, *Poetae latini minores* (*Teubner*, 1911-1927) ; G. Curcio, *Poetae latini minores*, I (Acireale, 1902) ; P.J. Enk (Zutphen, 1918), avec commentaire.

Brunel, *De tragoedia romana circa Augustum corrupta* (Paris, 1884). — O. Haube, *De carminibus epicis saeculi Augusti* (Breslau, 1870) ou *Die Epen des silbernen Zeitalters* (Fraustadt, 1886-1887) ; *Beitrag zur Kenntnis des Albinovanus Pedo* (Fraustadt, 1880).

Manilius

MANUSCRITS : *Matritensis* (Madrid, copie du XVe s.) ; *Lipsiensis* (Leipzig, Xe-XIe s.) ; *Gemblacensis* (Bruxelles, XIe s.).

ÉDITIONS : Critiques : J. Van Wageningen (*Teubner*, 1915), suivie d'un commentaire latin (*Commentarius in M. Manilii Astronomica*, Amsterdam, 1921) ; A.E. Housman (Londres, 1903-1930), avec commentaire latin, et, plus réduite, sans commentaire (Cambridge, 1932, 2e éd., 1937). — Chant II, avec com. et trad. anglaise, par H.W. Garrod (Oxford, 1911) ; M. Manilii, *Astronomica*, éd. G.P. Goold (Leipzig, *Teubner*, 1985).

ÉTUDES SCIENTIFIQUES : A. Bouché-Leclercq, *L'astrologie grecque* (Paris, 1899) ; F. Boll, *Sphaera* (Leipzig, 1903) ; Fr. Cumont, *Astrology and Religion among the Gr. and Rom.* (Londres, 1912). — Cartes célestes dans la traduction (hollandaise) de J. Van Wageningen (Leyde, 1914) ; C. Salemme, *Introduzione agli « Astronomica » di Manilio* (Naples, 1983) ; *Manilio, fra poesia e scienza, Atti del Convegno di Lecce* 1992, a cura di Dora Liuzi (*Congedo editore*, 1993).

ÉTUDES LITTÉRAIRES : Ad. Cramer, *De Manilii qui dicitur elocutione* (Strasbourg, 1882) ; G. Lanson, *De Manilio poeta eiusque ingenio* (Paris, 1887) ; H. Rösch, *Manilius und Lukrez* (Kiel, 1911).

LEXIQUE : A. Le Boeuffle, *Astronomie, Astrologie. Lexique latin* (Paris, 1987) ; M. Wacht, *Concordia in Manilii Astronomica* (Hildesheim-Zürich-New York, *Olms-Weidmann*, 1990).

3. L'ÉVOLUTION DE LA PROSE

L'histoire

ÉDITION : H. Peter, *Historicorum Romanorum reliquiae*, II (Leipzig, 1906).

La jurisprudence

ÉDITION : P. Bremer, *Jurisprudentiae antehadrianae quae supersunt*, II, I (Leipzig, 1898).

Vitruve

ÉDITIONS : F. Krohn (*Teubner*, 1912) ; Granger (Londres, 1931), avec trad. anglaise ; A. Choisy (Paris, 1909), avec trad. française, commentaire et figures ; trad. ital. : S. Ferri (Rome, 1960) ; angl. : M.H. Morgan (New York, 1960). — Nohl, *Index Vitruvianus* (Leipzig, 1876). — Morlet, *Recherches critiques sur Vitruve* (*Revue archéologique*, 1902-1904 et 1906-1907) ; P. Ruffel-J. Soubiran, *Recherches sur la tradition manuscrite de Vitruve* (*Pallas*, IX, Toulouse, 1959) ; Fr. Pellati, *Vitruvio* (Rome, 1938) ; Curt Fensterbusch, *Vitruv zehn Bücher über Architektur*

(Darmstadt, 1964) ; éd. Ph. Fleury (L. I.), P. Gros (L. III-IV), B. Liou-M. Zuinghedau-M.T. Cam (L. VII), L. Callebat (L. VIII et X), J. Soubiran (L. IX) (Paris, *C.U.F.*, 1973 à 1992).

ÉTUDES : *Munus non ingratum: proceedings of the international symposium on Vitruvius' De Architectura and the Hellenistic and Republican architecture,* Leiden 20-23, January 1987, ed. by H. Geertman and J.J. De Jong (Leyde, 1989).

TRANSMISSION DES TEXTES : C. H. KRINSKY, *Vitruvius Manuscripts.*

RÉCEPTION DES TEXTES : C. HEITZ, *Vitruve et l'architecture du Haut Moyen Âge,* dans *La culture antica nell' Occidente Latino dal VII all' XI secola,* Settimane di studio dell Centro Italiano du Studi sull'Alto Medioveo, 22, 2 (Spoleto) ; H. PLOMMER, *Vitruvius and later Roman buildings manuals* (Cambridge, 1973) ; K. J. CONANT, *The After-Life of Vitruvius in the Middle Ages* dans le *Journal of Architectural Historians,* 27 (1968) ; V. PAVLIÉVITCH ZOUBOV, *Vitruve et ses commentateurs au XVIe siècle,* dans *La science au seizième siècle, Actes du colloque international de Royaumont* (1-4 juillet 1957) (Paris, 1960).

LEXIQUE : L. CALLEBAT, P. BOUVET, Ph. FLEURY, M. ZUINGHEDEAU, Vitruve, *De Architectura. Concordance: Documentation bibliographique, lexicale et grammaticale* (Hildesheim-Zürich-New York, *Olms-Weidmann,* 1984) ; H. NOHL, *Index Uitruuianus* (Lipsiae, 1886, réimpr. Stuttgart, 1983).

La rhétorique

ÉDITIONS : C. HALM, *Rhetores latini minores* (Leipzig, 1863 ; réimpr. 1964) ; H. MALCOVATI, *Oratorum romanorum reliquiae* (Turin, 1930). — A CONSULTER : CUCHEVAL, *L'éloquence romaine après Cicéron* (Paris, 1893) ; H. BORNECQUE, *Les déclamations et les déclamateurs d'après Sénèque le Père* (Lille, 1902) ; S. F. BONNER, *Roman declamation in the late Republic and early Empire* (Liverpool, 1949).

Sénèque le père

MANUSCRITS de Bruxelles et d'Angers (Xe s.) pour les *Suasoriae* et les livres I, II, VII, IX, X, des *Controverses* ; de Montpellier (Xe s.) pour les fragments.

ÉDITIONS : J. Müller (Vienne, 1887 ; réimpr. Hildesheim, 1963) ; avec trad. franç. de H. Bornecque[2] (Paris, 1932) ; des *Suasoriae,* avec comm. et trad. anglaise, de W.A. Edward (Cambridge, 1928) ; éd. et trad. M. Winterbottem. *Oratorum et rhetorum sententiae diuisiones colores* (Cambridge Mass., *Loeb,* 1974) ; Håkanson, *Oratorum et rhetorum sententiae diuisiones colores* (Stuttgart, *Teubner,* 1989).

ÉTUDES : N. DERATANI, *Études sur les déclamations rhétoriques romaines* (*Revue de philol.,* 1925-1927-1929) ; EGGER, *Denys d'Halicarnasse. Essai sur la critique littéraire et la rhétorique chez les Grecs au siècle d'Auguste* (Paris, 1902) ; H. BARDON, *Le vocabulaire de la critique chez Sénèque le Rhéteur* (Paris, 1940) ; et *Mécanisme et stéréotypie dans le style de Sén. le Rh.* (*L'Antiquité classique,* 1943).

CHAPITRE VII

LA LITTÉRATURE CLAUDIENNE

Les empereurs qui se succédèrent de 14 à 68 descendent tous de l'antique famille des Claudii : ils ne se rattachent aux Julii que par l'adoption. Leurs règnes, mêlés de tragédies atroces, offrent les tentatives les plus diverses pour consolider à Rome la monarchie, soit en ménageant dans une certaine mesure les anciennes traditions latines (Tibère, Claude), soit en les bravant (Caligula, Néron). Administrativement, l'empire était bien établi ; la prospérité de l'Orient et celle de l'Occident s'équilibraient ; Rome devenait la grande ville cosmopolite, où tout affluait, mais dont l'art et la pensée rayonnaient sur tout le monde méditerranéen.

Les princes claudiens et l'ancienne aristocratie. — En ces quatre empereurs se reconnaît le dilettantisme littéraire et artistique de l'ancienne aristocratie : Tibère, par son obscurité pédante et austère, prolongeait l'éloquence néo-attique ; Caligula critiquait les auteurs classiques ; Claude, admirateur de Cicéron, se piquait d'érudition et ajouta trois lettres à l'alphabet latin ; Néron, à la fois aurige, musicien et poète, fou d'hellénisme et d'histrionisme, voulait faire figure d'Apollon sur terre. Mais le reste de la noblesse qui depuis deux siècles avait soutenu les progrès des lettres romaines disparaît rapidement. Elle représentait pour ces Claudii, que seules avaient portés au pouvoir les secondes noces de Livie avec Auguste, un péril permanent : car pourquoi tel noble de vieille race ne viserait-il pas à l'Empire ? Aussi les empereurs poursuivent-ils sans merci la destruction de leurs anciens pairs :

la loi de lèse-majesté leur donnant le moyen de faire périr quiconque attente de n'importe quelle façon (fût-ce par un mot, ou d'intention seulement) à leur personne, représentative de l'État. Au surplus, en assurant par là leur sécurité individuelle, ils assouvissent leur folie ou leur cruauté, et s'enrichissent par les confiscations, eux, leurs femmes ou leurs favoris — qui ne sont pas de la noblesse.

La nouvelle société : les affranchis et le cosmopolitisme. — En contrepartie, la société cultivée, qui assure aux écrivains un public et des encouragements, s'élargit toujours. Aux sénateurs délivrés des vrais soucis politiques, aux chevaliers, fonctionnaires préférés du régime, se joignent la riche bourgeoisie des provinces et même une sélection d'affranchis. En effet, avec la pacification de l'Empire et la prospérité qui en résulta, le rôle des esclaves intelligents, intendants, secrétaires, gérants, s'accrut partout entre la bourgeoisie fonctionnarisée et la plèbe fainéante ; affranchis et, avec leurs habitudes d'activité et d'entregent, s'enrichissant souvent, désireux au surplus de faire reconnaître leur valeur intellectuelle et oublier leur origine, ils sont le vrai ferment de la nouvelle société.

Ils sont le plus souvent originaires de l'Orient. Et les provinces asiatiques envoient maintenant vers Rome, unique capitale, une foule de besogneux avides de se faire une place. Ainsi un grand nombre d'hommes dont le grec était la langue maternelle sont appelés à l'usage du latin. Mais ils ne renoncent tout à fait ni à leur mentalité ni à leurs aspirations ; et même leur influence modifie fort vite les mœurs et jusqu'à l'esprit romains : les rangs se confondent, l'orgueil national se perd, les curiosités se multiplient, les plus nobles comme les plus basses.

Cette poussée d'orientalisme hellénisant est cependant contenue par l'apport des provinces occidentales où la langue latine, fixée par l'usage classique, gagne puissamment. Après la Cisalpine et la Narbonnaise, l'Espagne donne à Rome une foule d'écrivains, Porcius Latro, les Sénèques et Lucain, Columelle, en attendant Quintilien et Martial ; et voici que, dès 48, la nouvelle Gaule peut aspirer au droit de cité complet, tandis que la Bretagne s'ouvre à la formation romaine et que l'Empire s'étend dans l'Afrique du Nord jusqu'à l'Océan. Sans doute ces provinciaux enrichissent-ils aussi le cosmopolitisme romain de traits nationaux : on a reconnu dans les Espagnols l'éclat et l'enflure superbe de la race. Mais leur formation, plus purement latine, les agrège mieux au passé de Rome.

Les principes d'unité. — Cette société mêlée a pourtant une unité intellectuelle, grâce à l'école. Toute l'élite de la jeunesse, en Orient comme en Occident, est formée d'après un idéal uniforme, artificiel et périmé : celui de l'orateur fort et subtil. Ce mode d'« humanités » avait ses vertus : analyse du sujet, richesse d'argumentation, logique et invention étaient exigées de l'apprenti orateur. Et puis la connaissance des grands écrivains d'une seule lignée intellectuelle : grecs et latins. Tout le monde, il est vrai, ne peut être dans la vie pratique orateur, alors que tout grand débat politique est aboli, qu'au Sénat on parle à vide et que les causes judiciaires, renfermées désormais dans l'ombre des basiliques, devant les jurys restreints des centumvirs, réclament plus de précision juridique que d'éloquence. On risque ainsi de s'apprendre à parler et à écouter non pour la valeur des réalités, mais pour le plaisir de l'art. Il faut pourtant être reconnaissant à cette discipline d'avoir si promptement mis les meilleurs esprits de l'Occident en mesure de communier, de goûts et d'aspirations, avec ceux de l'Orient hellénisé.

C'est à Rome que tous achevaient leur formation, dans les milieux mondains cultivés. Là s'étaient organisées à la perfection, au bénéfice de groupes plus larges, les habitudes luxueuses de l'ancienne aristocratie : relations de salons, conversations piquantes, intrigues féminines, curiosités de collectionneurs, lectures publiques d'amateurs ou de professionnels, promenades, invitations et visites réciproques, échange de cadeaux, voilà pour Rome ; mais on va aussi en villégiature, l'été, parfois chez un ami à la campagne, ou bien à la montagne, plus souvent à une station d'eaux ou une plage à la mode du golfe de Naples ; certains voyagent au loin, par curiosité ou délassement, quittes à rapporter à Rome, avec quelques souvenirs, leur âme toujours avide de « mondanités ». Et, sans doute, cette existence est bien futile : mais elle fait des esprits plus déliés, vifs, paradoxaux et moins prisonniers du passé.

Enrichissement de la sensibilité. — Plus au fond, la sensibilité moyenne s'est enrichie. Un intérêt plus tendre et plus compréhensif s'attache à la femme et à l'enfant, la vie de famille semble aussi plus sérieuse et plus paisible. Cela tient, pour une part, au renouvellement social qui fait accéder une bourgeoisie plus humble, naïve, à l'aisance et à une certaine culture. Mais dans les hautes classes aussi la femme assume souvent un rôle plein de dignité et influe fortement sur la vie morale de son temps : Marcia, Helvia reçoivent de Sénèque des *Consolations* où s'assouplit sans s'amoindrir un genre philosophique rebattu ; Arria, Pompéia Paulina, en choisissant de mourir avec leur mari (Paetus, Sénèque), beaucoup d'autres par leur énergie et leur fidélité dans l'épreuve portent jusqu'à l'héroïsme les vertus familières que célèbrent tant de tombes sans éclat. La psychologie et la morale humaines s'en enrichissent et s'en adoucissent.

Même élargissement lorsqu'il s'agit des esclaves et des affranchis. Auguste lui-même, sévère ordonnateur des classes sociales, avait dû reconnaître l'évolution des mœurs en accordant aux affranchis le droit à un véritable mariage, le *conubium*, au lieu de l'union libre *(contubernium)* : peu à peu, l'humanité récupère, pour ainsi dire, ce monde servile que l'ancienne loi romaine mettait au rang des biens mobiliers ; Sénèque demandera que chacun considère ses esclaves comme ses frères. Cette reconnaissance d'un droit si longtemps méconnu a dû modifier bien diversement la sensibilité d'êtres d'origines et d'intelligences aussi variées. Mais ce qui peut-être révèle le mieux l'audace novatrice de ce temps, c'est qu'un écrivain se soit penché sur ces états de sensibilité naissante, au milieu desquels un ancien esclave accède à la dignité d'homme et au langage de citoyen romain : Pétrone, il est vrai, tourne en dérision cruelle son observation psychologique, mais ses personnages sont encore plus révélateurs que risibles. Et la curiosité du romancier n'était pas isolée ; témoin le goût malsain de Messaline et Néron pour les bouges et les lieux mal famés.

Tendances à un intellectualisme universel. — De ligne intellectuelle, cette époque est plus grecque que romaine. L'ancien esprit romain, politique et dominateur, forcément s'amortissait sous une monarchie souvent tyrannique et en une société aussi mêlée ; le patriotisme n'avait plus de raison d'être en un Empire qui ne connaissait plus que de rares expéditions « coloniales ». De là un attachement aux activités désintéressées, de but individuel ou humain plutôt que national. Les sciences sont à la mode, d'ailleurs sous la forme romaine de la vulgarisation. Mais la philosophie surtout est pratiquée, aimée comme une libératrice : les caprices du prince n'ont point prise sur la vie intérieure, et un entraînement systématique soit à l'épicurisme, soit au stoïcisme, permet d'attendre en paix un ordre d'exil ou de mort. Les prédicateurs de carrefour, les propagandistes du type cynique, sont d'ailleurs pourchassés par l'autorité ; mais le directeur de conscience étudie et modèle les âmes dans le calme du milieu familial. La philosophie morale devient ainsi plus psychologique et plus individualiste ; mais, par là, dépassant le cadre des coutumes et des préjugés nationaux, plus générale aussi et plus haute.

L'Orient même commence à marquer la pensée latine, surtout par ses cultes. L'anxiété des destinées de l'âme après la mort, avivée par la réflexion personnelle et par les contacts multipliés avec des Asiatiques, ne se contentait plus du néo-pythagorisme, trop compliqué et trop aristocratique. Les dieux d'Asie Mineure (Cybèle, Attis) et d'Égypte (Isis, Sérapis) achèvent de triompher sous Claude et Caligula : ils promettent la purification et le salut de l'âme, et s'attirent la foule par des cérémonies passionnées, à grande mise en scène et accompagnement de musiques étranges. Le judaïsme, austère, plus ombrageux et moins ouvertement protégé, se gagne pourtant de nombreux adeptes, préparant les voies au christianisme : ce qui témoigne du caractère vraiment spiritualiste de telles aspirations. L'introduction des cultes syriens s'annonce par la dévotion, d'aspect scientifique, aux astres. Cet orientalisme développe jusque dans la société cultivée le sens du mystère et le besoin de l'extraordinaire, sans compter une sorte de confusion sensuelle de la matière et de l'esprit. Les forces de rêve sont dégagées, le sens de l'impossible se perd. On peut presque parler d'un « romantisme » gréco-oriental, qui se révèle à plein dans la conception de la Maison d'Or de Néron, avec son colosse et son symbolisme, son mélange d'art et de nature, ses excès calculés : Vespasien, qui se piquait de pure romanité, détruira ce chef-d'œuvre excessif. L'œuvre de Quinte-Curce, si elle est bien du temps de Claude, répond aussi à cette poussée vers le merveilleux oriental, vu encore à travers la Grèce. Mais l'essentiel est que, par là comme par l'hellénisme scientifique et philosophique, la pensée latine évolue vers un universalisme très humain.

Effort novateur de la littérature. — De prime jet, bien entendu, cette mentalité nouvelle n'a pas atteint à son expression parfaite ; et la réaction qui suivit la mort de Néron brisa un essor peut-être prématuré. La littérature de cette époque se présente sous des formes mêlées et contradictoires qui contrastent avec le développement harmonieux de l'âge précédent : on sent partout la lutte entre l'éducation scolaire et l'esprit nouveau.

Nourris de classiques, dressés à la rhétorique et connaissant toutes les « recettes » qui permettent d'écrire vite, les auteurs peuvent, à peu de frais, satisfaire une société grande consommatrice de littérature par des démarquages de Virgile, Ovide, Salluste, Tite-Live... mis à la mode du jour : plus secs, plus recherchés, d'un goût insipide ou trop relevé selon les cas. Chez les meilleurs, un Phèdre, un Velléius Paterculus, une sorte d'élégance voulue trahit la fatigue. On s'en apercevait ; dans certains milieux de bourgeoisie guindée, on s'avisait de chercher des modèles, au-delà des classiques, chez les grands écrivains archaïques : on n'y gagnait que lourdeurs et obscurités pédantes. Il fallut des hommes d'une bien forte originalité pour renouveler la littérature latine sans briser avec le passé : Sénèque, Perse et Lucain, entre les attaques des archaïsants pénibles et des classiques fluides, affirment consciemment leur personnalité sans cesser pour cela d'être de leur temps.

Rhétorique, philosophie, esprit de salon. — De leur temps, c'est-à-dire d'abord mêlés de rhétorique et de philosophie.

La rhétorique nous semble surtout avoir doté ces écrivains de défauts brillants : goût du pailletage, de la formule étincelante et inattendue, de la tirade à effet ; dédain de la composition, de la simple réalité... : ceux qu'ont mis à la mode les snobs et les blasés des salles de déclamation. On n'oubliera pas cependant que la grandeur ou l'élégance cicéroniennes assurent encore la gloire à des avocats comme Domitius Afer et Julius Sécundus, deux Gaulois ; et tels des discours de Lucain s'organisent encore amplement. Ni, non plus, que les attaques virulentes des délateurs, encouragés à poursuivre les ennemis de l'empereur par l'appât du quart des biens confisqués, conservent à l'éloquence de cette époque une espèce de fougue tumultueuse et comme une part de l'héritage des anciens tribuns. Même les exercices d'école, avec leurs thèmes tirés de l'histoire républicaine de la Grèce et de Rome, avec leurs cas de conscience qui opposent souvent le droit à la force et la raison humaine à la tyrannie, incitent à une réflexion tout actuelle et libèrent en une certaine mesure les passions civiques sous un prince haï. Il n'empêche qu'entre le pointillisme mondain et un cicéronianisme qui pousse à l'emphase, entre la généralisation outrée et la notation mordante, l'éloquence de ce temps ne sait prendre parti.

Pourtant son accent, dans Lucain, dans Sénèque, est inoubliable. C'est que, même gênée et d'expression oblique, elle conserve plus que tout autre genre, par Cicéron et Tite-Live, le souvenir des libertés anciennes et se colore comme d'un reflet républicain ; mais aussi qu'elle est toute pénétrée de réflexion philosophique, d'intérêt plus que national. La philosophie de cette époque corrige la rhétorique par sa préoccupation de la psychologie individuelle et du progrès intérieur ; même quand elle vise à l'universel, elle préfère les cas concrets à l'amplification oratoire. Aussi, quand elle veut se servir de l'éloquence, elle en abrège le souffle ou rabâche ; et quand l'éloquence veut se servir d'elle, elle se morcelle et donne aux *exempla* (anecdotes morales) un éclat où se sent la recherche de l'effet aux dépens du vrai. Mais nul ne songe à sacrifier nettement l'une à l'autre ces deux nourrices de son intelligence. De là une nouvelle cause d'inharmonie, mais d'inharmonie vivante.

A la rhétorique et à la philosophie il faut joindre l'esprit de salon, qui nuit à toutes deux, mais qui aide les provinciaux à se décrasser d'une formation trop scolaire. Parmi des femmes et des petits-maîtres, la connaissance des classiques ne sert plus qu'à de fines allusions ou à des citations discrètes ; la parole, vite coupée, doit viser à la brièveté et au mordant. Et la philosophie même, condamnée à plaire, devient superficielle, mondaine. Sénèque révèle à plein cette étincelante nouveauté, qui s'amuse de la rhétorique, fait scintiller le paradoxe et joue de formules sur un fonds commun. Si l'on veut, la satire de Lucilius, surtout les *sermones* d'Horace avaient préparé ce genre littéraire : mais les « dialogues » du philosophe à la fois sont plus mondains et visent plus haut. On reconnaît dans Perse une autre synthèse, qui n'est plus sincère que d'apparence : une éloquence heurtée renie la rhétorique dont elle se nourrit et feint le laisser-aller de la conversation par tradition satirique. L'un avec effort, l'autre avec esprit représentent les tendances de la littérature nouvelle : mais la prose, comme au temps de César, est plus mûre que la poésie.

Le réalisme et ses formes. — On s'abuserait pourtant si l'on n'appréciait en cette littérature que les actions et les réactions de ces trois éléments : un nouveau réalisme commence à l'animer. Ainsi se trahissent sans doute le renouvellement social et l'afflux d'un sang jeune ; mais aussi l'éducation plus parfaite des sens, affinés par la pratique et la jouissance des arts. Selon les genres et les hommes, ce réalisme revêt les formes les plus diverses. On reconnaît en Perse une brutalité cynique de prédicateur, en Sénèque une curiosité de mondain mêlé aux milieux luxueux et une touche de peintre de genre ; en Lucain une outrance épique, des empâtements de jeune romantique. En ces grands artistes, le réalisme ne domine pas : il émerge çà et là, élément littéraire entre d'autres ; et, se faisant mondain ou rhétorique selon les besoins, contribue pour sa part à la saveur complexe des œuvres. Cependant la sensibilité accrue et élargie de l'époque tendait à une représentation plus objective, et comme désintéressée, de la vie. On a remarqué avec raison que bien des thèmes de *controuersiae* scolaires évoquent des situations de romans, les uns familiers, les autres mélodramatiques. L'exécution répondait-elle à ce que nous autres modernes voyons dans les sujets ? C'est plus douteux. Pétrone représente ce que pouvait faire de mieux en ce genre un homme de génie sous Néron : or son réalisme, d'un scrupule étonnant dans l'observation et le rendu, oscille constamment entre l'exagération mimique et une limpidité ironique qui fait songer aux *Contes* de Voltaire.

Confusion de la prose et de la poésie. — Si diverses que soient les personnalités qui ont renouvelé la littérature latine sous Claude et Néron, leurs procédés ont quelque chose de commun : tous les auteurs recherchent les effets de juxtaposition inattendue, pratiquent le mélange artistique des genres. Dans la langue même et le style, les barrières sont abattues entre la prose et la poésie : Lucain se fait traiter d'historien ; mais qui compterait les pages où Sénèque est plus véritablement lyrique qu'Horace ? Alliances de mots, métaphores, comparaisons ; la brièveté, l'essor ; le léger archaïsme du vocabulaire poétique à côté de néologismes encore discrets : autant d'enrichissements de la prose, qui perd toute rigidité et touche à l'impressionnisme. La poésie a moins gagné à se faire rhétorique : plus tendue, et comme excessive, elle a pourtant assez de caractère et de grandeur pour que, à la Renaissance, elle ait paru représenter Rome elle-même et l'image de la Grèce.

On ne se défend pas, devant de telles œuvres, d'une impression de confusion : mais ainsi se préparait une littérature latine vraiment « impériale » et universelle. La réaction nationale qui suivit devait faire naître des œuvres plus équilibrées, mais retarder de deux siècles l'évolution nécessaire.

1. La poésie d'esprit classique

Parmi les genres poétiques, l'élégie était en décadence : récente, et déjà usée, elle ne trouvait sans doute plus de faveur que parmi les amateurs mondains. L'exemple des classiques (Virgile, Horace) et de Lucrèce orientait vers les thèmes scientifiques, descriptifs ou moraux. Mais les auteurs semblent gênés par de si grands maîtres ; seul Phèdre, en faisant de la fable un genre littéraire distinct, sut montrer quelque originalité.

LA FABLE : PHÈDRE

C. Julius Phaedrus (ou Phaeder) était un Thrace de formation grecque, affranchi d'Auguste, et qui vécut peut-être jusqu'au règne de Néron. Il écrivit 123 fables (en 5 livres), à l'imitation d'Ésope, mais en vers (sénaires ïambiques), et avec l'orgueil d'un homme de lettres scrupuleux.

Exigences du labeur littéraire

[Épître sans bonne grâce. — Contraste entre une fierté grandiloquente et un désenchantement d'ironie assez amère. — Vif sentiment de l'importance du travail désintéressé. — Noter la rapide évocation de la vie d'un haut fonctionnaire sous Tibère.]

Si tu veux lire les minces plaquettes de Phèdre, il te faut, Eutychus[1], quitter toutes affaires, pour, l'esprit libre, goûter la poésie à sa valeur. « Mais, dis-tu, ton génie vaut-il que je distraie de mes obligations la durée d'une heure ? » Alors ce n'est pas la peine de prendre ce que tes occupations t'empêchent d'entendre. Peut-être diras-tu : « Il viendra

1. Affranchi haut fonctionnaire, protecteur de Phèdre.

bien quelque congé qui, me libérant des soucis, m'engagera à l'étude désintéressée ». Allons donc ! La lecture de ces rhapsodies passera-t-elle avant le souci de ton bien, les politesses à rendre aux amis, le temps à donner à ta femme, au délassement de l'esprit et au repos du corps qui te rendront plus vigoureux à la besogne accoutumée ? Il te faut changer et but et genre de vie, si tu veux accéder à la demeure des Muses. Moi-même qui naquis sur le mont Piérus, où la sainte Mnémosyne[1], neuf fois mère, enfanta à Jupiter Tonnant le chœur des déesses des Arts[2], bien que j'aie, peu s'en faut, pour patrie l'École même [de l'univers][3], que j'aie effacé de mon cœur tout désir cupide, et qu'à grande gloire je me sois donné tout entier à cette vie, c'est comme à regret qu'elles m'accueillent en leur compagnie. Que penses-tu qu'il arrive à celui qui n'épargne aucune veille pour amonceler de grands biens et préfère au docte labeur les douceurs du gain ?

III, *Prologue*, v. 1-26.

Certaines allusions attirèrent sur lui la vengeance de Séjan, favori de Tibère : il avait certainement le goût d'une franchise satirique et une amertume chagrine contre les puissants, contre les envieux, qu'il dissimule mal sous le voile de l'apologue[4]. Il vise à une élégance pure et concise. Très loin de l'aisance détachée d'Horace, de la sensibilité, de la richesse lyrique et du génie d'expression de La Fontaine, il a pourtant, le premier, montré que la fable est capable des tons les plus variés, depuis l'épigramme ou l'anecdote contemporaine jusqu'au drame et à la méditation morale.

Le Renard et le Masque

[Épigramme volontairement très resserrée et à sous-entendu personnel. — Cf. Ésope, 2, et La Fontaine, *Fables*, IV, 14.]

Un renard vit, un jour, un masque de tragédie : « Oh ! quel grand air ! dit-il ; mais point de cervelle ». Ceci soit dit pour ceux à qui la Fortune donna considération et gloire, mais ôta le bon sens.

I, 7.

Le Chien et le Loup

[Petite comédie, sans beaucoup de pittoresque, mais dont le dialogue est de ton juste. — Cf. Ésope, 3, et La Fontaine, *Fables*, I, 5.]

Je dirai brièvement la douceur de la liberté.

Un chien gras et repu rencontra un loup maigre au dernier point ; ils se saluent et s'arrêtent : « D'où te vient, dis-moi, cet éclat ? Quel manger t'a donné cette corpulence ? Moi, qui suis bien plus courageux que toi, je meurs de faim. » Le chien, bonnement : « Le même sort t'attend, si tu peux rendre au maître mêmes services. — Lesquels ? dit l'autre. — Garder le seuil ; protéger la maison, même la nuit, contre les voleurs. — J'y suis, certes, tout prêt ! Pour l'heure je souffre neiges et pluies, menant dure vie dans les forêts ; combien me sera-t-il plus aisé de vivre sous un toit et, sans rien faire, me repaître et gorger de nourriture ! — Suis-moi donc. »

En chemin, le loup remarque le cou du chien, que la chaîne avait pelé : « D'où vient, mon ami ? — Ce n'est rien. — Dis pourtant, je te prie. — On me trouve trop ardent : alors on m'attache le jour pour que je me repose quand il fait clair et que je veille quand la nuit est venue. Au crépuscule je suis délié et vais où il me plaît. Sans que je bouge,

1. Mère des Muses, déesse de la Mémoire.
2. Les Muses.
3. La Grèce.
4. « La fable est faite pour envelopper la pensée de celui qui n'est pas libre ; à l'origine elle a été une invention de l'esclavage » (L. Havet).

on m'apporte du pain ; de sa table le maître me donne les os ; les gens de la maison me jettent des morceaux et tout ce dont ils ne veulent pas. Ainsi sans fatigue s'emplit mon ventre. — Et, dis, si tu t'avises d'aller quelque part, tu le peux ? — Pas absolument, dit-il. — Sois heureux à ta guise, chien ; je ne voudrais pas d'un trône, qui ne me laisserait pas ma liberté. »

III, 6.

Le Renard et le Dragon

[Fable non ésopique, sans vie, mais qui introduit une sortie virulente contre l'avarice. Noter la différence de ton avec Horace, plus haut, p. 226 s.]

Un renard creusait sa tanière : fouillant la terre et poussant toujours ses galeries, il parvint tout au fond de la caverne d'un dragon, qui gardait des trésors cachés. Dès qu'il le vit : « Je te supplie d'abord de pardonner à mon étourderie ; et puis, une fois bien constaté que l'or ne m'est rien, de consentir à me répondre. Quel profit tires-tu de ta peine ? Quelle récompense est assez grande pour payer le manque de sommeil et toute une vie passée dans les ténèbres ? — Il n'en est pas, répondit l'autre : mais c'est le grand Jupiter qui m'assigna cette tâche. — Alors, tu n'en prends rien pour toi ? tu n'en donnes à personne ? — Ainsi le veulent les destins. — Je ne voudrais pas te fâcher en parlant librement : mais c'est être maudit des dieux que de te ressembler. »

Près de rejoindre ceux qui t'ont précédé[1], pourquoi en aveugle te tourmenter et te rendre la vie misérable ? C'est pour toi que je parle, Avare, volupté de ton héritier[2], pour toi qui prives les dieux d'encens et toi-même d'aliments ; qui écoutes avec chagrin le son musical de la cithare, que rembrunit la douceur des flûtes, auquel arrache des gémissements le prix des denrées ; qui, ajoutant sou par sou à ton bien, fatigues le ciel de sordides parjures[3] ; qui rognes de toutes parts sur tes funérailles, pour que Libitine[4] ne gagne rien sur toi.

IV, 15.

LA POÉSIE SCIENTIFIQUE : L'« AETNA »

Après Cicéron et Manilius, Aratos trouva un nouvel adaptateur en GERMANICUS, neveu de Tibère, qui transposa assez librement ses *Phénomènes* et ses *Pronostics*. Virgile, qui dans ses *Géorgiques* n'avait qu'effleuré incidemment l'art des jardins, inspira à l'agronome COLUMELLE d'écrire en vers la partie de son traité qu'il leur consacrait : la fraîcheur du sujet et quelques expressions heureuses donnent du charme à son exposé trop technique. Enfin c'est de Lucrèce que se réclame l'auteur inconnu d'un poème de 644 vers sur l'Etna.

On s'est demandé si ce n'était pas une œuvre de jeunesse de Virgile ; on l'a attribué aussi à Cornélius Sévérus, contemporain d'Ovide, ou à Lucilius Junior, l'ami de Sénèque. Peut-être est-il du temps de Claude ou de Néron : l'auteur est, sans vouloir les suivre, préoccupé des théories astrales, très en faveur alors ; et, malgré l'archaïsme apparent de son style, il use d'une langue très mêlée, où se croisent des influences diverses.

Il cherche, à la suite de Poseidônios, à expliquer les éruptions par l'action des vents comprimés dans les cavités de la terre. Le dédain véhé-

1. Les morts.
2. Parce qu'il ne profite pas lui-même de ce qu'il amasse.
3. Pour gagner davantage dans son commerce.
4. Déesse dont le temple était le « bureau des pompes funèbres » de Rome.

ment des fables mythologiques, le désir de la vérité scientifique, la probité d'un témoin oculaire donnent parfois de l'accent à ce poème pénible et mutilé.

LA BUCOLIQUE : CALPURNIUS SICULUS

T. Calpurnius Siculus vivait sans doute sous Néron. Il a, avec une extrême souplesse, utilisé une foule de réminiscences, surtout des *Bucoliques* et des *Géorgiques* de Virgile, en sept petits poèmes rustiques, descriptifs et amoureux. Nombre d'allusions contemporaines donnent du piquant à ces églogues, où le goût de la nature s'offre sous un aspect à la fois sincère et artificiel, très caractéristique de ce temps.

Le paysan à l'amphithéâtre

[Ingénieuse flatterie à Néron, dispensateur de spectacles somptueux (c'est un jeune paysan, sans expérience de la ville, qui raconte ce qu'il a vu à Rome). — Vie de la narration. — Nette évocation d'ensemble, et précision des détails pittoresques.]

J'ai vu monter jusqu'au ciel un amphithéâtre de poutres assemblées[1], si haut qu'il dominait presque le faîte du Capitole, avec des gradins immenses étagés en pente douce. Je me suis mis parmi le peuple en simple bure brune, qui se presse autour des sièges des femmes[2]. Car tout le large espace à ciel ouvert est réservé à la foule neigeuse[3] des chevaliers et des tribuns[4]. Comme notre vallée s'arrondit et, sous les forêts de toutes parts penchantes, s'approfondit en un large bassin qu'entoure la ligne continue des collines, figure-toi l'arène plane qu'enveloppent en ovale les masses symétriques de deux théâtres[5]. Et que te dire maintenant ? A peine suffisais-je à voir chaque chose : tant d'éclats m'éblouissaient de toute part. J'étais là debout, figé, béant, admirant tout sans distinguer chaque merveille. Alors un vieillard, qui se trouvait tout contre moi, à gauche : « Est-il surprenant, dit-il, bonhomme, que tu t'extasies à tant de richesses, toi qui ignores l'or et ne connais qu'étables, huttes et chaumières ? Vois mes gestes tremblants, mon chef blanchi ; c'est à Rome même que j'ai vieilli, et tout m'étonne cependant. C'est que, certes, ce n'était rien, tout ce que nous avons vu jusqu'ici : des spectacles misérables. Vois les éclats rivaux des gemmes qui rayonnent au balcon[6] et l'or qui recouvre les colonnes du portique[7] ? Vois, au bas du mur de marbre qui borde l'arène le long des derniers gradins, cette admirable lisière d'ivoire poli, qui, en pièces rapportées, règne circulairement pour déconcerter les bêtes par un vertige soudain et faire glisser leurs griffes[8] ? D'or aussi sont tressés les filets étincelants que soutiennent du côté de l'arène les défenses d'éléphants, entières et toutes égales[9]... » Et chaque défense (me croiras-tu, Lycotas ?) était plus longue que notre charrue.

Tout te redire ? Comment ? J'ai vu toute espèce de bêtes, lièvres blancs comme neige, sangliers cornus, manticore[10], élan dans sa forêt natale[11] ; j'ai vu des taureaux dont la nuque se hausse monstrueusement en bosse, et d'autres qui secouent une épaisse

1. Il s'agit d'un amphithéâtre provisoire, en bois (le Colisée, tout en pierre, ne fut inauguré qu'en 80).
2. Les femmes avaient des sièges mobiles dans la galerie supérieure, couverte, de l'amphithéâtre.
3. En toges très blanches.
4. Les *tribuni aerarii* (cf. p. 122, n. 3) ?
5. Deux théâtres semi-circulaires, accolés par leur diamètre.
6. Le *balteus :* galerie de circulation continue entre gradins inférieurs et gradins supérieurs.
7. Le portique couvert, qui domine les derniers gradins, et où se tiennent les femmes et la plèbe.
8. De façon qu'elles ne bondissent pas sur les spectateurs.
9. Précaution du même ordre.
10. Animal non identifié.
11. Reconstituée dans l'arène.

crinière, qui ont au menton une longue et rude barbe et dont le fanon frémissant se hérisse de soies[1]. Et on ne nous montra pas seulement ces monstres des forêts ; j'ai eu le spectacle de veaux marins[2] aux prises avec des ours, et d'animaux, qu'on pourrait appeler « chevaux »[3], mais difformes, et qui naissent dans ce fleuve[4] dont les débordements prévus fertilisent les cultures de ses rives. Ah ! avec quelle peur, bien des fois, les yeux fixés sur les parties de l'arène qui s'affaissaient[5], j'ai vu du gouffre terrestre tantôt sortir des bêtes, tantôt grandir une forêt d'arbousiers à l'écorce d'or.

VII, v. 23-72.

2. Les prosateurs : la science ; l'histoire

Privés des œuvres, nous pouvons mal juger de l'éloquence sous les empereurs claudiens. Les meilleurs avocats, par exemple Julius Africanus et Passiénus Crispus, au temps de Claude, recherchaient, semble-t-il, une finesse élégante. La vigueur était plus le fait des accusateurs de lèse-majesté, ou délateurs, mais avec des nuances diverses : le plus grand, le Gaulois Domitius Afer (14 av. J.-C. – 59 ap. J.-C.), fut un classique de formation cicéronienne ; Éprius Marcellus était d'une violence cynique ; et l'ardente brutalité, permise à des gens qui sentaient l'empereur derrière eux, allait devenir plus tard, sous Domitien, comme la loi du genre.

LA LITTÉRATURE TECHNIQUE

La science était de plus en plus appréciée : les contacts multipliés avec la Grèce et l'Orient accroissaient sans cesse l'acquis des Romains ; la curiosité s'éveillait ; et une longue paix ouvrait à l'étude les régions du Nord nouvellement conquises. Enfin l'unification politique encourageait à composer *en latin* des synthèses de portée universelle ; et la langue latine, très assouplie, le permettait. Mais la recherche proprement scientifique languissait, faute de méthode, et à cause du goût décidé du public pour l'inexpliqué et l'étrange *(mirabilia)*.

Juristes. — Deux écoles de juristes se constituent pendant cette période, novatrices l'une et l'autre et préparant toutes deux un droit universel : celle des Sabiniens, par son acceptation sans réserve du régime impérial ; celle des Proculéiens, en mettant les seuls principes de la raison à la base du droit. Masurius Sabinus était élève de Capito, et écrivit sous Tibère ; Proculus, élève de Labéo, vivait sous Néron.

1. Des bisons.
2. Phoques ou otaries.
3. Des hippopotames (le mot, grec, signifie : « cheval de rivière »).
4. Le Nil.
5. Le sous-sol, truqué, permettait des transformations de décor à vue.

Critiques et grammairiens. — Les classiques suscitent des commentaires savants et rigoureux, surtout ceux de Q. ASCONIUS PÉDIANUS (3-38), qui étudia Salluste, Virgile et les discours de Cicéron. M. VALÉRIUS PROBUS de Béryte (Beyrouth) s'occupa de Térence, Lucrèce, Virgile, Horace, même Perse, et étudia le latin archaïque. Q. REMMIUS PALAEMO écrivit une grammaire célèbre. Par eux, la langue et la littérature latines affirment leur importance désormais mondiale.

L'agronomie : Columelle. — Espagnol de Gadès (Cadix), L. Junius Modératus Columella fut un agronome passionné : il avait déjà composé un abrégé sur l'agriculture (dont il nous reste le livre II, sur les arbres) ; il écrivit ensuite un traité complet *De re rustica*, en 12 livres, le dixième en vers (voir plus haut, p. 309). Il se rattache à l'ancienne tradition latine par son goût de la campagne, ses connaissances personnelles et pratiques, sa conviction surtout que la force et la moralité de Rome sont indissolublement liées au travail de la terre, dont il déplore avec éloquence l'abandon. Mais sa curiosité dépasse l'Italie ; il avait voyagé et accumulé les observations non seulement en Gaule, mais en Grèce et en Syrie. Son traité est d'une précision et d'une richesse uniques dans l'Antiquité.

La médecine : Celse. — A. Cornélius Celsus composa, sous Tibère, une *Encyclopédie* en 20 livres : il y traitait de l'agriculture, de la philosophie, de la rhétorique, etc... Nous n'avons que les 8 derniers livres, sur la médecine : c'est une synthèse élégante de la science grecque, surtout d'Hippocrate (Ve-IVe s. av. J.-C.) et d'Asclépiade de Pruse (IIe-Ier s. av. J.-C.).

La géographie : Pomponius Méla. — Espagnol et apparenté aux Sénèques, Pomponius Méla écrivit sous Caligula et Claude une *Géographie (Chorographia)* en 3 livres, qui, partant de la Maurétanie (Maroc) et suivant les côtes de la Méditerranée (Afrique, Asie, Europe), ramène le lecteur à son point de départ. Pays et peuples y sont décrits avec brièveté, mais de façon vivante. L'ouvrage répondait à un goût général très vif, notable par exemple chez Lucain et, plus tard, Tacite, pour les diversités locales et ethniques, comme source de pittoresque et de réflexion morale.

LES HISTORIENS

L'histoire revêtit au Ier siècle des aspects très divers, certains intéressants. Mais une parfaite indépendance lui était interdite : A. CRÉMUTIUS CORDUS, pour qui Brutus et Cassius « étaient les derniers des Romains », dut se tuer en 25. Nous ne pouvons exactement juger ni de lui, ni d'AUFIDIUS BASSUS *(Histoire romaine des guerres civiles à Claude* ; *Histoire des guerres de Germanie)*, ni de M. SERVILIUS NONIANUS, qui avait un tour oratoire. Velléius Paterculus, Valère-Maxime et Quinte-Curce représentent les tendances vers l'histoire rhétorique, moralisante et romanesque. Les mémoires étaient à la mode : Corbulon, Suétonius Paulinus, l'impératrice Agrippine en avaient laissé, dont rien ne nous est directement parvenu.

Velléius Paterculus. — Intelligent, d'esprit clair et compréhensif, avec la pratique de la guerre et de l'administration, — il avait été légat de Tibère en Germanie et préteur, — Velléius Paterculus aurait pu donner toute sa mesure dans un ouvrage considérable auquel il songeait ; mais les deux livres d'histoire universelle qu'il écrivit en 30 ne sont qu'un abrégé très inégal et déconcertant.

Il a le souci de la précision chronologique ; il aime voir d'ensemble les grands problèmes (fondation des colonies ; création des provinces) ; il pressent dans l'histoire le récit de la vie *totale* des peuples, y fait, le premier, mention des grands écrivains. Il possède aussi de grandes qualités de forme : par un choix de portraits contrastés, de scènes mordantes, par des raccourcis vigoureux, il a su être vivant en un genre qui incline à la sécheresse.

Mais l'œuvre n'est pas équilibrée : à une première partie impartiale, mais résumée à l'extrême, s'oppose un récit très circonstancié des règnes d'Auguste et surtout de Tibère, qui est l'objet des louanges et des flatteries les plus excessives. Partout les détails minimes se mêlent aux données essentielles. Enfin l'effet rhétorique est recherché sans mesure, et par des éclats brefs, froids et durs, qui lassent l'attention et donnent l'impression de l'artificiel.

Fuite de Marius

[Récit concentré, bourré d'impressions pittoresques. — Émotion rhétorique, cherchant l'antithèse. — Phrases longues et enchevêtrées, non périodiques.]

Marius, après six consulats et en sa soixante-dixième année, nu et enfoui dans la vase d'où seuls émergeaient ses yeux et son nez, tiré du fourré de roseaux dans le marais de Marica où il s'était caché pour fuir les cavaliers de Sylla[1] acharnés à sa poursuite, la corde au cou, fut conduit jusqu'au cachot de Minturnes sur l'ordre d'un duumvir[2] ! Envoyé avec un glaive pour le tuer, un esclave de la ville, germain de nation, qui justement avait été pris par lui quand il commandait en chef contre les Cimbres[3], dès qu'il reconnut Marius, détestant d'une clameur gémissante la chute de ce héros, jeta le glaive et s'enfuit du cachot. Alors les citoyens, qu'un ennemi rappelait à la pitié envers celui qui peu avant était le premier de l'État, lui assurant des provisions pour la route et un vêtement, le mirent sur un navire. Mais lui, après avoir rejoint son fils à Aenaria, fit voile vers l'Afrique ; et il mena une vie misérable dans une masure des ruines de Carthage : Marius voyait Carthage, Carthage contemplait Marius, et ils pouvaient ainsi se consoler l'un l'autre.

II, 19.

Retraite de Tibère à Rhodes

[Les faits sont déformés : Tibère s'était retiré dans l'île de Rhodes par dépit, et en demi-disgrâce. — Flatteries excessives et plates. — Enflure du ton, qui n'atteint pourtant pas à la vraie grandeur.]

Peu de temps après, Tibère, deux fois consul et autant de fois triomphateur, égalé à Auguste par le partage de la puissance tribunicienne et après lui seul (encore est-ce

1. Sylla était entré dans Rome avec son armée et avait proscrit Marius.
2. Magistrat municipal (remarquer l'antithèse avec le début de la phrase).
3. Marius les avait exterminés à Verceil (101).

qu'il le voulait bien) le premier de tous les citoyens, des généraux le plus grand, au comble de l'honneur et du bonheur, et, en toute vérité, l'une des deux cimes éclatantes de l'État, par une délicatesse étonnante, incroyable, indicible, dont on ne découvrit les motifs que plus tard, comme Gaïus César[1] avait déjà pris la toge virile et que Lucius aussi devenait propre aux affaires, pour ne pas offusquer de son éclat les débuts de ces jeunes astres, sans dire la raison qui l'éloignait, demanda à celui[2] dont il était à la fois gendre et beau-fils la permission de se reposer des tâches qu'il avait sans relâche assumées. L'aspect de la Ville[3] alors, les sentiments de chacun, les larmes de tous ceux qui se séparaient d'un si grand homme, la contrainte par corps que la patrie faillit lui imposer, réservons tous ces détails pour une histoire en forme. Mais voici ce que même en un résumé aussi hâtif il faut dire : il eut beau s'attarder sept ans entiers à Rhodes, tous ceux qui, proconsuls ou légats, gagnaient les provinces d'outre-mer, venant le saluer, ne manquèrent jamais d'incliner leurs faisceaux devant ce simple particulier ni de proclamer que sa retraite était plus digne d'honneur que leur commandement.

II, 99.

Valère-Maxime. — Un autre flatteur de Tibère, Valérius Maximus, a laissé 9 livres de *Faits et dits mémorables* : un de ces manuels commodes où philosophes et rhéteurs trouvaient un arsenal d'anecdotes toutes classées (culte ; cérémonies ; caractère et singularités ; modération ; humanité ; fidélité des esclaves, etc...). C'est une compilation de brefs récits, curieux ou moraux, sans valeur scientifique, où une rhétorique vulgaire d'exclamations et d'interrogations tient lieu de talent.

Quinte-Curce. — On ne sait quand vivait Q. Curtius Rufus : certains critiques l'ont fait descendre jusqu'au temps de Constantin (début du IVe siècle) ; le plus probable, à en juger d'après ses goûts et son style, c'est qu'il fut contemporain de Claude. Il a écrit en 10 livres (les deux premiers sont perdus) une *Histoire d'Alexandre*, qui est plutôt une « vie romancée ». Non qu'il ait cru aveuglément à ses sources grecques (Clitarque, Timagène, peut-être Ptolémée), dont certaines avaient déjà accueilli mainte légende. Mais, voulant faire une œuvre morale et pittoresque, non critique, il risquait de se plaire à bien des détails suspects.

Littérairement, la réussite est indéniable. La finesse psychologique de Quinte-Curce et son sens dramatique lui ont permis de retracer, de scène en scène, une évolution grandiose du caractère d'Alexandre, se perdant par les excès du despotisme sans cesser d'être héroïque. Ses curiosités romantiques et son exceptionnel talent de peintre ont donné à ses descriptions des « terres étranges » une couleur, une vie saisissantes. Mais il a pour la rhétorique une complaisance fâcheuse : trop multipliés, les discours se prolongent souvent de façon lassante. Et le ton oratoire et moralisant défigure même parfois le récit ou la description. Pourtant le style est d'ordinaire rapide, objectif ; la langue, savoureuse par le mélange de nombreux tours poétiques, se rattache encore à la tradition classique de Tite-Live.

1. Gaïus et Lucius Caesar, fils d'Agrippa, et petits-fils d'Auguste, étaient les héritiers « présomptifs » : mais ils moururent jeunes.
2. Auguste.
3. Rome.

Meurtre de Clitus

[La scène est à Maracanda (Samarkand), capitale de la Sogdiane, dont Alexandre vient de réserver le gouvernement à Clitus, « ancien soldat de Philippe » son père, et l'un de ses plus sûrs amis. La veille du départ, dans un banquet où tous deux ont bu immodérément, les vantardises d'Alexandre provoquent de mordantes remarques de Clitus. — Modèle de récit dramatique, circonstancié sans surcharge, et donnant l'impression de la réalité même (cependant le détail des faits et leur ordre n'est pas assuré).]

...Le roi[1] se contint pourtant et lui ordonna seulement de sortir, sans rien ajouter, sinon : « Peut-être, s'il continue, va-t-il me jeter à la tête qu'il m'a sauvé la vie : car il s'en vante assez ! » Et Clitus tardait à se lever, malgré ses voisins de table qui, avec des reproches et des conseils, s'efforçaient de l'emmener. On l'entraînait lorsque, la colère s'ajoutant à sa violence naturelle, il s'écrie que « sa poitrine à lui a couvert le dos[2] du roi ; mais qu'avec le temps le souvenir d'un tel service est devenu odieux ». Il lui reprochait aussi le meurtre d'Attale[3] ; et enfin, raillant l'oracle de Jupiter, dont Alexandre affirmait être fils, il disait que « le roi avait entendu de lui plus de vérités que de son père ».

La colère du roi était déjà telle qu'à peine, à jeun, il eût pu la dominer ; à ce coup, et l'esprit perdu d'ivresse, il s'élança soudain de son lit[4]. Épouvantés ses amis se lèvent, jetant leurs coupes sans prendre le temps de les poser, se demandant à quel acte allait le porter ce terrible élan. Alexandre, ayant arraché la pique d'un garde, allait frapper Clitus, qui ne cessait de déblatérer sans mesure : Ptolémée et Perdiccas l'en empêchent ; et, le tenant à bras le corps, ils le retenaient malgé ses efforts ; Lysimaque et Léonnatus lui avaient aussi enlevé la pique. Lui, appelant les soldats à l'aide, s'écrie que ses plus intimes amis portent la main sur lui, comme naguère ceux de Darius sur leur maître[5] ; il ordonne qu'on sonne la trompette, que les troupes s'assemblent en armes à la tente royale. Alors Ptolémée et Perdiccas, tombant à ses genoux, le supplient de réprimer cet emportement furieux, de se donner le temps de la réflexion : « il pourrait le lendemain avec plus de justice tout examiner ». Mais la colère l'empêchait de rien entendre. Hors de lui, il court au vestibule, enlève à une sentinelle sa lance et se poste à la sortie par laquelle devaient passer tous les convives. Tous s'en étaient allés ; Clitus le dernier sortait, dans l'obscurité ; le roi lui demande qui il est. Et sa voix même trahissait son implacable et criminelle résolution. L'interpellé, sans plus songer à sa colère, mais à celle du roi, répond qu'il est Clitus et qu'il sort du banquet. A ces mots la lance le transperça ; et le meurtrier éclaboussé de son sang : « Va, dit-il, rejoindre Philippe[6] et Parménion[7] et Attale ! »

VIII, 1.

Rajâhs et fakirs de l'Inde

[Enchantement pittoresque, auquel l'écrivain se complaît. — Contraste violent. — But moral (le mépris de la mollesse « orientale » est un lieu commun, passé de Grèce à Rome : voir plus haut, p. 216).]

Les rois vivent dans une sensualité luxueuse, qu'ils appellent magnificence, et à laquelle n'atteint la corruption d'aucun peuple. Quand le roi condescend à se montrer en public, on porte devant lui des encensoirs d'argent, dont on parfume tout le chemin par où il doit passer ; il est couché dans une litière dorée tout entourée de pendeloques de perles ; les mousselines qui le revêtent sont rehaussées d'or et de pourpre ; derrière la litière marchent des hommes d'armes et des gardes du corps, au milieu desquels

---

1. Alexandre.
2. Au passage du Granique ; noter la virulence de l'insulte : Clitus prétend qu'Alexandre fuyait.
3. Oncle de la seconde femme de Philippe, qui avait gravement insulté Alexandre, fils de la première.
4. On mangeait couché et accoudé sur des lits.
5. Darius, vaincu par Alexandre, avait été enchaîné, puis tué par deux satrapes ambitieux, Bessus et Nabarzane.
6. Le père d'Alexandre, dont Clitus a fait l'éloge.
7. Un des meilleurs généraux de Philippe, puis d'Alexandre : le roi l'avait fait, sans preuves, assassiner comme complice d'une conjuration conduite, disait-on, par son fils Philotas.

perchent sur des rameaux des oiseaux instruits à opposer leurs chants à l'approche des soucis. Le palais a des colonnes d'or ; une vigne d'or ciselé les enlace du haut en bas, courant de l'une à l'autre et rehaussée d'oiseaux d'argent, dont les yeux s'enchantent. Chacun peut y entrer, quand le roi se peigne et se coiffe : c'est alors qu'il répond aux ambassades, alors qu'il rend la justice. Ses sandales enlevées, on lui parfume les pieds. Pour lui la chasse, sa plus grande fatigue, consiste à percer des bêtes enfermées dans un parc, au milieu des vœux et des chants de ses femmes ; ses flèches ont deux coudées de long et sont plus pénibles à darder qu'efficaces : cette arme, qui tire tout son mérite de sa légèreté, devient par le poids difficile à manier. Pour les courtes distances, le roi use du cheval ; en cas d'expédition lointaine, des éléphants traînent son char, et ces énormes bêtes ont tout le corps revêtu d'or. Et, pour qu'il ne manque rien à la dépravation, en des litières dorées vient après lui la longue file de ses femmes ; un intervalle sépare de la suite de la reine l'armée, dont le luxe n'est pas moindre. Des femmes préparent ses repas ; elles lui servent aussi le vin, dont les Indiens font un large usage. Enseveli dans l'engourdissement du vin et du sommeil, le roi est transporté dans sa chambre par ses femmes, invoquant en des chants rituels les dieux de la nuit.

Qui croirait que parmi ces vices il y ait place pour la sagesse ? Il y a une sorte d'hommes retirés dans la solitude et d'aspect grossier, qu'ils appellent « sages »[1]. Pour eux il est beau de devancer le terme fatal ; et ils se font brûler vivants quand l'âge les appesantit ou la maladie les afflige. Attendre la mort, pour eux, c'est outrager la vie ; et on ne rend aucun honneur aux corps défaits par la vieillesse : ils croiraient souiller le feu en lui confiant un homme autrement que vivant. Ceux qui[2], dans les villes, mènent l'existence commune, observent savamment, dit-on, le cours des astres, prédisent l'avenir et croient que nul n'avance le jour de son trépas, s'il peut l'attendre sans effroi[3].

VIII, 9.

3. Le renouvellement de la littérature

Des grands écrivains qui par la franchise de leur parti littéraire assurent la gloire du règne de Néron (54-68), trois sont étroitement liés de convictions, — stoïciennes, — de parenté et d'amitié : Lucain est le neveu de Sénèque et l'admirateur de Perse. Pétrone est à part : la façon dont il relie le passé à l'avenir est toute personnelle ; et il représente en une certaine mesure l'opposition aux efforts novateurs, qui fut fort vive.

SÉNÈQUE
Vers l'ère chrétienne - 65 ap. J.-C.

L. Annaeus Seneca est aussi représentatif de son temps que l'avait été Cicéron du sien. Né à Cordoue, le second des trois fils[4] de Sénèque « le Rhéteur », il était voué aux lettres ; mais, nerveux et primesautier, il se passionna vite pour la philosophie de ses maîtres, rigueur morale du stoïcien Attale, ascétisme

1. Les fakirs.
2. Les brahmes. Il y a beaucoup de confusion dans les connaissances de Quinte-Curce sur la philosophie et la religion de l'Inde, qui influençaient pourtant alors, en une certaine mesure, la pensée occidentale.
3. Formule compliquée pour dire, qu'à l'inverse des sages de la solitude, ils condamnent le suicide.
4. L'aîné, M. Annaeus Novatus, fut adopté par L. Junius Gallio et devint proconsul d'Achaïe ; le plus jeune, M. Annaeus Méla, procurateur impérial, eut pour fils Lucain.

végétarien du pythagoricien Sotion. Il mena dure vie de moine, à laquelle pourtant sa santé et son père le forcèrent à renoncer. Avocat brillant, il se donna au monde avec pareille ardeur et non sans imprudences de conduite : la première femme de Claude, Messaline, le fit reléguer en Corse (41), où il put se croire enseveli à tout jamais ; mais la seconde, Agrippine, le rappela, et tout aussitôt lui confia l'éducation de son fils Néron (49). Précepteur, puis, avec Burrus, principal ministre du nouvel empereur, Sénèque mena pendant treize ans la vie de cour la plus luxueuse et la plus dispersée : courtisan appliqué à diriger le jeune potentat sans lui déplaire, et même au prix de lâches complaisances (satire de Claude, apologie du meurtre d'Agrippine...), politique compromis dans des tractations financières plus ou moins honnêtes, il jouissait d'une richesse immense, tout en pratiquant la poésie et la philosophie... Mais ses ennemis sapaient toujours davantage son influence ; lui-même éprouvait de plus en plus le besoin du perfectionnement moral. Il se retira de la cour (62), revint à un ascétisme capable de le préparer à la mort. Il était d'ailleurs suspect : compromis dans la conjuration de Pison, il reçut l'ordre de mourir, et s'ouvrit les veines (65).

Les œuvres. — Cet homme, admirablement doué, oscilla sans cesse, dans son art comme dans sa vie, entre une facilité impulsive allant jusqu'au relâchement et un idéal de volonté tendue jusqu'à l'excès. Aussi, chez lui, les dons l'emportent-ils sur les réalisations.

Comme Voltaire, Sénèque, avec sa vive intelligence et en possession d'une langue bien assouplie par les classiques, avait traité des genres très divers. Mais nous n'avons ni ses poésies, ni ses discours ; ni, sauf les 7 livres des *Problèmes physiques (Quaestiones naturales)*, ses traités scientifiques (géographie et sciences naturelles). En dehors de son pamphlet sur Claude (dit l'*Apocolocyntosis* : la « métamorphose en citrouille »), il nous est parvenu de lui uniquement des tragédies et une bonne part de ses œuvres philosophiques : 3 *Consolations*, écrites avant et pendant son exil, à Marcia, à sa mère Helvia et à l'affranchi Polybe ; des *Dialogi*, dont la forme s'inspire de la vive « diatribe » des Grecs (sur *la Tranquillité de l'âme, la Colère, la Brièveté de la vie* ; puis, sous Néron : *le Bonheur, la Constance du sage, le Détachement du monde* [*De otio*], *la Providence*) ; des traités, écrits sous Néron : 2 livres sur 3 du *De clementia (la Clémence)*[1], et les 7 livres sur *Les Bienfaits (De beneficiis)* ; enfin 20 livres de *Lettres morales à Lucilius*, — il y en a 124, — qui sont de ses dernières années.

Entre les tragédies et les œuvres philosophiques, il est difficile d'établir un rapport précis. Pourtant la même morale stoïcienne se retrouve, diversement transposée, dans les unes et les autres : assouplie aux nécessités de la vie ou durcie en emphase tragique. Il faut aussi tenir compte que Sénèque, très moderne et très spontané, est à l'aise dans sa prose rapide, gêné au contraire par les traditions séculaires du théâtre. En fait c'est par sa création philosophique qu'il se révèle et qu'il s'impose.

1. Selon F. Préchac, cependant, nous aurions l'ensemble du traité.

Sénèque devant la philosophie. — Pour Sénèque, la philosophie est la vie même. Aussi ne se rattache-t-il à aucun système : il est éclectique, et plus encore que Cicéron, parce que, en matière de conduite psychologique, le chemin importe moins que le but ; et, aussi bien que les stoïciens Zénon ou Cléanthe, Épicure peut perfectionner l'homme. La dialectique ne l'intéresse pas : elle fait perdre de vue les réalités auxquelles il est très sensible, et éloigne des résultats pratiques auxquels vise son inquiète mobilité. La science non plus, bien que, étant fort de son temps, il ait sacrifié dans sa jeunesse à un savoir encyclopédique et qu'il ait repris sur le tard ses *Quaestiones naturales* : mais il n'y fait qu'une revue d'opinions, sans doctrine, et s'échappe à tout instant vers des hors-d'œuvre moraux. Reste la morale, qu'il a de fort bonne heure conçue comme une lutte : toute l'expérience de son temps l'y engageait. Pendant sa faveur à la cour, il eut sans doute tendance à la traiter de façon opportuniste ; mais en la présentant ensuite comme un travail de soi sur soi, il revenait aux premiers élans de sa jeunesse.

Son spiritualisme. — D'aspirations ainsi limitées, Sénèque n'a cherché à résoudre aucun problème métaphysique : Dieu est-il personnel ou lié à l'univers ? le monde est-il régi par la Providence ou par la Fatalité ? l'âme est-elle périssable, ou, émanation de Dieu, retourne-t-elle en lui, ou encore jouit-elle d'une immortalité personnelle ? Il flotte, incertain, entre les solutions proposées par les divers systèmes des Grecs. Mais il a la très nette intuition que la liaison est nécessaire entre ces problèmes et l'instinct moral de l'homme ; que cet instinct moral ne trouve sa pleine satisfaction que dans la subordination de la matière à l'esprit, et par là nous fait tendre à Dieu. Aussi le spiritualisme de Sénèque, partout sensible en son œuvre, a-t-il pu le faire considérer comme un précurseur inconscient du christianisme.

Abandon au Créateur

[Prière attribuée par Sénèque à Démétrios, philosophe cynique contemporain, mais dont le style (répétition des mêmes idées, sous forme de plus en plus imagée ou brillante) est bien de Sénèque. — Doctrine presque toute stoïcienne : abandon à Dieu comme à une Providence : déterminisme de l'univers ; sorte de panthéisme (confusion finale de l'homme avec le monde). — Élévation des idées ; chaleur intime de l'expression.]

« Je ne puis, dieux immortels, vous reprocher qu'une chose : de ne m'avoir pas fait plus tôt connaître votre volonté. Je serais venu de moi-même, au lieu de répondre seulement, aujourd'hui, à votre appel. Vous voulez prendre mes enfants ? C'est pour vous qu'ils sont nés. Vous voulez une partie de mon corps ? Prenez. Ce n'est pas m'engager à grand-chose : bientôt je l'abandonnerai tout entier. Vous voulez ma vie ? Allons ! je ne vous retarderai pas : recouvrez ce que vous avez donné. Je vous abandonnerai de bon gré tout ce que vous demanderez. Il y a un « mais » : j'aurais préféré l'offrir que le remettre[1]. A quoi bon l'enlever ? Vous auriez pu le recevoir. Mais, en fait, vous ne l'enlèverez pas : on n'arrache qu'à qui retient. Nulle contrainte, nulle épreuve à laquelle je ne consente : je ne suis pas esclave de Dieu, je m'accorde à sa pensée.

Et d'autant plus que je sais qu'une loi fixe, énoncée par l'éternité, régit le cours de l'univers. Les destins nous conduisent, et tout ce qui nous reste de vie, l'heure de notre naissance l'a déterminé[2]. La cause dépend d'une cause ; un long enchaînement de faits

1. Le philosophe voudrait aller au-devant des volontés divines.
2. Croyance astrologique liée à celle du Destin, supérieur même à Dieu.

conditionne événements publics et privés. Aussi devons-nous tout supporter avec courage : car il n'y a pas d'accident, comme nous l'imaginons, mais un simple cheminement. Nos joies, nos pleurs sont fixés de longue date ; et quelque diversité que semblent offrir les vies humaines, elles reviennent, dans l'ensemble, toutes au même : mortels, nous avons reçu des biens mortels. Pourquoi nous indigner ? nous plaindre ? Nous sommes faits pour cela. Que la nature use à sa guise des corps qu'elle a créés : joyeux toujours et courageux, disons-nous que de nous rien ne périt. À quoi reconnaît-on l'homme de bien ? Il s'offre au destin. C'est une grande consolation de s'en aller au fil de l'univers. Quelle que soit la nécessité qui nous fait ainsi vivre, ainsi mourir, elle enchaîne aussi les dieux : un cours inflexible entraîne à la fois choses humaines et divines. Le Créateur lui-même, qui régit l'univers, a fixé les destins, mais les suit ; il ordonna une fois, il obéit sans cesse. »

De la Providence, 5, 5-8.

Le dieu caché

[Deux aspects de la philosophie de Sénèque, très modernes d'apparence : caractère sacré de l'âme ; pressentiment romantique de Dieu dans les solitudes. Mais le premier relève de l'orgueil stoïcien ; le second se rattache aux vieux cultes latins.]

Dieu est près de toi, avec toi, en toi. Oui, Lucilius, en nous-mêmes réside un esprit saint, auquel n'échappe rien de ce que nous faisons, bien ou mal ; et comme nous le traitons, il nous traite. Personne n'est honnête sans Dieu : quelqu'un pourrait-il, sans son aide, se hausser au-dessus de la fortune ? C'est lui qui nous inspire les résolutions grandes et hardies. Au cœur de tout homme de bien « réside un dieu ; lequel, on l'ignore »[1].

Si tu trouves une forêt où se pressent de vieux arbres d'une hauteur extraordinaire, dont les branches, en étages de verdure, dérobent la vue du ciel, la vigueur de cette poussée sylvestre, le mystère du lieu, l'épaisseur continue de cette ombre au milieu d'une campagne t'imposent l'idée d'une puissance divine. Une grotte qui ronge profondément la base d'un mont, et dont l'étonnante ampleur n'est pas due à la main des hommes, mais à des causes naturelles, frappera ton esprit d'un pressentiment religieux. Nous vénérons les sources des grands fleuves ; le flux soudain d'une eau cachée s'accompagne d'autels ; un culte s'attache aux sources d'eaux chaudes ; et des lacs ont dû à leur noirceur ou à leur profondeur sans mesure un caractère sacré. Et si un homme se présente inaccessible à la peur, à l'abri des désirs, heureux dans l'adversité, serein au milieu des tempêtes, dominant l'humanité, de plain-pied avec les dieux, vous ne sentirez pas pour lui de la vénération, vous ne direz pas : « Ceci est trop grand et sublime pour être à la mesure de ce corps chétif : une force divine est descendue en lui » ? Une âme d'élite, équilibrée, qui passe dédaigneuse des choses, et rit de nos craintes et de nos vœux, est mue par une puissance divine. Sans l'assistance d'une divinité, une si grande merveille ne saurait subsister : aussi tient-elle par la meilleure partie d'elle-même au lieu d'où elle est descendue. Comme les rayons du soleil touchent sans doute la terre, mais sans quitter le centre d'où ils partent : ainsi un esprit sublime et sacré, descendu pour nous faire de plus près connaître les choses divines, vit en nous, mais demeure attaché à son origine : c'est d'elle qu'il relève, vers elle qu'il élève ses désirs, ses efforts, supérieur à cette vie humaine à laquelle il se mêle.

Lettres à Lucilius, XLI, 1-5.

Morale et psychologie. — La *théorie* morale de Sénèque remonte aux stoïciens : le souverain bien est identique à la vertu, à laquelle doit tendre le philosophe *(De uita beata)*. Mais *pratiquement* on l'obtient en se pliant aux nécessités de la vie sans en être prisonnier *(De uita beata)*, en créant en soi la paix de l'âme *(De tranquillitate animi)*, en s'élevant au-dessus de

1. Citation de Virgile (*Énéide*, VIII, v. 352).

toute atteinte extérieure, qu'elle vienne des hommes ou des événements *(De constantia)*.

C'était là, au temps de Sénèque, des lieux communs. Mais il les renouvelle sans cesse, et sans fatigue, grâce à une fécondité psychologique inconnue jusqu'alors. Un peu systématique dans ses premiers ouvrages, et s'accompagnant volontiers de remarques physiologiques, son analyse accumule ensuite les observations les plus nuancées, les relie avec une délicatesse subtile, et plonge ainsi parfois jusqu'au fond le plus trouble de l'homme. Il est rare qu'une société ait été pénétrée avec un pareil détail et à une telle profondeur.

Les étapes de la passion

[Analyse exacte, mais sèche et un peu raide ; d'intentions pratiques (à quels moments peut-on agir sur la passion ?).]

Sache donc comment naissent, croissent, s'emportent les passions. Il y a un premier mouvement, involontaire, comme un prélude ou une sorte de menace de passion. Un second qui s'accompagne d'une volonté sans fermeté ; par exemple : il convient que je me venge, puisque je suis lésé ; ou : il convient qu'il soit puni, puisqu'il est coupable. Le troisième mouvement est, lui, tout effréné : il sévit à toute occasion, sans considération de convenance ; il a mis la raison hors de jeu, Le premier choc dont je parlais, nous ne pouvons l'éviter par raison : non plus que (lorsqu'il s'agit, comme nous disons, du corps[1]) nous ne pouvons nous empêcher de bâiller en voyant quelqu'un qui bâille, ni de fermer les yeux à la soudaine approche d'une main. La raison n'y peut rien : l'habitude, peut-être, et une attention constante affaiblissent les réactions. Le second mouvement, né du jugement, se supprime par le jugement.

De la colère, II, 4.

La colère

[Description d'allure objective (physiologique et médicale), mais d'exécution romantique (accumulation de symptômes opposés, couleurs chargées, comparaisons violentes), destinée à inspirer l'horreur de la colère.]

Nulle passion n'a pire visage : rude et aigre, tantôt livide par un soudain reflux du sang, tantôt, par afflux de toute la chaleur vitale, tournant au rouge et à la couleur de chair vive, les veines enflées, les yeux tantôt vacillants et exorbités, tantôt rigidement fixes et immobiles. Ajoutez les dents qui claquent, sans pouvoir émettre d'autre son que le râclement que font les sangliers en aiguisant leurs défenses. Ajoutez le craquement des articulations lorsque les mains se broient l'une l'autre ; et les chocs répétés sur la poitrine, la respiration haletante, les râles profonds, le corps qui titube, des mots indistincts en de soudains éclats, les lèvres tremblantes, ou parfois serrées et laissant échapper des sifflements sinistres. Les bêtes, certes, qu'elles soient irritées par la faim ou par un fer profondément enfoncé dans leur corps, offrent un aspect moins farouche, — même quand, mourantes, elles cherchent le chasseur d'une dernière morsure, — qu'un homme brûlant de colère.

De la colère, III, 4.

1. Pour Sénèque, comme pour tous les penseurs de l'Antiquité, l'âme n'est pas *absolument* distincte du corps.

Du vice à la volupté de l'ennui

[Analyse de plus en plus poussée et dans le détail de laquelle l'auteur se complaît.. — Pénétration hallucinante, mais non sans piétinement. — Incertitude des proportions, qui donne l'impression d'une page improvisée. — Force et variété du style, tout animé de métaphores, sans excès de couleur. — Cf. le style d'Aristote, avec ses touches nerveuses, mais beaucoup moins « artiste ». Influence directe de Lucrèce (III, 1024-1075), que Sénèque cite dans le chapitre suivant.]

Le vice a mille formes, un seul résultat : l'homme se déplaît à lui-même. Cela tient à un déséquilibre de l'esprit, à une insatisfaction des désirs qui craignent d'oser ou manquent leurs buts, et se portent tout entiers vers de vains espoirs, en une instabilité et une mobilité constantes. Chose fatale quand on prend pour mesure ses vœux. Ils[1] sont toute leur vie en suspens, se tracent un programme malhonnête, difficile, s'y obligent : et, quand leur peine n'est pas récompensée, ils ont le tourment de s'être déshonorés sans profit et souffrent non d'avoir voulu le mal, mais de l'avoir voulu en vain. Alors le regret les tient, et l'hésitation à recommencer ; et peu à peu s'insinue en eux une inquiétude, celle d'un esprit qui ne trouve pas d'issue, parce qu'il est aussi incapable d'obéir que de commander à ses désirs ; privée d'ouvertures, leur vie s'alentit, et, au milieu de leurs souhaits avortés, leur esprit s'endort en une torpeur. Le mal est plus grave lorsque le dégoût d'une stérilité laborieuse leur fait chercher un refuge dans les passe-temps solitaires d'une vie oisive : existence insoutenable à un esprit porté vers la vie sociale, désireux d'action et naturellement inquiet, qui par suite ne trouve pas en lui-même assez de consolations : alors, privé des distractions que les affaires mêmes offrent à l'agitation des hommes, il ne supporte plus maison, solitude, murailles, et, seul avec lui-même, il hésite à se contempler. De là dégoût, mécontentement de soi, flottement d'une âme qui ne se fixe nulle part, morose et maladive impatience de son inaction. Et toujours, comme il n'ose en avouer les causes et que la honte a refoulé ses tourments au fond de lui-même, ses désirs, enfermés à l'étroit et sans issue, s'étouffent eux-mêmes. Alors, abattement, marasme, les mille houles d'une âme irrésolue, que ses entreprises tiennent en suspens, que les renoncements assombrissent ; alors disposition à maudire son loisir, à se plaindre de n'avoir rien à faire et la haine la plus farouche pour les progrès des autres. Car l'inaction improductive nourrit l'envie : on désire la ruine de chacun, parce qu'on n'a pu soi-même se pousser ; et cette haine des succès d'autrui jointe au désespoir de n'en pas attendre pour soi fait une âme qui s'emporte contre la destinée, s'aigrit sur son siècle, se retire dans les coins, couve sa peine avec lassitude et répugnance d'elle-même. Car l'âme humaine est naturellement agile et portée au mouvement : toute occasion lui est chère de s'agiter et de se distraire ; et plus chère encore aux esprits gâtés, qui aiment s'user à force d'affaires. Comme certaines plaies appellent le tourment des mains et se plaisent à être touchées, comme une lèpre trouve sa volupté dans les ongles qui l'irritent : ainsi laissez-moi dire que ces âmes, que les passions ont envahies comme des plaies infectes, jouissent de leur peine et de leurs tourments.

De la tranquillité de l'âme, 2, 7-11.

Problèmes sociaux et direction individuelle. — La morale de Sénèque ne l'engageait pas à l'étude des problèmes sociaux : le philosophe, dit-il, doit se tenir au-dessus de la mêlée des intérêts humains *(De otio)*. Pourtant Sénèque participait trop à la vie de son temps, il était aussi trop opportuniste pour ne pas en avoir considéré certains aspects : il avait écrit sur l'amitié, sur le mariage ; le traité *Des bienfaits* examine avec une subtilité philosophique les rapports, toujours vivants, de l'aristocratie et de ses clientèles. D'autre part, comme précepteur d'un prince, il avait à mesurer les consé-

1. Les hommes dont la maladie vient d'être définie en général, et dont Sénèque va maintenant étudier les réactions diverses.

quences sociales de son enseignement : le *De clementia* est un acte de portée politique, et ne s'en cache pas.

Mais il est juste de lui reconnaître un autre mérite, celui d'avoir révélé à ses contemporains la dignité de chaque personne humaine, et en particulier de celle des esclaves. L'idée que l'homme est un homme quelle que soit la condition où sa destinée l'a fait naître était alors à peu près nouvelle pour beaucoup de Romains. Depuis l'esclave fourbe et souffre-douleur de Plaute (cf. p. 42) et le vieil esclave âgé et malade qu'on vend avec la vieille ferraille (cf. p. 77) de Caton jusqu'aux chapitres III, 18-28 des *Bienfaits* et la lettre XLVII *à Lucilius*, on mesurera le chemin parcouru (cf. p. 303).

La réversibilité des mérites : justification de Dieu

[Problème social de l'indignité des gouvernants, transposé sur le plan métaphysique, par simple comparaison de Dieu-Providence avec l'homme. — Impression générale d'évidence. — Éloquence à la fois énergique et familière prêtée à Dieu. — Satire à peine déguisée des empereurs à qui Sénèque en veut personnellement. — Complexité générale : humaine et philosophique.]

Les dieux aussi[1], sans doute : ils favorisent les uns à cause de leurs parents et aïeux ; les autres en vue de leurs petits-fils, arrière-petits-fils et de leur lointaine descendance ; car ils connaissent bien la suite des conséquences et découvrent à chaque instant tout ce qui dans l'avenir leur passera entre les mains ; les événements qui pour nous apparaissent soudain et sous l'aspect de l'inattendu, ils prévoient leur venue comme chose familière. « A ceux-ci le pouvoir royal, parce que leurs ancêtres ne l'ont pas eu[2], parce que, en guise de souveraineté, ils ne connurent que la justice et le désintéressement et se vouèrent à l'État au lieu de vouer l'État à leur personne. A ceux-ci le trône, parce qu'il s'est trouvé, parmi leurs ascendants, un honnête homme[3] dont l'âme était supérieure à la Fortune, qui, dans les discordes civiles, pour le bien de la patrie, préféra la défaite à la victoire ; nous n'avons pu, en un si long temps, l'en récompenser : qu'en considération de lui, ce pauvre être[4] soit à la tête du peuple, non qu'il en ait la science ou la capacité, mais parce qu'un autre le lui a mérité. Celui-ci[5] est difforme, repoussant, et ridiculisera les insignes qu'il porte ; on m'en accusera, on dira que je suis aveugle. inconscient, que j'ignore les convenances du rang suprême : mais moi je sais qu'à un autre s'adresse mon présent, qu'à un autre je le dois depuis longtemps. D'où mes censeurs connaîtraient-ils ce grand homme jadis obstiné à fuir devant la gloire, qui allait au danger comme d'autres en reviennent, et qui jamais ne distingua son intérêt de celui de l'État ? « Où est-il, dites-vous ? De qui parlez-vous ? » Comment le sauriez-vous ? C'est moi qui apure les comptes de doit et avoir, moi qui sais chacune de mes dettes : je rembourse les uns à long terme, les autres à l'avance, selon l'occasion et les ressources de mon gouvernement. »

Des bienfaits, IV, 32.

On est riche de ses bienfaits

[Renouvellement paradoxal d'un thème rebattu : qu'il ne faut pas s'attacher aux biens matériels. — Style de « diatribe » oratoire : l'auteur s'adresse à des interlocuteurs fictifs. — Couleur et mouvement.]

---

1. Il vient d'être question de magistrats indignes que le peuple élit pourtant, en considération de la gloire de leur race.
2. Allusion à Germanicus, père de Caligula ; ou à Drusus, père de Claude et grand-père de Caligula.
3. Ti. Claudius Néro, bisaïeul de Caligula ?
4. Caligula devint fou.
5. Claude.

Quelles possibilités de richesse, s'il l'avait voulu[1] ! Ce sont là les vrais biens, les seuls qu'aucun caprice de la destinée ne fera changer de mains ; les seuls dont l'accroissement diminue l'envie. Qu'as-tu à épargner, comme ferait un propriétaire ? Tu n'es que régisseur. Tous ces biens qui vous enflent d'orgueil, vous soulèvent au-dessus de l'humanité et vous font oublier votre fragilité, que vous gardez, en armes, derrière des portes de fer, que, dépouilles sanglantes, vous défendez au prix de votre sang, pour lesquels vous armez des flottes prêtes à empourprer les eaux des mers, pour lesquels vous brisez de vos béliers les villes, sans soupçonner tous les traits que la Fortune amasse par derrière contre vous, pour lesquels vous hésitez si peu à rompre les liens de parenté, d'amitié, de fonctions, et à broyer le monde de vos rivalités, — ils ne sont pas à vous ! Ils ne sont qu'un dépôt qui d'heure en heure attend un nouveau maître : un ennemi les saisira, ou un héritier au cœur d'ennemi. Tu me demandes comment te les assurer ? En les donnant. Veille donc à tes intérêts ; donne-toi des titres de propriété fixes, inexpugnables, et où l'honneur trouvera son compte autant que la sécurité. Cette fortune que tu jauges avec complaisance, te croyant par elle riche et puissant, aussi longtemps que tu la possèdes, ce n'est que mots[2] vulgaires, qui ne rapportent rien : maison, esclave, sesterces ; quand tu l'as donnée, c'est un « bienfait ».

Des bienfaits, VI, 3.

Bienfaits perdus

[Succession rapide de réactions morales de nuances très diverses (valeur de l'acte moral en soi ; orgueil intellectuel ; bienveillance ; savoir-faire pratique), ni développées ni liées l'une à l'autre.]

« J'ai perdu mon bienfait. » Quoi ? une offrande aux dieux, la dirons-nous perdue ? Le bienfait est une offrande : fût-il mal payé, l'acte fut bon. Notre obligé n'est pas tel que nous l'espérions ? Sachons être, nous, ce que nous étions, et ne pas lui ressembler. Ce n'est pas de perte qu'il fallait parler en cet instant, mais de constatation. On ne dénonce pas un ingrat sans en subir la honte : car se plaindre d'avoir perdu un bienfait, c'est avouer l'avoir mal placé. Autant que possible, plaidons en nous-mêmes la cause de l'ingrat : « Peut-être il n'a pas pu ; peut-être il n'a pas su ; peut-être il le fera ». Il y a des créances qu'on rend bonnes par patience et savoir-faire, en attendant et laissant mûrir. Il faut faire de même : si le crédit fléchit[3], soutenons-le.

Des bienfaits, VI, 29.

Mais, au fond, Sénèque ne vise à toucher que l'individu, et, de préférence, l'aristocrate instruit. La direction personnelle est son triomphe : chaque opuscule, chaque traité même est adressé à un « malade » particulier, auquel le philosophe propose une médication. Il se trouve que le thème, toujours très humain, l'invite à généraliser ; qu'il se penche même volontiers (et de plus en plus avec l'âge) vers les expériences morales que lui proposent des gens du vulgaire : mais c'est pour piquer au jeu le noble consultant. Les *Consolations* montrent déjà avec quel art raffiné Sénèque adapte les lieux communs aux cas spéciaux : mais il le fait avec trop d'esprit. Les merveilleuses *Lettres à Lucilius*, au contraire (plusieurs sont de vrais opuscules), prenant pour point de départ toute occasion fortuite, fatigue, promenade, rencontre, incendie de ville, moment d'énervement, amènent avec une douce aisance le lecteur aux réflexions les plus hautes ; un mot choisi de grand

1. Sénèque vient de citer le mot prêté par le poète Rabirius à M. Antonius, réduit à se donner la mort : *Hoc habeo, quodcumque dedi* (« J'ai tout ce que j'ai donné »).
2. Jeu de mots sur *nomen*, qui veut dire « nom » ou « créance ».
3. Ou : « si l'honneur défaille ». Jeu de mots sur *fides*.

philosophe termine chaque lettre, et prolonge l'effet de cette méditation à deux, qui doit, sans en avoir l'air, amener un ami cher à la perfection morale.

A une femme d'élite

[Marcia avait perdu un fils adolescent et plein de promesses. — Complaisance pour le paradoxe (traiter brutalement la douleur). — Vigueur de la pénétration psychologique. — Puissance et monotonie des métaphores et comparaisons.]

A d'autres les précautions et les procédés flatteurs : moi, je veux lutter contre votre deuil, et je tarirai ces yeux flétris, épuisés, qui, si vous m'en croyez, pleurent maintenant plutôt par habitude que par la force du regret ; avec votre aide si je puis, sinon, même malgré vous, et si fortement que vous embrassiez votre douleur, que vous perpétuez pour vous tenir lieu de votre fils.

Car quand finirez-vous ? Tout a été tenté en vain : vous avez lassé les encouragements de vos amis, les conseils des hommes insignes de votre parenté ; les sciences, ce précieux héritage de votre père, vous trouvent sourde à la douceur de leur apaisement ou peuvent à peine vous distraire un moment ; même ce remède naturel, le temps, qui ensevelit les pires chagrins, a perdu sur vous seule sa puissance. La troisième année est passée, et le choc n'a rien perdu de sa première vigueur : votre deuil se rafraîchit et reprend des forces chaque jour ; il s'est maintenant par l'usage affermi dans ses droits et trouverait de la honte à s'en désister. Tout mal s'ancre profondément, s'il n'a été écrasé dès qu'il est apparu : ainsi ces lugubres misères, acharnées sur elles-mêmes, se nourrissent enfin de leur amertume, et l'âme malheureuse trouve en sa douleur une volupté perverse. Aussi aurais-je désiré être appelé à vous soigner dès le début : une médication plus douce aurait réprimé l'élan du mal naissant ; invétéré, il faudra mener contre lui une lutte ardente. Car les blessures aussi sont faciles à guérir quand le sang vient seulement de s'arrêter ; mais il faut les brûler, les rouvrir, les scruter du doigt, quand l'infection y a mis la gangrène. Je ne puis aujourd'hui avec de douces complaisances fléchir une douleur aussi endurcie : je dois la briser.

Consolation à Marcia, 2, 5-8.

L'entraînement de la volonté. — L'intuition psychologique de Sénèque doit beaucoup à la précision de ses examens de conscience ; et, en conseillant les autres, c'est bien souvent sa propre guérison qu'il a en vue. Autant que Paulinus ou Lucilius il a besoin de se persuader que la vie n'est pas trop courte à qui sait l'employer *(De breuitate uitae)*, que la vertu a besoin de lutter pour se fortifier *(De prouidentia)*. Et les lettres à Lucilius sont pour lui-même un acheminement à la sagesse suprême, surtout un entraînement ascétique en vue des catastrophes soudaines et de la mort qu'à chaque instant peut provoquer ou exiger de quiconque la fantaisie du prince. Car Sénèque était, certes, capable d'une volonté forte ; mais la persévérance lui avait souvent manqué. En ses dernières années il s'applique à durcir son corps ruiné et son âme, tout en gardant pour ceux qu'il dirige les précautions subtiles et quasi féminines d'un Fénelon.

Ascétisme

[Préoccupation actuelle (crainte des confiscations que Néron, à court d'argent, pratique en grand) et personnelle (Sénèque, très riche, vécut en moine dans ses palais et ses jardins, les dernières années de sa vie). — Évocation légère et pittoresque de la vie du temps (snobisme des riches, misère des pauvres). — Érudition facile. — Sérénité du style, bref, aisé, et pourtant éloquent.]

Réserve-toi, par intervalles, quelques jours de suite où, te contentant d'aliments aussi chiches et aussi grossiers que possible, d'un vêtement dur et bourru, tu puisses te dire : « Voilà donc ce qu'on craint ? » Qu'au sein de la tranquillité, l'âme se prépare aux difficultés, et qu'elle s'affermisse contre les attaques de la Fortune au milieu de ses bienfaits. En pleine paix, sans adversaire, le soldat[1] manœuvre, plante la palissade du camp, est lassé de vains travaux, pour se trouver, le cas échéant, à la hauteur des nécessités. Vous voulez qu'il ne s'affole pas dans l'action ? exercez-le avant l'action. C'est ce que font ceux qui, tous les mois, imitent la pauvreté, se réduisent presque à l'indigence, pour ne pas avoir à en frémir, ayant appris à la supporter. Ne va pas t'imaginer que je te conseille ces repas légers, ces chambrettes austères et toutes les babioles par quoi l'opulence jouisseuse amuse son ennui. Je veux un vrai grabat, un sayon, du pain dur et mêlé de paille. Dures-y trois et quatre jours, parfois davantage : pour que ce ne soit pas un jeu, mais une épreuve. Alors, crois-m'en, Lucilius, tu seras plein de joie, rassasié pour deux as[2], et tu comprendras que la satisfaction de la faim ne dépend pas de la Fortune : car le strict nécessaire, elle te le doit même quand elle est contre toi. Ne va pourtant pas croire que c'est un grand exploit : tu feras ce que font bien des milliers d'esclaves, bien des milliers de pauvres. Un seul mérite : tu le feras sans y être forcé. Et il te sera aussi facile de le supporter toujours que de l'essayer quelquefois. Exerçons-nous à la cible : et, pour ne pas être surpris sans préparation par la Fortune, que la pauvreté nous devienne familière. Nous aurons plus de tranquillité à être riches, si nous savons combien légère est la pauvreté.

Épicure, ce professeur de volupté, avait des jours déterminés, où il apaisait sa faim tout juste, pour voir si alors il manquait quelque chose, et combien, à un plaisir plein et entier et si cela valait la peine de se donner grand mal. Il le dit dans ses lettres à Polyen, qu'il écrivit sous l'archontat de Charinus ; et il s'y vante de se nourrir pour moins d'un as, tandis qu'à Métrodore, qui n'était pas si avancé, il en fallait un tout entier. Tu ne crois pas que ce genre de vie puisse satisfaire ? Bien plus : il plaît ; et d'un plaisir non superficiel et fugitif, qu'il faille sans cesse ranimer, mais stable et sûr. Car il n'y a pas d'agrément en de l'eau, de la bouillie ou un morceau de pain d'orge : mais la suprême volupté est de pouvoir trouver de la volupté même en cela et se réduire à ce que ne peut nous ravir nul outrage de la Fortune.

Lettres à Lucilius, XVIII, 5-10.

Suicides

[Question actuelle (souvent l'empereur faisait la « grâce » à ses victimes de leur laisser le choix du genre de mort ; aussi, au Ier siècle, le détachement philosophique de la vie prit-il l'allure d'une préparation systématique au suicide). — Faits divers, volontairement vulgaires, empruntés aux jeux du cirque (où étaient sacrifiés, de façons diverses, des condamnés ou des prisonniers de guerre), pour servir d'*exempla* (traits à imiter, le plus souvent tirés de l'histoire des grands hommes). — Vers la fin, encore un trait de rhétorique inutile, prêté au barbare.]

On menait, il y a peu, sous bonne garde un condamné pour le spectacle de la matinée : comme s'il était pris de sommeil, il dodelina de la tête et l'inclina jusqu'à la faire passer entre les rayons de la roue, sans quitter son siège jusqu'à ce que la rotation l'eût brisée : la charrette qui le menait au supplice le fit échapper au supplice. Nul obstacle à qui désire en finir, en sortir : la nature ne nous tient pas enfermés. Si la nécessité qui vous contraint n'est pas trop pressante, cherchez à loisir une fin douce ; si vous avez à votre disposition plusieurs moyens d'être votre maître, faites choix et pesez comment vous préférez vous affranchir ; si les occasions sont rares, saisissez-vous de la première venue comme si elle était la meilleure, fût-elle inouïe, fût-elle étrange. Pour mourir l'imagination ne manquera pas, si la volonté ne manque pas. Vois-tu comme les derniers même des esclaves, lorsque le désespoir les aiguillonne, s'éveillent et trompent les gardes les plus serrées ? Oui, c'est un grand homme, celui qui, non content de se prescrire la mort, en invente une. Je t'ai

1. Ces comparaisons militaires, aimées des philosophes romains (voir p. 135), seront abondamment reprises par les apologistes chrétiens.
2. Moins de 50 centimes.

promis plusieurs exemples tirés des mêmes jeux. A la deuxième naumachie[1], un des barbares, ayant reçu une lance pour se battre, se l'enfonça toute dans la gorge. « Comment ? dit-il, je n'ai pas encore échappé aux peines, aux outrages ? je suis armé, et j'attends pour mourir ! » Spectacle d'autant plus beau qu'il vaut mieux mourir que tuer. Eh bien ! le courage que montrent des êtres de vice et de crime, ne le trouverons-nous pas chez ceux qu'ont munis contre de tels accidents une longue vie de méditations et la raison, souveraine de l'univers ?

Lettres à Lucilius, LXX, 23-27.

Composition et style. — Sénèque admirait les classiques et sacrifia au goût littéraire de son temps. Cette contradiction s'explique en partie : il prétendait que la forme ne devait pas importer dans les ouvrages philosophiques ; et il s'adressait à des gens du monde, leur parlant, comme il l'aurait fait en un salon, la langue qui leur convenait : brève et ingénieuse, à soubresauts et à traits. Mais sa facilité naturelle, sa subtilité et sa vive imagination y trouvaient leur compte : il s'est complu en artiste à ce « style parlé ».

La composition ne l'inquiète pas : il s'y efforce parfois, surtout dans ses traités en forme et ses *Consolations*, mais oublie bientôt son plan, le grossit de digressions, l'amplifie ou le mutile. Nulle proportion, par suite, entre les parties ; et des transitions vaille que vaille. L'improvisation est reine. Non que les thèmes soient très variés : mais Sénèque est capable sur chacun de variations infinies, soit qu'il change brusquement de point de vue, soit qu'une soudaine intuition psychologique enrichisse le lieu commun, ou que, simplement, son imagination infatigable le revête d'une nouvelle parure. De là monotonie d'ensemble et surprise du détail : on songe à Ovide. La rapidité se sent : les tours se répètent ; l'expression n'est pas toujours juste, surtout quand Sénèque commence à écrire : car, une fois lancé, il crée avec joie, avec esprit, avec poésie. Il y a du mauvais goût : finesses obscures, boursouflures, pailletages, couleurs chargées, jeux de mots déplacés. Surtout rien ne se tient : « du sable sans chaux », disait justement l'empereur Caligula. Mais sa langue, riche et mêlée, est des plus savoureuses : l'éloquence, même rhétorique, et l'esprit, même précieux, se corrigent par leur rapide alternance ; ce style peut fatiguer, mais il entraîne ; et, dans les meilleures pages, il ravit, à la fois par son art et par son allure spontanée.

Sénèque satirique. — En moraliste observateur, Sénèque a semé tous ses ouvrages philosophiques d'anecdotes, d'esquisses pittoresques, de traits malicieux, qui évoquent avec une vie étonnante la Rome de Claude et de Néron. Il prélude ainsi au large développement de la satire latine, qui, avec Perse, Pétrone, Martial et Juvénal, allait illustrer la fin de ce siècle et le début du suivant. Il a même écrit une « Ménippée » assez amusante sur la mort de l'empereur Claude (après en avoir écrit l'éloge funèbre officiel !). On y voit Claude comme un pauvre être, bête, ridicule et méchant, qui, se présentant dans l'Olympe pour être reçu parmi les dieux, est, sur le réquisitoire d'Auguste, conduit aux Enfers, où il jouera éternellement aux dés avec un cornet percé.

1. Combat naval donné en guise de jeu.

Les funérailles de Claude

Ils descendaient [aux Enfers] en suivant la voie sacrée[1] ; Mercure[2] demande ce que c'est que cette foule, si c'est le convoi de Claude. Bien sûr, et le plus joli de tous, le plus soigné : on voyait bien qu'on enterrait un dieu. Des trompettes, des cors, des cuivres de toute sorte ; une foule, un concert à se faire entendre même de Claude[3]. Partout des figures joyeuses, rayonnantes : le peuple romain se promenait avec le sentiment de la liberté. Agathon et quelques avocats pleuraient, mais de tout leur cœur. Les jurisconsultes sortaient des ténèbres, pâles, décharnés, n'ayant plus (à peine !) que le souffle : ils se reprenaient à vivre[4]. L'un d'eux, voyant des avocats en conciliabule et pleurant leurs richesses, s'approcha et : « Je vous le disais bien, que ce ne seraient pas toujours les Saturnales[5] ». Claude, en voyant ses funérailles, comprit qu'il était mort[6]. Aussi bien un chœur immense chantait une nénie[7] anapestique[8] : « Versez des pleurs, criez des plaintes, — que le forum, triste, en résonne ; — un homme est mort, le plus sensé — et qui jamais n'eut son pareil — en tout le monde. — Il triomphait, certes, à la course, — des plus légers[9] ; pouvait défaire — les Parthes hostiles, suivre le Perse — à coups de traits, et d'une main sûre — tendre la corde pour finement — percer de flèches l'ennemi en fuite[10]... »

Apocolocyntosis, 12.

Sénèque dramaturge. — Dix pièces nous sont parvenues sous le nom de Sénèque[11]. L'*Octavia*, — la seule « prétexte » que nous possédions entière, — qui met à la scène la répudiation par Néron de sa femme Octavie et prête un rôle à Sénèque, n'est pas de lui. L'*Hercule sur l'Oeta* peut-être non plus. Mais les autres semblent avoir été écrites pendant sa faveur (49-62), en vue de lectures publiques, mais avec aussi des préoccupations scéniques. Elles imitent Eschyle *(Agamemnon)*, Sophocle *(Oedipe* et *Les Phéniciennes :* celle-ci incomplète ou mutilée), surtout Euripide *(Hercule furieux, Les Troyennes, Médée, Phèdre)* ; on ignore la source du *Thyeste*. L'hellénisme était alors en telle faveur qu'on jouait, à Rome, des drames grecs en grec.

Mais, en imitant, Sénèque transforme ses modèles. A une action progressive il préfère des tableaux successifs, où la passion du héros, déjà au paroxysme quand la pièce commence, s'étale sous des aspects divers avant la catastrophe. Aussi les caractères n'ont-ils pas la souplesse de la vie : mais, en contrepartie, les passions, surtout celles des héroïnes, s'analysent avec richesse tout au long de la pièce, souvent en longues tirades, parfois en dialogues très pressés où s'affirme de façon étincelante, en face d'un confident, la personnalité du personnage principal. Ce type de drame vise à l'exceptionnel : Sénèque aime les situations hors nature, les coups de théâtre brutaux qui révèlent des âmes monstrueuses ; mais il lui arrive ainsi de créer des situations pathétiques, Andromaque hésitante entre le souvenir

1. Qui traversait le forum.
2. Il conduit Claude aux Enfers.
3. Qui était dur d'oreilles.
4. Claude se piquait de jurisprudence et aimait rendre lui-même la justice : ce qui faisait le désespoir des jurisconsultes et la joie des avocats.
5. Période de divertissements déréglés.
6. Claude était de compréhension lente.
7. Chant funèbre.
8. Rythme de marche, ici très gai.
9. Claude boitait.
10. Il était peureux et ne s'était jamais piqué de faire la guerre.
11. On peut citer, comme autre poète tragique de ce temps, P. Pomponius Sécundus

de son mari et l'amour de son fils, Phèdre avouant elle-même son amour à son beau-fils Hippolyte, qui ont mérité d'inspirer Racine.

Ce théâtre exprime fortement les idées stoïciennes ; c'était une tendance ancienne de la tragédie romaine ; mais Sénèque la pousse au dernier degré : Hercule est le type même du stoïcien aux prises avec l'adversité ; et mainte tirade, une foule de répliques étalent les maximes de l'école, mais avec une tension du style, une jactance, une enflure oratoire, qui ne se retrouveront que trop dans le théâtre espagnol et dans Corneille. D'autre part, l'imagination de Sénèque supplée à la mise en scène, avec le goût composite et somptueux de son temps, par un luxe descriptif tout à fait remarquable, bien que souvent chargé ; d'autant plus qu'il recherche les scènes sanglantes, les sacrifices magiques, les évocations de morts ; mais il a aussi écrit des chœurs où, se souvenant d'Horace, il mêle aux réflexions morales de fraîches visions de la nature.

Ainsi se révèle, en face du philosophe causeur, l'artiste qui, se rattachant au passé tout en voulant être de son temps, crée une œuvre inégale et qui sent l'effort, mais assez riche pour susciter aux XVIe et XVIIe siècles la naissance du théâtre classique.

Andromaque et son fils

[Troie est prise ; Andromaque a vu en rêve son mari Hector, qui l'a adjurée de sauver leur fils, Astyanax, que les Grecs recherchent pour le faire périr. La scène entre Andromaque, un vieillard troyen et l'enfant (personnage muet) est devant le tombeau (sorte de chapelle) élevé par Priam à Hector. — Pathétique de la situation. — Éloquence naturelle, sauf vers la fin, où quelques traits sont recherchés. — En fait monologue : le vieillard n'est là que pour permettre un échange de répliques brillantes.]

ANDROMAQUE. — ...Glacée d'horreur, tremblante, je m'éveillai, et portant, en ma terreur, mes yeux de toutes parts, oublieuse de mon fils, hélas ! je cherchai Hector : mais son ombre trompeuse échappa à mes bras. O mon fils, sûre descendance d'un héros, seul espoir des Phrygiens, seul espoir d'une race abattue, d'un sang antique rejeton trop illustre et trop semblable à ton père !... Il avait ces traits, mon Hector ; telle était sa démarche et tel son maintien ; ainsi s'offraient ses mains courageuses, ainsi s'élevaient ses épaules, ainsi la menace chargeait son front quand, d'un mouvement du cou, il secouait sa chevelure flottante... O mon fils, tu es né trop tard pour les Phrygiens, trop tôt pour ta mère. Viendra-t-il, ce jour heureux où, champion et vengeur du sol troyen, tu ressusciteras Pergame et y ramèneras ses citoyens dispersés par la fuite, et rendras leur nom glorieux aux Phrygiens et à leur patrie ?

Mais je me souviens de mon sort et crains d'exprimer des vœux si audacieux. Il nous suffit, captifs, de vivre. Hélas, à quel lieu, tremblante, me fier, où te cacher ? Cette citadelle, enrichie et fortifiée par les dieux, célèbre et enviée dans tout l'univers, n'est plus que cendre profonde ; la flamme a tout nivelé, et de cette ville immense il ne reste pas même de quoi cacher un enfant ! Quel lieu sûr choisir ? Ah ! le tombeau immense consacré à mon cher époux, respectable à l'ennemi, dont son père éleva à grands frais la masse énorme, roi prodigue à ses morts : c'est le mieux de confier le fils à son père. Une sueur froide baigne mes membres ; hélas ! je crains le présage de ce lieu funèbre.

LE VIEILLARD. — Bien des gens n'ont échappé à la mort que parce qu'on a cru qu'ils avaient péri.

ANDROMAQUE. — Il ne reste plus qu'une ombre d'espoir. Lourde charge, son illustre naissance l'accable. Et si un traître... ?

LE VIEILLARD. — Éloigne les témoins.

ANDROMAQUE. — Et si on le cherche ?

LE VIEILLARD. — S'il reste dans les ruines de la ville, il est mort.

ANDROMAQUE. — A quoi bon le cacher s'il doit retomber entre leurs mains ?

LE VIEILLARD. — La victoire n'est violente qu'en ses premiers élans.

ANDROMAQUE. — Ne plus le voir, quelle angoisse !

LE VIEILLARD. — Tranquille, on peut choisir ; misérable, il faut saisir le premier asile.

ANDROMAQUE. — Quel lieu, quelle région reculée, inaccessible, te mettra à couvert, mon fils ? Qui viendra au secours de nos terreurs ? Qui nous protégera ?... Toi qui l'as toujours fait, Hector, protège aujourd'hui encore les tiens : garde le larcin d'une pieuse épouse ; cendre fidèle, reçois-le, fais-le vivre ! — Entre dans la tombe, mon fils. — Pourquoi recules-tu et, d'un air farouche, dédaignes-tu cette retraite ? Je reconnais ton caractère : tu as honte d'avoir peur. Ah ! chasse cet orgueil d'autrefois ; prends celui auquel le malheur t'oblige. Regarde, voilà tout ce qui reste : une tombe, un enfant, une captive. Il faut céder à l'infortune. C'est la demeure sacrée de ton père défunt : ose y entrer. Si le destin secourt notre misère, c'est ton salut ; si le destin te refuse la vie, c'est ton sépulcre.

Les Troyennes, v. 457-512.

L'abandon de Médée

[Médée a suivi Jason, dont elle a deux enfants. Mais à Corinthe, où ils se sont retirés en exilés, Jason se décide à épouser la fille du roi Créon. De sa maison, Médée vient d'entendre le chœur chanter l'hyménée. — Monologue fiévreux, suivi d'une joute de plus en plus vive et coupée entre Médée et sa nourrice. — Mélange de naturel et de rhétorique complaisante dans le monologue. — Dans le dialogue, cliquetis de formules brillantes, où se sent l'inspiration stoïcienne. — Caractère surhumain (et même inhumain) de l'héroïne. — Force vraiment tragique de l'ensemble : situation et expression.]

MÉDÉE. — Je suis morte : le chant d'hyménée a frappé mes oreilles. C'est à peine si moi-même, à peine si je crois à la catastrophe. Jason a pu faire cela ! il a pu, quand j'ai perdu mon père, ma patrie, mon royaume, m'abandonner seule en terre étrangère, le cruel ! Il méprise ma puissance, après avoir vu mes sortilèges vaincre et le feu et la mer ! Crois-il donc que j'ai épuisé tous les forfaits ? Incertaine, égarée, délirante, je cherche partout comment me venger. Ah ! s'il avait un frère !... Il a une femme : contre elle mon poignard ! Mais est-ce assez ?... Si les villes pélasges, si les villes barbares connaissent une sorte de crime qu'ignorent tes[1] mains, c'est l'heure, prépare-le. Que tes forfaits passés reviennent, tous, t'encourager : j'ai ravi ce qui faisait la gloire d'un royaume[2] ; j'ai, vierge atroce, dépecé avec l'épée l'enfant[3] qui m'accompagnait ; j'ai, semant ses membres dans la mer, obligé notre père à en recueillir les débris funèbres ; j'ai fait bouillir dans l'airain le corps du vieux Pélias[4]. Que de fois j'ai criminellement répandu le sang, et toujours sans colère. Mais aujourd'hui l'amour, sinistre, m'emporte.

Que pouvait cependant Jason, prisonnier de la volonté, de la puissance d'autrui ? Il aurait dû offrir sa poitrine au fer... Paix ; ah, démente douleur, parle mieux. S'il se peut, que Jason vive pour moi, comme jadis ; sinon, qu'il vive pourtant avec le souvenir de mes dons, mais soit mort pour moi. Le seul coupable est Créon qui, abusant de sa puissance, a rompu notre union, qui arrache une mère à ses enfants et brise les liens étroits d'un engagement solennel : contre lui seul donc j'agirai, qu'il souffre le châtiment qu'il mérite. J'ensevelirai son palais sous un monceau de cendres ; le noir tourbillon qu'élève l'incendie se verra de Malée[5], le cap qui oblige les navires à de lents détours.

---

1. Médée s'adresse maintenant, sans naturel, à elle-même.
2. La toison d'or que, sur l'ordre de Pélias, Jason avait été chercher en Colchide avec les Argonautes.
3. Son frère : dans leur fuite, Médée l'avait tué, démembré et semé dans la mer, pour retarder la poursuite de son père.
4. Se faisant fort de rajeunir Pélias, Médée l'avait égorgé et fait cuire dans un chaudron pour venger Jason.
5. A l'autre extrémité du Péloponnèse !

LA NOURRICE. — Tais-toi, je t'en supplie ; qu'au fond de ta douleur se renferment tes plaintes. Quiconque sait en silence porter d'un cœur patient, égal, de graves blessures, peut aussi les rendre : le ressentiment qui se cache agit ; les haines qui se découvrent perdent l'occasion de se venger.

MÉDÉE. — Légère est la douleur qui peut entendre raison et se dérober : les grands maux ne se cachent pas. Je vais l'affronter.

LA NOURRICE. — Retiens ce furieux élan, ma fille : c'est à peine si en restant silencieuse et tranquille tu peux te sauver.

MÉDÉE. — La Fortune craint les forts, accable les lâches.

LA NOURRICE. — Le courage ne mérite l'éloge que lorsqu'il est à sa place.

MÉDÉE. — Le courage est partout et toujours à sa place.

LA NOURRICE. — Nul espoir ne s'ouvre en ta catastrophe.

MÉDÉE. — Qui n'a rien à espérer n'a à désespérer de rien.

LA NOURRICE. — Les Colchiens sont partis, tu ne peux te fier à ton mari, tu n'as plus rien de toutes tes ressources.

MÉDÉE. — Si, moi ; — et, en moi, mer et terres et fer et feux et dieux et foudres.

LA NOURRICE. — Un roi est à craindre.

MÉDÉE. — Mon père était roi.

LA NOURRICE. — Tu ne crains pas les armes ?

MÉDÉE. — Libre à elles de sortir de terre[1].

LA NOURRICE. — Tu mourras.

MÉDÉE. — Je le désire.

LA NOURRICE. — Fuis.

MÉDÉE. — J'ai regretté d'avoir fui.

LA NOURRICE. — Médée...

MÉDÉE. — Oui, Médée !

Médée, v. 116-171.

La beauté

[Après l'aveu par Phèdre de son amour incestueux, Hippolyte s'est enfui, plein d'horreur. — Souple méditation lyrique, à la fois liée à l'action et d'intérêt général : beauté virile d'Hippolyte ; fragilité de la beauté physique (dans la suite, il sera question de ses dangers). — Variété des images, puissantes ou gracieuses.]

LE CHŒUR D'ATHÉNIENNES. — Il fuit, semblable à l'ouragan furieux, plus rapide que le Corus[2] amasseur de nuées, plus rapide que la flamme errante, la longue trace de feu qui suit l'étoile chassée par les vents[3].

Que la renommée, admiratrice du passé, te compare tout ce qui fit la parure de l'ancien temps : l'éclat de ta beauté l'emportera autant que la pleine lumière de Phoebè[4], quand elle a rassemblé tous ses feux en son arc et sur son char rapide montre toute la nuit son visage doré, et que lui cèdent les astres moindres. Tel est, ramenant les premières ombres et annonçant la nuit, fraîchement sorti des ondes, Hespérus, ou, quand il a chassé les ombres et reparaît, le même sous un autre nom, Lucifer[5].

Et toi, Liber[6], revenant de l'Inde porte-thyrse[7], toi dont les boucles qu'on ne coupe jamais ornent l'éternelle jeunesse, qui effraies les tigres de ta lance empamprée et presses

1. Médée avait donné à Jason le moyen de faire périr une foule de guerriers nés de la terre.
2. Vent du Nord-Ouest.
3. La comète.
4. « La Brillante » : la lune.
5. La planète Vénus, qui brille tantôt le soir (Hespérus : cf. p. 159, n. 1), tantôt à l'aube (Lucifer).
6. Nom latin de Bacchus.
7. L'Inde est considérée comme patrie de Bacchus, qui avait comme arme un thyrse (voir p. 158, n. 5).

d'une mitre[1] ta tête cornue[2], tu ne l'emporteras pas sur les durs cheveux d'Hippolyte. Ne fais pas trop de cas de ton visage : partout dans l'univers s'est répandu le nom de celui[3] que la sœur de Phèdre[4] préféra à Bromius[5].

Beauté, bien ambigu pour les mortels, bien périssable et de peu de temps, comme tu es prompte à fuir ! Moins vite la grâce des prairies au printemps nouveau est pillée par les ardeurs de l'été, quand au solstice midi fait rage et que les nuits abrègent leur cours. Comme languissent les pâles lis, ainsi se perd l'orgueil des chevelures et s'efface en un moment l'éclat qui rayonne des joues fraîches, et il n'est pas de jour qui n'emporte quelque dépouille d'un beau corps.

Phèdre, v. 736-772.

Conclusion. — La réaction classique qui suivit la mort de Néron nuisit à la renommée de Sénèque : Quintilien, Tacite le jugent non sans doute injustement, mais sans sympathie. L'ancien christianisme (Tertullien, saint Augustin, saint Jérôme) au contraire prétendit trouver en lui un précurseur, malgré l'orgueil aristocratique du stoïcisme qui, même tempéré, n'invite ni au dévouement ni à la charité. Il est vrai pourtant que, plus que personne, Sénèque permet à un homme de sensibilité moderne de prendre sans dépaysement contact avec la pensée païenne sous sa forme morale la plus haute, avec la vie antique sous ses aspects les plus raffinés ; et, depuis Montaigne, bien des nobles esprits ont trouvé en lui un soutien et un guide.

PERSE
34-62 ap. J.-C.

A. Persius Flaccus est d'une autre génération que Sénèque, et cela se sent : il s'éloigne beaucoup du raffinement augustéen. C'était un Étrusque de Volaterra, de raide milieu équestre. Chez ses maîtres de rhétorique, Remmius Palaemon et Virginius Flaccus, il connut et s'attacha Lucain. Mais la philosophie devint sa vie quand il eut fait du stoïcien-poète Cornutus son directeur de conscience bien-aimé. Sous son influence, il composa six courtes satires (Contre la poésie du temps ; Sur la véritable religion ; Contre la paresse ; Contre la présomption des grands ; Sur la vraie liberté ; Contre les avares), qu'après sa mort prématurée Cornutus retoucha et que publia le poète Caesius Bassus. Une tragédie prétexte et un *Itinéraire* complétaient son bagage poétique.

Son stoïcisme. — Perse est une sorte de « jeune prédicant puritain » (R. Pichon), d'une « pudeur virginale », qui méprise et fustige sans indulgence, et même avec une joie amère, aussi bien les travers que les vices de son siècle. Il a le dogmatisme de l'étudiant sans expérience personnelle : le pur stoïcisme lui inspire une morale dure et simpliste, qu'il voudrait appliquer à tous ; c'est le contraire de la souple direction de conscience, telle que la conçoit Sénèque. Il s'exprime avec la brutalité crue d'un jeune

1. Coiffure orientale et féminine.
2. Dans les anciennes représentations grecques, Dionysos (Bacchus) est figuré avec des cornes de taureau, symbole de force.
3. Thésée, père d'Hippolyte.
4. Ariane.
5. Surnom de Bacchus : il s'agit d'une variante de la légende connue (cf. plus haut, p. 158, n. 3).

homme très pur qui se représente violemment la laideur du péché ; de sorte qu'en lui s'unissent la rigidité chagrine de l'opposition aristocratique[1] et la verve cynique des prédicateurs de carrefour. Pourtant on pressent en lui parfois, sous la volonté énergiquement tendue, l'avènement de la douceur et de la charité ; et son enthousiasme, sa sincérité militante attachent fortement le lecteur.

Sa rhétorique. — Sa poésie est d'une obscurité légendaire. Sa jeunesse et son inexpérience sans doute y sont pour quelque chose. Mais il avait son dessein : il voulait faire de la satire un « grand genre », tout en lui conservant ses qualités traditionnelles de pittoresque et de liberté d'allures. Le manque d'ampleur dans les développements, l'absence de liaisons logiques, sont des défauts qui tiennent au temps, le second un peu au genre ; l'alternance du soliloque et du dialogue avec un interlocuteur indéterminé s'inspire d'Horace et de Sénèque, et remonte, en dernière analyse, à la « diatribe » ; les mises en scène comiques (un peu roides, et mal développées) ne sont pas nouvelles non plus. Mais par la recherche du ton sérieux, même oratoire, quelles que soient les grossièretés qui s'y mêlent, par une véhémence constante, qu'elle s'étale ou circule sous les vers, par la volonté de donner au franc réalisme des descriptions un vocabulaire du pittoresque le plus expressif, fût-il trop chargé, il annonce le vouloir et même les réalisations de Juvénal. Son succès, immédiat, prouve que littérairement il avait vu juste.

La vraie religion

[Plan net (pureté de Macrin, qui amorce, par antithèse, la « diatribe » sur la fausse religion ; les prières criminelles ; la méconnaissance de la divinité ; les vœux inutiles ; les vœux contraires à la raison ; les pratiques vaines ; la vraie religion) ; développement coupé et inégal (absence de transitions ; diversité et brièveté des scènes par lesquelles il progresse ; multiplication pressée d'interrogations et d'exclamations variées). — Noblesse pré-chrétienne de la pensée (cf. Tertullien, *Apologeticum*, 30, 5-6).]

Marque, Macrin, d'un caillou blanc ce jour dont le pur éclat signale pour toi la fuite d'une année ; fais à ton Génie[2] libation de vin pur. Ta prière n'est pas un de ces marchandages qui ne se peuvent murmurer qu'en tête à tête avec les dieux.

Une bonne part, même, de nos grands ont la prudence de se taire en faisant fumer leur encens ; et qu'il est peu d'hommes dont les murmures et les discrets chuchotements pourraient s'élever hors des temples et les vœux s'exprimer à découvert ! « Sagesse, renommée, conscience » : voilà ce qu'on demande distinctement et de façon que le voisin entende. En soi, et sans que la langue remue : « O si l'oncle claquait, quel beau convoi ! » ou : « O si mon hoyau heurtait, par la grâce d'Hercule[3], un pot rempli d'argent ! » ou : « Mon pupille (je suis le plus proche héritier après lui), plaise au ciel que je puisse rayer son nom[4] ! Il est gangrené à fond ; une âcre bile le suffoque » ; « Ah ! Nérius, qui en est déjà à enterrer sa troisième femme[5] ! »

---

1. Il était cousin d'Arria, femme du sénateur Thraséa, un des héros de l'opposition stoïcienne à l'empereur. Et Perse lui-même fait à Néron de nombreuses et claires allusions.
2. Voir p. 227, n. 15.
3. Qui faisait, croyait-on, découvrir les trésors cachés.
4. Qui, seul, figure dans le testament du père de l'orphelin avant celui du tuteur au cœur criminel.
5. Dont il héritera, comme il a hérité des deux précédentes.

C'est pour saintement formuler ces prières que le matin tu plonges trois et quatre fois la tête dans le Tibre[1] et purifies ta nuit dans ses eaux consacrées ? Hé ! réponds, je te prie, — c'est la moindre des choses, — que penses-tu de Jupiter ? Vaut-il la peine de le préférer... à qui ? à qui donc ? A Staius, veux-tu[2] ? Comment, tu hésites ? Y a-t-il juge plus intègre ? meilleur défenseur des orphelins ? Eh bien ! ce que tu cherches à faire entrer dans l'oreille de Jupiter, allons, dis-le à Staius. « Oh, oh ! Jupiter ! s'écriera-t-il. O bon Jupiter ! » Et Jupiter ne s'invoquerait pas lui-même ? Tu comptes sur son indulgence parce que, quand il tonne, il a plus tôt fait de briser de ses feux ensoufrés un chêne que toi et ta maison ? Parce que le sang des brebis et l'ordre d'Ergenna[3] n'ont pas fait du lieu de ta chute un lugubre fourré dont l'approche est maudite[4], tu te crois permis de tirer la barbe de Jupiter comme celle d'un imbécile ? Ou de quel prix as-tu donc acheté la complaisance des oreilles divines ? Avec un poumon et des tripes graisseuses[5] ?

Voici une grand-mère ou une tante craignant les dieux, qui tire un enfant du berceau, passe sur son front et ses petites lèvres humides le doigt du milieu et le purifie de salive lustrale : excellente conjuration contre le mauvais œil. Puis elle secoue en ses mains ce frêle espoir d'homme, et, d'un vœu suppliant, l'envoie en possession[6] des campagnes de Licinius, des palais de Crassus[7] : « Que roi et reine le désirent pour gendre ! Que les belles se l'arrachent ! Que la rose naisse sous ses pas ! » Mais une nourrice n'a pas à faire de vœux : refuse-les-lui, Jupiter, bien qu'elle se soit mise en blanc[8] pour te les faire.

Tu demandes la force, un corps qui serve fidèlement ta vieillesse ? Bien. Mais ces plats monstrueux, ces épaisseurs de viandes farcies empêchent les dieux de t'exaucer et embarrassent Jupiter. — Tu veux amasser ; tu immoles un bœuf et invites Mercure[9] au sacrifice : « Enrichis mes Pénates[10] ! Donne-moi du bétail, fais-le multiplier ! » Et le peut-il, idiot, quand tu perds dans les flammes, les entrailles de tant de génisses ?... Rien n'y fait : victime sur victime, il prétend contraindre le dieu à force de le gorger : « Je vois mon champ grandir, je vois grandir ma bergerie. Voilà que cela vient ; cela vient, cela vient... », jusqu'à ce que, déçu, et sans plus d'espoir en vain il soupire : « Au fond de la bourse, plus qu'un écu ! »

Si je t'apportais en don des cratères[11] d'argent ciselé et de la vaisselle d'or massif, tu en suerais, ta poitrine dégoutterait[12], ton cœur palpiterait de joie. De là est venue l'idée de couvrir de l'or des triomphes la face des dieux[13]. Ainsi ceux des frères de bronze[14] qui vous envoient les songes les moins brumeux auront une distinction : qu'on leur dore la barbe ! L'or a chassé les vases de Numa[15] et l'airain de Saturne[16] ; il remplace les cruches des Vestales et l'argile toscane... O âmes repliées dans la boue, vides de pensées célestes ! Qu'avez-vous à faire pénétrer dans les temples nos mœurs dépravées et à juger de ce qui plaît aux dieux d'après les faiblesses de notre chair maudite ? C'est elle qui a gâté l'huile en y faisant macérer la cannelle, elle qui a brûlé les toisons de Calabre[17] d'une pourpre

1. Rite que pratiquaient les fidèles de la déesse égyptienne Isis.
2. Jupiter, suggère Perse avec malice, doit être défini au moins d'après un honnête homme ; mais Staius se bouchera les oreilles en entendant les prières qu'on adresse à Jupiter.
3. Prêtre ou prêtresse étrusque, qui conjurait les prodiges de la foudre.
4. Le lieu où la foudre était tombée, consacré par le sang d'une brebis et clos (parfois d'une simple margelle), était interdit à l'usage.
5. On brûlait pour les dieux surtout les entrailles et la graisse des victimes, les fidèles consommant, dans la plupart des cas, la chair.
6. Formule juridique assurant la pleine propriété.
7. Noms types d'hommes colossalement riches.
8. Couleur de fête et de bon augure, obligatoire dans le culte des dieux célestes.
9. Dieu du commerce et du gain.
10. Dieux de la maison : ici la maison elle-même.
11. Grands vases pour le mélange du vin et de l'eau.
12. D'une sueur de convoitise.
13. « Rajeunissement » des statues de culte, périodique, mais aussi pratiqué en action de grâces pour une victoire.
14. Jupiter, Neptune, Pluton étaient frères ; les autres dieux étaient tous fils de Jupiter.
15. Deuxième roi de Rome, organisateur de la religion, et symbole du culte le plus simple et le plus pur.
16. Roi mythique du Latium, à l'époque d'un « âge d'or » rustique.
17. La laine fine de Tarente (en Calabre).

corrompue[1], elle qui a fait arracher la perle du coquillage et tirer de la terre brute le métal destiné à la fonte. Péché, cela, péché : la chair pourtant tire parti de son vice ; mais vous, pontifes, dites-moi, que fait l'or au saint lieu ? Ainsi Vénus sans doute, reçoit les poupées des fillettes[2]...

Que n'offrons-nous aux Immortels ce que jamais ne pourrait lui offrir sur ses larges plats la progéniture chassieuse du grand Messala : une âme où le ciel et la terre harmonisent leurs saintes lois, un esprit pur jusqu'en ses derniers replis, un cœur pétri d'honneur et de noblesse. Laissez-moi apporter aux temples cette offrande, et l'épeautre suffira pour me concilier les dieux.

Satires, II.

Entre la cupidité et la mollesse

[Mise en scène dramatique et pittoresque. — Vivacité du dialogue. — Caractère expressif du vocabulaire. — Puissance de l'antithèse (transposition du mythe d'Hercule entre le Vice et la Vertu, imaginé au Vᵉ siècle par Prodicos de Céos). — Cf. L'imitation de Boileau, *Sat.*, VIII, 69-89 ; A. Daudet, *Tartarin de Tarascon* (Tartarin-Quichotte et Tartarin-Pança).]

Matinée de paresse : tu ronfles. « Debout, dit l'Avarice. Hé ! debout ! » Tu refuses, elle presse : « Debout, dit-elle. — Je ne puis. — Debout. — Pour quoi faire ? — Tu le demandes ! Anchois à ramener du Pont, castoréum[3], étoupes, ébène, encens, vins bien coulants de Cos[4] ; sois sur place pour, le premier, décharger le poivre du chameau encore altéré. Trafique ; et sans épargner les serments. — Mais Jupiter m'entendra. — Ah, ah, ah ! l'imbécile[5] : tu te contenteras toute ta vie de passer ton doigt au fond de la salière[6], si tu prétends vivre avec Jupiter. » Déjà tu as troussé ta tunique ; à tes esclaves le sac et l'amphore ; dépêchons : au navire ! C'en est fait, tu vas sur une longue quille fendre la mer Égée, à moins que, adroite, la Mollesse ne te tire à part...

Elle te souffle : « Et puis, fou, où cours-tu ? Où ? Pourquoi ? Ta poitrine est en feu, une bile ardente y bout ; des flots de ciguë[7] ne pourraient l'éteindre. Non ? toi, passer la mer ? Dîner sur un banc de rameurs, adossé à un paquet de cordages ? Boire de la piquette de Véïes, éventée et sentant la poix[8] ? Et pourquoi ? Pour que tes sous, modestement placés ici au denier vingt[9], rapportent à force de sueur jusqu'au denier neuf[10] ? Songe à toi, prenons du bon temps. Nous n'avons que ce moment de vie ; et puis tu seras cendre, mânes, vain nom[11]. Vis en songeant que tu mourras : l'heure fuit, le moment où je parle est déjà loin de moi. »

Eh bien, que vas-tu faire ? Double hameçon qui te déchire, et de-ci et de-là. Iras-tu par-ci ? Iras-tu par-là ? Il te faut tour à tour, esclave, subir un de ces deux maîtres, sans cesse virevolter.

Satires, V, v. 131-156.

LUCAIN
39-65 ap. J.-C.

Le neveu de Sénèque, M. Annaeus Lucanus, né à Cordoue, élevé à Rome, est un prodige : à 16 ans il avait composé trois poèmes ; à 21, il était poète lauréat et en pleine faveur auprès de Néron. Mais,

1. La pourpre était obtenue par la putréfaction et le traitement compliqué de certains coquillages (du murex).
2. La jeune fille offrait à Vénus les poupées de son enfance.
3. Narcotique, tiré du castor.
4. Ile de la mer Égée.
5. Voir plus haut, p. 332 s.
6. Pour n'y ramasser que des résidus.
7. Remède contre les crises de folie.
8. On mettait de la poix dans le vin pour en assurer la conservation.
9. 5 %, par mois (60 %).
10. 11 %, par mois (132 %).
11. Souvenir d'Horace (*Odes*, I, 4, v. 16).

bientôt l'empereur, pris de jalousie, lui interdit de faire des lectures publiques. Par vengeance, Lucain entre dans la conjuration de Pison ; il est dénoncé et contraint de se tuer,. Agé de 26 ans seulement, il laissait une œuvre considérable (*Iliaca, Saturnalia, Catachthonion,* des *Silves,* une tragédie de *Médée,* 14 livrets de pantomimes-ballets, etc...), dont seule nous reste son épopée en 10 chants sur *La Guerre Civile* entre César et Pompée, ou *Pharsale.* Mais elle suffit à sa gloire.

La « Pharsale » : projet et réalisation. — Lucain est revenu à l'ancienne tradition romaine de l'épopée historique, avec la volonté de n'y mêler aucun merveilleux irrationnel : c'était prendre le contre-pied de ses contemporains, fanatiques de Virgile, et qui ne concevaient l'épopée que légendaire et mythologique. L'audace était d'autant plus grande que le sujet choisi, presque actuel et connu par maint ouvrage (histoires ou mémoires), touchait aux origines du régime impérial. Lucain pensait mener son poème jusqu'à la mort de César, peut-être même à la bataille de Philippes, où périrent les meurtriers du dictateur. Il n'en eut pas le temps.

Causes de la guerre civile. César franchit le Rubicon et marche sur Rome, qu'épouvantent les prodiges (I). Cependant Caton et son neveu Brutus se décident, avec une calme philosophie, à défendre la liberté. Mais, devant les progrès de César, Pompée quitte l'Italie (II). Il voit en songe sa première femme, Julie, qui lui prédit ses malheurs à venir. César, maître de Rome, va assiéger Marseille, que ses lieutenants font capituler (III), tandis que lui-même lutte contre les Pompéiens en Espagne (IV). En Épire, le Sénat a confié le commandement suprême à Pompée. César, nommé à Rome dictateur et consul, concentre avec peine ses troupes au-delà de l'Adriatique (V) ; mène des opérations malheureuses devant Dyrrachium et, généreusement épargné par son adversaire, se retire en Thessalie (VI). A Pharsale, Pompée est vaincu et fuit (VII) ; mais, quand il veut débarquer en Égypte, le roi Ptolémée le fait assassiner (VIII). Caton, devenu chef des armées républicaines, les conduit à travers le désert de Libye, infesté de serpents, vers la province d'Afrique, tandis que César se rend en Égypte (IX) et s'établit à Alexandrie, où Cléopâtre le séduit et où un soulèvement lui fait courir les plus grands dangers (X).

Écrit très vite, et sans difficulté de composition, puisqu'il suivait l'ordre chronologique, le poème progresse d'un mouvement régulier et sans disparates de style ; seule la chaleur rhétorique s'accroît à partir du VIe chant, ce qui est normal à l'approche des péripéties essentielles. Mais, soumis aux impressions momentanées de l'auteur, il reflète la disgrâce de Lucain par un changement de ton notable : les trois premiers chants sont historiquement impartiaux entre les deux rivaux, et le premier contient un éloge ampoulé de Néron[1] ; les autres (que Lucain ne publia pas lui-même) ne perdent aucune occasion d'exalter les pompéiens et de regretter la liberté républicaine.

L'esprit scientifique. — Lucain s'était bien documenté. Mieux, il a le sens de l'histoire : son tableau des causes morales et sociales de la guerre civile est admirable. Et il a le goût de la précision, dût-elle lui coûter

1. On sera moins sévère après avoir lu de P. Grimal, *L'éloge de Néron... est-il ironique ?* (*Rev. des Ét. lat.*, XXXVIII, 1960, p. 296).

quelques sécheresses ou prosaïsmes : on lui reprocha d'être un « historien » en vers.

Mais, participant à la curiosité scientifique de son siècle, il a trouvé en toutes sortes d'autres connaissances (comme chez nous les poètes de la Pléiade) de nouvelles sources de poésie. La géographie et l'ethnographie d'abord : dans chaque chant de longs développements transportent le lecteur tout autour de la Méditerranée, comme l'avait fait Pomponius Méla. Puis l'astrologie et la magie : ce sont elles seules, avec la description des prodiges, qui introduisent dans le poème du merveilleux, mais du merveilleux actuel et vivant : car les contemporains y croyaient. Enfin la physiologie et l'histoire naturelle : la soif, la faim, les serpents venimeux fournissent une ample matière à Lucain.

Pourtant il utilise ces sciences en poète plus qu'en savant ; on peut le prendre souvent en faute : c'est qu'il généralise ou concentre des connaissances rapidement acquises en vue d'un effet voulu. Ainsi la description des données astrologiques à la veille de la guerre civile ne répond à aucune réalité : elle groupe arbitrairement tous les signes terrifiants dont Lucain a pu trouver mention dans des traités « scientifiques ».

Pompée et César

[Portraits antithétiques et symétriques ; historiquement justes (avec moins de sympathie pour César). — Style bref et mordant (cf. Salluste et, parfois, Velléius Paterculus). — Deux comparaisons « homériques » (développées pour elles-mêmes) d'une puissante originalité.]

Entre les adversaires, d'ailleurs, point de commune mesure. L'un, sur le déclin des ans, amorti par de longues années de vie civile, a perdu dans la paix sa science de général ; anxieux de renommée, il prodigue les avances, se livre tout entier aux souffles populaires, jouit des applaudissements de son théâtre[1], et, sans s'assurer des forces nouvelles, se fie sans mesure à sa fortune d'autrefois. Il dure, ombre d'un grand nom. Ainsi, dans une campagne fertile, hautain se dresse un chêne chargé des dépouilles du passé et des offrandes de victoires[2] : mais il ne s'enracine plus fortement, son poids seul l'attache à la terre ; il n'étend plus dans les airs que des rameaux nus ; c'est son tronc, non son feuillage qui donne de l'ombre : pourtant, tout vacillant et près de tomber au premier vent, et bien qu'autour de lui s'élèvent en forêt des arbres vigoureux, seul il attire la vénération.

César n'a pas un si grand nom ni une telle gloire militaire, mais une valeur qui s'empresse sans repos et n'a de honte qu'à ne pas vaincre ; une ardeur indomptée ; un bras toujours prêt à se porter vers l'espoir, vers la vengeance ; nul scrupule à rougir[3] le fer ; il pousse de succès en succès, presse la faveur divine, abat tout ce qui s'oppose à sa montée, joyeux de s'ouvrir un chemin à travers les ruines. Ainsi la foudre qu'à travers les nues font jaillir les vents[4], heurtant l'éther, ébranlant de son fracas le ciel, fulgure soudain, éclipse le jour d'un éclat déchirant, et remplit d'épouvante les peuples tremblants qu'elle éblouit de sa flamme oblique ; elle fait rage en ses demeures célestes ; rien ne s'oppose à son passage, elle tombe et remonte en semant au loin la ruine, avant de rassembler[5] ses feux épars.

I, v. 129-157.

1. Pompée avait construit le premier théâtre en pierre à Rome.
2. En pays musulmans encore on suspend toutes sortes d'offrandes (même des lambeaux de vêtements) à des arbres sacrés.
3. De sang.
4. Théorie acceptée par Sénèque (*Questions naturelles*, II, 22 ss.), mais combinée ici avec celle de Lucrèce (VI, v. 211 ss.).
5. Dans le ciel, où remonte, croyaient les anciens, la foudre (parce que le feu tend vers le haut).

La forêt de Marseille

[Hors-d'œuvre brillant (César, ayant besoin de bois de charpente pour assiéger Marseille, n'hésitera pas à violer le mystère sacré de cette forêt). — Curiosité ethnographique pour les formes primitives des croyances humaines. — Exécution romantique, très chargée, mais de grand effet. — Scepticisme latent d'esprit fort, s'exprimant (vers la fin) en une formule mordante.]

Il y avait un bois sacré, depuis des siècles inviolé, dont les branches entrelacées enfermaient, à l'abri des rayons, un air ténébreux et une ombre glaciale. Ce n'est la demeure ni des Pans[1] champêtres ni des Silvains[2] bocagers ni des nymphes : des dieux barbares lui imposent leurs rites. Sur les pierres du sacrifice s'élèvent de farouches autels ; chaque arbre a reçu la consécration répétée du sang humain[3]. Si l'on peut ajouter foi à une superstition antique, les oiseaux craignent de se poser sur les rameaux de cette forêt, les fauves n'y cherchent pas de tanière ; le vent n'y pénètre pas, ni l'éclair arraché aux sombres nuées ; aucun souffle n'effleure les feuillages, et les arbres se dressent épouvantablement rigides. Partout l'eau s'épanche de sources noires. Lugubres, sans art, des images de dieux s'ébauchent, informes, sur les troncs ; pourries et vermoulues, leur lividité seule suffit à répandre l'effroi ; on ne redoute pas à ce point des dieux dont la sainteté revêt des traits connus : tant les terreurs s'accroissent d'ignorer les dieux qu'on craint. Et l'on disait encore que souvent la terre y tremblait, que les antres profonds mugissaient, les ifs penchants se redressaient soudain, un éclat d'incendie, sans flammes, emplissait la forêt, et des dragons faisaient glisser leurs nœuds aux troncs des arbres. Les peuples ne viennent pas en foule lui porter leurs hommages : ils l'abandonnent aux dieux. Que Phébus soit à son zénith ou le ciel enseveli dans la nuit, le prêtre même tremble d'en approcher et d'y surprendre le Maître de la Forêt.

III, v. 399-425.

L'effort épique. — Le rationalisme scientifique de Lucain, sa volonté de ne pas faire intervenir les dieux dans l'action, le fait même que cette action était soustraite à la magie d'un lointain passé : autant de difficultés à la création d'une atmosphère épique. Lucain a eu la nette conscience à la fois de la gêne qu'il s'imposait et des moyens par lesquels on peut héroïser l'histoire.

Le principal consiste à peindre avec énergie la grandeur d'êtres exceptionnels. Mais Lucain ne veut pas faire de César un héros : dès le début il manque de sympathie pour lui ; et il doit, pour équilibrer l'action, le rapprocher du niveau de Pompée, qui reste malgré tout médiocre ; d'ailleurs, la puissance intellectuelle seule est difficilement un ressort épique. C'est Caton qui sera le personnage surhumain, symbole complexe de toutes les anciennes vertus romaines, de la liberté expirante et du stoïcisme militant. En lui s'idéalisent la soumission à la Fatalité et l'orgueil de la morale stoïcienne, dont le poème est tout pénétré ; et, réciproquement, maximes et prédications stoïciennes de la *Pharsale*, en rappelant Caton, élargissent son rôle, historiquement assez réduit[4]. Au reste, qu'il s'agisse des protagonistes ou des personnages secondaires, la psychologie de Lucain reste sommaire et sans vie réelle.

1. Demi-dieux (grecs) des campagnes.
2. Demi-dieux (latins) des forêts.
3. Dans la Gaule libre, on faisait encore assez souvent des sacrifices humains.
4. Trouvé à Volubilis (Maroc), un buste de bronze de toute beauté revêt — à peu près à la même date — le visage de Caton d'une sérénité émouvante et quasi héroïque.

Caton devant la guerre civile

[En présence d'une guerre civile imminente, Brutus (le futur meurtrier de César) est venu, la nuit, demander conseil au vertueux Caton. — Le civisme de Caton : il n'admet pas d'être séparé de la collectivité ; il voudrait même se sacrifier pour elle. L'argumentation est rendue confuse par la surabondance des formes stoïciennes et des embellissements poétiques. — Mais la chaleur du sentiment et de l'imagination donne une vie réelle à la « tirade ». — Cf., plus haut, les pages de Sénèque (p. 318 s.).]

« Oui, Brutus, il n'est pire forfait que la guerre civile. Mais à la suite des Destins qui l'entraînent, ma vertu ira, tranquille : la faute en sera aux dieux, d'avoir rendu coupable même Caton.

« Qui voudrait, sans prendre sa part de terreur, contempler la chute des étoiles et du ciel ? Qui voudrait, quand de l'empyrée s'abîme l'éther[1] et que la terre chancelle alourdie de toute part des débris du ciel, rester les bras croisés ? Quoi ? Des peuples inconnus épouseront les démences de l'Hespérie[2], des rois d'outre-mer et d'un autre hémisphère suivront des armes romaines ; et moi seul resterais désœuvré ? Loin de moi, grands dieux, cette démence de vouloir, en un désastre qui ébranlera les Dahes[3] et les Gètes[4], tranquille voir tomber Rome ! Un père que la mort a privé de ses fils mène leur long convoi jusqu'à la sépulture ; pressé par sa douleur même, il se plaît à mettre ses mains au milieu des feux sépulcraux et à tenir les torches funèbres : moi aussi, Rome, je ne me détacherai de toi qu'après t'avoir embrassée mourante, après avoir conduit au tombeau ton nom, ô liberté, et ton ombre vaine ! Ainsi soit : que les dieux impitoyables reçoivent entier le sacrifice de Rome ; ne dérobons pas une seule victime à la guerre.

« Oh, si même les dieux du ciel et de l'Érèbe[5] acceptaient ma tête chargée de tous nos crimes ! Décius se dévoua[6], et les bataillons ennemis l'accablèrent : que les deux armées me transpercent, que la foule des barbares du Rhin me prenne pour but de ses traits ; j'irais, la poitrine découverte, braver toutes les lances et amasser sur moi toutes les blessures de la guerre. Puisse mon sang racheter les populations, ma mort laver la dette de l'immoralité romaine[7] ! Pourquoi condamner à périr des peuples dociles au joug, disposés à souffrir une tyrannie cruelle ? C'est moi seul qu'il faut assaillir, moi qui m'obstine en vain à défendre les lois et un droit périmés. Voici ma gorge : en elle est la paix, en elle la fin des maux pour l'Hespérie. Après moi, qui voudra régner n'aura plus besoin de combattre[8].

« Pourquoi, cependant, ne pas suivre les enseignes de la République et Pompée ? Bien sûr, si la Fortune le favorise, lui aussi se promet de dominer le monde : mais, si je l'aide à vaincre, il saura que le bénéfice de la victoire ne lui est pas réservé. »

II, v. 286-323.

Caton et l'oracle d'Hammon

[Conduisant le reste de l'armée républicaine vers la province d'Afrique (Tunisie) Caton arrive à l'oasis (entre l'Égypte et la Tripolitaine) où le grand dieu Hammon rendait des oracles : on le presse d'en soliciter un. — La religion de Caton : évidence et valeur absolue de la morale, innée en l'homme ; l'idée de Dieu supérieure aux formes de la divinité. — Orgueil du stoïcien soumis à l'ordre universel, mais, par ses actes, image spiritualisée de Dieu sur terre, — Sublimité tranquille, un peu dédaigneuse, de l'expression.]

1. La partie la plus haute et la plus subtile de l'air, voisine de la région du feu et des astres (empyrée).
2. Nom poétique de l'Italie.
3. Peuple barbare, au-delà de la mer Caspienne.
4. Dans le Sud de la Russie.
5. Les profondeurs ténébreuses des Enfers.
6. Trois Décius avaient pratiqué la *deuotio :* acte religieux par lequel le général se substituait, comme victime due aux dieux infernaux, à son armée en péril.
7. Lucain a donné la décadence des mœurs comme cause collective essentielle de la guerre civile : Caton représente *la vertu* offerte en victime expiatoire.
8. Caton, représentant *la liberté*, doit disparaître pour faire place à l'Empire.

Plus qu'aucun, Labiénus le pressait d'interroger le ciel sur les événements futurs : « Le hasard, disait-il, et notre bonheur nous font rencontrer sur notre route l'oracle et les conseils d'un si grand dieu ; il peut nous guider à travers les Syrtes[1] et nous faire connaître les destinées de la guerre. Car à qui plus qu'à la sainteté de Caton les dieux ouvriraient-ils leurs secrets et diraient-ils la vérité ? Certes ta vie a toujours pris pour règle leurs lois suprêmes, et tu marches à la suite d'un dieu. Voici une occasion de t'entretenir avec Jupiter : demande-lui quel sera le sort de l'odieux César, que deviendra notre patrie ; les peuples vivront-ils libres sous leurs lois, ou la guerre civile est-elle vaine ? Emplis ton cœur des paroles du dieu. Amant de la vertu rigide, assure-toi du moins près de lui de ce qu'est la vertu, réclame-lui la règle infaillible du bien. »

Mais lui, tout plein du dieu qu'il portait en silence au fond de son âme, laissa couler de son cœur des paroles dignes du sanctuaire prophétique : « Que veux-tu que je demande, Labiénus ? Si j'aime mieux mourir libre sous les armes que voir régner un tyran[2] ? Si cette vie n'est rien[2] ? Si son prolongement ajoute à sa valeur[3] ? Si quelque violence peut nuire à l'homme de bien[3] ? Si la Fortune perd ses menaces en face de la vertu[2], s'il suffit de vouloir ce qui est louable[2] ? et si jamais le succès ajoute à l'honneur[3] ? Nous savons tout cela ; et Hammon ne le gravera pas plus profondément en nous. Nous sommes tous dépendants des dieux ; le temple pourrait se taire : la volonté divine n'en régit pas moins tous nos actes. Et elle n'a pas besoin de paroles : à notre naissance nous a été dit, une fois pour toutes, tout ce que nous devons savoir. Dieu n'a pas fait choix de sables stériles pour s'y communiquer à quelques-uns seulement ; il n'a pas enseveli la vérité en cette poussière : il ne faut chercher sa demeure nulle part que dans la terre, la mer, l'air, le ciel, la vertu. Pourquoi chercher ailleurs les dieux ? Jupiter est tout ce que tu vois, tout ce que tu éprouves[4]. Qu'ils interrogent le sort, ceux qui doutent et sans cesse flottent dans l'incertain : ma certitude n'est pas dans les oracles, mais dans la certitude de la mort[5]. Lâche ou brave, il faut tomber : Jupiter[6] l'a dit, et cela suffit. » Il prononça ; et, sans avoir porté atteinte au crédit des autels[7], il s'en éloigna, laissant aux peuples leur Hammon qu'il n'avait pas voulu éprouver[8].

IX, v. 549-586.

En fait les événements, trop proches encore, dépassent les acteurs. Lucain a donc dû chercher à donner au récit lui-même un caractère épique. Souvent il l'a fait, assez grossièrement, par l'abus des procédés d'amplification rhétorique ou par des exagérations qui bravent tout naturel et même tout bon sens. Il a aussi développé avec complaisance les descriptions (paysages, mœurs exotiques, palais égyptiens...), qui passaient déjà pour un des ornements de l'histoire. Enfin il a intercalé dans la suite des faits bon nombre de hors-d'œuvre où son imagination romantique a pu se donner carrière : songes de Pompée (III ; VI) ; consultation de la pythie delphique par Appius (V), d'une nécromancienne par Sextus Pompée (VI)... Si le dessein du poète est en pareils cas trop visible, il faut pourtant avouer que ce sont là certaines des parties les plus saisissantes de la *Pharsale*.

---

1. Parages maritimes dangereux entre la Cyrénaïque et la Tunisie.
2. Réponse : oui.
3. Réponse : non.
4. Théorie stoïcienne du panthéisme (Dieu est dans tout).
5. Au besoin par le suicide : Caton se tuera à Utique (cf. plus haut, p. 325 s.).
6. C'est-à-dire : la Nature l'exige.
7. Les stoïciens respectaient les apparences de la religion traditionnelle (populaire).
8. Le mot de la fin met, en fait, Caton au-dessus d'Hammon, qu'il aurait pu confondre.

Les tortures de la soif

[Les armées pompéiennes d'Espagne sont bloquées par César dans les montagnes, près du confluent de l'Èbre et du Segre. — Description du réalisme le plus poussé, où l'imagination groupe arbitrairement et intensifie les données physiologiques. — L'indignation patriotique contenue de Lucain fait pardonner sa complaisance excessive pour un pittoresque qui ébranle les nerfs du lecteur.]

Déjà l'eau manquait : ils fouillent la terre pour chercher des sources secrètes, des courants cachés. Bêches ni robustes pioches ne leur suffisent, ils y emploient leurs glaives ; et le puits s'enfonce à travers le mont jusqu'au niveau de la plaine fraîche : le pâle prospecteur de l'or asturien[1] ne s'enfoncerait pas si profond, si loin de la lumière. Mais rien : nul bruit de courants souterrains, nul soudain jaillissement de source sous le choc qui heurte la pierre aride ni fine rosée perlant au fond des cavités, nul filet se perdant, trouble, dans le gravier remué. Plus épuisés seulement à force de sueurs, on les tire de ces mines de silex : d'avoir cherché les eaux, ils n'y ont gagné que de pouvoir moins supporter l'ardente sécheresse. Las, ils ne soutiennent d'aucune nourriture leurs corps défaillants ; ils refusent les aliments, et appellent la faim à leur secours. Que le sol plus souple dénonce une humidité, des deux mains ils pétrissent au-dessus de leurs lèvres les mottes onctueuses ; qu'une flaque impure stagne mêlée de limon noir, tous s'y jettent à plat ventre et se disputent ce breuvage affreux, buvant pour en mourir ce dont ils n'auraient pas voulu pour vivre. Ils se pendent comme des bêtes aux mamelles du bétail, les tirent et les épuisent et, à défaut de lait, hument le sang souillé des entrailles épuisées. Alors ils broient herbes et feuillages, arrachent les branches humectées de rosée, expriment, quelle qu'elle soit, la sève des tiges jeunes et de la tendre moelle des arbres. O bienheureux ceux qui meurent épars dans les campagnes, près des eaux qu'a empoisonnées, en fuyant, un ennemi barbare ! Tu peux bien, César, sans mystère, infecter les fleuves de pus et de sanie, y mêler l'aconit livide des roches du Dicté[2] : cette jeunesse romaine, consciente, en boira. Une flamme ronge leurs entrailles ; leur langue râpe leur bouche dure et desséchée ; leurs veines languissent ; leur poumon qu'aucun liquide n'arrose s'ouvre moins aux passages alternés de l'air ; l'haleine, dure et heurtée, leur déchire le gosier ; leur bouche s'ouvre pourtant pour aspirer les haleines de la nuit. Ils attendent maintenant ces pluies qui naguère battaient et noyaient les campagnes ; et leurs yeux s'attachent aux nuages arides. Et, pour briser davantage ces malheureux que torture la soif, ils ne sont pas dans l'ardente Méroè[3], sous les feux du Cancer, dans les sables que labourent les Garamantes[4] nus ; non : cette armée est bloquée entre le Sicoris languissant et les eaux rapides de l'Èbre ; elle périt de soif, avec des fleuves tout proches sous les yeux.

IV, v. 292-336.

Les exploits de Scaeva

[Devant Dyrrachium, un poste de César a été surpris par les Pompéiens : le centurion Scaeva, à lui seul, le sauve. — Irréalité des faits et enflure de l'expression. — Réalisme affreux des détails physiques (exagération d'une tendance déjà homérique). — Antithèses rhétoriques.]

Debout sur le retranchement qui s'écroule, Scaeva d'abord roule les cadavres dont les tours étaient pleines et en écrase les ennemis qui approchent ; il n'est rien dans les ruines, bois ou pierre, qui ne procure des armes au héros : il va jusqu'à menacer l'ennemi de sa propre chute. D'un pieu, d'un robuste levier, il précipite ceux dont la poitrine dépasse le mur ; de l'épée il coupe les mains qui en saisissent le faîte ; il broie une tête,

1. L'Asturie est une province de l'Espagne, riche pays minier, où les Romains exploitaient les mines d'or et surtout d'argent.
2. Montagne de Crète, où se cueillaient les herbes médicinales et vénéneuses : l'aconit est dit « livide » parce qu'il donne la mort.
3. Ile du haut Nil, en Éthiopie ; le Cancer, constellation dans laquelle le soleil semble être en été, symbolise l'extrême chaleur.
4. Peuple du Sahara.

fait éclater les os d'un coup de pierre et disperse la cervelle qu'a mal protégée leur fragile assemblage ; à un autre, il enflamme les cheveux et la barbe : les yeux sifflent dans le feu qui les brûle.

Lorsque le tas croissant dés morts eut uni le haut du mur au sol, un bond aussi prompt que celui qui enlève la légère panthère au milieu des épieux le précipite par-dessus les armes au beau milieu des masses ennemies. Alors, pressé d'épais bataillons et cerné par la guerre, il tue quiconque rencontre ses yeux. Et déjà son glaive est émoussé, le sang en englue la pointe : il ne peut plus servir comme épée, il brise les chairs sans pénétrer. De toute sa masse, de toutes ses armes l'ennemi l'accable : pas une main ne manque son coup, pas une lance ne manque son but ; la Fortune contemple un étrange combat, combat égal : la guerre contre un homme ! Son robuste bouclier résonne d'une grêle de coups ; les débris de son casque serrent et brûlent son front ; et rien ne couvre plus sa poitrine nue que la forêt des traits qui ont atteint jusqu'à ses os !

VI, v. 169-195.

Nécromancie

[Sextus, fils de Pompée, consulte avant la bataille de Pharsale une sorcière de Thessalie (le pays en regorgeait !). Celle-ci, Érichthô, a choisi le corps d'un soldat récemment tué et, la nuit, par ses conjurations, rappelle en lui son âme pour qu'elle puisse, par sa bouche, annoncer l'avenir. — Hors-d'œuvre d'une poésie étrange, mêlée d'imagination pittoresque et de rhétorique à effet. — Merveilleux d'actualité : les contemporains de Lucain croyaient à la magie. — Force du style.]

Sur ces mots, relevant sa tête et sa bouche écumante, elle voit debout l'ombre du mort, qui frissonne devant son corps gisant et frémit de rentrer dans cette odieuse prison : cette poitrine ouverte, ces chairs à nu, déchirées d'une blessure mortelle, lui font horreur ; malheureux, auquel sans pitié on arrache le suprême bénéfice de la mort, celui de ne pouvoir mourir ! Érichthô s'étonne que les destins osent tarder à lui obéir ; elle s'indigne contre la Mort ; d'un serpent vivant elle flagelle le cadavre immobile et, par les fentes que son incantation a ouvertes dans la terre, elle aboie contre les Mânes[1] et rompt le silence du royaume infernal : « Tisiphone, et toi, Mégère[2], vous méprisez ma voix, vous ne chassez pas de vos fouets cruels[3] cette âme misérable à travers les espaces de l'Érèbe ? Prenez garde que je ne vous évoque en vous appelant de votre vrai nom[4], chiennes du Styx[5], dans la pleine lumière du monde supérieur ; que je ne vous pourchasse, gardienne vigilante, à travers les bûchers et les funérailles ; que je ne vous repousse des tombeaux et vous écarte de toutes les urnes[6] ! Et toi, Hécate[7], qui déguises tes traits quand tu vas trouver les dieux, je leur montrerai ta lividité purulente et ta face d'Érèbe, sans que tu puisses la changer ; je dirai quels mets impurs[8], ô Hennéenne[9], te retiennent prisonnière au fond de la terre, quel amour coupable[10] te lie au roi lugubre de la nuit, quelles souillures empêchent Cérès[11] de te rappeler à elle. Pour toi, le pire des dieux[12] qui se partagent le monde, tremble que, brisant tes cavernes, je n'y fasse entrer Titan[13] et t'inonde d'un jour soudain. Obéissez-vous ? ou faudra-t-il citer celui[14] dont la terre jamais n'entend le nom

1. Ici : divinités des Enfers.
2. Deux des Furies.
3. Fouets de serpents, comme celui d'Érichthô.
4. Celui qui suit.
5. Fleuve des Enfers.
6. Les Furies sont censées fréquenter les bûchers funéraires et les tombes, comme les sorcières elles-mêmes.
7. Déesse des Enfers, sous son nom magique.
8. Sans doute, comme le laissent soupçonner les papyrus magiques, de la chair humaine : la Mort, comme le tombeau, « dévorant » les corps.
9. Elle avait été enlevée par Pluton près d'Henna, en Sicile.
10. La loi romaine défendait le mariage d'une nièce avec son oncle.
11. Mère de Proserpine.
12. Pluton (frère de Jupiter et de Neptune).
13. Le soleil, redouté des dieux infernaux.
14. Le « dieu créateur », résidant au centre de la terre, et dont on n'osait ou ne savait prononcer le véritable nom.

sans être ébranlée, celui qui regarde la Gorgone[1] en face et qui châtie Érinys[2], tremblante sous son fouet, celui, qui, loin de vos yeux, possède le Tartare[3], pour qui vous êtes des dieux d'en-haut et qui peut se parjurer par le Styx[4] ? »

Aussitôt le sang figé du cadavre s'échauffe, anime les plaies noircies, court de veine en veine jusqu'aux extrémités des membres. Sous la poitrine glacée, les viscères sont ébranlés, palpitent ; une vie nouvelle se glisse dans les moelles insensibles et se mêle à la mort. Alors chaque membre frémit ; les muscles se tendent. Mais le cadavre ne se lève pas peu à peu, en ployant les membres : la terre le repousse, il se dresse d'un seul coup. Les paupières s'ouvrent largement, découvrent les prunelles : ce n'est pas encore le visage d'un vivant, mais celui d'un homme qui va mourir ; il garde sa pâleur et sa rigidité, dans l'étourdissement stupide d'être rendu au monde.

VI, v. 719-760.

Enfin Lucain a donné une ampleur toute nouvelle au procédé alexandrin qui par l'intervention personnelle du poète permet d'échauffer l'épopée aux moments pathétiques. Une doctrine dogmatique, le stoïcisme, et un chaleureux attachement (en partie littéraire) à la liberté animent et unifient dans la *Pharsale* les effusions du poète. Ces effusions sont moins lyriques qu'oratoires ; mais, par là, elles se fondent mieux dans l'ensemble du poème : les convictions de Lucain s'expriment pareillement par la bouche de Caton ou de Brutus et par les apostrophes ou les méditations dont il a empli la *Pharsale*.

Regret sur la Rome républicaine

[Méditation éloquente du poète, près de décrire la bataille de Pharsale : orgueil de la grandeur romaine ; condamnation des dieux ; haine ironique pour les empereurs (Lucain est alors en disgrâce). — Abus du vocabulaire convenu de la poésie. — Inégalités de l'invention, heureuse ou forcée. — Et, pourtant, ferveur continue du style.]

Chaque année chaque guerre te livrait des nations ; Titan t'a vu t'avancer dans les deux hémisphères. Il ne restait qu'un peu de terre à conquérir, au levant, pour que la nuit tout entière fût à toi, à toi le jour, à toi la rotation de l'éther, pour que sous leur passage les étoiles ne vissent plus partout que le domaine de Rome. Mais pour ramener ton destin en arrière, pour détruire l'ouvrage des siècles, il a suffi de cette funeste journée thessalienne. Ce jour ensanglanté a libéré l'Inde de la peur des faisceaux[5] latins, laisse les Dahes errer sans qu'un consul, pressant, la tunique relevée, le mancheron de la charrue sarmate[6], les enferme dans une enceinte urbaine[7] ; par lui les Parthes te doivent toujours le châtiment de leur cruelle victoire[8] ; par lui, fuyant le crime de la guerre civile pour ne plus jamais revenir, la Liberté s'est retirée au-delà du Tigre[9] et du Rhin[10] ; et nous avons beau l'appeler, prêts à nous laisser égorger pour elle, elle va, prodiguant son bienfait au Germain et au Scythe, sans plus tourner les yeux vers l'Ausonie[11]. Ah !

---

1. Monstre aux yeux pétrifiants, tué par Persée, mais figurant aussi parmi les démons les plus redoutables des Enfers.
2. Nom générique (grec) des Furies ; ici, déesse de la vengeance.
3. La partie la plus profonde des Enfers.
4. Quand les dieux juraient par le Styx, ils étaient *obligés* de tenir leur serment.
5. Signe de l'autorité des magistrats romains.
6. Épithète approximative : les Sarmates (Pologne, Ukraine) habitaient bien loin des Dahes (mer Caspienne).
7. Le consul est représenté comme traçant à la charrue l'enceinte d'une colonie : la civilisation gréco-romaine était de type plus urbain que rural ; à plus forte raison s'oppose-t-elle au nomadisme.
8. Sur Crassus, à Carrhes (53 av. J.-C.).
9. Approximatif : il s'agit des Scythes, non des Parthes (qui ont des rois absolus).
10. Chez les Germains.
11. Nom poétique de l'Italie.

je préférerais que nos peuples ne t'eussent pas connue ; que, depuis le moment où le vol augural du vautour[1] permit à Romulus de fonder ton enceinte et d'emplir d'une population décriée le bois d'asile[2] jusqu'à l'effondrement thessalien, tu eusses été esclave, ô Rome ! J'ai, Fortune, à me plaindre des Brutus[3]. A quoi bon les temps où régnaient les lois, les années nombrées par les consuls ? Heureux les Arabes, les Mèdes, la terre de l'Aurore, auxquels les destins imposèrent une tyrannie perpétuelle. De tous les peuples qui servent sous un roi, notre sort est le pire, puisque nous avons honte de notre esclavage. Non, non, il n'y a pas pour nous de dieux : un aveugle hasard emporte les siècles ; nous mentons en disant que Jupiter règne. Quoi ? La foudre en main, il serait tranquille spectateur du massacre thessalien ? Sans doute, il va lancer ses feux sur Pholoè, sur l'Œta, sur les innocentes forêts du Rhodope et les pins du Mimas[4], laissant à Cassius[5] cette tête à frapper ! Il a, pour Thyeste, fait paraître [en plein jour] les étoiles, condamné Argos à une nuit soudaine[6], et il accordera la lumière à la Thessalie où tant d'épées se préparent aussi au fratricide et au parricide ! Non, aucun dieu ne se soucie des mortels. Mais toute la vengeance que la terre peut tirer du ciel, nous la tenons. Les guerres civiles égaleront aux Olympiens nos tyrans défunts[7] ; elle leur donnera une parure de rayons et d'étoiles ; et Rome viendra dans les temples des dieux jurer par des ombres !

VII, v. 421-459.

L'art de Lucain. — La conception de Lucain est donc d'une rare originalité ; son art est inégal : mais il faut tenir compte de la jeunesse du poète et de l'inachèvement de l'œuvre.

Sa rhétorique, malgré son éclat et sa puissance, est fatigante : elle ne laisse pas assez de relâche au lecteur ; les formules brillantes dont elle est nourrie sont souvent décousues ou obscures. Cultivée au surplus pour elle-même, elle colore trop uniformément les effusions de l'auteur et les discours qu'il prête à ses personnages. Même quand elle atteint au sublime, — Lucain peut alors se comparer à Corneille ou Hugo, — souvent l'amplification et l'emphase la déparent. Mais elle est capable aussi de brièveté mordante, de plénitude, de chaleur : Lucain avait le tempérament d'un orateur.

C'est aussi un puissant imaginatif, surtout visuel. Il a eu le tort de trop rechercher l'effet et de vouloir enchérir sur ses prédécesseurs : ses descriptions sont longues et chargées. Elles manifestent aussi un goût romantique pour le violent, pour l'horrible. Mais elles s'imposent par leur force d'évocation : avec Perse, Lucain est à l'origine de cette sorte de réalisme qui croit nécessaire d'outrer l'expression pour se faire sentir. Contemporain des somptueuses et fantastiques architectures dont les peintres du « IVe style » décoraient les murs des maisons de Pompéi, Lucain annonce pour ainsi dire l'esthétique « baroque », qui a suscité chez nous maints chefs-d'œuvre, d'Agrippa d'Aubigné à P. Claudel.

Sa langue est très mêlée et inégale ; elle oscille entre la réminiscence classique, la trouvaille heureuse et l'à-peu-près. Mais elle a de la couleur

1. Voir plus haut, p. 59.
2. Pour peupler Rome, Romulus avait ouvert un asile aux réfugiés de toutes provenances.
3. Celui qui chassa les Tarquins et établit la République ; et le meurtrier de César, qui ne sut pas assurer la liberté à Rome.
4. Montagnes inhabitées d'Arcadie, de Thessalie, de Thrace et d'Ionie.
5. Un des principaux meurtriers de César.
6. Thyeste ayant servi à son frère Atrée ses propres enfants à manger, Zeus (Jupiter) avait fait reculer le soleil.
7. Satire de la divinisation des empereurs romains après leur mort Cf. plus haut, p. 326 s.

et offre des alliances de mots qui révèlent le grand poète. Très conscient de ses effets, Lucain met soigneusement en valeur ses trouvailles par la coupe du vers (parfois très morcelé), par des rejets multipliés. Risque de dureté et de monotonie : mais, si on se figure le poème déclamé en lecture publique, on est saisi de la puissance de tels effets.

Conclusion. — Dans son art comme dans sa pensée, Lucain ne se rattache plus qu'en partie au dilettantisme cosmopolite de la période claudienne : son patriotisme romain, sa tendance à l'éloquence continue en font un précurseur du nouveau classicisme, dont Tacite et Juvénal seront les plus illustres représentants.

PÉTRONE
? — 65 ap. J.-C.

La découverte de la conjuration de Pison contraignit aussi à mourir C. Pétronius Arbiter, qui semble bien devoir être identifié avec l'auteur du *Satiricon*. C'était un grand seigneur épicurien, longtemps intime de Néron, et qui apporta à tous les actes de sa vie, élégances, plaisirs, fonctions publiques, et jusqu'à son suicide, le même souci de perfection aisée.

« Le Satiricon ». — De son roman il ne nous reste que des fragments (soi-disant extraits des livres XIV à XVI). C'est le récit, fait par un dévoyé, Encolpe, de ses vagabondages en compagnie de deux amis aussi peu scrupuleux que lui, Ascylte et Giton ; la scène de ce qui nous a été conservé est dans plusieurs villes de l'Italie méridionale. Les épisodes, fort variés, se greffent parfois l'un sur l'autre, comme dans le roman picaresque : le plus important dépeint avec ampleur un festin ridicule chez un affranchi richissime, Trimalcion. Le ton très libre et le mélange de prose et de vers apparentent l'œuvre aux *Fables Milésiennes* des Grecs et à *La Satire Ménippée.* Mais elle offre une originalité si complexe que seule peut l'expliquer la personnalité de son auteur.

L'auteur : le mondain. — Pétrone appartient au grand monde de Rome. Il est classique de formation ; il le reste de goûts : il représente pour nous la continuité du courant que dissimule le succès bruyant des Sénèque, Perse, Lucain. Ses sens sont délicats et affinés, comme ceux d'un Ovide. Mais son expérience est beaucoup plus étendue et variée : le dévergondage de la haute société sous Néron a exalté ses curiosités et lui a permis de les satisfaire.

Le sceptique blasé. — Mais il y a apporté un scepticisme que de telles expériences n'ont pu que fortifier. Il voit d'instinct ou il cherche le ridicule de toute activité humaine : vaine rhétorique dont on nourrit la jeunesse, ressorts usés du théâtre (mime ou tragédie), prédication des philosophes, grotesque des parvenus, misère morale et matérielle du peuple, préciosités de la cour... Il a même, en faisant parodier en style convenu par le ridicule Eumolpe le premier chant de la *Pharsale*, trouvé moyen de critiquer à la fois l'épopée nouvelle et le mauvais classicisme.

Théorie de la poésie classicisante

[Grande subtilité d'intentions, et extrême finesse du style imagé (qui annonce celui de Quintilien). — Pétrone prend-il à son compte tout ce qu'il met dans la bouche d'Eumolpe ? Ne se contredit-il pas en exigeant du poète épique à la fois beaucoup d'érudition littéraire et un « délire prophétique » ? — En fait, goûts classiques, et esprit surtout critique (contre les poètes amateurs ; contre la poésie nouvelle de Lucain) : Pétrone annonce Valérius Flaccus et Stace.]

Beaucoup de jeunes gens se sont fait illusion sur leurs dons poétiques. Car dès qu'on a réussi à dresser un vers sur ses pieds et à glisser dans la trame d'une périphrase une idée un peu délicate, on se croit déjà sur l'Hélicon[1]. Aussi bien des avocats, las des agitations du forum, se réfugient, comme en un havre plus sûr, dans le calme de la poésie, se figurant qu'il est plus facile de bâtir un poème qu'une controverse enluminée de jolies pointes bien scintillantes. Mais un poète de race n'aime pas ces futilités, et nul esprit ne peut concevoir ou enfanter s'il ne baigne tout entier dans le fleuve immense des lettres. Il faut fuir toute expression, pour ainsi parler, vulgaire ; choisir des mots en dehors de l'usage de la plèbe ; réaliser enfin ce que dit Horace : « Je hais la foule profane et la tiens à l'écart[2] ». En outre, il faut prendre garde que les traits ne jaillissent pas hors du corps de l'ouvrage, mais que leur couleur y brille sans s'en détacher, comme le damassage d'un tissu ; témoin Homère et les lyriques[3], à Rome Virgile et l'heureuse recherche d'Horace. Car les autres ou bien n'ont pas vu la route qui mène à la poésie, ou bien, l'ayant vue, ont hésité à s'y engager.

Et tenez, cet immense sujet de « la Guerre Civile » : qui prétendra y toucher sans regorger de connaissances littéraires, succombera sous le faix. Car il ne s'agit pas de mettre en vers des événements (les historiens le font bien mieux) ; mais il faut qu'à travers détours sinueux, interventions divines, complications fabuleuses et brillantes, se précipite une inspiration sans frein, de manière qu'on se trouve en présence d'un délire prophétique plutôt que d'un récit fondé sur le religieux respect des témoignages.

CXVIII, 1-6.

L'objectivité. — D'un scepticisme aussi complet naît une ironie perpétuelle, mais si satisfaite de trouver partout son aliment qu'elle ne déforme pas la réalité ; et la délicatesse de l'écrivain se plaît à noter chaque trait, sans appuyer, sûr d'être comprise de lecteurs du même monde. Aussi Pétrone est-il un grand réaliste ; formes, couleurs, gestes et paroles, il enregistre tout ; et il est de ces rares écrivains, qui, sans l'ombre d'effort, donnent une image complète, matérielle et psychologique, de leur temps. Non qu'il s'interdise la fantaisie ; elle était de règle dans le roman antique. Ni l'exagération bouffonne : dans le festin de Trimalcion, il vise à donner une caricature énorme des affranchis-parvenus ; mais on y sent une documentation implacable : détails matériels qui sautent aux yeux, caractères nuancés en leur vulgarité, jusqu'aux solécismes et aux barbarismes qui, avec les proverbes savoureux, émaillent leur conversation. Seule la surabondance des détails vrais crée le comique.

1. Montagne des Muses.
2. Citation d'Horace (*Odes*, III, 1, v. 1).
3. Les neuf grands lyriques grecs (Alcée, Sappho, Stésichore, Ibycos, Anacréon, Bacchylide, Simonide, Alcman, Pindare).

Entrée de la maison de Trimalcion

[Réalisme matériel poussé jusqu'à l'illusion du vrai (noter l'éclat voulu — pittoresque, mais de mauvais goût — des couleurs). — Ironie latente, préparant le ridicule du long festin donné par Trimalcion à ses hôtes. — Jeux de scène empruntés à la comédie ou au mime (l'effroi d'Encolpe, qui fait le récit). — Netteté du style.]

Nous le suivons, déjà soûls d'étonnements, et, avec Agamemnon, nous arrivons à sa porte. Sur le montant, une affiche portait : « Tout esclave qui sortira dehors[1] sans ordre du maître recevra cent coups ». Mais à l'entrée même se dressait un portier, en vert poireau, haut-ceinturé de rouge cerise, qui écossait des pois dans un plat d'argent. Au linteau était suspendue une cage dorée, dans laquelle, noire et blanche, une pie saluait les visiteurs.

Je regardais tout, ébahi ; et, soudain pensai tomber à la renverse et me rompre les jambes : car, à gauche en entrant, près de la loge du portier, un chien énorme à la chaîne était peint sur le mur, et au-dessus se lisait en lettres capitales : « Gare au chien ! »[2]. Et mes bons compagnons de rire. Pour moi, quand j'eus repris mon souffle, je ne laissai point de détailler tout le mur. On y avait peint un marché d'esclaves, écriteaux y compris[3], avec Trimalcion, en longs cheveux de garçonnet, qui tenait un caducée[4] et qui, sous la conduite de Minerve[5], entrait dans Rome ; et puis on voyait comment il avait appris à compter ; comment, ensuite, il était devenu trésorier : le peintre avait tout représenté avec un soin méticuleux, sans oublier les légendes[6]. Vers le bout du portique, Mercure, soutenant Trimalcion par le menton, l'enlevait sur une haute tribune ; à ses côtés étaient la Fortune, bien pourvue avec sa corne d'abondance, et les trois Parques filant une quenouillée d'or[7].

XXVIII, 6-XXIX, 6.

Conversation d'affranchis

[Trimalcion est sorti un moment de table ; en son absence, les langues se délient. Ce sont des affranchis ou fils d'affranchis d'origine gréco-orientale (voir leurs noms) qui parlent ; mais ils habitent une « colonie » romaine et s'intéressent à elle comme s'ils étaient d'origine latine (cf. plus haut, p. 46 s.). — Peinture générale psychologique et expressive (au moyen du langage : proverbes nombreux, métaphores pittoresques, rabâchages et vivacités de la conversation du peuple), mais répartie en tirades antithétiques où se peignent, sous des formes communes, des individualités diverses.]

Séleucus entra dans la conversation, et : « Moi, dit-il, je ne me baigne pas tous les jours. La rinçade[8], c'est un foulon[9] : l'eau a des dents, le cœur s'y fond chaque jour un peu plus. Mais quand j'ai sifflé une chopine de vin miellé, je dis lanlaire au froid. Du reste, je n'ai pas pu me baigner : j'étais à un enterrement. Un bien chic type, ce brave Chrysanthus, qui a claqué. Hier encore, hier, il m'interpellait : je me figure lui parler. Hélas, hélas ! nous ne sommes que baudruches soufflées. Nous valons moins que les mouches : elles, du moins, ont de la résistance ; mais nous, nous ne valons pas mieux que bulles d'eau. Et encore s'il ne s'était pas mis à la diète ! Cinq jours durant il n'a

1. Pléonasme (populaire) voulu.
2. Une mosaïque, retrouvée à l'entrée d'une maison de Pompéi, figure un chien tirant sur sa chaîne avec la même inscription *(Caue canem)*.
3. Ce détail souligne la vanité de Trimalcion, le niveau de culture inférieur de ses visiteurs habituels et la gaucherie du peintre auquel il a eu recours.
4. Baguette entourée de deux serpents, symbole de Mercure, dieu du commerce et protecteur de Trimalcion.
5. Déesse de la sagesse et de la science.
6. Voir n. 3.
7. Le fil de la vie de Trimalcion ne peut être que d'or.
8. On est en hiver ; et Trimalcion vient de déclarer : « C'est à peine si le bain m'a réchauffé ».
9. Les foulons nettoyaient les lainages, mais non sans leur faire perdre de leur épaisseur.

rien pris, pas une goutte d'eau, pas une miette de pain. Ça ne l'a pas empêché d'aller rejoindre les autres[1]. C'est les médecins qui l'ont tué, ou plutôt son mauvais Destin : car le médecin n'est là que pour le réconfort. Quoi qu'il en soit, il a eu un bel enterrement, sur son vrai lit[2], avec de bonnes couvertures. Il a été pleuré très convenablement, — il en avait affranchi quelques-uns[3], — quoique sa femme ait été chiche de larmes. Qu'est-ce que ç'aurait été s'il ne lui avait fait un si beau sort ! Mais femme comme femme, c'est tout rapaces. Inutile de leur faire du bien : c'est comme si tu jetais au puits. Mais un vieil amour, c'est un chancre. »

On en avait assez, et Philéros couvrit sa voix : « Occupons-nous des vivants. Il a ce qu'il méritait : bonne vie, bonne mort. Qu'a-t-il à se plaindre ? Il est parti d'un as[4], et il aurait cueilli dans la crotte un quart d'as avec les dents. Aussi il a poussé, toujours poussé, comme gâteau de miel. Il a, pardieu, je pense, laissé une bonne centaine de mille et tout en écus. Mais au fait et pour dire le vrai (dites, si vous voulez, que j'ai mangé de la langue de chien[5]), il arrachait le morceau, méchante langue s'il en fut, la discorde faite homme. — Parlez-moi de feu son frère, un solide, ami pour ses amis, la main toujours pleine et de bons plats sur la table ! — Il était parti du pied gauche, mais sa première vendange lui a redressé l'échine : il a vendu son vin tout ce qu'il voulait. Et puis, ce qui lui a haussé le menton, c'est un héritage, où il a volé plus encore qu'on ne lui avait laissé. Et cette bûche, fâché contre son frère, a donné tout son patrimoine à je ne sais quel pied plat[6]. Ah, on va loin quand on s'éloigne des siens ! C'est qu'il écoutait comme oracles certains esclaves qui l'ont coulé[7]. On aura toujours tort de croire quelqu'un du premier coup, surtout quand on est dans les affaires. Enfin, pour sûr, il a bien joui de la vie, de bout en bout : et des réalités, pas des promesses ; un vrai fils de la Fortune. Dans ses mains le plomb devenait or. C'est facile, quand tout va comme sur des roulettes. Et son âge ? Combien pensez-vous qu'il en ait eu, d'années ? 70, et davantage. Mais il était en chêne[8] ; il portait bien son âge, le poil noir comme corbeau. Il y a des siècles et des siècles que je le connaissais, et il était toujours gaillard... »

Ainsi parla Philéros, et Ganymède alors : « Il nous raconte des histoires qui n'intéressent ni le ciel ni la terre, et personne ne s'inquiète du prix du blé, qui nous tue. Je n'ai pas pu, pardieu, trouver aujourd'hui une bouchée de pain. Et comme la sécheresse continue... Voilà un an qu'on crève de faim. Malheur aux édiles[9], qui font partie avec les boulangers : « Aide-moi, je t'aiderai ». Alors, le petit peuple souffre ; car pour les grandes gueules, c'est toujours Saturnales[10]. Ah ! si nous avions ces costauds, ces lions, que j'ai trouvés ici en arrivant d'Asie ! Ça, c'était vivre. S'il y avait fraude sur la farine de Sicile, ils vous les[11] souffletaient et par-ci par-là, tant que Jupiter en était jaloux. Tiens, je me rappelle Safinius : il habitait alors, j'étais enfant, près du vieil arc : le poivre fait homme ; il brûlait le pavé. Mais droit, mais sûr, ami pour ses amis : vous auriez pu sans crainte jouer à la mourre[12] avec lui dans les ténèbres. Seulement, dans la salle du conseil, il fallait voir comme il les houspillait l'un après l'autre ! Et il ne faisait pas des phrases, il allait tout droit. Et quand il prenait la parole au forum, sa voix s'enflait comme une trompette. Jamais une goutte de sueur, jamais un crachat : je crois bien qu'il avait un je ne sais quoi d'asiatique[13]. Et quelle politesse à rendre le salut, à nous appeler tous par nos noms, comme le premier venu d'entre nous ! Aussi, en ce temps-là,

1. Les morts : mais c'est un mot qu'on ne prononce pas volontiers.
2. Le mort était transporté et brûlé sur un lit : mais souvent, par économie, on n'employait qu'un châssis de rebut.
3. De ses esclaves, par testament.
4. Vingt centimes : mis pour « rien ».
5. Le chien est symbole d'impudence.
6. En déshéritant ses neveux ?
7. Sans doute : qui ont « coulé » son frère dans son esprit.
8. Dans le texte « en cornouiller », bois très dur.
9. Magistrats de la colonie.
10. Jours de fête.
11. Les fraudeurs, bien entendu.
12. Jeu où l'on doit deviner combien l'adversaire ferme de doigts : la vérification doit être possible avec un partenaire peu consciencieux.
13. Ganymède (un Asiatique, féru de son pays) a entendu, sans comprendre, parler de l' « éloquence asiatique » (cf. p. 114).

le blé était pour rien. Pour un as on avait un pain dont, à deux, on ne voyait pas la fin. Aujourd'hui, on en a moins gros qu'un œil de bœuf. Hélas, hélas, c'est chaque jour pis. Cette colonie croît à reculons, comme la queue d'un veau. Mais pourquoi avons-nous un édile qui vaut juste trois figues, qui donnerait notre vie à tous pour un as ? Aussi, chez lui, il se paie du bon temps ; il touche en un jour plus d'écus qu'un autre n'en a dans son patrimoine. Oui, oui, je sais d'où il a reçu mille deniers d'or[1]. Mais, si nous étions des hommes, il ne ferait pas tant le malin. Aujourd'hui, le peuple, c'est lions à domicile, renards au dehors[2]. Quant à moi, j'ai déjà mangé mes nippes ; et, si la cherté continue, je vendrai mes bicoques. Car que va-t-il arriver, si ni les dieux ni les hommes ne prennent cette colonie en pitié ? Aussi vrai que je désire profiter longtemps des miens, je crois que tout cela nous vient des dieux[3]. Personne ne croit plus que le ciel est le ciel, personne n'observe le jeûne, personne n'estime Jupiter une guigne : mais tous ont les yeux bouchés, occupés à compter leurs sous. Autrefois les dames de la haute[4] montaient nu-pieds, cheveux épars, le cœur pur, implorer Jupiter d'envoyer l'eau. Alors, aussitôt, il pleuvait à seaux, et allez-y donc ! et tous riaient trempés comme des rats. Bien sûr, si les dieux ont les pieds en laine[5], c'est que nous n'avons plus de religion. Les champs restent en friche... »

« Je t'en prie, dit Échion le chiffonnier, parle mieux. « Tantôt comme ci, tantôt comme ça », disait le paysan : il avait perdu un cochon noir et blanc. Ce qui n'arrive pas aujourd'hui arrivera demain : ainsi va la vie... »

XLII, 1-XLV, 1.

Cependant, tout compte fait, le festin de Trimalcion est exceptionnel. Pétrone, d'ordinaire, n'approfondit pas les caractères ; mais, saisissant avec une vivacité inégalable l'extérieur des choses, il oppose sans cesse des esquisses contrastées, allant de la vulgarité la plus repoussante à l'élégance la plus raffinée.

Jardin sous la brise d'été

[Description en vers, classique (cf. Horace), mais d'une fraîche animation.]

Le platane mouvant épanchait ses ombres estivales ; avec lui Daphnè[6] couronnée de baies et les cyprès frémissants et les pins taillés dont la cime s'agitait confusément. Parmi les arbres se jouaient les eaux capricieuses d'un ruisseau qui, dans sa fraîche écume, roulait des graviers avec un murmure plaintif. Lieu fait pour l'amour ! J'en atteste le rossignol des forêts et la citadine Procnè[7], qui, çà et là par les gazons et dans les souples violettes, célébraient de leurs chants leur domaine.

CXXXI, 8.

Une jeune femme

[Vif sentiment de la beauté (dans la nature et dans l'art). — Élégance un peu mignarde, mais vive.]

Je priai la soubrette d'amener sa maîtresse dans le quinconce des platanes. Elle y consentit, et, troussant sa tunique, se glissa dans le bosquet de lauriers attenant à la promenade. Bien peu après, elle ramène sa maîtresse de sa cachette et conduit tout contre moi une jeune femme plus accomplie qu'aucun chef-d'œuvre de l'art. Il n'est pas de mot qui puisse exprimer sa beauté ; et tout ce que je saurais en dire demeurera au-dessous

1. Environ 67 000 francs.
2. Braves en paroles, lâches en actions.
3. Il y a ici un barbarisme voulu.
4. Nous empruntons la traduction de cette expression (entre autres) à A. Ernout.
5. Mous ; c'est-à-dire : si les dieux n'agissent pas, ne viennent pas à notre aide.
6. Nom mythologique du laurier.
7. Nom mythologique de l'hirondelle.

de la vérité. Ses cheveux, qui bouclaient d'eux-mêmes, s'épandaient sur ses épaules, mais bordaient strictement un front des plus étroits ; ses sourcils filaient jusqu'au contour des joues, mais se réunissaient presque à la naissance du nez ; ses yeux brillaient plus que les étoiles rayonnant en une nuit sans lune ; ses narines se gonflaient un peu ; et sa bouche mignonne semblait celle que Praxitèle imagina pour sa Diane. Et son menton, et son cou, et ses mains et la blancheur de ses pieds dans leur fragile réseau d'or ! Elle aurait éclipsé le marbre de Paros[1].

CXXVI, 12-18.

La langue. — Pétrone est artiste jusqu'au bout des ongles : même quand il fait parler avec un scrupule presque scientifique de vulgaires affranchis, on sent le délicat qui goûte chaque mot. D'ordinaire le récit va, coupé, limpide, évocateur, sans rien de l'outrance ni de la chaleur d'un Perse ou d'un Juvénal. C'est le style d'un classique libéré de tout embarras, d'un conteurné : on dirait du Voltaire, mais plus pittoresque.

1. Cette description a-t-elle été faite d'après un modèle vivant, ou l'auteur avait-il devant les yeux des statues féminines d'un type voisin de la Diane de Gabies, aujourd'hui au Louvre ?

BIBLIOGRAPHIE

Conditions historiques

G. Bloch, *L'Empire romain* (Paris, 1921) ; H. Dessau, *Geschichte der römischen Kaiserzeit,* II, 1 (Berlin, 1926) ; F.B. Marsh, *The reign of Tiberius* (Oxford, 1931) ; A. Momigliano, *L'opera dell'imperatore Claudio* (Florence, 1932) ; B.W. Henderson, *The Life and Principate of the Emperor Nero*[2] (Londres, 1905) ; M.A. Levi, *Nerone e i suoi tempi* (Milan-Varese, 1949) ; A. Momigliano, *A literary chronology of the Neronian age* (*Clas. Quart.,* 1944) ; G. Boissier, *L'opposition sous les Césars* (Paris, 1875).

L. Friedländer, *Darstellungen aus der Sittengeschichte Roms in der Zeit von Augustus bis zum Ausgang der Antonine*[9-11] (Leipzig, 1919-1923. Trad. française par Ch. Vogel, Paris, 1865-1874) ; M.I. Rostovtzeff, *The social and economic history of the Roman Empire*[2] (Oxford, 1957). — A. Stein, *Der römische Ritterstand* (Munich, 1927) ; A.M. Duff, *Freedmen in the Early Roman Empire* (Oxford, 1928).

G. Boissier, *La religion romaine d'Auguste aux Antonins* (Paris, 1874) ; J. Carcopino, *La basilique pythagoricienne de la Porte Majeure* (Paris, 1930) ; F. Cumont, *Les religions orientales dans le paganisme romain*[4] (Paris, 1929) ; F. Cumont, *Recherches sur le symbolisme funéraire des Romains* (Paris, 1942) ; M.J. Vermaseren (et autres), *Études préliminaires aux religions orientales dans l'Empire rom.* (Leyde, 1961 ss.).

A. Gwynn, *Roman Education from Cicero to Quintilian* (Oxford, 1926). — W.C. Summers, *The silver Age of Latin literature from Tiberius to Trajan* (Londres, 1920) ; H. Bardon, *Les empereurs et les lettres latines d'Auguste à Hadrien* (Paris, 1940) ; Reure, *Les gens de lettres et leurs protecteurs à Rome* (Paris, 1891) ; C. Martha, *Les moralistes sous l'empire romain* (Paris, 1865) ; E. Galletier, *Étude sur la poésie funéraire romaine d'après les inscriptions* (Paris, 1922) ; A. Strong, *La scultura romana da Augusto a Costantino* (Florence, 1923-1926) ; P. Gusman, *L'art décoratif à Rome de la fin de la République au* IVe *siècle* (Paris, 1909) ; *Pompéi* (Paris, 1906) ; M. Della Corte, *Pompéi : i nuovi scavi e l'Anfiteatro* (Pompéi, 1930) ; V. Spinazzola, *Pompei alla luce degli Scavi Nuovi dell' Abbondanza* (Rome, 1953).

1. LA POÉSIE D'ESPRIT CLASSIQUE

A CONSULTER : *Poetae latini minores,* éd. Baehrens-Vollmer, Morel (*Teubner,* 1911-1927).

Phèdre

MANUSCRITS : *Pithoeanus* (IXe-Xe s.) ; *Remensis* (brûlé en 1774).

ÉDITIONS : Princeps : Pithou (Troyes, 1596). Critiques : L. Havet (Paris, 1895) ; J.S. Speyer (Leyde, 1912) ; Postgate (Oxford, 1919) ; Cantarelli[4] (Milan, 1920), avec notes ; Brenot (*Budé,* 1924), avec traduction ; L. Herrmann, *Phèdre et ses fables* (Leyde, 1950), av. trad. ; éd. A. Guaglianone, Turin, 1969 ; *Fedro, Fábulas,* texte latin et trad. espagnole par X. Carballude Blanco et alii (Santiago de Compostela, 1988).

LANGUE : O. Eichert, *Vollständiges Wörterbuch zu den Fabeln des Phädrus* (Hanovre, 1866) ; Cinquini, *Index Phaedrianus* (Milan, 1905) ; Causeret, *De Phaedri sermone* (Paris, 1886) ; J. Bertschinger, *Volkstümliche Elemente in der Sprache des Phädrus* (Berne, 1921).

ÉTUDE : L. Hervieux, *Les fabulistes latins depuis le siècle d'Auguste*[2], t. I-II (Paris, 1893 ss.).

TRANSMISSION DES TEXTES : S. Boldrini, *Fedro e Perotti. Ricerche di storia della tradizione* (Urbino, 1988).

LEXIQUE : C. Cremona, *Lexicon Phaedrianum* (Hildesheim, Olms, 1980).

Germanicus

ÉDITION : A. Breysig[2] (*Teubner*, 1899) ; *Les Phénomènes d'Aratos*, éd. A. Le Bœuffle (Paris, *C.U.F.*, 1975) ; *The Aratus ascribed to Germanicus Caesar*, ed. with an intr., transl. and comm. by D.B. Gain (Londres, 1976) ; *Il segno e la tradizione in Germanico scrittore* (Rome, 1977) : éd. et étude d'ensemble par C. Santini.

ÉTUDES : W. LEUTHOLD, *Die Übersetzung der Phaenomena durch Cicero und Germanicus* (Zurich, 1942) ; B. Gallotta, *Germanico*, Rome, 1987 ; *Germanico, la persona, la personnalità, il personnagio*, congrès de Macerata-Perugia, 1986, publié à Rome en 1987 ; M.D. POSSANZA, *Studies in the Aratea of Germanicus Caesar*, Diss. The Univ. of North Carolina at Chapel Hill, 1987 ; C. SANTINI, *L'astronomia e Germanico nell'Anthologia Palatina*, dans *Studi G. Monaco I*, Palerme, 1991 ; *Regalità e ciclo delle stagioni nel proemio di Germanico* dans *Episteme : in ricordo di G.R. Cardona*, Macerata & Rome, 1990 ; H. ZEHNACKER, *D'Aratos à Aviénus : nature et idéologie*, dans ICS, XIV, 1989.

L'« Aetna »

MANUSCRIT de Cambridge (Xe s.).

ÉDITIONS CRITIQUES : Schwartz (Berlin, 1933) ; avec commentaires de Sudhaus (Leipzig, 1898) ; Ellis (Oxford, 1901) ; F.R.D. Goodyear (Cambridge, 1965) ; Vessereau (Paris, 1905) ; avec traduction française, de Vessereau (*Budé*, 1923) ; avec trad. all., de W. Richter (Berlin, 1963).

ÉTUDES : R. WAGLER, *De Aetna poemate quaestiones criticae* (Berlin, 1884), avec index complet ; E. BICKEL, *Apollon und Dodona* (*Rheinisches Museum*, 1930) ; A. DE VIVO, *Considerazioni sull'Aetna : rapporti con Seneca, epoca della composizione*, Vichiana, XVIII, 1989, *Alcune postille sulla tradizione dell' Aetna*, Vichiana, 3e série, II, 1991.

LEXIQUE : D. LASSANDRO et A. LUISI, *Aetnae poetmatis lexicon* (Gênes, 1989).

Calpurnius Siculus

MANUSCRIT (perdu) utilisé par Ugoletus dans son édition (Parme, vers 1500).

ÉDITIONS : C. GIARRATANO, *Calpurnii et Nemesiani Bucolica*[2] (*Paravia*, 1924) ; R. VERDIÈRE, *T. Calpurnii Siculi De laude Pisonis et Bucolica. M. Annaei Lucani De laude Caesaris. Einsidlensia quae dicuntur carmina*, éd., trad. et comm. (Bruxelles, 1954) ; Ch.H. KEENE, *The Eclogues of Calpurnius Siculus and M. Aurelius Olympius Nemesianus*, with intr. comm. and appendix (Hildesheim, 1969) (= 1887) ; S. DIÁZ CÍNTORA, *Tito Calpurino Siculo, Églogas*, introd., traduction rythmée et notes (Mexico, 1989) ; J.B. PEARCE, *The Eclogues of Calpurnius Siculus*, avec intro., trad., comm., notes et vocab. (San Antonio, 1990) ; J. AMAT, Calpurnius Siculus, *Bucoliques*, Pseudo-Calpurnius, *Éloge de Pison* (Paris, *C.U.F.*, 1991).

ÉTUDES : Cl. CHIAVOLA, *Della vita e dell'opere di Tito Calpurnio Siculo* (Ragusa Inferiore, 1921) ; E. CESAREO, *La poesia di Calpurnio Siculo* (Palerme, 1931) ; B. LUISELLI, *Note su Calpurnio Siculo* (*Annali della Fac. di lettere di Cagliari*, 1960) ; E. COURTNEY, *Imitation, chronologie littéraire et Calpurnius Siculus* dans *R.E.L.*, LXV, 1987 ; L. DI SALVO, *Tito Calpurnio Siculo, Ecloga VII*, intro., éd. critique, trad. et commentaire (Bologne, 1990) ; B. SCHRÖDER, *Carmina non quae nemorale resultent : ein Kommentar zur 4. Ekloge des Calpurnius Siculus* (Frankfurt/Main, Lang, 1991) ; M.A. VINCHESI, *La terza ecloga di Calpurnio Siculo fra tradizionz bucolica e la tradizione elegiaca*, dans *Prometheus*, XVII, 1991.

LEXIQUE : G. SORACI, *Concordia di T. Calpurnio Siculo*, L'Aquila, Biemme Litografica, 1983.

2. LA PROSE

L'éloquence

H. MALCOVATI, *Oratorum Romanorum reliquiae* (*Paravia*, 1930) ; CUCHEVAL, *Histoire de l'éloquence romaine depuis la mort de Cicéron jusqu'à l'avènement d'Hadrien* (Paris, 1893).

La littérature technique

A. REYMOND, *Histoire des sciences exactes et naturelles dans l'antiquité gréco-romaine* (Paris, 1924) ; J.L. HEIBERG, *Geschichte der Mathematik und Naturwissenschaften im Altertum* (Munich, 1925) ; M. DAUMAS..., *Histoire de la science* (*La Pléiade*, Paris, 1957).

Juristes

P. BREMER, *Jurisprudentiae antehadrianae quae supersunt* (Leipzig, 1898) ; DECLAREUIL, *Rome et l'organisation du droit* (Paris, 1924).

Critiques et grammairiens

H. KEIL, *Grammatici latini* (Leipzig, 1855-1923) ; G. FUNAIOLI, *Grammaticae Rom. fragm.* (*Teubner,* 1907 ; réimpr. Rome, 1964) et *Addenda* par A. MAZZARINO, *même titre* (Turin, 1953). — *Q. Asconii Pediani Commentarii,* éd. par C. Giarratano (Rome, 1920) [repr. 1967] ; J. HUMBERT, *Contribution à l'étude des sources d'Asconius dans ses relations des débats judiciaires* (Paris, 1925). — AISTERMANN, *De Valerio Probo* (Bonn, 1910) ; K. BARWICK, *Remmius Palaemon und die römische Ars Grammatica* (Leipzig, 1922).

L'agronomie : Columelle

MANUSCRIT : *Sangermanensis* (Leningrad, IXe s.).

ÉDITIONS : J.G. Schneider, *Scriptores rei rusticae,* II (1794), avec commentaire ; V. Lundström (Upsal, 1897-1917 : *De arboribus* ; libres I-II et X-XI), critique ; H.B. Ash-E.S. Forster-E.H. Heffner (*Lœb,* 1941-1955), avec trad. angl. ; *L. Iuni Moderati Columellae opera quae extant,* V. Lundström - A. Josephson - S. Hedberg (Uppsala, 1897-1968) ; trad. R. Calzecchi Onesti (Turin, 1977); *De l'agriculture,* L. III, éd. J.Chr. Dumont (Paris, *C.U.F.,* 1993); L. X *(de l'horticulture),* éd. E. de Saint-Denis (Paris, *C.U.F.,* 1969); L. XII *(de l'intendance),* éd. J. André (Paris, *C.U.F.,* 1988) ; *Les arbres,* texte établi, traduit et commenté par R. Goujard, *C.U.F.,* 1986.

ÉTUDE : BARBERET, *De Columellae vita et scriptis* (Nancy, 1888) ; A. LE BŒUFFLE, *Erreurs et difficultés astronomiques chez C.* (*Rev. des Ét. lat.,* XLII, 1964).

TRANSMISSION DES TEXTES : S. HEDBERG, *Contamination and interpolation ; a study of the 15 th century Columella manuscripts,* dans *Acta Universitatis Upsalienis* (Uppsala, 1955) ; A. JOSEPHSON, *Die Columella-Handschriften* (Uppsala, 1955).

BIBLIOGRAPHIE[4] : J.I. GARCÍA ARMENDARÍZ, *Bibliografía sobre Columela (1793-1982),* dans *Actas del VIII Simposi d'estudis clàssics* (Barcelone, 1986).

LEXIQUE : G.G BETTS-W.D. ASHWORTH, *Index to the Uppsala edition of Columella* (Uppsala, 1971).

La médecine : Celse

MANUSCRITS : au Vatican et à Florence (IXe-Xe s.).

ÉDITIONS : Milligan[2] (Édimbourg, 1831), avec index ; F. Marx (Leipzig, 1915), critique ; éd. et trad. W.G. SPENCER (Londres, 1935-1938) (3 vol.) ; *Aulo Cornelio Celso, De medicina : libro IV,* éd. M.R. Ciulla (Palerme, 1990) ; *De la médecine,* T. 1 (livres I-II), éd. et trad. G. Serbat (Paris, *C.U.F.,* 1996).

ÉTUDES : M. WELLMANN, *A. Cornelius Celsus : eine Quellenuntersuchung* (Berlin, 1913) ; Th.T. JONES, *De sermone Celsiano* (Harvard, 1929) ; D. GOUREVITCH, *Les mots pour dire la folie en latin : à propos de passages de Celse et de Célius Aurélien* (*L'Évolution psychiatrique,* LVI, 1991) ; D. LANGSLOW, *The development of Latin medical terminology : some working hypotheses* dans PCPhS, XXXVII, 1991 ; Ph. MUDRY, *Le scepticisme des médecins empiriques dans le traité de la médecine de Celse,* dans *Le scepticisme antique* (Lausanne, 1990) ; *Médecine et vulgarisation : remarques sur le problème de la vulgarisation dans l'antiquité* dans *Cahiers de la Faculté de médecine* (Genève, 1990).

La géographie : Pomponius Méla

MANUSCRIT du Vatican (Xe s.).

ÉDITIONS : Parthey (Berlin, 1867) ; C. Frick (*Teubner,* 1880) ; éd. G. Ranstrand (Göteborg, 1971) ; Pomponii Melae *De Chorographia Libri Tres,* intr., ed. critica e commento di P. Parroni (Rome, 1984) ; *Chorographie,* éd. A. Silberman (Paris, *C.U.F.,* 1988).

TRADUCTION allemande, avec commentaire, de H. Philipp (*Voigtländers Quellenbücher,* 11 et 31).

LEXIQUE : M.E. PEREZ, *Concordia in libros Pomponii Melae De Chorographia* (Hildesheim, 1989).

ÉTUDES : J. FINK, *Pomponius Mela und seine Chorographie* (Rosenheim, 1881) ; H. FOLMER, *Stilistika studier öfver Pomponius Mela* (Upsal, 1920).

Les historiens : Velléius Paterculus

ÉDITIONS de B. Rhenanus (Bâle, 1520), représentant le manuscrit perdu ; R. Ellis (Oxford, 1898), avec commentaire ; A. Bolaffi (*Paravia,* 1930), Halm [2]-Stegmann-von Pritzwald (*Teubner,* 1932) ; Hainsselin-Watelet (Paris, s.d. [1932]), avec traduction française ; *Historiae Romanae libri II ad M. Uincium,* éd. et trad. J. Hellegouarc'h (Paris, *C.U.F.,* 1982) (2 vol.) ; éd. W.S. Watt (Leipzig, *Teubner,* 1988) ; *Historia Romana. Römische Geschichte,* éd. et trad. M. Giebel (Stuttgart, 1989).

LANGUE : G.A. KOCH, *Vollständiges Wörterbuch zum Geschichtswerke des M. Velleius Paterculus* (Leipzig, 1857) ; A. BOLAFFI, *De Velleiano sermone* (Pesaro, 1925).

ÉTUDES : R. PERNA, *Le fonti storiche di Velleio Patercolo* (Lucera, 1925) ; L. SPEKKERT, *De la sincérité de Velleius Paterculus* (Toulouse, 1848) ; *Velleius Paterculus, The Caesarian and Augustan Narrative (2, 41-93),* commentaire de A.J. Woodman (Cambridge, 1983) ; A.J. WOODMANN, *Velleius Paterculus. The Tiberian Narrative* (Cambridge, 1977-1983).

LEXIQUE : M. ELEFANTE, *Concordantia in Velleium Paterculum (Alpha-Omega* 76, Hildesheim-Zürich, Olms-Weidmann, 1992).

Valère-Maxime

Édition : C. Kempf[2] (*Teubner,* 1888) ; R. FARANDA, *Factorum et dictorum memorabilium libri IX,* Turin, U.T.E.T. (Turin, 1976) ; U. BLANK-SANGMEISTER, *Facta et dicta memorabilia (Denkwürdige Taten und Worte) : lateinishe-deutsch* (Stuttgart, 1991) ; *Faits et dits mémorables,* T. 1 (livres I-III), éd. et trad. R. Combès (Paris, *C.U.F.,* 1995).

ÉTUDES : Cl. BOSCH, *Die Quellen des Valerius Maximus* (Stuttgart, 1929) ; A. KLOTZ, *Studien zu Valerius Maximus und den Exempla* (*Sitz. b. der Bayer. Akad. d. Wissenschaft,* 1942, 5) ; J.C. SKIDMORE, *Teaching by examples, Valerius Maximus and the exempla tradition* (*Diss. Univ. of Exeter,* 1988) ; C. TADDEI, *Per uno studio sulla lingua di Valerio Massimo* dans AFLS, IX, 1988.

TRANSMISSION DES TEXTES : D.M. SCHULLIAN, *A Revised List of Manuscripts of Valerius Maximus,* dans *Miscellanea Augusto Campana* (Padoue, 1981).

RÉCEPTION DES TEXTES : G. DI STEFANO, *Per la fortuna di Valerio Massimo nel Trecento,* Accademia delle scienze di Torino, Classe di scienze morali, storiche e filologiche, Atti, 96 (1961-1962) ; M.T. CASELLA, *Il Valerio Massimo in volgare, dal Lancia al Boccacio,* IMU, 6, 1963.

LEXIQUE : E.O. SOBRINO, *Léxico de Valerio Maximo,* Madrid (A-D, 1977 ; E-M, 1978 ; N-R, 1984).

Quinte-Curce

MANUSCRITS : *Parisinus* 5716 (IXe-Xe s.) et mss. de Leyde et de Berne.

ÉDITIONS : Éd. princeps, Venise, 1470 ; Mützell (Berlin, 1841) ; E. Hedicke (Leipzig, 1908, et *Teubner,* 1929) ; V. Crépin (Paris, s.d. [1932]), avec trad. française ; H. Bardon (*Budé,* 1947-1948), crit. avec trad. franç. ; J.C. Rolfe (Cambridge Mass., 1947), avec trad. anglaise ; éd. et trad. A. Giacone, Turin, *U.T.E.T.,* 1977 ; *A Latin Vita of Alexander the Great by Quintus Curtius Rufus,* éd. W.S. Hett, Wauconda, III. Bolchazy-Carducci, 1991.

LANGUE : O. EICHERT, *Vollständiges Wörterbuch zu dem Geschichtswerke des Q. Curtius Rufus*[3] (Hanovre, 1893) ; M. GONZÁLES-HABA, *Zur Syntax der Unterordnung bei Curtius* (Munich, 1959) ; J. THERASSE, *Q. Curtius Rufus, Index verborum. Relevés lexicaux et grammaticaux* (Hildesheim, Olms, 1976).

ÉTUDES : S. DOSSON, *Étude sur Quinte-Curce* (Paris, 1886) ; H. BARDON, *Quinte-Curce* (*Les Études classiques,* 1947) ; G. RADET, *La valeur historique de Quinte-Curce* (*Comptes rendus de l'Académie des Inscriptions,* 1924, p. 356 ss.) ; Fr. HELMREICH, *Die Reden bei Curtius* (Paderborn, 1927) ; F. WILHELM, *Curtius und der jüngere Seneca* (Paderborn, 1928) ; C. WEHRLI, *La place de Q.C. dans l'historiographie romaine* (Résumé dans *Rev. des Ét. lat.,* XXXIX, 1961) ; H.U. INSTINSKY, *Zur Kontroverse um die Datierung des Curtius Rufus* (*Hermes,* XC, 1962) ; A. CASCÓN DORADO, *La labor desmitificardora de Curcio Rufo en su Historia de Alejandro Magno* ; S. MONTERO HERRERO, *La religiosidad de Alejandro en la historiografia latina : el testimonio de Q. Curcio,* dans Neronia IV : *Alejandro Magno, modelo de los emperadores romanos,* actes du IVe colloque international de la SIEN, Bruxelles, *Latomus,* 1990.

3. LE RENOUVELLEMENT DE LA LITTÉRATURE

Sénèque

MANUSCRITS : des ŒUVRES PHILOSOPHIQUES : *Ambrosianus* (Milan, X^e^-XIe s.) pour les *Dialogues* ; *Palatinus* (Vatican, VIIIe-IXe s.), pour le *De clementia* et le *De beneficiis* ; de Paris (Xe s.), Brescia (Xe s.), Florence (IXe-Xe s.), Bamberg et Strasbourg (IXe-Xe s. : le dernier brûlé en 1870) pour les *Lettres à Lucilius*; récents (XIIIe s.) pour les *Questions naturelles*; cf. B. AXELSON, *Senecastudien*, et *Neue S.* (Lund, 1933 et 1939) [Remarques critiques sur les *Quest. nat.* et les *Lettres à Lucilius*]. — DU THÉÂTRE : Deux recensions : l'*Etruscus* (IXe-XIIe s., Florence) sans l'*Octavie*; manuscrits récents, avec l'*Octavie*. Cf. G. BRUGNOLI, *La tradizione manoscritta di Seneca tragico alla luce d. testimonienze medioevali* (*Mem. d. Accad. d. Lincei*, Sc. filol., 1957).

ÉDITIONS : DES ŒUVRES PHILOSOPHIQUES : Princeps, Naples, 1475 ; — *Dialogues*, par E. Hermes (*Teubner*, 1905) ; Bourgery-Waltz (*Budé*, 1922 ss.), avec traduction française ; — *Consolations à Helvia* et *à Marcia*, par Ch. Favez (Paris, 1918 et 1928), avec commentaire ; — *De beneficiis* et *De clementia*, par C. Hosius (*Teubner*, 1915) ; F. Préchac (*Budé*, 1926 et 1961), avec trad. fr. ; *De beneficiis*, par W.H. Alexander (Berkeley-Cal., 1950), avec comm. ; *De clementia*, par Faider-Favez-P. Van de Wœstijne, avec commentaire (Bruges, 1950) ; *De constantia sapientis*, commentaire par P. Grimal (Paris, 1953) ; *De breuitate uitae*, par P. Grimal (*Érasme*, 1959) ; *De ira*, par A. Bourgery (*Budé*, 1961). — *Questions naturelles*, par A. Gercke (*Teubner*, 1907) ; P. Oltramare (*Budé*, 1929), avec trad. fr. ; — *Lettres à Lucilius*, par O. Hense[2] (*Teubner*, 1921) ; A. Beltrami[2] (Rome, 1931) ; E.P. Barker (Oxford, 1932), avec trad. anglaise ; F. et P. Richard (*Garnier*, 1932), avec trad. fr. ; Fr. Préchac (*Budé*, 1945-1964), avec trad. franç. de H. Noblot ; *Ad Luc. ep. morales* et *The medieval tradition of Seneca's Letters* par L.D. Reynolds (Oxford, 1965) ; Seneca, *Dialogi*, éd. L.D. Reynolds (Oxford, 1977) ; G. Viansino, *I dialoghi* (texte, trad. comm.), I (*De providentia, De constantia sapientis, De ira*), 1988 ; II (*Consolazione a Marcia, Della vita felice, Della vita appartata, Della tranquillità dell'animo, Della brevità della vità ; Consolazione a Polibio, Consolazione a Elvia*) (Milan, Mondadori, 1990) ; *Ad Lucilium epistularum moralium libri XX* : éd. L.D. Reynolds, Oxford, 1965 ; C. Barone, *Lettere a Lucilio*, intr. trad. e note ; con un saggio di L. Canfora (Milan, 1989) (I : Libri I-XIII, II : Libri XIV-XX) ; *Fragmenta* : éd. M. Lausberg, *Untersuchungen zu Senecas Fragmenten* (Berlin, 1970). *Naturales Quaestiones* : D. Volterro, Milan, *Questioni naturali*, trad., Turin, *U.T.E.T.*, 1990 ; — DE L'APOCOLOCYNTOSIS : A.P. Ball (New York, 1902), avec commentaire et traduction anglaise ; O. Weinreich (Berlin, 1923), avec comm. et trad. allemande ; C.F. Russo[4] (Florence, 1964) ; R. Waltz (*Budé*, 1934, 2e éd., 1961) avec trad. fr. ; A. Rostagni (Turin, 1944), avec trad. ital. ; R.E. Clairmont, *A commentary on Seneca's Apocolocyntosis Diui Claudii* (Chicago, 1980) ; R. RONCALLI, *L'Apoteosi negata (Apokolokyntosis)*, trad. et comm. (Venise, 1989) ; L. ANNAEUS SENECA, *Apocoloquintosis*, ed. R. Roncalli (Leipzig, *Teubner*, 1990) ; O. von Schoenberger, *Apocolocyntosis diui Claudii*, Einf. Text & Komm. (Würzburg Könighausen & Neumann, 1990) ; — DU THÉÂTRE : F. Leo (Berlin, 1878-1879) ; Peiper-Richter[2] (*Teubner*, 1902) ; L. Hermann (*Budé*, 1924-1926), avec trad. franç. ; Th. Thomann (Zurich, 1961) ; *Phèdre*, par K. Kunst (Vienne, 1924), avec com. ; R. Giomini (Rome, 1955) ; *Hercule furieux, Troyennes, Médée*, par H.M. Kingery (New York, 1908), avec com. ; *Œdipe*, par Th.H. Sluiter (Groningue, 1941), par J. Van Ljzeren (Leyde, 1958) ; *Octavie*, par I. Vürtheim (Leyde, 1909) ; *Gli epigrammi attribuiti a S.*, par C. Prato (Rome, 1964) ; Viansino, éd. des *Tragédies* in *Corpus Paravianum* (Turin, 1965-1966) ; SENECA, *Tragoediae*, éd. O. Zwierlein (Oxford, 1986) ; L. ANNEO SENECA, *Teatro, volume primo, tomo primo & secondo*, testo critico, traduzione e commento a cura di Giovanni Viansino (Milan, 1993) (*La folie d'Hercule, Les Troyennes, Les Phéniciennes, Médée, Phèdre*).

ÉDITIONS SÉPARÉES DE TRAGÉDIES : J.G. FRITCH, *Seneca's Hercules Furens*. A critical text with introduction and commentary (Ithaca, Londres, *Cornell University Press*, 1987), 489 pages. C.D.N. COSTA, *Médée*, 1973 ; E. FANTHAM, *Les Troyennes* (Princeton, 1982) ; M.H. FRANÇOIS-GARELLI et J.C. BASTOS, *Les Troyennes*, version pour la scène (Toulouse, 1991) ; A. BOYLE, *Seneca's Troades* (Leeds, 1994) ; R.J. TARRANT, *Agamemnon* (Cambridge, 1976) ; *Thyeste* (Atlanta, 1985). I. VIANSINO, *La Fedra di Seneca* (Naples, 1968) ; M. COFFEY, R. MAYER, *Phaedra* (Cambridge, 1990).

BIBLIOGRAPHIE SUR LES TRAGÉDIES DE SÉNÈQUE : M. BILLERBECK, *Senecas Tragödien. Sprachliche und stilistiche Untersuchungen* (Brill, Leyden, 1988).

INDEX des *Consolations*, par L. Delatte et E. Evrard (Liège, 1962-1964).

ÉTUDES : P. GRIMAL, *Sénèque* (Paris, 1948) ; I. LANA, *L.A. Seneca* (Turin, 1955) ; P. FAIDER, *Études sur S.* (Gand, 1921) ; F. GIANCOTTI, *Cronologia dei Dialoghi di S.* (Turin, 1957) ; A. SIPPLE, *Der Staatsmann und Dichter Seneca als politischer Erzieher* (Würtzburg, 1938) ; F. MARTINAZZOLI, *Seneca, Studio sulla morale ellenica nell' esperienza Romana* (Florence, 1945) ; A. GUILLEMIN, *Sénèque, directeur d'âmes* (*Rev. des Études latines*, XXX-XXXI, 1952-1953) ; E. BREHIER-P.M. SCHUHL, *Les Stoïciens* (Paris, 1962). — BOURGERY, *Sénèque prosateur* (Paris, 1922) ; E. ALBERTINI, *La composition dans les ouvrages philosophiques de S.* (Paris, 1923) ; P. GRIMAL, *La composition dans les dialogues de S.* (*Rev. d. Ét. anc.*, 1949 et 1950) ; A. PITTET, *Vocabulaire philosophique de S.*, I (Paris, 1937). — L. DELATTE, *Lucilius, l'ami de S.* (*Les Ét. classiques*, 1935). — OLDFATHER-PEASE-CANTER, *Index verborum quae in Senecae fabulis reperiuntur* (*Univ. of Illinois*, 1918 ; nouv. éd., 1958) ; L. HERRMANN, *Le théâtre de S.* (Paris, 1924) ; E. CESAREO, *Le tragedie di S.* (Palerme, 1932) ; R. SCHREINER, *Seneca als Tragödiendichter in seinen Beziehungen zu den griechischen Originalen* (Munich, 1909) ; H.V. CANTER, *Rhetorical elements in the tragedies of S.* (*Univ. of Illinois,* 1925) ; G. RUNCHINA, *Tecnica drammatica et retorica nelle tragedie di S.* (*Univ. di Cagliari,* 1960) ; P. GRIMAL, *L'originalité de S. dans Phèdre* (*Rev. d. Études latines,* XLI, 1963). — L. HERRMANN, *Octavie, tragédie prétexte* (Paris, 1924) ; E. FLINCK, *De Octavie praetextae auctore* (Helsingfors, 1919). — L. STRZELECKI, *De Senecae trimetro iambico* (Cracovie, 1938).

ÉTUDES ET COMMENTAIRES : M. BELLINCIONI, *Potere ed etica in Seneca* (Brescia, 1984) ; M. BILLERBECK, *Senecas Tragödien. Sprachliche und Stilische Untersuchungen* (Leyde, 1988) ; J. BRANDT, *Argumentative Struktur in Senecas Tragödien. Eine Untersuchung anhand der « Phaedra » und des « Agamemnon »* (Hildesheim, Zurich, New York, Olms et Weidmann, 1986) ; F.R. CHAUMARTIN, *Le « De beneficiis » de Sénèque, sa signification philosophique, politique et sociale* (Paris, 1985) ; *Les désillusions de Sénèque* dans *Aufstieg und Niedergang,* II, 36-3, p. 1823-1877 ; P.J. DAVIS, *Shifting Song : The Chorus in Seneca's Tragedies* (Hildesheim, Zurich, New York, Olms-Weidmann, 1993) ; F. FILLON-LAHILLE, *Le « De Ira » de Sénèque et la philosophie stoïcienne des passions* (Paris, 1987) ; M. GRIFFIN, *Seneca. A Philosopher in Politics* (Oxford, 1993) ; P. GRIMAL, *Sénèque ou la conscience de l'Empire* (Paris, 1978) ; K. HELDMANN, *Untersuchungen zu den Tragödien Senecas* (Wiesbaden, 1981) ; R. JAKOBI, *Der Einfluss Ovids auf den Tragiker Seneca* (Berlin-New York, 1988) ; I. LANA, *L. Anneo Seneca e la posizione degli intellectuali romani di fronte al principato* (Turin, 1964) ; D. et E. HENRY, *The Mask of power. Seneca's Tragedies and Imperial Rome* (Warminster, 1985) ; M. ARMISEN-MARCHETTI, *Sapientiae facies. Étude sur les images de Sénèque* (Paris, 1989) ; G. MAZZOLI, *Seneca e la poesia* (Milan, 1970) ; N.T. PRATT, *Seneca's Drama* (Chapel Hill-Londres, 1983) ; M. ROZELAAR, *Seneca. Eine Gesamtdarstellung* (Amsterdam, 1976) ; G. RUNCHINA, *Tecnica drammatica e retorica nelle Tragedie di Seneca* (Cagliari, 1960) ; *Seneca e la cultura,* a cura di A. Setaioli (Pérouse, 1991) ; H.J. TSCHIEDEL, *Phaedra und Hippolytus* (Diss. Erlangen-Nuremberg, 1969) ; O. ZWIERLEIN, *Die Rezitationsdramen Senecas,* 1966 ; *Prolegomena zu einer kritischen Ausgabe der Tragödien Senecas* (Wiesbaden, 1983) ; *Kritischer Kommentar zu den Tragöden Senecas* (Stuttgart, Wiesbaden, Fr. Steiner, 1986).

TRANSMISSION DES TEXTES : : E. FRANCESCHINI, *Glosse e commenti medievali a Seneca tragico, Pubblicazioni dell' Università del Sacro Cuore* (Milan, 1938) ; H.M. HINE, *The Manuscript Tradition of Seneca's Natural Questions* (C.Q., 30, 1980) ; R.H. PHILIP, *The Manuscript tradition of Seneca's Tragedies* (C.Q., 18, 1968) ; L.D. REYNOLDS, *The medieval tradition of Seneca's Letters* (Oxford, 1965) ; *The medieval tradition of Seneca's Dialogues* (*C.Q.*, 18, 1968).

RÉCEPTION DES TEXTES : J. JACQUOT, *Les tragédies de Sénèque et le théâtre de la Renaissance* (Paris, 1964).

LEXIQUE : L. DELATTE, E. ÉVRARD, *Index uerborum. Relevés statistiques,* Liège : *Consolation à Polybe,* 1962 ; *Consolation à Heluia,* 1963 ; L. DELATTE, E. ÉVRARD, A. BODSON, S. GOVAERTS, *Index uerborum. Relevés statistiques : De constantia sapientis* (La Haye, 1966) ; *De breuitate uitae, de clementia* (Paris, 1968) ; L. DELATTE, E. ÉVRARD, S. GOVAERTS, J. DENOOZ, *Index uerborum. Relevés statistiques* (La Haye, 1975) : *Lettres à Lucilius* ; L. DELLATE et alii, L. ANNAEUS SENECA, *Opera philosophica. Index uerborum. Listes de fréquences : relevés grammaticaux* (Hildesheim, 1981) (2 vol.) ; J. DENOOZ, L. ANNAEUS SENECA, *Tragoediae. Index uerborum. Relevés lexicaux et grammaticaux* (Hildesheim, 1980) ; P. GRIMAL, *L. Annaei Senecae operum moralium concordia,* P. GRIMAL, *edita : I. Ad Marciam. De consolatione.* Conscripsit N. Banvard (Paris, 1965). II. *De constantia sapientis.* Conscripsit S. Barthelemy (Paris, 1966). III. *De breuitate uitae* (Paris, 1967). IV. *De prouidentia* (Paris, 1969). V. *De uita beata* (Paris, 1969). VI. *De clementia.* Scheda conscripsit ordinauitique B. Mortureux (Paris, 1970). VII. *De tranquillitate animi* (Paris, 1976) ; R. BUSA-A. ZAMPOLLI, *Concordiae Senecanae.* Accedunt Index inuersus, Indices frequentiae (Hildesheim, Olms, 1975).

BIBLIOGRAPHIE : A.L. MOTTO et J.R. CLARK, *Seneca : a critical Bibliography 1900-1980* (Amsterdam, 1989) ; F.R. CHAUMARTIN, *Quarante ans de recherche sur les œuvres philosophiques de Sénèque* (Bibliographie, 1945-1985).

QUESTIONS PARTICULIÈRES : Sur les prétendus rapports de Sénèque avec saint Paul ; — Sur les *Letttres à Lucilius* : furent-elles vraiment adressées comme lettres ?

Perse

MANUSCRITS : *a)* ms. de Montpellier 125, ou *Pithoeanus* (IXe s.) ; *b)* mss. de Montpellier 212 (Xe s.) et du Vatican (IXe-Xe s.), remontant à la recension de Julius Tryfonianus Sabinus (faite en 402).

ÉDITIONS : Princeps : Rome 1470 ; — Casaubon (Paris, 1605 ; 1617), avec commentaire remarquable ; O. Jahn (Leipzig, 1843), avec scholies et index ; Némethy (Budapest, 1903), avec com. latin ; Villeneuve (Paris, 1918), avec com. français ; Cartault[2] (*Budé,* 1927), avec traduction française ;

O. Seel (Munich, 1949) ; W.V. Clausen (Oxford, 1956) ; E.V. Marmorale[2] (Florence, 1956) ; A. Marsili (Pise, 1960) ; *The Satires of Perse*, texte latin, traduction (versifiée) par G. Lee, introduction et commentaire par W. Barr ; *Satiren*, herausgeben, übersetz und kommentiert von Walter Kissel (Wissenschaftliche Kommentare zu Griechischen und Lateinischen Schriftstellern), Carl Winter (Universitätsvelag), Heidelberg, 1990, 884 pages (dont 798 de commentaire : histoire de la renommée de l'œuvre) ; — COMMENTAIRES des *Sat. I et III*, par G.L. Hendrickson (*Classical Philology*, 1928) ; de la *Sat. I*, par Kukula, *Persius und Nero* (Graz, 1923), et Gaffiot (*Revue de Philologie*, 1929) ; de la *Sat. II*, par V. d'Agostino (*Convivium*, I, 1929).

ÉTUDES : VILLENEUVE, *Essai sur Perse* (Paris, 1918) ; MENDELL, *Satir as popular philosophy* (*Classical Philology*, 1920). — FISKE, *Lucilius and Persius* (*Transactions of the American philological Association*, 1909) ; P. BUSCAROLI, *Persio studiato in rapporto a Orazio e Giovenale* (Imola, 1924). — V. D'AGOSTINO, *De A. Persii Flacci sermone* (*Visita indo-greco-italica*, 1928, 1929, 1930) et *Gli studi su Persio dal* 1957 *al* 1962. *Nota bibliografica* (*Rivista di Studi class. XI*, 1963) ; F. BELLANDI, Persio, *Dai « uerba togae » al solipsismo stilistico, Studi sui Choliambi e la poetica di Aulo Persio Flacco* (Bologne, 1988).

LEXIQUE : L. BERKOWITZ, T.F. BRUNNER, *Index uerborum quae in Saturis A.P.F. reperiuntur* (Hildesheim, 1967) ; D. BO, *Auli Persi Flacci lexicon* (Hildesheim, Olms, 1967) ; P. BOVET, L. CALLEBAT, Ph. FLEURY, M. ZUINGHEDEAU, *Konkordanz zu den Satiren des Persius Flaccus* (Hildesheim, Olms, 1978).

Lucain

MANUSCRITS : *a)* fragments palimpsestes de Vienne, Rome et Naples (IVe s. ?) ; *b) Voissianus* (Xe s., Leyde) ; *c)* ms. de Montpellier H. 113 (IXe-Xe s.) et nombreux autres, contenant beaucoup d'omissions d'un ou deux vers.

ÉDITIONS : Princeps : Rome, 1469 ; — Critiques : Francken (Leyde, 1896-1897) ; Hosius[3] (*Teubner*, 1913) ; Housman (Oxford, 1926 ; nouveau tirage, 1950) ; Bourgery-Ponchont (*Budé*, 1960) ; éd. et trad. R. Baldalì (Turin, *U.T.E.T.*, 1983) ; *De bello ciuili libri X*, éd. Shackleton Bailey (Stuttgart, *Teubner*, 1988) ; Lucan, *De Bello Ciuili*, Book II. Edited by Elaine Fantham (Cambridge, *University Press*, 1992). — SCHOLIES : dans l'édition Weber (Leipzig, 1821-1831), t. III ; *Commenta Bernensia*, par Usener (Leipzig, 1869) ; *Adnotationes super Lucanum*, par Endt (Leipzig, 1909). — COMMENTAIRES : anglais de l'édition complète Haskins (Londres-Cambridge, 1887) ; du L. I, éd. par R.J. Getty (Cambridge, 1940) ; des L. VII et VIII, édités par Postgate (Cambridge, 1913 et 1917) ; français du L. I, édité par Lejay (Paris, 1894) ; M. Wuensch, *Lucan-Interpretationen* (Berlin-Leipzig, 1930) ; H.C. Nutting, *Comments on Lucan* (*Univ. of California, Classical Philology*, XI, 1931-1933). — INDEX : G.W. Mooney, *Index to the Pharsalia of Lucan* (Dublin, 1927) ; Deferrari-Fanning-Sullivan, *A concordance of Lucan* (Washington, 1940).

TRADUCTIONS : Françaises : Brébeuf, en vers (Paris, 1657) ; Marmontel (Paris, 1766) ; Bourgery-Ponchont (*Budé*, 1927-1930) ; — Allemande : Krais (Stuttgart, 1863) ; — Anglaise : jointe à l'édition Duff (Londres, 1928, nouv. éd., 1951).

ÉTUDES : G. GIRARD, *Un poète républicain sous Néron* (*Revue des Deux Mondes*, 1875 ; *Journal des Savants*, 1885 et 1888) ; R. PICHON, *Les sources de Lucain* (Paris, 1912) ; A. BOURGERY, *La géographie de Lucain* (*Rev. de philologie*, 1928) ; SOURIAU, *De deorum ministeriis in Pharsalia* (Paris, 1885) ; A. BOURGERY, *Lucain et la magie* (*Rev. des Ét. lat.*, 1928) ; J. BRISSET, *Les idées politiques de L.* (Paris, 1964) ; P. GRIMAL, *L'éloge de Néron au début de la Pharsale est-il ironique ?* (*Rev. des Ét. lat.*, XXXVIII, 1960) ; M. RAMBAUD, *L'opposition de Lucain au Bellum ciuile de César* (*L'Information littéraire*, XII, 1960) ; P. GRENADE, *Le mythe de Pompée et les Pompéiens sous les Césars* (*Rev. d. Ét. anc.*, 1950) ; R.J. GETTY, *Neopythagorism in L. I* (*Transactions and Proceed. of the Am. Phil. Assoc.*, 1960) ; U. PIACENTINI, *Osservazioni sulla tecnica epica di Lucano* (*Deutsche Ak. d. W. zu B.*, Berlin, 1963) ; J. AYMARD, *Quelques séries de comparaisons chez Lucain* (Montpellier, 1951) ; W. FISCHLI, *Studien zum Fortleben des Annaeus Lucanus* (*Beit. z. Jahresb. der kant. höheren Lehramt*, Lucerne, 1943-1944) ; G.B. CONTE, *La guerra civile di Lucano, studi e prove di commento* (Urbino, 1988) ; P. GRIMAL, *La Guerre civile de Lucain dans ses rapports avec la Pharsale de Lucain* (Paris, 1977) ; W.R. JOHNSON, *Momentary « Monster », Lucan and his Heroes* (Ithaca and London, *Cornell University Press*, 1987) ; A. LOUPIAC, *La poétique des éléments dans la Pharsale*, dans *B.A.G.B.*, 1991.

TRANSMISSION DES TEXTES : H.C. GOTOFF, *The transmission of the text of Lucan in the ninth century* (Cambridge, Mass., 1971).

LEXIQUE : R.J. DEFERRARI, M.W. FANNING, A.S. SULLIVAN, *A concordance of Lucan* (Hildesheim, Olms, 1965) ; M. WACHT, *Concordia in Lucanum* (Hildesheim, 1991).

Pétrone

MANUSCRITS : fragments (rédaction abrégée) et *Cena Trimalcionis* dans le *Traguriensis* (1423, Paris) ; fragments (rédaction non abrégée) dans une copie de J.J. Scaliger (XVIe s., Leyde) ; fragments (rédaction abrégée) dans un ms. de Berne (Xe s.).

ÉDITIONS : F. Bücheler (Berlin, 1862) ; Bücheler-Heraeus[2] (Berlin, 1922) ; A. Ernout[3] (*Budé*, 1950), avec traduction française ; C. Pellegrino, *Petronii Arbitri « Satyricon »*, intr., ed. crit. e comm., Rome, 1975 ; — *Cena Trimalcionis :* L. Friedländer[3] (Leipzig, 1906), avec trad. et commentaire allemands ; W.D. Lowe (Cambridge, 1905), avec trad. et commentaire anglais ; Sedgwick (Oxford, 1925), avec choix d'inscriptions de Pompéi. — A. Maiuri (Naples, 1945), avec commentaire et illustrations ; K. Müller (Munich, 1961) ; Marzullo-Bonaria (Bologne, 1962) ; P. Perrochat, *Pétrone, le festin de Trimalcion, Commentaire*[3] (*Fac. des L. de Grenoble* 27, Paris, 1962) ; M.S. Smith, éd. *Cena Trimalchionis* (Oxford, 1975) ; — *Poème sur la guerre civile :* F.T. Baldwin (New York, 1911), avec trad. et commentaire anglais ; H. Stubbe (*Philologus, Suppl. b;*, 1932), avec trad. et com. allemands (*Guerre civile* et autres parties versifiées du *Satiricon*).

LANGUE : SEGEBADE-LOMMATSCH, *Lexicon Petronianum* (Leipzig, 1898 ; réimpr. Hildesheim, 1963) ; W. SUESS, *De eo quem dicunt inesse Trimalchionis Cenae vulgari sermone* (Dorpat, 1926) ; du même, *Petronii imitatio sermonis plebei qua necessitate conjungatur cum grammaticae illius aetatis arte* (Dorpat, 1927) ; A. STEFENELLI, *Die Volkssprache im Werk des P.* (*Wiener Romanist,* 1962) ; P. PERROCHAT, *Mentalité et expression populaires dans la Cena Trimalcionis* (*L'Information littéraire,* 1961) ; M. KORN-S. REITZER, *Concordantia Petroniana,* Alpha-Omega 71 (Hildesheim, Olms, 1962).

ÉTUDES : E.V. MARMORALE, *La questione Petroniana* (Bari, 1948) [Pétrone daté du début du IIIe s.] ; R. CAHEN, *Le Satiricon et ses origines* (Lyon-Paris, 1925) ; A. COLLIGNON, *Étude sur Pétrone* (Paris, 1892) ; E. THOMAS, *Pétrone : l'envers de la Société romaine*[3] (Paris, 1912) ; A. COLLIGNON, *Pétrone en France* (Paris, 1905). — M. ROSENBLÜTH, *Beiträge zur Quellenkunde von Petrons Satiren* (Berlin, 1909) ; MENDDELL, *Petronius and the Greek romance* (*Classical Philology,* 1917) ; A.H. SALONIUS, *Die Griechen und das griechische in Petrons Cena Trimalcionis* (Helsingfors-Leipzig, 1927) ; P. VEYNE, *Trimalcio Maecenatianus* (Coll. *Latomus,* LVIII, Bruxelles, 1962) ; L. SGOBBO, *La città campana delle Saturae di Petronio* (*Rendiconti d. Accad. dei Lincei,* 1923). — N. STRILCIW, *De arte rhetorica in Petronii Saturis conspicua* (*Eos,* 1927) ; A. MARBACH, *Wortbildung, Wortwahl und Wortbedeutung als Mittel der Charakterzeichnung bei Petron* (Giessen, 1931) ; H. STUBBE, *Die Verseinlagen im Petron* (Leipzig, 1933) ; L. CALLEBAT, *Structures narratives et modes de représentation dans le Satiricon de Pétrone,* dans R.E.L., 1974 ; V. CIAFFI, *Satyricon di Petronio,* 2e éd. (Torino, 1967) ; F. DUPONT, *Le Plaisir et la Loi : du banquet de Platon au Satiricon de Pétrone* (Paris, 1977) ; R. MARTIN, *Quelques remarques concernant la date du Satiricon* (R.E.L., 1975) ; K.F.C. ROSE, *The Date and Author of the Satyricon,* with an intr. by J.P. Sullivan (Louvain, 1971) ; M.M. SMITH, *Petronius : Cena Trimalchionis,* éd., comm. et notes ; J.P. SULLIVAN, *The Satiricon of Petronius. A literary Study* (Bloomington and London, 1968) ; N. TERZAGHI, *Petronio Arbitro, Il romanzo satirico* (Firenze, 1950) ; P.G. WALSH, *The Roman Novel. The Satyricon and the Metamorphoses of Apuleius* (Cambridge, 1970).

BIBLIOGRAPHIE : G.L. SCHMELING et J.H. STUCKEY, *A Bibliography of Petronius, Mnemosyne,* 39, 1977.

TRANSMISSION DES TEXTES : T. WADE RICHARDSON, *Problems in the Text-history of Petronius in Antiquity and the Middle Ages,* AJP, 96, 1975.

CHAPITRE VIII

LE NOUVEAU CLASSICISME

La mort de Néron (68) fut suivie de guerres civiles forcenées : trois empereurs, Galba, Othon, Vitellius, se succédèrent en un an, et périrent tous de mort violente. Quand Vespasien fut reconnu (21 décembre 69), toute règle politique semblait abolie ; les provinces étaient chancelantes, l'Italie en partie ravagée, Rome durement éprouvée ; le Capitole, centre religieux de la puissance romaine, incendié. Vespasien, comme autrefois Auguste, inaugura une période (69-117) réparatrice, où allait s'épanouir une nouvelle littérature classique.

Mais les Flaviens (Vespasien et ses deux fils : Titus et Domitien), en rétablissant l'ordre administratif et financier, en amorçant même le règne de la bourgeoisie, ne supprimèrent pas le souvenir des mœurs claudiennes. Elles eurent même sous Domitien, le dernier d'entre eux (81-96), une sorte de reviviscence : l'empereur était autoritaire, capricieux, cruel, de goûts asiatiques. La paix civique ne redevint complète que sous les premiers Antonins, Nerva et Trajan : liberté de pensée, de parole, sécurité personnelle allèrent alors de pair. En même temps la civilisation romaine retrouvait ses aspects caractéristiques : général victorieux, strict administrateur, grand bâtisseur, Trajan (98-117) les porta au plus vif éclat. Il est vrai que cette résurrection nationale, plus encore que celle à laquelle avait présidé Auguste, comportait quelque artifice : le retour au passé était moins une réalité qu'une affirmation, une espèce d'incantation par laquelle on se défendait contre la hantise des tyrannies néfastes, gréco-asiatiques.

La société. — Le phénomène social essentiel de cette période est la constitution d'un nouveau Sénat : Vespasien et Titus, exerçant la censure en 75, y remplacèrent les créatures de Néron par des Italiens et des provinciaux de solide bourgeoisie et de sentiments « romains » ; Domitien leur fit place nette en détruisant les derniers restes de l'ancienne aristocratie, et, en voulant restreindre leurs attributions, en les contraignant à de grossières adulations, leur donna par la haine l'esprit de corps qui leur manquait. Conscients de leur dignité recouvrée quand le tyran fut mort, et gagnés par les ménagements de Nerva et de Trajan, ce furent ces sénateurs qui proclamèrent le plus haut la renaissance des vertus républicaines sous un prince ami de la liberté ; en eux se combinaient l'orgueil d'une classe dirigeante et la conscience de fonctionnaires cultivés, qui ont relégué les affranchis à leur rang : Pline le Jeune, Tacite en sont les plus illustres.

Cette haute société est plus simple et plus sévère que la précédente ; la vie mondaine est moins trépidante et plus familière qu'au temps de Néron. On songe au XVIIIe siècle français sur sa fin : même exaltation, un peu prêcheuse, de la morale ; même tendresse, un peu bavarde, pour la vertu ; et une sensibilité bienfaisante, qui incline à la sensiblerie. Ce n'est pas que les raffinements et les corruptions de l'âge précédent aient disparu : ils se sont vulgarisés, mais ailleurs que dans la classe dirigeante. Et la vie du grand monde comporte aussi bien des niaiseries. Du moins la conscience sociale s'éclaire ; on voit passer dans les mœurs et les lois certains préceptes des philosophes : les esclaves semblent mieux traités ; Trajan organise une assistance publique au bénéfice des enfants pauvres.

Conditions morales du nouveau classicisme. — Comme sous Octave, le renouveau trouva sa forme accomplie grâce à des hommes qui, ayant souffert des guerres civiles et de la tyrannie de Domitien, s'enchantaient davantage du présent : Tacite, Juvénal, Pline le Jeune. Comme, aussi, c'était Rome qui, ayant le plus souffert des mauvais empereurs, goûtait le mieux le soulagement présent, c'est par des Italiens et dans un esprit strictement national que la littérature de ce temps atteignit sa plus haute expression. Le traditionalisme est en honneur, remonte au classicisme augustéen et, par lui, à l'héritage républicain.

La différence est grande cependant, et considérables les illusions sur lesquelles vivent les contemporains de Trajan. La liberté dont ils se targuent est toute relative. L'éloquence n'est pas plus libre : avec les délateurs, sa verve s'est perdue ; laudative et gouvernementale, elle va aboutir aux panégyriques. La philosophie défaille, s'abaisse à écrire des vies édifiantes. A sa place, la satire fleurit. Rien d'étonnant : seuls les tyrans nourrissent une opposition libérale ; les bons princes, se succédant sans à-coups, affermissent le régime impérial, tout en trouvant profit à laisser médire des règnes précédents : la volupté haineuse qu'y trouvent Tacite, Pline et Juvénal fait le fonds de leur soi-disant républicanisme.

Le nationalisme de ces auteurs est, d'autre part, étroit et inactuel : leur détestation, souvent affichée, de la Grèce et de l'Orient trahit la peur d'un cosmopolitisme qui présentait sans doute des désagréments et des dangers, mais auquel Rome devait se résoudre si elle ne voulait pas décliner ; et, s'il était raisonnable de développer les forces intellectuelles de l'Occident[1] pour contre-balancer les influences orientales, offrir plus ou moins la Germanie en exemple à Rome, comme le fait Tacite, n'était ni juste ni adroit. Du point de vue religieux aussi, le retour à une religion soi-disant « nationale », purement formelle et toute desséchée, non sans superstitions d'ailleurs, signale un vrai recul, au moment où le judaïsme et le christianisme naissant gagnent de plus en plus les âmes. Cet esprit de réaction est d'ailleurs bien vain ; quoi qu'on dise ou fasse, la politique romaine incline de nouveau vers l'Orient : de là Vespasien est parti à la conquête de l'Empire ; là vise la suprême entreprise de Trajan (la guerre contre les Parthes).

Ses aspects littéraires. — Littérairement aussi, cette période apparaît sous l'aspect d'une réaction classique contre les innovations du règne de Néron, mais une réaction qui n'eut rien de soudain ni d'absolu, et dont les modes furent très divers.

Le classicisme n'avait cessé d'avoir ses tenants aux plus beaux temps de Sénèque et de Lucain ; il l'emporta quand arrivèrent à l'âge mûr, sous Vespasien, des hommes qui s'étaient formés dans une atmosphère de lutte. Quintilien se présente comme cicéronien et adversaire décidé de Sénèque ; son succès et l'approbation officielle signalent le triomphe du nouveau classicisme. La prose latine se refera donc cicéronienne ; et les poètes, Valérius Flaccus, Stace, Silius Italicus, démarqueront Virgile en bons écoliers. L'art aussi s'assagit. Telle est la première génération néo-classique. Mais Quintilien lui-même a un style plus imagé et subtil que Cicéron ; Martial, au travail minutieux et délicat d'un Horace, joint le mordant et la préciosité piquante d'un mondain des salons nouveaux : on peut pressentir la combinaison hardie qui fera de Tacite et de Juvénal des écrivains d'une si forte originalité. En ces deux derniers maîtres une rhétorique ferme et continue soutient les plus vives hardiesses du style et les audaces du réalisme le plus appuyé : ainsi s'harmonisent jusqu'à l'âcreté et l'outrance de certaines peintures où le goût romantique de l'âge néronien se retrouve, dépouillé de sa grâce, mais grandi et comme discipliné. Cependant le néo-classicisme produit, comme son inévitable fruit, Pline le Jeune, âme délicate, écrivain timide ; ce qu'il y a de meilleur en ses lettres est un pâle reflet de Pétrone et Martial ; mais, quand il « cicéronianise » à fond, on a bonne envie de donner tort aux leçons de son maître Quintilien.

Pressentiments de décadence. — Or c'est lui qui est représentatif de son temps : une décadence s'annonce. Les bons empereurs font peu d'efforts pour favoriser les lettres : l'exemple néfaste de Néron, renouvelé par Domitien (lui-même poète et créateur de jeux littéraires), porte les Romains à craindre le tyran en un prince trop ouvertement amateur des arts ; quand, après Trajan, Hadrien accèdera au trône, sa culture suffira à le rendre suspect.

1. L'enseignement de la rhétorique latine produit ses fruits en Gaule, d'où sont originaires Aper et Julius Sécundus, et en Afrique, « nourrice d'avocats ».

D'ailleurs, le public semble se raréfier : Pline, tout illusionniste qu'il est, remarque la décadence rapide des lectures publiques. Sans doute est-ce que la nouvelle société de grande bourgeoisie, par ses vertus mêmes, s'éloigne des raffinements de l'ancienne aristocratie ; mais aussi elle compte maints riches parvenus de niveau intellectuel médiocre, qui, vaniteusement avides de clientèle, visent plus à la quantité qu'à la qualité de leurs flatteurs. A ces signes de lassitude s'ajoute la misère, physique et surtout morale, des classes inférieures ; le prodigieux amphithéâtre du Colisée révèle les véritables préoccupations de Rome à cette date : exhibitions surprenantes, massacres de bêtes et d'hommes, le tout sans mesure.

Mais le plus grave, c'est que la littérature elle-même, au lieu de poursuivre l'élargissement humain qui s'esquissait pendant la période précédente, se soit resserrée en un nationalisme étroit et grondeur, et, pour une part, artificiel. La pure vocation de Rome était de créer et d'exprimer une civilisation méditerranéenne : en désertant cette tâche, les « classiques » de 70-117, si brillants d'ailleurs ou séduisants qu'ils soient, ont condamné leurs successeurs à la stagnation. La langue grecque va, pour un siècle, reprendre dans l'Empire l'avantage sur le latin comme instrument de la pensée universelle.

1. La prose scientifique et technique

En cette période, la poussée scientifique, si nette dans la génération précédente, achève de donner ses fruits : il s'agit toujours d'œuvres de vulgarisation que recommandent soit la clarté technique, comme les livres de Frontin[1] sur l'arpentage, les ruses de guerre ou les eaux, soit l'abondance de l'information, comme ceux de Pline l'Ancien ; mais ces mérites mêmes, et jusqu'à la curiosité scientifique, sont près de s'épuiser[2]. Le droit, au contraire, restera florissant[3] ; et, avec lui, bien entendu, la rhétorique, qui trouve alors en Quintilien un maître, à la fois ferme législateur et bon écrivain.

---

1. Sex. Julius Frontinus (40-103), deux fois consul, gouverneur de la Bretagne (Angleterre) et « curateur » du service des eaux à Rome, traite de questions qu'il connaissait personnellement.

2. Dans la même période à peu près : l'ingénieur Hyginus (*De munitionibus castrorum*, éd. Gemoll, *Teubner*, 1879 ; *De limitibus constituendis*, dans le *Corpus agrimensorum Romanorum* de Thulin, *Teubner*, 1913), le géomètre Balbus, l'arpenteur Siculus Flaccus (*Corpus agrimens. Rom.* de Thulin).

3. Les jurisconsultes « proculéiens » Coccéius Nerva, Pégasus, Nératius Priscus, Juventius Celsus ; et « sabiniens » (voir p. 311) : Caelius Sabinus, Javolénus Priscus, Titius Aristo. — Fragments dans Bremer, *Jurisprudentiae antehadrianae quae supersunt* (Leipzig, 1896-1901).

PLINE L'ANCIEN
23-79 ap. J.-C.

C. Plinius Sécundus était originaire de Côme, et de famille équestre. Officier de cavalerie en Germanie, procurateur de Vespasien en Espagne, enfin préfet (amiral) de la flotte de Misène, il acheva une vie singulièrement active par une curiosité héroïque : voulant observer de plus près l'éruption du Vésuve qui ensevelissait Pompéi, Herculanum et Stabies, il périt étouffé, à 56 ans.

Il n'avait cessé d'élargir son expérience personnelle par les lectures les plus variées, sans perdre un seul instant, ni à table, ni au bain, ni en voyage ; ses notes et ses extraits emplissaient 160 volumes. Mais il avait aussi, comme Caton, comme Varron, la manie d'écrire sur tous sujets. De son expérience personnelle relevaient un traité *Sur l'emploi du javelot dans la cavalerie*, 20 livres sur *Les Guerres de Germanie* ; une *Vie de Pomponius Sécundus*, qui avait été son général. Il avait continué, en 31 livres, l'histoire d'Aufidius Bassus. Il avait aussi écrit sur la grammaire *(Studiosi libri III ; Dubii sermonis libri VIII)*. Le tout a péri. Mais il nous reste les 37 livres de ses *Recherches sur le monde*, dites « Histoire naturelle » *(Naturae historiarum libri)*, dédiés, sur un ton de brusque et respectueuse amitié, à Titus, fils de Vespasien.

Après une table des matières et une bibliographie (Pline avait dépouillé 2 000 volumes) (l. I), l'ouvrage décrit l'univers (II), puis traite de la géographie et de l'ethnographie (III-VI), de l'homme (VII), des animaux (VIII-XI), des végétaux (XII-XIX), de la botanique et de la zoologie médicales (XX-XXXII), des minéraux et de leurs usages, des beaux-arts, des pierres précieuses (XXXIII-XXXVII).

C'est une immense compilation livresque, sans méthode, sans critique, sans apport scientifique original, mais au demeurant extrêmement précieuse par la masse de données transmises.

Pline aurait pu lui assurer une unité philosophique. Mais il a été gêné par une intuition de vrai savant : qu'il devait se limiter aux réalités physiques, sans toucher aux questions métaphysiques (sur Dieu, l'âme, etc...). Et pourtant ces questions l'inquiètent : en matière religieuse, il est au fond sceptique, confondrait volontiers Dieu avec la Nature ; mais la tradition romaine l'oblige à tenir compte de la valeur sociale de la religion ; — quand il considère l'homme, il est pessimiste, trouve lamentable sa misère physique et ses folles passions ; mais il l'admire pour les progrès matériels qu'il a réalisés ; et il se plaît visiblement à l'exercice de la raison et à l'élargissement de ses connaissances. Il en résulte beaucoup d'incertitude et de confusion.

L'homme et la divinité

[Pline vient de s'en prendre aux sottes superstitions et à l'immoralité cynique ; à ceux qui croient à la Fortune et à l'astrologie. — Pensée trouble où dominent une confiance assez inquiète en la Nature et un pessimisme ironique à l'égard de l'homme (comparer l'attitude, beaucoup plus ferme, de Lucrèce).]

Toutes ces croyances, chacune pour son compte, embarrassent notre nature mortelle, privée de tout moyen de prévision ; si bien que nulle certitude n'y apparaît, sinon qu'il n'en est aucune, et que l'homme est ce qu'il y a de plus misérable ou de plus orgueilleux.

Car les autres animaux n'ont qu'un souci, celui de la nourriture, et la bienveillance de la nature y pourvoit spontanément et de façon suffisante ; condition bien préférable à tous les biens imaginables, du seul fait qu'elle exclut les rêveries sur la gloire, l'argent, l'ambition, et surtout la mort.

Pourtant, croire qu'en ces matières les dieux ont souci des choses humaines est utile à la vie sociale. On dira que la Divinité châtie les crimes, non sans retard parfois à cause des obligations que lui impose un si vaste ensemble, mais sans faute ; et que l'homme n'a pas été créé si proche d'elle pour qu'on le ravale au niveau des bêtes. Mais surtout l'imperfection humaine se console par l'idée que Dieu non plus ne peut pas tout. Car, à supposer qu'il le veuille, il ne peut pas se donner la mort, ce qui est le plus beau don qu'il ait fait à l'homme au milieu des peines insupportables de la vie ; il ne peut non plus donner l'éternité aux mortels, ni ressusciter les trépassés ; ni faire que celui qui a vécu n'ait pas vécu, que celui qui a géré des magistratures ne les ait pas gérées ; il n'a sur le passé aucun droit sinon celui d'oublier ; et (pour lier même d'arguments plaisants notre société avec Dieu), il ne peut empêcher deux fois dix de faire vingt, et autres choses semblables. Ce qui témoigne indubitablement de la puissance de la nature et de son identité avec ce que nous appelons « dieu ».

II, 7, 25-27.

La valeur littéraire de l'ouvrage est très inégale. D'ordinaire Pline se contente de transcrire l'une après l'autre ses « fiches » sans se soucier de la composition. Mais il arrive aussi que la suite des faits soit comme piquée de réflexions personnelles, le plus souvent désabusées ou satiriques, et visant au trait, à la manière de Sénèque. D'autres fois, la phrase recherche une élégance tortueuse et pénible. Le vocabulaire est d'une richesse prodigieuse, et qui ne tient pas seulement à la diversité des notations techniques : en présence des réalités matérielles, Pline éprouve une véritable joie à distinguer les moindres différences et à découvrir le mot rare qui les suggère avec précision.

Les perles

[Mélange de vérités et d'erreurs non contrôlées. — Poésie du détail pittoresque et de l'interdépendance des phénomènes naturels. — Traits contre le luxe des contemporains.]

Origine et production ne diffèrent guère entre la coquille perlière et l'huître. A la saison génératrice on dit que, s'ouvrant par une espèce de bâillement, elles conçoivent par l'action d'une rosée fécondante, puis enfantent des perles dont la qualité répond à celle de la rosée : pure, la rosée donne un produit d'une éclatante blancheur ; trouble, elle salit la perle. Celle-ci est pâle, si elle a été conçue à l'approche d'un orage ; ce qui prouve qu'elle a plus de rapport au calme des airs qu'à celui de la mer : au ciel elles empruntent une teinte nuageuse ou la limpidité de l'éclat matinal. Si les coquillages ont une nourriture appropriée, leurs fruits grossissent avec eux ; l'éclair les fait se clore, et ils diminuent à proportion de leur jeûne ; le tonnerre les épouvante, ils se ferment soudain et ne produisent que des « soufflures », semblants de perles, vides et sans corps : ce sont des avortements. Mais les perles saines ont plusieurs couches superposées, ce qui les fait ressembler à un cal : aussi les gens qui s'y connaissent savent-ils les purifier. Ce qui m'étonne, c'est que seul le ciel fait leur bonheur : au soleil elles rougissent, et comme le corps humain, perdent leur blancheur. Celle-ci se garde mieux dans les profondeurs de la haute mer, où ne peuvent pénétrer les rayons. Toutefois ces perles mêmes jaunissent en vieillissant et se rident ; et la plénitude que l'on recherche en elles est un apanage de la jeunesse. Elles épaississent même avec l'âge, adhèrent à la coquille, et ne peuvent en être détachées que par la lime : elles n'ont alors qu'une surface courbe ; le revers est plat, d'où leur nom de « timbales ». Nous en avons vu qui faisaient masse avec la coquille, capables ainsi de faire boîtes à parfums. Au reste la perle fine, molle dans l'eau, durcit aussitôt qu'on l'en tire.

Quand elle voit approcher la main, la coquille perlière se ferme et couvre ses trésors, sachant que c'est pour eux qu'on la recherche ; et, si elle prévient la main du pêcheur, elle la coupe de son tranchant : nul châtiment plus mérité. Et ce n'est pas le seul : car c'est au milieu des écueils qu'elles se trouvent surtout et, en haute mer, les chiens marins croisent autour d'elles : les oreilles des femmes ne s'en parent pas moins.

IX, 54, 107-110.

QUINTILIEN
Vers 30 ? — après 95 ap. J.-C.

C'est un Espagnol, M. Fabius Quintilianus, de Calagurris (Calahorra) en Tarraconaise, qui, contre l'influence de l'Espagnol Sénèque, regroupa les « classiques » et ramena la prose latine à une sorte de cicéronianisme. Son père était rhéteur et lui avait fait faire ses études à Rome, où il revint se fixer après un séjour en Espagne de 60 (?) à 68. Avocat déjà renommé, il ouvrit une école de rhétorique bientôt célèbre. Vespasien le remarqua : il fut des premiers pourvus du traitement annuel important (50 000 fr.) assuré à des rhéteurs ; vers 90, Domitien lui confia l'éducation de ses neveux : ces considérations officielles prouvent combien Quintilien était représentatif des tendances littéraires de ce temps. Il l'est aussi du renouvellement moral : honnête et consciencieux, il se dévoua constamment à la jeunesse malgré de dures épreuves familiales (il avait perdu sa femme et ses deux fils encore enfants).

L' « Institution oratoire ». — Son opuscule *Sur les causes de la corruption de l'éloquence* est perdu. Le recueil de *Déclamations* qui porte son nom n'est sans doute pas de lui. Mais, vers 92-94, il avait entrepris un ouvrage en 12 livres *Sur la formation de l'orateur (De institutione oratoria)*, qui nous est parvenu entier.

Quintilien prend l'enfant au berceau, le suit dans sa première éducation et chez le « grammairien » (l. I), puis chez le rhéteur. Il expose ce qu'est la rhétorique en général (II) ; ses divisions classiques (invention, disposition, élocution) et les genres d'éloquence (démonstratif, délibératif, judiciaire) (III). Il traite ensuite en détail de la composition du discours et de ses parties (IV-VII), de l'élocution et des auteurs à pratiquer (VIII-X), de la mémoire et de l'action (XI) ; des qualités générales que doit posséder l'orateur : moralité et connaissances étendues (XII).

Le plan n'a rien d'imprévu, et Quintilien ne se pique pas d'innover sur le fond. Mais, écrivant à la fin de toute une vie de pratique judiciaire et de professorat, et à un moment où la réaction contre le romantisme néronien est triomphante, il a donné une clarté et une fermeté extrêmes aux conclusions de son expérience personnelle et à l'exaltation d'un classicisme qu'il croit pur et où il voit le salut des lettres latines.

Qualités et insuffisances de Quintilien. — Il apportait à sa tâche, avec un goût longuement affiné, beaucoup de bon sens et une conscience fort minutieuse. Aussi ses jugements sont-ils toujours mesurés et loyaux. Il avait le plus noble souci de la moralité du professeur et de l'orateur, pour lequel il reprend la définition du vieux Caton : « un homme de bien habile à parler ». Aussi son œuvre est-elle d'une haute tenue, intellectuelle et morale.

Mais ses préoccupations sont trop étroites. Il prétend bien recommander la large culture d'un Cicéron et dédaigner les subtilités de la théorie. Mais, en fait, il croit trop uniquement en la rhétorique : il lui sacrifie volontiers la philosophie et l'enseignement, plus encyclopédique, que dispensait le « grammairien » ; il s'enchante au contraire de toutes les finesses du métier d'avocat ; et, quand il passe en revue (au livre X) les grands écrivains grecs et latins, il ne les apprécie que du point de vue rhétorique.

Tactique de l'altercation

[L'altercation est une vive discussion où s'affrontent les avocats des deux parties. — Prescriptions claires et minutieuses, où se sent l'ancien praticien, rompu au métier. — Remarquer le trait final, spirituel et cynique.]

Le combat bien engagé, un avocat sagement résolu et habile gagne beaucoup à entraîner son adversaire sur une fausse voie, et le plus loin possible, de façon à lui donner par intervalles le frisson d'une vaine espérance. Aussi a-t-on parfois avantage à dissimuler certaines de ses batteries : car l'adversaire s'engage alors à fond et risque souvent le tout pour le tout, dans l'idée que les preuves nous manquent ; et, à force de les réclamer, il en accroît l'importance. Il est encore bon de lui abandonner certaines positions dont il soit si pressé de se saisir qu'il en néglige d'autres plus importantes ; ou de lui proposer parfois une alternative où le choix soit aussi dangereux d'un côté que de l'autre : moyen plus puissant dans l'altercation que dans la plaidoirie parce qu'ici, au lieu de nous répondre à nous-mêmes, nous tenons l'adversaire pour ainsi dire par son propre aveu.

Un avocat pénétrant verra d'abord à quelles paroles le juge est sensible ou rebelle, ce que révèle bien souvent sa physionomie, parfois une parole ou un geste. Il insistera alors sur les arguments utiles à sa cause et abandonnera insensiblement les autres par une prudente retraite. C'est ce que font aussi les médecins : ils poursuivent ou suspendent leur médication, selon que le malade la tolère ou non. Il arrive qu'il soit malaisé de poursuivre une preuve énoncée ; il faut alors introduire une autre question, et détourner, si possible, sur elle l'attention du juge. Que faire en effet, quand on ne peut répondre, sinon trouver autre chose, à quoi l'adversaire ne puisse répondre ?

VI, 4, 17-20.

Effets d'audience : du pathétique au bouffon

[Devant un auditoire méridional, très émotif et très sensible aux manifestations extérieures, les avocats avaient pris l'habitude de mises en scènes pathétiques : exhibant (surtout au moment de la péroraison) blessures ou misères de leur client, sa famille, ses petits enfants surtout, en deuil et en larmes... Quintilien vient de rapporter une série d'anecdotes qui prouvent que l'effet escompté n'est pas toujours obtenu ; il va en conter d'autres pour montrer que la tâche de l'avocat adverse, qui cherche à tuer le pathétique par le ridicule, présente aussi ses dangers. — Bon sens et mesure. — Goût de la narration brève et spirituelle.]

Voici le conseil essentiel : il faut avoir un bien grand talent pour se risquer à vouloir faire pleurer. Car si rien n'égale, il s'en faut, la puissance du pathétique quand il s'est emparé des cœurs, quand il manque son effet il refroidit tellement [la péroraison] qu'un avocat médiocre ferait mieux de laisser sans rien dire l'émotion à la réflexion des juges. Car, bien souvent, le visage, la voix, la physionomie même de l'accusé que l'on fait lever font rire l'auditoire, s'il n'est pas vivement ému. Aussi, que l'avocat mesure et apprécie scrupuleusement ses forces, et qu'il apprécie bien la lourdeur de la tâche dont il va se charger : il n'y a pas de milieu, il récolte ou les larmes ou la risée.

D'ailleurs la péroraison n'a pas seulement pour rôle d'exciter la pitié, mais aussi de la dissiper, soit par un développement en forme qui ramène les juges à l'idée de justice, soit par quelque mot spirituel, par exemple : « Donnez du pain à cet enfant, pour qu'il ne pleure pas », ou celui qu'adressa à son client, fort corpulent, un avocat qui voyait sa partie, un enfant, porté parmi les juges sur les bras de son conseil : « Que faire ? dit-il. Je ne peux pourtant pas faire comme lui ! » Mais gardons-nous, en pareil cas, de bouffonner. Aussi n'entends-je pas approuver celui (pourtant un des plus célèbres orateurs de son temps) qui au milieu des enfants que son adversaire produisait pour achever sa plaidoirie jeta une poignée d'osselets, que ces petits se disputèrent : car cette inconscience même pouvait exciter la compassion. Ni celui qui, voyant l'accusateur brandir un glaive sanglant comme pièce à conviction, s'enfuit brusquement de son banc, comme terrorisé ; puis, la tête en partie cachée de sa toge, lorsqu'il fut appelé pour plaider, jeta un coup d'œil craintif en demandant « si l'autre, avec son glaive, était parti » : il fit rire, mais donna à rire.

VI, 1, 44-48.

Sa pédagogie. — Ce qui met Quintilien hors de pair, c'est sa pédagogie. Il a apporté à l'observation des enfants la psychologie la plus délicate, à la conduite de leur intelligence le tact le plus fin. Il insiste sur les précautions à prendre dès le berceau, s'inquiète de l'éducation sans émulation ni contrôle réciproque qui se donne dans les familles, recommande l'école publique sous un maître sûr. Tout en conseillant l'effort régulier et sans faiblesse, il le mesure selon les tempéraments. Il reste toujours près de la vie réelle, et avec le souci constant de la santé morale.

La surabondance chez l'enfant

[Compréhension aimante des enfants, où se sent le père et le professeur dévoué. — Réaction contre les sécheresses minutieuses vers lesquelles tendait l'âge précédent. — Coquetterie du style, riche en images et en comparaisons tirées de l'art et de la nature, et ne s'interdisant même pas les pointes.]

Cet âge doit oser, inventer et y trouver joie, même si ses imaginations manquent parfois de netteté et de sobriété. Il est facile de remédier à l'abondance ; mais la stérilité est un mal invincible. La nature qui, chez les enfants, me donne le moins à espérer est celle où le jugement prend le pas sur les dons spontanés. Je veux trouver d'abord ample matière, fût-elle surabondante et même débordante. L'âge la réduira beaucoup, la raison en limera beaucoup, l'usure même, pour ainsi dire, en ôtera quelque chose ; puisse-t-il seulement en rester assez pour donner prise au travail du ciseau et du burin ! Mais il faut, pour cela, que nous n'ayons pas dès le début si bien aminci le métal qu'il ne puisse résister à une gravure un peu poussée. Mon opinion sur les enfants de cet âge vous étonnera moins si vous avez lu dans Cicéron : « Je veux que, chez l'adolescent, la sève regorge ».

Aussi faut-il avant tout éviter, surtout avec de jeunes enfants, un maître aride, tout comme, pour les plantes encore tendres, un sol sec et sans aucune humidité. Car, avec un tel maître, aussitôt ils s'abattent et s'inclinent, pour ainsi dire, vers la terre, sans plus oser s'élever au-dessus du langage vulgaire. La maigreur leur tient lieu de santé, la faiblesse, de jugement ; ils croient qu'il suffit d'être exempt de défauts et tombent dans celui de n'avoir pas de qualités. Aussi, croyez-m'en, que la maturité même se garde d'aller trop vite, que le vin nouveau ne se hâte pas de prendre du corps dès la cuve : à cette condition on porte mieux les années et on gagne en vieillissant.

II, 4, 6-9.

Le retour aux classiques. — Le réalisme et l'équilibre moral de Quintilien le rapprochaient des classiques : il ne cesse de recommander une éloquence probe, naturelle, d'une beauté virile. Il n'était pas le premier à dénoncer les faux ornements des « déclamateurs » : Perse, Pétrone l'avaient fait ; Perse, encore, s'était élevé contre les deux maniérismes de son époque, l'ultra-moderne et celui qui se réclamait des auteurs archaïques. Mais Quintilien écrit avec toute l'autorité d'un homme du métier : il s'en prend nettement à Sénèque, qui était « dans toutes les mains », et prône sans fatigue Cicéron, depuis longtemps démodé, au nom des mêmes principes, de raison et de goût : son opinion marque un reclassement des valeurs médité et qui ne sera plus contesté ; mais qui aussi va peser sur le libre développement de la prose latine.

La nature et l'art dans la composition littéraire

[Conseils « classiques », c'est-à-dire interprétant la nature avec bon sens et finesse, par suite d'intérêt toujours actuel. — Aisance de la forme : l'anecdote, les conseils sont à la fois souriants et fermes.]

Dans le temps que Julius Sécundus[1] était encore aux écoles, son oncle[2], le voyant soucieux, lui demanda d'où venait cet air contraint. Le jeune homme lui avoua que depuis trois jours il avait beau travailler, il ne trouvait pas d'exorde pour la matière qu'on lui avait donnée à traiter : ce qui non seulement le tourmentait pour le présent, mais le désespérait pour l'avenir. Alors Florus, en souriant : « Veux-tu donc, lui dit-il, mieux dire que tu ne peux ? »

Oui, il faut tâcher d'écrire le mieux possible, mais pourtant sans outrepasser ses forces ; on progresse, en effet, par l'étude, non par le dépit. Or, pour pouvoir écrire beaucoup et vite, l'exercice est sans doute d'un grand secours, mais aussi la méthode. Si, au lieu d'attendre l'inspiration couchés[3], les yeux au plafond, en grommelant pour éveiller la pensée, nous considérons d'abord ce que demande le sujet[4], ce qui convient aux personnes, aux circonstances, au caractère du juge, pour ensuite nous mettre à écrire dans un esprit simplement humain, la nature elle-même nous dicte et notre début et la suite. Car la plupart des choses qu'il faut dire sont nécessaires et viennent d'elles-mêmes frapper nos yeux, à moins que nous ne les fermions : aussi les ignorants et les rustres ne cherchent-ils pas longtemps par où commencer ; surcroît de honte, si la science ne contribue qu'à nous embarrasser ! Ne nous figurons donc pas que ce qui est caché est toujours le meilleur ; prenons plutôt le parti de nous taire, si nous croyons ne devoir dire que ce que nous ne trouvons pas.

Ceux-là tombent dans un défaut contraire, qui dès l'abord prétendent d'un stile rapide courir d'un bout à l'autre de leur matière, écrire en s'abandonnant au feu et à l'impétuosité de l'improvisation. Ils appellent ce premier jet « silve » ; ils le reprennent ensuite et l'accommodent. Mais ce qu'ils corrigent, ce n'est que les mots et les rythmes ; quant aux choses, elles restent aussi superficielles qu'elles l'étaient en s'accumulant au hasard. Il vaudra donc mieux s'astreindre à un soin continu, dès le début, de façon à n'avoir plus qu'à ciseler son œuvre au lieu de la refondre tout entière.

X, 3.

Les « traits »

[Critique juste et animée de la manie des « effets littéraires », qui sévissait de plus en plus depuis le règne d'Auguste : Quintilien, ici, vise, sans le dire, Sénèque. — Mais lui-même sacrifie à une virtuosité d'un autre genre : le jeu des images surabondantes, où se révèlent d'ailleurs l'étendue de ses curiosités et la richesse, toujours jeune, de son esprit.]

Il y a deux opinions opposées : les uns n'ont d'yeux presque que pour les traits ; les autres les condamnent absolument. Pour moi je me tiens entre les deux. Trop pressés, les traits se nuisent : ainsi les plantes de culture et les fruits des arbres ne peuvent jamais

---

1. Un des chers amis de jeunesse de Quintilien.
2. Julius Florus, célèbre avocat gaulois.
3. Très souvent, les anciens méditaient ou écrivaient accoudés sur un lit (comme ils mangeaient) : la tentation était grande de s'y coucher, sous prétexte de réfléchir.
4. Il s'agit, comme l'indiquent les détails suivants, d'un plaidoyer fictif.

parvenir à un juste développement, lorsque l'espace leur manque pour croître ; ainsi, dans la peinture, rien ne ressort sans un fond neutre ; et c'est pourquoi les artistes, même quand ils accumulent les objets sur le même tableau, les espacent pour éviter les ombres portées. L'accumulation des traits donne aussi un développement trop haché : chacun d'eux en effet se suffit ; après lui, c'est un recommencement ; il en résulte un développement décousu, inorganique, fait de pièces rapportées et sans tenue architecturale, dont les éléments, pour ainsi dire ronds et parfaitement polis, ne peuvent s'unir l'un à l'autre. La couleur même du style s'en ressent : si brillants que soient les traits, ils y font comme un semis confus de taches bariolées ; or, si la pourpre, en bandes et en appliques bien disposées, rehausse un vêtement, un habit d'arlequin sera toujours ridicule. Aussi, malgré leur vivacité et leur relief, ces ornements ressemblent-ils non à des flammes claires, mais à ces étincelles qui s'échappent de la fumée : on ne les aperçoit même pas quand tout le développement a de l'éclat, comme dans la lumière du soleil s'absorbent même les étoiles ; et ceux qui, à force de tressauter, parviennent à s'imposer, ne font qu'un sol inégal et raboteux, sans rien de la magnificence des montagnes ni du charme des plaines.

VIII, 5.

Langue et style. — Pourtant Quintilien n'a pas essayé de pasticher tout à fait le style de Cicéron ; il a écrit la langue mêlée de son temps ; bien plus, il s'est cru obligé de donner à son traité technique (comme Montesquieu à son *Esprit des Lois*) l'avantage de toutes sortes d'agréments : métaphores et images très nombreuses, formules brillantes, traits spirituels, et même affectés... Le lecteur ne s'en plaint pas : d'autant que, le plus souvent, ces « brillants » contribuent à rendre la pensée de l'auteur plus expressive sans rien lui ôter de sa clarté. Mais rien aussi ne révèle mieux combien forte et ineffaçable avait été l'action des écrivains post-augustéens, et de Sénèque, en particulier, sur la prose latine.

Conclusion. — Malgré tous ses mérites, d'homme, de pédagogue et d'écrivain, Quintilien manque d'envergure : il garde une timidité de professeur qui se réfère trop à des maîtres périmés ; ce qui est plus grave, il n'a pas le sens historique : il n'a pas su voir, comme le voyait Tacite dans les mêmes années, que la décadence de l'éloquence tenait à des causes sociales et politiques contre lesquelles nul ne pouvait rien. Et, en faisant croire que la rhétorique cicéronienne devait être la base de l'éducation, il a contribué gravement à stériliser les derniers siècles littéraires de Rome.

2. La poésie néo-classique

Les versificateurs pullulaient : un contemporain de Domitien pouvait se croire à l'âge d'or de la poésie[1]. Mais la virtuosité technique dissimule mal les insuffisances d'écrivains qui se sont faits serfs de Virgile et manquent presque totalement de sincérité. De l'épopée surtout le néo-classicisme fait

1. On peut citer, parmi les écrivains antérieurs à Domitien dont nous n'avons pas les œuvres : CURIATIUS MATERNUS, orateur et dramaturge, et SALÉIUS BASSUS, poète épique.

une œuvre de convention, pleine d'épisodes stéréotypés et du merveilleux le plus froid : car personne ne croit plus à la mythologie, devenue pure atmosphère d'art, mais d'un art déjà usé. Parfois cependant ces œuvres s'animent et s'échauffent : mais c'est quand des grâces mondaines ressenties ou le souvenir persistant du « romantisme » néronien font oublier au poète Horace et Virgile pour Ovide, Sénèque et Lucain.

VALÉRIUS FLACCUS
Mort vers 90

L'histoire de Jason allant, avec les Argonautes, conquérir au fond de la mer Noire la toison d'or, aidé dans son entreprise par Médée, qui trahit son père par amour pour l'étranger, leur fuite aventureuse et les suites tragiques de leur passion, rien n'était plus rebattu quand (vers 70) C. Valérius Flaccus entreprit ses *Argonautica*. Le poème, brusquement interrompu au milieu du huitième livre, n'a pas dû être achevé.

Valérius Flaccus a suivi, mais très librement, le Grec Apollonios de Rhodes. Beaucoup de rhétorique, beaucoup de longueurs (surtout au début) et de vaines interventions divines déparent l'œuvre. Mais la peinture des caractères a beaucoup gagné : celui, en particulier, de Médée, dont la passion naissante est décrite de main de maître. Certaines scènes ont de la grandeur. Et le style, très travaillé, tire de nouveaux effets d'une langue qui, d'ensemble, est celle de Virgile.

Médée et Jason

[Pour préserver Jason des embûches d'Æétès, roi de Colchide, Vénus a inspiré de l'amour pour le jeune héros à Médée, dont la puissance magique peut le sauver. C'est la nuit : Vénus est auprès de Médée, sous les traits de sa sœur Circè. — Vérité psychologique : Médée ne se doute pas que c'est l'amour seul qui la pousse vers Jason ; de là le remous de ses sentiments, si bien rendus en leurs plus fines nuances. — Grandeur tragique : la passion, pour les anciens, est une maladie ; Vénus, que l'on devine plus qu'on ne la voit, symbolise sa force irrésistible. — Atmosphère mystérieuse, pleine de poésie romantique : même les données magiques y semblent réelles et vivantes. — Cf. J.-M. de Hérédia, *Trophées*, Jason et Médée.]

Hélas ! que faire ? Elle se voit criminelle, prête à trahir son père pour un étranger ; elle devine la longue renommée de ses crimes [futurs], fatigue de sa plainte le Ciel et le Tartare, trépigne et, les mains crispées, invoque la Reine de la Nuit et le Dieu des Enfers : « Ah ! qu'ils lui donnent enfin la mort et engloutissent en même temps l'objet de sa passion. » Tantôt sa fureur va chercher Pélias, ce tyran qui veut perdre Jason ; souvent elle décide de promettre au malheureux le secours de son art, soudain elle le refuse, elle est résolue : jamais elle ne cédera à un amour aussi honteux, ne prêtera à un inconnu son aide puissante. Elle se jette sur son lit, et attend. Elle s'entend appeler, de nouveau ; la porte est poussée, s'ouvre avec bruit. Elle sent au fond d'elle-même elle ne sait quel dieu, plus fort qu'elle, un déchirement : c'en est fait des conseils de la pudeur. Alors elle gagne une pièce reculée, pour chercher la substance la plus propre au salut du roi de la nef hémonienne[1]. Les chambres où s'exhale l'haleine de venins magiques, les portes redoutables s'ouvrent : voilà tout ce qu'elle a arraché à la mer, aux profondeurs funèbres, ce qu'elle a disputé aux sanglantes colères de la Lune[2].

---

1. Ou « thessalienne » : c'est le navire Argô.
2. La Lune, déesse de la magie, couve de ses rayons les produits mystérieux qui servent à son art ; une teinte rouge (« sanglante ») sur la lune passait pour un signe redoutable.

« Alors, se dit-elle, tu es[1] décidée à tout, au déshonneur, quand tu as ici mille morts, tant de moyens d'échapper soudain au crime ? » Elle dit, d'un coup d'œil cherche (vain désir) des poisons le plus prompt ; concentre pour mourir toute son ardeur. O douceur du jour, plus chère au moment de la mort ! Elle s'arrête ; elle s'étonne de son égarement.

« Mourir ! hélas, à peine adolescente ! Les joies de la lumière, dit-elle, et celles de la jeunesse, tu ne les connaîtras pas ! Ni la juvénile floraison de ton frère[2] ? Et lui, si jeune encore, Jason, ne sais-tu pas qu'il mourra de ta mort, lui qui n'a que ton nom à la bouche, qui t'appelle ? Lui que j'ai vu la première debout sur ce rivage ? Pourquoi, mon père, l'avoir leurré de ton alliance, ne l'avoir pas, cet homme, livré tout d'abord à tes monstres[3] ? J'en étais, oui, d'accord avec toi, à ce moment. Mon amour, ô Circè, race de Titan[4], invoque tes paroles ; tu me guides, je vais à ta suite ; tes conseils d'aînée m'obligent à céder ; je suis trop faible pour leur résister. » Elle dit ; et, dès lors, elle ne songe plus qu'au jeune Hémonien, ne craint plus que pour lui ; pour lui seul, quoi qu'il désire, elle veut vivre ou mourir. Elle appelle des enchantements plus forts, demande à Hécate[5] un surcroît de puissance : elle était là, incertaine, insatisfaite de ses poisons.

Enfin, elle serre sa ceinture. La fleur dont la vertu surpasse toutes les autres, que le Caucase nourrit du sang de Prométhée[6] et des feux du tonnerre, que le sang consacré[7] fait croître et fortifie au milieu des neiges et des frimas, quand le vautour s'enlève des rochers, repu des entrailles du Titan[8], et laisse dégoutter son bec, elle l'a prise. C'est une herbe que les siècles ne font pas languir ; elle verdoie, immortelle, résiste à la foudre et fleurit au milieu des flammes. La première, Hécate la coupa d'un fer trempé aux eaux du Styx[9] et dépouilla les roches de ses tiges robustes ; elle la montra à sa servante Médée ; et elle, chaque mois, au dixième jour de Phœbé[10], vient faire la cruelle moisson et ravage les restes d'un sang divin. Prométhée gémit, vainement, lorsqu'il voit la jeune Colchidienne ; sur le mont, il contracte de douleur ses membres, et ses chaînes frémissent, quand la serpe s'abaisse[11].

Tel est le charme dont se munit l'infortunée, fatale à sa patrie ; et elle s'enfonce, tremblante, dans les ténèbres nocturnes. Vénus la tient par la main, la rassure avec des mots caressants, et, sans la quitter d'un pas, la mène à travers la ville. Comme, du nid élevé, la jeune couvée se risque enfin à braver l'air de ses pennes fragiles sous la conduite d'une mère tremblante : l'éclat bleu du ciel les fait d'abord frissonner ; ils veulent, ils veulent revenir, et retrouver leur arbre : ainsi Médée défaille entre les murs de la ville obscure, au milieu du silence des demeures. Elle s'arrêta encore, vaine hésitation, au dernier seuil, à la porte de la ville ; elle pleura encore, et son courage fléchit. Elle tourna les yeux vers la déesse[12] et, avec hésitation : « Est-ce vrai qu'il me demande, qu'il m'implore. Jason ? N'y a-t-il point de faute ? Ma pudeur est-elle sans tache, n'est-ce pas de l'amour ? Etre aux ordres d'un suppliant, n'est-ce pas honteux ? » Vénus ne répond pas ; les mots tombent en vain.

Mais par l'épais silence la Colchidienne allait, au son des formules magiques : et les astres voilaient leurs visages, les fleuves et les collines se détournaient ; un frisson parcourt les étables, les troupeaux ; un murmure emplit les tombes ; la nuit s'alentit, lourdement angoissée par cette ombre ; et Vénus elle-même, tremblante, se laisse distancer. Mais quand elles arrivèrent sous les profondes ramures, sous les ombrages de la Triple Déesse[13], soudain, inattendu, Jason brilla devant elles ; et la jeune fille, épouvantée, le

1. Médée s'adresse à elle-même.
2. Absyrtos, qu'elle sacrifiera plus tard pour le salut de Jason, quand sa passion sera triomphante.
3. Les taureaux qui crachaient le feu et le dragon, gardien de la toison d'or.
4. Descendante du Soleil.
5. La déesse des Enfers, qui est aussi la Lune considérée sous son aspect magique.
6. Enchaîné sur le Caucase, où un vautour ne cessait de lui ronger le foie.
7. Celui de Prométhée, qui est dieu et l'objet de la vengeance d'un dieu (Jupiter).
8. Prométhée avait pour père Japet, l'un des Titans (fils du Ciel et de la Terre).
9. Fleuve des Enfers.
10. Le dixième jour après la nouvelle lune : jour consacré.
11. Il y a un rapport physique entre Prométhée et la plante née de son sang : il souffre quand on la coupe (cf. Virgile, *Énéide*, III, v. 19-48).
12. Vénus, que Médée croit être Circè.
13. Hécate, qu'on représentait souvent avec trois visages, et veillant, la nuit, aux carrefours.

vit la première. Alors Iris[1] s'enfuit, soulevée sur ses ailes ; et Vénus échappa de la main de Médée. Comme on voit, à la nuit close, pasteurs et troupeau frappés d'une stupeur ; ou comme, dans les profondeurs du Chaos[2], se rencontrent des ombres floues et silencieuses : ainsi, au milieu des ténèbres de la nuit et de la forêt, apparaissent-ils soudain l'un à l'autre, stupéfaits, tout proches, semblables à des sapins silencieux, à des cyprès rigides, que n'a pas encore mêlés le souffle effrayant de l'Auster.

VII, v. 309-406.

SILIUS ITALICUS
Vers 25-101

T. Catius Silius Italicus, orateur et haut fonctionnaire, consul en 68, consacra les vingt dernières années de sa vie à la poésie. C'était un amateur d'art presque maniaque et un dévot de Cicéron et de Virgile : il avait acheté leurs villas, à Tusculum et près de Naples. Il s'avisa de mettre en vers « virgiliens » la troisième décade de Tite-Live, qui narre la seconde guerre punique.

Ces *Punica* (en 17 chants) n'ont pas de proportions : les premiers événements (les plus pathétiques, il est vrai) sont très développés ; mais les sept derniers chants courent la poste. Ni accent patriotique, ni souffle épique : en tiennent lieu les interventions divines les plus inutiles et les épisodes à la fois les plus bizarres et les plus convenus (descente de Scipion aux Enfers ; Scipion sollicité par la Volupté et la Vertu). Point de psychologie non plus : Hannibal fait figure d'un furieux à moitié fou. Et nulle idée maîtresse ou sentiment vigoureux ne réalise, à défaut de héros, l'unité du poème. Mais les *Punica* sont un excellent répertoire des « machines » épiques, soi-disant virgiliennes, dont toute l'épopée latine sera désormais encombrée.

Mort du consul Flaminius

[Par son imprudente présomption, le consul Flaminius s'est laissé surprendre par Hannibal près du lac de Trasimène, en Toscane (printemps 217 av. J.-C.) ; la bataille est acharnée. — Source : Tite-Live (XXII, 4-6), qui écrit, non sans rhétorique déjà : « Le combat était si ardent qu'aucun des combattants ne sentit un tremblement de terre qui fit écrouler des quartiers entiers en beaucoup de villes d'Italie, détourna de leur lit des rivières rapides, fit entrer la mer dans les fleuves ». — L'histoire est déformée matériellement (Flaminius n'était pas un héros ; ce n'est pas le tremblement de terre qui a causé la défaite des Romains) et psychologiquement (Hannibal n'avait rien d'un fou furieux recherchant les combats singuliers). — Fausse grandeur épique : enflure ridicule de l'imagination et excès du style ; rien de vrai.]

Tandis qu'il[3] parle, un tourbillon de vapeur fumante sort de sa bouche, et la colère, par hoquets, fait gronder sa poitrine : ainsi, par un feu violent, l'eau à gros bouillons échappe, furieuse, de son chaudron. Alors il se rue, tête basse, dans la mêlée, et sans relâche cherche et provoque le seul Flaminius. Et le consul, aussi prompt que la parole, était prêt au combat. Mavors[4] déjà s'était dressé près d'eux : l'un et l'autre s'étaient rejoints et s'opposaient... Quand soudain les roches se brisent avec fracas ; les collines, ô horreur ! s'émeuvent, et les cimes des monts partout frémissent ; sur les crêtes, les

1. Déesse ailée, messagère des dieux, qui avait accompagné Jason.
2. Mot à effet (= le désordre primitif du monde non organisé), mis ici pour signifier les Enfers.
3. Hannibal, enragé de la mort d'un de ses lieutenants.
4. Mars.

forêts de pins oscillent ; et des débris de rocs roulent sur les armées. Bouleversée en ses creuses profondeurs, la terre mugit, éclate, se rompt en crevasses immenses ; et le gouffre sans mesure montra en ses larges abîmes les ombres stygiennes[1] ; et les mânes[2], du fond de leur séjour, s'épouvantèrent de revoir, après si longtemps, la lumière. Le lac noir, soulevé jusqu'au sommet des monts, arraché à son lit ancestral, baigna d'une rosée inattendue les forêts tyrrhéniennes. Et ce cataclysme destructeur coucha dans la mort des peuples entiers et les villes de rois puissants. Les fleuves luttèrent contre les monts pour remonter à leur source ; la mer, reculant, tordit ses flots sur elle-même ; et les Faunes[3] de l'Apennin, fuyant la montagne, se réfugièrent sur les rivages.

Le combat cependant (ô fureurs de la guerre !) continue : le soldat, titubant sur le sol qui tremble, darde des traits incertains, tandis que la terre lui manque et le précipite. Enfin, l'esprit perdu, les phalanges dauniennes[4] s'enfuient au hasard vers le lac, entrent dans les marais. Le consul, que le tremblement de terre avait jeté parmi les fuyards, les poursuit de ses reproches : « Eh quoi ! Quel espoir mettez-vous donc en la fuite ? Comment ! c'est vous qui conduisez Hannibal vers les murs de Rome ? Vous qui lui donnez le fer et le feu contre la citadelle de Jupiter Tonnant ? Arrête, soldat ; apprends de moi à combattre ; ou, si l'on ne peut plus combattre, apprends à mourir ! Oui, Flaminius donnera aux races futures un glorieux exemple : que ni Libyen ni Cantabre[5] ne se vante d'avoir vu fuir un consul. A moi seul, si un vertige de panique vous emporte, à moi seul je vais épuiser tous les traits de l'ennemi ; et ma mort, quand mon âme s'exhalera dans les airs, vous rappellera aux combats. »

Tandis qu'il parle et fait front aux masses ennemies, ardent, se porte à sa rencontre Ducarius, farouche d'aspect et de cœur : c'était, en sa nation, le nom d'un homme intrépide, qui depuis longtemps gardait en son cœur de barbare le souvenir de la défaite subie par les Boïens ses ancêtres[6]. Il a reconnu les traits de leur audacieux vainqueur : « Ah, c'est toi, dit-il, ce héros, la terreur des Boïens ? Je veux, avec ce trait, connaître si de ce corps sublime le sang peut couler. Et n'hésitez pas, mes compagnons, à sacrifier cette tête aux ombres vaillantes de nos morts : c'est lui qui poussa devant son char de triomphe, vers le Capitole, nos pères vaincus : l'heure de la vengeance le réclame ». A l'instant, les traits lancés de toute part accablent le consul ; ils s'abattent en nuées, le recouvrent : et personne ne put se vanter d'avoir de sa main renversé Flaminius.

V. v. 603-658.

STACE
40 ? - 96

P. Papinius Statius est d'une autre valeur. Qu'il improvise avec une facilité tout italienne, comme dans ses *Silves*, ou compose avec une ferveur minutieuse des épopées qui lui vaudront, croit-il, l'immortalité, il offre, avec beaucoup de convention et de savoir-faire, une sensibilité vraiment poétique. Il avait pour femme une musicienne, Claudia, très attachée à la vie mondaine de Rome ; lui-même avait concouru, avec des succès divers, aux concours « académiques » officiels (Augustales, Jeux Albains, Jeux Capitolins), flatté Domitien, en particulier dans un poème sur sa campagne en Germanie, brigué les applaudissements des lectures publiques. Mais, ce qui l'a sauvé, c'est, avec le goût inné du détail pittoresque ou plastique, son attachement voluptueux à sa Campanie natale, où la mythologie,

1. Des enfers.
2. Les morts.
3. Dieux rustiques.
4. Les légions romaines : la Daunie est une région de l'Italie.
5. Ni Africain ni Espagnol : l'armée d'Hannibal était formée de mercenaires de toutes races.
6. En 223, Flaminius avait vaincu, sur les bords de l'Adda, les Gaulois Insubres (non Boïens : mais c'étaient les Boïens qui autrefois avaient pris Rome) de la vallée du Pô.

nourrie de souvenirs grecs, semble avoir encore aujourd'hui quelque chose de vivant :

Ah, bravo, Pollius[1], d'aimer, de fréquenter ces campagnes hellènes[2] ; et que Dicaearchia[3], ta patrie, n'en soit pas jalouse : nous avons plus de droits qu'elle à posséder notre savant élève. Et faut-il maintenant parler des richesses de cette campagne, des moissons qui s'avancent dans la mer, des rochers tout trempés du nectar de Bacchus ? Souvent, l'automne, quand Lyaeus[4] commence à prendre toute sa vigueur, la Néréide[5] grimpe d'écueil en écueil et, voilée par l'ombre de la nuit, essuie ses paupières humides aux pampres mûrs et ravit aux collines les grappes sucrées ; souvent la vendange reçoit de tout près l'embrun des vagues ; des Satyres[6] sont tombés dans la mer, et les Pans[6] des montagnes ont brûlé de saisir sous les flots la blanche Doris[5].

Silves, II, 2, v. 95-106.

Ses épopées. — Sa *Thébaïde* en 12 chants, imitée d'Antimaque de Colophon (poète grec du ve s., très estimé de Quintilien), raconte la guerre menée par Polynice et ses alliés, Tydée et Capanée entre autres, contre son frère Étéocle, roi de Thèbes. C'était un thème aimé des tragiques grecs et anciennement connu en Italie. La composition d'ensemble est fautive : la pratique des lectures publiques a conduit Stace à écrire des morceaux brillants, mais mal reliés entre eux. L'imitation de la rhétorique de Lucain se combine avec une foule de souvenirs de Virgile et d'Ovide. Mais le poème contient des scènes énergiques et touchantes ; il est loin d'être indifférent. *L'Achilléide* non plus, restée inachevée après le deuxième chant, et où Stace se proposait de narrer toute la vie d'Achille : il a apporté bien de la fraîcheur à décrire l'enfance de son héros auprès du Centaure Chiron, ou parmi les filles de Lycomède.

L'enfance d'Achille

[Sachant que, si Achille, son fils, part pour la guerre de Troie, il y périra, la déesse Thétis vient le redemander au sage centaure (mi-homme, mi-cheval) Chiron, qui l'élève, avec l'intention (inavouée) de le cacher parmi les filles du roi Lycomède. — Fraîcheur naturelle que ne parvient pas à gâter l'érudition. — Sensibilité juste et fine.]

Le Centaure lui répond : « Emmène-le, tu feras bien ; oui, emmène ton fils. Et brise les volontés divines par d'humbles prières. Car tes vœux sont trop exaucés, et l'envie a bien besoin d'être apaisée[7]. Je ne veux pas ajouter à tes craintes ; mais il faut dire la vérité. Oui, mon cœur paternel[8] présage, et ne s'abuse pas : je ne sais quoi de grand s'apprête en cette force ardente, qui devance de beaucoup son âge. Il n'y a pas longtemps encore, il supportait d'être menacé, obéissait à mes ordres et ne s'éloignait pas beaucoup de notre antre. Mais maintenant l'Ossa n'est plus assez grand pour lui, ni l'énorme

1. Un des plus chers amis et protecteurs de Stace (voir plus bas, p. 373).
2. Stace vient de décrire une riche « villa » de Pollius, qui a vue sur Naples et toutes les villes de son golfe.
3. Pouzzoles.
4. Surnom de Bacchus.
5. Divinité marine.
6. Divinités champêtres.
7. Les anciens croyaient que trop de bonheur provoquait l'envie et la vengeance même des dieux.
8. Chiron a pour Achille une tendresse de père.

Pélion[1], ni les neiges de la Thessalie. Les Centaures même viennent souvent se plaindre à moi qu'il a pillé leurs maisons, enlevé sous leurs yeux leurs troupeaux, qu'il les a chassés eux-mêmes dans les plaines et à travers les fleuves, Ils se préparent à lui tendre des embuscades, à le combattre ; ils sont tout enflés de menaces. Autrefois, quand le vaisseau thessalien[2] emmena d'ici les rois Argonautes, je vis Alcide[3] jeune et Thésée ; eh bien... Mais je me tais. » Une pâleur mortelle glaça la Néréide.

Il était là, grandi sous la poussière mêlée de sueur. Pourtant ni ses armes ni ses ardentes fatigues n'avaient encore altéré la douceur de son visage : un feu brillant s'épand sous son teint de neige, et sa chevelure blonde est plus belle que l'or ; aucun duvet encore ne signale la fin de l'enfance, ses yeux flambent paisibles, on dirait sa mère : tel Apollon chasseur, revenant de Lycie[4], quand il quitte pour prendre la lyre son cruel carquois. Or aujourd'hui c'est grande joie (et combien sa beauté y gagne !) : sous une roche de Pholoè[5], il a frappé une lionne mère, et, laissant le cadavre dans l'antre vide, il rapporte les petits en agaçant leurs griffes. Mais quand sur le seuil ami il aperçoit sa mère, il les jette, l'enveloppe avidement de ses bras : et son étreinte est déjà forte, et déjà sa taille égale celle de sa mère.

Derrière lui, déjà lié à lui d'une vive amitié, venait Patrocle[6], grandi dans l'émulation de ces grandes actions, semblable de goûts et d'âge, mais non pas de force, il s'en faut : et pourtant, sous Pergame[7], un même sort les unira.

Soudain Achille d'un bond s'échappe dans le fleuve voisin, y lave ses joues ardentes et ses cheveux souillés. Ainsi Castor[8], sur son cheval haletant, entre dans l'Eurotas[9] et ranime l'éclat affaibli de ses rayons. Le vieillard l'admire, le peigne, tâte tantôt sa poitrine, tantôt ses fortes épaules : l'angoisse de la mère s'accroît de la surabondance même de sa joie. Alors Chiron les prie de goûter aux mets, aux présents de Bacchus ; et, pour adoucir la stupeur de Thétis par la variété des douces impressions, il prend enfin sa lyre, ébranle les cordes consolatrices et, les ayant essayées d'un doigt léger, présente l'instrument à l'enfant ; et celui-ci se plaît à chanter les exploits prodigieux qui font germer la gloire : le fils d'Amphitryon[10] triomphant des ordres de sa violente marâtre[11] ; Pollux écrasant de son ceste le farouche Bébryce[12] ; la terrible étreinte dont Thésée rompit les bras du Minotaure[13] ; les noces enfin de sa mère[14] et le Pélion fléchissant sous le poids des dieux ; alors Thétis déroba ses anxiétés sous un sourire menteur. Puis la nuit les entraîne au sommeil : le Centaure énorme s'étend sur le rocher, et Achille noue ses bras à ses épaules dévouées ; il a beau avoir près de lui sa mère chérie, il préfère la poitrine sur laquelle chaque jour il s'endort.

Achilléide, I, v. 143-197.

Les « Silves ». — Nous trouvons, pourtant, plus d'intérêt dans ses *Silves* (ou « Impromptus »). Ce sont, en cinq livres, 32 pièces, la plupart écrites en hexamètres dactyliques, à propos d' « événements du jour » de tout ordre : inauguration d'une statue équestre de Domitien, d'une nouvelle route ; description d'œuvres d'art ou de villas appartenant à de riches

1. L'Ossa et le Pélion : montagnes de Thessalie.
2. Le navire Argô.
3. Hercule, descendant d'Alcée.
4. En Asie Mineure.
5. Haut plateau d'Arcadie (c'est bien loin de la Thessalie !).
6. Son ami, dont la mort est le « ressort » principal de l'*Iliade*.
7. Citadelle de Troie.
8. Héros, fils de Léda (frère de Pollux, Hélène et Clytemnestre), type du cavalier, devenu, après sa mort, une brillante étoile.
9. Le fleuve de Sparte, où Léda était reine.
10. Hercule.
11. Junon, qui lui imposa douze tâches surhumaines.
12. Amycos, roi inhospitalier des Bébryces, avait provoqué les Argonautes : Pollux le tua dans une lutte au ceste (voir p. 210, n. 5).
13. Monstre de Crète, mi-homme mi-taureau.
14. Avec Pélée.

protecteurs ; plaintes sur la mort d'un lion apprivoisé ou d'un perroquet ; remerciements, consolations, etc... Le tact mondain et la prestesse d'exécution (Stace ne mit jamais plus de deux jours à écrire des pièces dont certaines comptent près de 300 vers) assurent l'unité et la justesse du ton ; l'aisance avec laquelle s'accumulent les détails donne l'illusion du naturel. Mais, d'ailleurs, la sensibilité de Stace, son gracieux attachement à ses riches amis, la justesse de ses impressions campaniennes donnent à cette poésie rapide et bourrée de réminiscences de Virgile et d'Horace une sorte de charme spontané.

Une partie de campagne : Hercule et Pollius

[Aisance gracieuse du récit. Mythologie humanisée et spirituelle (rapprocher Ovide), presque vraisemblable. Délicatesse de la flatterie.]

C'était le jour de Trivia[1]. Ennuyés de l'étroitesse et de la monotonie du logis, nous le passions sur le rivage humide, protégés des ardeurs du soleil par l'ombrage épais des arbres. Le ciel se voila et soudain des nuées dérobèrent l'éclat de la lumière ; l'Auster[2] pesant chargea de pluie les ailes légères de Favonius[3] : ce fut un orage comme celui que jadis envoya à la Libye la fille de Saturne, quand la riche Élissa[4] se donna à Énée, au milieu des hululements des Nymphes dans les solitudes[5]. Nous fuyons, dispersés ; les esclaves enlèvent les mets consacrés[6], les vins couronnés de fleurs. Mais où porter le festin ? Sans doute d'innombrables maisons dominent ces campagnes heureuses[7], et bien des toits brillent sur ces collines ; mais les menaces de l'orage invitaient à gagner le plus proche, et non moins la confiance au retour du beau temps.

On voyait une frêle chapelle, qui n'avait de temple que le nom, humble logis où étouffait le grand Alcide[8], à peine capable d'abriter quelques pêcheurs ou matelots errants. C'est là que nous entrons tous en cohue, qu'on entasse pêle-mêle et les tables et les lits somptueux, et les gens et la charmante compagnie de la toute belle Polla. Tout le monde n'y put tenir : le temple était trop étroit. Le dieu en rougit et en rit ; il s'insinua au cœur de Pollius qu'il aime, et, enveloppant son âme de caresses, il lui dit :

« Est-ce là la main libérale, l'ingénieuse profusion qui ont comblé à la fois et Dicaearchia[9] et la jeune Parthénopè[10] ? embelli nos collines de tant d'édifices, de tant de bois verdoyants, de tant de statues de marbre et d'airain, de tant de tableaux qu'animent le trait et la couleur ? Car ce palais, ce domaine, qu'était-ce avant ta bienfaisante venue ? Tu as tracé à travers les rochers nus un long chemin couvert ; là, où ne se distinguait qu'une piste, se dresse aujourd'hui, pour l'agrément de la promenade, un haut portique soutenu de colonnes en marbres colorés[11] ; et, sur la courbe du rivage, tu as enfermé sous une double voûte les nymphes des sources chaudes[12]. J'aurais peine à énumérer tout ce que tu as fait. Est-ce donc pour moi seul que Pollius est pauvre et sans moyens ? Tels qu'ils sont, pourtant, je fréquente sans maussaderie ces Pénates[13] : j'aime ce rivage que tu rends accueillant. Mais, tout près, Junon[14] regarde de haut mon gîte et rit tout bas de

1. Déesse des carrefours, assimilée à Diane et à la Lune.
2. Vent du Sud,
3. Vent doux de l'Ouest.
4. Autre nom de Didon.
5. Cf. Virgile, *Énéide*, IV, v. 160-172.
6. Très souvent les banquets se présentaient comme une offrande à un dieu, ce qui n'empêchait pas les mets d'être consommés par des hommes.
7. On est au bord du golfe de Naples.
8. Hercule.
9. Pouzzoles, patrie de Pollius.
10. Naples (« la Nouvelle Ville »).
11. Les porphyres et les marbres de couleur étaient un des grands luxes de l'architecture à cette époque.
12. Pollius a capté, pour des bains, des sources chaudes, fréquentes dans cette région volcanique.
13. Ce logis.
14. Voir plus haut, p. 372 et n. 11.

ma demeure. Donne-moi un temple, des autels dignes de tes efforts, qui sachent arrêter les navires même par vent favorable, un temple que viennent parfois visiter mon père céleste[1], les conviés des banquets des dieux, et ma sœur[2] quand elle quitte sa demeure sublime. Et ne te laisse pas effrayer par ce mont malveillant qui t'oppose sa dure et rigide avancée, et que personne n'a entamé de temps immémorial : car je serai là, je t'aiderai dans ce travail immense, et, malgré elle, je briserai la terre jusqu'en ses âpres profondeurs. Mets-toi à l'œuvre ; et, confiant dans la parole d'Hercule, ose. Tu verras si plus vite se sont dressées les tours de Thèbes ou les remparts de Pergame[3]. »

Silves, III, I, v. 68-116.

3. La poésie réaliste

L'épopée néo-classique était pourrie de conventions ; et aucun effort ne pouvait rendre la vie aux thèmes grecs usés qu'elle ressassait avec élégance, mais sans conviction. Une fois encore, comme au temps de Lucilius, d'Horace et de Perse, le réalisme satirique, qui est au fond du tempérament romain, réagit avec vigueur ; et il atteignit, cette fois, son expression la plus complète : concentrée avec Martial, oratoire avec Juvénal.

MARTIAL
Vers 40 - vers 104

M. Valérius Martialis était venu de Bilbilis (en Espagne, dans la province de Tarraconaise) achever ses études à Rome. Il y resta, séduit par la variété des impressions que la grande ville offrait à sa vivacité naturelle, mais y menant, pour subsister, la vie dure et humiliante du flatteur et du quémandeur : il flagorna Domitien, fit sa cour aux mêmes riches protecteurs que Stace. Il finit par y gagner, avec beaucoup de dégoûts, une mince aisance ; et, par ses *Épigrammes*, la célébrité. Sauf Stace, dont l'éloignaient à la fois une parfaite opposition de goûts littéraires et, sans doute, une rivalité de pique-assiette, il était l'ami de tous les écrivains du temps : de Quintilien, Silius Italicus, Juvénal, Pline le Jeune en particulier. Vieillissant et assombri, il accepta en 98 dans son pays natal une propriété que lui offrait une admiratrice, Marcella ; Pline l'aida de sa bourse à regagner l'Espagne. Mais, après les premières joies du retour, l'ennui de Rome le prit, et il ne fit plus que languir.

L'œuvre et l'homme. — C'est grâce à Martial surtout que le sens du mot « épigramme » a changé : appliqué d'abord à toute brève poésie, il devint synonyme de raillerie mordante. Pourtant, de ses 15 livres, le premier (*Liber*

---

1. Jupiter.
2. Minerve, dont un promontoire voisin portait le nom.
3. Les murs de Thèbes s'étaient construits d'eux-mêmes au son de la lyre d'Amphion ; ceux de Troie avaient été édifiés par les dieux (Apollon et Neptune).

de spectaculis : en 80) célèbre les merveilles de l'amphithéâtre Flavien (ou Colisée) ; les deux derniers (*Xenia* et *Apophoreta* : en 84 ou 85) ne contiennent que des devises, chacune de deux vers, propres à accompagner les cadeaux qu'on envoyait ou faisait emporter à ses amis et invités à l'occasion des Saturnales. Dans les autres mêmes (après 85), où domine beaucoup de l'esprit satirique, nul individu n'est pourtant attaqué sous son nom, et bien des pièces, d'accent personnel ou mondain, dépeignent avec légèreté le poète et sa société.

Rome inhospitalière

[Forme du dialogue. — Contraste entre le nouveau venu (provincial) plein d'outrecuidance et Martial, désabusé et amer. — Pessimisme affreux du « mot de la fin ».]

Quelle raison, ou plutôt quelle audace t'amène à Rome, Sextus ? Qu'en espères-tu, qu'y cherches-tu ? Réponds. — « Je plaiderai, dis-tu, avec plus d'éloquence que Cicéron lui-même ; et dans les trois forums[1] personne ne tiendra devant moi. » — Atestinus a plaidé, Civis aussi (tu les connais...) : ni l'un ni l'autre n'y a trouvé de quoi payer son loyer. — « Si rien ne nous vient de ce côté, nous composerons[2] des poèmes ; à les entendre, on croira qu'ils sont de Virgile. » — Tu es fou ; tous ceux que tu vois ici grelotter sous leur capuchon, ce sont[3] des Ovides, des Virgiles. — « Je ferai ma cour aux grands. — » Il y a bien trois ou quatre personnes qui y trouvent leur vie : tout le reste est pâle de faim. — « Que faire ? Conseille-moi : car je suis bien décidé à vivre à Rome. » — Eh bien ! si tu es honnête, tu peux compter, Sextus, sur le hasard...

III, 38.

La réussite du poète

[Ton vif et détendu. — Ironie sans méchanceté à l'égard de celui qui ne considère que les avantages matériels.]

Charinus est vert d'envie, il crève, rage, pleure, et cherche, pour se pendre, une branche bien haute. Ce n'est point parce qu'on me chante et me lit partout, parce qu'on répand mes vers en éditions de luxe chez tous les peuples que domine Rome : mais parce que, dans la banlieue, j'ai une campagne d'été, et que je n'ai plus comme autrefois, à prendre des mules de louage. Que vais-je souhaiter à l'envieux, Sévérus ? Ceci : des mules et une maison de campagne.

VIII, 61.

Les bruits de Rome

[Sous forme d'épître, une description, où les détails accumulés finissent par donner l'illusion de la réalité, et dont l'effet général est amplifié par l'antithèse. — Quelque recherche précieuse dans l'expression.]

Pourquoi vais-je souvent vers l'aride Nomentum[4], en mon petit domaine et ma pauvre ferme ? C'est que, Sparsus, à Rome, le pauvre ne peut ni réfléchir ni dormir. Point de vie possible avec les maîtres d'école le matin, la nuit les boulangers, les marteaux des batteurs de cuivre tout le jour ; ici un changeur[5] oisif cogne sur son comptoir crasseux des pièces à l'effigie de Néron[6] ; là un batteur[7] venu des marais d'Espagne fait tomber

1. Les places (forum romain ; forums de César et d'Auguste) que bordaient les basiliques où se plaidaient les procès.
2. Noter l'emphase du pluriel.
3. A ce qu'ils croient.
4. Petite ville au Nord de Rome.
5. Les changeurs s'installaient (comme encore récemment à Athènes) dans les rues.
6. Pour vérifier si elles sont de bon aloi.
7. De lin : le lin d'Espagne était renommé ; on en bat la fibre avec un maillet de bois, pour l'assouplir.

sans relâche son maillet brillant sur la pierre usée ; toujours et partout la cohue possédée de Bellone[1], le naufragé à l'interminable complainte avec sa pancarte au cou[2], le Juif[3] dressé par sa mère à la mendicité, le colporteur chassieux d'allumettes soufrées... Qui peut nombrer les ennemis d'un sommeil pénible serait capable de dire combien de mains à Rome heurtent les chaudrons[4], quand le rhombe colchidien[5] a imposé à la Lune une diminution.

Toi, Sparsus, tu l'ignores ; tu ne peux le savoir : tu es choyé au royaume de Pétilius, dont la maison[6], sans qu'on monte une marche, domine le sommet des collines, qui a campagne en ville, vigneron de Rome (et l'automne à Falerne[7] n'est pas plus abondant), carrière pour ses chevaux sans avoir à franchir son seuil, sommeil au fond d'appartements reculés, repos sans langue importune, et la lumière du jour seulement quand il le veut. Pour moi la foule qui passe en riant me réveille, Rome est à mon chevet. Quand, abruti de fatigue, je désire dormir, je pars pour ma ferme.

XII, 57.

La nostalgie de Rome

[Préface en prose de l'avant-dernier recueil de Martial. — Simple et frappante opposition où Rome et la province se peignent en quelques traits, sans le moindre apprêt. — Révélation de la vie et du caractère de Martial.

La principale, la vraie raison (de mon silence), c'est que l'audience à laquelle j'étais habitué me manque : il me semble plaider en pays étranger. Car si mes plaquettes ont quelque trait heureux, ce sont mes auditeurs qui me l'ont dicté. Cette finesse de jugement, cette intelligence des occasions, ces bibliothèques, théâtres, réunions, où, en prenant du plaisir, on s'instruit sans s'en apercevoir, tout ce que, en un mot, j'ai quitté avec le dédain d'un blasé, je le regrette aujourd'hui que j'en suis comme frustré. Ajoutez-y ces méchantes dents de province, l'envie tenant lieu de jugement, une ou deux pestes qui font nombre en un petit trou, et en face desquels il est dur de garder tous les jours sa bonne humeur. Ne t'étonne donc pas que j'aie renoncé par mécontentement à ce que je faisais autrefois avec une ferveur heureuse.

Position littéraire de Martial. — Martial convient aisément qu'il pratique un « petit genre » et « s'amuse » à des « bagatelles » : il lui suffit de plaire sans fatiguer. Mais c'était prendre le contre-pied des poèmes platement réguliers, aux longueurs insipides et aux obscurs pédantismes. Le bénéfice est grand : la rhétorique reniée, les lettres peuvent revenir au naturel. Pourtant Martial a la fierté de son métier ; il est même érudit : il connaît les « anciens », se réclame de Catulle ; il admire Perse et Lucain. Mais le sens frémissant de la vie, le goût d'une claire sobriété et une aisance de bonne compagnie assurent à son œuvre, malgré bien des inégalités, une véritable fraîcheur.

[Le naturel seul a une véritable portée ; et il est assuré de toucher les hommes.]

Il ne sait pas (crois-m'en, Flaccus) ce que c'est qu'épigrammes, celui qui ne consent à les appeler que jeux et badinage. Le vrai badinage, c'est de mettre en vers le repas du

---

1. Les processions des prêtres et fidèles de Bellone étaient particulièrement bruyantes et tumultueuses.
2. Les naufragés, pour apitoyer les passants, portaient au cou une représentation peinte de leur naufrage.
3. Les Juifs étaient de plus en plus nombreux à Rome.
4. Moyen, disait-on, de faire cesser les éclipses de lune.
5. Avec une sorte de toupie, les magiciennes (la Colchide est la patrie de Médée, célèbre enchanteresse) prétendaient provoquer les éclipses.
6. Sur le Janicule (colline romaine de la rive droite du Tibre).
7. Région campanienne célèbre par ses vignobles.

féroce Térée[1] ou le dîner que tu ne digéras pas[2], Thyeste, ou Dédale en train d'attacher à son fils les ailes de cire[3], ou Polyphème paissant ses brebis siciliennes[4]. Point de vessies en mes plaquettes : ma Muse ne s'enfle pas des plis insensés d'une robe de tragédie. « C'est là pourtant ce que chacun loue, admire, idolâtre. » Je l'avoue : on loue ces grandes machines : mais on lit mes babioles.

IV, 49.

Son réalisme. — Le maître-don de Martial est la justesse de l'observation : la vue, l'ouïe, l'odorat sont chez lui d'une égale finesse ; et il sait rendre ses impressions, d'un mot, avec toute leur force ou leur fraîcheur. Mais il ne se contente pas de noter au passage les traits réels : il les groupe de façon à accentuer l'effet de ses tableaux ; il les pousse, pour plus d'énergie, jusqu'à la trivialité et la saleté, comme l'ont fait chez nous les romanciers « naturalistes ». Ses personnages, dont (à la façon de Théophraste[5], mais avec bien plus d'art et de brièveté) il évoque le caractère par l'extérieur seul, gestes, tenue, vêtement, en prennent souvent l'aspect de caricatures : mais ils sont inoubliables.

Rome ravitaille la campagne

[D'un goût descriptif un peu apprêté d'abord, l'épigramme peint ensuite une nature-morte fraîche et savoureuse avant de se terminer sur un « mot » d'effet sûr.]

C'était, Faustinus, là où la porte Capène[6] s'égoutte largement, où les prêtres de Cybèle lavent dans l'Almo le couteau phrygien[7], où verdoie le champ consacré des Horaces,[8] où cuit au soleil le temple d'Hercule Enfant : Bassus passait, sa voiture pleine jusqu'au bord de toute l'abondance d'une riche campagne. Tu aurais vu choux noblement pommés, poireaux et ciboulettes, laitues bien étalées[9], bettes utiles à la digestion ; et puis une lourde guirlande de grives dodues, un lièvre meurtri par la dent d'un chien gaulois, un porc de lait qui n'avait pas encore fait tort aux fèves ; et le coureur lui-même[10] qui précédait ce grand char n'allait pas les mains vides : il portait des œufs à l'abri dans le foin. — Bassus rentrait à Rome ? — Mais non : il allait à la campagne.

III, 47.

Un pouilleux

[Réalisme outré. — Par délicatesse mondaine (cf. Horace) et flatterie à Domitien (qui les avait chassés de Rome), Martial s'en prend aux prédicateurs de carrefour, type pittoresque de la ville.]

Ce bonhomme que tu vois souvent, Cosmus, sous les portiques intérieurs de notre Pallas[11] et au seuil du Temple Neuf,[12] avec son bâton et sa besace, ce vieux aux cheveux

1. Type du barbare effréné, auquel on fit manger son fils.
2. Les enfants de Thyeste furent aussi servis à leur père !
3. Pour échapper à Minos, Dédale fabriqua pour lui et son fils Icare des ailes factices qui leur permirent de quitter la Crète.
4. Ici, Martial semble s'en prendre à la bucolique de thème mythologique (cf. *Odyssée*, chant IX, et Théocrite, *Id.*, XI).
5. Philosophe et naturaliste grec des IVe-IIIe siècles.
6. Sur elle passait une dérivation d'un aqueduc (l'Aqua Marcia) dont l'eau s'égouttait sous la voûte.
7. Dans l'Almo, affluent du Tibre, les prêtres de la déesse phrygienne Cybèle lavaient chaque année leur idole et le couteau des sacrifices.
8. Les trois sauveurs de Rome, ensevelis dans un espace consacré.
9. Une des deux espèces de laitues que distinguaient les Romains.
10. Ou piqueur.
11. Domitien avait élevé un temple à Minerve, déesse des « intellectuels ».
12. Le temple élevé par Domitien à son père Vespasien.

blancs et poussiéreux, tout hérissés, et dont la barbe descend, sale, sur sa poitrine, que couvre une lévite jaunâtre, seul ornement de son grabat, et dont les aboiements mendient des passants ses aliments, tu le prends à son aspect mensonger pour un philosophe cynique. Ce n'est pas un philosophe cynique. Qu'est-ce donc ? Un chien[1].

IV, 53.

Un parvenu

Tu vois, Rufus, ce spectateur qui se prélasse assis au premier rang ? Même d'ici, nous voyons briller sa main baguée de sardoines, sa cape mainte fois gorgée de pourpre tyrienne[2], et sa toge dont il faut que la blancheur surpasse celle de la neige vierge ; le parfum de sa chevelure emplit le théâtre de Marcellus ; ses bras luisent, épilés et polis ; la languette de son brodequin à lunule[3] ne date même pas d'hier, un cuir souple revêt d'écarlate son pied, sans le blesser ; et un grand nombre de mouches constellent tout son front... Pourquoi, me demandes-tu ? Enlève-les, tu liras[4].

II, 29.

Les procédés de l'épigramme. — La seule obligation de l'épigramme est de lâcher le trait mordant à la fin, pour que rien n'en affaiblisse l'effet ; le plus souvent, aussi, le « mot de la fin » est inattendu ou déguisé, pour piquer la curiosité. Mais, en dehors de ces deux règles, Martial s'est appliqué à diversifier le plus possible les dimensions et les procédés de ses petites pièces. Il en est d'un ou deux vers seulement ; beaucoup, en deux distiques, savent être à la fois colorées et piquantes. Quand le poète se donne plus d'espace, il développe un portrait, une scène, qui s'achève sur une brusque antithèse. Il s'adresse à un ami supposé, à un contradicteur feint ; ou fait la leçon à un original... Son ingéniosité est extrême ; un peu trop visible seulement.

Tu achètes tout, Castor : tu vendras tout.

VII, 98.

Cinna veut paraître pauvre : il l'est.

VIII, 19.

Thaïs a les dents noires, Laecania les a de neige. Pourquoi donc ? — Celle-ci les achète, l'autre a les siennes.

V, 43.

Gémellus demande la main de Maronilla, brûle, presse, supplie, donne[5]. Elle est donc bien belle ? Tant s'en faut : la laideur en personne. Qu'a-t-elle donc pour attirer la demande, le désir ? Elle tousse[6].

I, 10.

Un amateur petit-maître

[Portrait satirique à trait final antithétique. — Jeux d'expression catulliens.]

Tu « déclames » joliment, tu plaides, Atticus, joliment ; tu écris de jolies chroniques, de jolis vers ; tu composes de jolis mimes, des épigrammes jolies ; tu traites joliment de la grammaire, joliment de l'astrologie ; tu as une jolie voix et tu danses, Atticus, joliment ;

1. Le mot κύων = chien, désignait aussi à Athènes les philosophes cyniques.
2. La meilleure.
3. Les brodequins de sénateurs portaient un petit croissant d'argent.
4. Il a été autrefois marqué au fer rouge, comme mauvais esclave.
5. La comble de cadeaux.
6. Son prétendant espère qu'elle mourra peu après le mariage, en l'instituant son héritier.

tu as un joli talent sur la lyre, un joli talent à la paume. Sans doute tu ne fais rien bien ; mais tu fais tout joliment. Veux-tu mon avis ? Tu es un grand faiseur d'embarras.

II, 7.

Au tribunal

[Mise en scène comique : le plaideur interrompt son avocat qui « parle trop bien ». Rapprocher certains traits de l'acte III des *Plaideurs* de Racine.]

Il ne s'agit pas de violence, de meurtre, de poison : j'ai procès pour trois chèvres que j'accuse mon voisin d'avoir détournées. C'est là ce que le juge veut qu'on lui prouve. Mais toi, tu t'en vas chercher Cannes[1], la guerre de Mithridate[2], les parjures de la rage punique, les Sylla, les Marius, les Mucius[3] : ta voix tonne, tes bras s'agitent. Parle, il est temps, Postumus, de mes trois chèvres.

VI, 19.

La fièvre trop bien traitée

[Conseil de bon sens, dissimulé sous une description pittoresque et un jeu d'esprit précieux. — Rapprocher certains traits de *La Goutte et l'Araignée* de La Fontaine.]

Tu te demandes, Latinus, pourquoi la fièvre ne te quitte pas depuis tant de jours ; et tu en gémis, gémis. Elle va en litière avec toi, avec toi au bain ; elle dîne de champignons, d'huîtres, tétines de truie, sanglier ; elle s'enivre coup sur coup de vin de Sétinum, de Falerne, et ne boit le Cécube que passé à l'eau glacée ; elle ne couche que dans les roses, avec son teint plombé, et dans l'amome[4] ; elle dort dans la plume et la pourpre. Si bien couchée, vivant si bien chez toi, pourquoi veux-tu que ta fièvre aille chez Dama[5] ?

XII, 17.

La grenouille qui veut se faire aussi grosse que le bœuf

[Variation actuelle sous une forme ésopique. — Balancement ironique.]

Au quatrième mille[6] Torquatus a son château : au quatrième Otacilius achète un champ. Torquatus a élevé des bains où éclatent les marbres jaspés : Otacilius s'est fait une baignoire. Torquatus en son domaine a fait disposer un parc de lauriers : Otacilius a semé cent châtaignes. Quand Torquatus était consul, l'autre était commissaire de quartier, et il ne croyait pas que l'honneur fût moindre. Voulant égaler un grand bœuf, la grenouille autrefois creva : ainsi Torquatus, je pense, fera crever Otacilius.

X, 79.

Coquetterie surannée

[Parodie d'allure tout à fait catullienne : aisance du persiflage, répétitions dansantes, outrances du vocabulaire réaliste.]

« Ris, crois-m'en, belle enfant, ris. » C'est le poète pélignien[7] je pense, qui donnait le conseil ; mais il ne le donnait pas à toutes les jeunes femmes ; et supposé qu'il l'ait donné à toutes les jeunes femmes, ce n'est pas pour toi : tu n'es pas une jeune femme, et tu as en tout, Maximina, trois dents, et des dents tout à fait couleur de poix et de buis. Donc, si tu t'en rapportes à nous deux, ton miroir et moi, tu craindras le rire autant que Spanius le vent, Priscus un attouchement, Fabulla une averse pour sa poudre, Sabella le soleil pour sa

1. Grande défaite infligée par Hannibal aux Romains.
2. Un des adversaires les plus acharnés des Romains (début du Ier siècle avant J.-C.).
3. Mucius Scaevola, héros de la guerre contre le roi Étrusque Porsenna (506 av. J.-C.).
4. Plante odoriférante et le parfum qui en était extrait.
5. Un pauvre diable.
6. A environ 6 kilomètres (de Rome).
7. Ovide. Mais, alors, en un vers qui ne nous est pas parvenu.

céruse[1] ; donne-toi des traits plus sévères que la femme[2] ou l'aînée des brus[3] de Priam ; fuis les mimes si drôles de Philistion[4], les libres repas, et toutes les occasions où les saillies spirituelles ouvrent de jolies lèvres en un rire limpide. Ta place à toi est près d'une mère affligée, d'une veuve ou d'une sœur en deuil ; et tes loisirs sont dus aux Muses de la tragédie. Suis mon avis : pleure, crois-m'en, belle enfant, pleure.

II, 41.

Art et poésie. — Martial avait promis (X, 4) une œuvre « dont la Vie puisse dire : C'est moi-même ». Il a donné, en un sens, davantage. La vigueur de son pittoresque, à elle seule, révèle le grand artiste. Mais ce qui fait de lui un vrai poète, c'est la souplesse changeante avec laquelle il combine jeux d'esprit et images de la vie : ses meilleures épigrammes, celles qui ne versent ni dans la grossièreté, ni dans la préciosité, enchantent l'imagination comme une peinture savoureuse, surprennent par la spirituelle finesse de leur dénouement et satisfont par l'accord imprévu du paradoxal et du réel. Certaines prouvent même que la sensibilité ne lui aurait pas manqué, si le genre y avait prêté.

[Dans l'ambre, résine fossile d'un jaune transparent, se trouvent parfois pris des insectes « momifiés » (voir plus bas, p. 392, n. 5). C'est l'occasion pour Martial de faire tenir en quatre vers, comme un poète japonais, un monde de poésie où la précision et le rêve se combinent.]

Au cœur d'une goutte d'ambre, cachée et visible, une abeille semble prise dans son propre nectar. Elle a la vraie récompense de toutes ses peines : elle a dû choisir elle-même cette mort.

IV, 32.

Sur la mort d'une petite fille

[Épitaphe délicate d'une petite esclave que Martial avait affranchie. — Le désir d'une vie persistante continuant l'existence terrestre se mêle à la mélancolie des formules funéraires rituelles (à la fin).]

Voici une fillette, ô mon père Fronton, Flaccilla ma mère[5], que je vous recommande : elle était la joie de mes lèvres, elle était mes délices. Faites que la mignonne Érotion n'ait pas peur des ombres noires ni de la gueule monstrueuse du chien du Tartare[6]. Elle allait tout juste voir la fin des frimas de son sixième hiver : il ne s'en fallait que d'autant de jours. Laissez-la jouer et folâtrer entre vous, ses vieux patrons ; et que sa bouche jasante zézaye mon nom. Que le gazon ne soit pas rude, qui couvre ses tendres os ; et toi, terre, ne pèse pas sur elle : elle n'a pas pesé sur toi.

V, 34.

Une versification très souple (le distique élégiaque [p. 258] et l'hendécasyllabe [p. 160] dominent) complète les mérites de cette œuvre, qu'on pourrait dire vraiment classique si la portée en était plus haute, si Martial avait sondé plus à fond la société dont il s'amuse à esquisser les ridicules, s'il avait moins sacrifié aux jeux légers qui, chez lui, rappellent encore l'époque néronienne.

1. Quatre épigrammes en deux vers. La céruse servait à donner au visage un « émail » blanc, que le soleil craquelait.
2. Hécube, type du malheur consommé chez les Grecs.
3. Andromaque, éprouvée par la mort de son mari Hector, et de son fils, Astyanax.
4. Auteur et acteur du temps d'Auguste.
5. Déjà morts, et qui recevront l'enfant.
6. Cerbère aux trois gueules.

JUVÉNAL
Avant 65 - après 128

Ce n'est pas par légèreté que pèche D. Junius Juvénalis d'Aquinum, en Campanie. Il avait déjà passé la moitié de sa vie chez le rhéteur et dans les salles de déclamation, où son éloquence lui avait assuré un nom, lorsque, vers 100, il se mit à écrire des satires. Peut-être ne suffisait-il plus à l'effort physique qu'exige la parole en public ? L'exemple de Martial, son ami depuis longtemps, et le sentiment d'une plus grande liberté après la longue contrainte du règne de Domitien ont pu l'amener à transposer sa vigueur rhétorique en violentes sorties contre les mœurs du temps et les abus des règnes précédents. Il est fort douteux qu'il ait payé sa franchise d'un exil déguisé, en Égypte ou en Bretagne, comme le content ses biographes. Ses *Satires* ne semblent pas, à beaucoup près, lui avoir assuré de son vivant la gloire de Martial : mais il avait une honnête aisance et ne paraît pas avoir été besogneux comme son ami.

Les satires. — On distingue dans l'œuvre de Juvénal deux aspects successifs : critique âpre et pittoresque des vices ; prédication plus sèche de lieux communs moraux. Du premier relèvent le *libellus* de cinq pièces (La vocation satirique ; — Les hypocrites ; — Les embarras de Rome ; — Le turbot de Domitien ; — Les parasites), qui parut vers 100, révélant aussitôt une franche et parfaite originalité ; et, bien plus tard (après 115), les livres II (Satire VI : sur les femmes) et III (Satires VII à IX : Misère des professions libérales ; — La noblesse ; — Les débauchés). Le ton change, se rapprochant de celui de Perse, déjà avec le livre IV (Satires X à XII : Les vœux ; — Le luxe de la table ; — La véritable affection), mais surtout dans le cinquième (Satires XIII à XVI : Remords et sanctions matérielles ; — Valeur de l'exemple dans l'éducation ; — Cruauté du fanatisme égyptien ; — Avantages du métier militaire : celle-ci incomplète). De longueur très inégale, les satires comptent de 130 à 661 vers (la sixième).

Le matin, chez une coquette du grand monde

[Description colorée et animée, du détail le plus précis et le plus particulier, mais soutenue et unifiée par la rhétorique, indignée ou d'une ironie virulente.]

Le mari a déplu : c'en est fait de l'intendante ; tunique bas[1], les coiffeurs ; le Liburnien[2] est en retard, bien sûr, qu'on le châtie ! Ici les verges se brisent, là rougissent les étrivières, ici le fouet. Il y a de ces femmes qui assurent un traitement annuel à leurs tortionnaires. Elle flagelle[3], et en même temps se farde ; elle écoute ses amies, examine la large bordure d'or d'une robe brodée, et elle frappe ; elle revoit les colonnes du livre de comptes, avec son long détail journalier, et elle frappe. Enfin, les frappeurs n'en pouvant plus : « Sors », dit-elle, d'une voix à faire trembler : l'enquête est terminée. La conduite de cette maison égale en cruauté la cour du tyran sicilien[4]. Voici qu'elle a donné un rendez-vous et désire être plus parée que de coutume ; elle est pressée ; on l'attend déjà dans les jardins ou près du sanctuaire d'Isis. L'infortunée Psécas met ordre à la

1. Pour qu'on les batte.
2. Cet esclave liburnien (côte est de l'Adriatique) est peut-être l'huissier introducteur ou le courrier de cette grande dame.
3. C'est-à-dire : donne l'ordre de flageller.
4. Phalaris, tyran d'Agrigente : lieu commun des écoles de rhétorique.

chevelure de sa maîtresse, la sienne déjà arrachée[1], épaules et sein nus. « Pourquoi cette boucle trop haute ? » : une lanière aussitôt punit ce crime, ce forfait capillaire. Pauvre fille, qu'a-t-elle fait ? Est-ce sa faute si ton nez te déplaît ? Une autre, à gauche, étale et peigne les cheveux, les roule en torsade. A voix au chapitre une vieille esclave, qui servait déjà la mère, et qu'on a mise à la laine parce qu'elle ne peut plus tirer l'aiguille : elle dira la première son avis, puis les autres opineront de la plus à la moins importante en âge et en capacité, comme si était en question l'honneur ou la vie. Tant c'est une affaire de se faire belle, tant il faut de torsades serrées et puis d'assemblages compliqués pour hausser cette tête. De face vous verrez une Andromaque[2] ; de dos elle paraît si petite que vous la prendriez pour une autre[3].

VI, v. 475-504.

Tendresse et sociabilité humaines

[Développement trop facile, mais d'un sentiment pénétrant. — Suite de notations sans pittoresque : l'intention morale l'emporte sur l'art réaliste.]

Bien tendre est le cœur que la Nature donne aux hommes : on le voit aux larmes qu'elle leur a données. C'est de notre être la meilleure part. Ainsi nous voilà pleurant sans pouvoir nous retenir sur un ami qui plaide sa cause en une misérable tenue d'accusé[4], sur un orphelin[5] qui appelle en justice un fourbe tuteur et dont le visage, ruisselant de larmes sous la longue chevelure, semble aussi bien d'une fille que d'un garçon. La nature nous force à gémir quand nous rencontrons le convoi funèbre d'une grande jeune fille ou qu'on enferme sous la terre un bébé trop petit pour que le réclame la flamme du bûcher[6]. Qui donc, en effet, s'il est bon et digne de la torche des mystères[7], et tel que le veut le prêtre de Cérès, peut croire que le mal d'autrui ne lui est rien ? C'est là ce qui nous distingue de la foule des êtres muets[8] ; c'est pour cela que, dotés seuls d'une intelligence auguste, capables de saisir les mystères divins, et propres à exercer et à créer les arts, nous avons une âme compréhensive descendue des demeures célestes[9], et dont sont privés les êtres dont la tête se penche et dont les yeux sont fixés au sol. A l'origine du monde le créateur commun ne leur a donné que le souffle vital, mais à nous, en plus, une âme, afin qu'un sentiment naturel nous pousse à nous demander et à nous offrir secours entre nous, à nous réunir en peuple, à quitter l'antique forêt et les bois hantés par nos ancêtres[10], à construire des maisons, à joindre à notre foyer un autre toit, pour que du voisinage naisse la confiance qui rend le sommeil paisible, à couvrir de nos armes le concitoyen qui meurt, ou chancelle grièvement blessé, à nous rallier au signal de la trompette, à nous défendre par les mêmes tours et à nous enfermer de la même clef.

XV, v. 131-158.

Leur caractère général. — Lent à trouver sa vocation, Juvénal l'a été aussi en son évolution : il retarde constamment sur son temps. C'est l'indignation, dit-il, qui l'a fait poète ; mais une indignation rétrospective et soigneusement échauffée : il nomme ses victimes, mais ce ne sont que des morts ; il s'en prend aux vices, mais il a trié ce qu'il y avait de plus outré dans les mœurs des règnes précédents. Les dernières satires répondent mieux

1. Par la maîtresse, impatiente et furieuse.
2. Type de belle prestance.
3. Les bustes de femme du début du IIe siècle feront mieux comprendre le « mot de la fin » : la chevelure, très serrée sur l'occiput, est ramenée au-dessus du front, qu'elle domine en un haut demi-diadème.
4. Pour faire pitié, les accusés se présentaient devant les juges sous l'aspect le plus pauvre et le plus négligé.
5. Cf. plus haut, p. 363 s.
6. On ne brûlait pas (mais on enterrait) les petits enfants qui n'avaient pas encore de dents.
7. Les mystères de Déméter (Cérès) à Éleusis (près d'Athènes) : les initiés, qui, purs, aspiraient à une vie future bienheureuse, s'y rendaient en portant des torches.
8. Les animaux.
9. Conception stoïcienne.
10. Cf. Lucrèce, V, v. 925 ss., et Cicéron, *De inuentione*, I, 2.

à la reprise morale de la haute société sous Trajan : mais elles n'ont été écrites que sous Hadrien. Juvénal n'est pas un satirique d' « actualités » : il combine toujours lectures et expériences du passé et du présent.

L'esprit national. — L'unité d'esprit est assurée par un nationalisme étroit, mais très vigoureux, nourri d'histoire et mécontent du présent. Dans les écoles du rhéteur, les thèmes historiques étaient fort en faveur ; la lecture constante de Cicéron et de Tite-Live imposait aux esprits des images idéalisées d'une Rome forte et pure : Juvénal s'en est servi comme « repoussoir » aux ignominies enregistrées par la chronique scandaleuse du premier siècle de l'Empire. Mais, d'ailleurs, il a lui-même des raisons d'en vouloir au cosmopolitisme de son temps : la faveur des religions exotiques heurte son rationalisme ; surtout, l'invasion des arrivistes orientaux crée une dure concurrence aux hommes de lettres qui cherchent des protecteurs. Juvénal rêve alors d'une Rome strictement latine, qui n'a jamais existé, mais dont les petites villes déchues d'Italie et leurs mœurs campagnardes lui offrent une image, par antithèse, charmante.

La véritable noblesse

[Développement d'un lieu commun moral (la véritable noblesse est dans le mérite, non dans la naissance) par exemples riches en détails pittoresques. — Thème et exemples sont du répertoire des écoles de rhétorique et nourris de réminiscences classiques (Cicéron, Salluste). — L'apparente hardiesse républicaine (en partie inspirée par Lucain) n'est qu'une forme de nationalisme déclamatoire, qui ne pouvait déplaire au temps de Trajan.]

Trouvera-t-on plus haute naissance que la tienne, Catilina[1], et celle de Céthégus[2] ? C'est vous pourtant qui vous armez pour porter de nuit le fer et la flamme dans Rome, dans ses temples, comme le feraient la race qui porte les braies et les descendants des Sénons[3] : crime digne de la tunique soufrée[4]. Mais il y a un consul[5] qui veille et tient en échec vos troupes. C'est un homme nouveau d'Arpinum, tout à l'heure encore chevalier de province inconnu à Rome. Partout il place des postes militaires, à votre stupeur, et il se dépense de colline en colline[6]. Mais aussi, sans qu'il sortît des murs, sa toge lui valut autant de gloire et des titres aussi grands que de Leucade[7] et des champs de Thessalie[8] en emporta Octave, son épée toute trempée de meurtres ; et Rome, avec un amour filial, libre encore, proclama Cicéron « père de la patrie »[9]. Un autre Arpinate[10], sur les monts des Volsques, se faisait payer à la tâche, quand, las, il quittait le mancheron de la charrue d'autrui ; ensuite sa nuque patiente brisait le cep noueux du centurion[11], si sa dolabre[12] se faisait trop lente à fortifier le camp : mais c'est lui qui reçut le choc des Cimbres[13], suprême responsabilité, et qui seul couvrit Rome frissonnante.

---

1. Voir plus haut, p. 173 s.
2. Noble, complice de Catilina.
3. Les Gaulois qui prirent et incendièrent Rome en 390 (ou 387) : les braies (pantalons) étaient une partie de leur habillement national.
4. La *tunica molesta* était une chemise enduite de soufre dans laquelle étaient brûlés vifs les incendiaires.
5. Cicéron.
6. Les sept collines de Rome.
7. Allusion à la bataille d'Actium (voir p. 217 s.).
8. A Philippes, où Antoine et Octave vainquirent les meurtriers de César.
9. Titre d'honneur, très rare sous la République, prodigué par adulation aux empereurs.
10. Marius.
11. Le centurion (commandant de compagnie) avait comme insigne de son grade un cep de vigne.
12. Outil du soldat romain en campagne, à la fois cognée et pic.
13. En 102 et 101, Marius détruisit les envahisseurs Teutons et Cimbres, qui épouvantaient l'Italie.

Aussi, quand le massacre des Cimbres eut livré aux vols de corbeaux des cadavres gigantesques, son collègue[1], de si noble race qu'il fût, n'eut que la seconde place au triomphe.

VIII, v. 231-253.

Contre les Grecs

[Déclamation d'une vigueur pleine de sincérité, d'ailleurs sans dignité. — Puissance du portrait psychologique de l'arriviste oriental, rehaussé de quelques traits d'un réalisme cru.]

Je ne puis supporter, Quirites[2], une Rome grecque. Mais, d'ailleurs, de l'Achaïe[3] quelle est la part en cette lie ? Il y a beau temps que l'Oronte[4] syrien s'est déchargé dans le Tibre, avec sa langue, ses mœurs, flûtes et psaltérions[5] et tympanons du pays, et filles barbares qui rôdent autour du Cirque avec leurs mitres[6] bariolées. Ton paysan, ô Quirinus, prend des babouches[7], et à son cou luisant d'onguent[7] porte les insignes de ses succès sportifs[7] ! L'un descend de Sicyone[8], mais l'autre quitte Amydon[9], celui-ci Andros, celui-là Samos[10], cet autre Tralles ou Alabanda[11], et tous gagnent les Esquilies ou la colline Viminale[12], pour s'insinuer au cœur des grandes maisons et s'en faire les maîtres. Esprit subtil, audace impudente, langue toujours prête et qui court plus vite que celle d'Isée[13], que pensez-vous qu'est cet homme ? Qui vous voulez, il a tout en lui : maître de grammaire, de rhétorique, géomètre[14], peintre, masseur[14], augure, funambule[14], médecin, mage, il sait tout, ce métèque[15] qui meurt de faim ; vous lui en donneriez l'ordre, il monterait au ciel : aussi bien n'était-il ni maure ni sarmate ni thrace, celui qui se fit des ailes[16], mais athénien d'Athènes.

Et je ne fuirais pas leur pourpre[17] ? Je souffrirais que signe avant moi[18] et s'accoude à son aise sur un meilleur lit[19] un individu qu'amena dans Rome un chargement de prunes et de figues de Syrie ? Alors ce n'est plus rien d'avoir dès notre enfance humé l'air de l'Aventin[20], croqué l'olive sabine ?

Ajoutez que cette race, rompue à la flatterie, sait louer le langage d'un illettré, le visage d'un monstre, égale un long cou débile à la nuque d'Hercule soulevant de terre Antée[21], s'extasie d'un filet de voix, plus aigre que le cri du coq. Nous aurons beau louer de même, c'est eux qu'on croit. Et qui surpassera le Grec[22] jouant, dans une comédie, Thaïs, la femme, ou Doris en cotillon simple ? Car on jurerait une vraie femme, on oublie l'acteur : Antiochus, Stratoclès, Démétrius ou le souple Haemus[23], tous perdront leur

---

1. Q. Lutatius Catulus, consul avec Marius en 102.
2. Les purs Romains.
3. La Grèce propre, depuis si longtemps mise à contribution qu'il n'en reste que la lie, mêlée à celle de l'Orient hellénique.
4. Fleuve de Syrie, évoquant ici tout l'Orient.
5. Sorte de harpes asiatiques.
6. Haute coiffure orientale, le plus souvent brodée de vives couleurs.
7. Mot grec.
8. Ville de Grèce.
9. En Macédoine.
10. Deux îles de la mer Égée.
11. Deux villes d'Asie (en Carie).
12. Deux des collines de Rome.
13. Rhéteur d'origine assyrienne, d'une extrême virtuosité, très couru à Rome à la date où écrit Juvénal.
14. Mot grec.
15. Dans le texte *Graeculus* (au propre : misérable Grec).
16. Dédale : voir p. 377, n. 3.
17. Leur luxe (de vêtement) : cf. p. 378, *Un parvenu*.
18. A un acte, comme témoin.
19. A table.
20. Colline de Rome.
21. Hercule n'avait pu venir à bout d'Antée, fils de la Terre, qu'en l'étouffant soulevé à bras le corps.
22. Les rôles de femmes (courtisane [Thaïs], maîtresse de maison ou servante [Doris]) étaient tenus au théâtre par des hommes.
23. Stratoclès et Démétrius étaient célèbres sous Domitien ; Haemus est peut-être contemporain de Juvénal ; nous ne connaissons pas cet Antiochus.

renommée. C'est une race comédienne. Vous riez ; il éclate ; il pleure en voyant les larmes d'un ami, sans s'affliger ; si sur la fin de l'automne vous réclamez un air de feu, il demande sa robe fourrée ; si vous dites « J'ai chaud », il sue. Alors nous ne sommes pas de force : la palme à celui qui sans cesse, nuit et jour, peut modeler ses traits sur le visage d'autrui, prêt à offrir ses services, à complimenter, si l'ami millionnaire a fait un beau renvoi, si ses urines sont bonnes et ses selles abondantes.

III, v. 60-108.

L'imagination réaliste. — Avec Juvénal, le réalisme latin atteint ses limites. Pour la franchise de la couleur et la netteté du trait, il est sans doute inférieur à Martial. Mais sa peinture est plus grasse, d'atmosphère plus profonde, il évoque mieux les intérieurs avec leur saveur particulière, les foules, les scènes complexes. D'autre part, il nous fait mieux pénétrer dans l'âme des personnages, et, par ses réactions propres, d'indignation et de dégoût, nous mêle mieux à leur existence. C'est que ce réalisme ne vit pas seulement d'impressions momentanées : il est puissamment imaginatif ; il donne la même vérité aux scènes du passé et aux rêves qu'aux visions directes. De là une richesse descriptive continue et variée, où domine une vulgarité vigoureuse, mais où tous les traits ont une égale pénétration.

Les embarras de Rome

[Lieu commun (cf. plus haut, p. 375 s.), développé avec une apparente nonchalance de composition, en réalité avec un sens très artiste des ressources de l'antithèse. — Poésie du réalisme, qui évoque, à côté des faits, le sentiment qu'ils font naître, et s'épanouit en rêverie attendrie et moqueuse. — Cf. Boileau, *Satire* VI.]

Malade, il est presque fatal qu'on y[1] meure faute de sommeil ; mais le mal lui-même vient de la mauvaise nourriture : on digère mal et l'estomac s'enflamme. Car, dites-moi, où y trouverez-vous à louer un logis qui vous laisse le sommeil ? Il faut être bien riche pour dormir à Rome : de là le mal. Les chariots[2] qui s'efforcent de passer dans l'étroitesse des rues sinueuses, l'arrêt d'un convoi sous les gros mots des muletiers, arracheraient le sommeil à Drusus[3] et aux veaux marins[4]. Soit une obligation pressante : la foule s'écarte devant un richard qui, dans sa vaste litière liburnienne[5], court au-dessus des têtes, sans laisser pour cela d'écrire, de lire ou de dormir : car, les rideaux fermés, la litière invite au somme. Pourtant, il arrivera avant nous. Nous, nous avons beau nous hâter : le flot qui précède nous arrête, l'immense colonne qui suit nous enfonce les reins ; l'un nous heurte du coude, l'autre d'un ais bien dur ; celui-ci nous abat sur la tête une solive, celui-là un barillet. La boue enduit mes jambes ; soudain une semelle énorme m'écrase tout le pied, et le clou d'une botte de soldat s'enfonce dans mon orteil. Ne vois-tu pas toute cette fumée, cette foule autour de la sportule[6] ? Cent convives, chacun suivi de sa cuisine[7] ! Corbulon[8] aurait peine à porter le monceau de vaisselle, tout l'attirail que sur sa tête, le cou raide, porte un misérable petit esclave : encore court-il si vite qu'il en ranime la flamme de son réchaud. Les tuniques, tout juste raccommodées, se déchirent.

---

1. A Rome.
2. Pour ne pas embarrasser la circulation de jour, les voitures de charge ne devaient traverser Rome que la nuit.
3. L'empereur Claude, fils de Drusus : énigme précautionneuse quoique transparente.
4. Les otaries, qui passaient pour avoir le sommeil très lourd.
5. En forme de barque liburnienne (esquif très rapide) ; ou portée par des esclaves liburniens (voir p. 381, n. 2) ?
6. Les riches distribuaient à leurs clients des « portions » (*sportula* veut dire « petit panier » de provisions).
7. Plats et réchauds portatifs pour emporter chez lui, sans qu'ils se refroidissent, les mets qu'il aura obtenus.
8. Général de Claude, de très grande taille ; ou, peut-être, un athlète contemporain.

Un fardier s'approche, où branle un long sapin ; d'autres amènent chacun son pin : ils oscillent profondément et menacent la foule. Mais si vient à pencher l'essieu[1] chargé de blocs de marbre, si le chariot verse et répand sur les files de passants toute cette montagne ? Que reste-t-il des corps ? Qui peut trouver un membre, un os ? Laminés tous les cadavres, évaporés comme un souffle. Cependant, tranquille, la maison[2] lave les écuelles, souffle le feu, graisse les strigiles qui tintent, emplit la burette et prépare les serviettes[3] : les esclaves s'activent à des tâches diverses ; mais lui, il est déjà assis sur la rive du Styx, il a une peur d'enfant du nocher infernal[4] : pas d'espoir que l'aune[5] sinistre lui fasse traverser le gouffre fangeux, il n'a pas dans sa bouche le sou pour le passeur[6].

III, v. 232-267.

La simplicité de table : aujourd'hui et jadis

[Lieu commun (voir p. 403), d'une savoureuse rusticité, élargi par des souvenirs historiques qu'anime une vive et réaliste imagination.]

Écoute maintenant le menu ; les marchés n'y seront pour rien. De mon domaine de Tibur viendra le plus gras des chevreaux, la tendreur même, un chevreau qui ignore l'herbe et ne s'est pas encore risqué à mordre les basses branches du saule, qui a plus de lait que de sang ; et des asperges de montagne que la fermière a cueillies entre deux quenouillées. Et puis voici de beaux œufs tout chauds encore en leur tortis de foin, et les poules qui les ont pondus ; et des raisins qu'on a pu conserver plusieurs mois comme ils étaient sur la vigne, des poires de Signia[7] et des « syriennes[8] » de Tarente, et des pommes à la fraîche odeur, dont le froid a fait passer la verdeur et l'âpreté[9].

Autrefois, ç'aurait été déjà un banquet somptueux de sénateurs. Curius[10] mettait lui-même à cuire sur son étroit foyer les maigres légumes cueillis dans son jardin, dont ne voudrait pas un sale terrassier à la chaîne[11], chatouillé du souvenir de la vulve de truie[12] qu'on sert au cabaret. Une échine de porc séchée à la claie du plafond[13] se gardait alors pour les jours de fêtes, et, pour un anniversaire de naissance, on servait à la parenté du lard avec un peu de viande fraîche, si une victime en procurait. Et l'on voyait tel parent, trois fois consul, chef d'armées et dictateur, se rendre à ce repas, ayant plus tôt que d'habitude suspendu son travail et rapportant sur l'épaule le hoyau dont il domptait la montagne.

XI, v. 64-89.

Pauvreté des idées. — Ce ne sont point des idées qui organisent cette abondance réaliste. La morale, très moyenne, d'un honnête bourgeois suffit, dans les premières satires, à justifier la violence contre les égarements monstrueux du grand monde et les pittoresques turpitudes du bas peuple. Le vague stoïcisme des dernières tient plus des faciles développements de l'école

---

1. Même les fardiers à pierres de taille n'avaient alors que deux roues.
2. Les esclaves (de celui qui vient d'être écrasé).
3. C'est l'attirail que le maître, de retour de ses courses matinales, devait emporter aux bains.
4. Charon, qui passe les morts d'une rive à l'autre du Styx.
5. La barque de Charon (faite en bois d'aune).
6. On mettait avant les funérailles dans la bouche du mort une petite pièce de monnaie destinée à payer son passage à Charon.
7. Ville du Latium.
8. Espèce de poires, cultivée à Tarente, dans l'Italie méridionale.
9. Les « natures-mortes », de longue date appréciées par les comiques et satiriques de Sicile et d'Italie (le Grec Épicharme, Ennius, etc.) pour leur pittoresque et leur valeur suggestive, sont traitées avec maîtrise sous l'Empire aussi bien par les peintres que par les poètes.
10. Représentant de l'antique noblesse républicaine, simple et sévère.
11. Un esclave du plus bas étage.
12. Mets recherché par les Romains.
13. Servant de garde-manger.

que d'une vraie conviction philosophique. Même du point de vue politique et social, Juvénal est pauvre : il n'a rien d'un républicain ni d'un démocrate ; la misère sociale non plus ne le tourmente pas : elle attire sa curiosité en le dégoûtant un peu, c'est tout.

La puissance rhétorique. — Mais tout s'ordonne grâce à la rhétorique. Juvénal compose très strictement ses satires, même quand, par tradition, il cherche à se donner une allure libre, heurtée et primesautière. Parfois l'effort se sent ; d'autres fois, la réflexion doit s'appliquer pour déceler l'artifice du plan ; mais, d'ordinaire, Juvénal se montre sur ce point plus rigoureux qu'Horace et plus aisé que Perse.

La rhétorique aussi lui a donné du souffle : ses développements sont plus larges que ceux d'aucun satirique ; ses amplifications, malgré les procédés faciles à reconnaître (interrogations, exclamations, énumérations, antithèses, etc.), ont une vie qui entraîne, forcé et contraint, le lecteur, faisant oublier ce que les plaisanteries ont de gros et l'ironie de brutal.

Ambitieux !

[Une leçon morale par évocation poussée d'un épisode d'histoire presque contemporaine : la chute de Séjan, favori de Tibère (Séjan, devenu préfet du prétoire et presque « vice-empereur », avait supprimé par la calomnie ou le poison tous ceux qui pouvaient prétendre à la succession de Tibère, et jusqu'à son fils ; soudain Tibère eut les yeux dessillés : Séjan fut condamné par le Sénat et exécuté le 18 octobre 31). — Vie psychologique et matérielle intense. — Pessimisme âprement ironique. — Vigueur des formules. — Cf. Tacite (plus bas, p. 392 s.).]

Il en est que précipite leur puissance même, exposée à toute la violence de l'envie ; ce qui les coule, c'est la longue liste de leurs honneurs. A bas leurs statues : des cordes les tirent à terre ; et puis la hache s'en prend aux roues mêmes des biges[1] et brise, peine imméritée, les jambes des chevaux de bronze. Déjà sifflent les brasiers, soufflets et fournaises : cette tête adorée du peuple brûle, le colosse de Séjan craque ; et puis, de cette image du second personnage de l'univers, on fait des cruchons, des bassines, des poêles à frire, des pots. « Mets du laurier[2] à ta porte ; conduis au Capitole un grand bœuf blanchi à la craie[3] : on tire Séjan au croc[4], viens voir. » Joie universelle. « Quelle lèvre il avait, quel visage ! Jamais, crois-m'en, je n'ai aimé cet homme. Mais qu'est-ce qui l'a fait condamner ? Qui donc l'a accusé ? Avec quels dénonciateurs, quels témoins ? — Rien de tout cela : il est venu, de Caprée[5], une longue missive verbeuse. — Ça va bien, je n'en demande pas plus long. » Que fait cependant la tourbe romuléenne ? Elle suit la fortune, comme toujours ; elle prend en haine les condamnés. Ce même peuple, si la déesse Nortia[6] avait favorisé son compatriote, si sans bruit avait été étouffée[7] la vieillesse du prince, à cette heure même proclamerait Séjan empereur. Il y a beau temps, depuis que nous ne vendons plus à personne nos suffrages[8], que ce peuple a semé au vent les soucis ; lui qui donnait autrefois commandements, faisceaux, légions, tout, il se contient maintenant

1. Les chars à deux chevaux des statues d'apparat de Séjan.
2. En signe de victoire.
3. Aux dieux célestes on sacrifiait des animaux blancs ou (quand on n'en avait pas) soigneusement blanchis à la craie.
4. On tirait avec un croc les cadavres des suppliciés de la prison où ils avaient été exécutés sur l'escalier des Gémonies, qui descendait vers la rue.
5. Ile du golfe de Naples, où Tibère s'était retiré.
6. Déesse de la Fortune en Étrurie : Séjan était de la ville étrusque de Volsinies.
7. C'était le dernier attentat qu'avait à risquer Séjan.
8. A la fois regret et satire des derniers temps de la République.

et n'a que deux désirs anxieux : du pain et des spectacles ! « Il en mourra beaucoup, dit-on ? — Point de doute : le four est chaud ; un bon petit four. — Je viens de rencontrer (il était un peu pâle) l'ami Bruttidius près de l'autel de Mars. Je crains qu'Ajax[1], dépité, ne s'en prenne aux siens d'avoir été mal défendu. Allons, vite, courons, tandis qu'il est encore gisant sur la rive, pour fouler aux pieds l'ennemi de César. Mais amenons nos esclaves : sans cela l'un d'eux pourrait bien dire que ce n'est pas vrai et traîner en justice son maître tremblant, la corde au cou. » Ainsi parlait-on alors de Séjan ; ainsi susurrait tout bas la foule.

Veux-tu avoir une cour comme Séjan, être aussi puissant, donner à l'un les plus hautes charges curules, mettre l'autre à la tête des armées, passer pour avoir en tutelle le prince, qui ne bouge du roc de Caprée avec sa bande de Chaldéens[2] ? Bien sûr tu veux les centuries, les cohortes, la cavalerie d'élite, toute la garde impériale[3] ? Pourquoi ne le désirerais-tu pas ? Même ceux qui ne veulent tuer personne, veulent le pouvoir faire. Mais quelle éclatante fortune vaut qu'on risque les maux qui la contre-balancent avec exactitude[4] ?

X, v. 56-98.

Style et versification. — Chaque satire progresse ainsi d'un mouvement continu, en faisant alterner tableaux pittoresques et exaltations rhétoriques. La langue est admirable de richesse et de force évocatrice. Le style, un peu monotone, est de grand effet et abonde en vers retentissants, en formules mordantes. La versification se permet quelques libertés, traditionnelles dans la satire. L'admirable est que, nourri de Virgile et de Lucain, et venant après tant de grands satiriques, Juvénal ait su être tellement original, de conception artistique et de langue, qu'il a pu passer pour le maître du genre.

4. L'éloquence et l'histoire

Le despotisme de Domitien avait moins nui à l'éloquence qu'à l'histoire : l'*Institution oratoire* de Quintilien, le *Dialogue des orateurs* de Tacite prouvent combien, sous son règne, étaient vivantes les discussions techniques ; et rhéteurs ou délateurs de talent ne manquaient pas[5]. C'est à partir de Trajan que l'éloquence, devenue tout académique déjà avec Pline, fléchira définitivement. L'histoire, au contraire, se réveille alors d'une longue contrainte, et Tacite trouve en elle le véritable mode d'expression de son âme.

---

1. Expression déguisée pour signifier Tibère (Ajax avait, après la mort d'Achille, revendiqué contre Ulysse les armes du héros ; les Achéens les lui refusèrent ; il devint fou par esprit de vengeance).
2. D'astrologues : Tibère, comme beaucoup de ses contemporains instruits, croyait à l'astrologie.
3. Progression (une cohorte compte 6 centuries) : le préfet du prétoire commandait toute la garde impériale.
4. Les Anciens croyaient que tout bonheur attirait un malheur équivalent.
5. Le rhéteur Sacerdos Nicétès ; les avocats M. Aper et Julius Sécundus, maîtres de Tacite, Julius Africanus, tous trois Gaulois ; les délateurs Éprius Marcellus (mort en 79), Q. Vibius Crispus (mort en 93), M. Aquilius Régulus (mort vers 105)...

TACITE
Vers 55 - 120

P. Cornélius Tacitus, de milieu équestre (son père, ou son oncle, fut procurateur de la Gaule Belgique), accéda aux charges sénatoriales vers le moment même où il épousa (en 78), la fille d'Agricola (consul en 77). Sa carrière fut des plus régulières ; et il ne paraît pas avoir eu à souffrir de Domitien, ayant été, d'ailleurs, absent de Rome entre 89 et 93. Consul en 97, plus tard proconsul d'Asie, il fait figure de « grand fonctionnaire » chargé d'honneurs. Sérieux de naissance et d'éducation, son éloquence lui avait très vite assuré une grande réputation ; il ne s'adonna à l'histoire qu'après 97.

Son œuvre. — On ne sait ni quand fut composé (entre 80 et 96 ?) ni quand fut publié (avant 82, ou plutôt après 96) le *Dialogue des orateurs*, brillant essai de critique littéraire où, sous une forme très inspirée de Cicéron, mais plus vivante et plus colorée, s'expriment des vues d'une rare largeur.

La scène se passe entre 74 et 77, sans doute dans les premiers mois de 75. On est dans la chambre du poète Maternus qui, la veille, a donné lecture d'une tragédie à allusions politiques sur Caton d'Utique ; avec lui, les orateurs Aper, Julius Sécundus et Vipstanus Messala discutent d'abord des mérites respectifs de l'éloquence et de la poésie, puis de ceux de l'éloquence ancienne et moderne, enfin sur les causes de la décadence de l'éloquence : fléchissement moral, insuffisances pédagogiques, transformations politiques et sociales qui restreignent la liberté de parole.

En 98, Tacite fit paraître deux opuscules. Dans l'*Agricola*, il narre en historien, mais non sans l'idéaliser légèrement, la vie de son beau-père, l'un des conquérants de la Bretagne, mort en 93 ; il y exprime une violente réprobation de Domitien et justifie les fonctionnaires (comme lui-même !) qui avaient servi sous ce prince sans participer à sa tyrannie. Le ton est encore fort oratoire, surtout au début et à la fin. — La *Germanie*, au contraire, tableau ethnographique et géographique des tribus d'au-delà du Rhin, tout documenté et clairvoyant qu'est l'exposé, offre un style nerveux, à effets, et les allusions satiriques n'y manquent pas ; peut-être est-ce la mise au point de « conférences » d'actualité : Trajan s'occupait alors à fortifier la frontière du Rhin.

Après 98, Tacite entreprend enfin ses grandes œuvres historiques, d'une étonnante originalité de fond et de forme. D'abord les *Histoires (Historiae)*, qui, en 12 ou 14 livres, traitaient de la période la plus récente, de la mort de Néron à celle de Domitien (69-96) : nous n'en avons plus que les quatre premiers livres et le début du cinquième. Puis, à partir de 115-117, parurent les *Annales*, en 16 ou 18 livres, qui reprenaient les événements plus lointains, depuis la mort d'Auguste jusqu'à celle de Néron (14-68) : il en reste les livres I-IV et XI-XVI (le seizième mutilé), et des fragments des cinquième et sixième. Tacite pensait à compléter cet ensemble par une histoire d'Auguste et une des règnes de Nerva et de Trajan. Mais il n'en eut pas le temps.

Formation et évolution de Tacite. — Ces œuvres ont déconcerté diversement la critique. Il est difficile de saisir un rapport certain entre la vie équilibrée de Tacite et son œuvre passionnée : certains savants pensent encore aujourd'hui que le *Dialogue* ne peut être de lui, tant son style est cicéronien ; on discute sur les intentions de l'*Agricola*, de la *Germanie* ; on a été jusqu'à douter de l'authenticité des *Histoires* et des *Annales*, dont la langue semblait étrange. Mais de tels doutes méconnaissent la complexité des influences subies par Tacite et les possibilités de renouvellement d'un grand artiste.

Tacite se trouvait en présence de traditions oratoires contradictoires et d'essais historiques très divers ; il héritait de la psychologie morale nuancée de Sénèque et des curiosités érudites de la génération précédente ; il avait l'admiration, apprise, du passé de Rome, mais la pratique administrative d'un loyal serviteur du régime impérial ; son esprit était d'ailleurs pénétrant et compréhensif. Aussi nulle de ses œuvres n'est-elle simple, de pensée ni de forme. Mais chacune l'a aidé à préciser des aspects particuliers de sa personnalité.

Il est passé de l'éloquence à l'histoire. Mais son sens historique se révèle dès le *Dialogue* ; et ses ouvrages d'histoire ne s'expliquent pas sans sa formation rhétorique. Le *Dialogue* semble indiquer qu'en sa jeunesse il était presque également attiré par le cicéronianisme et par l'éloquence « actuelle », très vive et très pénétrée de poésie : c'est vers la seconde qu'il a fini par incliner, sans renoncer à sa gravité foncière ; et le genre historique l'a aidé à prendre parti. L'*Agricola* et la *Germanie* signalent à cet égard la date essentielle. Dès lors, Tacite plus sûr d'un style qu'il ne cessera de perfectionner, prend toujours mieux conscience de la nécessité d'enchaîner les causes historiques : il n'avait voulu d'abord qu'opposer, avec la passion d'un témoin, la période flavienne au règne réparateur de Trajan ; il éprouvera ensuite le besoin d'expliquer les Flaviens par les règnes précédents, et par celui même du fondateur de l'Empire.

La nouvelle et l'ancienne éloquence

[Le premier passage est mis dans la bouche de l'avocat Aper, fervent de l'éloquence et partisan des modernes ; le second dans celle de Maternus, qui a renoncé au barreau pour se livrer à la poésie et dont l'imagination se porte volontiers vers les temps républicains. La conversation a lieu sous Vespasien. — I. Précision de l'analyse des conditions actuelles de l'éloquence, coquetterie du style, très imagé, et proche de celui de Quintilien ; cf. plus haut, Pétrone, p. 345 s. — II. Chaleur de la représentation historique ; modération impartiale du jugement. — Dans les deux passages, intelligence haute et claire.]

I

Aujourd'hui, le juge devance l'orateur : et, si la rapidité des arguments, l'éclat des traits, l'élégance raffinée des portraits ne l'attirent et ne le séduisent, il ne fait pas attention. Même la moyenne des assistants, les auditeurs qui sans cesse viennent en passant, ont pris l'habitude de réclamer des orateurs une beauté fleurie ; et les tribunaux n'ont plus que faire d'une rudesse négligée à l'antique, tout autant que le théâtre ne supporterait plus le jeu d'un acteur qui copierait Roscius ou Ambivius Turpio[1]. Bien

1. Contemporains, le premier de Cicéron, le second de Térence. Voir plus haut, p. 127 et p. 122 s.

plus, les jeunes gens dont le talent est encore à la forge et qui, pour se perfectionner, suivent pas à pas les orateurs en titre, ne se contentent pas d'écouter, mais veulent emporter chez eux quelque passage brillant et digne de mémoire ; ils se passent l'un l'autre, et souvent écrivent dans leur ville et leur province natale, telle formule étincelante de fine brièveté, ou tel développement tout coloré d'une poésie recherchée. Car maintenant on exige de l'orateur même les grâces de la poésie, non la poésie empoussiérée d'Accius ou de Pacuvius, mais celle des sources pures et sacrées, d'Horace, Virgile et Lucain. C'est donc pour se plier au goût des auditeurs que nos orateurs se sont faits plus beaux et plus ornés ; et nos discours ne sont pas moins efficaces parce qu'ils flattent les oreilles des juges. A moins que vous ne croyiez moins solides les temples de notre âge parce qu'ils n'offrent ni moellons raboteux ni tuiles informes, mais qu'on y voit briller le marbre et rayonner l'or !

II

Nous ne parlons pas ici[1] d'une période de loisir et de calme, se plaisant à la probité et à la modération. Cette éloquence grandiose, et qui marque, est fille de la licence, que les sots appelaient liberté ; c'est la compagne des séditions, l'aiguillon d'un peuple effréné ; ne sachant ni obéir ni se contraindre, rebelle, audacieuse, arrogante, elle ne naît pas dans les sociétés bien constituées. Qui connaît un orateur de Lacédémone ou de Crète ? Mais ce sont les États qui, nous le savons, eurent la discipline la plus sévère, les lois les plus sévères. De Macédoine non plus, ni de Perse, ni d'aucun peuple qui se soit soumis à un gouvernement ferme, nous ne connaissons d'orateurs. Il y en eut quelques-uns à Rhodes, une foule chez les Athéniens, chez qui le peuple pouvait tout et tout les ignorants, chez qui, pour ainsi dire, tous pouvaient tout. Rome aussi, tant qu'elle erra sans direction, tant qu'elle s'épuisa en luttes de partis, en dissensions et en discordes, tant qu'elle ne connut ni paix du Forum, ni respect des supériorités, ni limite aux magistratures, Rome, sans aucun doute, produisit une éloquence plus vigoureuse, comme une terre indomptée porte certaines herbes avec luxuriance. Mais l'État ne gagna pas tant à l'éloquence des Gracques qu'il dût en contrepartie subir leurs lois, et toute la gloire que Cicéron eut de la sienne fut trop chèrement payée par sa mort.

Dialogue des Orateurs, XX et XL.

Poésie des régions septentrionales

[Mélange d'informations à demi exactes et d'imaginations complaisantes. — Volonté de rabaisser les mérites de l'Orient au profit de l'Occident (la cartographie antique, fautive, représente les pays du Nord comme à l'ouest de l'Italie). Couleur étrange, pleine de disparates (mythologie, fraîcheur « primitive », bizarreries scientifiques).]

Au-delà des Suiones[2] est une autre mer[3], paresseuse et presque immobile, ceinture et clôture du monde, croit-on, parce que le suprême éclat du soleil couchant s'y prolonge jusqu'à son lever[4], assez vif pour effacer les étoiles ; on va jusqu'à se persuader qu'on entend même le bruit qu'il fait en sortant des flots, qu'on aperçoit les formes de ses chevaux et les rayons de sa tête[5]. C'est là, non plus loin, la voix publique ne se trompe pas, que va la création.

Ainsi donc, à droite, la mer suévique[6] baigne les peuplades des Aestui, qui ont les usages et l'extérieur des Suèves, une langue plus proche de celle des Bretons[7]. Ils adorent

1. Maternus a en vue le dernier siècle de la République, des Gracques à la mort de Cicéron (133-43 av. J.-C.).
2. Habitant de la Scandinavie.
3. L'océan Arctique.
4. Il s'agit du « jour polaire », qui dure six mois.
5. Les Anciens se représentaient le Soleil coiffé de rayons et monté sur un char qui sortait de la mer le matin et s'y replongeait le soir.
6. La mer Baltique.
7. Habitant l'Angleterre.

la Mère des dieux[1] ; pour symbole de ce culte, ils portent des images de sangliers[2] : sans armes, sans autre protection, l'adorateur de la déesse se trouve par là en sécurité, même enveloppé d'ennemis. Ils usent peu du fer, souvent de gourdins. Ils peinent au froment et aux autres cultures avec plus de ténacité que n'en comporte l'habituelle paresse des Germains. Mais ils fouillent aussi la mer, et sont les seuls qui recueillent le *sucin*[3], qu'ils appellent *gless*[4] : ils le trouvent dans les sables des bas-fonds et sur le rivage même. Sa nature et sa formation, en barbares qu'ils sont, ils ne s'en sont pas inquiétés ; longtemps même il resta confondu parmi les laisses de la mer, et c'est notre luxe qui a fait sa réputation. Eux ne s'en servent en rien ; ils le recueillent brut, nous l'apportent sans lui avoir donné forme, et s'étonnent du prix qu'ils en reçoivent. On voit bien que c'est un suc végétal : car souvent sa transparence y laisse voir des animaux terrestres ou même ailés qui, englués dans cette matière avant qu'elle ne durcisse, y sont maintenant enfermés[5]. Je m'imagine donc que les solitudes de l'Orient, où distillent les encens et les baumes, n'ont pas le privilège des forêts et des bois à la merveilleuse fécondité ; qu'il y en a aussi dans les îles et les terres de l'Occident, dont la gomme, exprimée à l'état liquide par les rayons du soleil tout proche, tombe dans la mer voisine, et se trouve rejetée par les tempêtes sur les rivages opposés.

Germanie, XLV.

Dénonciation et mort de Sabinus

[Récit à la fois terrible et vulgaire. — Psychologie souple et nuancée, semée de remarques générales d'une profondeur sentencieuse. — Dégoût non dissimulé pour les accusateurs. — L'atmosphère, morale et physique, rendue avec une force d'illusion étonnante.]

L'année commença laidement ; on traînait au cachot, pour l'exécuter, un chevalier du premier rang, Titius Sabinus, à cause de son attachement à Germanicus[6] : il n'avait pas cessé d'honorer sa veuve[7] et ses enfants, les entourait chez eux, les accompagnait en public, resté seul de tant de clients, pour l'édification des honnêtes gens et la confusion des méchants.

Contre lui se liguent Latinius Latiaris, Porcius Cato, Pétilius Rufus, M. Opsius, anciens préteurs désireux du consulat, dont Séjan seul ouvrait l'accès : et le bon vouloir de Séjan ne s'acquérait que par le crime. Il fut convenu entre eux que Latiaris, qui avait quelques relations avec Sabinus, tendrait le piège, que les autres seraient témoins ; et qu'alors l'accusation serait portée. Donc Latiaris commence par des propos quelconques, sans appuyer ; ensuite vante la fidélité de Sabinus, « qui n'a pas, comme les autres, abandonné, à l'heure des revers, une maison qui le recevait en ami dans les temps prospères » ; en même temps, avec abondance de louanges pour Germanicus, il s'apitoyait sur Agrippine. Sabinus, s'attendrissant comme on le fait quand on est malheureux, répandit des larmes, passa aux plaintes ; le voilà qui s'emporte contre Séjan, sa cruauté, son orgueil, ses ambitions ; en son emportement, il ne ménage même pas Tibère. De tels propos, échangés avec une apparence de complicité, donnèrent à Sabinus l'illusion d'une étroite amitié : de lui-même il recherche Latiaris, fréquente sa maison, lui confie ses peines comme à l'ami le plus sûr.

Les hommes que j'ai dits tiennent conseil sur le moyen de faire entendre ces propos à plus d'un témoin. Car il fallait que le lieu du rendez-vous parût solitaire ; et, s'ils se tenaient derrière la porte, tout était à craindre : regard, bruit, soupçon soudain. L'espace entre toit et plafond fut l'immonde cachette où trois sénateurs, espions détestables, se dissimulent, l'oreille collée aux trous et aux fentes. Cependant Latiaris, ayant trouvé Sabinus dans la rue, sous prétexte de lui apprendre de nouveaux secrets, l'entraîne chez

1. Assimilation (habituelle) avec une divinité adorée à Rome.
2. Certaines enseignes de guerre et des casques gaulois portaient la même image.
3. Nom latin de l'ambre.
4. Cf. l'allemand *glass* = verre.
5. Cf. p. 380, Martial, IV, 32.
6. Neveu de l'empereur Tibère, grand général, mort jeune de façon suspecte, et dont Séjan (voir p. 387 s.) travaillait à perdre la veuve et les enfants, héritiers possibles de l'Empire.
7. Agrippine, dite « l'Ancienne », femme fière et vertueuse.

lui et dans sa chambre ; aux récriminations passées et présentes, qui lui fournissent une abondante matière, il ajoute le faix des terreurs à venir. Sabinus de même, et à n'en plus finir : car l'affliction, dès qu'elle a commencé à s'exhaler, ne se tait qu'avec peine. L'accusation est dressée sur-le-champ ; ils envoient à l'empereur une lettre avec le détail du guet-apens et de leur propre ignominie.

Jamais Rome ne fut plus anxieuse, plus tremblante ; on dissimulait devant ses plus proches ; on n'ose s'aborder, se parler ; connue ou non, toute oreille est suspecte ; les regards sondent avec méfiance jusqu'à l'immobilité muette des murs, des plafonds... Mais, le jour des kalendes de janvier[1], l'empereur, adressant au Sénat le message augural pour l'année nouvelle, en vint, après les vœux habituels, à Sabinus, qu'il accusait d'avoir corrompu plusieurs de ses affranchis pour attenter à sa vie et dont il demandait sans ambiguïté le châtiment. Sans aucun délai, le décret fut pris. Et traîné à la mort, Sabinus, malgré les vêtements dont on le bâillonnait et la corde qui lui serrait le cou, de tout son effort s'écriait : « C'est donc ainsi que l'on commence l'année ! Voilà les sacrifices que réclame Séjan ! » Partout où se dirigeaient ses regards, où portaient ses paroles, la fuite des passants faisait le vide, rues et places étaient abandonnées. Certains pourtant revenaient, se montraient de nouveau, épouvantés de leur propre terreur. « Quel jour donc vaqueraient les supplices si, au milieu des sacrifices et des vœux, au moment où même un mot profane doit être évité[2], on mettait des chaînes, on serrait le lacet[3] ? Ce n'était pas à la légère que Tibère avait assumé l'odieux d'une telle action : sa volonté réfléchie voulait persuader aux Romains que rien n'empêchait les nouveaux magistrats d'ouvrir le cachot aussi bien que les temples et l'enceinte des autels[4]. »

Annales, IV, 68-70.

Méthode et philosophie historiques. — Tacite se documentait bien. Aux historiens qui l'avaient précédé (Aufidius Bassus, Cluvius Rufus, Pline l'Ancien, Fabius Rusticus), il joignit mémoires (de Corbulon, Suétonius Paulinus, Messalla, l'impératrice Agrippine...) et témoignages oraux ; il recourt aussi au « Journal Officiel » de Rome *(Acta diurna populi Romani)* et aux Archives du Sénat *(Acta Senatus)*. Ces sources, il se targue de les avoir utilisées avec impartialité. Il vaut mieux dire : avec sincérité. Il n'a pas voulu tromper ; et sa pénétration psychologique, sa défiance pessimiste lui ont permis, à l'ordinaire, d'apprécier avec prudence la valeur des témoignages. Mais sa vigoureuse personnalité d'homme et d'artiste a déformé l'histoire.

L'œuvre porte la peine d'être trop actuelle : les hontes et les cruautés des règnes antérieurs faisant mieux ressortir les mérites de Nerva et de Trajan, Tacite, de la meilleure foi du monde, a poussé son tableau au noir. D'autre part, son développement est inégal : Tacite s'intéresse surtout à la cour impériale, qui offre une riche matière à l'analyse psychologique et morale, et au monde barbare, dont l'étrangeté pittoresque le séduit ; les matières administratives, financières, le détail des guerres, etc..., laissent beaucoup à désirer, soit pour l'étendue, soit pour la netteté. Enfin Tacite n'a pu se dégager d'une sorte de hauteur sénatoriale, légèrement teintée de stoïcisme, qui sent l'aristocrate de fraîche date, et nuit à la souplesse de ses jugements.

1. Le 1er janvier 28.
2. Les assistants devaient observer le silence pendant l'énoncé des formules rituelles et l'accomplissement d'un sacrifice.
3. Avec lequel on étranglait les condamnés dans la prison.
4. Beaucoup de lieux sacrés n'étaient ouverts au public que les jours de fête.

Sa philosophie politique présente quelque incertitude : entre l'ancienne notion romaine de l'État sénatorial dirigé par les plus dignes et l'idée hellénistique (et impériale) d'un univers organisé sous un maître, il ne sait choisir. Sa religion paraît aussi fort vague : on devine une croyance assez désenchantée en un Destin fatal *(Fatum)* qui ramène l'humanité toujours dans le même cercle. Mais les événements particuliers, soumis à l'action individuelle des hommes et semblant livrés aux surprises du hasard, peuvent être aisément dramatisés : et Tacite ne s'en fait pas faute.

Le souci moral et la pénétration psychologique. — Au reste, son but suprême est moral : il veut sauver les vertus de l'oubli et stigmatiser les vices. Les mobiles humains l'intéressent donc davantage que les causes générales ; il les poursuit avec un véritable acharnement, en remontant aussi loin qu'il le peut. Et il y est servi par une pénétration extraordinaire.

La psychologie de Tacite doit beaucoup à Sénèque et aux autres maîtres de la direction de conscience ; mais aussi à sa propre expérience de la cour soupçonneuse de Domitien, où les moindres indices devaient être interprétés avec justesse sous peine de disgrâce ou de mort. De là, à la fois, son raffinement extrême et son pessimisme : Tacite croit plus volontiers au mal qu'au bien ; et l'ensemble de son œuvre en a pris une âcreté terrible. Mais aussi les personnages s'y peignent avec une vérité hallucinante ; l'âme même des foules est analysée en ses mouvements changeants ; et l'historien impose au lecteur son interprétation amère de toute une époque.

Sur ces deux points, Tacite a infiniment dépassé les deux maîtres qui, en son temps, étaient considérés comme les classiques de l'histoire : Tite-Live, plus sensible à la moralité publique qu'à celle des individus ; Salluste, dont le pessimisme psychologique est moins profond, moins varié, et semble plus convenu.

Disgrâce de Sénèque

[Une vraie scène de tragédie classique à la française : richesse psychologique exprimée et suggérée par chaque mot; politesse raffinée du développement ; drame latent ; vérité à la fois particulière et générale.]

La mort de Burrus[1] brisa la puissance de Sénèque : le parti de la vertu était affaibli par la perte d'un de ses chefs, et Néron penchait vers les pervers. Ceux-ci s'en prennent à Sénèque de cent façons diverses : « Ses richesses avaient beau être immenses et hors de mesure avec la condition d'un particulier, il les accroissait encore ; il travaillait à sa popularité personnelle ; l'agrément de ses jardins et la magnificence de ses maisons risquaient d'éclipser le prince ». Ils lui reprochaient aussi de s'arroger à lui seul la gloire de l'éloquence et de s'adonner plus fréquemment aux vers depuis que Néron s'en était piqué. « Et puis, censeur public et malveillant des amusements du prince, il dénigrait son talent à conduire des chevaux, se moquait à chaque occasion de sa façon de chanter. Quand donc cessera-t-on de lui attribuer l'initiative de tout ce qui se fait de glorieux dans l'État ? Certes, l'enfance de Néron est finie ; il est en pleine vigueur juvénile : qu'il se débarrasse de ce précepteur pédant ; il a d'assez grands maîtres pour se guider : ses ancêtres. »

1. Préfet du prétoire, et gouverneur de Néron avec Sénèque, mort (peut-être empoisonné ?) en 62.

Sénèque n'ignorait pas ces accusations : elles lui étaient rapportées par quelques hommes encore sensibles à l'honneur ; et il voyait l'empereur fuir toujours davantage sa société particulière. Il demande une audience et, l'ayant obtenue, commence ainsi : « Voilà treize ans passés, César, que je fus appelé à veiller sur les grandes espérances que tu représentais ; et sept que tu règnes. En cet espace de temps, tu as accumulé sur moi tant d'honneurs et de richesses que rien ne manque à mon bonheur sinon une juste mesure. Je prendrai de grands modèles, non de mon rang, mais du tien. Ton trisaïeul Auguste[1] laissa M. Agrippa se retirer à Mytilène[2], et Mécène, à Rome même, jouir de tout le loisir d'une retraite lointaine. Ils avaient tous les deux, l'un sur les champs de batailles où il l'accompagnait, l'autre à Rome dans le tourment d'affaires multipliées, amplement mérité les récompenses, quelque magnifiques qu'elles fussent, qu'ils avaient reçues de lui. Mais moi, quels titres ai-je pu faire valoir à ta munificence sinon des études grandies, pour ainsi dire, dans l'ombre et qui n'auraient aucun éclat si je ne paraissais t'avoir assisté en tes premières expériences de jeunesse, récompense déjà disproportionnée à mon apport réel ? Or tu m'as environné d'un crédit sans bornes, d'une richesse infinie, si bien que souvent je me dis en moi-même : « Est-ce moi, mince chevalier de province, qui suis compté parmi les premiers de l'État ? Mon obscurité a percé à travers tant de nobles qui peuvent se réclamer de longs siècles de gloire ? Où est cette âme philosophique si facile à satisfaire ? Est-ce elle qui a fait aménager de tels jardins, qui se pavane de maison en maison de plaisance, qui regorge de biens, tant de champs, tant de créances partout ? » Je n'ai qu'une seule excuse : je n'ai pas dû refuser tes dons. Mais nous avons l'un et l'autre comblé la mesure, toi de ce qu'un prince peut accorder à un ami, moi de ce qu'un ami peut recevoir de son prince : tout surplus va donner force à l'envie. Je sais bien que, comme toute chose mortelle, elle languit aux pieds de ta grandeur ; mais sur moi elle s'appesantit, c'est moi qu'il faut secourir. Soldat accablé ou voyageur las, j'implorerais un appui : de même, en ce chemin de la vie, vieilli et inégal même aux soucis les plus légers, ne pouvant porter plus longtemps le poids de ma fortune, je demande une aide. Ordonne qu'elle soit gérée par tes procurateurs[3], reçue au nombre de tes biens. Et ce n'est pas me réduire moi-même à la pauvreté : mais, déposant une richesse dont l'éclat m'aveugle, je rendrai à mon esprit tout le temps que je lui soustrais pour m'occuper de ces jardins et de ces maisons. En toi la force surabonde, et pendant bien des années tu as vu comment se gouverne l'empire. Nous pouvons maintenant, nous tes vieux amis, solliciter le repos. Ceci même tournera à ta gloire, d'avoir haussé jusqu'aux sommets des hommes capables de soutenir la médiocrité. »

Néron lui répondit à peu près ainsi : « Que je puisse répliquer sur-le-champ à un discours préparé, c'est un premier avantage que je te dois, puisque tu m'as appris à parler aussi bien sur des thèmes fortuits que sur des sujets prévus. Oui, mon trisaïeul Auguste a permis à Mécène et Agrippa de se reposer de leurs fatigues, mais alors qu'il était lui-même à un âge dont l'autorité mettait ses actes à l'abri de toute interprétation, quelle qu'elle fût ; et cependant il ne les dépouilla ni l'un ni l'autre des récompenses qu'il leur avait accordées. Sans doute ils les avaient méritées au milieu de la guerre et des périls : mais c'est que telles furent les circonstances de la jeunesse d'Auguste ; et j'aurais pu, moi aussi, compter sur ton bras et ton épée, s'il m'avait fallu vivre en armes. Mais tu as fait ce que réclamait le moment présent : ta haute raison, tes avis, tes préceptes ont cultivé mon enfance, et puis ma jeunesse. Et tes dons se perpétueront tant que je vivrai ; les miens, jardins, maisons, revenus, sont sujets aux hasards ; et, tout considérables qu'ils paraissent, bien des gens qui n'avaient pas tes talents en ont possédé davantage. Pour ne pas parler des affranchis dont l'opulence s'étale ! J'en rougis même, en pensant que, le premier dans mon cœur, ta condition ne dépasse pas encore toutes les autres. Mais tu es dans la force de l'âge ; tu peux suffire aux affaires et aux jouissances qu'elles procurent ; et moi je ne fais qu'entrer dans ma carrière d'empereur. Tu admettras bien que tu n'es pas inférieur à ce Vitellius qui fut trois fois consul, ni moi

1. L'arrière-grand-père de Néron, Drusus, avait été adopté par Auguste.
2. Ville de l'île grecque de Lesbos.
3. Sorte de fonctionnaires *publics* gérant les biens *privés* de l'empereur (ou les provinces dont l'administration lui était réservée).

à Claude[1] ? Et que ma libéralité peut bien accomplir pour toi ce qu'une vie d'avarice assura à un Volusius[2] ? Ne veux-tu donc pas, si ma jeunesse vient à glisser sur une pente dangereuse, la ramener, et assurer plus qu'avant encore ton appui à la conduite de cette force que tu as armée ? Ce n'est pas ta modération, si tu renonces à tes biens, ni ton goût de la retraite, si tu quittes ton prince, c'est ma cupidité, la crainte supposée de ma cruauté qui seront l'entretien universel ; mais, dût ton désintéressement t'attirer mille louanges, il ne serait point beau à un philosophe de s'acquérir la gloire aux dépens de la réputation d'un ami. »

A ces paroles il joint embrassement et baisers, formé par la nature, exercé par l'habitude à voiler sa haine sous des caresses hypocrites. Sénèque — telle est la conclusion de tout entretien avec un maître — lui rend grâces ; mais il rompt avec les habitudes de sa puissance de naguère, ferme sa porte à la foule des officieux, évite qu'on lui fasse cortège, se montre rarement dans Rome, alléguant tour à tour que sa santé ou ses études philosophiques le retenaient chez lui.

Annales, XIV, 52-56.

Le sens dramatique et le pittoresque. — Tacite est, selon Racine, « le plus grand peintre de l'Antiquité ». Grand peintre, en effet, et il le sait. Des deux parts que comporte l'histoire, minutie de la recherche scientifique et force de l'évocation, il restreint de parti pris la première. Ses ouvrages se composent autour d'études d'âmes et progressent par tableaux. Mais les portraits, inégalement fouillés selon l'importance des personnages, ne sont pas isolés des événements : ils se précisent au contraire et s'enrichissent au fur et à mesure grâce à eux. Et les tableaux ne sont pas figés : ils s'animent de la psychologie des individus et des foules, et se succèdent d'un mouvement presque continu. Il arrive cependant qu'emporté par sa passion de psychologue ou son imagination visuelle, Tacite développe outre mesure certaines scènes frappantes ; mais il est rare aussi qu'un développement, même minime, manque chez lui tout à fait d'accent.

Il s'agit là d'un art très conscient, très sûr de ses effets. Tacite recherche l'émotion dramatique et l'obtient par les antithèses : vice et vertu, ombre et lumière. Il secoue ainsi fortement son lecteur, mais non sans outrance romantique : la vie de l'Empire romain prend entre ses mains une apparence trop exceptionnelle.

Une alerte au palais impérial

[Othon est empereur depuis quelques semaines, grâce à l'appui des prétoriens (la garde impériale), qui ont massacré son prédécesseur, Galba, un vieillard rigide et avare (69). — Épisode sans portée historique réelle, mais développé pour sa valeur psychologique (mentalité des prétoriens, des sénateurs; courage personnel et faiblesse politique d'Othon en face des prétoriens) et dramatique (degrés de la sédition, peinture de foules et de désordre.]

Othon avait fait venir d'Ostie la dix-septième cohorte, et l'armement en fut confié à Varus Crispinus, l'un des tribuns des prétoriens[3]. Celui-ci, pensant être plus tranquille lorsque le camp serait endormi, fait ouvrir l'arsenal et charger les fourgons de la cohorte

1. Si, dit Néron, on me reproche d'avoir en toi un favori, on avouera que j'ai mieux placé ma faveur en toi que Claude en Vitellius ; et pourtant elle n'a pas été jusqu'à te faire trois fois consul.

2. Et si, continue-t-il, on te reproche ta richesse acquise au service de l'État, que dira-t-on de celle, bien plus immense, de Volusius, qui n'a jamais pensé qu'à lui-même ?

3. Les tribuns sont des officiers supérieurs.

au début de la nuit. L'heure prêta au soupçon, le motif aux accusations, et d'un excès de précautions naquit un tumulte. La vue des armes en éveille le désir parmi les soldats émus par la boisson. Ils grondent, accusent de trahison tribuns et centurions : « on armait, disaient-ils, les esclaves des sénateurs pour assassiner Othon ». Quelques-uns le faisaient dans l'inconscience d'une pesante ivresse ; mais les plus mauvais cherchaient une occasion de pillages ; la foule, à son ordinaire, était désireuse d'agitation et de nouveauté, quelles qu'elles fussent ; et la nuit ôtait aux meilleurs le moyen de donner l'exemple. Le tribun qui s'opposait aux séditieux et les plus rigides des centurions sont massacrés ; on s'empare des armes, les épées sont dégaînées ; à cheval, ils courent vers la ville et le Palatin[1].

Othon donnait un festin où se trouvaient beaucoup de femmes et d'hommes du premier rang. Les convives, tremblants, s'inquiètent si cette furie des soldats est due au hasard ou machinée par l'empereur, s'il y a plus de danger à rester et se faire prendre ou à fuir et se disperser ; tantôt ils feignent la fermeté, tantôt leur terreur les trahit, et leurs yeux cependant ne se détachent pas du visage d'Othon ; et, comme il arrive quand les esprits sont portés au soupçon, Othon, qui avait peur, faisait peur. Mais, non moins effrayé du péril des sénateurs que du sien propre, il avait sans tarder envoyé les deux préfets du prétoire[2] pour apaiser la fureur des soldats, et il fit sortir en hâte ses invités. Alors, en un complet désordre, magistrats, jetant les insignes de leur dignité et se dérobant à leur suite et à leurs esclaves, vieillards, femmes, se perdent dans les ténèbres, par les rues les plus opposées : peu rentrèrent chez eux, la plupart se sauvèrent chez des amis ou cherchèrent chez un client bien humble une retraite difficile à découvrir.

La violence des soldats ne s'arrêta pas même aux portes du palais : ils font irruption dans la salle du festin, exigeant qu'on leur montre Othon[3]. Le tribun Julius Martialis et Vitellius Saturninus, préfet de la légion[4], avaient été blessés en s'opposant à leur ruée. De toutes parts armes nues et menaces, tantôt contre les centurions et les tribuns, tantôt contre le Sénat tout entier : dans le délire d'une peur aveugle, et ne pouvant nommément désigner quelle victime exigeait leur colère, ils réclamaient pleine licence contre tous. Enfin Othon, debout sur un lit de table, sans souci de la majesté de son rang, à force de prières et de larmes finit par les maîtriser. Ils retournèrent au camp de mauvaise grâce, et non sans violences. Le lendemain, Rome offrit l'aspect d'une ville prise : maisons fermées, très peu de monde dans les rues, la plèbe consternée, des soldats dont les regards baissés trahissaient plus de mécontentement que de remords. Les préfets Licinius Proculus et Plotius Firmus s'adressèrent aux troupes par manipules[5], chacun selon son caractère, conciliant ou abrupt. Conclusion : on compta à chaque soldat cinq mille sesterces[6]. Alors Othon osa entrer dans le camp. Aussitôt il est entouré par les tribuns et les centurions, qui jettent à ses pieds les insignes de leur grade et le supplient de les relever de leur charge en assurant leur vie[7]. Les soldats sentirent combien ils s'étaient déconsidérés, et, avec tous les dehors de la soumission, ils demandaient d'eux-mêmes le supplice des meneurs.

Histoires, I, 80-82.

Le champ de bataille de Bédriac

[Les troupes de la frontière de Germanie ont proclamé empereur leur chef, Vitellius ; à Bédriac (entre Vérone et Crémone), commandées par Caecina et Valens, elles ont vaincu Othon, qui s'est tué (avril 69). Vitellius arrive après la bataille. — Puissance descriptive utilisant l'antithèse et le macabre romantique (cf. Lucain). — La sensibilité de l'auteur intervient (dégoût, indignation, anticipation de l'avenir).]

---

1. Colline dominant le Forum et où se trouvait le palais impérial.
2. Licinius Proculus et Plotius Firmus.
3. Ils craignent (ou feignent de craindre, pour justifier leur émeute) qu'on l'ait assassiné.
4. Le « préfet du camp », commandant de place, au besoin commandant de la légion (ici la 1re *Adiutrix* des soldats de marine) qui y cantonnait.
5. Groupe de deux centuries.
6. 2 500 francs : il s'agit de reconnaître leur dévouement, même aveugle, à l'empereur.
7. Ils signifient par là combien ils jugent la discipline ébranlée.

De là Vitellius obliqua vers Crémone et, après les combats de gladiateurs donnés par Caecina, il désira parcourir les champs de Bédriac et contempler de ses yeux les traces de sa récente victoire. Hideux et horrible spectacle ! C'était un quarantaine de jours après la bataille : des corps en lambeaux, des membres dispersés, des pourritures en forme d'hommes et de chevaux, la terre trempée de sanie, et le saccage des arbres et des moissons foulées ne laissant place qu'à une sinistre solitude. Il n'était pas moins révoltant de voir la partie de la chaussée[1] que les Crémonais avaient jonchée de laurier et de roses, y dressant des autels où tombaient des victimes comme pour honorer un roi : ils s'en purent réjouir sur l'instant, pour le payer bientôt de leur ruine[2]. Valens et Caecina accompagnaient l'empereur et lui montraient le détail topographique de la bataille : « d'ici avaient chargé les légions, d'ici déboucha la cavalerie ; de là les auxiliaires[3] commencèrent leur mouvement enveloppant ». Et tribuns et préfets se mettaient à vanter chacun ses prouesses, mêlant le faux, le vrai et l'exagéré. La foule même des soldats, avec une joie bruyante, quittait la chaussée ; ils reconnaissent les endroits où ils ont combattu, regardent, ébahis, les monceaux d'armes et les tas de morts ; il y en eut aussi qui se laissèrent gagner au sentiment des vicissitudes humaines, aux larmes et à la pitié. Mais Vitellius ne détourna pas les yeux ; il vit sans horreur tant de milliers de citoyens sans sépulture : joyeux au contraire et ignorant du sort qui le guettait déjà[4], il fondait un culte aux divinités du lieu.

Histoires, II, 70.

Désarroi de Vitellius

Comme il haranguait[5] (prodige indicible !), tant d'oiseaux funèbres volèrent au-dessus de sa tête que leur noire nuée voilait la lumière du jour. Il s'y joignit un présage sinistre : un taureau s'échappa de l'autel en renversant tout l'appareil du sacrifice, et on dut l'égorger loin du lieu consacré et non rituellement. Mais le pire des prodiges[6], c'était Vitellius lui-même : sans connaissance de la guerre, incapable de décision, ne sachant ni comment on règle une marche, ni comment on s'éclaire, ni les précautions à garder quand on veut précipiter ou différer l'action ; il ne faisait que questionner, chaque nouvelle décomposait son visage, rendait ses pas tremblants et incertains ; et puis, il s'enivrait.

Histoires, III, 56.

Langue, style, poésie. — Dans les *Histoires* Tacite avait fait l'essai d'une langue et d'un style nouveaux, qu'il porta à leur perfection dans les *Annales*. Une grande variété du vocabulaire, nourri d'archaïsmes, de néologismes, de tours poétiques, un maniement très sûr des formes verbales, selon leur valeur narrative, dramatique ou descriptive, lui permettent tous les effets. Il a su alléger cette richesse, en poussant à l'extrême limite la concision des éléments de la phrase (ellipses, brachylogies, suppression même du verbe) ; mais il n'organise pas la phrase elle-même en période à la façon des classiques : il se plaît au contraire à la prolonger selon les progrès successifs de sa réflexion, quitte à en marquer fortement la fin par un trait brillant ou amer. On retrouve là, avec l'imitation de Thucydide et de Salluste, le goût de son temps.

---

1. Dans la vallée du Pô, où les inondations sont fréquentes, les routes sont surélevées.
2. Les troupes de Vespasien (qui l'ont déjà proclamé empereur contre Vitellius), victorieuses à leur tour à Bédriac (octobre 69), détruisirent complètement Crémone.
3. Troupes régulières de l'armée romaine, mais qui n'étaient pas constituées en légions (les légions étaient réservées aux citoyens romains).
4. Pris par les soldats flaviens entrant dans Rome, et gorgé d'outrages par la populace, il fut ignominieusement tué.
5. Vitellius s'est enfin décidé à rejoindre ses troupes, pour s'opposer à l'avance victorieuse des Flaviens.
6. Tacite semble n'avoir relaté les prodiges précédents que pour suivre une ancienne tradition et parce qu'ils créent une atmosphère de poésie sinistre.

Ce qui est bien à lui, c'est la poésie dont cette langue et ce style aident l'expression : les aspects de la vie prennent, par alliances de mots, une force nouvelle et singulière ; son agitation se peint dans les soubresauts d'un style nerveux, inégal, asymétrique ; l'imagination s'allie étrangement à la réalité ; même les obscurités invitent à sonder une pensée qui n'est jamais indifférente. Car Tacite est partout en son œuvre : dans sa rhétorique, plus sincère que celle de Lucain ; dans son âpreté satirique, presque égale à celle de Juvénal ; dans l'honnêteté un peu guindée, mais noble, qui donne à l'ensemble l'accent de l'époque.

Épisode des guerres de Germanie

[Germanicus (voir p. 392, n. 6) a mené en Germanie, jusqu'au-delà de l'Ems et aux lieux où, en 9 ap. J.-C., avait été massacré Varus avec ses trois légions, une expédition punitive, mais sans pouvoir détruire les forces du chef germain Arminius. L'armée romaine se retire ensuite vers le Rhin ; l'échelon conduit par Caecina, attaqué dans des défilés boueux entre des collines boisées, est en grand péril (15). — Évocation précise et pittoresque des conditions de la guerre en Germanie. — Poésie étrange, naturelle pourtant (les Romains, qui viennent d'ensevelir les restes de leurs camarades tombés six ans plus tôt, sont obsédés par le souvenir de Varus).]

La nuit vint, sans sommeil de part ni d'autre, mais pour des raisons opposées : les barbares[1], festoyant, emplissaient de chants joyeux, de clameurs féroces les profondeurs des vallées et les bois retentissants ; chez les Romains, des feux languissants, des appels entrecoupés, des soldats couchés au hasard contre les palissades ou errant de tente en tente, moins vigilants qu'insomnieux. Le général[2] dormit, mais avec une épouvante affreuse : Quintilius Varus lui apparut, tout souillé de sang ; il le vit sortir du fond des marais, crut entendre sa voix qui l'appelait ; mais, repoussant sa main tendue, il refusait de le suivre. Au retour de la lumière, les légions envoyées en flanc-garde, soit peur, soit insubordination, lâchèrent leur poste et gagnèrent en hâte un espace découvert au-delà des terres spongieuses. Arminius avait la voie libre : pourtant, il ne chargea pas aussitôt. Mais quand il vit les bagages pris dans la boue, arrêtés par les fossés, et, tout autour, le désordre des soldats, les unités confondues, et chacun (comme il arrive en pareille circonstance) plus pressé de se tirer d'affaire que d'écouter les ordres, il donne le signal de l'attaque, criant : « Je retrouve Varus[3], je le retrouve : la même fatalité nous livre les légions enchaînées[4] ! » Il dit, et, en même temps, avec l'élite des siens, rompt notre colonne et s'attache surtout à blesser les chevaux. Glissant sur la glaise trempée de leur sang, ces animaux renversent leurs cavaliers, dispersent ou écrasent tout devant eux. La résistance s'acharnait autour des aigles[5], qu'on ne pouvait ni porter en avant sous la grêle des traits ni fixer dans la fange[6]. Caecina, en empêchant les siens de plier, eut son cheval tué sous lui ; il tomba et allait être enveloppé, si la première légion ne lui avait fait un rempart. Heureusement la cupidité engagea l'ennemi à laisser le carnage pour piller ; et, sur le soir, les légions parvinrent à déboucher en terrain ferme et dégagé. Mais les misères n'étaient pas finies : il fallait élever le retranchement, en aller chercher les matériaux, alors qu'on avait perdu une grande partie de l'outillage qui sert à creuser la terre et tailler le gazon[7] ; ni tentes pour les manipules[8], ni pansements pour les blessés ;

1. Les Germains.
2. Caecina.
3. C'est Arminius qui avait massacré l'armée de Varus.
4. C'est-à-dire incapables de se défendre : devant les légions en ordre de bataille, au contraire, les Germains refusaient le combat.
5. L'aigle est l'insigne (le drapeau) de la légion, depuis Marius.
6. L'aigle fichée en terre signifie la résistance jusqu'à la mort.
7. Le camp romain était entouré d'un fossé et d'un talus en terre recouvert de plaques de gazon.
8. Environ 170 hommes.

se partageant quelques vivres souillés de boue et de sang, ils maudissaient les ténèbres et gémissaient en pensant que le lendemain serait le dernier jour pour tant de milliers d'hommes.

Annales, I, 65.

Conclusion. — Tacite est très complexe : intelligent et émotif, observateur lucide et visionnaire imaginatif, âcre moraliste et styliste toujours insatisfait, il a créé une forme littéraire nouvelle en laquelle il s'est complu ; l'histoire est devenue entre ses mains une documentation psychologique et, en même temps, l'expansion de sa propre personnalité. On a pu le rapprocher à la fois de Balzac et de Michelet. Il reste, avec Virgile et Sénèque, le plus senti des auteurs latins.

PLINE LE JEUNE
62 - vers 113

C. Plinius Caecilius Sécundus, d'une famille équestre de Côme en Cisalpine, neveu de Pline le Naturaliste qui l'adopta par son testament, put se croire en son temps l'égal de Tacite, son ami. Sa carrière fut aussi brillante : questeur et préteur sous Domitien, il devint consul en 100, et fut nommé en 111 légat de l'empereur (gouverneur) en Bithynie. Sa renommée fut au moins égale, et plus mondaine : à quatorze ans il avait composé une tragédie grecque ; il était célèbre comme avocat avant d'avoir rien publié. Mais il faut en rabattre : ce très honnête homme, et qui fait honneur à l'humanité, est un écrivain de second ordre.

Pline orateur : le « Panégyrique de Trajan ». — En face de Tacite qui se vouait de plus en plus à l'histoire, Pline se fût volontiers réservé la gloire de l'éloquence. Il était élève de Quintilien : Cicéron était son dieu, avec Démosthène. Ses plaidoyers, qu'il revoyait avec un scrupule presque maladif et publia après 96, ne nous sont pas parvenus. Mais nous avons le discours de remerciement qu'il adressa à l'empereur, selon l'usage, quand il devint consul (en 100). Ce *Panégyrique de Trajan*, très amplifié pour la publication, fatigue par sa longueur, par la continuité et l'excès puéril de l'éloge, par l'abus médité des figures de rhétorique. Trop d'art et pas assez de génie, trop de rondeurs et pas assez de mordant : il est à craindre que toute l'éloquence de Pline ait présenté les mêmes faiblesses. Mais le *Panégyrique* est un document historique inestimable : il montre combien la haine de Domitien et l'amour raisonné de Trajan joint à celui de la patrie romaine étaient profonds en cette génération. Et littérairement, cette pièce d'éloquence officielle est le premier représentant et le plus brillant d'un genre qui devait fleurir aux IIIe et IVe siècles ; sincère sous son excessive parure, elle offre beaucoup de formules heureuses, et même de la force quand s'évoque le tyran abhorré.

L'orgueil de l'Égypte humilié

[La question du ravitaillement en blé de Rome et de l'Italie était angoissante : dans d'immenses greniers on stockait le grain venu d'Afrique et surtout d'Égypte, dont les flottes « frumentaires » étaient attendues avec impatience. Il se trouva qu'une année où l'Égypte souffrit de la disette, les stocks étaient assez abondants pour qu'on pût la ravitailler à son tour : belle occasion d'amplification rhétorique (et même emphatique) où se combinent l'orgueil national, le mépris et la crainte de l'Orient (voir plus haut, p. 384 s. et 392). — Retour à la période balancée de type cicéronien ; mais aussi effets spirituels.]

Je demande aux dieux pour tous les peuples années abondantes et terres fécondes ; mais je ne puis m'empêcher de croire qu'en éprouvant ainsi l'Égypte, la Fortune a voulu faire l'essai de votre[1] puissance et de votre vigilance. Comme vous ne méritez que réussite en tout et partout, n'est-il pas évident qu'une circonstance fâcheuse n'est rien qu'un champ ouvert à vos exploits, une matière à exercer vos vertus, puisque la prospérité fait éclater notre bonheur, l'adversité notre grandeur ? Depuis bien longtemps s'était affermie la légende que Rome ne pouvait vivre ni subsister sans les ressources de l'Égypte ; cette vaine et insolente nation s'enorgueillissait de nourrir son vainqueur et de tenir en ses mains, par son fleuve[2] et sa flotte, notre abondance ou notre famine. Nous avons fait refluer dans le Nil ses richesses : il a reçu les blés qu'il avait envoyés, réimporté ses moissons exportées. Que l'Égypte apprenne donc, et sache par expérience, qu'elle nous apporte non la vie, mais un tribut ; qu'elle sache que le Peuple Romain ne dépend pas d'elle, mais exige sa soumission. Le Nil peut, s'il veut, se renfermer en son lit, comme un autre fleuve : qu'importe pour Rome, et même pour l'Égypte ? Ses navires seulement la quitteront creux et vides comme ils lui revenaient, et repartiront d'ici vers elle pleins et chargés comme ils nous arrivent : on demandera à la mer un service inverse, et les vœux imploreront de l'Italie [vers l'Égypte] vents favorables et prompte traversée.

Panégyrique, XXXI, 1-5.

Châtiment des délateurs

[Après l'emphase du début, où Pline vante les jeux donnés par Trajan (combats de gladiateurs, luttes et exhibitions d'animaux, féeries somptueuses cf. p. 310 s.), une éloquence vraie, nourrie par la haine des délateurs qui, sous Domitien, avaient fait trembler maint sénateur (et Pline en particulier) sous la menace de leur dénonciation.]

Ainsi, bien que votre magnificence jointe à votre grandeur nous ait offert en spectacle tantôt, dans des hommes, le comble de la force soutenue par un égal courage[3], tantôt la férocité, tantôt la douceur inattendue des monstres[4], tantôt ces richesses somptueuses autrefois dérobées, sous votre règne pour la première fois prodiguées aux yeux, rien pourtant ne fut plus agréable, ni rien plus digne de votre siècle que de nous avoir donné de contempler, levées vers nous avec effort, les faces des délateurs. Nous les reconnaissions, nous nous enchantions de les voir, comme des victimes expiatoires de nos alarmes civiles, conduits, dans le sang des criminels[5], vers des supplices plus lents et des peines plus lourdes. On les a entassés dans des navires réquisitionnés, on les a livrés aux hasards des mers. « Partez, leur disait-on ; fuyez ces terres que vos délations ont dépeuplées. Et, si les flots, les ouragans vous destinent aux écueils, habitez ces

1. Pline s'adresse à Trajan.
2. C'est le Nil qui, par son inondation annuelle, assure la fertilité de l'Égypte. La même naïve vanité nationale s'exprime dans deux groupes colossaux *symétriques*, figurant l'un le Nil, l'autre le Tibre (conservés au Vatican et au Louvre).
3. C'est dire que les gladiateurs mis aux prises étaient « de première qualité ».
4. Il s'agit d'animaux féroces domptés.
5. La scène se passe après des combats de gladiateurs : on y faisait souvent combattre des criminels condamnés à mort.

roches nues et ces rivages inhospitaliers ; menez-y une vie pénible, anxieuse, et, loin de l'heureuse sécurité où vit le genre humain, pleurez. »

Panégyrique, XXXI, 3-5.

La correspondance entre Pline et Trajan. — Avec cette éloquence d'apparat contraste la correspondance administrative, toute simple, quoique de forme soignée, que Pline, gouverneur de Bithynie, échangea avec l'empereur (en 111-112) : 122 lettres précieuses à l'historien, certaines de haute portée, comme celles relatives aux poursuites contre les chrétiens, dont l'authenticité a été contestée sans raisons suffisantes. Mais, fort souvent, les matières sur lesquelles Pline consulte Trajan sont bien minces (établissement d'un corps de pompiers, édification de bains publics...). Il s'y révèle consciencieux, mais timide et sans aucune initiative ; sa bonté un peu flasque perd beaucoup en face du bon sens robuste et ferme de l'empereur. On y mesure les progrès de l'esprit monarchique, non seulement au ton, mais au fléchissement d'originalité et de caractère que ces lettres révèlent chez un fonctionnaire pourtant distingué.

Humanité et justice

[Contraste entre un homme bon, mais indécis et faible (Pline), et un chef ferme et juste, conscient de ses responsabilités sociales (Trajan) ; — entre un style, où se pressent la prochaine humilité des sujets devant un maître, et l'impatience gentille, mais déjà un peu hautaine, de l'empereur. — Cf. Joinville, *Vie de saint Louis*, chap. 127 et 133.]

Pline à Trajan

Sans déroger à votre grandeur, Seigneur, il convient que vous vous abaissiez jusqu'à mes soucis, puisque vous m'avez donné le droit de vous consulter sur mes doutes. Dans beaucoup de villes, surtout à Nicomédie et à Nicée, certains individus, condamnés soit aux mines[1] soit à l'arène[2] ou à une autre peine de ce genre, remplissent l'office d'esclaves publics et même, comme les esclaves publics, reçoivent des gages[3]. L'ayant appris, j'ai longtemps et beaucoup hésité sur la conduite à tenir. D'un côté, j'estime bien rigoureux de faire purger après si longtemps leur peine à des hommes pour la plupart déjà vieux et qui mènent, m'affirme-t-on, une vie sage et réglée. De l'autre, je trouve bien indécent de retenir des condamnés dans des services publics ; mais aussi les retraiter avec pension me paraît onéreux, sans pension, dangereux. Je suis donc contraint de laisser la question en souffrance jusqu'à votre décision. Vous demanderez peut-être comment ils ont pu échapper à la peine prononcée contre eux. Je m'en suis informé, mais sans rien apprendre de sûr ; on me produit bien les sentences de condamnation, mais nulle pièce qui justifie leur libération ; certains disent pourtant que, sur leurs instantes supplications, ils ont été relâchés par ordre des proconsuls ou des légats : chose vraisemblable ; car il n'est pas croyable que personne ait eu cette audace sans aveu de l'autorité.

Trajan à Pline

Souvenons-nous que, si vous avez été envoyé dans cette province, c'est parce qu'il y avait beaucoup à réformer. Or c'est sans doute un des abus les plus criants que des condamnés non seulement aient été libérés de leur peine sans aveu de l'autorité, comme vous me l'écrivez, mais encore se trouvent réintégrés dans la société comme honorables fonctionnaires. Ceux donc qui ont été condamnés au cours de ces dix dernières années,

1. Dur travail réservé aux condamnés.
2. A combattre comme gladiateurs.
3. Les esclaves publics (de l'État ou des villes) étaient de vrais petits fonctionnaires.

sans avoir été libérés par un acte valable de l'autorité, il faudra qu'ils purgent leur peine ; ceux qui se trouvent trop caducs et les vieillards condamnés il y a plus de dix ans, distribuons-les dans les services qui ressemblent le plus aux travaux forcés : on affecte d'ordinaire ces sortes de gens aux bains, à la vidange des égouts, aussi à la réfection des routes et des rues.

Lettres, X, 31.

Les « Lettres » de Pline. — Les lettres de Pline (neuf livres) sont une œuvre originale et charmante. Elles n'ont pas été véritablement écrites à des amis, au moins sous la forme qu'elles présentent dans le recueil : destinées à la publication, chacune ne traite qu'un thème, d'intérêt général même quand le point de départ est personnel ; elles ne sont pas datées et ne demandent pas de réponse.

Pline a voulu y dépeindre sous une forme animée et variée la société où il vivait : comme l'avaient fait Catulle, Horace, les élégiaques augustéens, Stace et Martial encore (et il s'inspire, inégalement, d'eux tous), mais en prose et sans appuyer sur les traits satiriques ou passionnels. Les unes, brèves et « gentilles », évoquent une vie mondaine pleine d'urbanité et d'enjouement (compliments, invitations, remerciements, badinages) ; d'autres, plus graves, discutent de problèmes moraux et, surtout, de questions littéraires ; certaines sont documentaires (procès au Sénat, éruption du Vésuve) ; un assez grand nombre s'étendent avec complaisance sur des descriptions (paysages, villas, œuvres d'art). L'ensemble peint un milieu sympathique, mais sans grande puissance intellectuelle. Le style allie à une affectation de simplicité et à une réelle élégance beaucoup de finesses spirituelles allant jusqu'à la préciosité.

A un convive inexact

[Badinage gracieux, d'esprit et de ton catulliens (cf. aussi Martial, I, 35, v. 79). — L'expression n'a rien du réalisme pittoresque de Juvénal (plus haut. p. 386).]

Ah, ah ! on t'invite à dîner, tu promets et tu ne viens pas ? Arrêt[1] : tu me le paieras jusqu'au dernier as[2] ; et cela va loin. Chacun avait une laitue, trois escargots, deux œufs ; bière, vin miellé et neige[3] (car la neige aussi sera comptée, et même elle surtout, puisqu'elle fond dès qu'on la sert) ; olives, betteraves, courges, oignons et mille autres mets aussi distingués[4]. Tu aurais écouté, au choix, comédien, lecteur ou joueur de lyre ; ou tous trois, tant je suis magnifique. Mais tu as préféré, chez je ne sais qui, des huîtres, des fressures de porc, des oursins[5], et des danseuses espagnoles. Mais tu en seras puni ; je ne dis pas comment. C'est une méchanceté ; et qui, sans doute, n'était pas à ton préjudice ; mais au mien, bien sûr ; et même, oui, au tien. Comme nous nous serions amusés, que de propos folâtres et sérieux ! Il t'est facile de trouver ailleurs table mieux servie ; mais nulle part plus gaie, plus franche, plus libre. Au reste, fais l'expérience ; et si, ensuite, tu ne refuses pas toute invitation plutôt que la mienne, refuse, j'y consens, à chaque fois la mienne. Porte-toi bien.

I, 15.

1. De justice.
2. Jusqu'au dernier sou.
3. On faisait filtrer le vin à travers de la neige, pour le rafraîchir.
4. Plaisanterie.
5. Énumération de mets recherchés par les Romains.

Bienfaits moraux de la maladie

[Courte méditation à la manière de Sénèque, mais sans profondeur. — Sorte de douceur désolante où se pressentent certains aspects du christianisme.]

Il y a peu de jours, une visite à un ami souffrant me fit faire réflexion que la maladie nous rend bien meilleurs. Malade, qui se tourmente par désir des richesses, des plaisirs ? On n'est plus esclave de l'amour, ni désireux des honneurs ; on néglige la fortune : si peu que ce soit suffit à qui va tout laisser. Alors on songe aux dieux, on se souvient qu'on est un homme. Plus d'envie, plus d'admiration, plus de mépris pour personne ; même les médisances ne font au malade ni impression ni plaisir. Il rêve de bains, de sources : ses soucis et ses vœux ne vont pas au delà. Il se promet, s'il en réchappe, une vie douce et ouatée, c'est-à-dire innocente et heureuse. Je puis donc, sans tous les discours, tous les épais traités des philosophes, énoncer moi-même une maxime à ton usage et au mien : tâchons d'être constamment tels en santé que nous nous proposons, une fois malades, de l'être. Porte-toi bien.

VII, 26.

Le deuil de Régulus

[M. Régulus, célèbre délateur, avait cherché sous Domitien à perdre Pline, duquel il était la vivante antithèse autant par les procédés oratoires que par le caractère. — La haine a donné à cette lettre un mordant et une sorte d'éclat rares chez Pline, et qui aident à comprendre certaines outrances de Tacite et de Juvénal.]

Régulus a perdu son fils : malheur qu'il mériterait sans doute, s'il était sûr qu'il le considère comme un malheur[1]. C'était un enfant d'un esprit pénétrant, mais équivoque : il aurait pu cependant suivre le droit chemin en s'éloignant de l'exemple de son père. Régulus l'avait émancipé pour lui permettre de recueillir l'héritage de sa mère[2]. Après quoi (c'est le bruit public, qu'autorise le caractère du personnage), il s'appliquait à le circonvenir par une affectation d'indulgence honteuse et insolite chez un père[3]. C'est incroyable ; mais songe qu'il s'agit de Régulus. Cependant, maintenant qu'il l'a perdu, il le pleure follement. L'enfant avait toute une écurie de poneys, d'attelage et de selle ; il avait des chiens grands et petits ; il avait des rossignols, des perroquets, des merles : Régulus a tout égorgé autour du bûcher[4]. Et ce n'était pas affliction, mais parade d'affliction. C'est chez lui une étonnante ruée ; tous le détestent, le haïssent, et tous, comme s'ils l'appréciaient et l'aimaient, s'empressent et affluent chez lui ; et, pour le dire d'un mot, en faisant la cour à Régulus, ils se mettent au niveau de Régulus. Il s'est retiré dans ses jardins au delà du Tibre : des portiques démesurés y couvrent un vaste espace, des statues de lui bordent le fleuve : car à l'extrême lésine il allie la magnificence, au comble de l'infamie la vanité. Il dérange donc toute la ville à la plus mauvaise saison ; et, de la déranger, ce lui semble une consolation. Il dit qu'il veut se marier : ne fait-il pas tout de travers ? Tu ne tarderas pas à en avoir la nouvelle : noces d'homme en deuil, noces de vieillard ; trop tôt et trop tard. D'où je le présume ? Non de ce qu'il dit, car il n'est pire menteur ; mais c'est que Régulus ne peut manquer de faire ce qu'il ne faut pas. Bonne santé.

IV, 2.

1. Car il va hériter de lui : cette accusation monstrueuse, simplement suggérée d'abord, se précise dans la suite.
2. Qui, sans cela, aurait été perdu pour lui.
3. Autrement dit : son fils étant par héritage devenu riche, il lui faisait la cour (à la façon des captateurs de testaments) au lieu de bien l'élever.
4. Rite funéraire très archaïque et tombé en désuétude à cette date.

Le philosophe Euphrate

[Dans Euphrate (philosophe-conférencier stoïcien, né en Égypte, mort à Rome sous Hadrien) Pline admire une harmonie faite de convenances, moins vigoureuse qu'élégante et polie. De là une fadeur, qui révèle la décadence du goût. — On pressent, d'autre part, la reviviscence du platonisme.]

Il est délicat, solide, fleuri dans la discussion ; souvent même on retrouve en lui la sublimité et l'ampleur magnifique de Platon. Son style est plein d'abondance et de variété ; et surtout d'une douceur engageante qui finit par entraîner les auditeurs, fût-ce malgré eux. Joignez-y une taille avantageuse, un visage agréable, les cheveux longs, une barbe majestueuse et toute blanche. Ce sont là des avantages qui, tout indifférents et futiles qu'ils paraissent, lui attirent beaucoup de vénération. Nulle affectation de rudesse en sa mise, mais un grand sérieux ; son abord inspire le respect, non la crainte. Son extrême politesse égale la pureté de ses mœurs ; il s'en prend aux vices, non aux hommes : il ne châtie pas mais ramène ceux qui s'égarent. On écoute ses préceptes avec une attention fervente ; et, déjà persuadé, vous voudriez l'entendre encore vous persuader.

I, 10, 5-7.

Un bronze de Corinthe

[Attachement excessif au détail réaliste et à la virtuosité de facture : tendance assez italienne dans les périodes qui suivent les grandes époques créatrices.]

D'un héritage récent j'ai acheté tout dernièrement un bronze de Corinthe[1], petit à la vérité, mais joli et bien travaillé, à mon sens du moins, qui peut-être laisse toujours à désirer, mais en telle matière surtout. Cette statuette pourtant est à ma portée : comme elle est nue, elle ne cache pas les défauts qu'elle pourrait avoir et ne dissimule pas non plus ses beautés. C'est un vieillard debout : os, muscles, tendons, veines, et jusqu'aux rides, tout se montre comme sur un vivant ; un reste de cheveux fatigués, le front dégarni, le visage plissé, le cou maigre ; les bras sont pendants, les mamelles affaissées, le ventre enfoncé. Le dos même, autant que le peut un dos, exprime l'âge. Il n'est pas jusqu'à la matière dont la patine, sans retouche, ne révèle l'antiquité. En un mot tout y est assez achevé pour captiver les yeux d'un artiste et enchanter ceux d'un profane. Aussi, comme un novice, m'y suis-je laissé prendre et l'ai-je achetée. Mais je l'ai achetée non pour la garder chez moi (je n'ai jusqu'ici aucun bronze de Corinthe chez moi), mais pour la placer en quelque lieu public de notre ville natale[2], et de préférence le temple[3] de Jupiter. Le présent me paraît digne d'un temple, digne d'un dieu.

III, 6, 1-5.

Le tremblement de terre de Misène

[Deux lettres de Pline à Tacite (VI, 16 et 20) décrivent l'éruption du Vésuve de 79, qui ensevelit Pompeï, Herculanum et Stabies : la première raconte le départ de Pline l'Ancien qui veut observer le phénomène de près, et sa mort ; la seconde narre de *visu* ce qui se passait à Misène (promontoire au nord du golfe de Naples). — Grande simplicité de la narration, qui saisit par son accent vrai, non par la recherche de l'expression pittoresque (comme dans Juvénal ou Tacite).]

Mon oncle parti, je continuai le travail qui m'avait empêché de l'accompagner. Puis le bain, le dîner, le lit. Je dormis mal et peu. Il y avait bien des jours que la terre tremblait : on s'en inquiète moins, par l'habitude, en Campanie. Mais, cette nuit, ce

1. La qualité de l'alliage et du travail donnait une grande valeur aux bronzes dits « de Corinthe ».
2. Côme.
3. Les temples, remplis d'œuvres d'art de toute sorte données par les fidèles, avaient souvent l'aspect, et le rôle, de musées.

fut si violent qu'on eût cru non une agitation, mais un bouleversement total. Ma mère entre brusquement dans ma chambre : je me levais moi-même en ce moment pour l'éveiller, si elle dormait. Nous nous asseyons sur l'étroite terrasse de la maison, entre les bâtiments et la mer. Je ne sais si je dois appeler fermeté ou imprudence ce que je fis alors, car je n'avais que dix-sept ans : je demandai un livre de Tite-Live, et me mis à le lire avec le plus grand calme, en continuant même à prendre des notes. Voici un ami de mon oncle, qui était depuis peu arrivé d'Espagne pour le voir. Dès qu'il nous aperçoit tous deux assis, et moi un livre à la main, il s'en prend à la tranquillité de ma mère[1], à mon insouciance : je n'en continuai pas moins ma lecture. C'était déjà la première heure du jour[2] ; et la clarté restait trouble et comme languissante. Les bâtiments voisins étaient si ébranlés que le lieu où nous nous trouvions, découvert sans doute, mais fort resserré, n'offrait plus aucune sécurité contre un écroulement inévitable. Alors seulement nous nous décidâmes à quitter la ville. Derrière nous s'avance une foule pleine de stupeur ; chacun (c'est, dans l'épouvante, ce qui tient lieu de sagesse) suit les autres pour ne pas prendre soi-même une décision ; en colonne immense, ils nous pressent, ils nous poussent. Après les dernières maisons, nous nous arrêtons. On était au milieu des prodiges, des terreurs. Les voitures que nous avions emmenées avec nous, quoique dans la plaine la plus unie, roulaient de-ci de-là, et même calées avec des pierres, ne restaient pas en place. Nous voyions la mer refoulée sur elle-même et comme chassée par le tremblement de terre : de fait la plage s'était accrue, et une foule d'animaux marins gisaient à sec sur le sable. A l'opposite une nuée noire et affreuse, qu'un souffle de feu déchirait en tous sens de sillons rapides, s'ouvrait pour laisser échapper comme de longues flammes, semblables à des éclairs, mais plus grandes...[3].

VI, 20, 2-9.

Conclusion. — C'est un esprit délicat et un bon homme que Pline : on a plaisir à le fréquenter. Mais trop littéraire, et qui se complaît à l'être : il a trop de lectures, et veut qu'on le sente, tout en cherchant à dire autrement la même chose que ses maîtres chéris. Au fond, c'est un néo-classique de grand talent ; il continue un mouvement que Martial, Juvénal et Tacite surtout avaient dépassé à force de génie ; plus représentatif qu'eux de ce temps, il révèle l'épuisement d'une littérature qui allait languir pendant plus d'un siècle.

---

1. Grosse et lourde, la mère de Pline le supplia en vain de l'abandonner pour se sauver plus vite.
2. Environ 5 heures.
3. Puis l'obscurité se fit totale, et la cendre commença à tomber, ensevelissant tout « comme la neige ».

BIBLIOGRAPHIE

Conditions historiques

Outre les ouvrages généraux indiqués plus haut (p. 297 et 350) : St. GSELL, *Essai sur le règne de l'empereur Domitien* (Paris, 1894) ; R. PARIBENI, *Optimus Princeps : Saggio sulla storia e sui tempi dell'imperatore Traiano* (Messine, 1926-1927) ; — G. LULLY, *De senatorum Romanorum patria, sive de Romani cultus in provinciis incremento* (Rome, 1918). — H. BARDON, *Les empereurs et les lettres latines d'Auguste à Hadrien* (Paris, 1940).

1. LA PROSE SCIENTIFIQUE ET TECHNIQUE

Frontin

ÉDITIONS : Ch. E. Bennett (Londres-New York, 1925), avec trad. anglaise ; éd. crit. des *Stratagemata* (4 livres, le dernier suspect), par Gundermann (Leipzig, 1888) ; du *De aquis Vrbis,* par F. Krohn (*Teubner,* 1922) et (avec commentaire et trad. anglaise) Herschel[2] (Londres, 1913) ; *Les aqueducs de la ville de Rome,* éd. P. Grimal (Paris, *C.U.F.*, 1944, 1961 [2]) ; éd. C. Kunderewicz (Leipzig, 1973) ; *Frontini Strategemata,* éd. Ireland (Stuttgart, *Teubner,* 1990).

LEXIQUE : G. Bendz, *Strategemata, Index* (Hidesheim, 1985). J. Costas Rodriguez, *Frontini Index* (Hidesheim, 1985).

Pline l'Ancien

MANUSCRITS très nombreux, les plus anciens (V^e^ au Xe s.) très mutilés, les autres remontant à un ms. unique.

ÉDITIONS : COMPLÈTES : Littré (*Collection Nisard,* Paris, 1848-1850), avec traduction française ; Sillig (Gotha, 1851-1858), avec commentaire ; Jahn-Mayhoff (*Teubner,* 1892-1909) ; H. Rackham - W. H. S. Jones (*Lœb,* 1938 ss.), avec trad. angl. ; A. Ernout-Pépin - J. Beaujeu - H. Le Bonniec - R. Bloch - Gallet de Santerre - de Saint-Denis - J. André... (*Budé,* 1947 ss.), critique, avec trad. franç. et commentaire. — PARTIELLES : avec commentaires : *Livres sur la géographie,* par D. Detlefsen (Berlin, 1905) ; le même, *Die Beschreibung Italiens in der Naturalis historia des Plinius und ihre Quellen* (Leipzig, 1901) et *Die Anordnung der geographischen Bücher des Plinius und ihre Quellen* (Berlin, 1909) ; — *Chapitres sur la chimie :* K. C. Bailey, I (Londres, 1929) ; — *Chapitres sur l'histoire de l'art :* Jex-Blak et Sellers (Londres, 1896) ; cf. A. Kalkmann, *Die Quellen der Kunstgeschichte des Plinius* (Berlin, 1898) ; *Naturalis Historia* (Paris, *C.U.F.*) (35 vol., 1947-1983) ; Turin, Einaudi (5 volumes, 1982-1988) ; *C. Plinii Secundi librorum dubii sermonis VIII reliquiae :* A. Della Casa, *Il Dubius Sermo di Plinius, trad. et commentaire* (Gênes, 1969).

ÉTUDES : P. V. COVA, R. GAZICH, G. E. MANZONI, G. MELZANI, *Studi sulla lingua di Plinio il V.* (Milan, 1986) ; Mary BEAGON, *Roman Nature. The Thought of Pliny the Elder* (Oxford, 1992) ; S. CITRONI MARCHETTI, *Plinio il Vecchio e la tradizione del moralismo romano* (Pise, 1991) ; K. G. SALMANN, *Die Geographie des älternen Plinius in ihren Verhältnis zu Varro* (Berlin-New York, 1971) ; J. SVENNUNG, *Skandinavien bei Plinius und Ptolemaios* (Uppsala, 1974).

TRANSMISSION DES TEXTES : M. CHIBNALL, *Pliny's Natural History in the Middle Ages,* chapitre du livre *Empire and Aftermath : Silver Latin II* (Londres, 1975) ; J. DESANGES, *Le Manuscrit (Ch) et la classe des recentiores perturbés de l'Histoire Naturelle de Pline l'Ancien* (*Latomus,* 25, 1966).

LEXIQUE : H. Leitner, *Zoologishe Terminologie beim älteren Plinius*, (Hildesheim, *Gerstenberg*, 1972) ; P. Rosumek, D. Najock, *Konkordanz zur Naturalis Historia des C. Plinius Secundus* (Hildesheim, 1990).

BIBLIOGRAPHIE : H. Le Bonniec, *Bibliographie de l'Histoire Naturelle de Pline l'Ancien* (Paris, 1946).

Quintilien

MANUSCRITS de l'*Institutio oratoria* : *a*) mutilé : *Ambrosianus* (XIe s., Milan) ; *b*) texte incomplet : *Bernensis* et *Parisinus* (Xe s.) ; *c*) texte complété : *Bambergensis* (Xe s.) ; *d*) mss. complets, mais gâtés.

ÉDITIONS : Princeps, à Rome, 1470 ; — Complète, les *Declamationes* comprises : J. J. Dussault (*Collection Lemaire*, Paris, 1821-1825), avec commentaire latin ; — Critiques, de l'*Institutio oratoria* : Halm (Leipzig, 1868-1869) ; Meister (Prague, 1886-1887) ; Radermacher (*Teubner*, 1907-1935), revue par V. Buchheit (*Teubner*, 1959) ; avec trad. franç., par H. Bornecque (Paris, [1933-1934]) ; — Partielles et commentées, de l'*Inst. or.* : l. I, par Fierville (Paris, 1890), Colson (Cambridge, 1924) ; l. III, avec comm., par J. Adamietz (Munich, 1966) ; l. X, par Hild (Paris, 1885), Dosson (Paris, 1911), Giardelli (Florence, 1927) ; l. XII, par Beltrami (Rome, 1910) et R. C. Austin (Oxford, 1948) ; — des *Declamationes* : Ritter (*Teubner*, 1884) ; Lehnert (*Teubner*, 1905), partielle *(Declam. majores)* ; *Institutiones Oratoriae* (2 vol.), éd. M. Winterbottom (Oxford, 1970) ; *De l'Institution Oratoire*, éd. J. Cousin (Paris, *C.U.F.*), t. I (l. I), 1975 ; t. II (l. II-III), 1973, 1993[2] ; t. III (l. IV-V), 1976 ; t. IV (l. VI-VII), 1977 ; t. V (l. VIII-IX), 1978 ; t. VI (l. X-XI), 1979 ; t. VII (l. XII), 1980. Éd. avec trad. J. M. Casas Homs, J. Pérez Durà, M. Dolç (Barcelone, 1961-1987). Éd. L. Radermacher, V. Buchheit (Leipzig, *Teubner*, 1971 [6)], 2 vol. ; R. Faranda, P. Pecchiura (Turin, *U.T.E.T.*, 1979 [2]).

Declamationes XIX maiores Quintiliano falso ascriptae, éd. L. Hâkanson (Stuttgart, *Teubner*, 1982) ; *Declamationes CXLV minores Quintiliano falso ascriptae*, éd. M. Winterbottom (Berlin, 1984) ; éd. D. R. Shackleton-Baley (Stuttgart, *Teubner*, 1989).

TRANSMISSION DES TEXTES : P. S. Boscoff, *Quintilian in the late Middle Ages*, dans *Speculum*, 27, 1952 ; J. Cousin, *Recherches sur Quintilien. Manuscrits et éditions* (Paris, 1975) ; M. Winterbottom, *Fifteenth-century manuscripts of Quintilian*, *C. Q.*, *N. S.* 17, 1967.

LEXIQUE : E. Bonnel, *Lexicon* (Leipzig, 1834) ; J. J. Iso Echegoyen, *Index uerborum y concordancia de las Institutiones Oratoriae de Quintiliano* (Barcelone, 1989).

2. LA POÉSIE NÉO-CLASSIQUE

Lafaye, *De poetarum et oratorum certaminibus apud veteres* (Paris, 1883) ; G. Thiele, *Die Poesie unter Domitian* (*Hermes*, 1916) ; Lipscomb, *Aspects of the Speech in the later Roman Epic* (Baltimore, 1909).

Valérius Flaccus

MANUSCRIT du Vatican (IXe s.).

ÉDITIONS : P. Langen (Berlin, 1896-1897), avec commentaire latin ; Giarratano (Milan, 1904) ; Kramer (*Teubner*, 1913) ; *Argonoticon libri VIII*, éd. E. Courtney (Leipzig, *Teubner*, 1970) ; éd. W. W. Ehlers (Stuttgart, *Teubner*, 1980) ; H. M. Poortlivet, V. Flaccus, *Argonautica, Book II : a commentary* (Amsterdam, 1991).

LEXIQUE : W. Schulte (Dubuque-Iowa, 1935) ; M. Korn - A. W. Slaby, *Concordia in Ualerii Flacci Argonautica*, Alpha Omega 93 (Hidesheim, Olms Weidmann, 1988).

ÉTUDES : J. Peters, *De Valerii Flacci vita et carmine* (Königsberg, 1890) ; P. Harmand, *De Val. Flacci Apollonii Rhodensis imitatore* (Nancy, 1898) ; I. Greiff, *De Valerii Argonauticis cum Aeneide comparatis* (Trente, 1869) ; Samuelsson, *Studia in Valerium Flaccum* (Upsal, 1899) ; Stroh, *Studien zu Valerius Flaccus* (Augsbourg, 1905) ; S. Contino, *Lingua e stile in Valerio Flacco* (Bologne, 1973) ; U. Eigler, *Monologische Redeformen bei Valerius Flaccus* (Frankfurt am Main, 1988) ; *Untersuchungen zu den Argonautica des Valerius Flaccus*, éd. M. von Korn et H. J. Jürgen (Hildesheim-Olms, 1991).

Silius Italicus

MANUSCRITS : Copies (XVe s.) d'un manuscrit perdu de Saint-Gall.

ÉDITION : L. Bauer (*Teubner*, 1890-1892) ; J. Delz, *Punica* (Stuttgart, *Teubner*, 1987) ; éd. et trad. P. Miniconi et alii (Paris, *C.U.F.*, 1979-1992) (3 vol.).

ÉTUDES : E. BRANDSTÄTER, *De Punicorum Silii argumento, stilo, ornatu poetico* (Witten, 1877) ; R. B. STEELE, *The method of Silius Italicus* (*Classical Philology*, 1922) ; C. MAUBERT, *L'enfer de Silius Italicus* (*Rev. de philologie*, 1928) ; E. WISTRAND, *Die Chronologie der Punica des Sil. Ital.* (Göteborg, 1956) ; M. von ALBRECHT, *Freiheit und Gebundenheit römischer Epik* (Amsterdam, 1964) ; M. von ALBRECHT, *Silius Italicus, Freiheit und Gebundheit römischer Epik* (Amsterdam, 1964) ; G. CASALE, *Silio Italico, il passato tra mito e restaurazione etica* (Lecce, 1989), 187 pages ; C. SANTINI, *La cognizione del passato in Silio Italico* (Rome, 1983) ; F. SPALTENSTEIN, *Commentaire des Punica de Silius Italicus*, Genève, livres 1 à 8, 1986 ; livres 9 à 17, 1990.

TRANSMISSION DES TEXTES : H. BLASS, *Die Textesquellen des Silius Italicus, Jahrb. für class. Phil.* Suppl. (1875-76).

LEXIQUE : M. Wacht, *Lemmatisierter Index zu Silius Italicus, Punica, mit statistichen Anhängen zu Sprache und Metrik* (Regensburg, 1984) ; *Concordiantia in Silii Italici Punica* (Hildesheim, 1989) (2 vol.) ; N. D. YOUNG, *Index uerborum Silianus* (Hildesheim, Olms, 1964) (réimpr. éd. 1939).

Stace

MANUSCRITS : Des épopées : *Puteanus* (Paris, IXe-Xe s.), et nombreux mss. (IXe s.) d'une autre recension ; ms. de Madrid 10039 (XIe s.) pour les derniers chants de la *Thébaïde* ; — Des Silves : copies (XVe s.) d'un ms. perdu de Saint-Gall. — J. BOUSSARD, *Le classement des mss. de la Thébaïde de Stace* (*Rev. des Ét. lat.*, XXX, 1952) ; A. WASSERSTEIN, *The manuscript tradition of Statius' Silvae* (*Clas. Quarterly*, 1953).

ÉDITIONS : Princeps, en 1472 ; — Klotz (*Teubner*, 1908-1926) ; Mozley (Londres, 1928), avec trad. anglaise ; de la *Thébaïde* : *Thébaïde*, éd. A. Klotz (Leipzig, *Teubner*, revisée T. C. Klinert, 1973 [2]) ; *Thébaïde*, éd. A. Traglia et A. Aricò, Classici U.T.E.T. (Turin, 1980) ; *P. Papini Statti Thebaidos libri XII*, éd. D. H. Hill (Leyde, 1983) ; *Thebaïde*, texte établi et traduit par R. Lesueur (Paris, *Les Belles-Lettres, C.U.F.*), livres I-IV, 1990 ; livres V à VIII, 1991 ; livres IX-XII, 1994 ; Statius, *Thebaid*, trad. A. D. Melville, intr. et notes D. W. T. Vessey (Oxford, 1995) ; — des *Silves*, par Vollmer (Leipzig, 1898), avec commentaire allemand ; H. Frère (*Budé*, 1944), avec trad. franç. de H.-J. Izaac ; *Siluae*, éd. A. Marastoni (Leipzig, *Teubner*, 1961, 1970 [2]) ; éd. (avec traduction italienne), A. Traglia et G. Aricò (Turin, 1978) ; P. PAPINI STATI, *Siluae, recognouit breuique instruxit* E. Courtney *(Oxford Classical texts)* (Oxford *Clarendon Press*, 1990), XXXVII et 161 pages ; — de l'*Achilleide*, par S. Jannaccone (Florence, 1950), critique et avec commentaire italien ; *L'Achilléide*, éd. J. Méheust (Paris, *C.U.F.*, 1971), éd. A. Marastoni (Leipzig, *Teubner*, 1974) ; *L'Achilleide*, A. Traglia, G. Aricò, (Turin, 1980) ; STAZIO, *L'Achilleide*, introduzione, traduzione e note, di Giampero Rosati (Milan, 1994), 167 pages ; — du *Commentarius* (Ve-VIe s.) de Lactantius Placidus sur le texte de Stace, par Jahnke (*Teubner*, 1898).

ÉTUDES : KERCKHOFF, *Duae quaestiones Papinianae* (Berlin, 1884) ; W. HAERTEL, *Studia Statiana* (Leipzig, 1900) ; — L. LEGRAS, *Étude sur la Thébaïde de Stace* (Paris, 1905) ; C. FIEHN, *Quaestiones Statianae* (Berlin, 1917) ; — DANGLARD, *Stace et ses Silves* (Clermont-Ferrand, 1864) ; A. CARTAULT, *Les Silves de Stace* (*Journal des Savants*, 1894) ; T. S. DUNCAN, *The influence of art on description in Statius* (Baltimore, 1914) ; LOHRISCH, *De Statii silvarum poetae studiis rhetoricis* (Halle, 1905) ; G. LUGLI, *La Roma di Domiziano nei versi di Marziale e di Stazio* (*Studi Romani*, IX, 1961). — F. M. AHL, *The Thebaïd : a reconsideration*, dans *A.N.R.W.*, II, 32, 5, 1986 ; G. ARICÒ, *Ricerche staziane, Palerme* (Capuggi, 1972) ; *L'Achilleide di Stazio ; tradizione litteraria ed invenzione narrativa*, dans *A.N.R.W.*, II, 32, 5, 1986 ; M. BENKER, *Achill und Domitian, Herrscherkritik in der « Achilleis » der Statius*, (Diss. Erlangen-Nürnberg, 1987), 177 pages ; F. DELARUE, *Stace, poète épique* (Louvain-Paris, 1995) ; M. J. T. DOMINIK, *The rythmic voice of Statius, Powers and politics in the Thebaïd* (Leyde, 1994) ; L. DURET, *De Lucrèce aux Silves de Stace* (*R.E.L.*, 58, 1980) ; S. FRANCHET D'ESPEREY, *Le destin chez Lucain et chez Stace*, Mélanges J. Duchemin (Paris, 1983) ; A. HARDIE, *Statius and the Siluae* (Liverpool, *Cairns*, 1983) ; B. KYTZLER, *Imitatio und aemulatio in der Thebais*, dans *Hermes*, 97, 1969 ; W. SCHETTER, *Untersuchungen zur epischen Kunst des Statius* (Wiesbaden, *Harrassowitz*, 1960) ; A.-M. TAISNE, *L'esthétique de Stace*, Paris, *Les Belles-Lettres* (*Collection d'études anciennes*, 1994), 433 pages ; P. VENINI, *Studi staziani* (Pavie, 1971) ; D. VESSEY, *Statius and the Thebaid* (Cambridge, 1973).

TRANSMISSION DES TEXTES : J. A. WILLIS, *The Siluae of Statius and their Editors*, dans Phoenix, 20, 1966 ; L. CESARINI MARTINELLI, *Angelo Poliziano : commento inedito alle Selve di Stazio* (Florence, 1978).

LANGUE : R. DEFFERARI, M. C. EAGAN, *A Concordance of Statius* (Brookland, 1943) ; J. KLECKA, *Concordantia in Publium Papinium Statium*, Alpha-Omega 57 (Hildesheim, *Olms*, 1983).

3. LA POÉSIE RÉALISTE

Martial

MANUSCRITS : *a)* recension de Torquatus Gennadius (401), en particulier ms. de Berlin (XIIe s.) ; *b) Edinburgensis* (Xe s.), *Puteanus* (Xe s., Paris), *Vossianus* (XIe s., Leyde) ; *c)* florilèges (Vienne, Paris, Leyde).

ÉDITIONS : Princeps, à Rome, 1470 ; — Critiques : Lindsay (Oxford, 1902) ; Heraeus (*Teubner,* 1925) ; L. Friedländer (Leipzig, [1886 repr. 1968], avec commentaire allemand ; Izaac (*Budé,* 1930-1933), avec traduction française ; C. Giarratano[2] (*Paravia,* 1951) ; *M. Val Martialis Epigrammaton liber I,* Introduzione, testo e commento a cura di M. Citroni (Florence, 1975) ; U. CARRATELLO, *M. Ualerii Martialis Epigrammaton liber* (Rome, 1981) ; M. UALERII MARTIALIS, *Epigrammata,* éd. Schackleton Bailey (*Teubner,* 1990). — Partielles, avec com. anglais : Post (Boston, 1908) ; Bridge-Lake (Oxford, 1908).

ÉTUDES : G. BOISSIER, *Tacite* (Paris, 1903), pp. 281-335 ; O. WEINREICH, *Studien zu Martial* (Stuttgart, 1928) ; G. BELLISSIMA, *Marziale* (Sienne, 1932) ; L. PEPE, *Marziale* (Naples, 1950) ; G. LUGLI, *La Roma di Domiziano nei versi di Marziale e di Stazio* (*Studi Romani,* IX, 1961) ; R. MARACHE, *La poésie romaine et le problème social à la fin du Ier s. : Martial et Juvénal* (*L'Information littéraire,* XIII, 1961) ; C. SALEMME, *Marziale e la « poetica » di oggetti* (Napoli, 1976) ; J. P. SULLIVAN, *Martial : the unexpected Classic. A literary and historical study* (Cambridge, *University Press,* 1991) ; O. WEINREICH, *Studien zu Martial* (Stuttgart, 1929), Fondamental.

TRANSMISSION DES TEXTES : W. M. LINDSAY, *Ancient Editions of Martial* (Oxford, 1903).

LEXIQUE : E. Siedchlag, *Martial-Concordanz,* Alpha-Omega (Hildesheim, *Olms,* 1979).

Juvénal

MANUSCRITS : *a) Pithoeanus* (IXe s., Montpellier, 125), *Parisinus* 8072 (Xe s.), florilège de Saint-Gall (IXe s.) et fragments (Milan, V^e^-VIe s. ; Aarau, X^e^-XIe s.) ; *b)* mss. interpolés (Paris, IXe s. ; Vatican, XIe s. ; Oxford, XIe s.) et fragments de Bobbio (IIIe-IVe s., Vatican). — Cf. U. Knoche, *Die Überlieferung Juvenals* (Berlin, 1926).

ÉDITIONS : Princeps, à Rome 1470 — Critiques : Owen[2] (Oxford, 1907), Jahn-Bücheler-Leo[5] (Berlin, 1932) ; Housman (Cambridge, 1931) ; Vianello (*Paravia,* 1935) ; U. Knoche (Munich, 1950) ; W. V. Clausen (Oxford, 1959) ; — avec commentaire complet : Friedländer (Leipzig, 1895 [repr. 1962]) ; partiel : Mayor[2-1] (Londres, 1893-1888) ; — avec traduction française : de Labriolle-Villeneuve (*Budé,* 1921) ; — Sat. III, IV, V, par R. Marache (*Érasme,* 1965) ; S. VII, avec commentaire : Hild (Paris, 1890) ; Uri (Paris, 1890) ; — Scholies : éd. P. Wessner (*Teubner,* 1931) ; et dans l'édition de Jahn-Bücheler-Leo ; E. COURTNEY, *A commentary on the Satires of Juvenal* (Londres, 1980) ; Giovenale, *Satire,* introd., testo, trad. e comment. a cura di G. Viansino (*Coll. Oscar Classici,* n° 185) (Milan, *Mondadori,* 1990), 575 pages ; *The Satires,* transl. by N. Rudd., intr., notes, by W. Barr (Oxford, 1991).

ÉTUDES : A.WIDAL, *Juvénal et ses satires*[2] (Paris, 1870) ; J. A. HILD, *Juvénal : notes biographiques* (Paris, 1884) ; J. DÜRR, *Das Leben Juvenals* (Ulm, 1888) ; P. DE LABRIOLLE, *Les Satires de Juvénal* (Paris, 1932) ; E. W. MARMORALE, *Giovenale*[2] (Bari, 1950) ; P. ERCOLE, *La Cronologia delle Satire di Giovenale* (*Riv. di Filologia,* 1929) ; A. MICHEL, *La date des satires de J.* (*Rev. d'Ét. lat.,* XLI, 1963). — J. DE DECKER, *Juvenalis declamans : étude sur la rhétorique déclamatoire dans les satires de Juvénal* (Gand, 1913) ; I. G. SCOTT, *The grand style in the satires of Juvenal* (Northampton, 1927). — R. SCHÜTZE, *Juvenalis ethicus* (Diss. Greifswald, 1905) ; C. SCHNEIDER, *Juvenal und Seneca* (Diss. Würzburg, 1930) ; G. HIGHET, *Juvenal the satirist* (Oxford, 1955) ; A. SERAFINI, *Studio sulle satire di Giovenale* (Florence, 1957). — L. KELLING-A. JUSKIN, *Index verborum Iuvenalis* (Chapel Hill, 1951) ; J.-P. CÈBE, *La caricature et la parodie dans le monde romain antique, des origines à Juvénal* (Paris, 1966) ; J. FERGUSON, *A Prosopography to the poems of Juvenal* (Bruxelles, 1987) ; J. GÉRARD, *Juvénal et la réalité contemporaine* (Paris, 1976) ; G. HIGHET, *Juvenal, the satirist. A study* (Oxford, *Clarendon Press,* 1954), 2e éd., 1960 ; A. SERAFINI, *Studio sulla satira di Giovenale* (Florence, 1957).

BIBLIOGRAPHIE : P. GREEN, *Juvenal. The sixteen Satires* (Harmondsworth, 1967).

TRANSMISSION DES TEXTES : E. COURTNEY, *The transmission of Juvenal's Text.* dans *B.I.C.S.,* 14, 1967.

LANGUE : M. Dubrocard, *Juvenal, Satires : Index uerborum, relevés statistiques* (Hildesheim, Olms, 1976) ; F. FERGUSSON, *A Prosopography to the Poems of Juvenal* (Bruxelles, 1987).

4. L'ÉLOQUENCE ET L'HISTOIRE

Tacite

MANUSCRITS : du *Dialogue* et de la *Germanie* : copies (XVᵉ s.), au Vatican et à Leyde en particulier, d'un ms. perdu de Hersfeld (Xᵉ s.) ; — de l'*Agricola* : ms. de Tolède (XVᵉ s.) et deux, médiocres, du Vatican ; — des *Annales* et des *Histoires* : deux *Medicei* (Florence, IXᵉ et XIᵉ s.), le premier ne contenant que le début des *Annales* ; *Vaticanus* 1958 *S.*

ÉDITIONS COMPLÈTES : Princeps, par Vendelin de Spire (Venise, 1470) ; — Critiques : Fisher-Furneaux (Oxford, 1900-1910) ; Gœlzer-Bornecque-Rabaud (*Budé*, 1921-1925), avec trad. fr. ; E. Köstermann - H. Heubner (*Teubner*, 1960-1966). — Avec commentaire : latin : Orelli² - Meusel (Berlin, 1883 s.) ; français : L. Constant-Girbal (Paris, 1896-1900). — ÉDITIONS PARTIELLES commentées : du *Dialogue* : Peterson (Oxford, 1893) ; Gœlzer² (Paris, 1910) ; Gudeman² (Leipzig, 1914) ; A. Michel (*Érasme*, 1962) ; éd. critique D. Bo, Corpus Paravianum (Turin, 1974) ; Corsi Universitari (Turin, 1986) ; *Le principali problematiche del Dialogus de oratoribus. Panorama storico-critica dal 1426 al 1990 :* texte sans traduction précédé de 396 pages d'introduction (Hildesheim, 1993) ; R. GUENGERICH, *Kommentar zu Dialogus des Tacitus* (Göttingen, 1980) ; — de l'*Agricola* et de la *Germanie* : Gudeman² (Boston, 1928) ; — de l'*Agricola* : Furneaux²-Anderson (Oxford, 1923) ; *Agricola*, éd. J. Deltz (Stuttgart, *B.G. Teubner*, 1983) ; Tacitus' *Agricola, Germany and Dialogue on Orators*, translated with an Introduction and Notes by Herbert W. Benario (revised edition : Norman and London, *University of Oklahoma Pr.* 1991, XII-136 pages) (1ʳᵉ éd., 1967, New York, *Bobbs-Merill*) ; *Agricola*, éd. I. Borzsàk (Auctores latini, XXIII) (Budapest, *Tankönyvkiadó*, 1992), 136 pages ; critique de l'*Agricola*, E. de Saint-Denis (*Budé*, 1942), avec trad. fr. avec commentaire I. Forni (Rome, 1962) ; R. M. Ogilvie-Sir I. Richmond (2ᵉ éd., Oxford, 1967) ; R. Till, Berlin (2ᵉ éd., Berlin, 1976) ; H. HEUBNER, *Kommentar zum Agricola des Tacitus* (Göttingen, 1984) ; — de la *Germanie*, Reeb³⁻⁴ (Leipzig, 1927) ; J.G.C. Anderson (Oxford, 1938), avec comm. anglais ; J. Perret (*Budé*, 1949), avec trad. fr. ; P. Cornelius Tacitus, *Germania*, éd. Alf Önnerfors (Stuttgart, *Teubner*, 1983) ; Cornelius Tacitus, *Germania*, éd. commentée Allan A. Lund (Heidelberg, 1988) ; I. Forni (Rome, 1962), avec comm. ital. ; — des *Histoires* : Gœlzer (Paris, 1920) ; C. et W. Heräus (Leipzig, 1929-1937 [repr. 1967]), avec comm. ; Giarratano (Rome, 1939) ; du l. I des *Hist.* : P. Wuilleumier (*Érasme*, 1959) ; H. HEUBNER, *Die Historien* (Heildelberg, 1963, 1982) ; éd. P. Wuilleumier, H. Le Bonniec (Paris, *C.U.F.*, 3 volumes, 1987-1992) ; éd. Wellesley (Stuttgart, *Teubner*, 1989) ; — des *Annales* : Jacob (Paris, 1875-1877) ; Menghini (Turin, 1923) ; Lenchantin de Gubernatis (Rome, 1940 ss.) ; l. I-III : E. Köstermann (Heidelberg, 1963) ; l. I-VI : E. Röver-R. Till (Stuttgart, 1962) ; l. XIII : P. Wuilleumier (*Érasme*, 1964) ; Paris, C.U.F. (4 volumes, 1974-1978) ; éd. H. Heubner (Stuttgart, *Teubner*, 1983, 1994).

TRADUCTIONS : françaises Burnouf (Paris, 1858) ; Gœlzer-Bornecque-Rabaud (*Budé*) ; P. Grimal, *Tacite. Œuvres complètes. Textes traduits, présentés et annotées* (Paris, 1990).

DICTIONNAIRES : A. GERBER - A. GREEF-JOHN, *Lexicon Taciteum* (Leipzig, 1876-1903) ; Ph. FABIA, *Onomasticon Taciteum* (Paris-Lyon, 1900) ; R. BLACKMANN - G. G. BETTS, *Concordantia Tacitea.* A concordance to Tacite, Alpha-Omega 74 (Hildesheim, Olms, 1986). — LANGUE, GRAMMAIRE, STYLE : E. WŒLFFLIN, *Tacitus* (*Philologus*, 1867-1868) ; J. GANTRELLE, *Grammaire et style de Tacite²* (Paris, 1882) ; DRÄGER, *Über Syntax und Stil des Tacitus* (Leipzig, 1882) ; L. CONSTANS, *Étude sur la langue de Tacite* (Paris, 1893) ; J. PERRET, *La formation du style de Tacite* (*Rev. d'Ét. anciennes*, LVI, 1954) ; F. DEGEL, *Archaïstische Bestandteile der Sprache des Tacitus* (Diss. Erlangen, 1907) ; R. ULLMANN, *Les clausules dans les discours de Salluste, Tive-Live et Tacite* (*Symbolae Osloenses*, 1925) ; A. ENGELHARDT, *Tacitea, Untersuchungen zum Stil des Tacitus* (Karlsruhe, 1928).

ÉTUDES GÉNÉRALES : D. NISARD, *Les quatre grands historiens latins* (Paris, 1874) ; G. BOISSIER, *Tacite* (Paris, 1903) ; C. MARCHESI, *Tacito* (Messine-Rome, 1925) ; E. CIACERI, *Tacito* (Turin, 1945) ; Ph. FABIA - P. WUILLEUMIER, *Tacite, l'homme et l'œuvre* (Paris, 1949) ; R. SYME, *Tacitus* (2 vol., Oxford, 1958) ; E. PARATORE, *Tacito²* (Rome, 1962) ; Ph. FABIA, *La carrière sénatoriale de Tacite* (*Journal des Savants*, 1926). — F. ARNALDI, *Le idee politiche, morali e religiose di Tacito* (Rome, 1921) ; REITZENSTEIN, *Tacitus und sein Werk* (Leipzig-Berlin, 1927) ; R. VON PÖHLMANN, *Die Weltanschauung des Tacitus²* (Munich, 1913) ; Ph. FABIA, *L'irréligion de Tacite* (*Journal des Savants*, 1914) ; W. THEILER, *Tacitus und die antike Schicksalslehre* (Bâle, 1945). — VIANEY, *Quomodo dici possit Tacitum fuisse summun pingendi artificem* (Paris, 1897) ; P. S. EVERTS, *De Tacitea historiae conscribendae ratione* (Diss. Utrecht, 1926) ; R. ULLMANN, *La technique des discours dans Sall., T.-Live et Tacite* (Oslo, 1927) ; K. BÜCHNER, *Tac. und Ausklang* (Wiesbaden, 1964) ; F. ARNALDI, *Tacito* (Naples, 1973) ; E. AUBRION, *Rhétorique et Histoire chez*

Tacite (Metz, 1985) ; J.-M. ENGEL, *Tacite et l'étude du comportement collectif* (Lille, 1972) ; P. GRIMAL, *Tacite* (Paris, 1990) ; J. LAUGIER, *Tacite* (Paris, 1969) ; J. LUCAS, *Les obsessions de Tacite* (Leyde, 1974) ; E. MASTELLONE IOVANE, *Paura e angoscia in Tacito* (Naples, 1989) ; A. MICHEL, *Tacite et le destin de l'Empire* (Paris, 1966) ; F. SEMI, *La maschera e il volto di Tacito* (Pise, 1975) ; M. VIELBERG, *Ptlichten, Werte, Ideale. Eine Untersuchung zu den Wertvorstellungen des Tacitus* (Stuttgart, 1987).

ÉTUDES PARTICULIÈRES : WEINKAUFF, *Untersuchungen über den Dialogus des Tacitus*[2] (Cologne, 1880) ; K. VON FRITZ, *Aufbau und Absicht des Dialogus de Oratoribus* (*Rhein. Mus.*, 1932) ; A. MICHEL, *Le Dialogue des orateurs et de la philosophie de Cicéron* (Paris, 1962). — Ed. NORDEN, *Germanische Urgeschichte in Tacitus' Germania* (Leipzig, 1920). — Ph. FABIA, *Les sources de Tacite dans les Histoires et les Annales* (Paris, 1893) ; C. QUESTA, *Studi sulle fonti degli Ann.* (Rome, 1963) ; K. EISENHARDT, *Ueber die Reden in den Historien und Annalen des Tacitus* (Ludwigshafen-am-Rhein, 1911) ; F. KLINGNER, *Tacitus über Augustus und Tiberius* (*Sitzb. d. Bayerischen Akad.*, Philos. hist. Kl., 7, Munich, 1954) ; A. BRIESZMANN, *Tacitus und das flavische Geschichtsbild* (*Hermes*, H.10, Wiesbaden, 1955). — Ed. COURTAUD, *Les procédés d'art de Tacite dans les Histoires* (Paris, 1918) ; — F. GRAF, *Untersuchungen über die Komposition der Annalen des Tacitus* (Diss. Berne, 1931) ; N. ERIKSSON, *Studien zu den Annalen des Tacitus* (Lund, 1934) ; C. W. WENDEL, *Dramatic construction of Tacitus Annals* (*Yale Clas. st.*, V, 1935) ; B. WALKER, *The Annales of T., A study in the writing of history* (Manchester, 1952) ; J. BEAUJEU, *Le « mare Rubrum » de T. et la chronologie des Annales* (*Rev. d.Études latines*, XXXVIII, 1960). — P. GRENADE, *Le pseudo-épicurisme de T.* (*Rev. d.Ét. anc.*, LV, 1953) ; J. BEAUJEU, *La religion de Pline le Jeune et de T.* (*L'Information littéraire*, VIII, 1956).

BIBLIOGRAPHIE TACITÉENNE : H. W. BENARIO, *Recent works on Tacitus : 1974-1983*, dans *Classical Works* (novembre-décembre 1986).

TRANSMISSION DES TEXTES : F. R. D. GOODYEAR, *The readings of the Leiden manuscript of Tacitus, C. Q.*, N.S., 15 (1965).

RÉCEPTION DES TEXTES : B. ANTON MARTINEZ, *El Tacitismo en el siglo XVII en Espana. El proceso de receptio* (Valladolid, Universitad, Caja de Salamanca y Soria, 1992), 194 p. (Série Linguistica y Filologia, n° 11) ; J. RUYSSCHAERT, *Juste-Lipse et les Annales de Tacite. Une méthode de critique textuelle au XVIe siècle* (Louvain, 1949) ; C. VOPILHAC-AUGER, *Tacite en France de Montesquieu à Chateaubriand* (Oxford, *The Voltaire Foundation*, 1993), 600 pages.

PROBLÈMES : Le *Dialogue des orateurs* est-il de Tacite ? Quelle est la date de sa composition ? — V. Hochart a douté (Paris, 1890) de l'authenticité des *Annales* et des *Histoires* : il a été réfuté en particulier par P. Tannery.

Pline le Jeune

MANUSCRITS : du *Panégyrique* : 3 feuilles palimpsestes de Bobbio (VIe-VIIIe s., Milan) ; copies (XVe s.) d'un ms. disparu de Mayence (contenant aussi les *Panégyriques* des IIIe et IVe siècles) ; — des *Lettres* : les 10 livres dans un ms. français très ancien, perdu, mais utilisé dans les éditions d'Avantius (1502) et d'Alde (1508) ; les 9 premiers dans un *Mediceus* (IXe-Xe s., Florence) ; les 100 premières lettres dans un *Florentinus* (X[e]-XIe s.) et un *Riccardianus* (IXe-Xe s., Florence) ; autres mss. partiels, dont un fragment en onciales (vers 500, coll. Morgan).

ÉDITIONS : Princeps : (Venise, 1471) — Critiques : H. Keil (Leipzig, 1870), avec index par Mommsen ; Kukula[2] (*Teubner*, 1912) ; — des *Lettres* : Merrill (Leipzig, 1922) ; A. Guillemin (*Budé*, 1927-1928), avec trad. française, et (livre X) M. Durry (*Budé*, 1947), avec trad. franç. ; M. Schuster[2]-R. Hanslik (*Teubner*, 1958) ; Mynors (Oxford, 1963) ; S. E. Stout (Bloomington, 1962) ; F. Trisoglio (Turin, *U.T.E.T.*, 1973) (2 vol.) ; M. Schuster (Stuttgart, *Teubner*, 1992[3]) ; — partielles, avec commentaire : livre I, par D'Agostino (Turin, 1931) ; l. III, par Mayor[3] (Londres, 1889) ; l. VI, par Duff (Cambridge, 1906) ; l. X, par Hardy (Londres, 1889) ; — Du *Panégyrique*, avec comm., par M. Durry (Paris, 1938) et avec trad. franç. par le même, avec le Xe l. des *Lettres* (*Budé*, 1947) ; avec commentaire italien par E. Malcovati (Florence, 1952) ; crit. dans l'éd. des XII *Panegyrici*, par R.A.B. Mynors (Oxford, 1964).

ÉTUDES : Th. MOMMSEN (trad. par Morel), *Étude sur Pline le Jeune* (Paris, 1893) ; A. M. GUILLEMIN, *Pline et la vie littéraire de son temps* (Paris, 1931) ; E. ALLAIN, *Pline et ses héritiers* (Paris, 1901-1902). — GALDI, *Il sentimento della natura nelle lettere di Plinio* (Padoue, 1905) ; H. H. TANZER, *The villas of Pliny the Younger* (New York, 1924) ; V. A. SIRAGO, *Le propietà di Plinio il Giovane* (*L'Ant. Class.*, 1957). — J. NIEMIRSKA - PLISZEZYNSKA, *De elocutione Pliniana in Epistularum libris IX conspicua* (Lublin, 1955) ; C.E. PULCIANO, *Il diritto privato romano nell' Epistolario di Plinio il Giovane* (Turin, 1913) ; P. V. COVA, *La critica letteraria di Plinio il Giovane* (Brescia, 1966) ; F. GAMBERINI, *Stylistic theory and practice in the younger Pliny* (Hildesheim-

Zürich-New York, 1983) ; G. Picone, *L'eloquenza di Plinio. Teoria e prassi* (Palerme, 1978) ; A. N. Shervin-White, *The Letters of Pliny. A Historical and Social Commentary* (Oxford, 1966) ; S. E. Stout, *Scribe and Critic at Work in Pliny's Letters* (Bloomington, Ind., 1954) ; F. Trisoglio, *La personalità di Plinio il Giovane nei suo rapporti con la politica, la società e la litteratura* (Torino, 1972).

INDEX, par X. Jacques et J. Van Ooteghem (Bruxelles, 1965) ; F. Heberlein - W. Slaby, *Concordiantiae in C. Plinii Caecilii Secundi opera. Pars prior. Epistulae* (Hildesheim, 1991) (4 vol.).

BIBLIOGRAPHIE DES ÉTUDES PLINIENNES : E. Aubrion, dans *A.N.R.W.*, II, vol. 33, 1, 1989.

TRANSMISSION DES TEXTES : A. Cameron, *The Fate of Pliny's Letters in the Late Empire, C. Q.*, 15, (1965) (addendum in C. Q. 17, 1967) ; D. Johnson, *The Mss of Pliny's Letters, C Ph.* 7 (1912).

CHAPITRE IX

LA DÉCADENCE ANTONINE ET LES DÉBUTS DE LA LITTÉRATURE CHRÉTIENNE

La défaillance des lettres latines coïncide avec la période la plus tranquille et, en apparence, la plus prospère de l'Empire, le « siècle des Antonins » (IIe siècle de notre ère) ; et elle est d'autant plus saisissante que la littérature grecque refleurissait alors après un long déclin[1]. Mais les deux phénomènes résultent des mêmes causes. Après Trajan, c'en est fait de l'effort de concentration nationaliste : l'Italie perd définitivement le privilège de représenter l'esprit latin ; et, tandis qu'elle se dépeuple et s'appauvrit, la partie orientale de l'Empire, qui parle grec, prend une importance, économique et politique croissante. Trajan s'en rendait déjà compte ; Hadrien, son successeur, qui passa en voyages loin de Rome les deux tiers de son règne, le proclama

1. Les auteurs grecs profanes de cette période sont, après Dion Chrysostome et Plutarque (mort très âgé vers 120) : le philosophe stoïcien Épictète ; les sophistes Favorinus et Aelius Aristide ; les historiens Appien et Arrien (vers 150) ; Pausanias, qui décrit la Grèce (vers 180) ; l'ironiste Lucien (mort en 190) ; l'érudit Athénée ; l'historien Dion Cassius (mort en 229) ; le grand philosophe néo-platonicien Plotin (205-270). Parmi les chrétiens : saint Ignace d'Antioche et saint Irénée, évêque de Lyon, au IIe siècle ; au IIIe le puissant docteur d'Alexandrie, Origène. — Beaucoup d'Occidentaux parlent et écrivent le grec : ainsi l'empereur Marc-Aurèle écrit en grec ses *Pensées*. Réciproquement, les grands auteurs latins sont alors traduits en grec : ainsi Virgile, Salluste. Et les historiens de langue grecque s'intéressent surtout à l'histoire romaine.

par ses goûts, d'un hellénisme très orientalisant. La latinité ne reprit vigueur, à la fin du IIe et au IIIe siècle, que dans les provinces occidentales, d'une vitalité plus forte que l'Italie,. en Afrique surtout où Carthage ressuscitée, immense et prospère, avait des écoles célèbres ; et par des auteurs chrétiens, qui prétendaient rompre violemment avec le passé spirituel de Rome.

Divorce entre la littérature et l'évolution politique. — Au temps des Antonins (après Nerva et Trajan, de 117 à 192 : Hadrien, Antonin, Marc-Aurèle, Commode), la littérature est indifférente aux faits politiques et peu sensible à l'action des empereurs : dilettantisme hellénique d'Hadrien, nationalisme romain voulu d'Antonin, stoïcisme grec de Marc-Aurèle. Après eux, il n'y a plus aucune influence réelle de l'histoire sur les lettres. On peut noter l'avènement d'une dynastie africaine (Septime-Sévère, Géta, Caracalla : 193-217), coïncidant avec l'essor littéraire de la province d'Afrique ; puis d'empereurs syriens (Élagabal, Sévère-Alexandre), qui témoignent de l'emprise orientale. Ensuite ce furent l'anarchie, les invasions. Le besoin d'ordre et d'autorité aboutit avec Aurélien (270-275), puis Dioclétien (284-305) à renforcer prodigieusement l'absolutisme des empereurs, devenus pour ainsi dire des dieux sur terre ; mais, par là même, à annuler l'esprit public. C'est seulement après Constantin (306-337) que, le christianisme commençant à devenir religion d'État, se rétablissent certains échanges entre préoccupations politiques et production littéraire.

Déséquilibre entre la littérature et l'évolution sociale. — Les écrivains de métier ne maintiennent pas non plus suffisamment étroit le contact avec l'ensemble de la société. Sous les Antonins s'aggrave le contraste entre les villes, de civilisation luxueuse et favorisées par l'administration impériale, et les campagnes, encore très attardées, mais de plus en plus inquiètes et hostiles ; et, dans les villes mêmes, entre les riches *(honestiores)* et les pauvres *(humiliores)*. Or les écrivains païens n'ont cherché ni à comprendre ni à atteindre les classes populaires ; ils ont, sur des thèmes et avec des procédés rebattus, raffiné et subtilisé pour un public des plus restreints. Ils ont continué à écrire une langue classicisante, artificielle, de plus en plus éloignée de l'usage courant ; ils ont même, au IIe siècle, lu et imité de préférence les auteurs archaïques, cédant à une tendance déjà notable au temps de Cicéron, mais qui, triomphant deux cents ans plus tard, était une véritable absurdité.

Les genres profanes. — C'est dans la poésie et l'éloquence que la convention et la décadence sont le plus évidentes. Pour mieux dire, la poésie est inexistante : elle s'épuise en jeux compliqués et sans intérêt, qui semblent annoncer ceux des Grands Rhétoriqueurs du XVe siècle ; on s'amuse, avec des morceaux de vers empruntés aux classiques, à composer des pièces de vers de sens tout opposé *(centons) ;* les moins mauvais sont des poèmes didactiques sans génie[1]. L'éloquence ne vaut guère mieux : le pédantisme

1. Vers la fin du IIe siècle : *Métrique* du Maurétanien TÉRENTIANUS ; — au début du suivant : *Médecine* de Q. SÉRÉNUS SAMMONICUS ; — vers le milieu du IIIe siècle : *Poème sur la chasse (Cynegetica)* et quatre *Églogues* de NÉMÉSIANUS de Carthage, qui s'inspire de Grattius et de Calpurnius Siculus (cf. éd. des fragments, p. 299 et de Calpurnius, p. 351 ; D. Martin, *The Cynegetica of Nemesianus* [*Cornell Univ.*, 1917]).

et la préciosité semblent ses plus sûrs moyens de séduction ; quand elle aspire à plus de grandeur, avec les « panégyristes » gaulois du IIIe siècle, c'est sur des thèmes de convention, où même la sincérité ne trouve pas à s'exprimer avec justesse. L'histoire garde une certaine vitalité ; mais ou bien (comme avec Florus, Justin) elle ne vise qu'à des abrégés dont la sécheresse ou l'inexactitude se déguisent mal sous l'apprêt rhétorique ; ou bien, sans chercher à atteindre ne fût-ce qu'à une vision générale des faits et de leur enchaînement, elle se contente de mettre sur pied de minutieuses biographies des empereurs : Suétone trouvera ainsi des imitateurs dans les rédacteurs de l'*Histoire Auguste*. C'est l'érudition, avide de détails précis, objective, directe, qui assure la valeur de ces dernières œuvres, comme des *Nuits Attiques* d'Aulu-Gelle ; c'est elle aussi qui, aux IIe et IIIe siècles, s'essaie à la synthèse de l'ancien droit romain et prépare, à longue échéance, les immenses compilations de Théodore et de Justinien : elle est, sans doute, l'honneur de cette période ; mais le goût littéraire n'y gagne rien.

La poussée religieuse. — Cependant, sous cette littérature desséchée, agissent des forces neuves. Les religions orientales, de la Grande Mère (Cybèle), d'Isis-Osiris, de Mithra, du Soleil, se répandent de plus en plus, à Rome, dans les ports, dans tous les centres cosmopolites où le commerce asiatique ou égyptien trouve accès. Ce sont pour la plupart des religions « de salut », qui s'adressent à des initiés, les invitent à la purification et à la pénitence, et leur promettent, après la mort, le bonheur éternel ; ce sont aussi des religions universalistes, qui exercent leur prosélytisme sur des gens de toutes races, de tous milieux. Elles s'accordent donc au souci croissant de la conscience individuelle et à l'indifférence pour l'État, qui sont les aspects spirituels les plus graves en cette période. Chaque fidèle a tendance à voir en son dieu d'élection le plus important de beaucoup, presque le seul, en tout cas celui qui unit en lui la plupart des attributs divins ; il ne s'interdit pas, cependant, d'honorer avec lui quelques autres dieux, qu'il choisit à sa guise, sans souci des traditions nationales. Mais une vive religiosité, qui mêle à de très vieilles pratiques des sentiments très vivants et très exaltés, gagne une bonne part de la société et jusqu'à des systèmes philosophiques (qui, vers le milieu du IIe siècle, reprennent une grande importance), comme le stoïcisme ou le néoplatonisme, créant une atmosphère métaphysique commune.

Le christianisme. — Au milieu de ces religions, le christianisme se distingue, parce qu'il répudie tous les autres dieux, en contradiction aux habitudes romaines de toujours.

Il apparaît scandaleux parce qu'il affirme la divinité du Christ, mort en croix comme un esclave, tout récemment, sous Tibère : le secret des réunions chrétiennes prête aux racontars les plus absurdes, dont se nourrit l'imagination populaire et qui suscitent de violentes émeutes, d'allure spontanée, contre les chrétiens ; le refus des fidèles de sacrifier aux dieux de l'Empire, et en particulier au Génie de l'Empereur, les rend suspects de lèse-majesté et provoque des persécutions officielles (sous Néron et Domitien peut-être ; sur dénonciations individuelles, en Bithynie sous Trajan, à Lyon sous Marc-Aurèle ; puis systématiques au IIIe siècle). Mais l'hostilité des païens amène les chrétiens à former, de plus en plus, une société dans la société ; ils s'organisent ; les groupes chrétiens de chaque ville, ou églises, sont en rapports constants les uns avec les autres ; une mentalité commune, maintenue par les évêques, chefs des églises, s'affermit et prépare, sans aucune considération de classe, une transformation radicale de la société.

L'apologétique chrétienne. — Déjà nombreux et comptant des hommes instruits, les chrétiens commencèrent au IIe siècle à répandre dans le public des « défenses », ou *apologies*, de leur foi, d'abord en grec (saint Justin et Tatien) parce que l'Orient était plus christianisé que l'Occident, puis en latin, avec Tertullien et Minucius Félix. Ainsi naissait, dans le déclin intellectuel de la latinité, une nouvelle littérature, non adaptée encore à l'ensemble de la société romaine, mais destinée à la représenter plus complètement au fur et à mesure des progrès du christianisme.

Il y avait beaucoup à en espérer : avant tout une ferveur convaincue et une volonté agissante, qui manquaient cruellement aux jeux littéraires des païens ; puis de nouveaux thèmes, qui reposeraient des banalités de convention et des redites lassantes ; l'exposé plus ferme et grandiose de hautes vérités morales ; l'analyse plus profonde de phénomènes psychologiques presque méconnus jusqu'ici ; et même, enfin, une langue originale, enrichie des audaces lyriques de la Bible, assouplie par l'imitation plus ou moins consciente du grec, plus proche du parler du peuple, dans lequel se recrutait la grande foule des fidèles, et par là redevenue vivante et capable d'une nouvelle évolution.

Toutes les promesses ne furent pas tenues. Les thèmes de l'apologétique furent très vite catalogués ; et, d'abord exprimés avec éclat, par un Tertullien, ne cessèrent ensuite d'être ressassés, le plus souvent sans grand talent. Mais, surtout, les progrès mêmes du christianisme nuisirent à un renouvellement littéraire complet : sa diffusion dans la haute société, l'importance croissante du clergé, officieusement reconnu — hors les périodes, toujours courtes, de persécutions — et jouant un rôle semi-officiel (d'arbitrage, d'assistance publique), le rapprochement progressif de pensée, et surtout de sensibilité, entre païens éclairés et chrétiens instruits, coupèrent court très vite au rajeunissement de la langue et de l'expression ; le latin classique reprit son prestige et s'imposa, à peine modifié, aux écrivains chrétiens, à Arnobe, à Lactance déjà. Seules des individualités supérieures, soutenues par la puissance de leur intelligence ou la poésie de leur imagination, purent ensuite en créer des œuvres originales. Mais c'est à peine si s'était élargie dans le peuple la diffusion de la littérature.

Conclusion. — Rien ne révèle mieux l'efficacité de l'éducation rhétorique uniforme qui se donnait depuis si longtemps dans toutes les écoles du monde romain. Dans ces deux siècles, le plus grand nombre, et de beaucoup, des auteurs marquants sont africains ; mais nous ne pouvons nullement d'après eux déterminer un ensemble de traits communs qui définiraient de façon certaine une « école littéraire africaine » ou « une langue latine africaine » :

le maniérisme d'Apulée, le réalisme ardent de Tertullien, l'académisme fleuri de saint Cyprien, même les traits de goût oriental qui se rencontrent chez eux à des degrés divers, ne sont pas des provincialismes, mais trouvent leur origine dans toute la littérature latine depuis Auguste. Si forte était l'empreinte commune de l'École que même les tempéraments les plus vigoureux ne pouvaient s'en déprendre absolument ; mais aussi que, devant la décadence de l'Italie, les provinces de langue latine se trouvaient dès lors en état de la suppléer et de continuer son œuvre intellectuelle sans apparence de rupture.

1. L'histoire

Du vivant de Tacite, la « grande histoire », narrative et philosophique, est déjà condamnée : lui-même n'avait pu s'empêcher, en retraçant les règnes successifs, de sacrifier à certains procédés de la biographie. C'est dans la voie de la biographie que, franchement, C. Suétonius Tranquillus engage la recherche historique, suivant en cela l'exemple déjà lointain de Cornélius Nepos et celui, contemporain, du Grec Plutarque, mais en les enrichissant des soucis d'une érudition précise qui tiennent à son temps.

SUÉTONE
Vers 75 - vers 160

Protégé de Pline le Jeune, secrétaire de l'empereur Hadrien, puis disgracié, Suétone fut un fureteur de bibliothèques et d'archives, qui nota ses « découvertes » de toute espèce, en latin ou en grec, en des traités dont la plus grande part est perdue. Si nous les avions, il ne nous apparaîtrait pas comme un historien, mais comme un « encyclopédiste érudit », d'esprit moins large que Varron, d'intentions moins suivies que Pline l'Ancien, avec une minutie et une certaine instabilité de goûts assez caractéristiques de son temps.

Nous ne savons ce que contenaient ses *Prata (les Prés)*. Il s'était occupé d'histoire naturelle, de questions de langue ; beaucoup d'archéologie, romaine et grecque (des jeux en particulier) ; mais il s'adonna à coup sûr avec prédilection au genre biographique : de ses *Hommes illustres (De uiris illustribus)*, où il se limitait sans doute aux écrivains latins, il nous reste ses *Vies* de Térence et d'Horace et le développement sur les grammairiens et les rhéteurs ; nous possédons en entier ses *Vies des Douze Césars* en huit livres (César, Auguste et les empereurs suivants jusqu'à Domitien compris), publiées vers 120 et qui permettent de bien l'apprécier.

Le genre : sa valeur historique. — Ces biographies impériales ne peuvent remplacer une histoire : les faits généraux n'y gardent pas leur importance relative ; la chronologie en est souvent incertaine. Chaque empereur intéresse d'ailleurs Suétone autant et plus comme homme que comme chef d'État. Mais elles révèlent de grandes qualités d'historien : recherche du détail précis et particulier, abondance et sûreté de l'information, esprit critique, froide impartialité. Suétone nous paraît même très « moderne », parce qu'il explique les hommes par l'hérédité, fait agir l'un sur l'autre le physique et le moral et, à la différence des historiens précédents, cite des pièces d'archives dans leur texte original : c'est une des conquêtes essentielles de cet âge d'érudition.

Caractères littéraires. — La composition, très monotone, laisse fort à désirer : traitant successivement de la famille, naissance, adolescence ; puis de l'activité publique ; puis de la vie privée et de l'extérieur de ses personnages, de leur mort enfin, Suétone ne donne même pas l'impression nette d'un développement psychologique régulier. Mais l'accumulation des détails précis, la constante juxtaposition des traits physiques et moraux, la limpidité d'une langue impersonnelle et sans apprêt, mais de riche vocabulaire, donnent à ses meilleures pages l'attrait de la vie. Il a peut-être même eu conscience que, sans les éclairs d'indignation ou la rhétorique de Tacite, il pouvait atteindre (comme un romancier « impassible », du genre de Flaubert ou de Maupassant) à des effets de poésie ou d'horreur aussi puissants.

Caligula

[Portrait physique, laissant transparaître le moral (comme les meilleurs bustes, réalistes, de l'art romain), d'un fou à la fois repoussant et pitoyable. — Nulle intervention de l'auteur, mais comme le pressentiment de la sinistre poésie de l'anormal.]

Caligula avait la taille élevée, le teint blême, le corps sans proportion, le cou et les jambes extrêmement grêles, les yeux enfoncés et les tempes creuses, le front large et tourmenté, les cheveux rares et manquant tout à fait au sommet de la tête, le reste du corps velu. Aussi, quand il passait, était-ce un crime capital de le regarder de haut ou de prononcer, pour quelque raison que ce fût, le mot « chèvre ». Son visage était naturellement affreux et repoussant ; mais il s'appliquait encore à le rendre plus sauvage, en lui donnant, avec l'aide de son miroir, tous les traits capables d'inspirer la terreur et l'effroi. Il n'eut la santé ni du corps ni de l'esprit. Sujet à l'épilepsie dans son enfance, l'adolescence le fortifia, mais petitement : car, parfois, une soudaine défaillance l'empêchait presque de marcher, de se maintenir debout ; il avait peine alors à se reprendre et à se relever. Quant à sa faiblesse mentale, il en avait conscience ; et, à plusieurs reprises, il songea à se retirer pour la soigner. On croit que sa femme Caesonia lui avait fait prendre un philtre d'amour, qui le rendit fou. Il était surtout en proie à l'insomnie ; il ne dormait pas plus de trois heures par nuit, et encore d'un sommeil agité, qu'épouvantaient des visions étranges : une fois, il crut converser avec le fantôme de la mer. Aussi, pendant une grande partie de la nuit, las de veiller étendu, tantôt il s'asseyait sur son lit, tantôt, errant le long d'immenses portiques, il ne cessait d'appeler et d'attendre la lumière du jour.

Vita Gai, 50.

Mort de Néron

[Les provinces se sont révoltées ; Néron est abandonné de tous, même de ses gardes, qui ont pillé sa chambre (9 juin 68). — Netteté des détails qui, s'enchaînant sans lacune, ne laissent place ni à l'imagination ni au doute : d'où illusion du réel. — Problème : d'où Suétone tient-il un récit tellement circonstancié ? ou en a-t-il combiné plusieurs ? — Maîtrise littéraire secrète : Néron reste au premier plan, alors que presque toutes les actions sont dues aux comparses.]

Phaon, son affranchi, lui proposait comme retraite sa maison de banlieue, à environ quatre milles[1] de Rome entre la voie Salaria et la voie Nomentane. Néron, comme il était, pieds nus et en tunique, ne fit qu'endosser un capuchon de couleur passée et, la tête couverte, un mouchoir devant le visage, monta à cheval, accompagné de quatre personnes seulement, dont Sporus. Tout aussitôt la terre trembla et un éclair jaillit devant ses yeux. Déjà épouvanté, il entendit, en dépassant le camp[2], les cris des soldats qui formaient des vœux contre lui et pour Galba ; puis quelqu'un qui les croisa en disant : « En voilà qui poursuivent Néron », et un autre qui leur demandait : « Y a-t-il du nouveau à Rome pour Néron ? » L'odeur d'un cadavre abandonné sur la route fit même broncher son cheval, son visage se découvrit, et il fut reconnu par un prétorien libéré, qui le salua. Arrivés à un chemin de traverse, ils laissèrent les chevaux ; au milieu de fourrés broussailleux, une plantation de roseaux lui permit, par une sente difficile, où il fallait même [pour ne pas enfoncer] étendre des vêtements sous les pieds, d'atteindre le mur de derrière de la maison. Là, Phaon l'invitait à se cacher quelque temps dans une carrière de sable abandonnée ; mais il déclara qu' « il ne s'enterrerait pas tout vif[3] ». En attendant qu'on lui ménageât dans la maison une entrée subreptice, il prit, pour boire, au creux de sa main de l'eau d'une mare, et : « Voilà donc, dit-il, les rafraîchissements[4] de Néron ! » Ensuite, en déchirant son capuchon aux ronces, il se fraya passage à travers les buissons et, à quatre pattes, par un passage étroit qu'on lui avait creusé, gagna la cellule d'esclave la plus proche, où il se coucha sur un lit garni d'une méchante paillasse, avec un vieux manteau en guise de couverture. La faim, et la soif encore le tourmentaient ; on lui présenta du pain grossier, qu'il refusa ; mais il but pas mal d'eau tiédie.

Alors, comme, de part et d'autre, chacun le pressait de se dérober sans tarder aux outrages qui le menaçaient, il ordonna de creuser sous ses yeux une fosse à la mesure de son corps, de la garnir des morceaux de marbre qu'on pourrait trouver, d'apporter l'eau et le bois qui seraient tout à l'heure nécessaires aux soins funéraires ; à chacun de ces préparatifs il pleurait et ne cessait de répéter : « Ah ! quelle perte pour l'art[5] ! » Parmi tous ces retards, un coureur apporta à Phaon un billet, que Néron lui arracha ; il y lut que le Sénat l'avait déclaré ennemi public et qu'on le cherchait pour le punir suivant la coutume des ancêtres. Il demanda quel était ce genre de châtiment ; et, quand on lui eut dit qu'on dépouillait le condamné, qu'on lui prenait le cou dans une fourche et qu'on le battait de verges jusqu'à la mort, au comble de l'effroi, il saisit deux poignards qu'il avait emportés, en essaya la pointe ; puis les remit au fourreau, prétextant « que l'heure du destin n'était pas encore venue[6] ». Et puis, tantôt il invitait Sporus à commencer les lamentations et les plaintes funéraires, tantôt il suppliait que quelqu'un l'aidât par son exemple à se donner la mort ; parfois il incriminait sa propre lâcheté en ces termes : « Quelle honte, quelle ignominie ! — C'est indigne de Néron, oui, indigne[7]. — Il faut du sang-froid en de pareils moments. — Allons, réveillons-nous[7]. » Et déjà approchaient les cavaliers auxquels on avait prescrit de le ramener vivant. Quand il les entendit, il prononça d'une voix troublée : « Le galop des chevaux aux pieds rapides frappe mes oreilles[8] », et s'enfonça le fer dans la gorge avec l'aide d'Épaphrodite, secrétaire aux requêtes. Il respirait encore quand entra brusquement le centurion[9] ; et comme celui-ci, feignant d'être venu à son secours, pressait son manteau sur la blessure, il lui dit seulement : « Trop tard ! » et : « Voilà bien la fidélité[10] ! » Et il expira sur ce mot, les yeux si exorbités et d'une fixité si terrible qu'ils inspiraient l'horreur et l'épouvante.

Vita Neronis, 48-49.

---

1. Environ 6 kilomètres.
2. Celui des prétoriens révoltés : Néron était forcé de passer non loin de lui pour gagner la villa de Phaon.
3. Néron craint de paraître mort : ce qui, pour une âme superstitieuse, est censé produire la mort réelle.
4. De l'eau bouillie, puis rafraîchie dans la neige : boisson imaginée par Néron lui-même.
5. La manie de Néron, qui se croyait doué pour tous les arts, semble avoir pris dans les dernières semaines de sa vie l'allure d'une véritable folie.
6. Lâcheté ou superstition astrologique ?
7. En grec.
8. En grec : vers de l'*Iliade* (X, 535).
9. L'officier chargé de s'assurer de sa personne.
10. Mot dont on ne peut saisir la valeur exacte (crédulité ou ironie ?), qui n'en paraît que plus authentique et troublant.

LES ABRÉVIATEURS

Le goût pour le détail érudit et les commérages d'actualité était contre-balancé par celui de la grande histoire du passé, mais pourvu qu'elle s'offrît sous forme d'abrégés propres à épargner le temps et la fatigue d'un public frivole.

Florus. — Sans doute contemporain de Suétone, et peut-être africain, P. Annaeus Florus résuma bizarrement Tite-Live en deux livres, l'un sur les guerres étrangères, l'autre sur les guerres civiles. Omissions et erreurs n'y sont pas rares. Le souci de l'auteur est surtout littéraire : il recherche un style à effets, plein d'exagérations, d'expressions poétiques, d'exclamations inutiles. Mais dans le choix des traits et dans leur vigueur, émotive ou pittoresque, se reconnaît un tempérament d'écrivain, sans naturel, non sans talent.

La guerre de Spartacus

Tolérez[1] cependant le déshonneur des soulèvements d'esclaves : bien que la Fortune fasse d'eux ses jouets, c'est, après tout, une sorte d'hommes du second rang, que nous pouvons appeler aux biens de notre liberté[2]. Mais la guerre que suscita et mena Spartacus, de quel nom l'appeler ? Des esclaves soldats sous des généraux gladiateurs, les plus vils commandés par les pires, ce fut la dérision[3] jointe à la calamité.

Spartacus, Crixus, Œnomaus brisèrent les portes de l'école de gladiateurs tenue par Lentulus, et avec trente (pas davantage !) compagnons de fortune, s'échappèrent de Capoue. Ayant appelé les esclaves à leur étendard, au *pilleus*[4], ils eurent aussitôt autour d'eux plus de dix mille hommes ; de s'être échappés ne leur suffit plus : ils voulaient maintenant se venger. Ils prirent pour ainsi dire comme premier autel le Vésuve. Et, comme Clodius Glaber les y tenait bloqués, se laissant glisser par des cordes de sarments dans le cratère de la montagne, ils en atteignirent le pied[5] ; et, par un passage impraticable, surprenant soudain le chef [romain] qui ne s'attendait à rien de tel, ils lui enlevèrent son camp. Alors ils changent de site : ils gagnent Cora, parcourent de proche en proche toute la Campanie ; et, non contents du pillage des fermes et des bourgs, ils ravagent effroyablement Nola et Nucéria, Thurium et Métaponte. L'afflux quotidien de nouvelles troupes fait enfin d'eux une véritable armée : d'osier et de cuirs bruts ils se confectionnent des boucliers informes ; ils reforgent leurs fers en épées et en lances ; et, pour qu'aucun éclat ne manque à leur armée, domptant les hardes qu'ils rencontrent, ils se font une cavalerie ; et ils apportèrent à leur chef insignes et faisceaux enlevés aux préteurs. Il ne les refusa pas, ce mercenaire thrace admis dans notre armée, de soldat devenu déserteur, brigand, et promu gladiateur à cause de sa force ! Il alla même jusqu'à célébrer pour ses lieutenants morts à la bataille des funérailles d'*impérator*[6], ordonnant à des captifs de combattre entre eux auprès du bûcher, comme s'il lavait tout le déshonneur de son passé en devenant, de gladiateur, donneur de jeux[7] !

Il s'en prenait déjà même à des consulaires : dans l'Apennin, il tailla en pièces l'armée de Lentulus ; près de Mutina, il détruisit le camp de C. Cassius. Enorgueilli de ces victoires, il songea (cela suffit à notre honte !) à attaquer la ville de Rome. Enfin on dresse toutes les forces de notre empire contre ce mirmillon[8], et Licinius Crassus

1. Florus vient de parler des révoltes d'esclaves en Sicile : mais la révolte de Spartacus, en Italie, fut beaucoup plus grave (73-71 avant J.-C.).
2. On saisit l'adoucissement des mœurs à l'égard des esclaves.
3. Dérision de l'armée, une des formes les plus respectées de la puissance romaine.
4. Bonnet en toison de mouton, dont les nouveaux affranchis se coiffaient.
5. Spartacus s'était établi dans le cratère (éteint) du Vésuve ; Florus laisse croire qu'il s'est enfoncé, par la cheminée (rouverte seulement par l'éruption de 79 après J.-C.), jusque dans les entrailles du volcan !
6. Nom du général en chef victorieux.
7. De gladiateurs. Les combats de gladiateurs sont un ancien rite funéraire, en Campanie spécialement.
8. Nom d'une sorte de gladiateurs (revêtus d'une armure complète).

revendiqua l'honneur romain : battus et mis en fuite, ces..., j'ai honte de les appeler ennemis, se réfugièrent à l'extrémité de l'Italie. Là, enfermés dans un coin du Bruttium et cherchant, sans avoir de bateaux, à s'enfuir en Sicile, ils tentèrent en vain le violent courant du détroit sur des radeaux de fascines et des assemblages de jarres[1] ; enfin, dans une sortie, ils coururent à une mort digne d'hommes de cœur ; et, comme il était convenable avec un général gladiateur, la lutte fut sans merci[2]. Spartacus lui-même, combattant avec beaucoup de bravoure au premier rang, fut tué comme un *impérator*.

II, 8 [III, 20].

Justin. — C'est aussi de l'époque des Antonins (mais parfois, au contraire, du IIIe siècle) qu'on date Justin, qui résuma les *Histoires Philippiques* du Gaulois Trogue-Pompée (voir plus haut, p. 292) en une *Histoire Universelle* sans proportions : ayant traité rapidement (l. I-VI) de l'Orient et de la Grèce, Justin insiste sur la dynastie macédonienne : Philippe, Alexandre et ses successeurs (l. VII-XVII) ; puis sur les guerres conduites par les Romains, depuis Pyrrhus jusqu'à Mithridate (l. XVIII-XXXVIII) ; des livres sur la Syrie et les Parthes (l. XXXIX-XLII), sur les origines de Rome et sur Marseille (l. XLIII), sur l'Espagne et l'histoire de Carthage (l. XLIV) s'y rattachent tant bien que mal.

Justin semble avoir suivi assez exactement son modèle, mais en éliminant tout ce qui n'avait pas un intérêt dramatique ou moral. Il a fait ainsi un « bouquet », qui prouve surtout son absence de sens historique et qui ne révèle pas de véritables qualités littéraires : quelques descriptions géographiques, certaines données ethniques, çà et là une scène assez bien soutenue par des procédés rhétoriques convenus n'échappent pas à la médiocrité.

L'HISTOIRE AUGUSTE

Quant à l'histoire « originale », elle ne peut plus dépasser le niveau de la biographie. Marius Maximus, dont nous n'avons rien, s'y était fait un nom. Des sous-Suétones, Aelius Spartianus, Julius Capitolinus, Vulcacius Gallicanus et Trébellius Pollion sous Dioclétien, Aelius Lampridius et Flavius Vopiscus au début du IVe siècle avaient rédigé les « vies » des empereurs de 117 à 284, chacune formant un tout ; on en fit, sous Julien ou plutôt sous Théodose (mort en 395), peut-être même plus tard, un recueil factice, mais sans lacunes, appelé *Histoire Impériale (Historia Augusta)*.

On ne peut demander à cet assemblage ni unité littéraire ni intelligence historique. Une foule de détails curieux ou érudits, tous mis sur le même plan, sollicitent la curiosité du lecteur : c'est tout. Bien entendu, ce tissu d'anecdotes et de documents sans personnalité nette s'est offert à l'intrusion de phrases tendancieuses et de pièces fausses ou sophistiquées, soit avant la réunion des différentes biographies, soit par les soins de celui qui en fit un

1. Les grandes jarres en terre cuite, qui servaient de tonneaux, pouvaient flotter si on les fermait hermétiquement.
2. *Sine missione :* les combats de gladiateurs les plus appréciés étaient ceux où le vaincu était, sans grâce possible, mis à mort.

tout. De sorte que l'*Histoire Auguste* ne peut être utilisée qu'avec maintes précautions par les historiens modernes, qui ne savent pas même de façon sûre au bénéfice de quel empereur ou de quelle dynastie le recueil a été composé sous sa forme actuelle.

2. L'éloquence et la prose d'art

Le cicéronianisme de Pline le Jeune fut aussi vite périmé que la grave ampleur de Tacite. Pourtant l'éloquence apparaissait toujours comme le plus haut idéal. Mais le goût pour les archaïques et les archaïsants (Caton l'Ancien, les Gracques, Salluste) triomphait en littérature comme en art ; il s'y combinait une volonté de précision absolue et, en même temps, de nouveauté personnelle dans le vocabulaire, qui devait facilement porter à la préciosité ; et aussi l'influence des conférenciers ou « nouveaux sophistes » grecs, entre autres Dion Chrysostome, son élève Favorinus d'Arles, puis Aelius Aristide (129-189) de Bithynie, à la fois fleuris et subtils. L'éloquence du barreau en fut définitivement gâtée ; l'éloquence politique, de plus en plus amoindrie au Sénat, serait réservée à l'empereur, qui ne s'en soucie pas ; seul le christianisme donnera vie, non sans honneur, à cette nouvelle rhétorique. Mais il en naquit aussi une prose d'art, à la fois compliquée et expressive, dont Apulée fait le plus brillant usage.

FRONTON
Consul en 143

M. Cornélius Fronto, un Africain de Cirta (Constantine), qui fut le maître dévoué et bien-aimé de l'empereur Marc-Aurèle, eut, en ce sens, autant et plus d'importance que n'en avait eu Quintilien.

Cicéron jugé par Fronton

Tu te demandes sans doute depuis longtemps quelle place je réserve [dans ce choix][1] à Cicéron, qui a renom d'être la tête et la source de l'éloquence romaine. Eh bien, je trouve qu'en toute occasion sa langue est des plus belles et qu'il dépasse tous les autres orateurs lorsqu'il s'agit d'orner somptueusement quelque partie de son sujet dont il veut faire montre. Mais il me semble avoir apporté beaucoup trop peu de scrupules à la recherche des mots, soit par hauteur d'âme, soit par paresse, soit par confiance que, même sans recherche, il aurait à sa disposition un vocabulaire qu'à peine les autres peuvent se procurer à force de recherches. Aussi puis-je, je crois, affirmer, ayant lu avec le plus grand soin tous ses écrits, que sa richesse et son abondance sont magnifiques dans l'emploi des mots au propre et au figuré, sous forme simple ou composée, dans ceux aussi, tels qu'il en brille partout en ses écrits, d'effet noble ou même, souvent, gracieux ; mais

1. Fronton vient de citer avec éloge Caton, Salluste, Plaute, Ennius, Naevius, Lucrèce, Accius, Caecilius, Labérius.

qu'aussi, dans tous ses discours, bien restreint est le nombre des mots inattendus et surprenants qui ne se peuvent quêter qu'à force de travail et de soin et de veilles et en sachant par cœur les anciens poètes. J'appelle inattendu et surprenant un mot qui trompe l'attente ou le sentiment propre de l'auditeur ou du lecteur, si bien que, si on le supprime en priant le lecteur de le retrouver, il n'en trouve aucun ou bien propose un mot d'une moindre justesse. Je te félicite donc bien vivement de t'appliquer avec diligence à sonder très profond pour trouver le mot juste et expressif. Mais, comme je l'ai dit au début, il s'y rencontre un grave danger : c'est de le mettre en œuvre, comme font les demi-lettrés, hors de sa place, en en éteignant l'éclat ou la grâce ; car il vaut beaucoup mieux user des mots communs et vulgaires que de mots rares et recherchés, si l'on n'y gagne guère en justesse expressive.

Lettres à Marc-Aurèle, IV, 3, 3.

Sa grande faiblesse est d'attacher beaucoup plus d'importance aux mots qu'aux choses et de tuer la spontanéité. Il ne manquait pourtant pas foncièrement de goût : son admiration pour la *Correspondance* de Cicéron en témoigne. La langue de ses lettres est même pure et relativement simple. Mais il s'amuse à des jeux puérils : éloges de la Fumée, de la Poussière, de la Négligence ; conte mythologique fort plat sur la création du Sommeil. Ses effusions d'amour à l'égard de son impérial élève sont touchantes, mais souvent mièvres.

A la recherche d'une comparaison

Pour la comparaison que tu me dis chercher, en me prenant comme compagnon de recherche et comme adjudant[1], te déplaira-t-il que je la cherche dans la transposition de votre tendresse réciproque, de ton père[2] et de toi ? Comme une île, dans la mer Ionienne, ou Tyrrhénienne, ou, plutôt, Adriatique[3], ou en une autre mer dont tu ajouteras le nom ; donc, comme cette île est seule à subir et à repousser les vagues de la mer et toutes les violences des flottes, des pirates, des monstres, des tempêtes, mais, contenant, au milieu d'un lac, une autre île, la met à couvert de tout péril, de tout embarras, en lui faisant part pourtant de toutes ses jouissances et de tous ses plaisirs (car cette île intérieure, en son lac, a aussi la caresse des flots, elle reçoit aussi les souffles bienfaisants, elle est aussi habitée, elle a aussi la vue de la mer) : de même ton père prend seul, à ta place, la charge constante des ennuis et des embarras de l'Empire, et, à l'abri dans la tranquillité de son cœur aimant, te laissant ta part de sa glorieuse dignité et de tous les biens, il t'abrite. De cette comparaison, donc, tu peux user de bien des façons quand tu rendras grâces à ton père : car il s'agit d'un discours où il faut montrer beaucoup de richesse et d'abondance.

Lettres à Marc-Aurèle, III, 8, 1.

Deux bébés impériaux

[Charme familier doublé d'afféterie.]

A mon Seigneur Antonin[4] Auguste.

J'ai vu tes mignons poussins[5], ce qui pouvait me faire le plus de plaisir au monde : ils te ressemblent tellement qu'il n'y a pas à chercher semblable plus semblable. J'ai bravement pris le plus court pour arriver à Lorium[6], le plus court par chemins glissants, le plus court par côtes abruptes : mais aussi t'ai-je vu non seulement face à face, mais

1. Métaphore militaire.
2. L'empereur Antonin, qui avait adopté Marc-Aurèle et Lucius Vérus.
3. La mer Adriatique avait renom d'être la plus mauvaise des mers italiennes.
4. Marc-Aurèle, qui, devenu empereur, a pris le nom de son père adoptif.
5. Le futur empereur Commode et son frère jumeau, Antoninus Géminus, nés le 31 août 161 (la lettre doit dater de 163 ; Antoninus Géminus mourra en 165).
6. Villa impériale, à 17 kilomètres de Rome.

à plusieurs exemplaires, et à droite et à gauche, comme je me tournais. Ils sont, grâce aux dieux, de bon teint, de voix forte. L'un tenait un morceau de pain bien blanc, comme il convient à un enfant royal, l'autre avait de la bouillie d'orge non mondée, tout à fait en fils de philosophe. Je prie les dieux qu'ils sauvent le semeur, qu'ils sauvent les semailles, qu'ils sauvent la terre si heureusement féconde. Et j'ai entendu aussi leurs petites voix, si douces, si charmantes, qui me faisaient, je ne sais comment, dans le pépiement de chacun reconnaître la beauté et la limpidité de ta parole. Et maintenant (prends-y bien garde !) je vais me montrer beaucoup plus glorieux : car je puis, à ta place, les aimer non seulement des yeux, mais des oreilles.

Lettres à Marc-Aurèle empereur, I, 3.

De son éloquence, très admirée en son temps, nous ne prenons pas une fort haute idée à lire certains développements en forme de panégyrique (de L. Vérus en particulier), où une flatterie qui cherche à garder la mesure s'exprime laborieusement par des procédés convenus ou des démarquages trop voyants (de Salluste surtout). On s'explique que Marc-Aurèle, empereur, ait renoncé à ces vains exercices : mais Fronton souffrit de voir son élève sacrifier la rhétorique à la philosophie.

APULÉE
Vers 125 - après 170

D'une famille riche de Madaura, en Numidie (département de Constantine), Apuléius avait cherché à Athènes un enseignement philosophique supérieur ; de là il vint à Rome, puis retourna en Afrique : Carthage devint sa résidence habituelle et le centre de sa renommée, qui fut considérable.

L'homme. — C'était un être singulier, très représentatif de son temps, mais qui le dépasse pourtant. Grand voyageur et très averti, les yeux ouverts à tous les spectacles, œuvres d'art du passé ou mœurs du présent, friand de détails pittoresques et d'anecdotes de toute espèce, il est aussi curieux de sciences, surtout naturelles, anxieux des énigmes du monde jusqu'à s'intéresser, de bien près sans doute, à la magie, qui dans toutes les classes sociales faisait depuis un siècle d'inquiétants progrès. Philosophe, très fier de se dire « platonicien », sans pour cela négliger Aristote, il cherche surtout dans l'enseignement du maître la satisfaction d'appétits mystiques, préludant ainsi à la brillante spéculation néo-platonicienne du siècle suivant ; il s'était fait initier à tous les mystères religieux gréco-orientaux, y cherchant un apaisement physique et moral, tel que celui qu'offrait sous une forme plus pure le christianisme. Comme écrivain, il présente la même diversité : il se piquait de cultiver également les neuf Muses ; vers ou prose, grec ou latin, tout lui était bon ; conteur exquis à nos yeux, il était, avant tout, pour ses contemporains, le conférencier-protée qui enchante par sa beauté, par l'élégance de sa mise, l'harmonie délicieuse de sa parole, surtout l'inépuisable variété de ses talents. Tel quel, le moins vulgaire des hommes.

Ses œuvres philosophiques et oratoires. — Apulée avait beaucoup écrit. Ses traités techniques, perdus (sur les arbres, la médecine, l'astronomie, les proverbes...), devaient être de simples compilations ou des résumés, comme les opuscules philosophiques où il condense l'enseignement platonicien *(De Platone et eius dogmate)*, insiste sur la théorie des démons intermédiaires entre l'homme et la divinité *(De deo Socratis)*, ou s'inspire de la théorie péripatéticienne de l'univers *(De mundo)*.

De ses œuvres oratoires, il nous reste une mince « anthologie » *(Florides)* de passages brillants, où toutes les fioritures du style sont appelées à mettre en valeur une idée ou une description ou une anecdote ingénieuse : nous y pouvons apprécier le plaisir, très délicat, mais très artificiel et futile, que le public du théâtre de Carthage attendait de ses conférenciers. Et surtout le plaidoyer qu'Apulée, accusé d'avoir par magie obtenu la main d'une riche veuve, à Œa, en Tripolitaine (en 158 ?), écrivit pour se défendre, en se réclamant du nom de « philosophe » (*Apologie* ou *De magia*) : rédigé après coup, il se présente comme une longue conférence, amusante, brillante, pleine de hors-d'œuvre, moins propre à convaincre qu'à séduire.

Les « Métamorphoses ». — Son chef-d'œuvre est un roman en onze livres, *Les Métamorphoses* ou *L'Ane d'or*.

Le jeune Lucius (c'est lui-même qui narre ses aventures), voyageant en Grèce et obsédé par des contes de magie et de brigandages, apprend que son hôtesse est sorcière, veut se transformer en oiseau, se trompe de pommade et devient un âne (l. I-III). Il va faire dès lors, à travers les incidents les plus divers, l'apprentissage de la vie misérable réservée aux animaux, tout en gardant son esprit critique et en pouvant juger de la vie des hommes sous un nouvel angle. Dans une caverne de brigands il entend une vieille conter l'histoire de Psychè (l'Âme), aimée par l'Amour, le perdant par son imprudence, puis le regagnant à travers les épreuves (l. IV-VI). Au service successivement de prêtres de la Déesse syrienne, d'un meunier, d'un jardinier, d'un soldat, d'un pâtissier et d'un cuisinier, il se sauve, plein de dégoût et de désespoir (l. VII-X). Mais la déesse Isis, en sa bonté, lui rend enfin sa forme humaine : purifié de corps et d'âme, Lucius s'initie au culte d'Isis et d'Osiris, son époux divin, et se voue à leur service (l. XI).

Il y a une grande différence entre le dernier livre, d'une ferveur religieuse très personnelle et très saisissante, et les dix premiers, qui, dans une trame d'ailleurs bien suivie, accumulent anecdotes, descriptions, fableaux, pour le seul plaisir, semble-t-il, de l'imagination, à la façon des « fables milésiennes ». De cette partie romanesque nous avons d'ailleurs une rédaction grecque, mais beaucoup plus sèche. Apulée, au contraire, est d'une abondance sans surcharge de conteur-né ; il offre à tout instant des modèles du réalisme le plus sain et le plus prenant ; sa langue descriptive est d'une virtuosité incroyable : artificielle et cherchée, elle est pourtant, à l'ordinaire, singulièrement expressive. Comparée à celle de Pétrone, elle révèle l'effort de tout un siècle vers la « prose d'art », délices des raffinés.

L'inspecteur des marchés

[Scène de mime : la vivacité naturelle de la narration donne plus de délicatesse à l'ironie bouffonne de la conclusion.]

Mes affaires rangées, je sortis pour aller aux bains, mais voulus d'abord passer au marché afin de pourvoir à mon dîner. J'y trouve abondance de beau poisson ; je demande le prix ; et ce qu'on m'avait fait cent deniers, je l'obtiens enfin pour vingt. Je m'en allais sans penser à mal lorsque me rattrape Pythéas, mon camarade d'Athènes, qui, me reconnaissant après si longtemps, se jette à mon cou, et avec d'affables baisers : « Mon cher Lucius, dit-il, pardieu, il y a une éternité que je ne t'ai vu. Depuis, par Hercule ! que nous avons quitté l'école, chacun de notre côté. Mais qu'est-ce qui t'amène ici ? — Tu le sauras demain, dis-je. Mais... que je te félicite ! Huissiers, faisceaux et tout l'appareil enfin d'un magistrat ? — Je suis édile[1], me dit-il, et j'ai la charge des marchés. Si tu as des achats à faire, il m'est facile de te rendre service. » Je le remerciai : j'avais, avec mes poissons, assez pourvu à mon dîner. Mais Pythéas, apercevant mon panier, et l'ayant secoué pour mieux voir les poissons : « Quel fretin ! Combien l'as-tu payé ? — J'ai eu, dis-je, tous les maux du monde à l'avoir pour vingt deniers. » A ces mots, il me saisit la main, m'entraîne et me fait rentrer dans le marché : « Qui donc ici, dit-il, t'a vendu cette drogue ? » Je lui désigne un petit vieillard assis dans un coin. Aussitôt, l'interpelant avec toute l'aigreur à laquelle l'édilité lui donnait droit : « Alors il ne vous suffit plus d'écorcher les étrangers, vous en avez même à nos amis ? Qu'est-ce qui vous prend de vendre à si haut prix pareil fretin et de réduire, par la cherté des vivres, cette ville, fleur de la Thessalie, à la solitude d'un écueil inhabitable ? Mais vous en serez punis. Oui, sur-le-champ tu vas voir quel châtiment réserve aux méchants ma magistrature. » Et, renversant mon panier au milieu de la place, il ordonne à son appariteur de fouler aux pieds les poissons et de les écraser jusqu'au dernier. Puis, satisfait de sa sévérité, mon Pythéas m'engagea à me retirer : « Il me suffit, Lucius, dit-il, d'avoir infligé un pareil affront à ce petit vieillard ». Consterné, et presque stupide, d'avoir, par l'énergie de mon sage camarade, perdu à la fois mon argent et mon dîner, je reprends le chemin des bains...

Métamorphoses, I, 24-25.

Prêtres mendiants de la déesse syrienne

[Satire d'un culte orgiaque que n'approuve pas le mysticisme contemplatif d'Apulée (voir p. 427) : pittoresque criard, procédés hors nature, charlatanisme et mendicité. — Maîtrise des procédés descriptifs : couleur et mouvement (cf. les « derviches tourneurs », qui cherchent l'extase aussi par ce moyen). — Piquant assaisonnement des réflexions prêtées à l'âne, le seul qui ne soit pas dupe de cette honteuse parodie de la religion.]

Le lendemain, revêtant des surtouts de couleurs diverses, et déguisés, chacun à sa mode, de façon ignoble, la face enduite d'un fard boueux et les paupières peintes, ils sortent : ils avaient turbans, robes safran, voiles de mousseline ou de soie, quelques-uns des tuniques blanches zébrées en tous sens de flammèches de pourpre ; ils portaient des ceintures et ils étaient chaussés de jaune. Ils revêtent la déesse d'un mantelet de soie et me la donnent à porter ; et, les manches retroussées jusqu'aux épaules, tenant d'énormes glaives ou des haches, ils bondissent hors du logis en criant « Évohé », au son de la flûte qui rythme leur danse frénétique. De cabane à cabane, ils arrivent enfin à un riche domaine. Alors, dès le seuil, éclatant tous en clameurs discordantes, ils s'égaillent comme des furieux ; la tête baissée, ils impriment à leur cou des mouvements de torsion rapides et prolongés, font tournoyer comme une roue leur chevelure pendante, de temps en temps se mordent brusquement les bras, et enfin, de leur couteau à deux tranchants, chacun se les entaille. Cependant l'un d'entre eux s'emporte plus désordonnément : tirant du fond de sa poitrine des soupirs multipliés, comme si la divinité l'emplissait de son souffle, il feignait d'être atteint d'un égarement sans remède. Comme si la présence des dieux, au lieu de rendre les hommes meilleurs, devait les affaiblir et les rendre malades !... Il se met, bruyamment et d'un ton de prophète, à s'en prendre à lui-même, pur mensonge, à s'accuser d'une faute contre les saintes lois de la religion, et même à réclamer de ses propres mains le juste châtiment de son forfait. Alors, saisissant le fouet qui est comme l'insigne de ces efféminés, et dont les cordelettes de laine serrent dans leurs nœuds tant d'osselets qu'ils semblent se toucher l'un l'autre, il se châtie de mille coups, trouvant en son audace effrontée de quoi supporter la douleur. Les glaives entaillent, les fouets frappent : le sol se trempe de leur sang infâme.

1. Magistrat municipal.

Je commençais à m'inquiéter, en voyant tant de plaies et tant de sang, et à me demander si l'estomac de cette déesse exotique n'allait pas désirer du sang d'âne, comme celui de certains hommes réclame du lait d'ânesse. Mais las enfin, ou en ayant assez de se déchirer, ils mirent un terme à cette boucherie ; alors, tendant leurs robes, ils reçoivent pièces de bronze, et même d'argent, qu'on leur apporte à l'envi ; on leur donna encore une jarre de vin, du lait, des fromages, de la farine, du bon froment ; quelques-uns offrirent aussi de l'orge pour le porteur de la déesse. Eux raflaient tout avec avidité, et en bourraient des sacs préparés tout exprès pour ce genre de quête. Ils les chargent ensuite sur moi, de sorte que, pliant sous un double poids, je me trouvais être à la fois magasin et temple ambulants.

Métamorphoses, VIII, 27-28.

Au moulin

[Réalisme d'une rigueur impitoyable s'exprimant en une langue minutieusement compliquée.]

Un meunier d'un bourg voisin m'acquit ; et, m'ayant aussitôt largement chargé de blé qu'il venait aussi d'acheter, il me mène par un rude chemin, plein de pierres et de souches, jusqu'à son moulin. J'y trouvai quantité de chevaux et de mulets, qui, sans cesse marchant en rond, faisaient tourner des meules de grandeurs diverses ; et ce n'était pas seulement le jour, mais tout du long de la nuit, que ces machines, sans que s'arrêtât jamais leur rotation, moulaient le blé à la lumière des lampes.

De peur sans doute de me rebuter en me mettant aussitôt, tout novice, à cet esclavage, mon maître me traita d'abord, logis et provende, en ambassadeur : tout ce jour je chômai devant un râtelier abondamment fourni. Mais cette félicité de loisir et de bonne chère n'alla pas plus loin. Le lendemain, au petit jour, on me met à une meule qui me paraissait fort grande ; et aussitôt on me couvre la tête et on m'engage en une rigole circulaire où, tournant d'un pas mécanique en revenant toujours sur mes traces, je devais aller à l'aveuglette et sans me tromper. Je n'eus pas la sottise, comme une bête sans prévoyance, de me prêter de bonne grâce à cet apprentissage. Bien que, lorsque je vivais au milieu des hommes, j'eusse souvent vu tourner de ces machines, je restais sans bouger, en une immobilité stupide, feignant de n'y connaître absolument rien : je pensais que, me jugeant impropre et fort inutile à ce travail, on m'en imposerait un autre, de toute façon moins pénible, ou même qu'on me nourrirait à ne rien faire. Mais ma vaine habileté tourna à mon dam. Car, sans tarder, plusieurs hommes armés de bâtons m'environnèrent ; et, comme le bandeau que j'avais sur les yeux m'empêchait de me méfier, soudain, sur un signal et avec un grand cri, ils m'accablèrent d'une telle dégelée de coups et me firent si peur que, sans plus songer à mes projets, je me mis fort bien à peser de toute ma force sur mes liens de sparte et à courir vivement en rond. Ce soudain changement de conduite fit éclater de rire toute la bande.

Une grande partie du jour s'était écoulée et j'étais à bout, lorsqu'on me retira mon collier de sparte et les liens qui m'attachaient à la machine, pour me mettre à l'écurie. Mais là, bien qu'exténué j'eusse fort besoin de réparer mes forces et malgré ma fringale, je cédai à ma curiosité naturelle : laissant pour plus tard la mangeaille qu'on m'avait donnée en abondance, j'examinais avec stupeur et anxiété, non sans pourtant une sorte de plaisir[1], comment était organisé cet horrible moulin. O dieux bons ! quels pauvres hommes c'étaient, toute la peau tavelée de meurtrissures bleuâtres, le dos zébré de coups, mal couvert d'une guenille déchirée, certains avec un pagne seulement, les tuniques mêmes laissant voir les corps à travers leurs loques ; des lettres marquées au front[2], la tête à moitié rasée, des anneaux de fer aux pieds ; et puis une pâleur affreuse, les paupières rongées par la noire et brûlante fumée des fours, tous la vue affaiblie ; et tous d'un blanc sale sous la farine qui les couvrait de poussière comme des athlètes[3]. Mais que dire, et comment, des animaux, mes camarades ? Vieux mulets, rosses éreintées, qui, autour de la mangeoire, tête basse, rongeaient tous ensemble d'énormes bottes de

1. Singulier raffinement psychologique, où se trahit l'insatiable curiosité d'Apulée lui-même.
2. Voir p. 378, n. 4.
3. Pour mieux avoir prise l'un sur l'autre, les athlètes se roulaient dans la poussière.

paille : leur nuque était toute pustuleuse de plaies infectes ; leurs naseaux soufflaient maladivement, s'ouvraient sous les secousses d'une toux perpétuelle ; le frottement continu des cordes de sparte avait ulcéré leur poitrail ; les coups sans relâche assénés sur leurs côtes les avaient écorchées jusqu'à l'os ; à force de marcher en rond, la corne de leurs pieds s'était affaissée, élargie démesurément ; l'ordure accumulée, la maigreur et la gale rendaient tout leur corps rugueux.

Métamorphoses, IX, 10-13.

Apparition d'Isis

[Vision mystique, très objective et très intellectuelle à la fois, d'une divinité égyptienne à l'origine, mais ici syncrétique (c'est-à-dire réunissant les attributs de beaucoup d'autres divinités ; progrès vers la notion de « dieu unique »). — De cette représentation, Apulée ne trouvait les éléments que dispersés (dans statues, peintures, textes...) : il a su les combiner sans que la surcharge en paraisse invraisemblable. — Impression de plénitude enchanteresse et calme, qui prépare l'esprit aux paroles de la déesse. — Le style se tourmente extraordinairement pour arriver à l'expression à la fois la plus juste et la plus nouvelle (cf. p. 421 s.) du détail plastique ou pittoresque.]

La masse épaisse de ses cheveux souplement annelés s'épandait avec abandon, en molles ondes, sur son cou divin ; une couronne de fleurs variées, tressées de cent façons, pressait sa tête ; et, au milieu, au-dessus de son front poli, se détachait un orbe en forme de miroir, ou plutôt une lumière d'un blanc pur où se reconnaissait la Lune. Des serpents, la tête dressée, encadraient de leurs nœuds [son disque] que dominaient des épis de blé. Elle avait une robe en lin très fin, de couleur changeante, tantôt d'une vive et lumineuse blancheur, tantôt jaune comme la fleur du safran, tantôt rougeoyante comme la flamme[1] ; et, pour m'éblouir encore davantage, une longue mante d'un noir profond[2], dont le sombre éclat rayonnait : cette mante, en l'enveloppant, passait sur la hanche droite et remontait, en formant une sorte de nœud[3], vers l'épaule gauche sur laquelle un de ses pans était rejeté, tandis que par devant elle tombait en plis multipliés, toute bordée au bas de franges nouées qui flottaient avec grâce ; jusqu'à sa lisière brochée et sur toute son étendue, elle était semée d'étoiles scintillantes, au milieu desquelles la Lune en son plein resplendissait de feux vivants ; et toute la courbe enveloppante de cette mante merveilleuse s'accompagnait d'une guirlande continue où s'unissaient toutes espèces de fleurs et de fruits[4]. Elle portait aussi des objets bien divers[5] : de la main droite un sistre en bronze, dont la monture étroite, courbée en forme de baudrier, était traversée de quelques barrettes, qui, secouées par trois fois, rendaient un son clair ; de la gauche un vaisseau d'or, dont on voyait en partie l'anse en façon d'aspic[6], la tête dardée et le cou largement étalé. Ses pieds immortels étaient pris dans des chaussures tressées des palmes de victoire[7]. Telle en sa sublimité, exhalant les parfums de l'Arabie Heureuse, elle daigna m'adresser ces paroles divines : « Me voici, Lucius ; tes prières m'ont émue. Je suis la Nature-Mère, maîtresse des Éléments, première génératrice des siècles ; la plus grande des puissances divines, la reine des mers, la première des habitants du Ciel, la forme unique où se reflètent tous les dieux et toutes les déesses... »

Métamorphoses, XI, 3-5.

1. La robe égyptienne, en lin pur, est ici pourvue d'une luminosité céleste.
2. La mante figure la voûte nocturne semée d'astres « vivants » (dieux eux-mêmes).
3. Ce nœud rituel se retrouve sur les statues d'Isis qui nous sont parvenues.
4. Symbole gréco-romain d'universelle fécondité.
5. Purement égyptiens, et exigés par le rituel.
6. Serpent sacré d'Égypte (l'*uraeus*).
7. Combinaison de couleur locale égyptienne et de symbolisme gréco-romain.

3. L'érudition et la prose technique

LES GRAMMAIRIENS

L'érudition était favorisée par le goût archaïsant et, en contrepartie, lui fournissait des aliments. Mais elle ne parvenait pas à se spécialiser en diverses branches : les « grammairiens » suffisaient à tout. Et il est fort difficile de distinguer dans leurs écrits ce qui provient de recherches originales et ce qui n'est que reprise ou résumé (souvent, d'ailleurs, précieux pour nous) d'ouvrages antérieurs. L'*Art Poétique* d'Horace fut commenté, sous Hadrien, par Q. TÉRENTIUS SCAURUS, qui a laissé aussi une *Grammaire (Ars grammatica)* et un ouvrage sur l'orthographe *(De orthographia)* ; Horace tout entier, sous les Sévères, par ACRON et PORPHYRION. De la première moitié du IIIe siècle date le livre de CENSORINUS, sur l'astrologie *(De die natali)*, qui fournit des détails intéressants ; de la seconde, le *Recueil de Curiosités* de SOLIN, qui a beaucoup puisé dans Pline l'Ancien, et les *Artes grammaticae* (sur la métrique surtout) de PLOTIUS SACERDOS.

AULU-GELLE
Né vers 130

A. Gellius, un Romain de Rome, mais élève de l'Africain Sulpice Apollinaire, a donné une sorte de grâce désinvolte à ce genre de recherches. Notant dans le calme de la nuit, à la campagne près d'Athènes, tout ce qu'il trouvait au hasard de ses lectures, il en a fait vingt livres de *Nuits Attiques*. Tous les sujets, historiques, littéraires, scientifiques, lui sont bons ; l'aisance de son style, pur et sans apprêt, lui permet de passer de l'un à l'autre sans le moindre embarras ; et on se laisse prendre à sa bonne grâce.

Il est un peu frotté de philosophie, sans aimer les philosophes ; ceux auxquels il s'attache de préférence, ce sont les « nouveaux sophistes » grecs, Plutarque, Hérode Atticus, Favorinus. Parmi les Latins, il se documente surtout auprès de Caton, Varron, C. Bassus. Très porté vers les écrivains archaïques, il a copié des fragments étendus de leurs œuvres, que nous sommes bien heureux de retrouver chez lui. Mais, d'ailleurs, c'est un critique fin et avisé, auquel la connaissance des deux langues, grecque et latine, a permis des rapprochements savoureux.

Sévérité des anciens censeurs

[Tous les cinq ans, les deux censeurs recensaient la population de Rome, la classant d'après la fortune, mais ayant droit de sanction contre les fautes morales. — Aisance un peu sèche de la narration. — Souci des références exactes. — Facilité (comme dans une conversation) à greffer un sujet sur l'autre.]

On délibéra de prononcer un blâme contre un citoyen qui, appelé à assister un ami devant le censeur, et pendant l'audience, bâilla ouvertement et à grand bruit ; sur-le-champ, il faillit être frappé, comme « distrait, rêveur, négligent et d'une insouciance cynique ». Il lui fallut jurer que c'était le plus involontairement du monde et malgré tous ses efforts qu'il avait cédé à cette envie de bâiller, qui était chez lui une maladie incoercible[1], pour que le blâme déjà tout prêt lui fût épargné. P. Scipion l'Africain, fils de Paul-Émile, a introduit cet exemple dans le discours qu'il prononça pendant sa censure pour recommander au peuple le retour aux mœurs des ancêtres. Un autre fait analogue est rapporté par Sabinus Masurius[2] au septième livre de ses *Memorabilia* : « Les censeurs, dit-il, P. Scipion Nasica et M. Pompilius, recensant les chevaliers[3], virent un cheval fort décharné et en mauvais point, tandis qu'on ne pouvait trouver plus gras ni en meilleur point que son cavalier. « Et comment donc, disent-ils, se fait-il que tu sois mieux soigné que ton cheval ? — Parce que, dit-il, c'est moi qui me soigne ; mon cheval, c'est Statius mon esclave. » Il parut que sa réponse était peu respectueuse ; et il fut, selon la coutume, rétrogradé dans la plus basse classe. » Statius était donc un nom d'esclave ; et nombreux furent autrefois les esclaves qui portaient ce nom. Caecilius entre autres, le célèbre auteur comique, avait été esclave et, pour cette raison, porta le nom de Statius ; mais il en fit ensuite comme un surnom et s'appela Caecilius Statius.

IV, 20.

LES JURISTES Mais les vrais maîtres de l'érudition sont, à cette époque, les juristes. Soutenus d'une part, par la volonté des princes, qui visent à codifier l'ancien droit et à le fondre dans un nouveau, conforme à la raison universelle (selon les principes stoïciens) et applicable à tout l'Empire (*Édit perpétuel* d'Hadrien ; *Édit provincial* d'Antonin ; *Édit* de Caracalla, en 212) ; de l'autre, par les habitudes d'analyse rigoureuse et de rédaction précise et ferme fortifiées par tant de siècles de pratique, ils ont mené une tâche vraiment scientifique d'explication et de mise en ordre des anciens documents, tout en travaillant à l'humanisation du droit. Après GAÏUS (110-180), qui a rédigé quatre livres d'*Institutiones* et sept de *Cotidianae*, les plus célèbres de ces juristes vécurent sous les Sévères : PAPINIEN (mort en 212), ULPIEN de Tyr (mort en 228) et PAUL. Mais ils écrivent en spécialistes : intéressants pour l'histoire de la langue et de l'esprit latin, ils le sont peu pour celle de la littérature.

4. La littérature chrétienne

La langue du christianisme fut d'abord le grec : de ses livres saints, la Bible avait été traduite en grec, à Alexandrie, sur l'ordre des Ptolémées, dès le IIIe siècle avant J.-C., et les Évangiles avaient été écrits directement ou aussitôt traduits en cette langue ; c'est en Orient qu'il se développa le plus tôt et le plus vite, et qu'il suscita les premiers défenseurs de la foi ou « apologètes » ; au IIe siècle, dans la communauté chrétienne de Rome même,

1. Aulu-Gelle emploie volontairement un mot d'allure très archaïque : *oscedo*.
2. Au temps de Tibère.
3. Ce jour-là, les chevaliers devaient se présenter avec leur cheval, comme pour une revue.

le grec était encore la langue la plus courante. En Afrique, au contraire, où la nouvelle religion gagna rapidement, le latin était beaucoup plus habituel : c'est dans cette province que peut-être fut exécutée au IIe siècle une première version latine de la Bible, que l'apologétique grecque fut transposée selon l'esprit latin et que se créa, ainsi, une langue chrétienne de l'Occident.

En cent cinquante ans, on peut distinguer trois périodes : la foi nouvelle s'affirme, déjà sûre de sa force, mais dans l'attente de persécutions, avec Tertullien et Minucius Félix ; vers le milieu du IIIe siècle, saint Cyprien nous montre l'Église organisée en proie aux pires périls de la persécution et du schisme (formation de groupes hors de la foi commune) ; avant la persécution de Dioclétien (303-305) et sous Constantin, le christianisme, déjà pacifié et plus mêlé au monde, s'exprime de façon plus classique, mais moins pure, avec Arnobe et surtout Lactance, en qui pourtant peuvent se pressentir certains aspects de la brillante littérature chrétienne du IVe siècle.

TERTULLIEN
Entre 150 et 160 - 222 ?

C. Septimius Florens Tertullianus, né païen, à Carthage, d'un père attaché au petit état-major du proconsul d'Afrique, fut entraîné d'un élan continu par la violence héroïque de son tempérament : chrétien, prêtre et défenseur de la foi, passant à l'hérésie montaniste (c'était une secte très rigoriste) par dégoût de la tiédeur de certains fidèles, fondant enfin un groupe particulier où son intransigeance pouvait se satisfaire, il tendit toujours à l'extrême.

Ses œuvres. — En 197, Tertullien publia successivement une virulente critique du paganisme *(Ad nationes)* et sa célèbre défense du christianisme *(Apologeticum)* adressée aux gouverneurs de provinces. De 200 à 208 son humeur batailleuse s'en prend aux hérétiques *(Sur l'argument de prescription à opposer aux hérétiques : Sur le baptême ; Contre Marcion...)* et s'applique à régenter sévèrement les mœurs *(Sur les spectacles ; De la mise des femmes...)*. Passé au montanisme, il poursuit avec fureur les moindres concessions aux habitudes païennes *(Sur la couronne ; De l'idolâtrie)* et prêche le rigorisme le plus outré, exigeant le jeûne *(De ieiunio)*, interdisant de se dérober aux persécutions *(De fuga)*, etc... Il faut mettre à part le bizarre *De pallio* (209), où Tertullien se livre à une débauche d'esprit et de préciosité, sous prétexte de se défendre d'avoir pris comme vêtement le pallium grec au lieu de la toge romaine : du moins, par là, saisit-on un rapport littéraire entre lui et Apulée, qu'il avait beaucoup pratiqué.

Son éloquence. — Cette œuvre est un des monuments de l'éloquence latine. Très intelligent, insatiable de connaissances, Tertullien savait aussi bien le grec que le latin, et son érudition est prodigieuse ; il est rompu à la pratique juridique et apporte à la discussion une logique, une rigueur implacables ; il est convaincu, et sa conviction trouve sans effort textes et arguments qui l'appuient : aussi même les procédés les plus rebattus de la rhétorique ont-ils d'ordinaire chez lui un aspect d'aisance et de spontanéité fort rares à Rome depuis deux siècles. Au surplus, son ardente nature le fait modifier souvent l'allure et le rythme même de ses développements.

Le paradoxe du procès chrétien

[Discussion juridique sur l'illégalité de la procédure contre les chrétiens. — Rigueur du raisonnement (1. Il n'y a ni instruction ni débats ; 2. Il est défendu de rechercher, prescrit de punir les chrétiens ; 3. La torture est employée contre eux pour obtenir non l'aveu, mais la dénégation ; 4. Le juge poursuit ainsi, contre toute logique, l'acquittement d'un prétendu coupable. — Toutes ces absurdités tiennent à ce que, dans les chrétiens, on poursuit non des actes, mais un nom). — Dialectique obstinée revenant sur tous les détails. — Ironie lancinante concluant chaque développement.]

S'il est si certain que nous sommes de grands criminels, pourquoi vous-mêmes nous traitez-vous autrement que nos pareils, j'entends les autres criminels ? Car à une faute semblable devrait être appliqué le même traitement. Tous les noms qu'on nous donne, quand on les donne à d'autres, n'empêchent pas qu'ils puissent de leur bouche et par celle d'un mercenaire[1] plaider leur innocence ; ils ont toute facilité de répondre, de discuter, puisqu'il est interdit absolument de condamner quelqu'un sans qu'il se soit défendu, sans qu'on l'ait entendu. Les chrétiens seuls n'ont la permission de rien dire qui les disculpe, qui soutienne la vérité, qui épargne au juge une injustice ; on n'attend d'eux que ce que réclame la haine publique : l'aveu de leur nom, non la discussion de l'accusation. Car, si vous connaissez d'un crime, l'accusé a beau se reconnaître homicide, sacrilège, inceste, ennemi de l'État, — ce sont les noms que nous donnent vos actes d'accusations, — cet aveu ne vous suffit pas pour prononcer ; vous recherchez les circonstances : nature de l'acte, nombre, lieu, mode, moment, confidents, complices. Avec nous, rien de semblable, alors qu'il faudrait également nous arracher par la torture[2] l'aveu des faussetés qu'on nous jette à la tête, de combien d'infanticides[3] chacun de nous a déjà pris sa part, quels cuisiniers y ont présidé, quels chiens assisté : songez à la gloire d'un gouverneur s'il déterrait un chrétien qui aurait déjà dévoré cent bébés !

Eh bien, il y a mieux : la preuve existe qu'il est défendu de nous rechercher. Pline le Jeune[4], en effet, gouvernant une province, après avoir condamné quelques chrétiens, en avoir intimidé quelques autres, effrayé de leur grand nombre, consulta l'empereur Trajan sur ce qu'il fallait faire du reste : il exposait que, sauf l'obstination à ne pas sacrifier, il n'avait découvert nul mal en leurs mystères, rien que des réunions avant le lever du jour, où en versets cadencés ils célébraient le Christ comme un dieu et où ils resserraient les liens d'une discipline qui interdisait l'homicide, l'adultère, la fraude, la perfidie et tous les autres crimes. Sur quoi Trajan lui répondit qu'il ne devait pas rechercher les gens de cette sorte, mais que, s'ils lui étaient déférés, il fallait les punir. Contradiction fatale ! Défense de les rechercher, comme s'ils étaient innocents ; ordre de les punir, comme s'ils étaient coupables. Cette décision ne se condamne-t-elle pas implicitement elle-même ? Si tu condamnes, pourquoi ne pas poursuivre ? Si tu ne poursuis pas, pourquoi ne pas absoudre ? Sur les traces des brigands on lance en chaque province un détachement militaire désigné par le sort ; contre les coupables de lèse-majesté et les ennemis de l'État tout homme est soldat : la recherche s'étend jusqu'aux complices, jusqu'aux confidents. Le chrétien seul, on n'a pas le droit de le rechercher, on a le droit de le dénoncer : comme si rechercher visait à autre chose qu'à dénoncer ! Dénoncé sans que personne ait voulu qu'il fût recherché, vous le condamnez : châtiment qu'il a mérité, je m'imagine, non parce qu'il est coupable, mais parce qu'on a mis la main sur lui sans avoir le droit de le rechercher !

1. L'avocat.
2. La torture était employée uniquement à obtenir des aveux d'un coupable présumé : c'est sur quoi se fonde toute la discussion de Tertullien.
3. On accusait les chrétiens de sacrifier des enfants dans leurs mystères : voir plus bas, p. 437.
4. Analyse (mais avec des détails qu'elles ne contiennent pas sur le rite et les mœurs des chrétiens) de deux lettres de la correspondance entre Pline et Trajan (X, 96).

Mais voici encore un point où vous ne vous conformez pas à notre égard à la procédure criminelle : les accusés nient-ils, vous leur appliquez la torture pour les faire avouer ; aux chrétiens seuls vous l'appliquerez pour les faire nier. Or, si nous avions fait mal, nous nierions, et vous nous forceriez à avouer par les tourments. Et n'allez pas dire que la torture vous semble inutile pour rechercher des crimes que l'aveu du nom de chrétien suffit à rendre évidents : car, chaque jour, quand un homicide avoue (et vous savez bien ce qu'est l'homicide!), vous n'en recherchez pas moins par la torture les circonstances de son crime. Pire illogisme : présumant nos crimes par l'aveu de notre nom, vous cherchez par les tourments à nous faire rétracter notre aveu ; mais alors, en niant notre nom, nous nions aussi tous les crimes que vous présumiez sur l'aveu de notre nom. C'est, je pense, que vous ne voulez pas nous faire périr, tout en nous jugeant fort criminels ? C'est ainsi, n'est-ce pas ? que vous ne manquez pas de dire à un homicide : « Nie », que vous faites déchirer un sacrilège s'il s'obstine à avouer[1] ? Mais si telle n'est pas votre conduite à l'égard des criminels, c'est donc que vous nous jugez tout à fait innocents : innocents, vous ne voulez pas que nous nous obstinions en un aveu qu'une fatalité, et non la justice, vous oblige à condamner. Un homme crie : « Je suis chrétien ». Il dit ce qu'il est ; toi, tu veux entendre ce qu'il n'est pas : préposés à arracher la vérité, de nous (et de nous seuls) vous peinez à obtenir le mensonge. « Tu me demandes, dit-il, si je suis chrétien ? Je le suis. Pourquoi ces tortures à contre-temps ? J'avoue, et tu me tortures; que ferais-tu si je niais ? » Bien sûr ; quand les autres nient, vous ne les croyez pas facilement ; mais nous, si nous nions, vous nous croyez aussitôt.

Inquiétez-vous de cet illogisme : n'y aurait-il pas quelque puissance occulte[2] qui se sert de vous sans que vous vous en doutiez, et vous met en contradiction avec les formes juridiques, avec l'essence de la justice, avec les lois mêmes encore ? Car, si je ne me trompe, les lois ordonnent de découvrir les méchants, non de les cacher ; elles prescrivent, quand ils avouent, de les condamner, non de les absoudre. C'est le but que s'assignent les décrets du Sénat, les mandements des princes. Le pouvoir dont vous êtes les ministres est une souveraineté civique[3], non tyrannique. Car les tyrans pouvaient bien employer la torture même comme châtiment : chez vous, elle se limite et se proportionne à l'enquête. Soyez fidèles à votre loi, qui ne reconnaît les tourments comme nécessaires que jusqu'à l'aveu, qui les juge même inutiles si l'aveu les devance ; alors place à la sentence : la peine exige comme son dû que le coupable soit supprimé, non subtilisé[4]. Enfin nul juge ne désire absoudre en ce cas ; il est défendu de le vouloir. C'est pourquoi on ne contraint non plus personne à nier. Un chrétien, coupable, à ton sens, de tous les crimes, ennemi des dieux, des empereurs, des lois, des mœurs, de toute la nature, tu le forces à nier, pour pouvoir l'absoudre, ne pouvant l'absoudre que s'il nie ! Tu trahis les lois. Tu veux qu'il nie son crime pour le rendre innocent, malgré lui, et purifié même de tout son passé. D'où vient cette aberration, qui vous fait oublier qu'un aveu spontané mérite plus de crédit qu'un reniement forcé, et que tel, contraint de nier, n'a peut-être pas nié sincèrement, mais, s'éloignant absous de votre tribunal, rit de la peine haineuse que vous vous êtes donnée, chrétien comme devant ?

Puisque donc, en tous points, vous nous traitez autrement que les autres coupables, ne visant qu'à nous faire quitter ce nom (car nous le perdons pour peu que nous fassions ce que font ceux qui ne sont pas chrétiens[5]), vous pouvez comprendre que ce n'est pas un crime qui est en cause, mais un nom. Ce nom, une haine active le poursuit méthodiquement, s'appliquant d'abord à ce que les hommes ne veuillent pas connaître avec certitude ce qu'ils ont la certitude de ne pas connaître[6]. C'est pourquoi ils croient sur notre compte des choses qui ne sont pas prouvées, et ils se refusent à une enquête qui prouverait l'inexistence de ce qu'ils préfèrent croire, de façon que ce nom, si odieux à leur activité haineuse, entraîne condamnation sur présomptions, non sur preuves,

1. La phrase est, bien entendu, ironique.
2. Tertullien pense au Démon.
3. Le pouvoir de l'empereur passait encore pour une délégation de la cité.
4. On saisit ici, et dans les lignes qui suivent, une aspiration au martyre.
5. Un acte d'idolâtrie quelconque.
6. Vigoureuse notation de la « faute contre la raison », que poursuit Tertullien.

dès qu'on en fait l'aveu. Si la torture suit notre aveu, la punition notre constance, l'absolution notre reniement, c'est que la bataille se livre autour d'un nom.

Apologeticum, II, 1-19.

Un soldat chrétien

[Début d'un libelle d'actualité, qui offre toutes les vivacités d'un excellent journalisme de combat, expressif et mordant. — Rigueur montaniste, qui s'en prend à la moindre apparence d'idolâtrie (la couronne, que les païens portaient dans leurs cérémonies religieuses) et à l'opportunisme des chrétiens modérés. — Style figuré de couleur orientale (biblique).]

C'est un fait tout récent.

La munificence des majestés impériales, dans un camp, appelait les soldats à émarger[1] ; ils se présentaient couronnés de laurier. L'un, soldat de Dieu plutôt, plus ferme que ses frères qui s'étaient figuré pouvoir servir deux maîtres[2], brillait seul tête nue, sa couronne inutile à la main, révélé chrétien déjà par ce détail. De proche en proche on se le montre, brocards de loin, grincements de près. Le bruit en arrive au tribun[3] ; et déjà l'homme était sorti du rang. Le tribun, aussitôt : « Quelle est cette tenue ? » L'autre dit qu'il ne pouvait faire comme les autres. Le motif ? « Je suis chrétien », répondit-il. O soldat glorieux en Dieu ! Votes ; dossier criminel ; renvoi aux préfets[4]. Le voici qui a déposé le poids accablant de la pénule[5] pour être prêt au relèvement prochain, qui a dénoué ses brodequins gênants pour commencer à marcher sur la terre des saints, qui a rendu son glaive, inutile à la défense du Seigneur, qui a même jeté le laurier qu'il tenait : revêtu de rouge par l'espoir de verser son sang, chaussé de l'attente de l'Évangile[6], ceint de la parole de Dieu, plus perçante que l'épée, tout cuirassé de l'Apôtre[7] et mieux que couronné par la blancheur du martyre, il attend en prison la libéralité du Christ.

Là-dessus épiloguent... faut-il dire des chrétiens ? car ils pensent tout comme les gentils[8] : « C'est un homme brusque, une tête brûlée, qui aspire à la mort ; sur une question touchant sa tenue, il crée des embarras à nous tous ; il se croit sans doute le seul courageux parmi tant de « frères »[9] qui sont soldats comme lui, le seul chrétien ! » Il ne leur reste plus, bien sûr, qu'à se refuser au martyre : n'ont-ils pas déjà rejeté les prophéties de l'Esprit-Saint[10] ? Ils chuchotent que cette bonne et longue paix dont ils jouissaient est en péril. Et je ne doute pas que certains déjà fassent partir les Écritures[11], préparent leur bagages et se ceignent les reins pour fuir de ville en ville : c'est de l'Évangile le seul passage qu'ils se soucient de garder en leur mémoire. Je connais aussi leurs pasteurs : lions dans la paix, cerfs à l'heure du combat[12].

De corona, 1, 1-2.

L'imagination et la passion. — L'éloquence de Tertullien est encore nourrie par une admirable imagination, visuelle surtout : il se représente et

1. Caracalla et Géta, succédant à leur père Septime-Sévère (211), font, en don de joyeux avènement *(donatiuum)*, distribuer une somme à chaque soldat.
2. Dieu et l'empereur.
3. Officier (supérieur), de service ce jour-là au camp.
4. Commandants supérieurs.
5. La capote militaire (sorte de pèlerine).
6. Des promesses de l'Évangile.
7. De la foi des Apôtres.
8. Les païens.
9. Nom que se donnaient entre eux les chrétiens.
10. Montan, et ses disciples préférées, Priscilla et Maximilla, se prétendaient directement inspirés par le Saint-Esprit.
11. Un des premiers soins, quand la persécution était imminente : pour éviter la destruction des livres saints.
12. La passion de Tertullien gronde : mais il va se reprendre aussitôt pour traiter du thème : pourquoi les chrétiens ne doivent pas se couronner.

il représente tout avec les apparences mêmes de la vie ; porté à traiter maints thèmes satiriques par sa sévère morale, il égale Juvénal en pittoresque d'expression, le surpasse en cruelle ironie ; soutenu par la connaissance des textes sacrés et par les tendances symboliques de la primitive Église, il crée les métaphores les plus audacieuses pour opposer, en suggérant l'un par l'autre, le monde spirituel à celui des sens ; il parvient même, comme Dante ou Victor Hugo, à donner une réalité hallucinante à ses rêves sur un au-delà que le montanisme imaginait tout proche. De couleur, de violence, de mouvement, il est plus proche des prophètes juifs que de l'Évangile. En quoi il n'y a nul jeu littéraire, mais une passion toujours inassouvie. Aussi, quand on s'est laissé prendre au torrent de cette prose pathétique, rien ne paraît-il plus naturel que ces représentations, même excessives, même soutenues par les procédés les plus visibles (l'antithèse surtout) de la rhétorique.

Le « spectacle » du jugement dernier

[Tertullien vient de condamner tous les spectacles profanes : il conclut par ce développement d'une imagination étrange, à savoir que les chrétiens auront une compensation dans le *spectacle* du Jugement dernier. — Passion forcenée ; ordre et mouvement. — « Symphonie » en rouge. — Éloquence de tons très variés.]

Mais quel spectacle bientôt[1] à l'arrivée du Seigneur, dès lors incontesté, et fier, et triomphant ! Quelle exultation des anges, quelle gloire des saints qui ressuscitent ! Quel royaume alors des justes, quelle cité[2] : la nouvelle Jérusalem !

Oui ; mais il nous reste à voir d'autres spectacles : ce dernier jour, jour sans fin, du jugement ; ce jour que les nations[3] n'attendent pas, dont elles se moquent, et où une si longue antiquité et tant de générations successives s'engloutiront en un seul feu. Comme ce spectacle est vaste ! Partout à admirer, partout à rire. Où porter ma joie, mon exultation ? Ici où je vois tant de tyrans, qu'on disait montés au ciel[4], gémissant en tas avec Jupiter lui-même et leurs servants dans les ténèbres de l'abîme[5] ? Là où les gouverneurs qui persécutent le nom du Seigneur fondent maintenant, sous les insultes des chrétiens, en des flammes plus cruelles que celles du siècle[6] ? Qui encore ? Ah ! ces sages philosophes qui, flambant avec leurs disciples, rougissent devant eux : car ils leur affirmaient ou bien l'inexistence des âmes[7] ou bien qu'elles ne retourneraient pas dans les corps qu'elles animaient[8]. Et les poètes palpitant devant le tribunal non de Rhadamante ou de Minos[9], mais du Christ imprévu ? C'est alors qu'il vaudra mieux entendre les tragédiens et les chanteurs, bien sûr, exprimant leur propre malheur ; alors qu'il faudra apprécier les mimes, bien plus souples[10] au milieu du feu ; regarder l'aurige[11], tout rouge sur sa roue de flammes ; contempler les athlètes [exerçant leurs muscles], élançant [leurs corps] non dans des gymnases, mais dans le feu. Pourtant, même alors, je préférerais ne pas les voir, pour porter mes yeux insatiables sur ceux qui exercèrent leur furie contre le Seigneur. « Le voici, c'est lui, leur dirai-je, ce fils du charpentier[12]

1. Les premiers chrétiens croyaient la fin du monde toute proche.
2. La cité de Dieu (réunion des justes autour de lui).
3. Les païens.
4. Après leur mort, les empereurs romains étaient (sauf exception) divinisés.
5. L'Enfer.
6. Du monde humain.
7. Comme les Épicuriens.
8. Tandis que les chrétiens croient à la résurrection des morts (corps et âmes).
9. Juges mythologiques des Enfers.
10. C'était la qualité la plus appréciée chez les mimes.
11. Cocher du Cirque.
12. Par méconnaissance de la divinité du Christ, considéré comme fils de Joseph.

ou de la courtisane, ce destructeur du sabbat[1], ce Samaritain[2] possédé du démon ; c'est celui que vous avez acheté[3] à Judas ; celui que le roseau et les soufflets ont déchiré, que les crachats ont souillé, que vous avez abreuvé de fiel et de vinaigre ; celui que ses disciples ont dérobé[4] en secret pour faire croire à sa résurrection, qu'a enlevé un jardinier pour que ses laitues ne soient pas abîmées par tant d'allées et venues[5]. »

Pour un tel spectacle, pour une telle exultation, qui donnera libéralement du sien[6], préteur, consul, questeur ou prêtre ? Mais déjà, en quelque manière, nous l'imaginons, nous l'avons sous les yeux grâce à la foi. Et que peuvent être ces choses que l'œil n'a pas vues, ni l'oreille entendues, ni le cœur humain conçues ? Bien plus belles, je crois, que ce qu'offrent le cirque, le théâtre, l'amphithéâtre et le stade[7] !

De spectaculis, 30.

La parure de la femme chrétienne

[Éloquence autoritaire, de sermonaire qui ne ménage pas ses effets. — Amplifications nourries d'images et d'antithèses ; pittoresque évocateur ; audace du style figuré. — Éclat et dureté, sans nulle souplesse ni délicatesse féminine.]

La pudeur chrétienne ne se contente pas d'être, il faut qu'elle se révèle. Telle doit être sa surabondance qu'elle se répande de l'âme au dehors, jaillisse de l'intimité de la conscience à la surface du corps, pour que, de l'extérieur même, elle voie en son équipement le signe d'une foi qu'il lui faut garder à perpétuité. Il faut en effet disperser, chasser tous les raffinements dont la molle délicatesse peut efféminer les forces de la foi. Oui, je ne sais si une main habituée au bracelet souffrira de s'engourdir sous la dureté d'une chaîne ; si une jambe qui s'enchante d'un anneau précieux supportera l'étroitesse d'une entrave ; je crains qu'une nuque couverte d'un réseau de perles et d'émeraudes ne laisse point place à l'épée. Aussi, femmes sanctifiées, méditons sur les supplices, et nous ne les sentirons pas ; oublions les plaisirs, et nous ne les regretterons pas ; soyons prêtes[8] fermement à toute violence, sans avoir rien que nous craignions de perdre. Ce sont là les amarres qui retiennent notre espérance [avide du départ] : jetons à nos pieds les parures terrestres, si nous en souhaitons de célestes. Ne chérissez pas l'or, qui symbolise toutes les fautes du peuple d'Israël[9] : vous devez haïr ce qui a perdu vos pères, ce qu'adorèrent ceux qui abandonnaient Dieu. Même aujourd'hui l'or est l'appât du Feu[10]. D'ailleurs la vie de chaque chrétien, toujours, mais surtout aujourd'hui, passe non par l'or, mais par le fer[11] : on prépare au ciel les robes des martyrs, les anges planent dans l'air, prêts à enlever les âmes. Montrez-vous maintenant sous les fards et les bijoux des prophètes et des apôtres, tirant de votre simplicité votre blanc, de votre pudeur votre rouge, vos yeux peints de retenue et votre bouche de silence, à vos oreilles les paroles de Dieu, à votre cou le joug du Christ. Pliez la tête sous l'autorité de vos maris, et vous serez assez parées ; occupez vos mains au travail de la laine, ne bougez du logis, et vous plairez plus qu'ensevelies sous l'or ; habillez-vous de la soie de l'honnêteté, du lin de la pureté, de la pourpre de la pudeur. Avec de tels fards, vous aurez Dieu pour amant.

De cultu feminarum, 13, 3-7.

La langue et le style. — Tertullien a donné au christianisme d'Occident son arsenal d'arguments, bien des éléments de sa poétique et sa

1. Les Juifs reprochaient au Christ de faire des miracles même le jour consacré du sabbat (samedi).
2. Les Samaritains étaient méprisés par les Juifs.
3. Ici commence un résumé de la Passion du Christ.
4. Hypothèse formulée aussitôt après l'ensevelissement du Christ.
5. Des disciples allant à la tombe.
6. Ceux qui donnaient des jeux y faisaient de grandes dépenses pour plaire au peuple.
7. Tous les lieux où se donnaient des « spectacles ».
8. Tertullien s'identifie avec celles qu'il prêche.
9. Par exemple dans l'histoire du veau d'or, adoré par les tribus israélites en l'absence de Moïse.
10. De l'Enfer.
11. Des prisons et des supplices.

langue même. Mais il est aussi un des grands écrivains de toute la période de l'Empire : par la richesse de son vocabulaire, qui emprunte à la langue populaire et de ses alliances de mots ; par l'harmonie de ses phrases ; par l'ampleur des développements et la force de la composition. A coup sûr, il est difficile, parfois obscur ; et, si on ne se laisse emporter par sa passion, il paraît souvent alambiqué : ce sont les défauts de son siècle, excusés en partie par la plénitude de sa pensée et la nouveauté de certaines des idées qu'il exprimait.

MINUCIUS FÉLIX Avocat à Rome, mais d'origine africaine, Minucius Félix s'adresse, dans son court dialogue d'*Octavius*, à un autre public que Tertullien : aux païens instruits de tendances philosophiques. La façon précautionneuse dont il parle des dogmes chrétiens s'explique sans doute par là, et non par l'hypothèse (soutenue, d'ailleurs, elle aussi) qu'il aurait précédé Tertullien : il semble, au contraire, qu'il l'imite. En une forme très délicate et sous les apparences de l'impartialité, l'*Octavius* comporte à la fois une justification du christianisme et une réfutation du paganisme.

L'auteur est aux bains de mer d'Ostie, pendant les vacances de septembre ; il longe la plage avec deux amis, Octavius Januarius, chrétien comme lui, et le païen Caecilius Natalis. Les deux chrétiens, voyant Caecilius saluer au passage une statue de Sérapis, déplorent à demi-mot son aveuglement. Caecilius est piqué. Ils conviennent de discuter posément : Caecilius expose la thèse du paganisme ; Octavius lui répond. Caecilius est à peu près convaincu : on sent qu'il deviendra chrétien.

Très cicéronien de mise en scène et de style, l'*Octavius* est une œuvre séduisante, mais de bien moindre portée que les écrits de Tertullien. Une grande partie de son charme tient à l'apparence ingénue dont il revêt le christianisme et à la douceur amicale dont il entoure la conversion de Caecilius : on se croirait reporté au mystère idyllique des premiers temps chrétiens. Mais, en fait, le véritable christianisme y est estompé en guise de monothéisme philosophique pour attirer à lui les païens de milieux élevés ; et l'on sent pourtant bien, à une certaine vigueur secrète, que Minucius était nourri d'œuvres beaucoup plus fortes. Reste à son actif d'écrivain un naturel classique soutenu, des plus rares à une époque où le raffinement du style préférait s'étaler que se dissimuler.

Calomnies populaires contre les chrétiens

[Discours de Caecilius, oratoire, mais vivant (Caecilius, homme du monde instruit et sceptique, est plein de dégoût pour la misère et la conviction ardente des chrétiens, et ne peut admettre la résurrection ; homme d'ordre, il exige le respect de la religion officielle et redoute les sociétés secrètes). — On a pensé que Minucius Félix s'était inspiré ici d'un discours de Fronton contre les chrétiens ; en tout cas, il a exposé la thèse païenne avec force et impartialité.]

Quoi ? n'est-ce pas à pleurer, que des hommes, — permettez quelque véhémence à qui plaide cette cause, — que des hommes, dis-je, d'une secte incurable, illicite, infâme, s'acharnent contre les dieux ? Une lie infecte, un ramas d'ignorants et de femmes crédules, qu'entraîne la faiblesse de leur sexe, constitue cette tourbe sacrilège et séditieuse, dont des assemblées nocturnes, des jeûnes rituels et des aliments hors nature assurent la cohésion non par un acte religieux, mais par un forfait impie. Race de cachettes et de ténèbres, muette en public, babillarde dans les petits coins, ils fuient les temples comme des tombeaux, crachent sur les dieux, rient des cérémonies sacrées ; ils font, tout pitoyables, étalage de pitié, et (est-ce possible !), demi-nus, ils regardent avec dédain les honneurs et la pourpre des prêtres. Bien plus, — étrange stupidité et incroyable audace, — ils méprisent les supplices présents, tout en en craignant de futurs[1], tout incertains ; et, appréhendant de mourir après leur mort, ils n'appréhendent pas cependant de mourir. Tant leur peur se flatte du trompeur espoir d'une résurrection consolatrice !

Et déjà (car rien n'est plus fécond que le mal), par l'insensible progrès de l'immoralité[2], dans le monde entier prennent force les odieux mystères de cette coalition impie. Il faut extirper, accabler d'une malédiction définitive ce complot[3]. Ils se reconnaissent entre eux à des signes, à des symboles secrets ; ils s'aiment presque avant de se connaître ; une sorte de lien passionnel les attache partout l'un à l'autre : ils s'appellent tous sans distinction « frères » et « sœurs »... J'entends dire que, par je ne sais quelle aberration fanatique, ils adorent religieusement la tête du plus laid animal, d'un âne : croyance bien digne de leurs mœurs ! Mais, même si ce qu'on raconte d'eux est faux[4], certes le secret de leurs cérémonies nocturnes est pour lui donner crédit. Et quand on parle à propos de leurs rites d'un homme puni pour ses crimes du dernier supplice, et de la croix des condamnés[5], on attribue à des scélérats perdus de vices le culte de ce qu'ils méritent. Quant à l'initiation des néophytes, ce qu'on en dit est aussi détestable que connu : un petit enfant couvert de farine, insoupçonnable ainsi à l'initié, lui est présenté ; le néophyte est invité à frapper de coups de poignards qu'il croit innocents cette croûte superficielle de farine, et l'enfant périt sous des blessures aveugles et secrètes ; alors, horreur ! ils lèchent avidement son sang, dispersent à l'envi ses membres, liés par cette victime, contraints par la complicité du crime à un silence mutuel[6].

VIII, 3-IX, 5.

Dérision des idoles païennes

[Discours d'Octavius : il montre combien la religion païenne est, dans le peuple, à un niveau inférieur. — Ironie sans éclats de voix, mais tenace et qui épuise le thème. — Art du développement. — Pittoresque simple, sans recherche.]

Or le peuple n'adresse-t-il pas aux images de vos dieux ses prières, son culte public ? L'imagination et l'esprit de ces ignorants se laissent prendre aux habiletés de l'art, éblouir par l'éclat de l'or, étourdir par le poli de l'argent et la blancheur de l'ivoire. S'ils se représentaient par quels tourments et quels outils a passé chaque statue avant de prendre forme, ils rougiraient de trembler devant de la matière dont l'artiste a fait son jouet afin d'en créer un dieu. Car un dieu de bois, ce peut être le résidu d'un bûcher funéraire ou un morceau de gibet : on le soulève, on le coupe, on le dégrossit, on le rabote ; — un dieu de bronze ou d'argent est souvent fondu d'un vase de nuit (cela arriva plus d'une fois pour la statue des rois d'Égypte) : les maillets le martèlent, il prend forme sur l'enclume ; — de pierre, il est taillé, sculpté, poli par un manœuvre infâme. Mais il ne sent pas plus l'outrage de sa naissance que, plus tard, l'hommage de votre vénération.

A moins qu'il ne soit pas encore dieu lorsqu'il est pierre, bois, ou argent [brut] ? Alors quand est-ce qu'il naît à la divinité ? Voici qu'on le fond, qu'on le façonne, qu'on

---

1. Les supplices de l'Enfer, s'ils renient leur foi.
2. Lieu commun sur les progrès continus du vice.
3. Comme au temps des Bacchanales (voir plus haut, p. 69), la nouvelle religion est présentée comme une entreprise contre l'État.
4. L'esprit critique de Caecilius prend un instant le pas sur sa véhémence d'avocat.
5. La croix, sur laquelle avait péri Jésus-Christ, était réservée aux criminels du plus bas étage et aux esclaves (voir plus bas, p. 444 s.).
6. Cette accusation d'infanticide était une vieille imagination de la haine populaire bien avant le christianisme : Tertullien n'en parle qu'avec ironie (plus haut, p. 431).

le sculpte : il n'est pas encore dieu. Voici qu'on le soude, qu'on l'ajuste, qu'on le dresse : et il n'est pas encore dieu. Voici qu'on le pare, qu'on le consacre, qu'on le prie. Alors enfin il est dieu. Quand un homme l'a voulu, l'a déclaré officiellement ! Mais une foule d'animaux jugent de vos dieux selon le sens naturel : souris, hirondelles, milans savent, ont reconnu qu'ils n'ont aucune sensibilité ; ils marchent ou se posent sur eux, et, à moins que vous ne les chassiez, font leur nid jusque dans la bouche de votre dieu ; les araignées tissent leurs toiles sur leurs visages, suspendent leurs fils à leur tête. Et vous, vous frottez, nettoyez, grattez ; ces dieux, votre œuvre, vous les protégez ; et vous les craignez !

XXII, 1-7.

Le Dieu unique

[Octavius s'adresse aux païens instruits, de plus en plus portés vers le monothéisme (adoration d'un seul dieu) au nom du bon sens naturel et de la raison. — Éloquence retenue, de chaleur intime. — Fermeté harmonieuse. — Mais le développement n'a rien de spécifiquement chrétien.]

Les abeilles n'ont qu'un roi ; les troupeaux de moutons et de bœufs, qu'un seul guide ou chef : et vous croirez qu'au ciel la puissance suprême est partagée, que cette domination vraiment sans restriction, divine, universelle, souffre la division ? L'évidence nous fait voir en Dieu le père commun, sans commencement ni fin, qui assure à chacun la naissance, à lui-même l'éternité ; qui, avant la création du monde, fut à lui seul et pour lui le monde ; qui par sa parole impose sa volonté à l'univers, le règle par sa raison, le perfectionne par sa vertu.

Il ne peut être vu, son éclat décourage la vue ; il ne peut être saisi, sa pureté décourage le toucher ; ni apprécié, il dépasse les sens : infini, sans dimensions, et seul capable de connaître sa propre grandeur. Mais notre poitrine est trop étroite pour le comprendre : aussi ne pouvons-nous dignement l'apprécier qu'en le disant inappréciable. Je dirai mon propre sentiment : qui croit connaître la grandeur de Dieu, la diminue ; qui ne veut la diminuer, ne la connaît pas.

Ne demandez pas non plus le nom de Dieu : son nom est Dieu. Des mots divers sont nécessaires quand en une foule il faut distinguer chacun par une appellation particulière : Dieu, qui est unique, est tout entier dans le mot « Dieu ». Que je l'appelle « père », et vous le croirez attaché à la terre ; « roi », et vous le soupçonnerez corporel ; « seigneur », et vous ne manquerez pas de l'imaginer mortel. Éloignez ces noms accessoires, et vous le contemplerez en tout son éclat. Eh quoi ? n'ai-je pas pour moi le sens commun ? Écoutez les gens du peuple, quand ils tendent les mains au ciel ; ils ne disent que « Dieu ! », et « Dieu est grand », et « Si Dieu veut… ». Est-ce là, dites-moi, naturel langage du peuple ou confession de foi chrétienne ?

XVIII, 7-11.

SAINT CYPRIEN
Évêque de Carthage de 248 à 258

Nul contraste plus marqué qu'entre Tertullien, théoricien violent, et Thascius Caecilius Cyprianus, réglant avec calme, tout à fait à la romaine, sa conduite sur les circonstances. Pourtant Cyprien admirait Tertullien comme son maître : mais il était responsable des destinées de l'église de Carthage. Maître de rhétorique païen, puis converti, il fut élu évêque en 248 ; en 250 éclata la persécution de Décius. L'Église se trouvait affaiblie et divisée par une longue période de paix : la mort de l'évêque eût achevé de la désorganiser. Cyprien se tint à l'abri, la dirigeant sans s'exposer personnellement. La crise passée, il s'appliqua à panser les blessures, à rétablir la concorde morale entre les chrétiens qui avaient faibli et ceux qui s'enorgueillissaient de leur intransigeance, à affermir de toutes façons la discipline. En 258, l'empereur

Valérien prit un nouvel édit de persécution : Cyprien, alors, couronna sa tâche et subit le martyre avec simplicité (14 septembre).

Ses œuvres. — Saint Cyprien a soutenu des luttes dogmatiques (sur le baptême, la pénitence, l'Eucharistie) ; mais la plupart de ses traités visent la conduite morale des fidèles et la cohésion sociale de l'Église, spécialement en temps de persécution *(Sur les œuvres et les aumônes ; De la condition mortelle*[1] *; Des faillis*[2] *; De l'unité de l'Église catholique)*. Les mêmes questions sont traitées dans ses *Lettres*, qui nous permettent le mieux d'apprécier comment s'unissaient chez lui une vive sensibilité personnelle et des principes de direction très nets.

C'est un écrivain plus agréable que vigoureux, avec une tendance au développement rhétorique. Il ne manque pas d'imagination, mais de puissance expressive. Fleuri comme le sera saint François de Sales, il n'arrive pas toujours à la justesse de la métaphore, qu'atteint Tertullien même dans l'excès et le mauvais goût. Mais son bon sens nuancé, une charité vraiment évangélique et, dans ses meilleures pages, une simplicité pleine de cœur lui attachent le lecteur.

Un songe prophétique

[Instruction de ton évangélique (Cyprien croit, d'ailleurs, à la réalité du songe qui lui a été rapporté), simple et émouvante.]

En ce songe on voyait siéger un père de famille[3] ; et, assis à sa droite, un jeune homme[4] anxieux, mais indigné aussi, qui, le visage chagrin, se tenait de la main le menton ; mais, à sa gauche, un autre[5] se dressait debout, portant un filet dont il se tenait prêt à envelopper le peuple qui l'environnait. Et, comme celui qui rêvait se demandait ce que cela signifiait, il lui fut dit que le jeune homme assis à droite s'attristait avec douleur de l'inobservance de ses préceptes, et que l'autre, celui de gauche, était transporté de joie par cette occasion d'obtenir, du père de famille, le pouvoir de sévir. Ce songe précéda de beaucoup le temps d'épreuves qui commence pour nous. Et nous le voyons se réaliser : en négligeant les préceptes de Dieu, en n'observant pas les ordres salutaires de sa loi, nous avons donné à l'Ennemi la possibilité de nuire et, nous trouvant moins bien armés et moins prêts à la résistance, de nous envelopper de son filet.

Lettres, XI, 4, 1-2.

L'année des martyrs

[Lettre écrite aux « confesseurs de la foi », emprisonnés pendant la persécution de Décius. — Idée rhétorique (comparaison des confesseurs avec les magistrats annuels de Rome). — Style figuré, poétique, à la manière de Tertullien, plus gracieux, mais manié avec moins de maîtrise. — Langue alambiquée peu convenable à un tel sujet : mais Cyprien est gêné d'avoir dû laisser à d'autres la gloire de souffrir pour la foi.]

Libre maintenant aux magistrats, aux consuls ou aux proconsuls, de se glorifier des insignes de leur dignité annuelle et de leurs douze faisceaux ! Voici que la dignité

---

1. Instruction sur la souffrance et la mort, où se combinent les idées stoïciennes et les espérances chrétiennes dans l'immortalité.
2. Ceux qui avaient abjuré, par peur, et demandaient à rentrer dans l'Église après pénitence.
3. Dieu le Père.
4. Dieu le Fils.
5. Le Démon, ou l'Ennemi (qui n'a le droit d'agir contre les hommes qu'avec la permission de Dieu).

céleste s'est signalée en vous par l'éclat d'une année écoulée au poste d'honneur et, prolongeant la gloire de votre victoire, a déjà outrepassé le cercle sur lequel revient l'année. Le ciel s'illuminait au lever du soleil, au passage de la lune : mais vous aviez en votre prison la lumière, plus vive, de celui[1] qui fit le soleil et la lune ; dans votre cœur et votre esprit l'éclat rayonnant du Christ, qui illuminait de sa blanche lumière éternelle les ténèbres du cachot infâme, pour d'autres que vous horribles et funèbres. De mois en mois, l'hiver a passé : mais vous, enfermés, vous balancez la saison d'hiver par l'hiver des persécutions[2]. Vint après l'hiver la douceur du printemps, regorgeant de roses et couronné de fleurs : mais des délices paradisiaques vous donnaient et roses et fleurs, et des guirlandes célestes couronnaient votre tête. Voici l'été avec l'abondance des moissons, voici l'aire toute pleine de blé : mais vous qui avez semé la gloire, vous moissonnez le fruit de gloire, et, de l'aire du Seigneur voyant au loin le feu inextinguible dévorer les chaumes[3], vous-mêmes déjà éprouvés et mis de côté comme froment pur et blés de prix[4], vous vous sentez en prison comme au grenier de Dieu. Et à l'automne non plus, pour ses tâches saisonnières, ne manque pas la grâce céleste. Dans les campagnes la vendange est pressée, le raisin est foulé dans les pressoirs pour fournir aux coupes à venir : vous, grappes bien pleines de la vigne du Seigneur, qu'en votre maturité a pressés et foulés l'hostilité du siècle, vous sentez, aux tortures de la prison, la torsion des cordes de notre pressoir, vous répandez votre sang en guise de vin et, bravant la souffrance, âmes vaillantes, vous videz d'un trait la coupe du martyre. Ainsi s'écoule l'année pour les serviteurs de Dieu ; ainsi la suite des saisons s'emplit de bienfaits spirituels et de récompenses célestes.

Lettres, XXXVII, 2, 1-2.

Le bon pasteur

[Contre les chrétiens intransigeants qui refusaient d'admettre à la pénitence ceux qui avaient faibli pendant la persécution de Décius. — Bon sens politique et charité évangélique. — La part de la discussion est réduite par celle que Cyprien accorde, volontairement, à l'autorité des Écritures (Évangiles et Épîtres apostoliques).]

Que nous repoussions leur pénitence, alors qu'ils ont quelque confiance dans le pardon de l'erreur, et aussitôt, avec femme et enfants, jusque-là sauvegardés et indemnes, ils se laissent emporter, sur l'invite du diable, vers l'hérésie ou le schisme. Et, au jour du jugement, on nous imputera de n'avoir pas soigné la brebis blessée et, pour une seule qui était blessée, d'en avoir perdu beaucoup d'intactes. Quoi ? Le Seigneur a laissé quatre-vingt-dix-neuf brebis bien portantes pour en chercher une seule égarée et lasse, et, l'ayant trouvée, la rapporter lui-même sur ses épaules[5] ; et nous, non seulement nous n'irions pas chercher ceux qui sont las, mais nous les repousserions quand ils viennent à nous, et, à l'heure où de faux-prophètes[6] ne cessent de ravager et de déchirer le troupeau du Christ, nous donnerions occasion aux chiens et aux loups[6], par notre dureté et notre inhumanité, de nous enlever ceux que ne nous ont pas enlevés les violences de la persécution ? Et que ferons-nous, mon frère très cher, de la parole de l'apôtre : « Je cherche à plaire à tous en tout, ne quêtant pas mon avantage, mais le salut du plus grand nombre. Imitez-moi, comme j'imite le Christ » ? Et encore : « Je me suis fait infirme aux infirmes pour gagner les infirmes » .Et encore : « Si un seul membre souffre, tous les autres membres souffrent avec lui ; si un seul est en joie, tous les autres le sont avec lui »[7].

Lettres, LV, 15, 1-2.

---

1. Dieu.
2. Il y a *harmonie* entre la saison et les souffrances des martyrs.
3. On mettait, après la moisson, le feu aux chaumes pour détruire les mauvaises herbes et fertiliser les champs.
4. Les meilleurs grains sélectionnés pour les semailles.
5. Apologue rapporté dans l'*Évangile* de saint Luc (15, 4).
6. Ceux qui prêchent le schisme, ou même l'hérésie, affaiblissant l'Église au moment du péril.
7. Textes tirés de la *1re Épître aux Corinthiens*, de saint Paul.

La dernière lettre

[Cyprien, connaissant officieusement le « rescrit » que venait de promulguer Valérien (et dont la première clause ordonnait l'exécution immédiate des évêques, prêtres et diacres), va rentrer dans sa ville épiscopale de Carthage, voulant réserver à la communauté qu'il dirige la leçon de sa mort et les « reliques » de son corps. — Fermeté simple. — Souci politique de ne pas compromettre inutilement dans des aventures séditieuses l'avenir de la communauté chrétienne.]

Cyprien aux prêtres, aux diacres et à tout le peuple, salut.

On m'a rapporté, mes très chers frères, que des « frumentaires »[1] avaient été envoyés pour me conduire à Utique[2], et des amis très chers m'ont persuadé de quitter pour un temps mes jardins. Il y a un juste motif à y consentir : car il convient qu'un évêque confesse le Seigneur dans la ville où il préside à l'église du Seigneur et que tout le peuple soit glorifié par la confession publique de son chef. Car tout ce que, au moment même de la confession, prononce un évêque confesseur sous l'inspiration de Dieu, c'est la bouche de tous qui le prononce avec lui. D'ailleurs ce sera une atteinte à l'honneur de notre église si glorieuse si c'est à Utique que moi, évêque d'une autre église, je reçois après ma confession la sentence qui m'enverra, martyr, auprès du Seigneur. Aussi bien, et pour vous et pour moi, je ne cesse d'implorer dans mes prières, d'appeler de tous mes vœux l'accomplissement de ce qui est mon devoir : confesser Dieu au milieu de vous, y souffrir le martyre, et de là partir vers Dieu. J'attends donc ici, en une retraite sûre[3], le retour à Carthage du nouveau proconsul, pour apprendre de lui[4] quelles mesures les empereurs[5] ont prescrites au sujet des chrétiens, laïcs[6] et évêques, et pour dire ce que Dieu voudra qui soit dit à ce moment.

Quant à vous, frères très chers, pour suivre la règle, conforme aux prescriptions du Seigneur, que vous avez toujours reçue de moi et les enseignements que si souvent je vous ai donnés moi-même, restez toujours calmes et tranquilles ; qu'aucun de vous n'émeuve un tumulte parmi nos frères ou ne se présente de lui-même aux gentils[7]. C'est quand on est arrêté et livré qu'il faut parler, si en nous Dieu parle alors[8] : car il préfère la confession à la profession de foi.

Quant aux mesures convenables à prendre avant que le proconsul porte sur moi la sentence qu'entraînera la confession du nom de Dieu, je réglerai tout sur place suivant l'inspiration du Seigneur.

Que le Seigneur Jésus, frères très chers, vous maintienne sains et saufs en son église et qu'il daigne vous épargner.

Lettres, LXXXI.

ARNOBE
Deuxième moitié du IIIe siècle

Rhéteur vieilli dans son métier à Sicca Vénéria, en Afrique, Arnobius fut touché de la grâce et se convertit vers la soixantaine : comme gage de la sincérité de sa foi, il écrivit sept livres *Aduersus nationes (Contre les païens)* aux alentours de 300. C'est d'abord (l. I-II) une réfutation philosophique de l'accusation, fréquemment lancée contre les chrétiens, de provoquer par leur impiété les catastrophes dont souffrait

1. Sorte d' « inspecteurs de la Sûreté ».
2. Où se trouvait le nouveau gouverneur, Galérius Maximus, porteur des ordres de Valérien. Utique n'est pas loin de Carthage : mais elle formait une communauté chrétienne distincte.
3. Pour ne pas être victime d'un mouvement populaire, qui aurait enlevé à sa confession de foi sa portée *officielle*.
4. Il les connaît, mais veut que tout soit clair et régulier.
5. Valérien et son fils Gallien, associé de nom à l'Empire.
6. Les peines prévues contre les laïcs étaient d'autant plus graves que leur rang social était plus élevé.
7. Les païens.
8. Leçon pleine de tact d'un homme délicat contre la tendance au verbiage héroïque.

l'empire ; puis une longue dérision de la mythologie (ce qui n'était pas nouveau, même chez les païens), menée avec une impitoyable ironie.

Chrétien de fraîche date, Arnobe ne connaît pour ainsi dire pas les Écritures (Bible et Évangiles) et commet bon nombre d'erreurs dogmatiques. Son érudition est d'origine païenne, et le platonisme fait le fond de sa philosophie. Il est sincère pourtant, très frappé par les miracles du Christ ; et il nous aide à nous figurer le mélange de plus en plus confus que cherche alors à organiser le christianisme, et aussi l'interpénétration commençante de la pensée chrétienne et de la pensée païenne. Pour sa valeur littéraire, elle est mince ; il a tous les défauts du rhéteur ou d'un prédicateur médiocre : l'amplification, l'interrogation infatigable, la vaine abondance des mots... Mais sa verve est amusante.

Il faut « parier » pour la religion chrétienne

[Raisons humaines (se rattachant au *probabilisme*) d'adopter le christianisme. — Chaleur oratoire croissante, non sans beauté. — Repris avec puissance et sur des bases mathématiques par Pascal, dans ses *Pensées* (« L'argument du pari »).]

« Nous ne croyons pas, dites-vous, à la vérité des paroles du Christ. » — Eh quoi ? Ce que vous niez être vrai, la vérité n'en apparaît-elle pas évidente, chez vous, quand l'événement tout proche, bien que non encore subi, n'admet plus aucune dénégation ? — « Mais, il[1] n'apporte pas lui-même la preuve de ses promesses. » — Oui ; je vous l'ai dit : ce qui est à venir ne comporte pas de preuve. Mais puisque telle est la condition de l'avenir qu'aucune anticipation ne puisse le saisir ni l'embrasser, est-il plus saine raison, entre deux éventualités incertaines et prochaines, que de croire plutôt en celle qui donne quelque espoir qu'en celle qui n'en laisse absolument aucun ? Dans le premier cas, rien à craindre, si l'événement attendu se résout à rien, au néant ; dans l'autre, le dommage est immense (la perte du salut !), si, le moment venu, il se découvre que ce n'était pas un mensonge. Qu'en dites-vous, ô ignorants[2], qui méritez même qu'on pleure sur vous avec compassion ? Cette perspective ne vous épouvante pas, que puisse être vrai ce que vous méprisez, ce qui vous prête à rire ? Vous ne réfléchissez même pas, dans le secret de vos cœurs, que vos négations déraisonnables et obstinées d'aujourd'hui peuvent trouver, après un long temps, leur réfutation et leur irrévocable châtiment ? Ne trouvez-vous pas du moins des motifs de croire en voyant qu'en si peu de temps cette religion s'est immensément répandue à travers toutes les terres ; qu'il n'est plus un seul peuple, si barbare et cruel qu'il fût, dont elle n'ait, par son amour, adouci la dureté et qu'elle n'ait amené au calme et à des sentiments pacifiques[3] ; que des hommes du plus grand talent, orateurs, grammairiens, rhéteurs, jurisconsultes, et médecins, même de ceux qui scrutent les secrets de la philosophie[4], en recherchent les enseignements et méprisent les connaissances auxquelles naguère ils se fiaient ; que, plutôt que de trahir la foi chrétienne et les serments de la milice[5] du salut, des esclaves préfèrent être livrés par leurs maîtres à n'importe quel supplice, des femmes renoncer à leur mari, des enfants à l'héritage de leurs parents ; que, malgré toutes les peines que vous édictez contre les sectateurs de cette religion, sa puissance s'accroît, son peuple se raidit plus courageusement contre toutes les menaces et les interdictions épouvantables et se trouve par les défenses mêmes aiguillonné à mieux aimer sa foi ?

Aduersus nationes, II, 4-5.

---

1. Jésus-Christ.
2. Outrage sanglant : un siècle avant, c'était les chrétiens qu'on traitait d'ignorants ou d'arriérés (voir p. 436 s.).
3. Pressentiment du rôle du christianisme, élément modérateur entre Rome et les Barbares.
4. Voir p. 444, n. 1-4.
5. La vie chrétienne est souvent représentée (ainsi qu'autrefois celle de certains philosophes) sous l'aspect de la discipline militaire et de la lutte.

LACTANCE
Né vers 250 - mort sous Constantin

L. Caecilius Firmianus, dit « Lactantius », avait été païen et élève d'Arnobe. Appelé comme rhéteur à Nicomédie, en Bithynie, où résidait l'empereur Dioclétien, il y trouva peu d'élèves (la ville était de langue grecque), eut des loisirs pour écrire, mais dut perdre son gagne-pain au moment de la persécution de 303-305. Sa vieillesse fut plus tranquille, l'empereur Constantin l'ayant chargé d'enseigner la littérature latine à son fils Crispus (né en 307).

Ses œuvres. — Lactance avait, avant sa conversion, composé des vers, discuté des points d'érudition, écrit des lettres fastidieuses (au dire du pape Damase) : le tout s'est perdu. Une fois chrétien, tous ses ouvrages furent dominés par l'idée de la Providence, idée plus philosophique d'abord que religieuse (dans le *De opificio Dei*), puis d'un christianisme de plus en plus ardent.

Sa grande œuvre est un exposé complet de la doctrine chrétienne, les *Diuinae institutiones*, en sept livres, où il cherche à montrer aux païens instruits et impartiaux non seulement que le polythéisme est indéfendable (l. I-II) et les systèmes philosophiques trompeurs (l. III), mais que la raison oblige à admettre les dogmes (l. IV) et surtout la morale du christianisme (l. V-VII). Des *Institutions Divines* il donna assez longtemps plus tard un abrégé *(Epitome)*, de plan et de doctrine plus fermes. Ses deux derniers ouvrages défendent l'idée que Dieu n'est pas impassible, qu'il est capable de « colère », par justice et par bonté même : le *De ira Dei* expose la thèse ; le *De mortibus persecutorum* (vers 315) l'appuie d'exemples, décrivant avec une brièveté triomphante les morts atroces des princes persécuteurs.

Leur valeur. — Le dessein de Lactance était grandiose : c'était dresser le christianisme comme un système philosophique en face de la sagesse païenne. Dans l'exécution, le génie a manqué. Pourtant Lactance a pris assez bien la suite de Cicéron et de la spéculation latine la plus nationale en donnant à la raison, à la justice et à la morale le pas sur le mysticisme et la théologie. Non qu'il néglige absolument ces parties : il a, par endroits, une sensibilité, une psychologie vraiment chrétiennes ; mais, surtout dans les *Institutions Divines*, il les subordonne à une sorte de rationalisme classique. Et son style aussi est cicéronien et classique, pur et harmonieux, plus bref et mordant seulement, avec certaines qualités du genre historique, dans le *De mortibus persecutorum*.

Faillite de la philosophie

[Conclusion vivante et à effet. — Besoin d'une direction ferme et pratique, tenant au tempérament professoral de l'auteur et aux nécessités de l'époque troublée où il vivait. — Rhétorique facile (expressions triplées sans progrès marqué ; abus des interrogations oratoires ; imprécision des attaques contre les philosophies particulières).]

Ainsi, de toute ma voix, j'atteste, je proclame, je déclare : voilà, voilà ce que tous les philosophes en leur vie entière ont cherché sans jamais pouvoir le découvrir, l'atteindre, le saisir, parce qu'ou bien ils s'en tinrent à une religion erronée ou bien ils supprimèrent complètement toute religion. Loin de nous, donc, tous ces gens qui, au lieu de former la vie humaine, la troublent ! Qu'enseignent-ils en effet, ou qui forment-ils, eux qui ne sont pas encore parvenus à se former eux-mêmes ? Quelle guérison attendre de malades, quelle direction d'aveugles ? A nous tous donc, qui avons souci de la sagesse, d'y contribuer. Attendrons-nous que Socrate sache quelque chose[1], ou qu'Anaxagore[2] rencontre la lumière au milieu des ténèbres, ou que Démocrite tire la vérité de son puits, ou qu'Empédocle[3] élargisse les chemins où va son intelligence, ou qu'Arcésilas et Carnéade[4] voient, sentent, comprennent ? Voici une voix du ciel qui enseigne la vérité et nous montre une lumière plus brillante que le soleil lui-même. Pourquoi nous faisons-nous tort à nous-mêmes et hésitons-nous à accueillir la sagesse, que des hommes savants, après avoir usé leur vie dans la recherche, n'ont pu encore trouver ? Qui veut être sage et bienheureux, qu'il entende la parole de Dieu, apprenne la justice, connaisse le mystère qui régit sa naissance[5], méprise l'humain, accueille le divin, afin de pouvoir obtenir ce bien suprême[6] pour lequel il est né.

Diuinae institutiones, III, 30, 4-8.

Le mystère de la croix

[Vigoureuse défense du symbole chrétien qui paraissait le plus scandaleux aux païens. — A la fois haute spéculation et croyances matérialistes. — Fermeté du développement.]

Je parlerai maintenant du mystère de la croix, pour que personne ne s'avise de dire : « S'il lui[7] fallait souffrir la mort, pas une mort infâme du moins ni hideuse, mais, en une certaine mesure, honorable ! » Oui, je sais que bien des gens, parce que le mot « croix » leur répugne, se dérobent à la vérité, quelque solide qu'en soit la théorie et grande la puissance.

Car, envoyé précisément pour aux plus humbles ouvrir la voie du salut, il se fit humble lui-même, pour les libérer. Il prit donc le genre de mort qu'on inflige communément aux humbles, afin que tous pussent l'imiter. Et puis, comme il devait ressusciter, il ne fallait pas qu'aucune partie de son corps fût coupée, aucun os rompu, ce qui arrive en cas de décapitation[8] : la croix était préférable, réservant pour la résurrection le corps avec tous ses os intacts. Ajoutez que la passion et la mort qu'il subissait devaient l'élever : au propre et au figuré, c'est ce que fit la croix, si bien que furent révélées à tous, dans sa passion même, et sa grandeur et sa vertu. Car, étendant sur le gibet ses mains, il ouvrit ses bras vers l'Orient et l'Occident, pour appeler au repos commun[9] tous les peuples des deux parties du monde. Quant à l'efficacité et à la puissance de ce signe, elles sont évidentes, puisqu'il n'est pas une bande de démons qui ne soit chassée et mise en fuite par ce signe[10]. Et de même que lui, avant sa passion, culbutait les démons par un mot, par un ordre, de même aujourd'hui par son nom et par le signe de sa passion les mêmes esprits immondes sont chassés des corps humains où ils se sont glissés : tourmentés, torturés, avouant qu'ils sont bien des démons, ils cèdent à Dieu qui les flagelle. Quelle espérance peuvent conserver en les pratiques de leur

1. Socrate faisait profession d'ignorer, mais pour mieux acquérir les vérités premières en interrogeant des hommes de toute espèce.
2. Philosophe spiritualiste, né à Clazomène (vers 500-428 av. J.-C.).
3. D'Agrigente, en Sicile (milieu du ve siècle).
4. Le fondateur (IIIe siècle) et le principal représentant (IIe siècle) de l'école sceptique nommée la Nouvelle-Académie.
5. Le péché originel.
6. La vie éternelle bienheureuse.
7. Il s'agit de Jésus-Christ.
8. Aussi les chrétiens enterraient-ils leurs morts, tandis que les païens conservaient l'habitude de les brûler.
9. Autre formule signifiant la paix éternelle des justes auprès de Dieu.
10. Des coupables, des malades étaient censés « possédés » par des démons, qu'il s'agissait de chasser religieusement : de là l'importance des « exorcistes » dans la primitive Église.

religion ces Grecs[1], si sages lorsqu'ils voient leurs dieux (qu'ils ne nient pas être justement les « démons »[2]) vaincus par des hommes armés du signe de la croix ?

Institutionum diuinarum epitome, 46.

Mort de Maximin Daïa

[Maximin Daïa s'était acharné à persécuter les chrétiens, en Orient, malgré Constantin et Licinius. Il mourut dans l'été de 313, sans qu'on puisse tenir pour rigoureusement historiques les détails donnés par Lactance. — Combinaison du réalisme le plus objectif avec la puissance visionnaire du croyant convaincu. — Sobriété expressive.]

Poursuivi par Licinius et son armée, Maximin regagna les défilés du Taurus, qu'il s'efforça de barrer avec des retranchements et des tours ; mais, brisant tous les obstacles, les vainqueurs l'en délogèrent ; et il se réfugia enfin à Tarse. Là, serré de près sur terre et sur mer sans aucun espoir d'échapper, plein d'anxiété et de crainte, il recourut à la mort comme au remède de tous les maux que Dieu accumulait sur sa tête. Mais d'abord, il se bourra de nourriture et se noya de vin, comme le font ceux qui pensent que c'est pour la dernière fois ; et, dans cet état, il absorba le poison. Mais la plénitude de l'estomac en gêna l'action, qui fut différée, mais produisit ensuite une langueur maligne, ressemblant à la peste, et qui ne prolongea sa vie qu'au prix de tortures. Le poison, commençant enfin à agir, lui brûlait les entrailles ; la douleur, insoutenable, emporta son esprit à un tel degré de fureur que, durant quatre jours, en proie à la folie, il prenait de la terre en ses mains pour la dévorer comme un affamé. Ensuite, après quantité d'horribles tourments, cognant sa tête contre les murs, les yeux lui jaillirent des orbites. Alors enfin, ayant perdu la vue, il commença à voir Dieu, au milieu de ses serviteurs vêtus de blanc[3], prêt à porter sentence sur lui. Et il s'écriait comme un homme à la torture, et disait que ce n'était pas lui, mais d'autres qui l'avaient fait[4] ; ensuite, comme contraint par les tourments, il confessait le Christ, sans cesser de le prier et de l'implorer d'avoir pitié de lui. Ainsi, au milieu de plaintes semblables à celles qu'il eût poussées sur un bûcher[5], il rendit son âme criminelle en un genre de mort affreux.

De mortibus persecutorum, 49.

Conclusion. — Avec Lactance se clôt la première période de la littérature chrétienne en même temps que l'ère des persécutions. Lui-même retient certains aspects du christianisme primitif, attendant par exemple la fin du monde comme toute proche. Mais il annonce aussi la période de triomphe, où le christianisme va devenir la religion maîtresse de l'Empire, et religion d'État, non sans contaminations réciproques entre les deux sociétés, païenne et chrétienne.

---

1. Le nom va devenir bientôt synonyme de « païens ».
2. Lactance joue sur le mot : dans l'ancien usage, δαίμων voulait dire « dieu » ; puis il signifia « génie », intermédiaire entre Dieu et l'homme ; enfin, « démon ».
3. Les saints.
4. Il parle des persécutions qu'il a ordonnées comme un enfant qui rejette, sans préciser, sa faute sur d'autres.
5. Annonciateur des peines de l'enfer.

BIBLIOGRAPHIE

Conditions historiques

G. BOISSIER, *Promenades archéologiques* (La Villa d'Hadrien) (Paris, 1906) ; GUSMAN, *La villa impériale de Tibur* (Paris, 1904) ; — LACOUR-GAYET, *Antonin le Pieux et son temps* (Paris, 1888) ; E. RENAN, *Marc-Aurèle et la fin du monde antique* (Paris, 1882) ; A. DE CEULENEER, *Essai sur la vie de Septime-Sévère* (Paris, 1880) ; L. HOMO, *Essai sur l'empereur Aurélien* (Paris, 1904) ; — A. PIGANIOL, *L'empereur Constantin* (Paris, 1932) ; N. H. BAYNES, *Constantine the Great and the Christian church* (Londres, 1931) ; J. BURCKHARDT [3]-STÄHELIN, *Das Zeitalter Constantin's des Grossen* (Stuttgart, 1929).

ROSTOVTZEFF, *The social and economic history of the Roman Empire*[2] (Oxford, 1957) ; E. CASTORINA, *I poetae novelli : Contributo alla storia della cultura Latina nel II secolo dopo Cristo* (Florence, 1949) ; R. MARACHE, *La critique littéraire de langue latine et le développement du goût archaïsant au IIe siècle de notre ère* (Rennes, 1952) [sur Aulu-Gelle et Fronton].

Fr. CUMONT, *Les religions orientales dans le paganisme romain*[4] (Paris, 1929) ; H. GRAILLOT, *Le culte de Cybèle, mère des Dieux, à Rome et dans l'Empire romain* (Paris, 1912) ; Fr. CUMONT, *Les mystères de Mithra*[3] (Bruxelles, 1913) ; — E. RENAN, *Histoire des origines du Christianisme* (Paris, 1869-1881) ; HARNACK, *Die Mission und Ausbreitung des Christentums in den ersten drei Jahrhunderten*[3] (Leipzig, 1915) ; P. WENDLAND, *Die hellenistisch-römische Kultur in ihren Beziehungen zu Judentum und Christentum. Die urchristlichen Literaturformen*[2-3] (Tübingen, 1912) ; L. DUCHESNE, *Histoire ancienne de l'Église* (Paris, 1906 ss.) ; Ch. GUIGNEBERT, *Le christianisme antique* (Paris, 1921) ; J. ZEILLER, *L'Empire romain et l'Église* (Paris, 1928) ; P. DE LABRIOLLE, *La réaction païenne* (Paris, 1934).

G. BOISSIER, *L'Afrique romaine*[4] (Paris, 1904) ; AUDOLLENT, *Carthage romaine* (Paris, 1901) ; P. MONCEAUX, *Les Africains* (Paris, 1894) ; P. MONCEAUX, *Histoire littéraire de l'Afrique chrétienne* (Paris, 1900 ss.).

1. L'HISTOIRE

Suétone

MANUSCRITS : Pour le *De grammaticis*, ceux du *Dialogue des Orateurs* (voir p. 409, *Tacite*) ; pour les *Vies* : *Memmianus* (Paris. 6115, IXe s.) ; *Vaticanus* 1904 (XIe-XIIe s.) ; 3 *Medicei* (Florence : XIe-XIIe s. et XIIIe s.).

ÉDITIONS : Princeps : Rome, 1470. — Du *De grammaticis et rhetoribus* : Reifferscheid (Leipzig, 1860), avec les fragments ; Robinson (Paris, 1925), avec comm. latin ; G. Bione (Palerme, 1939), crit. ; G. Brugnoli (*Teubner*, 1960). — Du *De poetis* : A. Rostagni (Turin, 1944), avec com. ; voir : Et. Paratore, *Una nuova ricostruzione del « De poetis » di Suetonio*[2] (Bari, 1950). — Des *Vies* : Ihm (Leipzig, 1907 ; et *Teubner*, 1927, nouv. éd., 1933 ss.) ; Ailloud (*Budé*, 1922), avec trad. française ; l. VII-VIII, par Mooney (Londres, 1930). — De *Vies* particulières (avec commentaires) : César, par Butler-Carry (New York, 1927) ; César et Auguste, par Wescott-Rankin (New York, 1918) ; Auguste, par A. Levi (Florence, 1951) ; Tibère 24-40, par Rietra (Amsterdam-Paris, 1928) ; Claude, par Smilda (Groningue, 1896) ; Galba à Domitien, par Mooney (Londres, 1930) ; Vespasien, par Braithwaite (Oxford, 1927) ; Titus, par Price (Menasha, Wisconsin, 1919) ; et par P. d'Hérouville (Liège, 1944) ; Domitien, par Janssen (Groningue, 1919) et Gephart (Philadelphie, 1922) ; *Opera*, trad. J. Icart (Barcelone, 1966-1971, 5 vol.) ; *De grammaticis et rhetoribus (grammatici e retori)*, éd. F. Della Corte (Turin, 1968) ; *Grammairiens et Rhéteurs*, éd. M. C. Vacher (Paris, *C.U.F.*, 1993) ; *Suetonius : De Grammaticis et Rhetoribus*, trad. intro. et commentaire par R. A. Kaster (Oxford, 1995).

ÉTUDES : Fr. LEO, *Die griech-römische Biographie nach ihrer literarischen Form* (Leipzig, 1901) ; MACÉ, *Essai sur Suétone* (Paris, 1900) ; F. DELLA CORTE, *Suetonio eques Romanus* (Milan-Varese, 1958) ; W. STEIDLE, *Sueton und die antike Biographie* (Munich, 1951) ; C. BRUTSCHER, *Analysen zu Suetons Divus Julius und der Parallel-überlieferung* (Berne-Stuttgart, 1958) ; J. COUISSIN, *Suétone physiognomoniste dans les Vies des XII Césars* (*Rev. d'Ét. lat.*, XXXI, 1953) ; L. BRAUN, *Vitellius und Tiberius bei Tacitus und Sueton* dans WJA, XVI (1990) ; G. BRUGNOLI, *Studi Suetoniani* (Lecce, 1968) ; E. CIZEK, *Structures et idéologie dans les Vies des Douze Césars de Suétone* (Bucarest-Paris, 1977) ; L. DE CONNINCK, *Les sources documentaires de Suétone, Les Douze Césars 1900-1990, ANRW*, II, 33, 5 ; D. HURLEY, *A historical and historiographical commentary on Suetonius' Life of C. Caligula* (Diss. Columbia Univ. New York, 1991) ; J. GASCOU, *Suétone Historien* (Rome, 1984) ; B. MOUCHOVA, *Studie zu Kaiserbiographien Suetons* (Prague, 1968) ; W. STEILDE, *Sueton und die antike Biographie* (Munich, 1963) ; T. VILJAMAA, *Suetonius on Roman teachers of grammar, ANRW*, II, 33, 5 ; E. CIZEK, *Structure du De grammaticis et rhetoribus*, dans *R.E.L.*, 52 (1974).

TRANSMISSION DES TEXTES : G. GARDENAL, *Poliziano e Suetonio. Contributo alla storia della filologia umanistica* (Florence, 1975) ; E. K. RAND, *On the History of the De Uita Caesarum of Suetonius in the Early Middle Ages, H.S.C.P.*, 37 (1926).

BIBLIOGRAPHIE : P. GALAND-HALLYN, *Bibliographie suétonienne (Les Vies des Douze Césars), 1950-1988 : vers une réhabilitation*, dans *ANRW*, II, 33, 5.

LEXIQUE : A. A. HOWARD-C. N. JACKSON, *Index uerborum C. Suetonii Tranquilli stilique eius proprietatum nonnullarum* (Cambridge, Mass., 1922 ; Hildesheim, Olms, 1963).

Florus

MANUSCRIT : de Bamberg (IXe s.).

ÉDITIONS : Rossbach (*Teubner*, 1896) ; Forster-Rolfe (Londres, 1929), avec trad. anglaise ; E. Malcovati (Rome, 1938), crit. ; Velléius Paterculus et Florus, par Hainsselin-Watelet (Paris, 1932), avec trad. française ; *Epitomae de Tito Liuio bellorum omnium annorum DCC libri II*, éd. et trad., P. Jal, (Paris, *C.U.F.*, 2 vol., 1967) ; éd. et trad. J. Icar (Barcelone, 1980-81) ; C. di GIOVINE, *Flori Carmina* (Bologne, 1988, avec intro. de 72 pages).

ÉTUDES : P. MONCEAUX, *Les Africains* (p. 193-219) ; S. LILLIEDAHL, *Florusstudien* (Lund-Leipzig, 1928) ; J. M. ALONSO-NÚÑEZ, *Die politische und soziale Ideologie des Geschichtsschreibers Florus* ; A. DELLA CASA, *Gli epigrammi di Floro*, dans *C.C.C.*, XII (1991) ; C. T. FACCHINI, *Il proemio di Floro : la struttura concettuale e formale* (Bologne, 1990).

TRANSMISSION DES TEXTES : D. M. REEVE, *The transmission of Florus and the Periochae again*, dans *C. Q.*, LXI, 1991.

LEXIQUE : M. L. FELE, *Lexicon Florianum* (Hildesheim, Olms, 1975) (id. *Lexicon Florianum*, Additamenta, Ann. Fac. Mag. Cagliari, 2, 1977-78).

QUESTION PARTICULIÈRE : Ne doit-on pas identifier l'historien avec un rhéteur et un poète qui portent le même nom ?

Justin

MANUSCRITS : deux familles, l'une représentée par un seul *Laurentianus* (XIe s., Florence). — ÉDITIONS : Rühl-O. Seel (*Teubner*, 1935) ; Galdi (Milan, 1923) ; *Epitoma historiarum Philippicarum Pompei Trogi*, éd. O. Seel (Stuttgart, *Teubner*, 1985 [2]). — ÉTUDES : A. PETERSSON, *De Epitoma Justini quaestiones criticae* (Upsal, 1926) ; L. CASTIGLIONI, *Studi intorno alle Storie Filippiche di Giustino* (Naples, 1925, et *Mouseion*, t. I ss.) ; P. JAL, *À propos des Histoires philippiques. Quelques remarques*, dans REL, LXV (1987) ; N. G. L. HAMMOND, *The sources of Justin on Macedonia to the death of Philip*, dans *Classical Quarterly* (1991) ; F. J. GÓMEZ ESPELOSÍN, *Plutarch and Justin on Aristotimus of Elis*, dans *AJPh.*, CXII (1991).

LEXIQUE : O. EICHERT, *Vollständinges Wörterbuch zur philippischen Gesh. des Iustinus* (Hildesheim, Olms, 1967).

L'Histoire Auguste

MANUSCRITS : *Palatino-Vaticanus* (IXe s.) ; *Bambergensis* (IXe-Xe s.), etc. — ÉDITIONS : Hohl (*Teubner*, 1927 [repr. 1965]) ; D. Magie (Londres, 1921 ss.), avec trad. anglaise ; éd. E. Hohl (Leipzig, *Teubner*, 1955-1971) ; éd. J.-P. Callu (Paris, *C.U.F.*), t. I, 1re partie *(Vies d'Hadrien, Aelius et Antonin)* (1992) ; t. III, 1re partie *(Vies de Macrin, Diaduménien et Héliogabale)* (1993). — ÉTUDES : LÉCRIVAIN, *Études sur l'Histoire Auguste* (Paris, 1904) ; L. HOMO, *Les documents de l'Histoire Auguste et leur valeur historique* (*Revue historique*, 1926) ; N. BAYNES, *The Historia Augusta, its Date and Purpose*

(Oxford, 1926) ; W. HARTKE, *Geschichte und Politik im spätantiken Rom : Untersuch, über die Scriptores Historiae Augustae* (*Klio*, Beiheft XLV, 1940) ; J. STRAUB, *Studien zur Historia Augusta* (Berne, 1952) ; H. STERN, *Date et destinataire de l'Hist. Aug.* (Paris, 1953) ; *Colloquium* (Bonn, 1964).

C. BERTRAND-DAGENBACH, *Alexandre Sévère et l'Histoire Auguste* (Bruxelles, 1990) ; *G. Bonamente, L'apoteosi degli imperatori romani nell' Historia Augusta*, dans *MGR*, XV (1990) ; *Bonner Historia Augusta Colloquium 1986/1989*, éd. Rosen Klaus (Bonn, 1991) ; K. H. STUBENRAUCH, *Kompositionsproblem der* Historia Augusta (Göttingen, 1982) ; R. SYME, *Emperors and Biography. Studies in the* Historia Augusta (Oxford, 1971).

TRANSMISSION DES TEXTES : J.-P. CALLU et O. DESBORDES, *Le « quattrocento » de l'Histoire Auguste*, dans RHT, XIX (1989).

BIBLIOGRAPHIE : E. W. MERTEN, *Stellenbibliographie zur Historia Augusta*.

2. L'ÉLOQUENCE ET LA PROSE D'ART

Fronton

MANUSCRIT : Fragments à Rome (Vatican) et Milan d'un ms. palimpseste (VIe s.).

ÉDITIONS : Naber (Leipzig, 1867) ; Haines (Londres, 1919-1920), avec trad. anglaise ; *Epistulae*, I, par M. P. J. Van den Hout (Leyde, 1954) ; M. P. J. Van den Hout, *Epistulae* (Leipzig, *Teubner*, 1988) ; *The Meditations of Marcus Aurelius Antoninus* (trad. A.S.L. Farquharson) *and a selection from the letters of Marcus and Fronton* (trad. avec intro. et notes par R. B. Rutherford) (Oxford, 1989). — ÉTUDES : P;. MONCEAUX, *Les Africains* (p. 211-242) ; E. DROZ, *De Frontonis institutione oratoria ;* M. D. BROCK, *Studies in Fronto and his Age* (Cambridge, 1911) ; F. PORTALUPI, *Marco Cornelio Frontone* (Turin, 1961) ; R. MARACHE, *La critique littéraire de langue latine... au IIe siècle de notre ère* (Rennes, 1952) et *Mots nouveaux et mots archaïques chez Fronton et A. G.* (Paris, 1957) ; B. BALDWIN, *Fronto and the Christians*, dans *Illinois Classical Studies* (1990) ; P. V. COVA, *I Principia historiæ e le idee storiografiche di Frontone* (Naples, 1970) ; P. GRIMAL, *Ce que Marc-Aurèle doit à Fronton*, dans REL, LXVIII, 1990 ; M. LEONE, *Frontone come fonte storica*, dans A.A. Palermo (1981-1982) ; F. PORTALUPPI, *Umgangssprache e Kunstprache in Frontone*, dans *CCC*, X (1989), *La presenza di Orazio nell'epistolario frontoniano*, dans *CCC*, XII (1991).

LEXIQUE : F. FONTANELLA, M. OLIVETTI, M. RAMELLA VOTTA, *Index uerborum mit statistischen Aufstellungen zu De nepote amisso, De feriis Alsiensibus, Arion, Laudes fumi et pulueris, laudes neglegentiae von M. C. Fronton* (Hildesheim-New York, 1981).

Apulée

MANUSCRITS : Ils dérivent tous du seul *Laurentianus* 68, 2 (Florence, XIe s.)

ÉDITIONS : Princeps : Rome, 1469 ; — R. Helm-P. Thomas[3-4] (*Teubner*, 1908-1931). — De l'*Apologie*, avec commentaire C. Marchesi (Castello Lapi, 1914) ; Butler-Owen (Oxford, 1914). — De l'*Apologie* et des *Florides* : P. Vallette (*Budé*, 1924), avec trad. franç. — Des *Métamorphoses* : Adlington-Gaselee (Londres, 1915), avec trad. angl. ; Giarratano[2] - Frassinetti (*Paravia*, 1960) ; D. S. Robertson-Vallette (*Budé*, 1940-1945). — Partielles, commentées : L'Amour et Psyché, par Purser (Londres, 1910) ; par D. S. Robertson, et par E. Neumann (Zurich, 1952) ; par P. Grimal (*Érasme*, 1963) ; livre XI, par Médan (Paris, 1925). Commentaire du l. I par M. Molt (Groningue, 1940), du l. II par B. I. de Jonge (Groningue, 1941), du l. V par J. M. H. Fernhout (Groningue, 1949).

TRADUCTIONS : Françaises : complète par V. Bétolaud[2] (Paris, 1861) ; de l'*Apologie*, des *Florides* et des *Métamorphoses*, par Vallette (*Budé*, 1924-1947). — Des *Métamorphoses* : allemandes, par A. Rohde (Berlin, 1920) ; R. Helm (Berlin, 1961) ; Schmidt-Janthur (Berlin, 1924) ; A. Rode-E. Burck (Hambourg, 1961) ; italienne, par F. Martini (Rome, 1927).

Métamorphoses, I, *Books I-VI ;* II, *VII-XI*, by Hanson John Arthur (Cambridge, 1989) ; *Metamorphosen oder Der Golden Esel*, éd. R. Helm (Leipzig, *Teubner*, 1992, 1907 [1]) ; *Métamorphoses*, éd. D. S. Robertson, l. I-III (1940, 1989 [5]), l. IV-VI (1941, 1992 [7]), l. VII-XI (1945, 1985 [6]) (Paris, *C.U.F.*) ; *Apuleius : The Golden Ass*, trad., intro. et notes par P. G. Walsh (Oxford, 1995) ; *Apuleyo, El asno de oro*, éd. Pejenaute Rubio Francisco : *Akal/Clàsica* n° 11 (Madrid, 1988) ; trad. seule ; E. J. KENNEY, *Apuleius, Cupid and Psyche* (Cambridge, 1990) ; C. L. PURSER, *The story of Cupid and Psyche*, éd., intro., notes (New Rochelle-New York, 1983) ; Cl. MORESCHINI, *La novella di Amore e Psyche* (Padoue, 1991) ; *Apuleio, De mundo*, a cura di Bajoni Maria Grazia, Coll. Filio di perle, n° 40 (Pordenone, *éd. Studio Tesi*, 1991) ; *Opuscules philosophiques et fragments (Du Dieu de Socrate, Platon et sa doctrine, Du monde)*, éd. J. Beaujeu (Paris, *C.U.F.*, 1973) ; *De philosophia libri*, éd. Cl. Moreschini (Stuttgart-Leipzig, *Teubner*, 1991) ; *Florida*, éd. Helm (Stuttgart, *Teubner*, 1993, 1910 [1]) ; *Apologie. Florides*, éd.

P. Vallette (Paris, *C.U.F.*, 1924, 1971 [3]) ; *Apologia (De magia)*, éd. R. Helm (Stuttgart, 1994, 1912 [1]) ; *Apologia*, éd. et trad. G. Augello, *Apuleio II* (Turin, 1984).

ÉTUDES : P. MONCEAUX, *Apulée* (Paris, 1889) ; E. COCCHIA, *Romanzo e realtà nella vita e nell'attività letteraria di Lucio Apuleio* (Catane, 1915) ; P. VALLETTE, *L'Apologie d'Apulée* (Paris, 1908) ; E. M. HAIGHT, *Apuleius and his influence* (New York, 1927). — M. BERNHARD, *Der Stil des Apuleius von Madaura* (Tübingen, 1927) ; P. MÉDAN, *La latinité d'Apulée dans les Métamorphoses* (Paris, 1926) ; P. JUNGHANNS, *Die Erzählungstechnik von Apuleius' Metamorphosen und ihrer Vorlage* (*Philologus, Suppl. Band XXIV*, 1, 1932) ; R. HELM, *Apuleius' Apologia, ein Meisterwerk der zweiten Sophistik* (*Das Altertum*, I, 1955).

M. VON ALBRECHT, *Masters of Roman Prose from Cato to Apuleius. Interpretative studies* (Leeds, *F. Cairns*, 1989, trad. de l'éd. allemande parue à Heidelberg en 1971) ; J. BEAUJEU, *Sérieux et frivolité au IIe siècle de notre ère : Apulée*, dans *B.A.G.B.* (1975) ; L. CALLEBAT, *Sermo cotidianus dans les Métamorphoses d'Apulée* (Caen, 1969) ; *Aspects of Apuleius' Golden Ass* (Groningue, 1978) ; N. FICK, *Les histoires d'empoisonnement dans les Métamorphoses d'Apulée* dans *Groningen colloquia on the novel*, IV (1991) ; *Art et mystique dans les Métamorphoses d'Apulée* (Paris, 1991) ; P. A. GRAMAGLIA, *La novella di Cupido e Psyche. Genere litterario e interpretazione*, dans *Interpretazione e riconoscimento. Atti del decimo colloquio sulla interpretazione* (Macerata, 1991) ; J. K. KRABBE, *The Metamorphoses of Apuleius* (Bern Lang, 1989) ; A. MARCHETTA, *L'autenticità apuleiana del Del Mundo* (L'Aquila-Rome, 1991) ; G. MAZZOLI, *L'oro dell' asino*, dans *Aufidus*, n° 10 (1990) ; C. C. SCHLAM, *The Metamorphoses of Apuleius : on making an ass of oneself* (Chapel Hill-Londres, 1992) ; P. G. WALSH, *The Roman Novel. The « Satyricon » of Petronius and the « Metamorphoses » of Apuleius* (*Cambridge University Press*, 1970).

LEXIQUE : W. A. OLDFATHER, H. V. CANTER, B. E. PERRY, *Index Apuleianus* (Middletown, 1934, Hildesheim Olms, 1979).

3. L'ÉRUDITION

Les grammairiens

H. KEIL, *Grammatici Latini*, VII. — Pour Acron et Porphyrion, voir plus haut, p. 250, *Horace*. — ÉDITIONS : de Censorinus, par O. Jahn (Berlin, 1845 ; réimpr. Amsterdam, 1964) ; de Solin, par Th. Mommsen [2] (Berlin, 1895).

Censorinus

De Die natali, traduction annotée, par G. Rocca Serra (Paris, 1980) ; *Censorinus, Betrachtungen zum Tag der Geburt, De Die Natali*, éd. K. Sallmann (Leipzig, *Teubner*, 1988) ; Censorini, *De die natali liber ad Q. Caerelilum*, pref., testo critico, trad. e commento e cura di Carmelo A. Rapisarda (Bologne, 1991).

TRANSMISSION ET RÉCEPTION DU TEXTE : *The Reception of Censorinus' De Die Natali in Pre-Renaissance Europe, Antichton*, 14 (1980) ; A. C. RAPISARDA, *Fondamenti della tradizione manoscritta di Censorino*, dans *G.I.F.*, XLI (1989).

Aulu-Gelle

MANUSCRITS : Les plus anciens ne contiennent qu'un groupe de livres, ou I-VIII (Palimpseste du Vatican, VIe s. ?), ou IX-XX (mss. de Leyde et du Vatican, Xe s.). — ÉDITIONS : Hosius (*Teubner*, 1993) ; Rolfe (Londres-New York, 1927-1928), avec trad. angl. ; d'extraits et de la Préface (avec commentaire), par P. Faider (Mons, 1924, et Liège, 1927) ; du l. I, par M. Hornsby (Dublin, 1936) ; *Nuits attiques*, éd. R. Marache, T. I (L. I-IV) (1967) ; T. II (L. V-X) (1978) ; T. III (L. IX-XIII) (1989) ; *Noctes Atticae*, éd. P. K. Marshall (2 volumes, I : 1-10, II : 11-20) (Oxford, 1968, 1990 [2]) ; éd. G. Bernardi Perini (Turin, 1992). — ÉTUDES : MONCEAUX, *Les Africains* (p. 249-264) ; DEWAULE, *A. Gellius quatenus philosophiae studuerit* (Toulouse, 1891) ; ROMANO, *La critica letteraria in Aulo Gellio* (Turin, 1900) ; R. MARACHE, *La critique littéraire de langue latine... au IIe siècle de notre ère* (Rennes, 1952) et *Mots nouveaux et mots archaïques chez Fronton et Aulu-Gelle* (Paris, 1957) ; J. COLLART, *Observations sur A.-G. grammairien* (*Rev. des Ét. lat.*, XLIII, 1965) ; L. HOLFORD-STREVENS, *Aulus Gellius* (Chapel Hill, 1989).

BIBLIOGRAPHIE : F. FINNOCHIARO, *Bibliografia gelliana (1931-1986)* (Messine, 1989).

LEXIQUE : J. J. ISO, *Concordia in Auli Gellii Noctes Atticas* (Hildesheim, 1991).

Les juristes

HUSCHKE-SECKEL-KÜBLER, *Jurisprudentiae anteiustinianae quae supersunt* (*Teubner*, 1908-1927). — Gaïus : éd. Seckel-Kubler[6] (*Teubner*, 1928) ; Poste[4] - Whittuk (1904), avec comm. et trad. anglaise : J. Reinach (*Budé*, 1950), avec trad. franç. ; M. David-H. L. W. Nelson (Leyde, 1952), avec comm. allemand.

4. LA LITTÉRATURE CHRÉTIENNE

C. MOHRMANN, *Études sur le latin des chrétiens* (Rome, 1958-1965) ; J. SCHRIJNEN, *Charakteristki des altchristlichen Lateins* (Nimègue, 1932) ; E. DEKKER-E. GAAR, *Clavis Patrum latinorum*[2] (Bruges, 1961). — F. VAN DER MEER-Chr. MOHRMANN, *Atlas de l'Antiquité chrétienne* (Paris-Bruxelles, 1960).

Tertullien

MANUSCRITS : le seul vraiment bon est l'*Agobardinus* (Paris, IXe s.). Autres à Montpellier (XIe s.) et Sélestat.

ÉDITIONS : *Patrologie latine* de Migne, t. I-II ; *Corpus Scriptorum ecclesiasticorum* de l'Académie de Vienne, vol. XX, 1 ; XLVII ; LXIX, LXX (1890 ss.) ; *Corpus Christianorum Scriptorum latinorum*, I, 1 ss., par Dekkers-Borleffs (Turnhout, 1953 ss.) ; — *Ad nationes* et *De testimonio animae* ; M. Haidenthaller (Paderborn, 1942), avec trad. et comm. all. ; C. Tibiletti (Turin, 1959), avec comm. — *Ad nationes* : Borleffs (Leyde, 1929) ; *Le premier livre Ad nationes*, texte, trad., comm., par A. Schneider (Inst. Suisse de Rome, 1968). — *Aduersus Iudaeos* : H. Tränkle (Wiesbaden, 1964) : — *Apologeticum* : Löfstedt (Lund, 1915) ; Mayor (Cambridge, 1917), avec trad. angl. par Souter et comm. ; Souter (Aberdeen, 1926) ; Waltzing (*Budé*, 1929), avec trad. franç., et *Commentaire* (Liège, 1919) ; C. Becker (Munich, 1962), avec trad. et comm. all. ; du même : *Apol. : Werden und Leistung* (Munich, 1954) ; — *Aduersus Hermogenem* : J. H. Waszink (Utrecht, 1956). — *Aduersus Praxean* : G. Scarpat (Turin, 1959), avec trad. ital. — *Ad Scapulam* : A. Quacquarelli (Rome, 1957), avec comm. — *De anima* : J. H. Waszink (Amsterdam, 1947) ; — *De baptismo* : Rauschen (Bonn, 1915) ; Borleffs (Leyde, 1921) ; R. F. Refoulé (Paris, 1952) ; B. LUISELLI (*Paravia*, [1960]) ; — *De corona, De cultu feminarum* : Marra[2] (*Paravia*, 1927 et 1951) ; *De corona* : J. Fontaine (*Érasme*, 1966) ; *De fuga* : J.-J. Thierry (Amsterdam, 1941), avec trad. et comm. néerlandais ; — *De oratione* : Muncey (Londres, 1924) : C. F. Diercks (Amsterdam, 1947), avec comm. néerl. ; — *De paenitentia, De pudicitia* : de Labriolle (Paris, 1907), avec comm. ; Rauschen (Bonn, 1915) ; — *De paenitentia* : Borleffs (*Mnemosyne*, 1932) ; — *De pallio* : A. Gerlo (Watteren, 1940), avec trad. et comm. flamands ; — *De praescriptione haereticorum* : de Labriolle (Paris, 1907), nouv. éd. par R. F. Refoulé (1957), avec trad. et comm. ; Rauschen[2] - Martin (Bonn, 1930) ; *De spectaculis* : Boulanger (Strasbourg-Paris, 1933) ; E. Castorina (Florence, 1961) ; La coll. *Sources Chrétiennes* (Éditions du Cerf) a entrepris un « Tertullien en français » ; ont été pour l'instant publiés (introduction, édition critique, traduction et commentaire) : *À son épouse*, éd. C. Munier, 1980 ; *Contre les Valentiniens*, t. I (intro., texte et trad.), J.-C. Fredouille, 1980 ; t. II (commentaire et index), J.-C. Fredouille, 1984 ; *De la pénitence*, éd. C. Munier, 1984 ; *Exhortation à la chasteté*, éd. C. Moreschini, J.-C. Fredouille, 1985 ; *Contre Marcion*, éd. René Braun, livre I, 1990 ; livre II, 1991 ; livre III, 1994 ; *Le mariage unique*, éd. Paul Mattei, 1988 ; *La pudicité*, éd. C. Micaelli, C. Munier, 1993 (2 vol.) ; *Les spectacles*, éd. M. Turcan (Paris, 1986).

AUTRES ÉDITIONS : *Aduersus Marcionem libri V*, éd. E. Evans (Oxford, 1972, 2 vol.) ; *Contro Prassea*. Edizione critica con introduzione, traduzione italiana, note e indici a cura di Giuseppe Scarpat (coll. « Corona Patrum », 12) (Turin, *Società Editrice Internazionale*, 1985) ; *Aux martyrs*, trad. Fr. Papillon, dans *Le martyre dans l'antiquité chrétienne* (Paris, 1990) ; *À sa femme*, trad. par F. Quéré, dans *Mariage et virginité dans l'Église ancienne* (Paris, 1990) ; *De exhortatione castitatis. (Ermahnung zur Keuschteit)*, éd. et trad. H. V. Friedrich (Stuttgart, *Teubner*, 1990) ; *La resurrezione dei morti*, trad. intro. et notes par Cl. Micaelli (Rome, 1990) ; *Scorpiace*, texte trad. et commentaire par G. Azzali Bernardelli (Florence, 1990).

ÉTUDES : J. TURMEL, *Tertullien* (Paris, 1905) ; Ch. GUIGNEBERT, *Tertullien : étude sur ses sentiments à l'égard de l'Empire et de la société civile* (Paris, 1901) ; J. LORTZ, *Tertullian als Apologet* (Münster i. W., 1927-1928) ; Th. BRANDT, *Tertullians Ethik* (Gütersloh, 1928) ; B. AXELSON, *Das Prioritätproblem Tertullian-Minucius Felix* (Lund, 1941) ; D. VAN BERCHEM, *Le Se Pallio de Tert., et le conflit du Christianisme et de l'Empire* (*Mus. Helveticum*, 1944) ; G. SÄFLUND, *De pallio und die stilistische Entwicklung Tertullians* (Lund, 1955). — H. HOPPE, *De sermone Tertullianeo quaestiones selectae* (Diss. Marburg, 1897) ; *Syntax und Stil des Tertullian* (Leipzig, 1903) ; *Beiträge zur Sprache und Kritik Ter-*

tullians (Lund, 1932) ; E. LÖFSTEDT, *Zur Sprache Tertullians* (Lund, 1920) ; St. W. J. TEEUWEN, *Sprachlicher Bedeutungswandel bei Tertullian* (Paderborn, 1926) ; Chr. MOHRMANN, *Observations sur la langue et le style de Tertullien* (*Nuovo Didaskaleion*, IV, 1950-1951) ; R. BRAUN, *Deus Christianorum* [sur le vocab. de Tert.] (Paris, 1962).

ÉTUDES : A. ALÈS, *La théologie de Tertullien* (Paris, 1905) (réimpression, Brescia, 1971) ; T. D. BARNES, *Tertullian. A historical and literary Study* (Oxford, 1971, 1985 [2]) ; R. BRAUN, *Approches de Tertullien* (Paris, 1972) ; J.-C. FREDOUILLE, *Tertullien et la conversion de la culture antique* (Paris, 1972) ; *Hommage à René Braun*, II : *Autour de Tertullien*, textes réunis par J. Granarolo et M. Biraud (Nice et Paris, 1990) ; T. MICHAÉLIDÈS, *« Sacramentum » chez Tertullien* (Paris, 1970) ; J. MOINGT, *Théologie trinitaire de Tertullien*, 4 volumes (Paris, 1966-1971) ; C. RAMBAUX, *Tertullien face aux morales des trois premiers siècles* (Paris, 1979) ; M. SPANNEUT, *Tertullien et les premiers moralistes africains* (Paris, 1969). Et les *Chronica Tertullianea et Cyprianea* dans la *Revue des Études Augustiniennes.*

LEXIQUE : G. CLAESSON, *Index Tertullianus* (Paris, 1974-1975, 3 vol.) ; J. MOINGT, *Théologie trinitaire de Tertullien*, t. IV : Répertoire lexicographique et tables (Paris, 1969) ; H. QUELLET, *Concordance verbale du De corona de Tertullien* (Hildesheim, *Olms*, 1975) ; *Concordance verbale du De cultu feminarum de Tertullien* (Hildesheim, 1986) ; *Concordance verbale du De patientia de Tertullien* (Hildesheim-Zürich-New York, 1988) ; J. H. WAZINK, *Index uerborum et locutionum quae Tertulliani De anima libro continentur* (Hildesheim, *Olms*, 1971, réimpr. éd. Bonn, 1935).

Minucius Félix

MANUSCRIT : *Parisinus* (IXe s.), qui donne l'*Octavius* comme VIIIe livre d'Arnobe.

ÉDITIONS : M. Pellegrino [2] (*Paravia*, 1963) ; Waltzing [2] (*Teubner*, 1926) ; J. Martin (Bonn, 1930) ; — Avec commentaires : Fahy (Dublin-Belfast, 1919) ; J. Van Wageningen (Utrecht, 1923) ; H. von Geisau (Münster, 1927) ; G. Quispel (Leyde, 1949) ; *Octauius*, éd. J. Beaujeu (Paris, *C.U.F.*, 1964, 1974 [2]) ; éd. et trad. E. Paratore (Bari, 1971) ; éd. B. Kytzler (Stuttgart, Leipzig, 1982, 1992 [2]).

ÉTUDES : J. P. WALTZING, *Lexicon Minucianum* (Liège-Paris, 1909). — G. BOISSIER, *La fin du Paganisme* (Paris, 1891), I, p. 261-290 ; H. J. BAYLIS, *Minucius Felix and his place among the early fathers on the latin church* (Londres, 1928) ; M. VON ALBRECHT, *M. Minucius Felix as a Christian humanist*, dans ICS, XII (1987) ; A. M. ALDAMA, *El Octavius de Minucius Felix : puntos discutidos*, dans Éclas, XXIX (1987) ; M. RIZZI, *Amicitia e veritas : il prologo dell'Octavius di Minucius Felix*, dans *Aevum(ant)*, III (1990).

LEXIQUE : B. KYTZLER, D. NAJOCK, *Computer-Konkordanz zum Octauius des Minucius Felix* (Hildesheim, 1990).

Saint Cyprien

MANUSCRITS : très nombreux, et certains très anciens : *Seguerianus, Taurinensis, Aurelianensis...* (VIe-VIIe s.) pour les traités ; de Vienne, Troyes, Rome (IXe-Xe s.), Munich (XVe s.) pour les lettres.

ÉDITIONS : *Patrologie latine* de Migne, t. IV ; *Corpus Script. Eccl. latinorum* de Vienne, vol. III, par G. von Hartel (1868-1871). — *De habitu virginum :* Keenan (Washington, 1932), avec comm. et trad. angl. ; — *De immortalitate* et *Xe Lettre :* Pauchenne (Liège, 1930) ; — *De Lapsis :* J. Martin (Bonn, 1930) ; *De opere et eleemosynis :* E. V. Rebenack (Washington, 1962). — *De unitate Ecclesiae :* Blakeney (Londres, 1927), avec trad. angl. ; P. de Labriolle (Paris, 1942), avec trad. et comm. franç. ; — *Lettres :* Bayard (*Budé*, 1925), avec trad. franç. ; *The Letters of St. Cyprian*, trad. et notes par W. G. Clarke (New York, 4 vol., 1984-1989) ; *A Donat, La Vertu de patience*, éd. J. Molager, 1982.

ÉTUDES : M. MONCEAUX, *Saint Cyprien, évêque de Carthage (210-258)* (Paris, 1913) ; *Saint Cyprien et son temps* (*Histoire littéraire de l'Afrique chrétienne*, t. II) (Paris, 1902) ; A. d'ALÈS, *La théologie de saint Cyprien* (Paris, 1922) ; BAYARD, *Le latin de saint Cyprien* (Paris, 1902) ; MERKX, *Zur Syntax der Kasus und Tempora in den Traktaten des hl. Cyprian* (Nimègue, 1930) ; A. C. BOBERTZ, *Cyprian of Carthage as patron : a social historical story of the role of bishop in the ancient Christian community of North Africa* (Diss. Yale University, New Haven, 1988) ; S. DÉLÉANI, *Une typologie du martyre chrétien : la Passion des frères Maccabées et de leur mère selon Cyprien*, dans *Figures de l'Ancien Testament chez les Pères* (Strasbourg, 1989).

LEXIQUE : *Cyprien, Traités, Concordance. Documentation lexicale et grammaticale* (Hildesheim, 1986), P. Bouet et alii.

Arnobe

MANUSCRIT : *Parisinus* (IXe s.), contenant aussi l'*Octavius*.

ÉDITIONS : *Patrologie latine* de Migne, t. V ; *Corpus Script. Eccl. latinorum* de Vienne, vol. IV, par Reifferscheid (1875) ; C. Marchesi[2] (*Paravia*, 1953) ; *Contre les Gentils*, L. 1, éd. H. Le Bonniec (Paris, *C.U.F.*, 1982).

ÉTUDES : F. GABARROU, *Arnobe, son œuvre* (Paris, 1921), *Le latin d'Arnobe* (Paris, 1921) ; W. KROLL, *Arnobiusstudien* (*Rheinisches Museum*, LXXII) ; E. LÖFSTEDT, *Arnobiana* (Lund-Leipzig, 1917) ; H. HAGENDAHL, *La prose métrique d'Arnobe* (Göteborg, 1937) ; B. Amata, *Problemi di antropologia arnobiana* (Rome, 1984) ; P. SANTORELLI, *Parodia virgiliana in Arnobio*, dans Maia, XLI, 1989 ; M. BLAND SIMMONS, *Arnobius of Sicca : Religious Conflict and Competition in the Age of Diocletian* (Oxford, 1995).

LEXIQUE : L. BERKOWITZ, *Index Arnobianus*, *Alpha-Omega*, 6 (Hildesheim, *Olms*, 1967).

Lactance

MANUSCRITS : Nombreux, et différents suivant les traités, depuis le VIe siècle : *Bononiensis* (Bologne), *Sangallensis*, à Orléans, etc. Le *De mortibus persecutorum* dans un *Colbertinus* de Paris (IXe s.).

ÉDITIONS : *Patrologie latine* de Migne, t. VI-VII ; *Corpus Script. Eccl. latinorum* de Vienne, vol. XIX et XXVII, par Brandt-Laubmann (1890 ss.) ; LACTANTIUS, *De mortibus persecutorum*, éd. et trad. par J. L. Creed (Oxford, 1984) ; *De la mort des persécuteurs*, éd. J. Moreau, *S.C.* (1996[6]) ; *La colère de Dieu*, éd. Chr. Ingremeau (Paris, *S.C.*, 1982) ; *L'ouvrage du Dieu créateur*, éd. M. Perrin (Paris, *S.C.*, 1974, 2 vol.) ; *Épitomé des Institutions divines*, éd. M. Perrin (Paris, *S.C.*, 1987) ; *Institutions Divines*, éd. P. Monat (Paris, *S.C.*, 5. vol. (l. I, II, IV, V), de 1973 à 1992) ; *Instituciones divinas*, introd., trad. et notes par E. Salor Sanchez (Madrid, 1990) (t. I : livres I à III, t. II, livres IV à VIII) ; — *De mortibus persecutorum :* Pesenti (*Paravia*, 1922) ; Slijpen-van Everdingen (Utrecht, 1925) ; A. De Regibus (Turin, 1931), avec commentaire ; J. Moreau (Paris, 1954), avec trad. et commentaire ; S. Prete (Bologne, 1962).

ÉTUDES : R. PICHON, *Lactance* (Paris, 1901) ; Th. STANGL, *Lactantiana* (*Rheinisches Museum*, LXX) ; G. KUTSCH, *In Lactanti De ira Dei librum quaestiones philologicae* (Leipzig, 1933) ; A. WLOSOK, *Laktanz und die philosophische Gnosis* (Leipzig, 1960).

Lactance et son temps, Recherches actuelles, 16 articles édités par J. Fontaine et M. Perrin (Paris, 1978) ; C. LO CICERO, *Omnium Stoicorum acutissimus : Seneca filosofo in Lattanzio : intertestualità e riscrittura*, dans *Studi G. Monaco* (Palerme, 1990) ; Chr. INGREMEAU, *Lactance et le sacré. L'Histoire Sainte racontée aux païens... par les païens*, dans *BAGB* (1989) ; F. LOI, *Lattanzio nella storia del linguaggio e del pensiero teologico preniceno* (Zürich, 1970) ; P. MONAT, *Lactance et la Bible* (Paris, 1982) ; M. PERRIN, *L'homme antique et chrétien. L'anthropologie de Lactance (250-325)* (Beauchesne, 1981).

CHAPITRE X

LA RENAISSANCE CONSTANTINO-THÉODOSIENNE

Dioclétien et Constantin (mort en 337) avaient audacieusement rompu avec les traditions latines pour organiser l'Empire contre le double péril des révolutions et des invasions : d'une part, la personne des empereurs avait été revêtue d'un caractère quasi divin, leur absolutisme était désormais sans limite ; de l'autre, l'empire avait été divisé en deux parties, l'Orient et l'Occident, chacune avec son chef, chacune ayant à résoudre ses difficultés particulières, chacune dotée de résidences impériales (Nicomédie, puis Constantinople, fondée en 330 ; Milan, puis Ravenne), plus proches des frontières et se prêtant mieux que Rome au développement d'une administration nouvelle. Du point de vue politique s'annoncent ainsi le morcellement et la ruine du vaste ensemble hétérogène constitué par la conquête romaine. Mais il se trouve que le IVe siècle et le début du Ve marquent une très vive renaissance des lettres latines, un vrai et franc classicisme : nourri du passé, national et humain, actuel et vivant. Comment s'explique un tel contraste ?

Le prestige spirituel de Rome. — D'abord l'idée de l'unité survit, puissante ; plusieurs fois au cours du IVe siècle, un empereur s'est imposé comme seul maître : Constance, fils de Constantin et empereur en 337, de 353 à 361 ; Julien, son neveu (empereur en 355), de 361 à 363 ; Théodose (empereur en 379), de 388 à 395. C'est seulement à partir de 395 que, sous les fils de

Théodose, Arcadius en Orient, Honorius en Occident, les destinées des deux parties de l'Empire divergèrent définitivement. Or, le symbole de l'unité, c'est Rome. Et Rome a sans doute perdu économiquement à ne plus être résidence impériale ; mais elle y a gagné spirituellement : elle échappe à l'orientalisme de plus en plus outré où se complaisent les cours, celle de Constantinople surtout ; elle reste, ou redevient, latine. Son prestige en est grandi dans les provinces occidentales (Gaule, Espagne, Afrique) qui, tout en prenant de plus en plus conscience de leur individualité nationale, ne cessent pourtant d'avoir les yeux fixés sur la Cité qui leur a donné sa langue et sa civilisation : encore une fois, le nationalisme latin se concentre en prenant appui sur l'Occident. Sur l'Orient l'attirance de Rome est d'autre sorte : restée, malgré les constants progrès du christianisme, plus païenne que les provinces de l'Est et que les cours impériales, elle représente pour bien des esprits cultivés le dépôt sacré de tout le passé, mythologie et histoire ; on voit se produire un phénomène inverse de celui que l'on notait au IIe siècle : des hommes de pays et de parler grecs, l'historien Ammien Marcellin, le poète Claudien, des rhéteurs comme Hiérius de Syrie et Palladius d'Athènes, se donnent au latin ; cinq des collègues d'Ausone à l'Université de Bordeaux étaient grecs.

Ainsi se fait-il qu'alors précisément apparaisse le nom de *Romania* pour signifier l'Empire, et que Rome suscite alors les témoignages d'admiration et d'amour les plus touchants, de l'Égyptien Claudien comme de l'Espagnol Prudence ou du Gaulois Rutilius Namatianus : elle devenait la ville idéale des intelligences au moment où elle allait perdre jusqu'à l'illusion d'être capitale d'empire.

La société. — Rome, d'ailleurs, apparaissait de plus en plus isolée en un monde nouveau. Les crises du IIIe siècle, guerres civiles et invasions, avaient tout transformé, préludant au Moyen Âge. Des vieilles familles, de l'ancienne société, hors Rome (et encore !), il ne restait presque plus rien. Affaiblies, ruinées en partie, enfermées en d'étroites enceintes, déjà très christianisées, les villes ne ressemblent plus du tout aux larges cités municipales de l'époque antonine. Dans les campagnes, restées très païennes, les grands propriétaires se sont rendus fort indépendants du pouvoir central, payant peu d'impôts, habitant des « villas » qui sont à la fois demeures d'agrément et châteaux contre les Barbares ; ils règnent sur des esclaves ou des colons attachés à la terre, prennent de plus en plus d'initiatives, on les sent devenir seigneurs féodaux ; pourtant ils occupent encore leurs loisirs presque autant à la culture littéraire qu'à la chasse. Mais en bien des endroits, surtout en Occident et dans les régions frontières, des Barbares à la solde de l'Empire, Francs, Burgondes, Wisigoths, sont installés sur des terres, en contact avec les anciens habitants : ils sont très fiers d'être ainsi « romanisés », mais ils « barbarisent » aussi leurs voisins. En contraste, dans les cours impériales s'étale une somptuosité toute asiatique, inspirée de la Perse redevenue puissante et qui obsède les imaginations : une foule de nobles rigoureusement hiérarchisés, de fonctionnaires, policiers, serviteurs impériaux, y vivent au milieu de raffinements et d'intrigues de toute sorte. Ce monde, pittoresque et confus, tient moins au passé qu'il n'annonce l'avenir.

La culture païenne et le christianisme. — Cependant on put, durant tout le IVe siècle, penser que ce monde aurait le temps de s'harmoniser selon les formes, depuis si longtemps éprouvées, de l'esprit latin : les Barbares qui, de toutes parts, pressaient l'Empire, étaient tenus en respect par des empereurs énergiques. Les hommes cultivés se reportent donc aux enseignements de l'ancienne histoire de Rome, qui leur donnent confiance dans l'avenir. Une vive reprise d'affection pour le classicisme, mieux, une juste compréhension de ses buts et de ses moyens, se manifestent alors, surtout chez les païens : l'empereur Julien, Symmaque, Nicomachus (préfet de Rome en 392), une foule d'autres qui se groupent autour d'eux. Mais les chrétiens aussi, maintenant qu'ils se recrutent en foule dans les classes élevées, entendent avoir le bénéfice de toute l'ancienne culture classique, pleine de beautés et qui permet de donner une forme séduisante aux plus hautes conceptions : l'empereur Julien crut les vexer suffisamment en leur interdisant d'enseigner dans les écoles.

Ce goût classique généralisé eut des conséquences diverses : bien des auteurs, prosateurs et poètes, retrouvèrent une ampleur, une aisance de langue et de style qu'on pouvait croire perdues ; ils allèrent jusqu'à traiter avec prédilection, même quand ils étaient chrétiens, des thèmes classiques, c'est-à-dire païens ; ainsi fit Ausone. Mais d'autres chrétiens s'essayèrent à la tâche plus difficile de donner à l'expression de leur foi, de leurs efforts, de leur personnalité, une forme pure et cependant vivante : en saint Jérôme, en saint Augustin, les soucis (très divers) du styliste, loin de nuire à la nouveauté de la pensée, lui assurent plus de plénitude. C'est dans cette voie que la Renaissance théodosienne atteignait à un vrai classicisme, de création, non d'imitation : car ces écrivains réalisent enfin, de façon originale, l'accord longtemps cherché entre l'expression technique et la généralisation philosophique, entre le rythme oratoire de la prose et la poésie du vocabulaire. Mais, en dehors de ces puissantes individualités, la fusion entre l'art ancien et la pensée de l'avenir restait encore incomplète quand l'empire d'Occident fut submergé par les Barbares.

La poésie et l'art chrétiens. — Cependant naissait la poésie chrétienne ; et fort vite elle fixa sa voie. Mais ce ne fut peut-être pas la meilleure. Il y avait pour elle alors de riches possibilités : les cérémonies du culte s'étalant en public, le chant en commun des hymnes, nourris de toutes sortes d'images empruntées aux Écritures ou suscitées par une sensibilité très délicate, s'offraient à un lyrisme nouveau ; l'art, sorti de l'ombre des catacombes, ornant les sanctuaires de parures luxueuses, de mosaïques ou de peintures qui retraçaient les symboles de la foi ou l'héroïsme des martyrs, dramatique et pittoresque, emplissait d'images plastiques l'esprit de tous les fidèles et les préparait à comprendre une large poésie narrative, à la fois épique et didactique. Et la ferveur mystique se renouvela puissamment dans la seconde moitié du IVe siècle, précipitant dans les couvents, dans la vie ascétique, une foule d'êtres d'élite : si bien qu'à défaut du martyre, le sacrifice volontaire des jouissances mondaines renouvelait en quelque façon l'héroïsme passionné des premiers chrétiens. Il manqua aux poètes d'oser rompre avec la langue, ou seulement avec les formules classiques, pour se rapprocher de la sensibilité du plus grand nombre : les œuvres de Prudence, même de Paulin de Nole, si intéressantes qu'elles soient, cherchent surtout à prouver aux classicisants délicats que le christianisme peut s'accommoder des tours de Virgile, Horace ou Stace, ou même enchérir sur eux.

Le christianisme romain. — Il aurait peut-être fallu plus de temps à cette poésie pour acquérir une pleine originalité. Mais l'esprit latin avait déjà mis sa marque indélébile sur le christianisme d'Occident : entre l'édit de tolérance de 313 et la proscription du paganisme par Théodose (391-392), le travail s'était achevé qui devait sauvegarder pour le monde à venir l'héritage essentiel du passé. Le tracé politique d'abord : l'épiscopat, établi dans les cadres de l'empire, s'est pour ainsi dire accoutumé à la besogne d'administration et de représentation officielle, regardant vers Rome, tout en se particularisant dans chaque province. Mais surtout les tendances spirituelles : le christianisme occidental, plus que celui de l'Orient, a le sens romain de l'ordre, de l'organisation, de l'unité ; en matière de foi, la tradition pour lui fonde l'autorité, et l'autorité, comme autrefois la « majesté » de l'État, a quelque chose d'absolu et d'infrangible ; en matière sociale, l'Église impose sa morale avec la même fermeté qu'autrefois s'affirmait le *mos maiorum* (tradition morale) et cherche à lui donner une portée politique : on le vit avec saint Ambroise. Son caractère pratique est aussi bien romain : le christianisme occidental ne se perd pas en vaines discussions dogmatiques, comme celui d'Orient ; il travaille énergiquement à des fins réalistes : saint Hilaire ne lâche pas l'arianisme tant qu'il ne l'a pas expulsé des Gaules ; saint Martin figure assez bien un pionnier de la foi, allant sans relâche ni distraction au but qu'il s'est fixé.

La catastrophe. — De ces vertus, qui peuvent paraître terre à terre, les événements se chargèrent de révéler la grandeur. Après la mort de Théodose (395), le malaise, puis l'angoisse saisirent le monde romain qui, surchargé d'impôts, pressé par les Barbares, ne parvenait plus à reconstituer son unité morale. L'un des deux derniers grands défenseurs de l'Occident, Stilicon, s'usa à vouloir régir la politique de l'Orient : Honorius le fit massacrer en 408. Et, en 410, le Wisigoth Alaric prit et pilla Rome, au milieu de la stupeur universelle. Depuis 406 déjà, les Barbares déferlaient sur la Gaule et l'Espagne. L'agonie de l'Occident se prolongeait pourtant : en 451, l'effroyable invasion des Huns fut encore arrêtée par Aétius, près de Troyes. Mais c'était la fin : en 456, Rome fut de nouveau prise, par Genséric, roi des Vandales ; en 476, il n'y avait plus, dans les anciennes provinces d'Occident, que des royaumes barbares. Or, au milieu de ces catastrophes, le ferme réalisme de l'Église Occidentale prévint, au moins en chaque province, une dislocation définitive ; elle maintint même, pour les siècles à venir, l'idée d'unité ; moralement et socialement, elle put garder ou reprendre la direction des âmes. Et même, malgré le peu de temps où, libéré d'inquiétudes, le christianisme avait pu prendre conscience qu'il était l'héritier nécessaire de la pensée antique, devenue, grâce à lui surtout, plus universelle, elle sut sauvegarder parmi les Barbares l'essentiel du patrimoine littéraire latin.

I. La prose : les genres traditionnels

C'est entre les règnes de Dioclétien et de Constantin que commence à se manifester, avec le sentiment d'un retour à l'ordre, une nette volonté de renouer avec le classicisme trajanien : Pline le Jeune surtout, mais aussi Tacite et Juvénal, sont en effet les modèles dont l'influence est la plus nette sur la prose païenne du IVe siècle, alors que leur effort semblait avoir été perdu pendant presque deux cents ans, au cours de l'expansion, moins romaine qu'impériale, qu'avait favorisée la dynastie antonine, et des crises politiques et civiles qui avaient suivi.

L'ÉLOQUENCE

Les « Panégyriques ». — Le premier témoignage en est le groupe de discours d'apparat, ou *Panégyriques*, adroitement composés par des rhéteurs gaulois — Eumènius en particulier — en l'honneur de Maximien, Constance Chlore et son fils Constantin (il y en a neuf) ; puis, sensiblement plus tard, pour Julien et Théodose. La Gaule, très éprouvée au IIIe siècle, avait alors affermi sa personnalité ; ses écoles, de Marseille, Autun, Bordeaux, Trèves, étaient célèbres ; elle était enfin fort attachée à Constance, Constantin, plus tard Julien, qui la défendirent énergiquement contre les Germains et allégèrent ses charges. Aussi ces discours ne sont-ils pas seulement des pièces d'éloquence convenue, d'esprit gouvernemental et courtisan ; ni même des pastiches élégants et de langue pure, sans beaucoup de couleur, du *Panégyrique* de Pline (qui, dans le recueil, figure à la première place). Ils contiennent des pages d'accent vrai, et même touchant.

Constantin et la Gaule dévastée

[Remerciement porté à Trèves (capitale politique des Gaules) en 311 ou 312, par un notable d'Autun, que Constantin (alors empereur en Occident avec Maxence) venait d'exonérer d'une partie des impôts. — Tension oratoire constante, donnant à tous les faits une apparence exceptionnelle. — Mais réalisme foncier et justesse du sentiment, qui évoquent le pays, les faits et les âmes mêmes avec une vérité prenante. — Patriotisme romain et local.]

Pourquoi parler des autres villes de cette région qui — vous-même l'avez avoué —, vous tirèrent des larmes ? Sous vos yeux en effet ne s'étalaient pas, comme ailleurs, des campagnes presque toutes cultivées, dégagées, florissantes, d'accès facile, routes, fleuves navigables aux portes mêmes des cités ; dès le coude d'où se détache la route de Belgique[1], tout n'était plus devant vous que dévastations, friches abandonnées, muettes, ténébreuses[2] ; il y avait bien la route militaire, mais pleine de trous, et toute en côtes

1. Partie nord-est de la Gaule.
2. Autun avait été ruinée et sa région dévastée, vers 270, par des séditions militaires et peut-être des soulèvements paysans.

et descentes, telles qu'on n'y pouvait faire passer que des chariots demi-pleins, ou parfois même vides. C'est ce qui bien souvent retarde nos prestations : nous avons plus de peine à transporter peu de denrées que d'autres n'en ont pour beaucoup[1]. D'autant plus, *Impérator*[2], rendons-nous grâces à votre bonté : car, voyant tant de difficulté et d'horreur sauvage aux chemins et à l'aspect de nos régions, vous ne vous en êtes pas moins détourné vers nous, consentant à illuminer de votre présence cette ville[3], que seule empêchait de mourir l'attente de vos secours. C'est bonté en un prince de se plaire au spectacle du bonheur des siens ; mais plus grande bonté de vouloir les visiter même en leurs souffrances. Dieux bons ! Quel jour ce fut quand — premier présage de salut pour nous — les portes de la ville elle-même[4] s'ouvrirent devant vous, vous attirant vers leur porche enfoncé entre leurs deux tours, comme pour mieux vous embrasser !

Ce fut une surprise pour vous, *Impérator*, de voir de toutes parts se porter à votre rencontre une telle multitude, alors que de la colline voisine vous n'aviez vu que solitude. C'est que des campagnes tous avaient afflué sans exception d'âge pour voir celui dont ils auraient plaisir à prolonger la vie au-delà de la leur. Car, si des formules solennelles demandent pour tous nos princes la prolongation de leurs jours, vous êtes le seul, Constantin, auquel nous puissions promettre avec certitude un destin plus durable que chacun des nôtres, tant ce bien vous est dû en propre[5]. Puissante est l'explosion de la joie après tant d'années d'âpres soucis et de tristesses ! L'allégresse flamba en nous au point d'excéder nos forces : comme exaltés par le pressentiment du bonheur, nous vous avons accueilli avec des transports qui semblaient vous remercier de vos bontés futures. Nous avions paré les rues qui mènent au palais, pauvrement sans doute : mais nous avions sorti les emblèmes de toutes les corporations, les images de tous nos dieux, [recruté] un tout petit nombre de bons musiciens qu'on faisait passer par des ruelles de derrière pour vous les présenter plus souvent. On nous aurait cru riches, à en juger aux apparences créées par notre zèle. Mais, si bien qu'elle se dissimulât, notre misère ne put échapper à votre bienfaisante pénétration : vous avez senti dans notre hommage le vain effort d'une extrême pauvreté qui voulait bien faire.

Panégyriques, VIII, 7-8.

Symmaque (345-405). — Q. Aurélius Symmachus, préfet de Rome en 384, consul en 391, est, lui, un grand seigneur, païen tolérant, des plus cultivés, de la plus exquise politesse, se surveillant beaucoup. Trop, à coup sûr : ni spontanéité, ni sentiments forts, ni richesse de pensées n'assurent à ses écrits une valeur fort originale. Ses contemporains avaient pourtant la plus haute idée de son goût et de son éloquence.

Ses *Lettres*, réparties en dix livres comme celles de Pline, sont sèches, sans naturel ni animation ; à peine y soupçonne-t-on, à quelques formules vigoureuses, la chaleur intime de son patriotisme et sa clairvoyance, un peu morne, en face des graves problèmes qui se posaient alors pour l'Empire. Des « rapports officiels » *(Relationes)*, qu'il composa comme préfet de Rome, le plus senti est celui qu'il adressa, au nom du Sénat, à Valentinien II et Théodose pour défendre la tradition païenne et demander, en particulier, le rétablissement dans la salle des séances de la statue et de l'autel de la Victoire, enlevés deux ans plus tôt sur l'ordre de l'empereur Gratien ; ce plaidoyer, qui établit un rapport étroit entre le culte païen et la grandeur

1. Excuse adroitement glissée en passant.
2. Titre autrefois militaire, mais tendant, à cette date, au sens de « Souverain ».
3. Augustodunum (Autun), principale ville des Éduens (Bourgogne).
4. Plusieurs subsistent encore.
5. Constantin n'avait guère que 24 ans ; sur un médaillon de 305-306, il porte le titre officiel de « prince de la jeunesse ».

de Rome depuis ses origines, émut les chrétiens : saint Ambroise et Prudence lui répondirent avec vivacité ; mais ce discours n'eut aucun effet. Les fragments que nous possédons de ses *Discours* se rattachent à l'éloquence d'apparat des *Panégyriques*.

Symmaque connaît toutes les ressources de l'éloquence classique ; mais il en use de façon étriquée, avec des scrupules de délicat qui a trop lu, et qui est gêné par ses souvenirs littéraires. Sa prose est rythmée avec beaucoup de soin et de délicatesse harmonieuse, mais sans facilité.

Soucis patriotiques

Symmaque à Agorius Praetextatus[1].

J'étais décidé à rester encore à la campagne. Mais, en apprenant les épreuves qui ébranlent la patrie, j'ai changé mes projets : les malheurs publics ternissent, il me semble, ma tranquillité. Et puis, l'administration pontificale exige mes soins, en ce mois où revient mon tour de service[2]. Car je n'ai pas le cœur, quand les sacerdoces sont si négligés, de me faire remplacer par un collègue. Il était tout simple autrefois de déléguer à un autre le service des dieux ; mais aujourd'hui déserter les autels, à Rome, c'est une façon de faire sa cour[3].

Et vous, jusqu'à quand l'Étrurie vous retiendra-t-elle ? Nous commençons à nous plaindre de vous voir si longtemps négliger nos concitoyens[4]. Sans doute, la vie à la campagne est plus douce : mais on ne peut bien jouir du loisir quand on craint pour les siens, loin d'eux. Portez-vous bien.

Lettres, I, 51.

Il faut sauvegarder le paganisme

[« Rapport » adressé aux empereurs Valentinien II et Théodose en 384, Symmaque étant « Préfet de Rome ». — On sent la formation rhétorique, en particulier dans la « prosopopée » (Rome personnifiée prenant la parole) ; mais une extrême sécheresse dans le développement ne permet à aucune idée d'atteindre à la grandeur oratoire : de là morcellement fatigant. — Paganisme tolérant, à la fois fidèle à l'ancienne conception religieuse romaine et philosophique. — Fervent patriotisme.]

Constance avait une autre religion[5], mais il garda celle-ci à l'empire, Car chacun a sa coutume, chacun son rite. L'Intelligence Divine a donné comme sauvegarde aux cités des cultes divers : comme les âmes aux enfants qui naissent, ainsi sont impartis aux peuples les Génies auxquels est attaché leur destin. Joignez l'intérêt : rien ne rapproche plus les dieux de l'homme[6]. Car, toute preuve nous étant impossible, quel moyen plus direct de connaître les puissances divines que les leçons de l'histoire et le souvenir des prospérités[7] ? Et, s'il est vrai que le temps accroît l'autorité des religions, il faut préserver une foi millénaire et suivre nos pères, qui n'ont que gagné à suivre les leurs.

Imaginons-nous Rome dressée auprès de nous et vous adressant ces paroles : « O vous, les meilleurs des princes, pères de la patrie, honorez ces siècles de vie que m'assura une

1. Philosophe déiste, d'une doctrine très épurée.
2. Les pontifes formaient un « collège », qui avait la haute surveillance sur l'ensemble de la religion païenne : on voit que cette charge est assumée, au nom du collège, par ses membres à tour de rôle.
3. Tant la cour impériale est favorable aux progrès du christianisme : en cent ans, la situation s'est entièrement renversée en sa faveur.
4. Les habitants de Rome.
5. Il était chrétien (mais arien : comme Valentinien II).
6. Les religions païennes étaient *particulières* à chaque peuple, non *universalistes* comme le christianisme.
7. Les dieux païens se prouvent par leurs bienfaits, tandis que la Providence chrétienne peut se manifester même dans le châtiment.

sainte religion. Laissez-moi pratiquer les rites des aïeux : je n'ai pas à m'en repentir. Laissez-moi vivre à ma guise : car je suis libre[1]. C'est ce culte qui a réduit l'univers sous mes lois ; qui a éloigné Hannibal de mes murs[2] et les Sénons du Capitole[3]. N'ai-je donc été sauvée que pour être exposée au blâme en ma vieillesse ? Ce n'est pas le moment de se demander quelles sont ces nouveautés[4] qu'on veut instituer. Mais pour régenter ma vieillesse, il est bien tard, — sans compter l'indécence. »

Aussi implorons-nous la paix pour les dieux de nos pères ; pour les dieux indigètes[5]. Il est juste de croire à l'unité de toutes les piétés[6]. Nous contemplons les mêmes astres ; le ciel nous est commun ; un même univers nous enveloppe. Qu'importe par quelle sagesse chacun accède au vrai ? Il est impossible qu'un seul chemin mène à un mystère aussi sublime.

Relationes, III, 7-10.

L'HISTOIRE

Les abréviateurs. — La renaissance de l'histoire fut plus sûre, mais plus lente. Sous Valens encore (364-378) fleurissent les abréviateurs. L'un d'eux, EUTROPIUS, est un homme d'un certain talent : son résumé en dix livres de l'histoire romaine est adroit et impartial, de langue pure. Mais il fut lui-même résumé par RUFIUS (ou RUFUS) FESTUS. Dans le même temps, JULIUS OBSEQUENS rassemblait les prodiges notés par Tite-Live, et non pas sur le texte de l'historien, mais sur son *Épitomè !*

Aurélius Victor. — C'est aussi un abréviateur que Sex. Aurélius Victor qui, en 360, mettait la dernière main à un livre sur les Empereurs *(Caesares)*. Mais il a certaines parties de l'historien : il harmonise les biographies qui lui servaient de sources en tâchant de dégager les faits essentiels ; pour le style, il s'inspire de Salluste et de Tacite. Il eut assez de succès pour s'appliquer à continuer son œuvre jusqu'à la mort de Théodose (mais nous n'en avons plus qu'un résumé ou *Épitomè*), et pour susciter deux compilations complémentaires sur la période royale et la République (*Origo gentis Romanae* et *De uiris illustribus*).

AMMIEN MARCELLIN
Vers 330 - 400

L'histoire romaine reprit, vers la fin du siècle, toute sa grandeur, dégagée de la biographie anecdotique et du sommaire, grâce à un Grec d'Antioche : Ammianus Marcellinus. Il se donna pour tâche de continuer Tacite. Ses treize premiers livres, qui menaient le lecteur depuis le règne de Nerva (96) jusqu'à 353, sont perdus ; les livres XIV-XXXI racontent en bien plus grand détail les faits (de 353 à 378 : date de la mort de Valens) dont Ammien avait été témoin.

---

1. Orgueilleuse fiction, remontant à l'apologie historique de la Rome républicaine.
2. Hannibal s'était avancé jusqu'aux portes de Rome (en 211 av. J.-C.).
3. Les Gaulois, maîtres de Rome, n'avaient pu forcer le Capitole (390 av. J.-C.).
4. Cette expression dédaigneuse désigne le christianisme (que les théoriciens chrétiens s'appliquent, à cette date, à faire remonter, par la Bible, jusqu'aux origines du monde).
5. « Du pays même ».
6. Idée philosophique, mais admise alors par beaucoup de cultes païens.

L'homme. — Ils nous révèlent l'homme : un officier actif et réfléchi, réaliste, pénétré de la grandeur de Rome sur les champs de bataille, écœuré des intrigues et des cruautés de la cour. Toute une part de son œuvre est faite de souvenirs et d'impressions personnelles, d'une fraîcheur de touche et d'une lucidité étonnantes, qui donnent l'image la plus vive des milieux romains, surtout militaires, au IVe siècle.

Impressions de guerre

[Sapor, roi des Perses, a envahi brusquement la Mésopotamie en franchissant le Tigre (359). — Impressions revécues dans toute leur vivacité première. — Mouvement rapide, qui évoque la physionomie générale des guerres contre les Perses, et où réactions et gestes apparaissent spontanés. — Peinture d'un homme par lui-même (comme dans un roman d'aventures) sans fausse honte ni jactance.]

I. *Ursicin*[1] *s'échappe de Nisibe*[2]

On hâtait la mise en défense de la ville, lorsque la fumée et des feux en quantité s'allumant sans arrêt entre le Tigre et Nisibe, par Castra Maurorum Sisara et les localités voisines, montrèrent à l'évidence que les équipes dévastatrices de l'ennemi avaient franchi le fleuve. Aussi, crainte que les chemins ne fussent coupés, nous sortîmes au plus vite[3]. Au deuxième mille[4], nous trouvâmes pleurant au milieu de la chaussée un bel enfant avec un collier, d'environ huit ans ; il disait « qu'il était de bonne famille ; que sa mère, épouvantée par l'approche des ennemis, avait fui, et, dans son embarras et son affolement, l'avait laissé seul ». Sur l'ordre du général, ému de pitié, je le prends devant moi et le remporte vers la ville ; mais déjà, autour des murs, les coureurs des Perses pillaient partout, et je craignais de me laisser enfermer. Je déposai l'enfant derrière une poterne encore entr'ouverte : et, au triple galop, à perdre le souffle, je partis rejoindre les nôtres. Peu s'en fallut que je ne fusse pris ; un tribun[5], nommé Abdigidus, fuyait avec son ordonnance, poursuivi par un escadron ennemi ; il s'échappa, mais l'esclave fut saisi ; je passai alors comme un trait ; les ennemis, ayant demandé à leur prisonnier le nom du chef qui venait de sortir de la ville, et ayant appris que c'était Ursicin, qui y était entré depuis peu, et qu'il gagnait le mont Izala, le tuèrent, puis, en peloton, se mirent à nous poursuivre sans relâche. La vitesse de mon cheval me fit prendre de l'avance. Près d'Amudis, petit fort en mauvais état, je vois des chevaux pâturer au hasard et les nôtres qui, couchés, se reposaient en sécurité ; j'élevai le bras tant que je pus en agitant les pans de ma saie[6] que j'avais entortillée autour de mon poing pour leur faire signe (c'était le procédé habituel) que l'ennemi approchait ; et, les ayant rejoints, je m'éloignai avec eux, malgré la fatigue de mon cheval. Pour notre malheur, la lune était en son plein, et nous allions à travers une plaine unie et découverte, impropre à nous offrir une cachette en cas de danger pressant, où il n'y avait ni arbres ni buissons, rien qu'une herbe courte à perte de vue[7]. On imagina de bien fixer, pour qu'elle ne tombât pas, une lampe allumée sur le dos d'un cheval, qu'on abandonna à lui-même après l'avoir poussé sur la gauche, tandis que nous tournions à droite vers les avancées[8] de la montagne : nous pensions que les Perses, s'imaginant voir la torche[9] dont notre général

---

1. Général énergique, aimé d'Ammien.
2. Grande place romaine, à l'Ouest du Tigre.
3. Parce qu'il faut « tenir campagne » contre les Perses, très mobiles, et qu'il y faut un chef, le commandement romain étant alors désorganisé.
4. A environ 3 kilomètres.
5. Officier supérieur.
6. Vêtement gaulois de dessus, adopté dans l'armée.
7. Noter la justesse et la sobriété évocatrice du paysage.
8. Les premiers contreforts.
9. Ammien dit : « la torche suiffée » (ou chandelle).

éclairait sa marche prudente, obliqueraient du côté de la lumière. Sans cette précaution, nous étions enveloppés et pris par l'ennemi.

XVIII, 6, 9-15.

II. *Ammien s'enferme dans Amida*[1]

Séparé de mes camarades, j'examine ce qui me reste à faire. Je vois Vérennianus, protecteur domestique[2] comme moi, la cuisse traversée d'une flèche ; tandis que, sur ses instances, je m'efforce d'arracher le fer, les Perses nous enveloppent et nous dépassent de toutes parts. Je pris alors ma course, à perdre haleine, vers la ville, très escarpée du côté où les ennemis nous talonnaient : une seule rampe fort étroite y accédait, taillée dans le roc, et encore rétrécie de parti-pris par des épis maçonnés. Mêlés aux Perses qui couraient à l'escalade du même train que nous, nous restâmes là jusqu'au lendemain, debout, immobiles et si pressés que les cadavres, étayés par la foule, ne trouvaient nulle part la place de tomber : devant moi un soldat, la tête fendue et séparée en deux parties égales par un puissant coup d'épée, restait debout comme un pieu, maintenu de tous côtés. Et toutes sortes de machines avaient beau lancer une grêle de traits du haut des remparts, nous étions si près des murs que nous n'avions rien à en craindre. Entré enfin par une poterne, je trouvai la ville emplie d'une immense cohue des deux sexes venue de tout le voisinage. Car justement à cette date se tenait dans les faubourgs la grande foire foraine annuelle, qui y fait affluer de tous côtés une foule de paysans. Ce n'était que confusion et voix discordantes : les uns gémissaient d'avoir perdu les leurs ; des blessés criaient en se sentant mourir ; beaucoup appelaient ceux qui leur étaient chers et qu'ils ne pouvaient voir au milieu de la presse.

XVIII, 8, 11.

L'intelligence d'Ammien est fort vive. Sa curiosité l'égale : il a acquis les connaissances les plus diverses et les plus précises ; il les étale volontiers : antiquités, géographie, balistique, médecine, astronomie... Mais elles ne l'oppriment pas. Il juge personnellement des hommes et des faits, souvent de façon mordante ; mais, quand il s'agit des empereurs ou des grands intérêts de l'État, avec la plus haute impartialité : il reconnaît les mérites de Constance, qu'il n'aime pas, les faiblesses de Julien, qui est son héros ; païen, d'une religion d'ailleurs vague et éthérée, il ne manifeste ni haine ni réprobation à l'égard des chrétiens sincères. Cette rare sérénité, il la doit sans doute à son esprit scientifique, mais aussi à son patriotisme réaliste, qui porte au premier plan de ses préoccupations l'unité et l'intégrité de l'Empire.

Sa conception de l'histoire. — Ammien imite ouvertement Tacite : mais, d'ailleurs, l'alternance guerres-intrigues intérieures est le thème habituel des historiens anciens. Il a donné aux digressions, de tout ordre, mais surtout géographiques et ethnographiques, une importance toute nouvelle ; chaque livre en est volontairement doté ; et il y apporte un sens remarquable des diversités, extérieures et psychologiques : l'histoire gagne ainsi en ampleur et en variété de coloris ; elle tend à devenir universelle, et même à donner le tableau de toute l'activité et de toute la mentalité des peuples en une période donnée. Les discours sont chez Ammien plus fréquents, plus développés que dans Tacite. Les descriptions, d'un pittoresque plus voulu et plus appuyé. Le souci moral, égal : mais le pessimisme, moins constant, y

1. Place romaine très forte, sur le haut Tigre : Sapor la prit, mais après un siège acharné, qui l'épuisa.
2. Les « protecteurs domestiques », ayant tous rang d'officiers, formaient la garde à cheval de l'empereur.

semble plus nuancé ; son expression plastique, au contraire, rehaussée de toutes les couleurs de Juvénal, est plus brutale. Il y a, dans Ammien, des pages de pure satire, proches des virulentes invectives de Claudien, tout en restant, de volonté historique, beaucoup plus impartiales.

La populace de Rome

Quant à la populace qui n'a ni feu ni lieu, les uns passent la nuit dans les cabarets, quelques-uns à l'abri des tentures dont l'édile Catulus couvrit le premier les théâtres pour imiter le luxe amollissant des Campaniens ; ou bien ils se livrent avec une ardeur violente au jeu de dés, retenant leur souffle avec un ignoble ronflement du nez pour le lâcher ensuite avec bruit[1] ; ou bien (et c'est la plus sérieuse de leurs occupations), depuis le lever du jour jusqu'au soir, sous le soleil ou sous la pluie, ils discutent jusqu'à satiété, dans le détail le plus infime, des mérites ou des faiblesses des cochers et des chevaux. Étrangeté sans nom de voir une plèbe innombrable, en une sorte de fièvre, suspendue aux résultats d'une course de chars !

XIV, 6,25.

Mercurius, le « comte des songes »

Mercurius était appelé le « comte[2] des songes » parce que, comme un chien hargneux qui remue humblement la queue tout en désirant mordre, il ne cessait de se faufiler dans les festins et les réunions, guettant si, dans l'intimité, quelqu'un ne conterait pas ce qu'il aurait vu en son sommeil, moment où les instincts naturels se donnent le mieux carrière. Alors, en chargeant le récit des plus noires couleurs, il le glissait aux oreilles, toujours ouvertes, de l'empereur ; et cela suffisait pour qu'un homme vît tomber sur lui le poids d'une accusation dont il risquait de ne pouvoir se dégager. On le sut, la renommée amplifia le péril : personne ne parlait plus de ses rêves ; à peine si, en présence d'étrangers, l'on avouait avoir dormi ; et certains, qui se piquaient d'érudition, regrettaient de n'être pas nés dans l'Atlantide,[3] où, dit-on, les rêves n'existent pas : je laisse à de plus savants l'explication de cette étrangeté.

XV, 3, 5.

Unité spirituelle. — Appliquée au récit d'une période contemporaine et assez trouble par elle-même, cette combinaison de qualités originales spontanées et de procédés littéraires voulus ne va pas sans inégalités ou même confusion ; si intelligent que soit Ammien, il n'a pas toujours proportionné sa narration à l'importance réelle des événements. Son impartialité et son sens puissant de la vie sauvent l'effet général. Mais, surtout l'admiration de Rome, la confiance en son avenir en assurent l'unité ; et, chez lui, ce ne sont pas seulement effusions sentimentales, comme chez maint de ses contemporains : c'est l'idée maîtresse raisonnée d'un homme d'action, qui ne se fait pourtant aucune illusion sur les réalités.

Entrée de Constance à Rome

[En 356, Constance II vint à Rome, où aucun empereur n'était entré depuis quarante ans. — Développement à effet très soigneusement composé, d'un pittoresque fort travaillé enveloppant des intentions morales (jugement sur Constance ; ironies d'Ormizda). — Contraste voulu entre le luxe oriental, mais passager, du cortège, et la grandeur permanente de Rome. — Patriotisme romain sincère, mais emphatique.]

1. Noter combien le désir de l'exactitude descriptive a conduit Ammien à charger l'expression.
2. Un des nouveaux titres romains (au propre : « compagnon » de l'empereur), qui passeront au Moyen Age.
3. Continent mystérieux, que les Grecs prétendaient s'être soudain englouti sous les flots de l'Océan.

Comme s'il voulait épouvanter l'Euphrate ou le Rhin[1] par l'aspect de ses armes, Constance était précédé de bataillons s'avançant deux de front; lui-même était assis, seul, dans un char doré sur lequel resplendissait l'éclat des pierres précieuses et dont le scintillement semblait répondre à la lumière du jour en s'y mêlant; autour de lui, après tous ceux qui l'avaient déjà précédé, se déployaient les dragons[2] brodés dans la pourpre[3], haut portés à la cime de piques incrustées d'or et de pierreries : l'air, en s'engouffrant dans leurs gueules béantes, les faisait comme siffler de colère, tandis que les volutes de leurs queues ondulaient au vent. De part et d'autre aussi marchait une file de soldats avec le bouclier, le casque réverbérant la lumière sur son aigrette rayonnante, la cuirasse brillante; et, à intervalles, les cavaliers cataphractes[4], qu'on appelle souvent clinabares, tout couverts et bardés de fer, qu'on eût dit non des hommes, mais des statues polies par la main de Praxitèle[5] : un tissu de fines mailles de métal, se prêtant à la souplesse du corps, les couvrait de la tête aux pieds, si bien qu'à chaque geste l'armure se pliait comme il convenait aux articulations.

Reçu par des clameurs de bon accueil, Auguste ne frémit pas un instant sous le tonnerre des cris et des trompettes, aussi immobile qu'il se montrait en ses provinces[6]. Il était bien obligé, quoique fort petit, de se courber en passant sous les hautes portes; mais, le cou comme dans un carcan, les regards intensément fixés devant lui, il n'inclinait son visage ni à droite ni à gauche; il s'avançait comme une statue : ne branlant à aucun cahot, sans cracher ni s'essuyer ou se toucher le nez ou la bouche, sans remuer la main une seule fois. C'était une affectation, mais qui, avec d'autres indices notables en sa vie privée, révélaient en lui une maîtrise et une résistance peu communes ou, pour mieux dire, uniques. J'ai dit aussi ailleurs que, durant tout son règne, il n'admit personne à côté de lui dans son char, qu'il ne s'adjoignit aucun particulier comme collègue au consulat, ainsi que le firent les autres princes consacrés, et maintes autres fantaisies d'orgueil extrême qu'il observa rigoureusement comme s'il se fût agi des lois les plus justes.

Il entra enfin dans Rome, foyer de l'Empire et de toutes vertus. Arrivé aux Rostres[7] et à la vue du Forum, sanctuaire de l'antique puissance, il resta interdit; de quelque côté qu'il portât ses regards, les merveilles l'assiégeaient en foule. Après une allocution à la noblesse dans la curie[8], et une autre au peuple du haut de son tribunal, il se rendit au palais au milieu d'acclamations multipliées. Il savourait une joie longtemps désirée; et, donnant à plusieurs reprises des jeux équestres, il prenait plaisir aux saillies de la plèbe qui, sans s'oublier, sut ne pas renoncer à sa liberté native[9], tandis que le prince lui-même gardait aussi une juste mesure [entre la dignité et la bonne grâce] : il n'imposait pas, comme dans les autres villes, sa fantaisie comme limite aux épreuves, mais, selon la coutume, laissait les circonstances diverses en décider. Puis il parcourut tous les quartiers de la ville, dans les vallées et sur les pentes des sept collines, et même les faubourgs; à chaque vue nouvelle, il croyait ne plus pouvoir rien contempler d'aussi beau : le temple de Jupiter Tarpéien[10], si merveilleux qu'il figure la précellence des choses divines sur les choses humaines; les thermes[11], aussi étendus que des provinces; la masse de l'amphithéâtre[12] en travertin[13] indestructible, jusqu'au sommet duquel le regard des hommes a peine à monter; le Panthéon[14] hautement voûté en forme de sphère

1. Les deux frontières les plus menacées : par les Perses et par les Germains.
2. Insigne impérial.
3. La pourpre était alors réservée aux empereurs et à leur famille.
4. Cuirassés (comme des chevaliers du XIIIe siècle); le mot « clinabare » était perse.
5. Érudition approximative : le grand sculpteur grec Praxitèle (IVe siècle av. J.-C.) n'avait fait nulle statue de cavalier, à plus forte raison cuirassé.
6. En Orient. Constance était pourtant seul « Auguste » (empereur en premier); mais il avait délégué en Gaule comme « César » (empereur en second) son cousin Julien.
7. La tribune aux harangues.
8. Lieu d'assemblée du Sénat.
9. Rome avait toujours eu réputation d'aimer les libres propos.
10. Sur le Capitole.
11. Établissements de bains publics.
12. Le Colisée, ou Amphithéâtre Flavien.
13. Pierre de construction des environs de Rome.
14. Immense salle à coupole, construite sous Hadrien.

céleste ; et ces piles gigantesques[1] au haut desquelles on peut monter, et qui portent l'image des consuls et des princes d'autrefois ; et le temple de Rome, et le Forum de la Paix[2], et le théâtre de Pompée, et le Stade, et toutes les autres splendeurs de la Ville éternelle. Mais arrivant au Forum de Trajan, construction unique au monde, il me semble, et à laquelle le Ciel même doit offrir l'hommage de son admiration, il resta stupéfait, portant de proche en proche son attention sur l'harmonie de ces édifices géants, qui bravent toute description et découragent l'effort des hommes. Perdant tout espoir d'atteindre à cette grandeur, il disait vouloir et pouvoir se contenter d'imiter la statue équestre de Trajan qui se dresse au milieu de la place. Auprès de lui un prince de la famille royale de Perse qui avait, nous l'avons dit, cherché refuge auprès de lui, Ormizda, répondit avec la finesse de sa race : « Commencez, Sire, par faire construire une écurie de ce genre, si vous voulez bien faire : pour que le cheval que vous projetez soit aussi bien logé que celui-ci ».

C'est le même qui, comme on lui demandait ce qu'il pensait de Rome, dit : « Ce qui m'en plaît, c'est qu'on y meurt aussi bien qu'ailleurs[3] ».

XVI, 10, 6-16.

Langue et style. — Ammien est un écrivain étrangement compliqué et difficile. Le latin n'était pas sa langue natale : cela se sent. Mais, non content de l'utiliser au mieux, il a voulu en tirer des effets nouveaux, lui faire rendre jusqu'en de subtiles nuances toute la variété de ses impressions ; l'imitation de Tacite broche sur le tout. Il s'agit donc d'un style fabriqué, sans naturel, parfois tout proche du galimatias ; mais capable aussi, à l'occasion, d'une énergie et d'une couleur peu communes[4].

L'ÉRUDITION

La renaissance littéraire s'accompagne au IVe siècle d'une nouvelle ferveur pour l'étude des « anciens » : de cette époque datent plusieurs des œuvres maîtresses de l'érudition romaine.

Grammairiens et commentateurs. — La grammaire proprement dite est représentée par Aelius Donatus ; puis CHARISIUS et DIOMÈDE. Mais l'explication des anciens auteurs surtout doit beaucoup au *Lexique (Compendiosa doctrina)* de NONIUS MARCELLUS, aux commentaires sur Térence d'ÉVANTHIUS et d'AELIUS DONATUS, sous Constantin ; au célèbre commentaire de Virgile par SERVIUS HONORATUS[5], sous Théodose. La révision et l'édition des textes classiques préoccupaient aussi des hommes de haut rang : les NICOMACHI FLAVIANI, amis de Symmaque, s'attachèrent ainsi à Tite-Live. On saisit là un souci de travail précis et, pour ainsi dire, scientifique. Mais, dès le début du siècle suivant, l'Africain MARTIANUS CAPELLA revient à une encyclopédie superficielle des arts libéraux sous une forme bizarrement romanesque *(Les noces de Mercure et de la Philologie)*.

---

1. Les colonnes sculptées, comme celles de Trajan, d'Antonin, de Marc-Aurèle.
2. Ou de Vespasien.
3. L'hygiène était déplorable et la mortalité effrayante à Rome.
4. Dans le même temps sans doute, VÉGÈCE (Flavius Végétius Rénatus) écrivit un « Résumé d'art militaire » *(Epitoma rei militaris)* en 4 livres, qui prétend remédier à la décadence du présent par les exemples du passé.
5. Voir de E. TURK, *Les Saturnales de Macrobe, source de Servius Danielis* (*Rev. des Ét. lat.*, XLI, 1964).

Macrobe. — Le plus intéressant, pour les idées, de ces grammairiens est Macrobius Théodosius. Il écrivit (vers 400) deux ouvrages qui nous sont parvenus. L'un est un commentaire du *Songe de Scipion*, de Cicéron (voir p. 133 s.) : à la fois explication mathématique et astronomique de l'épisode, et théorie néo-platonicienne de l'âme et de la divinité. L'autre s'intitule *Saturnales*. Macrobe a prétendu y traiter, dans un certain ordre, mais sous la forme aisée du dialogue, de toutes sortes de questions dont s'occupaient les grammairiens. En fait l'ouvrage est surtout littéraire et consacré à Virgile (4 livres sur 7), dont les interlocuteurs vantent presque sans mesure les connaissances rhétoriques, juridiques, astronomiques, archéologiques. Il a en outre un certain intérêt philosophique : Macrobe interprète les légendes de la mythologie en païen monothéiste, sectateur du Soleil. Même sans profonde originalité, l'œuvre de Macrobe est donc intéressante et riche d'enseignements pour nous.

2. La poésie profane

Les élégances traditionnelles de la mythologie gardaient leur prix en poésie, sans qu'on y attachât d'ailleurs d'autre importance qu'artistique : chrétiens et païens pouvaient ainsi les utiliser, sans scrupules comme sans crédulité. L'étonnant, c'est que de tels ornements aient repris fraîcheur au IVe siècle, comme dans Ronsard par exemple, par ferveur d'humanisme et sentiment de la vie. Déjà peut-être au milieu des vaines complications et du maniérisme des IIe-IIIe siècles, la gracieuse pièce du *Peruigilium Veneris* (« La veillée des fêtes de Vénus »)[1] avait annoncé cette renaissance. Elle ne se fit pas d'un coup : les subtilités techniques lui firent concurrence presque jusqu'à la fin du siècle, dans Ausone encore. Mais, sous ces deux aspects, la poésie profane apparaît encore vigoureuse et pleine de possibilités[2].

Aviénus. — Originaire de Volsinies en Étrurie, Rufius Festus Aviénus fut un grand personnage, peut-être proconsul d'Achaïe. Il continua la tradition didactique de la poésie romaine : par lui furent traduits encore une fois les *Phénomènes* d'Aratos ; il fit une *Description de la terre*, d'après Denys le Périégète (qui vivait sous Hadrien) ; ses « Rivages maritimes » *(Ora maritima)*, en trimètres ïambiques, combinent des sources très diverses et sans doute des souvenirs de voyages : c'est, pour nous, le plus intéressant de ses ouvrages ; mais nous n'en avons qu'une partie du premier livre.

---

1. En septénaires trochaïques, avec refrain.
2. Du IIIe au Ve siècle, on peut, outre les auteurs qui suivent, mentionner : les *Dicta Catonis*, sentences morales en distiques hexamétriques ; les 42 fables, imitées de Babrios par AVIANUS, en distiques élégiaques ; la comédie du *Querolus* (« Le plaignard »), de ton plautinien, mais de métrique très confuse.

Aviénus est un versificateur souple et pur, nourri des classiques (il avait mis en vers du Tite-Live et imité Virgile) ; il a le sentiment de la variété et de la noblesse dans le style.

AUSONE
Vers 310 — vers 395

D. Magnus Ausonius était bordelais, honnête chrétien, avant tout maître de rhétorique : de ses deux élèves les plus illustres, l'empereur Gratien le combla d'honneurs et le porta au consulat (en 379), saint Paulin le ravit par ses dons poétiques et le navra par son ascétisme chrétien. Ce dut être un homme charmant, épicurien au fond, sensuellement amoureux de son pays, affectueux pour les siens, reconnaissant à ses maîtres et d'une gentillesse courtoise pour ses collègues, — et mettant en vers longuement travaillés tous ses sentiments spontanés.

L'œuvre : petitesses et réussites. — Mis à part un discours emphatique de remerciement à Gratien, l'œuvre d'Ausone révèle surtout le goût du petit, ou l'impuissance du grand ; en même temps l'amour professoral de séries bien classées et menées jusqu'à leur terme. En courtes pièces, il célèbre toute sa parenté *(Parentalia)*, les maîtres de l'Université de Bordeaux, les villes illustres de l'empire, les héros de la guerre de Troie *(Epitaphia)*, les Sept Sages de la Grèce, les Césars ; ou bien retrace avec une minutie bonhomme ses occupations de la journée *(Ephemeris)*. Il veut aussi faire apprécier toutes les finesses de son art ; soit en variant les mètres ou leurs combinaisons, soit en composant maintes épigrammes sur le même thème, soit en traitant avec esprit des questions « de grammairien », aussi peu poétiques que possible *(Eclogae)*. Dans ses *Épîtres*, surtout ses *Idylles*, le développement est parfois plus ample, mais on sent toujours ces aspects essentiels de son talent. Il faut d'ailleurs convenir que certaines des petites pièces sont charmantes, de tendre sentiment ou de pittoresque concentré.

Toulouse

Non, jamais je ne tairai ma nourrice, Toulouse, avec ses murs de briques rouges, qu'enveloppe de sa boucle et baigne la Garonne au beau cours, si peuplée entre les neiges des Pyrénées et les pins des Cévennes, à mi-chemin des peuples aquitains et de la race ibérique. De toi se sont épandues quatre villes ; et tu n'en as point senti l'épuisement, ne cessant d'embrasser en ton sein les colonies sorties de toi.

Ordo nobilium urbium, XII.

A sa femme

Vivons, ma femme, comme nous avons vécu : gardons les noms de notre jeunesse et de notre premier amour. Que nul jour ne s'avise de nous faire jamais changer : que, toujours jeune à tes yeux, je te voie toujours jeune femme. Si je dépasse l'âge de Nestor, si tu rivalises avec Déiphobé[1], la Sibylle de Cumes, que nous importent la vieillesse et ses flétrissures ? Pour nous compte le précieux apport des années, et non pas leur nombre.

Epigrammes, XIX.

1. Deux exemples de fabuleuse longévité. Le mélancolique, c'est que la femme très aimée d'Ausone mourut toute jeune.

Le talent descriptif. — C'est la poésie descriptive qui est le triomphe d'Ausone. Le genre était connu : le tempérament latin y penchait. Il présente de graves dangers : convention et maniérisme. Ausone y a réussi grâce à la fois à la fraîcheur de sa vision, à son goût du détail pittoresque ou plastique, et aussi, il faut bien le dire, à la souplesse qu'il avait acquise dans le maniement de la langue et des vers. Il a ainsi écrit les pages les plus gracieuses, et de l'atmosphère la plus juste, malgré la minutie du travail, sur la descente de *la Moselle* de Trèves au Rhin, ou sur un jardin de *Roses* à l'aurore, sans compter une foule d'impressions éparses dans son œuvre. L'art et la nature s'y unissent avec aisance, grâce à la sympathie heureuse qu'Ausone fait rayonner autour de lui.

La Moselle

[Deux développements énumératifs (le lit de la rivière ; les poissons), sans effort de composition, et dont tout le prix est dans le détail, réaliste et minutieux à la façon japonaise. — Impression générale de fraîcheur, parce qu'on sent dans l'auteur le plaisir de l'observation. — Goût de la couleur.]

Ta surface polie laisse pénétrer ton cristal, sans aucun mystère, ô fleuve : ainsi l'air bienfaisant s'ouvre pleinement à l'aisance de nos regards, quand les vents apaisés leur laissent libre accès. Longuement appuyés, nos yeux plongent jusqu'en tes profondeurs, où se découvrent tes secrètes merveilles, quand tu coules nonchalamment et qu'au fil de tes eaux transparentes s'ébauchent des formes diverses au milieu des reflets azurés. Sur le sable ondé au passage frémissant du flot, ce sont des herbes qui, penchantes, s'inclinent sous le courant : sans cesse mouvantes dans les eaux pures qui les firent naître, elles les laissent passer en ondulant et dans l'ombre brille par instants un caillou ou verdoie une mousse sur le gravier. Ainsi sur le rivage des Bretons de Calédonie[1], le reflux découvre algues vertes et rouges coraux et la blancheur des perles, germant en leurs coquilles pour les délices des hommes : l'on dirait, sous les eaux opulentes, les colliers qui font notre parure. Ainsi dans l'herbe verte se trahissent les cailloux colorés sous le cours tranquille et gai de la Moselle.

Cependant les yeux attentifs se lassent à suivre les jeux entrecroisés, les fluides passages des poissons. Tant d'espèces, tant d'obliques mouvements, tous ces essaims qui l'un après l'autre remontent le courant, leurs noms, leur dénombrement sans fin, il ne m'est pas permis de les dire : il l'interdit, le dieu qui a obtenu la seconde part du monde[2], auquel est réservé le trident marin. Pourtant, ô Naïade de ce fleuve, dis-moi les chœurs du troupeau porte-écailles ; énumère les bandes qui, dans ton lit limpide, flottent dans l'onde azurée.

Dans les sables herbus transparaît le chevaine écailleux, à la chair tendre bourrée d'arêtes, qu'il faut servir sur table après deux fois trois heures au plus tard[3]. Et puis, constellée de gouttes de pourpre, la truite ; et la loche, dont l'épine ne fait aucun mal ; et l'ombre léger, qui fuit et échappe aux yeux ; et toi qui, rembarré dans les tourbillons de la Sarre, qui gronde en six torrents entre les piles rocheuses de son pont, ayant coulé au fil d'un fleuve de plus grand renom, y déploies plus librement ta nage, ô barbeau. L'âge te fait gagner : à toi seul le privilège de voir louer ta vieillesse. Que je me garde de t'oublier, saumon à la chair rougeoyante, dont les vastes coups de queue viennent du milieu des eaux se répercuter à leur surface, quand, agitée soudain, elle révèle l'agitation profonde de ton passage : cuirassé d'écailles avec ton front lisse, tu honoreras

1. Au Nord de la Grande-Bretagne.
2. Neptune a les eaux, comme Jupiter le ciel et Pluton les Enfers.
3. Le « thème » des poissons s'accompagne du « thème » des préceptes culinaires.

une table raffinée ; et tu peux, sans te corrompre, attendre longuement, avec ta tête brillamment tavelée, ton ventre qui frémit et la grasse ampleur de ton corps...

Idylles, X, v. 55-105.

Les roses

[Du choix des détails naît une poésie naturelle, qu'Ausone a voulu rehausser de traits lyriques où se sent un peu d'artifice. — Style raffiné, çà et là même précieux. — Certains doutent que la pièce soit d'Ausone].

C'était au printemps : une caressante et piquante fraîcheur semblait l'haleine du jour qui renaissait dans l'or. Frissonnante, la brise courait au devant des coursiers de l'Aurore[1], invitant à jouir du jour avant la chaleur. J'allais par les parterres coupés de ruisselets, désireux de revivre aux souffles du matin. La gelée blanche courbait les herbes, crêtait les plantes potagères ; sur les feuilles étalées des choux se jouaient des gouttes rondes, une eau céleste appesantie. Les rosiers que cultive Paestum[2] s'éjouissaient dans la rosée de cette nouvelle aurore ; aux tiges brillait çà et là une cristalline blancheur, des perles prêtes à s'évanouir aux premiers rayons du jour. Vous auriez douté si l'Aurore empruntait aux roses son éclat vermeil ou leur donnait le sien, peignant les fleurs de sa fraîche nuance. Même rosée, même éclat coloré, même grâce matinale : l'étoile[3] et la fleur n'ont-elles pas même maîtresse, Vénus ? Peut-être aussi même parfum : mais l'un s'exhale de tout près, l'autre s'épand dans les espaces célestes. Déesse de l'étoile et déesse de la fleur, la reine de Paphos[4] à l'une et à l'autre a donné l'éclat de la pourpre.

Idylles, XII, v. 1-22.

CLAUDIEN
Vers 370 - peu après 404

Originaire d'Alexandrie en Égypte et païen, Claudius Claudianus fit une carrière brève, mais éclatante. Il était déjà connu par ses poésies grecques lorsqu'il vint à Rome en 394. Pendant dix ans, n'écrivant plus que latin et protégé par de grands personnages, il fut le chantre officiel de l'empire d'Occident, d'Honorius et de son énergique général, Stilicon. Il mourut peu après 404, avant la catastrophe de la grande invasion et le meurtre de Stilicon (408). De son vivant une statue lui avait été officiellement élevée sur le forum de Trajan : l'inscription, que nous avons conservée, le compare à Homère et Virgile.

Son œuvre : panégyrique et satire. — Outre des *Épîtres*, de virulentes *Épigrammes*, des *Épithalames*, Claudien écrivit, en si peu d'années, des poèmes mythologiques et des poèmes d'actualité. Ses mythologies ne semblent pas l'avoir fort intéressé : son *Enlèvement de Proserpine* est interrompu à la fin du troisième chant ; sa *Gigantomachie* (Guerre des Géants contre les dieux) latine resta aussi inachevée. Les réalités de la vie présente le touchaient davantage : qu'il s'agît de flatter ses puissants protecteurs en des panégyriques convenus *(Sur le consulat d'Olybrius et Probinus ; de Manlius Théodorus)* ou officiels (sur les consulats, sur le mariage d'Honorius) ou d'une profonde sincérité *(Guerre contre Gildon ; Consulat de Stilicon ; Guerre contre*

1. L'Aurore est représentée montée sur un char, comme le soleil.
2. Antique cité grecque (Poseidônia), au Sud du golfe de Salerne ; souvenir de Virgile, *Géorg.*, IV, 119 ?
3. L'étoile du matin, ou de Vénus, est confondue avec l'Aurore.
4. Ville de l'île de Chypre, consacrée à Vénus.

les Goths) ; ou bien d'invectiver contre les ministres de l'empire d'Orient, Rufin, Eutrope, et leurs manœuvres contre la politique de Stilicon.

Stilicon est en effet le héros de Claudien ; c'est sa pensée toujours présente qui élève cette poésie d'actualité, lui donnant à la fois portée politique, grandeur dans l'éloge, véhémence dans la haine. Car, comme panégyriste et surtout comme satirique, Claudien dépasse de loin tout son siècle : son emphase éclatante et sa verve injurieuse sont également admirables.

Contre Jacob, maître de la cavalerie

[Un général chrétien est raillé dans sa confiance aux saints, son ivrognerie et sa lâcheté.]

Par les cendres de Paul, par le sanctuaire de Pierre aux cheveux blancs, général Jacob, ne déchirez pas mes vers. Ainsi puisse[1] Thomas vous servir de bouclier et soutenir votre cœur ; ainsi puisse Barthélemy vous accompagner à la guerre ; ainsi puisse le secours des saints fermer les Alpes au Barbare ; ainsi vous donne ses forces sainte Suzanne ; qu'ainsi s'engloutissent dans le froid Ister[2], comme la rapide cavalerie du Pharaon[3], les farouches envahisseurs qui voudront le franchir ; qu'ainsi le glaive exterminateur frappe les hordes gétiques ; ainsi puisse Thècle couvrir de sa faveur les troupes romaines ; qu'ainsi le convive succombant [à l'ivresse] proclame votre triomphe et que les flots de vin viennent à bout de votre soif ; ainsi puisse votre main n'être jamais souillée du sang d'un ennemi. Mais n'allez pas, général Jacob, déchirer mes vers !

Epigrammes, XXV.

Eutrope vieilli

[Eutrope, ancien esclave, devenu chambellan d'Arcadius, empereur d'Orient, et d'abord protégé de Stilicon, avait pris position contre lui en s'appuyant sur le Goth Alaric (397-399). — Portrait excessif jusqu'à grimacer, conforme au genre de l'invective. — Mais unité et ampleur du développement. — Et très riche création d'images (remarquer la comparaison finale) qui ne troublent pourtant pas l'impression réaliste du portrait.]

L'âge avait détendu sa peau, les rides couraient sur ses joues, plus nombreuses que sur le raisin sec : moins profondément se fendent les champs sous la pression du soc, moins se rident les voiles au frémissement du vent. Sa tête effroyable était rongée des poux ; des plaques nues régnaient entre les touffes de ses cheveux, comme, dans les champs desséchés, luit la jachère nue entre les grêles épis, ou comme se dépouille sous les frimas avant de mourir au creux d'un arbre, à la saison d'hiver, l'hirondelle. Sans doute pour qu'au jour où il revêtirait la trabée[4] son indignité s'accrût, la Fortune, en le comblant de ses faveurs, voulut ainsi outrager son front et déshonorer son visage. Pâle fantôme décharné, il offrait à ses maîtres un spectacle d'horreur ; sa décrépitude offensait les passants, effrayait les enfants, dégoûtait les convives, scandalisait les serviteurs, assombrissait ceux qu'il accompagnait, décourageait chacun de tirer quelque chose de cette souche desséchée. Préparer un lit, fendre du bois pour la cuisine, ses membres le lui refusent ; serrer l'or, les vêtements, garder des secrets, son infidélité s'y oppose. Enfin, comme une charogne ou un fantôme funeste, tous le jetèrent à la porte. Mais le mépris va lui donner la liberté. Ainsi le pâtre engraisse de lait et retient à la chaîne le

---

1. Formule de vœu : à la condition que vous ne déchiriez pas mes vers, que tous les saints vous prêtent leur aide.
2. Le Danube.
3. Poursuivant Moïse et les Juifs, le Pharaon d'Égypte fut, selon la Bible, englouti avec ses chars par la mer Rouge.
4. Vêtement richement brodé que revêtaient à cette date les consuls. Eutrope fut consul en 399, et exécuté la même année à la suite d'intrigues de palais.

chien musclé, dont la vigueur sauvegarde son troupeau et peut effrayer de ses aboiements les loups en rapine ; mais lorsque, plus lent et déjà galeux, il laisse pendre ses oreilles déchirées, on le lâche, faisant l'économie du collier qui le retenait.

Contre Eutrope, I, v. 110-137.

Esprit national et grandeur épique. — Si vif qu'il soit, pourtant, un sentiment personnel d'homme à homme ne suffirait pas à soutenir ni longtemps ni très haut une production poétique de ce genre. Mais, pour Claudien, l'empire d'Occident, avec sa vénérable capitale, est le siège véritable de la grandeur romaine ; et Stilicon, qui en affirme les droits éminents en face de l'empire d'Orient, a en dépôt, tout germain qu'il est d'origine, l'héritage de toutes les générations latines. Encore une fois — la dernière — le nationalisme romain s'affirme avec un vigoureux orgueil. Excellentes conditions de création épique : toute l'histoire du passé reprend vie en un sentiment collectif et trouve son représentant en un « héros » individuel. Aussi peu importent toutes les réminiscences, de Virgile, d'Horace ou de Juvénal, qui soutiennent l'inspiration de Claudien : cette inspiration elle-même est naturelle, vécue ; ce poète a le sens de l'épopée aussi bien que de la satire ; et son œuvre en acquiert un mouvement, une ampleur depuis longtemps oubliés.

Stilicon marche contre les Huns

[Claudien présente la lutte de Stilicon contre le Gaulois Rufin, conseiller d'Arcadius et utilisant à ses fins les Wisigoths d'Alaric, comme la lutte de Rome contre les Barbares, figurés par les Huns, nouveaux venus de Mongolie et qui suscitaient une immense terreur (395). — Procédés de l'épopée classique (prières ; interventions mythologiques ; bravades entre divinités) mis en œuvre dans un esprit actuel (réalisme de la description des Huns ; dieux représentant la lutte entre le ciel et l'enfer). — Abondante utilisation de Virgile, dont la *IVe Bucolique* est adroitement transposée à la fin du passage.]

Aux confins de la Scythie, vers l'Orient, par-delà les glaces du Tanaïs[1], il est une race, la plus décriée de celles que couve l'Ourse[2] : son extérieur est hideux ; son physique d'une laideur repoussante ; sa ténacité à l'épreuve des plus dures fatigues ; elle vit de proie, a dégoût de Cérès[3], s'amuse à s'entailler le front et trouve beau de jurer sur les cadavres de ses parents assassinés. Les fils de la Nue[4], à la double nature, n'unissent pas plus étroitement un torse d'homme à un corps de cheval ; leurs attaques, d'une terrible mobilité, ne suivent aucun ordre : on ne les attend plus, et ils reviennent à la charge. C'est contre eux, pourtant, que, sans trembler, auprès des flots écumants de l'Hèbre[5] tu dresses[6] tes tentes ; et, avant le tumulte des trompettes et du combat, tu fais cette prière :

« Mavors[7], soit que tu te reposes sur l'Hémus[8] chargé de nuées, soit que te retienne le Rhodope[8] blanchi par les frimas, ou l'Athos[8] que brava la rame[9] des Mèdes, ou le Pangée[8] sous les brumes ténébreuses de ses yeuses, prends tes armes et viens défendre

1. Le Don.
2. Constellation du Nord.
3. Du pain.
4. Les Centaures.
5. Fleuve de Thrace.
6. Claudien s'adresse à Stilicon (comme dans un *Panégyrique*).
7. Nom ancien de Mars, dieu de la guerre.
3. Montagne de Thrace : le pays passait pour voué spécialement à Mars.
9. L'Athos forme un promontoire dangereux que Xerxès (en 491 av. J.-C.) essaya de couper par un canal pour éviter à sa flotte le risque d'une catastrophe.

avec moi les Thraces, tes enfants : si la gloire me sourit, tu auras de ma main un chêne couvert de dépouilles. »

Le dieu l'entendit. Des roches neigeuses de l'Hémus, il se dresse et stimule à grands cris ses serviteurs rapides : « Apporte mon casque, Bellone[1] ; resserre les courroies des roues, Terreur ; Effroi, bride mes coursiers rapides. Pressez, hâtez-vous. Celui que j'aime est déjà prêt, Stilicon, qui ne cesse de m'enrichir de trophées[2] et suspend aux troncs d'arbres les panaches ennemis. Pour nous deux à la fois sonnent toujours les trompettes, pour nous deux retentit le signal du combat : et mon char suit de près sa tente ». Il dit, et bondit dans la plaine : ils chassaient au loin les escadrons, ici, Stilicon, là Gradivus[3], semblables de bouclier et de stature ; leurs deux casques se hérissent d'une crinière de fer, la course fait fumer leur cuirasse, le sang inonde leurs lances avides.

Pourtant Mégère[4], au comble de ses vœux et s'ébattant au milieu des maux, trouve sur le Capitole la Justice en deuil et la provoque par ces paroles cruelles : « Eh bien ! tu l'as retrouvée, cette paix d'autrefois ; les voici revenus, à ton gré, les bons siècles passés ; ma puissance a reculé, et il n'y a plus, nulle part, de place pour les Furies ? Tourne les yeux de ce côté : vois tous les remparts qui s'écroulent dans les feux des Barbares ; vois les monceaux de morts, les flots de sang que m'offre Rufin : quels banquets pour mes serpents[5] ! Abandonne l'humanité, elle m'appartient ; gagne les astres et la place que te réservent les constellations d'automne, la demeure, proche du Lion[6] estival, où le Zodiaque penche vers le pôle austral : voilà longtemps que t'attendent les confins de la double Balance[6]. Et puissé-je te poursuivre encore dans les espaces de la voûte céleste ! »

La déesse répond : « Tes fureurs, insensée, vont avoir leur terme ; ton misérable tenant est près du châtiment[7] : voici que se dresse le vengeur attendu ; et celui qui lasse encore et la terre et le ciel ne trouvera pour se couvrir, à l'heure de la mort, pas même un peu de sable. Voici venir Honorius, promis au bonheur de notre âge, égal en courage à son père[8], à son frère éclatant[9], qui domptera le Mède[10] et clouera à terre les Indiens. Les rois passeront sous son joug ; son cheval foulera le Phase[11] obstiné ; et l'Araxe[12], malgré lui, subira un pont. Et toi, alors, enchaînée de fers pesants, tu seras chassée des domaines de la lumière, et, la tête dépouillée de ta chevelure de serpents, tu seras reléguée au fin fond du barathre[13]. Alors la terre sera à tous[14] ; alors nulle borne ne distinguera les champs ; le soc courbe ne creusera plus de sillons ; des blés crus sans culture réjouiront le moissonneur ; des chênaies dégouttera le miel ; sourdant çà et là, les vins couleront en ruisseaux, l'huile s'épanchera en lacs ; on ne cherchera point par le murex[15] à embellir les toisons : le pâtre étonné verra spontanément s'empourprer ses troupeaux ; et, dans toutes les mers, les algues vertes riront à la naissance des perles ! »

Contre Rufin, I, v. 323-387.

1. Déesse de la guerre. Remarquez, ensuite, les personnifications divines d'idées abstraites, conformes à l'ancien esprit romain, et qui furent, sous un autre aspect (l'allégorie), très en honneur au Moyen Age.
2. Le trophée de victoire consistait en armes prises sur l'ennemi, suspendues à un tronc d'arbre ou à une poutre dressée.
3. Surnom latin de Mars.
4. Une des Furies.
5. Les Furies avaient des serpents dans les cheveux et dans les mains.
6. Constellation limitant celle de la Vierge, identifiée à la Justice (cf. Virgile, *Georg.*, I, 32-35).
7. Rufin avait été massacré la même année par les soldats, à l'instigation de Stilicon.
8. Théodose.
9. Arcadius.
10. Les Perses.
11. Fleuve de Colchide.
12. Fleuve d'Arménie. Remarquer que Claudien ne parle que de pays orientaux, en ayant l'air de revendiquer leur conquête par Honorius, empereur d'Occident.
13. Le fin fond des Enfers.
14. Suit une description de « l'âge d'or ».
15. Coquillage d'où on tirait la pourpre.

L'imagination. — La force de l'imagination est d'ailleurs telle chez Claudien qu'elle renouvelle sans effort, semble-t-il, les thèmes les plus convenus. On y a reconnu une surabondance orientale et la connaissance approfondie de la littérature grecque. De toute façon, il se représente les réalités avec une vivacité singulière, les dépeint d'un trait ou les exagère avec lyrisme, avec bouffonnerie, sans leur faire perdre l'apparence de la vie. Chose plus rare, après tant de siècles d'intense production littéraire, il crée des métaphores nouvelles, trouve des comparaisons inattendues et justes, avec une liberté et un bonheur supérieurs à ceux de Virgile dans l'*Énéide*.

Léon[1]-le Lion

[Double satire de créatures d'Eutrope : un ancien tisserand devenu général ; un ex-cuisinier, devenu « maître des offices ». — Gaîté lyrique et surabondance de l'imagination.]

Tarbigil[2] simule la fuite et nourrit d'espoir la vaine enflure de Léon, tant qu'enfin, surprenant soudain son armée alourdie par les festins, où elle se flatte, au milieu des coupes, de charger de chaînes l'ennemi, elle-même ensevelie dans l'ivresse, il fond sur son camp. Les uns périssent au moment où ils soulèvent lentement sur leur couche leurs membres engourdis ; d'autres ne font que passer du sommeil à la mort ; mais d'autres, d'un élan, se précipitent dans le marais voisin, et font enfler les ondes de la masse de leurs corps. Quant à Léon-le-lion, plus fuyard que le cerf ou le daim, il s'en courait tremblant sur un cheval trempé de sueur ; sous le poids, la bête bronche et s'empêtre dans la vase ; et lui, tombé la tête la première, grouillait péniblement dans le marécage, vautré dans la boue élastique ; il enfonce, et souffle de toute sa masse graisseuse, comme un cochon qui, déjà à point pour les banquets, geint honteusement à l'heure où Hosius, armé d'un fer brillant et la tunique retroussée, médite quels quartiers il va mettre à la broche, quels morceaux il va confier à l'eau bouillante et quelle quantité de châtaignes il faut pour bourrer la peau de farce. La besogne presse ; les coups redoublés du hachoir font retentir le Bosphore, et les fumets de la cuisine vont baigner Chalcédoine[3].

Voici qu'un souffle léger ébranle les feuillages derrière lui ; ce sont des flèches, pense Léon ; la frayeur vaut une blessure : ce fut comme un trait transperçant ; sans une plaie, blessé de sa seule frayeur, il exhale son âme souillée. Pourquoi, être dégénéré, avoir voulu manier l'épée au lieu du peigne[4] ? Qui t'a conseillé de quitter la sellette de tes pères pour la vie des camps ? Quelle chance tu avais de pouvoir, à l'abri des tumultes, louer les chants des tisserands, réchauffant le matin ton corps d'un déjeuner confortable ! Te voilà, malheureux, gisant ; tu n'as lâché tes laines que pour donner aux Parques l'occasion de filer le dernier brin de ta vie !

Contre Eutrope, II, v. 432-461.

Stilicon dans les Alpes

[En 402, Stilicon avait libéré l'Italie, envahie par Alaric ; deux ans plus tard, Claudien lut solennellement à Rome son poème *Sur la guerre des Goths*, le dernier que nous connaissions de lui. — Thème rebattu (la traversée des montagnes en hiver) renouvelé par une forte imagination, qui unit sans disparate la grandeur et le détail familier. — Comparaison originale (à la fin) développée à la façon homérique.]

Il est une chaîne montagneuse, aux confins de la Rhétie et de l'Hespérie[5], dont les cimes abruptes heurtent les astres, ne laissant qu'un chemin qu'on tremble d'affronter

1. En grec ou en latin, le nom de Léon signifie aussi « lion » : Claudien s'amuse de cette rencontre.
2. Révolté en Asie Mineure : Léon avait été envoyé contre lui.
3. Ville de la côte d'Asie, en face de Constantinople.
4. De tisserand.
5. L'Italie.

même l'été. Bien des soldats, comme s'ils avaient vu la Gorgone[1], y furent saisis par le gel ; beaucoup s'engloutirent dans les insondables profondeurs des neiges ; et souvent, avec leurs attelages de bœufs, les chariots naufragent et plongent dans le gouffre blanc. Parfois la glace cède, le mont s'écroule soudain : c'est la tiédeur de l'Auster[2] qui en a sapé les fondements, laissant une apparence trompeuse au sol en surplomb. Tels sont les lieux où campe Stilicon au milieu de l'hiver. Bacchus n'y offre pas une coupe ; Cérès y est avare : il faut se satisfaire sans quitter l'armure et, chargé d'un manteau qu'alourdit la pluie, goûter à la hâte de quelques aliments, en pressant le pas d'un cheval transi. Nulle couche moelleuse non plus pour le corps fatigué : les ténèbres venues, quand la nuit obscure interdit enfin de poursuivre, il trouve pour s'abriter ou l'horrible caverne des bêtes, ou le chaume d'un pâtre sous lequel il couche, son bouclier pour oreiller : à la vue d'un si grand hôte, le berger pâlit, immobile ; et sa rustique compagne montre à son bébé crasseux le visage éclatant qui pour elle n'a pas de nom.

Ces couches repoussantes sous l'horreur des forêts, ces sommeils qu'assiégeaient les neiges, ces soucis, cette peine sans relâche, c'est ce qui assurait à nous, à l'univers, le repos et l'inespérée tranquillité. En ces masures alpines s'élaborait ton salut, ô Rome. Déjà les peuplades ne songeaient plus aux liens des traités : exaltées par la nouvelle de la défaite latine, elles avaient saisi les passages boisés de Vindélicie[3] et les campagnes du Norique[4]. Comme on voit des esclaves, à la fausse nouvelle de la mort du maître, s'abandonner à tous les excès, aux langueurs de la table, à la licence effrénée des danses avinées au travers des vastes salles : qu'un hasard soudain ramène alors le maître, ils se figent en une stupeur immobile, et la conscience de leur servitude glace leur cœur et leur fait haïr leurs dérèglements. Ainsi le seul aspect du héros immobilisa tous les rebelles ; en lui seul brilla, soudain, l'éclat de l'empereur du Latium et de Rome en sa totale majesté.

De bello Gothico, v. 340-375.

La langue et le style. — Le plus étonnant encore, c'est que ce Grec écrit le latin le plus classique comme s'il lui était naturel et manie les mètres avec une souplesse et une harmonie admirables. Par là se révèle sans doute plutôt la perfection d'une éducation livresque que le juste sentiment du parler actuel. Mais, à distance, on comprend encore l'admiration de ses contemporains pour ce poète mort tout jeune et qui, pour des qualités différentes, moins libre de fond, moins philosophe et même moins psychologue, mais plus artiste et plus parfait de forme, mérite d'être rapproché de Lucain.

RUTILIUS NAMATIANUS Très classique aussi de forme est l'*Itinéraire* de Rutilius Namatianus, écrit en distiques élégiaques (Ier chant, de 644 vers ; IIe chant, inachevé ou mutilé, de 68 vers).

C'était un païen, l'un de ces hauts fonctionnaires patriotes que la Gaule fournissait alors en grand nombre à Rome. Préfet de la Ville en 414, il regagna sa patrie, par mer, en octobre-novembre 417. Le récit de son retour *(De reditu suo)* répond à une formule rebattue dans l'Antiquité. De là des aspects sans doute traditionnels : affectation de précision, netteté descriptive assez plate du genre des *Guides*, recherche de variété par épisodes ou, au besoin,

1. Monstre mythologique dont la vue pétrifiait.
2. Vent du sud.
3. Région d'Augsbourg.
4. Entre les Alpes (Tyrol) et le Danube.

par effusions ou invectives personnelles. Rutilius, malgré quelques touches heureuses, n'a ni beaucoup de pittoresque ni beaucoup de vivacité ; mais il vaut par la sincérité de ses impressions ; et sa célèbre prière à Rome (presque au début du poème) exprime de façon inoubliable l'attachement à la fois intellectuel et sensuel, un peu mélancolique depuis l'invasion d'Alaric (410), qu'inspirait aux provinciaux d'Occident la Ville autrefois conquérante, symbole maintenant de paix et d'ordre universels.

Rome vénérable et meurtrie

[Adoucissement de l'ancienne conception de Rome conquérante. — Tendresse consolatrice.]

« Les auteurs de ta race sont Vénus et Mars, oui, la mère des Énéades et le père des Romulides[1]. La clémence victorieuse adoucit [en toi] la puissance des armes : les deux divinités s'unissent en ton caractère. Ainsi tu as la joie, si bonne, et de combattre et d'épargner, celle qu'on éprouve à dompter qui on a craint, à aimer qui on a dompté...

« Relève les lauriers de ta tête ; voile, ô Rome, la blancheur de ton chef sacré sous la verdure de leurs feuillages. Que de ton casque tourelé[2] rayonne l'or de ton diadème ; et que sans fin des feux jaillissent de ton bouclier d'or. Que s'efface dans l'oubli, avec l'injure, le souvenir de la sinistre aventure[3] : méprise la douleur pour mieux cicatriser tes plaies. Dans l'adversité, tu as toujours compté sur le succès. Tu es comme le ciel, riche par tes pertes : les flammes des astres, en s'éteignant, s'apprêtent à renaître, la lune ne finit son cours qu'afin de le recommencer. »

I, v. 67-72 et 115-124.

En Méditerranée, entre la Corse et la côte Toscane

[Conformément aux lois du genre, Rutilius feint de rédiger son « journal de route » au cours du voyage ; mais il recherche la variété (description, légende, invective, précision technique, incident imprévu). — Médiocrité descriptive. — Sincérité du sentiment (aux grands fonctionnaires de l'Empire, la retraite dans un couvent paraissait une désertion des devoirs civiques).]

L'Aquilon[4] a fait retraite : nous en profitons pour filer à la voile, dès que sur son rose coursier brille l'étoile de l'Aurore[5]. En masses obscures commencent à se montrer les montagnes de Corse, et, dans la brume, leurs cimes projettent une ombre, de pareille teinte, qui les hausse : ainsi le mince croissant de la lune souvent s'évanouit en un halo douteux, et les yeux fatigués, après l'avoir trouvé, le perdent. Ici la mer est si étroite qu'une légende a pris force : on dit qu'un troupeau de bœufs la traversa à la nage, quand les rivages de Cyrnos[6] pour la première fois virent un être humain, une femme nommée Corsa, qui s'était mise à suivre un des bœufs échappés.

Nous avançons au large ; et voici que se hausse l'île de Capraria, toute souillée par la présence de ces hommes qui fuient la lumière[7]. Ils se donnent eux-mêmes le nom grec de « moines », parce qu'ils prétendent vivre seuls et sans témoin. Appréhendant les revers de la fortune, ils ont peur de ses dons. Est-il possible qu'on se rende malheureux pour ne pas l'être ? Être si sot, avoir la tête à ce point tournée que la terreur du mal vous rende incapable aussi de supporter le bien ! Peut-être se condamnent-ils aux travaux

---

1. Les descendants d'Énée (fils de Vénus) et ceux de Romulus (fils de Mars), par sa mère albaine « Énéade » lui-même.
2. Les villes personnifiées étaient représentées avec une couronne de tours.
3. La prise de Rome par Alaric (en 410).
4. Vent du nord, qui les empêchait d'avancer.
5. Voir p. 467, n. 3.
6. Nom grec de la Corse.
7. Les moines.

forcés en juste punition de leurs crimes ? ou peut-être une noire humeur gonfle-t-elle leur cœur désespéré ? Ainsi un excès de bile fut, selon Homère, l'origine morbide des mélancolies de Bellérophon : atteint de cruelles douleurs, il prit, dit-on, en haine le genre humain:

Entrant dans les eaux de Volaterra (qui méritent bien leur nom de *Vada*[1]), on trouve un chenal étroit et peu sûr. A la proue, la vigie d'avant garde les yeux fixés au fond de la mer, pour guider la manœuvre de la barre docile en criant ses indications vers la poupe. Une couple d'arbres précise l'entrée du passage incertain ; et deux rangées de pieux le balisent : à leur faîte on attache de hauts branchages de lauriers, dont les rameaux et le feuillage buissonneux se remarquent bien. Ainsi ces traîtres parages où l'herbe foisonne dans la vase épaisse offrent pourtant entre les jalons inébranlés un passage nettement tracé. En cet endroit je dus m'arrêter devant une bourrasque du Corus[2], de celles qui si souvent brisent en forêt les profonds halliers. C'est à peine si des maisons purent nous abriter contre la violence des averses.

I, v. 429-465.

3. La prose chrétienne

Le caractère peut-être le plus net de la littérature chrétienne au IVe siècle est le besoin d'un épanouissement artistique : la fin des persécutions libérait toutes les puissances de poésie longuement nourries dans les communautés primitives. Mais il y eut aussi chez les chrétiens volonté très nette de rivaliser, dans les lettres comme dans les arts, avec le splendide passé du paganisme. C'est ainsi que le pape DAMASE (305-384) composa et fit graver magnifiquement des inscriptions métriques monumentales ou sépulcrales :

Épitaphe de Damase pour lui-même

Vous qui avez imprimé vos pas sur les flots amers, vous qui donnez la vie aux germes mortels de la terre, vous qui avez pu délivrer Lazare des liens du tombeau au milieu des ténèbres de la mort et rendre [ainsi] à Marie-Madeleine, après trois révolutions du soleil, son frère revenu à la lumière, je crois que vous ferez renaître Damase du sein de la poussière.

D'autres évêques, saint Hilaire, saint Ambroise, ne se confinèrent pas dans le dogme, la discipline ou la politique : ils développèrent dans les cérémonies religieuses le chant des hymnes, et en composèrent eux-mêmes.

La prose bénéficia de ces tendances : si variés que se révèlent les tempéraments individuels, ils visent tous à la tenue, à l'élégance, à la beauté. Ses thèmes, d'ailleurs, se sont modifiés et, en un certain sens, enrichis. Sans qu'eût cessé tout à fait la polémique contre les païens[3], la tâche des évêques consistait surtout à maintenir l'unité de la foi contre les hérétiques : de là résul-

1. *Vada* veut dire : « les bas-fonds ».
2. Vent du nord-ouest.
3. Entre 346 et 350 fut écrit un traité fort violent, *Sur l'erreur des religions profanes*, par FIRMICUS MATERNUS, auteur aussi (avant sa conversion ?) d'un traité d'astrologie (*Matheseos libri VIII*).

tèrent à la fois précision et approfondissement des dogmes. D'autre part, le besoin scientifique de mieux s'assurer d'un passé déjà long suscita l'étude minutieuse des livres saints et les premiers efforts de l'histoire chrétienne. En ces diverses directions, le christianisme trouva pour s'exprimer des hommes de valeur exceptionnelle.

SAINT HILAIRE
Période d'activité : 355-367

Le premier « docteur » de l'Église latine est un Gaulois, Hilarius, issu d'une grande famille païenne de Poitiers, devenu peu après 350 évêque de sa ville natale. En lui s'expriment pour la première fois tous les caractères essentiels du christianisme au IVe siècle : il défend l'orthodoxie (*Sur la Trinité*, en 12 livres) ; commente les Écritures (saint Mathieu) ; cherche dans la Bible, à la suite du Grec Origène, la préfiguration des mystères chrétiens (Commentaires sur les Psaumes, sur le livre de Job ; *Traité des Mystères*) ; rassemble une documentation historique (*Fragmenta historica :* sur l'arianisme) ; écrit des hymnes ; proclame la nécessité d'honorer Dieu par le soin donné à la forme littéraire. Mais son œuvre, comme sa vie, est tout entière dominée par la lutte contre l'hérésie arienne, qui n'accordait pas au Christ la même nature qu'à Dieu le Père.

Ayant (en 356) attaqué les évêques ariens des Gaules, Hilaire fut exilé en Phrygie par l'empereur Constance, lui-même arien. Tout en s'instruisant à fond de la littérature grecque chrétienne, plus subtile et plus dialectique que la latine, et en composant son *De Trinitate*, il poursuit la lutte en Orient et y gagne une si redoutable influence que les ariens exigent qu'il soit « refoulé » en Gaule. De retour à Poitiers au milieu de l'enthousiasme de ses concitoyens, il n'a de cesse qu'il n'ait évincé l'hérésie des Gaules. Chez lui la discussion théologique est inséparable de l'action et de la prise la plus ardente sur les âmes : même ses hymnes, d'allure très dogmatique, il les composa pour faire concurrence à l'hymnologie arienne et réaliser l'union populaire autour de l'orthodoxie.

Hilaire avait beaucoup étudié Quintilien : sa prose est vigoureuse et rythmée, sans beaucoup de personnalité. Mais son âme claire, loyale et bonne lui donne du prix.

Regret des anciennes persécutions

[Extrait d'un brûlant pamphlet écrit peu avant et publié peut-être après la mort de Constance II (361), arien et persécuteur des orthodoxes. — Révolte d'une âme pure contre une corruption hypocrite. — Fervente admiration des temps héroïques de l'Église (qui éveille à cette époque le désir de l'ascétisme). — Développements oratoires, trop faciles, mais pleins d'allant.]

Ah ! si plutôt, Dieu tout puissant, créateur du monde, Père de notre unique Seigneur Jésus-Christ, tu avais donné à notre génération de confesser ton nom et les bienfaits de ton Fils unique aux temps de Néron ou de Décius[1] ! Certes, dans l'ardeur

1. En 64 et 249-250.

dont m'aurait rempli ton fils Jésus-Christ, mon Seigneur et mon Dieu[1], je n'aurais pas craint le chevalet[2], sachant qu'Isaïe a été mis en pièces, ni redouté les flammes, me souvenant qu'au milieu d'elles les enfants hébreux chantèrent[3] ; je n'aurais pas évité non plus la croix ni la brisure des jambes, me souvenant du larron[4] porté en Paradis ; je n'aurais pas tremblé devant les abîmes de la mer et le tourbillon dévorant du Pont : car, par Jonas[5] et Paul[6], tu as enseigné que la mer est vie à ceux qui croient. En présence d'ennemis déclarés contre toi, j'aurais été sûr de triompher : car il n'y aurait eu aucun doute qu'ils ne fussent des persécuteurs, poursuivant notre reniement par les supplices, le fer et le feu ; et, pour ta glorification, ils ne pourraient exiger de nous que la mort. Alors nous combattrions à découvert et avec confiance contre les dénégations, contre les tortures, contre les égorgements ; et tes peuples nous accompagneraient comme leurs chefs, liés par notre confession et comprenant que la persécution les vise tous avec nous.

Mais, aujourd'hui, la lutte est contre un persécuteur déguisé, contre un ennemi plein de douceurs, contre Constance l'Antéchrist[7]. Il ne déchire pas les dos, mais palpe les ventres ; il ne proscrit pas pour la vie [éternelle], mais enrichit pour la mort [sans fin] ; il n'emprisonne pas pour libérer, mais en son palais honore pour enchaîner ; il ne flagelle pas les flancs, mais s'empare du cœur ; il n'enlève pas la tête, mais tue l'âme sous l'or ; il ne menace pas du bûcher en place publique, mais en privé allume une géhenne[8]. Il ne tend pas ses forces pour éviter la défaite, mais flatte bassement pour dominer. Il confesse le Christ pour le nier[9] ; veille à l'unité[10], pour empêcher la paix; réprime les hérésies[11], pour qu'il n'y ait pas de chrétiens ; honore les prêtres, pour qu'il n'y ait pas d'évêques ; construit des églises, pour détruire la foi. Il te porte partout dans ses paroles, dans sa bouche : et il fait tout, en toute occasion, pour que toi, mon Dieu, tu ne sois pas au niveau de ton Père !

Contre l'Empereur Constance, 4-5.

SAINT AMBROISE
Entre 330 et 340-397

Haut fonctionnaire à Milan, Aurélius Ambrosius y fut soudain porté à l'épiscopat à la fois par les ariens et les orthodoxes (374). Quoique de famille anciennement chrétienne, il n'était pas encore baptisé. Il se donna en hâte une éducation théologique complète par la lecture des livres saints et des ouvrages grecs, ceux d'Origène en particulier, mais aussi ceux des écrivains les plus récents : Athanase, Grégoire de Nazianze, Basile.

Il avait surtout, et de famille (son père avait été préfet du prétoire en Gaule, et il était apparenté à Symmaque), le goût et le sens de la politique, beaucoup d'autorité, beaucoup de séduction aussi. Il prit la plus forte influence sur les empereurs, Théodose surtout, les contraignant à refuser toute faveur au paganisme, à soutenir l'orthodoxie chrétienne, mais sans

1. Hilaire insiste beaucoup sur la divinité du Christ, parce que les ariens ne le mettaient pas au même rang que Dieu le Père.
2. Instrument de torture.
3. Trois compagnons de Daniel, qui ne furent pas consumés dans la fournaise où Nabuchodonosor les avait fait jeter (*Daniel*, 3).
4. Le « bon larron », crucifié à côté du Christ.
5. Jonas, englouti par un poisson et rendu à la lumière au bout de trois jours (*Jonas*, 2), passait pour une préfiguration du Christ.
6. Saint Paul, naviguant vers Rome, avait fait naufrage (*Actes des Apôtres*, 27).
7. Nom donné par les chrétiens à « l'Adversaire par excellence », dont la venue devait précéder la fin du monde.
8. Un Enfer.
9. En lui refusant la parité avec le Père.
10. L'unité de l'Église : mais une unité arienne.
11. Ce que lui, Constance, appelle « hérésies », en y comprenant l'orthodoxie.

intervenir dans l'administration interne de l'Église et en se soumettant eux-mêmes, comme fidèles, à ses prescriptions morales : ainsi il imposa une pénitence publique à Théodose qui avait, dans un moment de colère, donné l'ordre de massacrer, après une émeute, la population de Thessalonique. De cette activité, administrative et politique, la *Correspondance* de saint Ambroise offre un tableau intéressant.

Sermons et traités. — Porté à viser les résultats les plus immédiats, Ambroise a composé un grand nombre de sermons : sa parole était « suave », dit saint Augustin. Mais, publiés tels qu'ils avaient été prononcés, ces sermons sentent l'improvisation : souvent lâches et diffus, farcis de citations bibliques et de réminiscences classiques. Même ses *Oraisons funèbres* (de son frère Satyrus; de Théodose), qui renouvellent le genre de la « Consolation », n'échappent pas à ces défauts. En contrepartie, l'imagination, surtout quand il s'agit des spectacles de la nature, a de la fraîcheur ; et l'interprétation allégorique constante de la Bible devait fournir une riche matière à la spéculation, et surtout à l'art du Moyen Age.

Les traités de saint Ambroise ont été aussi presque tous « parlés » et offrent les mêmes caractères. Ils sont surtout moraux, insistent par exemple sur les mérites des jeunes filles qui se consacraient à Dieu. Dans son ouvrage « Sur les devoirs des clercs » *(De officiis ministrorum)*, suivant de près l'allure du *De officiis* de Cicéron, il établit une synthèse nouvelle : il fond les préceptes essentiels du stoïcisme dans la morale du christianisme.

La mer

[La description est sentie et vive ; le commentaire reste assez platement matériel.]

« Et Dieu vit que c'était une bonne chose que la mer[1]. »

Vraiment c'est un admirable spectacle, quand les vagues soulevées se crêtent et se revêtent d'écumes, et inondent les écueils d'une rosée neigeuse ; ou quand, sous des brises amollies, la surface des eaux se crêpe ; ou, sous une caresse sereine du ciel, renvoie un éclat pourpré aux yeux du spectateur lointain ; quand elle ne martèle pas les rivages de flots rageurs, mais les embrasse et les flatte, pour ainsi dire, avec une douceur enveloppante : que le son en est doux ! comme elle brise voluptueusement ! Quelle harmonie en son reflux !

Mais je ne crois pas les yeux bons juges de la création : il faut saisir l'accord au plan total du créateur. Oui, la mer est bonne : mais d'abord parce qu'elle procure aux terres l'humidité indispensable, les pénètrant par en dessous, grâce à des canaux secrets, d'un suc fécondant. La mer est bonne, parce qu'elle reçoit les fleuves, nourrit les sources, absorbe les alluvions ; parce qu'elle favorise les relations commerciales entre peuples éloignés, diminue les chances de guerre, limite les fureurs barbares[2], secourt en cas de calamités, sert de refuge dans les périls, embellit les plaisirs, guérit les malades, rejoint ceux qui sont séparés, abrège les distances, transporte doucement ceux qui souffrent, amène les denrées, nourrit la famine.

Hexaéméron, III, 5, 41.

1. *Genèse*, I.
2. Souvent les Barbares, n'ayant nulle expérience de la mer, ne pouvaient atteindre les fugitifs réfugiés dans des îles.

Les hymnes. — Saint Ambroise reprit, avec plus de bonheur, la tentative de saint Hilaire pour créer une poésie liturgique populaire. Des hymnes qui lui sont attribuées, quatre au moins sont authentiques. Elles sont naturelles et animées, bien qu'un peu trop denses de pensée ; et leur sentiment reste encore aujourd'hui très pénétrant.

Le dimanche à laudes

[Hymne de la première heure du jour. — Contraste entre l'angoisse des ténèbres symbolisant le péché et la joie de la lumière figurant le salut. — Lyrisme de la libération. — Grand nombre des citations de l'Écriture.]

Éternel créateur de toutes choses, vous qui réglez les jours et les nuits et faites succéder un temps à un autre pour adoucir nos ennuis, — déjà se fait entendre le chantre du jour[1], qui veille pendant la nuit profonde, lumière nocturne des voyageurs, qui divise en deux parties les ténèbres de la nuit.

A sa voix, l'étoile du matin se lève et dissipe l'obscurité du ciel ; à sa voix, la troupe entière des esprits de malice[2] abandonne le sentier du mal. — A sa voix, le matelot reprend ses forces et les mers déposent leur fureur; à sa voix celui[3] qui devait être la pierre de l'Église efface son péché[4].

Levons-nous donc promptement : le coq éveille ceux qui dorment, il gourmande les paresseux, il corrige ceux qui renient Jésus-Christ. — Au chant du coq, l'espérance renaît, les malades recouvrent la santé, le malfaiteur remet son glaive dans le fourreau, la foi se réveille chez ceux qui sont tombés[5].

Jésus, jetez les yeux sur nous qui sommes prêts à tomber, et purifiez-nous par vos regards : si vous daignez nous regarder, nos péchés disparaîtront et nos larmes effaceront nos fautes. — Soyez la lumière de nos esprits ; dissipez le sommeil de nos âmes : que les premiers sons de notre voix vous soient consacrés et qu'ils vous offrent nos vœux.

SAINT JÉROME
Entre 340 et 350 - 420

Hiéronymus était né, d'une famille chrétienne aisée, à Stridon en Dalmatie (près de Grahovo). Il fit à Rome d'excellentes études, sous Donat en particulier, mais en menant une vie dissipée ; voyagea en Gaule, puis gagna l'Orient, décidé à la vie monastique ; il passa ainsi trois ans dans le désert de Chalcis en Syrie (375-378). Consacré prêtre, il fut appelé à Rome par le pape Damase, qui en fit son conseiller intime (382-385) ; en même temps, il était directeur de conscience de grandes dames romaines, en particulier Paula et sa fille Eustochium. Très attaqué, après la mort de Damase, il se retira de nouveau en Orient : d'ailleurs son grand projet de revision des livres saints était dès lors arrêté. A Bethléem, il fonda un couvent où il enseignait aux enfants la grammaire et les lettres, travaillait sans relâche à ses œuvres scientifiques et faisait copier des manuscrits à ses moines. Paula, qui l'avait rejoint, dirigeait un couvent de femmes.

L'homme et l'œuvre. — Saint Jérôme est un nerveux, longtemps instable, mais de l'intelligence la plus riche et la plus claire. Ce qui domine

1. Le coq.
2. Les démons.
3. Saint Pierre (*Matthieu*, XVI, 18).
4. Saint Pierre, dans la nuit de la Passion, avait renié le Christ ; au chant du coq, « il pleura amèrement » (*Matthieu*, XXVI, 34 et 73-75).
5. Souvenirs des *Épîtres* de saint Paul (*aux Romains*, XIII, 11 ; *aux Éphésiens*, V, 14).

en lui, c'est l'esprit critique : rien ni personne ne lui échappe, lui-même tout le premier. De là une insatisfaction morale des plus nobles : les crises de désespoir, de mysticisme sont chez lui fréquentes et violentes. Spirituellement, sa curiosité est sans limite, son ardeur au travail insatiable : mais toujours sous le contrôle de sa critique. Avec cette organisation, il ne s'est plu que dans un cercle très restreint, une aristocratie de l'intelligence et de la sensibilité.

L'abondante *Correspondance* de saint Jérôme révèle tous les aspects de son génie : beaucoup de ses lettres sont d'ailleurs de véritables traités.

Mais sa grande œuvre scientifique, c'est la revision des Écritures, qu'il traduisit en latin en se référant au grec et à l'hébreu (cette traduction est connue sous le nom de *Vulgate*), et étudia dans des *Commentaires* qui utilisent les recherches précédentes, celles des Grecs (d'Origène en particulier), et les approfondissent avec une méthode exégétique déjà très sûre.

Jérôme songeait aussi à une grande histoire du christianisme. Il avait traduit la *Chronique* du Grec Eusèbe (mort en 340), qui résumait l'histoire du monde depuis la naissance d'Abraham, et l'avait continuée jusqu'à la mort de Valens (378) : ouvrage précieux malgré ses erreurs. D'autre part, son *De uiris illustribus* (392) passe en revue les écrivains chrétiens jusqu'aux temps présents, de façon à revendiquer pour eux la place qui leur revient en face des auteurs païens. Les *Vies de moines (Paul, Hilarion, Malchus)*, écrites dans la première partie de sa vie, sont moins historiques que populaires et poétiques.

L'observateur satirique. — Saint Jérôme a le coup d'œil le plus vif, l'ironie la plus mordante. D'un trait, d'une touche de couleur, il évoque, caricature et stigmatise tout original qui lui déplaît : arriviste, pédant, coquette, abbé de salon, moine vicieux. Toute la société de la fin du IVe siècle revit ainsi sous sa plume avec une verve et une légèreté de lignes et de teintes qui lui créent une place à part parmi les satiriques latins. Ce talent spontané a fait de lui un redoutable polémiste ; mais alors, bien souvent, trop assuré d'avoir raison, il outrage ses adversaires avec une étonnante violence, dont le pittoresque n'excuse pas la grossièreté.

Le maître doit se défier de la flatterie

[La leçon générale, mise déjà sous forme pittoresque, devient esquisse satirique ; et la satire s'achève en épigramme. — Verve sans surcharge ; métaphores et mots vifs viennent naturellement.]

Il faut longtemps apprendre ce qu'on doit enseigner. Ne croyez pas aux louangeurs ; mieux vaut dire : ne prêtez pas une oreille complaisante aux railleurs. Quand, baigné par la douceur des adulations, vous aurez à peu près perdu le contrôle de vous-même, retournez-vous tout à coup : et vous surprendrez derrière vous les auditeurs qui font « le cou de cigogne » ou, avec les mains, les oreilles d'âne, ou qui tirent la langue comme un chien altéré. Ne dépréciez personne ; et ne vous regardez pas comme un saint pour avoir déchiré la réputation d'autrui. Nos critiques nous atteignent souvent nous-mêmes : diserts contre nous-mêmes, nous nous en prenons à nos propres défauts ; bègues, nous nous avisons de juger l'éloquence. Ainsi Grunnius ; pour parler, c'était une tortue ; à longs intervalles, il trouvait avec peine quelques mots ; vous auriez dit sanglots plutôt que phrases. Et pourtant, dans sa chaire, derrière un monceau de livres, les sourcils froncés, les narines contractées, le front plissé, il claquait des deux doigts pour appeler l'attention de ses élèves ; et puis, il dégoisait de pures inepties et déclamait contre chacun : on l'eût pris pour le critique Longin, rabrouant l'éloquence romaine en censeur qui à son gré note et exclut [qui il veut] du Sénat des gens doctes. Comme il était bien renté, on le trouvait plus agréable à sa table.

Lettres, CXXIV, 18.

Le directeur de conscience et l'ascète. — Dans une société qu'il perçait ainsi à jour, saint Jérôme s'est attaché à trier des âmes d'élite qu'il élèverait en même temps que lui jusqu'à la vie ascétique. Il s'est adressé surtout à des femmes, dont la finesse et la sensibilité s'accordaient mieux à sa nature et par lesquelles il espérait gagner les hommes, comme souvent cela s'était fait dans les premiers temps chrétiens. Dans l'ascétisme qu'il réclamait et s'imposait à lui-même, il voyait à la fois simplification séduisante de la vie, purification morale et une sorte d'exaltation chrétienne, faible image du martyre devenu impossible. Il contribua à répandre en Occident la mystique du monachisme, de longue date déjà pratiqué en Orient.

La purification monastique

[Pammachius, veuf de Pauline (fille de Paula), avait distribué ses biens aux pauvres et s'était fait moine. Saint Jérôme l'encourage en lui présentant la vie ascétique comme une imitation du Christ et une tension physique et morale où se révèle la qualité d'une âme.]

Étant de race patricienne, et le premier entre les premiers, que vous vous soyez fait moine, il n'y a pas de quoi vous vanter ; c'est plutôt pour vous une occasion d'humilité, si vous songez que le Fils de Dieu[1] s'est fait « Fils de l'homme »[2]. Vous aurez beau vous humilier, vous ne dépasserez pas l'humilité du Christ. Allez : marchez pieds nus, revêtez une tunique brune, mettez-vous au niveau des indigents, entrez sans répulsion dans les taudis des pauvres ; faites-vous l'œil des aveugles, la main des infirmes, le pied des boiteux ; ne réclamez personne pour porter l'eau, fendre le bois, dresser le foyer... Mais où sont les chaînes[3] ? les soufflets ? les crachats ? les verges ? le gibet ? la mort ? Et, quand vous aurez fait tout ce que j'ai dit, vous serez encore bien loin de votre chère Eustochium et de Paula, non d'œuvres peut-être, mais à raison du sexe[4].

Je n'étais pas à Rome, déjà le désert me possédait (ah ! s'il m'avait toujours possédé !), lorsque, du vivant de votre beau-père Toxotius, elles étaient esclaves du monde. Mais je sais, par ouï-dire, qu'elles ne pouvaient supporter la boue des places publiques, se faisaient transporter à bras ; qu'un sol inégal leur était un supplice ; que des robes de soie leur pesaient ; que la chaleur du soleil leur était un incendie. Et aujourd'hui, en vêtements grossiers et sombres, si vaillantes quand on songe à ce qu'elles étaient, elles préparent les lampes, allument le feu, balaient le dallage, épluchent les légumes, jettent les poignées d'herbes dans la marmite qui bout, dressent les tables, présentent à boire, servent à manger, se dépêchent de-ci de-là. Et pourtant tout un chœur de vierges[5] habite avec elles ; ne pourraient-elles imposer à d'autres ces besognes serviles ? Mais elles ne veulent pas se laisser vaincre physiquement par celles qu'elles surpassent en force d'âme.

1. Le Christ.
2. Nom que se donne le Christ dans l'Évangile.
3. Suit la sobre énumération des souffrances du Christ.
4. Un homme doit en faire plus qu'une femme.
5. Les jeunes filles consacrées à Dieu dans le couvent que dirige Paula.

Et, si je parle ainsi, ce n'est pas que je doute en rien de l'ardeur de votre âme ; mais c'est pour accélérer votre course, et à l'ardeur d'un vaillant combattant ajouter une nouvelle ardeur.

Lettres, LXVI, 13.

Le savant. — Personne, sans doute, depuis Aristote, n'a eu l'esprit plus scientifique, au sens moderne du mot, que saint Jérôme. Il a la passion du vrai, veut recourir aux sources, apprend le grec et ne s'en satisfait pas, apprend l'hébreu malgré difficultés et même répugnances. Il s'attache aux réalités, s'en tient aux textes, au lieu de raisonner dans l'abstrait. Il se méfie des apparences du bon sens, ne s'arrête que lorsqu'il a acquis une vérité prouvée, étayée de toutes parts. D'ailleurs, si attaché qu'il soit au détail particulier, il sait aussi bien généraliser : il voit l'histoire, en son ensemble, à la fois comme moyen et comme but de la recherche philologique. Dans cette œuvre, il essuya mille dégoûts : bien des chrétiens, même saint Augustin, ne voyaient pas l'utilité de son labeur. Il en apparaît d'autant plus grand, et presque héroïque.

Saint Jérôme au travail

[Une leçon de méthode (ne pas se contenter d'une apparence facile). — Exemple de probité scientifique (justice rendue aux commentateurs précédents). — Intimité sentie de l'esquisse finale.]

Dans le psaume suivant encore, c'est Héliodorus qui s'est trompé, non pas notre Hilaire. Là où il est écrit : « Tu mangeras les labeurs de tes fruits », après diverses conjonctures, il affirme que la phrase aurait plus de sens si l'on écrivait « les fruits de tes labeurs » plutôt que « les labeurs de tes fruits » ; et qu'il faut partir de là pour en chercher le sens spirituel. Sur quoi il s'engage dans une longue discussion, mettant en œuvre pour se faire comprendre toute la pénible dialectique dont toujours se revêt l'erreur pour se donner les traits de la vérité. Or, en cet endroit, les Septante[1] ne se sont pas fourvoyés ; mais les traducteurs latins : ils ont rendu *καρπούς* par « fruits », alors qu'il veut dire aussi « mains », et que c'est là son sens : car, dans l'hébreu, on lit « chaphach ». Symmaque et la cinquième édition l'ont traduit par « de tes mains », pour supprimer l'ambiguïté de la première expression.

Comme la main rapide de mon secrétaire traçait sous ma dictée ces propos de veillée, pour ainsi dire dérobés [à ma tâche], et que je voulais encore y ajouter, déjà la quatrième heure de la nuit était presque écoulée[2] ; soudain mordu par de vives crampes d'estomac, je me suis jeté dans la prière, pour au moins conjurer, dans les heures restantes, avec l'insidieux envahissement du sommeil, les faiblesses de la chair.

Lettres, XXXIV, 5-6.

A Augustin

[Sur l'interprétation d'un passage des *Actes des Apôtres*, saint Augustin, ne se trouvant pas d'accord avec saint Jérôme, avait écrit une lettre-réfutation dont saint Jérôme n'avait eu communication qu'indirectement. Il s'en plaint dans une longue lettre adressée « Au seigneur vraiment saint, au bienheureux pape [le nom n'était pas alors réservé à l'évêque de Rome] Augustin, Jérôme, salut en Dieu ». — Leçon de courtoisie scientifique (il faut débattre poliment les questions entre savants avant d'en faire juge le public). — Contraste entre un respect affecté et le sentiment de sa propre supériorité. — Nuances raffinées du style (ironies et violences secrètes).]

1. Les traducteurs grecs de la Bible.
2. Il était environ 23 heures.

J'avoue en toute simplicité à Votre Dignité que, bien qu'il me semblât reconnaître votre style et votre argumentation[1], je n'ai pas voulu croire à la légère à l'authenticité de cette lettre, dont il me parvenait des copies : vous auriez pu, sur ma réponse, vous blesser et vous plaindre que je ne me fusse pas informé de l'origine de cet écrit avant de le réfuter. J'ai été aussi retardé par la longue maladie de notre sainte et vénérable Paula[2] ; longtemps retenu auprès du lit où elle souffrait, j'ai failli oublier votre lettre — ou cette lettre qui porte votre nom. Le verset dit bien : « Musique dans le deuil ; bruit importun[3] ». Donc, si la lettre est de vous, écrivez à découvert et envoyez-moi des copies sûres ; alors nous discuterons sans aucune aigreur sur les Écritures : ou je rétracterai mon erreur, ou je montrerai qu'on m'a repris sans raison.

Loin de moi l'audace de toucher à quelque point que ce soit des écrits de votre Béatitude ! Il me suffit de fonder les miens sur des preuves, sans m'en prendre à ceux d'autrui. Mais, d'ailleurs, Votre Sagesse sait parfaitement que chacun abonde en son propre sens et que c'est puérile jactance que de faire comme les petits jeunes gens d'autrefois, qui accusaient les hommes illustres pour chercher à se faire un nom. Et je ne suis pas assez sot pour me croire blessé parce que vos explications s'opposent aux miennes ; non plus que vous, si je suis d'un avis contraire au vôtre. Quand des amis se gourmandent, c'est faute pour chacun, comme dit Perse, de voir sur son dos la besace qu'il remarque sur celui d'autrui. Il vous reste à aimer qui vous aime et, dans la carrière des Écritures, à ne pas provoquer en jeune homme un vieillard. Nous aussi, nous avons eu notre temps, et nous avons couru autant que nous l'avons pu ; à vous la course maintenant, et les vastes espaces : mais laissez-nous le repos auquel nous avons droit. Et aussi — avec toute la révérence que je vous dois — laissez-moi, à mon tour, évoquer le passage d'un poète : souvenez-vous de Darès et d'Entellus[4], et de l'adage populaire : « Bœuf fatigué pèse mieux du pied. »

Je suis triste en dictant ces mots : puisse-t-il m'être permis de vous serrer dans mes bras, et d'échanger avec vous doutes et acquisitions !

Lettres, CI, 1-2.

Les dons littéraires. — Nourri des grands auteurs du paganisme et ne pouvant, malgré tous ses efforts, se déprendre de leur charme, saint Jérôme a un sens très vif de la beauté et une sensibilité littéraire exceptionnelle : il appréciait les différences de style même chez les auteurs hébreux. Lui-même, sous une apparence générale d'aisance et de précision élégante, offre une grande variété de tons. Certains raffinements précieux (quand il parle des enfants, par exemple), quelque complaisance pour la peinture idyllique, un peu convenue, de la nature, tiennent à son temps. Comme il dictait, il est aussi, trop souvent, long et diffus. Mais sa vivacité naturelle et son goût le sauvent en général. Il a su s'adapter aux lecteurs les plus divers : ses vies de solitaires sont des contes édifiants simples et gracieux, mais ses commentaires des prophètes l'engagent en une poésie presque romantique ; ses lettres sont satiriques ou intimes, propres à séduire des raffinés ; mais, dans sa traduction de la Bible, il a visé à un latin presque populaire, en tout cas plus proche de la langue parlée de son temps. Ainsi ce grand savant se double d'un véritable artiste.

Malchus et les fourmis

[Enlevé par les Sarrasins, le jeune Malchus garde les troupeaux de son maître dans la solitude. — Image familière et pleine d'aisance de la vie monacale, propre à en inspirer le désir.]

---

1. En grec.
2. Elle venait de mourir ; Jérôme était lui-même fiévreux et affaibli.
3. *Ecclésiaste*, XXII, 6.
4. Dans l'*Énéide* (V, v. 362-484), le vieil Entellus, provoqué par le jeune et outrecuidant Darès, triomphe de lui au combat du ceste.

Après un long temps, comme j'étais assis seul dans le désert, sans rien voir que le ciel et la terre, je me mis, entre mille réflexions silencieuses, à me remémorer la société des moines et surtout la physionomie de ce Père, qui m'avait formé, retenu près de lui, et puis perdu. Au milieu de ces réflexions, je vois une foule de fourmis s'agiter sur leur étroit sentier. Elles charriaient des fardeaux plus gros qu'elles. Les unes avaient saisi des graines avec la tenaille de leur bouche ; d'autres tiraient la terre de leurs galeries et refoulaient par des digues les filets d'eau [qui les menaçaient] ; celles-ci, prévoyant la mauvaise saison, et pour éviter que l'humidité de la terre transformât en herbe leurs greniers, enlevaient le germe des graines recueillies ; celles-là menaient en foule la pompe funèbre des défuntes. Et, ce qui est le plus admirable en une telle multitude, nulle d'elles, en sortant, ne gênait celle qui entrait ; bien plus, si elles en voyaient une succomber sous la charge, elles lui prêtaient le secours de leurs épaules. Bref, ce jour m'offrit un bien beau spectacle. Je me rappelai alors Salomon[1], qui nous renvoie à la sage activité des fourmis et réveille par leur exemple nos âmes paresseuses ; j'eus dégoût de ma captivité ; j'aspirai aux cellules du monastère, désirant, à la ressemblance de ces fourmis, travailler à labeur commun, sans avoir rien en propre, mais ayant avec tous part à tout.

Vita Malchi, 7.

Les catacombes

[Souvenir d'une impression personnelle aidant à l'explication d'un passage mystérieux de la Bible. — L'imagination romantique se nourrit de citations indifféremment empruntées à la Bible ou à la littérature classique profane.]

Pendant que j'étais à Rome enfant et me formais aux études libérales, j'allais souvent, le dimanche, avec des compagnons du même âge, aux tombeaux des apôtres et des martyrs. Et nous entrions fréquemment dans les cryptes, creusées dans les profondeurs de la terre, dont les parois, de part et d'autre du visiteur, enferment les corps ensevelis. Tout y est si sombre, que le mot du prophète est presque réalisé : « Qu'ils descendent tout vivants dans l'enfer[2] ». A de rares intervalles, un rayon d'en haut s'y glisse et tempère l'horreur des ténèbres : on croirait que la lumière a été admise moins par une fenêtre que par un trou d'aiguille. Et l'on va plus loin, pas à pas, cerné par une nuit obscure, en songeant au vers de Virgile : « La stupeur partout et le silence même épouvantent[3]. » Je dis cela pour que le lecteur avisé comprenne quelle idée je me fais de la description du temple de Dieu dans Ézéchiel ; car il est écrit : « Nuées et obscurité sont ses pieds[4] » ; et encore : « Les ténèbres l'enveloppent et le cachent[5]. »

Commentaire sur Ezéchiel, XL, 5, l. XII.

SAINT AUGUSTIN 354 - 430

Aurélius Augustinus était né à Thagaste, en Numidie, d'un père païen, d'une mère très chrétienne. Après de brillantes études, il devint professeur de rhétorique à Thagaste, puis à Carthage : il avait déjà des inquiétudes religieuses ; il s'était rallié au manichéisme, qui se piquait de vérité rationnelle et représentait la vie comme une lutte entre deux principes égaux, celui du Bien et celui du Mal ; mais il commençait à y trouver des difficultés. Il gagna Rome, puis Milan, toujours vivant de son métier de rhéteur, et la conscience de plus en plus troublée. L'influence de saint Ambroise et la lecture de la Bible l'amenèrent à la conversion (386).

1. *Proverbes*, VI et XXX.
2. *Psaumes*, LIV, 16.
3. Virgile, *Énéide*, II, 755.
4. *Psaumes*, XCVI, 2.
5. *Psaumes*, XVII, 12.

Baptisé, il revint en Afrique, reçut la prêtrise, fut ordonné évêque d'Hippone (Bône) (396). Il se consacra alors à l'instruction des fidèles et à la lutte contre les hérésies. Il mourut, âgé, dans sa ville épiscopale qu'assiégeaient les Vandales.

Tempérament et intelligence. — Saint Augustin est un tempérament d'une exceptionnelle puissance : il se saisit de toutes les réalités de la vie et en jouit avec une véhémence et une richesse d'impressions extraordinaires. Mais, en même temps, sa pensée ne souffre aucun repos ; une fois que (dès 373) l'*Hortensius* de Cicéron lui eut ouvert les perspectives de la philosophie, il ne cessa plus, à travers la richesse des apparences, de rechercher par la dialectique la preuve d'un spiritualisme de plus en plus pur. Quand il se fut dépris du manichéisme, très propre à séduire un tempérament à la fois aussi physique et aussi intellectuel, il s'abandonna au scepticisme de la Nouvelle-Académie ; puis le néo-platonisme l'achemina vers un sentiment plus mystique de la vie et de la Divinité. Le christianisme le fixa enfin : sa sensibilité s'y complut dans l'idée du Dieu d'amour qui lui avait pardonné ses fautes et l'avait appelé à lui par un pur don de sa grâce ; et une armature dogmatique de plus en plus forte affermit dès lors ses convictions,

Saint Augustin a laissé une œuvre immense : philosophique, morale, dogmatique, jusqu'à un *Traité sur la musique*, sans compter plus de 200 *Lettres*, dont beaucoup sont des opuscules. Mais on peut suivre son évolution dans quelques ouvrages fondamentaux, auxquels il a apporté un soin littéraire spécial, en particulier les *Soliloques* (386-387), les *Confessions* (397-398) et la *Cité de Dieu* (413-426).

Œuvres philosophiques : les « Soliloques ». — Les *Soliloques* font partie d'un groupe d'ouvrages rédigés entre la conversion et le baptême de saint Augustin : retiré à Cassiciacum, près de Milan, avec quelques chers amis, il discutait avec eux, désirant trouver un fondement rationnel et philosophique à la foi qui l'avait illuminé. De ces discussions naquirent des « dialogues » à la façon de Cicéron : *Contre les Académiciens* (sur la logique), *Du bonheur (De uita beata)*, *De l'ordre* (physique). Les *Soliloques*, en deux livres, traitent des aspirations métaphysiques de l'homme : c'est un débat, de forme très pure, mais d'allure dramatique, entre Augustin et la Raison ; le besoin du christianisme apaisant y transparaît parfois sous les rigueurs de la dialectique.

La raison et la grâce

[Peinture pathétique d'une défaillance dans l'ascension philosophique vers la Vérité. Par là se révèle la nécessité de la grâce divine. — Dramatique inattendu vers la fin du premier dialogue : désarroi moral d'Augustin, où se trahit une sensibilité à vif (décrite aussi dans les *Confessions*, avant la conversion) ; lucidité consolatrice de la Raison.]

La Raison. — Ne voyez-vous pas avec quelle sécurité, hier, nous avions affirmé qu'aucune infection n'était plus en nous, que nous n'aimions plus rien que la sagesse, que nous ne cherchions ni ne désirions d'autres biens que pour elle seule ? Et cependant, cette nuit, comme nous veillions tous deux en réfléchissant au même sujet, vous avez éprouvé, contrairement à votre ferme attente, combien l'imagination des douceurs terrestres et de leur amère volupté chatouillait votre cœur. Moins, sans doute, bien moins que d'habitude ; mais aussi bien autrement que vous ne l'aviez espéré. Ainsi ce médecin caché des âmes[1] vous a-t-il fait éprouver à la fois de quel abîme ses soins vous ont tiré et ce qui reste encore à soigner en vous.

AUGUSTIN. — Taisez-vous, je vous en supplie, taisez-vous. Pourquoi me torturer ? Pourquoi fouillez-vous et enfoncez-vous si profond ? Je n'en puis plus de pleurer. Je ne promets plus rien ; je ne me flatte plus de rien. Ne me posez plus de questions sur de tels sujets. Vous affirmez bien que Celui à la vue duquel j'aspire ardemment saura quand je serai pur. Qu'il fasse ce qu'il veut ; quand il voudra, qu'il se montre : je me remets tout entier à lui, maintenant, et à ses soins. Une fois pour toutes, j'ai cru qu'il ne manquait pas de relever ceux qui ont de tels sentiments envers lui. Je ne dirai plus un mot de la santé de mon âme, tant que je ne verrai pas Sa beauté.

LA RAISON. — Tenez-vous à cette ligne de conduite. Mais retenez maintenant vos larmes et concentrez les forces de votre âme. Vous avez beaucoup pleuré, et votre mal de poitrine s'en est aggravé.

AUGUSTIN. — Vous voulez que je mette un terme à mes larmes, quand je ne vois pas de terme à ma misère ? Vous m'ordonnez d'avoir égard à la faiblesse de mon corps, quand mon être intime est ravagé par le mal ? Mais, je vous prie, si vous avez quelque pouvoir sur moi, essayez de me conduire par des raccourcis jusqu'aux approches au moins de cette lumière, dont je puis maintenant, si j'ai fait quelques progrès, supporter l'éclat, afin que j'aie honte ensuite de reporter mes yeux vers ces ténèbres que j'ai laissées — si je puis dire que je les ai laissées, elles qui osent encore flatter mon aveuglement !

Soliloques, I, 14.

Les besoins primordiaux de l'intelligence humaine

[Effort purement philosophique pour dégager d'une stricte analyse de l'esprit humain des principes métaphysiques (cf. Descartes). — Minutie et netteté dialectiques. — Réalisme (amour de la vie) et intellectualisme. — Sobriété de la forme, sa beauté sereine.]

LA RAISON. — Vous qui voulez connaître, savez-vous que vous existez ?
AUGUSTIN. — Je le sais.
LA RAISON. — Comment ?
AUGUSTIN. — Je ne sais.
LA RAISON. — Vous sentez-vous simple ou complexe ?
AUGUSTIN. — Je ne sais.
LA RAISON. — Savez-vous si vous êtes mû ?
AUGUSTIN. — Je ne sais.
LA RAISON. — Savez-vous si vous pensez ?
AUGUSTIN. — Je le sais.
LA RAISON. — Il est donc assuré que vous pensez ?
AUGUSTIN. — Oui.
LA RAISON. — Savez-vous si vous êtes immortel ?
AUGUSTIN. — Je ne sais.
LA RAISON. — De tout ce que vous ignorez, que préféreriez-vous savoir d'abord ?
AUGUSTIN. — Si je suis immortel.
LA RAISON. — Vous aimez donc la vie ?

1. La comparaison de Dieu avec un médecin est fréquente dans les écrits et même les monuments figurés chrétiens.

AUGUSTIN. — Je l'avoue.

LA RAISON. — Et, une fois acquis que vous êtes immortel, cela vous suffira-t-il ?

AUGUSTIN. — Ce sera sans doute beaucoup ; mais encore trop peu pour moi.

LA RAISON. — Mais ce peu, ne sera-ce pas pour vous une grande joie ?

AUGUSTIN. — Immense.

LA RAISON. — Vous ne pleurerez plus ?

AUGUSTIN. — Plus du tout.

LA RAISON. — Oui ; mais si nous trouvions que cette vie même ne vous permet pas d'acquérir plus de connaissances que vous n'en avez maintenant, pourrez-vous réprimer vos larmes ?

AUGUSTIN. — Ah non ! Je pleurerai tant que ce ne sera pas une vie.

LA RAISON. — Donc vous n'aimez pas la vie pour elle-même, mais pour la science ?

AUGUSTIN. — J'admets la conclusion.

LA RAISON. — Et si cette science même vous rendait misérable ?

AUGUSTIN. — Je ne le crois nullement possible. Mais, si cela est, personne ne peut être heureux : car ma misère présente ne vient que de mon ignorance ; et, si la science aussi rend misérable, il n'y a plus nul terme à notre misère.

LA RAISON. — Je vois maintenant tout ce que vous désirez. Car, puisque vous pensez que la science ne rend personne misérable, il en devient probable que la compréhension donne le bonheur. Or personne ne peut être heureux sans vivre, et personne ne vit sans exister. Vous voulez donc exister, vivre et comprendre ; mais exister pour vivre, et vivre pour comprendre. Vous savez donc que vous existez, vous savez que vous vivez, vous savez que vous comprenez. Mais cela durera-t-il toujours ou cessera-t-il d'être absolument, ou bien une partie en subsistera-t-elle toujours tandis que l'autre périra ? ou bien ces choses seront-elles, tout en durant éternellement, sujettes à la diminution ou à l'accroissement ? voilà ce que vous désirez savoir.

AUGUSTIN. — Oui.

Soliloques, II, I.

La psychologie : les « Confessions ». — La puissance dialectique de saint Augustin est encore surpassée par la pénétration de son analyse psychologique. Il l'a surtout appliquée à lui-même, avec un désir anxieux de suivre les défaillances et les progrès de son âme ; mais avec tant de finesse, et lui-même était une si riche nature, que l'homme en général n'avait pas encore trouvé si profond connaisseur. Dans ses *Confessions* (en 13 livres), il se proposait de décrire sa lente et douloureuse ascension vers la foi catholique de façon à glorifier Dieu, en montrant les bienfaits de sa grâce sur le pécheur : ainsi s'explique l'abondance des commentaires et des effusions, déjà au cours des neuf premiers livres où il suit l'ordre des faits depuis sa petite enfance jusqu'à son retour en Afrique (en 387). Mais les suivants qui discutent des problèmes métaphysiques et commentent, de ce point de vue, les premiers chapitres de la Genèse, visent à fixer l'état de la pensée augustinienne dix ans après, au moment où il écrivait. Ce besoin de « faire le point » se révèle encore, bien plus tard, dans les *Retractationes* (en 426-427), où saint Augustin repasse, pour les juger, sur tous ses ouvrages précédents. Mais les *Confessions*, où la passion et le drame se mêlent aux élans mystiques et aux efforts de la plus haute abstraction, y ont gagné une originalité unique ; et saint Augustin les a écrites avec une vraie ferveur d'artiste, d'un style subtil, à la fois plein de pailletage et de grandeur, mais expressif et émouvant au possible.

La frénésie du cirque

[Exemple mettant en garde contre la trop grande confiance en soi, et prouvant ainsi la nécessité de la grâce divine. — Peinture insistante, recherchée, jouant trop de l'antithèse, mais d'une puissante emprise sur l'imagination du lecteur.]

Alypius[1] ne songeait certes pas à quitter le chemin des biens terrestres où le dirigeaient les incantations de ses parents. Il m'avait précédé à Rome pour y faire son droit. Et là, d'une manière incroyable, il fut pris d'une incroyable passion pour les combats de gladiateurs.

Il s'en détournait pourtant, et en avait horreur, lorsqu'un jour quelques camarades et condisciples, le rencontrant au sortir de table dans la rue, l'entraînèrent avec une violence amicale, malgré la vivacité de ses refus et de sa résistance, vers l'amphithéâtre où justement se donnaient ces jeux cruels et funestes. Il disait : « Vous pouvez traîner, installer là-bas mon corps : mais comment obligerez-vous mon esprit et mes yeux à se fixer sur ces spectacles ? Présent, je n'y serai pas : et vous en aurez, vous et eux, la honte ». Il eut beau dire, ils ne l'emmenèrent pas moins, curieux peut-être de constater s'il ferait comme il le disait.

Ils arrivent, se casent comme ils peuvent : c'était un bouillonnement universel d'atroces plaisirs. Lui, tenant clos l'accès de ses yeux, défendit à son esprit d'y plonger. Plût à Dieu qu'il se fût aussi bouché les oreilles ! Un incident du combat souleva une immense clameur de toute l'assistance ; et il en reçut un tel choc que, vaincu par la curiosité, et se croyant assez sûr de mépriser en vainqueur n'importe quoi, même s'il le voyait, il ouvrit les yeux. Et la blessure qu'il reçut en son âme fut plus meurtrière que celle qui avait frappé au corps celui qu'il avait désiré voir ; et il chut plus misérablement que celui dont la chute avait provoqué cette clameur. Le cri entra par ses oreilles et ouvrit ses yeux, pour avoir moyen de heurter et de précipiter une âme plus audacieuse encore que forte, et d'autant plus faible qu'elle avait présumé d'elle-même au lieu de s'en remettre à Vous[2]. Car dès qu'il eut vu ce sang, aussitôt il but d'un trait toute sauvagerie ; et il ne se détourna pas : mais, y fichant les yeux, il humait les fureurs sans même s'en apercevoir, se délectait de ces combats criminels et s'enivrait d'une volupté de sang. Et il n'était déjà plus celui qui était entré au Cirque ; mais rien qu'un de ceux auxquels il s'était mêlé, et vrai compagnon de ceux qui l'avaient amené. Qu'ajouter ? Il regarda, cria, s'enfiévra ; il emporta de là en soi-même une frénésie qui l'aiguillonna à y retourner non seulement avec ceux qui l'y avaient traîné d'abord, mais plus qu'eux et avec d'autres qu'il y entraînait.

Confessions, VI, 8, 13.

L'extase d'Ostie

[Se rendant de Milan en Afrique, Augustin baptisé et sa mère Monique se sont arrêtés à Ostie, le port de Rome. — Atmosphère émouvante (imminence de la mort de Monique). — Élévation mystique d'un naturel à la fois simple et sublime (l'évasion de deux âmes parentes, détachées du monde, hors du domaine des sens). — Le dernier développement d'Augustin représente l'expression palpitante de sa pensée actuelle, dix ans après (cf. *Conf.*, X, 6 ss.). — Intimité limpide de la conclusion.]

Or le jour approchait où ma mère allait sortir de cette vie : et ce jour, vous le connaissiez, mon Dieu ; mais nous, nous l'ignorions. Il se trouva, — par une de ces actions providentielles, j'en suis persuadé, que vous conduisez par des moyens mystérieux, — qu'elle et moi nous tenions seuls appuyés à une fenêtre, qui avait vue sur le jardin intérieur de la maison que nous habitions : c'était à Ostie, sur le Tibre, où, loin des foules, après la fatigue d'un long voyage, nous nous remettions en vue de la traversée. Nous nous entretenions donc seuls avec beaucoup de douceur ; et, « oubliant le passé pour

1. Un des plus chers amis de saint Augustin, son compatriote, son élève, et qui le suivit dans sa conversion.
2. Dieu.

nous élancer vers l'avenir[1] », nous nous demandions en présence de la Vérité, que vous êtes, quelle doit être la vie éternelle des saints, « que l'œil n'a pas vue ni l'oreille entendue, qui ne vient pas jusqu'au cœur de l'homme[2] ». Mais notre cœur tendait ses lèvres avides vers les courants célestes « de votre source, source de vie, qui est près de vous[3] », pour en aspirer, selon nos forces, quelques gouttes, qui nous permettraient tant bien que mal d'imaginer cette grande réalité.

Nous en étions arrivés à conclure que le plaisir donné par les sens charnels, si grand et de si puissant rayonnement physique qu'on le suppose, est si loin d'être comparable aux délices de la vie future qu'il ne mérite même pas d'être mentionné auprès d'elles. Nous haussant alors d'une aspiration plus ardente vers « l'Être lui-même », nous parcourûmes de degré en degré tous les domaines corporels, et jusqu'au ciel, d'où s'épanche sur la terre la lumière du soleil et de la lune et des étoiles. Et nous montions toujours, méditant, célébrant, admirant vos œuvres ; et nous arrivâmes à notre pensée intellectuelle, et nous la dépassâmes encore, pour atteindre la région d'inépuisable abondance où vous nourrissez éternellement Israël[4] de la nourriture de Vérité. Là, Vie et Sagesse ne sont qu'une[5] : d'elle vient tout ce qui est, fut et sera ; et elle-même ne devient pas, mais est telle qu'elle fut et sera toujours. Bien plutôt, elle n'a en elle ni passé ni futur, mais l'être seul, puisqu'elle est éternelle. Et tandis que nous parlions, tendant vers elle de toutes nos forces, nous y touchâmes un peu de tout l'élan de notre cœur. Et puis, avec un soupir, laissant attachés à elle « les prémices de l'Esprit[6] », nous redescendîmes au vain bruit de nos lèvres, où la parole naît et s'achève. Si différente de la vôtre, Seigneur, qui, sans vieillir se perpétuant en elle-même, n'en renouvelle pas moins toutes choses !

Nous disions donc : « Soit un être en qui se taise le tumulte de la chair, et les apparences de la terre, des eaux, de l'air ; en qui se taisent les cieux et jusqu'à son âme à lui, pour le laisser, sans qu'il pense à soi, aller au-delà ; en qui se taisent aussi et songes et révélations imaginaires ; que toute langue, tout signe, toute réalité passagère se taise pour lui absolument (car à qui sait entendre, toutes choses disent : « Ce n'est pas nous qui nous sommes faites ; mais Celui qui demeure éternellement ». Qu'elles disent donc, et puis se taisent, après avoir fait dresser l'oreille vers Celui qui les a faites). Et que Celui-ci parle seul, lui-même et sans leur intermédiaire, pour nous faire entendre sa parole : non plus par une langue charnelle, ni par la voix d'un ange, ni par le fracas de la nue, ni par l'énigme d'une comparaison, mais lui-même, que nous aimons dans toutes ces choses, que nous l'entendions lui-même sans elles ! Tout à l'heure, tendus vers lui, dans un éclair de pensée, nous avons touché l'éternelle Sagesse, immuable au-dessus de tout. Si ce contact se perpétuait, si, dans l'effacement des autres visions inférieures, celle-ci seule ravissait son contemplateur, l'absorbait, l'ensevelissait dans la profondeur de ses joies, si bien que ce soit une vie éternelle semblable à cet instant de vraie connaissance, après lequel nous avons soupiré..., n'est-ce pas vraiment « entrer dans la joie de son Seigneur »[7] ? Et quand ? « Au jour où nous ressusciterons tous », mais sans être « tous changés[8] » : n'est-il pas vrai ? »

Telles étaient mes paroles : avec un autre tour, sans doute, et d'autres mots. Mais c'est ce jour, vous le savez, Seigneur, au milieu de cet entretien, et quand, au fil de nos paroles, ce monde s'avilissait avec tous ses plaisirs, c'est alors qu'elle me dit : « Mon fils, pour moi, rien ne me plaît plus en cette vie. Je ne sais ce que j'y puis faire et pourquoi j'y suis encore, ayant épuisé l'espoir que je mettais ici-bas. Il n'y avait qu'une chose qui me faisait désirer quelque prolongement de cette vie : c'était, avant de mourir, de te

1. Saint Paul, *Épître aux Philippiens*, III, 13.
2. Saint Paul, *Épître I aux Corinthiens*, II, 9.
3. *Psaumes*, XXXV, 10.
4. C'est-à-dire les fidèles.
5. Voir plus haut, p. 485 s.
6. Saint Paul, *Épître aux Romains*, VIII, 23.
7. *Matthieu*, XXV, 21.
8. Saint Paul, *Épître I aux Corinthiens*, XV, 51. Mais saint Augustin modifie, pour plus de spiritualité, la formule : saint Paul disait que « tous seraient changés », parce que tous les corps deviendraient, de corruptibles, incorruptibles ; sans douter de la résurrection des corps, saint Augustin semble ne vouloir considérer ici que l'âme.

voir chrétien catholique. Mon Dieu m'a comblée, puisque je te vois mépriser la félicité terrestre pour le servir. Que fais-je donc ici ? »

Confessions, IX, 10, 23-26.

L'enseignement dogmatique : les « Sermons ». — Très différent apparaît saint Augustin dans sa tâche sacerdotale : soucieux du but à atteindre, sans préoccupation littéraire. Ainsi se présentent ses *Lettres*, qui n'ont ni l'éclat ni le charme de celles de saint Jérôme. Ses *Sermons*, très nombreux (bien que nous soyons loin de les avoir tous), il ne les rédigeait pas d'avance : des sténographes ou des fidèles les recueillaient. Ils présentent parfois certains agréments de style, saint Augustin ne pouvant se défaire de sa longue formation rhétorique ; mais la simplicité du plan et de la forme y est plus frappante : sans que s'oublie la richesse spirituelle du prédicateur, on sent qu'il se met de niveau avec son auditoire.

Sermon pour l'Ascension

[Simple schéma, mais riche dogmatiquement (enchaînement de la Résurrection et de l'Ascension) et en images. — Le sermon continue ensuite sur le thème, d'ordre pratique, de l'humilité.]

Notre Sauveur, mes très chers frères, est monté au ciel : ne soyons donc pas troublés sur terre. Portons là-haut notre pensée ; et ici-bas nous aurons le repos. Montons de cœur avec le Christ, en attendant ; quand le jour promis arrivera, nous le suivrons aussi de corps. Il faut cependant savoir, mes frères, qu'avec le Christ ne montent ni l'orgueil, ni l'avarice, ni la luxure ; qu'aucune de nos tares ne monte avec notre Médecin[1]. Donc, si nous désirons monter à la suite de notre Médecin, nous devons déposer et tares et péchés. Tous tant que nous sommes, en effet, ils nous retiennent à terre comme de pesantes entraves, et les péchés s'efforcent de nous lier en leurs filets. Aussi, avec l'aide de Dieu, et selon le dit du Psalmiste, « rompons leurs liens[2] », pour que, tranquilles, nous puissions dire au Seigneur : « Tu as rompu mes liens : je te sacrifierai la victime de louange[3] ». La résurrection du Seigneur est notre espoir ; l'ascension du Seigneur est notre glorification[4].

Sermons, CLXXVII, 1.

Il s'appliquait ainsi, avec une juste psychologie (voir, par exemple, son traité sur *L'art de catéchiser*), à bien affermir le dogme catholique chez les fidèles. D'autre part, il menait une lutte fort rude, par conférences contradictoires et ouvrages dogmatiques, contre les hérésies et les schismes : en particulier le manichéisme ; le donatisme, qui visait à une rigueur excessive et troublait les âmes ; le pélagianisme, qui prétendait que la nature humaine est foncièrement saine ; l'arianisme aussi. Une très grande partie de l'œuvre de saint Augustin est consacrée à cette tâche.

La synthèse chrétienne : « La Cité de Dieu ». — En 410, Rome avait été prise et pillée par le Wisigoth Alaric : dans l'horreur de la catastrophe, les païens accusèrent les chrétiens de l'avoir provoquée par leur impiété

1. Voir p. 485, n. 1.
2. *Psaumes*, II, 3.
3. *Psaumes*, CXV, 16-17.
4. La promesse de l'éternité dans le ciel.

envers les dieux. Saint Augustin entreprit de les réfuter. Mais, peu à peu, l'ouvrage grossissant devint une puissante et étrange synthèse, à la fois philosophique et historique, de la pensée chrétienne à cette date. Achevée en 426 seulement, *La Cité de Dieu* (en 22 livres) oppose d'une part le labeur des bons à l'activité des méchants, de l'autre les fausses grandeurs terrestres au royaume céleste ; la « cité de Dieu », c'est l'ensemble des justes qui luttent ici-bas (Église militante) et seront unis à Dieu dans l'éternité : seule elle compte. Saint Augustin s'applique donc, d'abord, en suivant l'histoire romaine, à montrer la vanité de ses orgueils ; puis à réfuter les formes religieuses et philosophiques du paganisme ; enfin à exposer le développement du christianisme depuis l'histoire des Juifs, et l'ensemble de sa métaphysique.

Polémique et constructive à la fois, l'œuvre est de plan incertain jusque dans le détail ; érudite, elle met en œuvre (mais sans contrôle) une masse de faits empruntés surtout à Varron et reprend tous les thèmes des apologistes chrétiens depuis Tertullien. Elle est grandiose par sa volonté de faire la philosophie de l'histoire universelle, par la noblesse et la poésie de son idée maîtresse. Elle peut même apparaître d'une audace visionnaire : saint Augustin, résigné à la mort de Rome et du monde antique, aspire à une société chrétienne qui sera l'idéal du Moyen Age occidental.

Grandeur nationale et justice

[Revendications : 1° de la valeur morale contre la grandeur matérielle ; 2° de la valeur individuelle contre l'omnipotence de l'État. La seconde surtout très chrétienne, subversive de l'Empire, mais corrigée partiellement dans l'avant-dernier paragraphe. — Pour les faire passer, une seule citation scripturaire, atténuée, mais nombreuses formules philosophiques, analogues à celles de Sénèque. — Peu de netteté dans le plan. — Imagination sobre.]

Je voudrais tant soit peu rechercher quelle raison, quelle sagesse il y a à se glorifier de la grandeur et de l'étendue d'un empire, alors qu'on ne peut prouver que les hommes en soient [plus] heureux, toujours en guerre, toujours trempés de sang humain, celui de leurs concitoyens ou celui de l'ennemi, toujours en une terreur ténébreuse ou en une passion sanguinaire : si bien que leur joie est comparable à l'éclat fragile du verre, qu'on tremble de voir se briser soudain. Pour en mieux juger, ne nous perdons pas en vaines jactances, n'embarrassons pas nos regards de ces mots emphatiques de peuples, royaumes, provinces. Mais figurons-nous deux hommes (car chaque homme, comme chaque lettre dans l'écriture, est pour ainsi dire l'élément de la cité et du royaume, si vaste qu'on le suppose), l'un pauvre, ou plutôt de fortune moyenne, l'autre très riche : mais un riche assiégé de terreurs, rongé d'ennuis, brûlant de passion, sans sécurité aucune, toujours inquiet, haletant de luttes perpétuelles contre ses ennemis, et, au prix de toutes ces misères, augmentant immensément son patrimoine, mais par là même ses soucis et leur amertume ; tandis que cet homme médiocre et de fortune petite et restreinte se suffit à lui-même, est cher aux siens, jouit de la plus douce paix avec ses parents, ses voisins, ses amis, vit avec piété, avec bonté, en santé, sobre, chaste, la conscience tranquille. Qui serait assez fou pour hésiter à préférer l'un à l'autre ? Comme de ces deux hommes il en est de deux familles, de deux peuples, de deux royaumes. Appliquons-leur la même règle, sans dévier : et nous verrons très facilement où gîte la vanité, et où le bonheur.

Aussi, aux yeux de qui honore le vrai Dieu et lui offre, en sacrifice de vérité[1], des mœurs pures, est-il utile que l'empire des bons se prolonge et s'étende au loin, et non pas tant dans leur propre intérêt que dans celui de leurs sujets. Car, pour eux, leur piété

1. Sacrifice vraiment capable de plaire à Dieu.

et leur probité (qui sont de grands dons de Dieu) suffisent à les rendre heureux sur terre et à leur faire goûter d'avance le bonheur de la vie éternelle. Sur notre terre, donc, le règne des bons est moins avantageux à eux-mêmes qu'aux choses humaines ; celui des méchants, au contraire, leur est plus nuisible, à eux, parce que, plus libres d'agir criminellement, ils accumulent les ruines en leur propre cœur, tandis que leurs esclaves ne souffrent que de leur iniquité individuelle. Car tout le mal que des hommes se voient imposé par des maîtres injustes, ce n'est pas châtiment mérité, mais épreuve du courage. D'ailleurs l'homme de bien, même dans les fers, est libre ; le méchant, au contraire, même roi, est esclave, et esclave non d'un seul, mais (ce qui est pis) d'autant de maîtres qu'il a de vices. C'est de ces vices que l'Écriture Sainte a dit : « Vaincu par l'un d'eux, on en est esclave ».

Sans la justice, donc, que sont les royaumes, sinon vastes brigandages ? Ou les brigandages, sinon petits royaumes ? Car une bande reconnaît un chef, se soumet à une loi, partage le butin suivant une règle convenue. Que cette bande criminelle s'accroisse suffisamment en gens de sac et de corde pour se saisir de places, s'organiser des gîtes, s'emparer de villes, subjuguer des peuples, alors, de toute évidence, elle prend le nom de « royaume », non parce qu'elle a renoncé à la rapine, mais parce qu'elle a gagné l'impunité. Car c'est une réponse juste et spirituelle que fit à Alexandre le Grand un pirate qu'on avait saisi. Comme le roi lui demandait ce qu'il avait à infester la mer, il répondit avec une libre audace : « Et toi, qu'as-tu à infester le monde ? Parce que je n'ai qu'un petit navire, on m'appelle brigand ; toi qui as une grande flotte, tu prends le nom de conquérant ! »

La Cité de Dieu, IV, 3-4.

Imagination et mouvement. — Les qualités littéraires maîtresses de saint Augustin tiennent à son tempérament même : la richesse des sensations a développé en lui une imagination admirable, réaliste au fond, mais à laquelle la pratique de la Bible ajoute maintes fois une certaine outrance orientale, plus variée et plus poétique que chez son compatriote Tertullien ; l'activité ardente de sa pensée et l'inquiétude de ses désirs donnent à ses œuvres un mouvement passionné : la dialectique y devient une lutte palpitante, l'analyse psychologique un drame anxieux.

La langue et le style. — La forme n'est pas moins originale. Elle varie, on l'a vu, selon les œuvres : nous avons même de saint Augustin un *Psaume abécédaire,* où, pour unir les âmes populaires dans l'expression de la foi catholique, il a employé une versification aussi peu classique que possible, presque déjà romane. Mais son idéal (net surtout dans les *Confessions*) est une prose harmonieuse allant d'un trait au but, mais revenant ensuite sur elle-même avant de repartir plus loin ; cette suite de glissements et de reprises finit par produire une sorte d'incantation. La langue est moins pure que celle de saint Jérôme. Les enjolivements, les cliquetis de mots sont perpétuels, mais aussi les images les plus hardies et les plus belles d'un lyrisme vraiment créateur : si, visant depuis des siècles à se poétiser, la nouvelle prose latine avait produit avec Tacite ses premiers chefs-d'œuvre, c'est en saint Augustin qu'elle trouve son achèvement.

Conclusion. — Saint Augustin apparut de plus en plus, au cours des temps, comme le tenant de la « grâce » : c'est-à-dire du don gratuit par lequel Dieu sauve le pécheur. C'est qu'il l'avait éprouvée sur lui-même ; et que le chemin qui le mena à Dieu, ce fut l'étude sans faiblesse des instincts mauvais et des fléchissements de l'âme. Mais, psychologue et mystique, il est aussi grand philosophe et puissant théoricien : un des plus rares esprits qu'il y ait eu.

LES HISTORIENS Il y avait longtemps déjà que les chrétiens essayaient d'accéder à l'histoire. Les grandes œuvres historiques du passé apparaissaient un des soutiens essentiels de l'orgueil païen ; il importait de le saper. On le pouvait, soit scientifiquement, en élargissant le domaine des recherches ; soit tendancieusement, en tirant un nouveau parti des faits enregistrés. C'est ce que, à l'école de saint Jérôme ou de saint Augustin, essayèrent, mais assez faiblement, les premiers spécialistes chrétiens de l'histoire.

Sulpice-Sévère (vers 360-vers 425). — Aquitain de naissance, avocat renommé, Sulpicius Sévérus quitta le monde, comme son ami Paulin de Nole, mais en 399 seulement. C'est un saint Jérôme au petit pied, cantonné dans le résumé historique et l'hagiographie. Sa « Chronique » *(Chronica)* condense sous une forme nerveuse, sans indication de sources, l'histoire « universelle » depuis la création du monde jusqu'au consulat de Stilicon (en 400). D'autre part, il prôna l'ascétisme de saint Martin, « l'apôtre des Gaules », qu'il avait connu, comme saint Jérôme avait vanté celui des moines d'Orient. Mais il y mit plus d'insistance : une *Vie* (397), des *Lettres* complémentaires sur la mort du saint, des *Dialogues* (vers 403-404) font étalage de ses mérites, de ses miracles, avec l'intention arrêtée de ne rien laisser perdre (il en ajoute plutôt !) des traits qui rendent une figure populaire. Ces ouvrages d'actualité (saint Martin mourut en 396) eurent un succès immense : ils avaient de la fraîcheur, étaient bien écrits, et permettaient aux Occidentaux d'opposer enfin aux célèbres moines de l'Orient un héros de l'ascétisme bien à eux.

Paul Orose. — Le prêtre espagnol Paulus Orosius prit la suite de saint Augustin. Celui-ci lui avait conseillé de réfuter plus pleinement qu'il ne le faisait dans *La Cité de Dieu* l'idée païenne que les calamités présentes étaient dues à l'impiété des chrétiens. En deux ans (415-417), Orose brocha sept livres « Contre les Païens » *(Aduersum paganos)*, s'appliquant à montrer que, depuis la création du monde, les malheurs n'avaient pas manqué à l'humanité et qu'ils avaient bien souvent dépassé en horreur ceux du temps présent : les Barbares eux-mêmes ne doivent plus faire si grand peur ; et la Providence divine, en éprouvant les hommes, les conduit vers des destinées meilleures. L'ouvrage insiste surtout sur la Rome royale et républicaine (livres II-VI). Il est écrit avec une certaine éloquence et présente quantité d'imitations des classiques.

Salvien. — Il restait à renier Rome, en se tournant résolument vers l'avenir inévitable : des royaumes barbares, mais chrétiens, se partageant l'empire d'Occident. Ainsi fit, peu s'en faut, un prêtre de Marseille, Salvianus, dans son *De gubernatione Dei* (« Sur le gouvernement de Dieu »), rédigé entre 439 et 451. C'est plutôt un pamphlet de moraliste que de l'histoire :

si les Romains sont malheureux, ils le méritent par leurs vices ; les Barbares ont de hautes vertus d'honneur, de pureté : la Providence divine les a appelés à châtier une société corrompue. L'ouvrage de Salvien vaut par la peinture, même outrée, de certains milieux contemporains ; elle vaut aussi par sa puissance rhétorique ; et enfin comme témoignage des temps nouveaux. Cependant, vers la même date, le pape Léon le Grand protégeait Rome contre Attila, contre Genséric, et célébrait sa grandeur immortelle.

4. La poésie chrétienne

Il ne semble pas qu'avant la « paix de l'Église » (313), le christianisme ait éprouvé le besoin d'une poésie. Mais au IVe siècle on voit s'efforcer en sens divers bien des écrivains pour lui en donner une. La tentative de l'empereur Julien pour interdire aux chrétiens l'enseignement des lettres païennes paraît avoir stimulé cette activité : les chrétiens devaient se suffire à eux-mêmes. Le but était clair ; la méthode à suivre restait confuse. Il y avait moyen de garder contact avec le peuple, de l'inviter même à s'unir à la liturgie, par la récitation ou le chant en commun d'hymnes ou de psaumes : saint Hilaire, saint Ambroise, saint Augustin s'y essayèrent. Mais alors, il fallait résolument adopter la langue et la métrique plus qu'incertaines des petites gens : des trois, seul saint Augustin le tenta partiellement. Ou bien on se décidait à verser thèmes et sentiments chrétiens dans le moule des formules et de la métrique classiques : on répondait ainsi beaucoup mieux au dédain des païens, mais on s'interdisait l'espoir, risqué il est vrai, de faire naître à plus ou moins longue échéance une poésie vraiment neuve. L'influence de Virgile, Horace, Ovide, fut la plus forte.

Juvencus, Cyprien, Commodien. — Vers 330, un prêtre espagnol, C. Vettius Aquilinus Juvencus mit l'Évangile en plus de 3 000 hexamètres, sans éviter tantôt une sécheresse trop respectueusement littérale, tantôt le délayage. Même tâche fut entreprise pour la Bible *(Heptateuchos)* par un autre versificateur, Cyprien, lettré, mais assez incertain de la prosodie classique. Beaucoup plus curieuse est la figure de Commodien, qui écrivait sans doute après 440[1] (d'autres critiques le placent au IIIe ou au IVe siècle) : puritain grondeur, il fait à tous la morale dans ses deux livres d'*Instructiones* (80 pièces en acrostiches) et son *Carmen apologeticum* (en 1060 vers), qui s'achève par un tableau apocalyptique des derniers temps du monde. Barbare de langue et de versification, Commodien a-t-il voulu se mettre à la portée d'un public populaire, ou n'est-il, ce qui est plus croyable, qu'un demi-illettré ?

1. Selon la démonstration de P. Courcelle, *Rev. des Ét. lat.*, XXIV, 1956, p. 227-246.

Évolution de la poésie chrétienne. — Sous Théodose, comme le christianisme triomphait en une société littérairement très raffinée, sa poésie se détermina enfin dans le sens de l'imitation des classiques, sans que, d'ailleurs, l'élégance de la forme nuisît à la pureté de la doctrine. Mais deux aspects nouveaux du christianisme favorisèrent alors la synthèse : d'abord la floraison à découvert d'un grand art chrétien (architecture, et surtout peinture à fresque et mosaïques) propre à soutenir l'inspiration plastique des auteurs ; ensuite une sorte de combinaison de la foi chrétienne et de la dévotion païenne autour des tombes et des sanctuaires des martyrs, si bien que des sentiments populaires de toujours, mais jusque-là sévèrement réprimés par la nouvelle religion, retrouvèrent l'occasion de s'exprimer. Ainsi se rapprochaient deux mentalités aussi opposées dans le principe que le spiritualisme chrétien et le réalisme esthétique des païens.

PRUDENCE
348 - 410 environ

Aurélius Prudentius Clémens, de Calahorra ou de Saragosse en Espagne, après une vie mondaine bien remplie, comme avocat et haut fonctionnaire, se décida, vers la cinquantaine, à rendre exclusivement gloire à Dieu. Il le fit en vers, avec une fécondité extraordinaire — il écrivit près de 20 000 vers en sept ou huit ans, de 398 à 405 — et un vrai talent.

Poésie lyrique. — Prudence a reconnu dans le christianisme deux nouvelles sources de poésie lyrique : la sanctification des heures quotidiennes et de certains jours choisis, où toutes réalités se revêtent d'un brillant symbolisme ; l'héroïsme surhumain des confesseurs de la foi, exaltés par des visions supra-terrestres. De là, d'une part, les 12 hymnes du *Liber Cathemerinon* (ou « Livre des occupations journalières ») ; de l'autre, les 14 odes, sur autant de saints, surtout espagnols et romains, du *Liber Peristephanon* (ou « Sur les couronnes » des martyrs). Prudence a employé dans ces pièces une très grande variété de rythmes, qu'il manie avec maîtrise. Il y fait preuve de grandes qualités : sentiment, fraîcheur, force au besoin, couleur et variété dans la description. Seulement, il est trop long ; surtout dans les discours qu'il prête aux saints, sa verbosité est fatigante et n'échappe ni à l'emphase ni au mauvais goût. L'accumulation des miracles, si poétique que soit en principe cette matière, devient monotone. On finit par désirer une humanité plus moyenne.

Hymne du feu nouveau au sabbat de Pâques

[Le samedi *(sabbat)* veille de Pâques, on renouvelle dans les églises l'eau bénite et le feu du sanctuaire ; et aux lumières s'attachaient pour les chrétiens un symbolisme très riche et une volupté mi-sensuelle mi-intellectuelle. — Sentiment du mystère, dans le moindre objet de l'industrie humaine comme dans la nature grandiose. — Puissance de l'évocation lumineuse. — Richesse et poésie du vocabulaire descriptif. — Fermeté d'un symbolisme non envahissant. — La pièce est en strophes de 4 asclépiades (dactyles _ᴗᴗ, et trochées _ᴗ).]

Guide bon[1], créateur de la lumière rougeoyante, toi qui imposes aux temps des retours périodiques, le soleil a plongé et l'effrayant chaos envahit l'univers. Rends la lumière, ô Christ, à tes fidèles. Sans doute innombrables sont les étoiles de la [voûte] royale et la lune baigne le ciel de [sa lueur] colorée. Enseigne-nous pourtant à frapper le silex pour trouver dans la pierre le germe des clartés. L'homme ne doit plus ignorer que dans le corps du Christ, obscur, gît cachée la lumière : il a voulu être appelé pierre immobile, lui auquel nos feux fragiles doivent leur être.

De la grasse rosée[2] de l'olive nous nourrissons nos lampes, ou bien de bois desséché ; ou encore nous pressons autour d'une mèche de chanvre la cire, fille des fleurs[3], qui enferma le miel. La flamme vit, grandit, soit que, de sa conque d'argile[4], le suc végétal enivre sans relâche les fils de lin, soit que le pin lui donne son aliment résineux, soit que la torsade d'étoupe, en s'échauffant, boive la cire fine. A la cime [du cierge] le nectar bout et s'épanche et distille goutte à goutte en larmes parfumées.

Ainsi la puissance du feu fait en pleurs s'épancher une pluie ardente : mais ce sont tes dons, ô Père, qui font étinceler de flammes mobiles les sanctuaires : le jour absent est remplacé par une lumière rivale, qui chasse devant elle la nuit en lambeaux. Mais qui ne voit en Dieu la haute source, intarissable, de la lumière dévorante ?

Cathemerinon, V, v. 1-50.

Martyre de sainte Eulalie

[Une sorte de jubilation, due au mètre (3 dactyles, suivis d'une syllabe indifférente) et à la légèreté des strophes, harmonise les thèmes : héroïsme de la martyre, miracle, description du tombeau précieux, fête de jeunesse (d'allure demi-païenne). — Fine justesse descriptive et goût de la couleur (remarquer l'adroit contraste entre la blancheur miraculeuse de la neige et le chatoiement du sanctuaire). — Un peu de tension oratoire, n'allant pas, ici, jusqu'à l'emphase.]

...Sans tarder davantage, deux bourreaux déchirent son souple corps ; de part et d'autre les ongles de fer frappent cette poitrine virginale et la coupent jusqu'à l'os : Eulalie compte ses plaies. — « Voici que vous serez écrit sur moi, Seigneur. Quel plaisir de cueillir ces marques, qui signalent, ô Christ, vos triomphes. Car, à elle seule, la pourpre du sang qui jaillit proclame votre nom sacré. » — Sans larmes, sans gémissement elle parlait avec une joie intrépide. La cruelle douleur n'atteint pas son âme ; et le sang qui teint ses membres est pour elle comme l'eau tiède d'un bain.

Ce ne fut pas la fin de son supplice, cette lacération meurtrière ; elle ne fut pas labourée jusqu'aux côtes ; mais voici la flamme furieuse qui de toutes parts s'élève vers sa poitrine, vers son ventre. — Ses cheveux parfumés flottaient sur son cou, enveloppaient ses épaules, noyaient tout le corps de la jeune fille. — La flamme, en crépitant, vole jusqu'à son visage, se multiplie au milieu des cheveux, saisit sa tête et la dépasse : la vierge désire une mort rapide : elle aspire, de toute son haleine, le bûcher.

Et soudain s'échappe une colombe[5] qui semble, plus blanche que la neige, sortir de la bouche de la martyre et voler vers les étoiles : c'était le souffle d'Eulalie, d'une douceur de lait, vive, innocente[6]. — Le col se ploie au départ de l'âme ; la braise s'éteint ; la paix de la mort est donnée au corps ; l'âme, joyeuse, triomphe dans les airs et gagne, ailée, les demeures célestes. — Le valet [du bourreau] lui-même a vu de la bouche féminine s'échapper l'oiseau : stupéfait, hors de lui, il s'élance et fuit sa besogne ; et le licteur aussi s'échappe, épouvanté.

Voici la neige d'hiver qui s'accumule et recouvre tout le forum : elle recouvre aussi le corps d'Eulalie, gisant sous la froidure, comme ferait un linceul de lin. —

1. Le Christ, en qui la bonté divine s'est révélée.
2. L'huile.
3. Où butinent les abeilles.
4. Les lampes communes (très abondantes dans les nécropoles chrétiennes) étaient en terre cuite.
5. Symbole habituel de l'âme.
6. Les épithètes, s'appliquant à Eulalie, conviennent aussi à la colombe.

Arrière l'amour pleureur des hommes, qui s'amassent autour des morts ; arrière les larmes convenues : c'est Dieu qui l'ordonne, les éléments mêmes célèbrent, jeune fille, tes funérailles.

Aujourd'hui c'est Émérita[1] qui possède ta tombe, l'illustre colonie des Vettons, qu'arrose l'Anas au nom glorieux, longeant de ses verts tourbillons de beaux remparts. — Là baigne dans l'éclat des marbres, indigènes et exotiques, ton paisible sanctuaire, couvrant la terre vénérable où reposent tes reliques et tes cendres ; au-dessus étincellent et rougeoient les lambris rehaussés d'or, et des mosaïques, sur le sol, semblent un parterre de fleurs qui s'émaillent sous la rosée.

Cueillez les giroflées pourprées ; moissonnez les crocus sanglants : un heureux hiver[2] ne nous en prive pas ; la tiédeur fait fondre la glace et relâche la terre, pour emplir de fleurs vos corbeilles. — Dans leurs chevelures de feuilles, apportez-les, jeunes filles et jeunes garçons. Mais moi, au milieu de votre chœur, j'apporterai mes guirlandes tressées en mètre dactylique, modestes et déjà flétries, guirlandes de fête pourtant.

Peristephanon, III, v. 131-210.

Poésie didactique. — Les œuvres didactiques de Prudence sont aussi, pour la plupart, polémiques : elles défendent l'orthodoxie contre les hérétiques, les Juifs et les païens. Ce sont l'*Apotheosis* ; l'*Hamartigeneia* (ou « Poème sur l'origine du mal ») ; deux livres *Contre Symmaque*, d'ailleurs de forme courtoise et rivalisant de patriotisme avec l'adversaire. Même souplesse, même éclat, beaucoup de netteté, de sûreté aussi dans la conduite de ces poèmes : Prudence y rend intéressants même des discussions ou des exposés fort abstraits. On n'en saurait dire autant de sa *Psychomachia*, combat allégorique des vertus et des vices personnifiés, aboutissant au triomphe de la Foi : mais ce thème devait avoir beaucoup de succès dans la littérature et surtout l'art du Moyen Age occidental.

Enfin, sous le titre obscur de *Dittochaeon*, Prudence a rassemblé 49 quatrains hexamétriques, expliquant chacun un tableau relatif à l'Ancien ou au Nouveau Testament. On y saisit comment peu à peu s'unifiait la société chrétienne, si longtemps confuse au IVe siècle, l'art et la poésie se donnant les mêmes buts d'édification : mais les représentations figurées pouvaient agir sur les illettrés, la poésie ne touchait guère que les raffinés.

Un sacrifice de l'empereur Julien

[Scène symbolique (irrésistible triomphe du christianisme) largement traitée de façon épique. — Union aisée des traits réalistes et du mystère. — Sérénité d'une foi assurée, qui ne craint pas de rendre justice à l'adversaire. — Nouveau patriotisme, unissant l'idée de Rome à celle de chrétienté.]

De tous ces princes[3] pourtant, un seul fit exception. J'étais enfant, je me rappelle, c'était un chef bien vaillant, un législateur, fameux par la parole et par l'action, fervent soutien de la patrie, mais non pas de la religion[4] : il aimait trois cent mille dieux, et il manqua à Dieu, mais non pas à Rome ; il courbait sa tête auguste devant une Minerve d'argile, léchait les sandales de Junon, se roulait devant Hercule, chargeait de tablettes

1. Mérida, en Espagne.
2. La fête de sainte Eulalie tombe le 12 février.
3. La lignée de Constantin, tous chrétiens.
4. Chrétienne, bien entendu.

de cire les genoux de Diane ; il pliait même son front sous un Apollon de plâtre et offrait au cheval de Pollux[1] des entrailles fumantes.

Un jour il sacrifiait à Hécate[2] avec des flots de sang. Attendant les haches consacrées des pontifes, il y avait là des troupeaux de vaches et de génisses au front voilé de torsades de cyprès[3]. Déjà le vieillard, diadémé des bandelettes rituelles, avait de son couteau ouvert les chairs de la victime ; de ses mains sanglantes il maniait les viscères secoués du frisson de la mort, et, savant interprète, comptait les pulsations mourantes du cœur tiède où s'évanouissait la vie, quand soudain, au milieu du sacrifice, tout pâle, le prêtre s'écrie : « Eh ! qu'y a-t-il ? Bien grande, excellent prince, plus grande que les nôtres, je ne sais quelle divinité apparaît sur nos autels, qui ne se contente ni des coupes écumantes de lait, ni du sang des troupeaux, ni de la « verveine[4] », ni des couronnes. Les ombres que j'ai déjà appelées, je les vois au loin se dissiper ; épouvantée, Proserpine[5] s'éloigne, ses torches éteintes, ayant perdu son fouet. Le murmure des formules mystérieuses n'agit pas ; les charmes thessaliens[6] sont impuissants ; les victimes sont incapables de rassurer et de rappeler les mânes. Ne vois-tu pas comme le feu baisse dans les encensoirs refroidis ? comme la braise s'alanguit sous les cendres blanches ? Voici que le serviteur impérial n'a plus la force de tenir la patère, que de sa main qui tremble s'écoulent goutte à goutte les parfums ; le flamine[7] lui-même voit avec stupeur de sa tête tomber le laurier, et la victime échappe au fer qui tâtonne. Je ne sais qui s'est glissé parmi nous : à coup sûr un de ces adorateurs du Christ ; devant cette race d'hommes tremblent nos bandeaux sacrés, et jusqu'à l'assemblée des dieux. Que ce baptisé, cet oint[8] aille loin d'ici, pour que la belle Proserpine revienne assister à la reprise de son sacrifice. »

Il dit, et tombe sans vie : et, comme s'il avait vu le Christ sa foudre menaçante en main[9], le prince lui-même, interdit, pâlit et pose son diadème, et parcourt du regard l'assistance, pour voir si un initié ne marquait pas son front du signe de la croix, troublant ainsi les susurrements du culte de Zoroastre[10]. Dans la troupe des enfants aux cheveux blonds[11], gardes du corps de l'empereur, on saisit un homme d'armes : il ne nie pas ; il jette les javelots aux hampes précieuses, garnis d'un double fer, et avoue être marqué du signe du Christ. Dans son épouvante, le prince sauta sur pieds, renversant le prêtre ; et s'enfuit, sans suite, loin du temple de marbre. Et la garde tremblante, oublieuse de l'empereur, lève au ciel ses visages suppliants et invoque Jésus.

Apotheosis, v. 449-502.

Art et poésie. — La langue de Prudence est très riche : une foule de mots abstraits s'y ajoute au vocabulaire virgilien. Sa syntaxe, sa prosodie, sa métrique apparaissent au premier abord très classiques : mais elles présentent aussi çà et là des bizarreries et des erreurs ; ce qui suffit à trahir l'inactualité de cette forme poétique. Ce n'est que parce qu'il savait Virgile par cœur et qu'il avait la mémoire farcie d'autres auteurs de la belle époque que Prudence a pu atteindre à une pureté de forme relative, mais qui à elle seule est un tour de force. Pourtant l'emploi très sûr des mètres lyriques prouve, outre son érudition, son sens rythmique. Prudence est donc un

---

1. Représenté à cheval : c'est à sa monture que semble s'offrir le sacrifice.
2. Déesse infernale.
3. Arbre funéraire, convenant à ce sacrifice.
4. Plante sacrée.
5. Ici : la même qu'Hécate (le fouet, d'ailleurs, lui appartient moins qu'aux Furies).
6. Épithète « homérique » : la Thessalie passant pour le pays par excellence des magiciennes.
7. Les flamines étaient, avec les pontifes, les plus importants des prêtres romains.
8. Qui a reçu la marque, l'onction du baptême.
9. Le Christ est ici représenté dans l'attitude de Jupiter.
10. Législateur religieux de la Perse : adorateur du Soleil, Julien pouvait passer (moyennant bien des complaisances !) pour un fidèle des dieux orientaux.
11. La garde des empereurs se recrutait souvent chez les Barbares du Nord.

artiste du style. Mais, s'il est grand poète, il le doit, comme son contemporain Claudien, à ses dons naturels : vivacité de représentation, sens du symbole, goût de l'expression énergique et frappante ; — et à la sincérité de ses sentiments.

SAINT PAULIN DE NOLE 353 - 431

C'est la rare qualité de l'âme qui séduit surtout chez Méropius Pontius Paulinus. Né à Bordeaux, d'une famille puissamment riche, qui possédait d'immenses domaines fonciers en Gaule et en Italie, il renonça au monde en 393, en même temps que sa femme, au grand scandale de ses pairs et au douloureux étonnement de son maître Ausone. Prêtre, il se retira à Nole en Campanie, auprès du tombeau de saint Félix, où il vécut en ascète. Il y devint évêque en 409, y mourut et fut enterré dans la nouvelle et somptueuse basilique qu'il avait fait élever au saint.

Sa *Correspondance*, très renommée de son temps, nous déçoit par ses fioritures rhétoriques et l'abondance excessive des citations de l'Écriture. Ses *Épîtres* à Ausone montrent à la fois ce que l'élève et le maître ont de commun pour la formation intellectuelle, et combien Paulin l'emporte en inquiète spiritualité. Mais le plus original de son œuvre, ce sont les 14 pièces écrites, une par an, à l'occasion de la fête de saint Félix (le 14 janvier), pour lequel Paulin avait la plus vive et la plus complaisante dévotion. On voit s'y peindre au naturel et les dehors d'un culte devenu somptueux et les pratiques demi-païennes de la piété populaire, une religion déjà toute napolitaine, sincère avec cela et profonde ; on y sent comme un avant-goût des fraîcheurs naïves du Moyen Âge ; et Paulin lui-même, si haute que soit sa pensée religieuse, y accorde son âme avec bonne grâce, non sans puérilité à l'occasion.

A la basilique de saint Félix

[Développement facile, plus énumératif que descriptif : thème de la neige-symbole de pureté (cf. p. 495) ; thème des offrandes, matérielles et spirituelles. — Instructif plutôt qu'évocateur : on ne voit pas la foule. — Malgré tout, senti : Paulin, comme Ausone, goûte tout le détail.]

Voyez comme la joie du ciel éclate, à des signes sacrés, dans la splendeur de ce jour[1] : tout s'est revêtu d'une blancheur joyeuse ; des nuages duveteux il ne tombe point de pluie, mais un vêtement de neige qui voile la terre. Couverts de neige, les toits ; de neige le sol et les bois et les pentes des collines. Tout célèbre la gloire immaculée du saint vieillard[2] ; on sent que la lumière et la paix angéliques enveloppent Félix, étincelant dans le royaume des justes, à voir du ciel silencieux neiger les blancs flocons...

Je cède la place à d'autres. Qu'ils apportent des dons précieux et me surpassent par le luxe de leur dévotion ; qu'ils apportent, pour tendre aux portes, des voiles magnifiques, où brille la pure splendeur du lin, ou brodés de figures aux riches couleurs ; que ceux-ci façonnent et polissent des plaquettes d'argent et revêtent le seuil sacré en y fixant leurs ex-votos ; mais que d'autres allument des cires peintes, et pendent aux caissons du plafond des lampes à flammes multipliées, frémissantes au balancement

1. Le jour de la fête annuelle.
2. Saint Félix.

de leur cordelière ; que ceux-là se pressent pour inonder de nard le tombeau du martyr et apporter au sépulcre saint les onguents parfumés qu'on lui doit. Je cède aussi la place à tous ceux dont l'offrande est plus précieuse que l'or sans contenu : dans le pli relevé de leur vêtement pèse lourdement le cuivre[1], ils rassasient les pauvres et d'une main libérale, dispensent d'abondants repas ; ils sont là, fiançant leur âme [au ciel][2] par des dons divers, d'un même cœur, avec des ressources différentes ; et, avec un semblable empressement, d'autres consacrent, mais pour le repas en commun, des plats somptueux, une abondance de victuailles, et cerfs et autres gibiers. Mais moi, je sers le saint avec ma bouche, faute d'autres biens, lui rendant par mon être ce que je lui dois, me donnant moi-même pour moi, chétive offrande : mais je ne craindrai pas les mépris : car le Christ ne trouve pas viles les offrandes d'une pauvre ferveur, lui qui reçut avec joie et célébra les deux pièces de bronze de la pauvre veuve[3].

XVIII, v. 16-24 ; 29-51.

Requête d'un paysan campanien à saint Félix

[Un miracle populaire, dont s'amuse doucement Paulin, tout en y croyant sans doute : un paysan, auquel ont été volés ses bœufs, vient les réclamer à la basilique de saint Félix. — Justesse du mouvement psychologique et de son expression, un peu longue seulement. — Art du développement et finesse du détail.]

De ses larmes il[4] baigne tout le sol, étendu à plat devant le seuil sacré, et il demande ses bœufs qu'on lui vola cette nuit, il les réclame au pieux Félix, comme s'il était leur gardien, avec des reproches et des plaintes mêlés aux prières :

« Saint de Dieu, Félix, soutien des misérables, toujours pour les malheureux abondant en grâces et riche pour les pauvres, Dieu a mis en toi repos pour les hommes las, soulagement pour les affligés, remède à la tristesse des cœurs blessés. Aussi avec confiance, comme dans le sein d'un père, la pauvreté vient reposer, la tête inclinée, dans tes bras[5]. Saint Félix, toi qui as toujours eu pitié de mes peines et qui maintenant m'oublies, pourquoi, pourquoi donc m'abandonnes-tu tout nu ? J'ai perdu mes bœufs chéris, que tu m'avais donnés, que si souvent je te recommandais en mes prières, sur lesquels ta protection s'exerçait sans relâche, que tu nourrissais pour moi : car c'est ta sauvegarde qui les maintenait en bonne santé, ta main libérale qui les engraissait. Et voici, pauvre de moi, que cette nuit me les a enlevés. Hélas ! que faire maintenant ? Où aller ? au hasard ? A qui m'en prendre ? Me plaindre de toi à toi-même ? Accuserai-je mon patron de négligence ? Quoi, tu as permis au sommeil de me prendre si profondément que je n'ai pas entendu les voleurs briser ma porte ! Tu n'as pas brisé ces cœurs coupables d'une soudaine terreur ! Tu n'as pas fait briller le jour dans les ténèbres pour éclairer le vol ? Ni trouvé nul moyen de dénoncer leur fuite ! Où courir, où aller ! Je suis comme dans un cachot de ténèbres ; ma propre maison me paraît fermée, puisque l'enlèvement de mes nourrissons me laisse sans nulle chose où mon cœur s'attache, sans cette douceur de mes yeux et de mon travail dont ton solide bienfait enrichissait ma pauvreté[6]. Où les chercher maintenant, malheureux ? Où en trouverai-je jamais de tels ? Et, si j'en trouve, comment les acheter ? Pauvre paysan, ils me suffisaient, mais ils étaient tout mon bien. C'est eux qu'il faut que tu me rendes : je n'en veux pas d'autres. Et je n'irai pas les chercher ailleurs : c'est ici qu'ils me sont dus ; cette église me les rendra, où, suppliant, je te presse et m'attache à toi. A quoi bon chercher, et où, des voleurs que j'ignore ? C'est ici qu'est mon débiteur ; le maître de céans, oui, lui-même, je le retiendrai comme voleur. C'est toi, mon saint, que j'accuse ; tu es leur complice ; je ne te lâche pas : tu sais où ils sont, car la lumière du Christ te fait tout voir, ce qui est caché et ce qui est loin ; et tu peux les prendre, puisque Dieu enferme tout. Ainsi

1. La monnaie destinée aux aumônes.
2. L'exercice de la charité est une première approche vers l'union éternelle avec Dieu.
3. Voir *Évangile* de Marc, XII, 42-44.
4. Le paysan.
5. Ce prélude, en forme de litanies, a une élévation touchante, mais ne répond pas au ton de ce qui suit.
6. Cette phrase, d'expression recherchée, jure un peu avec le reste du texte.

aucune cachette ne peut te dérober les voleurs, et ils ne peuvent t'échapper ; une main suffit à les prendre : Dieu seul qui est partout, la main du Christ, douce aux gens pieux, rigoureuse aux méchants. Rends-moi donc, rends-moi mes bœufs ; et saisis les voleurs. Mais je ne veux pas en faire des accusés, qu'ils s'en aillent ; je sais, grand saint, comme tu agis : tu ne rends jamais le mal pour le mal ; tu préfères amender les méchants en leur faisant grâce que les perdre en les punissant. Faisons donc marché, le tien d'un côté, le mien de l'autre : que je retrouve mon bien sans dommage, grâce à toi ; et que ta clémence compense justement la punition. D'une balance équitable, juge sans recours : libère les coupables, mais rends-moi mes bœufs. Voilà l'affaire bien convenue ; rien ne t'empêche maintenant d'aider ton serviteur ; dépêche-toi de me tirer d'angoisse. Car je suis bien résolu, jusqu'à ce que tu m'exauces, à rester ici, sans quitter d'un pouce cette porte. Et, si tu ne te hâtes, je mourrai sur ce seuil ; et tu n'auras plus à qui rendre, trop tard, mes bœufs. »

Il se plaignait ainsi, d'une voix hargneuse, mais d'un cœur plein de foi ; et cela dura sans fin tout le jour. Le martyr l'entendit ; ces prières sans douceurs lui plaisaient, et, avec le Seigneur, il rit de bonne grâce des outrages. La foi de la prière le fait passer sur la liberté des plaintes ; il se prépare à l'aider, en le faisant attendre quelques heures.

XVIII, v. 251-319.

Sous Ausone, Paulin avait été à bonne école : il emploie des mètres variés, passant avec facilité de l'un à l'autre dans une même pièce ; les classiques lui assurent un ample et pur vocabulaire ; d'autre part, il rappelle son maître par certaines gentillesses de style et complications descriptives. Mais il est plus ample en ses développements, parfois même diffus. Sans avoir la grandeur d'un Claudien ni même d'un Prudence, sa facilité souriante donne l'impression que la poésie latine pouvait produire encore des œuvres charmantes et naturelles, de sentiment, sinon de forme.

BIBLIOGRAPHIE

Conditions historiques

E. STEIN, *Geschichte des spät-römischen Reiches, 284-476 n. Chr.* (Vienne, 1928 ; trad. J. R. Palanque, Bruges, 1950) ; F. LOT, *La fin du monde antique et le début du Moyen Age* (Paris, 1927). — W. SESTON, *Dioclétien et la tétrarchie* (Paris, 1946) ; A. PIGANIOL, *L'empereur Constantin* (Paris, 1932) ; J. BIDEZ, *La vie de l'empereur Julien* (Paris, 1930) ; W. HEERING, *Kaiser Valentinian I, 364-375 n. Chr.* (Diss. Iéna, 1927). — C. JULLIAN, *Histoire de la Gaule*, VII (Paris, 1926).

S. DILL, *Roman Society in the last Century of the Western Empire*[2] (Londres, 1899) ; Ch. LÉCRIVAIN, *Le Sénat romain depuis Dioclétien à Rome et à Constantinople* (Paris, 1888). — ROSTOVTZEFF, *The social and economic history of the Roman Empire*[2] (Oxford, 1957) ; F. LOT, *L'impôt foncier et la capitation personnelle sous le Bas-Empire et à l'époque franque* (Paris, 1923) ; S. MAZZARINO, *Aspetti sociali del quarto secolo* (Rome, 1951). — P. COURCELLE, *Les lettres grecques en Occident, de Macrobe à Cassiodore*[2] (Paris, 1948) ; V. REICHMANN, *Römische Literatur in griechischen Übersetzung* (*Philologus*, Suppl. XXXIV, 3, 1943).

G. BOISSIER, *La fin du paganisme* (Paris, 1891) ; J. GEFFCKEN, *Der Ausgang des griechich-römischen Heidentums*[2] (Heidelberg, 1929). — G. BARDY, *L'Église et les derniers Romains* (Paris, 1948) ; L. DUCHESNE, *Histoire ancienne de l'Église*, II-III (Paris, 1907-1910) ; P. BATTIFOL, *La paix constantinienne et le catholicisme* (Paris, 1914) ; *Le siège apostolique de 359 à 451* (Paris, 1924). — P. DE LABRIOLLE, *Histoire de la littérature latine chrétienne*[2] (Paris, 1924), 3ᵉ éd. revue par G. Bardy (1947). Chr. MOHRMANN, *La langue et le style de la poésie chrétienne* (Rev. d.Ét. lat., XXV, 1947). — M. LAURENT, *L'art chrétien primitif* (Bruxelles, 1911) ; J. STRZYGOWSKI, *Ursprung der christlichen Baukunst* (Leipzig, 1920) ; J. WILPERT, *Die römischen Mosaiken und Malereien der kirchlichen Bauten vom IV. bis XIII. Jahrhundert*[3] (Freiburg, 1917).

L. HALPHEN, *Les Barbares* (Paris, 1926) ; FUSTEL DE COULANGES[3] - C. JULLIAN, *L'invasion germanique et la fin de l'Empire* (Paris, 1911) ; F. MARTROYE, *La conquête vandale en Afrique et la destruction de l'Empire d'Occident* (Paris, 1907) ; Chr. COURTOIS, *Les Vandales et l'Afrique* (Paris, 1955).

1. LA PROSE

L'éloquence : les panégyriques

MANUSCRITS : Copies (du XVᵉ s.) d'un ms. perdu de Mayence.

ÉDITIONS : W. Baehrens (*Teubner*, 1911) ; Galletier (*Budé*, 1949-1955), avec trad. française ; R. A. B. Mynors (Oxford, 1964) ; éd. V. Palladini et P. Fedeli (Rome, 1976) ; B. MUELLER-RETTIG, *Der Panegyricus des Jahres 310 auf Konstantin den Grossen : Übersetzung und historish-philologisher Kommentar* (Stuttgart, 1990).

ÉTUDES : R. PICHON, dans *Les derniers écrivains profanes* (Paris, 1906) ; W. BAEHRENS, *Panegyricorum Latinorum editionis novae Praefatio maior* (Groningue, 1910) ; A. KLOTZ, *Studien zu den Panegyrici Latini* (*Rhein. Museum*, 1911) ; A. STADLER, *Die Autoren der anonymen gallischen Panegyrici* (Diss. Munich, 1912) ; J. MESK, *Zur Technik der lateinischen Panegyriker* (*Rhein. Museum*, 1912).

BIBLIOGRAPHIE : D. LASSANDRO, *Bibliografia dei Panegyrici*, dans *Invigilata Lucernis* (Bari), XI, 1989.

TRANSMISSION DES TEXTES : D. LASSANDRO, *Inventario dei manoscritti dei Panegyrici Latini*, dans *InvLuc*, X, 1988.

LEXIQUE : T. JANSON, *A Concordance to the latin Pangyrics. A Concordance to the XII Panegyrici Latini and the Panegyrical Texts and Fragments of Simmachus, Ausonius, Merobaudes, Ennodius, Cassiodorus* (Hildesheim, 1979).

Symmaque

MANUSCRITS : Pour les *Discours*, fragments palimpsestes de Milan et du Vatican (VIe s.) ; pour les *Relationes*, ms., aujourd'hui perdu, utilisé par Gelenius dans son édition de 1549, et ms. de Munich (XIe s.) ; pour les Lettres, mss. de Paris (IXe s.) et du Vatican (XIe s.).

ÉDITION : Seeck, dans *Monumenta Germaniae hist., Auctores antiquissimi*, VI, 1 (Berlin, 1883) ; *Lettres*, éd. et trad. J.-P. Callu, Paris, *C.U.F.*, t. I (livres I-II), 1972, t. II (livres III-V), 1982 ; A. MARCONE, *Commento storico al libro VI dell'epistolario di Q. Aurelio Simmaco* (Pise, 1983) ; *Commento storico al libro IV dell'epistolario di Q. Aurelio Simmaco* (Pise, 1987) ; S. RODA, *Commento storico al libro IX dell'epistolario di Q. Aurelio Simmaco* (Pise, 1981) ; A. PABST, *Reden* (Darmstadt, 1989).

ÉTUDES : Lexique dans l'édition de Pareus (Neustadt a. d. H., 1617) ; Seeck, Préface de son édition ; G. BOISSIER, *La fin du paganisme*, II, p. 155 ss. et 262 ss. ; J. A. MAC GEACHY, *Q. Aurelius Symmachus and the senatorial aristocracy of the West* (Chicago, 1942) ; L. HAVET, *La prose métrique de Symmaque* (Paris, 1892) ; G. HAVERLING, *Studies on Symmachus' language and style* (Göteborg, 1988) ; M. R. SALZMAN, *Reflections on Symachus' idea of tradition*, dans *Historia*, XXXVIII, 1989 ; F. CANFORA, *Simmaco, Ambrogio, L'altare della vittoria*, éd. trad. de la *Relation* III de Symmaque et des *lettres* XVII et XVIII d'Ambroise (Palerme, 1991).

LEXIQUE : V. LOMANTO, *Concordantiae in Q. Aureli Symmachi opera* (Hildesheim, 1983).

Eutrope

ÉDITIONS : H. Droysen, dans *Monumenta Germ.* (Berlin, 1879), avec comm. ; Ruehl (*Teubner*, 1919) ; *Eutropius' Compendium of Roman history*, Intro., trad. et notes par D. N. Erickson (Diss. Syracus Univ., 1990) ; *Eutropii breuiarium ab urbe condita*, éd. Santini (Stuttgart, *Teubner*, 1979, 1992).

ÉTUDES : G. BONAMENTE, *Eutropio e la tradizione pagana su Constantino*, dans *Mélanges Zambelli* (Macerata, 1978) ; *Giuliano l'Apostata e il « Breuiario » di Eutropio* (Rome, 1986) ; H. W. BIRD, *Structure and themes in Eutropius' Breuiarium*, dans *The Classical Bulletin*, LXVI, 1990.

LEXIQUE : I. MORENO FERRERO, *Lexicon der lateinischen Epitomatoren des 4. Jahrhunderts*, (Hildesheim, s. d) ; M. P. SEGOLONI-A. R. CORSINI, *Eutropii Lexicon* (Pérouse, 1982).

Julius Obsequens

ÉDITION : O. Jahn (Leipzig, 1863) ; éd. et trad. dans A. C. SCHLESINGER, *Livy*, vol. XIV (Londres, 1967), pp. 239-319 ; J. OBSECUENTE, *Libro de los prodigios restituido a su integridad en beneficio de la Historia por Conrado Licóstenes*, intro., trad. et notes par A. Moure (Madrid, 1990).

Aurélius Victor

MANUSCRITS : De Bruxelles (XVe s.) et d'Oxford (XIVe-XVe s.).

ÉDITIONS : Pichmayr [2] - Gründel (*Teubner*, 1962) ; *Origo gentis Romanae*, par H. Peter (*Stizb. der sächsischen Gesellschaft. Phil. hist. Kl.*, 1912) ; *Sexti Aurelii Historiae abbreuiatae (de Caesaribus) liber*, éd. F. Pichmayr, R. Gründel (Leipzig, *Teubner*, 1970 [2]) ; *Livre des Césars*, éd. P. Dufraigne (Paris, *C.U.F.*, 1975).

Pseudo-Aurélius Victor

Éd. F. Pichmayr, R. Gründel, pp. 25-74, *Liber de uiris illustribus urbis Romae* ; p. 133-176, *Libellus de uita et moribus imperatorum breuiatus ex libris Sexti Arelii Uictoris* ; *Origines du peuple romain*, éd. J.Cl. Richard (Paris, *C.U.F.*, 1976) ; *Origo gentis Romanae*, éd. Pichmayr-Gründel, pp. 3-22, éd. G. D'Anna (Milan, 1992).

ÉTUDES : V. NERI, *Le fonti della vita di Costantino nell' Epitome de Caesaribus*, dans *RSA*, XVII-XVIII, 1987-1988 ; C. E. V. NIXON, *Aurelius Victor and Julian*, dans *CPh*, LXXXVI, 1991.

Ammien Marcellin

MANUSCRITS : *Hersfeldensis*, utilisé par Gelenius dans son édition de 1533, perdu sauf quelques feuillets à Marbourg (IXe-Xe s.) ; *Fuldensis* (Vatican, IXe-Xe s.) et ses copies.

ÉDITIONS ET COMMENTAIRES : Princeps, Rome, 1474 ; Gardthausen (Leipzig, 1874-1875), avec commentaire ; Clark-Traube-Heraeus (Berlin, 1910-1915) ; P. DE JONGE, *Sprachlicher und historischer Kommentar zu Ammianus Marc.* (Groningue, 1935 ss.), [à partir du t. III, 1948, titre et texte en anglais] ; A. MARCELLO, *Storie*, a cura di Matilde Caltabiano, Milan (*Rusconi*, 1989), 934 pages (troisième éd. en 20 ans) ; *Histoires* (sous la direction de J. Fontaine), l. XIV-XVI (1968, 1978 [2]), XVII-XIX (1970, 1989 [2]), XXIII-XXV (1977), XXVI-XXVIII (1984), Paris, *C.U.F.* ; N. J. E. AUSTIN, *Ammianus on Worfare. An investigation into Ammianus' Military Knowledge* (Bruxelles, 1979) ; *Cognitio gestorum : the historiographic art of Ammianus Marcellinus,* éd. J. Den Boeft, D. Den Hengst et C. Hans Teitler (Amsterdam North-Holland, 1992) ; *Philological and historical commentary on Ammianus Marcellinus XXI,* mêmes auteurs (Groningen, *F. Fosten,* 1991).

LEXIQUE : M. CHIABÒ, *Index uerborum Ammiani Marcellini,* Alpha-Omega, 44 (Hildesheim, *Olms,* 1983) ; I. VIANSINO, *Ammiani Marcellini rerum gestarum lexicon,* Alpha-Omega, 79 (Hildesheim, *Olms,* 1985).

TRADUCTIONS : T. Savalète (*Collection Nisard,* Paris, 1849) ; trad. angl. : J. C. Rolfe (Londres, 1956-1958).

ÉTUDES : GIMAZANE, *Ammien Marcellin, sa vie et son œuvre* (Toulouse, 1889) ; L. DAUTREMER, *Ammien Marcellin : étude d'histoire littéraire* (Lille, 1899) ; W. KLEIN, *Studien zu Am. Marc.* (*Klio, Beiheft XIII,* 1914) ; W. ENSSLIN, *Zur Geschichtsschreibung und Weltanschauung Am. Marc* (*Klio, Beiheft XVII,* Leipzig, 1923) ; E. A. THOMPSON, *The historical work of Ammianus Marcellinus* (Cambridge, 1947) ; S. JANNACCONE, *Ammiano Marcellino* (Naples, 1960) ; — H HAGENDAHL, *Studia Ammianea* (Diss. Upsal, 1921) ; *De abundantia sermonis Ammianei* (*Eranos,* 1924) ; A. M. HARMON, *The clausula in Am. Marc.* (*Transactions of the Connecticut Academy,* XVI, 1910) ; G. P. PIGHI, *Studia Ammianea* et *Nuovi studi Ammianei* (Milan, 1935 et 1936) ; du même, *I discori nelle storie d'Amm. Marc.* (Milan, 1936). — A. DEMANDT, *Zeitkritik und Geschichtsbild im Werk Ammians* (Bonn, 1967) ; R. C. BLOCKLEY, *Ammianus Marcellinus. A study of his Historiography and Political Thought* (Bruxelles, 1975) ; G. A. GRUMP, *Ammianus Marcellinus as a Military Historian* (Wiesbaden, 1975) ; P.-M. CAMUS, *Ammien Marcellin, témoin des courants culturels et religieux à la fin du IVe siècle* (Paris, 1967) ; J. MATTHEWS, *The Roman Empire of Ammianus* (London, *Duckworth,* 1989) ; C. P. T. NAUDÉ, *The date of the later books of Ammianus Marcellus,* dans *AJAH,* IX, 1984 ; K. ROSEN, *Ammianus Marcellinus* (Darmstadt, 1982) ; R. SEAGER, *Ammianus Marcellinus. Seven studies in his language and thought* (Columbia Univ. of Missouri Pr., 1986) ; G. SABBAH, *La méthode d'Ammien Marcellin. Recherches sur la construction du discours historique dans les Res Gestae* (Paris, 1978) ; P. SINISCALCO, *Le sacré et l'expérience de l'histoire. Ammien Marcellin et Paul Orose,* dans *B.A.G.B.,* 1989 ; E. A. THOMPSON, *The Historical Work of Ammianus Marcellinus* (Cambridge, 1947).

Végèce

ÉDITION : Lang[2] (*Teubner,* 1885) ; *Epitoma rei militaris. Die gesamte Kriegwesen,* éd. trad., commentaire par F. von Willie, Aarau, 1985 ; éd. avec trad. anglaise, par F. L. Stelten (New York, 1990) ; éd. Önnerfors (Stuttgart, *Teubner,* 1995).

ÉTUDE : D. SCHENCK, *Flauis Vegetius Renatus : Die Quellen der Epitoma rei militaris* (*Klio, Beiheft XIII,* 1930).

LEXIQUE : D. R. BLACKMAN et G. G. BETTS, *Concordia in Vegetii opera* (Hildesheim, Olms-Weidmann, 1989).

Grammairiens et commentateurs

ÉDITIONS : H. KEIL, *Grammatici Latini* (Leipzig, 1855-1923) ; de Festus, par W. M. Lindsay (*Teubner,* 1913, rééd.). — Voir aussi BIBLIOGRAHIES de Térence et de Virgile (p. 108 et 248 s.).

Nonius Marcellus

ÉDITIONS ET ÉTUDES : Quicherat (Paris, 1872) ; L. Müller (Leipzig, 1888) avec commentaire ; Lindsay (*Teubner,* 1903 ; et Hildesheim, 1964) ; W. M. LINDSAY, *Nonius Marcellus' Dictionnary of Republican Latin,* (Hildesheim, 1985), réimpr. de l'éd., Oxford, 1901). *« Studi Noniani »,* Gênes, I (1967), à XIII (1990). E. CADONI, *Studi sul De compendiosa doctrina di Nonio Marcello* (Sassari, 1987).

Martianus Capella

ÉDITION : Dick (*Teubner,* 1925), addenta adiecit J. Préaux (Leipzig, 1978[3]) ; *Martiani Capellae Philologiae et Mercurii Intr., Trad. e Commento* (Padoue, 1975) ; *Martianus Capella,* éd. J. Willis (Leipzig, *Teubner,* 1983).

ÉTUDES : D. SCHANZER, *A Philosophical and Literary Commentary on Martianus Capella's De Nuptiis Philologiae et Mercurii* (Berkeley and Los Angeles, 1986) ; W. H. STAHL, *Martianus Capella and the Seven Liberal Arts* (New York, 1961) ; W. H. PAULI, *Studien zur Dialektik Martianus Capellas* (Diss. Bonn, 1984).

TRANSMISSION DES TEXTES : C. LEONARDI, *I codici di Marziano Capella,* dans Aeuum, 34, 1959, pp. 443-489 et 35, 1960, pp. 411-524 ; *Les manuscrits principaux du De Nuptiis Philologiae et Mercurii de Martianus Capella,* dans *Lettres latines du Moyen Age et de la Renaissance,* Coll. *Latomus,* 158, éd. G. Gambier et C. Deroux (Bruxelles, 1978) ; G. NÜCHELMANS, *Philologia et son mariage avec Mercure jusqu'à la fin du XIIe siècle,* dans *Latomus,* 16, 1957.

Macrobe

MANUSCRITS : Un complet à Paris, deux partiels à Bamberg (XIe s.).

ÉDITIONS : L. von Jan (Quedlinbourg, 1848-1852), avec commentaire ; Eyssenhardt[2] (*Teubner*, 1893) ; H. Bornecque-F. Richard (Paris, [1937]), avec trad. fr. ; J. Willis (*Teubner*, 1963) ; W. H. Stahl, *In Somnium Scipionis* (New York, 1952), avec trad. angl. et commentaire ; *Conuiuiorum primi diei Saturnaliorum libri VII*, éd. et trad. N. Marinone (Turin, *U.T.E.T.*, 1977 ²) ; *Macrobius*, éd. I. Willis (Leipzig, *Teubner*, 1970 ², 1994, t. I, *Saturnalia* ; t. II, *Commentarium in Somnium Scipionis*) ; M. Regali, Macrobio. *Commento ad Somnium Scipionis* (Pise, l. I, 1983 ; l. II, 1990) ; *In Somnium Scipionis*, trad. et comm. W. H. Stahl (New York, 1990 ²).

ÉTUDES : T. WHITTAKER, *Macrobius : or, Philosophy, Science and Letters in the Year 400* (Cambridge, 1923) ; PETIT, *De Macrobio Ciceronis interprete* (Paris, 1866) ; K. MRAS, *Macrobius' Kommentar zu Ciceros Somnium* (*Stizb. der Preuss. Akad. der Wissensch., Phil-Histor. Klasse*, 1933) ; A. CAMERON, *The date and identity of Macrobius, JRS*, 56, 1966.

TRANSMISSION DES TEXTES : A. LA PENNA, *Studi sulla tradizione dei Saturnalia di Macrobio*, dans *Annali della Scuola normale superiore di Pisa*, 22, 1953 ; B. C. BARKER-BENFIELD, *The Manuscripts of Macrobius' Commentary on the Somnium Scipionis* (Oxford, 1975).

RÉCEPTION DES TEXTES : A. HÜTTIG, *Macrobius in Mittelalter : ein Beitrag zur Rezeption geschichte der Commentarii in Soimnium Scipionis*, Freiburger Beitr. zur mittelalterlichen Geschichte, n° 2 (Bern, *Lang*, 1990) ; R. BERNABEI, *The Treatment of the Sources in Macrobius' Saturnalia during the Middle Ages* (Diss. Cornell University, 1970).

LEXIQUE : M. C. GRANADOS FERNÁNDEZ, *Léxico de Macrobio* (Madrid, 1980).

Dicta Catonis

ÉDITION : Baehrens, *Poetae latini minores*, t. III (*Teubner*, 1881) ; Némethy (Budapest, 1895). (*Teubner*, 1883, rev. par F. Vollmer, 1935).

Avianus

ÉDITION : Éd. et trad. L. Hermann (Bruxelles, *Latomus*, 1966) ; *Fables*, éd. F. Gaide (Paris, C.U.F., 1980) ; F. GAIDE, *Avianus, ses ambitions, ses résultats*, dans *La favolistica latina in distici elegiaci* (Assise, 1991).

Querolus

ÉDITION : Peiper (Leipzig, 1875) ; L. Havet (Paris, 1880) ; F. Corsaro, éd. et trad. (Catane, 1964) ; C. Jacquemard, *Querolus (Comédie latine anonyme)*, texte et trad. (Paris, *C.U.F.*, 1995).

ÉTUDES : E. DEZEIMERIS, *Études sur le Querolus* (Bordeaux, 1881) ; R. PICHON, *Les derniers écrivains profanes* (Paris, 1906), p. 217-242 G. V. JOHNSTON, *The Querolus, A syntactical and stylistic study* (Toronto, 1900) ; A. MASERA, *Querolus siue Aulularia : la nuova cronologia e il suo autore* (Florence, 1991).

Pervigilium Veneris

MANUSCRITS : *Salmasianus* (VIIIe s.) et *Thuaneus* (IXe s.), à Paris.

ÉDITIONS : Clementi[3] (Oxford, 1936), avec comm. et trad. angl. ; R. Schilling (*Budé*, 1944), avec comm. et trad. franç. ; E. Cazzaniga (*Paravia*, 1959).

ÉTUDE : P. BOYANCÉ, *Encore le « Peruigilium Veneris »* (*Rev. d.Ét. lat.*, XXVIII, 1950) ; D. SHANZER, *Once again Tiberianus and the Peruigilium Ueneris, RFIC*, CXVIII (1990).

2. LA POÉSIE PROFANE

Aviénus

MANUSCRITS : De Vienne (Xe s.) pour les *Aratea* ; de Milan (XVe s.) pour l'*Orbis terrae* ; aucun ms. de l'*Ora Maritima* ne semble subsister.

ÉDITIONS : Princeps, à Venise, 1488 ; Holder (Innsbruck, 1887) ; *Ora Maritima*, par Schulten (Barcelone-Berlin, 1922), avec commentaire ; A. Berthelot (Paris, 1934), avec comm. ; crit. : P. Van de Woestijne (Bruges, 1961) ; *Aratea*, éd. J. Soubiran (Paris, *C.U.F.*, 1981) ; *Orae maritimae liber*, éd. D. Stichtenoth (Darmstadt, 1968) ; trad. P. Villalba (Barcelone, 1986) ; *Orbis terrae descriptio*, éd. P. Van de Woestijne (Bruges, 1961).

H. ZENNACKER, *D'Aratos à Aviénus : astronomie et idéologie*, dans *ICS*, XIV (1989).

Ausone

MANUSCRITS : Aucun ne comprend toute l'œuvre ; ceux qui restent correspondent à 3 recueils, l'un non postérieur à 383 (mss. utilisés par l'édition princeps et ms. de Leyde, XVe s.), un autre postérieur à la mort du poète (ms. de Leyde, IXe s.), le troisième d'origine incertaine *(Parisinus* et *Harleianus).*

ÉDITIONS : Princeps, Venise, 1472 ; Schenkl, dans les *Monumuenta Germaniae,* V, 2 (Berlin, 1883) ; Peiper (*Teubner,* 1886) ; Evelyn-White (Londres-New York, 1919-1921), avec trad. angl. ; H. Jasinski (Paris, [1935]), avec trad. française ; éd. S. Prete (Leipzig, 1978) ; A. Alvar Ezquerra, *Obras* (2 vol.) (1990) ; *The Works of Ausonius,* avec intr. et commentaire, par R. P. H. Green (Oxford, 1991) ; — de la *Moselle,* par H. de la Ville de Mirmont (Bordeaux, 1889), avec comm. et trad. franç. ; Hosius[3] (Marbourg, 1926) ; W. John (Trèves, 1931) ; A. Marsili (Turin, 1957) ; *Mosella,* éd. F. Didot (Paris, *C.U.F.,* 1887) ; éd. corr. E. F. Corpet (Paris, 1972) ; éd. K. B. von Weis (Darmstadt, 1989).

Eclogarum liber, Incertorum olim cum Ausonianis edita : voir W. V. Claussen, *Appendix Uergiliana* (Oxford, 1966).

ÉTUDES : R. PICHON, dans *Les derniers écrivains profanes* (Paris, 1906) ; MARTINO, *Ausone et les commencements du christianisme en Gaule* (Alger, 1906) ; P. DE LABRIOLLE, *La Correspondance d'Ausone et de Paulin de Nole* (Paris, 1910) ; H. DE LA VILLE DE MIRMONT, *De Ausonii Mosella* (Paris, 1892) ; C. HOSIUS, *Die literarische Stellung von Auson's Mosellied* (*Philologus,* 1925) ; — E. ÉVERAT, *De Ausonii operibus et genere dicendi* (Paris, 1885) ; A. DELACHAUX, *La latinité d'Ausone* (Lausanne, 1909). — S. PRETE, *Ricerche sulla storia del testo di Ausonio* (Rome, 1960) ; A. PASTORINO, *A proposito della tradizione del testo di Ausonio* (*Maia,* XIV, 1962).

Ausonius, éd. J.-M. Lossau, (1991) ; R. P. H. GREEN, *Man and nature in Ausonius' Moselle,* dans *ICS,* XIV (1989) ; M. LOSSAU, *Ausonius and litterae graccia* dans *Maia,* XLI (1989) ; D. NARDO, *Ausonio e Orazio,* dans *Paideia,* XLV (1990) ; S. G. NOGENT, *Ausonius' « late-antique » poetics and « post-modern » literary theory,* dans *Ramus,* XIX (1990) ; H. SZELEST, *Die Mosella des Ausonius und ihre literarische Tradition,* dans *Eos,* LXXV (1987).

TRANSMISSION DES TEXTES : F. DELLA CORTE, *Storia (e preistoria) del testo ausoniano* (Rome, 1991).

LEXIQUE : L. J. BOLCHAZY, J. A. M. SWEENEY, M. G. ANTONETTI, *Concordia in Ausonium ; with Indices to Proper Nouns and Greek Forms* (Hildesheim, 1982).

BIBLIOGRAPHIE : A. ALVAR EZQUERRA, *Estado actual de los estudios sobre Ausonio* (bibliografia critica 1960-1987), *EClás,* XXXIII, 1991, n° 99.

Claudien

MANUSCRITS : Du *De raptu Proserpinae,* ms. de Florence (*Laurentianus,* XIIe s.) ; du reste de l'œuvre : *Bruxellensis* (XIe s.), *Vaticanus* (XIIe s.), 2 *Parisini,* 18552 et 8082 (XIIIe s.), *Neapolitanus* (XIIIe s.), *Ambrosianus* (Milan, XVe s.), et relevés d'un ms. perdu sur deux exemplaires imprimés à Florence et à Leyde *(Excerpta Gyraldina).*

ÉDITIONS : Princeps (Vicence, 1482) ; Birt, dans *Monumenta Germaniae hist.,* t. X (Berlin, 1892) ; Koch (*Teubner,* 1893) ; Platnauer (Londres-New York, 1922), avec trad. anglaise ; J. B. HALL, *Claudianus, Carmina* (Leipzig, *Teubner,* 1985). — *Du De bello Pollentino (Gothico),* par Schroff (Berlin, 1927), avec commentaire ; et du *Panegyricus de IV. consulatu Honorii* (Aix-en-Provence, 1936), par Fargues, avec comm. ; du *Paneg. de VI. cons. Honorii,* par K. A. Mueller (Berlin, 1938), avec comm. allemand ; des Invectives *in Rufinum,* par Levy (New York, 1935) ; du *De raptu Proserpinae* (attribué à un homonyme plus jeune), par V. Paladini (Rome, 1952), avec trad. ital. ; J. B. HALL, *Claudian. De Raptu Proserpinae,* éd., comm. (Cambridge, 1969) ; *Le rapt de Proserpine,* éd. J.-L. Charlet (Paris, *C.U.F.,* 1991) ; *Claudian : De Raptu Proserpinae,* éd. intr. et comm. par Cl. Gruzelier (Oxford, 1993) ; de l'*In Eutropium,* par Fargues (Paris, 1933), avec commentaire.

Fr. SERPA, *Claudio Claudiano, Il rapimento di Proserpina. La guerra dei Goti* (Milan, 1981) ; H. L. LEVY, *Claudian's in Rufinum. An Exegetical Commentary* (Princeton, 1971) ; *De bello Gildonico liber,* éd. E. M. Olechowska (Leyde, 1978) ; W. TAEGERT, *Claudius Claudianus, Panegyricus dictus Olybrio et Probino* (Munich, 1988).

TRADUCTION : Héguin de Guerle-Trognon (*Collection Panckoucke,* Paris, 1830-1833).

ÉTUDES : P. FARGUES, *Claudien, études sur sa poésie et son temps* (Paris, 1933) ; PAUCKER, *De latinitate Claudiani poetae observationes* (*Rhein. Museum,* XXXV) ; A. PARAVICINI, *Studi di retorica sulle opere di Cl. Claudiano* (Milan, 1905) ; C. MUELLNER, *De imaginibus similitudinibusque quae in Claudiani carminibus inveniuntur* (*Diss. Philol. Vindobonenses,* IV, 1892) ; R. E. COLTON, *Echoes of Propertius in Claudian's De raptu Proserpinae,* dans *R.P.L.,* XII (1989) ; C. E. GRUZELIER, *Claudian and the art of imitatio in the De raptu Proserpinae,* dans *Prudentia,* XXI, 2 (1989).

LEXIQUE : P. G. CHRISTIANSEN, *Index Uerborum Claudianeus* (Ascalingi, 1985) ; P. G. CHRISTIANSEN-W. J. DOMINIK, *Concordia in Claudianum,* Alpha-Omega, 47 (Hildesheim, *Olms-Weidmann,* 1988).

Rutilius Namatianus

MANUSCRITS : 2 copies du XVIe s. (à Vienne et Rome) d'un ms. trouvé à Bobbio et de nouveau perdu.

ÉDITIONS : Vessereau (Paris, 1904) ; Vessereau-Préchac (*Budé,* 1933), avec trad. franç. ; P. Van de Woestijne (Gand, 1936) ; E. Castorina (Florence, 1967), texte, trad. et comm. ; Éd. Galletier - J. Fontaine, I (*Budé,* 1968), avec trad. et comm. ; éd., trad. et comm., E. Castorina (Florence, 1967) ; éd. et comm., E. Doblhofer (Heidelberg, 1972-77) (2 volumes).

ÉTUDES : R. PICHON, dans *Les derniers écrivains profanes* (Paris, 1906) ; J. CARCOPINO, *A propos du poème de Rutilius Nam.* (*Rev. des Ét. latines,* VI, 1928) ; P. DE LABRIOLLE, *Rutilius Cl. Nam. et les moines* (*Rev. des Ét. latines,* VI, 1928) ; I. LANA, *Rutilio Nam.* (Turin, 1961) ; A. FO, *Ritorno a Claudio Rutilio Namaziano,* MD, XXII (1989) ; A. LIGNERI, *Morte della città in Rutilio Namaziano,* dans *Tredici secoli di elegia latina* (Assise, 1989).

3. LA PROSE CHRÉTIENNE

Soucis d'art chez les chrétiens : Damase

ÉDITIONS : Ihm (Leipzig, 1895) ; E. DIEHL, *Inscriptiones latinae christianae veteres* (Berlin, 1925) ; A. FERRUA, *Epigrammata Damasiana* (Rome, Vatican, 1942) ; Ch. SMITH, *Pope Damasus' baptistery in St Peter's reconsidered,* dans R.A.C., LXIV (1988).

Firmicus Maternus

ÉDITIONS : *Patrologie* de Migne, t. XII ; *Corpus* de Vienne, vol. II, par Halm (1867) ; Ziegler (*Teubner,* 1907) ; G. Heuten (Bruxelles, 1938), avec trad. fr. et comm. ; K. Ziegler (Munich, 1952), avec trad. all. ; — de la *Mathesis,* par Kroll-Skutzsch-Ziegler (*Teubner,* 1897-1913, réimpr. 1968) ; *Mathesis,* éd. J.-P. Monat (Paris, *C.U.F.,* t. I (l. I et II), 1992) ; t. II (l. III et IV), 1995.

L'erreur des religions païennes, éd. A. Pastorino (Florence, 1956) ; éd. et trad. R. Turcan (Paris, *C.U.F.,* 1982).

ÉTUDES : L. W. BARNARD, *L'intolleranza negli apologisti cristiani con speciale riguardo a Firmico Materno,* dans *CrSt* (1990) ; F. FONTANELLA, *A proposito di Manilio e Firmico,* dans *Prometheus,* XVII (1991) ; A. WLOSOK, *Zur lateinischen Apologetik der constantinischen Zeit (Arnobius, Lactantius, Firmicus Maternus),* dans *Gymnasium,* XCVI (1989) ; M. ZAPATA FERRER, *Testimonios e interpretaciones de la mitologica clásica en el De errore profanorum religionum de Fírmico Materno,* dans *Mélanges V. Bejarano,* I (Barcelone, 1991).

Saint Hilaire

MANUSCRIT : Bibliothèque du chapitre de Saint-Pierre de Rome (VIe s.).

ÉDITIONS : *Patrologie* de Migne, t. IX-X ; *Corpus* de Vienne, vol. XII et LXV, par Zingerle et Feder (1891 et 1916) ; les *Versus et ludi,* par Fuller (New York, 1929) ; le *Traité des Mystères,* par J.-P. Brisson (Paris, 1947), avec comm. franç. (2e éd. revue et augmentée, 1967) ; *Sur Matthieu,* éd. J. Doignon (Paris, *S.C.,* t. I, 1978, t. II, 1979) ; *Contre Constance,* éd. A. Rocher (Paris, *S.C.,* 1987) ; *Commentaire sur le Psaume 118,* éd. I. M. Milhau (2 vol.) (Paris, *S.C.,* 1988).

ÉTUDES : LARGENT, *Saint Hilaire* (Paris, 1902) ; G. GIRARD, *Saint Hilaire* (Angers, 1905) ; H. JEANNOTTE, *Le Psautier de saint Hilaire de Poitiers* (Paris, 1917) ; J. DOIGNON, *Hilarius von Poitiers,* dans *RLAC,* XV (1989) ; F. L. LADARIA, *La cristología de Hilario de Poitiers* (Rome, 1989) ; D. H. WILLIAMS, *A reassessment of the earhly career and exile of Hilary of Poitiers,* dans *JEH,* XLII (1991).

Saint Ambroise

ÉDITIONS : Princeps, Venise, 1485 ; Du Frische-Le Nourry (Paris, 1686-1690), reproduite dans la *Patrologie* de Migne, t. XIV-XVI ; *Corpus* de Vienne, vol. VIII, XXXII, LXII, LXIII, LXIV, LXXVIII, par Schenkl, Petschenig, O. Faller (1897-1962) ; *Ambrosius, Opera :* Wien Hölder-Pichler-Tempsky, Corpus scriptorum ecclesiasticorum Latinorum ; *Tutte le opere di sant'Ambrogio* (éd. bilingue) a cura della Biblioteca Ambrosiana : Milan, Bibl. Ambrosiana et Rome Città Nuova ; — *De Helia et jejunio,* par Buck (*Cathol. Univ. Am., Patristic Stud.;* XIX, Washington, 1929) ; *Liber de consolatione Valentiniani* (*ib.,* Washington, 1940), par Th. A. Kelly ; *De sacramentis, de mysteriis,* par B. Botte (Paris, 1961), avec trad. et comm. ; *Oratio de obitu Theodosii,* par Mannix (*Cath. Un. Am.,* IX, Washington, 1925) ; *De obitu Satyri fratris,* par Albers (Bonn, 1921) ; *Expositio Evangelii sec. Lucam,* par M. Adriaen (Turnhout, 1957) ; *De bono mortis,* et *De fuga saeculi*

(Turin, 1961 et 1959), avec trad. ital. ; *Hexaemeron, Paradis, Caïn et Abel,* trad. angl. J.-J. Savage (New York, 1961) ; *Hymnes,* par Walpole, *Early latin hymns* (Cambridge, 1922) ; *Inni,* texte et traduction par M. Simonetti (Florence, 1988) ; *Hymnes,* texte établi, traduit et annoté sous la direction de Jacques Fontaine (Paris, *Éditions du Cerf,* 1992), 703 pages.

Sur saint Luc, éd. G. Tissot, Paris, *S.C.,* t. I, 1971 ², t. II, 1976² ; *La Pénitence,* éd. R. Gryson (Paris, *S.C.,* 1971) ; *Apologie de David,* éd. P. Hadot, M. Cordier (Paris, *S.C.,* 1977) ; *Des Sacrements. Des Mystères. Explication du symbole,* éd. B. Botte (Paris, *S.C.,* 1994 ⁴) ; *De sacramentis (Über die Sakramente) ; De mysteriis (Über die Mysterien),* éd. J. Schmitz (Freiburg Herder, 1990) ; *Les devoirs,* éd. M. Testard, t. 1 (l. I), 1984, t. 2 (l. II et III) (Paris, *C.U.F.,* 1992).

ÉTUDES : Th. Foerster, *Ambrosius, Bischof von Mailand : eine Darstellung seines Lebens und Wirkens* (Halle, 1884) ; A. Paredi, *S. Ambrogio e la sua età²* (Milan, 1961) ; de Broglie, *Saint Ambroise* (Paris, 1899) ; P. de Labriolle, *Saint Ambroise* (Paris, 1908) ; Thamin, *Saint Ambroise et la morale chrétienne au IVᵉ siècle* (Paris, 1895) ; J. R. Palanque, *Saint Ambroise et l'empire romain* (Paris, 1933) ; — U. Pestalozza, *La religione di Ambrogio* (Milan, 1949). — M. F. Barry, *The vocabulary of the moral-ascetical works of St Ambrose* (*Cath. Univ. Am., Patr. St.* X, Washington, 1926) ; M.A. Adans, *The latinity of the Letters of St Ambrose* (*Ib.,* XII, Washington, 1927) ; P. Cannata, *De syntaxi Ambrosiana in libris qui inscribuntur De officiis* (Catane, 1911) ; M. D. Diederich, *Vergil in the works of St Ambrose* (*Cath. Univ. Am., Patr. St.,* XXIX, Washington, 1931) ; *Ambroise de Milan. XVIᵉ Centenaire de son élection épiscopale.* Dix études rassemblées par Y.-M. Duval (Paris, 1974) ; P. Courcelle, *Recherches sur saint Ambroise* (Paris, 1973) ; C. Dagens, *Saint Grégoire le Grand. Culture et expérience chrétienne* (Paris, 1977) ; F. H. Duiden, *The Life and Times of St Ambrose* (Oxford, *Clarendon Press,* 1935) ; M. H. Julien, *Les sources de la tradition ancienne des quatorze Hymnes attribuées à saint Ambroise de Milan, RHT,* XIX (1989) ; G. Lazzati, *Il valore letterario della esegesi ambrosiana* (Milano, 1960) ; G. Madec, *Saint Ambroise et la philosophie* (Paris, 1974) ; G. Nauroy, *Exégèse et création littéraire chez Ambroise de Milan* (Paris, *Études Augustiniennes,* 1987) ; J. R. Palanque, *Saint Ambroise et l'Empire romain. Contribution à l'histoire des rapports de l'Église et de l'État à la fin du IVᵉ siècle* (Paris, 1933) ; A. Paredi, *S. Ambrogio e la sua età* (Milano, 1960) ; L. F. Pizzolato, *La dottrina esegetica di sant'Ambrogio* (Milan, 1978) ; D. H. Williams, *Ambrose of Milan and the End of the Arian-Nicene Conflict* (Oxford, 1995).

LEXIQUE : *Wortindex zu den Schriften des Hl. Ambrosius,* nach der Sammlung von O. Faller, bearbeitet von L. Kretan (Vienne, 1979).

Saint Jérôme

MANUSCRITS : Nombreux et encore mal classés.

ÉDITIONS : Princeps, par Érasme (Bâle, 1516) ; *Patrologie* de Migne, t. XXII-XXIX ; *Corpus* de Vienne, vol. LIV-LVI *(Lettres)* et LIX *(In Hieremiam prophetam),* par Hilberg et Reiter (1910-1918) ; Bareille (Paris, 1878-1885), avec trad. française ; *Canons d'Eusèbe,* par Fotheringham (Londres, 1923) ; *Chronicon Eusebii,* éd. R. Helm, *Eusebius Werke VII. Die Chronik des Hieronymus* (Berlin, 1984 ³) ; *Jerome's Chronicon : a translation and commentary,* par M. D. Donalson (Diss. The Florida State Univ. Tallahassee, 1991) ; *Vita di Martino, vita di Ilarione, in memoria di Paola,* éd. Chr. Mohrmann (Milan, 1975) ; *Commentaire sur saint Matthieu,* éd. É. Bonnard (Paris, *S.C.,* t. I, 1978 ; t. II, 1979) ; *Apologie contre Rufin,* éd. P. Lardet (Paris, *S.C.,* 1983) ; *Commentaire sur Jonas,* éd. Y.M. Duval (Paris, *S.C.,* 1985) ; *Gli uomini illustri (De uiris illustribus),* éd. A. Ceresa-Guastaldo (Florence, 1988) ; *Dialogus aduersus Pelagianos,* éd. Cl. Moreschini (Turnhout Brepols, 1990) ; *Edición crítica de De monacho captivo (Vita Malchi) de san Jerónimo,* par M. E. Morales (Paris, 1991) ; *Lettres,* par J. Labourt (*Budé,* 1949 ss.), avec trad. franç. ; F. A. Wright, *St. Jerome, Select Letters* (Londres, 1933) ; *Vulgate,* éd. Vaticane (Rome, 1926 ss.) ; R. Weber, *Biblia Sacra iuxta uulgatam uersionem* (Stuttgart, 1975 ²) (2 vol.).

ÉTUDES : G. Grützmacher, *Hieronymus* (Leipzig-Berlin, 1901-1908) ; F. Cavallera, *Saint Jérôme : sa vie et son œuvre* (Louvain, 1922) ; P. Antin, *Essai sur saint Jérôme* (Paris, 1951) et *Autour du songe de saint Jérôme* (*Rev. d.Ét. lat.,* XLI, 1963) ; Y. Chauffin, *Saint Jérôme* (Paris, 1961) ; P. Monceaux, *La jeunesse de saint Jérôme* (Paris, 1932) ; Brochet, *Saint Jérôme et ses ennemis* (Paris, 1905) ; Ch. Favez, *La satire dans les lettres de S. Jérôme* (*Rev. des Ét. lat.,* XXIV, 1946) et *Saint Jérôme peint par lui-même* (Bruxelles, 1958) ; J. N. Hritzu, *The style of the letters of St. Jerome* (Diss. Washington, 1939) ; — H. Goelzer, *Étude lexicographique et grammaticale de la latinité de saint Jérôme* (Paris, 1884) ; A. Ottolini, *La rettorica nelle Epistole di Girolamo da Stridone* (Crémone, 1905) ; K. Kunst, *De s. Hieronymi studiis Ciceronianis* (*Diss. philol. Vindobonenses,* XII, 2, 1918) ; H. Hagendahl, *Latin fathers and the classics* (Göteborg, 1958).

Jérôme entre l'Occident et l'Orient. XVIᵉ centenaire du départ de saint Jérôme de Rome et de son installation à Bethléem. Actes du colloque de Chantilly (septembre 1986), publ. par Y.-M. Duval (Paris, *Études Augustiniennes,* 1988) ; *Gerolamo e la biografia letteraria* (Gênes, 1989).

LEXIQUE : *Thesaurus Sancti Hieronymi : enumeratio formarum, index formarum a tergo ordinatarum, index formarum graecarum,* curante CETEDOC (Turnhout Brepols, 1990).

Saint Augustin

MANUSCRITS : Très nombreux et divers selon les œuvres, certains très anciens (par exemple, pour les *Confessions*, le *Vaticanus Eugippii* 3375, du VIIe s., et le *Sessorianus* de la Bibl. Victor-Emmanuel à Rome, des VIIe-VIIIe .s.), qui ne sont pas forcément les meilleurs.

ÉDITIONS : Princeps, par Amerbach (Bâle, 1506) ; — des Bénédictins de Saint-Maur (Paris, 1679-1700) ; *Patrologie* de Migne, t. XXXII-XLV ; *Corpus* de Vienne, vol. XII, XXV, XXVIII, XXXIII, XXXIV, XXXVI, XL, XLI-XLIV, LI-LIII, LVII, LVIII, LX, LXIII, LXXVII, par Goldbacher, Hoffmann, Knœll, Urba, Weihrich et Zycha (1887-1923) ; Péronne-Écalle-Vincent... (Paris, 1869 ss.), avec traduction française ; de la *Bibliothèque augustinienne*, en ordre doctrinal et avec trad. fr. (Bruges-Paris, 1937 ss.) ; — *De beata uita*, par Kurfess (Bielefeld, 1926) ; Schmaus (Bonn, 1931) ; — *Confessiones*, par Knœll (*Teubner*, 1898) ; Skutella (*Teubner*, 1934) ; P. de Labriolle (*Budé*, 1925-1926), avec trad. française ; — *De doctrina christiana*, par Vogels (Bonn, 1930) ; Sullivan (*Cath. univ. amer., Patr. St.*, XXIII, Washington, 1930), avec trad. anglaise ; — *De catechizandis rudibus*, par Christopher (Brookland, 1926) ; — *De ciuitate Dei*, par Welldon (Londres, 1924) ; Dombart[4] - Kalb (*Teubner*, 1928-1929) ; P. de Labriolle-J. Perret (Paris, [1941] ss.), avec trad. franç. ; Bardy-Combès (Paris, 1959), avec trad. franç. ; J. Morán (Madrid, 1958), avec trad. esp. ; W. Ch. Green (Londres, 1963), avec trad. angl. ; — *Sermones post Maurinos reperti*, par G. Morin (Rome, 1930) ; *Sermones de Vetere Testamento*, par D. C. Lambot (Turnhout, 1961) ; *Sermones selecti XVIII*, par D. C. Lambot (Utrecht, 1950).

Les œuvres de saint Augustin font l'objet, en France, d'une publication systématique de la part de l'Institut d'Études Augustiniennes, dans le cadre de la Bibliothèque Augustinienne :

Première série, Opuscules : B A 1 (1949) : La morale chrétienne ; B A 2 (1937, 1948[2]) : Problèmes moraux ; B A 3 (1939, 1949[2]) : L'ascétisme chrétien ; B A 4 (1939, 1948[2]), 4/1 (1986), 5 (1939, 1948[2]), 6 (1941, 1952[2], 1976[3]), 7 : Dialogues philosophiques ; B A 8 (1951, 1982[2]) ; La foi chrétienne ; B A 9 (1947, 1988[2]) : Exposés généraux de la foi ; B A 10 (1952) : Mélanges doctrinaux ; B A 11 (1949) : Le magistère chrétien ; B A 11/1 (1991) : La première catéchèse ; B A 12 (1950) : Les révisions.

Deuxième série, Dieu et son œuvre : B A 13, B A 14 (1962) : *Les Confessions ;* B A 15, B A 16 (1955) : *La Trinité ;* B A 17 (1961) : Six traités anti-manichéens.

Troisième série, La Grâce : B A 21 (1966), B A 22 (1975) : La crise pélagienne ; B A 23 (1974) : Premières polémiques contre Julien ; B A 24 (1962) : *Aux moines d'Adrumète et de Provence.*

Quatrième série, Traités anti-donatistes : B A 28 (1963) ; B A 29 (1964), B A 30 (1967) ; B A 31 (1968) ; B A 32 (1965).

Cinquième série, *La Cité de Dieu :* B A 33 à 37 (1959-60).

Sixième série, Lettres (B A 46B : *Lettres* 1-29, 1987).

Septième série, Exégèse : B A 48 et 49 (1972) : *La Genèse au sens littéral.*

Neuvième série, Traités sur saint Jean : B A 71 (1969) à 74A (1993) : *Homélies sur l'Évangile de saint Jean.*

Voir aussi la Nouvelle Bibliothèque Augustinienne :

NBA 1 : *Le bien du mariage, La virginité consacrée* (1992).

NBA 2 : *Dialogue avec Adéodat, Dialogue avec Evodius* (1993).

NBA 3 (1993), 4/1 (1994), 4/2 (1995) : *La Cité de Dieu.*

NBA 5 (1994) : *Sermons sur l'Écriture* I.

Voir aussi : *Sermons pour la Pâque*, éd. S. Poque (1966) ; *De Ciuitate dei libri XXII*, trad. G. E. McCracken, W. M. Green, C. M. Sanford, Ph. Levine, D. Wiesen (Londres, 1957-1972) (7 vol.) : M. Simonetti, *Commento ai Salmi* (Milan, 1988) ; *Il filosofo e la fede : Soliloqui, La vera religione, L'utilità del credere, La fede nelle cose che non si vedono*, intr. trad., préf. notes, index par O. Grassi (Milan, 1989) ; *La dottrina cristiana*, intr. trad. et notes par L. Alici (Turin, 1989) ; *On faith and works*, trad. et notes par G. Lombardo (New York, 1988) ; *De magistro. Le maître*, présentation et notes par B. Jolibert (Paris, 1989) ; *Tractates on the Gospel of John 1-10*, trad. par J. W. Rettig (Washington, D.C., 1988) ; *« De Musica » di Agostino d'Ippona* commento di U. Pizzani e G. Milanese (Coll. *Lectio Augustini*, Settimana Agostiniana Pavese, V) (Palerme, 1990), 90 pages ; *De libero arbitrio*, commentaire de G. Madec, F. de Capitani, F. L. Tunetti & R. Holte (Palerme, 1990) ; *De moribus ecclesiae catholicae et de moribus Manicheorum ; De quantitate animae di Agosto d'Ippona*, commentaire de J. K. Coyle [et alii] (Palerme, 1991) ; *Commentaire de la première Épître de saint Jean*, éd. P. Agaësse (Paris, *S.C.*, 1994[4]).

TRADUCTIONS : Péronne-Écalle-Vincent (Paris, 1869 ss.) ; des Assomptionistes (Paris, *Études augustin.*) ; L. Bertrand, *Les plus belles pages de saint Augustin* (Paris, 1912) ; P. de Labriolle, *Les Confessions* (*Budé*, 1925-1926) ; *Les Soliloques* (Paris, 1927).

ÉTUDES GÉNÉRALES : TILLEMONT, *Mémoires*, XIII (Paris, 1710) ; E. PORTALIÉ, dans Vacant-Mangenot, *Dictionnaire de Théologie catholique*, I, 2, col. 2268 ss. (1909) ; *Augustinus Magister* (Congrès international augustinien, *Études august.*, Paris, 1954-1955) ; T. VAN BAVEL-P. HUISMAN, *Répertoire bibliographique de saint Aug.* (*Augustiniana*, II, 1952 et suiv.) ; — É. GILSON, *Introduction à l'étude de saint Augustin*

(Paris, 1929) ; P. ALFARIC, *L'évolution intellectuelle de saint Augustin : du manichéisme au néo-platonisme* (Paris, 1918) ; Ch. BOYER, *Christianisme et néo-platonisme dans la formation de saint Augustin* (Paris, 1920) ; L. GOURDON, *Essai sur la conversion de saint Augustin* (Cahors, 1900) ; W. TIMME, *Augustins geistige Entwicklung in den ersten Jahren nach seiner Bekehrung (386-391)* (Berlin, 1908) ; P. COURCELLE, *Recherches sur les Confessions de saint Augustin* (Paris, 1950) et *Les « Confessions » de saint Augustin dans la tradition littéraire. Antécédents et postérité* (Paris, 1963) ; P. MONCEAUX, *Saint Augustin et le Donatisme* (Paris, 1923) ; Fr. VAN DER MEER, *Augustin pasteur d'âmes* (Strasbourg, 1956) ; A. MANDOUZE, *Notes sur l'organisation de la vie chrét. en Afrique à l'époque de s. Aug.* (*L'année théolog. augustin.*, XIII, 1959) ; H.-I. MARROU, *Saint Augustin et l'augustinisme* (Paris, 1955). — P. BATTIFOL, *Le catholicisme de saint Augustin* (Paris, 1920) ; B. ROLAND-GOSSELIN, *La morale de saint Augustin* (Paris, 1925) ; Ch. BOYER, *L'idée de vérité dans la philosophie de saint Augustin* (Paris, 1920) ; J. HESSEN, *Augustins Metaphysik der Erkenntnis* (Berlin-Bonn, 1930) ; G. COMBÈS, *La doctrine politique de saint Augustin* (Paris, 1927) ; MANDOUZE, *S. Aug. et la religion romaine* (*Recherches augustin.*, I, 1958) ; K. SVOBODA, *L'esthétique de saint Augustin et ses sources* (Paris, 1933) ; G. COMBÈS, *Saint Augustin et la culture classique* (Paris, 1927) ; M. TESTARD, *Saint Augustin et Cicéron* (Paris, 1958) ; F. CAYRE, *La contemplation augustinienne* (Paris, 1927) ; MANDOUZE, *Où en est la question de la mystique augustin. ?* (*Augustinus Magister*, III, 1955, p. 103-164) et *Saint Augustin, l'aventure de la raison et de la grâce* (Paris, 1968). — H.-I. MARROU, *Saint Augustin et la fin de la culture antique*[2] (Paris, 1949).

Pour la bibliographie de saint Augustin, on se référera systématiquement à la *Revue des Études Augustiniennes.* Voir également : J. CHAIX-RUY, *Saint Augustin : Temps et histoire* (Paris, 1956) ; P. COURCELLE, *Les Confessions de saint Augustin dans la tradition littéraire* (Paris, 1963) ; *Recherches sur les « Confessions » de saint Augustin* (Paris, 1968[2]) ; B. DELAROCHE, *Saint Augustin lecteur et interprète de saint Paul* (Paris, 1996) ; M. DULACY, *Le Rêve dans la vie et la pensée de saint Augustin* (Paris, 1973) ; J.-C. GUY, *Unité et structure logique de la Cité de Dieu de saint Augustin* (Paris, 1961) ; E. LUCIANI, *Les Confessions de saint Augustin dans les lettres de Pétrarque* (1982) ; A. MANDOUZE, *Saint Augustin, l'aventure de la raison et de la grâce* (Paris, 1968) ; H.-I. MARROU, *Saint Augustin* (Paris, 1973) ; J. NTEDIKA, *L'évolution de la doctrine du purgatoire chez saint Augustin* (Paris, 1966) ; M. PELLEGRINO, *Les Confessions de saint Augustin. Guide de lecture* (Paris, 1960) ; O. PERLER, *Les voyages de saint Augustin* (Paris, 1969) ; J. M. RIST, *Augustine. Ancient Thought Baptized* (Cambridge, 1994) ; A. SAGE, *La vie religieuse selon saint Augustin* (Paris, 1972) ; *Saint Augustin*, dossier conçu et dirigé par P. Ranson (Lausanne et Paris, 1988) ; M. TESTARD, *Saint Augustin et Cicéron* (Paris, 1958).

LANGUE ET STYLE : M. R. ARTS, *The syntax of the Confessions of s. Aug.* (Washington, 1926) ; M. C. COLBERT, *The syntax of the De Civitate Dei of s. Aug.* (Washington, 1923) ; C. I. BALMUS, *Étude sur le style de s. Aug. dans les Confessions et la Cité de Dieu* (Paris, 1930) ; G. REYNOLDS, *The clausulae in the De civitate Dei of s. Aug.* (Washington, 1924) ; M. J. BRENNAN, *A study of the clausulae in the sermons of St. Augustine* (Washington, 1947) ; M. COMEAU, *La rhétorique de saint Augustin d'après les Tractatus in Joannem* (Paris, 1930) ; W. PARSONS, *A study of the vocabulary and rhetoric of the letters of s. Aug.* (Washington, 1923) ; Ad. RÉGNIER, *De la latinité des sermons de s. Aug.* (Paris, 1886) ; Chr. MOHRMANN, *Die altchristliche Sondersprache in den Sermones des heiligen Aug.* (Nimègue, 1932) ; *Thesaurus linguae Augustinianae* (Eidehoven, 1976-1988), 10 vol. ; *Thesaurus Augustiniamus*, CETEDOC, Université de Louvain (dans le cadre du *Thesaurus Patrum Latinorum*). — BIBLIOGRAPHIE : T. VAN BAVEL et F. VAN DER ZANDE, *Répertoire bibliogr. de s. Aug.* (La Haye, 1963).

Sulpice Sévère

ÉDITIONS : *Patrologie* de Migne, t. XX ; *Corpus* de Vienne, vol. I, par Halm, 1866 ; *Vie de Saint Martin*, t. I, par J. Fontaine (Paris, 1967) ; *Vita di Martino, Vita di Ilarione, In memoria di Paola*, éd. Chr. Mohrmann (Milan, 1975) ; *Obras completas*, trad. C. Codoñer (Madrid, 1987).

TRADUCTIONS : Herbert-Riton (*Collection Panckoucke*, Paris, 1848-1849) ; M. MONCEAUX, *Récits de Sulpice-Sévère mis en français* (Paris, 1926).

ÉTUDE : H. GŒLZER, *Grammaticae in Sulpicium Severum observationes* (Paris, 1883).

Paul Orose

ÉDITIONS : *Patrologie* de Migne, t. XXXI ; *Corpus* de Vienne, vol. V et XVIII, par Zangemeister et Schepss (1882 et 1889) ; *Historiarum adversus Paganos libri*, par Zangemeister (*Teubner*, 1889) ; *Histoires (Contre les Païens)*, éd. A. Lippold (Milan, 1976) ; texte établi et traduit par P. Arnaud-Lindet, (Paris, *Les Belles-Lettres (C.U.F.)*, t. I (livres I-III), 1990, t. II (livres IV-VI), t. III (livres VII), 1991).

ÉTUDE : B. LACROIX, *Orose et ses idées* (Montréal-Paris, 1965) ; E. CORSINI, *Introduzione alle storie di Orosio* (Turin, 1968) ; H. C. WILLIAM FRIEND, *Augustine and Orosius in the end of the ancient world, AugStud*, XX (1989) ; P. SINISCALCO, *Le sacré et l'expérience de l'histoire. Ammien Marcellin et Paul Orose*, dans *B.A.G.B.* (1989).

Salvien

ÉDITIONS : *Patrologie* de Migne, t. III ; *Monum. Germaniae hist.*, I, 1, par Halm (Berlin, 1877) ; *Corpus* de Vienne, vol. VIII, par Pauly (1883).

TRADUCTION : Grégoire-Collombet (Paris, 1833) ; Salvien de Marseille, *Œuvres*, éd. I.G. Lagarrigue (Paris, *S.C.*, t. I (1971), t. II (1975)).

ÉTUDES : G. BOISSIER, dans *La fin du paganisme*, t. II ; R. THOUVENOT, *Salvien et la ruine de l'Empire romain* (*Mélanges de l'École de Rome*, 1920) ; WALTZING, *Tertullien et Salvien* (*Mélanges de Borman*, 1919) ; J. M. MARTINEZ BLASQUEZ, *La sociedad del bajo imperio en la obra de Salviano de Marsella* (Madrid, 1990) ; D. SCHMITZ, *Die Bildersprache in den Werken des Salvian von Marseille*, dans *Orpheus*, XII (1991).

Léon le Grand

ÉDITION : *Patrologie* de Migne, t. LIV-LVI ; *Sermons*, éd. J. Leclerq, R. Dolle 1-19 (Paris, *S.C.*, 1964²), R. Dolle 20-37 (1969²), 38-64 (1976²), 65-98 (1973).

ÉTUDES : A. P. LANG, *Anklänge an Orationem der Ostervigil in Sermonem Leos des Grossen*, dans *SEJG*, XXVIII (1985) ; X. F. MURPHY, *The Sermons of Pope Leo the Great : content and style*, dans *Studies in honour of W. Burghardt* (1989) ; E. DAL COLVOLO, *Leone Magno autore dell' eucologia per Lorenzo martire ? ricerche sul Sacramento Veronese*, dans *Salesianum*, LII (1990) ; W. BLÜMER, *Rerum eloquentia : christliche Nutzung antiker Stilkunst bei St. Leo Magnus* (Frankfurt/Main, 1991).

4. LA POÉSIE CHRÉTIENNE

C. WEYMAN, *Beiträge zur Geschichte der christlich-lateinischen Poesie* (Munich, 1926). — Choix par H. LIETZMANN, *Lateinische altkirchliche Poesie* (*Kleine Texte*, 47-49, Bonn, 1910). — W. SCHMID, *Tityrus christianus* (*Rheinisches Museum*, 1953).

Juvencus

ÉDITIONS : *Patrologie* de Migne, t. XIX ; Marold (*Teubner*, 1886) ; *Corpus* de Vienne, vol XXIV, par Huemer (1891) ; *Euangeliorum libri IV*, éd. A. Knappitsch (Graz, 1910-1913).

M. D. CASTRO JIMÉNEZ, V. CRISTÓBAL, S. MAURO MELLE, *Sobre et stilo de Juvenco*, dans *CFC*, XXII (1989) ; M. TESTARD, *Juvencus et le sacré dans un épisode des Euangeliorum libri IV*, dans *B.A.G.B.* (1990).

Commodien

ÉDITIONS : *Patrologie* de Migne, t. V (les *Instructiones* seules) ; Ludwig (*Teubner*, 1877) ; *Corpus* de Vienne, vol. XV, par Dombart (1887) ; J. MARTIN, *Commodiani carmina* (Turnhout, 1960).

ÉTUDES : P. MONCEAUX, dans *Histoire littéraire de l'Afrique chrétienne*, t. III ; DUREL, *Commodien. Recherches sur la doctrine, la langue et le vocabulaire du poète* (Paris, 1912) ; P. COURCELLE, *Commodien et les invasions du* V^e^ *siècle* (*Rev. des Ét. lat.*, XXIV, 1946) ; M. SIMONETTI, *Sulla cronologia di Commodiano* (*Aevum*, 1953) ; VROOM, *De Commodiani metro et syntaxi* (Diss. Utrecht, 1917) ; J. PERRET, *Prosodie et métrique chez Commodien* (*Pallas*, 1957). — *Lexicon Commodianeum*, par Fr. KATVIJK (Amsterdam, 1934) ; B. BALWIN, *Some aspects of Commodian*, *ICS*, XIV (1989) ; D. NORBERG, *La versification de Commodien*, dans *Mélanges M. Plezia* (Wroclaw, 1988).

Prudence

MANUSCRITS : Très nombreux, le plus ancien (*Parisinus* 8084) du VIe s.

ÉDITIONS : Arevalo (Rome, 1788 s.), avec commentaire ; *Patrologie* de Migne, t. LIX-LX (vieillie) ; *Corpus* de Vienne, vol. LXI, par Bergman (1926) ; M. Lavarenne (*Budé*, 1943-1951), av. trad. fr. ; H. J. Thomson (*Loeb*, 1949 ss.), avec trad. angl. ; M. P. Cunningham (Turnholt, 1966) ; la *Psychomachia* par Lavarenne (Paris, 1933), avec trad. et commentaire ; par E. Rapisarda (Catane, 1962), avec trad. ital. ; U. Engelmann (Fribourg, 1959), avec trad. all. ; *Hamartigenia*, par I. Stam (Amsterdam, 1940), avec trad. et comm. anglais ; *Cathemerinon*, par Pellegrino (Alba, 1954) ; F. Sciutto (Catane, 1955) ; R. Argenio (Milan, 1959) ; M. P. Cunningham, N. Rebull, M. Dolç, éd. et trad. (Barcelone, *Praefatio*, 1979) ; *Liber Apotheosis* (Barcelone, 1980) ; *Amartigenia*, (1980) ; *Psychomachia*, (1980) ; *Contra Symmachum libri II* (1983) ; *Liber Peristephanon* (1984-85) ; *Tituli historiarum (Dittochaeon)* (1985) ; *De opusculis suis Prudentius (Epilogus)* (1985) ; *Prudence, Liber Cathemerinon (Livre d'heures)*, traduit par J.-L. Charlet, Centre Niccolo Perroti (Aix-en-Provence, 1988), 48 pages.

ÉTUDES : A. PUECH, *Prudence, étude sur la poésie latine chrétienne au* IVe *siècle* (Paris, 1888) ; J. BERGMAN, *Aurelius Prudentius Clemens, der grösste christliche Dichter des Altertums* (Dorpat, 1921) ; I. LANA, *La biografia, la cronologia, la poetica di Prudenzio* (Rome, 1962) ; M. LAVARENNE, *Étude sur la langue du poète Prudence* (Paris, 1933) ; Fr. DEXEL, *Des Prudentius Verhältnis zu Vergil* (Diss. Erlangen, 1907) ; B. A. MHAONEY, *Vergil in the works of Pr.* (Washington, 1934) ; K. THRAEDE, *Studien zu Sprache und Stil des Pr.* (Göttingen, s.d.) ; A. BALDINI, *Il Contra Symmachum di Prudenzio e la conversione del senato,* dans RSA, XVII-XVIII (1987) ; D. SHANZER, *Allegory and reality : Spes, Victoria and the date of Prudentius' Psychomachia, ICS,* XIV (1989) ; *The date and composition of Prudentius' Contra orationem Symmachi, RFIC,* CXVII (1989) ; R. LEVINE, *Prudentius' Romanus : the rhetorician as hero, martyr, satirist, and saint,* dans *Rhetorica,* IX (1991) ; J. PUCCI, *Prudentius' readings of Horace in the Cathemerinon,* dans *Latomus,* L (1991).

LEXIQUE : R. J. DEFERRARI-J. M. CAMPBELL, *A concordance of Prudentius* (Hildesheim, Olms, 1966) (réimpr. éd. Cambridge, 1932).

Saint Paulin de Nole

MANUSCRITS : Le plus ancien, de Bobbio, date du VIIe s.

ÉDITIONS : *Patrologie* de Migne, t. LXI ; *Corpus* de Vienne, vol. XXIX-XXX, par Hartel (1894) ; T. PISCITELLI CARPINO, *Epistole ad Agostino,* texte latin avec intro., trad., comm. et index (Naples, 1989).

ÉTUDES : F. LAGRANGE, *Histoire de saint Paulin de Nole*[2] (Paris, 1882) ; A. BAUDRILLART, *Saint Paulin, évêque de Nole* (Paris, 1905) ; P. FABRE, *Essai sur la chronologie des œuvres de s. Paulin de Nole* (Paris, 1948) ; *Saint Paulin de N. et l'amitié chrétienne* (Paris, 1949) ; P. DE LABRIOLLE, *La correspondance d'Ausone et de Paulin de Nole* (Paris, 1910) ; L. VILLANI, *Sur l'ordre des lettres échangées par Ausone et Paulin de N.* (*Rev. des Ét. anc.,* 1927) ; P. COURCELLE, *Paulin de N. et saint Jérôme* (*Rev. d.Ét. lat.,* XXV, 1947) ; M. PHILIPP, *Zum Sprachgebrauch des Paulinus v. N.* (Diss. Erlangen, 1904) ; P. L. KRAUS, *Die poetische Sprache des Paulinus Nolanus* (Diss. Augsbourg, 1908) ; A. HUEMER, *De Pontii Meropii Paulini Nolani re metrica* (Diss. Vienne, 1903) ; D. E. TROUT, *Secular renunciation and social action : Paulinus of Nola and late Roman society* (Durham, 1989) ; G. GUTTILLA, *S. Paolino e i barbari nei natalica, Koinonia,* XIII (1989) ; *Il Panegyricus Theodosii di S. Paolino di Nola,* dans *Koinonia,* XIV (1990).

Esquisses bibliographiques

LATINITÉ TARDIVE : A. BLAISE, *Manuel du latin chrétien* (Strasbourg,.1955) ; *Dictionnaire latin-français des auteurs chrétiens* (avec la collab. de H. Chirat) (Strasbourg, 1954, 1962, 1967) ; *Le vocabulaire latin des principaux thèmes liturgiques* (Turnhout, 1966) ; H. BLOCH, *The Pagan Revival in the West at the end of the fourth century ;* P. BROWN, *Genèse de l'Antiquité tardive* (Paris, 1983), trad. française de : *The Making of Late Antiquity* (*Harvard University Press,* 1978) ; G. CALIO, *Il latino cristiano* (Bologne, 1965) ; A. CERESA GASTALDO, *Il latino delle antiche versione bibliche* (Rome, 1975) ; J. FONTAINE, *Aspects et problèmes de la prose d'art latine au IIIe siècle* (Turin, 1968) ; *Histoire de la littérature latine chrétienne* (Paris, *P.U.F.,* 1970) ; *Études sur la poésie latine tardive d'Ausone à Prudence* (Paris, *Belles-Lettres,* 1980) ; H. HAGENDAHL, *Latin Fathers and the Classics* (Göteborg, 1948) ; *Handbuch der lateinischen der Antike,* hrsg. von R. Herzog und P. L. Schmidt : *Restauration und Erneuerung, Die lateinische Literatur von 284 bis 374,* hrsg. von R. Herzog (Munich, 1989) ; M. L. W. LAISTNER, *Christianity and pagan culture in the later Roman Empire* (*Ithaca,* New York, 1951) ; R. MARTIN, *Approche de la littérature latine tardive et protomédiévale. De Tertullien à Raban Maur* (Paris, 1994) ; A. MOMIGLIANO, *The Conflict between Paganism and Christianity in the Fourth Century* (Oxford, 1963) ; Chr. MOHRMANN, *Études sur le latin des chrétiens,* I, II, III (Rome, 1958-1965) (IV. *Latin chrétien et latin médiéval,* 1977) ; *Foebaldius, Victricius, Leporius, Vincentius Lerinensis, Evagrius, Ruricius,* éd. critique avec préfaces, bibliographies, index (Turnhout, Brepols, 1985), écrivains gallo-romains du Ve siècle ; M. TESTARD, *Chrétiens latins des premiers siècles. La littérature et la vie* (Paris, 1981).

ÉTUDES LINGUISTIQUES : E. AUERBACH, *Literatursprache und Publikum in der lateinische, Spätantike und im Mittelalter* (Bonn, 1958), trad. italienne (Milan, 1960) ; D. S. AVALLE, *Bassa latinità,* I. *Vocalismo* (Turin, 1968) ; II. *Consonantismo* (1969) ; III. *Le strutture morfologiche del nome nel latino medioevale* (Turin, 1971) ; D. NORBERG, *Au seuil du Moyen Age.* Études linguistiques, métriques et littéraires publiées par ses collègues, *Medioevo e umanesimo,* 19 (Padoue, 1974) ; A. DE PRISCO, *Il latino tardo antico e alto medioevale* (Rome, 1991).

LITTÉRATURE LATINE MÉDIÉVALE : M. BANNIARD, VIVA VOCE, *Communication écrite et communication orale du IVe au IXe siècle en Occident latin* (Paris, 1992) ; J. FONTAINE, *De la pluralité à l'unité dans le latin carolingien,* dans *Settimane di studi del centro italiano sull'alto Medioevo* (Spoleto, 1977) ; P. GODMAN, *Poetry of the Carolingian Renaissance* (Londres, 1985) ; M. MANITIUS, *Geschichte der lateinische Literatur des Mittelalters* (Munich, vol. 1, 1911 ; vol. 2, 1923 ; vol. 3, 1931) (réimpr. 1964-1965) ; D. NORBERG, *Manuel pratique de latin médiéval* (Paris, 1968) ; *Introduction à l'étude de la versification latine médiévale* (Stockholm, 1958) ; *La poésie latine rythmique du haut Moyen Age* (Stockholm, 1954) ; K. SIDWELL, *Reading Medieval Latin* (Cambridge, 1995) ; *Poésie lyrique du Moyen Age,* textes présentés et traduits par P. Bourgain (Paris, 1989) ; *Le temps chrétien, de la fin de l'Antiquité au Moyen Age (IIIe-XIIIe siècles)* (Paris, *C.N.R.S.,* 1984).

LE LATIN VULGAIRE : *Actes du Ier Colloque international sur le latin vulgaire et tardif* (Pecs, 1985), éd. par J. Herman (Tübingen, 1987) ; *Actes du IIe Colloque international sur le latin vulgaire et tardif* (Bologne, 1988), éd. par G. Calboli (Tübingen, 1990) ; *Antologia del Latín vulgar*, M. C. Díaz y Díaz (Madrid, 1962[2]) ; M. BONIOLI, *La pronuncia del latino nelle scuole dall' Antichità al Rinascimento* (Turin) ; R. A. HAADSMA-J. NUCHELMANS, *Précis de latin vulgaire*, suivi d'une anthologie (Groningen, 1963, 1966[2]) ; H. GERMA, *Le latin vulgaire*, coll. « Que sais-je ? » (Paris, 1967, 1970[2]) ; V. VÄÄNÄNEN, *Introduction au latin vulgaire* (Paris, 1963, 1967, 1981) ; M. VAN UYFANGHE, *Latin mérovingien, latin carolingien et rustica Romana lingua : continuité ou discontinuité ?* (Bruxelles, 1977).

CHAPITRE XI

LA SURVIE DES LETTRES LATINES

Une littérature qui, en cinquante ans, offre des écrivains comme Ammien Marcellin, saint Jérôme, saint Augustin, Prudence et Claudien, ne peut disparaître d'un seul coup, fût-ce au cours des crises les plus violentes. A plus forte raison alors que, même dans les royaumes barbares qui se partageaient l'empire d'Occident, l'idée quasi mystique de Rome, de sa grandeur, de sa civilisation, continuait à s'imposer et que toutes les personnes cultivées, de quelque race qu'elles fussent, parlaient le latin et s'appliquaient à l'écrire avec pureté. Mais la rupture définitive de l'unité politique libérait les tempéraments provinciaux ; et, dans chaque région, les Barbares établis en maîtres, agissant moins par leur nombre qu'à la façon d'un réactif, développaient l'individualisme de chaque peuple selon ses tendances profondes. Il est vrai que ces individualismes divers s'exprimèrent tous à partir du latin, mais avec prédominance du latin populaire sur le latin littéraire : ainsi allaient naître, à partir du VIIIe siècle, les langues, puis les littératures dites « romanes » (italienne, française, espagnole, portugaise, roumaine).

Derniers prolongements de la littérature latine antique. — Or les tendances de la littérature latine au IVe siècle avaient été, au contraire, rétrogrades : elle avait, non sans artifice, recréé une langue toute classique. Il en résulta, tant l'effort avait été puissant, une survie de plusieurs siècles ; mais une survie stérile, parce que les œuvres ainsi écrites ne touchaient qu'un public de plus en plus restreint. On voit ainsi une mythologie périmée encombrer plutôt qu'animer les poèmes de SIDOINE APOLLINAIRE, un Lyonnais né en 430, évêque de Clermont en 472 ; le cicéronianisme le plus déclaré s'étaler dans la célèbre *Consolation Philosophique* de BOÈCE (entre 475 et 480 – 524), commentateur d'Aristote, favori du Goth Théodoric, puis sauvagement mis à mort par lui. Il y a plus de personnalité et de fraîcheur dans les *Poésies mêlées* de VÉNANTIUS FORTUNATUS de Trèves (530 ? – 600), devenu évêque de Poitiers : mais ce sont poésies d'Église ou de cour, réservées à des cercles très réduits et propres surtout à flatter la vanité des princes mérovingiens. Raffinée et patiente, soutenue par des règles tout artificielles, cette poésie risque de faire illusion. Mais, dans le même temps, l'*Histoire des Francs*, de GRÉGOIRE, évêque de TOURS (538-594), d'ailleurs très vivante et du plus haut intérêt, révèle à plein la corruption de la langue latine.

Littérairement, l'héritage du IVe siècle s'épuisait donc peu à peu. Mais sa ferveur pour l'Antiquité et ses scrupules scientifiques produisirent un dernier et durable bienfait. CASSIODORE (vers 487 - vers 583), noble romain et homme d'État, retiré au monastère de Vivarium, qu'il avait fondé (dans l'Italie méridionale), y introduisit la règle de copier avec soin les meilleurs manuscrits anciens : non seulement il continuait ainsi la tradition des grands reviseurs et sauvait des œuvres qui risquaient de se perdre ; mais il créait le mouvement qu'allait faire de bon nombre de monastères au Moyen Age les « conservatoires » de la pensée antique et les propagateurs de ses créations. Cassiodore avait aussi dressé un plan d'enseignement et compilé des œuvres d'érudition. Un siècle après lui encore, ISIDORE DE SÉVILLE (vers 570-636) recueillit sans critique dans ses *Origines* une foule de connaissances qui, au milieu de toutes les destructions accumulées dans la gestation des nouveaux royaumes, apparurent un des legs les plus précieux de l'Antiquité.

D'autre part, l'Empire d'Orient sauvait le droit romain. Sur l'ordre de Justinien, entre 528 et 534, furent, par les soins de TRIBONIANUS, DOROTHÉOS, etc., rassemblées et publiées en un *Corpus* officiel les lois impériales et les prescriptions des juristes : un manuel d'étude, les *Institutes* ; un « Code » en 12 livres, le *Codex Justinianus* ; et une compilation en 50 livres des anciens jurisconsultes, le *Digeste*.

Continuité du latin savant. — A partir du VIIIe siècle, le latin s'efface comme langue littéraire ; il se maintient, et se développe même, comme langue savante. L'influence de la comédie et de l'art oratoire se perpétua un certain temps, il est vrai : au Xe siècle, l'abbesse HROSWITHA écrivit six comédies à la façon de Térence ; l'éloquence dialectique et sermonnaire ne cessa de se nourrir de Cicéron, et, au XIIe siècle encore, ABAILARD et SAINT BERNARD lui assurent un vif éclat. Mais l'épopée, la poésie lyrique et descriptive, la satire actuelle, l'histoire animée, arrivées à une perfection si extrême dans les temps classiques, ne se renouvelleront avec fraîcheur que dans les nouveaux idiomes et entre les mains d'écrivains « de langue vulgaire », d'ailleurs plus ou moins nourris des œuvres antiques. Dans le domaine scientifique et philosophique, au contraire, l'évolution du latin n'était pas achevée : on sent bien, à lire saint Augustin, et ses manques et ses possibilités. Elle se poursuit donc. S'enrichissant au fur et à mesure des nouveaux besoins de la pensée, le latin suffit longtemps à l'expression de systèmes puissants, certains d'une profonde originalité : ceux de SAINT THOMAS D'AQUIN, de ROGER BACON, de VINCENT DE BEAUVAIS au XIIIe siècle ; de CALVIN, FRANÇOIS BACON, au XVIe ; de DESCARTES, SPINOZA, LEIBNITZ, au XVIIe encore. Même l'histoire, en tant que science, crut longtemps de sa dignité de parler latin. Il faut ajouter que toute l'Église, toutes les écoles entretenaient avec le latin une constante familiarité, qui lui conservait, même dans l'usage courant entre gens instruits, une vie réelle. Et on a pu se demander tout récemment, devant la multiplicité des langues modernes de culture et la difficulté de suivre à travers tant d'idiomes les démarches de la recherche scientifique, s'il n'importerait pas à l'avenir du progrès humain de revenir à un latin de syntaxe simplifiée, mais de vocabulaire élargi, comme langue savante internationale (Congrès du *Latin vivant*, le 4e tenu à Rome en 1966).

La transmission des œuvres antiques. — Du fait que le latin se perpétuait dans les milieux instruits, la transmission des œuvres littéraires de l'Antiquité put être assurée dans d'assez bonnes conditions de continuité et de pureté, mais non sans à-coups.

Comme les livres, avant l'invention de l'imprimerie, étaient des copies faites à la main, les exemplaires de chaque œuvre n'étaient pas très nombreux, même en période cultivée, au IIe siècle par exemple. Cependant on cherchait alors à les multiplier au meilleur compte possible, en se servant de papyrus, sorte de papier-toile fait avec la fibre d'une plante des marécages d'Égypte. Toutes les œuvres classiques grecques et romaines se transmirent ainsi écrites pendant des siècles, les feuillets de papyrus collés bout à bout de façon à former un rouleau *(uolumen)*. Mais le papyrus était fragile ; les copies devaient donc se succéder assez rapidement ; et avec chaque copie les chances d'erreurs se multipliaient : les anciennes se reproduisaient et de nouvelles s'y ajoutaient. A partir du IIIe siècle de notre ère, le livre prit une nouvelle forme, celle du *codex*, qu'il a gardée jusqu'à nos jours ; et, pour les exemplaires les plus soignés, on se servit de peau de mouton spécialement préparée, légère et presque indestructible, d'un blanc nacré : le parchemin (*pergamena* [*charta*] ou papier de Pergame, lieu originaire de fabrication). Ces copies sur parchemin coûtaient cher ; elles furent moins nombreuses et réservées à une partie restreinte seulement des œuvres alors conservées. Subsistant seules au milieu du naufrage de la civilisation latine, elles ne transmirent la littérature du passé que terriblement réduite déjà. Mais elles firent autorité, à la fois par leur petit nombre et par le soin qui avait été apporté à leur établissement.

Aux IVe-Ve siècles les manuscrits étaient encore le plus souvent écrits en lettres capitales, comme les inscriptions : nous en possédons encore quelques-uns. Mais il se créait déjà une écriture plus courante, de tracé plus rond, l'onciale : les copies en onciale qui nous sont parvenues ne sont pas fort nombreuses non plus. Sous Charlemagne, la renaissance de la culture latine s'accompagna d'une nouvelle mise au point d'où résulta l'écriture minuscule caroline, origine directe de nos caractères d'imprimerie. En même temps les monastères multiplièrent les copies des œuvres latines conservées, avec, le plus souvent, un précieux scrupule : les manuscrits « carolingiens » (des IXe-XIe siècles) sont à la base de la plupart de nos textes. Aux XIIIe-XVe siècles, en une écriture plus anguleuse, dite « gothique », les manuscrits ne répandirent que certaines œuvres de l'Antiquité, en plus grand nombre il est vrai, et quelquefois admirablement ornées d'enluminures et de miniatures, mais avec moins d'exactitude en général.

La critique et l'étude historique des textes. — De tout temps, les erreurs d'ignorance, d'inattention ou de fatigue des copistes avaient obligé à des corrections. Mais ces corrections étaient souvent faites selon de simples vraisemblances, sans qu'on se reportât au texte original. Les grammairiens de l'Empire imposèrent peu à peu l'idée qu'il fallait reviser les textes transmis en pénétrant la pensée de l'auteur à la date de la création, de façon à comprendre le sens exact de ses expressions et à les restituer au besoin sans erreur. Telle est l'origine de la « critique des textes ». Les reviseurs du IVe siècle s'y appliquèrent ; mais leur méthode n'était pas sûre ; et, après neuf cents ans encore de transmission, leur œuvre même se présentait altérée : fautes nouvelles ou corrections sans autorité. A partir du XIVe siècle, une nouvelle Renaissance, latine, et même grecque, avortée en France à cause des guerres anglaises, s'épanouit en Italie : les « humanistes » cultivent alors le latin classique, l'écrivent en vers et en prose ; ils recherchent avec acharnement les manuscrits, les étudient, les corrigent, parfois avec une heureuse divination, mais parfois aussi avec une audace dangereuse. C'est seulement à partir du XVIe siècle, et avec d'abord une extrême lenteur, que se fixe une méthode scientifique : étude du plus grand nombre possible de manuscrits d'une même œuvre ; comparaison de leurs leçons permettant de les grouper par familles, chacune descendant d'un même manuscrit, ou archétype ; effort pour retrouver ainsi le texte lu par les anciens, au moins celui du IVe siècle[1].

Cette critique s'aide aussi des progrès de nos connaissances historiques sur l'Antiquité. Les fouilles archéologiques en particulier, en nous procurant sans cesse des inscriptions et des monuments figurés nouveaux, nous permettent de préciser, de rectifier les faits et de mieux comprendre l'esprit ou les allusions de telle œuvre littéraire. Appliqués avec prudence, ces résultats peuvent suggérer des corrections que justifient ou non et l'étude des écritures manuscrites anciennes (paléographie) et la critique comparative des manuscrits. Ils permettent surtout un commentaire de plus en plus vivant des œuvres : rétablies dans leur texte le plus pur, comprises chacune dans les nuances de sa langue, elles reprennent enfin leur actualité et, au moins en partie, leur éclat premier.

Fraîcheur historique et fraîcheur permanente. — Car il serait de la plus extrême injustice de reprocher aux lettres latines un manque d'origi-

1. Dans ce sens travaille, à Paris, l' « Institut de recherche et d'histoire des textes ».

nalité ou de fraîcheur sous le spécieux prétexte qu'elles ont imité la littérature des Grecs. « La souplesse, la puissance de renouvellement, écrit A. Meillet, sont le trait qui caractérise le monde indo-européen, et, dans le monde indo-européen, d'une manière éminente, le monde latin. » Quelle variété dans les civilisations européennes occidentales, arts et lettres, toutes issues pourtant de la latinité et s'en réclamant ! Mais, du fait qu'aux XIIe-XIIIe siècles leur dominante était française, aux XVe-XVIe italienne, les diversités locales en sont-elles moins savoureuses, moins riches d'enseignements humains ? Ainsi en est-il pour la littérature latine : son hellénisme était vivant et original, comme l'hispanisme de Corneille, l'italianisme de Molière en certains de leurs chefs-d'œuvre.

Actuel et de nuance particulière à chaque instant du développement intellectuel de Rome, l'esprit hellénique a été modifié par elle autant qu'il l'a modifiée : la comédie de Plaute, issue de la comédie attique, représente pourtant quelque chose de tout nouveau ; l'alexandrinisme n'a échappé au maniérisme et n'a pu atteindre une grandeur classique que grâce aux Latins ; l'éloquence grecque aussi a, par eux, poursuivi son évolution : et, à partir du IIe siècle de notre ère, c'est une illusion de vouloir distinguer autrement que par la langue lettres grecques et lettres latines ; elles ne représentent qu'une seule culture où l'apport de Rome contre-balance celui de la Grèce. Replacée à son moment, chaque œuvre latine reprend ainsi son originalité : à la fois tension vigoureuse vers l'expression artistique, spontanéité des impressions, énergie nationale et affirmation de la personnalité.

Mais le don de la littérature latine à l'esprit humain garde aussi, avec ses couleurs propres, une pleine fraîcheur et comme un accent moderne. Le souci de l'ordre monumental s'y corrige par l'inquiétude affective de la psychologie individuelle. De l'une relèvent le lyrisme élégiaque, les subtiles enquêtes morales dont la descendance est si riche et si prenante jusqu'à nos jours ; de l'autre, l'ampleur régulière des exposés didactiques, la magnificence des élargissements oratoires, qui ont produit de si grandes œuvres jusqu'à la prédominance de l'esprit scientifique et technique au XIXe siècle. Le mouvement comique, le sens des effets pathétiques se sont enrichis grâce aux Latins ; la satire réaliste et pittoresque, le roman « naturaliste » n'ont pris forme que par eux ; le sens de la nature, au moins aussi vif chez eux que chez les Grecs, a chez eux seuls suscité l'effort vers la description à la fois artistique et suggestive. Suprême bienfait : ils permettent à l'homme moderne d'accéder, comme par une pente plus douce, aux merveilles du pur hellénisme. Mais dans le domaine des idées aussi, l'apport de Rome est toujours vivant : son esprit de labeur progressif et d'organisation consciente, si sensible au cours de son histoire littéraire, s'est perpétué doublement, par l'idéal d'une unité européenne héritière de l'Empire, par la réalité d'une église universelle ; son patriotisme a su, en dépouillant la rudesse barbare de ses débuts, garder sa fierté et son ressort viril dans la synthèse plus large de l'Empire, enseignant que l'esprit national peut ne pas perdre ses vertus natives dans le plus complet effort de compréhension réciproque et de fusion intellectuelle et morale entre l'Orient et l'Occident méditerranéens.

BIBLIOGRAPHIE

Conditions historiques

P. COURCELLE, *Histoire littéraire des grandes invasions germaniques* (Paris, 1948 ; 3e éd. ill., 1964) ; Ed. NORDEN, *Die lateinische Literatur im Übergang vom Altertum zum Mittelalter* (Leipzig, 1912 ; 3e éd., 1924) ; M. MANITIUS, *Geschichte der lateinischen Literatur im Mittelalter* (Munich, 1911 ss.) ; F. SCHNEIDER, *Rom und Romgedanke im Mittelalter* (Munich, 1926) ; I. DE GHELLINCK, *La littérature latine au Moyen Age* (Paris, 1939 ss.) ; K. STRECKER (trad. P. de Woestijne), *Introduction à l'étude du latin médiéval*[2] (Gand, 1946) ; Chr. MOHRMANN, *Latin vulgaire, latin des chrétiens, latin médiéval* (Paris, 1955). — E. R. CURTIUS, *Europaïsche Literatur und lateinisches Mittelalter*[2] (Berne, 1954) ; J. BAYET, *L'héritage méditerranéen* (Renc. internat. de Genève, Neuchâtel, 1956)* ; J. LE GOFF, *La Civilisation de l'Occident Médiéval* (*Arthaud*, 1964).

Th. BIRT, *Kritik und Hermeneutik : Abriss des antiken Buchwesens* (Munich, 1913). — M. PROU, *Manuel de paléographie latine et française*[2] (Paris, 1924) ; E. CHATELAIN, *Paléographie des classiques latins* (Paris, 1884-1900) ; J. MALLON, *Paléographie romaine* (Madrid, 1952) ; A. DAIN, *Les manuscrits* (Paris, 1949, 2e éd. 1964). — A. C. CLARK, *The descent of manuscripts* (Oxford, 1918) ; G. PASQUALI, *Storia della tradizione e critica del testo* (Florence, 1934) ; P. COLLOMP, *La critique des textes* (Paris, 1931) ; R. MARICHAL, *La critique des textes*, dans Ch. SAMARAN, *L'histoire et ses méthodes* (Paris, 1961) ; L. HAVET, *Manuel de critique verbale appliquée aux textes latins* (Paris, 1911) ; P. MAAS, *Textkritik*[4] (Leipzig, 1960) ; R. DURAND, *La philologie latine*, dans *La science française*[2] (Paris, 1933), p. 306 ss. (Paris, 1955). — E. R. CURTIUS, *Europäische Literatur und lateinisches Mittelalter*[2] (Berne, 1954) ; J. BAYET, *L'héritage méditerranéen* (Renc. internat. de Genève, Neuchâtel, 1956) ; *Der römischen Literatur* (Berlin, 1926).

Sidoine Apollinaire

ÉDITION : par A. Loyen (*Budé*, 1960), avec trad. fr. ; éd. A. Loyen (Paris, *C.U.F.* : t. I : *Poèmes*, 1960 ; t. II : *Lettres*, livres I-V, 1970) ; t. III : *Lettres*, livres VI-IX, 1970 ; G. RAVENNA, *Le Nozze di Polemio e Araneola (Sidonio Apollinare. Carmina XIV-XV)*, Testi e Manuali per l'insegnamento universitario del Latino, 33, *Pàtron* (Bologne, 1990), 102 pages.

ÉTUDES : A. LOYEN, *Recherches historiques sur les panégyriques de Sidoine Apollinaire* (Paris, 1942), et *Sidoine Apollinaire et l'esprit précieux aux derniers jours de l'Empire* (Paris, 1943).

LEXIQUE : P. G. CHRISTIANSEN-J. E. HOLLAND, *Concordia in Sidonii Apollinaris Carmina* (Hildesheim, Olms, 1991).

Boèce

ÉDITIONS : Éd. princ. (Venise, 1491-1492) ; *Consolationis philosophiae libri V*, par K. Buechner (Heidelberg, 1947) ; L. Bieler (Turnhout, 1957) ; E. Rapisarda (Catane, 1961) ; *De consolatione philosophiae libri quinque*, éd. et trad. R. del Re (Rome, 1968) ; E. VON GEGENSCHATZ, O. GIGON, *Trost der Philosophie: lateinischdeutsch* (Munich, 1990) ; *De syllogismo hypothetico libri duo*, éd. et trad. L. Orbetello (Brescia, 1969) ; *Institutions arithmétiques*, t. I, texte et traduction J.-Y. Guillaumin (Paris, *C.U.F.*, 1995) ; *Courts traités de théologie (Opuscula rara)*, textes traduits, présentés et annotés par H. Merle (Paris, 1991) ; *Fundamentals of music*, éd. C. V. Palisca, trad. et notes M. C. Bower (New Haven, 1989).

ÉTUDES : E. RAPISARDA, *La crisi spirituale di Boezio* (Florence, 1947) ; C. J. FRAKES, *The fate of fortune in the early Middle Ages : the Boethian tradition* (Leyde, 1988) ; J. GRANAROLO, *Catulle et Boèce*, dans (*R.E.L.*, 1991) ; J. GRUBERER, *Kommentar zu Boethius de consolatione philosophiae* (Berlin, 1978) ; M. LLUCH-BAIXAULI, *La teologia de Boecio : la transición del mondo clásico al mondo medieval*

(Pampelune, 1990) ; J. MAGEE, *Boethius on signification and mind* (Leyde, 1989) ; L. OBERTELLO, *Boezio e dintorni : ricerche sulla cultura altomedievale* (Florence, 1989) ; G. O'DALY, *The poetry of Boethius* (Londres, 1991).

LEXIQUE : L. COOPER, *A concordance of Boethius. The five Theological Tractates and the Consolation of Philosophy* (Cambridge, Mass., 1928).

Isidore de Séville

I. HISPALENSIS, *Etymologiae*, II. *Rhétorique et dialectique*, éd. K. Marshall (Paris, *C.U.F.*, 1983) ; IX. *Les langues et les groupes sociaux*, éd. M. Reydellet (Paris, *C.U.F.*, 1984) ; XII. *Les animaux*, éd. J.-M. André (Paris, *C.U.F.*, 1986) ; XVII. *L'agriculture*, éd. J.-M. André (Paris, *C.U.F.*, 1981) ; *Etymologiae* (2 vol. : I, I-X, II : XI-XX), éd. W. M. Lindsay (Oxford, 1985) ; *De ortu et obtitu patrum*, éd. trad. et notes en espagnol par C. Chaparro-Gómez (Paris, *C.U.F.*, 1985) ; *Historia Gothorum*, éd. trad. G. Donnini, G. B. Ford (Leyde, 1966) ; *De differentiis*, L. I. Introduction, éd. critique et notes en espagnol par C. Codoñer (Paris, 1985) ; J. FONTAINE, *Isidore de Séville et la culture classique dans l'Espagne wisigothique* (Paris, 1959).

TRANSMISSION DES TEXTES : W. M. LINDSAY, *The Editing of Isidore's Etymologiae*, *C. Q.*, 5 (1911) ; J. M. F. CATÓN, *Las Etimologias en la Tradición Manuscrita Medieval estudiado por el Prof. Dr. Anspach* (Léon, 1966) ; M. REYDELLET, *La Diffusion des Origines d'Isidore de Séville au Haut Moyen Age*, *MEFR*, 78 (1966) ; J. WHATMOUGH (éd.), *Scholia in Isidori Etymologias Vallicelliana* (1000 après J.-C.), dans *Archivium Latinitatis Medii Aevi* (1952).

BIBLIOGRAPHIE

BIBLIOGRAPHIE

Répertoires, encyclopédies

PAULY[2]-WISSOWA-KROLL, *Real-Encyclopädie der klassischen Altertumswissenschaft* (Stuttgart, 1894 ss.) ; H. B. WALTERS, *A classical dictionary of greek and roman antiquities, biography, geography and mythology* (Cambridge, 1916), sommaire.

DAREMBERG-SAGLIO-POTTIER, *Dictionnaire des Antiquités grecques et romaines* (Paris, 1877-1919), richement illustré ; P. LAVEDAN, *Dictionnaire illustré de la mythologie et des antiquités grecques et romaines* (Paris, 1932 ; 2e. éd., 1952), sommaire.

ROSCHER, *Ausführliches Lexikon der griechischen und römischen Mythologie* (Leipzig, 1884 ss.) ; P. GRIMAL, *Dictionnaire de la mythologie grecque et romaine* (Paris, 1951).

Iwan VON MÜLLER[2]-W. OTTO, *Handbuch der klassischen Altertumswissenschaft* (Munich, 1893 ss.) ; L. LAURAND, *Manuel des études grecques et latines* (Paris, 1929), sommaire (2e éd. par d'Hérouville-Lauras, 1946 ss.). — MOMMSEN-MARQUARDT, *Handbuch der römischen Alterthümer*[2] (Leipzig, 1876-1888), traduit en français sous la direction de G. Humbert, *Manuel des Antiquités romaines* (Paris, 1887 ss.) ; BOUCHÉ-LECLERCQ, *Manuel des Antiquités romaines* (Paris, 1886), plus maniable.

R. CAGNAT-V. CHAPOT, *Manuel d'archéologie romaine* (Paris, 1917-1920) ; C. C. van ESSEN, *Précis de l'art antique en Italie* (Coll. *Latomus*, Bruxelles, 1960).

Histoires générales

Histoire générale publiée sous la direction de G. Glotz, *Histoire romaine*, 4 volumes, par E. PAIS-J. BAYET-G. BLOCH-J. CARCOPINO-L. HOMO-M. BESNIER-A. PIGANIOL (Paris, 1929 ss.) ; A. PIGANIOL, *Histoire de Rome*[5] (Paris, 1962) ; — *Peuples et Civilisations*, histoire générale publiée sous la direction de L. Halphen et Ph. Sagnac, *La conquête romaine*[3], par A. PIGANIOL (Paris, 1940) ; *L'Empire romain*[3], par Eug. ALBERTINI (Paris, 1939) ; J. CARCOPINO, *Les étapes de l'impérialisme romain* (Paris, 1961) ; — *The Cambridge Ancient History*, publiée sous la direction de Bury-Cook-Adcock-Charlesworth, vol. VII et suivants (Cambridge, 1928 ss.) ; A. AYMARD-J. AUBOYER, *Rome et son Empire* (*Histoire générale des civilisations*, II, Paris, 1954) ; P. GRIMAL, *La civilisation romaine* (*Les grandes civilisations*, Paris, 1960) ; J. GAGÉ, *Les classes sociales dans l'Empire rom.* (Paris, 1964) ; — A. VAN DER HEYDEN et P. LAVEDAN, *Atlas de l'Antiquité classique* (Bruxelles, 1961).

Manuel élémentaire : J. BAYET-R. THOUVENOT, *Histoire romaine*[3] (Paris, 1932).

Dictionnaires

Thesaurus Linguae Latinae (Leipzig, 1900 ss.), en cours de publication ; — FORCELLINI[2]-V. DE VITT, *Totius latinitatis lexicon*, 6 vol. (Prato, 1858-1875) ; — FREUND, traduit par N. Theil, *Grand dictionnaire de la langue latine*, 3 vol. (Paris, 1886), et éd. abrégée en un vol. ; — GEORGES, *Ausführliches lateinisch-deutsches Wörterbuch*[8], 2 vol. (Hanovre, 1913-1918) ; — F. GAFFIOT (Paris, 1934) ; — A. BLAISE, *Dict. lat-fr. des auteurs chrétiens* (Strasbourg, 1954).

Histoire de la langue latine

F. ALTHEIM, *Geschichte der lateinischen Sprache* (Francfort, 1951) ; G. DEVOTO, *Storia della lingua di Roma* (Bologne, 1940, 1944[2]) ; M. HAMMOND, *Latin. A historical and linguistic handbook* (Cambridge, 1976) ; V. PISANI, *Storia della lingua latina* (Turin, 1962) ; F. STOLZ-A. DEBRUNNER, *Geschichte der lateinischen Sprache* (Berlin, 1966).

Histoires de la littérature

F. W. HALL, *Companion to classical texts* (Oxford, 1913).

M. SCHANZ[4]-C. HOSIUS-G. KRÜGER, *Geschichte der römischen Literatur*, 6 vol. (Munich, 1927 ss.) ; W. S. TEUFFEL[6-7]-W. KROLL-F. SKUTSCH, *Geschichte der römischen Literatur*, 3 vol. (Leipzig, 1913-1920), et traduction française (Paris, 1879-1883), sur la 3ᵉ édition, par Bonnard et Pierson ; A. ROSTAGNI, *La letteratura di Roma repubblicana ed augustea* (Bologne, 1938) et G. A. AMATUCCI, *La lett. di R imperiale* (Bologne, 1947) ; R. PICHON, *Histoire de la littérature latine*[12] (1ʳᵉ éd. : Paris, 1898) ; E. BIGNONE, *Storia della Letteratura Latina* (Florence, 1945 ss.) ; A. ROSTAGNI[3]-I. LANA, *St. d. Lett. Lat.*, 3 vol. (Turin, 1964) ; H. BARDON, *La littérature latine inconnue*, 2 vol. (Paris, 1952-1956).

O. RIBBECK, *Geschichte der römischen Dichtung*[1-2], 3 vol. (Stuttgart, 1892-1900), et traduction française (Paris, 1891), sur la 1ʳᵉ édition, par Droz et Kontz ; F. PLESSIS, *La poésie latine* (Paris, 1909). — Éd. NORDEN, *Die antike Kunstprosa vom VI. Jahrhunderte v. Chr. bis in die Zeit der Renaissance*[4] (Leipzig, 1923) ; E. ZARNCKE, *Der Einfluss der griechischen Literatur auf die Entwickelung der römischen Prosa* (Leipzig, 1888) ; J. H. WASZINK, *Zum Studium der griechischer Einflusse in der lateinischer Literatur* (*Antike und Abendland*, IX, 1960).

F. LEO, *Geschichte der römischen Literatur*, I, seul paru (Berlin, 1913). — C. LAMARRE, *Histoire de la littérature latine depuis la fondation de Rome jusqu'à la fin du gouvernement républicain*, 4 vol. (Paris, 1901), et *Histoire de la littérature latine au temps d'Auguste*, 4 vol. (Paris, 1906) ; J. W. DUFF, *Literary History of Rome from the Origins to the Close of the Golden Age* (Londres, 1909, 3ᵉ éd., 1953) ; et *Literary History of Rome in the Silver Age, from Tiberius to Hadrian* (Londres, 1927) ; A. GUDEMAN, *Geschichte der lateinischen Literatur bis Hadrian*, 2 vol. (Berlin-Leipzig, 1923). — O. BARDENHEVER, *Geschichte der altkirchlichen Literatur*[2] (Fribourg-en-B., 1913 ss.) ; P. DE LABRIOLLE[3]-G. BARDY, *Histoire de la littérature latine chrétienne* (Paris, 1947) ; A. G. AMATUCCI, *Storia d. lett. Lat. Cristiana*[2] (Turin, 1955).

A. GUILLEMIN, *Le public et la vie littéraire à Rome* (Paris, 1938) ; H. BARDON, *Les empereurs et les lettres latines d'Auguste à Hadrien* (Paris, 1940) ; Fr. ALTHEIM, *Literatur und Gesellschaft in ausgehenden Altertum*, I (Halle, 1948).

M. von ALBRECHT, *Masters of Roman Prose from Cato to Apuleius. Interpretative studies* (Leeds, 1989) (traduit de l'allemand *Meister römischer Prosa von Cato bis Apuleius. Interpretationen*, par N. Adkin) ; *The Cambridge History of Literary Criticism. Vol. I, Classical Criticism*, éd. George A. Kennedy : (Cambridge, *Cambridge University Press*, 1989) ; F. CUPAIUOLO, *Litteratura latina. Profilo storico* (Napoli, *Loffredo editore*, 1990), 474 pages. Éd. augmentée, *Storia della letteratura latina. Forme letterarie, autori e società*, (même éditeur, 1994), 618 pages ; D'ANNA, *Problemi di letteratura latina arcaica* (Rome, 1976) ; Fr.DELLA CORTE (diretto da), *Dizionario degli scrittori greci e latini*, 3 vol., Settimo Milanese, Marzorati Editore, 1987, 2 433 pages. 132 notices, 62 consacrées aux « grands auteurs », et 70 aux auteurs « mineurs » regroupés par genres, mouvements littéraires, ou écoles philosophiques ; V. DUCKWORTH, *The Nature of Roman Comedy* (Princeton, 1952) ; E. BAEHRENS, *Poetae Latini Minores* (Leipzig, 1882.) ; J. W. DUFF et A. M. DUFF, *Minor Latin Poets* (Londres, 1961) ; A. ERNOUT, *Textes latins archaïques* (Paris, 1947) ; J. GAILLARD, *Les genres littéraires à Rome*, 2 vol. (Paris, 1981) ; J. GRANAROLO, *D'Ennius à Catulle* (Paris, 1971) ; G. O. HUTCHINSON, *Latin Literature from Seneca to Juvenal. A critical Study* (Oxford, 1993) ; E. J. KENNEY, W. V. CLAUSEN, *The Cambridge history of classical literature*, vol. 2 : *Latin literature* (Cambridge, 1982) ; L. PEPE, *Per una storia della narrativa latina* (Napoli, 1959) ; H. QUELLET, *Bibliographia indicum, lexicorum et concordiarum auctorum Latinorum* (Hildesheim-New York, 1980) ; C. QUESTA, *Introduzione allo studio della cultura classica*, II (Milano, 1973) ; E. PARATORE, *Storia della letteratura latina*, 2ᵉ éd. (Firenze, 1961) ; L. D. REYNOLDS, *Texts and transmission : a survey of the Latin classics* (Oxford, 1983) ; B. RIPOSATI, *Storia della letteratura latina* (Milano, *Società Editrice Dante Alighieri*, 1965) ; A. ROSTAGNI, *La Letteratura di Roma republicana ed augustea* (Bolonia, 1939) ; *Storia della letteratura latina* (Torino, 1964) (3ᵉ éd.) (1ʳᵉ 1949-52) ; C. SALEMME, *Letteratura latina imperiale. Da Manilio a Boezio* (Studi latini, 9) (Naples, *Loffredo editore*, 1993), 188 pages ; H. ZEHNACKER-J.-C. FREDOUILLE, *Littérature latine*, C1, Coll. « Premier Cycle » (Paris, *P.U.F.*, 1994).

ÉTUDES SUR LES GENRES LITTÉRAIRES : ALEWELL, *Über das Paradeigma in der römischen Literatur* (Leipzig, 1913) ; J. F. D'ALTON, *Roman literary theory and criticism* (Londres, 1931) ; J. ANDRIEU, *Le dialogue antique : structure et présentation* (Paris, 1954) ; E. AUERBACH, *Mimesis : dargestellte Wirklichkeit in der abendländischen Literatur* (Berne, 1946 ; trad. angl. par W. R. Trask, *Princeton Univ.*, 1953) ; E. CESAREO, *Il carme natalizio nella poesia latina* (Palerme, 1929) ; M. L. CLARKE, *Rhetoric at Rome : a historical survey* (Londres, 1953) ; M. M. CRUMP, *The epyllion from Theocritus to Ovid* (Oxford, 1931) ; J. FRIES, *Ein Beitrag zur Aesthetik der römischen Hochzeitspoesie* (Progr. Aschaffenbourg, 1910) ; M GALDI, *L'epitome nella letteratura latina* (Naples, 1922) ; Éd. GALLETIER, *Étude sur la poésie funéraire romaine d'après les inscriptions* (Paris, 1922) ; G. GEISSLER, *Ad descriptionum his-*

toriam symbola (Diss. Leipzig, 1916) ; J. Hubaux, *Les thèmes bucoliques dans la poésie latine* (Bruxelles, 1930) ; U. Knoche, *Die römische Satire* (Berlin, 1949) ; A. Kurfess, *Die Invektivenpoesie der sulla-nisch-cäsarischen, augusteischen und nachangusteischen Zeit* (Progr. Wohlau, 1915), et *Invektivenpoesie des römischen Altertums* (*Jahresbericht des Philologischen Vereins,* XLII, Berlin, 1916) ; C. Martha, *Les moralistes sous l'empire romain* (Paris, 1885) ; J. Martin, *Symposion : die Geschichte einer literarischen Form* (Paderborn, 1931) ; P. J. Miniconi, *Étude des thèmes guerriers de la poésie épique latine* (Paris, 1951) ; G. Misch, *Geschichte der Autobiographie: das Altertum*³ (Francfort-Berne, 1949-1950) et trad. angl. par E. W. Dickes (Londres, 1950) ; O. Weinreich, Epigramm und Pantomimus (Heidelberg, 1948) ; G. Misch, *Gesichte der Autobiographie*² (Leipzig, 1931) ; L. Niedermeier, *Untersuchingen über die antike poetische Autobiographie (Progr. Theresiengymnasium,* Munich, 1918-1919) ; H. Peter, *Der Briefin der rönrischen literatur* (Leipzig, 1901) ; H. Reich, *Der Mimus,* I (Berlin, 1903) ; H. Throm, *Die Thesis römischen Literatur* (Leipzig, 1901) ; O. Weinreich, *Fabel, Aretalogie, Novelle* (*Sitzb. der Heidelberger Ak.,* 1930-1931). — P. Grimal, *L'Amour à Rome* (Paris, 1963) et *Histoire mondiale de la femme, préhistoire et antiquité* (Paris, 1965).

LA POÉSIE LATINE : Fr. Buechler, *Carmina latina epigraphica,* 2 vol. (Leipzig, 1895) ; F. Cairns, *Generic composition in Greek and Roman ry* (Edimburgh, 1972) ; H. Coulon, *La poésie priapique dans l'Antiquité et au Moyen Age* (Paris, 1932) ; F. Cupaiolo, *Itinerario della poesia latina nel primo secolo dell' impero* (Naples, 1973) ; J. W. Duff-A. M. Duff, *Minor Latin Poets,* with an English traduction (Cambridge-Londres, 1982) ; E. Engström, *Carmina latina epigraphica* (Göteborg-Leipzig, 1912) ; *La favolistica latina in distici elegiaci : atti del convegno internazionale, Assisi, 26-28 ottobre 1990,* a cura di G. Cantanzaro e Fr. Santucci (Assise, 1991) ; E. Galletier, *Étude sur la poésie funéraire, d'après les inscriptions* (Paris, 1922) ; P. Grimal, *Le lyrisme à Rome* (Paris, *P.U.F.,* 1978) ; Ph. Hardie, *The epics Successors of Virgil. A study in the Dynamics of a Tradition* (Cambridge, 1992) ; D. F. Kennedy, *The Arts of Love, Five Studies in the Discourse of Roman Love Elegy* (Cambridge, 1992) ; W. M. Linsay, *Early Latin Verse* (Oxford, 1968) ; Ch. Martindale, *Redeeming the Text, Latin Poetry and the Hermeneutics of Reception* (Cambridge, 1992) ; C. W. Mendell, *Latin Poetry. The new Poets and the Augustans* (New Haven, 1965) ; C. W. Mendell, *Latin Poetry. The Age of Rhetoric and Satire* (Hamden, 1967) ; M. G. H., *Poetae latini aeui Carolini,* éd. E. Dümmler (Berlin, 1880-1881) ; J. K. Newman, *Augustus and the new poetry* (Bruxelles, 1967) ; G. Pasquali, *La preistoria della poesia latina* (Florence, 1934) ; G. B. Pighi, *La poesia religiosa romana* (Bologne, 1958) ; O. Ribbeck, *Histoire de la poésie latine jusqu'à la fin de la République* (1981) ; A.-M. Tupet, *La magie dans la poésie latine* (Paris, 1976) ; G. Williams, *Tradition and originality in Roman poetry* (Oxford, 1968).

RHÉTORIQUE : M. L. Clarke, *Rehtoric at Rome* (Londres, 1953, 1962, 1966, 1968) ; H. Lausberg, *Handbuch der literarischen Rhetorik. Eine Grundlegung der Literaturwissenschaft* (Munich, 1960) ; A. D. Leeman, *Orationis Ratio : The Stylistic Theories and Practice of the Roman Orators, Historians, and Philosophers* (Amsterdam, 1963) ; H. Marsh, Jr. McCall, *Ancient Rhetorical theories of simile and comparison* (Cambridge, Massachusetts, 1969).

THÉÂTRE : A. Arcellaschi, *Médée dans le théâtre latin, d'Ennius à Sénèque* (Rome, 1990) ; W. Beare, *The Roman stage. A short history of latin drama in the Republic* (Londres, 1964³) ; L. Daviault, *Comoedia togata,* Fragments (Paris, *C.U.F.,* 1981) ; F. Dupont, *L'Acteur-Roi* (Paris, 1985), *Le Théâtre latin* (Paris, 1988) ; P. Frassinetti, *Atellanae fabulae* (Rome, 1967) ; C. Garton, *Personal Aspects of the Roman Theater* (Toronto, 1972) ; P. Grimal, *Le théâtre à Rome,* dans *Actes du IXᵉ Congrès de l'Association Guillaume Budé* (Paris, 1975) ; H. D. Jocelyn, *The tragedies of Ennius* (Cambridge, 1967) ; A. Lopez, *Fabularum togatarum fragmenta* (Salamanque, 1983) ; S. Mariotti, *Livio Andronico e la traduzione aristica* (Urbino, 1952) ; S.R.Q.E.O., F. Semi, *Tragici et Comici minores. Atellana et Mimus* (Venise, 1965) ; N. Zorzetti, *La pretesta e il teatro latina arcaico* (Naples, 1980) ; B. Zuchelli, *Le denominazioni latine dell' alltore* (Brescia, 1963).

L'HISTOIRE : J.-M. André, A. Hus, *L'histoire à Rome. Historiens et biographes dans la littérature latine* (Paris, 1974) ; E. Cizek, *Histoire et Historiens à Rome dans l'Antiquité* (Lyon, 1995) ; *Great Historians from Antiquity to 1800. An international Dictionary,* éd. par L. Boia (New York, West Port Connecticut, Londres, 1989) ; *Colloque. Histoire et historiographie. Clio,* éd. par R. Chevallier (Paris, 1980) ; B. W. Frier, *Libri Annales Pontificorum Maximorum. The Origins of the Annalistic Tradition* (Rome, 1979) ; *Histoire et historiens dans l'Antiquité,* dans *Fondation Hardt, Entretiens,* t. IV (Vandœuvre-Genève, 1954) ; C. Codoñer Merino, *Evolución del concepto de historiografia en Roma* (Barcelone, 1986) ; A. La Penna, *Aspetti del pensiero storico latino* (Turin, 1978) ; *Latin Historians,* éd. par T. A. Dorey (Londres, 1966) ; S. Mazzarino, *Il pensiero storico classico,* 3 vol. (Bari, 1973³).

MÉTRIQUE : *L'accent latin, Colloque de Morigny, 19 mai 1979,* Publications de l'Université de Paris IV-Sorbonne, n° 6, 1982 ; W. Sidney Allen, *Accent and Rhythm. Prosodic features in Latin and Greek. A study in Theory and reconstruction* (Cambridge, 1973) ; *Metrica classica e linguistica.* Atti del Colloquio (Urbino, 3-6 ottobre 1988), a cura di Roberto M. Danese, Franco Gori, Cesare Questa

(Urbino, 1990) ; F. CRUSIUS, *Römische Metrik. Eine Einfürung*, 2ᵉ éd. revue par H. Rubenbauer (Munich, 1955) ; F. CUPAIUOLO, *Bibliografia della metrica latina* (Naples, 1995) ; H. DREXLER, *Einfürhung in die römische Metrik* (Darmstadt, 1967) ; W. J. W. FOSTER, *Traité de métrique grecque, suivi d'un précis de métrique latine* (Leyde, 1962 [3]) ; W. M. LINSAY, *Early Latin verse* (Oxford, 1968) ; D. NORBERG, *L'accentuation des mots dans le vers latin du Moyen Age* (Stockholm, 1985) ; L. DE NEUBOURG, *La base métrique de la localisation des mots dans l'hexamètre latin* (Bruxelles, 1986) ; L. NOUGARET, *Traité de métrique latine classique* (Paris, 1956) ; M. PLATNAUER, *Latin elgiac verse*, (Cambridge, 1961) ; E. PULGIAM, *Latin-Romance Phonology : Prosody and metrics* (Munich, 1975) ; J. SOUBIRAN, *Essai sur la versification dramatique des Romains* (Paris, 1988).

GRAMMAIRE ET CRITIQUE : M. BARATIN, *La naissance de la syntaxe à Rome* (Paris, 1989) ; G. CALBOLI, *La linguistica moderna e il latino. I Casi* (Bologne, 1972) ; F. DESBORDES, *Idées romaines sur l'écriture* (Lille, 1990) ; L. HOLTZ, *Donat et la tradition de l'enseignement grammatical* (Paris, 1981) ; M. LAVENCY, *USUS, Grammaire latine. Description du latin classique en vue de la lecture des auteurs* (Paris-Gembloux, Éd. Duculot, 1985), 361 pages ; R. MARACHE, *La critique littéraire de langue latine et le développement du goût archaïsant au second siècle de notre ère* (Rennes, 1952) ; G. SERBAT, *Linguistique latine et linguistique générale* (Louvain-la-Neuve, 1988).

Collections de textes

ANCIENNES COLLECTIONS (périmées, sauf exception) : Lemaire, avec commentaires parfois utiles et index encore précieux ; Nisard, avec traductions françaises inégales ; Panckoucke, avec traductions françaises médiocres.

COLLECTIONS ACTUELLES (en cours de publication) : *Bibliotheca scriptorum graecorum et romanorum* (Leipzig, *Teubner*), de beaucoup la plus complète (textes seuls) ; *Scriptorum classicorum Bibliotheca Oxoniensis* (Oxford) (textes seuls) ; *Collection des Universités de France* (*Budé*, Paris), avec traductions françaises ; *Loeb classical Library* (Londres), avec traductions anglaises ; *Corpus scriptorum latinorum Paravianum* (*Paravia*, Turin) (textes seuls) ; *Érasme* (Paris), textes et commentaires.

L'*Anthologia latina (Teubner)* groupe les poésies anonymes ou isolées recueillies dans des manuscrits (par A. RIESE, 1906) ou transmises par des inscriptions (F. BUECHELER, 1895-1897-1926) ; reproduction anastatique (Amsterdam, 1964).

COLLECTIONS D'AUTEURS CHRÉTIENS : *Patrologie latine*, de l'abbé Migne (Paris, 1844-1855), complétée par le *Supplementum (Series Latina)* de A. Hamman (Paris, 1958 ss.) ; *Corpus Scriptorum ecclasiasticorum latinorum*, de l'Académie de Vienne (Vienne, 1866 ss.) en cours de publication ; *Corpus Christianorun Scriptoum Latinorum (Turnhout, 1953 ss.). — Répertoire d'E.* DEKKER, *Clavis Patrum Latinorum* (Bruges-La Haye, 1951) ; *Florilegium patristicum*, de G. RAUSCHEN (Bonn, 1904 ss.), choix, en cours de publication ; *Sources chrétiennes* (Paris), avec trad. franç. et comm., en cours de publication.

Instruments bibliographiques

La documentation de première main (sur les mss. et la transmission des œuvres en particulier) est assurée par l'*Institut de recherche et d'histoire des textes* (Paris), organisé par Mˡˡᵉ J. Vielliard : un bulletin annuel met au courant des travaux entrepris.

Une bibliographie précise s'établit avec les ouvrages suivants :

De 1700 à 1878 : ENGELMANN-PREUSS, *Bibliotheca scriptorum classicorum* (Leipzig-Londres, 1880) ; — de 1878 à 1896 : KLUSSMANN, Supplément (1913) au *Jahresbericht über die Fortschritte der klassischen Altertumswissenschaft* (voir plus bas) ; — à partir de 1896 : *Bibliotheca philologica classica*, annuelle, dans le *Jahresbericht über die Fortschr. d. klass. Altertumswissenchaft*, de Bursian-Kroll... (Berlin), qui publiait périodiquement des revues critiques sur chaque auteur grec ou latin ; remplacé, depuis 1956, par *Lustrum* (Göttingen).

Biobibliographisches Verzeichnis von Universität und Hochschuldrucken vom Ausgange des XVI. Jahrh. bis Ende des XIX. Jahrh. (Leipzig, I, 1934).

Collection de bibliographie classique, sous la direction de J. Marouzeau (Paris) : Sc. LAMBRINO, *Bibliographie de l'Antiquité classique de 1896 à 1914*, I (Paris, 1951) ; De 1914 à 1924 : *Dix années de philologie classique*, 2 vol. ; — de 1924 à 1926 : *L'Année philologique ;* — à partir de 1927 : Mˡˡᵉ J. ERNST, *L'Année philologique*, annuellement. — N. I. HERESCU, *Bibliographie de la littérature latine* (Paris, 1943) ; J. COUSIN, *Bibliographie de la langue latine de 1880 à 1948* (Paris, 1951).

Sélection annuelle dans *The Year's Work in Classical Studies* (Bristol).

Comptes rendus critiques, chaque semaine, dans la *Philologische Wochenschrift* (Berlin-Leipzig), dans la revue spécialisée *Gnomon*, et périodiquement dans les diverses revues philologiques (*Revue de philologie, Revue des études anciennes, Revue des études latines*, etc.).

Consulter aussi *Gymnasium* et *Classical World* (autrefois *Classical Weekly*). *L'Information littéraire* publie parfois des études sur les œuvres et sur les auteurs, et, périodiquement, des indications bibliographiques sur les programmes français d'agrégation.

Essentiel : Aufstieg und Niedergang der Römischen Welt. Geschichte und Kultur Roms im Spiegel der neueren Forschung, Berlin, de Gruyter (A.N.R.W.).

On pourra également consulter un certain nombre de revues scientifiques telles que :

Acta archeologica Lovaniensia. Leuven. Kath. Univ. (AAL)
Acta Bollandiana. Bruxelles. Société des Bollandistes. (AB)
The Art Bulletin. New York. (ABull)
L'Antiquité Classique. Louvain-la-Neuve. (AC)
Aevum. Milan. (Aevum)
American Journal of Philosophy. New York. (AJA)
American Journal of Philology. Baltimore. (AJPh)
Archivum Latinitatis Medii Aevi (Bulletin Du Cange). Leiden. Brill.
Arctos. Acta philologica Fenninica. Helsinki. (Arctos).
Annali della Scuola Normale Superiore di Pisa. (ASNP)
Bolletino dei Classici. Rome. (BollClass)
Classical review. Oxford University Press. (CR)
Harvard Library Bulletin. Cambridge, Mass. (HLB)
Humanistica Lovaniensia. Louvain. (HumLov)
L'Information littéraire. Paris. (IL)
Ktéma. Strasbourg. (Ktéma)
Mnemosyne, Leiden. Brill. (Mnemosyne)
Proceedings of the Cambridge Philological Society. (PCPhS)
Revue des Études Anciennes. Talence. (REA)
Revue des Études Augustiniennes. Paris. (REAug)
Revue des Études Latines. (REL)
Revue d'Histoire des Textes. Paris. (RHT)

Instruments d'initiation à la critique textuelle

La critica testuale greco-latina, oggi. Metodi e problemi. Atti del Convegno internazionale (Naples, 1979), Rome, 1981 ; G. B. ALBERTI, *Problemi di critica testuale* (Florence, 1979) ; E. ARNS, *La technique du livre d'après saint Jérôme* (Paris, 1953) ; B. BISCHOFF, *Paléographie de l'Antiquité romaine et du Moyen Age occidental,* traduit de l'allemand par H. Atsma et J. Vezin (Paris, 1985) ; G. BECKER, *Catalogi bibliothecarum antiqui* (Bonn, 1885) ; G. BILLANOVITCH, *I primi umanisti e le tradizioni dei classici latini* (Fribourg, 1953) ; B. BISCHOFF, *Paléographie de l'Antiquité romaine et du Moyen Age occidental,* traduit par H. Aatsma et J. Vezin (Paris, *Picard,* 1985) ; BLANCHARD, *Les débuts du codex* (Paris, 1989) ; R. CANEVAILE, *Corpus papyrorum latinarum* (Wiesbaden, 1956-1958) ; L. CANFORA, *La véritable histoire de la bibliothèque d'Alexandrie,* trad. française (Paris, 1888) ; A. CAPELLI, *Dizionaro di abbreviature latine ed italiane* (Milan, 1961 [6]), complété par : A. PELZER, *Abréviations latines médiévales. Supplément au Dizionario... di A. Capelli* (Louvain, 1964) ; G. CAVALLO, *Le biblioteche nel mondo antico e medievale* (Bari, 1988) ; R. CAVENAILE, *Corpus papyrorum latinorum* (Wiesbaden, 1958) ; *Papyrus latins et philologie,* dans *L'antiquité classique,* 50 (1981) ; E. CHATELAIN, *La Paléographie des classiques latins* (Paris, 1884-1900) ; J. LE CLERC, *Ars Critica* (Amsterdam, 1697) ; F. E. CRANZ, P. O. KRISTELLER, éd., *Catalogus translationum et commentariorum. Medieval and Renaissance Latin translations and commentaires. Annoted lists and guides,* (Washington, 1960). *Latin manuscript books before 1600. A list of the printed catalogues and unpublished inventories of extant collections* (New York, 1965 [3]) ; A. DAIN, *Les Manuscrits,* 3ᵉ éd. (Paris, 1975) ; S. G. DAITZ, *The Pronunciation and readings of Classical Latin. A Pratical Guide. Demonstration Texts and Practice Exercises* (Guilford, Connecticut-Londres, 1984) (un livret et deux cassettes) ; *Defenders of the text : the tradition of scolarship in an age of science : 1450-1800* (Cambridge, *Mass. Harvard Univ. Press,* 1991) ; dom J. FROGER, *La critique textuelle et son automatisation* (Paris, 1968) ; A. GRAFTON, *Joseph Scaliger. A study in the history of classical scolarship, T. 1, Textual criticism and exegesis* (Oxford, 1983) ; W. W. GREG, *The calculus of variants* (Oxford, 1927) ; F. W. HALL, *A companion to classical texts* (Oxford, 1913) (réimpr. Hildesheim, 1968) ; L. HAVET, *Manuel de critique verbale appliquée aux textes latins* (Paris, 1911) ; C. JEUDY et Y.-F. RIOU, *Les manuscrits classiques latins des bibliothèques publiques de France* (Paris, 1989) ; A. G. HAMMAN, *L'épopée du livre. La transmission des textes anciens, du scribe à l'imprimerie* (Paris, 1985) ; R. W. HUNT, *The Deposit of Latin Classics in the Twelfth-Century Renaissance* dans *Classical Influences on European Culture, AD 500-1500,* éd. R. R. Bolgar (Cambridge, 1971) ; *The Survival of Ancient Literature,* Exhibition Catalogue, Bodleian Library (Oxford, 1975) ; E. J. KENNEY, *The classical text* (Berkeley, 1974) ;

J. KIRCHNER, *Scriptura latina libraria* (Munich, 1966) ; W. M. LINDSAY, *Notae latinae. An account of abbreviations in Latin Mss of the early minuscule period (c. 700-850)* (Cambridge, 1915), et D. BAINS, *A supplement to Notae latinae (Abbreviations in Latin Mss of 850-1050 A. D.)* (Cambridge, 1936) ; deux vol. réunis en un seul (Hildesheim, 1963) ; E. A. LOWE, *Codices Latini Antiquiores. A paleographical guide to Latin manuscripts prior to the ninth century* (11 tomes et un supplément) (Oxford, 1934-1971) ; *Paleographical Papers 1907-1965*, éd. L. Bieler, 2 vol. (Oxford, 1972) ; R. LAUFER, *Introduction à la textologie ; Vérification, établissement, édition des textes* (Paris, 1972) ; W. M. LINDSAY, *An introduction to Latin textual emendation* (Londres, 1986), trad. française par J. P. WATZING, *Introduction à la critique des textes latins* (Paris, 1898) ; P. MAAS, *Textkritik* (Leipzig, 1957 [3]) ; J. MALLON, *Paléographie romaine* (Madrid, 1952) ; J. MALLON, R. MARICHAL, C. PERRAT, *L'Écriture latine, de la capitale romaine à la minuscule* (Paris, 1939) ; M. MANITIUS, *Hanschriften antiker Autoren in mittelalterlichen Bibliothekskatalogen* (Leipzig, 1935) ; B. M. OLSEN, *L'étude des auteurs classiques latins aux XIe et XIIe siècles : Catalogue des manuscrits classiques latins copiés du IXe au XIIe siècles*, tome I, *Apicius-Juvénal* (Paris, 1982) ; tome II : *Tite-Live-Vitruve, Florilèges, Essais de plume* (Paris, *Éd. du C.N.R.S.*, 1985) ; *Les classiques latins dans les florilèges médiévaux antérieurs au XIIIe siècle*, dans *R.H.T.*, 9 (1979) et 10 (1980) ; *Medieval learning and literature. Essays presented to R. W. Hunt* (Oxford, 1976) ; B. M. METZGER, *The text of the New Testament ;* A. MOMIGLIANO, *Contributo alla storia degli studi classici* (Rome, 1955) ; R. A. PACK, *The Greek and Latin literary texts from Greco-Roman Egypt* (Ann Arbor, 1965 [2]) ; G. PASQUALI, *Stori della tradizione e critica del testo* (Florence, 1952) (2e éd.) ; E. PELLEGRIN, *Les Manuscrits classiques latins de la Bibliothèque Vaticane* (Paris, 1975) ; *La pratique des ordinateurs dans la critique des textes (Paris,* 29-31 *mars* 1978*)* (Paris, 1979) ; P. PETITMENGIN, B. FLUSIN, *Le Livre antique et la dictée, Nouvelles recherches*, dans *Memorial André Festugière, Antiquité païenne et chrétienne* (Genève, 1984) ; dom H. QUENTIN, *Essais de critique textuelle (Ecdotique)* (Paris, 1926) ; S. PRETE, *Observations on the history of textual criticism in the medieval and Renaissance periods* (Collegeville, Minn., 1971) ; L. D. REYNOLDS, N. G. WILSON, *D'Homère à Érasme, La transmission des classiques grecs et latins* (Paris, 1988), traduction par C. Bertrand de *Scribes and Scholars : A Guide to the Transmission of Greek and Latin Literature* (Oxford, *University Press*, 1968, 1974) ; mise à jour par P. Petitmengin (1984) ; G. RIGHI, *Il concetto di filologia e di cultura classica nel mondo moderno* (Bari, 1947) ; S. RIZZO, *Il lessico filologico degli umanisti* (Rome, 1973) ; R. H. ROUSE, *Florilegia and Latin Classical Authors in Twelth and Thirteenth Orléans, Viator*, 10 (1979) ; R. SABBADINI, *Le scoperte dei codici latini e greci ne'secoli XIV e XV* (Florence, 1905-1914), (2 vol.) ; réimpr. avec additions et corrections (Florence, 1967) ; *Storia e critica di testi latini* (Padoue, 1971) ; C. SAMARAN (sous la direction de), *L'histoire et ses méthodes. Recherche, conservation et critique des témoignages* (Paris, 1967) ; J. E. SANDYS, *A History of Classical Scholarship* (Cambridge, 1908), Table chronologique des *editiones principes* des auteurs latins ; R. SEIDER, *Palägraophie der Lateinischen Papyri* (Stuttgart, 1972-1981) ; A. SÉVERYNS, *Texte et apparat. Histoire critique d'une tradition* (Bruxelles, 1962) ; T. C. SKEAT, *The use of dictation in ancient book production, Proc. of the British Academy*, 38, 1952) ; J. STEINMANN, *Richard Simon et les origines de l'exégèse biblique* (Paris, 1960) ; *Les techniques de laboratoire dans l'étude des manuscrits - Paris, septembre 1972* (Paris, 1974) ; E. G. TURNER, *The typology of the early codex* (*University of Pennsylvania Press*, 1977) ; B. L. ULLMAN, *The Origin and Development of Humanistic Script* (Rome, 1960) ; R. WEISS, *The Renaissance discovery of classical antiquity* (Oxford, 1969) ; M. L. WEST, *Textual criticism and editorial technique* (Stuttgart, *Teubner*, 1969) ; J. WILLIS, *Latin textual criticism* (Urbana, 1972) ; J. E. G. ZETZEL, *Latin textual criticism in Antiquity* (New York, 1981).

INDEX

Index des auteurs

Les noms en italique signalent les ouvrages anonymes.

Les chiffres en caractères gras renvoient aux passages principaux, notamment à ceux où se trouvent les renseignements biographiques ; ceux en italique renvoient aux renseignements bibliographiques ; la lettre *n* indique les notes.

Abailard, 528.
Académie (Nouvelle), 133.
Accius, 80, 93, **95-97,** *108s.,* 175, 185.
Acilius Glabrio, 73.
Acron, *255,* 440.
Aelia Galla, 273.
Aelius Lampridius, 432.
Aelius Spartianus, 432.
Aelius Stilo, 117.
Aelius Tubéro, 117.
Aemilius Lépidus, 103.
Aemilius Macer, 200, 201, 281.
Aemilius Scaurus, 117.
Aetna, 317, *359.*
Afranius, 93.
Albinovanus Pédo, 292, *307.*
Albucius Silus, 302.
Alcée, 158, 202, 234.
Alfénus Varus, 207.
Alkios, 70.
Ambivius Turpio, 81.
Ambroise (saint), 468, 488, **490-492,** 507, *520-521.*
Ammien Marcellin, 466, **472-477,** *516-517,* 527.
Annales Maximi, 18, *24,* 102.
Antigonos de Carystos, 281.
Antimaque de Colophon, 381.
Antiphane, 39.
Antistius Labeo, 298.
Antonius, **118,** 120, 131, *187.*
Aper, 368n, 398n, 399.
Apollodoros de Carystos, 84.
Apollonios de Rhodes, 216, 273, 280, 377
Appendix Vergiliana, 204.
Appius Claudius, 7, **16,** 17, **21-22.**
Apulée, 428, **435-439,** *460-461.*
Aquilius, 81n.
Aquilius Niger, 298.
Aquilius Régulus, 398n.
Aratos, 137, 151, 208, 294.
Archias, 151.
Archiloque, 98, 202, 226.
Arellius Fuscus, 280, **301.**
Aristophane, 30, 37, 40, 41, 98, 233n.
Aristote, 136, 232, 435, 495, 528.
Arnobe, 442, **453s.,** 455, *464.*
Arvales (chant des), *24.*
Asclépiadès de Myrléa, 294.
Asconius Pédianus, 320, *360.*
Asiatiques (les), 312.
Asinius Pollio, 199, 201-203, 207, 233, 242n, *252,* 261, 266.
Atéius Capito, 298.
Atéius Praetextatus, 178.
Atellanes, 112, **185-186,** *197.*
Atilius, 81n.
Atta, 93.
Attale, 299.
Atticus, 115, 121, 134, 177, *188.*
Aufidius Bassus, 272, 320, 370, 403.
Auguste, 117, 199, 200, 203, 220, 225, 236, *252,* **259s.,** 261-263, 273, 298, 311, 428.
Augustin (saint), 183, 339, 467, 491, 495, **497-506,** 507, *522-523,* 529.
Aulu-Gelle, 39, 82, **440s.,** *460.*
Aurélius Victor, 472, *516.*
Pseudo-Aurélius Victor, *516.*
Ausone, 467, 478, **479-481,** 512, 514, 519.

Avianus, 478n, *518*.
Aviénus, **478s.**, *518*.

Bacon (François), 529.
Bacon (Roger), 529.
Basile (saint), 490.
Bernard (saint), 528.
Blossius de Cumes, 103.
Boèce, 528, *532*.
Boileau, 232, 342, 395.
Brutus, 114, 121, 132, 161n, 199.
Caecilius Épirota, 263n.
Caecilius Statius, 80, 81, **82-83,** 88, *108*.
Caelius Rufus, 161n.
Caesarianum (Corpus), 195s.
Calendrier, 18.
Caligula, 309, 334, 429.
Callimaque, 151, 152, *192*, 264, 273, 278, 280, 283.
Callinos, 264.
Calpurnius Piso, 102.
Calpurnius Siculus, **318-319,** *359*.
Calvin, 529.
Calvus, 114, 132, **153, 161,** 172, *193*, 233.
Carmen Nelei, 34n.
Carmen Priami, 34n.
Carmina, 15, 17.
Carnéade, 70.
Cassiodore, 528.
Cassius de Parme, 113, 151n, 201.
Cassius Hémina, 102.
Cassius Sévérus, 302.
Caton (d'Utique), 161n, 339.
Caton le Censeur, 70, **73-80,** 98, 101, 102, 103, *107*, 115, 173, 179, 181, 182, 208, 229, 330, 370, 372, 433, 440.
Catulle, 65, 110, 111, 112, 113, 114, 115, **152-160,** 161, 176, 177, *192s.*, 202, 208, 216n, **232-234,** 260, 262, 265, 280, 295, 386.
Celse, 320, *360*.
Censorinus, 440, *461*.
César, 110, 114, 115, 117, **161-169,** 170, 172, 173, 186, *193s.*, 197, 240.
Chants fescennins, 19, 28.
Charisius, 477.
Cicéron, 12, 17, 22, 60, 63, 65, 72, 101, 102, 103, 109, 110, 111, 114, 115, 117, 119, *120-137*, 150, 151, 160, 162, 170, 176, 177, 178, 179, 185, *188-191*, 199, 201, 202, 229, 239, 242, 248, 261, 292, 293, 317, 320, 326, 368, 373, 375, 376, 379, 393, 410, 455, 498.
Cincius Alimentus, 72.
Cinna, 113, 207.
Claude, 314, 317.
Claudien, 466, **481-486,** 512, 514, *519*, 527.
Claudius Quadrigarius, 116, 240.
Cléanthe, 326.
Clitarque, 322.
Clodius Licinius, 296.
Codex Justinianus, 528.
Coelius Antipater, 103, **116,** 240.
Columelle, 308, 317, **320,** *360*.
Comédie palliata, **29,** 81, 186.
Comédie togata, 92, *108*.
Comédie trabeata, 201.
Commentarii, 18.
Commodien, **507s.**, *524*.
Controversiae, 299, 314.
Cornélius Gallus, 198, 201, 207, 214, **266-267,** 273, 281, *303*.
Cornélius Népos, 114, 152, 161, **177-178,** *195-196*, 239, 428.
Cornélius Scipio, 73.
Cornélius Sévérus, 200, 292, 317.
Cornélius Sisenna, **117.**
Cornificius, 118, 263n.
Cornutus, 339.
Corvinus Poplicola, 233.
Crassus, **118-119,** 120, 131.
Crémutius Cordus, 261, 320.
Critolaos, 70.
Curiatus Maternus, 376n.
Curtius Nicias, 178.
Cyniques (les), 227.
Cyprien, **507.**
Cyprien (saint), 428, **450-453,** *463*.

Damase, 488, 492, *520*.
Daudet, 342.
De Bello Africano, 169.
De Bello Alexandrino, 169.
De Bello Hispaniensi, 169.
Démocrite, 138, 142.
Démosthène, 74, 161, 172, 174, 236, 241, 410.
Denys d'Halicarnasse, 18, 240.
Descartes, 529.
De viris illustribus, 472.
Dicta Catonis, *107*, **478n,** *518*.
Digeste, 528.
Diogène, 70.
Diomède, 477.
Diphilos, 84.
Domitius Afer, 313, 319.
Domitius Marsus, 108, 267n.
Donatus, 477.
Dorothéos, 528.
Droit, *20-21*, 26, 299, 319, 441, 528.

Elogia, 18, **24,** 252.
Empédocle, 140, *192*.
Ennius, 25, 30, 32, 33, 34, **56-65,** *67*, 80, 94, 98, 112, 136n, 150, 180, 207, 214, 216n, 223, 241.
Épicure, Épicurisme, Épicuriens, 70, 111, 138, 139, 140, 150, *187*, *190-191*, 203, 228, 333.
Éprius Marcellus, 319, 398n.

Ératosthène, 151.
Eschyle, 30, 95, 335.
Ésope, 315.
Euménius, 469.
Euphorion de Chalcis, 151, 153.
Euripide, 30, 41, 61, 62, 94, 95, 335.
Eutropius, 472, *516*.
Evanthius, 477.
Exempla, 313.

Fabianus, 299.
Fabius Pictor, 72, 240.
Fables, 17.
Fables milésiennes, 117n, 352, 436.
Favorinus, 440.
Fénestella, 298.
Festus, 263n.
Firmicus Maternus, 488n, *520*.
Flavius Vopiscus, 432.
Florus, 239n, 426, **431s.**, *459*.
Frontin, 369, *417*.
Fronton, **433-435**, *460*.
Fundanius, 201, 232, 233, 292.
Furius Bibaculus, 151n, 214n, 233n.

Gaïus, 441, *462*.
Gellius (Cn.), 102.
Germanicus, 317, *359*.
Gracchus (C.), 103, **104-106**.
Gracchus (Ti.), 103, **104**.
Gracques (les), 38, 72, **103-104**, *109*, 110, 433.
Grattius Faliscus, 293-294.
Grégoire de Nazianze, 490.
Grégoire de Tours, 528.

Helvius Cinna, 152, 214, 281.
Hermagoras, 118.
Hérôdas, 151.
Hérode Atticus, 440.
Hésiode, 140, 202, 207, 208, 209n, 216n, 221, 281.
Hiérus de Syrie, 466.
Hilaire (saint), 468, 488, **489s.**, 507, *520*.
Hipponax, 98.
Hirtius, 169.
Histoire Auguste, 426, **432s.**, *459-460*.
Homère, 28, 30, 33, 57, 58, 139, 140, 158, 202, 207, 216, 219, 280, 481.
Horace, 62, 99, 101, 109, 160, 178, 199, 200-202, **225-238**, *255-256*, 260, 266, 280, 315-317, 320, 340, 342n, 377, 383, 384, 397, 413, 428, 440, 468, 483, 507.
Hortensius, 110, 114, **119**, 120, 161, 179, 182, 183.
Hostius, 214n, 272.
Hroswitha, 528.
Hygin, 263, 298.

Indigitamenta, 13.
Institutes, 528.
Isidore de Séville, 528, *533*.
Isocrate, 172.

Jérôme (saint), 339, 471, **492-497**, 503, 505, 506, *521*, 527.
Jeux, 20, 31, 186.
Jeux séculaires, 200, 226, 236.
Julius Africanus, 319, 398n.
Julius Caesar Strabo (C.), 97.
Julius Capitolinus, 432.
Julius Obsequens, 472, *516*.
Julius Sécundus, 313, 398n, 399.
Junius, 102.
Junius Gallio, 302.
Justin, 426, **432**, *459*.
Juvénal, 101, 334, 340, 352, 357, 367, 368, 384, **391-398**, 416, *420*, 446, 469, 475, 483.
Juvencus, 507, *524*.

Labérius, 112, 186, 233.
Labiénus, 202, 261, 298.
Lactance, 442, **455-457**, *464*.
Laelius, 84, 103.
Laevius, 151.
Laudationes, *24*, *252*.
Leibnitz, 529.
Léon le Grand, 493, 507, *524*.
Licinius Crassus, 118.
Licinius Macer, 117.
Livius Andronicus, 7, 17, 25, 26, 30, 31, 32, 33, **34-36**, 57, *66*.
Loi des XII Tables, 17, 21, *24*, 26, 117.
Lucain, 310, 313-315, 320, 324, 339, **342-352**, *332*, 368, 377, 386, 398, 401.
Lucilius, 62, 71, 95, **98-101**, *109*, 112, 179, 226, 232, 233, 292, 317, 384.
Lucilius Junior, 317.
Lucrèce, 14, 16, 22, 63, 65, 110, 111, 112, 114, 115, **137-150**, 160, 181, *191-192*, 201, 207, 208, 210, 216, 223, 293, 295, 297, 298, 306, 315, 320, 329, 344.
Ludi, voir *Jeux*.
Luscius, 81n.
Lutatius Catulus, 117.
Lycophron, 215.
Lycurgue, 172.
Lygdamus, 267, **270-271**, *303s.*
Lysias, 114, 160, 161, 172.

Macer l'Ancien : voir Aemilius Macer.
Macer le Jeune, 214n.
Macrobe, 478, *517*.
Magon, 180n.
Manilius, 293, **294-298**, *307*, 317.
Marius Maximus, 432.
Martial, 310, 334, 368, **384-390**, 391, 413, 416, *420*.

Martianus Capella, 477, *517.*
Masurius Sabinus, 319.
Matius, 214n.
Mécène, 200, 203, 212, 225, 260, 262, 272, 273, 278.
Méléagre de Gadara, 151.
Mélissus, 292.
Ménandre, 30, 82, 83, 84, 89, 91.
Ménippe de Gadara, 179.
Messala : voir Valérius Messala.
Métrique, 16, *23,* 32, *66s., 108, 191s.,* **223ss., 264s.**
Métrodoros de Chios, 142n.
Mime, 185, **186,** *197.*
Mimnerme, 264.
Minucius Felix, 427, 442, **448-450,** *463.*
Molon de Rhodes, 120.
Mucius Scaevola, 120.
Musset, 156.

Naevius, 16, 25, 30, 32, 33, **36-38,** 65, *66.*
Némésianus, 425n.
Nénie, 18.
Néoptolème de Parion, 232.
Néron, 314, 315, 317, 429.
Nicandre de Colophon, 151, 281.
Nicomachi Flaviani, 477.
Nicomachus, 467.
Nigidius Figulus, 111, **178,** *196.*
Nonius Marcellus, 477, *517.*
Novius, 186.

Octavia, 361.
Origo gentis Romanae, 472.
Origène, 490.
Orose, 506, *523.*
Ovide, 224, 260, 263, 266, 270, 272, 278, **280-291,** 292, 295, 296, *305-307,* 313, 317, 352, 377, 381, 507.

Pacuvius, 80, 93, **94-95,** *108s.,* 185.
Palladius d'Athènes, 466.
Panaitios, 71, 107, 133, *187.*
Panégyriques, **469-470,** *515.*
Papinien, 441.
Papirius Carbo, 103.
Parthénios de Nicée, 151, 281.
Passiénus Crispus, 319.
Paul, 441.
Paulin de Nole (saint), 468, 479, 506, **512-514,** *525.*
Pédius, 233.
Perse, 101, 313, 314, 320, 324, 334, **339-342,** 351, 352, 357, *361-362,* 375, 384, 386, 397.
Pervigilius Veneris, 478, *518.*
Pétrone, 314, 324, **352-357,** *362-363.*
Phèdre, 313, **315-317,** *358.*
Philétas de Cos, 151, 264, 273.
Philiskos, 70.

Pindare, 158, 216n, 234.
Pisandre, 216n, 218.
Platon, platonisme, néo-platonisme, 133, 136, 185, 454.
Plaute, 20, 22, 25, 29, 31, 32, 33, **39-56,** 62, 63, 65, *66s.,* 80, 81, 82, 83, 84, 85, 88, 89, 92, *108,* 232, 330, 531.
Pline l'Ancien, 27, 369, **370-373,** 403, *417.*
Pline le Jeune, 365, 367, 384, 398, **410-416,** *422-423,* 433, 469s.
Plotius Gallus, 118.
Plotius Sacerdos, 440.
Plutarque, 18, 104, 428, 440.
Polybe, 71, 72, 102, *107,* 133, 240, 325.
Pomponius, 186.
Pomponius Mela, **320,** *360.*
Ponticus, 272.
Porcius Latro, 280, 299, 300s., **310.**
Porphyrion, *254,* 440.
Poseidonios, 133, 162, 172, *187,* 294, 317.
Postumius Albinus, 73.
Proculus, proculéiens, 319.
Properce, 200, 263, **272-280,** 283, *304-305.*
Prudence, 466, 468, **508-512,** 514, *524-525.*
Ptolémée, 322.
Publilius Syrus, 112, 186, *197.*
Pythagore, pythagorisme, néo-pythagorisme, 57, 139, 185, 281, 288, 289, 312, 358, *362.*

Querolus, 478, *518.*
Quinte-Curce, 312, 320, **322,** *361.*
Quintilien, 310, 339, 368, **372-376,** 381, 384, 398, *418,* 433, 489.
Rabirius, 292.
Remmius Palaemo, 320, *359.*
Rhéteurs (les), 299, 300-302.
Rhétorique à Hérennius, 118, 125, *187.*
Rufius Festus, 472.
Rutilius Namatianus, 466, **486-488,** *520.*

Sabinus (Au.), 280n.
Sabiniens (les), 319.
Sacerdos Nicétes, 398n.
Saléius Bassus, 376n.
Saliens (chant des), 15, *24,* 117.
Salluste, 110, 114, 115, 161, **170-176,** *194-195,* 240, 241, 320, 408, 433n, 472.
Salvien, **506s.,** *524.*
Sapphô, 155, 158, 159, 202, 234.
Saserna, 180.
Satire, 97, 101, *109,* 232, *255.*
Satires ménippées, 180, 334, 352.
Satura, 20, *24,* 28, 97s., 186.
Scipion Émilien, 84, 103, 114, 133.
Sempronius Asellio, 103, **116.**
Sempronius Tuditanus, 102.
Sénèque, 14, 96, 136, 284, 302, 311, 313-315, 317, **324-339,** 340, 342, 352, *360-363,* 368, 372, 375, 377, 404, 410.

Sénèque le Père, **299s.**, *308*.
Sérénus Sammonicus, 425n.
Servilius Nonianus, 320.
Servius, *253*, 477.
Sextius Niger, 299.
Sidoine Apollinaire, 528, *532*.
Silius Italicus, 368, **379s.**, 384, *418*.
Simonide, 234, 264.
Siron, 203.
Solin, 440, *460*.
Solon, 264.
Sophocle, 95, 335.
Sotion, 299.
Spinoza, 529.
Stace, 368, **380-384**, 413, *419*, 468.
Stésichore, 234.
Stoïcisme, stoïciens, 185, *187*, *190*, 227, 294, 327.
Suasoriae, 299.
Suéius, 151n.
Suétone, **428-430**, 431, *458-459*.
Sulpice Apollinaire, 440.
Sulpice Sévère, 506, *523*.
Sulpicia, **271-272**, *303s*.
Sulpicius Galba, 103.
Sulpicius Rufus, 178.
Sylla, 112, 114, 117, 120, 186.
Symmaque, 467, **470-472**, *516*.

Tabernariae, 186.
Tacite, 176, 241, 242, 320, 341, 352, 367, 368, 376, 398, **399-400**, 416, *421-422*, 428, 433, 472, 474, 477, 505.
Térence, 22, 33, 37, *66*, 80, 81, 82, **83-92**, *108*, 186, 285, 320, 428, 528.
Térentianus, 425n.
Térentius scaurus, 440.
Térentius Varro (de l'Aude), 113, 151, 214n.
Tertullien, 339, 427, 428, **442-448**, 450, *462-463*, 504, 505.
Théocrite, 151, 204.
Théognis, 234, 264.
Théophraste, 387.
Thomas d'Aquin (saint), 529.
Thucydide, 74, 114, 140, 160, 172, 173, 174, 176, 210, 408.
Tibère, 317.
Tibulle, 200, **267-270**, 280, 283, *303s*.
Ticidas, 151.
Timagène, 322.
Timée, 73, 102, 215.
Timon, 98.
Tite-Live, 18, 20, 58, 60, 65, 117, 176, 199-202, **238-251**, *256-258*, 260, 281, 298, 313, 322, 393, 431, 472, 477, 479.
Titinius, 93.
Titius (C.), 97.
Tituli, 18, *24*.
Trabéa, 81n.
Tragédie prétexte, 30, *361*.
Trajan, 412.
Trébatius Testa, 178.
Trébellius Pollio, 432.
Trémellius Scrofa, 180.
Tribonianus, 528.
Trogue-Pompée, 259, 298, 432.
Turia (Éloge de), 252.
Turpillius, 81n.
Tuticanus, 214n.
Tyrtée, 264.

Ulpien, 441.

Valère-Maxime, 320, **322**, *361*.
Valérius Antias, 116, 240.
Valérius Cato, 113, 115, 151.
Valérius Flaccus, 368, **377-379**, *418*.
Valérius Messala, 200, 267, 271.
Valérius Probus, 320, *359*.
Valgius Rufus, 200, 201, 267n.
Varius, 201, 203, 207, 225, 232, 234, 292.
Varius Rufus, 214n.
Varron, 17, 20, 39, 63, 102, 110, 114, 115, **178-185**, *196-197*, 199, 215, 229, 236, 281, 293, 299, 370, 440, 504.
Végèce, 477n, *517*.
Velleius Paterculus, 313, 320, **321-322**, *361*.
Vénantius Fortunatus, 528.
Verrius Flaccus, 263n, 281.
Vers fescennins, 19, *24*, 28.
Vers saturniens, **16**, *23*.
Vobius Crispus, 398n.
Vincent de Beauvais, 529.
Vipstanus Messala, 399.
Virgile, 14, 16, 22, 156, 160, 178, 199-202, **203-225**, 232, 234, 238, *252-255*, 258, 260, 261, 263, 265, 266, 267, 274, 278, 280, 292, 293, 296, 313, 315, 317, 318, 368, 376, 377, 379, 381, 383, 398, 410, 468, 477, 478, 479, 481, 483, 485, 507.
Viginius Flaccus, 339.
Vitruve, 299, *307-308*.
Volcatius Sédigitus, 37, 82.
Volnius, 20.
Vulcacius Gallicanus, 432.

Zénon, 326.

TABLES

Table des textes

Les numéros renvoient aux pages

ACCIUS	Le navire Argô décrit par un berger, 95. — Tarquin et les devins, 96.
AMBROISE (saint)	La mer, 491. — Le dimanche à laudes, 492.
AMMIEN MARCELLIN	Impressions de guerre, 473. — La populace de Rome, 475. — Mercurius, le « Comte des Songes », 475. — Entrée de Constance à Rome, 475.
APULÉE	L'inspecteur des marchés, 436. — Prêtres mendiants de la déesse syrienne, 437. — Au moulin, 438. — Apparition d'Isis, 439.
ARNOBE	Il faut « parier » pour la religion chrétienne, 454.
AUGUSTIN (saint)	La Raison et la Grâce, 498. — Les besoins primordiaux de l'intelligence humaine, 499. — La frénésie du Cirque, 501. — L'extase d'Ostie, 501. — Sermon pour l'Ascension, 503. — Grandeur nationale et justice, 504.
AULU-GELLE	Sévérité des anciens censeurs, 440.
AUSONE	Toulouse, 479. — A sa femme, 479. — La Moselle, 480. — Les roses, 481.
CALPURNIUS SICULUS	Le paysan à l'amphithéâtre, 318.
CATON LE CENSEUR	Caton et son secrétaire, 74. — Discours pour les Rhodiens, 75. — Une bonne fermière, 76. — Propriétaire et régisseur, 77. — Bœufs et bouviers, 77. — Fabrication industrielle de « vin grec », 78. — Vertus médicinales du chou, 78. — Un héros méconnu, 79. — Notations pittoresques, 80.
CATULLE	Un ami, 153. — Une « tête de Turc », 153. — A Calvus, 153. — A Cicéron, 153. — Deuil et poésie, 154. — Le moineau de Lesbia, 154. — Au fil de la passion, 155. — Plaintes d'Ariane, 157. — Le cortège de Bacchus, 158. — Épithalame, 159.
CÉSAR	Défense d'Avaricum, 162. — Vercingétorix après la prise d'Avaricum, 163. — Bataille de la Sambre, 164. — Un conseil de guerre, 166. — Fuite d'Ambiorix, 167. — César reçoit la soumission d'Afranius et Pétréius, 168.
CICÉRON	Plaidoyer d'Antonius pour C. Norbanus, 118. — Plaidoyer de Crassus dans une affaire de testament, 119. — Hortensius, 119. — Le procès de Clodius, 121. — L'irrésolution de Cicéron, 123. — Badinage de désœuvré, 124. — Une caricature : Fannius, 127. — Supplice des navarques siciliens, 127. — Politique et religion, 129. — Pison bafoué, 129. — Science et éloquence, 131. — L'action oratoire, 131. — Le songe de Scipion, 133. — Fatigue et douleur, 135. — La doctrine néo-académique, 135.

CLAUDIEN	Contre Jacob, maître de la cavalerie, 482. — Eutrope vieilli, 482. — Stilicon marche contre les Huns, 483. — Léon-le-Lion, 485. — Stilicon dans les Alpes, 485.
CLAUDIUS QUADRIGARIUS	Combat de Manlius contre le Gaulois, 116. — L'honneur romain, 117.
CORNÉLIUS NÉPOS	Un nouveau genre d'histoire, 177. — Atticus, maître de maison, 177.
CORNÉLIUS SÉVÉRIUS	La mort de Cicéron, 293.
CYPRIEN (saint)	Un songe prophétique, 451. — L'année des martyrs, 451. — Le bon pasteur, 452. — La dernière lettre, 453.
DAMASE	Épitaphe de Damase pour lui-même, 488.
ENNIUS	Le poète et son protecteur, 57. — La consultation des auspices, 59. — Pyrrhus aux ambassadeurs romains, 60.
FLORUS	La guerre de Spartacus, 431.
FRONTON	Cicéron jugé par Fronton, 433. — A la recherche d'une comparaison, 434. — Deux bébés impériaux, 434.
GRACCHUS (C.)	Abus de pouvoir, 105. — Une aristocratie vendue, 105.
GRATTIUS FALISCUS	Chiens courants et limiers, 293.
HILAIRE (saint)	Regret des anciennes persécutions, 489.
HORACE	Invective contre Maevius, 226. — Horace et son esclave, 227. — L'indépendance d'Horace, 230. — « Anciens » et « Modernes », 233. — Tranquillité, 235. — Le moment présent, 235. — Contre le luxe des particuliers, 236. — Pour exalter le sentiment patriotique, 237.
JÉRÔME (saint)	Le maître doit se défier de la flatterie, 493. — La purification monastique, 494. — Saint Jérôme au travail, 495. — A Augustin, 495. — Malchus et les fourmis, 496. — Les catacombes, 497.
JUVÉNAL	Le matin, chez une coquette du grand monde, 391. — Tendresse et sociabilité humaines, 392. — La véritable noblesse, 393. — Contre les Grecs, 394. — Les embarras de Rome, 395. — La simplicité de table : aujourd'hui et jadis, 396. — Ambitieux !, 397.
LACTANCE	Faillite de la philosophie, 455. — Le mystère de la croix, 456. — Mort de Maximin Daïa, 457.
LUCAIN	Pompée et César, 344. — La forêt de Marseille, 345. — Caton devant la guerre civile, 346. — Caton et l'oracle d'Hammon, 346. — Les tortures de la soif, 348. — Les exploits de Scaeva, 348. — Nécromancie, 349. — Regrets sur la Rome républicaine, 350.
LUCILIUS	En voyage, 99. — Le noble hellénisant, 99. — La vertu, 100. — Au forum, 100. — Gladiateurs, 101.
LUCRÈCE	Le cœur impur de l'homme, 138. — Épicure et les dieux, 139. — Les atomes invisibles, 140. — L'âme est matière, 141. — Les sens source de la connaissance, 142. — Séparation des éléments, 143. — La logique maîtresse d'erreur et de vérité, 144. — Les origines du langage, 144. — Les simulacres, 145. — Trombes, 146. — Guerres fantastiques, 147. — L'homme primitif, 147. — L'homme et la mort, 149.
LYGDAMUS	Cadeau du poète, 271.
MANILIUS	Dieu et l'homme, 295. — Jour et nuit polaires, 296. — Les officieux, 296. — La Voie Lactée, 296.
MARTIAL	Rome inhospitalière, 385. — La réussite du poète, 385. — Les bruits de Rome, 385. — La nostalgie de Rome, 386. — L'épigramme, 386. — Rome ravitaille la campagne, 387. — Un pouilleux, 387. — Un parvenu, 388. — Un amateur petit-maître, 388. — Au tribunal, 389. — La fièvre trop bien traitée, 389. — La grenouille qui veut se faire aussi grosse que le bœuf, 389. — Coquetterie surannée, 389. — Sur la mort d'une petite fille, 390.
MINUCIUS FÉLIX	Calomnies populaires contre les chrétiens, 448. — Dérision des idoles païennes, 449. — Le Dieu unique, 450.

OVIDE — Janus, 281. — Complaisances masculines, 283. — En marge de l'Odyssée, 284. — Devant la porte close, 285. — Roueries féminines, 286. — Fête de barrière, 286. — Robes, 287. — Le palais du Soleil, 287. — La Faim, 288. — Métamorphose des pirates en dauphins, 289. — Souvenirs, 290. — Avertissement à un ennemi, 290.

PACUVIUS — Fortune ou hasard ?, 94. — Début de tempête, 94.

PANÉGYRISTES (Les) — Constantin et la Gaule dévastée, 469.

PAULIN DE NOLE (saint) — A la basilique de saint Félix, 512. — Requête d'un paysan campanien à saint Félix, 513.

PERSE — La vraie religion, 340. — Entre la cupidité et la mollesse, 342.

PÉTRONE — Théorie de la poésie classicisante, 353. — Entrée de la maison de Trimalcion, 354. — Conversation d'affranchis, 354. — Jardin sous la brise d'été, 356. — Une jeune femme, 356.

PHÈDRE — Exigences du labeur littéraire, 315. — Le renard et le masque, 316. — Le chien et le loup, 316. — Le renard et le dragon, 317.

PLAUTE — Un directeur de troupe comique à ses spectateurs, 29. — Récit lyrique d'une campagne militaire, 31. — Esclave de ville, esclave des champs, 42. — Un « leno » et ses esclaves, 43. — Deux compères, 44. — Citoyens de fraîche date, 46. — Bonne renommée vaut mieux que ceinture dorée, 47. — Le forum romain, 49. — Simulation de folie, 50. — A la recherche d'une cassette perdue, 51. — Le capitaine fanfaron et son parasite, 52. — Chansons de goût alexandrin, 54. — Monologue lyrique, 55.

PLINE L'ANCIEN — L'homme et la divinité, 370. — Les perles, 371.

PLINE LE JEUNE — L'orgueil de l'Égypte humilié, 411. — Châtiment des délateurs, 411. — Humanité et justice, 412. — A un convive inexact, 413. — Bienfaits moraux de la maladie, 414. — Le deuil de Régulus, 414. — Le philosophe Euphrate, 415. — Un bronze de Corinthe, 415. — Le tremblement de terre de Misène, 415.

PROPERCE — Hylas, 273. — Douceurs, 274. — Tourments, 275. — Le drame de la maladie, 276. — Invective, 276. — Apparition, 277. — Aréthuse à Lycotas, 278. — Tarpéia, 279.

PRUDENCE — Hymne du feu nouveau au sabbat de Pâques, 508. — Martyre de sainte Eulalie, 509. — Un sacrifice de l'empereur Julien, 510.

QUINTE-CURCE — Meurtre de Clitus, 323. — Rajâhs et fakirs de l'Inde, 323.

QUINTILIEN — Tactique de l'altercation, 373. — Effets d'audience : du pathétique au bouffon, 373. — La surabondance chez l'enfant, 374. — La nature et l'art dans la composition littéraire, 375. — Les « traits », 375.

RUTILIUS NAMATIANUS — Rome vénérable et meurtrie, 487. — En Méditerranée, entre la Corse et la côte de Toscane, 487.

SALLUSTE — Métellus reprend en mains l'armée d'Afrique, 171. — Morale historique de Salluste : César et Caton, 172. — De la débauche à la guerre civile, 173. — Excitations de tribun, 174. — Escalade d'un ksar de la Moulouya, 175.

SÉNÈQUE — Abandon au Créateur, 326. — Le dieu caché, 327. — Les étapes de la passion, 328. — La colère, 328. — Du vice à la volupté de l'ennui, 329. — La réversibilité des mérites : justification de Dieu, 330. — On est riche de ses bienfaits, 330. — Bienfaits perdus, 331. — A une femme d'élite, 332. — Ascétisme, 332. — Suicides, 333. — Les funérailles de Claude, 335. — Andromaque et son fils, 336. — L'abandon de Médée, 337. — La beauté, 338.

SÉNÈQUE LE PÈRE — École et place publique, 300. — Le philosophe Fabianus et le rhéteur Arellius Fuscus, 300. — Une « suasoria » traitée par Porcius Latro, 301. — Une « controverse » traitée par Arellius Fuscus, 301.

SILIUS ITALICUS — Mort du consul Flaminius, 379.

STACE — La baie de Naples, 381. — L'enfance d'Achille, 381. — Une partie de campagne : Hercule et Pollius, 383.

SUÉTONE — Caligula, 429. — Mort de Néron, 429.

SULPICIA — L'anniversaire de Cérinthus, 271. — Les « variations » de Tibulle, 272.

SYMMAQUE — Soucis patriotiques, 471. — Il faut sauvegarder le paganisme, 471.

TACITE — La nouvelle et l'ancienne éloquence, 400. — Poésie des régions septentrionales, 401. — Dénonciation et mort de Sabinus, 402. — Disgrâce de Sénèque, 404. — Une alerte au palais impérial, 406. — Le champ de bataille de Bédriac, 407. — Désarroi de Vitellius, 408. — Épisode des guerres de Germanie, 409.

TÉRENCE — Ambivius Turpio présente au public une pièce de Térence, 81. — Une éducation libérale : principes et résultats, 85. — Un esclave directeur de conscience, 88. — Père et fils, 89. — Le coup de foudre, 91.

TERTULLIEN — Le paradoxe du procès chrétien, 443. — Un soldat chrétien, 445. — Le « spectacle » du Jugement dernier, 446. — La parure de la femme chrétienne, 447.

TIBULLE — Aspirations, 268. — L'amour querelleur. L'amour soldat, 270. — L'approche émouvante de la Nuit, 270. — « Variations », 272.

TITE-LIVE — Histoire et moralité nationale, 241. — Avènement et mort de Servius Tullius, 242. — Bataille du Métaure, 244. — Papirius Cursor, 246. — Rome apprend la victoire sur Persée, 247. — Scipion réprime la révolte du Sucro, 248.

VALÉRIUS FLACCUS — Médée et Jason, 377.

VARRON — Métairies et « villas », 179. — Décadence de l'agriculture, 180. — Bœufs de labour, 181. — La vache, 207. — Élevage des agneaux, 181. — Parcs et viviers, 182. — Argumentation en faveur de l'« anomalie », 184.

VELLÉIUS PATERCULUS — Fuite de Marius, 321. — Retraite de Tibère à Rhodes, 321.

VIRGILE — Antithèses amoebées, 205. — Le poète dépouillé, 206. — Saisons et tempêtes, 208. — Diversité des terres, 210. — La vache, 211. — La vigne, 211. — La cité des abeilles, 212. — Allégorie, 213. — L'île de Circée, 216. — Mort de Camille, 216. — Troie détruite par les dieux, 218. — Le dépit de Junon, 219. — Italiques et Orientaux, 220. — Actium, 221. — Deuil de la mère d'Euryale, 223.

Table des matières

Avant-propos 5

I. LES ORIGINES DE LA LITTÉRATURE LATINE 7

1. Conditions historiques 8

Les Latins 8

Les Indo-Européens, 8. — Leurs migrations, 8. — Les Indo-Européens italiques, 8. — Les Latins, 9.

Le milieu méditerranéen 9

Les éléments civilisateurs, 10. — Diversité des réactions, 10.

Rome. Les débuts de son évolution 10

Situation de Rome, 10. — Rome, l'Étrurie et le Latium, 11. — Les à-coups historiques, 11.

2. L'esprit et la langue 12

L'intelligence, 12. — L'imagination, 13. — La langue, 14. — L'écriture et le parlé, 15. — Le rythme, 15. — Le vers saturnien, 16.

3. Tendances et directions littéraires 17

Tradition orale et littérature, 17. — Préparation à l'histoire, 17. — Tendances au drame, 19. — Le droit et la rédaction juridique, 20. — APPIUS CLAUDIUS CAECUS, 21. — Aspects généraux du développement littéraire à Rome, 22.

Bibliographie 23

II. CONSTITUTION D'UNE LITTÉRATURE GRÉCO-ROMAINE 25

Les étapes de l'influence grecque, 25. — La plèbe et le patriciat devant l'hellénisme, 26. — L'hellénisme romain au IIIe siècle, 27. — Les genres poétiques : le théâtre, 28. — L'épopée ; le lyrisme national et religieux, 30. — Métrique et musique, 32. — Efforts individuels et tendances communes, 33. — Hellénisme et nationalisme, 34.

LIVIUS ANDRONICUS 34

Caractère et formation, 34. — Les œuvres, 35. — La langue, 36. — Rôle de Livius, 36.

NAEVIUS 36

Les tragédies, 37. — Les comédies, 37. — Le *Poenicum Bellum*, 38. — Conclusion, 39.

PLAUTE 39

Les sujets, 39. — Les prologues, 41. — L'action, 41. — Les personnages, 43. — Les mœurs, 45. — Mouvement, 49. — Pittoresque, 51. — Poésie et lyrisme, 54. — Langue et versification, 56. — Gaîté et force comique, 56.

ENNIUS 56

Caractères généraux, 57. — Les *Annales*, 58. — Histoire et poésie, 58. — Les tragédies, 61. — Œuvres diverses, 62. — Philosophie et religion, 62. — La langue et le goût, 63. — Conclusion, 65.

Bibliographie 66

III. LE PURISME HELLÉNISANT ET LES TENDANCES NATIONALES 68

L'aristocratie hellénisante, 69. — L'invasion de l'hellénisme et l'opposition sénatoriale, 69. — Les cercles fermés, 70. — Le peuple et les questions sociales, 71. — Conclusion, 72.

1. Les débuts de la prose artistique 72

CATON LE CENSEUR 73

Ses œuvres, 73. — Les discours, 74. — Le *De agri cultura*, 76. — Les *Origines*, 79. — Conclusion, 80.

2. Le théâtre 80

Progrès matériels, 80.

La Comédie 81

Crise et décadence de la « palliata », 81.
CAECILIUS STATIUS, 82. — Écrivain de transition, 82. — La réflexion morale, 83. — Le style, 83.

TÉRENCE 83

L'homme et le poète, 84. — Ses pièces, 84. — Conduite de l'action, 45. — Analyse et composition psychologiques, 88. — Morale et sensibilité, 89. — Comédie et drame bourgeois, 89. — Art et vérité, 91. — Langue et versification, 92. — Conclusion, 92.

LES AUTEURS DE TOGATAE 92

TITINIUS, 93. — ATTA, 93. — AFRANIUS, 93.

La Tragédie 93

PACUVIUS 94

ACCIUS 95

Son théâtre, 55. — Sa puissance descriptive, 95. — L'analyse psychologique et morale, 96. — Grandeur nationale, 96. — La langue, 97.

3. La création de la Satire 97

LUCILIUS 98

Sa personnalité, 98. — Les satires, 99. — Réalisme moral, 100. — Réalisme littéraire, 100. — Conclusion, 101.

4. L'évolution de la prose 101

Les historiens 102

Les derniers annalistes, 102. — Les archéologues, 102. — Nouvelles tendances, 102.

Les orateurs 103

Entre Caton et les Gracques, 103. — Les Gracques, 103. — TI. GRACCHUS, 104. — C. GRACCHUS, 104. — Conclusion, 106.

Bibliographie 107

IV. L'AGE CICÉRONIEN 110

Instabilité et individualisme, 110. — Les contradictions de l'aristocratie, 111. — Franchise et modernisme des poètes, 111. — Leurs inégalités, 112. — La mesure entre l'Orient et l'Occident, 112. — L'éloquence et la prose classiques, 113. — Évolution de la prose, 114. — L'atmosphère intellectuelle et la philosophie, 114. — Les préoccupations techniques, 115. — Dignité de la littérature, 115.

1. Les progrès de la prose 116

Les historiens 116

Histoire animée et histoire romancée, 116. — L'érudition, 117. — Les mémoires, 117.

L'éloquence 118

La rhétorique, 118. — ANTOINE et CRASSUS, 118. — HORTENSIUS, 119.

2. Cicéron 120

L'homme, la Correspondance, 121. — Les œuvres oratoires, 125. — Les principes théoriques de l'éloquence cicéronienne, 125. — La pratique, les dons de l'orateur, 126. — Les traités de rhétorique, 131. — Les traités philosophiques, 133. — L'art dans les dialogues cicéroniens, 136. — Les poèmes, 137. — L'humanisme cicéronien, 137.

3. Lucrèce 137

Physique et morale, 138. — Ordonnance logique du poème, 139. — Son équilibre littéraire, 140. — Science et philosophie, 143. — Réalisme et imagination, 146. — Sensibilité et passion, 148. — La langue et le style, 150. — Conclusion, 150.

4. La poésie novatrice 150

L'ancien et le nouvel « alexandrinisme », 150. — L'« alexandrinisme romain », 151.

CATULLE 152

L'œuvre ; la société catullienne, 152. — La distinction des genres, 153. — La fantaisie, 154. — Sensibilité et passion, 155. — Les poèmes « alexandrins » et leurs procédés, 156. — L'équilibre classique, 158. — Langue et versification, 160. — Le lyrisme de Catulle, 160.

5. La nouvelle prose ; l'histoire 160

Les néo-attiques, 160. — C. LICINIUS CALVUS, 161. — L'histoire, 161.

CÉSAR 161

Activité intellectuelle de César, 161. — Les *Commentaires*, 162. — Docmentation, 162. — Véracité, 163. — La narration, 164. — Les qualités dramatiques, 165. — Les discours, 168. — César dans son œuvre, 169. — Les continuateurs de César, 169.

SALLUSTE 170

Chronologie des œuvres, 170. — Progrès de la méthode historique, 170. — La formation littéraire, 172. — La philosophie de l'histoire, 172. — La psychologie ; les discours, 173. — La narration, 175. — Langue et style, 176. — Influence de Salluste, 176.

CORNÉLIUS NÉPOS 177

6. La science et l'érudition 178

NIGIDIUS FIGULUS, 178.

VARRON 178

Œuvres, 179. — L'homme et son temps, 179. — Les *Satires Ménippées*, 179. — L'*Économie rurale*, 180. — Les *Antiquités*, 183. — La *Langue latine*, 183. — Documentation et critique, 184. — La composition, 184. — L'esprit philosophique, 185. — Conclusion, 185.

7. Le théâtre 185

L'atellane, 185. — Le mime, 186.

Bibliographie 187

V. LE CLASSICISME LATIN 198

De la République au Principat, 198. — De la protection privée au mécénat, 199. — Les écrivains dans l'État, 200. — Littérature nationale, 200. — Les hommes et les genres, 201. — Évolution et maturité de la poésie, 202. — Fin de la prose classique, 202.

VIRGILE 203

Le milieu poétique, 204. — L'originalité de Virgile, 204. — Les *Bucoliques*, 204. — Les *Géorgiques*, 208. — Progrès de l'imagination, 210. — Élargissement de la sensibilité, 211. — Problèmes sociaux, 212. — Épisodes et préludes, 213. — L'*Énéide*, 214. — Homérisme et alexandrinisme, 215. — Le roman et la tragédie, 217. — L'histoire et l'actualité, 219. — Éthique et sensibilité, 222. — Le vers virgilien, 223. — La renommée de Virgile, 224.

HORACE 225

Le tempérament d'Horace, 225. — Les œuvres, 226. — L'influence d'Archiloque et de Lucilius, 226. — La nouvelle satire : causerie et « diatribe » morale, 227. — De la satire à l'épître, 229. — Les *Sermones* littéraires ; l'*Art poétique*, 232. — L'effort lyrique d'Horace, 234. — Les thèmes lyriques, 234. — Les odes nationales, 236. — Le classicisme d'Horace, 238.

TITE-LIVE 238

L'*Histoire de Rome*, 239. — Sa conception, 239. — Les difficultés, 239. — Méthode et loyauté de Tite-Live, 240. — Évolution littéraire de Tite-Live, 241. — La vie et le drame, 242. — Le récit épique, 244. — La psychologie, 246. — Les discours, 247. — La portée didactique, 251. — Le nationalisme romain et Tite-Live, 251.

Bibliographie 252

VI. LA LITTÉRATURE AUGUSTÉENNE 259

La monarchie, 259. — La littérature augustéenne, 259. — L'indifférence politique, 260. — Les transformations sociales, 261. — Les difficultés de la prose, 261. — L'alexandrinisme latin, 261. — Dignité de la poésie, 262. — Caractère de l'art augustéen, 262.

1. L'épanouissement de l'Élégie romaine 263

Métrique, 264. — Indétermination ancienne de la forme et des thèmes, 264. — La synthèse augustéenne, 265. — Diversité des éléments, 265. — Lyrisme et composition, 265. — Sincérité, 266.

CORNÉLIUS GALLUS 266

TIBULLE 267

Le cercle de Messala, 267. — Tibulle et Virgile, 267. — Harmonisation des thèmes, 268. — Composition musicale, 269. — Tempérament, convention et poésie, 270.

LYGDAMUS 270

SULPICIA 271

PROPERCE 272

Son œuvre, 273. — La tradition alexandrine, 273. — Le réalisme de la passion, 274. — Le sens du drame humain, 275. — L'imagination romantique, 277. — Poésies de commande, 277. — Les élégies nationales, 278. — Conclusion, 279.

OVIDE 280

Les poèmes érotiques, 280. — Les grands poèmes, 280. — Les élégies personnelles, 282. — Diversité et monotonie, 283. — Rhétorique et psychologie, 284. — La poésie de la vie élégante, 285. — La peinture de genre, 286. — Couleur et mise en scène, 286. — L'art dans les *Métamorphoses*, 288. — La sensibilité d'Ovide, 289. — Conclusion, 291.

2. Les genres poétiques traditionnels 291

Théâtre, 292. — Épopée, 292. — Poésie didactique, 293.

MANILIUS 294

Le sujet, 294. — Philosophie et religion, 294. — L'imagination scientifique et l'observation, 295. — La poésie et les ornements, 296. — Déterminisme et morale, 297. — Conclusion, 298.

3. L'évolution de la prose 298

L'histoire, 298. — Les ouvrages techniques, 298. — La philosophie, 299. — La rhétorique, 299.

SÉNÈQUE LE PÈRE 299

LES RHÉTEURS 300
Conclusion, 302.

Bibliographie 303

VII. LA LITTÉRATURE CLAUDIENNE 309

Les princes claudiens et l'ancienne aristocratie, 309. — La nouvelle société : les affranchis et le cosmopolitisme, 310. — Les principes d'unité, 310. — Enrichissement de la sensibilité, 311. — Tendances à un intellectualisme universel, 312. — Effort novateur de la littérature, 312. — Rhétorique, philosophie, esprit de salon, 313. — Le réalisme et ses formes, 314. — Confusion de la prose et de la poésie, 314.

1. La poésie d'esprit classique 315

La Fable : PHÈDRE 315

La poésie scientifique : l'*Aetna* 317

La Bucolique : CALPURNIUS SICULUS 318

2. Les prosateurs : la science ; l'histoire 319

La littérature technique 319
Juristes, 319. — Critiques et grammairiens, 320. — L'agronomie : COLUMELLE, 320. — La médecine : CELSE, 320. — La géographie : POMPONIUS MÉLA, 320.

Les historiens 320
VELLÉIUS PATERCULUS, 321. — VALÈRE MAXIME, 322. — QUINTE-CURCE, 322.

3. Le renouvellement de la Littérature 324

SÉNÈQUE 324
Les œuvres, 325. — Sénèque devant la philosophie, 326. — Son spiritualisme, 326. — Morale et psychologie, 327. — Problèmes sociaux et direction individuelle, 329. — L'entraînement de la volonté, 332. — Composition et style, 334. — Sénèque satirique, 334. — Sénèque dramaturge, 335. — Conclusion, 339.

PERSE 339
Son stoïcisme, 339. — Sa rhétorique, 340.

LUCAIN 342
La *Pharsale* : projet et réalisation, 343. — L'esprit scientifique, 343. — L'effort épique, 345. — L'art de Lucain, 351. — Conclusion, 352.

PÉTRONE 352
Le *Satiricon*, 352. — L'auteur : le mondain, 352. — Le sceptique blasé, 352. — L'objectivité, 353. — La langue, 357.

Bibliographie 358

VIII. LE NOUVEAU CLASSICISME 366

La société, 367. — Conditions morales du nouveau classicisme, 367. — Ses aspects littéraires, 368. — Pressentiments de décadence, 368.

1. La prose scientifique et technique 369

PLINE L'ANCIEN 370

QUINTILIEN 372

L'*Institution oratoire*, 372. — Qualités et insuffisances de Quintilien, 372. — Sa pédagogie, 374. — Le retour aux classiques, 374. — Langue et style, 376. — Conclusion, 376.

2. La poésie néo-classique 376

VALÉRIUS FLACCUS 377

SILIUS ITALICUS 379

STACE 380

Ses épopées, 381. — Les *Silves*, 382.

3. La poésie réaliste 384

MARTIAL 384

L'œuvre et l'homme, 384. — Position littéraire de Martial, 386. — Son réalisme, 387. — Les procédés de l'épigramme, 388. — Art et poésie, 390.

JUVÉNAL 391

Les satires, 391. — Leur caractère général, 392. — L'esprit national, 393. — L'imagination réaliste, 395. — Pauvreté des idées, 396. — La puissance rhétorique, 397. — Style et versification, 398.

4. L'éloquence et l'histoire 398

TACITE 399

Son œuvre, 399. — Formation et évolution de Tacite, 399. — Méthode et philosophie historiques, 403. — Le souci moral et la pénétration psychologique, 404. — Le sens dramatique et le pittoresque, 406. — Langue, style, poésie, 408. — Conclusion, 410.

PLINE LE JEUNE 410

Pline orateur : le *Panégyrique de Trajan*, 410. — La correspondance entre Pline et Trajan, 412. — Les *Lettres* de Pline, 413. — Conclusion, 416.

Bibliographie 417

IX. LA DÉCADENCE ANTONINE ET LES DÉBUTS DE LA LITTÉRATURE CHRÉTIENNE 424

Divorce entre la littérature et l'évolution politique, 425. — Déséquilibre entre la littérature et l'évolution sociale, 425. — Les genres profanes, 425. — La poussée religieuse, 426. — Le christianisme, 426. — L'apologétique chrétienne, 427. — Conclusion, 427.

1. L'histoire 428

SUÉTONE 428

Le genre : sa valeur historique, 428. — Caractères littéraires, 429.

Les Abréviateurs 431

FLORUS, 431. — JUSTIN, 432. — L'*Histoire Auguste*, 432.

2. L'éloquence et la prose d'art 433

FRONTON 433

APULÉE 435

L'homme, 435. — Ses œuvres philosophiques et oratoires, 435. — Les *Métamorphoses*, 436.

3. L'érudition et la prose technique 440

Les Grammairiens 440

AULU-GELLE 440

Les Juristes 441

4. La littérature chrétienne 441

TERTULLIEN 442

Ses œuvres, 442. — Son éloquence, 442. — L'imagination et la passion, 445. — La langue et le style, 447.
MINUCIUS FÉLIX, 448. — SAINT CYPRIEN, 450. — Ses œuvres, 451. — ARNOBE, 453. — LACTANCE, 455. — Ses œuvres, 455. — Leur valeur, 455. — Conclusion, 457.

Bibliographie 458

X. LA RENAISSANCE CONSTANTINO-THÉODOSIENNE 465

Le prestige spirituel de Rome, 465. — La société, 466. — La culture païenne et le christianisme, 467. — La poésie et l'art chrétien, 467. — Le christianisme romain, 468. — La catastrophe, 468.

1. La prose : les genres traditionnels 469

L'éloquence 469
Les *Panégyriques*, 469. — SYMMAQUE, 470.

L'histoire 472
Les abréviateurs, 472. — AURÉLIUS VICTOR, 472. — Pseudo AURÉLIUS VICTOR, 472.

AMMIEN MARCELLIN 472
L'homme, 473. — Sa conception de l'histoire, 474. — Unité spirituelle, 475. — Langue et style, 477.

L'érudition 477
Grammairiens et commentateurs, 477. — MACROBE, 478.

2. La poésie profane 478

AVIÉNUS 478

AUSONE 479
L'œuvre : petitesses et réussites, 479. — Le talent descriptif, 480.

CLAUDIEN 481
Son œuvre : panégyrique et satire, 481. — Esprit national et grandeur épique, 483. — L'imagination, 485. — La langue et le style, 486.

RUTILIUS NAMATIANUS 486

3. La prose chrétienne 488

SAINT HILAIRE 489

SAINT AMBROISE 490
Sermons et traités, 491. — Les hymnes, 492.

SAINT JÉRÔME 492
L'homme et l'œuvre, 492. — L'observateur satirique, 493. — Le directeur de conscience et l'ascète, 494. — Le savant, 495. — Les dons littéraires, 496.

SAINT AUGUSTIN 497
Tempérament et intelligence, 498. — Œuvres philosophiques : les *Soliloques*, 498. — La psychologie : les *Confessions*, 500. — L'enseignement dogmatique : les *Sermons*, 503. — La synthèse chrétienne : la *Cité de Dieu*, 503. — Imagination et mouvement, 505. — La langue et le style, 505. — Conclusion, 505.

Les Historiens 506
SULPICE-SÉVÈRE, 506. — PAUL OROSE, 506. — SALVIEN, 506.

4. La poésie chrétienne 507

JUVENCUS, CYPRIEN, COMMODIEN, 507. — Évolution de la poésie chrétienne, 508.

PRUDENCE 508
Poésie lyrique, 508. — Poésie didactique, 510. — Art et poésie, 511.

SAINT PAULIN DE NOLE 512

Bibliographie 515

XI. LA SURVIE DES LETTRES LATINES 527

Derniers prolongements de la littérature latine antique, 527. — Continuité du latin savant, 528. — La transmission des œuvres antiques, 529. — La critique et l'étude historique des textes, 530. — Fraîcheur historique et fraîcheur permanente, 530.

Bibliographie 532

BIBLIOGRAPHIE GÉNÉRALE 535

INDEX DES AUTEURS 545

TABLE DES TEXTES 553

Imprimé en France par Dupli-Print - www.dupli-print.fr
11003014 – (III) – (0,4) – OSB80° - ACT
dépôt légal = janvier 2006